U0532128

中国社会科学年鉴

YEARBOOK OF CHINESE SOCIAL SCIENCES

YEARBOOK OF CHINESE LINGUISTICS

张伯江 主编

中国语言学年鉴

2024

中国社会科学出版社

图书在版编目（CIP）数据

中国语言学年鉴. 2024 / 张伯江主编. -- 北京 : 中国社会科学出版社, 2024. 10. -- ISBN 978-7-5227-4619-7

Ⅰ. H004.2-54

中国国家版本馆CIP数据核字第2024RW6993 号

出 版 人　赵剑英
责任编辑　王鸣迪
责任校对　韩海超
责任印制　张雪娇

出　　版　中国社会科学出版社
社　　址　北京鼓楼西大街甲158号
邮　　编　100720
网　　址　http://www.csspw.cn
发 行 部　010-84083685
门 市 部　010-84029450
经　　销　新华书店及其他书店

印刷装订　三河市东方印刷有限公司
版　　次　2024年10月第1版
印　　次　2024年10月第1次印刷

开　　本　787×1092　1/16
印　　张　52.25
插　　页　2
字　　数　1302千字
定　　价　438.00元

凡购买中国社会科学出版社图书，如有质量问题请与本社营销中心联系调换
电话：010-84083683
版权所有　侵权必究

主　　编： 张伯江

副 主 编： 李爱军

执行主编： 张　洁

协 调 人： 张　骅

作　　者（按姓氏笔画顺序）：

于方圆　马华阳　王志平　王春辉　王婷婷　韦志刚
方　梅　方　迪　邓　婕　任　荷　华　武　刘　阳
刘探宙　关　越　孙宇炜　苏　颖　李　明　杨永龙
杨萌萌　连佳鹏　肖晓晖　张玉来　张永伟　张丽娟
张　定　张　洁　张振达　张竞婷　范文杰　罗颖艺
陈丹丹　陈伟蓉　赵长才　赵绿原　周业兵　胡钦谙
姜　南　祖生利　祝克懿　夏俐萍　徐睿渊　董洪杰
程　悦　储丹丹　谢留文　熊子瑜　薛嗣媛

编辑说明

《中国语言学年鉴 2024》坚持以习近平新时代中国特色社会主义思想为指导，深入学习贯彻习近平文化思想，立足中国语言学自主知识体系建设，对 2023 年中国语言学界的主要研究进展、学术动态和学科建设等进行了系统的记述，并试图对该年度各领域的学术发展做出高站位的观察和评价。

全书共分七个部分。其中，“学科综述”15 篇文章分别论述 2023 年现代汉语句法语义、历史语法、现代汉语词汇、汉语历史词汇、汉语语音学、汉语音韵学、古文字学、汉语方言学、修辞学、篇章语用、汉语辞书学、计算语言学、语料库研究与应用、社会语言学、语言文字工作等方面的学科前沿成果。为了使综述内容兼具广泛性和典型性，在学术成果的选取上本着突出学术质量、反映学科前沿的原则而反复甄选。学科综述主要由中国社会科学院语言研究所各研究室承担撰写任务，同时也邀请中国社会科学院以外的语言学领域知名专家和青年学者参与，努力做到既有代表性又有客观性。

为充分体现年鉴的评价功能，“文章选登”栏目在充分考虑刊物的代表性、作者的代表性以及文章主题的代表性基础上，由各学科带头人遴选出部分见刊文章作为经典之作刊登。

“学术活动”栏目介绍 2023 年全国各地举办的主要学术会议，突出每场会议的讨论核心和学术焦点，资料主要来源于各大学和机构的网站和公众号。

“学术论著”栏目介绍 2023 年度出版发行的专著、译著、论文集等的出版信息和主要内容，资料主要来源于各出版社的网站和公众号。

“学术项目”栏目介绍 2019—2023 年度国家社科基金重大项目（语言学）立项名单。

“学者介绍”栏目展示部分已故知名学者的学术生平和主要学术成果，以及对学术界的贡献。“刘坚先生学术经历”和“邵荣芬先生学术传略”系统完整介绍两位先生的学术生涯，评价他们对学术界的贡献和影响。

“大事记”记录一年来语言学领域发生的比较有影响的事件。

学术活动、学术论著、学者介绍和大事记主要由张洁负责编写。各栏目完成后由张洁负责编辑和初审，张伯江做交稿前最后的审定。书中尚存不完善之处，恳请读者批评指正。

目　录

学科综述

现代汉语句法语义研究……………………………………………………（3）
历史语法研究……………………………………………………………（21）
现代汉语词汇研究………………………………………………………（34）
汉语历史词汇研究………………………………………………………（55）
汉语语音学研究…………………………………………………………（66）
汉语音韵学研究…………………………………………………………（81）
古文字学研究……………………………………………………………（95）
汉语方言学研究…………………………………………………………（108）
修辞学研究………………………………………………………………（119）
篇章语用研究……………………………………………………………（143）
汉语辞书学研究…………………………………………………………（161）
计算语言学研究…………………………………………………………（178）
语料库研究与应用………………………………………………………（198）
社会语言学研究…………………………………………………………（212）
语言文字工作……………………………………………………………（231）

文章选登

信息技术产品国家通用语言文字使用管理规定……………………………（241）
中国语言学的三大体系建设：缘起、内涵与路径…………………王春辉（243）
我国大规模语言调查的成就与启示……………………………………曹志耘（262）
汉语语法研究的中国道路………………………………………………完　权（275）
《新华字典》第12版的新义、新词语及释义 …………………………王　楠（285）
羡余否定出现的条件……………………………………………………李　明（294）
话题连续性测量的两个维度：可及性和重要性……………乐　耀　陆筠怡（321）
从评价副词的习得看儿童评价表达的发展……………………………饶宏泉（335）

汉语 N_1VN_2 型复合词的构式解读 …………………………………………宋作艳（348）
动词因果蕴含义的互转……………………………………………………谭景春（368）
从八部书看中古汉语语法…………………………………………………蒋绍愚（382）
试谈删略导致的语法化……………………………………………………吴福祥（399）
试论语音史研究框架的转型………………………………………………刘晓南（422）
从隋唐等早期注音看南北朝至隋唐的全浊上声变去声…………………孙玉文（434）
说“辟彊”…………………………………………………………………张传官（455）
《颜氏家训·风操》“时以为笑”新说……………………………朱冠明　李佳琪（469）
基于人工智能技术的古文字研究
　……………………………………………李春桃　张　骞　徐　昊　高嘉英（486）
甲骨文“弦”字补释——兼谈“弦”与“幻”的关系…………………王子杨（497）
晋语“可心、可院子跑、可可（儿）地”等之“可”的来源…………沈　明（510）
湘语益阳方言指称标记“阿”的系词功能…………………………………夏俐萍（520）
上海话 E / Eɪ 变异与上海普通话 ei 的双向动态影响
　…………………………………………………………陈忠敏　马　良　温　睿（530）
轻声与非轻声之间轻重的连续统关系 ……………………………黄靖雯　李爱军（540）
语言资源视角下的大规模语言模型治理…………………饶高琦　胡星雨　易子琳（560）
后经典时代语料库研究方法及其理论启示…………………………………许家金（572）
比较修辞学识解：动因、核心思想与研究方法
　……………………………………………………………………刘东虹　毛履鸣（583）
“三位一体”：篇章意义研究的一个宏观模式
　……………………………………………………………………王振华　方硕瑜（592）

学术活动

首届区域国别中文教育研究暨第七届汉语国际传播研究分会年会……………………（607）
《现代汉语词典》《新华字典》强化防伪保护
　——商务印书馆防伪溯源系统上线运营发布会 ……………………………………（607）
古文字与人工智能研讨会……………………………………………………………（607）
2023 年度国家语委科研机构工作会议 ……………………………………………（608）
第七届汉语中介语语料库建设与应用国际学术研讨会……………………………（609）
2023 年全国语言文字工作会议……………………………………………………（610）
中国式现代化与国际中文教育发展论坛……………………………………………（610）
第五届互动语言学与汉语研究国际学术讨论会……………………………………（611）
第二十二次现代汉语语法学术讨论会………………………………………………（612）
第八届数据驱动的计算教育学研讨会………………………………………………（612）
作为法治话语的中国式法治现代化的法理阐释暨第十四届全国法律修辞学
　学术会议……………………………………………………………………………（613）

国家通用语言文字推广普及工作表彰大会暨2023年国家语委全体委员会议……（613）
新文科背景下语体学和语言风格学的知识建构与发展规划暨第十四届语体与语言风格学术研讨会……（614）
第五届汉语方言中青年高端论坛……（614）
国际中国语言学学会第29届年会……（614）
中国训诂学研究会2023年学术年会……（615）
中国心理学会语言心理学专业委员会第六届学术年会……（616）
第二届语言理论与语言教学专题研讨会……（616）
第三届中国情感计算大会暨中国中文信息学会情感计算专委会工作会议……（617）
中国语言学会第十一届常务理事会2023年度第二次（扩大）会议……（618）
儿童语言、语音获得与认知研讨会……（618）
第十五届中国语音学学术会议暨语音学前沿国际论坛……（619）
国家“十四五”重大学术和文化工程《汉语大字典》修订高端论坛暨赵振铎教授、向熹教授95华诞学术思想研讨会……（620）
强国建设 教育何为 教育强国 语言何为——国家语言能力建设学术研讨会……（620）
汉语史与西北地区语言接触问题研究论坛（2023）……（621）
第八届汉语国际传播研究分会年会……（621）
第九届韵律语法研究国际研讨会……（621）
第十届西北方言与民俗学术研讨会……（622）
第二届自然语言生成与智能写作大会……（623）
第三届汉语音义学研究国际学术研讨会……（623）
中国民族古文字研究会年会暨民族古文字文献与汉语通语、方言研究学术研讨会……（624）
虚拟空间信息的传播与沟通前沿理论工作坊……（625）
第二十二届中国计算语言学大会……（625）
第二届简牍学与出土文献语言文字研究学术研讨会……（626）
第五届走向新描写主义论坛……（626）
第十届汉语言文字学高级研讨班……（627）
教育部“1+1”新闻发布会……（627）
赵元任语言学学术思想国际研讨会……（628）
第十七届全国知识图谱与语义计算大会（CCKS 2023）……（628）
第二届中国—东盟语言文化论坛……（629）
辞书释义学术研讨会……（630）
第一届古代语言机器翻译研讨会……（630）
出土文献与汉字发展史国际学术研讨会……（631）
第26届全国推广普通话宣传周……（631）

第十四届全国汉语词汇学学术研讨会……（632）
第七届语言文字应用研究中青年学者协同创新联盟学术研讨会暨第二届粤港澳语言生活研究青年论坛……（633）
第五届“翻译、修辞与对外话语传播”高端论坛……（634）
第八届全国生态语言学研讨会……（634）
“中文——拓展世界交流的语言”中澳双边学术研讨会……（635）
语言理论体系建设论坛……（637）
全国汉语方言学会第二十二届年会……（637）
第三届汉语历史词汇语法研究国际学术研讨会……（638）
第五届汉语词汇史青年学者论坛……（639）
第十九届全国机器翻译大会……（639）
《语言文字应用》青年学者论学第二期开学式……（640）
“一带一路”语言调查与研究高峰论坛……（640）
古文字与中华文明国际学术论坛……（641）
第十五届全国古代汉语学术研讨会……（642）
2023 汉语语料库建设与应用研讨会……（642）
第九届话语语言学学术研讨会暨第七届大夏跨学派语言学论坛……（643）
基于语料库的跨学科前沿研究国际会议……（643）
第十二届全国社会语言学学术研讨会……（644）
第十届形式语言学国际研讨会……（644）
中国辞书学会第十四届会员代表大会暨学术研讨会……（645）
第十二届汉语语法化问题国际学术讨论会……（646）
第七届国家话语生态研究论坛……（647）
第三届语言政策与语言规划研讨会……（647）
语言学传承与创新国际学术研讨会……（647）
第八届《中国语文》青年学者论坛……（648）
首届语言治理与国家治理研讨会……（648）
第二届“语言、话语与社会”学术论坛……（649）
第二十届北京大学王力语言学奖颁奖仪式……（649）
2023 语言资源高端论坛……（649）
第九届现代汉语句法语义前沿研讨会……（650）
第八届语言服务高级论坛暨粤港澳语言生活与语言服务建设论坛……（651）
第二十九届全国信息检索学术会议……（651）
第四届两岸语言文字调查研究与语文生活研讨会……（651）
第十一届全国社会媒体处理大会（SMP 2023）……（652）
北京市语言学会第 16 届学术年会暨 2023 年学术前沿论坛……（653）
第四届国际中文教育智库论坛……（653）
第十三届中古汉语学术研讨会……（654）

2023 世界中文大会……………………………………………………………………………………（654）
世界汉语教学学会 2023 年学术年会 ………………………………………………………………（655）
《现代汉语词典》研究丛书研讨会…………………………………………………………………（657）
第十八届全国人机语音通讯学术会议（NCMMSC2023）…………………………………………（657）
2023 第三届计算词典学研讨会 ……………………………………………………………………（658）
《通用规范汉字表》公布十周年座谈会……………………………………………………………（658）
历史语言学高端论坛（2023）暨中国语言学会历史语言学分会理事会 …………………………（659）
第四届中国智能教育大会暨第六届中国语言智能大会……………………………………………（660）
古文字青年学者协同创新联盟成立大会暨首届古文字青年学者论坛……………………………（661）
中国中文信息学会 2023 学术年会暨理事会 ………………………………………………………（661）
中国语文现代化学会音韵学分会第三届学术研讨会………………………………………………（661）
外交话语研究论坛……………………………………………………………………………………（662）
郭锡良先生追思会暨汉语史国际学术研讨会………………………………………………………（662）

学术论著

《澳门话近两百年来的音变：兼论广州话、中山话的历史音变》…………………………………（667）
《北京大学藏秦简牍》………………………………………………………………………………（667）
《北京话词典》………………………………………………………………………………………（667）
《本草经集注》（辑复本）……………………………………………………………………………（667）
《变化无穷的语言：认知、大脑与演化》……………………………………………………………（667）
《宾语》………………………………………………………………………………………………（668）
《长沙五一广场简与东汉历史文化学术研讨会论文集》……………………………………………（668）
《长汀话词典》………………………………………………………………………………………（668）
《沉默的句法：截省、孤岛条件和省略理论》………………………………………………………（668）
《程千帆全集》（第一辑）……………………………………………………………………………（668）
《重写秦汉史：出土文献的视野》……………………………………………………………………（668）
《出土丧葬简牍考论》………………………………………………………………………………（669）
《出土宋代买地券辑释》……………………………………………………………………………（669）
《出土宋代砖志辑释》………………………………………………………………………………（669）
《出土文献的学派判定》……………………………………………………………………………（669）
《楚系金文汇编》……………………………………………………………………………………（669）
《春秋金文全编》（全 6 册）…………………………………………………………………………（670）
《辞规的理论与实践》（增订本）……………………………………………………………………（670）
《词义构建的认知研究》……………………………………………………………………………（670）
《词语法导论》………………………………………………………………………………………（670）
《从社会方言到功能语体——网络语言新论》………………………………………………………（670）
《大规模语言模型：从理论到实践》…………………………………………………………………（671）

《大国语言战略》…………（671）
《大冶方言语法研究》…………（671）
《戴震方言疏证》…………（671）
《当代隐喻理论：基于汉语的视角》…………（671）
《当代隐喻学理论流派新发展研究》…………（671）
《德国国家语言能力研究》…………（672）
《电视新闻话语研究——以〈十点新闻〉为例》…………（672）
《顶石中文——高级汉语综合教程》…………（672）
《东北亚语言生活状况报告》（第一辑）…………（672）
《东盟国家汉语学习者汉字习得与教学研究》…………（672）
《动结式的二语习得研究》…………（672）
《段玉裁〈说文解字注〉“古今字”研究》…………（673）
《敦煌文献语言大词典》…………（673）
《多模态大模型：技术原理与实战》…………（673）
《多模态与认知语言学》…………（673）
《鄂豫皖赣四省交汇处方言语法研究》…………（673）
《尔雅义疏》…………（674）
《二十世纪汉语音韵学史稿》…………（674）
《二语会话语用非流利研究》…………（674）
《二语句法操作的界面研究》…………（674）
《二语习得与双语现象的创新研究及实践》…………（674）
《二语语音评测：跨学科视角》…………（675）
《法国国家语言能力研究》…………（675）
《方介堪藏吉金拓片集》…………（675）
《方言变异与变化：溧水街上话的调查研究》（修订本）…………（675）
《方言语法研究的语法化视角》…………（675）
《非洲语言规划与政策（第一卷）：博茨瓦纳、马拉维、莫桑比克、南非》……（676）
《非洲语言规划与政策（第二卷）：阿尔及利亚、科特迪瓦、尼日利亚、突尼斯》…………（676）
《孚甲集——吴铭训诂札记》…………（676）
《福高堂藏古玺印选》…………（676）
《复数语法范畴的跨语言对比与习得研究》…………（677）
《甘青语言区域汉语方言之形成及演变研究》…………（677）
《甘肃方言概况》…………（677）
《钢琴名称的由来及其他——语言与文化随笔》…………（677）
《高安方言语法研究》…………（677）
《歌唱的尼安德特人：语言和音乐的起源》…………（678）
《构式语法与汉语构式》…………（678）

《古白话词汇研究论稿》（增订本）…………………………………………………（678）
《古白话词语汇释》……………………………………………………………………（678）
《古代汉语》（上册）…………………………………………………………………（678）
《古代字体论稿》………………………………………………………………………（679）
《古汉语大字典》………………………………………………………………………（679）
《古汉语心理活动概念场词汇系统演变研究》………………………………………（679）
《古汉语语法四论》……………………………………………………………………（679）
《古籍版本十讲》………………………………………………………………………（680）
《古人如何说话：清朝》………………………………………………………………（680）
《古人如何说话：元、明》……………………………………………………………（680）
《古文字学》……………………………………………………………………………（680）
《古文字与出土文献青年学者西湖论坛（2021）论文集》…………………………（680）
《古玺文异释研究》……………………………………………………………………（680）
《关联性：交际与认知》（第二版）…………………………………………………（681）
《关中山东方言岛语言接触与演变研究》……………………………………………（681）
《广西汉语方言同源词研究》…………………………………………………………（681）
《广西南宁（心圩）平话研究》………………………………………………………（681）
《广西平南粤方言研究》………………………………………………………………（681）
《广义修辞学视域中的〈人民文学〉话语研究》……………………………………（681）
《郭沫若金文著作的文献学研究——以〈两周金文辞大系〉为中心》……………（682）
《国别文字编：燕文字编》……………………………………………………………（682）
《国际文凭课程（IB）中文教学研究新探》…………………………………………（682）
《国际中文教育发展报告 2022》………………………………………………………（682）
《国际中文教育发展报告（2019—2020）》…………………………………………（682）
《国家图书馆藏金文全集》……………………………………………………………（683）
《俄罗斯国家语言能力研究》…………………………………………………………（683）
《海南澄迈方言研究》…………………………………………………………………（683）
《海上风情——上海话朗读》…………………………………………………………（683）
《韩礼德功能语法导论（第四版）》…………………………………………………（684）
《汉代简帛文献文字研究》……………………………………………………………（684）
《汉人所谓古文之研究》（修订版）…………………………………………………（684）
《汉语成语源流大辞典》（修订版）…………………………………………………（684）
《汉语重动句的来源与历时演变研究》………………………………………………（684）
《汉语词汇的流变》……………………………………………………………………（685）
《汉语词汇核心义》……………………………………………………………………（685）
《汉语词汇与文化》……………………………………………………………………（685）
《汉语辞典史（公元前 1046—公元 1911）》…………………………………………（685）
《汉语地名学论纲》……………………………………………………………………（685）

《汉语短语句式词典》……………………………………………………………（685）
《汉语儿童与韩语儿童韵律焦点标记习得研究》……………………………………（686）
《汉语二语者书面语体习得研究》……………………………………………………（686）
《汉语方言被动范畴比较研究》………………………………………………………（686）
《汉语方言持续体比较研究》…………………………………………………………（686）
《汉语方言可能式研究》………………………………………………………………（686）
《汉语方言位移表达研究》……………………………………………………………（687）
《汉语方言疑问范畴比较研究》………………………………………………………（687）
《汉语会话中的多模态、互动及话轮转换》…………………………………………（687）
《汉语教材词汇研究》…………………………………………………………………（687）
《汉语介词语义的演变模式》…………………………………………………………（687）
《汉语近义词学习手册》（高级）………………………………………………………（688）
《汉语近义词学习手册》（中级）………………………………………………………（688）
《汉语口语互动语法——基于时间管理的观察》……………………………………（688）
《汉语口语语法研究新探》……………………………………………………………（688）
《汉语历史词汇语法论集》……………………………………………………………（688）
《汉语历史句法概要》…………………………………………………………………（689）
《汉语量词及其语法化专题研究》……………………………………………………（689）
《汉语平比句和比拟句历史发展与演变机制研究》…………………………………（689）
《汉语身体词词义范畴化的认知研究》………………………………………………（689）
《汉语史讲义》…………………………………………………………………………（689）
《汉语新词语词典（2000—2020）》 ……………………………………………………（690）
《汉语新虚词》（第二版）………………………………………………………………（690）
《汉语修辞格趣谈》……………………………………………………………………（690）
《汉语音韵学讲义》……………………………………………………………………（690）
《汉语音韵研究教程》（增订本）………………………………………………………（691）
《汉语语态和汉语句法》………………………………………………………………（691）
《汉语韵律语法学纲要》………………………………………………………………（691）
《汉语中介语语料库建设标准研究》…………………………………………………（691）
《汉语主观性成分互动模式研究》……………………………………………………（691）
《汉语主观与客观高量级程度副词演变发展的对比研究》…………………………（691）
《汉语自闭症儿童语用发展能力的评估与干预研究》………………………………（692）
《汉语字词关系与汉字职用学》………………………………………………………（692）
《汉语最长名词短语识别研究》………………………………………………………（692）
《汉藏语是非问句的类型学研究》……………………………………………………（692）
《汉字阐释十二讲》……………………………………………………………………（692）
《汉字书法五千年》……………………………………………………………………（693）
《汉字形体史》…………………………………………………………………………（693）

《汉字源流大字典》……………………………………………………………………（693）
《汉字再发现：从旧识到新知》…………………………………………………………（693）
《汉族汉语独立时期考》………………………………………………………………（693）
《河北唐山秦皇岛方言语音研究》………………………………………………………（694）
《河南藏甲骨集成·周口关帝庙博物馆卷》……………………………………………（694）
《荷兰国家语言能力研究》……………………………………………………………（694）
《龢钟鸣凰：春秋曾国编钟》…………………………………………………………（694）
《衡水武邑县方言研究》………………………………………………………………（694）
《红叶集》…………………………………………………………………………………（694）
《互动视角下的汉语口语语法研究》……………………………………………………（695）
《互文性研究》……………………………………………………………………………（695）
《话语分析：社会科学研究的文本分析方法》…………………………………………（695）
《换言之：翻译教程》（第三版）………………………………………………………（695）
《黄侃手批说文解字》……………………………………………………………………（695）
《绘园旧藏甲骨文字》……………………………………………………………………（695）
《基于梵汉对勘的〈无量寿经〉语法研究》……………………………………………（696）
《基于语料库的秦汉简帛用字研究》……………………………………………………（696）
《基于语料库的中美媒体话语语用修辞对比研究》……………………………………（696）
《基于语素库的汉语支配式双音词构词规律研究》……………………………………（696）
《吉安方言语法研究》……………………………………………………………………（697）
《吉金光华：山西青铜艺术》……………………………………………………………（697）
《计算语言学方法研究》…………………………………………………………………（697）
《计算语言学概论（第一卷）：语音、词法、句法》…………………………………（697）
《计算语言学概论（第二卷）：语义、篇章、应用》…………………………………（697）
《继承传统 博古通今——纪念郭锡良先生九十华诞学术文集》………………………（698）
《甲骨文的数字化处理及应用研究》……………………………………………………（698）
《甲骨文祭祀动词句型研究》……………………………………………………………（698）
《甲骨文金文导读》………………………………………………………………………（698）
《甲骨文摹本大系》………………………………………………………………………（698）
《甲骨文与殷商史》（新十三辑）………………………………………………………（699）
《甲骨文摭论》……………………………………………………………………………（699）
《肩水金关汉简整理与异体字研究》……………………………………………………（699）
《简牍学与出土文献研究》（第二辑）…………………………………………………（699）
《江西湖口方言词典》……………………………………………………………………（699）
《焦点结构和意义的研究》（增订本）…………………………………………………（699）
《结果补语语义指向与计算机识别研究》………………………………………………（700）
《解码乔姆斯基》…………………………………………………………………………（700）
《金声玉振——郭店楚墓竹简出土三十周年研究文选》………………………………（700）

《金文与西周文献合证》…………………………………………………………………（700）
《近代汉语词汇理据研究》………………………………………………………………（700）
《近代汉语分析型致使结构及相关句式研究》…………………………………………（701）
《近代汉语大词典》（增订版）…………………………………………………………（701）
《近代汉语官话方言综合文献集成》……………………………………………………（701）
《近代汉语徽方言文献集成》……………………………………………………………（701）
《近代汉语晋方言文献集成》……………………………………………………………（702）
《近代汉语客赣方言文献集成》…………………………………………………………（702）
《近代汉语平话土话方言文献集成》……………………………………………………（702）
《近代汉语吴方言文献集成》……………………………………………………………（702）
《近代汉语粤方言文献集成》……………………………………………………………（702）
《近代稀见吴语文献集成》（第一辑）…………………………………………………（703）
《近 20 年汉语作为第二语言语法习得研究·词汇》 …………………………………（703）
《近 20 年汉语作为第二语言语法习得研究·理论及综合》 …………………………（703）
《景颇族·怒江州片马茶山语参考语法》………………………………………………（703）
《句法语义互动中的汉语功能成分研究》………………………………………………（703）
《句法制图理论研究》……………………………………………………………………（704）
《凯里养蒿寨苗语语料集萃》……………………………………………………………（704）
《康熙字典考证》…………………………………………………………………………（704）
《克木语四音格式研究》…………………………………………………………………（704）
《口笔译的认知神经科学研究》…………………………………………………………（704）
《跨学科修辞研究的理论与范式：“望道修辞学论坛”
论文集萃（第六辑）》……………………………………………………………………（705）
《跨语言视角下的汉语羡余否定构式研究》……………………………………………（705）
《跨越边界：翻译的跨学科研究》………………………………………………………（705）
《扩散模型：生成式 AI 模型的理论、应用与代码实践》 ……………………………（705）
《类型学视域下的汉日语致使结构对比研究》…………………………………………（705）
《李学勤文集》……………………………………………………………………………（705）
《理据理论与汉语复合词语义结构：以名词为核心》…………………………………（706）
《历史语言学中的比较方法》……………………………………………………………（706）
《连续性：方法论的研究》………………………………………………………………（706）
《联合国语言政策规范文件汇编》………………………………………………………（706）
《两汉外来词研究》………………………………………………………………………（706）
《两周金文语法研究》……………………………………………………………………（707）
《琉球官话课本考论》……………………………………………………………………（707）
《〈六书略〉与〈《说文》大小徐本录异〉的整理和研究》……………………………（707）
《龙岗秦简汇释今译》……………………………………………………………………（707）
《卢文弨重校方言（附刘台拱方言补校）》……………………………………………（707）

《录音鉴定原理》……………………………………………………………………（708）
《旅顺博物馆所藏甲骨文字编》……………………………………………………（708）
《马王堆简帛文字编》………………………………………………………………（708）
《满汉〈清文指要〉汇校与比较研究》……………………………………………（708）
《门类增广十注杜工部诗（残本）门类增广集注杜诗（残本）草堂先生杜
工部诗集（残本）》…………………………………………………………………（708）
《苗语汉借词研究》…………………………………………………………………（709）
《闽南方言研究》……………………………………………………………………（709）
《名词范畴化视野下的侗台语族类别词研究》……………………………………（709）
《明清来华西人与辞书编纂》………………………………………………………（709）
《明清以来闽方言文献集成》（第一—六辑）……………………………………（709）
《南腔北调：方言里的中国》………………………………………………………（710）
《佩觿释证》…………………………………………………………………………（710）
《普通话的分韵及韵谱字汇》………………………………………………………（710）
《齐系金文研究》……………………………………………………………………（710）
《乾嘉“理必”科学观念与方法》…………………………………………………（710）
《乾嘉皖派的理必科学》……………………………………………………………（711）
《乾堂藏东周磬铭》…………………………………………………………………（711）
《切问近思录》………………………………………………………………………（711）
《切韵指掌图校注》…………………………………………………………………（711）
《秦文字集证》（增订本）…………………………………………………………（711）
《清代〈释名〉注疏研究》…………………………………………………………（712）
《清华大学藏战国竹简》（拾叁）…………………………………………………（712）
《清末民初白话报刊异形词汇考》…………………………………………………（712）
《庆堂印话：孙家潭藏古玺印杂记》………………………………………………（712）
《全国汉语方言用字表稿》…………………………………………………………（712）
《认知类型学视野下汉英表量结构的对比研究》…………………………………（712）
《认知语法视域下的汉语被动句研究》……………………………………………（713）
《认知语言学》………………………………………………………………………（713）
《认知语言学入门》…………………………………………………………………（713）
《认知语义学：静态事件的概念化和类型学》……………………………………（713）
《日本藏〈韵镜〉文献汇刊及释要》………………………………………………（713）
《日本江户时代唐话的音韵研究》…………………………………………………（713）
《日本“无穷会本系”〈大般若经音义〉研究——以汉字为中心》……………（714）
《日本学者汉字译音研究论文选》…………………………………………………（714）
《日韩语汉字词与汉语词比较研究》………………………………………………（714）
《日就月将：出土文献与古文字研究青年学者访谈录》…………………………（714）
《日语移动表达的概念迁移研究》…………………………………………………（714）

《〈三才福〉校注》……………………………………………………………………（715）
《三都水语语料集萃》（贵州民族语言研究丛书）………………………………………（715）
《三国志校诂》（增订纪念版）……………………………………………………………（715）
《山东古方志载青铜器资料辑录》…………………………………………………………（715）
《山西方言语法研究》………………………………………………………………………（715）
《商代考古与甲骨学》………………………………………………………………………（716）
《上博简〈论语〉类文献研究》……………………………………………………………（716）
《上古汉语语气副词研究》…………………………………………………………………（716）
《上古音略》（修订版）……………………………………………………………………（716）
《尚书古文疏证》……………………………………………………………………………（716）
《少儿和青少年的语言测评》………………………………………………………………（716）
《畲族民歌修辞研究》………………………………………………………………………（716）
《社会文化理论与二语教学语用学》………………………………………………………（717）
《社会与话语：社会语境如何影响文本与言谈》…………………………………………（717）
《身份建构与关系管理：网络互动话语的批评语用研究》………………………………（717）
《什么是第二语言习得》……………………………………………………………………（717）
《神经语言学导论》…………………………………………………………………………（718）
《沈石溪动物叙事的生态批评话语研究》（英文版）……………………………………（718）
《生态语言学视角下的媒体新闻话语研究》………………………………………………（718）
《〈诗经〉语文论集》（增补本）…………………………………………………………（718）
《世界各国宪法中的语言条款汇编》………………………………………………………（718）
《世界语言类型学》…………………………………………………………………………（719）
《世界语言生活状况报告（2023）》………………………………………………………（719）
《实用维汉常用词词典》……………………………………………………………………（719）
《使用驱动的二语教学：实证依据》………………………………………………………（719）
《睡虎地西汉简牍·质日》…………………………………………………………………（720）
《说文段注八讲》……………………………………………………………………………（720）
《〈说文解字〉注音释义研究》……………………………………………………………（720）
《说文解字通论》……………………………………………………………………………（720）
《苏皖方言处置式比较研究》………………………………………………………………（720）
《苏南“河南话”的源流系属及口传文化研究》…………………………………………（721）
《遂昌方言研究》……………………………………………………………………………（721）
《泰国留学生汉语声调产出与感知研究》…………………………………………………（721）
《唐诗修辞史研究》…………………………………………………………………………（721）
《唐诗语言研究》（修订本）………………………………………………………………（721）
《唐写全本切韵校注》………………………………………………………………………（721）
《淘词十码——语言里的中国》……………………………………………………………（722）
《天水放马滩秦简文字编》…………………………………………………………………（722）

《条件句与情态研究》……（722）
《通用规范汉字易查易用手册》……（722）
《王蒙小说文体研究》（增订本）……（722）
《王维诗歌语篇风格互文研究》……（723）
《网络语言规范问题的社会观察及治理研究》……（723）
《望山楚简普及本》……（723）
《伟大的发明：从洞穴壁画到人工智能时代的语言演化》……（723）
《魏晋南北朝碑刻文献疑难词语汇释》……（723）
《文化语言学导论》（增订版）……（724）
《文化源与汉语词汇研究》……（724）
《〈文选〉音注辑考》……（724）
《吴棫陈第古音古韵比较研究：兼评清代古韵学》……（724）
《吴云金石学丛稿》……（724）
《吴镇烽金文论集》……（725）
《西北汉简整理及考释》……（725）
《西周甲骨探论》（增订本）……（725）
《先秦符节的搜集、整理与研究》……（725）
《现代汉语代词及相关形式的指称研究》……（725）
《现代汉语反诘语气副词研究》……（725）
《现代汉语合偶词研究》……（726）
《现代汉语评价性V-起来句的论元实现》……（726）
《现代汉语书面语历时语域变异研究》……（726）
《现代汉语益损者研究：从语义角色到句法实现》……（726）
《现代汉语隐喻簇的认知探究》……（726）
《现代汉语语法复杂性计量研究》……（726）
《现代汉语语气词的功能特征研究——以类型学视角》……（726）
《现代日语示证范畴研究》……（727）
《湘西凤凰苗歌译注及语言学研究》……（727）
《写作的规矩》……（727）
《心理语言学及语言的神经生物学研究方法实用指导》……（727）
《新编普通话教程·初级》（修订版）……（728）
《新编普通话教程·中级》（修订版）……（728）
《〈新集藏经音义随函录〉研究》（增订本）……（728）
《新媒体背景下的语言规范化研究》……（728）
《新媒体与网络语言的互动研究》……（728）
《新时代城市语言文明建设研究》……（729）
《形容词》……（729）
《修辞感觉》……（729）

《虚构话语的意义研究》……（729）
《叙实性与事实性理论及其运用》……（729）
《悬泉汉简》（叁）……（729）
《学术语篇中的“知识情绪”》……（730）
《训诂学》……（730）
《训诂学原理》（增补本）……（730）
《言语社区与语言文化研究：宁夏语言生活调查》……（730）
《言语行为：语言哲学论》……（730）
《颜师古“古今字”研究》……（731）
《扬州新出土宋元明清墓志》……（731）
《仰缉纬象：马王堆帛书〈五星占〉研究》……（731）
《“一带一路”国家语言状况与语言政策（第4卷·非洲）》……（731）
《一切经音义三种校本合刊》（修订第二版）……（732）
《一言一语总关情》……（732）
《伊犁州额鲁特蒙古语元音声学研究》……（732）
《仪顾集——古汉语与古文献研究》……（732）
《移民背景与上海城市方言的形成》……（732）
《彝人论彝：语言·文化·认同》……（732）
《益阳兔子山七号井西汉简牍》……（733）
《殷墟甲骨文分类与系联整理研究》……（733）
《殷墟甲骨学概论》……（733）
《银雀山汉简文字编》……（733）
《隐喻使用中的推理》……（733）
《隐喻性空间关系构式的认知研究》……（733）
《英汉断定构式的句法语义界面研究》……（734）
《英汉多重否定的语义研究》……（734）
《英汉功能句法对比研究》……（734）
《英汉商务话语隐喻对比研究——基于认知语料库语言学》……（734）
《英汉语篇综合对比》……（734）
《英语认知教学语法：理论与应用》……（734）
《英语听力测试设计指导》……（735）
《英语语音学与音系学实用教程》（第四版）……（735）
《应用语言学定量研究方法与实例解析》……（735）
《应用语言学中的质性研究实践导论》……（735）
《应用语言学专业词典》……（735）
《〈甬言稽诂〉校注及研究》……（735）
《有风来仪：夏含夷教授七十华诞祝寿论文集》……（736）
《语法化与语法研究》（十一）……（736）

《语料库研究方法》……………………………………………………………………………（736）
《语篇的衔接与连贯》…………………………………………………………………………（736）
《语气词》………………………………………………………………………………………（736）
《语气副词》……………………………………………………………………………………（736）
《语言保持与语言转用：社会语言学中的重要论题》………………………………………（737）
《语言变化原理：认知和文化因素》…………………………………………………………（737）
《语言的交互主观性研究——以汉语、英语为例》…………………………………………（737）
《语言的历史》…………………………………………………………………………………（737）
《语言的起源和语言相对论》…………………………………………………………………（737）
《语言的深度计算理论与技术应用》…………………………………………………………（737）
《语言的神经心理学手册》（第一卷）………………………………………………………（738）
《语言规划讲义》………………………………………………………………………………（738）
《语言教学教程：实践与理论》（第二版）…………………………………………………（738）
《语言教学中的课程设计》（第二版）………………………………………………………（738）
《语言接触视角下近代汉语词汇的生成：以近代中日国语辞典互动为中心》
……………………………………………………………………………………………………（738）
《语言景观研究的理论与实践》………………………………………………………………（739）
《语言就是生活》………………………………………………………………………………（739）
《语言考辨与佛经鉴别》………………………………………………………………………（739）
《语言理解中语义加工的认知和神经机制》…………………………………………………（739）
《语言迷宫》……………………………………………………………………………………（739）
《语言数字人文与 R 语言实践》 ……………………………………………………………（740）
《语言学概论》…………………………………………………………………………………（740）
《语言学概论》（增订本）……………………………………………………………………（740）
《语言学课题：语言研究实用指导》（第三版）……………………………………………（740）
《语言学理论应用与语言教学的多维研究》…………………………………………………（740）
《语言研究》（第 7 版）………………………………………………………………………（741）
《语言心理与认知科学分析》…………………………………………………………………（741）
《语言与性别》…………………………………………………………………………………（741）
《语言智能研究》（第 1 卷）…………………………………………………………………（741）
《语音类型》……………………………………………………………………………………（741）
《语音信号数字处理技术》……………………………………………………………………（741）
《语音障碍：全面评估与治疗》………………………………………………………………（742）
《语用身份论视角下的学术引用行为研究》…………………………………………………（742）
《预期与意外》…………………………………………………………………………………（742）
《元代碑刻辑释》………………………………………………………………………………（742）
《元刊杂剧三十种新校》………………………………………………………………………（743）
《原本玉篇残卷校证》…………………………………………………………………………（743）

《原生态歌谣修辞研究：以云南诸民族为例》…………………………………………（743）
《岳麓书院藏秦简（肆—柒）文字编》……………………………………………………（743）
《岳麓书院藏秦简（贰）汇释今译》………………………………………………………（743）
《粤港澳大湾区语言生活状况报告（2023）》…………………………………………（743）
《粤语会话宝典：从起居、社交、工作到文化的广东话万用表达，
冚唪唥都喺度》（港版）…………………………………………………………………（744）
《韵海镜源——音韵文字论集》……………………………………………………………（744）
《藏缅语演化网络研究》……………………………………………………………………（744）
《藏缅语族语言词汇》（修订增补版）……………………………………………………（744）
《战国秦楚简帛与中医药》…………………………………………………………………（744）
《张揖〈古今字诂〉辑佚与研究》…………………………………………………………（745）
《漳州闽南语趣谈》…………………………………………………………………………（745）
《漳州闽南语诗词》…………………………………………………………………………（745）
《漳州闽南语笑话》…………………………………………………………………………（745）
《郑风韩韵——郑韩故城近出东周青铜器精粹》………………………………………（745）
《郑珍小学研究》……………………………………………………………………………（746）
《知之不若行之：不同语法体系对日语习得效果的影响》……………………………（746）
《中古汉语状态形容词研究》………………………………………………………………（746）
《中古上声字在现代方言中的演变研究》…………………………………………………（746）
《中古阳声韵韵尾在现代汉语方言中的读音类型》………………………………………（746）
《中国大学生德语语音语调习得研究》……………………………………………………（747）
《中国地方志方言资料总目》………………………………………………………………（747）
《中国方言区英语学习者语音习得的跨学科研究》………………………………………（747）
《中国古代墓志研究》………………………………………………………………………（747）
《中国古代姓氏与避讳起源》………………………………………………………………（748）
《中国文字学》………………………………………………………………………………（748）
《中国文字学手册》…………………………………………………………………………（748）
《中国训诂学》………………………………………………………………………………（748）
《中国语言生活状况报告（2023）》………………………………………………………（748）
《中国语言学年鉴 2023》……………………………………………………………………（749）
《中国语言政策研究报告（2023）》………………………………………………………（749）
《中国语言资源集·广东（词汇卷）》……………………………………………………（749）
《中国语言资源集·广东（口头文化卷）》………………………………………………（749）
《中国语言资源集·广东（语法卷）》……………………………………………………（750）
《中国语言资源集·广东（语音卷）》……………………………………………………（750）
《中国语言资源集·河北（词汇卷）》……………………………………………………（750）
《中国语言资源集·河南（口头文化卷）》………………………………………………（750）
《中国语言资源集·河南（语法卷）》……………………………………………………（750）

《中国语言资源集·河南（语音卷）》……………………………………………………（751）
《中国语言资源集·吉林》……………………………………………………………………（751）
《中国语言资源集·四川》……………………………………………………………………（751）
《中国语言资源集·浙江》……………………………………………………………………（751）
《中国早期思想史与文献研究》……………………………………………………………（752）
《中西书写体系的认知效应研究》…………………………………………………………（752）
《周家台秦墓简牍等三种汇释今译》………………………………………………………（752）
《周易讲辞》……………………………………………………………………………………（752）
《周有光语文现代化理论体系建构》………………………………………………………（752）
《周有光语言文字学研究资料选编》………………………………………………………（752）
《朱熹语音及语音思想研究——以叶音为核心》…………………………………………（753）
《朱子语类》……………………………………………………………………………………（753）
《助词“了”》…………………………………………………………………………………（753）
《祝鸿熹文集》…………………………………………………………………………………（753）
《字本论——汉字基因密码解读》…………………………………………………………（753）
《自然语言处理导论》…………………………………………………………………………（754）
《自然语言的事件语义学研究》……………………………………………………………（754）

学术项目

2019—2023 年度国家社科基金重大项目（语言学）立项名单 …………………………（757）

学者介绍

刘坚先生学术经历………………………………………………………………………………（763）
邵荣芬先生学术传略……………………………………………………………………………（769）
学者简介 ……………………………………………………………………………………（781）
启 功……………………………………………………………………………………………（781）
杨春霖…………………………………………………………………………………………（781）
王世华…………………………………………………………………………………………（781）
徐 复……………………………………………………………………………………………（781）
王 均……………………………………………………………………………………………（782）
林 焘……………………………………………………………………………………………（782）
徐通锵…………………………………………………………………………………………（782）
廖序东…………………………………………………………………………………………（783）
李树俨…………………………………………………………………………………………（783）
鲍明炜…………………………………………………………………………………………（783）
何乐士…………………………………………………………………………………………（783）

王嘉龄……………………………………………………………………………………（784）
吴为章……………………………………………………………………………………（784）
陈海伦……………………………………………………………………………………（784）
季羡林……………………………………………………………………………………（784）
王维贤……………………………………………………………………………………（785）
刘又辛……………………………………………………………………………………（785）
吴　昌……………………………………………………………………………………（785）
徐　枢……………………………………………………………………………………（785）
方　立……………………………………………………………………………………（786）
赵世开……………………………………………………………………………………（786）
郭良夫……………………………………………………………………………………（786）
余志鸿……………………………………………………………………………………（786）
龚煌城……………………………………………………………………………………（787）
徐文堪……………………………………………………………………………………（787）
贺　巍……………………………………………………………………………………（787）
巢　峰……………………………………………………………………………………（788）
卢烈红……………………………………………………………………………………（788）
傅国通……………………………………………………………………………………（788）
丁邦新……………………………………………………………………………………（788）
邢福义……………………………………………………………………………………（789）
李伟洪……………………………………………………………………………………（789）
张成材……………………………………………………………………………………（790）
黄宝生……………………………………………………………………………………（790）
程祥徽……………………………………………………………………………………（790）
侯精一……………………………………………………………………………………（791）
杨洪清……………………………………………………………………………………（791）
刘广和……………………………………………………………………………………（791）
马庆株……………………………………………………………………………………（792）
濮之珍……………………………………………………………………………………（792）
梅祖麟……………………………………………………………………………………（792）

大事记

……………………………………………………………………………………………（793）

Contents (Abstract)

Recent Advances

Syntax and Semantics of Modern Chinese ………………………………………………… (3)
Historical Syntax of Chinese ………………………………………………………………… (21)
Lexicology of Modern Chinese ……………………………………………………………… (34)
Historical Lexicology of Chinese …………………………………………………………… (55)
Chinese Phonetics ……………………………………………………………………………… (66)
Chinese Phonology……………………………………………………………………………… (81)
Chinese Paleography …………………………………………………………………………… (95)
Chinese Dialectology …………………………………………………………………………… (108)
Rhetoric ………………………………………………………………………………………… (119)
Discourse Studies and Pragmatics …………………………………………………………… (143)
Lexicography …………………………………………………………………………………… (161)
Computational Linguistics, Natural Language Processing and Their Applications ……… (178)
Corpus Linguistics and Its Application ……………………………………………………… (198)
Sociolinguistics ………………………………………………………………………………… (212)
Language Situation in China ………………………………………………………………… (231)

Selected Articles

Regulations on the Use of National Common Language in Information
Technology Products ……………………………………………………………………………… (241)
The Construction of Three Major Systems of Chinese Linguistics: Origins,Implications and
Approaches ……………………………………………………………………… Wang Chunhui (243)
Achievements of Large-scale Language Investigations in China and Their Inspiration
……………………………………………………………………………………… Cao Zhiyun (262)
On China' s Path to Chinese Grammar Research ……………………………… Wan Quan (275)

New Entries and Interpretations in the 12th Edition of *Xinhua Dictionary* …… Wang Nan（285）
Conditions on Pleonastic Negation …… Li Ming（294）
Two Dimensions of Topic Continuity Measurement：Topic Accessibility and Topic Importance …… Yue Yao Lu Junyi（321）
A Corpus Driven Study on Development of Children' s Evaluative Expression from the Perspective of the Acquisition of Evaluative Adverbs …… Rao Hongquan（335）
A Constructionist Account of N_1VN_2 Compounds in Mandarin Chinese …… Song Zuoyan（348）
Shift of Causal Implication in the Interpretation of Verb Phrases …… Tan Jingchun（368）
On the Middle Chinese Grammar: According to Eight Books …… Jiang Shaoyu（382）
Grammaticalization Caused by Ellipsis …… Wu Fuxiang（399）
On the Transformation of the Research Framework of Phonetic History …… Liu Xiaonan（422）
An Investigation of the Evolution of Rising Tone of the Sinigrams with Voiced Initials Becoming Departing Tone from the Northern and Southern Dynasties to the Sui and Tang Dynasties Based on the Early Phonetic Notations in the Sui and Tang Dynasties …… Sun Yuwen（434）
On *piqiang*(辟彊) …… Zhang Chuanguan（455）
Why Being Ridiculed: Revisiting the 34th Item of Chapter 6 of *Family Instructions for the Yen Clan*（《颜氏家训》）…… Zhu Guanming Li Jiaqi（469）
Ancient Chinese Characters Research Based on Artificial Intelligence Technology …… Li Chuntao Zhang Qian Xu Hao Gao Jiaying（486）
Supplementary Explanations to *Xian* in Oracle Bone Inscriptions …… Wang Ziyang（497）
The Etymological Notes on the Word [^{*c}k^{h}ə] 可 in the Some Phrase in the Jin Group …… Shen Ming（510）
The Copula Function of the Referential Marker *A* in Yiyang，Xiang Dialect …… Xia Liping（520）
The Bidirectional Dynamic Influence between Shanghainese and Mandarin on the Variation of Shanghainese E/EI and the *ei* in Shanghai Mandarin …… Chen Zhongmin Ma Liang Wen Rui（530）
Light-heavy Continuum between Neutral Tone and Lexical Tone …… Huang Jingwen Li Aijun（540）
Governance of Large Language Models from the Perspective of Language Resources …… Rao Gaoqi Hu Xingyu Yi Zilin（560）
Post-classic Era Research Methods in Corpus Linguistics and Their Theoretical Implications …… Xu Jiajin（572）

Illuminating Comparative Rhetoric: Motivations,Core Ideas and Research Methods ······ Liu Donghong Mao Luming (583)
"Three-in-One" : A Macro Model for the Appraisal Inquiry of Discourse Semantics ······ Wang Zhenhua Fang Shuoyu (592)

Conference

······ (607)

Monographs

······ (667)

Projects Supported by Research Grants

······ (757)

In Memory of the Fallen

Liu Jian ······ (763)
Shao Rongfen ······ (769)
Qi Gong ······ (781)
Yang Chunlin ······ (781)
Wang Shihua ······ (781)
Xu Fu ······ (781)
Wang Jun ······ (782)
Lin Tao ······ (782)
Xu Tongqiang ······ (782)
Liao Xudong ······ (783)
Li Shuyan ······ (783)
Bao Mingwei ······ (783)
He Leshi ······ (783)
Wang Jialing ······ (784)
Wu Weizhang ······ (784)

Chen Hailun …… (784)
Ji Xianlin …… (784)
Wang Weixian …… (785)
Liu Youxin …… (785)
Wu Chang …… (785)
Xu Shu …… (785)
Fang Li …… (786)
Zhao Shikai …… (786)
Guo Liangfu …… (786)
Yu Zhihong …… (786)
Gong Huangcheng …… (787)
Xu Wenkan …… (787)
He Wei …… (787)
Chao Feng …… (788)
Lu Liehong …… (788)
Fu Guotong …… (788)
Ding Bangxin …… (788)
Xing Fuyi …… (789)
Li Weihong …… (789)
Zhang Chengcai …… (790)
Huang Baosheng …… (790)
Cheng Xianghui …… (790)
Hou Jingyi …… (791)
Yang Hongqing …… (791)
Liu Guanghe …… (791)
Ma Qingzhu …… (792)
Pu Zhizhen …… (792)
Mei Zulin …… (792)

Major Events

…… (793)

学科综述

现代汉语句法语义研究

刘探宙　王婷婷　刘　阳

2023年是中国改革开放45周年，也是全面贯彻党的二十大精神的开局之年。这一年里，习近平文化思想正式提出，将中国古老的哲学思想同马克思主义理论和实践观念相结合，实现了理论上的重要突破，贯穿其中的“明体达用、体用贯通”的理论品格也为广大哲学社会科学工作者提供了认识论和方法论的重要指导。在这一年的句法语义研究领域，学者们以与时俱进的精神、求真务实的姿态把各项研究深植于汉语语言事实之中，在广泛吸收借鉴国际语言学优秀研究成果的同时，更加注重对汉语自身特点的发掘，更加注重以新的视角和理念反思经典问题，也更加注重立足于汉语事实对句法语义理论、方法做进一步思考和完善。综观近些年的汉语句法语义研究，基本上体现出这样一条研究脉络，即以对汉语语言事实的认识为土壤，不断推动和深化具有汉语特点的语法理论和研究方法的成熟发展，并以此催生对汉语语言事实新的认识。这无疑体现出现代汉语句法语义研究中“明体达用、体用贯通”的研究思路。下面我们按照成果的研究取向分别加以综述。

一、中国特色的“大语法观”理论体系日趋完善

构建中国特色“大语法观”的理论体系，不仅需要立足于中国自主知识体系建设、句法语义学科发展等角度进行宏观层面的方法论思考，也需要立足于语言实际对理论体系本身进行不断检验、完善，进行概念厘清。2023年度在这两方面都有较为深入的研究成果。

“大语法观”讲求语法以用法为本，语法不能脱离用法而存在，这是一种广义的语法理念。在这一理念的引领下，越来越多的学者开始重新审视以往“狭义语法的框框套不住的广泛事实”，涌现出一批能够真正立足于汉语语言实际、反映汉语语法特点的研究成果。沈家煊和王伟的《读赵元任讲“了”——纪念赵元任诞辰130周年》（《中国语文》第6期）认为赵元任刻画的“了”的各种用法有深刻的内在联系，通过对这些内在联系的梳理，可以看出汉语的“造句之道”，即汉语的主语是话题，以零句和流水句为本，动词动静叠加、以静为本，通过对事实的指明肯定来陈述事件。基于以上四点认识，文章认为“了”的用法可以概括为“说话人在当下有意用来指明一种情况的现而在”，这体现出了“了”的语用性质。宋文辉的《从认知语法看现代汉语语法根本特征》（《语言教学与研究》第5期）基于对汉语语法特征的既有认识，从认知功能视角进行了概括，认为这些认识体现出了汉语语法范畴化的极简主义路线：话题—说明结构是语法知识网络的核心节点，语法知识网络的组织因而更经济；句子结构类型更精简；作为语用型语言，汉语语法范畴极为精简。吴怀成的《处置类受事主语句初探》（《汉语学习》第1期）认为汉语受事主语句与被动并无天然联系，它在本质上是受事话题句，并从认知凸显视角探讨了表示处置的受事主语句的产生机制，从糅合类推角度讨论了这类句子与“变在句”的关系。

近年来，有学者立足于“大语法观”，提出汉语语法“戏剧化”的特点，得到越来越多学者的关注和认同，并将之用于解释更多的语言现象。这不但印证了这一观察的准确性，也进一步揭示了这一发现的理论价值。王倩倩的《现代汉语同一性定中结构及其主观性》（《世界汉语教学》第 2 期）认为同一性定中结构融合了客观转述和主观评述两种视角，体现出汉语特有的戏剧化主观性的特点。王璐菲和史金生的《场景聚焦与视角融合：叙事语篇中“只见”和“就见”的戏剧性表现》（《当代语言学》第 5 期）认为“只见”和“就见”是叙述者入戏的标志，目的是拉受述者入戏，与受述者互动。

其他还有一些基于三域理论的研究。史金生和罗依薇的《言者视点与表达方式——“说”的元语用法》（《汉语学报》第 4 期）基于三域理论，考察了“说”的功能及隐现情况，认为它是一种元语标记，其功能是对后续表达内容进行处理包装，传达说话人的立场和态度。史金生和周稚新的《“不仅仅”的语篇功能及交互主观性》（《汉语学习》第 5 期）通过对“不仅仅”语篇分布和表达功能的考察，提出“不仅仅”具有交互主观性，是言域、知域和行域的统一，其后成分是语用焦点，而“不仅”则没有这些特点。

构建“大语法观”的理论体系势必要正本清源，对以往语法研究道路上未及考虑甚至坦然接受的问题予以反思，这主要体现在对“名动包含说”的认识上。自 2016 年《名词和动词》一书出版以来，学界对“名动包含说”的关注持续升温。一方面，在“名动包含说”这一科学认识的指引下，学者们发掘出越来越多颇具启发性和研究价值的汉语语法新的特点、新的现象；另一方面，在这“一抛一捡”之间，学者们的目光也开始重新聚焦于几十年来汉语语法研究中的一些基本问题，有一些也是自结构主义进入中国以来争论已久的经典问题，如名词的定义问题、向心结构的适用性等。这些研究实践和理论反思进一步揭示出“名动包含说”自身的科学性、简约性和强大的解释力。沈家煊的《名词的定义问题》（《现代外语》第 3 期）由“名动包含”和“名动分立”中名词的基本定义问题切入，对两种格局中术语概念的内涵进行了更深入的讨论，并且从方法论层面对结构主义的分布原理进行了反思。他指出西学东渐以来，“我们应当引入的不是西方语言学体系中名词、动词这些术语概念的名称、定义等结论性的知识，而应当引入如何建立那套语言学理论的理路和方法，而且对方法的引入也还得看适用不适用”。一方面，这篇文章再次正面回应了自“名动包含说”提出以来学界的一些质疑；另一方面，通过对结构主义分布原则的反思，呼吁学界要注重两个事实：一是仅为名词所有而为动词所无的分布特征在汉语里找不出来，二是名词和动词的分布呈现出成系统的“异而同”格局。沈家煊的《评施关淦“现代汉语的向心结构和离心结构”》（《外国语（上海外国语大学学报）》第 5 期）认为施关淦（1988）《现代汉语的向心结构和离心结构》对朱德熙先生通过修改“向心结构”的定义去解决“这本书的出版”问题，批评和分析逻辑严密、切中要害，该文对学界现有的针对这一问题提出的“名物化”“动名词”“广义同构”等几种解决方案进行了检讨，认为朱先生对“向心结构”定义的修改体现出了“汉语有某些结构上的特点，是采用纯粹的结构主义的语法理论所无法覆盖的”，因此解决这一问题时要用朴素的眼光去看待汉语，放下“名动只能对立不能包含”和“语法语用各自独立不能包含”的两个成见，这样“汉语名词是具有实用性的大名词”这一认识便能够为我们提供更多的新的解题思路。而这一解题思路也有来自实证研究的证据，于秒、李兴雅和夏全胜的《汉语“N 的 V”结构中的动名不分——基于心理加工视角的实验证据》（《当代语言学》第 3 期）采用行为实验和眼动实验方法，从心理加工视角证明了这一结构中动词在心理加工上与名词无异。

理论体系的构建需要方法论层面的指引，“不忘本来、吸收外来、面向未来”是构建中国特色汉语语法体系的基本指导思想，唯有立足于此，才能够走出中国道路、建立自主体系、解决实际问题。沈家煊的《ChatGPT，赵元任，新文科——一个语言学家的思考》（《中国语言战略》第 1 期）认为 ChatGPT 的成功是神经网络这一方法的逆袭，而神经网络正是基于神经元之间连接变化来学习制定理论的，从语言学角度来看，连通论加百科知识正是认知语言学的优势所在。文章认为 AI 领域的这一创新预示着语言学研究范式将发生变革，语言学者们应积极地参与到变革的过程中来，解放思想，与时俱进。这篇文章还提出新文科背景下语言学建设要重视营造良好的学术风气，建立真正的学术标准，即简单和严谨，“如果不尊重简单这条学术标准，不提倡简雅的科学精神，断无可能”。沈家煊的《名词的定义问题》（《现代外语》第 3 期）再次强调，科学之道就是要不断发现问题，力图画出一幅更加简单的、与汉语现象更加和谐的图像，“大道至简，科学研究的目的是以简驭繁，化繁为简”，这是前人（朱德熙先生）学术思想的精髓。完权的《汉语语法研究的中国道路》（《云南师范大学学报（哲学社会科学版）》第 2 期）从汉语语法研究的宏观层面出发，提出要解决中国语言学问题，必须不忘本来的研究道路，不忘汉语本来的经典传承，不忘汉语本来的语言面貌，抓住流水句、体用包含、文学语言、“字”的语法等能够反映汉语特色的研究课题，只有这样才能做出既具有民族性又具有世界性的成果。杨慧林的《解读“中国化”问题的中国概念——以“对言”和“相关”为例》（《中国人民大学学报》第 1 期）认为用中国概念解读“中国化”的问题，并非自我封闭的自说自话，“对言”和“相关”的基本价值在于相对又相关、相反而相成的种种纠葛，这些纠葛使中国思想进入西方的概念系统，同样也使我们自身被重新激活。

二、功能—认知理念影响下的句法语义研究

自现代语言学理论引入汉语后，功能—认知理念以其视域宽阔、方法务实而深入人心，这个取向的汉语句法语义研究几十年来成果源源不断。现代语言学理念的引入也使得原来的传统语法研究出现了许多观察语言现象的新视角。就目前来看，功能—认知导向的研究在汉语句法语义学界占据主流。

（一）副词研究

副词研究成果近二十年在汉语句法语义研究中占据了半壁江山。副词研究有两种，一种是宏观论述副词类别。张谊生的《试论汉语副词再演化的模式、动因与功用》（《语言教学与研究》第 4 期）揭示汉语副词及相关成分再演化的模式与类别、性质与功用、动因与机制。他在《汉语副词的多功能性及其可变后附模式与特定表达功效》（《汉语学报》第 4 期）一文中对副词类型进行考察，详尽说明副词的分布及多功能性、可变后附模式及其特定功用。储泽祥的《假设语义环境对副词用法的影响》（《汉语学习》第 6 期）谈到副词可以在表示假设条件的分句里突破其通常的语法规则。许钊和吴钲的《试论现代汉语时间副词的分类系统》（《世界汉语教学》第 2 期）关注时间副词的语义特征和句法形式分类。韩传瑜和潘玉坤的《汉语揣度性与确定性推测副词并用现象研究》（《语言科学》第 2 期）认为揣度副词

和确定副词并用的用法可追溯至上古，揣度副词指向言者，确定副词指向命题，两类副词因功能不同而同现。楚艳芳的《现代汉语反诘语气副词研究》（中国社会科学出版社，6月）系统研究反诘语气副词。

更多的研究是具体的副词研究，每年都会出现新的视角、新的思路。袁毓林的《多声性标记“并”的反向并列意义及其历史来源》（《汉语学报》第2期）引入语言多声性和论辩性等主观视角，认为有否定语气功能的副词“并”是语言多声性标记，表示反向并列语义和转折关系。周韧的《“只见”与“但见”的功能辨异》（《当代语言学》第5期）借鉴叙述者的摄影视角，认为“只见”既可充当观察事物细节的长焦镜头，也可充当整体性的广角镜头，而“但见”偏重广角观察，在篇章衔接中“但见”用于顺接语料，“只见”还可用于意外逆接。赵春利和李婷婷的《副词“简直”的分布验证与语义提取》（《汉语学报》第2期）根据语义语法理论，把有界极度敏感副词“简直”界定为“主观夸张性地评判事物直至有界极度的‘虽非极是义’”。

汉语副词之所以有那么多研究成果，是因为很多副词具有丰富的语用功能。赵春利和陈莹的《诚认副词“实在”的句法验证与话语关联》（《语言教学与研究》第5期）将句法分布与话语关联结合起来，把“实在”的核心语义界定为“无奈诚认”。邵洪亮的《“不料”的动、副、连之辩——兼及汉语具有评注功能的一类连词》（《语言教学与研究》第1期）认为“不料”应该归类为表评注语义的连词。饶宏泉和张艳的《模糊表达“好像”的表象与本质》（《汉语学习》第6期）将“好像”的多种语义解读统一为一种语用的模糊表达。陈禹的《从“无非”看范围副词的认知理据及其语用系统》（《世界汉语教学》第2期）认为“无非”总括义和限制义源自整体性与否定性语义耦合，表现出高确信与低评价的统一，这与其语用策略和认知图式有关。陈全静和陈昌来的《评注性副词“显然”的衔接功能及话语标记化》（《汉语学习》第2期）认为“显然”已由评注性副词向关联性副词演化，并且浮现出话语标记化特征，具有标记主观评价、主观立场和新话题等功能。

一些新兴副词也得到了关注。张谊生的《从预设否定看副词（素）“坐、浪、漫”的隐性否定功用》（《语文研究》第4期）首次关注到“坐、浪、漫”这类副词（素）的预设隐性否定的功用和性质特征。李宗江的《现代汉语报道行为句中的副词“快”》（《语文研究》第4期）论述了报道行为句中“快”的两种量性表达，当表示“接近某个时点”时表达主观小量，当表示“接近某个量值”时表达主观大量。董正存和袁也的《现代汉语“纯纯”的主观评价用法及其语义关联》（《世界汉语教学》第2期）注意到新兴主观评价表达“纯纯”既凸显言者对体词性成分属性特征的评价，又凸显言者对命题的评价，揭示其“量＞质＞情态”的语义关联模式。

（二）融入功能—认知视角的传统句式和结构研究

对于汉语特色的“数形量名”结构（如“一大根葱”），在功能—认知理念的推动下，学者们生发出一些新的思考。张耕的《论量词前形容词的功能游移和语用叠加》（《当代语言学》第4期）发现该结构中存在语用叠加现象，当名词所指事物在认知上能够实现离散化时，量前形容词会推导出数量的主观量解读，产生从基本空间义到数量义的功能游移。董淑慧的《“数形量名”结构中形、量、名的语义选择》（《汉语学习》第1期）对量词和形容词进行了重新分类，认为形容词和名词与量词组配遵循语义一致性原则，受到意象图示等认知因素影响。此外，储泽祥的《“一顿V”语序带来的句法语义语用特征》（《汉语学报》第4期）发现“一顿V”具有过程性特征、动作和结果的一体性特征，有一定指称作用，可以与“好”组配表示程度。宗守云和车飞的《“不久前”和“不久后”的功能差异及其成因》（《汉语学习》第5期）对比说明“不久前”和“不久后”的功能差异由“不久”的模糊性和“前”“后”的认知差异性共同促成。

2023年度汉语特殊句式研究成果涉及跨指“被”字连动句、“没有比”句、“谁(还)没(个)X”反问句。岳世敏和刘街生的《跨指“被”字连动句》（《语言教学与研究》第2期）考查了“我被他跑过来拦住”这样的句子，特征是“被”字短语在语义上跨越前一连动项指向后一连动项。杨德峰和刘振平的《“没有比”句初探》（《汉语学报》第4期）发现“没有比”句不能替换为“没有”句和“不比”句，主要用于否定客观的数量焦点。樊中元和彭瑜的《反问句“谁（还）没（个）X”的语义特征和表达功能》（《语言研究》第2期）探讨该反问句中“谁”的否定范畴的非个指性，以及X的已然性、指称性，说明该句式是基于合群心理产生移情和示证的一种表达。

（三）关于信息结构的讨论

信息结构不仅关乎新旧信息的组织方式，并且与新信息的聚焦强度密切相关，这两个相关也催生出学者对于话题和焦点的关注。张新华的《论“如果说”的认知假设功能》（《当代语言学》第6期）对“如果说”的认知假设义进行了刻画，认为它已从连词转变为话题标记，前件演变为话题，整个条件句变为主谓单句。邓川林的《对比话题理论与“连”字句研究》（《语言教学与研究》第6期）从信息结构研究中对比话题的角度对“连”字句进行了考察，认为“连”后成分既具有对比性，又具有话题性，是标识对比话题的语法标记。

此外，小句复合体理论认为汉语篇章的基本单位是标点句，不同标点句间共享的成分是话头，即“广义话题”，与之相关的篇章层面的研究有：游豪和卢达威的《留学生书面语小句复合体话头话身结构偏误研究》（《语言教学与研究》第1期）认为小句复合体理论作为一种标注性的理论，相较于修辞结构理论、向心理论这类分析性理论来说更加适合精准发现语篇偏误。徐晶凝的《如何在流水句中划定句子的边界——兼谈单句、复句、句群的划分问题》（《语言教学与研究》第4期）提出应将“主谓齐全的话头自足小句+零形共享小句”的组合作为判断句子的标准。

（四）关于语用推理、预设和预期

语用学视角为句法语义研究提供了重要参考，2023年度相关研究主要集中在语用推理和预设否定上。吴术燕和陈振宇的《从语用价值看性质形容词谓语句的完句性》（《当代语言学》第5期）认为是否有足够的语用价值对性质形容词谓语句的完句有重要影响，文章提出新信息限制、社会相关性限制和表达性限制三个方面的语用价值，并给出计算语用价值的综合流程。沈敏的《“又”的语义背景与否定充分条件的语用解释》（《语言研究》第3期）分析了“又”用于否定句的语义背景，认为这一用法不符合一般的逻辑事理，但是可以从认识事理和语用事理做出解释。陈禹的《从“既然”“因为”之别看原因小句的意外性分化》（《语言科学》第3期）认为“既然”“因为”分别与三段论和反事实两种推理模型相关，前者保证可靠性，后者强调关键性，其原因性的对立可以用意外性分化来解释。朱斌和段佳璇的《双条件假设句类型及允准条件》（《汉语学习》第6期）讨论了双条件假设句的语义类型、事实性类型与情态分布，以及它们实现为双条件句所需的允准条件。

预设最早产生于真值条件语义学，但越来越多的学者开始关注它的语用价值，将它引入语法现象的讨论中。李明的《羡余否定出现的条件》（《当代语言学》第 1 期）认为形成羡余否定最关键的因素是语用而非词义，羡余否定词一般用于强调主体态度，而羡余否定句式都是糅合句式。李宇凤的《隐性否定、肯否预设与肯定和否定的对称问题》（《中国语文》第 6 期）从肯否预设及其语用细节角度讨论语言中肯定和否定的对称问题，结合隐性否定现象证明肯定和否定的根本性不对称和有标记对称。李强的《从意外到语用否定：社会心理视角——以“怎么”句为例》（《汉语学报》第 2 期）以“怎么”类特指反问句为例，借助社会心理学图式和认知保守思想刻画了这类句子从意外到否定的语用迁移机制和过程。

跟叙实与预期有关的成果近几年成为热点。由李新良、袁毓林、鞠晨和崔玉珍所著的《叙实性与事实性理论及其运用》（外语教学与研究出版社，6月）聚焦叙实性和事实性理论与表达，讨论二者在语言推理中的导航作用及运作机制，关注叙实性跟命题态度与言语行为的关系、英汉反事实推理方面的差别等问题。宗守云的《作为离范畴动词和反叙实动词的“说是”》（《世界汉语教学》第4期）谈到离范畴动词“说是 1 ”和反叙实动词“说是 2 ”是两种性质，分别来源于反预期语境词汇化和引述语境词汇化，两者的宾语性质也不同。姜毅宁的《认识类动词反叙实用法的形成与发展——以“以为”和“认为”为例》（《语言科学》第5期）论述了形近的非规约化叙实动词“以为”和非叙实动词“认为”的反叙实用法的实现条件和句法表现。蔺伟和陈玉洁的《语气副词“并”的反预期标记功能与语体制约》（《语言研究》第1期）认为“并”是反预期标记，具有叙实性。论文集《预期与意外》（上海教育出版社，12月）关注预期和意外理论、反预期和意外形式及其功能在语篇中如何实现等创新性问题。

（五）认知视角

人类对客观现实的认识基于自身体验而形成，具有一定的主观性和模糊性，而这一理念也使得原型范畴理论、主观性理论等在解释汉语语法现象方面具有独特优势。李文浩的《也谈非常规动宾短语“吃食堂”》（《汉语学报》第 3 期）认为“吃食堂”是个原型范畴，其理想化认知模型所体现的诸多属性构成了“吃食堂”的整体浮现义，形成机制是基于转喻的截搭式整合。陈满华的《“多”“少”作定语的受限性——认知动因及句法弥补》（《汉语学习》第 2 期）用距离象似原则解释了“多”和“少”做定语的受限性，并认为这一受限性在其他句法功能方面产生了“句法弥补”。赵彧的《边缘范畴表达：以“半个 NP”为例》（《外国语（上海外国语大学学报）》第 5 期）认为“半个 NP”是同形异义构式，具有客观计量和主观判断两种语法意义，其构式义为“对客体属性的认知介于 NP 和非 NP 之间”，即客体是 NP 范畴的边缘成员。

隐喻在抽象概念的形成中也起着至关重要的作用，已成为许多学者的中心研究课题。王惠静的《及物性的多域性及跨域隐喻映射》（《外语教学与研究》第 3 期）重点分析物理事件之外的心理域和社会域的及物性特征，揭示了及物性的多域性本质，探讨了物理域与心理域和社会域及物性之间的隐喻关系。王嘉天的《“V 下”的概念结构及其隐喻拓展路径》（《汉语学习》第 2 期）基于拓展概念隐喻理论研究新范式，在构建运动事件“V 下”概念隐喻网络模型的基础上分析了汉语运动事件概念结构的隐喻特征。

与隐喻相关的专著有如下几部。徐慈华的《隐喻使用中的推理》（中国社会科学出版社，8月）以符号学为元学科视角，对现代隐喻理论进行了系统梳理，围绕隐喻使用、隐喻论证、多模态隐喻、问题求解等关键问题进行了多角度的分析和探讨。刘星的《现代汉语隐喻簇的认知探究》（中国社会科学出版社，9月）以包含“人生”隐喻的隐喻簇为案例，对隐喻簇进行了系统深入的定性和定量分析。

也有学者从识解的角度对句法语义做出新的描写和解释。刘存伟的《数量参照关系概念化及其对供用句的句法影响》（《语言研究》第2期）基于参照点和弹子球理论，从量范畴视角探讨“一锅饭吃十个人”等供用句的概念结构基础及其句法影响。贾光茂的《“吃（了）他三个苹果”的认知语法新解》（《外国语（上海外国语大学学报）》第5期）基于概念参照点理论，提出“吃（了）他三个苹果”是双宾结构，直接宾语不能移位与构式整合和范畴化相关，“他”的主观化反映主客体视角的转换。陈禹的《“反正”的力动态模型：基于反意外与意外的对立》（《语言研究》第1期）基于力动态模型对“反正”进行了统一解释，认为“反正”的力动态主力体与抗力体体现出的实质是反意外和意外的对立。

还有学者关注概念内容和论元变异之间的关系问题。程倩雯和程琪龙的《认知事件框架和凸显构型的整合》（《外国语（上海外国语大学学报）》第2期）认为事件的概念内容以及和它整合的凸显构型都将一定程度上确定变式的选择。庞加光的《认知语法视域下的汉语被动句研究》（西安交通大学出版社，5月）则提出汉语被动句的语义结构实质是一种控制构型，由动词等成分编码的情景事件会以不同方式和这一构型相协调，这既造成了汉语被动句的不同论元实现，也使得汉语被动句与英语被动句呈现出差异。

（六）构式视角

在引入到汉语研究的认知视角的理论中，构式语法甫一引进就彰显出蓬勃的生命力。2023年度关注的结构式有：“引起”构式、“说得X一点”、“A叫B”、“NP_1+来+NP_2”、“动+往+宾$_L$”、“不瞒你说”、“N就是N”、“N_1不大，N_2不小”、“A到X”、“X住了”等。罗艺雪的《报刊政论语体中的一类特殊“引起”构式》（《中国语文》第2期）认为“我对于这件事引起了注意”是特殊的“引起”构式，表达言者主观追责，该构式产生的根本条件是汉语的话题结构，强主观性则是其背后的推动力。罗耀华、余紫微和何倩玉的《换言标记构式：“说得X一点”》（《语言研究》第1期）从认知构式和换言标记角度对“说得X一点”的构式语义和功能进行考察，并从历时角度探索其形成动因和认知演变过程。张金圈的《准系词结构“A叫B”的构件特征和语义解读》（《汉语学报》第3期）认为“A叫B”是准系词结构，“叫”后成分都可视为“名字”。李延波的《“NP_1+来+NP_2”句法形式下的两种构式及其能产性——兼论“来”的“代动词”问题》（《世界汉语教学》第3期）认为“NP_1+来+NP_2”负载了多种构式类型，重点讨论了其中的计划将行构式和任务匹配构式，以及“来”的代动词问题。顾龙飞和唐厚广的《位移事件视域下“动+往+宾$_L$”构式的语义阐释及对动词的选择机制》（《语言教学与研究》第5期）将“动+往+宾$_L$”的构式义概括为“物体朝远距离目的地移动且凸显目的地”。赵鹏程的《坦言构式“不瞒你说”的话语功能及形成机制与动因》（《语言教学与研究》第2期）从组合性和整合性角度分析了“不瞒你说”的话语功能及其形成机制。

还有一些研究关注构式同形异质的情况。杨旭的《不可让渡领属关系与双名词结构》（《语言研究》第1期）认为不可让渡领属关系与双名词结构分别具有意义和形式一对多的特点，前者对应于三种表达形式，后者除领属关系外还具有另外三种语义关系。夏焕乐和张谊生的《属性凸显义构式“N就是N”的功用与成因》（《语言研究》第2期）讨论了构式“N就是N”的构式语义、话语功能、构式化历程和动因，以及与其同形异质的一般结构的区别特征。匡鹏飞和杨刚的《反预期评价构式“N_1不大，N_2不小”及其生成扩展和多层互动》（《语文研究》第3期）认为该构式在传递反预期信息时还能表达言者对N_1、N_2所属的人/物或原大小状态的评价。

此外，也有一些对新兴构式的探讨，如朴珍玉和尚晋珠的《新兴达成义形介式的主观足量表达与信息结构特征》（《语言教学与研究》第3期）研究“A到X”结构（如“帅到我了”）是形介式的创新性使用；罗耀华和彭枫的《新兴构式“X住了”的演化与功能特征》（《汉语学习》第5期）从构造特征、发展演化、功能表达以及成因机制对新兴构式“X住了”进行了探讨。

随着学者们对汉语具体构式研究的逐步深入，一些学者也对构式语法展开了理论层面的思考。林正军的《语言构式的类别与理据》（《外语教学与研究》第3期）将语言构式区分为言语构式和语法构式，前者指实际语言使用中的言语表达，后者是对前者的范畴化，这一区分能更充分地解释各级各类构式之间的理据关系。马文津、刘文秀、邱莹和施春宏的《构式形式和意义描写的基本原则与参考框架》（《当代语言学》第5期）基于构式语法知识观对构式本质及其类型的认识，确定了构式形式和意义描写的基本原则，包括系统性原则、区别性原则和一致性原则，初步形成了各类构式的描写框架。李延波的《非事件构式的内涵、类型及其价值》（《汉语学习》第3期）对非事件构式的概念、内涵、类型和作用价值进行了说明，认为这一概念能够为一些新的构式类型进行区分定性，具有重要的理论价值。苏杭和卫乃兴的《型式语法、构式语法、局部语法：汇融与歧异》（《外语教学与研究》第6期）基于型式语法、构式语法和局部语法这三条语言描写路径，提出型式与构式复杂对应关系下的构式认定方法，即局部语法的“意义—型式组合体”方法。

构式方面的专著也具有个案研究和理论思考双向推进的特点。吴为善的《构式语法与汉语构式》（学林出版社，2月）以典型示例分析的方式，对汉语构式及其承继关系进行了比较全面、系统的梳理和阐释。余义兵的《现代汉语益损者研究：从语义角色到句法实现》（社会科学文献出版社，12月）基于功能语言学的格语法和构式语法，对现代汉语的受益者和受损者语义角色范畴进行了系统研究。鲁承发的《跨语言视角下的汉语羡余否定构式研究》（上海人民出版社，8月）通过整体研究和个案分析相结合的方式，对汉语羡余否定构式的用法和句法特点进行了探讨。

构式视角也为汉语复合词的研究提供了新的思路。宋作艳的《汉语N_1VN_2型复合词的构式解读》（《中国语文》第5期）分析了“纸张粉碎机”类N_1VN_2型复合词争议的焦点问题和分歧局限，认为这类词已构式化为词法构式，具有非组合性、规约性和非派生性。其《基于构式词法的领属复合词界定》（《汉语学报》第3期）也把复合词看成形式—意义配对的整体，为领属复合词和属性复合词重新划定了边界，认为领属复合词有命名功能但无分类功能，中心成分是一价的，有不可让渡的领属关系。蔡淑美和施春宏的《比况复合词的词汇化和词法化》（《中国语文》第6期）探讨了比况复合词形成词汇构式的发展过程和它们词法化上的发展态势与扩展空间，认为这类词经由三条路径词汇化而来，在词法化过程中呈现出衰退态势。谢晓明和贺天琪的《从词汇构式化看隐宾式 V_1V_2 复合词的形成》（《语文研究》第 1 期）认为隐宾式 V_1V_2 复合词由两个可独立使用的动词或动宾短语隐含宾语后压缩而成，并且在词汇化过程中整体语义和语法功能发生变化，是一种实体构式化。

（七）类型学视角

类型学视角的研究关注跨语言的句法语义问题，并给以类型学理论层面的概括和解释。2023 年度相关研究集中在词类、结构和时体范畴三方面。

词类类型方面的成果有如下两篇。黄成龙的《中国民族语言借用汉语动词的类型》（《中国语文》第 4 期）在《中国的语言》收录的约 130 种语言的谱系分类基础上，对中国民族语言借用汉语动词的类型和特点进行了归类和解释。柳俊的《宏事件概念表达空间及其跨语言跨层面的泛时普遍性》（《当代语言学》第 6 期）基于 Croft 等（2010）细颗粒度概念表达空间模型，提出“宏事件概念表达空间”模型，以跨语言事实为例从微观到宏观进行了逐层分析。

跨语言结构对比集中在话题、中动句的讨论上。刘丹青的《话题类型与主句现象：语言比较的视角》（《外语教学与研究》第 1 期）比较了汉语和印欧语各类话题在主句现象上的表现，认为汉语话题的主要区分在于不带标记的句法话题和带标记的语法—语用话题。蔡淑美和施春宏的《中动句的形义关系、构造机制和层级系统——基于跨语言比较的视角》（《外国语（上海外国语大学学报）》第 6 期）分析了中动句形义特征和形成中动范畴的基本要素，梳理了跨语言中动句的形义匹配格局，认为其本质是信息包装问题。

时体范畴类型的成果有如下三篇。陈前瑞和李纯泽的《完整体类型的类型学思考》（《当代语言学》第 1 期）梳理了学界对世界语言中屈折完整体和派生完整体的认识过程，提出后者可以经由两种路径演变为前者，认为使用完整体等跨语言比较概念能更好解决汉语“了”话语功能多样性的难题。何清强的《人类语言进行体表达式的类型及其时空性差异》（《外国语（上海外国语大学学报）》第 4 期）基于 72 种语言样本，分析了人类语言进行体表达式的类型及其时空性差异。李东齐的《命题的限定性——限定成分的系统功能类型学研究》（《外语教学与研究》第 5 期）采用系统功能语法视角，基于对 70 种语言的调查，发现命题限定性范畴具有普遍性，不同语言表达命题限定性的方式不同，限定成分是普遍语气结构成分。

（八）句法语义研究方法和理论的思考

从方法论角度，很多学者提出了创新性思路，化解以往研究方法在汉语实际考察中的局限。陆丙甫和屈正林的《层次观念的深化——依存、整合，以及轨层跟距离象似性的复杂对应》（《中国语文》第 1 期）突破“逐层两分”的层次观，从向心切分程序中扩展出“向心轨层”理念，强调核心与依存语之间的距离象似关系。卢英顺的《直接句子成分及其对语法分析的影响》（《中国语文》第 4 期）基于认知图式理论的新句式观，提出了“直接句子成分”的概念，认为通过核心述词对认知要素的激活，一个句子可以有多个直接成分，以解决两分法带来的困境。罗天华的《莱曼标注和语法标注的规范问题》（《当代语言学》第 4 期）综合以往标注理论与实践，探讨了语法标注的理论与方法，推动中文文本语法标注规范化和标准化建设。

三、生成语法导向的研究成果

（一）汉语生成派理论的发展

成熟于21世纪初的句法制图方案（Cartography Approach），是近年来生成语法框架下的一个发展势头强劲的新型分支，主要探讨自然语言句法成分的层级结构分布。在国内，制图方案研究尚处于起步阶段，研究成果多集中在汉语左缘CP层。一些生成语法理论研究学者积极投身于制图方案研究，并产出了一系列高质量成果。

2023年度，司富珍的《句法制图理论研究》（外语教学与研究出版社，7月）梳理了句法制图理论的产生背景、发展路径、核心理念与方法策略，评介了这一研究方案在句子结构的不同区域以及构词层面的代表性研究成果，探讨了学界不同观点以及未来可能的研究议题。王雷宏和熊仲儒的《〈句法制图当前论题：跨语言视角〉述评》（《外语教学与研究》第2期）评述了句法制图理论最新研究成果的一本论文集，认为该论文集跨语言、跨学科，有共时和历时结合、界面互动的特点。袁野的《论汉语问句的疑问词原位、部分移位及焦点干涉》（《语言学论丛》第3期）聚焦左缘结构的疑问词前置现象，尝试为典型疑问词原位、常见疑问词异位和“焦点干涉”等现象提供统一分析。

除了制图理论（方案）的发展，经典生成语法这个年度的主要成果集中在移位和界面等研究领域。主题涉及移位的研究成果有二：一是徐杰、杨西彬和倪广妍的《语序灵活性的限度和语音层漂移的性质与条件》（《语言科学》第5期），文章指出生成语法的移位有显性句法结构的明移、逻辑结构的暗移和语音层的漂移三种，汉语各类倒装句是语音层漂移操作的结果，是由语用因素（“急促”和“强调”）驱动的；二是陈哲的《从英汉副词性状语的阻断效应看极近条件的性质》（《外语教学与研究》第1期），通过比较英汉副词性状语阻断效应的异同，讨论了汉语疑问句中副词移位时的相互作用问题，文章对极近条件进行了优化。

界面理论发展的成果中，涉及句法—语义界面的理论成果是［美］贾森·麦钱特著、张天伟译的《沉默的句法：截省、孤岛条件和省略理论》（商务印书馆，2月），该书聚焦于省略现象，发展了省略研究的经典理论。2023年度涉及词法—句法界面的成果较多。汪昌松和蔡维天的《“不/没怎么AP/VP”结构之词汇—句法界面研究》（《世界汉语教学》第4期）考察了“不/没怎么AP/VP”结构的组构成分及语法限制，提出“不/没怎么”是完整的词汇性成分，作为附加语，指涉较低频率或程度。有学者认为词法问题可以从句法的角度来解决，熊仲儒的《“给以”的句法分析》（《语言科学》第3期）认为，“给以”是以“给”为词汇核心生成的句法合成词，它的论元结构和“给”相同，选择施事、受事和与事，但在句法配位上不同，这种差异跟格有关。熊仲儒的《词的识别与区别词的语法身份》（《语言教学与研究》第5期）探讨了词的识别标准问题，认为词在句法中必须投射出短语，区别词不能投射出短语，所以只能处理为非词成分。

关于词库和句法之争涉及对词根的理解。王晨的《词库与句法之争：生成语法中词根定类的三种方案》（《当代语言学》第4期）关注词库与句法之争、无语类特征的词根定类问题，对学界词汇—语音式、分布式形态学、句法环境定类等三种词根定类算法的基础模式、主要依据和面临问题进行了分析。陈哲和李亚非的《从裸词根的重新界定到轻动词的理论构建》（《现代外语》第6期）基于汉语、闪语和班图语的语言事实，考察了裸词根和轻动词能否直接参与造句，为词库构词和句法构词的长期论战提供了新论据。文章立足于汉语，重新定义了裸词根，提出单由语义分解而来的轻动词是否直接参与造句须持审慎态度并严格论证。李涤非和程工的《汉语中的 AABB 式再分析》（《世界汉语教学》第 1 期）区分了叠加式和重叠式 AABB 式，基于句法构词理论对二者进行分析，认为叠加式是词根层面复合，重叠式是基式嫁接至体词缀生成，后者基本对应于英语分词结构。

分布形态学（DM）理论是生成语言学的一个重要分支，近些年在我国发展较多，该理论不承认有词库，认为词的生成和句子的生成过程一样，需要经过一系列的句法操作完成。2023 年度相关的研究有：杨彤和程工的《冗余“给”的分布式形态学分析》（《外语教学与研究》第 1 期）论证了“把”字句、被动句和作格句的“给”是语态标记 Voice[-D]，并非被动或作格标记；这两人还合作了《单语素词汇致使式的句法生成研究》（《外国语（上海外国语大学学报）》第 2 期），基于语态假说区分了“开”类和“毁”类词汇致使式，讨论了二者的句法语义表现、层级结构和英汉差异成因。

（二）结构生成方案

生成语法最经典的关注热点依然是句法结构的生成方案，但 2023 年度涉及的结构生成方案不多。像“一部车坐五个人 / 五个人坐一部车”这样的经典句式，赵琛和蔡维天赋予了新名，叫“乾坤挪移句”，《贴标理论视角下的汉语乾坤挪移句考察》（《现代外语》第 2 期）用贴标理论分析挪移前后的两个句子有同一个基底结构。邓盾和綦晋的《结合历时与共时看现代汉语口语里“V（了 / 一）V”的形态句法》（《当代语言学》第 3 期）刻画了“V（了 / 一）V”来源格式和所参与的句子的构造，认为该方案较好解释了相关格式从中古到现代的演变及形态句法特点。李睿的《现代汉语评价性 V- 起来句的论元实现》（中国社会科学出版社，2 月）基于题元系统理论，以题元系统和事件转换模型为研究框架，分析了现代汉语评价性 V- 起来句的论元实现过程，为非常规论元实现问题提供新的解决方案。

（三）形式语义视角

焦点结构是形式语义研究的热点课题之一。张帆和徐杰的《论焦点预设》（《中国语文》第 1 期）将信息结构引入形式语义研究中来，提出了“焦点预设法则”和基于句子信息结构的否定分类标准和类别体系。刘明明的《从“wh- 都”看疑问代词的任指用法》（《世界汉语教学》第 2 期）运用任选增强理论讨论了重音的作用，认为任指性疑问代词的任指义来源于语用增强，以满足“都”的预设，而“都”的出现跟“强制性预设”现象有关。袁野的《汉语典型问句中的焦点特征及其韵律、句法体现》（《当代语言学》第 3 期）考察了汉语典型问句焦点和重音的分布关系，发现汉语的选择问句、回声问句和特指问句都属于非词汇一致情形，除选择问句外的疑问词原位句式的疑问词 wh 语素都具有引发重音机制的焦点特征 [F]。

程度语义学将程度作为语义要素引入语义表达体系中，为刻画汉语程度义提供了精细化的理论工具，2023 年度基于该理论的成果集中在《语言暨语言学》第 1 期中。罗琼鹏、解志国、李晓的 *Degree and Grammar: An East Asian Perspective*（《程度和语法：基于东亚视角的观察》）立足于包括汉语在内的东亚语言事实和研究现状，讨论了汉语、日语与韩语中涉及程度表征的热点问题及最新进展。曹育珍和罗琼鹏的 *The Semantics of Scalar Equatives in Mandarin Chinese*（《汉语量级等比句的语义考察》）对汉语中的“像……一样”

量级等比句进行了形式分析。张安琪的 *Mandarin De-adjectival Degree Achievements as Inchoative Statives*（《汉语中程度达成义形容词做起始静态谓语》）认为具有程度达成义的程度形容词做谓语时具有“反身比较”的特点，即它们对同一个体的当前状态与之前状态的程度进行比较。

四、经典语法问题和句式的讨论

（一）关于作格的讨论

近年来有些学者提出汉语在语言类型学上是作格语言，持这种观点的成果2023年度有潘海华和叶狂的《汉语真的不是作格语言吗？》（《语言学论丛》第2期），文章举出汉语具有作格性的六个方面的句法表现。

2023年度也有更多相反的意见。罗天华的《汉语是句法混合型语言吗？》（《外国语（上海外国语大学学报）》第3期）认为汉语不是“混合型语言”或“分裂作格型语言”，而是一种中性语言。他认为理论上句法作格是形态作格的次类，汉语没有形态作格，没有分裂作格性，没有句法作格存在的可能；汉语核心论元全无标记，也没有A/S/O的归并与区分。宋文辉的《现代汉语所谓非宾格—非作格动词分类的性质》（《当代语言学》第6期）认为非宾格—非作格的不及物动词二分模式对汉语来说并不合理，针对以往研究中论证逻辑和语言事实的漏洞，文章论证了汉语中所谓非宾格、非作格动词只是内涵模糊的语义类，并非句法范畴。吴怀成的《汉语语态和汉语句法》（上海三联书店，4月）对汉语语态和汉语及物性问题，如被动语态、所谓的“中动句”、受事主语句等句式进行了反思，对及物性和作格性做了深度思考和探索。

反对意见也有实证依据，比如王鑫、梁丹丹和杨亦鸣的《汉语不及物动词论元句法性质比较的fMRI研究》（《当代语言学》第6期），实验结果显示汉语不及物动词在句法层面可能不存在二分。

（二）名词性成分的语法指称问题

指称问题是汉语研究中的经典课题，无论是形式还是功能—认知取向的学者，都从其语法实现、篇章特点等不同维度开展研究。

从形式视角讨论指称的相关问题一般集中在GB理论约束原则涉及的范畴。孙月明和李宝伦的《汉语反身代词“自己”的指称释义：从实证数据出发》（《世界汉语教学》第1期）将语义、句法与实证相结合重新探索“自己”的指称，发现约束原则A不是汉语反身代词指称的唯一制约条件，不同词类的语义和句法规则对“自己”的指称释义影响很大。

语法中的指称问题，大多是从功能视角展开的研究，必涉语用和语义。2023年度的相关研究有两类，一类是名词和代词的指称功能研究：周焱和王红旗的《从功能角度看疑问代词“谁”“什么”“哪里”的指称性质》（《语文研究》第2期）认为疑问代词“谁”“什么”“哪里”有相同的指称功能、不同的指称性质，并不存在疑问用法、反问用法、虚指用法、任指用法，因为具体指称性质需要根据语境来分析；寇鑫和徐坤宇的《抽象回指的指称内容与可及性研究——以“这”和“这件事”为例》（《语言教学与研究》第6期）讨论抽象回指的先行语确认策略、不同回指形式的指称差异，认为语义内容越抽象，可及性越低，就越需要使用可及性更高的回指形式；张文庭和李劲荣的《“N来了”中“N”的语法形式、指称义及其影响因素》（《汉语学习》第 3 期）描写 N 在特定构式“N 来了”中的语法形式、指称属性及定指度的连续性，发现 N 的定指度受语义特征、具体语境和句子叙实性的影响；吴越的《现代汉语代词及相关形式的指称研究》（中国社会科学出版社，5 月）基于类型学理论探讨了现代汉语代词及相关形式的指称问题。另一类涉及指称类别：刘丹青的《类指成分的话题化功能及其成因》（《世界汉语教学》第 1 期）探讨了类指成分在信息结构中的话题化功能以及三大成因；杨稼辉、韩景泉和魏政的《语境与光杆名词定指解读的允准》（《汉语学习》第 1 期）认为汉语光杆名词获得定指解读需要基于“共同背景”的语境允准条件。

（三）关于情态的讨论

关于情态的理论探讨和个案研究也有不少。在理论探讨中，邵敬敏的《论语气与情态、语气词与句类的关系》（《汉语学报》第 4 期）力图厘清“语气与情态”“语气词与句类”的复杂关系，指出现代汉语情态的表达多采用综合性手段。潘晨光的《情态意义的多维度分类：语义情态之上的话语情态》（《外语教学与研究》第 6 期）发现话语情态是情态成分的内在语义与外在语境结合后的产物，与语义情态有区别也有联系。张新华编著的《条件句与情态研究》（中西书局，11 月）提出条件句总带情态义，情态的深层也蕴含条件句。

情态问题的个案研究也很丰富。沈园和陈婷的《认识情态词“应该”和“可能”的连用及语义组合的方式》（《中国语文》第 2 期）通过语料库搜索和可接受度判断测试，证实认识情态词“应该”和“可能”可以连用，有两种组合形式。高逢亮和宗守云的《道义情态构式“放 A 点”及其构式化历程》（《语言教学与研究》第 3 期）发现“放 A 点”受“放”的控制义影响，属于道义情态构式，立足于说话人立场，凸显 A 一次性、短时化、易实现的语义。李文浩的《道义情态“应该 VP 的”语义类型的语表差异及功能解释》（《汉语学习》第 5 期）从认知象似性和信息的可预期性说明道义情态“应该 VP 的”三种语义类型与重音模式的关联。

（四）关于“都”的讨论

句法语义学界有些长盛不衰的热点话题，“都”是语义学关注的热点之一。2023 年度形式语义学视角的讨论有两项。刘明明的《从“都”的语境适用条件看什么是总括》(《当代语言学》第 1 期）力图统一解释“都”的“总括义、甚至义、超预期义”，认为“都”是用来表达其所在的句子蕴含当前讨论问题下的所有命题，受语境制约。薛博和潘海华的《为什么汉语“都”是关联方向敏感的全称量化词？》(《当代语言学》第 4 期）为证明“都”本质上是关联方向敏感的全称量化词，举出了三个理由：“都”与疑问代词交互作用、只有“都”的限定域允准极项敏感词、“都”的左向穷尽性与右向排他性分野。

基于选项语义学考察“都”的有李可胜的《“都”：基于量级隐涵和焦点结构的统一解释》（《当代语言学》第 4 期），提出“都”只是表示最大预期义和超预期义的语用隐涵标记，并无量化—分配作用。

（五）定中结构与“的”的问题

“的”的问题和它在定中结构中的语义、语用表现依然是当下讨论的热点，在英汉对比、功能、形式等视角下均有新思路、新观点。

对比更易于看清汉语的特点。邓盾的《从定语看现代汉语复合名词与名词词组的区分及汉英异同》（《语言科学》第 2 期）认为汉语通过“的”来标示复合名词或词组，英语借助核心与修饰成分的相对语序、修饰成分的句法类型以及片段整体的重音模式来区别。陈忠的《汉英名词性领属结构语序格局的差异及成因：认知定势与相关变量的合作及竞争机制》（《语言教学与研究》第 4 期）发现汉英领属结构主导语序的逆序对应是由认知定势主导下的诸多变量联手压制与反压制的竞争机制造成的。

讨论同一性定中结构的有王倩倩的《现代汉语同一性定中结构及其主观性》（《世界汉语教学》第 2 期），发展了张伯江 2017 年提出的戏剧化理论，认为同一性定中结构中，定语部分是说话人对事态或他人观点的客观转述，中心语是说话人对定语所表达内容的主观归类，体现出汉语特有的戏剧化主观性的特点。讨论无核“的”字结构的有王灿龙和兀瑾的《“NP+VP+ 的”的语法属性与语篇功能》（《世界汉语教学》第 2 期），认为当 NP 表类指时，结构属性为降级话题—说明结构，VP 对 NP 进行陈述说明，“的”表达确认语气。

针对经典句式“这本书的出版”，形式派的熊仲儒和王雷宏有《“这本书的出版”中“出版”的身份与范畴》（《世界汉语教学》第 3 期）一文，依然认为其中“出版”是动词，由名词性零成分将动词短语转类为名词短语。

（六）关于“了”的讨论

经典问题在批判与创新中有所突破，不少学者发现汉语体标记的研究中存在诸多不足，并从功能—认知角度提出更符合汉语实际和民族文化的创新观点。上文提到沈家煊和王伟的《读赵元任讲“了”——纪念赵元任诞辰 130 周年》（《中国语文》第 6 期），揭示“了”的各种用法之间的共性和“汉语的造句之道”，进而给“了”的功能定性为表示说话人在当下有意用来指明一种情况的“现而在”，指明这是中国人时间观的体现。刘正光、施卓廷和张紫烟的《识解、时间维度与“了”的时体情三位一体》（《外国语（上海外国语大学学报）》第 6 期）基于识解理论，认为“了”最本质的意义是表示过去，是一个集时体和情态意义于一体的多功能语法标记。

生成派对“了”的探索也有成果。李俊的《祈使句中“了”的句法层级》（《外国语（上海外国语大学学报）》第 2 期）构建“了”的句法层级图谱，将“了”分为 0—3 四级。王晨的《非完整体“了”与程度量化》（《语言科学》第 1 期）采用形式语义学视角，认为非完整体的“了”实际作用是量化“程度”，而完整体标记功能应该与“了”剥离，由纯功能性的 OAspP 承担。

除了“了”，2023 年度还有“过”的研究成果。陆方喆和朱斌的《经历体“过$_2$”与可还原性》（《世界汉语教学》第 2 期）提出经历体“过$_2$”的语法意义为“变化后的还原状态”，即表达的动作或状态具有“可还原性”，表达的事件经历“无→有→无”的变化过程。

（七）关于“把”字句的讨论

2023 年度“把”字句的探讨也有几项成果。崔希亮和赵霞的《汉语把字句的事件结构分析》（《语言教学与研究》第 1 期）从事件结构的四个维度，事件时间、事件空间、事件主体和事件类型，对“把”字句进行分析。于秀金和姜兆梓的《跨语言论元配置模式下“把”字句的结构属性》（《当代语言学》第 1 期）认为汉语具有句法上的主—宾格和施—通格的混合模式，该文把“把”字句视为施—通格句。刘婧和庞加光的《汉语迂回致使构式交替使用原型特征的多变量统计建模》（《语言教学与研究》第 5 期）在认知识解理论力动态视阈下，归纳出迂回致使构式“把 / 将 / 使 +N_2+V_2”交替使用的原型特征。

（八）关于“差点（没）VP”

2023 年度关于“差点（没）VP”结构有几项集中的成果，各用不同的称呼，反映出各自不同的新思路。彭馨葭和陶文的《基于使用的两个“差点儿没 VP”构式新解》（《中国语文》第 4 期）提出“差点儿没 VP”可分为两个构式，未发生义构式的 VP 是表达极端的损害和情绪状态，是一种戏剧化的叙事，而发生义构式强调事件经历者的意愿，两个构式互不对立，分别与“差点儿 VP”形成包含关系。干薇和陈振宇的《从“预期”理论看汉语仅差格式》（《汉语学习》第 2 期）提出，“企望说”和“常规说”应该结合在一起，作为判断汉语仅差格式限制条件的语用原则，仅差格式是反预期标记。王远杰的《近成体结构的惊险义和强主观性》（《汉语学习》第 2 期）将“差点 VP”与语言类型学中具有惊险义的近成体结构联系起来，认为近成体结构“差点 VP”反映的强主观性源于事件经历者的心理惊险体验，而其惊险义是结构的根本语义。

五、汉英对比研究

语言之间的对比分析是句法语义研究的重要方向，成果以汉英语法对比为主。王文斌的《英汉对比研究的三大问题》（《外语教学与研究》第 2 期）对当下学界做英汉对比研究所存在的方法问题提出了质疑，认为结构、语义和民族概念化方式的对比应予以区分，呼吁对比研究应从英汉结构差异切入，探查其后的语义差异，透视其基底的民族概念化方式的差异。

汉英对比研究以功能—认知视角的研究成果为主。在构式和结构方面，邓云华、成刘祎和许群爱的《汉英心理形宾构式语义语用倾向性的历时考察》（《外语教学与研究》第 2 期）聚焦形宾构式，对比英汉在构式义及其倾向性演变过程中的异同，在对比中发现汉语在“使动”语义类型外还有另两种使用频率很高的类型，文章运用了构式语法、主观化和移情等理论进行分析解释。邓云华和许群爱的《汉英“动用颜色词＋宾语”构式主客观感受性倾向的多因素研究》（《语言科学》第 3 期）对比了汉英“动用颜色词＋宾语”构式（如“红着脸”“reddened her cheeks”），基于认知语言学转喻、隐喻理论，提出英语的这种构式应做客观性识解，汉语的则更倾向于主观性识解。成泅涌的《原型—模型象似视域下英汉隐现句对比探析》（《外语教学与研究》第 4 期）从距离象似性、顺序象似性、标记象似性这三个方面，对英汉隐现句进行对比。李勇忠的《认知类型学视野下汉英表量结构的对比研究》（上海外语教育出版社，6 月）从认知类型学的角度对比汉英表量结构的异同，从而揭示语言类型与认知思维的关联。

在隐喻表达方面，［美］於宁 1998 年的英文著作 *The Contemporary Theory of Metaphor：A Perspective from Chinese*，2023 年由孙毅译成中文《当代隐喻理论：基于汉语的视角》（商务印书馆，6 月），该书详细介绍了情感隐喻、“时间为空间”隐喻和事件结构隐喻三大类型，对汉英的隐喻表达系统进行了对比研究，深入阐释了语言背后的认知理据和发生动因。张克定的《隐喻性空间关系构式的认知研究》（商务印书馆，7 月）基于英语和汉语隐喻空间关系构式的对比研究，探讨了各种隐喻空间关系得以形成的认知机制和条件，认为隐喻空间关系具有人的主体印记和强主观特征。

何伟等所著的《英汉功能句法对比研究》（外语教学与研究出版社，3 月）基于系统功能语法，围绕小句和词组两个重要单位进行了英汉对比研究，从多个角度揭示了两种语言在句法层面的共性和个性，探析其本质差异。

形式视角的英汉对比研究不多。文卫平等的《英汉多重否定的语义研究》（中国社会科学出版社，12 月）考察了英汉多重否定的主要形式、隐含共性、语义机制及多重否定的理据动因，试图对两种语言的多重否定做统一解释。彭家法的《句法语义互动中的汉语功能成分研究》（安徽教育出版社，11 月）以汉语功能成分的事实为基础，将汉语与英语、汉语普通话与汉语方言进行比较，意在用当代语言学的句法和语义理论，为汉语相关现象提出新颖解释。

英汉对比研究为翻译理论和实践提供了新的视角。吴继峰、刘康龙、胡韧奋和周蔚的《翻译汉语和原创汉语句法复杂度对比研究》（《外语教学与研究》第 2 期）对比了不同指标下翻译汉语和原创汉语的句法复杂度差异和交互表现，发现翻译汉语同时存在简化和繁化的翻译共性。

六、体用贯通，句法语义理论的应用研究力量不断增强

基础理论研究和应用研究的协同发展是一个学科成熟的标志，也是“明体达用、体用贯通”的理想境界。涉及语言学研究，句法语义学理论的发展必然带动实证研究和应用研究的进步。本部分我们分为四个模块介绍。

（一）句法语义实证研究

句法语义实验的研究成果为句法语义理论研究提供了重要实证参考。非宾格理论是否适用于汉语一直是关注理论研究的学者争论的焦点，王鑫、梁丹丹和杨亦鸣的《汉语不及物动词论元句法性质比较的 fMRI 研究》（《当代语言学》第 6 期）借助 fMRI 技术，证明了汉语隐性非宾格结构加工过程可能不涉及句法移位操作，也不涉及题元角色与句法位置对应关系的再分析过程，因此汉语不及物动词在句法性质层面可能不存在非宾格动词和非作格动词的二分。移位论元和语迹在心理语言学中被称为填充语和空位，陈中毅和丛茂萍的《动词驱动还是填充语驱动？——来自动词及物性错配效应的证据》（《外语教学与研究》第 5 期），基于对动词及物性错配效应的实证考察，发现中国英语学习者在未获取动词及物性之前就能预测宾语空位的存在，实验证据支持填充语驱动策略。

而在构式研究方面，张华、王小潞、高晨阳和冯丽萍的《汉语活用名转动词双宾句加工中构式压制的 ERP 研究》（《语言科学》第 4 期）采用 ERP 技术，考察了双宾句加工中构式义与动词的互动过程，结果表明汉语存在独立的双宾构式义，构式压制实现的条件是进入结构的词项语义特征与构式关键特征匹配。此外，吴芙芸和彭思源的《汉语主语关系从句加工优势分析》（《外语教学与研究》第 3 期）采用阅读眼动实验，考察汉语主宾语关系从句的实时加工，“主语关系从句较宾语关系从句更容易加工”的观点得到实验支持。

（二）与句法语义有关的自然语言处理和语言计量研究

自然语言处理方面长名词短语是名词短语的一种动态类型，它的识别影响着句法分析系统的性能，对自然语言处理领域中许多研究都具有应用价值。钱小飞的《汉语最长名词短语识别研究》（上海大学出版社，1 月）针对目前长名词短语识别方法遇到的瓶颈，对长名词短语的识别问题进行了系统的探讨。王海波的《基于数学模型的普通话句末语气词关系研究》（《当代语言学》第 5 期）对语气词开展了基于数学模型的定量分析，以此来计算汉语主要语气词之间的相似度，为语气词研究和自然语言处理提供了实用的语气词数学模型。

计量语言学的成果有如下两项。周义凯和刘海涛的《现代汉语句长分布的普遍性和特殊性》（《外语教学与研究》第5期）基于10种语言的小说文本，以及汉语不同文体的语料，以计量方法发现，汉语句长分布有跨语言普遍性，验证了零句是汉语重要的语法和语用单位。马清华等编著的《现代汉语语法复杂性计量研究》（南京大学出版社，3月）围绕着语法复杂性问题，对汉语语法已有计量成果做了较大规模的归纳整理和深加工，建立起了一个完整的数据体系。

（三）国际中文教育与语言习得

在国际中文教育和语言习得领域，句法语义研究的实证性更强，应用导向更加凸显。

1. 二语学习和教学

二语学习研究者对一些具体的语法教学点进行了实验研究，如框式结构、动结式、重动句、关系小句等，以实验反馈辅助教学发展。张京鱼的《动结式的二语习得研究》（中国社会科学出版社，8月）在英语留学生和维吾尔语大学生动结式习得中验证了语义突显层级模式。吕骏和闫亚宁的《二语产出视角的汉语重动句的句法启动效应》（《汉语学习》第3期）发现母语和二语者在重动句的句法启动和词汇增强效应中的不同表现。杨梅和严晓朦的《汉语关系从句的二语理解与产出——续论学习观视角》（《汉语学习》第4期）采用自动步速阅读和句子连接实验，发现二语教学中关系从句理解和产出的不对称性。徐富平的《英语母语者方位词“上/里”隐现使用习得研究》（《汉语学习》第5期）结合书面译写任务考察了框式结构“在……上/里”中前置介词和后置方位词的隐现情况。

以体达用，汉语句法理论中的整体句式观在二语教学实践中大有用途，“构式”“语块”“语体”等概念广泛用于教学实践。马杜娟和王敏的《语块教学法对汉语作为第二语言介词习得的影响——基于“对、跟、给、为”的实证研究》（《语言教学与研究》第2期）谈到语块教学有助于区分近义介词和介词语块产出。胡丛欢的《语体语法视域下汉语教学语法理论体系的构建——基于三一语法的新探索》（《语言教学与研究》第6期）将“语体语境”分化为“单体语境”“变体语境”两个层级。

结合近20年来汉语二语教学、习得情况，学者们将汉语习得研究成果梳理成册。按照齐沪扬的《对外汉语教学参考语法书系编撰的几个理论问题》（《汉语学习》第1期）的指导，相关教学参考语法书系邵洪亮《助词“了”》（北京语言大学出版社，6月）、陈晓蕾《语气副词》（北京语言大学出版社，9月）、鹿荣《宾语》（北京语言大学出版社，6月）、刘振平《形容词》（北京语言大学出版社，9月）、胡建锋《语篇的衔接与连贯》（北京语言大学出版社，6月）实现系统化编写，二语语法教学体系得以构建。

2. 语言习得

儿童语言习得的实验研究对相关理论也有新的推动。杨彩梅、董昕和赵佳伟的《普通话儿童递归性关系从句习得研究》（《外国语（上海外国语大学学报）》第1期）验证了儿童年龄对不同类型递归性从句习得有影响。谢媛和周鹏的《学龄前汉语儿童语篇搭桥能力的发展》（《外语教学与研究》第4期）验证了非显性形态标记的汉语中，儿童完成语篇搭桥所需的因素。李慧敏和王磊奇的《汉语儿童早期应答语的发展》（《当代语言学》第6期）发现“成人引发—儿童应答”的互动交流模式有助于汉语儿童早期应答语的习得和发展。杨安琪的《汉语儿童与韩语儿童韵律焦点标记习得研究》（天津大学出版社，7月）对比考察了汉语和韩语儿童在不同年龄段如何使用韵律在语言中标记焦点。

（四）社会行业语体研究的进展

现代汉语句法语义理论研究的深入和细化，给社会各行业的专业语体的应用，提供了越来越可靠的理论依据。越来越多其他行业的学者也将现代汉语的理论应用在本行业的特殊语言模式中，充分展现了语言的多样性。2023 年度涉及的行业语体包括律师结辩和庭审话语、网络游戏话语、贸易谈判话语、企业身份建构话语、外交部发言人话语、新闻标题等。这样的应用研究主要集中在《现代外语》期刊上。涉及法律、庭审的文章有两篇。其中，袁传有、曹慧姝和郑洁的《律师结辩话语多模态态度资源与叙事建构》（第 3 期）聚焦于英美法系中控辩律师的结辩话语；杨敏和孙娟娟的《论式分析法框架下庭审话语中的性别身份和去性别化身份研究》（第 4 期）运用话语历史分析法聚焦于庭审话语。其他行业应用语言还有：张慧和杨炳钧的《情态隐喻视阈下网络游戏话语的符号暴力研究》（第 1 期）运用系统功能语法的情态隐喻，探讨网络游戏虚拟语境的话语体系建设；杨文慧的《中美贸易谈判新闻语篇中语法空间认知模式研究》（第 3 期）聚焦解读中美贸易谈判新闻语篇语法表征中空间认知的差异性对读者认知的影响；胡春雨和徐奕琳的《基于语料库的企业身份建构话语—历史研究》（第 4 期）以华为企业身份建构为个案，探讨相关话语历史分析框架的适切性；蔡鑫鑫和徐玉臣的《评价理论视域下外交部发言人立场表达中的话语主题生成研究》（第 4 期）运用系统功能语法，集中探讨外交部发言人“新冠溯源”主题下的话语立场表达。

“语言特区”是基于特殊领域中的语言创新现象所提出的一种新的研究理念。基于这一概念，覃业位的《汉语“动宾带宾”现象特点再探——基于新闻标题语料的观察》（《语言研究》第 2 期）通过定性定量分析说明了“动宾带宾”结构在新闻标题这一语言特区中的三种独特表现；刘树苓和张美涛的《标题构式“从 X 看 Y”的变异特征及动因》（《汉语学习》第 2 期）对比同类语篇构式，发现标题构式“从 X 看 Y”因语言特区属性表现出诸多变异特征。

这些研究为语言学和政治、经济、法律、新闻传播等学科搭建了沟通的桥梁，使整个大文科呈现出多学科交叉互动的态势。

七、结语

总的来看，2023 年句法语义学科的研究成果呈现出理论与事实融合更加成熟的趋势。经典语法问题的研究中，现代功能—认知理念的作用日益凸显，在这一影响下，传统句法语义研究焕发出新的活力，学者们结合新的研究视角和站在新的理论高度做出方法论层面的思考。功能—认知导向的研究更加多元化，除了更加注重论证理据和内在逻辑之外，学者们也不再局限于某一种理论方法，而是立足于语言事实，从多个角度、多个层面做出合理的解释。形式导向的研究承续了追求普遍原则的学术理念，但是学者们关注更多的是汉语的适用性问题，并基于对汉语语言事实的观察和思考，对普遍原则和形式理论进行反思和完善。而基于汉语自身特点逐步构建并完善起来的“大语法观”理论体系更是在新时代新征程上焕发出活力光彩，它着眼于汉语语言事实、植根于汉语研究传统，为解决汉语实际问题提供了一系列简洁、统一且符合客观规律的科学认识，体现出“明体达用、体用贯通”的鲜明特点。

历史语法研究

杨永龙　祖生利　李　明　姜　南　陈丹丹
陈伟蓉　张竞婷　赵绿原　于方圆　韦志刚

历史语法研究在2023年涌现出许多新的成果，取得了较大进展。根据汉语史分期可以划分为上古汉语语法研究、中古汉语语法研究、近代汉语语法研究；根据研究内容又可以分为语法化与语义演变研究、汉语史上的语言接触研究、汉语与少数民族语言接触演变研究。下面分专题介绍。

一、上古汉语语法研究

2023年上古汉语语法研究持续发展，成果众多。研究显示出以下趋势和特点：（1）热点依旧集中，实词研究以动词为主，功能词研究以代词和副词为主；（2）利用新的理论和视野解决热点问题、发现语言规律；（3）综合性研究的问世和译介。

（一）实词及其相关结构式研究

实词研究主要集中在动词一类，成果涉及上古汉语动词的方方面面。

围绕上古汉语的动词语义特征的研究如下。蒋绍愚《〈史记〉单音节动词的情状类型》（《语文研究》第1期）将《史记》1002个单音节动词（或义位）分别归于“活动”“状态”“达成”“瞬成”四个情状类型，在每个情状类型下对一系列相关问题进行了分析讨论。武振玉、裘晓晨《上古汉语中的“终竟”义动词》（《中国文字研究》第三十七辑）调查了上古汉语的19个“终竟”义动词，指出在整个上古汉语阶段，该类动词始终以表示“休止”义为主，表“结束、完结”义的动词非常有限。讨论动词及物性的研究有：仲林林《从〈左传〉看先秦汉语动词宾语语义与动词及物性的关系》（《上古汉语研究》第五辑）从是否带宾语以及宾语的语义角色两个维度分析了先秦汉语动词的及物性特点，文章指出传统的及物性定义很难对先秦汉语的动词进行二分。

讨论动词非典型分布的研究有：张芷涵、刘子瑜《上古汉语动词性成分作定语研究——以〈史记〉为例》（《历史语言学研究》第二十辑）立足于《史记》语料，探讨了“VP+NP”组合实现为定中结构的影响因素、定语与中心语的语义关系以及定中间“之”的隐现条件等问题。涉及动词性成分和名词性成分转类的研究如下。孙洪伟《上古汉语无标记指称化现象的类别与界定概说》（《继承传统　博古通今——纪念郭锡良先生九十华诞学术文集》，商务印书馆，12月）从概念和界定上讨论了上古汉语无标记指称化的类别、无标记指事化和未指称化的谓词性结构的区分、无标记指物化和无标记指事化结构的区分、无标记指物化和无标记转指结构的区分。万群《上古汉语名动配对词的特点与历史层次——以过程类为例》（《国学学刊》第3期）讨论了陈述天气现象、生理现象的过程类名动配对词的语义句法特征及其历史层次。

上古汉语的被动表达与这一时期的动词特点密切相关。蒋绍愚《〈左传〉〈庄子〉的无标记被动》（《当代语言学》第 3 期）从无标记被动的概念界定、句法位置、与受事话题句的区别、与作格动词的区别、可以用作无标记被动动词的大致范围等几个方面对先秦时期的无标记被动进行了分析。大西克也《上古汉语被动句及其中的世界观——以动力表达为线索》（《继承传统 博古通今——纪念郭锡良先生九十华诞学术文集》，商务印书馆，12 月）从认知语言学的视角重新观察上古汉语“为”字句、“见”字句等被动表达以及与被动表达相关的作格动词、使役句等，指出上古汉语属于宾格语言，使役句发展，被动句未成熟，其特点是语法上具有施者优先的显著特点。

情态助动词语义演变的研究如下。任荷《从积极评价到情态：汉语形源助动词的语义探源——兼论道义情态的语义本质》（《中国语文》第 4 期）剖析了汉语情态助动词“可”“足”“宜”“好”的语义来源，分析指出四词之所以能够从积极评价义发展出情态义，根本原因是以潜在事件为评价对象的积极评价义与动力、道义、估价三类情态义之间存在密切的语义关联，四词语义演变的根本机制是语用推理和隐涵义的固化，具体的推理模式主要是凸显化模式和回溯推理模式。任荷《上古汉语情态助动词“宜”探源》（《语言研究》第 2 期）从句法和语义两个方面论证了情态助动词“宜”的起源结构是以及物状态动词“宜”为核心的“NP 宜$_{V}$VP”句，而不是以形容词“宜”为核心的“[NP+VP] 宜$_{ADJ}$”句。刘文正《汉语虚义助动词“为”的来源及发展》（《汉语史学报》第二十九辑）讨论了上古汉语被动标记“为”是如何从“行为动词→泛义动词→虚义助动词”逐步发展为被动标记的。文章指出构式压制使动词进入构式之中充当“为”的宾语，进入构式的动宾短语阻断压制，使“为”成为虚义助动词，“为$_{次}$V$_{核}$”用于受事主语句后，“为”吸收句子的被动义演变为被动标记。

（二）功能词及其相关结构式研究

功能词研究主要集中在代词和副词。其中代词及指示词研究以个案研究为主，成果大多是对上古汉语某一代词、指示词的功能、来源等问题的探讨。曹亚北《上古汉语代词“之”的间接回指》（《中国语文》第 1 期）讨论了上古汉语中“之”用作间接回指的各种表现及其机制，指出“之”的间接回指与上古汉语多方面语言性质相关：词汇意义的综合性为间接回指提供了合适的触发语；无标记名词形式表达不定指的特点，使“之”有条件从词内意义中获取实体指称，“之”本身的句法语义性质也为间接回指提供了条件。曹亚北《上古汉语“之”表预指的性质和来源》（《上古汉语研究》第五辑）指出上古汉语“之”的预指用法主要是语句性预指，绝大多数用例见于“吾闻之”等句，“之”以预指命题性成分为主。“吾闻之”是语篇层面的引述结构，引述标记“之”的作用是替代性预指，这种预指是由句法促动的。薛宏武、闫梦月《古汉语指示代词“是”的功能、特性与形成》（《新疆大学学报（哲学社会科学版）》第 4 期）认为指示代词“是”由谓词“是”语法化而来，它滞留了后者的基元 [正恰] 及语义特征 [主观认定][抽象] 等，是个重指示代词。李佐丰《先秦的代词“诸”及其研究》（《语言学论丛》第 3 期）认为代词“诸”是一个地域、时段明显的代词，主要用于战国初期的齐、鲁、北燕等国。“诸”与“之”“之于”“之乎”关系复杂，但语法上并不等同，不是“之于”“之乎”的合音词或兼词。

副词研究中最值得关注的是谷峰《上古汉语语气副词研究》（北京师范大学出版社，10 月）一书。该专著讨论了上古汉语语气副词的范围和分类、上古汉语语气副词的历史演变、上古汉语语气副词的位置和分布、上古汉语近义语气副词的语用区分等各个方面，是一部聚焦上古汉语语气副词的系统性研究。副词研究还包括以下成果。蔡英杰《语气副词“则”的焦点标记作用探微》（《语言科学》第 4 期）指出在先秦时期，主谓之间的“则”常用作语气副词。在单句或联合式复句中，“则”用来强调前面的主语；在偏正式复句中，“则”用来强调其所在分句的主谓结构。语气副词“则”具有焦点标记作用。雷瑭珣《古汉语时体副词“既”“未”的语法功能》（《中国古典学》第三卷，中华书局，8 月）论证了古汉语时体副词“既”“未”在体貌层面形成狭义的反义关系，完整体是两词的基本功能，“既”在时制层面的先时用法是体貌层面用法进一步发展的结果。m- 并非语法上的形态成分，“未”不是在“既”上增加形态成分 m- 产生的。

此外，一些研究考辨某一功能词究竟是代词还是副词。张玉金、乔盼峰《殷墟甲骨文“其”为代词说商榷》（《语言研究》第 1 期）结合材料论证了甲骨文“其”全部为代词说和部分为代词说的不可靠，认为甲骨文中的“其”应看作副词。杨萌萌《“莫”是代词还是副词》（《古汉语研究》第 1 期）通过句法证据论证了上古汉语中相当于“没有人”的“莫”是副词而非代词，相关结构不是代词做主语，而是副词做状语。

还有一些研究聚焦某一结构式或词组，讨论其中作为组成成分的功能词的性质、功能及发展。胡佳佳、黄易青《上古汉语语义的虚化与双音结构的凝固——以“无乃”“无亦”“无宁”之“无”为例》（《北京师范大学学报（社会科学版）》第 2 期）分析了三种结构中“无”的特殊用法。句子谓语动词前的“无”是表频仍义的频率副词，由频仍义引申为“重、再”义，形容词前的“无”是双音实词结构中表数量持续增加或状态延伸的语素；功能词“无乃”“无亦”“无宁”中的“无”则是基于反复出现的历史经验和自然规律表推测、判定语气的语素。刘文正《关于“所 V”之“所”的来源和进一步发展》（《南京师范大学文学院学报》第 2 期）在构式语法理论框架下解释了“所”如何（1）由处所名词演变为泛义名词；（2）从泛义名词演变为构词语素；（3）从构词语素到虚义助词。毕然《“有如”结构溯源》（《语言研究》第 2 期）从构造上区分了上古汉语的三类“有如”结构：誓词“有如”不是复合词，“有”与“无”相对，“如”是从随义的动词。比喻词“有如”的“有”动词性趋弱，可视为引进类指结构的标记，“如”承担结构的主要意义。表假设的“有如”是双音节复合词。

（三）新理论、新视野、新方法

引入焦点理论解决上古汉语中受到长期关注的热点问题。史文磊、刘莹《从信息结构的句法表现看上古汉语“吾、我”之辨》（《当代语言学》第 1 期）通过调查《论语》《左传》中“吾”“我”的使用情况，从信息结构角度切入并指出至少在春秋后期到战国中期鲁国等地的通用语中，“吾”“我”在句法分布上存在严整区别。具体表现在：（1）主语是第一人称代词且是焦点或话题时，用“我”不用“吾”；（2）句子如已另有焦点或话题，主语如是第一人称代词，用“吾”不用“我”。焦一和《先秦汉语三类宾语前置的功能差异与分布序列》（《当代语言学》第 6 期）基于焦点理论重审先秦汉语中否定句中的代词宾语前置、无标记的疑问代词宾语前置、带“唯”“是”“之”等标记的宾语前置三类宾语前置结构，揭示了语用结构对句法结构的影响，并归纳出先秦汉语三类宾语前置的总体分布序列。王翠《上古汉语受事前置句的焦点结构及其交际功能》（《励耘语言学刊》第三十七辑）借助焦点结构分类，对上古汉语受事前置句的信息特征及交际功能进行了研究。

运用韵律语法理论关注韵律因素对语法的制约作用。刘丽媛《多维重新分析下的句调语法研究——以上古反诘语气词“为”的产生为例》（《中国语文》第2期）基于生成语法的重新分析机制与韵律句法的句调语法机制，指出“为”在“何VP为”结构中发生了句法、焦点、韵律的多维重新分析，从一个词汇词演变为标句词。李果《上古汉语后置状语[X然]的韵律制约》（《中国语文》第4期）分析指出上古汉语典型的状语[X然]可分为光杆状语[X然]$_W$和有句法分枝型状语[X然]$_P$两类，前者不能做后置状语，后者可以做后置状语，文章认为是句法受韵律制约导致了这一对立。

结合音韵、词义与语法的多维度研究。王月婷《“降”的音义考释和上古汉语变读规则》（《语言科学》第2期）指出上古汉语存在三条变读及句法规则：（1）自主不及物的动作动词的使动不变读；（2）“V+非受事”动词变读去声；（3）同一动词若同时进入“于”字结构、双宾A式，则后者变读去声；并根据以上规则推断指出双宾A式的“降”读见母去声其实是去声变读，由此反推出“于”字结构的“降”及其原始词皆读见母平声。谢维维《上古汉语变读别义中去声和浊辅音的标记功能》（《语言研究》第3期）认为在句法-语义界面，去声的标记功能可归结为凸显某一论元，浊辅音的标记功能则在于消减论元。上古汉语异读材料中，去声和浊辅音无论是在分布上还是功能上呈现“不完全互补”之势。

（四）综合性专著

武振玉《两周金文语法研究》（商务印书馆，11月）一书在对两周金文穷尽性调查的基础上，分实词、功能词、句子成分、特殊句式四部分对两周金文中语法现象进行了全面的考察和探讨，其中功能词部分描写了每个功能词的分布情况，并与传世文献进行对比研究；特殊句式部分在探源基础上重点考察了金文中的特殊用法，是对上古汉语语法研究已有研究的重要补充和参考。[德]何莫邪（Christoph Harbsmeier）《古汉语语法四论》（北京大学出版社，8月）一书的中译本在原书问世四十年后出版，书中对古汉语语法中否定、量化、指代、条件命题四个领域的讨论在今天看来仍不乏创见。

二、中古汉语语法研究与梵汉对勘

2023年度中古汉语语法研究呈现以下特点：（1）系统性研究数量不多，个案研究占多数，其中功能词研究最为多见，以副词和量词为主，句式研究也能够见到；（2）在处理汉译佛典材料时，进行以梵文为代表的原典语言与汉语的对勘，进行同一部经不同译本之间的对勘，更好地挖掘语言现象的本质；（3）将中古汉语的语法要素与上古汉语进行对比，并与现代汉语方言材料联系起来，达到了历时与共时的互动。

涉及中古汉语语法研究的专著主要有李博寒《基于梵汉对勘的〈无量寿经〉语法研究》（中西书局，5月），该书运用梵汉对勘的研究方法，考察了《无量寿经》东汉至唐四个汉译本对梵语工具格、从格、处所格的翻译方式，并以《维摩诘经》为比较对象，观察两部经不同时代译本对梵语格变化翻译方式的异同，在此基础上，进一步重点探讨了介词短语“于NP”“从NP”和后置词短语“VP时”“NP所”因对译梵语的格变化而产生的特殊用法，揭示了佛经汉译对“从”“时”“所”功能演变产生的影响。张美兰《汉语历史句法概要》（清华大学出版社，10月）按照上古、中古、近代三个阶段，对汉语史不同时期中常用的十种句式结构进行了系统的介绍和考察，力图通过对汉语各种句法结构的历时探讨，勾勒出汉语历史句法的面貌。

对于中古汉语这一时期语法的系统性研究，有蒋绍愚《从八部书看中古汉语语法》（《历史语言学研究》第十九辑），该文对中古汉语时期包括中土文献和汉译佛典在内的八部重要著作进行调查分析，概括出中古汉语语法的八个特点：在判断句中使用系词“是”；“被”字句出现；述补结构出现；“不”或“未”居于句末的反复问句常见；“已”和“来”虚化；新的代词出现；量词大量出现；上古汉语语法特点减弱和消失，例如名词动用和使动、意动用法少见。这些语法特点主要表现在魏晋南北朝时期，东汉时还很不明显。

个案研究以功能词研究最为多见，其中副词研究的数量最多。姜南《从情态动词到饰句副词——“敢”之“凡”义探源》（《汉语学报》第1期）基于汉译佛经中“敢”发生词义突变的年代和地域及其出现的句式环境，结合原典语言和汉语方言材料，初步推断这类“敢”是作为一个外来词，在汉语语境下改头换面，遵循从情态动词到饰句副词的演变路径，被重新分析为表确认的语气副词，并在以晋语为代表的北方汉语中保存下来。龙国富、王长滕《语法化与语言接触的互动——汉语虚词“将无”的来源》（《语文研究》第2期）从历史句法学和语言接触的角度考察了“将无”的来源，认为“将无”是“将”和“无”分别语法化为测度副词，然后同义连用凝固成词的，梵文原典中表推测语气的 mā 的汉译对其使用有一定影响。卢烈红《关于“将”系语气副词的几个问题》（《继承传统　博古通今——纪念郭锡良先生九十华诞学术文集》，商务印书馆，12月）则主要关注汉魏六朝时期较为活跃的“将”系测度语气副词，讨论了语气副词“将”的产生与来源，语气副词“将”的双音化及“将”系语气副词的消亡。孟奕辰《从梵汉对勘角度分析副词“当”的词义》（《汉语史研究集刊》第三十四辑）通过梵汉对勘发现，东汉早期译经中情态动词“当$_1$”（义务义）与情态副词“当$_2$”（认识情态义）、时间副词“当$_3$”（将来时间义）和语气副词“当$_4$”（深究义）分别发生关系，存在“助动词（情态动词）〉认识情态副词”“助动词（情态动词）〉时间副词”“助动词（情态动词）〉语气副词”三个链条。另外，量词也有学者关注。乐优《中古汉语的动量词》（《汉语史与汉藏语研究》第十三辑）全面考察了中古汉语中的动量词，总结其特点，并从语义角度探讨其演变规律，指出计量空间型线性动作的动量词，来源词一般是包含完整结构的位移动词；计量时间型环形动作的动量词，其来源词中均包含“周遍”或“回转”的语义特征，类似的文章还有乐优《从量词“介”谈个体量词来源的一种特殊途径》（《汉语史学报》第二十九辑）。

句式研究主要有赵长才《中古汉译佛经中的设问句》（《历史语言学研究》第二十辑），文章对中古时期汉译佛经的设问句进行了细致考察，着重分析汉译佛经文献设问句的表达手段和使用特点，通过与上古汉语时期和中古时期本土文献设问句的对比，勾勒从上古到中古汉语时期设问句的历时发展脉络，并就中古汉译佛经中“所以者何”“何以故”等表达形式的来源和形成情况做进一步探讨。梁银峰《论中古汉译佛经中的“原因分句+故”结构》（《清华语言学》第四辑）指出，上古汉语中，“原因分句+故”结构通常位于结果分句之后，是对造成某一结果或事实的解释或说明，是整个句子所表达的焦点信息，而汉译佛经中常见的“原因分句+故”结构位于结果分句之前，处于从句地位，结果分句才是整个句子的重点。“故”从缘故义名词发展为表原因的后置词，直接诱因是语言接触，而“故”本身具有的泛义名词的特点是其语法化的语义基础。

三、近代汉语语法研究

2023 年度近代汉语语法研究仍以功能词和句式研究为主，除此之外，新材料的出版和运用成为年度的热点之一。

（一）近代汉语功能词研究

有关功能词的来源与发展一直是近代汉语的主要研究课题之一，2023 年度近代汉语功能词研究主要有代词、语气词、副词、助动词等，此外还涉及转折词、语用标记等。

代词方面，宋元时期的汉语里出现了“大小”“大小大”“倒大”等比较特殊的代词，汉语学界之前对此关注不多。冯春田《代词性“大小”与“大小大”略说》（《历史语言学研究》第十九辑）一文在学界已有的研究基础上，详细分析和讨论了这类指代词的类型、变化与形成等。

语气词方面，梁银峰有两篇文章。一篇为《语气词“也”在近代汉语的蜕变——基于言语互动的视角》（《历史语言学研究》第十九辑），指出言语互动功能是“也”交互主观性增强的表现；伴随着“也”言语互动功能的增强，它在语音上也分化为文白两读，白读音保留了上古属于歌部的 ia 音（字形上由“也”替换为“哑”“嘏”“呀”等），文读音变为“车遮”韵的 iɛ（字形上仍写作“也”），文白两读的出现以及在表达功能和字形上的分工，标志着语气词“也”在宋元时期发生了蜕变。另一篇为《对话语境与祈使语气词“罢（吧）”的产生》（《汉语史学报》第二十八辑），认为语气词“罢”是从动词“罢”发展而来的，但并非直接来自动结式中的补语“罢”，也不是位于句末的“便罢”“也罢”省略副词“便”“也”的结果，而是由单独充当谓语动词的“罢”发展而来的。

副词方面，冯赫《“多（么）”的来源与形成新探》（《中国语文》第 1 期）指出，“多”在特定的“多＋形”结构式内表示询问或感叹，这种用法来源于询问式和感叹式的“多少＋形”，后者又分别来自询问式和感叹式的“多少＋名”。“多（么）”与相应的“多少”的询问功能与感叹功能不是单纯的引申或互变关系，而是产生于两条平行变化、并不重合的历时演变路径。

助动词方面，任荷《情态助动词“好”的来源与演变探析》（《当代语言学》第 5 期）认为，始见于中古汉语时期的情态助动词“好”起源于“（NP）好$_{\mathrm{ADJ}}$，可 VP”句。从“（NP）好$_{\mathrm{ADJ}}$，可 VP”到“（NP）好$_{\mathrm{MOD}}$VP”的句法演变本质上将并列复句重新分析为单句，可归入一种具有跨语言普遍性的历时演变模式——双小句结构的简化。对于“好$_{\mathrm{MOD}}$”的历史来源与演变过程的充分揭示有助于解释该词在现代汉语共时系统中的语义特点和分布限制。

转折词方面，贝罗贝、周兮吟《转折词作为溯因论理算子：汉语转折词的历时考察》（《历史语言学研究》第二十辑）主张将衔接两相对待的“语义段”的转折词作为“论理算子”，置于“论理话语”的上下文中来进行考察，以澄清转折词所承担的“转折关系”的本义。文中对汉语转折词之历史演变的扼要考察，循常规按汉语史的分期时序展开。除了厘清一些最常用的转折词的历时演变路径，比如“语义衍生”和“语法化”，对绝大部分例句的分析，都引入“溯因”论理框架作为参照。

语用标记方面有张秀松《近代汉语语用标记“可是（NP）说的”的多功能性和语用化》（《中国语文》第 3 期），该文对明清时期汉语常用引语标记“可是（NP）说的”的类型、形式—

结构、意义—功能进行了共时描写，并追溯其历时演变：当 NP 为二身代词时，“可是（NP）说的”易向观点认同标记“可是说的”演变；当 NP 为一身代词时，“可是（NP）说的”易向合预期语用标记演变。

（二）近代汉语句式研究

句式研究也是近代汉语研究重点关注的课题之一。2023 年度近代汉语句式的研究更加深入，除描写相关句式的产生和发展演变之外，还注重探讨其背后的演变机制和动因。

《中国语文》第 5 期有两篇文章集中讨论“他的老师当得好”一类句式的产生和发展演变。其中张磊《技能评价型准定语句“NP_1+ 的 +NP_2+V 得 C”的形成及发展演变》一文从历时角度系统考察技能评价型准定语句“NP_1+ 的 +NP_2+V 得 C”，认为该句式最早产生于明代，经清代发展，到清末民国时期成熟；该句式在来源上与“名物化”“话题化”“关系化”结构没有直接关系，而是基础生成，其机制是转喻；该句式有着独立的产生和发展轨迹，与重动句、主谓谓语句、述宾结构等句式不存在源流上的演变关系。石毓智《“他的老师当得好”构式的产生过程》则认为“他的老师当得好”这种构式是动补结构的发展而带来的一种新构式，与其他相关的构式诸如处置式、动词拷贝、次话题结构等既有联系又有明确的分工。

石锓、倪峰山《明代汉语疑问句功能的融合与扩展》（《历史语言学研究》第十九辑）对明代汉语的疑问句做了系统全面的考察：明代汉语的疑问句有“有疑而问”和“无疑而问”两种用法。“有疑而问”的疑问句存在着功能融合的现象。极性问与特指问融合，形成了特指是非问、特指选择问和特指正反问；推测问与特指问融合，形成了特指推测问。“无疑而问”的疑问句存在着功能扩展现象，由反问向祈使、感叹等扩展。

洪波、郑亚秋《“问 $NPVP_{索取}$”的构式化与构式演化》（《历史语言学研究》第二十辑）梳理和讨论了两类“问 $NP+VP_{索取}$”的构式化和构式演化，并探讨了其发生的条件和动因。文章认为 A 类构式化路径是从连动结构演化为状中结构，“问”语法化为介词；B 类构式是从“问 +NPVP（宾语从句）”演化为使令结构，两类构式化的产生都与信息结构的完形重塑密切相关。重要论文还有一些，如李美澄、杨永龙《“吃食堂”类旁格宾语结构的来源》（《历史语言学研究》第二十辑），徐毅发、王平夷《近代汉语抽象方式义“V_1 着 V_2”结构的形成发展及句法语义动因》（《语言学论丛》第 2 期），陈光、龙国富、李文琦《试论构式化视域下汉语“是……的”分裂句的形成》（《语言科学》第 4 期），赵林晓《近代汉语“V（一）个不 VP”的构式化演变过程与机制》（《宁夏大学学报（人文社会科学版）》第 1 期），杨茜《近代汉语到现代汉语中“把 NP—V”结构的变迁》（《西安外国语大学学报》第 3 期），田永苹《近代汉语时期两种能性述补结构的地域变化及其动因》（《宁夏大学学报（人文社会科学版）》第 5 期）等。

（三）运用新材料的研究

近代汉语研究历来重视文本的选择和运用，2023 年度与近代汉语语料相关的研究增多，利用文本比较法或使用新材料对近代汉语一些固有问题进行研究。如张美兰《从文献文本比较看明清汉语“把／将”字处置式特性》（《语言学论丛》第 1 期），该文通过汉语文献多文本之间的关联与比较，进一步审视了明清时期的“把／将”字处置式使用情况，比较发现：相对于“SVO”语序的句子，“S 把 OV”句式只是近代汉语常用句式中的一小部分；与南方文献比较，北方文献更倾向于使用“S把OV”句，清代北方话还会多用“S把O给V”句；与“将”字句的典雅语体色彩不同，“把”字句更口语化。一部作品的语言风格和地域特色，可以借助“把／将”字处置式的使用情况来辅助判定。马绍华《上代日本汉文中的古汉语存在句式研究》（《中国语文》第2期）以日本上代（上代，指日本奈良时代，公元710—794年）的汉文为语料，详细描写了古汉语存在句式“有”字句和“在”字句在上代日本汉文中的误用情况，并指出这些误用都是由“和习”问题引起，即受到日语语法特征影响所致。有关近代汉语语料的论文还有金永寿、金熙晶《〈翻译老乞大〉与〈老乞大谚解〉的比较与解析》（《民族语文》第4期）、李泰洙《新近发现的古代朝鲜汉语教材〈忠义直言〉考略》（《历史语言学研究》第二十辑）等。

此外，2023年度商务印书馆出版了一批近代汉语方言文献集成，包括《近代汉语官话方言域外文献集成》（全56卷）、余跃龙编著《近代汉语官话方言课本文献集成》（全12卷）、李军编著《近代汉语客赣方言文献集成》（全3卷）、庄初升编著《近代汉语客家方言域外文献集成》（全50卷）、林亦编著《近代汉语平话土话方言文献集成》（全2卷）、石汝杰编著《近代汉语吴方言文献集成》（全13卷）、谷少华编著《近代汉语晋方言文献集成》（全5卷）等，以及马重奇主编《明清以来闽方言文献集成》（第一辑至第六辑）。与方言材料相结合本来就是近年来近代汉语研究的新趋势，相信随着这批近代汉语方言材料的出版，该研究领域能成为近代汉语研究的新的热门和新的增长点。

四、语法化与语义演变研究

语法化研究一直是近年来的热点，与语法、语义、语用三方面关系密切。共时、历时和方言研究都可以在语法化问题方面从各自的侧重点做出成绩。在2023年度，这些方面都取得了一定的进展。

（一）专著和论文集方面

吴福祥、洪波、杨永龙、杨荣祥主编《语法化与语法研究》（十一）（商务印书馆，7月）汇集了与语法化问题相关的中外文文章22篇，反映了这两年来的一些研究成果。除已发表于某些刊物的文章之外，这里简单介绍一下其他相关文章：（1）具体词汇、词类以及结构式的研究，比如贝罗贝、周兮吟《汉语指示代词演变之新观察》，陈祝琴《“再三”“一再”的功能差异及其解释》，董秀芳《汉语所谓“中动结构”的历史来源及性质》，李小军《从空间位移到话题转换：“至”“及”的话题转换功能》，梁银峰《论上古汉语否定句中代词宾语前置的语用属性》，詹芳琼“The Development of the Chinese VdeO Cleft Construction：A Constructional Approach”（《汉语“V的O”分裂式的发展：从构式来研究》）；（2）关于语法化机制和动因的探讨，以及类型学视野的研究，比如Walter Bisang“Grammaticalization in Chinese：Its specifics from a typological perspective”（《汉语中的语法化：从类型学视角看其特性》）、洪波《关于隐喻对语法化的作用》；（3）语法化不同阶段的特点的讨论，比如李宗江《汉语虚词的后续演变层次——以“了”“着”的演变为例》；（4）同语义演变相关的研究，比如宋亚云、母尚帆《语义类推与古汉语词义演变》，龙国富《汉语伴随到被动的语义演变模式》。

王自万《汉语方言可能式研究》（四川大学出版社，4月）讨论了“可能”这个重要的语义语法范畴。该书虽然主要围绕汉语方言中的可能式的表现形式和语义内涵，但在第六章涉及了可能式的历史发展，又涉及两部分：（1）语义的发展；（2）形式的发展；在第七章还讨论了可能式的类型和层次。该书资料宏富、分析细密、观察敏锐，是近年来汉语研究的一大创获。

李建平《汉语量词及其语法化专题研究》（中国社会科学出版社，6月）分六部分：（1）汉语量词语法化研究，基于类型学视野考察汉语量词语法化的动因与机制问题；（2）出土文献量词研究，主要侧重于简帛文献及汉魏六朝石刻、敦煌吐鲁番文献的量词研究；（3）量词个案研究，对重要量词追源溯流；（4）量词兴替研究，从历时角度分析量词兴替的时代和动因；（5）对权威辞书量词释义及相关问题进行校补；（6）对量词研究史进行总结并展望其未来。

林华勇《方言语法研究的语法化视角》（科学出版社，10月）从粤方言出发，对汉语方言的语法化研究现状进行回顾，并试图从语法化的视角，联系语义地图、语言接触等理论方法，对汉语方言中“正”“过”“来”“开”“着”“讲”等的多功能性进行分析；同时，基于方言事实，对语法化的不一致现象、语法化程度、区域的语法化、持续范畴的分合、言说动词的语法化、语气助词与句末语调的叠加关系、结构的演化、小称功能之间的联系等热难点问题也进行了探讨。

马贝加、董静《汉语介词语义的演变模式》（商务印书馆，6月）提出“首发”和“后随”两种不同类型的演变模式，认为首发模式中的三要特征对后随模式起制导作用，影响力贯串同类演变的始终。该书认为，从历时角度看，“首发者”和“后随者”之间不是“拷贝”关系，每个成员都走过具有自身特征的语法化历程。在对演变的语义因素的探究方面，该书分析了语义关系变化、时间关系变化和句子推理意义变化等因素。对产生介词的结构、介词的演变路径以及介词继续语法化的方向和类型作了全面而详细的分类和描述。

（二）论文方面

1. 理论思考及对国外相关数据库的介绍

吴福祥《试谈删略导致的语法化》（《中国语文》第3期）从语法化角度探讨删略引发的语言演变，将删略导致新的语法成分产生这一现象谓之“删略导致的语法化”。该文指出，这类语法化最主要的特点是不涉及任何语用 - 语义过程，是一种典型的形式语法化。因为这种形式语法化本质上是一种定名学演变，所以很难用现有的基于符义学演变的语法化理论框架来描述和解释。该文考察显示，删略导致的语法化现象广泛见于汉语方言和历史文献，源于删略的语法成分涉及指代词（人称代词、指示代词和疑问代词）、助动词、副词、介词、连词、体助词、语气词等多种功能语类。

胡平、吴福祥《跨语言同词化数据库与词汇类型学研究》（《当代语言学》第4期）从三个方面介绍跨语言同词化数据库第三版：（1）概况及其发展：数据库的开发团队及其在数据库规模等三个方面的改进；（2）研究对象及其原理，表明该数据库的研究对象实为多义词，该数据库之实现，一是使跨语言词汇比较成为可能，二是使同词化现象可量化为数据；（3）框架、功能及其实现，主要涉及同词化图的实现形式和功能。该文指出，该数据库引入国内语言学界，必将为汉语语义演变研究提供更多的跨语言材料，并在世界语言变异范围内发现汉语语义演变共相和殊相的研究中发挥无可替代的作用。

2. 与汉语方言相关的研究

吴福祥、金小栋《汉语方言“持拿”义动词的多功能模式与语义演变》（《历史语言学研究》第十九辑）从比较方言学的角度对汉语方言中若干“持拿”义动词的多功能模式进行了考察，并在此基础上探讨其语义演变的路径。

陈鑫颖、盛益民《汉语程度特指问编码策略的类型学研究——兼论程度疑问代词的演变模型》（《中国语文》第3期）基于跨方言比较，指出汉语程度特指问的类型特点有：（1）构造类型有光杆型、后缀型、正反型、正反—后缀型和重叠型五种；（2）部分方言存在句法变异，构造类型和程度疑问代词的选择，与量项成分是否可量度、是否区分中性问和偏向问相关；（3）程度疑问代词来源于数量疑问代词、方式疑问代词或程度副词。文章最后提出汉语程度疑问代词的语义演变模型，讨论共性与个性问题。

类似的研究还有李桂兰、吴福祥《从意愿动词到即行体：汉语方言中一条反复可见的语法化路径》（《方言》第3期），郭亚博、唐贤清《汉语方言副词“可”的多功能用法及其内在关联》（《语文研究》第3期），李蕾、陈前瑞《结果体与补语标记的语义分化与演变研究——以大理白语 tw44、大理汉语方言及汉语史的“得”为例》（《语言科学》第4期），蒋协众、蒋遐《湘语邵阳话“讲”的多功能用法及其语法化路径》（《语文研究》第1期），彭慧《湖南永顺方言“硬”的用法及其语法化》（《方言》第1期），高峰《陕西绥德方言“则”的用法及语法化》（《方言》第1期），姜其文《江西万年方言“舞”的多功能用法》（《方言》第2期），朱嫣红、赖雨舒《方言接触引发的语法化——从惠东客家话处置标记“[clau44]”说起》（《语言研究》第3期）等。

3. 汉语史方面

梁银峰《汉语时体标记“了”“着”的语义演变方向》（《南京师范大学文学院学报》第2期）认为，“完毕”义动词“了”虚化为完成体标记“了$_1$”以后进而发展为完整体标记，“完毕”义动词“了”虚化为完成体标记“了$_2$”，但汉语中尚无充足的证据表明完成体标记“了$_2$”可以进一步发展为完整体标记；“附着、放置”义的动词“著”同时虚化为持续体标记“着”和进行体标记“着”，但没有充足的证据表明后两者之间存在演变关系。类似的研究还有李小军《“适”时间及语气（关联）用法的形成和发展》（《南京师范大学文学院学报》第2期），张秀松《“唱喏”的语义演变与词汇化》（《汉语史学报》第二十八辑），焦浩《近代汉语处所名词“处”的语法化》（《新疆大学学报（哲学社会科学版）》第2期）。

4. 现代汉语方面

孙少波、姚双云《方位名词“下面”的语义演变及其韵律变化》（《当代语言学》第3期）考察了方位名词“下面”的语义演变过程，分析了其在自然口语中不同语义条件下的韵律表现，并探讨了二者的关系。该文指出，“下面”在语义演变中，既有真值义用法，也有非真值义用法。其不同真值义用法是借助隐喻完成演变的，而非真值义用法则是在一定的语用条件下浮现出来的。在自然口语中，“下面”的语义演变和韵律变化并不总是一致的，随着语义的弱化，其韵律在不同声学参数上既表现出语音弱化，又表现出语音强化，韵律的选择主要还是由特定的话语功能和语用环境所决定的。

类似的研究还有曹秀玲、李冰心《汉语“X$_{数}$分”“X$_{数}$成”的功能与演化》（《汉语学报》第1期），张爱玲《“谁让+NP+VP”的构式化及其表现》（《汉语学习》第4期），覃业位《新兴动词“控”的生成机制——兼论网络语言中的去语法化》（《语言科学》第3期）。

（三）会议方面

11月4日至5日，由中国社会科学院语言研究所历史语言学研究二室、北京语言大学语言科学院、闽南师范大学文学院联合举办，商务印书馆协办的第十二届汉语语法化问题国际学术研讨会在漳州举行。此次讨论会采取线上线下相结合的方式，来自法国科学研究中心、法国国立东方语言文化学院、新加坡国立大学、英国华威大学、韩国安养大学等国外高校和科研机构，以及中国社会科学院、北京大学、复旦大学、上海交通大学、南京大学等国内高校和科研院所的110余名专家、学者参加会议。会议围绕“汉语语法化”的相关问题展开深入的交流与探讨，取得了丰硕的成果。

五、汉语史上语言接触问题研究

2023年度有关汉语史上语言接触问题的研究成果不少，主要仍集中在中古译经语言研究、元代（及其后）蒙汉语言接触研究和清代满汉语言接触研究三个方面，特别是清代满汉语言接触研究日益成为本领域研究的新的增长点。值得注意的一个新动向是研究者们从事相关研究时对于中华民族多元融合的意识的增强，在此意识指导下，以往较少关注的领域如东北地区汉语方言形成中所受的语言接触影响问题，开始受到学者们的重视。

（一）中古译经语言研究方面

前文已有介绍，此处从略。

（二）元代（及其后）蒙汉语言接触研究方面

高云晖、祖生利《语言接触对“家V”词汇化的影响》（《历史语言学研究》第二十辑）指出“家V”结构的词汇化是元代汉语发生的一项突变，是蒙古语接触影响的结果，明代“家V”的功能用法和分布地域得到扩展，清代满语的接触影响进一步固化了“家V”的使用。由于受阿尔泰语接触影响较深，北方官话对OV型构词的接受度较南方官话更高。黑维强、杨青青《元朝蒙古语影响元明契约文书一例分析——契约文书“立此为照者”之“者”的来源》（《中国语文》第3期）讨论了元明契约文书中“立此为照者”这类套语句式的来源，认为这是元代受了蒙古语动词祈使式影响的结果。程亚恒《副词“哺哩”的蒙古语来源及相关问题》（《民族语文》第2期）讨论了朝鲜时代汉语教科书中范围副词“哺哩”的来源，认为是蒙古语范围后置词büri、böri（“每”“全部”）的音译词。

（三）清代满汉语言接触研究方面

王继红、马楷惠《满（蒙）汉合璧文献语料价值的多角度挖掘——基于太田辰夫的相关研究与假设》（《历史语言学研究》第十九辑）讨论了清代满（蒙）汉合璧文献在语言接触研究等方面的语料价值，以及满（蒙）汉合璧文献语言内部差异、汉儿言语与旗人汉语的关系等相关问题。她们的另一篇文章《清代〈满汉成语对待〉作者考辨与方言基础》（《语言科学》第3期）指出《满汉成语对待》作者刘顺是广宁（辽宁北镇）人，该书反映东北旗人汉语和东北话的相关情况。李沫《满汉双语比较视角下的〈清文指要〉被动句研究》（《语言研究集刊》第三十一辑）讨论了《清文指要》早期汉译本和北京官话改编本对译满语被动句两种结构类型时，在被动标记的使用、非被动句的句式选择等方面的差异，以及汉译本被动句跟同期北京官话在被动句型、施事隐现和动词类型上的差异，指出这些差异体现了满语干扰的痕迹，反映出满汉语言类型差异和语言的标记性对语序变化的影响。李聪聪《清代满蒙汉合璧辞书中语法标记释义研究——以满语时体、副动词等部分语法标记为例》（《辞书研究》第5期）讨论了清代不同时期编纂的满蒙汉合璧辞书对满语时体标记、副动词标记等的释义问题。

其他还有杨春宇《从长城地带语言接触看中华民族共同体之形成——幽燕长城地带北方话的汉儿言语底层钩沉》（《辽宁师范大学学报（社会科学版）》第4期）讨论了历史上幽燕长城地带汉儿言语底层问题。李阿亮《古汉语"过"在泰语中的演变》（《语言研究》第3期）讨论了古汉语"过"借入泰语（kwa:[5]）后的语法功能扩张：从表"位移"义到表时间先后的连词；从表"超过"义语法化为介词差比标记，进一步演变为概数助词。何烨《语码复制框架视角下翻译引发的间接语言接触研究——以五四以来"-们"缀使用为例》（《语言与翻译》第1期）指出由于翻译引发的间接语言接触，"五四"以来书面语中"-们"缀使用频率增加，音节、语义和修辞上所受限制越来越宽泛。薛桂谭《"（在）……之下"结构的新用法——基于近代汉日语言接触》（《汉字汉语研究》第3期）通过清末报刊和汉译日书中日汉对译的具体实例，指出"（在）……之下"结构表达抽象概念这个新用法是受了日语的影响。

综论性讨论方面，杨荣祥《汉语语法史研究的观念、视野浅议》（《历史语言学研究》第二十辑）一文，讨论了"汉语自身的发展与外族语言的影响"问题，强调"要把汉语自身的语法演变研究和因与异族语言接触导致的语法演变研究结合起来"，重视对汉语发展史上语言接触问题的研究。

六、正在发生的汉语与少数民族语言接触演变研究

2023年度汉语与少数民族语言的接触研究成果丰硕，学者们关注的语言接触区域范围广，研究的内容涉及语法、词汇、语音等多方面。其中有的成果是以往未曾讨论过的语法范畴，有的成果是对已揭示现象更深入的分析，同时，随着接触研究的不断推进，研究成果从早期的以描写、呈现接触现象为重点逐渐转向探究语言事实背后接触的动因、机制，学者们的理论意识不断增强，逐步尝试构建基于汉语自身的语言接触理论。总体上看，汉语与少数民族语言的接触演变研究呈现出一片欣欣向荣的局面。

2023年，汉语与少数民族语言接触研究的成果中，西北地区仍然是研究的重点，其他地区也涌现出一些成果。

（一）西北地区的语言接触与汉语语法演变研究

对西北地区的研究有专著出版，莫超《甘青语言区域汉语方言之形成及演变研究》（民族出版社，4月）讨论了甘青语言区域的历史沿革与民族来源以及汉语方言的语音、词法、句法、形态表达、"异质"成分的可能来源和汉语方言的形成与演变等，梳理了甘青区域的民族历史源流，揭示了甘青语言区域的接触特征。

在论文方面，内容涉及人称代词、格标记、复数标记以及小句层面的宾语补足小句、否定句等。徐丹的《西北汉语里的第三人称代词及领属后缀》（《历史语言学研究》第十九辑）描写、对比了甘肃—青海地区汉语和非汉语第三人称代词的语音形式、它们之间实体借贷关系，分析了西北汉语方言里"名词+第三人称领属后缀"的用法，指出这是通古斯语族、蒙

古语族、突厥语族在不同时期影响汉语的结果，属于模式借贷。

赵绿原《青海甘沟话宾—与格标记“哈”标记主语功能补议》（《历史语言学研究》第二十辑）注意到甘沟话宾—与格标记“哈”在主语成分后标记领有者、经验者等用法与周边土族语的格标记系统存在错位对应，认为甘沟话与格标记“哈”承担着部分位格功能，用于主语后的各类用法是其标记存在处所用法的进一步发展。文章最后进一步论证了格标记“哈”来源于方位词“下”。

对复数标记的讨论有赵欣凯《五屯话复数标记“几个”的接触演变》（《语文学刊》第6期），该文考察了五屯话“几个”的语法属性、语法意义、来源演变及接触层次，认为“几个”由汉语数量短语发展而来，是以汉语语音形式、语义表征、语法功能为底层，兼具藏语、阿尔泰语复数标记部分语法功能的独特复数标记。另外，关注五屯话的研究还有李云兵《五屯话的比较结构》（《民族语文》第6期）。敏春芳、李小洁《语言接触视角下甘肃临夏话“们”的复杂用法》（《语言研究》第2期）深入描写临夏话“们”的共时分布、复杂用法，探讨接触影响下“们”的形成机制。

以往研究较少涉及接触影响下的宾语补足小句结构，张竞婷《青海甘沟话的宾语补足小句》（《历史语言学研究》第二十辑）将甘沟话中的宾语补足小句依据标记形式的不同分为两类即“……的哈”型和“……说着 / 说”型，并分别讨论它们的来源与周边少数民族语言的接触关系。

对否定句的研究有袁芳、魏行的《语言接触与西北方言否定语序的演变》（《语言科学》第2期）。文章首先通过历史文献检索得出西北方言否定词后置用法在元明以后出现爆发式增长，然后以“把”字句否定式和包含状语的否定句为考察对象，结合文献考证和二语习得实地调查结果，发现西北方言的否定语序与阿尔泰—汉语中介语的语序偏误存在系统对应关系，认为阿尔泰母语者对汉语的不完全习得是西北方言否定词后置语序产生的主要动因和机制。通过比较关中方言、甘肃、宁夏、青海、新疆的否定语序，得出否定词后置特征在关中地区最弱，向西、向北逐渐增强，后置特征随目标语与接触语之间的空间距离增大而逐渐减弱，这为接触性演变提供了地理印证。

（二）其他地区语言接触与汉语语法演变研究

徐丹《从历史文献看北方汉语里包括式的来源》（《汉语史学报》第二十九辑）通过历史材料表明北方汉语包括式和排除式的对立来源是女真语。

卢笑予、刘玲《从语言接触视角看广西汉语方言“先行 / 再次”标记的功能交叠》（《民族语文》第6期）从“先行—再次”标记同形这一语法特征上说明壮语对广西汉语方言的影响。

吕军伟、俞健《接触视域下东南汉语方言名量词定指功能的来源及演化》（《语言研究》第3期）在深入描写东南汉语方言及壮侗语族诸语言不同类型量词词组结构、功能及其名量词类型学性质的基础上，从古汉语、古越语及现代汉语、壮侗语的接触视角探析东南汉语方言中名量词定指功能的演变机制。

沈冰、林华勇《海南闽语“枚”的来源与发展》（《民族语文》第2期）描写了海南闽语通用个体量词“枚”的用法，然后将其与临高话的量词 $mɔʔ^{8}$ 进行比较，结论是“枚”来源于与临高话的接触，理由主要基于三方面，即语音形式、功能、使用分布。“枚”借入海南闽语后，又在内部进行了调整和发展，包括可搭配的名词范围的扩大、语序重排、语义虚化。

现代汉语词汇研究

张 定 苏 颖

现代汉语词汇研究是汉语词汇研究的重要组成部分，其核心内容是共时平面的词义和词法研究。鉴于现代汉语词汇与汉语历史词汇之间的连贯性和内在继承、源流关系，在对现代汉语词汇研究进行综述时会涉及一些从历时角度考察现代汉语词汇的成果。另外，词汇的应用研究（如词汇规范和词汇教学）是现代汉语词汇研究的重要分支，也一并纳入。以下将对2023年度现代汉语词汇研究成果及学术会议进行分类介绍，包括词的意义研究、词的结构形式研究、词汇分类研究、理论方法研究及述评、词汇与社会文化研究、词汇应用研究及学术会议。其中前四类为本体研究。

一、词的意义研究

作为词汇研究的核心领域之一，词的意义一直都是现代汉语词汇研究的重点和热点。2023年度这一方向的研究成果丰硕，内容涉及词义理论、词义的形成与演变、词的非理性意义以及词义的各种关系。

（一）词义理论

近年来的词义研究以实例分析为主，对基本理论问题讨论较少。邬菊艳《词义构建的认知研究》（苏州大学出版社，9月）一书基于语义、概念和意义三者之间的联系与区别，梳理了词义构建研究理论的发展脉络，提出词义实则牵涉语言、概念和使用三个层面，词义构建的过程是词汇语义、词汇概念、词汇意义三者在不同层面历经语言与情境模拟融合的交互作用过程。基于此，该书构筑出词义构建三角模型，阐释了词义构建的规律性特征。孙影《汉语身体词词义范畴化的认知研究》（科学出版社，10月）基于语言哲学、认知语言学、词汇语义学、文化学的理论框架，遵循“词义—认知—思维—文化哲学”的研究思路，勾勒出从“词义范畴纵聚合引申”和“词义范畴横组合衍生”两个层面考察整个身体词词义范畴化的过程，提出汉语言是一种“象语言”，词义取象是词义范畴化的脉络，隐喻取象是词义范畴化的机制，文化取象预先规定了词义范畴化的方向和结果。解析身体和身体经验如何影响人们对世界的观察、体验、表达，从而实现从现实之身到概念之身的转换和引申。

（二）词义的形成与演变

词义的形成与演变历来是词义研究的热点，2023年度这一方面的研究成果相当丰富。主要涉及基于核心义的词义系统、语法化和词汇化等理论视角、词义溯源研究、词义研究与辞书编纂相结合等方面。其中既有富含理论色彩的探索，又有侧重语言事实描写的考察；既有对一类词词义问题的研究，又有细致入微的个案分析；既有立足现代汉语共时平面的词义形成与演变研究，又有结合历时视角对现代汉语常用词义进行的源流探析。

核心义贯穿和统摄多义词的词义系统，是探索词义演变规律的钥匙。

自20世纪90年代宋永培在《〈说文解字〉与文献词义学》中提出“核心义”概念至今，学界关于汉语词汇核心义的研究成果不断涌现，内容不断丰富。王云路主编的《汉语词汇核心义》（商务印书馆，6月）梳理了汉语词汇核心义理论的历史脉络和研究现状，收录若干具有前沿性、权威性、引领性的研究成果，一方面回顾核心义理论的发展历史，另一方面展现当前的研究动态和趋势。内容上包括核心义总论、核心义与同源词、核心义与复音词三部分，从用词（单音节词多义系统的形成）、造字（同源词的产生）、组词（复音词的组合）等多个角度呈现核心义在词义研究中的价值。该论文集抓住字形与词义之间的内在关联，充分运用训诂材料，通过对大量字词的实例分析，由浅入深地介绍核心义的分析方法，有助于读者更系统地了解核心义的研究现状和更深入地把握词义演变规律。

雷冬平《从客观真实到话语确认：“老实”的演变路径及功能分析》（《汉语学报》第2期）将核心义研究方法运用到“老实”的个案分析中。文章介绍形容词“老实”的成词，并详细描写了“老实”从形容词到程度副词再到语气副词最后到话语标记的演变过程，认为在“老实”的整个演变过程中，虽然语义不断虚化，但是“老实”的核心义“真实、不虚空”得以承继，始终凸显和贯穿其中，只是在不同的阶段所凸显的语义侧面不一样。文章还指出，“老实”的这一演变路径具有普遍规律性。

陆方喆《从行、知、言三域看副词“才”的用法及语义引申路径》（《殷都学刊》第4期）从行、知、言三域的角度重新审视副词“才”的四种用法，抓住“才”的核心意义，梳理了“才”的不同语义之间的引申路径，解释“才”看似矛盾的用法以及各义项之间的关系。

语法化和词汇化历来是探讨词义的形成与演变的重要视角。

语法化方面的研究关注汉语实词的虚化过程，并致力于在描写的基础上对语法化的动因和机制做出解释。王世凯、刘涵《尝试助词“试试”的再语法化》（《语文研究》第4期）将现代汉语句尾助词“试试”分为表示尝试义的“试试$_1$”和表示警告义的“试试$_2$”两种，认为“试试$_1$”与“试试$_2$”之间存在源流关系。文章尝试为二者的区别找到句法、语义、语用依据和方言证据，讨论“试试$_1$”向“试试$_2$”的再语法化及其条件、诱因与机制，认为结构和语义的不平衡是语法化的表层诱因，语义和语用的冲突才是语法化的深层诱因。程润峰、谢晓明《从“实”到“名”：“实名”的共时副词化现象考察》（《语言与翻译》第3期）考察当代汉语“实名”从名词到描摹性副词再到评注性副词的语法化现象，分析了“实名”副词化的主要表征，讨论了“实名”副词化的机制，探究了“实名”副词化的句法动因、语义动因和语用动因。文章还通过对同类现象的考察，总结了名词副词化的词法动因——定中形名的构造与述人的词素指向。

马贝加、董静《汉语介词语义的演变模式》（商务印书馆，6月）提出“首发”和“后随”两种不同类型的演变模式，认为首发模式中的主要特征对后随模式起制导作用，影响力贯串同类演变的始终。从历时角度看，“首发者”和“后随者”之间不是“拷贝”关系，每个成员都走过具有自身特征的语法化历程。在对演变的语义因素的探究方面，该书分析了语义关系变化、时间关系变化和句子推理意义变化等因素，对产生介词的结构、介词的演变路径以及介词继续语法化的方向和类型作了全面而详细的分类和描述。

从历时角度梳理现代汉语虚词语法化过程和语法化机制的有王红斌《汉语同时义并列关联词的系统性演变与发展的制约因素》（《语文研究》第4期），孙雨、沈骑《基于语料库的“掉”字语法化机制研究》（《西安外国语大学学报》第3期）等。

词汇化方面的研究侧重汉语中从短语、句法结构、跨层结构等到词的演变，词汇化过程也伴随着意义的演变。词汇化往往涉及词的历时演变，现代汉语共时平面的词汇化研究不多。沈江涛《时间副词“早已”的时体特征及成词过程》（《汉语学习》第6期）将共时研究和历时研究相结合，先考察“早已”在现代汉语共时平面上的组合特征与语义功能，分析其时体特征，再基于共时特征反推“早已”的历时发展，进而讨论“早已”的成词过程。谢尚培《时间名词“一开始”的固化及其语体特征》（《语言研究集刊》第三十二辑）立足现代汉语，探讨了时间名词“一开始”的来源和发展，认为在结构“一……就（便）”和动词“开始”转指名词的双重影响下，“一开始”由临时性动词短语凝固为时间名词。文章还讨论了连接成分“一开始”和“开始”在语体特征方面的差异。

更多的词汇化研究是从历时角度展开的，这类文章多探讨现代汉语常用双音节词的形成，可以看作现代汉语词汇研究的一部分。如张秀松《“唱喏”的语义演变与词汇化》（《汉语史学报》第二十八辑）运用现代语言学理论，基于对唱喏礼交际特征、基本类型的描写，论述“唱喏”的用法及其语义—语用演变、短语“唱喏”向言语行为动词“喏（rě）”的词汇化等，归纳“唱喏”的历时演变路径和规律。吕宜泽、张爱玲《“虽然”的词汇化》（《辞书研究》第5期）在前人研究基础上对“虽然”的词汇化进行再探讨，等等。

一般而言，词汇化都被认为是汉语自身发展的结果。王玥心《汉英语言接触引发的演变——谈“取决于”的词化》（《文艺争鸣》第8期）寻找词汇化的外部因素，认为“取决于”的词汇化是由近现代汉英语言接触引发的，文章交代了“取决于”发生演变的背景，梳理了“取决于”的词汇化过程。

语法化和词汇化往往伴随发生。张福通《语法化推动下的词汇化——论近代汉语双音节时间标志词的发展》（《南开语言学刊》第2期）以“时”的语法化为参照点，考察这一现象对时间标志词系统的影响，认为“时”的语法化促使“时间”“时节”“时候”“时分”等词汇化，发展为时间标志词。

有些词汇化和语法化在特定的句法框架下发生，有的在演变过程中伴随着主观化。

董秀芳《从引入事件到引入评价：汉语中承接性副词或连词的主观化》（《汉语学报》第4期）以现代汉语承接副词“就”的功能和主观化为主要研究对象，辅之以汉语史上的承接性副词或连词“即”“便”“才”“则”。文章经考察指出，汉语中一些具有承接和条件联接功能的副词和连词都可以发生一种主观化过程：从引进客观事件到引进主观评价。而且，由于第二小句是由形式短小的表示主观评价的词语构成，往往可以发生小句整合，导致原来的复句变为单句；表示主观评价的形容词有可能与其前的副词或连词发生词汇化，向语气词演变，如“就好”。这种主观化及相关的小句整合和词汇化现象是汉语中一种比较具有特色的演变路径，体现了汉语主观性凸显的特点。

董正存、袁也《现代汉语“纯纯”的主观评价用法及其语义关联》（《世界汉语教学》第2期）关注意义演变过程中的主观化。文章报道了现代汉语“纯纯”两种新兴的主观评价用法——肯定体词性成分属性特征和肯定命题；重点考察了“纯纯”主观评价用法的来源，认为是由其事物量度评价的用法演变而来，在此基础上提出，“纯纯”各用法之间的语义关联模式可概括为“量＞质＞情态”，具体体现为“评价量度＞评价属性＞评价关系命题＞评价一般命题”；

最后探究了这种语义关联模式得以产生的机制与动因。同类文章还有董正存、张胜强《现代汉语“妥妥（的）”的主观评价用法及相关问题》（《语文研究》第3期）等。

另有一些研究将其他国外语言学理论与汉语词义研究相结合，从语义韵、生成词库、构式化、隐喻等多种理论视角探讨词义的形成和演变。

甄凤超《复合词项语义韵研究再探》（《外语教学与研究》第1期）以Sinclair分析复合词项语义韵的经典案例nakedeye为研究对象，增加汉语“肉眼”以及其他案例，从双语对比的视角重新审视复合词项的语义韵特征。指出Sinclair的分析中可能存在的问题——强调了复合词项内部元素的互动，却忽略了它与外部语境之间的互动；提出解决问题的思路与方法——通过观察复合词项与外部语境的交互来描写语义韵，并在此基础上进一步完善语义韵的理论框架。

李显赫《多义面形容词的语义生成与阐释——基于“假N”搭配的分析》（《语言教学与研究》第6期）基于生成词库论视域下的物性结构理论和语义类型理论，讨论了多义面形容词“假”和不同语义类型名词搭配时“假N”的语义生成与功能阐释问题。文章通过考察认为，形容词的多个义面，是该形容词搭配不同语义类型的词语，并作用于其中的物性角色或语义侧面而产生的；多义面形容词的功能保持不变，都是添加、删除或改变具体的物性角色值。该文所采用的分析路径可以对具体词项的意义与功能的描写与解释提供新视角。张舒《动名定中复合词词义衍生研究——基于生成词库理论与隐喻、转喻理论》(《语言学论丛》第4期）对动名定中复合词词义衍生现象进行了探究，总结出四种动名定中复合词词义衍生的类型，分析了词义衍生的语义基础，基于生成词库理论和隐喻、转喻理论探究不同类型动名定中复合词词义衍生的机制，并尝试寻找词义衍生的制约因素。

詹芳琼《从构式角度看立场话语标记“本来”的形成》（《清华语言学》第四辑）采用构式化理论框架，从历时语用学的角度讨论立场话语标记“本来”的产生问题，重点关注变化的路径、动因和机制等。

孙毅《汉英“血（blood）”隐喻词簇异同及其体认语言学——文化脚本理据阐发》(《外国语文》第1期）利用CCL和COCA语料库收集涉及“血（blood）”及其隐喻词簇的语料，以体认语言学为理论依据，归纳总结汉英血液隐喻相同之处，并结合文化脚本进行跨语言比较与分析，借此探究汉英语言中血/blood隐喻生成机理。同类文章还有屈亚媛、郭继荣《具身视域下英汉阴阳隐喻表征影响因素研究》（《西安外国语大学学报》第2期），孙毅、李维源《汉英“口/嘴”（mouth）词群的隐喻意义研探》（《闽南师范大学学报（哲学社会科学版）》第1期）等。

此外，李颖杰、吴世雄《复杂适应系统理论视域下“下海”的词义演化研究》（《外国语文》第2期）基于复杂适应系统的理论框架，以BCC语料库为语料来源，运用基于词汇变量的层次聚类法对共时平面“下海”的词义演化进行定性和定量考察，分析其词义产生、嬗变的多重动因和复杂适应模式。吴亚军、杜世洪《从维特根斯坦的意义使用论看模态语词的语义实质》（《外语学刊》第3期）基于维特根斯坦提出的意义使用论，以模态语词“要”为例，从历时维度考察“要”的语义动态演化。李潇辰《语义演变的词汇语用机制研究：以“所以”为例》（《外语学刊》第4期）基于真值条件语用学分析“所以”的语法化历程，探究语义演变的词汇语用机制。冯国丽、张延飞《含义石化的历时认知语用研究》（《现代外语》

第5期）以“红眼”为例，基于历时认知语用视角考察了含义的石化路径，等等。

还有从历时角度对现代汉语常用词的常用义进行溯源的研究，这些成果有助于深入把握现代汉语词义。如墙斯《“快”之快速义的早期用例考辨》（《语言研究集刊》第三十二辑）再探现代汉语“快”的常用义“快速”的产生时代，王文香《名词“究竟”来源考》（《古汉语研究》第1期）讨论现代汉语名词义“究竟”的来源，又如林智《关于“去”的“去往”义的判断标准和产生年代》（《古汉语研究》第4期）等。

现代辞书编纂工作实践是开展现代汉语词汇研究的沃土，有些词义研究是在辞书编纂实践中发现问题并展开思考的，其成果也为辞书释义等工作提供直接指导。

谭景春《动词因果蕴含义的互转》（《中国语文》第3期）结合词典释义，对动词（含少数形容词及谓词性词语）因果蕴含义的互转问题做了细致研究。文章分析了动词因果蕴含义互转的类型及语义特点，探寻动词因果蕴含义互转的条件与路径，揭示动词因果蕴含义互转的词义演变规律。文章认为，因果推理是因果互转的大前提，词义因果潜质是因果互转的小前提，词义所蕴含的因果关系的强弱程度是能否发生因果互转的重要因素。此外还有因省略造成动词因果蕴含义的互转，这是在因果推理的大前提下通过省略的具体路径而形成的；也有因典故形成因果关系而造成动词因果蕴含义的互转。文章还讨论了动词因果蕴含义互转的动因与效果。

王楠《成语的发展演变与语文辞书编纂——从“七月流火”说起》（《词汇学理论与应用（十一）》，商务印书馆，9月）讨论成语意义和用法的演变问题。文章结合相关语料，对“七月流火”现代用法流行的时间、原因进行了说明，对《现代汉语词典（第7版）》收词释义的考量及词典收词释义后“七月流火”的现代用法是否产生明显的变化做出分析。此外，《现代汉语词典》相关版本对“空穴来风、循规蹈矩、咬文嚼字、正人君子”等与本义不同的现代用法、感情色彩等进行了补充完善，文章据此指出，语言的变化是不以人们的主观意志为转移的，对于成语来说，不断产生新义、新用法是常态。

这类成果一方面丰富了词义演变研究的内容，另一方面对词典释义研究也有积极的促进和指导作用。

（三）词的非理性意义

词汇意义的主体部分是词的“概念意义”，也称词的“理性意义”，词的理性义是词义和词义研究的核心。在2023年度的词汇研究中，也有以词的理性义之外的临时义或附加义为研究对象的。

很多词都有比喻用法，有些比喻用法没有独立成为一个义位，是词义在上下文中获取的临时意义，可以称为语境义。杨唐峰《修辞隐喻的词汇触发——以汉语“飞翔”为例》（《外国语（上海外国语大学学报）》第2期）对单义词的比喻用法（即修辞隐喻）进行专门讨论。该文选取汉语“飞翔”为研究案例，以词汇触发理论、规范与活用理论为框架，研究修辞隐喻在搭配、语义关联、类联接和语用关联四方面与本义触发的异同。文章认为，作为活用的修辞隐喻除了语义上的偏离，更多的是在搭配、类联接方面对词语规范的遵守，这与规约隐喻完全不同。

张莉、杨楠楠《动词感情色彩的辨识及附着语义点分析》（《词汇学理论与应用（十一）》，商务印书馆，9月）则关注词的色彩义，通过例词解析方式，分别分析了动词所表动作行为关联到的7种语义点所附着的感情色彩。

（四）词义的各种关系

传统词义研究中最为关注的词义关系包括一词多义、同义关系、反义关系等。2023 年度这方面的研究聚焦于一词多义和同义、类义关系。

1. 一词多义

一词多义现象指的是一个词的几个意义之间有联系。2023 年度的一词多义研究包括多义词不同意义之间的相互关系和词义单位的划分。①

前者如彭玉海、王叶《动词概念隐喻多义衍生的隐性错置》（《天津外国语大学学报》第 1 期）。该文就动词多义隐性语义错置的内涵特质展开讨论，着重对动作事件的隐性语义错置运作机理进行分析和考察，借此深入挖掘动词多义语义关系的深层制约因素和语义意识关联形态，并对动词多义语义衍生背后的隐性语义关系及概念隐喻认知原则和心智特点进行新的审视和阐释。

后者有侯瑞芬《从搭配名词的语义特征看动词/形容词的义项划分》（《辞书研究》第 6 期）。该文对比《现代汉语词典》第 5 版和第 7 版，将第 7 版增补的动词和形容词义项作为研究对象，从它们所搭配的名词语义特征入手，分析搭配名词对动词和形容词义项划分的作用。文章认为，“具体事物—抽象事物”“生物—非生物”“人—动物 / 植物”是对动词 / 形容词义项划分具有明显影响的名词的语义特征，这些语义特征容易识别，相对客观，也与动词 / 形容词的语义发展有一定对应关系，可以作为动词 / 形容词义项划分的一个线索。该研究的思路和观点可以为词目义项的设立提供参考。

2. 同义关系

同义关系的研究包括实词的词义、用法辨析和虚词的语义对比。

苏颖《概念要素的显隐与语义中和——以“跌”“摔”词义辨析为例》（《辞书研究》第 6 期）将历时考察与共时研究相结合，辨析“跌”和“摔”的异同。在探究二词本义、梳理各自词义系统和演变路径的基础上，指出“跌”和“摔”开始混用的时代以及产生混用的原因，并着重分析了“跌”和“摔”在概念结构上的微殊以及这种微殊在现代汉语社团实际使用二词时的隐现。此外，文章还讨论了“跌”和“摔”的时间层次和共时分布。

于峻嵘、罗荣荣《同义词“脂、膏、肪”再分析》（《词汇学理论与应用（十一）》，商务印书馆，9 月）分别介绍了古代训诂（《说文》《周礼》《礼记》）和现代注释（《古辞辨》）对“脂”“膏”“肪”的辨析，进一步分析《现代汉语词典（第 7 版）》以“脂、膏、肪”为词素的词，以显现这些词意义偏重的古今变化，并为《现代汉语词典》的修订提出建议。

王金英《说“攀援”“攀缘”》②（《辞书研究》第 5 期）一文从语素“攀”“援”“缘”的核心义入手，辨明它们的语义关联，进而比较组合成的复音词“攀援”和“攀缘”的同义关系，解释说明复合词词义异同的成因。聂志平、刘子灵《也说“信任”与“相信”——从“信任”的句法表征谈起》（《对外汉语研究》第二十八期）则从句法的角度切入，对“信任”和“相信”进行辨析，总结出二词在句法表现上存在的四方面差异。

汉语虚词语义复杂，用法繁多，虚词的辨异一直是研究者重点关注的对象。

---

① 多义词的不同意义在语义学中称为“义位”，略同于词典中的“义项”，在此不作区分。

② 《现代汉语词典（第 7 版）》将“攀援”和“攀缘”处理为异形词，其中“攀援”为推荐词形。

殷思源《概率视野下“常常”和“往往”的语义辨析》（《世界汉语教学》第4期）在引介统计学“频率”“概率”等相关概念的基础上，对现代汉语频率副词“常常”和“往往”的异同进行了辨析。文章认为，“常常”表达绝对概率，“往往”表达条件概率。两相对比，“常常”的统计范围客观，结果主观；“往往”的范围主观，结果客观。

姜毅宁、陈振宇《力动态视角下“就”和“才”的语义对比研究》（《辞书研究》第3期）从力动态模型理论出发探讨“就”和“才”语义演化的认知机制，发现“就”和“才”语义的对立与其来自不同的认知模型有关。

3. 类义关系

此类研究有张娟《基于系统观的“绕绑”类动词词义分析》（《辞书研究》第5期）。这是一项从语义类的角度分析动词词义的实践研究，面向词典释义，以“绕绑”类动词为研究对象，注重动词词义不自足的特征，将纵向聚类对比和横向搭配考察相结合，分析“绕绑”类动词的词义。该文对动词词义的分析思路和方法能够为词典编纂提供参考。

二、词的结构形式研究

词的结构形式研究也是现代汉语词汇研究的核心领域。2023年度，这一领域的研究成果在现代汉语词汇研究中持续占据相对优势，研究内容以复合词的构造和判定为主。在复合词构造的问题上，学者们在形式主义、功能主义等多种理论视角下深入研究复合词的生成机制和语义构造，关注词法和句法的关系，关注在复合词生成过程中韵律、词法、语义、语用等层面的互动；在复合词判定的问题上，一方面对复合词和短语进行鉴定区分，另一方面判定复合词内部的结构类型。此外还有对词缀、类词缀和三音词、合偶词的相关讨论。

（一）复合词的构造

2023年度对现代汉语复合词构造的研究成果丰富，呈多元化特点。既有不同理论视角下的复合词构词法研究，又有对某一类复合词语义结构的研究，还有对现代汉语复合词能产性的分析。

1. 复合词构词法

对同一类型复合词的生成和结构，依托不同的理论框架能够得出不同的观点和结论。以下主要根据研究视角梳理2023年度复合词构词法的研究成果。

（1）构式理论视角下的复合词构词法研究

“比况复合词的形成与发展是句法、语义、词汇等多重因素交织的复杂性现象。”（蔡淑美、施春宏《比况复合词的词汇化和词法化》，《中国语文》第6期）该文基于构式语法的基本理念，探讨比况复合词形成词汇构式的发展过程和这类词在词法化上的发展态势与扩展空间。文章考察比况复合词的词汇化路径和过程，挖掘不同次类在形成机制上的差别；从历时角度指出NV式比况复合词在词法化过程中的衰退态势，并分析了影响其词法活跃度的因素；最后讨论比况构词法在现代汉语中的能产性问题及其限制条件。该文从形式和意义、词汇化和词法化、造词与构词、“型”与“例”结合等方面为词汇问题研究提供了一种新的分析路径。

“纸张粉碎机”类N_1VN_2型复合词一直是汉语词法研究的热点。宋作艳《汉语N_1VN_2型复合词的构式解读》（《中国语文》第5期）梳理过往研究中发生争议的焦点问题，分析争议背后的理论分歧与局限性；引入强调表层形式和整体的构式理论以及基于构式语块分析法的构式层次观，认为N_1VN_2型复合词已形成词法构式，成为规约化的“形式—意义”对，具有非组合性、规约性和非派生性，整体性强；进而对 N_1VN_2 型复合词进行构式分析。汉语领属复合词研究也存在一些有待解决的问题，其核心是领属复合词缺乏清晰的界定。宋作艳《基于构式词法的领属复合词界定》（《汉语学报》第 3 期）检视了这些问题，引入构式理论，提出新的界定领属复合词的标准和判定方法。文章根据构式标准重新调整了领属复合词的范围，使之边界更清晰，进而对有的复合词归类模棱两可的原因做出解释。这两篇文章可以解释一些以往研究中遗留的问题，为复合词词法研究中的相关问题提供了一个新的研究视角。

隐宾式 V_1V_2 复合词[①] 是现代汉语中一类特殊的复合词。谢晓明、贺天琪《从词汇构式化看隐宾式 V_1V_2 复合词的形成》（《语文研究》第 1 期）基于词汇构式化理论，将隐宾式 V_1V_2 复合词看作一种词法构式，对其进行系统研究。文章从语法和语义两个角度，探讨该类词实体构式化的路径、机制与结果，丰富了现代汉语复合词的研究。

（2）分布式形态学理论视角下的复合词构词法研究

用句法来分析汉语复合词的构成，是汉语构词研究的另一个视角。这类研究在分布式形态学（Distributed Morphology）的理论框架下，秉持句法构词理念，将句法构词理论运用于汉语复合词的研究实践中，既有理论探索，也有实证分析。

程工、周光磊《句法构词与汉语研究：理论与应用》（《外语与外语教学》第 2 期）梳理了句法构词理论的发展，简要评述该理论在汉语中的应用现状，并展望进一步研究的方向。文章认为，句法构词理论在汉语中的应用化解了不少汉语构词分析中的难题，推动了语料的挖掘，拓展了构词研究的思路。

李涤非、程工《汉语中的 AABB 式再分析》（《世界汉语教学》第 1 期）在句法构词理论的框架下解释 AA/AABB 的生成。文章提出，汉语中的 AABB 式可以分为两大类：叠加式 AABB 式是词根层面的复合，存在于多个词类中，由复合词根√AABB 嫁接于定类语素（a，v，n，…）构成；而重叠式仅包括有基式的形容词 AABB 式，由词根√AB 直接与体词缀 Aspect 进行对合并，由体核心实现为重叠语素，基本对应于英语中的分词结构。文章认为这一研究方案在句法上给出了对两种 AABB 式的分析，捕捉了其异同，在理论与实证方面展现出了更好的经济性与简洁性。

周光磊《基于句法构词视角的汉语 NV 型复合词生成机制探究》（《外语研究》第 6 期）提出，词库论框架下的研究无法全面体现 NV 型复合词的内部结构及各成分承担的句法功能和语义角色，结果会在结构和语义上造成对主谓式和偏正式复合词的混淆。文章将这一问题纳入句法构词的视角，从 NV 结构中 V 的句法语义特征和 N 承担的语义角色出发，讨论 N 与 V 之间的句法语义关系，进而探究两类 NV 型复合词的结构及生成机制，然后通过讨论 NV 型复合词的语类特征来验证该生成机制的解释力与合理性。

袁野《基于语段重音及动态语段理论的英汉复合词结构及重音分析》（《外语研究》第 2 期）借鉴分布形态学及句法语段理论，对左重和右重的 N+N 及 A+N 四类英汉语复合词进行分析和阐释，从理论上充实了 Jackson 和 Punske（2013）针对英语复合词的相关研究，也对目前

① 指由两个历史上独立的动词或动宾短语压缩复合而成，并且两个动词或动宾短语之间隐含空位宾语的复合词。

比较匮乏的汉语复合词重音研究作出了尝试。

（3）其他角度的复合词构词法研究

邓盾《现代汉语多音节复合词生成机制初探——以菜名为例》（《对外汉语研究》第二十七期）讨论了菜名复合词的结构问题。文章选取以“西红柿炒鸡蛋”为代表的具有组合性语义的菜名作为研究对象，从语义阐释和句法构造两个方面探讨这类菜名的生成机制，总结出这类菜名的结构模板和表达策略“三块多层，可隐可细”。文章对“三块”组成部分的语义小类做了详细描写，并讨论了可隐含部分被隐含的原因、各部分细化的方式以及细化后所得菜名的结构分析。

2. 复合词语义结构

赵倩《理据理论与汉语复合词语义结构：以名词为核心》（商务印书馆，11 月）一书在前人研究基础上重新梳理建构了语言理据的定义及其分类体系，揭示了构词理据作为词义系统成因的学科价值。该书立足于概念关系来考察语义结构，讨论汉字和语义史的关系，重新辨析“关系”、“结构”和“系统”的含义和层次，主张词汇研究的“名词核心论”，主张研究理念和研究方法转向，用汉语动名、名名、“形 +X”和“X+ 方位”几类复合词来实践“思辨 + 实证”的词义分析原则和分析方法。

陈树《基于语素库的汉语支配式双音词构词规律研究》（浙江大学出版社，3 月）着重从语义视角考察语素结合成复合词的现象。该书坚持当代理论训诂学的语义主体论、语义系统论的基本观点，并吸取认知语言学等现代语言学相关理论的合理成分，择取相对封闭的共时语料《现代汉语词典（第 7 版）》中的 7246 个支配式双音词词项作为研究对象，以构词基础元素——语素为着力点，从构词成分、搭配关系、合成整词三个层面探究支配式双音词构词规律。

汪昌松、齐术《基于物性结构理论的汉语偏正式动名复合词研究》（《北京第二外国语学院学报》第 6 期）将物性结构理论运用到汉语复合词的研究中，区分了两类偏正式动名复合词——指向施成角色的 V_AN 和指向功能角色的 V_TN，探讨这两类复合词的语义构造，从否定句来考察它们之间的差异。在此基础上，文章还从物性角色的视角探讨了词汇内部语义结构对句法产生的反向制约作用。

符渝《偏正双音复合词的语义类型及其作用——兼论汉语词义在单双音格局转变中的传承与发展》（《北京师范大学学报（社会科学版）》第 2 期）以正语素均来自上古汉语的 7390 个偏正双音复合词为研究对象，根据偏语素造词时发挥的功能，将偏正双音复合词分为语义析出、语义分化、语义统括和语义描绘四种类型，追寻它们的造词理据，把握语素参与造词时的语义关系，揭示具有汉语特色的造词思想，探讨双音化过程中汉语词义传承与发展的机制。该文从造词目的的视角观照偏正双音复合词，有助于深入认识语素义关系和偏正双音复合词在汉语词汇发展历史中的作用。

3. 复合词能产性

除上文所说蔡淑美、施春宏《比况复合词的词汇化和词法化》（《中国语文》第 6 期）谈及比况构词法在现代汉语中的能产性问题之外，专门讨论复合词能产性的还有孟凯《当代汉语并列式复合词的能产性及其解释》（《清华语言学》第四辑）。一般来讲，并列式被普遍认为是汉语复合词一种发达的构词模式，而该文通过对近十年汉语并列式新词的统计发现，并列式复合词在新词语中的比重不断下降，已不算当代汉语双音节中能产的造词模式（尤其在双音节中），但在多音节中仍然表现出较强的能产性。文章认为，多音节在韵律上的平衡配置和语义上的扩容性为并列式复合词的产生提供了更充足的空间，文章还解释了不同形类组配和音节配置的并列式复合词能产性有差异的原因。

（二）复合词的判定

1. 词和短语的判定

储泽祥《“倒栽葱”类三字格的语法性质问题》（《辞书研究》第 4 期）在前人研究的基础上讨论复合词和固定短语的划界标准，并按照该标准对“倒栽葱、狗吃屎、仰八叉、鬼画符、对着干”等三字格逐一进行考察。文章认为“倒栽葱”类三字格的语法性质是复合短语，介于复合词和普通组合短语之间，有些更靠近复合词，有些更靠近短语；有时同一个三字格兼有复合词和固定短语两种用法。该文将复合词研究与辞书编纂相结合，所得出的结论可以为词典修订提供参考。

邓盾《从定语看现代汉语复合名词与名词词组的区分及汉英异同》（《语言科学》第 2 期）以朱德熙（1985）提出的现代汉语的名词和形容词能够做定语而动词不能这一论断为切入点，讨论现代汉语复合名词与名词词组的区分。文章指出，现代汉语不带“的”的名词性偏正片段（“自由语素 + 自由语素”的组合，包括双音节和多音节的）是复合名词，而相应的带“的”的名词性偏正片段是名词词组。以对现代汉语的事实分析为基础，文章还比较了现代汉语和英语在名词性偏正片段的构造上所展现出来的异同。

2. 复合词结构类型的判定

荚凤来《“V+V”式复合词同构异判的根源与结构类型的判定标准》（《汉语学习》第 1 期）指出以往研究在判定“V+V”式复合词的结构类型时存在的分歧以及同构异判的根源，并以复合词词义为基础，在正确分析复合词语素入词义项的前提下，提出了判定“V+V”式复合词结构类型的标准和一些判定上的形式手段。该文可为复合词结构类型的判定提供参考。

冯桂芹《“华夏”称谓的构词及语义模式——兼论族称“华”的意义》（《汉字汉语研究》第 2 期）分析“华夏”的产生方式及结构类型，认为“华夏”是同义并列式复合词，不是偏正式复合词。以此为起点推导了“华夏”的语义模式，并从语义模式及理据重构角度解释了何以会有“华夏”是定中复合词的认知，还利用不平等的同义并列式复合词的词根语素间的语义关系讨论了族称“华”的内涵评价义及其来源。

（三）词缀、类词缀

宁瑶瑶、王铭宇《从语法化的扩展效应看近现代以来“非”类前缀化的过程及机制》（《中国语文》第 6 期）详论类前缀“非”的来源及形成问题。[①] 文章借助语法化的扩展效应，考察了“非”自 19 世纪 70 年代以来发生类前缀化的具体过程，分析“非”类前缀化的语义—语用环境和句法环境，探究“非”类前缀化的诱因和机制。该文为探讨汉语类词缀的来源及形成问题提供了一种新的研究方法和路径。同类文章还有张媛、程晓洁《英汉否定词缀演变对比探讨——以“iN”和“无”为例》（《外语学刊》第 3 期）等。

汉语儿化词产生的原因在现代汉语学界有很多说法。陈钊《儿化词合音新义产生的认知

① 文章最后指出，“非”还称不上是典型的类词缀。

机制》（《汉语学习》第4期）选择了一个新的角度，运用认知语法的象征图式理论，探究儿化词能够改变词义产生新词的原因以及儿化合音背后的认知机制，对儿化构词现象给出了新的解释。

（四）三音词

侯瑞芬《汉语双音与三音弹性词分析》（《中国语文》第6期）对双音与三音弹性词词长变化以及词长和语义互动关系进行讨论。文章分析汉语双音与三音弹性词产生的途径和原因，指出这是交际需求与省力原则互动的结果——弹性词的词长由短而长是语义表达的需要，同时也是汉语的一种形态表现；由长而短是省力原则作用的结果，是汉语构词的需要。此外还讨论了汉语弹性词长的价值，指出弹性词长是汉语词汇生成的方式，同时也稳定了汉语词长以双音词为主的格局。该研究有助于深化对汉语构词特点的认识。

江海燕、张琳、郭旭宏《从三字组时长分布看汉语的词重音问题》（《中国语文》第1期）从三字组入手考察汉语普通话的韵律表现。用实验的方法对各种树形分支结构的三字组时长分布模式进行全面细致的研究，以此为基础讨论汉语的词重音问题，通过各类别三字组时长表现，得出汉语是松紧型语言的结论。该研究有助于探索汉语韵律结构的实质。李思旭《固化三音词研究的若干理论思索》（《阜阳师范大学学报（社会科学版）》第2期）从构式的角度研究固化三音词，举例分析了固化三音词的跨词类性，讨论形成机制与词汇化程度，并对固化三音词的构词图式进行了尝试性的理论思索。

（五）合偶词

贾林华《现代汉语合偶词研究》（社会科学文献出版社，2月）以1517个合偶词为基础，提出并论证合偶词必须“双+双”使用的四大动因，揭示轻动词述宾合偶、状中合偶、主谓合偶、定中合偶这四类合偶结构的韵律本质和语体本质，论证合偶词是韵律、语法和语体交互作用的结果，引导读者深入理解现代汉语中常见的合偶现象，挖掘构成汉语韵律之美的合偶现象背后的语言机制。

三、词汇分类研究

（一）新词新语

现代辞书的收条立目能够反映现代汉语词汇新面貌。王楠《〈新华字典〉第12版的新义、新词语及释义》（《中国语文》第3期）总结并列举了《新华字典》第12版增补的部分通行度高、规范、具有查考性同时又没有明显消极意味的单字新义和少量新词语。单字新义和新词语的收录反映了《新华字典》的时代性和实用性。

2023年度针对新词新语的本体研究，理论思考和实证研究兼有，更注重实证研究。其中既有个案分析，又有对某一类新词语的研究。

覃业位《新兴动词“控”的生成机制——兼论网络语言中的去语法化》（《语言科学》第3期）报告了一起去语法化实例，发现“控”在公认的名词性类词缀（如“首饰控”）和动词（如“控青草香”）之外还有以往未曾观察到的动词性黏着词根用法（如“不少MM都有蝴蝶结控”）。文章认为这种新兴用法是表人的“X控”中类词缀“控”去语法化的结果，并据此进一步讨论网络中语法要素去语法化所呈现的特点。

方寅、李萌《网络热词的语义建构与解构——以“内卷”为例》（《语言文字应用》第2期）

在认知社会语言学视域下对网络热词进行分析，通过“内卷”的个案研究证明：语义建构是多向的，既通过不同言语行为主体高频使用网络热词的热点话语来实现，也通过热点话语与相关的前话语、后话语之间的互文互动来实现。同时，言语行为主体的差异性具身认知和网络言语行为环境的特点促成了网络热词语义内容增删等语义解构的发生。栗臻《新词语“出圈”语义解析》（《南开语言学刊》第1期）简要分析了“出圈”如何从位移动词引申出两种相反的社会行为义。

匡鹏飞、刘书慧《论谐音镶嵌类网络用语》（《词汇学理论与应用（十一）》，商务印书馆，9月）关注如“duck（大可）不必”“一π（派）胡言”等非汉字形式嵌入汉字之中的谐音现象，提出本体和谐体、镶嵌载体和镶嵌对象两组概念，分析谐音镶嵌类网络用语的形式构造，同时还对这类网络用语的语音特点、语义特点及交际特点进行了多角度研究。崔新颖《新世纪党媒“类成语”考察》（《中国语言文学研究》第35卷）结合成语的定义，运用义素分析法，分析21世纪以来党媒产生的四字格固定短语“类成语”。文章分析了这些“类成语”产生的方式，指出其两种发展结果。

李宗江、王慧兰《汉语新虚词》（第二版）（上海教育出版社，5月）总结了近些年来相关研究的最新成果，在保留原有基本框架和主要内容的基础上，为更加体现“新”的特点，进行了较大幅度的修改和补充。主要修订了“词典”部分，增加新词条（含变体），删减已在其他辞书不同程度收录的词条和变体，合并词语和词语变体，对每一类的概述部分也进行了少量改动和增补，还增加了部分参考文献。

（二）词汇借用

词汇借用是语言接触中的基本现象，可以依据不同角度分为借入和借出两种。

1. 汉语词汇借出

2023年度关于汉语词汇借出的研究主要关注借出到少数民族语言中的现象。

黄成龙《中国民族语言借用汉语动词的类型》（《中国语文》第4期）讨论和分析少数民族语言借用汉语动词的类型特点和手段。文章提出借用类型主要有直接借用、添加动词化词缀、添加轻动词、结构调适四种；借用手段受到语言的谱系关系、形态特点、句法结构以及区域性的影响。该研究对语言接触研究和区域类型学研究有参考价值。

王艳红《苗语汉借词研究》（上海教育出版社，5月）研究苗语里不同时代层次的汉语借词。根据借词在苗瑶语言里的分布范围、语音表现、词汇时代等，对苗语里的汉借词进行整理、分层，总结每个层次汉借词的语音特点，进而探讨借词语音特点反映的苗汉音韵现象、苗族与汉族的接触历史、苗瑶民族和苗瑶语言的分化、汉语方言的变迁等问题，为中国境内民族语言中的汉语借词研究提供了一定参考。

余德江《外源词汇的层累机制——傣汉接触个案实证研究》（《语言研究集刊》第三十二辑）以傣汉接触200核心词的实证观测数据为基础，通过一组鉴别特征区分了沉底、稳定、活跃三类外源词汇层次，又通过Joinpoint分段回归了各活跃层次的起变时间和过程。

从汉语到外语的词汇借用的考查如叶连娜·伊孔尼科娃、石雨晴《俄罗斯文学中的汉语借词》（《南京理工大学学报（社会科学版）》第6期）等。

2. 词汇借入

杨彬、张谊生《从合用音节到休闲场馆：“咖”的本土化历程》（《中国语言文学研究》

第35卷）以“咖”（源于英语coffee）为研究对象，对其借入汉语后的“本土化”历程进行勾勒，描写其语义演进路径——由饮品到色彩、由饮品到休闲娱乐空间，分析促成变化的社会学和语言学动因，在此基础上对英源词语的音节语素化、语素单词化、虚义实义化展开深入讨论。

周菁《汉语形容词中的日语借词》（《日语学习与研究》第4期）聚焦近代新词中的形容词，从词汇交流的角度对其中的日语借词进行系统考察，重点考察了24个常用词在中日语言中的出处、在汉语中的传播与融合，以及它们在语义、构词及语音方面的特点。

柳晓东《日源新词“秒杀”与原语的语义比较分析——兼论与文化建构的内在关系》（《日本研究论丛》第1期）从构词语素的语义分析入手，基于大量实例，对日源新词“秒杀”（于21世纪初随着网络游戏传入）与原语「秒殺」的典型语义、语义构造及其语用性派生用法进行了对比研究。

（三）同实异名

从研究对象看，同实异名的研究有以专书（含辞书）词汇为研究对象的，也有从不同分类角度出发以某一类词汇为研究对象的，还有一些零散的个案研究。2023年度同实异名研究包括后两类。

外来概念的同实异名。同实异名是外来词中的普遍现象。冯海霞《基于〈现代汉语词典〉不同版本的同实异名外语译词变化研究》（《中国语言文学研究》第35卷）以《现代汉语词典》试用本至第七版中所收录的英源外语译词为研究对象，通过《现代汉语词典》不同版本所收录同实异名的译词数量、内容方面的变化来探究同实异名外语译词在几十年来的变化，并基于呈现出的这些变化寻找同实异名外语译词的演变规律。同类文章还有冯海霞《英源食品类外来词形式称名的变异——基于〈新华外来词词典〉的研究》（《北华大学学报（社会科学版）》第2期）等。

专业概念的同实异名。[①] 同实异名也是专业术语中较为普遍的现象。支玲《疾病词语的同实异名问题——兼谈〈现代汉语词典〉第7版疾病词语的收录与释义》（《辞书研究》第1期）从《现代汉语词典（第7版）》中提取出72组疾病类同实异名词语组，探索这些同实异名词语组的来源、表现形式、形成原因，以及在现代汉语中的语用情况。

汉语本土语文概念的同实异名。这类研究一般采用共时与历时相结合的视角，考察表达一个概念的用词在历史上的演变和现代方言中的分布。

张海媚《“饺子”名称的共时分布和历时演变》（《语言科学》第5期）纵横结合，考察“饺子”这一食物共时名称的多样化问题。文章经考察认为，“饺子”的“多名”系不同时地累积的产物，称谓传承、语言认知、语音变化等共同影响着“饺子”名称的共时分布。同类文章还有谢璐瑶、李康澄《“大虫”“老虎”“老虫”的历时演变与共时分布》（《语文学刊》第5期）。

（四）称谓词语

《词汇学理论与应用（十一）》（商务印书馆，9月）收录了三篇相关文章。魏慧萍《“她”和“她们”——当代汉语女性称谓词语及其社会性别形象建构》从社会性别、家庭、职场和社会角色等角度描述汉语女性称谓词语，分析其背后的社会文化土壤。孙银新《现代汉语词汇系统中的人名研究》以《现代汉语词典》中的人名条目为研究对象，探究这些人名能在词

① 专业概念中有一部分是外来的。

典中出条的原因，分析人名条目的词性及释义，进而描述人名意义的泛化、人名的词化、人名中的同义现象等。沈基松、姜露露《动源称谓语及其动物成分的语义分析》聚焦由动物成分参构的、语义上与动物有渊源关系的表人指称，解析动源称谓语的命名形式，分析动源称谓语中动物成分的语义。

四、理论方法研究及述评

（一）理论方法研究

在汉语词汇研究中，跨语言视角的理论方法越来越得到关注和应用。首先，词汇类型学的引进和应用为汉语词汇研究提供了新的理论视角。

同词化或共词化现象是近些年词汇类型学的一个重要概念，也是重要研究对象。2023 年度发表了几篇相关的具体研究成果。

付冬冬、于洋《词汇类型学视野下动词“吹”的共词化分析》（《语言教学与研究》第 1 期）从词汇类型学符意学视角出发，运用“共词化—语义地图”模型分析了 18 种语言“吹”概念的 21 个意义，并构建了“吹”的概念空间。在此基础上探析“吹”跨语言多义扩展的共性与个性，指出不同语言“吹”这一概念多义扩展的共性源于人类共同的认知机制——隐喻和转喻，而多义扩展的个性则跟各语言的“基因”密切相关。该文的考察证明，词汇语义演变也有其“普遍性、解释性和可验证性”，并在一定程度上验证了“共词化—语义地图”模型在跨语言多义性研究上的可行性。

易佳《基于词汇类型学视角的易混淆词成因研究——以量度形容词“大—高—强”为例》（《清华语言学》第四辑）基于中介语语料库考察了易混淆词“大—高—强”的误用情况，先后从汉语自身的角度（历时的角度）和跨语言视角（共时的角度）出发，描写它们的语义演变历程，考察它们的词化方式和语义扩展分布，在此基础上探讨易混淆词的成因。文章还从二语习得的角度说明，不同母语背景的 CSL 学习者对这一组词的混用受到了语言共性和个性的影响。

郭泉江《“口腔器官”与“言语 / 语言”共词化的语言共性实证研究》（《浙江外国语学院学报》第 3 期）基于认知语言类型学理论，采取双数据互补驱动方法，聚焦“口腔器官 = 言语 / 语言”共词化模式的具体类型、语言共性、语言概率性，并对其生成动因加以解释。同类文章还有庄卉洁、郭沛承《汉语“遗失”义常用词的历时演变——兼论跨语言相关概念场共词化的内在联系》（《语言研究集刊》第三十二辑）等。

其次，类型学视野下的跨语言词义研究不失为亲属语言比较的一种有效方法。黄树先、付妮《语义异常的汉藏比较——从比较词义看俞敏先生的〈汉藏同源字谱稿〉》（《语言科学》第 1 期）认为，作为类型学视野下的跨语言词义研究，比较词义可以运用到汉藏语比较中。文章提出，汉藏比较从核心词切入，来自原始母语的同源词，在各个亲属语言里，词义可能发生变化，原本意思相同的同源词，语义变得不一样。词义异常，能不能比较，如何拿语义异常的词语来比较，值得关注。文章选取俞敏先生的《汉藏同源字谱稿》一文，对其中语义异常的择对，用跨语言的词义比较进行解释，对汉藏语的比较有一定的参考价值。

就汉语内部来说，现代汉语普通话词汇与方言词汇共重是研究方法上的大趋势。董绍克《试论现代汉语普方词汇合璧研究》（《词汇学理论与应用（十一）》，商务印书馆，9 月）重新讨论现代汉语词汇、普通话词汇、方言词汇的关系。文章认为汉语词汇学理论的充实和发展需要方言词汇研究的支持，扩大现代汉语词汇学研究的对象，把方言词汇与普通话词汇进行“合璧”研究，能大大促进汉语词汇学的理论建设，并指出这种“合璧”研究有宽广的发展空间。

语料是进行语言研究的基础。张政、张文国《清末民初白话报刊学术价值探微——以俗语词为中心的讨论》（《济南大学学报（社会科学版）》第2期）分析了清末民初白话报刊在词汇学研究中的价值，认为白话报刊为清末民初词汇研究提供了崭新的语言材料，有助于勾勒清末民初词汇系统概貌，促进现代汉语词汇及方言词汇的研究。

（二）述评

1. 书评

董秀芳《汉语核心词的研究价值与研究方法——读汪维辉教授〈汉语核心词的历史与现状研究〉》（《语言学论丛》第1期）对汪维辉《汉语核心词的历史与现状研究》一书进行评价，指出该书的价值在于对汉语的核心词进行了全面系统的研究，揭示出汉语核心词一系列重要特点；该书的突出特色是将核心词的历时演变与共时地理分布结合起来进行考察。文章也提出了一些可以在此基础上继续研究的课题，包括对汉语词汇双音化具体形式选择规律的探讨以及将词汇语义与语法表现结合起来进行考察，最后还指出了书中存在的个别问题。

李家琦《现代汉语词汇学发展的指向标——读符淮青〈现代汉语词汇学〉》（《辞书研究》第4期）指出，符淮青主编的《现代汉语词汇学》是一本系统、专门介绍现代汉语词汇学相关知识的著作，具有“宏观与微观结合”（构建现代汉语词汇学学科体系）、“史料与评论相融”（厘清现代汉语词汇学发展脉络）、“理论与实践并重”（探究现代汉语词汇学研究的应用价值）、“回顾与展望兼顾”（体现现代汉语词汇学研究发展方向）等特点，在现代汉语词汇学的学科发展史上具有重要意义，是现代汉语词汇学发展的指向标。

孙道功、陈艺玮《理论与应用并举——〈面向应用的汉语语义构词研究〉评介》（《辞书研究》第4期）认为亢世勇等《面向应用的汉语语义构词研究》一书对语素义和词义关系的分析细致全面、角度新颖、构思缜密，展示出诸多新特色，从研究方法、研究路径、理论运用、成果价值四个方面对该书展开述评。文章认为，该书的研究为汉语语义构词研究提供了新范式。

2. 学科和专题综述

周飞、李长浩、苏新春《2020年现代汉语词汇研究综述》（《江西科技师范大学学报》第2期）和田静、银晴、苏新春《2021年现代汉语词汇研究综述》（《江西科技师范大学学报》第2期）从本体研究和应用研究两方面出发，对2020年和2021年两个年度现代汉语词汇研究的文章、著作和课题进行分类归纳整理，对期间举办的会议进行介绍，并对两个年度词汇研究的特点进行总结，可以作为了解2020、2021年两个年度现代汉语词汇研究总体情况的参考资料。

贺文翰《2010年以来的汉语词法研究综述》（《语文学刊》第3期）依据词法研究的对象，对2010年以来汉语词法研究的重要成果进行分类梳理，在此基础上进一步总结近年来词法研究的特点，有助于研究者了解汉语词法研究的进展和趋势，对词法领域未来的研究方向也有所提示。现代汉语词汇研究专题综述还有如下文章。徐今《词汇类型学在中国》（《语言与翻译》第2期）从词汇类型学在国内的介绍引进、国内学者的研究路径、对重点理论问题的探讨及研究局限等方面梳理了词汇类型学在中国的接受情况。许思雨《词汇类型学研究综述》（《汉字文化》第17期）从词汇类型学的概念定位、语义地图模型构建、原则与方法等方面梳理相关研究成果，包括词汇类型学视角下具体的研究等，为后续研究提供理论铺垫。杨静、王晓婵《双语心理词汇通达模型：70 年回顾与展望》（《解放军外国语学院学报》第 2 期）系统梳理了双语词汇记忆表征、双语词汇产出与识别、二语词汇发展模型的发展脉络，简述了相关言语模型和计算模型的特色与不足，归纳了有关双语词汇通达的最新共识，从理论上指出了此方向未来的研究主题。

还有研究对国外词汇类型学的已有成果做了介绍和综述。胡平、吴福祥《跨语言同词化数据库与词汇类型学研究》（《当代语言学》第 4 期）介绍专为研究同词化而设的“跨语言同词化数据库”（Database of Cross-Linguistic Colexifications，简称 CLICS）最新版（$CLICS^3$），内容包括该数据库的概况及其发展，研究对象及其原理，框架、功能及其实现三个方面。在此基础上进一步介绍国内外利用 $CLICS^3$ 所做的研究，阐明 $CLICS^3$ 在词汇类型学研究领域的价值。数据库是语言研究的重要工具，该文有助于研究者熟悉和使用 $CLICS^3$，进一步把握词汇类型学前沿动态，以推动汉语词汇研究在跨语言视角下进一步深入。

五、词汇与社会文化研究

词汇的发展除了有语言自身的内部动因，还有外部因素，“最重要的外因就是社会的变化以及随之而来的人们对事物认识的变化”（张联荣《汉语词汇的流变》，漓江出版社，7 月）。这一部分介绍 2023 年度词汇与社会、文化的研究成果，主要关注在地区和国家之间融合、交流的社会背景下汉语词汇的发展和融合。

汉语中属于文化历史方面的词汇内容非常广泛。黄伟嘉《文化源与汉语词汇研究》（上海教育出版社，4 月）详尽分析文化源与词汇的对应关系，从文化人类学、语言发生学角度，提出人类生活中的人、事、物是语词产生的文化源，并依据文化语言对应、社会生活制约语言的原理，归纳出文化源滋生语词的十一条规律，提出了双音节复合词的文化信息钩沉的主张，并选取 81 个从古代沿用至今的双音词进行了示范性阐释。薛维谦、王珍《汉语词汇与文化》（中国书籍出版社，3 月）在介绍汉语、汉字、汉文化的相关概念与关系的基础上，研究汉语词汇的语义、汉语词汇产生的文化基础，进而对文化类汉语词汇进行分类整理，此外还分析了汉语词汇与中外文化交流。

中国社会的变迁会影响汉语词汇的发展，中外交流也会促进汉语词汇的发展及跨语言词汇的交流。周荐《中西交流对汉语词汇数百年发展的影响》（《清华语言学》第四辑）聚焦中西交流在汉语词汇发展上的作用。文章归纳了汉语史上词汇发展的四个高峰期，指出这几次词汇的发展都与社会变迁有关，并重点关注了 19 世纪中叶开始汉语词汇激增发展的高潮期，认为近现代激荡的社会和频密的中西交流是推动汉语词汇发展的原动力。这一时期的新词涉及范围很广，涵盖政治、宗教、经济、法律、社会、外交等领域，其中有来华传教士的推手作用，一批眼界宽阔的国人对外来文化和外来词汇的主动接纳是另外一个更值得重视的因素。文章指出，汉语词汇数百年来的发展为现代词汇确定了框架，夯实了基础，能够为未来的发展提供参照和指引。刘曼《试论晚清民国时期常用词更替中的南北官话融合》（《语言研究集刊》第三十一辑）以晚清民国时期几组常用词更替个案为例，探讨这两个阶段南北官话的融合，旨在揭示其时北京官话和南京官话的地位有所变动，分析二者地位变化对这一时期常用词更替的影响，进一步证实普通话词汇既来自北京官话、也来自南京官话的观点。

王玲娟、龙红《“一带一路”视阈下“箜篌”语源之考辨与商榷》(《重庆师范大学学报(社会科学版)》第1期)根据“一带一路”视域下的国家民族与中国古代之关系，通过考古实物、考古图像及相关语音和器形调查等综合研判，考辨“箜篌”的语源。

朱京伟《明治时期的军事用语二字词与中日词汇交流——以“兵语辞典”为文本资料的词语调查》(《日语学习与研究》第4期)在调查明治大正时期军事资料的基础上，抽取日本各类“兵语辞典”中的军事用语二字词进行词源筛查，证明明治时期的军事用语二字词是由大量的古汉语词加上少量的明治日语新词共同构成的，是中日词汇双向交流、相互融合的产物。同类文章还有邓牧、马俏楚《经济术语“年金”“养老金”在中日两国的互动与流变》(《日语学习与研究》第6期)，朱棠《“教授”考释——词语的东亚环流与词义变迁》(《东北亚外语研究》第3期)等。

近些年来，华语研究蓬勃发展，成为一个颇受关注的课题。研究华语离不开社会交流这一背景。从20世纪末到现在，各华语社区在交流沟通中相互影响，互相借鉴吸收，在融合发展的同时保有地区差异和特色，这种融合和差异主要表现在词汇上。2023年度的华语词汇研究主要有华语词汇融合、华语和华语变体的词汇研究等。

刁晏斌系列文章站在大华语视角聚焦华语融合问题(包括词汇融合跟其他方面的融合)。

刁晏斌《全球华语融合的初步调查及相关问题的思考》(《华文教学与研究》第3期)提出全球华语研究从以差异为主到差异与融合并重的“转向”，并从普通话的“输入”与“输出”两个角度对全球华语词汇融合的具体表现进行举例说明，还对华语研究中“融合”的内涵、差异融合并重的“两翼”模式以及华语融合研究的意义和价值等进行了讨论。刁晏斌《普通话的外向传播与华语融合：事实与思考》(《语言文字应用》第2期)着眼于全球华语的“大融合”，以时政词语、日常词语和网络词语为例说明普通话词汇的输出，指出华语融合应在加强“以普通话输入为主”的研究的同时，投注更多资源进行“以普通话输出为主”的研究。这两篇文章从宏观层面把握华语融合研究的方法和方向，为华语词汇研究提供了指导。刁晏斌《普通话的外向“输出”与全球华语的融合——以“闺密/蜜”一词的传播与扩散为例》(《杭州师范大学学报(社会科学版)》第2期)则从微观视角切入，立足于全球华语融合的事实，对普通话常用词“闺密/蜜”在全球范围内的传播与扩散进行个案分析，并围绕这一案例就华语融合的几个相关问题展开讨论。

2023年度的华语词汇研究主要是专题研究，有孙利萍《华语虚词研究现状、问题与展望》(《汉语学习》第1期)和史维国、霍焱、曾凡姝《基于〈全球华语大词典〉的华语外来词研究》(《哈尔滨师范大学社会科学学报》第1期)。前者从华语虚词本体研究和华语虚词教学研究两个方面梳理华语虚词国内外研究的成果，指出当前研究在研究对象和研究视角、研究方法、理论阐释、研究内容上存在的问题，并对未来的华语虚词研究提出展望。后者对《全球华语大词典》中的华语外来词进行穷尽考察，从华语外来词的形式类别、语义类别、词语来源、汉化方式等方面展开描写和分析，归纳各华语社区中外来词的借译方式和汉化特点。这两篇文章进一步丰富了华语词汇研究的成果，拓宽了现代汉语词汇研究的视角。

2023年度关于华语变体的词汇研究如下。卢月丽《新马华语第三人称代词历时发展调查与思考》(《语言文字应用》第3期)以中国早期国语(1919~1949年)和普通话为参照，考察新马华语第三人称代词的历时变化，此外还反观了新马华语历时研究，提出了新的研究切入点。王衍军、张馨月《印尼华文报刊中华语词汇与普通话差异探微》(《南方语言学》第1期)以印尼华文报刊为语料来源，从词汇的角度考察印尼华语与普通话之间的差异，分析其差异类型，探究差异产生的原因，并探讨差异性词语存在的社会价值及其规范问题。李计伟、吴玉瑞《早期南洋华语文献中的闽南话因素研究》(《辽宁师范大学学报(社会科学版)》第1期)从闽南话视角分析19世纪末至20世纪初南洋华语文献中的一些特色词汇和语法现象，以反映闽南话对早期南洋华语书面语的渗透，为了解早期南洋社会的语言接触提供新的视角和证据。此类研究有助于深入认识华语变体的形成与发展，对现代汉语词汇研究、华文教育等也有参考价值。

六、词汇应用研究

(一)词语规范

1. 词形规范

清末民初是近代汉语向现代汉语的过渡时期，也是现代汉语的前发展阶段。马雅琦《清末民初白话报刊异形词汇考》(吉林大学出版社，3月)研究这一时期的异形词面貌，选取清末民初白话报刊材料，以其中的401组单音节和多音节异形词为研究对象，对系列异形词进行了汇考，为异形词的发展演变和现代汉语异形词的整理规范提供线索和参考。

李鑫、王东海《基于文学史料学视角的现当代异体字词典考古研究——以〈子夜〉不同版本的异体字异形词为例》(《中国文字研究》第三十七辑)是围绕专书展开的词形规范研究。文章以《子夜》123组异体字和51组因异体字形成的异形词为研究对象，基于文学史料学和词典考古学的视角，从字用与语言文字规范、权威字词典间的互动关系切入，构建字用字形、规范字形和权威字形三位一体的研究模式，对《子夜》异体字和异形词的形体演变进行实证研究，为现当代词形规范的实证研究及后续整理规范工作提供资料和参考。

此外还有一些关于词形规范的个案研究，这些研究立足现代汉语，从来源、意义、理据、使用等多个角度辨明词形，对语言文字规范工作有借鉴之益。

崔山佳《“杜撰”“肚撰”与“臆撰”》①(《汉字汉语研究》第2期)考察“杜撰”和“肚撰”的语源，对这两个词形的出现时间、理据性和使用情况进行分析，提出本词形应为“肚撰”。在此基础上梳理了“肚撰”和同义词“臆撰”的词义引申路径，并指出“肚”“臆”“胸”“肠”“腹”等都有“内心”义，这些语素及由它们参与构成的双音节词有相同的隐喻。

傅惠钧《“嘎然而止”能用吗？》(《语言文字报》1月11日)认为“嘎然而止”与“戛然而止”同中有异，从来源、意义、使用等角度论述了二词的异同，在此基础上针对词典对这两个词的收录和释义提出建议。

2. 拼写规范

郭锐《道路名的结构和汉语拼音拼写规则：以北京道路名的拼写为中心》(《语言政策与规划研究》第十八辑)针对地名结构的拼写在实际运用中出现大量分歧和违反拼写规则这一现实情况，考察北京道路名，总结出道路名的结构：前加名 +{[核心专名 - 定位语]+[(分段 - 标序)+ 通名]}，并以道路名结构为依据提出汉语拼音拼写道路名的新规则。

---

① 《现代汉语词典(第7版)》有“杜撰”，无“肚撰”。

邓思颖《汉语拼音分词连写的语法问题》（《语言政策与规划研究》第十八辑）讨论汉语非独用成分分词连写从分从合的问题。通过比较在国际学术界具有影响力的语言学英语学术文献，提出完善分词连写的建议，认为分词连写应以句法为基础，以词为单位，并适当照顾词法，反映语素的透明度。

（二）词汇教学

这一方向的研究分为面向汉语母语学习者的词汇教学研究和面向汉语二语学习者的词汇研究，以后者为主。

面向汉语母语学习者的词汇教学研究有苏新春《教材词汇特征研究的四个维度》（《词汇学理论与应用（十一）》，商务印书馆，9月）。该文以中小学语文教材词汇为语料，集中分析了能有效反映教材词汇特色的四种研究方法——反映认知特点的语义分类法；反映学习层级的首现词调查法；反映实际语用差异的语境调查法；反映不同时代词汇面貌的对比方法。分析表明，使用合适的研究方法，可以准确认识教材词汇的基本规律与特点，从而可以在教学中更自觉地完成教材词汇教学，实现教材词汇的教育功能。

面向汉语二语学习者的词汇研究主要包括教材词汇研究、词汇教学与习得研究、词表研究三个方面。

1. 教材词汇研究

周小兵等著《汉语教材词汇研究》（商务印书馆，2022年12月）一书系统考察了三十多个国家和地区、十六种媒介语的上千册汉语教材，对汉语教材的词汇选取、难度、重现率、译释、多义词和难词处理、国别化、适龄化等进行了系统研究，基于语料库，就词语解释、呈现、讲解、练习、话题与文化点等进行了深入探讨，多角度研究教材词汇设计情况。在准确描写的基础上，找出词汇编写的普遍问题，概括教材词汇选取与词汇处理的一般规律和特殊规律，探寻解决问题的具体方案，为国际中文教育专业的研究生、教材编写者和研究者提供了参考。

2. 词汇教学与习得研究

（1）主要基于教学角度的研究

朱文文、陈天序《词汇知识与语法知识对不同水平汉语二语学习者阅读理解的贡献》（《世界汉语教学》第2期）以238名北京高校初中级汉语学习者为研究对象，采用课堂实验的方法，通过工作记忆测试、词汇知识（词汇广度和深度）测试、语法知识测试以及阅读理解测试，考察不同阅读水平汉语二语者词汇知识和语法知识对阅读理解的贡献程度。文章认为在汉语阅读教学中不可忽视语法知识的讲授，并建议在词汇知识训练中除了传统词汇广度的训练外，还应增加词汇深度的训练。

部分文章聚焦于某类词的教学研究。李劲荣、张文庭《名词需要教授哪些知识》（《对外汉语研究》第二十八期）从汉语二语学习者名词习得的偏误出发，对已有的名词教学做出反思，重新思考并搭建名词的知识框架。刘海燕《同素逆序同义现象以及在国际中文教育中的处理》（《华文教学与研究》第3期）根据《现代汉语词典（第7版）》对成系统的同素逆序词的同义现象尽可能地做了穷尽的分析，说明词和词汇教学的区别和联系，回应应试教育对汉语词汇系统性研究的需求。同类研究还有陈晓蕾《语气副词与二语教学相关的一些问题》（《对外汉语研究》第二十八期）等。

由齐沪扬任总主编、北京语言大学出版社出版的“对外汉语教学语法丛书”是国际中文教育的参考书和工具书，共计 39 册，其中有一些是关于不同词类的教学研究。如刘振平《形容词》（9 月）全面、系统地梳理了汉语形容词相关研究成果，聚焦汉语教学实践的需要，归纳出汉语本体、汉语二语习得和汉语二语教学等领域重点关注的研究问题，并针对这些问题为汉语教师设计了教学方案，提供翔实、细致的解答。此外还有陈晓蕾《语气副词》（9 月）、郑家平《语气词》（10 月）、邵洪亮《助词“了”》（6 月）等。

二语教学中同义词和虚词的辨析一直受到学界关注。李宗江《也说副词“干脆”和“索性”》（《对外汉语研究》第二十七期）从对外汉语教学的角度出发，探索少用或不用专业理论，对副词“干脆”“索性”的主要功能及差别做出“素描”性的解说，并探讨两词的功能与其历时演变的关系。马杜娟、王敏《语块教学法对汉语作为第二语言介词习得的影响——基于“对、跟、给、为”的实证研究》（《语言教学与研究》第 2 期）以“对、跟、给、为”四个介词为例，通过对两个自然班共 38 位被试进行为期 17 周的教学实验，考察语块教学法对中级水平汉语学习者介词习得的影响。

多义词的习得是二语学习中的难点。钱旭菁、黄立《原型义教学对多义词词义习得影响的个案研究》（《国际中文教育（中英文）》第 1 期）考察了原型义教学对一位高级水平汉语学习者习得 16 个多义词的比喻义有何影响，进而提出多义词教学的建议和方法。

（2）主要基于习得角度的研究

语言内部和外部各种因素对词汇习得的影响的研究。洪炜、赖丽琴《语境简化对中高级汉语二语者伴随性词汇习得的影响》（《世界汉语教学》第 3 期）和《语境详述能否促进伴随性词汇习得？——来自汉语二语的实证研究》（《语言教学与研究》第 6 期）分别考察语境简化和语境详述对中高级汉语二语学习者伴随性词汇习得效果的影响。周颖、蒋楠《汉语二语学习者双字词加工方式研究》（《世界汉语教学》第 1 期）在整体性加工和分析性加工的框架下，采用词汇判断任务，以汉语母语者作为参照，考察笔画数对汉语二语学习者双字词加工的影响，探究不同语言水平的汉语二语学习者视觉词的加工方式。同类研究还有洪炜、庄楚玥《注释模态和感知风格对汉语二语学习者词汇习得的影响》（《外语学刊》第 6 期），鹿士义、黄韵《韵律模式和语素位置概率对汉语学习者切分歧义词的影响》（《华文教学与研究》第 1 期）等。

某类词习得研究。刘凤芹《汉语二语学习者复合词语法结构意识的发展》（《词汇学理论与应用（十一）》，商务印书馆，9 月）立足构词层面，以准中级以上汉语二语学习者为测试对象，延伸至汉语国际教育硕士水平，纵向描写汉语学习者复合词结构意识的发展规律以及不同词法模式复合词的结构效应。黄长彬、许迎春《基于中高级汉语二语口语语篇的指示代词习得考察——以“这”类指示代词为例》（《对外汉语研究》第二十七期）通过人工转录方式建立中、高级自叙体口语语篇语料库，以“这”类指示代词为例，考察指示代词的习得情况并进行偏误分析，在此基础上提出“这”类指示代词的教学建议。此类研究还有张乐滔《特征重组视角下汉语二语者时间副词习得研究——以“正、在、正在”为例》（《国际中文教育研究》第七辑），邓淑兰、杨杰梅《俄语 CSL 学习者“知道”类易混淆词偏误分析——以“认识”“知道”“了解”“明白”为例》（《华文教学与研究》第 2 期）等。

有些词汇习得研究是在跨学科视域下进行的，其中以将心理学研究方法用于词汇习得研究的为多。王意颖、徐贵平《重复暴露和语境丰富性在汉语二语阅读附带词汇学习中的作用——一项眼动追踪研究》(《世界汉语教学》第3期)将眼动追踪技术运用在二语习得研究中，文章以中高级水平汉语二语者和母语者为实验对象，考察重复暴露和语境丰富性对汉语阅读中词汇附带学习的影响，追踪阅读中的眼动过程，并与母语者的习得效果和阅读过程进行对比，考察其习得效果，探究词汇认知发展的过程。同类文章还有田富俊、苏炎奎《句子阅读中不同语义透明度汉语双字词的习得年龄效应：一项眼动研究》(《外国语言文学》第3期)，范珊珊、陈傲《N400在词汇学习与教学中的作用》(《汉语国际教育学报》第十三辑)等。

3. 词表研究

李华《〈国际中文教育中文水平等级标准〉词表改进的分析——基于与〈汉语国际教育用音节汉字词汇等级划分〉词表的对比分析》(《语言教学与研究》第2期)通过对比《国际中文教育中文水平等级标准》与《汉语国际教育用音节汉字词汇等级划分》词汇部分的异同，指出《国际中文教育中文水平等级标准》词表的改进主要体现在总体结构均衡化、词语定级合理化以及对《汉语国际教育用音节汉字词汇等级划分》词语有所增删三方面，认为改进更符合汉语的词汇特征，符合学习者汉语表达的实际需求，有利于学习者系统掌握汉语语义类聚词和惯用表达、发展词汇能力。

金朝炜《词汇覆盖的平衡优化——基于多种教材的理工类来华预科专业词表构建》(《语言教学与研究》第5期)提出了以原始有效梯度方法为核心的平衡方案，并据此构建了理工类来华预科专业词表，认为平衡方案能够解决常规方案词汇覆盖率不达标的问题，还能克服扩充方案选词冗余的缺陷。

曹钢、董政、徐娟《基于〈国际中文教育中文水平等级标准〉的词汇知识图谱与词汇自适应学习平台构建》(《国际汉语教学研究》第1期)基于联通主义学习理论，从词汇网络的视角出发，抽取教材语料信息，搭建词语贡献网络，参照《国际中文教育中文水平等级标准》词汇表构建出适用于国际中文智慧教育的词汇知识图谱，并建立了词汇自适应学习平台。

此类研究还有梁玉豪、钟晓路、晋克俭《基于HSK的汉语预科教育之词表设计——以国际经济与贸易专业为例》(《国际中文教育(中英文)》第2期)等。

七、学术会议

第24届汉语词汇语义学国际研讨会(CLSW2023)于2023年5月19—21日在新加坡举行，会议由新加坡中文与东方语信息处理学会、新加坡国立大学中文系和南洋理工大学中文系联合举办。会议采用线下线上相结合的方式，内容涉及词汇，词汇-语义辨析，词汇-语义演变和搭配，词汇、词典、算法，语料库，语言资源等多个领域。

第十四届全国汉语词汇学学术研讨会于2023年9月16—17日在上海召开，会议由上海外国语大学主办，商务印书馆、上海辞书出版社协办，《辞书研究》《外国语(上海外国语大学学报)》提供学术支持。该届会议的主题为“词汇学研究新理论、新方法、新进展”。围绕该主题，沈家煊等12位主旨报告专家分别从“古、今、中、外、方、普”等多角度，“跨、通、融”多学科，对汉语词汇学相关问题进行了深入的研讨。会议另设8个分会场进行专题研讨，内容涉及传统训诂学和词汇学的互动与关联、西方语言学和汉语词汇学的互动与关联、语义学和词汇学的互动与关联、词法和句法的互动与关联、《现代汉语词典》等语文工具书编纂与词汇研究、汉语词汇研究与当今社会、词汇教学与词汇习得研究、法律语言词汇研究等。

汉语历史词汇研究

赵长才　肖晓晖　杨萌萌

2023年度汉语历史词汇研究在各个分支方向持续取得进展，出现了一批重要的研究成果，延续了近年来的良好发展态势。总的来看，研究趋于精细化，对语例的辨析与甄别更加重视，是目前历史词汇研究的趋势。

一、 词语考释

词语考释是汉语历史词汇研究的基础工作，历来受到研究者的重视。以下择要介绍2023年度词语考释方面的部分成果。

（一）传世文献词语考释

传世文献词语考释方面，中古近代文献词语考释成果数量较多，涉及的文献类型也较丰富，如佛教文献、地方俗文献、域外汉文文献等都有较丰富的成果。随着研究视野的扩大，文献词语研究的广度、深度都在不断拓展。

1. 上古汉语词语考释

李佳喜《〈荀子〉“贪利”考》（《汉字汉语研究》第1期）讨论了《荀子》中多例“贪利”的具体含义和内部结构，根据古人对文、平列相谐的行文习惯，认为这些例子中的“贪利”并非动宾结构，不是“贪求利益”的意思，而应理解为同义并列结构，“贪”“利”同义。

游帅《〈方言〉疑难词考释丛札》（《上古汉语研究》第5辑）选取扬雄《方言》中九则疑难词语，从“转语”的角度进行解释，即认为被释字是某个词的方言音变或历史音变的记音字，文章尝试找到这个词并对二者关系加以沟通疏释。

蔡振华《〈国语·晋语二〉“怀挟缨纕”新解》（《汉字汉语研究》第4期），曾思、萧旭《〈山海经〉“人名”解诂》（《神话研究集刊》第9集）等对古书相关词语进行了考释。

2. 中古近代汉语词语考释

《颜氏家训·风操》所载一则小故事中，乙子因答语轻脱而被时人嘲笑。“时以为笑”的确切原因，旧有多解，或认为“‘已往’犯讳”，或认为“不明‘早晚’”。2023年度有两篇论文讨论这一问题。汪维辉《〈颜氏家训·风操〉“其父已往”索隐》（《北斗语言学刊》第10辑）赞同犯讳说，认为“往”是多义词，除了常义“去”以外，还有“死亡”义，“乙子称其父已往”因歧义而犯讳。朱冠明、李佳琪《〈颜氏家训·风操〉“时以为笑”新说》（《历史语言学研究》第19辑）则有不同看法，认为文中“顾宅”当为“返家”义，乙子不明其意，答非所问，故贻人笑柄。

王长林《禅籍“无事甲”新释——从胡适与入矢义高的争论谈起》（《文献语言学》第15辑）对禅籍“无事甲”一词进行了考释。胡适曾将“无事甲”之“甲”照字面理解，认为“无事甲”可能是针对“如龟鳖那样把头缩在甲壳里，一切不管”现象的骂人话。入矢义高则引无著道忠的意见，认为禅籍另见“无事阁”，“甲”是“阁”的借字，“无事甲（阁）”意思是“恬静无用之室”。文章对“无事甲”相关词语的早期用例进行细致的排查，认为“无事界”是这个词的本来写法，其构词理据明确，词义演变路径清晰。“无事界”本指无事禅的修行境界，后来变成贬义词。宋代部分方言“界”的韵尾 -i 脱落，与“甲”“阁”读音相近而混，以致衍生出“无事甲”“无事阁”等异形。

卜宇钦、周志锋《再说“额手”“以手加额”》（《中国语文》第 1 期）针对有学者认为“额手”意为“拍手”义，提出质疑。认为“额手”没有“拍手”义，就是“以手加额”的缩略形式。“额手”演化的路径可能有两条，一是“以手加额”缩略为“手额”后，再经过倒序作“额手”；二是“以手加额”分别缩略为“手额”和“额手”。“以手加额”源自上古“空首”礼，又受到佛教礼仪的影响，具体指双手拱手或合掌与额相齐，用来表达庆贺、喜悦、崇敬或感激等情感。

部同麟《敦煌变文字词补释》（《中国语文》第 1 期）对敦煌变文中部分字词进行了重新校勘和解读。《伍子胥变文》中的“肃然”本有凄清之义，无须校作“萧然”；“侠冤”“侠雠”之“侠”当读作“惬”。《捉季布传文》“寒毛槁竖”之“槁”当作“桥”，即高义。《燕子赋》“接飞虫”之“接”当读作“唼”。《降魔变文》之“轰轰”为和乐义。《维摩诘经讲经文》之“腾笼”乃联绵词，为朦胧模糊之义；“捎弱”当读作“销（消）弱”，为衰弱之义。《双恩记》“仙乐胜三界”之“胜”当读作“升”。《大目乾连冥间救母变文》之“教福”当读作“校福”，“耀鸖”当读作“耀赫”，“泿泿”义为众貌。《齖新妇文》“轰盆打甑”之“轰”为击打之义。

嵇华烨《汉译佛典中“强项”及其相关形式考辨》（《中国语文》第 6 期）指出，中土文献“强项”义为刚正不屈，汉译佛典也有“强项”一词，其读音及词形与中土文献一致，但词义与中土文献相差甚远。汉译佛典“强项”有愚痴、傲慢两个含义。在同步构词规律下，同“项”具有相关性的“额”“颜”与“强”组合，构成“强颜”“强额”，语义与“强项”相同，义为傲慢。中土文献有“强颜”，义为厚颜，语义与佛典不同。“强项”缩略为“项”，与“佷”组合构成“项佷”，与“强项”义同，有愚痴、傲慢两个含义。“顽佷”是“项佷”误写，后人不解“项”义，用“顽”改写。

程亚恒、赵晨《〈中华正音〉词语考释三则》（《中国语文》第 5 期）对《中华正音》中出现的“埋个达”“注水”“净”三个词语，进行了考证。认为“埋个达”应是“卖个呆”的记音词语；“注水”为“走水”的记音词，其义为“失火”；“净”应是名词“景”的记音词。这几个词语都可以在汉语方言中找到例证。

《新撰字镜》是日本汉文古字书，成书时代在天皇昌泰（898—901）年间，相当于中国的唐昭宗时期，是日本第一部汉和字典。该书以《一切经音义》为蓝本，汇集了《说文》《玉篇》《切韵》等多种汉文古字书材料。其中对很多词义的记载，均不见于汉文字书，可能是保留了散佚的字书或训诂材料。因此，《新撰字镜》对古汉语字词考释具有重要的价值。张翔《〈新撰字镜〉与古汉语字词考释（续考）》（《古汉语研究》第 4 期）利用《新撰字镜》对“唐棣”“鏉”“铲”“枯”“樊”“炱煤”“妜徒”等八组字词进行考释。

契约文书作为一种珍贵的地方历史文献，保留了许多有特色的词汇，有大量的方俗用法，可以为汉语词汇的演变研究提供丰富的例证，是汉语词汇研究的宝贵资料。其中难以理解的字词，从方言俗语的角度去考虑，往往就比较容易明了，但有时也需要结合多种方法才能准确解读。郭敬一《说契约文书中的“的笔”“的至”》（《汉语史研究集刊》第34辑）对《石仓契约》中的“的笔”“的至”二词进行考释。文章指出，从契约文书笔人署名的行制来看，“的笔”用法与“亲笔”同；“的笔”并非来自“代笔”或“嫡笔”。“的至”的意思是“订定到，确定到，约定到”，非“等到”之谐音，亦非“待至”的记音字。常丽丽、邓章应《买地券中“志认”一词考释及相关问题研究》（《汉语史研究集刊》第34辑）从语境和语例入手，讨论两汉魏晋南北朝石刻法律文献中两个常见词语“志（誌）”“志认”的意义和理据，认为“志”和“认”都有“辨识认定”义，“志认”是同义复词，意为“经过辨识后，认定某物属于自己”。

（二）出土文献词语考释

谢明文《禹鼎“于将朕肃慕”补释》（《中国文字研究》第2期）对禹鼎铭文“于将朕肃慕”一句进行讨论，在梳理已有考释意见的基础上，认为“于”训作往；“于”后面一字从“爿”声，读作“将”，解释为奉行；“慕”应该看作是“谟”的异体。“于将朕肃慕”大意为“去执行我严整的谋略”。

袁金平《据安大简〈曹沬之阵〉“咠”字异体谈春秋金文“印燮”的读法》（《安徽大学学报（哲学社会科学版）》第5期）讨论了春秋早期曾伯簠铭文“印燮繁汤（阳）”中“印燮”一词的读法和含义。文章根据安大简《曹沬之阵》简19“咠”字异体写作从口、印（抑）声这一现象，认为“咠”与“印（抑）”古音相近，“印”可读为“辑”，“印（辑）”“燮”都可训为“和”，属同义连用。

苏建洲《上博简〈曹沬之阵〉简45“丌赏諓且不中”考释》（《中国文字》第10期）讨论了楚简“諓”字的释读问题。上博简《曹沬之阵》简45“丌赏諓且不中”，安大简《曹沬之阵》作“亓赏轻且不中”，研究者多认为“諓”读作“浅”，文章则认为“諓”应读为“亏”，“亏”有减损义，与“重”“厚”语义相对。“赏厚”“赏亏”之语皆见于古书，可证。

尉侯凯《“甸”还是“封”？》（《中国语文》第2期）讨论了清华简《四告》“今皇辟天子图厥万亿之无后嗣孙，乃建侯设卫、掏（甸），出分子”一句的释读问题。文章认为，掏字不能释作“甸”，而应分析为从田丰声，或者从人、田，丰声，是“分封”之“封”的专字。掏字应属下读，“掏（封）出分子”的意思是“分封出去支庶子孙”。

孟蓬生《马王堆汉墓帛书〈十六经·观〉语词零札》（《简牍学与出土文献研究》第2辑）对《十六经·观》中的七条词语进行了考释，例如“五谷溜孰”之“溜孰”即传世文献之“酋熟”，为同义连用；“孟谷乃萧（肃）”之“孟谷”应训“芒谷”；等等。

出土文献中的名物词语，既有古今之隔，与传世文献相较，又有字形之异，往往较难索解。对名物词的考释研究，能加深今人对古代器服制度的了解，亦有助于词汇史的建设。2023年度有一些关于出土文献名物词语考释的成果。范常喜《包山楚简遣册“硂仆”考》（《简牍学与出土文献研究》第2辑）讨论了《包山楚简》简261“硂仆”一词的确切含义和具体所指。文章赞成将“硂”读为“棰”，认为“硂仆”可读作“棰朴”或“棰扑”，指马策、马鞭子。简文“二硂仆”可能就是墓中南室所出361、489号“彩绘漆木棍”。欧佳《洛阳西朱村曹魏墓M1出土石楬名物考（七则）》（《出土文献》第1期）选取河南洛阳西朱村曹魏墓M1出土石楬所记录的七则随葬物品进行了考释和补正。例如，文章认为“受福”或当是瑞兽之名；“斅翣”应为丧葬所用棺饰；“宛下”即鞋名“鞔下”；“墨一蠡”即“墨一螺”，指一枚墨锭；等等。孙涛《河南曹魏大墓出土石楬名物校释八则》（《中国文字研究》第2期）对河南安阳曹操高陵二号墓以及河南洛阳西朱村曹魏一号墓出土石楬所记“当圹”“白扁绢”“枎兰”“单虑机”“晨辨”“廉薑”“木墨敛”“木軿机”等八例名物词进行了考释。

石刻文献是出土文献的一个重要门类，以墓志为代表的石刻文献为中古汉语研究提供了丰富的词汇。张颖慧《魏晋南北朝碑刻文献词语的特点及考释方法》（《文献语言学》第16辑）认为魏晋南北朝时期的碑刻文献词语具有伴生性、能产性、多途探索性等特点，基于这些特点，文章结合研究实例探讨了魏晋南北朝碑刻文献词语的多种考释方法。张颖慧《魏晋南北朝碑刻文献疑难词语汇释》（中国社会科学出版社，5月）对魏晋南北朝时期碑刻文献中的缺释词语进行了集中训释。书中收录并考释的词语主要分为三类：《汉语大词典》失收词，《汉语大词典》收录但其义项与碑刻文献词义不同的词语，被《汉语大词典》收录但书证晚于2023书碑刻文献引例的词语。

（三）利用出土文献解决词义训诂问题

出土文献作为第一手语料，丰富了我们对古代汉语、古代汉字的认识，也为解决古书中的词义训诂问题提供了大量线索、材料。受益于出土文献的不断问世、古文字学的日趋兴盛，利用出土文献对古书词语进行“对读”“新证”的研究在近年呈现出蓬勃发展的势头。本年度这方面的研究成果也很可观。

王志平《“思诚”新诂》（《上古汉语研究》第5辑）对《孟子·离娄上》“诚者，天之道也。思诚者，人之道也”一句中的“思诚”进行了讨论。《礼记·中庸》有相关异文作“诚者，天之道也。诚之者，人之道也”。文章根据近年来出土文献中“思”可读为“使”的新认识，认为“思诚”之“思”也应读为“使”，“思诚”即“使（之）诚”，“诚之”是使动用法，二者表述一致。

高中正《〈尚书·微子〉“逊于荒”与〈史记〉“保于丧”——兼补说楚简中所见的“𡳿”字》（《语言研究集刊》第32辑）结合出土文献的用字习惯，对《尚书·微子》“逊于荒”一句进行考证。“逊于荒”在《史记》对应之处作“保于丧”，战国文字中“丧”字省体或作“𡳿”，与“芒”相近，而“芒”字在汉初往往用为{荒}。文章据此认为，今本《尚书》“逊于荒”本作“保于丧”，意思是“（商末王室及其成员）安于丧乱”，西汉时人在转写《尚书》古文抄本时，不明“𡳿”字用法，误以为是“芒”字，遂演变为今本之“荒”。“逊”则是“保”字误改。

蔡伟《据安大简〈仲尼曰〉校〈论语〉一则》（《战国文字研究》第7辑）将安大简《仲尼曰》“青（静）凥（居）（以）成丌（其）志”一句与《论语·季氏》“隐居以求其志”进行对读，认为当以“成”字为是，“成其志”犹言“遂其志”，可能是在汉魏之时因为“成”“求”二字字形相近而产生了讹误。

张传官《说“辟彊”》（《中国语文》第2期）讨论了古代常见人名“辟彊”之取意。由于典籍屡经传抄，文字多变，该文充分利用出土文献（如先秦秦汉玺印、简帛、中古石刻等）中的人名资料，梳理了人名“辟彊”在用字和取意上的前后变化，认为“辟彊”最初只有“开辟疆土”之意，由于用字习惯的变化以及后人的误会，魏晋时期开始有了“辟御彊梁”的新解，并行用于世。

许可《据出土战国楚简文献校读〈鹖冠子〉》（《文献》第1期）认为《鹖冠子》是经秦汉人转写的楚国古书，可利用今人对战国楚简文献的认知来校读《鹖冠子》。文中列举10例，分为两类：或据楚文字特点纠正认错或抄错之字，如“积顺之所成，先圣之所生也”之“顺”是“順（柔）”之误识、“其轸令尹以狗”之“轸”是“斩”之形误等；或据楚人用字习惯进行破读，如“随君”读为“惰君”等。

黄艳玲《据新出简帛考证典籍词语六例》（《民俗典籍文字研究》第30辑）据简帛新知对传世典籍中的六处词语进行了考释，提出了新解。

刘晓晗《据战国文字校读传世古书三则》（《上古汉语研究》第5辑）利用战国文字资料讨论了传世古书中几处词句的校读问题。文章认为，《庄子·天地》“二缶钟”实为“二匋钟”；《晏子春秋·内篇问上第三》“兹于兑”当读为“袭于兑（隧）”，“兹”是“丝”之讹，古文字资料中从“丝”声的字可读作“袭”；《仪礼·聘礼》“二竹簋方”之“方”实即“筐”。

李俊涛《出土文献与典籍诠释一则》（《汉语汉字研究》第1期）则根据重文符号在古代文献转写过程中常被忽略的现象，指出《韩非子·亡征》“好宫室台榭陂池，事车服器玩好”一句应补一“服”字，原文当作“事车服服器玩好”。

二、词汇演变研究

（一）词语更替演变研究

词语的历时更替和演变是近年来汉语词汇史的热门研究领域，从2023年度成果来看，虽然仍以具体个案研究为主，但研究范式和视角多样化，研究内容丰富，不局限于单一的线性描写。研究者越来越重视语料的效度和信度，因此，对语料的辨析和挖掘、对各类文献的充分占有（例如出土文献、方俗文献、域外文献等）就成了题中应有之义。另外，目前研究不仅关注词语在时间维度上的更替和变化，也注意探讨它们在空间上的分布，分析历史，解释现状。

胡波《先秦两汉“舟/船”的历时更替及相关问题讨论》（《汉语史研究集刊》第33辑）考察并描写了“舟/船”在先秦两汉的历时更替过程，在此基础上讨论了“船”的始见年代、“船”何时替代“舟”以及“舟”与“船”之间的关系等几个相关问题。文章通过实例表明，研究先秦两汉常用词的更替演变，应当充分结合出土文献与传世典籍进行综合考察和相互印证，同时也要重视异文材料的佐证价值，如此才能使研究结论更加接近语言演变的事实。

汪维辉《古今汉语如何表达{放牧}概念》（《历史语言学研究》第19辑）考察了“放牧”这一概念的用词在汉语历史上的演变和方言中的分布。文章认为，上古汉语用“牧”表达“放牧”概念，至晚从东晋开始用“放”，并在唐代以前可能已取代“牧”。近代汉语主要用“放”（北方）和“看”（南方），这种北—南对立的格局大致形成于晚唐五代，一直延续至今。当代方言用词丰富多样，都是借用其他动词来表达“放牧”概念。

赵清泉《“坟墓”语词音义探析》（《汉语史学报》第28辑）利用词族比较的方法，通过探讨汉语内部词义发展、系联词族，结合亲属语言及其他跨语言比较方法，对汉语“坟墓”义语词的音义进行了考察。

庄卉洁、郭沛承《汉语“遗失”义常用词的历时演变——兼论跨语言相关概念场共词化的内在联系》(《语言研究集刊》第32辑)讨论了“遗失”类动词“遗”“失”“亡”“丢”“掉”“跌”等常用词历时和共时的分布特点，对“遗失”义常用词兴替的原因做了进一步追溯，同时结合跨语言的词汇使用情况，对“遗失”“抛弃”“投掷”概念场通用词汇之间演变的内在联系进行了探讨。

刘曼《试论晚清民国时期常用词更替中的南北官话融合》(《语言研究集刊》第31辑)以晚清民国时期几组常用词更替个案为例，探讨这两个阶段南北官话的融合。指出北京官话和南京官话的地位虽有所变动，但二者对共同语的影响并不只是排斥，也有相互融合。在常用词更替中的表现为：两个阶段都既有北京官话词，也有南京官话词，经过更替，进入共同语；更替内容和进程在南北官话中存在差异。文章分析了二者地位变化对这一时期常用词更替的影响，同时强调不应忽视语言内部因素的重要作用。进一步证实普通话词汇既来自北京官话，也来自南京官话的观点；进入普通话的南北官话词语或具有语体差异，南京官话词较多进入普通话书面语，填补了北京官话正式体词语的缺位。

熊润竹、徐时仪《汉语方言“疲倦”义词的历史层次考探》(《语言研究集刊》第31辑)认为，根据汉语方言“疲倦”义词的共时分布格局，可大致将其分为五个历史层次。整体上地理位置越靠南，变化越慢，代表的历史层次较早，且分布情况更为复杂。其中南方的吴语、闽语、粤语、客家话主要保留魏晋、唐宋的中近古语言成分，偏北方的官话区展现的则是明清以来的近代汉语晚期语言面貌，内部一致性强。这种分布格局的形成，主要是受地域分流、北词南迁、文白消长、语言政策等影响。

陈练军是运用构式形态学理论考察汉语词汇构式历时演变的代表性学者。陈练军《汉语史上如何用词汇构式表达整体部分关系》(《中国语文》第3期)指出，历时考察表明，隋唐之前以简单构式为主，隋唐以来以复杂构式为主，主要包括［整体＋部分象征］、［整体＋部分像似］和［整体＋部分指示］三类构式，各类构式的形义组配关系发生了历时变化。复杂构式的衍生经历了组合成型为主到聚合成型为主的转变，起初主要根据语法规则组合而成，再基于系列同类词汇构式抽象出“整体部分”构词图式，据此构造出形、义均可扩展的复杂构式。研究表明，构式理论可以对表征特定语义关系的多词表达式的演变作出较为合理的理论解释，汉语词汇史研究中应重视构词图式对词汇演变所起的作用。陈练军《认知定名学视角下汉语服饰类词汇构式的历时演变》(《古汉语研究》第3期)则借鉴认知定名学的描写模式，结合汉语名词物性结构的描写体系，历时考察了汉语体衣类词汇构式的演变。指出总体上呈现的演变特点是：定名结构中规约性分类指标的占比由多变少，分类属性由隐含成分变为凸显成分；多项式构式越来越多，包含递加、叠套、并列关系的混合型词汇构式占比渐次增高；称名层的“义素—语素”匹配关系由“多对一”变为“一对一”“一对多”等模式。文章通过个案研究，从历时视角揭示了汉语服饰名物词的定名过程，描写和分析了概念要素的提取方式和语言形式的选择、组配等问题。

（二）词语形音义演变研究

词语的更替、词场的变化体现的是词际关系，即词与词之间的消长、生灭、推移。如果将视角固定在单个词上，可以看到其形音义及用法也是在不断变化的。对单个词形音义及用法的演变进行具体而微的考察，可以更深入地了解词是如何改变了意义和用法，以及这种变化背后的机制和动因。

蒋世凤《“霎”眨眼义来源考》（《语言研究集刊》第31辑）讨论了宝卷中一些用同如“眨”但却与“霎”音同的记音俗字，与“眨”音“zhǎ”读音不同，即在口语里表示眨眼义的词形成了两个读音，即“zhǎ”与“shà”。认为“眨”是“睞/睫”的声旁置换异体字，而表眨眼义的“霎”仅是个记音字，“睞”是本字。

张秀松《“唱喏”的语义演变与词汇化》（《汉语史学报》第28辑）从对唱喏礼的形成和盛衰的考察出发，对“唱喏”的语义和语法演变进行了深入探讨。文章认为短语“唱喏”的词汇化是唱喏礼的仪式化导致“唱喏”在历史文献中高频出现的结果。在词汇化高级阶段，复合词“唱喏”经历词形简化而演变成“喏”。如果单纯对比演变输入项和输出项，则会得出“喏”从表示应答的叹词演变为表示扬声致敬的言语行为动词的结论。但如果关注演变过程，则会发现“喏”的上述演变是借腹生子式演变，借助了跟“唱”的组合才实现的。在其词汇化期间和之后，“唱喏”经历了如下语义演变：出声应答>（见面）行礼时扬声致敬>行揖礼/（文官升堂/退堂、武官升帐/散帐、显贵出行/归来时）从人齐发喏声以示威并呵退闲杂人等。

孙志豪《论战国文献“数+金”中金的意义及相关问题》（《古汉语研究》第2期）从传世文献与出土文献综合论证，战国“数+金”组合中金释为铜不可信，指出“数+金”中金的重量单位为斤，分析战国“数+金”重量约等于“‘数+斤’金”的起源，即“数+金”的金指“金饼（版）”，进而探析了金的词义演变方式和原因。

王文香《名词“究竟”来源考》（《古汉语研究》第1期）基于文献考察和分析，重新梳理了名词“究竟”的义项，分析了名词“究竟”来源的引申路径，即：动词义“结束；完毕”引申出名词义“结局；结果”，并在此基础上进一步引申出“原委，真相”义。文章认为名词“究竟”的产生是一般的词义引申过程，而不是去语法化的结果。

唐宋时期“仅”有“甚言其多”的用法，可理解为“将近”义。前人对“将近”义的来源有不同认识。马一方《也谈“仅”的“将近”义的来源》（《古汉语研究》第2期）认为“仅”的核心义是“少，不足”，在上古有“只，唯”义，由此发展出“勉强”义，继而产生“将近”义。副词“仅”的词义演变是句子的推理意义和心理预期变化导致的。当“仅”进入的句子蕴含“心理预期低于实际值”的意义时，“仅”可作“将近”解。这种词义演变由句子的推理意义和心理变化决定，也受到“仅”的核心义的制约。

（三）词源及构词理据研究

探求词的原初造词理据、词的音义联系和来源，是历史词汇学的重要研究课题，也是中国传统语文学积淀丰厚的一个领域。如果说，研究词语的演变是“涉其流”，那么研究词源和构词理据就是“探其源”。明其源，知其流，方可谓洞彻词语的历史。

崔山佳《“杜撰”“肚撰”与“臆撰”》（《汉字汉语研究》第2期）梳理了“杜撰”的来源和理据。“杜撰”一词，古人曾认为来源于某个姓杜之人，不足凭信。近来学界对该词的理据有一些讨论，或认为原始词形为“肚撰”，或认为“杜撰”就是本形，“杜”有“自己、自家”义。文章分析了“杜撰”和“肚撰”的早期用例，结合“臆撰”等词的用法，认为“肚撰”不仅出现时间更早，而且理据性更强，“杜撰”应是“肚撰”之讹传。

方一新《“靳固”再议》（《历史语言学研究》第19辑）对中古文献“靳固”一词的内部结构、语义来源和演变路径进行了重新讨论。文章赞同将“靳固”分析为同义并列结构，认为“靳”并非“赾”之借字，“靳”本为服马胸背上固定住骖马的皮环，引申出“收紧”“牢固”等义。文章还分析了“靳固”在多个用例中的具体含义，梳理了各意义之间的引申关系，认为多个新义来源于佛典，说明汉文佛典有重要的研究价值。文章同时指出，研究时须尽可能穷尽性地占有语例，这样才可能全面、准确地解释词义。

陈青《“腐刑”名源考》（《民俗典籍文字研究》第30辑）讨论了“腐刑”得名之由。古人或认为“其创腐臭，故曰腐也”，或认为“丈夫割势，不能复生子，如腐木不生实”。该文根据秦汉简帛中“腐刑”之｛腐｝只写作“府”，认为“腐刑”本作“府刑”，取义于受刑之人需在密室中休养，理据与“宫刑”相类。

黄文浩《“按揭”考辨》（《汉语史学报》第28辑）运用历时和共时比较法，并辅以方言佐证，对“按揭”词义及相关问题进行了考辨。文章指出，明代晚期，“按”已有抵押义，及至清代中晚期又引申有当铺义，主要用于广东地区，当是粤方言词。至迟到元代，“揭”已有借贷义，元明时期，“揭”可与“借”组合成同义复词，指有息借贷。对“按”“揭”词义产生和演变作了简要的考察，基本可以判定表抵押义之“按”源于南方地区，可能较早产生于明代广东地区。“按揭”在明代晚期已是复合词，见于广东的判牍文书。“按揭”并非音译外来词，而是由“方言+通语”组合成的汉语词语。

王健《再谈“冰镇”——兼论冷藏义词语的同音假借与殊途同归》（《汉语史学报》第28辑）认为，“冰镇”的成词受“镇”自身词义的制约，与“镇”的压制义密切相关。“冰镇”就是“以冰镇之”，符合冷饮的制作方式。“冰沉”则是受到了“冰浸”“冰渍”“冰沁”等同步构词的影响。“冰镇”与“冰沉”属于词义演变过程中的“殊途同归”现象。不管是从“镇”自身的词义发展、语音关联，还是从社会生产力外部因素，都直接或间接影响了“冰镇”的成词与发展，而非仅因为“镇”与“沉”同音。新词的产生往往是由多方面的力量促成的，除了语音上与旧词的相关性以外，词义本身的发展、语义场的制约、当时的社会环境等都是新词产生不可忽视的因素。

三、语例的辨析及理论探索

汉语史研究以材料分析为基础，语言材料的真实有效是研究的前提。正如太田辰夫所说：“在语言的历史研究中，最主要的是资料的选择。资料选择得怎样，对研究的结果起着决定性的作用。”（《中国语历史文法·跋》）2023年度有多篇论文着眼于语例的辨析，通过对语例的细致讨论和综合考察来分析相关结论的可信度，对选择运用语例的原则和方法加以总结。

胡波《〈仪礼〉“以履为屦”说辨正——由于语料讹误导致的例证失效》（《汉字汉语研究》第4期）讨论了语例的真实性和效用问题。“屦”和“履”是古汉语中表示“鞋”的常用词，在汉语史上曾发生历时更替的演变。表“鞋”义的“履”何时开始替代“屦”，学者们曾对此有所讨论。有学者根据《仪礼·士冠礼》“不屦繐履”一例认为，《仪礼》已出现“以履为屦”的现象。文章通过多角度分析，认为“繐履”实为“繐屦”之误，该例无效，《仪礼》并不存在“以履为屦”现象。文章进而指出，常用词由于字面普通，其发生讹误或窜改的情况极具隐蔽性。因此，从事汉语史研究时，应特别注意避免由于语料讹误导致例证失效的情况。

墙斯《“快”之快速义的早期用例考辨》（《语言研究集刊》第32辑）专就学者所举早期用例加以考辨，验证其可靠性及有效性，对新义产生的标准问题进行了探讨。作者认为，研究"快"的快速义，不宜仅就一些零散用例来谈它的产生与来源，而应从快速义词汇的词义结构与语法特征出发，综合"快"在"快速"义语义场中的位置，及其与场内其他成员（如速、疾、迅、急）的关系等因素，综合考量新义的产生问题。辨析例证时，不仅依靠经验与语感，更要归纳相对客观的判定标准。论文结合内部（词义演变的形式变化）与外部（词汇类型学相关研究成果）两方面证据对"快"加以考察，认为"快"之快速义的产生当不早于唐代，其来源是词义引申的结果。

"去"有"离开"义（称"去$_1$"）和"去往"义（称"去$_2$"），目前学界对表示"去往"义的不及物用法（称"去$_{2a}$"）的产生年代及判断标准还存在争议，林智《关于"去"的"去往"义的判断标准和产生年代》（《古汉语研究》第4期）检验了"去$_{2a}$"产生于两汉的各项标准，指出西汉的"去+VO"结构中"VO"未必是"去"的目的、不能证明"去$_1$"的语义发生改变。文章基于先秦以来"往"可与"去$_1$"相通，并考虑到语料的可信度、异文等相关因素，考证目前学界所举东汉三国"去$_{2a}$"的例证都不能成立。最后提出"去$_{2a}$"产生于西晋，并给出晋代佛经中"去"的语义判断方法。

陈正正《中古汉文佛经字形与音义关系考辨二组》（《汉语史学报》第28辑）利用佛经异文数据库，以两组个案为例，系联同一音义所记录的字形，梳理汉文佛典相关异文，考订异文是非，匡正相关错误，沟通字际关系。通过梳理描写某一音义在佛经文献中的用字情况，以及梳理形体的演变脉络，有助于为佛经文献和佛经语言研究提供相对准确的文本。

2023年度也有论文对词汇学理论进行有益的探索。例如魏德胜《文献词汇学的几个基本问题》（《文献语言学》第16辑）基于文献语言学这个框架，探讨并分析了文献词汇学的一些基本理论问题，如文献词汇学的定义、与其他相似学科的关系、对象和任务、材料和方法、内容和特点等。文中所论，多结合研究实例，有一定的现实意义。

又如，汉语派生词研究的难点主要体现在两个层面，一是对派生词素来源、性质、语法关系的认识未取得一致，二是对派生词义、派生词素义的性质、关系的认识未取得一致。由此影响了对派生词价值、地位、范围的认识。杨贺《从汉语词汇单位的特殊性看汉语派生词》（《汉语史研究集刊》第34辑）对此进行了探讨和分析，指出汉语词汇单位的特殊性体现在词汇类型的特殊性、古今结构的特殊性和同一性的特殊性三个方面。这些特殊性从历史、结构、语义、语音和词形五个角度，影响对汉语派生构词的认识。文章就这些问题对汉语派生词做了较深入的探讨。

四、专书、专题词语研究

专书、专题词语研究是词汇史研究的基础，通过对特定历史时期的某部（类）文献的词语或某种类型的词语进行系统的研究，可以揭示词汇内在现象和规律，更清楚地观察到词语使用的具体细节，推动历史词汇学理论的发展。2023年度专书、专题词语研究主要集中在两个方面：一是佛教文献及域外文献的词语研究，一是特定类型词语的专题研究。

郑贤章《〈新集藏经音义随函录〉研究》（增订本）（上海教育出版社），分上、中、下三篇。上篇分八章，主要内容包括绪论、《随函录》与汉文佛典的校勘、《随函录》与《龙龛手镜》研究、《随函录》与《一切经音义》研究、《随函录》与大型字典的完善、《随函录》同形字研究、《随函录》类化字研究、《随函录》常用俗字形体演变研究等；中篇是《随函录》俗字汇释，考释了 1704 个疑难俗字；下篇是《随函录》俗别字谱。该书是国内外研究《新集藏经音义随函录》（《可洪音义》）的最新成果。

辛睿龙《〈广弘明集〉历代佛经音义比较研究释例》（《中国语文》第 5 期）从历代佛经音义的词目字形、说解字际关系情况、训释内容、相邻条目设置等方面举证，对《广弘明集》进行专书历代佛经音义的历时比较研究。在此基础上，文章进一步讨论了历代佛经音义比较研究在校读《广弘明集》本身、探索佛经音义文本流传演变、考释汉文佛典疑难俗字等方面的价值。

方一新、李妍《从安世高译经词语构成、首创词管窥其词汇特点》（《中国训诂学报》第 6 辑）指出东汉安世高译经是极具研究价值的早期译经。文章在穷尽性统计的基础上，对经文的词汇概貌进行考察和描述。文章认为，安世高译经词汇以承古词为主，新的语言成分大量出现，但其本身还处在不断的发展和自我选择中。本土语词方面，安世高译经在一定程度上体现了东汉时期词汇双音化的发展进程，体现了汉语词汇发展稳中前进的特点，复音词数量多但词频低；外来词方面，经文以意译、节译为主，与同期及后期译经有着较大的不同。有极少数词语只在安世高译经中出现，可作为译者个人的鲜明语言标识，应用于可疑佛经的甄别鉴定工作。

李周渊《支谦译经音译词的对音特点》（《汉语史研究集刊》第 33 辑）逐一罗列出三国支谦译经中 425 个音译词所对应的梵语，归纳总结了对音特点，为汉语史提供了丰富的语料，也为研究早期译经的原典语言提供了基础。

《语录解》是 17 世纪中期朝鲜刊行的、主要解释唐宋以来汉语口语俗语词的系列辞书，是研究近代汉语词汇的有用资料，也是研究朝鲜语历史的重要材料。谢士华《〈语录解〉疑难问题考探——兼〈《语录解》札记〉补正》（《汉语史学报》第 28 辑）解析了《语录解》释义文字中羼入的几个朝鲜语，分析了该辞书保留的一些朝鲜俗体字形，阐述了《语录解》误释"消详"的原因，并认为"中国语"成为现代朝韩语称呼汉语的通行说法是受日本语影响强化的结果，而非直接借入，同时指出《语录解》的被释词不全来自朱熹著作，且不全是口语或俗语词。

蒋绍愚《〈史记〉单音节动词的情状类型》（《语文研究》第 1 期）将《史记》的 1002 个单音节动词（或义位）分别归于"活动""状态""达成""瞬成"四个情状类型，并对四个类型相关的一些问题进行了深入讨论。

白军鹏《〈苍颉篇〉双音词研究》（《上古汉语研究》第 5 辑）指出，《苍颉篇》本身虽然是"字书"，但其中存在相当数量的双音词，有重要的词汇学研究价值。文章首先考察了简牍文献所见的《苍颉篇》双音词，然后搜集整理了传世文献所见《苍颉篇》佚文中的双音词，还讨论了同素异序、重言等双音词现象。

洪帅《唐五代三音词构词研究》（《汉语史研究集刊》第 33 辑）从《近代汉语词典》《汉语大词典》及唐五代文献中提取出唐五代三音词 460 个，然后考察其韵律、结构、词类及其在现代的存废情况。从韵律上看，唐五代三音词以 2 + 1 式为主（共 305 个），占 66.30%。从结构类型上看，绝大多数是复合式（421 个），占 91.52%。从词类分布来看，以名词为最多（307 个），占 66.74%。唐五代三音词并不稳定，保存到现代的只有 58 个（12.61%）。

任连明、孙祥愉《禅籍双音节同素异序词研究——以〈五灯会元〉为例》（《汉语史学报》

第 28 辑）以禅籍《五灯会元》中出现的 86 个双音节同素异序词为例，从共时分布、历史层次、历时演变、产生原因四个方面考察其构成和发展。

五、词语研究与辞书编纂

辞书编纂是一门专业性很强的学术工作，需要从事者对词汇进行深入的研究、收集、整理、解释和记录。辞书编纂与历史词汇研究关系密切，历史词汇研究为辞书编纂提供理论基础和科学指导，而辞书编纂又在实践中不断发现问题、提出问题，推动词汇研究的深入和发展。

董志翘《〈汉语大词典〉（第二版）修订手记（二则）》（《中国训诂学报》第 6 辑）以《汉语大词典》"朱柹（柿）""札"两个词条为考察对象，对其中释义和书证存在的问题进行了讨论，例如古书"朱柹（柿）"除了指柿子以外，还是荔枝的一个品种名；"札"字的疫病义项未指出其本字；等等。文章为《汉语大词典》的修订提供了参考。何茂活《〈汉语大词典〉异形词问题例辨》（《古汉语研究》第 1 期）通过对《汉语大词典》相关异形词条目的排比分析，就词典在立目、释义、音注及书证方面存在的一些问题通过举例加以辨证，并提出了处理建议，有助于词典编纂修订者和使用者参考。

熊加全《明清大型字书释义失误辨正》（《汉语史学报》第 28 辑）在对明清大型字书释义失误的内容进行全面的测查与研究的基础上，选取 20 个字进行考辨。有利于明清大型字书文本的校勘与整理，有利于提高现代大型字典的编纂质量与利用价值。

胡绍文《〈汉语大词典〉"魫～"条释义商补》（《辞书研究》第 3 期）则关注词典名物词释义的问题。文章认为，对物的认识不清晰，就难以精准地解释相关名物词，进而影响辞书编纂的质量。文章以"魫"为例展开讨论，在名物考辨的基础上对"魫冠""魫角冠子""魫窗""魫灯""魫版""魫笏"等物的形制进行了研究，对相关词语的释义进行了订正。例如，文章指出，"魫冠"并非"以鱼枕骨为饰的冠"，而是将鱼枕骨熬煮冷却后打薄，再用铸模制成的头冠；"魫角冠子"不是魫冠，而是魫冠与角冠的合称；等等。

曹子男《辞书释义辨正二则》（《汉语史学报》第 28 辑）对口语词"懒妇"和"老头"进行了辨正，指出"懒妇"起于汉末，本义谓懒惰的妇女，初始引申时别称蟋蟀，后引申范围扩大，喻称凡物有"懒妇"之性者。"老头"起于唐代，本义谓"老来""老时"，是时间名词；宋元以降，"老头"多表"老年男人"义，但此义是从"老头皮"引申而来，与时间名词"老头"无关。

汉语语音学研究

熊子瑜　罗颖艺

2023 年，中国语音学研究的交叉学科属性进一步强化。从研究旨趣来看，语音学研究已成为更广阔的自然科学和社会科学问题的重要切入口；从研究路径来看，认知科学、脑科学、计算科学等学科的手段和方法被广泛运用于语音研究。

一、会议及相关学会活动

2023 年 7 月 7—10 日，中国语言学会语音学分会主办了第十五届中国语音学学术会议暨语音学前沿国际论坛。会议在南方科技大学召开，是语音学分会在新冠疫情之后第一次举办的全国性学术会议，得到了学界同行的热烈响应。会议一共收到投稿 388 篇，最终收录 295 篇报告（含 8 篇大会报告），共有 346 人注册参会。共安排了 12 个并行的分会场，议题涵盖了语音学研究的方方面面，如元音、辅音、声调、连读变调、发声态、语调、韵律节奏、音系、语言接触和语音演变等，还有大量报告涉及语言学习、语言健康、司法语音、语音技术等方面内容。此外，会议还组织了重大项目专场，邀请到六位著名学者以座谈方式分享了他们在申报各类重大项目时的经验和方法。

此次大会前，第一届儿童语言、语音获得与认知研讨会于 7 月 6 日在同一地方举行，由中国社会科学院语言研究所语音研究室发起并主办，作为中国语音学学术会议的卫星会议、由南方科技大学人文科学中心承办。

中国语言学会语音学分会会刊《中国语音学报》在 2023 年度出版了第 19、20 辑，共收录 27 篇文章，涉及“普通话、汉语方言及中国境内少数民族语言”“儿童语言习得”“二语习得”“语篇认知加工”“汉语作为第二语言的语音研究”“外语习得与教学研究”“语音本体研究”“语音识别研究”以及“书评”等多个专题。该刊被中国人文社会科学（AMI）核心学术集刊检索目录收录。

第 18 届全国人机语音通讯学术会议（NCMMSC2023）于 2023 年 12 月 8—11 日在苏州举行。会议围绕智能语音语言多模态处理等主题，涵盖了音频信号和声学信号处理、声音事件监测、语音唤醒、语音编码与增强、语音识别、情感识别、语种识别、说话人识别等多个领域。

国际方面，第 20 届语音科学国际大会（ICPHS2023）于 2023 年 8 月在布拉格举行。主题是“混杂的社区与变化中的文化”。中国地区（含香港、台湾）共 94 人参加，阵容庞大。涉及二语习得及跨语言感知的会议论文，如周卫京等的“The role of intonation type and stress position in native Mandarin speakers’ perception of English lexical stress”关注中国学习者对英语词重音的感知，舒桐、莫碧琪的“A preliminary study of Mandarin neutral tone production by Japanese and Korean L2 learners”探究日语和韩语母语者普通话轻声的产出；

有关病理语音和听力康复的论文，如于珏等的“Cross-domain pitch recognition abilities of Mandarin-speaking prelingually deaf children with cochlear implants”考察学龄期汉语人工耳蜗植入儿童对跨域（言语 vs 音乐）音高事件及跨功能（语言意义 vs 无语言意义）音高事件的感知情况。

中国语音学者关注度和参与度较高的其余会议还包括（按时间顺序）：第48届国际声学、语音和信号处理会议（ICASSP 2023）于6月4—10日在希腊罗德岛举行，主题是“AI时代的信号处理”，旨在促进信号处理和机器学习之间的创造性协同作用；第24届国际语音通信会议（Interspeech 2023）于8月20—24日在爱尔兰都柏林举行，涵盖了语音识别、语音合成、说话人识别、语音信号处理等领域的最新研究成果；第26届东方COCOSDA国际语音数据库与评估技术协调与标准化委员会会议（COCOSDA 2023）于12月4—6日在印度德里举办；IEEE自动语音识别与理解研讨会（ASRU 2023）于12月16—20日在中国台北举行，主题是“语音和语言处理促进福祉”，聚焦于语音和语言技术在提升个人和社区福祉方面的应用和研究。

二、书籍出版概况

2023年度中国语言资源集出版了多个省份的语言资料，包括山西（一—四，语音卷，乔全生主编，商务印书馆）、河北（语音卷，吴继章主编，商务印书馆）、福建（张振兴总主编；语音卷，蔡国妹、唐若石主编，中国社会科学出版社）、浙江（语音卷，王洪钟主编，浙江大学出版社）、吉林（语音卷，秦曰龙、邹德文主编，东北师范大学出版社）和河南（语音卷，辛永芬、王新宇、段亚广主编，中国社会科学出版社）等地。作为中国语言资源保护工程的一部分，这些资料以专著的形式呈现，涵盖了各地的语言概况、语音系统和字音对照等内容，为方言研究、语言资源保护和传承提供了宝贵的参考。

在第二外语语音习得方面，由李爱军编著《中国方言区英语学习者语音习得的跨学科研究》（中国社会科学出版社，10月）一书，系统探讨了不同方言区英语学习者在音段、语调、节奏、韵律等方面的偏误，并结合深度学习技术，为英语发音教学提供了自动标注系统和多种训练平台。丁红卫《中国大学生德语语音语调习得研究》（上海交通大学出版社，2月）则聚焦德语学习，先对二语语音习得概念、德语语音系统等进行了说明，随后详细介绍了有关中国学生德语的音段偏误、语调偏误及节律偏误的相关产出实验，作者丁红卫长期从事语音韵律在言语沟通及习得方面的应用研究。针对国际中文教育语音教学，曹文等《语音及语音习得研究》（北京语言大学出版社，2022年9月）主要介绍了现代语音学的基础知识和语音分析软件Praat的使用方法，并基于几篇优秀的汉语国际教育专业的学位论文，分专题以案例形式提炼出有效的研究方法和重要的研究成果。国外著名学者Talia Isaacs、Pavel Trofimovich主编的英文书《二语语音评测：跨学科视角》（外语教学与研究出版社，8月）收录于“当代国外语言学与应用语言学文库（升级版）”，并请周卫京撰写了导读。该书从多地域、多语种、多学科的视角探究二语语音评测的相关因素和实施过程，用定量、定性和混合方法翔实解析二语语音评测的标准、范式、实操等核心要素。

方言语音研究方面，刘春梅的《广西平南粤方言研究》（中国社会科学出版社，8月）采用共时与历时相结合的视角，探究平南话音系特点。沈丹萍的《河北唐山秦皇岛方言语音研究》（上海辞书出版社，11月）则运用传统方言学和方言地理学方法，对唐秦地区32个方言点进行了细致描写和深入分析。

语音信号处理领域，洪弘等编著的《语音信号处理》（清华大学出版社，6月）和王晶、易伟明编著的《语音信号数字处理技术》（北京理工大学出版社，8月）两部专著系统介绍了语音信号处理的声学理论与模型、传统和现代语音信号分析方法、语音编码、语音增强、语音合成、语音识别等内容。

在语音病理研究方面，美国言语病理学家Kelly Vess的专著《语音障碍：全面评估与治疗》（周晖、尹恒、蔡晓唐译，中国科学技术出版社，10月）系统介绍了儿童语音障碍的评估框架和循证干预方法，为言语治疗师提供了实用的评估工作表和治疗指南，有助于提升儿童语音障碍的诊疗水平。

美国罗伯特·C. 马厄（Robert C. Maher）的《录音鉴定原理》（曹洪林译，科学出版社，11月）强调了录音鉴定的基本原理、检验技术和司法应用，利用新的研究成果、历史及当代案例，将录音鉴定的理论与实践融合在一起。

三、论文成果摘引

总体来看，最新研究呈现以下特点。第一，田野研究、实验研究、大数据研究并驾齐驱。过去，感知和产出等实验范式以及大样本语音分析往往集中在汉语官话方言和粤方言研究上，如今越来越多研究者把这些手段运用在对中国境内少数民族语言和其他汉语方言的探索上。有赖于多样性的语言来源和多元化的研究手段，中国学者基于中国语言、中国语音的现实，提出更具有哲学社会科学普遍意义的研究问题和理论构想。第二，在语音认知神经研究和语音信号处理领域，大数据和先进的计算模型已产生了深远的影响。从基础研究的角度，无论是语音信号、还是行为或生理数据，这些手段能协助研究者更精确地捕捉和识别数据特征，助力研究者从庞杂的数据中挖掘出深层复杂的结构和因果关系。从应用的角度，这些手段不仅显著增强了机器的自然语言生成能力，特别是识别和合成语音中语气语调细微变化上的表现，而且通过优化信号处理过程、增强控制精度，使脑机接口有了更快速的发展。

下文主要根据不同研究中关键研究问题所涉及的学科分支领域，将这些研究分为“普通语音学基础研究”和“语音学相关交叉领域专题”两大类。普通语音学基础研究包括“对语言/方言的语音描写及演化探讨”和“语音感知与产出实验”。语音学相关交叉领域专题包括“韵律语法的语音探索”“全生命周期语音发展研究”“第二语言语音习得研究”“病理语音研究”“语音相关的认知神经机制研究”以及“语音相关的计算研究和语音工程”。本文将从以上八个方面分别进行论述。

（一）对语言/方言的语音描写及演化探讨

语音学的主要任务之一是针对某语言或方言进行详细的语音描写。除了上文介绍的书籍出版物外，中国学者在2023年度发表了大量以汉语方言以及中国境内少数民族语言为研究对象的学术论文，少部分论文还涉及外国语言；既有对语言或方言的完整语音和音系系统进行梳理，也有聚焦某些具体的语音现象；国际语音协会描写体例和汉语方言学描写体例均有采用。下面对关注汉语方言的此类研究进行梳理。

有关晋语区方言，朱玉柱和李爱军的《河南武陟方言单字调实验研究》（《方言》第2期）对单字调进行了声学分析；王馨璐和赵彤的《晋语河北阳原县三马坊乡方言的子尾与子变音》

（《语文研究》第 3 期）调查了不同年龄层晋语河北省阳原县三马坊乡方言中的子尾和子变音现象。

吴语区方言语音描写研究包括马晨璐、史濛辉、陶寰的《吴语平湖方言“送气分调”现象的语音实现》（《中国语音学报》第 19 期），黄晓东的《婺州片吴语“是何”类疑问代词的读音》（《方言》第 2 期）和袁丹的《宣州片吴语茂林方言全浊声母演变研究》（《语言研究》第 1 期）等。

有关赣语区方言，熊子瑜的《潜山市油坝话声调系统研究》（《中国语音学报》第 19 期）基于字音数据考察油坝话声调音高特性和声调演变规律等内容；陈山青和邹珊珊的《湖南平江赣语情态动词“要”的省合长音现象考察》（《汉语学报》第 2 期）用实验语音学的方法分析了湖南平江赣语情态动词“要”的声韵调在语流中的特殊音变，即自身省略、并与前音节形成合并型长音的现象。

闽语区方言相关研究包括陈宝贤的《福建漳平双洋（西洋）方言两字组连读变调》（《方言》第 1 期）、黄艺珊的《漳州闽南方言塞音韵尾的语境敏感性及其诱发的语音效应（英文）》（《中国语音学报》第 19 期）等。

客家话区方言相关研究包括池明明的《江西会昌（小密）方言的两字组连读变调》（《方言》第 3 期）等。

有关官话区方言，温昌衍、温美姬的《北京话里的小称变调》（《汉语学报》第 3 期）主要描写了北京话的阴平式小称变调，并介绍了《现代汉语词典》中收录的相关的阴平式小称变调词。另有叶祖贵的《中原官话信蚌片的语音特征及其来源》（《方言》第 4 期）和《河南中原官话清、次浊入声字的阴平、阳平两读》（《语言科学》第 5 期），辛永芬、李甜甜的《河南巩义（干沟）方言的特殊儿化音变》（《方言》第 1 期），冯法强的《海南东方（八所）军话阳平字带喉塞尾》（《方言》第 3 期），印雪的《湖南洪江（托口）方言的入声调》（《方言》第 2 期）等。

关于民族语言，周学文的《东部裕固语元音舌位研究——兼与蒙古语族语言比较》（《民族语文》第 2 期）采用元音归一方法，对东部裕固语元音发音舌位进行分析，并与其余 7 种蒙古语族语言 / 方言的 3 个主要元音的舌位进行了比较。张立和李婷婷在《江西全南勉语语音研究》（《语言研究》第 2 期）一文中描写了江西全南瑶族勉语的声调系统和音韵特点，并报告这些特点存在年龄相关性变化。兰庆军的《东山布努语基础元音格局》（《中国语音学报》第 19 期）结合声学分析方法，对属于苗瑶语的布努语的元音系统进行了描写。尹蔚彬和戚路堯的《藏语夏尔巴话的语音演变特点》（《民族语文》第 4 期）描写了藏语夏尔巴话的语音系统，分析其语音特点和语音演变规律。

从文献可以看出，语音演变是一个研究热点，涉及语言类型、人口地理、语言接触等影响因素。例如，衣莉和朱晓农在《演化观中的声调类型：西南吴语案例》（《语言科学》第 4 期）中根据一手录音材料，从演化的角度来描写、分析吴语西南部的婺州和处衢片 45 个方言点的声调类型。陈忠敏、马良和温睿的《上海话 E/E_I 变异与上海普通话 ei 的双向动态影响》（《中国语文》第 1 期）分析了上海话和普通话的韵母变异，揭示了语言接触对音变的影响，并探讨了双向动态影响的机制和特点。覃远雄《桂南平话、粤语鼻音和边音声母拼阴调类现象——语言接触引起的演变》（《民族语文》第 2 期）指出，桂南平话、粤语鼻音和边音只拼阳调类的格局变成了阳调类、阴调类俱拼的格局，与壮语音系结构在这一点上趋于相同，应是语言接触所致。

在理论探索方面，胡方在《语音单位与元音复杂性》（《中国语文》第3期）中综合分析汉语方言和儿童普通话的语音产出的证据，并指出，升峰和降峰双元音在声学上的不同性质，以及央化双元音化和儿童普通话元音早期产出的动态发展过程，都支持元音动态理论，而对传统的单复元音分类提出了挑战。张吉生《论汉语元音音位》（《当代语言学》第1期）则对传统汉语音韵学研究所认为的“韵母是不可分割的整体”发起了质疑，提出元音音位在底层中是央元音 /ɴ/ 的音系理据，并从汉语表层14个元音音段推导出5个元音音位及其变体产生的音系规则。李明兴发表了《汉语方言中鼻音声母的类型（英文）》（《中国语音学报》第19期），对《方言》杂志1979—2020年发表的研究方言语音系统的文章进行了统计分析，得到多个关于方言类型的重要结论。此外，手语的音系理论也得到了深化。赵永刚和田心如《手语音系结构模型的特征架构分析》（《西安外国语大学学报》第2期）结合中国手语语料，分析比较了三种手语音系结构的重要理论模型：HT模型、依存模型和韵律模型。他们发现三种模型各有利弊，韵律模型更加合理，该模型阐明了手语中的固有特征和韵律特征，厘清了手控特征和非手控特征之间的关系，比较透彻地分析了手语的音节结构。

（二）语音感知与产出实验

通过实验的方式探讨语音感知和语音产出的认知和生理机制，一直是语音学研究的重要领域。所谓实验，即人为操纵（manipulate）关注的变量并观察其引起的变化，而对非关注的变量的变异性进行控制（control）。中国学者在2023年度发表的相关实验成果呈现以下特点。第一，较严谨的实验范式越来越多地被应用于民族语言和方言研究中。第二，研究不仅关心母语者在丰富的语言经验下所形成的语音感知和产出机制，还对非母语（非熟悉）语音的感知展开广泛的探索。第三，研究目标从较笼统的语音感知/产出过程转向更细致的加工子成分，且个体的一般认知因素（如记忆广度）在语音感知中的效用得到普遍关注。下面对一些代表性论文进行介绍。

在国内期刊上，包桂兰和苏日古嘎在《蒙古语长短元音听觉实验研究》（《民族语文》第3期）一文中，采用听觉的辨认实验和区分实验，探究区分蒙古语长、短元音的重要声学线索的同时，对长、短元音的感知边界、感知宽度及其对应的声学时长作了进一步的探讨。杨洁、李永宏、胡阿旭和孔江平的《藏语拉萨话声调与喉塞韵尾感知研究》（《民族语文》第4期）通过感知实验发现，无论基频如何变化，母语者都无法区分声调对立组T53和T51、T23和T232内的两个声调，作者因此提出，对于有声调和喉塞韵尾两项对立的音节而言，声调是羡余性特征，喉塞韵尾是区别性特征。杨蓓和冼文婷的《广西平南（寺面）粤语声调与送气特征的感知》（《方言》第3期）在声学分析的基础上，采用合成声调研究广西平南（寺面）粤语声调送气特征的感知。属于粤语四邑片方言的新会会城方言的声调格局中有三个降调和两个升调，这在汉语方言中比较少见，金健和刘雅文的《新会会城方言三个降调和两个升调的感知研究》（《中国语音学报》第19期）对此进行了声学分析和感知实验研究。马星、刘文理《汉语单音节中元音影响塞音识别的机制》（《心理发展与教育》第4期）一文用三个实验检验了汉语单音节中元音对塞音识别的影响，认为影响源于听者的语音经验和语境音的范畴知觉，而非听觉对比。

中国学者也在国外期刊上贡献了不少关于语音感知和产出的“中国故事”。例如，在产出上，Chunyu Ge、Wenwei Xu、Wentao Gu、Peggy Pik Ki Mok 的“The Change in Breathy Voice after Tone Split：A Production Study of Suzhou Wu Chinese”（*Journal of Phonetics*，98）记录了三个年龄组的被试在产出苏州吴方言时的音频和电喉图数据，探索年龄和性别对声调分化后气嗓音变化的影响。Ting Zhang 和 Bin Li 在“Noise-induced Change of Tone Dispersion in Cantonese Speech”（*The Journal of the Acoustical Society of America*，153）一文中报告，粤方言母语者在噪音环境下朗读三音节词，产出的所有六个声调的声调空间都增大，声调更加分散；与男性语音相比，女性讲者的声调变化更为显著。

在感知上，Qian Li 发表“A Preliminary Study on the Online Processing of Anticipatory Tonal Coarticulation：Evidence from Eye Movements”（*Frontiers in Psychology*，14），利用眼动追踪技术在视觉世界范式中比较了天津话母语被试在听到两种不同类型逆向声调协同发音条件与基线控制条件目标时的眼动模式，旨在了解听者如何加工由于语境效应引起的声调变异。Wenli Liu、Xiaoguang Pan、Xiang Zhou 的“The Temporal Dynamics of Stop Consonant Perception：Evidence from Context Effects”[*Language and Speech*，66（4）] 表明，塞音的语音范畴激活发生在加工时程的 100 毫秒以前，而对塞音的听觉加工则引发了和范畴激活不同的语境效应，该结果为言语感知的两阶段模型提供了进一步的证据。

Min Zhu、Fei Chen、Xiaoxiang Chen 和 Yuxiao Yang 的“The More the Better? Effects of L1 Tonal Density and Typology on the Perception of Non-native Tones” [*PLOS ONE*，18（9）] 探讨了母语声调的密度和类型如何影响初学者对非母语粤语声调及音高纯音的感知：相较于声调数量较多的越南语母语者，声调较少的普通话母语者展现了更佳的音高敏感性，而日语母语者在感知纯音方面的表现优于声调。Juqiang Chen 在“Phonological and Phonetic Contributions to Perception of Non-native Lexical Tones by Tone Language Listeners：Effects of Memory Load and Stimulus Variability”（*Journal of Phonetics*，96）一文中，和其合作者们让普通话母语者和越南语母语者对泰语声调进行母语化分类，并完成区分任务。结果表明，记忆负荷只影响分类任务的反应，而说话者和元音的变异性只影响区分任务的准确率，说明了外语语音感知受到了来自母语的偏音系和偏语音经验的不同影响。William Choi 和 Ming Ming Chiu 的“Why Aren’t All Cantonese Tones Equally Confusing to English Listeners?” [*Language and Speech*，66（4）] 关注英语听者在感知不同粤语声调上有难度区别的现象。他们采用声调辨别任务和序列回忆任务，发现知觉难度不对称性只出现在辨别任务，推测超音段特征的知觉同化模型不适用于高记忆负荷的音系加工。Keke Yu、Yacong Zhou、Linjun Zhang、Li Li，Ping Li 和 Ruiming Wang 的“How Different Types of Linguistic Information Impact Voice Perception：Evidence from the Language-familiarity Effect” [*Language and Speech*，66（4）]，描述了两个针对语言熟悉度效应的听觉实验，同时对实验任务和材料语音的语言学属性及母语 / 非母语属性进行了操控，被试包括普通话母语者和印尼学习者。结果表明，在母语和非母语中，说话者辨别和说话者识别利用了不同类型的信息。Xiaojuan Zhang、Bing Cheng、Yu Zou、Xujia Li 和 Yang Zhang 发表了论文“Cognitive Factors in Nonnative Phonetic Learning：Impacts of Inhibitory Control and Working Memory on the Benefits and Costs of Talker Variability”（*Journal of Phonetics*，100），探讨了个体学习

者的认知能力如何影响语音输入的变异性在即时学习和长期记忆的作用。结果显示，无论是单一讲话者还是多讲话者训练，学习者的工作记忆和抑制控制能力对训练效果的长期保留和对感知和产出的影响相似。

（三）韵律语法的语音探索

韵律不仅表现为语句中长短、停顿、轻重、节奏等语音形式，而且这些韵律现象也可作用于词语搭配和句子构造等语法形式。尤其在汉语中，音节数目的对立和组配、重音和轻声、连读变调等现象是表达语法意义的重要手段。中国学者一直以来对这个领域都十分重视，在2023年度也有着丰硕的成果，既有新的实证证据，也有理论框架上的突破。

在音节关系方面，江海燕、张琳和郭旭宏在《从三字组时长分布看汉语的词重音问题》（《中国语文》第1期）中报告了汉语各类三字组的时长分布模式趋同，“中短长”为强势模式的实证证据，揭示了汉语作为一种松紧型语言的特点。夏全胜、高凯和冉启斌在《汉语动名兼类词作名词和动词时的声学语音差异》（《语言教学与研究》第2期）一文中分析了汉语普通话双音节动名兼类词。他们发现，在控制了韵律边界大小、语速、性别等因素后，这些词充当名词时的第二音节时长比充当动词时的更长，但在音高上没有显著差异，作者因此猜测，汉语名词和动词的时长差异不是由韵律边界等因素引起的，而可能是由于两个词类在信息负担量和音节数量上的差异所致。

在重音和轻声方面，黄靖雯和李爱军发表了《轻声与非轻声之间轻重的连续统关系》（《世界汉语教学》第3期）。他们以“语调格局”的理论框架为指导，对8位普通话发音人的9类不同类型轻声字组进行分析，从句法分类角度详细考察宽焦点陈述句中双音节轻声字组的超音段特征，并提出“重音力度”来分析轻声与正常重音之间的轻重关系。许希明《重读赵元任先生的普通话重音观》（《中国语文》第5期）对词重音的理论框架进行了反思，他基于赵元任先生的重音观，探讨了汉语词概念和词重音的不确定性，认为正常重音和对比重音是词重音的变体，但话语重音的不稳定性和不可预测性表明词层的重音认定需要融入话语层的研究框架中。

有关连读变调的研究工作呈现出语料的丰富性。顾一鸣在《赣榆方言连读变调的优选论分析》（《语言科学》第1期）一文中探讨了赣榆方言在无焦点和无轻声情形下的连读变调，提出韵律结构、底层目标的实现和特定音系元素的依赖性不仅影响连读变调，还影响语调和音段层面的音素实现。张琦和马秋武的《烟台话连读变调的韵律辖域》（《语言科学》第1期）考察了烟台话中特色的连读变调现象，即在两字组中是基于北方官话字调的语境变调，而在三字组中则是基于吴语词调的模板变调，作者认为，连读变调的最小韵律短语是在韵律-句法匹配原则和韵律标记性制约条件共同作用下形成的。

在句子和语篇层面，袁野的《汉语典型问句中的焦点特征及其韵律、句法体现》（《当代语言学》第3期）系统分析了汉语各典型问句类型的句法结构以及句内焦点和重音的分布关系。孙少波和姚双云的《方位名词“下面”的语义演变及其韵律变化》（《当代语言学》第3期）考察了方位名词“下面”在自然口语中不同语义条件下的韵律表现。邓思颖、张凌和谭家明发表了《助词的句法语音特点——以粤语“呢”为例》（《中国语文》第2期），通过产出实验和声学分析，发现香港粤语中的句末和句中的“呢”在音段层次上表示焦点意义，但在超音段层次上受到不同语调的影响，呈现出不同的语法和句法位置特征。陈莹、井茁、钱广和李岩《汉语“位格—动词—主语”构式中主语的指称状态及韵律编码》（《外语与外语教学》第 2 期）则探讨了汉语非常规语序汉语“位格（Locative）- 动词（Verb）- 主语（Subject）”构式，句法感知实验（实验一）表明，汉语母语者对主语为不定指名词短语的 LVS 句的可接受度评分显著高于对主语为定指名词短语的 LVS 句评分，语音产出实验（实验二）则证实，LVS 句中主语的音长和调域表现出韵律凸显的特征。另外，陈玉东的《互动语言中的韵律表达研究综述》（《当代语言学》第 2 期）从韵律表达的区别性和突显性两种变化特征出发，综述了国内外互动语言韵律研究成果，提出韵律表达在韵律特征稳定性基础上呈现变化特征，具体体现在语调曲拱、重音突显、停延设置、着力轻重等手段上，音质的变化和气息的状态也是有效手段。罗颖艺在《因果表达的语序加工：跨语言证据》（《中国语音学报》第 19 期）一文中综合介绍不同语序的内容域因果复句在汉语、法语中的韵律表现，展现了不同语言中因果加工的一致性和特异性。

在国外期刊上，Mengzhu Yan 和其合作者在“The Role of Prominence in Activating Focused Words and Their Alternatives in Mandarin： Evidence from Lexical Priming and Recognition Memory” [*Language and Speech*，66（3）] 一文中研究了普通话对比性韵律突显如何影响焦点词和焦点对比词的即时加工和长期加工，试图探寻口语理解过程中韵律突显作用的时程和机制。Yi Shan 的“Form （Prosody）-Meaning （Pragmatics） Pairings of Discourse Markers： A Case Study of N ǐ zh ī dào（‘You Know’） as a Construction in Chinese Media Interviews”（*Language & Communication*，93）尝试从同步建构语法的视角对汉语媒体采访对话中话语标记“你知道”进行了基于语料库的实证研究，分析了其在韵律和意义方面的特征，突显了两者之间的相互作用。

（四）全生命周期语音发展研究

2023 年度，学者们通过幼儿大样本考察，对多个语音特征的发展模式有了新的认识。高军的《普通话学龄前儿童塞音和塞擦音的习得》（《中国语音学报》第 20 期）从错误率、错误类型和时长三个方面分析了普通话学龄前儿童塞音和塞擦音的发展过程，尤其是从嗓音起始时间（VOT）和闭塞段时长发展来看，4 岁是一个转折点，此时儿童的时长特征分布开始接近成人。李爱军和高军的研究团队在多个会议上也报告了连读变调、双字调、叠加调产出的发展模式等多项成果。例如，普通话儿童在 1.5 岁时连读轻声产出错误就很少，不过阳平、上声后的轻声语音实现模式到 3 岁半才接近母语成人的模式 [Aijun Li， Sichen Zhang， Jun Gao. “Phonological Representation and Phonetic Realization of Two Consecutive Neutral Tones in Mandarin -speaking Children”. In G. Peng， J. Kong， Z. Shen， F. Wang （Eds.）， *Inspirations from a Lofty Mountain： Festschrift in Honor of Professor William S-Y. Wang on his 90th Birthday*.]；3 岁至 6 岁普通话儿童已经掌握了连读变调规则，但是语音表现上要到了 4 岁才能达到 95% 的正确率，第一个音节的错误率比第二个音节的错误率高（Zhiwei Wang， Jun Gao， Aijun Li. “Disyllabic Tones in Mandarin Preschool Children and Child-directed Speech”. Proceedings of ICPhS 2023， Prague， Czech.）。汤平和其合作者的“The Acquisition of Contrastive Focus during Online Sentence-comprehension by Children Learning Mandarin Chinese” [*Developmental Psychology*，59（5）] 揭示了汉语儿童使用韵律线索来感知对比焦点的发展过程有三个阶段：7 岁前未掌握韵律和焦点的关系，7—9 岁开始建立起韵律线索与焦点信息的映射、但无法单独使用韵律线索加工句子，10 岁及以后能像成人一样加工。

在语音老化上，梁丹丹和杭明丽的《言语产出中舌尖现象的年老化机制》(《语言文字应用》第 2 期）一文探究名词类型、语音启动和语义启动对 TOT（Tip of the Tongue）年老化的影响。图片命名范式和启动范式的实验结果表明，名词类型并非影响 TOT 年老化的主要因素；语音启动更多地减少了老年人 TOT 的发生率，而语义启动增加了青年人在普通名词中 TOT 的发生率。Min Xu 等人在“Aging-related Decline in Phonated and Whispered Speech Perception not Compensated for by Increased Duration and Intensity： Evidence from Mandarin-speaking Adult Listeners”（*Journal of Speech， Language， and Hearing Research*，66）一文中，报告了普通话母语者随年龄增长在正常说话和低语的条件下都出现语音感知的衰退，且老年人识别低语的难度更大。

查阅国内多本重要的心理认知期刊可看出，语音意识和口语知识在儿童发展过程中的角色，是 2023 年中国心理学者在语音和言语科学领域最关心的课题之一。例如，喻艳玲等的《小学低年级儿童元语言意识与阅读流畅性的关系：汉字识别和词汇知识的中介效应》（《心理学报》第 6 期），以及周怡彤等的《小学低年级儿童语音意识和语素意识对阅读理解的影响：阅读流畅性的中介作用》（《心理学报》第 6 期），通过对小学低年级儿童进行追踪研究，确认了前期语音意识可直接预测后期阅读流畅性和理解性，更揭示了字词阅读流畅性、句子默读流畅性在其中的中介作用。在《小学低年级儿童的阅读发展轨迹：早期语言认知技能的预测作用》（《心理发展与教育》第 2 期）中，张玉平、董琼、宋爽和舒华则提出 4 岁时的语音意识（和命名速度）能预测儿童阅读流畅性的起始水平，但不能预测阅读流畅性的发展速度。程亚华等在《小学儿童口语词汇知识的发展轨迹及其对阅读能力的预测：一个潜变量增长模型》（《心理学报》第 7 期）报告了对一年级汉语儿童长达六年的追踪测试结果，发现与起始水平相比，口语词汇知识的发展速度能更好地预测六年级时的阅读能力。而综述类论文方面，刘敏等人的《婴幼儿类言语发声对语言发展的预测及作用机制》(《心理科学进展》第 7 期）综述了婴幼儿类言语发声方面的研究。李思瑾等的《新生儿对语音的感知、辨别和学习》（《心理科学进展》第 12 期）则回顾并总结了新生儿对语音的感知、辨别和学习以及语言发展对自闭症的预测作用，并提出应在控制韵律因素的基础上，重新审查新生儿语言加工特征及大脑偏侧化问题。

（五）第二语言语音习得研究

二语习得方面，国际期刊文献的主要关注点为跨语言感知，主要探查母语语音范畴、音乐经历、二语学习时间、母语音位配列、发音生理因素等对二语语音感知的影响。William Choi 和 Rachel Ka-Ying Tsui 在“Perceptual Integrality of Foreign Segmental and Tonal Information： Dimensional Transfer Hypothesis” [*Studies in Second Language Acquisition*，45（4）] 一文中提出“维度转移假说”，认为母语的感知经验塑造了对外语音段和超音段信息感知的整体性（或非整体性），证据是相较于非声调语言母语者（英语母语），声调语言母语者（粤方言母语）在感知二语（泰语）语音时可以更倾向于综合音段和声调信息。William Choi 和 Veronica Ka Wai Lai 在“Does Musicianship Influence the Perceptual Integrality of Tones and Segmental Information?” [*The Journal of the Acoustical Society of America*，154

（2）]一文中进一步指出，音乐学习经历对二语音段和超音段信息感知的整体性并无影响。Yuxiao Yang、Sunfu Chen、Fei Chen 和 Junzhou Ma 的“Development of Perceptual Similarity and Discriminability：The Perception of Russian Phonemes by Chinese Learners”[*Phonetica*，80（1-2）]对比三组俄语学习经验不同的中国学习者的感知同化任务及感知区分任务结果，发现潜在的“先升再降”的发展模式，即从初级学习者到中级学习者，普通话 - 俄语的感知相似度首先增加，从中级学习者到高级学习者，感知相似度略微减少。Wei Zhang 和 Yi Liao 在“The Role of Auditory Processing in L2 Vowel Learning：Evidence from Recasts”（*Humanities and Social Sciences Communications*，10）一文中，证明了纠正反馈显著促进了中国母语者学习英语元音 /i/-/I/ 的能力，这种学习成效与听觉加工的特定构成显著相关，即感知敏锐度与纠正反馈在识别第二语言元音方面的成效相关，声音 - 运动整合则与纠正反馈在控制 / 自发产生第二语言元音方面的促进相关。

国内期刊方面，纪晓丽、张辉、李爱军的《显、隐性训练方式对二语学习者英语语调习得的影响》（《外语教学与研究》第 1 期）对比了显性训练和隐性训练对中国学习者英语语调产出的影响，并考察了两种训练方式对语调习得与陈述性记忆、程序性记忆和工作记忆之间关系的调节作用。结果发现，在显性训练中，通过视觉呈现声学线索可以促进二语学习者语调的习得，但无法促使学习者的语调习得在后期转为依赖程序性记忆，形成自动加工。王璐、刘元满的《汉语音位负担与二语者言语可懂度研究》（《世界汉语教学》第 4 期）对汉语音位负担量进行了理论计算，并通过实证研究验证了音位负担之于二语者言语可懂度具有解释力。在《听者母语背景及英语水平对中国学生英语口音可理解性的影响》（《外语界》第 2 期）一文中，曹雅婷、陈桦考察的则是中国学生英语口音的可理解性，他们通过句子听写任务和访谈，分析听者母语背景及英语水平的作用，并指出了语音特征、重读信息和语速对口语识别与意义建构的重要影响。韩宗义等的《双语平衡度越高，三语音位感知越好？——以哈萨克语–汉语双语者的英语元音学习为例》（《心理与行为研究》第 3 期）探索了三语（英语）音位感知，指出双语平衡度影响了三语元音感知，且双语间越不均衡，非优势语言（汉语）的音位感知水平对三语音位感知的解释率越高。陈树雯《第二语言语音产出研究的理论基础及新进展》（《当代语言学》第 4 期）总结了二语语音产出理论的发展，并探讨近年来二语语音产出研究中受到广泛关注但尚未形成一致观点的三个重要问题：二语语音产出与感知的关系，二语产出中的个体差异，以及二语超音段特征的产出。

另外，还有一些学者从不同目标语言教学的角度进行了研究。如王婷婷和周丹丹的《中国英语学习者的口语语言特征研究》（《现代外语》第 6 期）、邵燕梅和田梦的《冀鲁官话大学生英语单元音学习的方言迁移》（《外语电化教学》第 1 期）等思考了面向中国学生的英语教学问题。费晓东和宋启超的《听力元认知意识对日语听力的影响》（《日语学习与研究》第 6 期）、田昊的《日语学习者的「けど」类助词感知听辨实验研究》（《日语学习与研究》第 4 期）等对中国学生掌握日语语音的情况进行了考察。

引人注意的还包括讨论外国学生学习中国语言的论文。高思畅和邹申的《汉语二语口语韵律能力评估维度的任务类型效应》（《华文教学研究》第 4 期）研究了汉语学习者在朗读篇章、听后复述和回答问题这三种口语任务上的韵律能力差异，发现评分员在韵律策略能力、自然度和流利度三个维度上的评分呈现高相关，学习者在回答问题上体现出更好的韵律策略能力和自然度。陈梦恬和王建勤的《句型和长度对第二语言口语流利度的交互影响》（《语言科学》第 4 期）通过对英语为母语的学习者和汉语母语者的实验比较发现，句型复杂度相较于长度对口语流利度的影响更大，并建议学习者根据句法结构及其长度，来伸缩调整口语产出的组块大小。刘露蔓和徐彩华的《拼音字母知识在阿拉伯语母语者汉语辅音感知和产出中的作用》（《汉语学习》第 6 期）测量不同汉语水平的阿拉伯语母语者对汉语塞擦音和擦音的感知与产出水平，并探讨了拼音字母知识在其中的认知加工作用。

此外,《语言文字应用》期刊在2023年第4期特设专栏"国家通用语言语音习得感知研究"，刊登了杨洁、孔江平的《基于语调的普通话语音情感感知范畴研究》，以及陆尧、孔江平的《苗语母语者普通话声调感知研究》两篇文章。

（六）病理语音研究

如何通过检测中国人的语音感知和产出特征，来辅助疾病的预测、诊断，以及评估治疗效果和康复程度？对于这个问题，中国学者在 2023 年度进行了系列探索。其中，听障人士在跨通道线索下的言语感知情况受到关注。周爱然、林海英、陶仁霞和刘巧云在《以汉语为母语的学前听障儿童与健听儿童的视听言语知觉反应研究》（《听力学及言语疾病杂志》第 2 期）中报告 McGurk 效应在学龄前儿童中普遍存在，但对比健听儿童和听障儿童，后者受视觉信息的影响显著大于前者，而且在单音节识别中，双侧佩戴助听器的听障儿童的言语辨识正确率低于双侧人工耳蜗植入的听障儿童。王一诺、梅满、李吉、汤平、李善鹏的《听觉和视觉线索在人工耳蜗植入儿童感知汉语声调中的作用》（《中国听力语言康复科学杂志》第 2 期）则聚焦于跨模态的声调感知，发现在安静和噪音环境下，提供视觉线索（发音人面部运动信息）会帮助人工耳蜗植入儿童更好地辨认汉语声调，但效果取决于具体声调。

对于人工耳蜗植入年龄和植入时长的影响，余千禧、沈娅南、王丽燕、汤平的《人工耳蜗儿童汉语声调的习得——植入年龄和听觉经验的影响》（《中国语音学报》第 19 期），以及卢静、汤平的《年龄因素对人工耳蜗植入儿童声调发音的影响》（《中国听力语言康复科学杂志》第 2 期）都指出，2 岁植入是其声调习得的关键期：早期（2 岁前）植入的儿童，植入时长与其声调习得正相关，能够与健听儿童一样使用次要声学线索（时长和音强）区分汉语声调；对于晚期植入的儿童，植入时长与其声调习得影响甚微。此外，在"Sustainable Benefits of High Variability Phonetic Training in Mandarin-speaking Kindergarteners with Cochlear Implants： Evidence from Categorical Perception of Lexical Tones"[*Ear & Hearing*, 44（5）]一文中，Hao Zhang、Wen Ma、Hongwei Ding、Yang Zhang 对 5 岁左右的人工耳蜗儿童（植入年龄为 0.33—0.92 岁，植入时长为 2.25—4.83 年）使用了严格声调范畴感知测试，证明了高变化度的语音训练在改善人工耳蜗儿童词汇声调识别方面有着即时和持久的效果。

研究者们还关注了不同类型疾病的语音表现。对于先天性失乐症患者，Jiaqiang Zhu、Xiaoxiang Chen、Fei Chen、Caicai Zhang、Jing Shao 与合作者在"Distributional Learning of Musical Pitch Despite Tone Deafness in Individuals with Congenital Amusia"[*Journal of the Acoustical Society of America*, 153（5）]中指出，尽管这些患者存在着言语音高感知上的损伤，但仍能在外语语境中学习词汇音调，说明其分布式统计学习机制在很大程度上是保留的。该研究团队在另一个研究"Statistical Information Affects Spoken Word Recognition of Tone Languages in Stutterers： Evidence from an Auditory-perceptual Gating Study"[*Journal of Speech, Language and Hearing Research*, 66（9）] 中则报告，普通话口吃患者在母语语音感知上也能有效进行分布式统计学习。对于自闭症儿童，Suyun Xu 等人在“Hearing Assistive Technology Facilitates Sentence-in-noise Recognition in Chinese Children with Autism Spectrum Disorder” [*Journal of Speech, Language, and Hearing Research*, 66（8）] 中证明了听力辅助科技能有效提高中国自闭症儿童的噪声中语音识别的表现。Li Wang、Sarong Xiao、Cunmei Jiang、Qingqi Hou、Alice H. D. Chan、Patrick C. M. Wong 和 Fang Liu 的研究 “The Form and Function Processing of Lexical Tone and Intonation in Tone-language-speaking Children with Autism Spectrum Disorder” [*The Journal of the Acoustical Society of America*, 154（1）] 则揭示，认知能力强的普通话自闭症儿童在形式性和功能性层面上辨别语气和语调的能力并未受损。关于轻度认知功能障碍，Rumi Wang、Chen Kuang、Chengyu Guo、Yong Chen、Canyang Li、Fei Chen 的研究 “Automatic Detection of Putative Mild Cognitive Impairment from Speech Acoustic Features in Mandarin -speaking Elders” [*Journal of Alzheimer's Disease*, 95（3）] 显示，一些言语声学特征是患病风险的有效预测因素。Hongwei Ding 和 Yang Zhang 发表了综述性文章“Speech Prosody in Mental Disorders”（*Annual Review of Linguistics*, 9），全面梳理了包括精神分裂症、自闭症、阿尔兹海默症和抑郁症等精神障碍在语言学和情感韵律方面的表现，指出需要发展理论驱动、方法整合的研究路径，以研究语境驱动的语用—情感韵律的理解和表达。作者还特别提出，在正常和病理性韵律研究中，都需要更着重多感官和跨模态效应的研究。

（七）语音相关的认知神经机制研究

除了前面专题所涉及的语音相关认知机制，词汇的语音表征是认知领域的一个重要课题。例如，在《汉语听觉阈下启动效应：来自听觉掩蔽启动范式的证据》（《心理学报》第 4 期）中，姜路遥和李兵兵利用听觉阈下启动范式探寻口语词汇识别路径发现：对于汉语母语者，只有双字词整词的重复启动效应，没有阈下语音或语素、语义启动效应。兰泽波等的《听障大学生词汇识别过程的特异性：语言经验和阅读能力的影响》（《心理学报》第 6 期）则关注听障者的书面词汇识别加工，尤其是，相较于正常大学生在语义关联任务下呈现的弱同音字干扰效应，听障大学生都没有显著的语音激活效应，无论他们有无口语经验。潘家冰和张清芳在综述性文章《言语产生中音节频率效应的认知机制：跨语言视角》（《心理科学进展》第 9 期）中，从影响因素、发生阶段和神经机制等角度总结了印欧语系和汉语中音节频率效应的跨语言差异，并提出了一个有关汉语口语词汇产生中音节作用机制的模型。Ming Yan、Yingyi Luo、Jinger Pan 发表了“Monolingual and Bilingual Phonological Activation in Cantonese” [*Bilingualism: Language and Cognition*, 26（4）]，通过眼动实验发现，以广东话为母语、普通话为二语的双语者在默读汉语句子时可以激活两种语音表征，但他们依赖语音解码的程度在这两种语音系统下是不同的。

在神经科学领域，Yuanning Li、Peili Chen、Junfeng Lu 和 Jinsong Wu 以及他们的海外合作者在 *Nature Neuroscience* 上发表论文“Dissecting Neural Computations in the Human Auditory Pathway Using Deep Neural Networks for Speech”（*Nature Neuroscience*, 26），针对汉语不同尺度的语料（字、词、句）、不同方面的特征（音、形、义），在多层级的言语加工系统中进行了考察。发现深度神经网络（DNN）的层级表征与整个上升听觉系

统的神经活动之间具有良好的收敛性。研究指出，神经计算与语音中的音位和音节结构一致，更深的 DNN 层与高阶听觉皮层的神经活动有更好的关联。Bin Zhao、Gaoyan Zhang、Longbiao Wang 和 Jianwu Dang 的“Multimodal Evidence for Predictive Coding in Sentence Oral Reading”[*Cerebral Cortex*，33（13）]，以及 Wei Wei、Zirui Huang、Chen Feng 和 Qingqing Qu 的“Predicting Phonological Information in Language Comprehension：Evidence from ERP Representational Similarity Analysis and Chinese Idioms”[*Cerebral Cortex*，33（15）]分别从句法和语音的角度，证明人类根据内在知识表征和当下语言环境进行有效预测，是实现语言和言语加工灵活性和准确性的关键所在。

针对预测编码的神经基质和加工方式，Baishen Liang、Yanchang Li、Wanying Zhao 和 Yi Du 在“Bilateral Human Laryngeal Motor Cortex in Perceptual Decision of Lexical Tone and Voicing of Consonant”[*Nature Communications*，14（1）]一文中阐述了“具身认知理论”，认为感知觉 / 运动经验对于知识表征至关重要，即使通过语言获得的语义知识也是在感知觉 / 运动系统中加以表征的。在语音感知过程中，运动皮层能够以模拟发音运动的方式因果性地参与感知决策，如：控制舌部运动的区域在感知到舌部发出的声音（如“滴”“踢”声）时会有针对性的响应，这种“效应器特异”的匹配模式能够让我们精准地进行听觉感知预测，特别在听觉困难时进行感知代偿。但 Xiaosha Wang、Bijun Wang、Yanchao Bi 的“Early Language Exposure Affects Neural Mechanisms of Semantic Representations”（*eLife*，12）认为人脑中存在着不依赖于感觉经验而单纯由语言经验支持的知识表征系统。该研究指出，早期语言经验（主要来自口语）缺失导致左脑背外侧颞前叶语义效应显著降低，包括语义结构的神经编码效应减弱和抽象效应，为语义双重编码神经表征中所识别的语言子系统提供了关键证据，并由此提出人脑有两套知识表征的子系统——感觉子系统和语言子系统在言语加工中发挥作用。

在音乐与言语在神经层面的关系这方面，也有学者在持续关注。Lei Zhang、Xiuyi Wang、Yi Du 等在“Successful Aging of Musicians：Preservation of Sensorimotor Regions Aids Audiovisual Speech-in-noise Perception”[*Science Advances*，9（17）]中，通过比较老年音乐家、老年非音乐家和年轻非音乐家，揭示了音乐训练能减缓视听噪音下言语感知能力的衰老，其神经基础源于感觉运动区域保持“年轻”。

（八）语音相关的计算研究和语音工程

越来越多语音研究者意识到，大数据分析和计算模型是有力的研究“武器”，尤其适用于对数据量庞大、变异性丰富的语音材料进行特征捕捉和归类。例如，在“Languages in China Link Climate，Voice Quality，and Tone in a Causal Chain”（*Humanities and Social Sciences Communications*，10）一文中，Yuzhu Liang、Lining Wang、Quansheng Xia、Shuai Wang、Jun Ding、Tianheng Wang 和 Qibin Ran 分析了中国语言资源保护工程数据库中 997 个方言点、共 1174686 段录音。发现地区湿度越高嗓音质量越好（即基频微扰、振幅微扰越低），并在占总方言点约 90% 的汉—藏和南亚语系中观察到基频微扰与语言声调数量的负性相关。该团队的另一项研究——冉启斌和丁俊的《汉语方言的相似度与差异——基于 ASJP 模式语言距离计算的考察》（《语文研究》第 2 期）使用了 300 个平衡的汉语方言语档，采用 ASJP 模式的语言距离计算方法，分析了汉语方言核心词之间的语言距离和相似度，并以此考察了汉语方言之间的差异情况，对汉语方言之间的关系和面貌进行了描写和展现。通过内部差异与区间差异的比较可以看出，平话和土话内部的相似度要低于平话和土话与粤语的相似度，胶辽官话、冀鲁官话、中原官话、江淮官话各自的内部也有低于区间的相似度。

脑机接口方面，来自上海复旦大学华山医院和天津大学的团队 Yan Liu 等人在“Decoding and Synthesizing Tonal Language Speech from Brain Activity”[*Science Advances*，9（23）]研究中，针对普通话声调语言的特点，设计了一个模块化多流神经网络。研究人员通过高密度电皮质图（ECoG）采集到被试普通话单字发音过程中的颅内神经信号，而该网络可对这些神经信号分别独立解码出对应声调加工和基本音节加工的神经活动，并通过结合两者来直接合成普通话语音。

特别值得一提的是，语音工程界在 2023 年取得丰硕的成果，并在多个学术会议上得到充分的展示。例如在语音合成方面，清华大学深圳国际研究生院吴志勇教授团队与腾讯 AI Lab 合作，引入了去噪扩散概率模型（DDPM）并设计了一种基于篇章级多尺度情感分析模型的情感分析方法，从多个层级对输入文本进行情感分析，改善了合成语音的停顿和韵律自然度，使合成语音具有更好的全局一致性和整体连续性，尤其在长篇语音场景中具有重要应用价值。该论文“Diverse and Expressive Speech Prosody Prediction with Denoising Diffusion Probabilistic Model”（第一作者 Xiang Li）在 ISCA 2023 上获得最佳学生论文奖。

而另一个重要会议 ICASSP 2023 上，清华吴志勇团队联合腾讯天籁实验室提交的参赛作品荣获语音信号质量增强挑战赛（SSIC）两个赛道的冠军。团队针对复杂环境中的声学捕捉问题、噪音 / 混响以及网络等因素导致的语音质量下降，提出了一种全新的通用语音恢复双阶段 Gesper 框架：修复模块使用生成对抗网络进行初步的去噪和去混响，增强模块进一步消除残余噪声成分和伪影，从而有效提高了复杂的语音信号质量。相关会议论文为“Gesper: A Unified Framework for General Speech Restoration”（Jun Chen 等）。

在语音识别领域，针对语音分离任务，腾讯天籁实验室开发了 MC-SpEx 系统（多尺度融合说话人提取器），利用 ScaleFuser 模块提升特征提取效率，通过孪生多尺度融合语音编码器保证特征空间的一致性，并采用 ConSM 模块将说话人嵌入完全融合到语音提取器中，从而能够仅根据目标说话人的参考语音从混合语音中提取目标说话人的语音，提高了语音分离的效率和准确性。该论文成果被国际会议 Interspeech 2023 收录（Jun Chen、Wei Rao、Zilin Wang、Jiuxin Lin、Yukai Ju、Shulin He、Yannan Wang、Zhiyong Wu. “MC-SpEx: Towards Effective Speaker Extraction with Multi-Scale Interfusion and Conditional Speaker Modulation”）。

中国科学技术大学凌震华老师的团队在语音预测、语音重构和个性化语音合成等领域也有重要发表。艾杨与凌震华的“Neural Speech Phase Prediction based on Parallel Estimation Architecture and Anti-Wrapping Losses”提出了一种新的神经网络模型，结合了残差卷积网络和平行估计架构，并引入了抗卷绕损失，用于从语音幅度谱直接预测语音卷绕相位谱。郑瑞晨、艾杨、凌震华的论文“Speech Reconstruction from Silent Tongue and Lip Articulation by Pseudo Target Generation and Domain Adversarial Training”研究了从静默发声状态下的舌部超声图像和唇部视频中重构语音的任务，显著提高了重构语音的可懂度和自然度。同时，盛峥彦、艾杨、凌震华在“Zero-shot Personalized Lip-to-Speech

Synthesis with Face Image based Voice Control”中提出了一种基于人脸音色控制的 zero-shot 个性化 Lip2Speech 合成方法，实现了更自然、匹配话者形象的语音合成。以上成果被国际会议 ICASSP 2023 接收。

汉语音韵学研究

赵长才　任　荷　程　悦

2023 年度汉语音韵学研究成果丰富，在上古音、中古音、近代音、汉语语音史研究方法、学术史研究等方面均有稳步推进。既有对经典材料和经典问题的深入思考，也有结合新材料或针对新问题的系统考察。2023 年度还出版了数种音韵学方面的工具书、教材及研究论文集。

一、上古音研究

（一）上古音类研究

萧娅曼、王晶晶《以母（喻四）字所反映的音韵历史层次——喉牙音与舌齿音的历史层次关系》（《汉语史研究集刊》第 34 辑）讨论了以母（喻四）的历史层次，通过源自甲骨文的以母又音字和 19 世纪闽南语残存辅音声母的以母又音字的比较，提出了喻三喻四本为一体，喻母来自最古老的喉音影母的分化（喉音高化前化）的观点；认为以母（喻四）是喉音向舌、齿音发展的枢纽。

庞光华《论雅洪托夫二等字带 -l/r- 介音说不能成立》（《汉字汉语研究》第 2 期）对上古介音有新的讨论，从 11 个方面列举证据论证了苏联汉学家雅洪托夫提出的“上古二等字带有 -l- 介音”的观点不能成立。主要证据包括：不合音理，与联绵词的事实不合，与拟声拟态词不合，二等字多与一等字、三等字相通，二等韵影母字不与来母字相通，与西方历史语言学的音变规律不合，与藏缅语言的音变规律不合等。

王志平《之鱼通转的新认识》（《励耘语言学刊》2022 年第 2 辑）就上古之鱼两韵部的通转关系做了新的探讨，文章从之部和鱼部的通转现象出发，提出之部的古本韵应为咍韵变为之韵，之职蒸部皆应分为 a、ə 二部；a>ə 符合语音演变的普遍规律（元音高化），并且是汉语语音史上的普遍现象。

一些研究上古韵部或等第的文章强调要充分利用通假、谐声等材料。申倩《论出土通假材料对古音研究之价值——基于祭部分合的思考》（《汉语史研究集刊》第 33 辑）运用通假集证法和统计法，考察上古祭部与其他韵部之间的关系，再次论证了祭脂分立、祭月合并的科学性；强调出土通假材料对于上古音研究具有重要价值。齐晓燕《基于通假研究上古等类的可行性及方法》（《长江学术》第 3 期）基于对异文通假材料（《古字通假会典》）的系统分析来考察上古元部的等类，认为基于通假材料来研究上古等类是可行的。

孟跃龙《从〈说文〉谐声系统看上古等第在谐声中的作用》（《励耘语言学刊》第 1 辑）基于对《说文》谐声系统之等第的多角度分析，指出等第在谐声造字中有重要作用，强调在上古音构拟中应充分认识到这一点。

研究上古韵尾的文章有潘悟云、郑子宁的“The Voiced and Released Stop Codas of Old Chinese”（*Journal of Chinese Linguistics*，Vol.1）。该文以古藏文塞音韵尾转写读浊音、藏

语不自主虚词根据韵尾的清浊分类、中国古代北边语言与早期梵汉对译中的/-l(-r)/尾来自/-d/尾、日本的上古汉语借词有浊塞尾、现代汉语方言存在浊塞尾等现象为依据，推断上古汉语塞音韵尾有带浊爆破的性质。

研究上古声调的文章有梅祖麟《上声来源（〈-ʔ〉新证》（《语言暨语言学》第3期）。该文指出“尾、焜、苦、雨、九、子、犬、乳、屎、迩”这10个上声字在藏缅语中的同源词带-ʔ，认为这可以证明上古汉语的上声来自汉藏语的*-ʔ；继而提出上古汉语的“虎”字*khlaʔ和古缅语的klaʔ（老虎）均借自孟高棉语的*klaʔ（老虎），*klaʔ的-ʔ就是汉语“虎”字上声的来源。

还有学者利用域外汉字音、借词等材料探讨重纽在上古音系统中的地位。陈保亚、卢慧静《从语言接触规律看重纽的上古音地位》（《语言研究集刊》第32辑）指出域外汉字音和汉语借词所反映的重三、重四的对立，说明源语言中也存在对立，认为不仅中古音要区分重三和重四，在上古音构拟中也应当将重三和重四分开。

（二）上古音系特征及语音演变研究

雷瑭洵《上古汉语音系的音位负担量刍议》（《文献语言学》第15辑）以郭锡良《汉字古音表稿》为研究材料，运用音位负担量的计算方法，求出上古汉语声调的总负担量为3525.0，占23.9%，韵母的总负担量为5760.2，占39.1%，声母的总负担量为5437.9，占36.9%，认为其所反映的上古汉语音系特征与单音节语言的情况相合。作者通过对上古、中古音位负担量的比较，指出从上古到中古并未发生剧烈的语音简化，据此推断汉语词汇复音化可能并非语音简化的结果，而是动因。

雷瑭洵《〈汉字古音表稿〉音节与空位之计量研究》（《语言学论丛》第3期）采用音系计量的方法针对《汉字古音表稿》的音节与空位情况进行研究，指出《汉字古音表稿》所反映的上古音系羡余率为76.67%；汉语音系羡余率从上古到近代呈下降趋势，但并未呈现出大的波动，历代音系的羡余率都在汉语各方言所呈现的羡余率范围之内，而与藏缅语、苗瑶语不同。

冉启斌《变化速度与构拟评估——基于汉语语档历时相似度计算的考察》（*Journal of Chinese Linguistics*，Vol.1）将高本汉、王力、李方桂、董同龢、周法高、郑张尚芳、潘悟云、白一平—沙加尔等八家构拟的上古音和中古音形成语档，采用ASJP模式的语档距离计算方法对它们进行相似度、变化速率等数据的计算分析。从上古、中古拟音与现代汉语方言的相似度，上古拟音到中古拟音的变化速率，“上古到中古”“中古到现代”这两个时期的变化速率比等方面看，该文认为郑张尚芳、白一平—沙加尔的构拟的合理性和自洽性最高。

叶玉英《从出土文献看〈说文〉“读若”的历史语音层次》（《浙江大学学报（人文社会科学版）》第2期）研究了《说文》“读若”字和被注字所反映的语音演变现象，指出有的读若字记录了被注字音变后的读音，有的读若字自身发生过音变；认为借助出土文献资料可以对音变发生的过程、时代及地域做出推断。

（三）具体字音读的考辨

姜复宁《〈上古汉语新构拟〉献疑一则》（《中国语文》第2期）就《上古汉语新构拟》（［美］白一平、［法］沙加尔著，上海教育出版社，2021年）一书对于传世文献以“云”代“有”现象的解释提出质疑，指出以“云”代“有”的例子并非都出现在鼻辅音之前，而是在鼻音、唇音、齿音、喉牙音之前均可出现，因而"'有'中的喉塞音被其后的鼻音同化而变为 [n] 尾，进而与'云'音同"的观点难以成立。

李豪《"甏""毻""锌""黺"等字读音考辨——以谐声类型为中心》（《汉语史学报》第 28 辑）通过排比谐声系列、归纳谐声类型，对"甏""毻""锌""黺"等字的读音进行考辨，认为与谐声类型不符的读音可能是训读。

郑妞《上古文献"分别词"与特殊异读考辨》（《语言学论丛》第 4 期）通过对"犛牛、旄牛""矜矜、兢兢""涕、洟""饘、饔"这四组"分别词"的辨析，探讨与之相关的特殊异读的来源，认为有的是通过同义换读而产生了特殊读音，有的是字形混同使得一个词产生了另一个词的读音。

（四）语音技巧及诗律研究

近年来，先秦两汉韵文中的语音技巧及其在上古音研究中的价值受到较多关注。郑妞《论〈诗经〉中的"语音技巧"及其应用》（《语言研究》第 4 期）列举例证肯定了《诗经》中语音技巧的存在，总结了《诗经》语音技巧运用的规律，强调语音技巧对于补充上古声母的研究材料、检验上古声母构拟具有重要价值。

程悦《〈诗经〉句中韵的性质与类型》（《上古汉语研究》第 5 辑）根据《诗经》句中韵的来源及形式特点，将其分为"词汇型"、"押韵型"和"修辞型"三种类型，认为《诗经》句中韵的性质是语音技巧而非押韵，其出现位置存在"4 > 2> 1"和"4 >3"的优先层级。

赵团员《〈诗经〉隔章双声语音技巧研究》（《中国古典学》第 3 卷）论证《诗经》叠咏结构中准叠句对偶对应对的双声现象和叠咏结构中半叠句对偶和一般对偶中的双声现象都可以视为"隔章双声语音技巧"；隔章双声能增强相邻章节语音的纵向联系，增强章与章之间语音的回环之美，凸显对应韵脚字语义的相似或关联。

梁慧婧《安大简〈诗经〉与毛诗诗律比较》（《中国古典学》第 3 卷）对比了毛诗与安大简《诗经》的诗律，认为二者在诗律上的一致性反映了《诗经》节奏的稳定性，二者的细微差别则反映了《诗经》诗律的流动样态。

严旭《西汉赋语音技巧例证举隅》（《中国古典学》第 3 卷）举例证明了西汉赋中语音技巧的存在，认为它们反映了西汉时期声母、介音、主元音、韵尾、声调等方面的语音信息。

（五）变读别义研究与同族词研究

上古汉语变读别义现象及与之相关的同族词（也有学者称之为同源词）研究也是 2023 年度的研究热点。

王月婷、杨建忠《"教""学 / 斆""效"之音义关系》（《语言学论丛》2022 年第 2 期）考察了"教""学 / 斆""效"这组词的音义关系，指出"教"不是"学"的使动词，"教"通过平、去变读区分"教某人做某事"和"教育、教训"，"学 / 斆"则通过变读去声来区分非使动和使动。王月婷《"降"的音义考释与上古汉语变读规则》（《语言科学》第 2 期）依据三条变读及句法规则推导出"降"本有见母平声一读，并在此基础上全面阐释了"降"的音义匹配关系。

向筱路《"卷"的复杂式音变构词及其音义匹配关系的演变》（《中国古典学》第 3 卷）指出"卷"在上古时期发生了复杂式音变构词，原始词和滋生词的声母和声调均不同；至晚在公元 10 世纪，由于新词派生和字形分化，其音义匹配关系又发生了变动。李泓霖《上古汉语“奉”的音义关系及历史演变》（《中国古典学》第3卷）详细梳理了“奉”在上古文献中的音义匹配关系及语义演变情况。

谢维维《上古汉语变读别义中去声和浊辅音的标记功能》（《语言研究》第3期）着眼于归纳变读别义现象中特定音类在句法、语义方面的标记功能，认为去声的标记功能可归结为凸显某一论元，浊辅音的标记功能则是消减论元。

李豪、高中正《论联绵词的基本声式——以“差池”词族的考释为中心》（《语言科学》第5期）针对联绵词前后音节的声母组合形式提出“基本声式”说，并据此考查了“差池”词族的联绵词；强调“基本声式”不仅有助于联绵词语音结构描写的科学化，而且可用于系联过去未加注意的同声式同族联绵词。

陈晓强《论汉语起源阶段语根意象与语音特征的关系》（《上古汉语研究》第5辑）提出对上古汉语同源词语音线索的利用要注意区分时代，对语根意象与语音特征关系的讨论应将范围限定在汉语起源阶段。

梁慧婧《雷电义拟声词流变考察——兼论拟声词在汉语史上的价值》（《汉语史学报》第27辑）探讨汉语中的雷电义拟声词在不同历史阶段的演变情况及其价值，其关注重点是先秦两汉时期；指出先秦两汉拟声词的研究能够为上古汉语音类及音系结构研究、同族词及词源研究提供重要线索。

二、中古音研究

（一）中古语音演变研究

王栋《再论轻唇化音变的条件及其例外》（《北斗语言学刊》第10辑）重新探讨轻唇化音变的条件及相关例外，认为轻唇化的条件就是“合口三等”；三等开口尤韵本不该轻唇化，非次浊唇音“富浮覆”等字读轻唇是唐代（或更早）转读三等合口虞韵的结果，次浊唇音“谋眸牟”不属于例外；真正的例外“否缶浮（fóu）”可作非语音层面的解释。

李广宽《轻唇音演变中的链式音变——由〈碛砂藏〉随函音义引发的思考》（《励耘语言学刊》第1辑）根据《碛砂藏》随函音义中相关音类之间的混切差异观察汉语轻唇音历时演变的轨迹，结论是“奉母清化在微母擦音化之前”。作者进一步指出，上述两项音变的先后进行，构成了一种链式音变——v>f，留下v空格，然后ɱ>v，填补v空格。

许树妙《中古-r-介音颚化音变与梗摄四韵同用格局的形成》（《语言科学》第2期）从-r-介音的-ɹ->-ɻ->-j-颚化音变的角度重新解释了中古后期梗摄四韵同用现象的成因；指出介音所处音变阶段的性质及作用方式的不同致使梗摄经历了三个音变环节，最终形成四韵同用的格局；认为梗摄的演变体现了音系不平衡→平衡→不平衡的动态发展过程。

孙玉文《从隋唐等早期注音看南北朝至隋唐的全浊上声变去声》（《江苏师范大学学报（哲学社会科学版）》第3期）和李广宽《浊上变去完成于宋初说——以〈碛砂藏〉随函音义为中心》（《语文研究》第1期）二文均对汉语语音史上“浊上变去”现象发生及完成的时代进行探讨。孙文充分利用海内外发现的从《经典释文》至五代时期的多种注音材料，设计具体的考订方法，详细论证了浊上变去的发生及完成时代。作者认为隋唐五代时期北方汉语中浊上变去大量出现，晚唐五代逐步向南推移，到宋代正式完成。李文通过对《碛砂藏》随函音义的考察，发现该书在混切和反切改良方面均表现出浊上变去，这说明浊上变去在宋初通语中已基本完成。

吕金明《“加”族字古音演变研究》(《国家通用语言文字教学与研究》第1期)以“伽”“茄”为例探讨了“加”族字的古音演变，发现产生异读的原因主要是形声字声旁表音功能的弱化，“伽”“茄”字音的复杂性体现了语音演变的趋同性和不平衡性。

（二）异读字及音义关系研究

《中国古典学》第3卷刊登了一组异读字及音义关系的研究文章，值得重视。郭禹彤《“轶”的音义关系考辨——从王俭〈玄圃诗〉“方轨前轶”谈起》从王俭《侍太子九日宴玄圃诗》“方轨前轶”与“方轶前轨”的异文问题切入，分析“轶”字的音义关系，指出“轶”涉及复杂式音变构词，原始词匹配中古屑韵“徒结切”，滋生词匹配中古质韵“夷质切”，又有中古薛韵澄母读法（义为车辙）；据此论证王诗当作“方轨前轶”。李泽栋《“艘”字的音义及字词关系》细致考辨了“艘”字在《广韵》中的三个读音及音义匹配关系，并对语文辞书中“艘”字的注音、释义、引例及音项义项排序等问题提出意见。陈宁《“盾”字音义关系嬗变考》则通过考察中古到现代的若干文献，梳理了“盾”字的音义关系。

（三）中古韵书、韵图的整理与研究

沈钟伟“Understanding the Qieyun Rhymes”（*Journal of Chinese Linguistics*，Vol.2）指出高本汉把《切韵》中的“韵”定义为诗歌押韵中的“韵”是错误的，《切韵》中的韵类区别不应该是韵基的不同；汉语语音史研究中需要构拟的是中古音系而非切韵音系；《切韵》所包含的音类信息并不具有共时系统性和语音一致性，不代表汉语语音史上任何时期的单一语音系统。

徐朝东《三种唐代写本王仁昫〈切韵〉例外音切考察》（《古汉语研究》第2期）通过对王韵三种抄本中例外音切的考察，推求唐五代实际口语中的语音现象；认为王三所反映的口语现象最多，其抄写年代最晚，王二的口语性次之，王一最接近《切韵》的系统。

王栋、董大卫《周祖谟〈唐五代韵书集存〉（1994）未收韵书材料辑考》（《励耘语言学刊》第1辑）对周祖谟《唐五代韵书集存》未收的韵书材料进行梳理、考辨与定名，共得48片26种，对《集存》之未备有所补充。

刘海兰、郑贤章《汉文佛典与〈集韵〉所收字字际关系研究》（《古汉语研究》第3期）基于汉文佛典考察《集韵》增收字，分析增收字的来源，考证字际关系并梳理其形音义匹配情况。

倪博洋《从庄组三等韵的韵母演变看“内外转”》（《古汉语研究》第4期）通过庄组三等韵的韵母演变来观察《韵镜》的“内外转”概念，认为“内外转”概念只是对《韵镜》时代某个方言或标准语音系中的庄三字演化的共时分类而已，不具备明确的语音基础，不能概括所有方言，将此概念用于语音史研究会产生例外。

2023年度还出版了两部对韵书或韵图文献进行整理、校注的专书，包括赵庸校注《唐写全本切韵校注》(上海辞书出版社，6月)、李红校注《切韵指掌图校注》(凤凰出版社，4月)。

（四）中古音义书、音注材料及域外文献的整理与研究

针对《经典释文》《一切经音义》等音义书的校勘和研究一直是学者们关注的重点。李泽栋《〈经典释文·周易音义〉间接音注研究》（《文献语言学》第15辑）通过对《经典释文·周易音义》三种版本的对勘，发现近50处间接音注问题并给出了校勘意见。作者结合音义关系领域的研究成果及出土文献材料，举例说明了间接音注现象对校勘经注文本的价值。武迎晗《今本〈经典释文〉与残卷“如字”类目对比举隅》(《汉语史研究集刊》第33辑)指出今本《经典释文》与敦煌及兴福寺等地所藏残卷相比，在“如字”类目的使用上存在差异。今本比残卷多出来的“如字”注音有的是存于陆氏原作但在残卷中被略去的，有的则是后世校勘者增加的。

黄仁瑄《慧琳〈一切经音义〉音义匹配疏证举例》(《文献语言学》第16辑)将慧琳音义与《切韵》系韵书进行对比，发现前者的许多条目存在音义匹配错位现象，认为这可能源于慧琳音读的个性特征或者字词不分所导致的故训堆砌。黄仁瑄《慧琳再详定之〈妙法莲花经音义〉校正》(《中国古典学》第3卷)分类说明了《妙法莲花经音义》中存在的讹、脱、衍、倒等文字问题。梁三姗《〈玄应音义〉勘误四则》(《汉语史学报》第27辑)对玄应《一切经音义》“鳍鱼”“摩睺勒”“号縢”“棓木”条中的文字讹误进行了校勘。潘牧天《日本古写玄应〈一切经音义〉卷一略探》(《辞书研究》第2期)考察了多种日本古写本《玄应音义》并探讨其版本关系，指出日本古写本具有补充传世藏经刻本的独特文献价值。

郑贤章的专著《〈新集藏经音义随函录〉研究》(增订本，上海教育出版社，5月)对《随函录》(又称《可洪音义》)进行了系统研究，主要内容包括：同形字、类化字研究，常用俗体形体演变研究，疑难俗字考释，俗别字谱等。辛睿龙《〈广弘明集〉历代佛经音义比较研究释例》(《中国语文》第5期)从词目字形、说解字际关系情况、训释内容、相邻条目设置等方面举证，对《广弘明集》历代佛经音义进行了历时比较研究。

关于《群经音辨》的研究有张小斌、黄仁瑄《〈群经音辨〉辨正举例》(《语言研究》第3期)。该文对书中存在的音义错配、音读误属、释义不确、文字讹脱等问题进行了举例辨正。

还有一些学者针对《说文》《玉篇》等重要字书所涉及的音注材料进行研究。毛增文《长孙讷言笺注本〈切韵〉所引〈说文〉的学术价值》(《文献语言学》第16辑)指出长孙讷言笺注本《切韵》所引《说文》反切反映了中古时期的《说文》旧音，对中古语音研究有价值。唐琪《音义匹配视角下的〈说文〉“一曰”》(《中国古典学》第3卷)对《说文》“一曰”前后的音义匹配关系进行了分类辨析。蒋冀骋、朱新军《〈说文解字〉注音释义记零》(《古汉语研究》第2期)采用形音义综合考察的方法，对“杏”“李”“梏”三字在《说文》中的注音释义进行了辨析。熊桂芬、屈玉玺《徐锴反切研究》(《长江学术》第4期)对《说文解字系传》徐锴解说中的反切注音进行整理和研究，指出前代经师音和字韵书是徐锴反切的主要来源；在延续旧音的同时，徐锴反切还体现出浊音清化，疑母和影母、庄母和章母合流，从母邪母不分以及韵部合流等语音现象。

吕炫、蒋冀骋《宋本〈玉篇〉音义匹配失误考》(《古汉语研究》第1期)结合中古字书、韵书、音义书考证了宋本《玉篇》中“鳌、侅、傩、佛、哫”五字的音义关系，对音义匹配失误之处提出修改意见。黄仁瑄、姜永超《基于聚类可视化的卷轴本〈玉篇〉韵类相关性研究》(《古汉语研究》第4期)采用“聚类可视化”的方法研究卷轴本《玉篇》的韵类相关性，认为卷轴本《玉篇》韵类间特殊的相关性和韵类格局能够体现当时的方音或时音特色。陶曲勇、游帅《〈篆隶万象名义〉校读三则》(《励耘语言学刊》2022年第2辑)对《篆隶万象名义》一书中的“桓”“拹”“弊”三条进行校读并改正其讹误。

对中古其他音注材料进行研究的文章有廖秋华《〈史记正义〉反切中“开合一致原则”

的成立范围》(《语言研究》第4期)和王栋、蒋冀骋《现代大型语文辞书“王肃音”考释》(《汉语史学报》第27辑)。廖文认为反切创制之初形成的反切用字的“呼读”传统，是造成《史记正义》中“开合一致原则”的例外反切的重要原因。王、蒋文通过对比风月宗智本《孔子家语》“王肃音”与《经典释文》所引王肃音，推断《孔子家语》中的反切并非王肃注音，其撰作年代应在隋唐之间，因而《汉语大字典》等现代语文辞书引“王肃音”不确。

还有学者针对与中古韵书、音义书、音注材料关系密切的域外文献开展研究。蔡欣然、蔡梦麒《试说〈新撰字镜〉汉字注音研究的意义》(《语文研究》第2期)呼吁从汉字注音入手对日本《新撰字镜》开展研究并阐述了此项研究的重要意义。

(五)对音译音、借词与中古音研究

姬越《梵汉对音与中古汉语声调的构拟——再论不空音系的声调和梵语的重音规则》(《语言学论丛》第4期)利用《大孔雀明王经》咒语和《般若波罗蜜多心经》音译本，重新探讨不空音系中四声的调值和音长以及与之相关的经典梵语重音规则问题。文章指出在利用梵汉对音材料考察汉语声调时，应注意梵语内证材料所反映的重音规则的变化，不宜直接用吠陀梵语的乐调重音规则处理梵汉对音材料。

李建强、赵文博、郭禹彤《不空译〈佛母大孔雀明王经〉咒语校读及声母对音研究》(《励耘语言学刊》第1辑)对不空译《佛母大孔雀明王经》咒语(上卷第六段)进行了细致的文本校勘，并根据校本讨论了声母的对音规律，再次证明刘广和先生所总结的规律有效。

李周渊《支谦译经音译词的对音特点》(《汉语史研究集刊》第33辑)考察了支谦译经中的425个音译词并比较不同版本的对音情况，据此归纳支谦译经音译词对音的主要特点，并分析了音译词不统一的原因。

一些研究具体音译词或借词的文章也各具特色。

储泰松《早期韵书“韡”字无反语原因考》(《语文研究》第4期)认为“韡”是一个外来词，该词从注不出反语到有反切注音，是汉语音系与阿尔泰语系语言相互接触、制约的必然结果；《王三》歌韵新增三等开合口，不仅源于汉语语音的自然分化，更源于准确描摹外来语言的需要。该文还指出歌韵三等的形成方式有两种：第一种本读歌韵一等，因原典语言辅音腭化，汉语增 -j- 介音，如“韡”类；第二种本读麻韵二等，因汉语歌麻分立，主元音有 [a] [ɑ] 之别，遂由麻韵二等改读歌韵三等，如“迦”类。闫艳《释“补骨脂”》(《汉语史研究集刊》第33辑)考察了古文献中草本药物“补骨脂”的各个名称，并从音韵学角度探讨各名称与梵文名称之间的语音对应关系。李锦芳《壮语和越南语汉借词语音差异及成因》(《中央民族大学学报(哲学社会科学版)》第4期)比较壮语、越南语汉借词的语音差异，指出越南语汉借词产生了擦音和塞擦音塞化、清浊塞音内爆化等变异，韵母、声调与汉语中古音之间对应也有所不同，并分析了上述差异形成的原因。

三、近代音研究

(一)近代共同语的语音演变研究

共同语的语音演变研究主要描写中古音到近现代汉语共同语中的演变规律。既有对特定类型声韵自中古近代至现代演变的研究，也有针对特定词例读音来源的研究。

王栋、蒋冀骋《再论普通话船禅二母分化的条件——兼谈官话方言船禅母仄声字读塞擦音的现象》（《汉语史与汉藏语研究》第 13 辑）提出《中原音韵》记录的并非纯粹口语音，而包含了读书音的成分。在《中原音韵》的基础方言里，船禅二母清化后平声非止摄字一律读塞擦音，平声止摄字和仄声字一律读擦音，分化条件很严整。今普通话船禅二母读音的参差，大多是由读书音和口语音相互渗透造成的，少数受到文字、方言等其他因素影响。文章还指出官话方言和近代官话文献船禅二母仄声字也存在塞擦音读法的复杂现象，该现象可能另有形成条件。

尹凯《从浊擦音与浊塞擦音的弱区别性看汉语从邪、船禅母的分合演变》（《语文研究》第 3 期）从类型学的角度考察世界和中国境内语言的浊擦音与浊塞擦音对立类型，认为二者区别意义的功能很弱，在此基础上解释了从邪、船禅母从中古至普通话的演变。叶荧光《也谈近代音“知庄章”的演化》（《汉语史与汉藏语研究》第 12 辑）从“强声弱韵，强韵弱声”的视角梳理近代音“知庄章”的演化及其规律，认为《中原音韵》“知庄章”的音位归纳可以达成共识。

尹瑀《近代汉语桓欢韵的形成及其演变》（《古汉语研究》第 1 期）梳理了《中原音韵》及其前后文献中桓欢韵的表现形式，提出《中原音韵》桓欢韵独立是 14 世纪中叶汉语共同语音系的真实反映，明代中后期桓欢韵的消失才开始成为主流。

专门考察中古新词读音来源及其语音演变的文章有孙玉文《中古以来“也”和“给”的来源札记》（《历史语言学研究》第 19 辑）。文章讨论了副词“也”和动词“给”现代读音的来源，认为“也”是“亦”脱落韵尾变成的，起先并非读“羊者切”，而是读“演尔切”。唐代“也”的使用频率不高，人们按照常用音“羊者切”读，共同语延续了这一读音。“给”读ᶜkei 来源于早期 *ᶜki，明清时期舌根音后接 i、y 时变成舌面前音，“给”*ᶜki 的声韵母之间增生了 ue 或 e，产生了ᶜkei 音，在共同语中沿用至今。

（二）近代音韵文献的整理与研究

高永安《〈字汇〉对文献音切的参考方式》（《语言研究》第 2 期）考察了《字汇》音切的来源文献，并将《字汇》对不同音切文献的参考方式总结为凸显关系、遮挡关系、透视关系、折射关系四类。

刘泽鑫《再论〈中原音韵〉知庄章组声母的拟音及相关问题》（《汉语史与汉藏语研究》第 13 辑）讨论了近代音文献音系问题。文章结合韵书《中原音韵》和官话方言材料，论证《中原音韵》知庄章组声母应构拟为两套，并且支持知庄章组声母构拟为舌面音 tɕ 组的观点。

利用俗音考察文献中疑难字词的论文有李伟大《利用俗音考释清代白话文献疑难字词举隅》（《励耘语言学刊》2022 年第 2 辑）。文章利用文献记载的方俗音考释了 10 组曲本、小说、汉语教科书等清代白话文献中疑难字词，如“恬”当是“怀”字，是“获”的俗音；“”为“所”字，文献中用来记录“说”的读音；“”为“燃”字，记录“腌”的读音，等等。

刘晓南《朱熹语音及语音思想研究——以叶音为核心》（上海古籍出版社，12 月）是一部研究南宋朱熹语音的专著，分上、下两卷。上卷探讨叶音的现象、沿革和作用，下卷从朱熹古音、宋代通语语音和宋代闽音三个方面考察朱熹文献中的历史语音。

（三）近代音韵文献与方言音韵史研究

2023 年度结合近代韵书等音韵文献和现代方言进行综合研究的成果比较丰富，其中以研究北方方言的音系或特定音类的文章为主。

李军《乔中和〈元韵谱〉实际语音与明代河北内丘方音》（《励耘语言学刊》第1辑）分析了《元韵谱》十二佸四响四十八韵的列字特征和对立原因，归纳了韵谱反映的实际语音，并与现代河北内丘方言进行比较，指出《元韵谱》的声母系统、声母特征与现代内丘方言基本一致，但疑母、微母以及日母有保留传统音韵特征的可能性；其韵母系统中阳声韵和绝大部分阴声韵韵母与现代内丘方言整齐对应，阴声韵中“博”佸、“百”佸、“孛”佸韵母开始混同，入声韵母与现代内丘方言有一定程度的差异。

赵彤《〈中原音韵〉iaE、iɛE对立在江西方言中的反映》（《历史语言学研究》第19辑）指出《中原音韵》音系里中古牙喉音开口二等与山、咸、效各摄的同摄三四等构成的iaE和iɛE对立在一些江西方言中仍旧存在。文章认为现代江西方言的文读iaE应当是元代从北方话传入的。

郭利霞、张世方《闵宣化〈汉语的结构原理〉所记百年前的热河音系》（《语言学论丛》第1期）考察了比利时传教士闵宣化《汉语的结构原理》所反映的20世纪初的热河方言，整理了其音系及轻声、异读、语流音变等现象，归纳了声韵母文白异读的基本规律，通过比较发现这些语音现象仍有不少保留在现代承德、赤峰地区的汉语方言中。

李军《王植〈韵学〉〈韵学臆说〉所反映的实际语音及其与河北深泽方音的关系》（《语言学论丛》2022年第2期）以《韵学臆说》“十三字首群字谱”为主要研究对象，重点分析了“平入析疑谱”所反映的实际语音特征，归纳了《韵学》《韵学臆说》所反映的实际语音系统。通过比较，该文发现该音系与现代河北深泽方言高度一致，反映王植虽然将传统韵书音系奉为“正音”，但实际语音对其韵图编撰、语音分析仍具有重要影响。

袁舒《〈渊若韵辨〉的语音特点及音系性质》（《古汉语研究》第3期）梳理归纳清代《渊若韵辨》的语音特点及语音系统并与现代方言比较，认为其音系基础是18世纪60年代左右的章丘方言。但锐《〈字学正本〉音系研究》（《汉语史研究集刊》第33辑）整理了清初《字学正本》正音、时音两套音系的特征，并与音韵文献和现代保定方言比较，描写其中的演变过程。

考察南方方言音系的性质、特征等问题的论文，比较突出的有以下四篇。但锐、李军《基于历史文献的黄孝片方言性质探究》（《古汉语研究》第4期）通过比较23种明清韵书韵图和明人笔记、明清县志等材料，认为宋元之后，今黄孝片地区方言官话化程度较高，可视为官话方言。侯俊《日藏启蒙类书〈直音汇韵〉与清初江淮方音》（《中国语文》第2期）考察了日藏《直音汇韵》的文献情况，整理了其音系特点，通过与其他音韵文献和现代方音的比较，得出其语音性质是以清初安徽安庆、桐城一带方音为基础的洪巢片江淮官话。史光辉《屯堡文书所见清代屯堡话的几个语音特点》（《语言研究》第4期）通过清代屯堡文书中的别字材料研究隶属西南官话的屯堡话，认为屯堡方言具有的语音特点有：中古知系字和部分见组字与精组字合流，读[ts-]组音；泥来母字合流，读[l-]母音；曾梗深臻四摄韵母合流，读[-n]尾音；合口三等韵字与开口一、二、三、四等韵字混读，部分韵母[y]读[i]音，介音y向i合流；入声字主要归入去声和平声，读阴平调的主要是古清入字。这些特点与今音相比有同有异。周赛华《〈千字文类〉音系与道光年间的宁波话》（《古汉语研究》第2期）考察了清代道光年间成书的《注释增广千字文类》，根据《千字文类》凡例标注，认为该书所反映的方言属于宁波鄞县方言。文章总结了对《千字文类》所属的同音类聚文献研究方法，归纳了《千字文类》的音系特点和性质，指出此类文献对语音史和方音史研究均有价值，可以弥补韵图的不足。

王继超《“国音”的三次变革与“京音”的强势回归》（《语言学论丛》2022年第2期）考察梳理了清末民初审定国音并将北平音作为标准语的历史过程，指出从清末“京音”到民初“公定读书音”再到“北京官音”最后又回到“京音”，国音的性质发生了三次变革。

对近代方言中声韵调某一方面特点和演变的考察也是2023年度的热点之一。

任翔宇《〈班华字典〉所见19世纪福安话的声母类化》（《古汉语研究》第4期）根据《班华字典—福安方言》中提供的24条声母类化例证，归纳出19世纪福安话的声母类化规律以及制约条件，认为1893年前后，福安话声母类化的形式已经比较丰富，音变规律与今福安话大体一致，语音和词汇条件对声母类化现象有重要影响。霍帆《五音集字与清后期四川文雅口音》（《南开语言学刊》第2期）考察了清后期反映四川官话的韵书《五音集字》，指出部分知章组和庄组外转字的平翘舌异读反映了翘舌音开始混同于平舌音的现象。

研究近代方言韵类演变的论文中，讨论官话方言的居多。宋华强《明代南方官话深臻曾梗四摄的分合》（《中国语文》第6期）考察了深臻曾梗四摄阳声韵字在明代南方官话韵书韵图和其他文献中的分合关系，结合今长江流域官话方言中曾梗摄合口字的读音，认为湖广、四川等地官话中，最迟至明中期，深臻曾梗四摄已合并，而江淮地区官话则直到明后期才开始合并，且西部早于东部，深臻曾梗合并这一音变在长江中上游发生时间早于下游地区。此类论文还有刘婕妤《官话方言古铎药觉韵的读音类型及演变》（《汉语史与汉藏语研究》第13辑）、赵文文《假摄三等字在河南官话方言中的演变》（《汉语史与汉藏语研究》第13辑）等。

余颂辉、江雪奇《清代珠三角粤语麻韵的音系格局》（《古汉语研究》第4期）通过现代方言比较和历史文献考证，提出清代早期中古麻韵在珠三角粤方言中应该是二等读a类韵母、三等读ia类韵母的主要元音合一型格局，现代珠三角粤方言中类似广州话的麻韵二等读a类韵母、三等读ɛ类韵母的主要元音两分型的格局是晚近离散式音变的结果。

孙志波《清末北京话的“-儿”缀读音》（《语言研究》第3期）归纳了《俄汉合璧增补字汇》中记录的清末北京话“-儿”缀读法，总结出三种变化：ior跟yɛr合流；-ŋ尾韵后的“-儿”缀生成儿化韵；-u尾韵后的“-儿”缀生成儿化韵。

一些论文专门讨论近代方言声调类型和演变。徐朝东《明末以来北京方言声调研究》（《历史语言学研究》第19辑）考察了声调分阴平、阳平、上声、去声的北京方言材料，指出艾约瑟等记录了调类和调型，佛尔克、高本汉等开始记录调值。作者认为19世纪初北京话声调系统中阴平是高平，调值是HH（44-55）；阳平是高升，调值是MH（24-35）；上声是降升曲折，调值是MLH（213-214）；去声是高降，调值是HL（41-51），直至现代北京方言声调中调型和调值基本没有变化。张梦瑶《桓台方言平上合并与入声消变在连调中的历时涵义》（《汉语史与汉藏语研究》第13辑）比较了清代张象津《等韵简明指掌图》记录的清中叶桓台方言和今桓台方言在阳平与上声合并、独立入声调消变中的情况，认为轻声变调最具有存古性。田范芬《百年来邵阳话声调的演变》（《北斗语言学刊》第10辑）结合明清文献和现代方言，提出邵阳今入声调是中古入声在近代混入阴去后重新分化的新调，次清去声从阴去转入阳去是近百年来的音变。

（四）对音译音、借词、域外文献与近代音研究

相关研究成果主要体现在以下几个方面。

（1）更加关注对音材料在汉语语音史研究中的重要价值。对音研究渐趋细致，对音原则中的更多细节问题受到重视。

利用对音研究近代汉语音系的论文有施向东《〈西番译语〉与汉藏两语 [y] 音史的几个问题》（《语言历史论丛》2022 年第 2 期），文章根据明清两代官修的《西番译语》的汉藏对音资料，考察了汉语和藏语中 [y] 音产生的时代和发音演变的机制，提出三点结论：（a）明代汉语官话中已经产生了 [y] 音，但是其分布还有局限；其时藏语中 [y] 音仅见萌芽，尚未形成音位；（b）清初以后，藏语中 [y] 音化的进程开始，大体上是沿着 [u]+[-s/-l/-d/-n]>[ui]>[y] 的路线进行的，这是典型的逆同化音变；（c）汉语史和现代汉语方言的材料证明汉语中同样存在由于逆同化造成 [y] 音化的机制和历史进程。向筱路《元代沙啰巴译经对音再探（声母部分）》（《古汉语研究》第 1 期）通过综合考察沙啰巴译经反映的汉语声母系统，得出其特点有全浊声母清化，轻重唇音分化，非母音值为 [f]，微母音值为 [ɱ]，知组和照组合流读成舌尖后音，疑母一二等字、影母、喻母都读成零声母等。文章还指出，至晚在沙啰巴时代藏语中 tr- 等复辅音声母已经读成卷舌音。倪博洋《从〈南天竺国菩提达摩禅师观门＞看敦煌藏汉对音的方言差异》（《民族语文》第 1 期）梳理了《南天竺国菩提达摩禅师观门》的音变，得到 8 条创新特征：全清上去声浊化，奉母擦化，微母擦化，云母不论开合均与以母合并，一等主元音 o 高化，宕梗后鼻音尾完全脱落，梗二裂化，i 韵尾变为 u；同时得到 4 条滞后特征：全浊声母未在平入声清化，非母转写未送气，奉母转写未送气，蟹摄保持一、二等主元音对立。文章将《南天竺国菩提达摩禅师观门》与其他敦煌藏汉对音文献进行了比较，发现各文献所反映的音系不能用一条演变链贯穿。聂大昕《“西洋馆华夷译语”对音系统的多元一体》（《国际汉学》第 3 期）通过对对音规则、用字体系、切音模式三个层面的考察，指出西洋馆华夷译语存在藏汉、梵汉、满汉三种对音特征。

讨论对音研究方法的代表性论文主要有以下三篇。

马君花《〈回回馆杂字〉波汉对音方法及其存在的问题》（《北方民族大学学报》第 2 期）整理了明代永乐年间四夷馆的《回回馆杂字》中波斯语和汉语的声韵母对应，指出不同译音人的对音方法有所不同，对音方法主要有音节对音节、音节对音素两种，对音过程中存在相似语音替代、同一个汉字译写不同的音、译音用字不固定等问题。作者指出，利用波汉对音考订明代汉语语音，要充分考虑两种语言的音系差异，语音对应关系严整与否，以及译音人的口音与译音习惯等。

赵昕《满汉对音材料分析中的三个问题》（《语言学论丛》第 4 期）结合对音实例，讨论满汉对音材料分析中的三个问题。首先是对音策略和官方规范造成的失真。文中以早期对音材料中满语 j、c、s 记录精见组细音的现象为例，认为这并不能说明尖团已经合流，而是暗示见组细音先于精组细音腭化。其次是对音材料的运用要区分对音方向，利用不同方向对应关系之间的差别可以分析出更多语音史信息。再次是在分析以汉记满的对音材料时要注意蒙古语等因素的影响。蒙古语对满汉对音材料存在“来源”和“干扰”两种影响。

皮华林、罗健京《朝汉对音材料中的谚文音值构拟原则》（《湘潭大学学报（哲学社会

科学版）》第 5 期）提出由于谚文创制与汉语本身有联系，在构拟谚文符号所代表的汉语音值时，应该坚持朝鲜语与汉语音相互联系、朝鲜语与汉语音相互区别、语音发展渐变原则。

（2）借词是汉语语音史研究中的重要材料之一，利用民族语中汉语借词考察汉语语音越来越受到重视。

邓强、李莞《清代契约文书音借字反映的滇中地区"尖团合流"现象》（《语言学论丛》第 4 期）考察了清代滇中契约文书中反映精见相混的音借字，为清代云南汉语方言中的"尖团合流"变化提供了材料。瞿建慧《湘西苗语汉借词果摄的历史层次》（《北斗语言学刊》第 10 辑）将湘西苗语汉借词果摄字分出三个层次，认为 ai、uai、ei、uei 属于上古层，$a_{白}$、aŋ、ua、au 属于中古层，$a_{文}$、o、u、əɯ、ɤ、oŋ 属于近现代层。王艳红《苗语汉借词研究》（上海教育出版社，5 月）是一部研究苗语汉借词的专著，分析了苗语中汉语借词的不同时代层次。

（3）利用域外音注文献考察近代音。

高龙奎《〈论语谚解〉音注声母研究》（《汉语史与汉藏语研究》第 13 辑）考察了朝鲜李朝音注文献《论语谚解》反映的汉语声母特点，这些特点包括：唇音和舌音未分化，全浊声母清化，影云以疑四母合并，精庄章组声母合并，部分泥母并入来母，部分日母变读为零声母等。

（4）结合对音译音和其他文献，对历史方言进行断代或分区。

柯蔚南《西北方言史断代》（《长江学术》第 1 期，邓晓玲译。英文原文刊于 *Journal of Chinese Linguistics*，27 卷，第 1 期，1999 年 1 月，第 104—119 页）描述了西北方言历史的演变过程，并根据声韵演变进行断代，划分出七个历史阶段：一是前古代西北话阶段（公元 280 年左右）；二是古代西北话阶段（公元 400 年左右）；三是隋唐长安阶段（公元 580—650 年）；四是盛唐长安与盛唐沙洲阶段（公元 700—800 年）；五是晚唐长安与沙洲阶段（公元 800—1000 年）；六是后沙洲阶段（公元 12 世纪）；七是现代方言阶段。

聂鸿音《8 至 12 世纪汉语西北方言的区片划分》（《北方民族大学学报》第 4 期）指出西北地区通行的口音是盛唐以后长安话向西传播的结果，其区别于中原方言的突出特点是：宕梗二摄的鼻韵尾全部脱落，部分鼻声母字读作相应的全浊声母。西北所有地区都保留了这两个特点，但在其他一些音类上出现了进一步的变异，根据这些变异可以把西北方言划分为陕西片、甘肃片、新疆片和宁夏片四个片区。

利用对音、借词和域外文献研究近代语音的专著有朱国祥的《回鹘文文献汉语借词研究》（社会科学文献出版社，2022 年 12 月）和李宁的《日本江户时代唐话的音韵研究》（暨南大学出版社，6 月）。前者研究了回鹘文文献材料中汉语借词情况和汉语—回鹘语的对音规律，后者探讨了日本江户时代（1603—1868）日本唐话（"唐话"是日本人对当时汉语口语的称呼）文献材料所反映的汉语音韵特点。

（五）近代韵图和等韵学研究

李军、徐宁景《江淮官话韵图抄本〈空谷传声原本〉与清代南京方音》（《汉语史学报》第 27 辑）比较了《空谷传声原本》与其他江淮官话韵图和现代方言，指出其中具有很强的一致性，认为《空谷传声原本》真实记录了清代南京方言的语音特征。王朋《〈七音韵准〉等韵理论的传承与创新》（《汉语史学报》第 27 辑）考察了清代顺治年间沈萩所作《七音韵准》，并在与前代韵图的原则进行比较的基础上，分析了《七音韵准》的继承和创新之处。

利用数字化方法研究韵图沿革的论文有逯亚荣《计算机辅助等韵图用字研究》（《汉语史与汉藏语研究》第 12 辑）。该文提出了一套韵图数字化处理方案，对宋元时期的五种代表性韵图（《韵镜》《七音略》《四声等子》《切韵指掌图》《经史正音切韵指南》）中的韵字进行了比较，得出它们之间的相合比例都在 50% 以上，说明宋元韵图发展具有一脉相承的特点。

四、汉语语音史研究方法论

刘晓南《试论语音史研究框架的转型》（《长江学术》第 2 期）回顾了汉语语音史学科的萌生及百余年来的发展历程，指出随着历史方音研究的发展，形成于 20 世纪初的、以通语语音发展为主的单线式研究框架的问题日益凸显，一种以通史语音史为主、历史方音为辅的、兼顾时空维度的研究框架正在形成，汉语语音史研究框架的转型正在成为现实。

孙宜志《对历史层次比较法若干问题的思考》（《语言研究》第 3 期）探讨一种经常用于汉语方言语音演变研究的方法——历史层次比较法；讨论了层次的类型及区分方法、同源层次的年代、异源层次的来源，以及汉语通语史在历史层次比较法中的作用。

余德江、陈保亚《从变异有阶分布看接触引发的语音演变——以傣语与汉语接触为例》（《民族语文》第 3 期）探讨区分接触引发的语音演变和语言系统内部自发演变的方法，提出了一个新的分析框架：在梳理历史音变的基础上，区分“固有层—外来层—中介语—目标语”这一接触的层次结构，以此为坐标系观察变异的分布模式，继而根据变异分布模式确定语音演变的性质和方向。

张义《古书注音用字音韵地位的自动标注》（《南京师范大学文学院学报》第 3 期）介绍了作者开发的“古书注音用字音韵地位自动标注系统”，并讨论了该系统所涉及的两个关键问题——异读注音用字常读音的确定和标注系统的适用性。

五、学术史研究

2023 年度学术史研究论文主要集中在古音学史方面。张道俊《〈古十七部谐声表〉论析》（《语言学论丛》2022 年第 2 期）讨论段玉裁《古十七部谐声表》1521 个谐声的真伪、归部、类型、来源、缺漏、顺序等问题，在此基础上修订了该表，新修订的谐声表共收谐声 2390 个。

许春颖、赵晓庆《王念孙〈谐声谱〉与古韵研究》（《语言学论丛》2022 年第 2 期）考察了王念孙《谐声谱》《说文谐声谱》稿本文献面貌，讨论了《谐声谱》在谐声层级与等第划分、古韵分部等方面的贡献。

马德强《高本汉撰作〈中国音韵学研究〉的几个细节问题》（《南开语言学刊》第 1 期）借助高本汉传记材料，讨论了高本汉在撰作《中国音韵学研究》的过程中，何时确定《切韵》为方言研究的出发点、对南方方言的态度以及对《康熙字典》的认识等问题。

六、论文集、工具书、教材的出版

黄耀堃《韵海镜源——音韵文字论集》（香港中文大学出版社，6 月）汇集了作者近年有关音韵文字的论文：有对长期难以确解的文献的解读，如保存于日本的《卢宗迈切韵法》，黑水城出土的《解释歌义》等；也有对成说的考辨，如现存《切韵指掌图》和《四声等子》

的真伪问题等。

郭锡良编著、雷瑭洵参订的《汉字古音表稿（增订本）》（中华书局，12 月）将东汉以前文献中出现的全部汉字提取出来，标注上古音。该书是郭锡良先生上古音研究成果集大成的反映，内容分为四部分：字表、谐声表、韵表、说明。书后附音序、笔画、部首三种索引。

2023年还出版了2部音韵学教材。刘晓南《汉语音韵研究教程（增订本）》（上海教育出版社，8月）是在2007年版《汉语音韵研究教程》的基础上增订而成的，分为“音韵与音韵学”“《切韵》音系”“汉语语音史研究”三个部分，增补了语音史研究范式和历史方音研究部分，并订正了一些错误。孙玉文《汉语音韵学讲义》（北京大学出版社，12月）是作者主讲本科生“音韵学”课程的讲义。该教材首先对古代音韵学术语作了简明实用的讲解，围绕《切韵》系韵书、韵图，讲解中古音系和等韵学，在此基础上接着讨论上古音系的研究，最后讲述以《中原音韵》为代表的近代音系。两部教材各有特色，都很好地融合了音韵学专业重要的基础知识和最新的研究成果。

七、音韵学会议

中国音韵学研究第二十二届学术研讨会暨汉语音韵学第十七届国际学术研讨会于 2023 年 12 月 15—17 日在陕西师范大学文学院召开，共有一百余位学者参与。会议讨论的内容有传统音韵研究、音韵学家学术思想研究、音韵学史研究、音韵学与方言研究、音韵学与词汇研究等。

古文字学研究

王志平　连佳鹏

2023年是“十四五”规划承上启下的一年，古文字学研究继续蓬勃发展。随着新材料的陆续公布以及旧材料的不断消化，古文字学研究日新月异，冷门不冷，绝学不绝。体现在学术研究成果上，古文字学研究论著数量庞大，研究人数众多，呈现出繁荣昌盛的学术局面。

2023年度，为推动和完善有中国特色的古文字学学科体系和话语体系建设，促进古文字学与出土文献研究，又有一批新的学术平台应运而生。在原有的古文字学期刊和集刊的基础上，又诞生了一批新的专业性集刊，如故宫出版社3月出版的故宫研究院古文献研究所编著的《故宫博物院古文字论集》第1辑以及12月社会科学文献出版社出版的湖南大学简帛文献研究中心主办的《出土文献与古史研究》第1辑等，这些新集刊的创办为古文字学者交流新见提供了新的园地和舞台。

古文字学的进步和发展主要体现在以下三个方面。

一、出土文献的著录与整理

2023年，甲骨文、金文、战国文字、简帛文字等都有一些新的出土文献著录与整理，为古文字学研究提供了新的材料。

（一）甲骨文著录与整理

2023年有3项甲骨文著录与整理成果。

1. 赵爱学编著《绘园旧藏甲骨文字》8月由学苑出版社出版。该书为国家图书馆藏何遂先生旧藏甲骨拓本，在原拓本影印基础上，对所收甲骨进行释文、分类，著录每片甲骨材质、类组、旧著录号等信息，反映甲骨学最新考释、缀合等成果，并对此拓本所收拓片与其他著录书所收拓片进行比较和说明，以便研究利用。同时对国图藏绘园甲骨拓本情况、绘园甲骨存世拓本情况、绘园甲骨著录情况、绘园甲骨实物现藏情况进行全面研究。另编制《绘园甲骨著录表》、绘园甲骨与《甲骨文合集》所著录、国博所藏等多个对照表，以便参考对照。

2. 张新俊编纂《河南藏甲骨集成·周口关帝庙博物馆卷》9月由河南美术出版社出版。该书是《河南藏甲骨集成》的第二卷，是将周口关帝庙博物馆所收藏的67版甲骨，按照统一编目、核量尺寸、数码拍照、优拓补拓、摹本绘制、释文考释等文献整理程序，系统整理、出版的甲骨文献整理专著。

3. 郭仕超编著《旅顺博物馆所藏甲骨文字编》8月由中国社会科学出版社出版。该书是关于旅顺博物馆所藏甲骨的一部融学术与实用为一体的古文字工具书，尽量吸收甲骨文字考释和甲骨缀合的最新研究成果，注意运用考古类型学的方法，尽可能全方位地展示旅顺博物馆所藏甲骨文的字形。

（二）金文著录与整理

2023 年，无论是新出土青铜器还是金文工具书，都有最新的整理成果。

1. 方广强主编、葛亮编注《方介堪藏吉金拓片集》1 月由上海书画出版社出版。该书收录方介堪旧藏金石拓本 581 件（编为 506 号，一器一号）。其中，“金”类以商周青铜器为大宗，涉及钟、鬲、甗、鼎、簋、盨、簠、敦、卣等 20 多种青铜器，加之少量的秦诏量器和汉代铜器、新莽量器及杂器，“石”类也有 10 件。所藏金石拓本从商周时期到秦汉时期，包括了商周金文、战国古玺、秦代金文、汉代金石文字等。

2. 山西博物院编《吉金光华：山西青铜艺术》5 月由三晋出版社出版。该书精选山西博物院馆藏青铜器精品 100 件，每件器物主要内容由文物图片、文物相关文字信息（铭文释读、标准文物出土信息描述、文物历史信息、艺术信息解读）、文物线图、全形拓片四部分构成。

3. 湖北省文物考古研究院、北京大学考古文博学院、随州市博物馆编著《穌钟鸣凰：春秋曾国编钟（上下册）》6 月由文物出版社出版。该书立足于随州义地岗墓群枣树林墓地新出土春秋时期曾国编钟材料，另收录文峰塔墓地编钟及传世编钟资料，从出土埋藏、编钟组合、器物形制、铸造铭文等方面对编钟进行介绍，不仅丰富了对曾国历史的认识，更填补了曾国编钟谱系中的缺环。

4. 刘彬徽、刘长武编著《楚系金文汇编》6 月由湖北教育出版社出版。该书以“汇编”部分为主体，分作“器目表”“正文”“简注”三项，以年代学分类为序对楚系青铜器铭文进行了系统性的汇编。书中编制有楚系金文字表及检字索引，便于读者检索。

5. 曹锦炎主编《国家图书馆藏金文全集》12 月由浙江人民美术出版社出版。该书共分八册，正文分为食器、酒器、水器、乐器、兵器、用器及存疑器七大类，2500 余件拓片。每类下以字数为序，辅以年代先后，附铭文、拓片编号、尺寸、钤印以及器物年代等信息。此次整理的金文拓片，有超过百件之数是过去未见著录的新拓本或者是仅见摹本、未见原拓的孤本拓本，全集首次予以披露。

6. 河南省文物考古研究院、武汉大学历史学院考古系编著《郑风韩韵——郑韩故城近出东周青铜器精粹》12 月由上海古籍出版社出版。该书收录郑韩故城遗址近年来考古发掘出土的青铜器 200 余件，图片约 530 张，包括器物照片 484 张、线图 46 张，另有拓片若干张，并有出土信息、器物描述等内容，比较深入地展现了郑韩故城所代表的春秋战国时期中原地区的青铜器文明。

7. 张振谦编著《燕文字编》1 月由文物出版社出版。该书在全面搜集整理燕系文字的基础上，兼顾收录地域内的前期文字。《燕文字编》以铭文的时代先后，以出土材料类别为顺序，广泛吸收学术界的研究成果，将燕系文字按照《说文》部首顺序汇集成编，并附辞例。

8. 亓民帅编著《山东古方志载青铜器资料辑录》11 月由东方出版中心出版。该书从记载山东地区情况的古代方志（包括民国时期修撰的传统体例志书）中，辑录青铜器资料三百余条，兼及相关的封泥、钱范资料，时代以商周秦汉为主，玺印、铜镜则晚至隋唐。相关资料以地级市为单位进行排列，条理清晰，方便查阅。

（三）战国秦汉简帛等著录与整理

2023 年出版的重要简帛材料与整理成果如下。

1. 北京大学出土文献与古代文明研究所编《北京大学藏秦简牍（全五册）》5 月由上海

古籍出版社出版。该书所收秦简牍为北京大学接受捐赠而从海外抢救回归的，共有竹简 762 枚、木简 21 枚、木牍 6 枚、竹牍 4 枚、木觚 1 枚以及骰子 1 枚、算筹 61 根与竹简残片若干，抄写年代大约在战国末至秦始皇时期。这批简牍共有 26 篇文献，以简册的物理形态为依据，兼顾内容，分为四册。第一册包含思想与文学类文献；第二册包含数术与数学类文献；第三、第四册则完整收录具备特殊简册形制的竹简，包含数学、数术、医学与工艺类等多种文献。公布全部简牍的彩色图版、红外图版、简背划痕示意图、简牍详细数据以及释文注释等内容；第五册，专册收录室内清理发掘报告。

2. 甘肃简牍博物馆等编《悬泉汉简（叁）》5 月由中西书局出版。悬泉置遗址出土汉简三万五千余枚，有字简二万三千枚，经过整理者一万八千枚，拟分八辑出版。该辑收录原简约两千二百枚（含三件帛书和两件纸文书），彩色图版和红外图版同时呈现，释文紧随其后，末附简牍形制尺寸表。

3. 陈伟、熊北生主编《睡虎地西汉简牍 · 质日》10 月由中西书局出版。该书是八卷本《睡虎地西汉简牍》中的第一卷，包括对西汉文帝时期大致连续的 11 年质日简册（共 700 多枚）的图版著录及其释文和注释。睡虎地汉简质日是目前所知一次出土年份最多的质日简册，是了解秦汉质日的性质、复原当时历法、探讨墓主身份和生平以及县乡官吏生存状态的珍贵史料。

4. 清华大学出土文献研究与保护中心编《清华大学藏战国竹简（拾叁）》11 月由中西书局出版。该书整理报告共发布五篇竹书，分别为《大夫食礼》《大夫食礼记》《五音图》《乐风》《畏天用身》，均为传世文献未见的佚籍，其中两篇礼书是散失的先秦礼书在战国竹书中的首次发现，再现了战国时期礼书的原始面貌。

5. 湖南省文物考古研究院等编著《益阳兔子山七号井西汉简牍》12 月由上海古籍出版社出版。益阳兔子山遗址七号井出土简牍 2600 余枚，简牍内容是西汉前期长沙国益阳县衙署公文簿籍等，是出土西汉简牍中年代最早的资料。具体记录当时长沙国辖下益阳县、乡、村里行政运作以及官吏、民众的日常生活，是当时基层社会的实录。这批简牍为研究汉初益阳及周边地区的历史文化、法律制度等方面提供了新的史料，有助于推动秦汉史、地方区域史等问题的研究。

6. 方勇、郝洋编著《天水放马滩秦简文字编》5 月由社会科学文献出版社出版。该书将天水放马滩秦简全部材料进行截图处理，按照《说文解字》的部首排列顺序把 981 个汉字字头进行合理编排，从而能够较为直观地观察天水放马滩秦简的字形结构及其特点，同时字编将学术界以往没有释出的文字及释读错误的文字一并进行编辑处理，方便了学术界对此批秦简文字材料的应用和研究。

7. 陈松长等编著《岳麓书院藏秦简（肆—柒）文字编》9 月由上海辞书出版社出版。该书选取已出版的《岳麓书院藏秦简》肆至柒卷中的简牍文字，以《说文解字》为序、以文字编的形式编辑出版，每一字头下包含该字头所属卷数、组别、简号和辞例等。

（四）玺印、陶文、符节等金石文字著录与整理

2023 年出版的玺印、陶文、符节等金石文字的著录与整理如下。

1. 刘维高编著《福高堂藏古玺印选》2 月由西泠印社出版社出版。该书从福高堂主人刘维高先生众多古玺印藏品中遴选 100 枚，其中含战国私玺 50 枚，秦私印 30 枚，汉私印 20 枚，绝大多数未曾著录。每一枚印一个跨页，左侧页面为侧视图放大效果，右侧页面为前述其他

信息，含释文、国别、尺寸、材质等。该书收录之印精品繁多，不乏首见之姓氏、人名。

2. 焦新帅编著《乾堂藏东周磬铭》3月由西泠印社出版社出版。该书刊载的东周铭文石磬传同出临淄故城，均为齐国祭祀礼器，是乐毅伐齐国毁灭齐国宗庙的遗存，也是目前所知的唯一留存的齐国石刻。此批石磬器物共计百件，刻铭者八十四件，朱书者十六件，共存二百余字。

3. 孙家潭编著《庆堂印话：孙家潭藏古玺印杂记》10月由西泠印社出版社出版。该书收录古玺印四百余方，为作者多年来收藏古玺印研究专辑，藏品由战国至明清时期，典藏丰富，每方古印均有图片与文字介绍。

4. 张树墩编著《日本横滨北京堂藏古玺印》12月由西泠印社出版社出版。该书首次把日本横滨北京堂历年以来所藏古玺印结集出版，收录的500余钮古玺印主要以战国、两汉时期为主，兼及秦、魏晋、隋唐五代、宋元各时期官私印。材质上以铜及铜鎏金印为主，散含部分石、陶及玉质玺印。

5. 李文亮著《古玺文异释研究》10月由社会科学文献出版社出版。该书以古玺文异释为视角，首先厘清古玺、古玺文、玺的基本概念；其次选取异释较多的五组古玺文予以讨论，因印制宜，尝试提出新的释解思路；最后，在此基础上，对形同义通者作为构件互作、简省（繁化）对比同理推释、相讹反证等考释方法予以总结归纳。

6. 洪德荣著《先秦符节的搜集、整理与研究》5月由东方出版中心出版。该书对于先秦至秦代（以及少部分的两汉）的符节器物进行图像的搜集整理，对文字、器物形制、历史制度进行全面研究。

二、古文字学专著与论文集的新收获

（一）个人专著的新贡献

2023年，古文字学人陆续出版了不少新作。

1. 甲骨学研究如下。

（1）刘一曼著《商代考古与甲骨学》3月由中国社会科学出版社出版。该书内容主要分为两大部分。上编为商代考古的论文14篇。下编为甲骨学与文字学的论文26篇，内容涉及甲骨的整治与占卜、甲骨文的分期断代、殷墟新出土的甲骨文的考释与研究等内容。

（2）王宇信著《西周甲骨探论（增订本）》3月由中国社会科学出版社出版。该书初版于1984年，是关于西周甲骨研究的第一部专著，是对西周甲骨材料由部分公布到全面公布过程中，这一研究阶段的全面总结（1956—1984年）。此次再版修订了原书部分内容，并整合了作者陆续发表的有关西周甲骨研究论文。

（3）彭裕商主编《殷墟甲骨文分类与系联整理研究》7月由四川辞书出版社出版。该书共分两个部分：第一部分，全面收集截至2018年刊布的所有甲骨文（西周甲骨文除外）材料，在殷墟甲骨“十组”的基础上，依据字体进行逐片分类，尽可能地将其准确划入某一组类，并指出各组类甲骨的年代；第二部分，排谱系联，主要是在精确分类的基础上进行，依据事类、人物、地名等将卜辞进行系联，具体地说可以分为两个层次。第一层次，卜辞内容基本相同、干支月份接近且相连属，为同一事类的系联，可靠性最高；第二层次，卜辞内容相近、干支月份亦可连属，为相近事类的系联，可靠性次之。

（4）顾绍通等著《甲骨文的数字化处理及应用研究》8 月由中国社会科学出版社出版。该书围绕甲骨文的数字化处理，介绍了甲骨文字形处理过程中使用的基本原理和基本方法。每一章均针对甲骨文数字化处理的某一方面展开叙述，并辅以具体应用实例和实验结果，给读者以直观呈现。全书内容包括甲骨拓片字形的计算机辅助复原、甲骨文字形的数字化处理、甲骨文字形的曲线轮廓拟合、甲骨文字形的输入编码、甲骨文字形的艺术变形等。

（5）王晓鹏著《甲骨文摭论》11 月由齐鲁书社出版。该书共分五大章节，其中第一章为重点内容，后面附录了近 600 个甲骨文字，并进一步进行了释读。该书在已释读甲骨文字的基础上，对甲骨文的词本义系统和借表词义系统进行了梳理，考察和探讨了甲骨文单字、形位、字位与词位、义位的关系，并将甲骨文字释读原理与甲骨文义位系统性结合起来进行研究，以便于更加详审而精确地研究甲骨文字、词和词义问题。

2. 金文学研究如下。

（1）吴镇烽著《吴镇烽金文论集》11 月由上海古籍出版社出版。该书是作者近 60 年来所撰学术论文的汇编，共收录论文 81 篇，主要涉及青铜器与金文相关问题的考辨，以及利用金文等出土文献所做的先秦历史、地理问题的考证，此外还有玺印、封泥、钱币以及学术史等方面的研究，全书分为“史论篇”“考释篇”“鉴赏篇”“史地篇”“其他篇”“附录”六部分，集中反映了作者几十年来的学术成果和研究面貌。

（2）李学勤著，董喆整理，刘国忠审校《金文与西周文献合证》11 月由清华大学出版社出版。该书在李学勤讲课录音的基础之上整理而成，涵盖了当时所见商末西周间的绝大多数重要器物，这是李学勤金文研究的集中体现。

3. 简帛学研究如下。

（1）田河著《出土丧葬简牍考论》5 月由中国社会科学出版社出版。该书对已刊布的战国至南北朝时期的部分丧葬文书从文本性质、简牍编联、释文校释、名物考证等多个方面加以解读，对系统了解丧葬文书的发展演变和同类文书的整理研究有一定参考价值。

（2）黄艳萍著《肩水金关汉简整理与异体字研究》6 月由广西师范大学出版社出版。该书以肩水金关汉简中的异体字问题作为研究对象，分别从文献解读及释文校释；对异体字系统梳理、分类解析，从结构和书写两个层面讨论简文异体字的类型；构件的书写讹混是异体产生的重要因素，专题讨论简文中典型的讹混构件；简文异体字变异的规律及其产生原因等四个部分对肩水金关汉简进行了研究。

（3）孟美菊、王建民著《汉代简帛文献文字研究》3 月由中国海洋大学出版社出版。该书上下篇，分别对《马王堆汉墓帛书》（四）的俗字和《武威汉简·仪礼》的异文进行研究。

（4）张再兴、刘艳娟、林岚等著《基于语料库的秦汉简帛用字研究》12 月由广西师范大学出版社出版。该书以全面完整的已出版的秦汉简帛资料为研究材料，以秦汉简帛文献语料库为基础，采用穷尽定量统计的方法，对各种用字形式进行多角度的深入细致的比较分析，以发现秦汉简帛用字形式的发展变化规律。

4. 文字普及和发展研究如下。

（1）萧圣中主编《古文字学》1 月由高等教育出版社出版。该书是一部高等学校古文字学相关专业的教材，主体内容涵盖甲骨文、金文、战国文字与战国古文、秦及汉初文字四个单元，每个单元既分别讲解相关文字概况，又选读典型文字材料。

（2）陆锡兴著《汉字形体史》1月由上海教育出版社出版。该书以古文字形体史、篆文形体史为一组，汉隶形体史、八分形体史为一组，草书形体史（汉草、今草、章草等）为一组，真书形体史上下为一组，以翔实的资料作为佐证，四条线索按照时代相互关联，叙述了汉字演变的整个历史。该书最大的特点是以大量出土文献文字为依据，系统梳理传统字学的各个名称术语及其内涵。

（3）侯乃峰编著《甲骨文金文导读》7月由山东大学出版社出版。该书为教材性质的讲义，以古文字学的两大分支领域——甲骨文和金文为主要内容。编纂框架整体上分成三个部分：①综合介绍甲骨文和金文的相关研究状况；②详细介绍甲骨文研究领域目前已有定论的古文字考释成果，对古文字基本字符的演变情况以及某些特殊的文字构形现象进行详细讲解；③选择部分重要的甲骨文和金文原始拓片进行精读。

（4）李守奎著《汉字阐释十二讲》8月由上海古籍出版社出版。该书主要分为汉字阐释与汉字文化两大方面。前者从最早对汉字发展史进行全面阐述的《说文解字》入手，以具体文字如“也”“福”“卿”等常用字的阐释为例证，详细描述其形体演变的来龙去脉和规律，力图探索可操作的阐释方法；后者主要从文字学、文化学等不同角度介绍汉字文化，包括汉字创造时凝结在汉字中的文化，汉字演变过程中堆积的文化，不同时代汉字阐释累增的文化，以汉字为核心的中国文化等。

（5）李学勤著《李学勤文集》（全三十卷）8月由江西教育出版社出版。该书收录了作者自1956年至2018年期间所撰写的中文论著，分为7大类，古史研究（附文明起源研究，共6册）、甲骨学研究（附文字起源研究，共4册）、青铜器研究（附铜镜研究，共6册）、战国文字研究（附古文字学通论，共1册）、简帛学研究（共3册）、学术史研究（附国际汉学研究，共3册）、序跋杂文（共6册）。全套文集共30册，最后一册为目录和索引。每一大类中先收专著，再收论文。文集总字数约1000万字，30卷。

（二）专题论文集的新进展

2023年出版的一些集体论文集也集中讨论了某些古文字专题。

1. 李运富主编《汉语字词关系与汉字职用学》1月由商务印书馆出版。该书收录了关于汉字职用研究的前沿成果，全书分理论研究和现象研究两部分，共收文26篇。从理论和现象两个方面阐发汉字的职能和实际使用情况，包括个体字符的职能变化、个体语符的用字变化、类别材料的用字现象、不同类别用字现象的比较、不同时代的用字习惯与特点、汉字的超语符职用、字词关系和字际关系的描写、汉字职用变化的原因等。

2. 武汉大学简帛研究中心、荆门市博物馆编《金声玉振——郭店楚墓竹简出土三十周年研究文选》10月由武汉大学出版社出版。为纪念郭店楚简这一重要文献发掘出土三十周年，该书精选46篇历年来已公开发表的具有代表性的关于郭店楚简研究文章，涉及简文内容、古文字、思想特点等的考察与辨析，多为名家名作，反映学界对这批珍贵出土文献的认知和研究进展。

（三）学术史整理与研究的新突破

1. 张富海著《汉人所谓古文之研究（修订版）》10月由中西书局出版。该书初版于2007年，此次修订增补了新见古文字字形和新用法，增补了个别初版遗漏字形，增引了比较有价值的新观点，纠正了初版在文字或观点上的一些错误，重新编制了参考论著目。

2. 林志强等著《〈六书略〉与〈《说文》大小徐本录异〉的整理和研究》7月由中国社会科学出版社出版。该书对郑樵的《六书略》和谢章铤的《〈说文〉大小徐本录异》两本文字学著作进行整理和研究。上编综合各种版本整理了《六书略》，正讹订误，希望为学界提供一种相对比较准确的版本，并重点对《六书略》之“六书说”文本进行阐释，对《六书略》引《说文》及有关文字解说进行疏证。下编整理了《〈说文〉大小徐本录异》，并对其内容作了较为深入细致的分析。

3. 吴云著《吴云金石学丛稿》1月由浙江古籍出版社出版。该书收录清代著名的金石学家吴云的金石学著作刻本、稿本多种，多稀见未传之本。

4. 李红薇著《郭沫若金文著作的文献学研究——以〈两周金文辞大系〉为中心》4月由中国社会科学出版社出版。该书以《两周金文辞大系》为中心，参考郭沫若其他著述中的相关意见，以文献学理念观照郭沫若古文字著作，并广求论学书信、日记、批注等材料，在考辨的前提下，钩沉相关史料，梳理观点演变脉络，考索变更的背景及原因，尽可能还原学术研究历程，通过细节考证深入学术史的书写。

三、古文字学论文的新内容与新见解

同样，从学术论文角度而言，2023年的古文字学研究选题多样，内容丰富，涉及古文字学研究的方方面面，新意纷呈，新见迭出。下面，我们从以下五个专题给予概括。

（一）甲骨文研究

2023年度的热点之一是探讨甲骨文的用字现象，尤其是文字异体。宋镇豪《由甲骨文倍数合书例谈殷人记数两系说》（《汉字汉语研究》第1期）通过对甲骨文中倍数合书字九十、二十释读纠葛的辨别，指出殷人记数，除了倍数合书，还存在另一种倍数析书，构成了记数形式的两系分列。吴盛亚《谈殷墟卜辞中的“同版异体分工”现象》（《语言科学》第1期）利用六组见于同版甲骨却字用不同的异体字例，论证了甲骨文中存在“同版异体分工”的现象。这一现象与一般的“异体分工”现象不同，在用法上的分工没有扩大到整个类组；在功能上的区别也不仅限于记录不同的词。在此基础上，进一步对“异体分工”的发展阶段作了理论上的探讨。从而指出“同版异体分工”实际上是刻手用字情况的具体体现，存在个体性与复杂性。刘源《从殷代文字正体角度谈谈历组卜辞特征字》（《故宫博物院院刊》第10期）指出殷代文字分为正体与变体。正体以青铜器铭文为代表，变体以甲骨文为代表。进行甲骨卜辞字体分类工作，要留意正体和变体的区别。历组卜辞特征字，整体上保持了正体的特点，历组二类尤其明显，并影响了无名组卜辞字体。历组一类字体有笔画圆转、字体简化的特点，可能是继承了师组的风格。历组倾向于正体的作风，反映了小屯村中南一系的传统。左勇《殷墟圆体类与劣体类卜辞再认识》（《考古》第4期）通过重新审视占卜主体与内容，认为圆体类与劣体类卜辞并不具备归入非王卜辞的充分条件，反而与武丁时期的王卜辞更为接近。

对于甲骨文字的整理与研究也收获颇丰。龙正海《西北师范大学博物馆藏甲骨文整理与考释》（《中国文字研究》第38辑）对西北师范大学博物馆所藏的12片有字甲骨进行了整理与考释。此批甲骨卜辞内容习见，主要关涉祭祀，也偶涉战争、疾病、田猎等事项。从类组分布看，以黄类卜辞为主，也涉及宾组一类、典宾类、宾出类、师宾间类等其他组类。王子杨《甲骨文“弦”字补释——兼谈“弦”与“幻”的关系》（《文史》第1辑）将甲骨文“”“”二形皆释为“弦”字，不能释作“弹”，另外还讨论了古文字“弦”与“幻”的关系问题。王子杨《释甲骨文“霿”及相关诸字——从一版气象背甲谈起》（《出土文献综合研究集刊》第17辑）重新释读了《合集》21936这版龟背甲的两条卜辞，释出本版写法特殊的“启”、“雷”和“霿”三字，丰富了人们对商代文字形体复杂性的认识。还以“霿”字考释为契机，连带讨论了甲骨文“玫”“姳”“烙”诸字的释读。孙亚冰《释甲骨文“肆”“聝”》（《甲骨文与殷商史》新13辑）认为甲骨文“”与“”是一字异体，释为“肆”，读作“肆”“卒”，表示完成、终了之意。《合》13027反中的“”，从耳从或从又，释作“聝”，可能就是训作“军战断耳”的“聝”字。王雪晴《释甲骨文的“殿”字》（《甲骨文与殷商史》新13辑）依据金文中的“殿”字，将甲骨文的“”字亦释为“殿”，读为“蠢动”之“蠢”。朱国雷《关于甲骨文所谓“犾”字的一点补充意见——附说古文字中从“豕”的“献”字》（《中国文字研究》第37辑）指出甲骨文中用作“远迩”之“迩”及地名的字，旧隶作“犾”。此字所从动物形并非“犬”，而是“豕”，应当改隶作“㹠”。金文中过去看作从“犬”的所谓“犾”也应当一并改隶作“㹠”。旧以为从犬的“献”字在甲骨文以及部分西周金文中亦从“豕”。马强《姚河塬城址出土“稼稷”甲骨文及其相关问题》（《江汉考古》第4期）著录了姚河塬城址东南部西周中期房址内出土的一件骨铲，其上刻有甲骨卜辞，残存文字为“曰由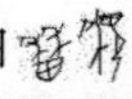卜”。“”字形体为西周首见，可释作“稼”，意为种植谷物；“”为首次发现的新字形，可释作为“稷”，应是“稷”的古文。王晓鹏《甲骨文“骨”“冎”辨释》（《考古与文物》第5期）认为甲骨文“”字旧释“肩”不合理，释为“骨”更为合理。甲骨文“”与“”已明显分化为两个字——“”释读为“冎”，“”则应释读为“骨”。

（二）金文研究

青铜器及其铭文研究2023年度又有新的突破。裘锡圭《大豊（礼）簋铭新释》（《中华文史论丛》第2期）认为“同”所从的“冃”像竹筒之形，“興”所从的“冃”为抬运礼器的抬盘，两者所象本非一物。“興”所从的“冃”在武丁时期卜辞中曾被用为“興”字的简写，但在此后的古文字中似乎就不见独立成字的用例了，可能它因此就与跟它形近的“同”所从的“冃”逐渐混同。黄锡全《记所见复封壶及其铭文》（《上古汉语研究》第5辑）介绍了2008年所见的一对复封壶，对其铭文进行了通释，并对一些有争议的字词提出自己的意见。

金文单字的考释也有新见。单育辰《四十二年逑鼎“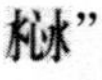”字考》（《文史》第1辑）认为楚简中“”“”“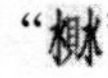”等字象把心或禾或贝投入水中沉祭之“沉”状，它们在辞例上应释为“沉（湛）”或“沉”一类字。在铭文中可读为“参”，“参询”是参谋、咨议之意。徐宝贵《西周早期金文“繭”字补释》（《中国文字学报》第13辑）指出西周早期金文的“繭”字是个从“丝”“庚”声之字，战国晚期睡虎地秦简和《说文》的“繭”字则变为从“虫”从“”，“”亦声之字。楚简、《说文》古文均作“絸”，“见”声，也是个形声字，可见西周、战国时期的“繭”字都是形声字。李森《金文“”字补说》（《汉字汉语研究》第1期）讨论了古文字中“丽”“”“”等字与“麗”的关系，认为金文中的“”与“”皆来源于“麗”字早期字形的分化，二字的本义分别为“附丽”与“偶俪”。董莲池《商周金文盾、干二字再辨》（《中国文字博物馆集刊》第4辑）通过相关字形及辞例辨析，

认为商周（西周）时期真正的盾字就是“”，不得改释为“干”，其与“戈”成词只能释读为“盾戈”，而不是“干戈”。马超《读〈僩金集萃〉札记》（《中国文字研究》第37辑）认为绛县横水墓地出土量簋铭文中的“肇”字异体，应是从勹得声；□□父盆中缺释的四字应为“其用夙夜”；鈃我卣中用为“赏”之字，声符由“商”变形音化为了“唐”；通簋中的“禴”字，应读为“禴（礿）”，是夏日对祖先的祭祀；□盆中的“晭”字应改释为“朕”；旧所谓垂仲盉之“垂”应改释为“蔡”。刘新全《释文峰塔墓地M61铜器铭文中的“占”与“贞”》（《中国文字研究》第38辑）将湖北随州义地岗文峰塔墓地M61铜器铭文中的“尹”“尹”分别释为“占尹”“贞尹”，为墓主“乔”不同时期担任的不同官职，其职务均与占卜活动有关。

（三）战国文字研究

战国文字尤其是简帛文字仍是研究热点。张峰《楚简文字的分化特点及其复杂性》（《吉林大学社会科学学报》第2期）认为楚简文字内部也有分化，而且反映出较为明显的特点与相当的复杂性，其特点主要表现在分化的不均一性和有意区分词的语法意义上。石小力《清华简第十三辑中的新用字现象》（《出土文献》第4期）选择介绍了清华简第十三辑五篇竹书中出现的新构形和新用字现象，并据此对以往存在争议的“翟”用作{揖}、“茸”用作{乃}，以及“送”字的释读和用法作了进一步的研究。马文杰、孟蓬生《试论楚简中的“慮”及相关字形》（《民俗典籍文字研究》第29辑）通过对相关字形的考察，发现楚系文字中“庿”与“虐”、“虘”与“虐”皆为以“虐”为终点的单向讹混，不得逆推，因此楚简从“虘”的“慮”和从“庿”的“慮”并不存在相混的问题。俞绍宏、孙振凯《楚简“绝”“继”考辨》（《民俗典籍文字研究》第29辑）认为楚系简帛中“𢇍”为“绝”字，反“𢇍”之“㡭”为“继”字，与《说文》相反。战国时期，字形“𢇍”“㡭”在楚系文字内部不相混淆，在不同系别文字之间，由于字形与字种关系的不统一而产生混淆现象，传世文献“𢇍”“㡭”相混源于此。

战国文字研究中对于楚简文字的重新考释最为主流。刘云《释楚简中用为“契”“窃”“察”之字——兼谈“㓞”“丯”的来源》（《中国文字研究》第38辑）认为楚简中用为“契”“窃”“察”之字，都是从“子”字异体演变而来。另外还讨论了“㓞”“丯”的来源，认为它们也是从“子”字异体演变而来。石小力《战国“琮”字初文构形补说》（《中国文字学报》第13辑）认为楚简“”“”字下部所从的“止”形并非后加，而是由“亞”形下部的“△”形或“丄”形演变而来，此字可以直接隶定为“亞、宝”。文章还对战国文字中从“西”形之字发生讹混的字例进行了辨析。程浩《说“市”》（《汉字汉语研究》第2期）指出清华简《病方》出现了一味应释为“柿瓜”的药，与“柿”对应的新见字形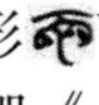可视作“市”字异体。此形就是“柿”的象形初文，其取象为柿树与柿果的形状。尉侯凯《“甸”还是“封”？》（《中国语文》第2期）指出清华简《四告》“乃建侯设卫、㽘出分子”之“㽘”，不能释读为“甸”，而应分析为从甸、丰声，或从人、田，丰声，是表示分封、封建之“封”的专字。李松儒《谈清华简中“倒山”形字》（《文献语言学》第16辑）认为清华简中多次出现“倒山”形或从“倒山”形的字，应释为“倾”。成富磊《清华简〈厚父〉篇所谓“乎”字考——兼论平、乎、兮一系字的释读》（《简帛》第26辑）指出清华简《厚父》中的“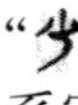”字，旧释为“少”是有问题的，根源在于现有文字学研究对“平”、“乎”及“兮”一系字多有误解。通过字形排比，清华简此字应隶为“平”，读为“抨”，训为“使”。蔡一峰《清华简〈参不韦〉新

见“符”字考释》（《中山大学学报（社会科学版）》第 6 期）认为清华简《参不韦》中的新见字“”可隶释为从廾隽（凫）声的“”，是为拱执符信的“符”字而造。谭生力《清华简〈越公其事〉“”字补说》（《出土文献》第 4 期）认为“”字中间所从“来”形部件，可看作“垂”，具有表音作用。“”即楚文字中的“炊”，简文可读为“继爨（炊）于越邦”。袁金平《说安大简〈曹沫之陈〉释为“早”的字》（《战国文字研究》第 7 辑）指出安大简《曹沫之陈》“曰将行”之“”，上博简对应之字作“（早）”，认为“”字实从日从（夷），为“平旦”之“旦”的表意专字。徐文龙《说安大简〈诗经〉中的“戚”字及其相关字》（《中国文字学报》第 13 辑）通过安大简中的“戚”字新见字形梳理了战国文字中“戚”字的发展流变，并重申了安大简等战国文字中与“戚”字关系密切的“裁（椒）”字构形及其释义。张峰《利用〈安大一·诗经〉文字考释楚文字举例——兼释〈安大一〉“㑄”与“敹”字》（《古汉语研究》第 3 期）根据安大简的相关字形，将《上博六·用曰》简 5 等的“”释为“盍”；将《上博四·内豊》简 8“冠不”的“”释为“力”，读为“饰”。另外，《安大一·召南·羔羊》的“”可释为“㑄”，读为“食”；《鄘风·干旄》的“”可释为“敹”，读为“孑”。

战国玺印文字研究也有新的进展。李家浩《战国官印“娄乐官”考》（《印学研究》第 18 辑）通过对战国三晋官印“娄乐官”的考释，认为旧释为“”的字应该是古文“畓”，“畓”同“娄”。印文古文应该读为“魏”，“乐官”读为“乐馆”。黄锡全《介绍一枚新见楚官玺》（《中国篆刻》第 2 期）介绍了一枚新见古玺，文字应释读为“佢强廷玺”，当是楚国所设管理土地边界事务的机构或官署所用之玺。石继承《战国玺印文字考释二则》（《中国篆刻》第 2 期）将《古玺汇编》2184、2194 等齐玺中的姓氏字释为“鄩”；认为蚌埠谷阳城遗址出土楚玺中的地名应释读为“平阳”。孙刚、李瑶《试说齐系玺印陶文中的“间”》（《印学研究》第 18 辑）对齐系玺印陶文中特殊写法的“虍”形变体的意见进行了补正，指出“左 / 右盧”应读为“左 / 右间”，为居民基本聚居单位。郭理远《战国文字柬释三则》（《中国篆刻》第 2 期）对战国玺印及侯马盟书中的三个字进行了考释。第一则认为《古玺汇编》0647、5673 中旧释从户、雍声的字，应该分析为从糸、 声，是“缨”字异体；第二则认为侯马盟书中旧释“国”的一个人名，其字形实为耳中加“〇”形，见于西周金文及战国玺印，释“国”不确；第三则对《古玺汇编》3328 中旧释“尚”之字改释为“益”的说法进行了补充说明。侯瑞华《楚私玺文字考释二则》（《中国篆刻》第 2 期）认为战国时期楚国的姓名私玺中过去被释为“醻”的字应该改释为“酷”，玺印中的“酷猷”即是传世文献中所见的复姓“沈犹”。文章还对《古玺汇编》3739 号的未识字进行了考释，认为其首字是楚文字中的“彥”，即后世的“颜”氏。纪帅《释晋玺中的“乔”氏和燕玺中的“高”氏——兼说燕文字中的“屮”旁》（《中国篆刻》第 2 期）释三晋古玺中从“力”“高”声之字为“乔”，并认为燕玺中旧释“乔”之字应改释为“蒿”，作为姓氏应即“高”氏。还揭示了燕文字中不少文字繁加“屮（艸）”旁的构形规律，并据之释读了燕文字中从“屮”的“堇”“若”（从“艸”“右”声）“萁”等姓氏字。卢义乐《释晋系文字中的“宰”》（《中国篆刻》第 4 期）指出晋系文字中有一个作“削”或“剸”的字，过去认为跟楚系文字中用作“半”的“剸（胖）”字是一字之异体，因而也释为“胖”。文章根据战国文字中“宰”的相关写法，指出“太剸陉”印之“剸”应是“宰”字异体，“太宰”是以官为氏；进而指出，职官名“廪劆”“廪剀”应释读为“廪宰”，是主管仓廪的官员。晋系文字中的“劆/剀（宰）”与楚系文字中的“剀（胖）”应是异域同形关系。

（四）综合研究

其他方面如综合利用古文字材料进行的文字考释及对汉魏六朝文字进行的考释皆有所创获。黄锦前《释甲骨金文中一组“祼”字的异体》（《甲骨文与殷商史》新13辑）认为甲骨金文的“𩰫”系会意字，表祼祭祼飨义，与金文的“𩰭”“𩰬”“𩰮”系一字之异构，皆应释作“祼”。鞠焕文《说甲骨金文中“卿（饗）”的一种异体》（《甲骨文与殷商史》新13辑）通过新出金文辞例，将甲骨金文的“嚆”字视为“卿（饗）”的一种异体，认为它是为飨酒造的专字，从“口”从“置瓒之同”会意，表飨饮祼祭胙酒。与“卿”象飨食析言有别，是从不同角度书写的“饗”字。

古文字字源新探也是2023年度的学术热点之一。李家浩《古文字“咠”补释》（《战国文字研究》第7辑）同意徐在国的意见，将上博简《曹沫之陈》整理者释为“肙”的字改释为“咠”，同时将甲骨金文中旧释为“兄”的一个字也释为“咠”，认为“咠”为“揖”的象形初文。赵平安《“达”字新证》（《中国史研究》第4期）认为作者以前将甲骨金文中的相关字形释为“达”是正确的，但两系说应该加以修正。“达”字实际上可能不止两系，齐可以单立一系。楚也不像过去想象的那么简单，实际上从肉旁的还可以单立一个支系。甲骨文“达”的几种用法，都有书证可以支持，“达+敌国”时，表示挞伐。“达+友邦臣属”时，训“致”，表示“让……来”“让……去”。“达+首”，黄天树解释为取首级，这个解释现在看来仍是达首最好的说法。刘钊《试论“育”字的形体来源》（《中国文字》2023年夏季号）指出以往或以为“育”为“毓”字之省，或以为“育”是“毓”字的另构，其实都是不合适的。通过对古文字大量字形的考察可知，汉代之前乃借“肙”为“育”，汉代开始从“肙”字中分化出“育”，“育”即“肙”字之变。陈剑《“𦐊”形来源补说》（《中国文字》2023年冬季号）认为“𦐊”形来源于“習”字，系由之分化而出。可能是由“習”将上半“羽”形移到下方而来，也可能系由“習”之繁形“翯”省略上方而来。后者可能性更大。陈陶然《释古文字中出现的“觅”》（《汉字汉语研究》第2期）详细梳理古文字阶段出现的所有“觅”字字义，认为与今文字“觅”字“求、取”的本义相符，还可以引申作“贪求”义，两字应当是同一字。蔡一峰《释古文字“觅”及相关问题考辨》（《文史》第4期）认为古文字“觅”从爫，从见，像以手掩蔽遮蒙其目使不得见，很可能是“眛”的表意初文，与后世觅求的“觅”是历时同形字。尉侯凯《“婴”“晏”一字分化说》（《中国文字研究》第37辑）认为甲骨文“”，象在女子的脖颈之处画一指事符“○”，表示缨饰，是《说文》训为颈饰的“婴”的表意初文。当“○”与“女”分离后，它的表意效果已不显著，故保留“女”旁，而把指事符“○”替换成声符“賏”，由此产生后世常见的“婴”。“”亦可用来形容女子安娴、晏安之貌。当指事符“○”与“女”脱离，“○”进一步讹变为“日”，再将“女”替换为读音更加明确的“安”，最终形成“晏”的固定写法。“”应该是“婴”“晏”二字的共同表意初文。禤健聪《说“夗”》（《古汉语研究》第3期）认为“夗”字初文象孑孓之形，从“夗”之字有圜曲屈伏和聚集蕴积两类意义。战国时期分化为“夗”“肙”“宛”三形，分属不同地域用字。李聪《论字形讹混引起的词义过继——以“散”“麻”为例》（《古汉语研究》第3期）以“散”“麻”为例，指出由于字形的讹混，某一字的词义常会被过继到与其字形相近的字上。“散”本义为“芟除草木”由此引申出“杀伐”义，“麻”本具有“杂乱”之义。在战国文字中“散”“麻”字形相近，极易产生讹混，由此造成了词义过继，使“麻”之“杂乱”义被过继于“散”，进而成为其常用义。李守奎《论以“卿”为核心的字际关系形成的过程》（《上古汉语研究》第5辑）以“卿”字为核心，从共时、历时两个层面，探讨与其有关系的𠨍、卩、㔾、皀、皂；饗、飨，亯、亨、享，鄉、乡，向、嚮、曏、响，薌、芗、香等字之间的关系及形成过程，揭示汉语体系中字际关系的复杂性，尝试通过关系字组探讨字际关系的形成过程与相关文字发展演变历史的可行性。

此外，秦汉文字研究也继续深入。陈剑《秦汉玺印的“蒯”字与相关问题》（《中国篆刻》第1期）指出秦汉玺印中一般释“蒯”之字，包含“刱”和“蔽”两字，后者与通行的“蒯”字相对应。“蒯”中的“朋”形出于讹变，“刀”形则可能系因受当时文字系统中多见的“寸”旁与“刀”旁之交替现象影响类化而致。“刱”字结构应分析作“从‘井’从‘叡（“濬”之表意初文）’省声”，可能即着眼于“濬井”角度为“叡（濬）”所造形声异体，或看作“濬井”之“濬”的“专字”。楚简文字中“刱”或作省体“畁”，其形可追溯至殷墟甲骨文，并与所谓“𢍃”字相区分开。翁明鹏《秦简牍中“夬”“史”互讹的现象和原因再探》（《汉语史学报》第28辑）梳理了“夬”“史”二字的字形演变，发现其在甲骨、金文和楚简中区别明显，但秦简牍文字里却时有讹混。《说文》据小篆字形解“史”为“从又持中”之说虽不确，但“夬”“史”上部（非“中”字）当是通过秦文字“中”字形体而互相混同的。谢国剑、欧育林《“斑”字探源》（《古籍研究》第77辑）认为“斑”字产生于两汉时期，既不是“辬”的讹字，也不是全新造字，而是由“班”的异体发展而来的字。俞绍宏、杨语凡《“皋”“睾”相混探因》（《古汉语研究》第1期）认为“睾”“皋”之间不存在一字分化、文字借用的条件。秦汉之前“皋”“睾”形讹而不混，两者混用始自汉代，源于汉代人对其前文字的误识。石洋《“糴”“糶”分形前史——战国至西晋出土文字所见“糶”的使用》（《中国史研究》第2期）认为“糴”“糶”二字形普及之前，“糶”字长期兼表买谷、卖谷，同时还具有谷物一义。其使用情况及演变大致经历了四个阶段，即由“翟”“糶”字形混杂且义项宽泛，过渡到专以“糶”字表示买谷、卖谷和谷物，再到“糴”“糶”二形出现并分夺“糶”字买谷、卖谷义，“糶”因仅剩的谷物义生僻而随之淡出。

（五）人工智能与古文字研究

李春桃等《基于人工智能技术的古文字研究》（《吉林大学社会科学学报》第2期）认为人工智能与古文字学交叉研究十分重要，开展这项研究既需要人工收集和标注大量数据，同时也需要结合恰当的技术。在数据处理方面，数据集建设过程中尽量丰富了单字数量以及字图总量。在文字自动识别方面，利用了深度学习算法开展智能识别，从实验结果看，准确率达到八成以上。除了识别以外，知识图谱技术也很重要，建设古文字知识图谱一方面可以实现对古文字知识体系的多角度展示；另一方面也可计算字形中偏旁及构形的相似度，智能寻找出字形之间的联系。陈婷珠、刘志基《基于特征点匹配的甲骨文识别》（《中国文字研究》第37辑）通过实验模拟现实场景，采用特征不变匹配算法和编码法，从甲骨文单字图片每个像素的灰度值入手，以像素之间的变化关系作为图片的特征点进行甲骨文识别。无论对甲骨文原始单字图片进行旋转、缩放、对比度调整，还是电子设备噪声处理，其识别测试结果都非常好，其识别准确率为99%，识别精度相当高，这说明了将特征点匹配算法和编码法结合起来使用，对不同失真图像的识别能力很高，对甲骨文识别具有非常重要的作用。

总之，2023 年度的古文字学研究，无论是在出土文献著录与整理，还是在具体文字考释和研究方面，都取得了不俗成绩，古文字学研究继续稳步发展。

汉语方言学研究

谢留文　夏俐萍　徐睿渊　邓　婕　孙宇炜

2023年，汉语方言学继续立足于本体，调查与研究并重，发掘新材料，研究新问题。研究视野有所拓展，传统研究更加深入，个案研究不乏新见。汉语方言语法研究较之以往取得了更加瞩目的成绩，方言语法论文在数量和刊物分布上也较之往年有大幅度提高。汉语方言语法研究已经成为方言研究最重要的内容之一。

2023年汉语方言调查研究可以从语音、词汇、语法、方言调查与文化传承保护、方言研究的理论思考几方面来介绍。

一、汉语方言语音调查研究

（一）方言音系

提供了新的调查材料，集中在赣语、闽语、湘语、土话。代表性文章有陈凌《江西湖口（武山）方言同音字汇》（《方言》第1期）、袁碧霞《福建闽清（坂东）方言同音字汇》（《方言》第4期）、孙红举《重庆潼南（龙形）湘语同音字汇》（《方言》第2期）、曾春蓉《湖南武冈（双牌）方言同音字汇》（《方言》第3期）、丁沾沾《广东连州（元璧）土话同音字汇》（《方言》第2期）。

（二）方言语音层次分析与语音演变机制的探讨

方言语音层次分析一直是语言学研究的热点。孙宜志《对历史层次比较法若干问题的思考》（《语言研究》第3期）讨论层次的类型及其区分方法、同源层次的时间年代与异源层次的来源以及汉语通语史在历史层次比较法中的作用。黄瑞玲《层次分析法与闽方言语音层次研究》（《辞书研究》第4期）阐明了音变类型、音韵史观与层次分析的关系，并回顾了闽语语音层次的研究成果。

1. 韵母方面

刘祥柏《官话方言德麦韵演变趋向》（《方言》第4期）用《中原音韵》音系框架作为参照，分析官话方言德陌麦韵（简称“德麦韵”）演变类型以及演变趋向。

李姣雷《娄邵片湘语中假宕江梗摄主元音的后高化演变——兼谈假摄主元音后高化的动因》（《中国语文》第4期）讨论娄邵片湘语中不仅假摄主元音发生了后高化演变，宕摄、江摄和梗摄的主元音也发生了相同的演变。不同韵摄的主元音先后沿着相同的路线演变，不会是受到其他韵摄的影响，是一种自主的演变。

邓婕《湖南乡话果摄一等字的读音层次》（《方言》第1期）从湖南泸溪李家田乡话入手，结合泸溪白沙、泸溪梁家潭、古丈高峰、沅陵清水坪四个乡话方言材料，讨论湖南乡话果摄一等字的读音层次。根据乡话的语音构造、语音演变规律以及周边方言的读音，判断乡话果摄一等字的读音共七个层次，层次一、二、三、四、五是乡话固有的层次，不见于周围湘语和西南官话；层次六可能受周边湘语影响；层次七为官话方言的层次。

另外，还有麦耘《粤方言模—豪—肴关系的几种类型分析》（《方言》第2期），施俊《论闽方言果摄的读音层次——兼与南部吴语比较》（《汉语学报》第1期），许树妙《中古 -r- 介音颚化音变与梗摄四韵同用格局的形成》（《语言科学》第2期），乔全生《山西方言遇摄舌齿音字元音多种裂化形式的共时历时考察》（《语文研究》第2期），王堉程、沈力《山西中部方言麻韵三等字元音的曲折变化》（《语文研究》第1期）。

2. 声母方面

张丽、赵日新《甘肃康县、甘州、临泽方言的“［pf］类”声母》（《方言》第2期）基于对甘肃康县等地方言的调查和相关研究成果，分析“［pf］类”声母的实际音值及其音系地位，认为以往惯用的音标符号“［pf pfʰ］”和“唇齿塞擦音”这一术语并不能准确地反映“［pf］类”声母的音值及其演变特点，必要时需采用更恰当的符号来标写或具体描写其音值。

邢向东《从“曲连馍”的不同称谓看分音词的分布及匣群关系》（《北斗语言学刊》第10辑）指出西北、山西等地有一种与生日礼有关的圈形大馍叫“曲连（馍）”。“曲连”是“圈”的分音词，“忽栾”是“环”的分音词，两者属于同源关系。而“忽栾”又有方言说“骨栾”，则反映了部分古匣母字可能来自群母，晋语“圪头词”与“忽头词”的交替、“胡同/核桃/喉咙”等与“圪洞/圪桃/骨咙”等的异读是其平行现象；这种现象在南方方言中也有遗存。

另外，还有倪志佳《北方方言精知庄章组声母读音的类型、分布与演变》（《中国方言学报》第十期）、王平夷《鄂渝陕交界地区方言古精知庄章组声母的今读类型与历史演变》（《中国语文》第5期）、林珈亦《山东胶辽官话古知庄章组的读音》（《中国方言学报》第十期）、尹凯《从浊擦音与浊塞擦音的弱区别性看汉语从邪、船禅母的分合演变》（《语文研究》第3期）、郭志良《北方方言“虹”“鸽”“擤”的白读》（《方言》第3期）。

3. 声调方面

衣莉、朱晓农《演化观中的声调类型：西南吴语案例》（《语言科学》第4期）根据录音材料，从演化的角度来描写、分析吴语西南部的婺州和处衢片45个方言点的声调类型。

印雪《湖南洪江（托口）方言的入声调》（《方言》第2期）描写托口方言的入声调早期根据声母的清浊分为阴入、阳入，古清入和古次浊入为阴入，古全浊入为阳入。今入声调保留的是古清入调。入声字有按调值舒化归上声45的趋势。古清入字部分归阴去24与湘语有关，部分归阴平33是赣语的影响；部分古全浊入声字今读入声55，可能是早期西南官话的影响。

另外，还有冯法强《海南东方（八所）军话阳平字带喉塞尾》（《方言》第3期）、赵晓阳《河北涉县、武安方言的平声》（《中国方言学报》第十期）。

（三）连读变调、语流音变与变音

1. 连读变调方面

陈宝贤《福建漳平双洋（西洋）方言两字组连读变调》（《方言》第1期）描写福建省漳平双洋（西洋）方言两字组连读变调并分析其特点。双洋（西洋）方言的两字组，后字一般保持单字调不变，前字读变调。变调特点主要有：变调与单字调舒促一致；不存在阴阳调互变的现象；变调中和程度较高，而且只发生于阴调之间或阳调之间；变调类型既有自身交替式变调，也有邻接交替式变调，变调类型为邻接交替式时，调值高低与后字相反。

马梦玲《青海民和（官亭）回民汉语的连读调与词调》（《方言》第4期）描写了青海民和（官亭）回民汉语的连调和词调，连调能反映单字调来源。连调式内部还存在词调和连读调的共享以及词调空缺的现象，这些都是进一步探讨西北方言连调式与单字调关系的切入点。

另外，还有池明明《江西会昌（小密）方言的两字组连读变调》（《方言》第3期），张树铮、林珈亦《山东东区方言知庄章二分的音值及其与精组声母的关系》（《语言科学》第2期），顾一鸣《赣榆方言连读变调的优选论分析》（《语言科学》第1期），张琦、马秋武《烟台话连读变调的韵律辖域》（《语言科学》第1期），叶祖贵《河南中原官话清、次浊入声字的阴平、阳平两读》（《语言科学》第5期），朱蕾《论皖南泾县吴语古影母非开口平声字归上的音变原因》（《语言科学》第4期）。

2. 语流音变与变音研究

姜晓芳、谢留文《吴语儿化韵的演变与中古阳声韵尾的关系——以庆元、路桥、余姚方言为例》（《语文研究》第4期）指出吴语一些方言一个韵母儿化后可以对应两个到三个儿化韵，这是受中古阳声韵演变影响的结果。这些方言里的“儿”缀在与词根音节合音形成鼻尾形式的儿化韵后会与基本韵中形式相同的阳声韵母合流，并在阳声韵母发生韵尾弱化时随之一起演变，从而形成了现今吴语一些方言中儿化韵形式呈鼻尾韵、鼻化韵和开尾韵共存的格局。

孙宇炜《并州片晋语“儿”缀的层次》（《方言》第2期）离析了并州片晋语“儿”缀的层次：鼻音型最早、平舌型次之，这两层“儿”缀合音已成为残存形式，表层还有儿尾（或儿化）。共时表层的儿化韵也趋于消亡，无明显“儿”缀的方言有相当于卷舌儿化方言的儿化变调。鼻音型、平舌型“儿”缀合音日久，母语者误认为是单字音的另一种形式，重新构词，再附加儿尾（或儿化）、或子尾、或重叠。

另外，还有辛永芬、李甜甜《河南巩义（干沟）方言的特殊儿化音变》（《方言》第1期），戴黎刚《闽东方言介音对变韵次序的影响》（《中国语文》第5期），王红娟《河南偃师（府店）方言的儿化》（《中国方言学报》第十期），陈晓姣《豫北获嘉方言的名词变韵》（《中国方言学报》第十期）。

（四）语言接触与方言归属

覃远雄《桂南平话、粤语鼻音和边音声母拼阴调类现象——语言接触引起的演变》（《民族语文》第2期）讨论桂南平话、粤语鼻音和边音声母语素今读阴调类的现象，认为是壮族人民在学习汉语过程中，将母语的一些鼻、边音声母拼单数调（对应于汉语的阴调类）的口语词带入汉语，同时也把鼻、边音声母拼单数调的发音习惯带入了汉语。这就使得桂南平话、粤语鼻音和边音只拼阳调类的格局变成了阳调类、阴调类俱拼的格局，以至于桂南平话、粤语与壮语音系结构在这一点上趋于相同。

其他论文还有钟昆儿《语言接触中音节结构的渗透——以闽语区官话方言岛的双尾韵为例》（《中国语文》第4期），叶祖贵《中原官话信蚌片的语音特征及其来源》（《方言》第4期），庄佳《陕南中原官话秦陇片方言声调的接触特征》（《语言科学》第5期），郭沈青、肖亚琳《方言接触与区域类型的形成——以陕南 [ɥ] 类韵方言为例》（《语言科学》第5期），高峰、王美玲《晋语志延片与关中方言的接触类型和规律》（《汉语学报》第2期）。

（五）韵书、对音材料与现代方言

余颂辉《清末梅县（梅城）方言精知庄章组声母的音系格局》（《方言》第4期）通过

对现代方言的比较和对清末至民国中外人士所记梅县方言的考察，判定早期的梅县方言精知庄章组声母是呈两分的音系格局的，但至迟在清代末年，梅县（梅城）方言的这两套声母已经开始合流，且［ts tsʻs］和［tʃ tʃʻʃ］仍呈现出音位变体的特色。

庄初升《清末连南客家方言的特征——基于三江土话“四福音书”》（《暨南学报（哲学社会科学版）》第 12 期）结合美北长老会早期在连州的传教史实以及译者车以纶医生的生平事略，对“四福音书”的用字特点以及所反映的清末粤北连南客家方言的语言特色进行归纳。

另外，还有李焱、孟繁杰《〈广东省土话字汇〉的语音特点》（《方言》第 1 期），邓强、封传兵《〈杂览时看〉〈滇南同音字汇〉中云南方言的入声》（《方言》第 4 期），马之涛《〈字语汇解〉与 19 世纪宁波方言连读变调》（《方言》第 3 期），宋华强《明代南方官话深臻曾梗四摄的分合》（《中国语文》第 6 期），邓强、李莞《清代契约文书音借字反映的滇中地区“尖团合流”现象》（《语言学论丛》第 4 期），付芳《明清官话影疑母字的读音》（《中国方言学报》第十期）。

（六）汉语方言学与地理语言学、实验语音学相结合的研究

孙建华《延安方言“肥”“胖”的读音及类型》（《方言》第 3 期）运用地理语言学的方法，与历史文献互证，讨论延安方言“肥”“胖”的读音、类型和历史演变。

朱玉柱、李爱军《河南武陟方言单字调实验研究》（《方言》第 2 期）运用实验语音学的方法，描写河南武陟晋语，并对 11 位发音人的单字调进行声学分析。

另外，还有唐七元《广西勾漏片粤语的次清送气分调》（《中国方言学报》第十期），杨蓓、冼文婷《广西平南（寺面）粤语声调与送气特征的感知》（《方言》第 3 期），宋益丹《湖南安化（东坪）方言的浊音声母》（《中国方言学报》第十期）。

（七）汉语方言学与社会语言学、语言文化结合的研究

曹志耘《我国大规模语言调查的成就与启示》（《中国语文》第 6 期）梳理出了历次大规模语言调查的简要情况，重点介绍了 20 世纪 50 年代开展的全国汉语方言和少数民族语言普查的背景、任务及成果，辑录了汉语方言普查所形成的综合性成果。然后，主要根据全国语言方言普查和中国语言资源保护工程，作者归纳出了大规模语言调查的几点启示：1）顺势而为，准确定位；2）统筹规划，规范实施；3）整理利用，持续发展。

另外，还有陈忠敏、马良、温睿《上海话 ᴇ/ᴇɪ 变异与上海普通话 ei 的双向动态影响》（《中国语文》第 1 期）。

（八）方言论著

代表性专著有张燕芬《中古阳声韵韵尾在现代汉语方言中的读音类型》（商务印书馆，12 月）。该书依据对 930 个方言点的共时调查，将汉语方言古阳声韵今读概括为八大类型（84 小类），探讨了古阳声韵演变的不同形式、途径、条件和动因。除对前人成果考察论证外，该书对主体规律以外的特殊现象，如方言中辅音韵尾发音部位在后的归并到在前、主要元音舌位高的比舌位低的先鼻化等，进行了描写和分析归纳；还从音节内部、音节间关系等角度分析了古鼻音韵尾演变的动因；讨论了阴声韵变为阳声韵的汉语语音演变逆行发展现象。其他论著如张惠英、冯冬梅、吴正伟《海南澄迈方言研究》（中国社会科学出版社，1 月）、马重奇主编《明清以来闽方言文献集成（第三辑）》（商务印书馆，5 月）、林颂育《闽南方言研究》（社会科学文献出版社，12 月）、刘春梅《广西平南粤方言研究》（中国社会科学出版社，8 月）。

另有论文集如全国汉语方言学会《中国方言学报》编委会编《中国方言学报（第十期）》（商务印书馆，11月）、邢向东主编《语言与文化论丛（第七辑）》（上海辞书出版社，4月）。

二、方言词汇研究

（一）本字考证

沈明《晋语“可心、可院子跑、可可儿地”等之“可”的来源》（《语文研究》第3期）指出晋语里“可心合心意”“可脚鞋袜尺寸合脚”“可院子跑满院子跑”“可可儿地不多不少，正好；恰巧”等常用词中的“可”，读音有三种：[^{*c}k^{h}ə]、[*k^{h}ə^{ɔ}]、[*k^{h}əʔ$_{ɔ}$]，其来源与本字，一是“可苦我切、口個切”[^{*c}k^{h}ə]、[*k^{h}ə^{ɔ}]，二是“合佮，《集韵》渴合切”[*k^{h}əʔ$_{ɔ}$]。

项梦冰《“吃”“喫”琐记》（《中国方言学报》第十期）指出，“喫”实为吃义“毄”字两个异体系列中“擊”的增旁字“毄”的变化形式中的一种。元代中部地区有些方言因语音发展，“喫”“乞”同音。民间又将“喫”写作“吃 / 乞”，并进一步扩散到“喫”“乞”不同音的地区。“喫”的俗写形式“吃”chī 跟汉字中原有的“吃”jī /qī 只是同形关系。“吃”字的jī /qī 读法今废，为“喫”（今作“吃”）的chī 音所代替。

张世方《也谈禁止词“别”的来源》（《中国方言学报》第十期）根据《金瓶梅》和其他文学作品中“别要”的使用情况，推断“别要”可能来自明初政治地位较高的南京一带方言。结合现代南京方言和北部吴语“不”的一些特殊读音形式，文章认为北方话的“别”可能来自江南地区“不”的存古性读音，“别”是北方话对南方读音“不”的同音替代字，“别”的禁止义是“别要”删略生义的结果。

黄沚青《“帻箜”源流考——兼谈方言名物词的探源问题》（《汉语史学报》第二十九辑）考察吴语和徽语中表“针线筐”的“帻箜（篮）”在明清以来方言文献材料中的情况及其古今音义关系，认为该词本字为“帻簦”。“帻”指绩好的苎麻线，又写作“縩”。“簦”指竹篮，该义项来源于“簦笼”。“帻簦”主要保留在今吴语、徽语和闽北方言中。文章认为，在考辨方言名物词源流的过程中，应该综合语音规律、文献资料与实物资料等多重证据，方能将中断的词源重新接续起来。

张惠英《从河南方言字“閅 mar”说起》（《辞书研究》第1期）认为河南方言字“閅 mar”可作处所指示词，也可作地名用字，用法和“那”相似，读音就是“门外”的合音。“那”的语源有可能和“乃、奶、女、母、妈”一脉相承。

刘海云《赣语安义方言“玩”的本字——兼论汉语相关方言中表示“玩”义的“搞”》（《南开语言学刊》第1期）认为赣语安义方言中“玩”[k^{h}auv1] 的本字不是“尯”“敖”或“搞”，而是“下巧切”的“狡”，意为“狡戏”。部分客赣方言、吴方言、闽方言也都有此现象。

贾爱媛、张一楠《青海方言中山羊别名之语源考析》（《语言与文化论丛》第七辑）考察“山羊”在青海各地方言的名称及其历史来源。

（二）语义与地理语言学研究

秋谷裕幸《闽东区方言的{眼睛}义词及其相关的词语》（《语文研究》第4期）研究闽东区方言的{眼睛}义词及其相关的{眼珠}{眼眵}和{眼泪}三个词，认为{眼睛}义词可以追溯到原始闽东区方言的“目珠”*muk^{8}tʃiu^{1}~*m-t^{8}tʃiu^{1}，其他三个词分别来自原始闽东区方言的“目珠仁”*muk^{8}tʃiu^{1}niŋ^{2}~*m-t^{8}tʃiu^{1}niŋ^{2}、“目屎”（干的）*muk^{8}θai^{3} 和“目膏”*muk^{8}kɔ^{1}（黏的）及“目涛”*muk^{8}tʃai^{3}。

（三）方言词汇史研究

陶寰、盛益民《吴闽语共同特有词汇说略》（《汉语史学报》第二十八辑）讨论4类73例吴闽语共同的特有词或语素，结合李如龙《闽方言的特征词》，讨论这些词在吴语中的分布，证明它们应有共同的来源，为“共同吴闽语”假说提供词汇方面的证据。文章认为，吴语跟沿海闽语来源于同一个“共同吴闽语”；吴语可分为沿海吴语和内陆吴语，内陆吴语（包括处衢片和婺州片）在词汇上与闽语的关系更为密切；北部吴语也有一些与闽语相同的词语，临绍小片表现得尤为突出。

徐晓羽、盛益民《吴语房屋类词语的分合类型与历史演变》（《语文研究》第1期）主要研究吴语房屋类词语的共时类型与历史演变。在对吴语表达{家}{房子}{房间}三个概念七个核心语素进行分析的基础上，将各方言点分成一分型、二分型和三分型。文章假设早期吴语{家}和{房子}用同一个核心语素表示，而{房间}用另一个语素表示，之后伴随着外来影响和内部创新，才形成了现今的复杂局面。

张海媚《“饺子”名称的共时分布和历时演变》（《语言科学》第5期）认为，“饺子”共时名称繁多，是不同时地积累的产物：宋代以前用“馄饨”；宋金时期南用“角子（角儿）”北用“匾食（扁食）”；元明清时期“角子（角儿）”北移，音变为“饺子（饺儿）”，上升为通语词，“匾食”虽有南移倾向，但始终以北方使用为主；“水角（水饺）、煮角（煮饺）”与“角子（饺子）”互补，是基于不同烹制方法而产生的命名。称谓传承、语言认知、语音变化等共同影响着“饺子”名称的共时分布。

（四）地方历史文献中的方言词研究

王云路《〈骑着一匹〉与东北方言记音词》（《汉语学报》第4期）讨论朝鲜时代的汉语教科书《骑着一匹》中三例东北方言记音词，认为“治得”“见光”和“记声儿”分别是当时“济得”“沾光”和“吱声儿”的音变，反映了东北方言翘舌音通常读作不翘舌音的语言实际状况。

秦曰龙《20世纪30年代东北方言特征词研究》（《山西大学学报（哲学社会科学版）》第5期）从伪满时期文学作品入手，勾乙、筛选方言词语，系统地观察20世纪30年代东北方言特征词面貌。

张玉梅、田峰、赵路易《19世纪末传教士吴语版〈方言教要序论〉“同文异言”研究》（《语言与文化论丛》第七辑）对比《方言教要序论》《教要序论》《教要刍言》三本文书，以《方言教要序论》的吴语语料为核心，认为19世纪末的吴语常用词对古汉语以继承为主流，吴语词形音义的演变有同一语义用词不同、同一语义词形变化等情况，并建议《汉语方言大词典》增补“繁难、偏情、实在”等词条。

（五）方言辞书编纂

曹志耘《汉语方言词典的定位与编写问题——以〈浙江方言词典〉为例》（《方言》第4期）讨论典藏型方言词典的收词、归类、用字、标音、图片和音频、视频等方面的问题，提出了一系列相关工作原则和操作方法，并提供了一份适用于典藏型方言词典编排的义类表。

《南方语言学》（第二十一辑）刊载了讨论方言词典编纂的系列文章，包括《略说方言词典的注释和用字》（张振兴）、《对〈现代粤语词典〉的四点意见》（郑定欧）、《重视方言词典的文化价值》（刘村汉）、《上海方言的拼音方案制定、正音正字贯彻和方言词典编著》（钱乃荣）、《20世纪粤东闽语“十五音”类字典及其研究综述》（林伦伦）、《浅论基于汉语拼音的方言拼音方案需要考虑的因素——以吴语拼音方案为例》（凌锋）、《粤方言拼音方案概说》（陈永聪、侯兴泉）、《〈海南话拼音方案〉的有关问题》（刘新中）、《广州话词典的介词表义结构示例》（陶原珂）、《粤语词典编纂的基本原则》（高然）、《湛约翰〈英粤字典〉所记一百多年前广州方言音系》（王毅力）、《〈客家方言文化大词典〉的编纂》（严修鸿）、《谈谈两岸闽南方言辞书的用字问题》（王建设）、《〈新潮汕字典〉编撰中若干问题的试探》（张晓山）、《〈海丰音字典〉的编写及〈海丰话拼音方案〉的修订》（谢立群）。

（六）文白异读的构词和社会语言学分析

郭必之《厦门闽南语的文、白形式在构词层面上的分工与竞争》（《语言暨语言学》第24卷）从构词角度分析福建厦门闽南方言文白异读，认为“语体因素”和“语义因素”能决定构词时采用文读或是白读。只要这两个因素不冲突，文白两种形式便形成分工，各司其职；当两种因素发生冲突，文白形式发生竞争，牵涉的复合词也因而出现变体。

郭必之、钟蔚苹《从社会语言学的角度检视闽南语复合词中的文白变异》（《语言学论丛》第1期）以汕头方言为例，从社会语言学角度考察闽南方言部分复合词中，一个或两个语素容许文白异读范围内变异的现象，认为相关变异现象和受访者的年龄、教育程度都有关系。

三、方言语法

2023年汉语方言语法专著的出版成果斐然。由邢福义、张振兴先生担任顾问，华中师范大学语言研究所所长汪国胜教授主编的“汉语方言语法研究丛书”，2023年度共出版8本，均由中国社会科学出版社出版，分别是《大冶方言语法研究》（汪国胜）、《吉安方言语法研究》（裴足华）、《高安方言语法研究》（聂有才）、《山西方言语法研究》（乔全生）、《苏皖方言处置式比较研究》（王莹莹）、《汉语方言处置范畴比较研究》（余乐）、《汉语方言被动范畴比较研究》（贾迪扉）、《汉语方言持续体比较研究》（罗自群）。这套丛书不仅有单点方言和区域方言的语法描写，也有具体语法范畴的比较研究，是近年来汉语方言语法研究的重要成果。其他的方言语法专著，还包括李曌《汉语方言疑问范畴比较研究》（中国社会科学出版社，1月），林华勇编著《方言语法研究的语法化视角》（科学出版社，10月），陈淑梅、丁良喜《鄂豫皖赣四省交汇处方言语法研究》（科学出版社，9月），盛益民、柳俊主编《汉语方言位移表达研究》（中西书局，8月）等。此外，由刘丹青、夏俐萍主编的“汉语方言语法特征语料库”（网址 https://www.dialectgrammar.com/）于2023年8月正式上线，语料库提供涉及全国各大方言区的29个汉语方言点的700多句语法例句，均为第一手调查语料，并配备同步录音，为了解各地方言语法面貌提供了语料参考。

各类期刊发表的方言语法论文涉及汉语方言语法研究的方方面面。既有方言语法事实的深度描写，也有对方言语法理论的思考，同时还有从接触角度以及语言类型角度对方言语法做出的深入探讨，下面分类介绍。

（一）方言语法的深度描写

1. 单点方言语法特点的详细描写

语法要素及其多功能用法得到充分描写，如夏俐萍《湘语益阳方言指称标记“阿”系词功能》（《汉语学报》第 2 期）指出湘语益阳方言“阿”的核心功能是充当指称标记，在此基础上进一步发展出系词“是”的各项功能，表现为“阿”可以充当名词谓语句和形容词谓语句的联系成分，表达多种语义关系，可以用于肯定句、否定句和一般疑问句。“阿”还可以像系词“是”一样充当焦点标记，但不能充当强调标记。“阿”的系词功能提供了系词来源于动词与代词之外的又一可能途径。宗守云《张家口方言程度副词“可”的特殊用法和类型特征》（《中国语文》第 1 期）、《张家口方言多功能并列关联词“连”》（《方言》第 4 期）揭示了张家口方言“可”“连”的一些特殊用法。谢留文《江西南昌县（蒋巷）方言“来”的语法功能》（《方言》第 4 期）描写南昌县（蒋巷）方言“来”的用法，如趋向动词、介词、副词和句末助词。此外还有徐馥琼、林华勇《饶平方言“着”的多功能性及其功能转变模式》（《汉语学报》第 3 期），陈山青《湖南汨罗湘语的补语标记》（《语文研究》第 2 期），王毅《湖南祁东方言的介词“得”》（《中国方言学报》第十期），蒋协众、蒋遐《湘语邵阳话“讲”的多功能用法及其语法化路径》（《语文研究》第 1 期），申文雅、陈前瑞《江西瑞金客家话的“来”“哩”共现》（《方言》第 2 期）。

语法构式得到关注。如量名结构或名量结构一直以来是关注的重点。向思琦《语境型定指和知识型定指——从定指类型看万州话的“名 + 个”结构》（《语言学论丛》第 2 期）对重庆万州方言的名量结构区分出语境型定指和知识型定指。林素娥《早期上海话文献中表定指“一 + 量名”结构》（《方言》第 1 期）认为上海话表定指的量名结构来自“一 + 量名”结构的省略。郭笑、姜礼立《湘方言的“量名”结构》（《汉语学报》第 3 期）则对新老湘语量名结构用法进行了整理。王芸华《双峰话的“有 Φ 得”虚拟句》（《中国语文》第 2 期）对湘语特殊的“有 Φ 得”虚拟句进行考察，反映说话人虚拟的与过去事实相反的主观愿望。姜其文《赣语万年方言程度副词“晓几”及其跨层词汇化》（《语言研究集刊》第 31 辑）则从跨层语法化的角度讨论了“晓几”作为程度副词的由来。史秀菊《山西方言程度副词的框式结构》（《语言研究集刊》第 31 辑）对山西方言程度副词的框式结构进行了报道。

此外，语法的主观性问题得到关注。如项开喜《安徽枞阳方言的祈愿副词“好人 [xau7 z̩ənvI]”》（《方言》第 4 期），贺学贵、黄晓雪《宿松方言表主观小量的“个”》（《文献语言学》第 1 期），胡乘玲《东安土话“去了”的主观大量功能及词汇化的语序动因》（《语言科学》第 5 期）。

2. 方言语法与语音的接口研究

方言语法参项的语音表现一直以来是方言语法研究的重点和难点，这对于了解不同语法参项的来源具有重要的意义。如北方方言和晋语中词缀以及变韵的读音问题一直颇受关注。如赵日新、朱玉柱《从“子”缀“儿”缀的消长看 Z 变韵的性质》（《中国方言学报》第十期），王馨璐、赵彤《晋语河北阳原县三马坊乡方言的子尾与子变音》（《语文研究》第 3 期），潘晓东《辽宁东港方言的 Z 变韵》（《方言》第 2 期）。

声调在句法演变中的重要性得到进一步体现。曹茜蕾“Tone Morphemes in Sinitic: Where Prosody Meets Morphology”（*Journal of Chinese Linguistics* 第 3 期）梳理了声调语素用于编码汉语方言中的各种语法功能，包括指示人称代词的复数形式、指示名词的小称形式及标记不同种类的完整体和完成体等，并说明了不同方言中声调语素相关的形态演变路径。温昌衍、温美姬《北京话里的小称变调》（《汉语学报》第 3 期）则进一步强调了北京话中的阴平、阳平及去声高调充当小称变调的用途。唐善生《麻城铁门岗话的面称变调》(《中国语文》第6期)将面称变调视为礼貌呼语的形态标记，而不是小称变调。

某些词类和句法成分在使用时有独特的语音表现。邓思颖、张凌、谭家明《助词的句法语音特点——以粤语“呢”为例》(《中国语文》第2期)从句法—语音接口理论角度研究香港粤语句末和句中“呢”的语言特点，比较了句末和句中“呢”在语调方面的不同表现。陈山青、邹珊珊《湖南平江赣语情态动词“要”的省合长音现象考察》(《汉语学报》第2期)描写了平江赣语情态动词“要”融入前一音节使其音节延长，但保留其原有的情态功能用法。黄晓东《婺州片吴语“是何”类疑问代词的读音》(《方言》第2期)认为婺州片吴语表事物疑问代词的来源为“是何”的合音。

3. 语法范畴的比较描写

2023年度有不少从区域方言以及全国汉语方言角度对某一语法范畴进行描写的成果。如吴福祥、金小栋《汉语方言“持拿”义动词的多功能模式与语义演变》(《历史语言学研究》第1辑)，李桂兰、吴福祥《从意愿动词到即行体：汉语方言中一条反复可见的语法化路径》(《方言》第3期)均从某类动词入手，讨论其多功能模式及语义演变过程。体标记的各类语法特征受到特别关注，如丁崇明《汉语方言持续体标记统计分析及持续体与进行体标记比较》(《语言学论丛》第3期)利用《汉语言地图集》的语料，对汉语方言的持续体标记进行统计，并比较持续体标记与进行体标记的异同。徐宇航《层次叠置的语法表现——以惠东闽语持续体貌特征为例》(《语言学论丛》第4期)、刘博洋《从地理类型学角度分析汉语方言短时体结构的语法特征》(《语言科学》第2期)对持续体以及短时体等体范畴进行了不同角度的考察。

(二)方言语法的理论思考

方言中一些重要的语法现象可以证实语言学理论的普遍性，也可以为语言学理论提供重要的补充。吴福祥《试谈删略导致的语法化》(《中国语文》第3期)在之前研究的基础上，进一步从汉语方言和历史文献角度，讨论删略导致的语法化这一现象在汉语中的普遍性。夏俐萍《南方方言动后方所标记的类型及成因》(《方言》第3期)则认为南方汉语方言动后方所标记产生的最直接动因，是删除前置介词而保留动后虚词，也进一步证实了删略这一句法操作引发了语法标记的“非直线语义演变”。

邢向东、徐杰《陕北神木话“吼是”类词语的语法特征与标句词理论》(《汉语学报》第4期)在标句词理论框架下审视陕北神木话“吼是”及其变式的标句词用法，“吼是”虽然也是由言说动词发展起来的，但只能标示从句，并不能标示主句，这是与其他标句词的不同之处。雷冬平、李飞燕《从数量范畴到假设条件的演变——从重庆话“二回”谈起》(《语言科学》第5期)从语言类型学的角度讨论重庆话“二回”的使用，证实了从数量范畴到时间范畴再到条件范畴的演变路径，这一演变路径普遍存在于官话方言以及汉语史中。刘星《赣语宜春话小称来源的复数标记“唧”——兼谈小称、量词与复数标记的关系》(《当代语言学》第3期)讨论了类型学上罕见的语言现象，赣语宜春话的小称标记发展为复数标记，其根源在于小称标记具有“个体化”的功能，与量词和复数标记功能相同。

(三)方言接触与语言接触

方言语法之间的接触与影响，不像语音那般显著，研究难度较大，但因权威方言的影响，以及民族语言和汉语之间的相互影响，仍然会在语法上得到体现。陈瑶、叶璇《从近义虚词叠加和分工看官话对徽语的渗透》（《中国语文》第 1 期）讨论了徽语中体标记、副词、结构助词 / 语气助词叠加的现象，是官话和徽语中同义或近义的虚词并存于徽语中竞争处于输入阶段出现的结果，反映了语言接触条件下方言语法演化的过程和走向。吕军伟、俞健《接触视野下壮侗语及东南汉语方言“数 + 量 + 名”结构语序之演化》（《语言学论丛》第 3 期）认为东南汉语及壮侗语枚举结构语序与其各自名量词产生方式及类型学性质密切相关，壮侗语自身先后发展出两类不同性质的分类词（名—分类词和数—分类词），汉语与壮侗语接触是导致壮侗语枚举结构复杂化的主要原因。袁芳、魏行《语言接触与西北方言否定语序的演变》（《语言科学》第 2 期）以“把”字句否定式和包含状语的否定句为切入点，从语言接触的角度考察西北方言否定语序的演变，认为阿尔泰母语者对汉语否定句的不完全习得是西北方言否定词后置语序产生的主要动因和机制。

四、方言调查与文化传承保护

邱春安、严修鸿、王榕《梅州客家山歌的保护与传承调查研究》（《语言战略研究》第 1 期）通过访谈，了解客家山歌保护与传承面临的土壤丧失、人才断层、创新不足等现实困境，提出加大海内外交流、创新宣传形式、借助粤港澳大湾区和“一带一路”平台走市场化和产业化道路等建议。

《语言战略研究》（第 6 期）设置了“语言文化保护”专栏。曹志耘《文化传承离不开语言传承》认为，中国正处在语言资源保护的历史节点和窗口期，特别需要在语言本体调查记录的基础上，进一步加强语言文化的调查研究和开发应用，传承语言就是传承文化的基因，保护语言就是保护文化的根脉。丁沾沾《中国方言歌谣保护传承现状与思考》梳理了当前中国方言歌谣保护传承的基本情况，建议方言歌谣保存、保护方式进一步现代化、科学化、多样化，逐步加大开发应用力度，注重政府、学界、社会人士多方合作，重视家庭代际传承及青少年对方言歌谣的认可度。杨慧君《女书非遗传承人语言能力标准构建》提出从女书标准语言知识、女书社会语言能力、女书职业语言能力、女书艺术语言能力 4 个维度构建女书非遗传承人语言能力标准框架，认为构建女书非遗传承人语言能力标准，将有利于提高语言类非遗传承人的实践水平和传承能力，也是语言文字规范标准建设向非遗领域延伸的有益探索。

《语言战略研究》（第 5 期）设置了“语言与乡村振兴”专栏，探讨语言文字如何服务好乡村振兴战略，为语言和方言调查服务国家政策作出新探索。周洪波、赵春燕《做乡村语言生活的观察者和建设者》提出换上一副农夫眼镜、关注语言民生需求、记录乡村语言文明、助力数字乡村建设、做有温度的学术研究等 5 条建议，号召观察者将服务国家发展战略、服务农民群众福祉视为生命职责，勇于超越现有知识范畴框架束缚，用自己所掌握的全部知识扎实推动乡村社会进步。黄龙光、杨晖《语言助力乡村振兴的内在逻辑与实践路径》，闫克《乡村振兴视域下三十里屯语言生活调查》，付义荣《厦门军营村社会及语言生活调查》，赵春燕《新乡贤语言生活与乡村治理：中扎村的个案》4 篇文章则是这一主题的具体探索。

五、方言研究的理论思考

马重奇《再谈近代中西文闽方言文献音系研究法》（《汉语学报》第 4 期）以闽方言文

献为例探讨音系的研究方法，包括西文文献音系归纳法、文白异读的归纳与考证、“本韵”与“变韵”的归纳与考证、“西方五线谱”声调调值标识法、数学统计法、历史共时与历史比较法、同地区不同音系研究法、中文闽方言文献内部比证法和西文与中文闽方言文献对读法等 9 种。

乔全生《汉语方言历史文献收集实践与思考》（《语言战略研究》第 6 期）全面考察了目前汉语方言历史文献的收集现状，认为当下国家经济繁荣，文化事业快速发展，有能力对汉语方言历史文献进行系统的收集和整理，这也是坚定文化自信的重要举措。

修辞学研究

祝克懿　储丹丹

2023年的修辞专题研究既是传统修辞理论的赓续，又属当代前沿理论的探索。总体呈现出重理论阐释、重中外理论对话、重跨学科前沿探索的基本面貌。学科研究的热点仍主要集中在修辞生态的描写解释、认知语义、修辞的结构功能研究、多模态话语分析、语篇/话语修辞等领域。研究进一步凸显了修辞学作为交叉学科的多学科融合发展态势，而且关于数据库、大语言模型、统计、计算模型等跨学科研究的技术和方法的广泛运用也推动了修辞学研究范式的更迭，并进一步显现出修辞学前沿理论强大的解释力与时代特征。

下面拟从“本体研究”与“应用研究”两个维度展开概述与评论。

一、本体研究

修辞本体研究包括修辞传统研究和修辞创新研究两大范畴。

（一）修辞传统

1. 核心修辞

汉语核心修辞的内容主要指《发凡》以“两大分野”建立起来的现代修辞学理论体系和从古代修辞学发展而来的风格范畴、语体范畴、语篇范畴，以及对修辞理论的发展历史和现状进行审视并概括总结的修辞学史。

（1）积极修辞

从史论结合的角度考察积极修辞形态的著作当数日本修辞哲学家佐藤信夫的代表作——《修辞感觉》。该书与其姊妹篇《修辞认识》（1981）在日本有着极高的学术声誉，都曾数十次印刷发行。《修辞感觉》初版于1978年，1992年被收入日本最大的综合性出版社“株式会社讲谈社”的学术文库。2012年由肖书文翻译的中文版在重庆大学出版社出版，2023年3月由商务印书馆再版。该书从理论视角梳理了修辞学在古代西方曾作为论辩术和诗学的发展简史，并以七种典型的修辞格作为案例展开了论证分析。该书认为，修辞学自亚里士多德集大成的奠基作《修辞学》出版以来，修辞认知便不断摇摆于辩论术和诗学之间。这种两面性历经迂回曲折，一直保持到近代欧洲。但这种研究存在的一个重大遗漏就是忽视了修辞的“发现性认识的造型功能”，即创新认知的塑造功能、结构功能。它是西方传统修辞学的两大功能，即说服功能和审美功能之外的“第三功能”，也是根本的功能。这个修辞观的提出极富理论建树，属于新型的修辞认识论。因为修辞不仅包括逻辑技巧和艺术技巧，而且是帮助人们发现事物、形成认识的途径。修辞功能“本来不只是为了驳倒对方，也不是为了修饰词语，而正是为了尽可能地表达我们的认识才需要修辞技术的”。一个修辞表达，就形成事物的一个造型。修辞就是靠着人的想象力，用一种语言把要表达的东西表达出来，使这个东西成型。没有修辞，事物就没法成型。修辞不是工具，而是“本体”。没有修辞，人的世界就无法形成。可以说，佐藤信夫关于修辞的动态观与认识论既是对西方传统的修辞理论的完善与补充，也是对积极修辞的生成是基于想象力的创新本质的深入阐释。

姜峰《英汉学术语篇修辞渲染的跨学科历时研究》（《外语与外语教学研究》第1期）另辟蹊径，从跨学科角度运用新的理论方法解读积极修辞的表征。该文通过自建英汉多学科学术论文历时语料库，借鉴 Millar， N.， F. Salager-Meyer 和 B. Budgel（2019）将学术论文写作者“使用夸张或赞许性语言以美化、推销、润饰或夸大其学术研究”的现象称为“修辞渲染”（rhetorical hype）的观点，分析“修辞渲染”语言标记在近 50 年间英汉学术语篇中的频率分布与目标对象。文章发现英汉学术语篇的修辞渲染表达均呈现较大增长，特别是硬学科，学术语篇中的修辞渲染不断增强；英语论文的渲染标记倾向于突出研究的创新性，而汉语论文侧重强调研究的重要性。该文研究结果有助于学生更好地理解学术语篇中修辞论辩的策略和机制，实现在学术写作中合理地使用修辞资源。

无论古今中外，修辞格研究都是修辞常论常新的核心研究课题。在经历了从现象层面的描写、说明到语义层面的深刻认知、阐发后，2023 年的修辞格研究较多运用跨学科的理论和方法多维度探索辞格背后的工作机制，比较汉语与其他语言或少数民族语中辞格使用的异同及相应的认知差异、社会文化等方面的动因。如曾毅平、李春红《喻体的语法载体与语法占位》（《当代修辞学》第3期）通过语料库调查、分析、归结喻体语法载体和语法占位的规律，通过这一特定视角为语言信息处理的比喻识别提供重要线索，揭示修辞现象词汇化、语法化机制，考察辞格向修辞表现手法转化的研究路径。傅惠钧《辞格分类新探》（《中国社会科学报》10月25日）从辞格大类划分的角度，区分“语言的辞格”与“亚语言的辞格”两类。新的分类模式立足语言和语用两个界面，从互动角度认识语言发展规律，为辞格大类划分提供新的理据。王迎春《比喻义的提取方式》（《当代修辞学》第1期）以《现代汉语词典》中使用“比喻……”释义模式的比喻义为主要研究对象，比较分析了比喻义与比喻修辞格成分间的关系。研究表明，比喻义与比喻修辞格成分中的“本体”或“相似点”存在着对应关系，比喻义可以通过提取“本体”或“相似点”来解释。研究对现代汉语语文辞书编纂具有一定的参考意义。对新辞格内涵外延意义再认识的研究有李少丹、李可青《润色辞格论析》（《阜阳师范大学学报（社会科学版）》第6期）文章通过梳理润色辞格的发展轨迹发现，润色可以在不同的语体中被接纳使用，使得话语表达产生大异其趣、新颖别致的修辞效果，并认为这与社会时代背景与民族文化、交际语用及心理情感因素密不可分。

隐喻研究是积极修辞研究的超级大户，其内涵、外延意义的丰富性和引发话题的巨大认知空间早已超越了辞格研究本身，发展出方法论意义。而当下，借助新的理论模式的解释力，隐喻研究正不断地拓展研究维度，开发出新的课题。如赵秀凤、宋瑞亚《蓄意隐喻理论的新修辞学进路》（《当代修辞学》第5期）针对蓄意隐喻研究存在的争议和问题，提出了蓄意隐喻理论发展的新修辞学进路。该论文认为，蓄意隐喻理论的发展标志着隐喻研究从修饰性修辞手段到概念思维方式，再到认知语用修辞策略的跃升，不仅修复了认知隐喻研究与修辞学之间的裂缝，全面阐述蓄意隐喻所具有的认知和修辞双重功能，而且有助于推动跨学科借鉴和交融，进一步提升新修辞学的认知阐释力。孙毅、唐萍《钱钟书隐喻学术思想管锥》（《当代修辞学》第1期）以概念隐喻理论为参照，对钱钟书有关隐喻现象的学术思想进行归纳提炼，挖掘其对隐喻的类别分野、语义蕴涵、哲学基础、内在发生机制等方面的创见。研究认为，钱钟书有关象喻之辨、相反相成、引喻取分等的论述深刻体现了中道观，其“两柄多边”学说包孕着博大的中国传统哲学和文化，是对英美以认知为导向和驱动的概念隐喻理论的有力补充。杨唐峰《修辞隐喻的词汇触发——以汉语“飞翔”为例》（《外国语（上海外国语大学学报）》第2期）基于语料库研究的理论和方法，探讨作为辞格的修辞性隐喻在搭配、语义关联、类联接和语用关联四个方面与本义触发的异同。该文以汉语“飞翔”一词为例，认为修辞隐喻的触发与本义的触发并不存在根本性的不同，更多的是借用了本义的使用规范，从而达成在语义偏离和语言规范之间的平衡；修辞隐喻与本义触发的不同主要在次级语义层面，虽然本义的整体事件框架被映射到了修辞隐喻，但突显了不同的语义角色，导致了类联接方面的细微变化。

从对比角度借鉴新的解释框架观照辞格个体的研究，如成汹涌《语言原型—模型视域下英汉移就辞格标记建构对比探蹊》（《外国语（上海外国语大学学报）》第1期）认为，英、汉移就辞格同异共生、同大于异等特征均肇始于人类修辞思维的共通性，即原型性。同时，出于人类语言临摹客观世界的模型性缘故，英、汉移就仍有明显差异，是英、汉族群不同的认知视域造就了英、汉移就修辞风格的差异。如果透过语言表层的临时修饰洞察出其深层的逻辑修饰关系，便可减少因认知失误而造成的交流障碍和心理距离。基于语言原型—模型论的英、汉移就辞格标记对比研究，对二语习得者更加深刻认知和考释英、汉民族文化差异以及从事相关译介活动等均有着重要的理论意义和现实意义。

（2）消极修辞

阜阳师范大学胡习之所著《辞规的理论与实践》（增订本）（中国科学技术大学出版社，9月）为研究汉语消极修辞方式——辞规的第一本专著，初版于2002年，是较为系统地对消极修辞理论进行探索的专著。增订本对吴士文倡导的辞规理论以及辞规体系的构建作了系统的补充介绍、评述，并对辞规理论的修辞观、哲学基础、思维基础、修辞理论基础、辞规的特征及与辞格的差异、辞格与辞规的转化、辞规的研究方法等展开了多种理论视角的阐释，可以说，无论是理论探索还是实践分析，该书都极大地丰富了陈望道、吴士文等学者倡导的消极修辞理论。

于晖、王乐《功能视角下不同范式学术语篇元话语对比研究——以模糊语与加强词为例》（《当代修辞学》第1期）选取教育学科的学术语篇为研究对象，结合Hyland（1998）和功能语言学情态系统，比较五种质性研究方法（叙事研究、个案研究、扎根理论研究、现象学研究和民族志研究），讨论学术论文中模糊语和加强词的语用功能及其分布特征。研究发现，采用不同质性研究方法的论文模糊语使用频次都高于加强词，不同研究范式对学术语篇中模糊语和加强词使用有一定影响。该研究有助于进一步认识两类元话语在学术语篇中准确、清晰表意的功能作用，并为运用消极修辞手法有效完成学术语篇的写作提供了新的思路。

周启红、王海峰《学术汉语中自我提及语的学科分布考察》（《当代修辞学》第2期）考察了现代汉语学术论文中自我提及语“我们”“我”“笔者”“本文”等的学科分布。研究发现，不同自我提及语在软硬学科论文中的使用受主观性影响，呈现一个连续统；通过对应分析的多元统计，文章对自我提及语的表意范围和类型的准确区分，推导出语言学表达方式介于软学科和硬学科之间的结论。

（3）零度修辞

“零度”是物理学的概念术语，被不同学科的学者用于反映一种界限、规范、常规、平衡状态、中性地带等。“零度修辞”是陈望道在《修辞学发凡》（大江书铺，1932）中讨论消极修辞与积极修辞的纲领时创新性地提出的概念，用隐喻方式“零度”来表达平实、稳密、中性修辞的语义内涵，发展出现代修辞学理论体系中介于积极修辞、消极修辞之间的一个理论范畴。

刘婉晴、祝克懿《“零度”修辞视角的风格互文探析》（《外语学刊》第4期）从风格互文的理论范畴讨论了零度修辞。文章通过梳理“零度”概念与国内外的“零度”修辞观发现，风格互文观与零度偏离修辞观具有共同的理论阐释维度，对风格现象的阐释均可采用“同质核心—异质外延”的隐性参照标准。文章运用辩证思维方法提取语篇系统中风格互文概念范畴显现的整体理念，结合互文性理论的同质性、异质性特征，考察风格互文的语义演变路径，尝试建构“零度—偏离”视角下的风格互文体系，探索风格互文延续与偏离的动态发展规律。王景丹、李颐蕾《陈望道“零度”修辞观管窥及其在网络时代的现实意义——以〈共产党宣言〉中文首译本为例》（《网络文化研究》第三辑）则追溯了“零度”修辞观的理论来源——陈望道《修辞学发凡》修辞学理论体系中的一个重要的理论范畴。论文通过考察《共产党宣言》陈望道中译本中的修辞策略与修辞效应，归纳其“零度”的修辞生态，解释“零度”修辞观的理论解释力以及在网络时代的现实意义。

从术语专名翻译角度，张春泉的论文《〈共产党宣言〉术语专名修辞式汉译的认知分析——以陈望道译本为基点的多版本历时传播》（《当代修辞学》第4期）通过对陈望道《共产党宣言》译本修辞式汉译的历时比较研究，验证零度修辞的实现就是不断调整表达方式逐步达意的进程。该研究从认知角度考察分析多版本术语专名的修辞式汉译发展，认为不同版本有程度、范围和数量上的差异，认知语境凸显不同版本表述形式上的繁简和语体差异，是认知视角的语义分析得以认知识解的重要动因。

除“核心修辞”范畴，与之并立，并从结构功能特征角度设立的修辞研究范畴主要有“语体修辞”“风格修辞”“语篇修辞 / 话语分析”范畴。

2. 语体修辞

语体修辞研究是中西传统修辞学研究的重要分支。语体修辞历来注重吸收借鉴语言研究其他分支学科的理论方法，包括文体学、语法学、语义学、语用学、批评话语分析理论、社会学等，倾向于将语体视为一种言语行为，多关注社会语境、人际关系以及功能等要素对语体结构的影响。

冯胜利的《〈诗经〉语体与〈诗经〉训诂》（《社会科学战线》第7期）通过《诗经》的小学训诂与经学训诂的分析，认为训诂不辨语体不仅是训诂在语言学上的疏漏，更重要的是不得“春秋笔法”之语言原理之所，也不得义同所以有别之机。论文指出，汉语根深蒂固的语体观念不仅是语言的，而且是文化的。王雅琴、刘海涛《数据驱动语体研究的进展与前瞻》（《现代外语》第5期）从数据驱动的语体研究出发，介绍了语体研究的主要方法，包括语料库语言学方法、多维度 / 多特征分析以及计量语言学方法，并对前人研究的局限和不足进行述评。指出现有的数据驱动语体研究呈现出蓬勃发展的态势，但相较于传统语体研究，研究方法与研究内容仍有很大发展空间。尉薇《复合协同理论视域下语体变异的产生与演化逻辑》(《淮北师范大学学报(哲学社会科学版)》第4期)从复合协同理论视角考察语体变异,发现语体是开放的、非线性非平衡的、自组织的复杂性系统,语体子系统的不平衡性与竞争是语体变异的重要驱动力,语体在协同与自组织过程中生成新的语体结构,从而促使语体变异的产生。论文认为,主导性文本在语体变异的产生和演化过程中占有举足轻重的地位,支配着其他子语体及其正在形成的语体属性,而或然性让语体变异的产生和演化方向具有了概率性。王用源、陈宇豪《语体语法视角下语体正式度的自动测量》(《语言教学与研究》第4期)以政府工作报告、讲话稿、访谈录、电视剧对白等语料为考察对象,根据语体语法理论,运用语距定律(体原子),从语料中提取10项评价语体正式度的特征指标,利用熵值法对各项指标赋权,构建能够实现汉语语体正式度自动测量的模型。研究并以该模型对历年国务院政府工作报告的语体正式度进行测评,发现政府工作报告的语体正式度相对稳定,并逐渐向正式度更高的方向发展。刘娅琼、谢心阳《口头讲解中的"好(的)"》(《当代修辞学》第3期)基于互动语言学的"社会行为"概念,考察了口头讲解中不表评价或回应且独用的"好(的)"的语体功能。该文认为经常出现于说话人行为转换位置的"好(的)",是行为转换的一个信号,它提醒其他参与者前一行为已经结束,注意新的行为即将开始。"好(的)"使用的高频率往往是应口头讲解语体的功能要求而出现。

3. 风格修辞

"风格修辞"是古今中外修辞学研究的经典论域。基于修辞学的传统,加强与国际学术界的对话交流,吸收中西风格理论的前沿理念,建立具有中国特色的风格修辞学理论体系是修辞学研究者不懈的追求。

丁金国《中国特色的风格学》(《当代修辞学》第4期)从审美意识与风格认知、语篇的汉语风格论及汉语特质与风格解读三个方面讨论了中国特色风格学的发展历程。文章指出,言语风格的研究应立足于传统,融语言与文学、古代与现代为一体,在"援物比类""比类取象"的基础上,构建起属于我们自己的风格学。周海燕等《基于动词活动度和形容词描写度的〈道经〉—〈德经〉文本计量风格研究》(《西安电子科技大学学报(社会科学版)》第1期)基于学界争议性的问题,即《道德经》上下篇是否是相互独立的篇章,文章采用计量风格学的研究方法,通过量化语言风格特征的统计学分析,衡量《道经》和《德经》的内部句法特征。研究发现,两个语篇在描写度和活动度上没有明显差异,写作风格极为相似,动词和形容词的分布呈现出一种协同关系,因此断定《道经》和《德经》不是彼此独立的篇章,而属同一体系。

4. 语篇修辞 / 话语分析

相较于数年前语篇修辞学的学科生态,当下学界的认可度的确大大提升。虽然语篇修辞从古至今都为汉语修辞学的重点研究领域,20世纪50年代,俄罗斯的语言研究中语篇思想已经成型,70年代语篇语言学即宣告创立,语篇修辞学作为语篇语言学本体研究的下位范畴,与普通语篇理论、语篇语法学范畴并列的地位也相应确立。但汉语语篇被确认为修辞系统的研究对象,则始于20世纪末期。八九十年代,接受现代语言学理念的语篇研究经历了结构主义、功能主义、认知语言学的洗礼,认识到句子语法所提供的规则不能全部说明自然语言的实际形态,真正能描写解释语言现象的对象是语篇,这才开始从结构和功能的角度展开语篇衔接与连贯的研究。其间,首当其冲的问题是"语篇"是否为修辞研究的一级交际单位。语篇修辞学的研究进程可大致描写为:从句法起步,进而关注语篇结构,落实为修辞效果和语体色彩，最后走向语篇语义研究。

王振华、方硕瑜的《"三位一体"：篇章意义研究的一个宏观模式》（《当代修辞学》第 3 期）正是立足于系统功能语言学，作为当下语篇意义研究接口，探析语篇意义的宏观认知与深度阐释。文章指出，目前在语篇的篇外意义以及与篇内意义的协同作用的理论研究领域，尚存在诸多问题和不足。针对这一问题，该文提出了一个集整体性、层次性、关联性和统一性为一体的"三位一体"研究模式，依据"起源"、"语义"、"元功能"和"评价"四个维度，为语篇评价在研究方法和理论上提供一个系统的、多元的描写框架。

德波潘·达斯、马库斯·埃格《语篇关系的连续性》（吴启竞、王振华译，《当代修辞学》第 6 期）借鉴了修辞结构理论（RST， Mann & Thompson，1988； Taboada & Mann，2006）、宾夕法尼亚大学语篇树库（PDTB）框架（Prasad et al.）来描写"语篇关系（也称为连贯关系或修辞关系）"。文章认为，连续性或断续性（在语段之间保持或更新一个情景维度的指示中心）可以从主题连贯角度来定义。主题连贯是指在更长、更连贯的语篇中普遍存在的一种更加整体的元现象。作者采用 Givón（1993）的连续性维度（时间、空间、指示、动作、视角、情态和言语行为），从各维度的特征出发，对语篇关系的连续性维度进行分类。并通过该分类体系分析修辞结构理论语篇树库（RST Discourse Treebank， Carlson & Marcu，2001）中的五种典型关系。研究发现，语篇关系可以在某些维度上连续性更强，同时在其他维度上断续性更强。此外，语篇关系在不同的连续性维度上通常差异很大，因此无论是在整体关系类型层面上，还是在关系的特定连续性维度上，它们都不能被视为是完全连续或断续的。黄国文《语篇中的组合衔接》（《当代修辞学》第 3 期）是语篇语义视角对传统理论方法与现代认知观念的一个深入探讨。该文认为，在一个语篇中，语句之间还存在着一种既不是语法衔接也不是词汇衔接的"组合衔接"。因此，对语篇的分析可以从"六何"维度出发，同时考虑语篇所受到的语篇体裁制约、文化因素制约和社会因素制约。基于此认知，该文比较韩礼德的系统功能语言学注重交际活动中语篇意义以及体现意义的方式，并论证其本质上与陈望道所持功能思想的一致性。甄凤超《基于解读过程的语篇连贯分析技术及其应用》（《当代修辞学》第 6 期）则通过对英汉文本中封装与预示的具体实现路径的具体分析，验证 Sinclair 语篇连贯分析技术的可行性和有效性。该研究丰富了语篇分析技术的实现方法和描写路径，对于开拓语篇连贯研究新范式以及汉英写作教学具有一定的启示。杨彬《篇章动态视角下副词性成分的叙事价值分析》（《当代修辞学》第 1 期）从篇章动态视角对叙事性语篇切入分析，认为在文本建构过程中，言说者会不同程度地在其所传达的客观信息之上附加主观性信息，其中作为主观性信息重要载体的副词性成分具有重要修辞价值，并将其概括为三个方面，改变叙事话语属性，凸显主观性信息；调节叙事顺序与节奏，丰富文本形态；强化事件之间的关联，深化文本的思想内涵。卜师霞《试论传统文化典籍中句群的隐含结构》（《当代修辞学》第 5 期）认为隐含结构就是在句群表层语义结构和语法结构下的隐含文化结构和审美结构，是受文化语境制约的文本表达。该文以儒家人伦结构为例，探讨文化语境对传统文化典籍语篇结构组织的深层影响，发掘不同民族或民族发展不同时期隐含结构的类型化特征。

5. 修辞学史研究

修辞学史研究多采用史论结合的论证形式。祝克懿《复旦百年修辞与〈修辞学发凡〉百年》（《当代修辞学》第 4 期）值复旦中文学科创立 100 周年和陈望道的《修辞学发凡》问世 90

周年之际，梳理出修辞学繁盛的两条百年历史轨迹：一为复旦修辞教育创始人马相伯所引领、1905年开始至今的修辞学科百年演进史；一为以陈望道的《修辞学发凡》为代表的修辞理论百年建构史。文章认为两条轨迹互动共生、交织前行，谱写了现代修辞学创立与发展的百年辉煌篇章，成就了复旦修辞学科与《修辞学发凡》遵循的语言发展规律和建构修辞知识体系的历史功绩。该文既是对现代修辞百年发展史的回顾与反思，又是对陈望道创立的现代修辞学理论框架的整理及对其核心理念在现代意义上的再认知。谭学纯《近十年中国修辞学术生产结构的重要变化及其跨界创新》（《湖南科技大学学报（社会科学版）》第3期）是一篇当代修辞学史研究的力作。围绕"学术生产结构""语言学科内外"两个关键词，该文透视了近十年中国修辞学术生产结构的新面貌，挖掘学术生产结构中已经生产出的新信息、新资源、新能量，立足于语言学科内外跨界学术共同体共同参与的修辞学术空间开发。重点聚焦新的修辞学术生产结构中的三大重要事件，认为这将是后陈望道时代中国修辞学科重建应该面对的语言学科内外学术生产力并做出回应的重大问题。该文既是对近十年修辞学理论导向和发展趋势的总结，又从方法论角度深化了修辞学跨学科发展的理性思维。

修辞研究历史上，对修辞学科发展史的观照，一度产生修辞学史和修辞史的研究边界不甚清晰、学理的辨识度不高等问题。从研究成果看，也是呈一边倒的情形：修辞学史的研究景象繁荣、成果丰硕，而修辞史的研究无论是通史还是断代史的研究都较少专论。即使有所论及也往往散见于各种文论笔记或修辞学著作之中，所论多为随感而发，不成系统。高万云《修辞史学的三个理论问题——兼论宗廷虎、李金苓的修辞学史和修辞史贡献》（《四川文理学院学报》第6期）重新讨论了此研究生态问题。文章以宗廷虎和李金苓关于修辞史和修辞学史的研究为范例，提出治修辞史、修辞学史必须重视的三个理论问题：一是统辖"学"与"史"的科学修辞观；二是整合"史"与"论"的正确历史观；三是兼顾"点"与"面"的辩证研究法。段曹林所著、重庆大学出版社出版的《唐诗修辞史研究》（12月）可谓是对断代修辞史研究的一种及时补充。作为第一部系统研究唐诗修辞史的专著，该书着眼于唐诗不同发展阶段、重点修辞手法运用、主要言语风格创新，对唐诗修辞的面貌、特色、成就、传承、演变及其根源等维度进行了较为详尽的考察。该书是在作者所主持的国家社科基金课题结项成果的基础上充实完善而成，将断代修辞史和文体（语体）修辞史的撰写结合为一体，立足语言运用对唐诗名家名作展开评论，故研究兼具理论和应用价值。

（二）修辞创新

2023年的修辞创新主要体现为学术思想的创新与研究方法的创新，具体表现为跨学科、跨领域研究的理论与范式的创新。

《当代修辞学》编辑部出版的系列丛书第六辑《跨学科修辞研究的理论与范式："望道修辞学论坛"论文集萃》（复旦大学出版社，10月）即是此研究趋势的代表性文集。该文集着眼于近年来修辞研究的跨学科理论与研究新范式，所举汇论文的选题内容纵横贯通于中西修辞的学术视野，视角切入认知语言学、功能语言学、心理语言学、社会语言学、法律语言学、信息科学、语料库语言学、计算语言学、写作学等理论范畴，论证引鉴新兴的多模态、人工智能、互文分析等方法，反映了全球化语境下修辞研究的学科融合趋势，展示了当代修辞研究跨学科发展的新面貌，凸显了学者们自觉建构修辞理论与研究范式的方法论意识。此外，该文集融入了国内外学术界对修辞生态的历时关注与当代思考，在弘扬修辞学传统，提升修辞学研究的前沿理念与科学解释力方面具有重要的语言学文献价值。

学科理论的交叉渗透与研究范式的创新集中反映了修辞研究的创新思维。李克、张子轩《修辞生态：西方修辞研究的“生态转向”》（《当代修辞学》第5期）介绍了西方修辞学研究引入生态学科理念推出的“修辞生态”新范式，对“修辞生态”这一新概念进行了梳辨，探索其源起、特征以及所引发的争议，并进一步解读为，“修辞生态”概念的提出并非意味着完全替代过往的修辞理论与范式，而是在当下社会语境中对修辞实践的再诠释和对修辞理论的再发展；修辞生态框架下的研究正在发展为一种重要的研究范式。文章认为，“修辞生态”新概念的创立及理论内涵的跨学科性必定会为修辞、传播、话语等研究领域注入活力。

在新文科 / 大语言模型的背景下，作为关注语言运用的修辞学，如何适应智能时代人工智能技术不断突破的语境条件，如何分析语言交际中鲜活的修辞现象，获取包括文本、图像、音频、影像等多模态的新媒体资源，是修辞学人面临的挑战和亟待解决的重大理论问题。正如刘海涛在《数智时代语言研究的挑战与机遇》（《中国社会科学报》2022年5月17日）中所指出的，“为了应对数智时代带来的各种挑战，语言学家们需要从目标、方法、语料和知识表征等方面进行全方位的反思。……数据驱动的方法更符合语言的概率特质，可使语言学家从鲜活的人类语言使用中发现更具解释力和预测力的人类语言系统的运作规律”。因为“语言使用中蕴含着语言规律”。据此推论，这就是修辞学科在当下需要解决的重大理论问题——汲取修辞研究传统中的学术精髓，关注社会语言生活中鲜活的语言现象，探索修辞知识体系在智能时代的学科运行规律。值得肯定的是，2023年修辞学界的理论探索与研究实践及时呈上了与时俱进的成果信息。

1. 基于“元宇宙”“人工智能”理念的修辞研究

超常的影响力与传播力是“元宇宙”与“人工智能”概念成为2023年最热语言科技概念的理据。

（1）“元宇宙（Metaverse）”是美国科幻小说家尼尔·史蒂芬森（Neal Stephenson）在小说《雪崩》（1992）中创造的概念。2021年被称为“元宇宙（Metaverse）”的元年。该概念对学术研究领域的影响主要表现在从“元”的“本源”“根本”“超越”含义引申、发展出形而上的思考或对某个概念、某种理论、某种现象背后的深层次的学理探讨。

李战子、屈静雯《元宇宙语境中的及物性系统变化管窥》（《当代修辞学》第5期）率先从系统功能语言学的概念意义出发，探讨元宇宙的发展与语言学所描述的理论概念和理论建构之间可能的互动，提出及物性过程在元宇宙话语中发生的变化趋势，特别是社会符号认知过程的特点，运用元宇宙的现实世界与虚拟数字世界的交互原理解读了元宇宙话语与技术赋能之间的互动关系。顾曰国、张永伟发表在《当代修辞学》（第6期）上的《人生历程叙事与修辞场景元宇宙技术重构》一文运用元宇宙网络技术从宏观层面的空间来解读个体的人生历程，将修辞场景和元宇宙的技术有机结合。文章基于叙事、场景和做人三个修辞学核心概念，自建老年人生历程访谈多模态专门语料库，以具体而微的家祭场景作为样例演示重构所需要的元宇宙技术，体现了叙事学与修辞学前沿理念、传统修辞学手段与元宇宙现代技术的高度融合，诠释了修辞学强大的生命力。

（2）人工智能

AI人工智能概念源于20世纪50年代学者们对于机器能否像人一样思考的探究与关注。

随着机器学习和神经网络技术的普及和大数据、云计算、物联网等技术的快速进步，人工智能的影响力在20世纪末和21世纪初溢出科技领域，渗透到社会生活的方方面面，成为各行各业热切关注的研究领域。以2023年12月29日发布的“2023年度中国十大学术热点”为例，“生成式人工智能与知识生产范式变革”选项作为“对现实焦点问题、深层理论问题的关注和聚集”毫无悬念入选。入选理由为：“生成式人工智能深刻改变了人类知识生产方式，呈现出主体从单一个体到群智协同、过程从经验积累到数据分析、形式从原理形态转向差异（交叠）形态的知识生产剧烈变革。”毋庸置疑，此学术热点高度概括了2023年大语言模型研究在数字赋能时代形成的研究焦点和主题论域。

围绕这一主题，《中国社会科学报》约请米加宁、高奇琦和邱林三位学者对谈，探讨人工智能时代社会科学研究的新发展、新趋势与新挑战。在《人工智能时代的社会科学研究》（《中国社会科学报》12月22日）开篇语中即宣告人工智能“不仅成为引领新一轮科技革命和产业革命的重要驱动力，而且深刻影响到包括社会科学在内的知识生产和传播”。

面对已经来临的大语言模型的挑战，语言学界的先行者们智识宏远，已经围绕语言智能生产范式变革这一主题，开疆拓土，从内涵阐发、路径选择等维度，积极探索生成式人工智能对语言知识生产范式产生的影响和带来的机遇。前辈胡壮麟《ChatGPT谈外语教学》（《中国外语》第3期）、沈家煊《ChatGPT，赵元任，新文科——一个语言学家的思考》（《中国语言战略》第1期）、冯志伟等《从图灵测试到ChatGPT——人机对话的里程碑及启示》（《语言战略研究》第2期）等研究强调人工智能已经成为引领新一轮科技革命的重要驱力，讨论OpenAI2022年底推出的专注于对话生成的大语言模型ChatGPT超越聊天机器人的强大的思维功能和交际功能，比较乔姆斯基生成语法理论核心，区分传统的与智能的知识生产原理和传播机制的同质性与异质性，以揭示智能知识生产的本质特征。袁毓林发表了系列论文探讨人工智能对语言学研究的启迪：《人工智能大飞跃背景下的语言学理论思考》（《语言战略研究》第4期）分析了基于统计的神经网络模型的ChatGPT等先进的人工智能，认为其善于从高频数据中习得相关模式来正确地预测尽可能符合人类期望的下文；《超越聊天机器人，走向通用人工智能——ChatGPT的成功之道及其对语言学的启示》（《当代语言学》第5期）认为大语言模型在语义理解和常识推理方面已达到接近人类的水平，语言学人应该顺应大语言模型时代的发展趋势，积极探索走向通用人工智能的新路径。

修辞学人也积极回应语言科技革命的挑战，迅速跟进。徐生权等《数字时代的修辞术：程序修辞以及后人类修辞的想象》（《新闻与写作》第1期）论述了进入数字时代之后程序修辞如何作为一种新修辞术打破修辞的象征性。其劝服的实现主要诉诸于“程序省略推理法”。这种通过规则的创设以及动态模型的构建实现的劝服，也进一步限制缩小了修辞受众的能动性空间。文章指出，随着人工智能的发展，作为修辞手段的程序也愈发地作为一种修辞的“准主体”介入到修辞活动之中，一种后人类的修辞也在发轫之中。赵雪等《面向语言文学领域的大语言模型性能评测研究》（《外语电化教学》第6期）选取16种热门的大语言模型，探究其在5种典型语言处理任务上的不同表现，归结不同模型的领域生成能力的差异性。该研究在为语言文学研究者提供模型使用的选择和促进语言文学研究与人工智能的交叉融合方面具有理论指导意义。

2. 基于语料库建设的修辞研究

语料库的研究日益深入且理论多维。语料库研究中心专攻的大型课题，如上海外国语大学语料库研究院“中国特色大国外交的话语构建、翻译、传播”课题的集束性研究，学者个体论域广泛、选题前沿、方法多维的专题研究，特别是研究视角汇聚于对语言文字的使用进行动态追踪和流通性能的考察，对语料同质性、异质性、系统性、专属性的辨析，都使得2023年的语料库研究精彩纷呈。

吴伟平《基于学习者语料库的语用研究：以正式语体口语产出为例》（《华文教学与研究》第1期）利用干净文本（已转写校对但尚未标注）和原始音档对比，探讨与语用相关研究的可行性。文章以汉语二语（CSL）学习者的口语语篇产出为例，聚焦正式场合公开演讲中跟礼貌相关的四个核心因素，重点讨论了口语产出的得体性以及相关的语用问题。文章据此得出结论：在语料库的语用标注体系研发并进入使用以前，跟语用相关的小规模定性研究具有可行性。李燕、姜亚军《语料库驱动的中外学术语篇词块变异研究》（《外语电化教学》第2期）采用语料库驱动法，考察了中外写作者英文学术语篇中四词词块的异同。研究发现，中国写作者比英语母语写作者更依赖于四词的词块来构建语篇，在词块结构特征和功能特征方面均与英语母语写作者存在明显差异；此外，中外作者学术语篇中四词词块结构与功能互动也存在一定差异。娄宝翠、赵东阳《基于语料库的〈孟子〉英译本文体特征多维分析》（《当代外语研究》第5期）基于《孟子》英译本语料库，运用层次聚类和多维分析等量化方法，对不同英译本文体特征的趋同性和差异性进行对比分析，探讨影响典籍复译的潜在因素。研究发现，大部分译本与非文学性的大众读物体裁聚为一类，译本总体上呈现出交互劝导型特征，译本差异性主要体现在劝导型和抽象型维度，语言特征差异项分析能够验证体裁特征和文体特征的分析结果。蒋勇、李怡《“死活”临时极性特征背后的信息博弈策略》（《当代修辞学》第6期）基于语料库概括“死活”的极性分布语境，用泊松分布公式计算“死活”增大事件概率的效用，用自信息的公式刻画“死活”增强信息度的功能，用博弈支付矩阵分析“死活”的语用合适性。该文解答了为何“死活”会在不同语境中呈现出临时极性特征这一问题，因为“死活”的临时极性特征背后潜藏着讲话人的信息博弈策略，讲话人借助“死活”的扩域功能改变事件发生的先验概率，从而传递强调的信息。霍四通《做还是不做？——以〈全唐诗〉为样本库对后悔情感特征的考察》（《当代修辞学》第4期）是基于语料库深入到情感语义层面的独特研究。该文以“早知”为鉴别特征对《全唐诗》中后悔情绪表达类型进行统计分析，发现唐代诗歌语言里后悔的内容“做”与“不做”持平，并从后悔的时间模型、诗歌写作形式、诗歌内容及写诗动机三个方面对诗歌语言和日常语言中后悔特征的差异进行解释。后悔情绪表达类型的探索有助于正确把握汉语社会文化中的价值取向，深化对中华民族优秀传统文化的认识。

3. 多模态修辞

多模态研究作为国际前沿研究领域具有跨学科、跨领域研究的典型特征，多模态修辞研究在符号交际及意义生产的过程中也很好地体现了跨界融合多种理论范式的属性。

凯·奥哈洛伦、高塔姆·帕、金闵昊《社交和新闻媒体大数据的多模态分析方法》（瞿桃译，《当代修辞学》第6期）是运用大数据方法对社交和新闻媒体话语进行多模态话语分析的成功案例。该文认为要改进大数据分析的计算技术，需要将有关语言、图像、元数据和其他资源的知识整合为符号系统，并提出将多模态框架与现有的大数据、云计算、自然语言处理、图像处理、视频处理和语境元数据计算模型进行跨领域融合。该文进一步证实，使用多模态理论框架整合各种计算工具，能够在特定语境下实现具体的可视化功能，而且通过大数据分析来测试和验证理论框架的多模态分析将是一项革命性的技术创新。张德禄《多模态话语中符号意义构成研究》（《当代修辞学》第 3 期）指出多模态话语通过从不同的符号系统中选择合适的符号，并使之相互协同融合而生成；符号的生成来自符号世界四个层次的现象域：物质材料层、生物层、社会层和符号层；符号生成的来源也决定了每个符号的特定的意义潜势，以及在实现多模态话语时所表现出来的特性和相互配置关系。黄立鹤、杨晶晶《多模态语用学研究的视野与方法》（《当代修辞学》第 6 期）阐释了在多模态范式下，言语行为理论、关联理论、话语标记语和隐喻等经典语用学议题及人际语用学、二语语用学和临床语用学等新兴议题在本体研究和应用研究两个层面上的发展现状。研究认为，本体研究的理论来源于语言学及其他学科的创新性理论，多模态语料库、多模态互动分析及多模态交际分析是应用研究常用的三种分析方法。多模态语用学拓展了语用学的基础研究和应用研究视野，为全面深入揭示语用交际的本质提供了新的可能。

在图像媒介层面，马晓驰在《报道摄影的虚幻：〈朝日画报〉正刊的视觉修辞与战争话语建构（1937—1939）》（《现代传播（中国传媒大学学报）》第 4 期）一文中从图像媒介层面出发，结合摄影图像与视觉修辞深入探讨了《朝日画报》如何通过摄影报道和刊中刊的形式美化了日本对中国的侵略战争。该研究不仅揭示了《朝日画报》的辩护策略，还对新闻传播中的视觉话语和影像建构展开讨论，为如何分析现代新闻传播和影像政治的关系提供了重要的学理依据。王欢妮和钟艳在《共意性情感动员：短视频报道中的图像修辞》（《东南传播》第 11 期）中通过对新闻报道中的图像进行分析并考察图像修辞的运用，指出运用多模态分析元素——图像，使抽象的情感得到具体的表达从而实现共意性情感动员的效果。该文论证了公共话语与沟通的价值来自对情感的传播，而话语中情感的交流则是激发施事者参与公共话语构筑的动力。俞鹏飞《图绘体育：晚清西方体育的视觉建构与修辞——基于对〈点石斋画报〉中西方体育图像的报道探析》（《成都体育学院学报》第 5 期）将视觉修辞与体育传播相结合，进而引申出图像体育的概念，评点《点石斋画报》如何通过视觉话语和修辞策略构建西方体育的合法化过程，强调晚清报刊在体育视觉启蒙中的功能，凸显修辞研究的跨学科属性。

4. 视觉修辞

承接、延续 2020 年至 2022 年视觉修辞理论迅猛发展的趋势，2023 年视觉修辞研究的特色为理论认知的不断深化和研究实践的丰富多样性，而且将视觉符号融入修辞学理论中，使得语言之外的象征符号更具阐释力。张伟在《东北师大学报（哲学社会科学版）》（第 2 期）上发表的《媒介、实物与空间——当代视觉修辞的三种向度及其实践逻辑》详细介绍了法国著名学者罗兰・巴特关于“图像修辞”概念的正式提出以及他基于“潘扎尼”花式面广告的修辞分析，是将新修辞学中悬设的图像符号介入修辞实践的理论贡献。作者指出，媒介修辞澄清一度以来为修辞实践所忽视的媒介动因，也为技术视觉的修辞学介入找到实践依据。而实物修辞与空间修辞将修辞对象拓展到一切可视性场域，可在更为隐性的视觉立场中探寻修辞意指的可能。这些向度的修辞实践架构了当代视觉修辞发展的基本框架，启发了当代视觉修辞的研究。在《复旦学报（社会科学版）》第 1 期上，张伟发表的《视觉顶针与现代图像叙事的修辞生产》按照美国修辞学家索尼娅·K. 福斯（Sonia K. Foss）的理解，参照语言修辞的视觉演绎是图像修辞理论建构的有效路径。该文参照语言修辞展开视觉顶针这一审美实践，依循辞格自身的形式逻辑。在呈现顶针辞格视觉生产独特景观的同时，将现代视觉叙事的技术机制与跨媒介结构，以及现代视觉的叙事语境、日常生活的审美化图式纳入顶真辞格的动因进行了考论。

与之相辅相成的视觉修辞研究是杨明星、李莹莹的《外交视觉修辞基本原理与话语权生成》（《外语电化教学》第 3 期），文章认为外交视觉修辞作为一种特殊的外交话语类型和政治视觉修辞，在全球议程设置、对外政策传播、外交形象塑造等方面与传统修辞发挥着截然不同的作用。文章将外交视觉修辞概念定义为："外交主体在特定语境下，围绕国际关系议题，通过对视觉符号的策略性选择、组织、表征，传播外交理念、维护政策合法性，进而提升国际话语权和外交形象的一种政治视觉修辞类型"，并构建外交视觉修辞的理论框架，强调视觉符号、视觉辞格、视觉叙事共同服务于修辞主题思想的传播本质的特征。在视觉空间层级，李琦、闫志成《传播物质性视域下博物馆空间文本的视觉修辞分析》(《现代传播（中国传媒大学学报）》第 2 期）指出博物馆空间是一类特殊的视觉性与修辞性文本，以展陈器物、主题展厅设置以及建筑主体的构筑触发情感意向，实现视觉转喻和隐喻。人们在与博物馆空间文本的互动中，将博物馆空间的表征框架转换为自我的认知框架，产生对自我国族身份的认同。薛婷婷《自媒体时代网络新闻图片的视觉修辞情景研究》（《东南传播》第 6 期）借鉴话语修辞的研究成果，以网络新闻图片为研究对象，以认同为核心，基于伯克（Burke）的修辞情景理论和布斯（Booth）的修辞立场理论，提出网络新闻图片的视觉修辞情景构建模型。该模型中，情感诉诸、理性诉诸和人格诉诸三种主要的劝说手段服务于情景中的三要素：新闻价值、底层逻辑和可信度，共同推动修辞情景实现由分裂到凝聚的转化，并维持情景的动态平衡。

5. 认知修辞

认知语言学对客观世界的认知倾向于关注语言理解、产生和习得过程中语音、词汇、句法、语义、语用等不同层面的语言运作规律，而认知修辞的研究在跨学科的视野下更加注重学科理论交叉融合视域中结合语言认知实践的认知功能。当下，学者们的研究呈现出"东征西战"且"深耕细作"的面貌特征。

徐盛桓《"相干性"与"整一性整合"——认知语言研究"认知 +"的一次实践》（《当代修辞学》第 5 期）指出"相干性"是物理学的概念，指词语间的形式或内容之间的相互连通、相互影响，从而在意识上产生一个新的认识；"整一性整合"是认知语言学用作认知加工的概念，指原不是整一的表达整合成为有价值、有效率的一个整一性整体。论文将"相干性"物理学的含义引入"整一性整合"的认知思想并提出整一性整合的基本要求是进行意义的新建构，以适应表达环境的需求，并需要适时变通，也即关注主体同环境的相互作用。该文提出的"认知 + 方案"为认知语言学的创新发展提供了新的研究课题。卢英顺的《认知图景理论在语篇研究中的运用》（《当代修辞学》第 1 期）运用认知图景理论中认知要素的激活理论和语篇语言学的衔接理论探究语篇内小句间话题的衔接以及小句说明部分语义的关联问题。研究认为，一个相对完整的语篇需要同时满足话题上的衔接和小句之间语义上的连贯，认知要素的激活在其中起到了关键的作用。蓝纯、白亦玄《拓展概念隐喻理论视角下〈诗品〉中的诗歌本体隐喻和评价隐喻》（《当代修辞学》第 3 期）运用考维切斯（Kövecses 2020）的拓展概念隐喻理论（ECMT），并结合 Pragglejaz Group（2007）的隐喻识别法，识别并分析钟嵘《诗品》中的比喻表达，并将这些比喻表达背后的概念隐喻归为诗歌本体隐喻和诗歌评价隐喻；前者将诗歌具象化，回答“诗是什么？”；后者依托前者，将对具象始源域的一些突出特征的评价投射于诗歌，回答“什么样的诗是好诗”。该文所使用的隐喻识别法具有可操作性，亦可用于其他传统文化典籍的概念隐喻分析。付正玲、文旭《指称修辞的认知拓扑识解：以“指桑骂槐”为例》（《当代修辞学》第 5 期）以典型的指称修辞——“指桑骂槐”为例，从认知拓扑学的视角探究该修辞现象实现的认知机制，以回答“如何实现”的问题。研究发现，指称修辞具备指称间接性、语境依赖性和内容主观性三个特点，通过变换指称对象、延展指称对象和引入跨域指称对象三种方式得以实现，其认知机制是个体拓扑同化、层级拓扑同化和域间拓扑同化。杨海明、邹煜珈《从“打破”看汉语行为器物隐喻的特点》（《当代修辞学》第 2 期）认为“打破”隐喻反映了汉语行为器物隐喻的选择性与适应性，这既是汉语“打破”隐喻的特点，又是汉语表达精细、生动形象的表现，也是汉语发展的动力之一。王倩《学术语篇中的“知识情绪”：认知语义视角（英文版）》（中国海洋大学出版社，11 月）选题视角新颖独特，从认知心理角度的考察发现，“知识的储存过程是带有情绪的”，如果学习时处于一种消极的情绪中，学习就会出现“视而不见听而不闻”的情况。表面上看似在听、在看，但实际上大脑是没有深入思考的，储存的知识也都是碎片化的、模糊的。该书基于认知语义视角，对英语学术语篇中认知情绪标记语进行多维考察，除构拟语义分析框架，揭示不同情感认知语义表征的相似性和独有性，还探究不同学科、不同时期学术话语情感介入和情感评价的关系，推导情感、语言、认知、社会文化与学科知识建构之间的联系。

专门领域的隐喻理论探索有倪兰、和子晴的《手语复合词的概念隐喻》（《当代修辞学》第 2 期），论文通过对上海手语复合词的认知功能考察，发现手语与有声语言复合词在结构类别和概念隐喻机制上有诸多共性，同时手语作为视觉—空间语言，显示出与有声语言复合词的模态差异性，尤其是同时性结构，概念隐喻更倾向于发生在同时性复合词中；手语的象似性导致手势隐喻的实现往往需要双重映射过程。手语复合词的隐喻研究为建立在有声语言基础上的构词和认知加工理论研究提供了新的视域。

6. 语义语用修辞

陆俭明《试论“语义的形式”》（《当代修辞学》第 4 期）提出的“语义的形式”问题是一个跨世纪且涉及多个语言学流派不同主张的重大理论问题。论文明确指出，“语义的形式”是“指自然语言中既跟语义相对，又跟语义相互依存的形式，自然语言中语义是多维的，有概念义、语法意义、情感义，等等。跟语义相对的形式，也应该是多维的”。为了从理论上厘清语义的内容与形式的对立统一关系，文章讨论了结构主义语言学和乔姆斯基生成语言学的理论主张，并认为无论前者还是后者，都不是研究“语义的形式”的语言学，而是从形式的角度来研究语言的语言学，即使是使语义形式化的交叉性学科——形式语义学也如此。论文分别从语音、句法、语用层面举例阐释了何为“语义的形式”，从语篇层面涉及该论题，并发出呼吁：“语义的形式”是一个值得开发、探究的研究领域。赖良涛《态度语义密度的理论框架》（《外国语言文学》第 2 期）从态度评论密度的角度讨论语义问题。论文认为，态度语义密度的衡量标准是语义群中特定态度语义项与其他项之间的关系度，可转写为系统中此语义项的精密度及其系统值；在词汇语法层通过典型的归属式关系小句及其变体实现态度语义动态评价；在语篇语义上，借助级差资源，通过饱和式、强化式和管辖式等韵律结构随语篇展开而动态调节态度语义，这种动态评价在合适的情景和文化语境中可进一步获得真实意义。陈振宇、包笑婷《再说“意外三角”》（《当代修辞学》第5期）将“意外三角”限定在“意外特征所导向的功能迁移或叠加”，认为“意外”主要有非常规和不合理两个来源，二者中非常规占据主导地位。意外特征可以导致功能的语用迁移，说话人自信与否和命题的消极积极在迁移中共同起作用。感叹与“意外”始终是共生的，而叠加在疑问、语用肯定、语用否定的语力之上。张新华《一种表示修辞假设的条件句》（《当代修辞学》第5期）提出了“修辞假设条件句”概念，指出其与一般条件句不同，修辞假设条件句所指假设操作的功能目的并非真实客观地设置一个虚拟性的前件，而是进行修辞表达；主要有两种情况：一是表示对普通陈述句的强断言语力加以弱化，以达到委婉、留有余地的修辞效果；二是表示前件指的是无可置疑的最低量级的条件，目的是强调后件确实是应该被接受的。杨万成、陈昌来《“我敢说”的话语标记功能与认识立场表达》（《当代修辞学》第4期）考察了“我敢说”的话语标记功能及其形成，并探讨了互动交际中认识状态对“我敢说”使用的影响。研究表明，“我敢说”是个强断言话语标记，表示说话者对其所作判断的高度肯定。在交际互动中，“我敢说”一般用在处于认识优势一方的话语中。从来源上看，“我敢说”的话语标记用法源于其表言说行为的主谓短语，其形成受到主观化和语用推理等因素共同影响。

7. 比较修辞与对比修辞

2023年，中西比较修辞学与对比修辞学研究在跨学科、跨领域的视角下一方面推进了我国自身修辞学理论的挖掘，另一方面也加强了对西方修辞学理论的理解和接受。刘东虹、毛履鸣《比较修辞学识解：动因、核心思想与研究方法》（《当代修辞学》第6期）解读了比较修辞学的理论方法与研究实践以及得以崛起和盛行的历时动因，围绕四个令人困扰的问题对比较修辞的核心思想展开论述：比较修辞学既是研究对象，又是研究方法；比较修辞学并非只谈文化修辞间的相同点，而要重视不同文化中修辞实践的多样性、易变性和独特性；应该平等对待被忽略、被边缘化的修辞传统，因为比较修辞学不会产生一种可以解释所有文化修辞的普遍理论；比较研究方法总体来说是语境重构或“三元法”，也涉及反思、对话、权衡关系等。鞠玉梅的《伊索克拉底与孔子修辞学说的语用观照》（《西安外国语大学学报》第3期）通过比较视角阐释了伊索克拉底和孔子修辞思想中蕴含的丰富的语用观，相同者为既涉及语用的核心概念且关注语言使用的恰当性、适切性及语用效果等语用维度；不同之处的对比：孔子对语用失误可能带来的危害的阐述相对于伊索克拉底对审时度势与随机应变的行动能力的阐述；孔子对语用规范性的重视相对于伊索克拉底对语用创新性的重视。该文通过比较孔子与伊索克拉底修辞学说中的语用观，丰富了比较修辞学对中西古典修辞学思想的挖掘维度。李克、刘娇的《比较修辞学视域下中国古典修辞研究的起点、焦点与落脚点》（《中国海洋大学学报（社会科学版）》第5期）、《超越与连接：邀请修辞与中国古典修辞思想的哲学反思》（《东北师大学报（哲学社会科学版）》第5期）通过跨时空比较的方法尝试梳理当代西方修辞中的邀请修辞与中国古代先秦修辞之间的关联，提醒修辞学界关注非论辩、非劝说的修辞模式，它既来源于女性主义价值观，也根植于中国传统的修辞思想。

张乐、孙丰泾《学术用途英汉语对比研究（1991—2020）：回顾、现状与展望》（《上海理工大学学报（社会科学版）》第 4 期）介绍了学术用途英汉语对比研究的发展背景和前沿动态，特别是该领域的主要研究方法、研究对象、关键结论和研究难点。文章指出，学术用途英汉语对比研究最初聚焦语篇结构，后来转向人际意义的实现方式。研究多数采用对比修辞学、体裁分析和语料库方法，描述英汉学术文本的结构和词语特征异同，分析语言、文化、写作策略等影响因素。

8. 修辞哲学

修辞哲学作为一般科学方法论，决定着学者对修辞研究范畴、原则、理论方法和手段方面的认知，也因此贯穿、渗透进入学者对中西修辞传统的修辞原理、修辞伦理、修辞美学、公共修辞等学科理念的思辨与诠释。

[美] 施特劳斯（Leo Strauss）著、[美] 斯托弗（Devin Stauffer）整理的《追求高贵的修辞术——柏拉图〈高尔吉亚〉讲疏（1957）》中译本（王江涛译）2023 年 3 月由华夏出版社出版。施特劳斯在芝加哥大学前后两次讲授过柏拉图的《高尔吉亚》，第一次是在 1957 年冬季学期；第二次是在 1963 年秋季学期，是从哲学的高度解读修辞术。1963 年讲稿的中译本业已问世。2023 年译本的底本为 1957 年的讲稿，为“西方传统・经典与解释”的丛书之一。两次讲稿主要有三点区别：1）1957 年的讲稿内容更完整；2）基本问题意识不同；3）主要人物形象——卡利克勒斯的性格分析也迥异。而且在 1957 年的讲疏本中施特劳斯认为，哲人与城邦之间隔着的一道鸿沟，须得某种修辞术方能弥合，但不是智术式那样低劣的修辞术。显然，讲稿与柏拉图的对话“与其说是对修辞术的批判，不如说是在为修辞术的必要性辩护，同时也在追求一种高贵的、属于哲学的修辞术”。文章进一步假设，“如果说整部《高尔吉亚》可以看作对修辞术的审查，那么，这一审查不仅批评了智术式的修辞术，还指向一种哲学式的修辞术，它可以沟通、弥合哲学与城邦之间的鸿沟，从而为哲学提供了真正的辩护”。

吴礼权的《修辞的伦理原则及其矛盾关系》（《北华大学学报（社会科学版）》第 6 期）认为修辞在追求表达效果的同时，必须在“真”“善”“美”三者之间做好平衡，不能为了求“美”而放弃求“善”、求“真”，只有正确处理好三者之间的关系，才符合修辞的伦理原则。文章指出，在修辞实践中，“真”“善”“美”三者之间是有矛盾的，如何协调好这种矛盾关系，是修辞研究的一个重要课题。

宋平锋《公共领域与修辞：哈贝马斯公共领域的修辞内涵探究》（《南昌工程学院学报》第 2 期）一文通过追溯公共领域与西方修辞学的历史渊源，揭示了哈贝马斯公共领域与西方修辞学之间密不可分的联系。作者同时指出哈贝马斯公共领域本质上是一种理想的公共修辞空间。在现代，公共领域与西方修辞学的联系不仅没有减弱反而有所加强，并形成了公共领域修辞或公共修辞这样一个新的修辞形态，体现为当代西方修辞在修辞者与受众的关系、修辞场所、修辞影响方式、修辞手段等方面产生的巨大变化。

9. 政治修辞与国家形象修辞

谭学纯《政治修辞：中西对比镜像——兼谈修辞学术生产隐蔽的问题》（《海峡人文学刊》第 1 期）分析政治修辞作为中西修辞学史上极其活跃的参与国家事务和社会生活的话语行为，从一个侧面映射出修辞公共性的中西对比镜像。论文认为，西方论辩 / 演说以“说”的方式，承担政治修辞功能；中国古代“春秋笔法”以“写”的方式，由解经、历史记述、文学生产分别承担政治修辞功能。包括但不限于政治修辞的学术生产，真实面相不是语言本体，也不是修辞本体，而是“修辞学 +”，背后隐蔽的问题空间，涉及中国修辞学科建设重要的理论问题和学术实践。

胡开宝、杜祥涛《中国特色大国外交话语的传播研究：议题、现状与未来》（《外语教学》第 6 期）基于政治修辞视角分析了中国特色大国外交话语传播研究的现状，指出应当努力构建该研究领域的理论框架，积极推动数字人文方法的应用，开展中国特色大国外交多模态话语的传播研究，以拓展并深化中国特色大国外交话语传播研究。杨明星等《外交语块：中国特色外交话语模块化构建与传播——基于四字结构的案例分析》（《当代修辞学》第 3 期）采用语块理论、音韵修辞、外交学和传播学等多学科视角，结合四字结构外交语料，提出了“外交语块”概念，并分析了中国特色外交语块的语言特征、生成机制、语用功能以及传播效果。该文以外交语块作为基本加工和交际单位、推动外交话语的模块化构建和传播，有助于降低话语记忆负荷，增强话语传播效果，这对讲好中国外交故事，传播中国外交理念具有重要借鉴作用。

胡范铸《概念、目标、问题、方法：“国家语言能力”研究的重新思考》（《华东师范大学学报（哲学社会科学版）》第 6 期）指出“国家语言能力”研究的根本目标应该是以语言和语言学研究助力国家的内部治理，助力国家参与全球治理，从而推动全社会的和谐发展，助力人类命运共同体的构建。国家语言能力的研究需认清国家的语言语种动员能力、语言制度治理能力、语言行为使用能力、语言知识生产能力等方面存在的问题。文章指出当前国家语言能力建设第一要务就是建设一个真正的、前所未有的学习型国家。张先亮、席俊杰《论世界图景下的语言服务生态》（《当代修辞学》第 3 期）在全球化与科技进步的背景下，基于语言生态学视角考察了语言服务的重要性。文章分析了语言服务正不断呈现的开放性、层次性和多元性等生态特征，归结了语言服务生态系统内外对接出现的一定程度的不对称性。该文认为语言服务与环境的互动互适、协同进化可以通过正确发挥人的主观能动作用助推内外系统间物质、能量和信息的对称交流；维护语言服务生态系统，应从资源、功能和空间三个维度完善语言服务的生态位。

同样在国家认同层面，毛浩然《基于信息熵语境的国防部发言人三维修辞代偿》（《福建师范大学学报（哲学社会科学版）》第 2 期）深入探讨了新闻发言人话语修辞与国家形象建构之间的关系。该研究以修辞代偿为理论框架，阐明了当新闻发言人面临信息熵增和受众期待之间的矛盾时，如何运用修辞代偿策略来弥补信息鸿沟，降低信息熵增，进而实现去污名化。这一研究为新闻发言人如何更好地运用修辞代偿策略提供了理论指导和实践启示，进一步丰富了修辞学在国家形象建构领域的应用研究。樊小玲《国家话语修辞、族群叙事与华裔新生代身份认同——基于马来西亚华文小学教科书的话语分析》（《华东师范大学学报（哲学社会科学版）》第 6 期）发现马来西亚华文小学各科目教科书中大量的国家话语策略、高频率分布的核心概念与互文性复现的话语模式，强有力地塑造着华裔新生代“公民—国家”逻辑上的国家认同。文章指出，在教育场域，华裔新生代面临如何在国家认同与族群认同之间求取平衡，以及在国家认同的前提下提高华人族群内在凝聚力、传承华人族群认同的重要议题。

10. 互文修辞

从互文修辞的学科本源看，互文性理论自 20 世纪 60 年代末创立以来，以跨世纪、跨领域的态势先后在法国、英国、德国、美国、加拿大、日本和我国的多个学科领域产生了重要的影响力。其“互动 · 多元”理念的学术生命力在于反映世界万物的关联性和逻辑事理的深度广度，描写解释文本形态自身发展与外部关联的规律性，揭示作为交际工具、信息载体的文本在超时空中的动态多样生成，建构了文本与社会历史的互涉关系和文化功能。21 世纪，中国古老的修辞学传统与西方的文本互文思想形成碰撞，产生共通互融，互文性理论的中国化、语篇化真正落地，推动修辞互文理论范畴的形成，并不断拓展、壮硕，演变成为修辞学研究的一个重要领域，而且下位范畴理论也相应发展成为风格互文、语体互文、语篇互文等分论域。

刘婉晴《王维诗歌语篇风格互文研究》（中国广播影视出版社，4 月）从风格互文范畴切入，以唐代著名诗人王维诗歌作为考察对象，基于风格相对稳定又不断发展演变这一本质属性的认知，从语篇视角对风格互文展开了多维分析。该书通过对语言风格、互文、语篇三个概念内涵外延意义的确立，梳理风格互文理论的生成基础与发展流变的路径，并从系统、层级、关系切入，设置“语句互文”“主题互文”“意象互文”三个理论范畴，考察风格互文现象、互文表征、互文类型及其实现机制，审视风格互文在语篇系统中不同层级的互动多元关系。为了描写解释虚拟教学空间中文本形态自身发展演变的规律性，姚远《在线异步教学语篇的互动关系与功能特征》（《当代修辞学》第 4 期）以在线异步教学语篇作为研究对象，将微课程作为基本分析单位，构建在线异步教学语篇的互文空间并梳理其层级关系，挖掘语篇的本质和运行规律。在此基础上进一步将教学视频语篇作为异步语篇的代表，从呈现形式、结构、内容等方面分析概括出异步语篇的四大特征。该研究有助于建立在线教学领域的语篇规范标准，同时也有利于实现网络教学语境下的语言治理功能。王振华、吴启竞《转述：对话性与潜在的交际偏误》（《外语教学》第 2 期）讨论了“转述”这种有典型对话性的互文行为。“转述”是把所发生的事件、进行中的活动、事件或活动的态势，以及人们发表的言论、观点、立场等通过书写、言说、图片、音频、视频等不同媒介传播出来，是转述者介入互动的一种方式，具有对话的共性特征。该文从转述能够介入互动的角度论证转述的对话性，并结合再语境化和语法隐喻说明转述的对话性对意义传递（再现与理解）的影响。而再语境化过程中的语境变化和语法隐喻的意义潜势可能使转述传递的意义有别于原话，引发误解、增加理解成本，甚至可能导致交际失败。黄鸿辉《互文语篇论域下王蒙经典文本语言风格探析》（《阜阳师范大学学报（社会科学版）》第 4 期）在东方意识流等传统分析理路的基础上，立足于语篇语言学和互文性理论等新的分析论域，探析王蒙小说经典文本隐性的语言风格特征——细腻雅致，并借此探讨语篇语言学及互文性理论分析文本的实践性和广阔前景。

张大群《学术论文声音研究：概念流变与三维分析框架构建》（《外国语言文学》第 3 期）是运用互文语篇理论探索“众声喧哗”声音文本的实践分析。从对话性出发，该文对学术论文的多声性进行互文阅读，结合学术论文语类修辞特性，从声音来源、声音功能和声音对话程度三个维度描述学术论文声音系统，以写作者声音为中轴，交织融合了学术团体的同行声音，并在语篇不同的功能阶段表现出不同的声音资源配置的对话性和言说主体的多声性。王章才《论中国古代文体融合的基本规律与具体方式》（《学术界》第 10 期）是从文体角度考察体裁互文的研究成果。该文认为中国古代文体融合的基本规律为文体浑融，具有自主性、契合性、不对等性及排异性等特征。“文体融合”亦称“文体互文”。古代文体互文的具体方式约有六种：构思性互文，表现模式互文，讲说口吻互文，语言体式互文，风格互文，体裁、体类互文。文体互文 / 文体融合又常常是多种方式综合叠加、共存并行。

11. 广义修辞

谭学纯《思想和话语：广义修辞学副文本》（湘潭大学出版社，1 月）是作者数十种思想火花和学术思考的集中呈现。该书另辟蹊径，以副文本集合的方式包容了不同主题的文本个体，用“思想”和“话语”为关键词建构起两个论域。分而观之，“思想和话语”均为自成独立叙述结构的学术表达；合而观之，则为对学科资源、学科生态、学科生产力与学科发展等重要领域所进行的系统思考和创新认识。书中辑录 19 篇序跋副文本，以及在几家刊物主持的 60 期修辞研究栏目或专题的编者按 / 主持人话语互文本，成为一个互文性副文本合集。串联了二十多年来修辞主体谭学纯的数十个广义修辞学副文本，目的是通过建构与正文本相对应的互文空间，参与中国修辞学研究当代转型和学科形象重建的学科建设工作，建构起广义修辞学意义秩序，展示修辞研究多元格局中的学科创新意识和广义修辞的思想轨迹。

董瑞兰的《广义修辞学视域中的〈人民文学〉话语研究》（中国社会科学出版社，9 月）运用广义修辞学的理论范式和逻辑框架，分析 1949—1999 年间《人民文学》的理论思路：“话语世界→文本世界→人的精神世界。”值得肯定的是，该书将关键词句的微观分析与契合主流意识形态的宏观把握相结合，展示文学期刊研究与修辞研究跨界场域，以探索当代文学期刊研究的新理路，为文学期刊话语修辞研究提供一种跨学科的新视野。

12. 修辞构式

修辞角度的构式研究具有显著的修辞学科理论特色。罗艺雪《报刊政论语体中的一类特殊“引起”构式》（《中国语文》第 2 期）从语体角度切入，认为一度被视为错句的特殊“引起”构式，在持续的语言使用中形成了独特的句法、语义及语用特征，表达消极使因成分影响下指人成分需要具备或者该具备而未具备的某种意识，其着眼点不在于客观归因，而在于主观追责，含有强烈的劝诫语气，追溯其修辞理据，该构式源自汉语的话题结构。吉益民《“当+X+Vm+Y”构式的建构机制与组篇功能》（《华侨大学学报（哲学社会科学版）》第 1 期）属于语篇视角的构式分析。该文认为，“当 +X+Vm+Y”是一种设疑类流行构式，根据“Vm”所系论元的语义关系，整体构式语义大致分为冲突、混搭、巧合、穿越等几种类型。基于构式变项的语义张力和表达潜势，该类构式用例被广泛地用作各类作品标题和条件性的语篇信息组件。研究发现，修辞性“相遇类”已成为一种很有特点的语义范畴，其表达已形成一种较为复杂多样的流行构式群。李治平、冉力丹《修辞构式“一整个 X”与程度表达的构式趋势》（《汉江师范学院学报》第 4 期）指出新兴的“一整个 X”已成为一种表示高量级程度义的修辞构式，变项“X”主要为表示心理活动与心理状态的谓词性成分和一些特殊结构，在抵消程度副词语法化损耗的要求下迅速成为交际中的新兴表达方式。相比程度副词的兴替，该构式所表达的高量级程度义具有不可替换性和情感爆发性。该文认为，用修辞构式来表达程度义已成为一种发展趋势。

13. 文艺修辞

“歌谣”为民间流行、具有民族色彩的歌曲，又称“民谣”“民歌”。如《诗经 · 国风》

就是一部经过艺术加工的民谣。又因为大多数歌谣是为孩子编写传唱的，所以又叫“儿歌”或“童谣”。在古代，“合乐为歌，徒歌为谣”。现代则合称为“歌谣”“民谣”。苏义生的《原生态歌谣修辞研究：以云南诸民族为例》（社会科学文献出版社，5月）侧重于“徒歌”维度，考察了26个民族的歌谣系统，设置了两个论域：“原生态歌谣”“歌谣修辞”，从民族文化角度考察了原生态歌谣，用“原生态”这个从“生态学”借用的术语，赋予了“歌谣”以原始自然、民族特征等属性，故作者视“歌谣”为活在民间的言语瑰宝，口传的非物质文化遗产中不可或缺的重要组成部分，反映了浓郁民间色彩的民族语言史、风俗史、文化史；而从修辞学角度，该书从原生态歌谣的修辞动因和修辞原则、修辞效果等范畴出发，对“歌谣修辞”生态现象展开了较为系统的描写研究；基于田野调查的统计数据，专题研讨云南少数民族汉调歌谣特有的修辞规律，归结云南情歌爱情意象的修辞表现力，发掘云南特有民族歌谣颜色词修辞的模糊性、渗透性等独特的修辞特征，拓展具有民族文化特色、修辞美学的研究领域。王蒙作为中国当代的重要作家，在文体创新方面颇有建树，从早年的意识流尝试到晚近小说中的诗化、哲学化、散文化尝试，无不体现一个创作者求新求变的创作心态和自由开放的创作理念。郭宝亮《王蒙小说文体研究》（增订本）（人民文学出版社，9月）通过探讨小说的语言、叙述个性、文体语境和作家文化心态等，准确捕捉王蒙小说创作风格中的变与不变，归纳出王蒙小说的文体特征和语言风格表征。该书2006年初版，此次再版，修订之前的表述，增补了近十五年追踪王蒙创作的研究成果。

14. 文化修辞

文化修辞作为社会进步过程中文化软实力的重要承载方式和载体，是修辞学、文学、文化艺术、新闻传播学、社会学等学科重点关注的论域。

陈维昭《释“滚做”》（《复旦学报（社会科学版）》第2期）从古代文化传统的角度考察了“滚做”这一修辞术语与明清科场体制、经学思潮、制义美学之间的内在联系。“滚做”既是一个极富个性的制义修辞术语，又与古文传统有着密切的关系。“滚做”将“文”的装饰性推向了极致，在明清文法术语范畴中具有独特的价值。考察“滚做”可以加深我们对制义这一曾被视为明代代表性文体的修辞美学、进而对中国传统文化的认知。沙红兵《古代文学批评的隐微修辞》（《文艺理论研究》第3期）探讨并分析了隐微修辞作为古代文学批评规避压力、涵养蕴藉的策略性反应，并应用于各种复杂的文学关系。隐微修辞通常表现为通过材料取舍曲传微旨，或假借典故等侧翼迂回，寄托抑扬，或将散见于不同之处的批评见解并置以形褒贬，或寓规于颂，反言以讽。该文指出，在长期的历史发展中，如何在较广泛社会心理期待的基础上恰当解读文学批评的深微之意，也需要开放式的批评共同体的商量培养。

盖琪《一种现代性的修辞：中国文化场域“新女性”话语的发生逻辑》（《学术研究》第10期）指出晚清时期的“准新女性”话语与新文化运动时期的“新女性”话语虽同为以女性为能指的现代性修辞，但二者之间既有联系又有区别。文章结合概念史分析方法，重新审视“新女性”话语在中国文化场域的发生逻辑，解读启蒙现代性框架下个人主义论述在中国社会陷入困境的深层原因，从思想史角度认识马克思主义个人发展理论所展现的积极前景。张雯、李志强《意义生产与媒介修辞：基于〈红楼梦〉大众文化修辞考察》（《红楼梦学刊》第2期）指出大众文化媒介抽取《红楼梦》经典意义内核，以“符号”指涉意义、设立“空白”的召唤性结构、筑构“共情”场域等媒介修辞论域。

二、应用研究

2023年的修辞应用研究以跨学科、跨领域研究作为主要特色，发展趋势可描述为修辞学理论与其他学科理论交互共融、协同发展，推动着语言运用在各个领域开拓创新，在服务学者、服务学术、服务国家和服务社会方面发挥着修辞学科特有的功能效应。

（一）修辞教育

教育是社会发展的动力和基础，人类社会的每一次进步都伴随着教育的进步。修辞教育亦是，相应地在社会语言生活中承担着推动社会进步的历史责任。修辞教育的内容与方式包括：传授修辞知识、提升受教育者的语言能力和素质培训的学校教育，发展国民教育体系和人力资源开发的职业教育。修辞教育活动主要体现为围绕修辞教育主题开展的教学科研活动。

2023年，母语教育、二语教育和外语教育中的修辞教育适应新的语境，坚守传统，引领前沿，走向国际。修辞教学科研活动借鉴跨学科的理论方法，重新审视修辞教学实践，组织教材出版，探索修辞学科知识体系建设，挖掘教学语体和语篇语义机制的解释力，努力深化对修辞的本质认知，建设新文科背景下的修辞教育体系。

祝敏青、陈碧莲所著的《汉语修辞格趣谈》（商务印书馆，1月）倾力于实现积极修辞知识的传播与普及，属于母语教辅类用书。该书精选中国文学作品中修辞格的典型例证，搭建修辞格基础知识的描写框架，分上、下编讨论了修辞格这种由社会语言生活约定俗成、学界认定的语言模式。上编“形象生动篇”“辞情谐趣篇”“背离深刻篇”描写修辞格的基本类型；下编以“修辞格连用”“兼用”“套用的复杂情况”三个维度较为系统地分析修辞格的语言格式，语言规则和特定功能。该书立足于中国修辞学的传统，为母语者的中学语文教学和国人提升语言写作与鉴赏能力提供知识储备和教育功能。

二语习得者体量大、语言背景复杂，为了满足其获取知识、提升语言能力和扩大国际影响力的需求，修辞研究配合教学任务从修辞教育功能出发开发了为数众多的课题。如王晓艳《国内对外汉语语体教学研究三十年》（《宁夏大学学报（人文社会科学版）》第5期）从语体理论视角展开对二语教学理论、教材编写等语体应用与习得方面的总结研究。该文梳理汉语作为第二语言教学的语体研究脉络，评述研究现状，指出对外汉语教学中语体研究及教学实践不成熟，缺乏系统性研究、研究方法单一等不足，提出应对策略和解决方案，并对今后语体学学科视野下的二语教学发展趋势做了进一步的考量。汲传波的《汉语二语者书面语体习得研究》（北京大学出版社，11月）通过对外国留学生和汉语母语者书面语中语体特征标记的频率均值进行卡方检验，发现外国留学生书面语存在口语化有余、典雅度不足等问题。该书基于教材中的语体不对应现象和口语格式的收录等的研讨提出建议：教材编写和课堂教学都应该重视语体问题。胡建锋《语篇的衔接与连贯》（北京语言大学出版社，6月）作为“对外汉语教学语法丛书”之一种，基于语篇教学的需要，重点研讨语篇语义问题。该书通过中介语语料库中的语篇偏误分析，系统性考察影响语篇衔接与连贯的具体因素，比较一些衔接方式对语篇组构的影响，旨在构建国际中文教育适应新时期发展、针对外国学生教育的对外汉语语篇的教学体系。

近年来，外语教学的热点论题多点开花、各有建树。其中“续论”因为新视角、新方法的纵向分析而成为热点之一。“读后续写”是王初明于2012年在《外语界》第5期《读后续写——提高外语学习效率的一种有效方法》中提出的一种外语学习方法，因影响广泛发展成为外语教学理论中的“续论”。该文的主要观点为言语交际中理解者总是要承接言说者的表述，阐述自己的思想，以前后关联，推动交流，因为语言是通过互动、更是通过“续”学会的，语言学习的高效率更由创新性的模仿——“续”实现。林正军、黄丹《“续论”的互文性框架及其教学应用》（《外语界》第5期）从“续论”中挖掘互文性理念核心，构建外语教学活动中的互文框架。该文认为，“续论”教学的理论依据源于语篇互文性的多重互文关系，而基于“续论”框架的教学应充分利用互文关系，加强给出语段的理解和学习，提高续写语段产出的质量，减少母语对续作产出的负面影响。因此，正是有承接特点的互文关系促成“续论”教学任务中的多重互动，确保“续论”教学的有效性。

（二）法律修辞

服务于立法、司法语言实践的法律修辞研究通常采用消极修辞、零度修辞的研究视角，考察法律语言是否准确适当、庄重严密。2023年的法律修辞研究除了强调修辞表达与识解须准确、规范、专业，还增强了跨学科研究的意识，注重运用学科融合的前沿理念与科学方法以提升法律语言的服务能力，其中也不乏切入到法律语体、语义价值和风格表征层面的讨论。张法连、蒋毓婧《国内外法律语言研究现状对比分析（1998—2021）——基于可视化技术和文献计量分析方法》（《当代修辞学》第2期）运用可视化分析软件CiteSpace和文献计量分析方法对1998—2021年间国内外法律语言研究成果进行宏观审视与微观的量化分析。其概率统计与系统分析的结论为：当前我国法律语言研究存在应用型研究不足，深入不够且理论方法过于单一诸问题。其解决方案为：国内法律语言研究既要注重法律实践，关注现实，又需通过运用多样化和系统化的研究方法，提升法律修辞对国内司法实践的服务能力。袁毓林等《怎样构建面向事实性表达研究的法律专题语料库？》（《当代修辞学》第2期）可视为运用语料库研究方法提升法律修辞服务能力的方案之一。该文讨论怎样以真实的法律审判语料为基础，构建面向事实性表达研究的专题语料库。主要观点为：面向事实性表达专题语料库的标注应该聚焦于事实、非事实和反事实三种基本信息，从构式、语段、词汇三个层次挖掘与事实性信息相关的形式特征，最终形成完整的标注体系和文本规范。文章进一步采用BMES四元序列标注法，对语料进行事实性信息的标注，并通过实证分析展示了专题语料库广泛应用的可能性。

（三）新闻传播修辞

新闻学和传播学作为新闻传播学的下位学科，其中心议题与理论视角各有侧重。新闻学关注如何客观公正、真实迅捷地反映新闻内容，主要研究新闻的生产、传播与接收过程；而传播学关注人类如何运用符号进行社会信息交流，主要研究人类传播行为和传播过程的发生、发展规律以及传播行为与人和社会的关系。在当今“互联网+”的全球媒介语境中，新闻学、传播学均倾向于在修辞学科视野中关注新闻传播的理论建构和实证研究，并广泛地运用大数据和语料库研究等科学方法分析修辞知识如何在新闻传播实践中实现功能效应，因此，其理论范式与研究方法都是切入新闻传播修辞研究的主要视角和理论根据。

鞠玉梅的论文《科技新闻建构国家身份认同研究——基于“科技冬奥”中外媒体新闻报道的个案分析》（《当代修辞学》第5期）以建构修辞学为理论框架，采用幻想主题修辞批评、话语分析与语料库研究方法，深入剖析了北京冬（残）奥会科技应用议题下中外网络的新闻报道。研究发现，中国媒体在报道中强调“积极自我”身份建构，展现出强烈的自我认同意识；外国媒体对中国国家身份的建构则相对复杂，涵盖积极、中性及消极三个修辞维度。其中，积极与中性报道中仍隐含着负面形象的“消极他者”身份建构，揭示出外国媒体对中国国家身份认同的矛盾心理。该研究对于理解中国国家身份在国际舆论中的建构与认同具有重要意义，为科技新闻的社会性和政治性研究提供新的研究思路。刘小红和侯国金的《防疫抗疫新闻标题的语用修辞价值——以〈人民日报〉为例》（《西安外国语大学学报》第3期）结合防疫语境，深入探讨防疫、抗疫新闻标题在疫情背景下所发挥的信息传播功能。该文章采用语用修辞学的视角讨论了《人民日报》防疫、抗疫的新闻标题具有独特的修辞特征和功能。

运用前沿理论和实验数据展开传播研究的成果如李小凤《电视语言“播”“说”“聊”音色差异的实验调查与修辞学思考》（《当代修辞学》第1期）。该文指出，电视语言“播”“说”“聊”在音色方面具有连续性渐变特征，反映交际距离由远及近的变化，而人际表现则由严肃滑向亲近。文章据此指出语境对有声传播所产生的影响及其修辞共性。高金萍、李庆豪《卫星新闻的技术偏向与视觉修辞研究》（《传媒观察》第9期）基于科技数据认为，卫星新闻在视觉框架构建过程中的主要修辞策略是通过信源标注、语图互文、数据“耦合”来实现的。修辞策略包括数据修辞、关系修辞和时空修辞，其中数据修辞策略是核心。卫星新闻技术经由视觉修辞的嵌套包裹进而凸显或遮蔽事实，由此产生技术的偏向。文章重点评述并建议中国媒体在卫星新闻实践中可运用视觉修辞作为争取全球话语权的新路径，可通过进一步聚焦全球公共议题、融入交互设计、规避伦理失范等方式来创设技术场景、形塑公众认知、影响全球舆论。直接运用修辞理论框架展开信息传播有效性的研究如刘晨旭等的《策划与互动之争：语体特征对文娱直播效果的影响研究》（《全球传媒学刊》第2期）。该文以直播语体作为研究对象，考察直播语体具有的互动与策划特征，还基于离散性指标分析不同语体特征的稳定性效果：策划语体能带来更长的用户观看时间，更好地建立持久用户关系；互动语体则在吸引用户短暂停留和增强互动方面具有优越性能。

关注人际关系，探讨传播中修辞效应的文章有刘涛、刘倩欣《情感叙事：环境传播的公共修辞实践》（《新闻界》第4期）。文章指出，在生态文本的符号实践中，情感叙事的核心是打造以情感认同为修辞目标的文本表征体系，其对应的公共修辞实践可以沿着生态安全维度、生态价值维度、生态美学维度三个叙事维度展开。当前情感叙事的重要使命是以环境领域的不确定性为观照对象，具体的公共修辞策略主要体现为意指概念维度的接合实践以及符号意象维度的象征实践。这些多维视角的分析，为修辞应用研究的重要论域——新闻传播修辞注入了新的视角与活力。

（四）翻译修辞

2023年翻译修辞研究成果显著，主要表现为研究主题不断拓展，丰富了翻译修辞批评与话语分析的理论框架和研究范式；翻译修辞理论的持续深化，体现跨文化交流和学科交叉渗透理念在翻译实践中的引导作用，特别是对外传播、学术外译以及术语专名翻译等领域的深入思考。如刘进军的《翻译修辞性探析》（《上海翻译》第6期）一文提出“翻译修辞性”术语，既对这一概念的内涵外延意义进行解读分析，又通过翻译修辞实践的阐释进行理论建构。该文通过反思当代翻译修辞研究中存在的问题，结合中国传统的修辞功能思想发出呼吁：开展跨学科的翻译修辞实践，强化翻译修辞研究的理论张力。而运用翻译修辞理论检阅翻译修辞实践，也是翻译学界高度关注的论题。陈小慰的《对外翻译传播：修辞语境视角的案例分析》（《上海翻译》第6期）结合修辞语境概念，深入探讨翻译中“修辞语境”分析在实践中的具体应用。研究结合现实案例，强调将翻译目的、受众和修辞制约因素纳入语境分析，认为不但必要、而且行之有效。该文通过充分考察翻译中的“修辞语境”，使翻译选择和评估更加有据可依，进而提高译文对受众的针对性和说服力。何琴、林大津的《汉语惯用战斗性话语英译历时考察——以“中国日报双语新闻”（2013—2021）为例》（《上海翻译》第2期）从比较修辞的理论视角出发，深入探讨汉语惯用战斗性话语模式及其英译“重构”的必要性。研究指出，为了更有效地传播中国声音，译者应充分意识到中西修辞传统的差异，结合具体情境对惯用战斗性话语的译法进行合理判断，并尽可能采用符合受众言语经验的译文。林佩璇《广义修辞学视域下冰心〈燃灯者〉中译文的修辞建构与当代意义》（《山东青年政治学院学报》第1期）认为，翻译不仅是语言层面的话语转换，更是一种修辞建构。透过译文的话语修辞建构不仅能领略译文的修辞特色与译者的翻译技巧，更能窥见译文生成的深层动因，挖掘翻译行为的社会意义。文章据此观察与解释冰心《燃灯者》汉译本核心词light的多样化译文与圆周句的高频启用，指出期间所达成的话语建构和修辞化文本建构实际上源自译者精神建构中对“灯”“灯塔守”的钟爱，以及对光明正义的崇敬与追求，间接彰显冰心《燃灯者》汉译实践诠释并升华的当代意义。

（五）网络修辞

王建华《防疫健康码：网络社会治理的话语创新与应用——基于语言符号学与系统语用学的视角》（《当代修辞学》第2期）基于社会治理的宏观视角，对网络修辞展开了语言符号学与语用学的双重考论。文章将健康码视为网络数字化符号的新形态和网络空间多模态话语的代表，提升健康码所反映的社会文化意义。该文认为，健康码的开发应用活动，是在社会需求、技术进步等语境的催发之下产生的社会现象、言语行为，表达了多元主体共同形成的强烈意向和意愿，而且通过图形、颜色等数字符号话语嵌入治理活动并影响人们的行为，进而参与社会治理和维护社会稳定的过程。

随着互联网技术的普及与提高，与现实空间相对应的虚拟空间孕育并迅速推动网络语言的产生和兴盛，以复杂的符号体系和多模态作为网络媒介，满足了网民日常交际中表达多维思想感情、呈现灵动且风趣的语言智慧等诸种需求。诚然，对网络生态，感悟式的、零星的认知分析有之，但缺乏有理论高度的系统性论证。徐默凡所著《从社会方言到功能语体——网络语言新论》（上海文化出版社，8月）对网络语言本质特征的系统认知弥补了这方面研究的缺失。该书认为，网络语言随着传播介质的变化产生了一系列独特的语言特征，从一种社会方言变成一种功能语体。当前，口语语体、书面语体、网络语体三分天下之势已经初步形成。以语体理论为基础，该书界定“网络语言”概念，对表情符号、网络流行语、形貌修辞、无关谐音等网络语言现象进行了新视角的解读。

郑燕芳《语言景观学视域下网络综艺节目话语生态研究——以“爱奇艺”网页海报为例》（《传媒论坛》第1期）反映了一种加入非典型网络语言参量及修辞效应的新思考。文章指出，网络语言景观作为一种非典型语言景观，是人们了解特定语境下网络文化的重要途径，但在话语传播中存在翻译不够规范，字体过度变异，信息无效传播，缺乏文化创意，跟风现象严重等问题。研究认为，要结合受众心理，树立语言规范意识，找到文化传承和语言创新的平衡点，才能塑造良好的话语生态环境。

（六）广告修辞

广告文案是商品销售信息传播的理想媒介，是广告修辞为获取最大程度影响力的信息载体。当下，广告文案的写作已不满足于仅选取积极修辞方式作为广告语言生成与识解的手段，而是力求与当代修辞理念同步，从宏观语篇、风格表征等角度来全力推进广告的修辞效应；而且随着现代多媒体技术的不断进步，更加注重综合文字、图像、音频和影像的多模态表现力来助力广告修辞实现全方位影响受众的传播功能。

赵德芳《汉语商业广告语篇的多声系统研究》（《西安外国语大学学报》第 1 期）从广告语篇的多声特质来考察修辞效应。该文以评价理论介入系统为分析框架，探讨了汉语商业广告语篇实施的多声资源策略与系统模式。研究发现，旅游宣传广告语篇采用多样词汇语法模式构建语篇的介入资源，对话读者和语篇外第三方，以构建文本的协商空间，加强对话潜势并与多方主体互动建立立场联盟，以达到宣传劝说的交际目的。朱振中等《“陈述”还是“修辞”：在线评论语言风格对消费者购买意愿的影响》（《财经论丛》第 11 期）以语言期望理论为基础，探讨在线评论语言风格影响消费者购买意愿的作用机制。研究发现，陈述性语言风格的在线评论会促使具有任务动机倾向的消费者产生更强的购买意愿，因事实性感知在其中发挥中介作用；修辞性语言风格的在线评论会使具有娱乐动机倾向的消费者产生更强的购买意愿，因趣味性感知在其中发挥中介作用。研究结论拓展了在线评论广告修辞研究的理论，对企业开展精准营销具有指导意义。

概言之，上述修辞应用研究的成果体现了修辞学与其他学科领域的协同发展、互动交融。而为了完成新文科背景下的学科建设任务，适应大语言数据下修辞理论研究范式的革新，修辞应用研究重视中西方修辞学理论方法的交流互通，关注修辞学理论在不同领域的实际应用，为跨学科的修辞研究拓展出新的理论视野与研究进路。

依托各大网站与数据库，我们收集到 2023 年修辞活动的记录文档和 40 余部专著、900 余篇论文，遴选出代表中西修辞学传统、有着前沿理论意识和运用科学研究方法翔实论证的研究成果进行评述，尽可能全面客观地描述 2023 年修辞学研究的基本面貌和所反映的时代精神。希望这种语境重构的互文呈现在一定程度上能够反映 2023 年修辞学术共同体的学术思想、学术智慧和学术贡献。

篇章语用研究

方 梅 方 迪

篇章语用视角囊括了超越单句分析框架、从真实语言使用出发的各种语言学理论方法。2023年，篇章语用研究在立足汉语语言事实、融合多元理论的基础上稳步推进，既有对于经典篇章语用问题的探究深化，也有对于新领域、新课题、新材料的开拓延展；在促进汉语本体研究的同时，更加深度融入语言生活，体现服务社会、导向应用的意识。同时，以具体问题为导向，关于篇章语用的分析路径、研究方法及社会价值的宏观思考也取得有益进展，质性分析、语料库分析等多种研究方法的结合运用，为相关问题的深度描写与阐释提供了有力工具；跨领域、跨学科的交叉成为篇章语用研究的显著趋势。下面综合研究对象和理论框架评介2023年度各项成果①。

一、语篇视野与语法研究

语法结构和语篇组织分属不同层面，却又密不可分。无论是我国古代的文章学传统，还是近现代前辈大师关于用法分析、口语研究的精辟洞见，都彰显出语篇语用视角对于认识汉语语法的重要价值。汉语中缺少形态变化，许多语法意义、语法范畴都需要诉诸语篇中的运用表现才能得到充分的描写和解释。随着近年来汉语研究本体意识的增强和对汉语语法特点探索的深入，这样的认识已经取得日益广泛的认同。

2023年，结合语篇表现与语法结构 / 范畴的研究进一步拓展深化。一方面，从特定语言形式出发，考察语篇中的用法和功能；另一方面，从语篇单位、语篇现象或语篇类型角度出发，考察相应的语言手段。此外，语体观念的深化以及语料库语言学方法的运用，也为语篇视野下的语法研究带来新的突破。

（一）表达形式的语篇动因

这方面的研究涉及多种语词或结构式，从功能范畴角度看，这些纷繁多样的语言形式主要用于信息调节、语篇衔接、视角转换、立场表达等几个方面。2023年这方面的论文有28篇②。

1. 信息结构与语法形式

信息结构（information structure）是功能语法的重要概念，也是深入理解句法结构、指称形式选择等的重要视角。句法的编码组配方式往往体现新旧信息的安排和话题的管理。王

① 需要说明的是，为保持文章总体的一致性，在涉及同一术语的不同汉语译名时，除在题目中保持原样之外，均统一采用我们自己的译名。比如repair对应“修正”“修复”“修补”，我们采用“修复”；epistemics对应“知识（论）”或“认识（论）”，我们采用“认识论”。后文对此不再一一说明。

② 研究论文的相关数据，均来自中国知网（CNKI）的期刊检索数据库。下同。

灿龙、兀瑾的《“NP+VP+的”的语法属性与语篇功能》（《世界汉语教学》第2期）指出将“NP+VP+的”视为后置定语结构并区分限定和非限定，内部难以自洽；该结构是降级的话题—说明结构，其后续句或着眼于具有VP特征的子集加以说明，或着眼于部分NP具有VP特征的事态加以说明。语篇上说，该结构及其后续句可用于虚拟语境，表达假设关系。同样关注句法编码和信息结构的研究还有方绪军、谭荣华的《“NP的VO”的构成及其语篇功能分析》（《华文教学与研究》第2期）。

另一方面，指称形式的选择以及指称策略（回指、前指等）也与语篇的信息结构密切相关。乐耀、曹华承的《汉语书面叙事中主语的指称形式和篇章功能》（《汉语学报》第1期）对叙事中主要参与角色做主语的使用情况进行了考察，发现言者倾向于典型施事角色做主语；不同指称形式在首次引入角色和回指角色功能上的分工不同，引入新角色方面无定主语句使用频率最高，无定主语具有较强启后性和标记情节边界的作用；零形式和人称代词回指多用在句中或句末，标记语篇话题的连续性；而名词性回指出现于句首，体现言者对于信息的整合。寇鑫、徐坤宇的《抽象回指的指称内容与可及性研究——以“这”和“这件事”为例》（《语言教学与研究》第6期）讨论了抽象回指确认先行语的形式线索、指示代词和名词短语的指称差异及其可及性的规律表现。对话语篇方面研究还有高军的《汉语自然会话中的下指研究》（《外语研究》第1期）①等。

此外，特定语言成分在对话语篇中也可能参与话题管理。朱庆洪、高华的《语缀“法”的功能及演化——兼论构式“怎么/这么（个）X法”的话语功能》（《世界汉语教学》第4期）指出“法”从词内浮现到词外，成为疑问小句“怎么X”语缀；其使用与互动中特定位置上的重复和引用行为直接相关，用于将之前话语中X的信息内涵确立为元语话题，体现出对话中话题管理的交互性。

2. 篇章连接成分的功能分析

超句连词（macrosyntactic conjunction）是篇章连接成分的主要来源；而具有关联的副词同样可用于篇章的连接。2023年度有关篇章连接成分的研究主要关注共时层面的功能扩展与变异。史金生、周稚新的《“不仅仅”的语篇功能及交互主观性》（《汉语学习》第5期）指出，“不仅仅”可以表示除并列、递进之外的顺承、因果、转折等语义关系，甚至可以连接没有明显语义联系的小句；而这源于“不仅仅”的交互主观性，通过论辩的认知协作功能而使自身小句成为语用焦点，体现篇章自主性和句法独立性。陈全静、陈昌来的《评注性副词“显然”的衔接功能及话语标记化》（《汉语学习》第2期）指出“显然”关联性用法的浮现来自元语性推导，并分析了口语对话中“显然”用于标记主观评价、主观立场以及新话题的话语标记用法，揭示了副词衔接功能的浮现与话语策略的反复运用有关。

篇章连接成分有一部分是指向文本或者言内成分，另有一些体现说话人/作者与语篇（文本/话语）、听话人/读者之间的交互关系，体现丰富的人际意义。叙事语篇中，体现言者显身或隐身、引导受众视角切换或转变的话语标记就是其中的重要手段。《当代语言学》第5期刊登的两篇文章都讨论了叙事中的场景聚焦与视角转换问题。周韧的《“只见”与“但见”

① cataphora即“前指”，作者称“下指”，包括误起（false start）、修复（repair）和右移位中人称代词和其后出现的名词短语指称相同的现象。

的功能辨异》指出，“只见”和“但见”体现的均是叙事者视角，“只见”既可以对后接事件进行细节上的长焦观察，也可以进行整体上的广角观察；而“但见”一般只能进行整体广角观察；篇章衔接方面，二者都具有强承前性和弱启后性，在广义话题结构模式下可以看作一种“述题标记”，但“但见”只能用于顺接，而“只见”还可以用于对前文情节的意外逆接。王璐菲、史金生的《场景聚焦与视角融合：叙事语篇中“只见”和“就见”的戏剧性表现》则以说讲性的广播剧和与之对应的故事文本为材料，指出二者都具有场景聚焦的功能，但“就见”还凸显场景即时聚焦；从叙事视角来看，二者都是拉受述者入戏，与受述者互动的手段，具有展示性、现场性、主观性和交互主观性。

另外，还有一些研究对象本身不属于篇章连接成分，但也同篇章连接成分一样，具有语篇组织的功能。对话中，语气词参与表达人际意义，在元话语组织层面也有所体现。强星娜、刘丹青的《从元语用角度看自然口语中一种特殊的“吧”》（《汉语学习》第 5 期）关注到口语交际中遇到找词困难而产出的一类以“吧”煞尾的语句，指出这类语句表达“让我用 C 来表达吧”这一言语行为，其元语用功能与常规“吧”的弱化协商语气具有一致性。关于对话语境中语篇组织的研究还包括闫亚平的《“怎样 / 怎么样”式附加问句的浮现历程、机制与动因》（《语言研究》第 3 期），张秀松、袁毓林的《语用标记“喏”的多功能性和历时演变》（《语言研究集刊》第三十一辑），等等。

3. 立场表达手段的考察

立场表达（stance taking）是在语篇中自我成分的显露，同时涉及与听话人 / 读者的交互协商，近年来引发了很多关注①。2023 年，这方面研究较多集中在评价立场和认识立场两方面，涉及的语言成分包含言说动词、副词性成分、反问句式等。

语篇中连接成分的主观化，可能引发结构的重新分析与整合，以及相关搭配的词汇化。董秀芳的《从引入事件到引入评价：汉语中承接性副词或连词的主观化》（《汉语学报》第 4 期）就阐述了这个规律。该文指出，表示相继关系和条件关系的承接副词“就”发生主观化后可以引入主观评价性成分，由于第二小句“好”在形式上短小，“VP 就好”经由小句整合从复句重新分析为单句，“就好”也发生了词汇化，演变为表示祈愿的语气词。这种演变路径也见于汉语史上“即”“便”“才”“则”等其他承接性副词或连词。

言说动词的多维演变中浮现出言者立场表达功能是近年来关于该类动词研究的一个热点问题。鲁承发的《“所谓”句中的话语角色》（《中国语文》第 4 期）采用参与框架、参与角色以及信息领地等多种理论，对“所谓”句中的话语角色进行了分析，指出从受话人角度可将“所谓”句分成名实通达类、释谓类与辩谓类；从发话人角度，根据言者与信源之间的同盟关系（alignment）②，可以表达不同的立场态度，实现责任疏远或责任背书的效果。张金圈、樊留洋的《“说了＋引语”的结构特征与话语功能》（《汉语学习》第 3 期）讨论了后附两类“了”的“说了＋引语”，指出“说了$_1$”引出间接引语，出现在说理、论证性语篇中，

① 参看方梅、乐耀《规约化与立场表达》，北京大学出版社 2017 年版。

② 需要指出，这里的 alignment 来源于 Du Bois 提出的“立场三角”（stance triangle），反映的是不同主体间观点信念等的一致与否或情感关系的一体与否。在这种意义下，alignment 主要关涉评价立场。

用于增强信据力；而"说了$_2$"则引出直接引语，用于凸显前景信息，标示情节的转移。此外，人称代词也是体现距离远近、实现立场表达的重要手段。钟华的《人称代词"人家"变指的立场表达功能》（《汉语学报》第3期）就是这方面的一项个案研究。

反问句表达语用否定，是立场表达的来源句式之一。范中元、彭瑜的《反问句"谁（还）没（个）X"的语义特征和表达功能》（《语言研究》第2期）基于内部构件的分析，指出这一反问句式是基于社会合群心理而产生的，并结合语篇表现讨论了该句式的主动移情功能和话语示证功能。

评注性副词方面，蔺伟、陈玉洁的《语气副词"并"的反预期标记功能与语体制约》(《语言研究》第1期）通过考察"并"与其他词语的共现选择与限制，指出"并"作为反预期标记凸显言者信息领地的优势，其中信息领地就关涉言者和听者的认识[①]。

对话语篇中，由于互动交际因素，特定的位置上某些表达形式的反复使用，也促进立场表达功能的浮现。陈昌来、张田田的《表弱否定评价的立场标记"不至于"》（《汉语学报》第2期）指出对话中独用、表示主观弱否定的"不至于"具有立场标记和词汇构式的双重身份，并通过其在对话中的位置、互动模式，分析了"不至于"的立场表达功能，并从认知隐喻和语用推理角度阐释了其形成机制。

（二）语篇结构、语篇类型与语法手段

语篇的单位、要素、类型以及它们与语言手段的关系问题，是这方面研究关注的重点。2023年这方面共有论文10余篇。

话题连续性是基于语篇确定的参数，也是某些语言成分的重要考察维度。乐耀、陆筠怡的《话题连续性测量的两个维度：可及性和重要性》（《世界汉语教学》第1期）对Givón提出的话题连续性测量方法[②]做出了梳理和修正，指出话题的可及性针对复现话题，关注话题的回指，采用回数法和歧义法测量；而重要性针对首现话题，关注话题的后指，采用衰减法测量。该文还以汉语口语叙事语篇（梨子的故事）为材料，对两类话题的连续性及其与指称形式和句法位置的关联进行了考察。这项研究从理论上厘清了话题连续性的性质、测量对象、不同维度，以及测量单位的选取等问题，为语篇话题的相关研究提供了重要依据。

不同语篇类型驱动和制约不同的语言手段研究。李晋霞的《论证语篇中叙事性语段的语言特点》（《汉语学报》第1期）从语段的篇章地位和语篇功能入手，指出叙事性语段在论证性语篇中的前景与背景、主体和事件及物性等方面与典型叙事性语段的表现具有明显差异。刘云的《论证语篇的类型与复句运用》（《华中师范大学学报（人文社会科学版）》第5期）指出，论证语篇下位的立论文和驳论文中复句均以转折、假设、并列、因果为优势类型，但

---

① 信息领地（territory of information）描述了某人具有的知识构成的范围，某种知识可能同属说话人和听话人的信息领地，但其所属的程度不同，即知晓程度有所差异。参看Heritage, John （2012），The Epistemic Engine: Sequence Organization and Territories of Knowledge. *Research on Language and Social Interaction*，45，1：30-52。

② Givón, Talmy （1983），Topic Continuity in Discourse: An Introduction. In Talmy Givón （ed.），*Topic Continuity in Discourse: A Quantitative Cross-language Study*，1-42. Amsterdam: John Benjamins.

立论文中转折复句占比更高，驳论文中递进复句占比更高，并从论证方式和语用需求对此差异做出了解释。

言谈中，语调单位（Intonation Unit）是一个具有心理现实性的言语单位[①]。乐耀、洪媛媛的《汉语语调单位的功能类型和语法形式之关联——以口语叙事语篇为例》（《语言教学与研究》第2期）以口语叙事语篇《梨子的故事》为材料，在修订Chafe关于语调单位分类的基础上，考察了实质类和调节类语调单位的语法构成，发现大部分语调单位在功能上用于叙事模式的“进展”中，其语法构成与语调单位的切分可以从叙事语体特征、言者认知能力和语法结构紧密度等角度获得解释。乐耀的《了$_2$：叙事之边界》（《语言科学》第1期）以“了$_2$”结尾的语调单位的韵律特征为依据，分别考察了“了。”和“了，”在口头和书面叙事语篇中的用法，发现不同语体、相同规模和内容的叙事语料中，两类“了$_2$”都倾向用于认知心理、故事情节、言者互动三类叙事边界上。

语篇类型实际上对应不同的语体和风格。随着语体观念的深化，越来越多的研究在分析语言现象时将语体维度纳入考量，对特定语体的关注也推动了语言事实的挖掘与认识。罗艺雪的《报刊政论语体中的一类特殊“引起”构式》（《中国语文》第2期）讨论了报刊政论中的非使因主语“引起”句，通过分析其中的搭配倾向指出该构式表达消极使因成分影响下对指人成分的主观追责，其源头是汉语的话题结构，并且从强主观性表达需求和历史用法的角度论证了该构式定型的因素。邵长超的《论引语的生成机制及其语篇适应性》（《语言文字应用》第2期）考察了制约引语的四种因素：引导成分、呈现形式、引入对象和言说立场，据此构建了引语的生成机制模型，并基于文艺、新闻、学术和口语会话四类语篇的统计分析了引语的语篇适应性。在宏观研究方面，李佳蕾的《现代汉语书面语历时语域变异研究》（社会科学文献出版社，10月）探讨了20世纪初现代汉语形成以来书面语篇特征的百年嬗变，并探究不同时期语域背后的篇章和修辞功能，揭示了书面语域功能明晰化、互动性与口语性增强、篇章修辞联系社会历史事件等倾向。此外，高一虹、白露、秦苑的《大查房、生命回顾仪式——安宁疗护新语类探索》（《现代外语》第2期）介绍了具体场景下语体的特征表现。

这一领域的研究还有王用源、陈宇豪的《语体语法视角下语体正式度的自动测量》（《语言教学与研究》第4期），德波潘·达斯、马库斯·埃格的《语篇关系的连续性》（吴启竞、王振华译，《当代修辞学》第6期），于东兴的专著《语言的交互主观性研究——以汉语、英语为例》（上海辞书出版社，1月），武建国的专著《互文性研究》（北京大学出版社，1月），等等。

（三）基于语料库的语体研究

大规模语料库的发展成熟为语篇研究提供了有力的工具，透过语料库语言学的分析视角，语言研究的实证性和精细化得到进一步增强；这一视角本身也驱动和开拓了一些新的研究问题。2023年，这方面的研究渐成规模，既有关于语料库研究方法的宏观思考，也有针对某类

---

① 关于汉语语调单位的多维研究，参看Tao, Hongyin（1996）, *Units in Mandarin Conversation: Prosody, Discourse, and Grammar*. Amsterdam/Philadelphia: John Benjamins。该书中译本《汉语会话交际的单位：韵律、话语和语法》（乐耀等译）也于2023年8月由中国社会科学出版社出版。

语体中语言成分、语言现象的语料库考察。

在宏观研究方面，金碧希、卫乃兴的《话语研究的语料库路径：方法、挑战与前景》（《外语与外语教学》第 1 期）分别评述了基于语料库的话语研究、语料库辅助的话语研究和语料库驱动的话语研究三条路径。王雅琴、刘海涛的《数据驱动语体研究的进展与前瞻》（《现代外语》第 5 期）从理论描写和实践应用两方面对语体定量研究的新进展以及前人研究的局限和不足做出述评。此外，陆军的《语义韵的发展变化与界定特征研究》（《外语与外语教学》第 1 期）和陆军、李聪慧的《英汉口语会话中的语义韵研究》（《当代外语研究》第 2 期）结合语料库语言学中的语义韵（semantic prosody）概念进行了探索。

学术语篇是语料库研究中的重要语体类型。李燕、姜亚军的《语料库驱动的中外学术语篇词块变异研究》（《语料库语言学研究》第 2 期）基于自建的应用语言学英语学术语篇语料库，考察了中外写作者学术论文中四词词块（lexical bundles）在结构和功能上的异同，发现英语母语写作者学术语篇信息密集度高于中国写作者；功能上母语写作者更注重研究者信息传递，而中国写作者注重文本布局和逻辑建构。学术语篇和通用语篇的对比方面，唐文菊、汲传波的《汉语学术语篇与通用语篇同位连接成分的使用差异》（《语言文字应用》第 2 期）发现，两类语篇中表达同位关系的连接成分用频差异最大；其中，换言在学术语篇中用来详述、阐说，而在通用语篇中用来表示确说；举例在两类语篇中的差异则主要体现在用频和词汇选择上。学术语篇内部，受到知识结构、研究规约等影响，同位连接成分也呈现出差异性。

二、互动视角下的口语对话研究

随着会话分析和互动语言学在汉语研究中的广泛运用，相关的概念、原则、方法被越来越多地借鉴到口语对话的语法分析当中。互动视角成为深入理解语言本质的重要途径。2023 年，互动视角下的口语对话研究持续发展壮大，在材料覆盖面、理论体系化、课题探究深度等方面都有较大发展。陶红印的专著《汉语口语语法新探》（中国社会科学出版社，7 月）综合运用会话分析、互动语言学、浮现语法等理论探讨了汉语口语语法中的诸多重要议题。该书兼顾理论思辨与个案分析，结合跨语言视角，阐明了词汇语义的浮现本质，以案例分析说明了多模态资源（词汇、语法、韵律、身体动作）在言语情态表达中的重要地位，从互动交际框架考察语言形式，揭示了言语与社会因素的互动以及语言与社会的共变关系。

考虑到目标指向的不同，下面对互动语言学和会话分析的具体成果分别予以评述。

（一）基于互动语言学视角的现象分析

经过近十年的发展，互动语言学理论与汉语研究的融合逐步加深，一些传统的句法语义问题在互动语言学视角的观照下取得了一定突破，一些新的研究课题也由互动语言学发掘提出，拓宽了语言研究的视野。2023 年，《当代语言学》《南开语言学刊》《语言学研究》等多种期刊推出互动语言学专刊或专栏，《澳门语言学刊》第 1 期推出带有学术争鸣性质的对谈文章。各种期刊共有论文达 32 篇；中国社会科学出版社出版了“汉语口语研究”系列丛书（其中包括多本互动语言学方面的著作或译作），这些都说明汉语口语对话的互动语言学研究已在学界引起相当的反响，呈现出蓬勃发展的良好态势。

1. 理论阐释与综观考察

2023 年度互动语言学领域出现了不少理论阐释与综观考察的成果，成为区别于往年的一大特点。这些成果探讨互动语言学理念与方法对于汉语语法研究，特别是特定的课题或分支领域的创新价值，并展望未来方向和问题。这样的思考反映出汉语口语的互动语言学研究走向成熟、体系化的发展阶段。

方梅、乐耀、方迪的《互动语言学三人谈》（《澳门语言学刊》第1期）以对谈的方式阐释了互动语言学的发展历程、理论背景、研究方法，并着重讨论了互动语言学对于汉语研究的重要意义，指出它发扬了汉语语言学研究的传统，在材料处理、观察视角以及理论解释方面更具系统性，利于从跨语言角度发现基于句子语法难以概括的用法规律。完权的《说"因时"》（《当代语言学》第2期）系统介绍了Enfield从互动语言学研究实践中提炼出的因时（enchrony）分析框架[①]，通过汉语的延伸句、叹词的言谈管理功能、话题的互动性等五个案例说明因时分析的广阔应用前景，并探讨了因时视角与基于认知心理的"提取激活模型"的相互借鉴。

特定研究领域、研究课题方面。陈玉东的《互动语言中的韵律表达研究综述》（《当代语言学》第2期）从音高、时长、音强和音质等多个方面，综述国内外互动语言学中韵律表达的重要成果，梳理语言互动中区别性和突显性两种变化特征及其实现互动功能的主要原则，为互动视角下的韵律分析研究归纳基本方法，搭建了一个基础性解读框架。张瑞祥的《互动视角下的叹词研究》（《当代语言学》第2期）从参与者视角、序列环境、关联方向和表达功能四个方面，梳理介绍了互动视角下叹词研究的动向与趋势，并结合汉语叹词研究的现状做出展望，呼吁从行为类型和序列推进角度对叹词的功能分层做出细致的实证研究。完权、李心言的《作为社会互动资源的叹词》（《汉语学报》第3期）综合会话分析、语言使用研究、关联论、语篇元话语等理论对语言资源的探讨，提出一个社会互动资源的分析框架，以此对现代汉语叹词的多功能性做出解释，并从互动资源的角度审视了叹词的词类地位。

特定领域的理论阐释和综观考察还包括胡苏红的《互动视角下的日语评价表达研究》（《语言学研究》第三十三辑），刘锋的《汉语小句联合研究的互动语言学框架搭建》（《外语教学》第5期），等等。

2. 对话互动中的惯例

惯例（practice）是指互动交际中反复出现的某类话语策略或行为模式，如修复、合作共建等。一方面，惯例出于互动中特定的交际问题或需求，具有跨语言普遍性；另一方面，惯例的具体实施方式受到不同语言语法特点的制约。从这个意义上说，惯例是观察互动与语法之间关系的重要窗口。方梅、胡苏红的《跨语言视角下的互动语言学研究——以句法合作共建为例》（《当代语言学》第2期）就是对这一理念的鲜明阐释。该文从合作共建的语言学意义出发，讨论了语言类型差异对句法投射的影响，介绍了英语、日语以及汉语中句法合作共建现象的研究现状，指出借助跨语言视角进行互动语言学的分析，可以更好地揭示不同语言的特点。乐耀的《言谈交际中添加类修复的语法表现》（《中国语文》第4期）研究了同话轮添加类自我修复的语法表现，指出此类修复添加的成分大多是修饰语，并非为了更正错误，而是出于调整说话合适性的修复；汉语修饰语居左、中心语居右的语序特点限制添加修

① 最新参看Enfield， Nick Enchrony. *WIREs Cognitive Science*. 2022，e1597. DOI： 10.1002/wcs. 1597。

复的回溯边界，而互动交际的时间性和互解性则造成修复的回溯距离较短（大部分不超过两个音节）。

另外，几篇讨论合作共建的文章则在动态交际过程中对句法结构、修辞表达以及多模态表现做出了探讨，拓展了“语法”的内涵。方梅、张耘鸣的《从自然口语对话中的交叠型合作共建现象看句法结构的投射》（《语言教学与研究》第3期）分析了单句层面的“话题—说明”和“修饰—被修饰”关系，以及标记句法—语义范畴的虚词的投射表现，指出共建倾向于遵循结构完整原则，印证了语法范畴和结构层级的心理现实性。张耘鸣、方梅的《从自然口语的句法合作共建看汉语话题》（《汉语学报》第2期）针对说话人合作共建谓语的表现，分析了全局性和局部性两类言谈话题在合作共建中的推进方式，讨论了识别言谈话题的语言资源，并基于交际过程中话题性的确立，探讨了时间词的主语地位问题。关越的《汉语自然口语对话中列举表达的合作共建》（《当代语言学》第2期）指出对列举项的共建既可以体现一致性，也可以体现对比关系；三项列举的惯例也可以为合作共建提供句法投射的基础；该文还分析了韵律因素在列举识别中的重要性，指出汉语可以通过调整时长等韵律特征，将不同句法属性的列举项包装为均等的并置成分。关越、方梅的《汉语自然对话中句法合作共建的多模态协同》（《汉语学习》第3期）从互动参与度出发，将身势动作分为主导动作和修饰动作，并讨论了合作共建中句法结构、修辞惯例和多模态资源的协同，揭示了注视、手势等动作在合作共建中的功能。

3. 序列中的形式编码与功能解读

序列由最基本的会话结构——相邻对（adjacency pair）扩展而来，而相邻对中的引发和回应对应成对的行为，引发话轮的语言编码形式不仅对其行为的识解有重要作用，还影响其关联的回应的形式选择。具体序列中的不同引发和回应形式，往往具有不同的功能解读，是“位置敏感的”（positionally sensitive）。

研究中关注较多的是问答序列和评价序列。一方面，问在形式和功能上呈现出不对称，对提问行为的识别及其回应需要诉诸交际互动中的多重因素；另一方面，互动交际中疑问形式浮现出认识调节、立场表达等“问”之外的功能，其中的规律具有跨语言共性意义①。“不是X吗”这一问句形式通常被解读为反问，在具体序列语境中浮现出独特的立场表达功能。郑娟曼、陈泽群的《“不是X吗”的序列特征与立场表达》（《语言教学与研究》第3期）区分了处于话轮转接位置和处于非话轮转接位置两类“不是X吗”，指出前者关涉质疑立场和发现立场，表达前景信息；后者关涉唤醒立场，表达背景信息，由此揭示了语言形式的序列特征与立场表达功能之间的互动关系。同样讨论这一句式的还有李燕、张京鱼的《自然言谈中“不是X吗”句式的互动语境与结盟功能》（《外语教学》第3期），栾瑞琪、向明友的《日常会话中“不是X吗”的知识协商功能探究》（《外语研究》第6期）等。

此外，刘丞的《交际互动中“是吗”的功能显现——兼论与“是吧”的不同》（《南开语言学刊》第1期）分析了不同序列类型和位置上“是吗”作为附加问、新知接收语、新知

① 参看 Enfield, Nick J., Tanya Stivers, and Stephen C. Levinson (2010) Question-Response Sequences in Conversation across Ten Languages: An Introduction. *Journal of Pragmatics* 42 (10): 2615-2619。

回应语等的用法，讨论了其话轮转换、序列关闭与序列延展等作用，并引入韵律特征的分析，说明韵律表达对“是吗”功能识别的标示作用。

除了极性问句形式之外，还有研究探讨了选择问句。谢心阳的《汉语口语中的选择问及其回应》（《南开语言学刊》第 1 期）发现，口语对话中存在结构或语义上“不完整”的选择问，并且其后一选项可能由受话人共建；选择问可用于求取准确信息、他人发起修复以及求取扩展信息，前两种行为偏好单词或短语型回应，后一种则偏好多小句回应。

评价序列的讨论主要集中在评价的回应。高彦梅、任小华的《回声评价的互动功能》（《语言学研究》第三十三辑）考察了评价行为中的回声话语（即回声评价），区分了简单重复型、复合型和转换型三类回声评价，并基于进一步的形式小类讨论了各类回声评价的互动功能，指出各类回声评价体现了不同的示主性（agency，该文称“主动性”）、认识地位和抽象等级。方迪的《互动语言学视角的评价回应研究》（《语言学研究》第三十三辑）阐述了评价回应形式相关的序列组织原则（偏好组织）和相关交际因素（认识权威、示主性、立场亲附等），并结合汉语评价序列中的回应形式，提倡基于语言内部及跨语言层面更广泛比较来开展相关研究，揭示语法“应互动而生”的本质。

另有一些研究着眼于非常规的编码形式，探讨不同位置和行为序列中的功能。部分或完全重复之前发起话轮的回应一般称作回声（echo），是一种有特色的回应。张文贤、李先银的《回声话语：自然口语对话回应中的一种设计》（《汉语学报》第 1 期）基于对回声话语的重新定义，分析了回声话语的形式类型与功能，将答案性回应和非答案性回应一同归入研究范围，并对其下位类型进行了区分和统计，指出答案性回声用于确认，非答案性回声用于确认、求确认、评价、同意与认同、修复、否定或反驳；时间管理、受话人设计以及立场共鸣是制约回声话语的主要因素。叠连是某个独立语言形式多次重复连用，形成一个完整语调单位的现象。曹佳鸿、张文贤、李先银的《自然口语对话中话语叠连的形式与功能》（《南开语言学刊》第 1 期）将叠连分为词汇叠连和短语叠连，对叠连的次数及其基式长度进行了统计，并从序列角度分析了叠连的互动功能。

叹词、语气词是口语对话中具有丰富人际意义的形式，互动语言学视角下同属话语小品词（discourse particle），通过序列特定和位置敏感的观察视角也可以对它们的用法分层和多功能性获得更加系统、深入的认识。张瑞祥、方梅的《从互动交际视角看叹词“呦”的话语功能》（《南开语言学刊》第 1 期）考察了话轮构建单位之首的“呦”以及它与自成话轮的“呦”的功能差异，通过分析“呦”所处的序列位置和行为类型，指出其在回应疑问、告知信息或讲述时，表达突然意识、惊讶或惊异，以及赞叹等不同功能，这些功能也通过特定韵律形式的包装予以彰显。方迪的《“嘛”的认识立场调节功能及其规约化》（《语言教学与研究》第 2 期）考察了语气词“嘛”所在的话轮构建单位施行的各种行为，指出“嘛”的核心功能是构建共识立场，在不同行为和序列位置中有不同的体现；“嘛”作为话题 / 主位标记的功能和多种情感表达功能是由标定共识立场的功能浮现出来的，反映了由会话语篇向独白乃至单句的规约化。

4. 交际行为与表达形式

语言作为社会交际的资源，其形式和意义都受到其用于构建的交际行为（social

action)[①] 的塑造。因此，对口语中语法格式的用法分析必须结合其施行的交际行为，才能获得充分的描写和解释。乐耀的《会话行为和句法格式——以汉语故事讲述中听者的问句为例》(《当代语言学》第2期)考察了故事讲述中听者发出的预备问和问答问，指出两类问句所在的两项话轮构建单位起到承上启下的作用，预备问反映了序列结构对疑问句使用的制约，而问答问则体现了问句结构对故事讲述活动的影响。文章通过特定的行为活动，从序列位置、相邻对前件的投射性以及问句的结构特点等角度阐释了交际行为和表达形式的互育关系。

序列组织和行为构建是互动对话分析中彼此关联的两大维度，语句的动态产出过程也要结合行为序列进行考察。方迪的《投射、话轮构建与行为识解——以汉语评价序列为例》(《当代语言学》第2期)以评价序列为例，讨论了话轮构建和行为识解过程中的投射机制，指出微观层面的句法、韵律和身体视觉的可投射性，与宏观层面的行为序列和活动框架相参照，对语句的在线产出(构形)和理解(辨义)具有根本性作用，由此揭示出在语言结构分析中引入在线、序列性视角的重要意义。姚双云的《汉语自然口语中连词的投射功能》(《华中师范大学学报(人文社会科学版)》第5期)则从具体互动资源的角度，探讨了投射在语法结构、互动功能，以及交际行为层面的作用。

此外，某些表达形式在特定场合中的特殊用法，也与交际行为有关。刘娅琼、谢心阳的《口头讲解中的"好(的)"》(《当代修辞学》第3期)注意到口头讲解中一类独用的、不作为回应、也不表示评价的"好(的)"，指出这类"好(的)"用于说话人不同类型行为之间转换的位置，作为讲解者行为转换的一个信号，提醒其他参与者前一行为已经结束，注意新的行为即将开始。

表达形式既包括词汇—句法，也包括语音—韵律的包装。陈玉东、张爱珍的《汉语简单应答语的韵律分析——基于对口相声语料的考察》(《南开语言学刊》第1期)发现，不同发起行为的简单应答语在音质、语调及表达功能上明显不平衡，其中音质体现应答者行为类型，语调体现其正负方向；不同应答功能的应答语在音长、音高(高点和低点)上有显著差异，降调和升调可以辨析成对的表达功能，音高上线的抬高可以实现韵律升级，并且各因素的影响存在部分交互效应。

5. 应用领域新的拓展

互动语言学将语言视为交际互动的资源，探索语言与互动之间的关系，在语言教学、语言习得以及语言信息处理等方面都有着广阔的应用前景。在语言习得方面，饶宏泉的《从评价副词的习得看儿童评价表达的发展》(《语言战略研究》第3期)从评价表达入手探讨儿童的语用发展。该文选择频次较高的"原来、反正、到底、正好、明明"，描写了其核心语义与典型功能的初始习得及其完善过程，指出评价副词的评价意义是儿童在互动中构建、在认知中转化、在语用中塑造的，并由此提出了儿童评价表达研究的几点倡议。这样的研究体现了语言习得研究从关注特定语言结构或范畴的发展，转向关注语用 / 交际能力的发展。

2023年度互动语言学领域还有几部专书出版，其中的章节或文章对上述提到的主要方面均有所涉及。《互动语言学与汉语研究》(第四辑)(社会科学文献出版社，10月)

① 英文中的social更加接近汉语语境中的交际、社交，而汉语语境中的"社会行为""社会组织"等往往与实体性团体或机构相联系。因此本文将social action译为"交际行为"。

收录了第四届互动语言学与汉语研究国际学术讨论会上的十余篇论文，既有针对特定语言现象的分析，也有某一课题的前沿综述和评介。

李先银、张文贤的《汉语口语互动语法——基于时间管理的观察》（中国社会科学出版社，6月）从口语交际中的时间分配、时间竞争、时间利用、时间协同的视角出发，对自然口语交际中的话语叠连、话语修复、话语填充、话语延伸、话语交叠、话语反馈、话语共建、话语回声和话语打断等现象进行考察，揭示出实现时间管理的语言手段及韵律包装和多模态辅助。姚双云、李晓婷的《互动视角下的汉语口语语法研究》（中国社会科学出版社，2月）一方面系统介绍梳理了“互动与语法”“多模态与语法”等理论的发展流变，另一方面探讨微观层面不同层级语法资源在言谈互动中的序列位置、互动功能及多模态表现。

以上两本专著中的很多章节虽然已经发表，但作为成书出版，仍体现出互动语言学框架下的系统化思考和理论升华。同一系列丛书中还有译作《汉语会话中的多模态、互动及话轮转换》（李晓婷著，姚双云等译，中国社会科学出版社，6月）[①]。

（二）会话分析视角下的语言应用研究

会话分析侧重通过真实会话表现考察行为及其体现的交际秩序。2023年会话分析研究共有论文12篇。王亚峰、于国栋的《修正执行方式“‘我说’+重复修正源”的责任归因与道德秩序维护》（《外语与外语教学》第6期）指出，面对“什么”类开放性修复发起，这一修复格式将修复出现的责任归因回对方，而对修复源具体重复方式的不同，体现了对修复发起者的不同态度。于国栋、李珍的《“合理化”作为抱怨第三方回应行为的会话分析研究》（《外语教学理论与实践》第4期）讨论了对第三方抱怨“合理化”回应的方式，指出“合理化”回应虽体现立场不一致，却有助于维系社会和谐。

作为社会学分支，会话分析的对象除了日常会话之外，更多地关注各种社会组织中的机构性交谈（institutional talk），从而提升各行业的用语服务，体现出强烈的应用导向。医患沟通是研究尤为关注的热点领域。于国栋的《诊疗方案给出方式、诊疗内容与序列位置之关系的会话分析研究》（《外国语（上海外国语大学学报）》第1期）以泌尿外科门诊录像为语料，发现诊疗方式的给出主要通过宣告、建议和施助（offer，该文称“给予”）三种方式，而它们所适应的序列环境各有不同，同时不同程度上体现医生决定患者后续行为的权利；诊疗方案的给出方式与诊疗内容、序列环境的对应是医患共同建构和观照的社会规范。于国栋、王亚峰、刘晓佳、周琳的《急救电话中的互动规范性与偶然性》（《现代外语》第2期）以一次失败的急救电话沟通为语料，以互动规范性和偶然性为核心概念，将偶然性分为行为偶然性和序列偶然性，聚焦接线员对于三种序列偶然性的处理，分析了该急救电话失败的原因。此外，朱冬怡的《医患互动中的会话叙事：医护者叙事的话语策略研究》（《外语教学》第3期）从话语结构策略和故事表征的语境化因素角度，讨论了医护者会话叙事的呈现过程以及常用的叙事策略。

① 原作信息：Li，Xiaoting（2014），*Multimodality, Interaction, and Turn-taking in Mandarin Conversation*. Amsterdam：John Benjamins。

儿童语言也是会话分析应用的重要领域[①]。《北京科技大学学报（社会科学版）》第3期发表了三篇与亲子互动相关的会话分析研究论文。王亚峰、于国栋的《亲子互动中的范畴建构与观照》综合会话分析和成员范畴分析（MCA）的研究方法，以四个家庭的亲子互动录像为语料，分析亲子互动中家长/孩童、玩伴/玩伴以及教师/学生三种不同社会范畴关系的建构与观照，揭示出其不同的成员范畴化机制。刘钦宇、吴亚欣的《多模态会话分析视角下儿童发起的亲子间指令性互动》对儿童如何发起指令、父母如何回应，以及双方在此过程中观照的因素进行了多模态分析，发现儿童根据具体情境下指令被服从的可能性做出话轮设计，而父母回应时会观照不同层面的规范，揭示出儿童在社会化过程中的积极地位。董博宇的《亲子互动中儿童指称类修正的会话分析研究》分析了成人发起—儿童修复这一交互式修复（interactive repair）[②]过程，对儿童始发行为中的修复源、成人发起修复的类型以及儿童修复实现的方式等进行了描述，说明儿童展现出定位修复源、澄清指称问题的互动能力。

其他机构话语方面的研究还有于国栋、汪超强的《家校沟通中知识状态和行为决定权的依存性研究》（《现代外语》第1期），马海兰、黎曜玮、郭遂红的《交际话语中的极致表达语用功能探究——以特朗普和拜登美国总统竞选辩论为例》（《外语研究》第3期），等等。

需要指出的是，有些研究尽管采用了诸如话轮、位置敏感等相关术语，甚至文中屡次提及"自然口语"或"互动语言学"，但所用的材料仍是电视剧对白甚至小说中的对话，并不是会话分析和互动语言学所要求的自然口语对话，因此只能宽泛地将这些研究归为"互动视角"的研究。这方面的研究包括周稚新的《从位置敏感性看否定评价构式"X了"构式义的浮现——对话构式语法视角》（《世界汉语教学》第3期），刘通、张秀松的《"你说呢"的话语分布和语用功能》（《汉语学报》第3期），胡承佼、王叡垚的《话语重复的互动表现及其形成原因与机制》（《汉语学习》第4期），杨扬的《应对词"是"的话语功能及让步义形成机制》（《汉语学习》第4期），刘梁强的《话语标记"不是"：从话语修正到话轮推进》（《汉语学习》第5期），等等。

三、语用学理论探索与分析实践

语用学理论的发展已经呈现出多元融合、多头并进的局面。2023年，基于预设、衍推、隐含等核心概念以及言语行为等理论的语言本体研究持续推进，同时多元理论和分析框架的发展探索，也极大促进了更加广泛的、面向应用的话语研究。

（一）语用推理和言语行为研究

2023年，基于言语行为和语用推理的研究论文共有8篇。语言中肯定和否定的对称问题是语用学家讨论的热点。李宇凤的《隐性否定、肯否预设与肯定和否定的对称问题》（《中国语文》第6期）通过分析肯否预设的具体表现和语用实现，指出肯定和否定在肯否预设表

① 不同于二语习得领域的相关研究，基于会话分析的研究主要以儿童之间或成人与儿童（亲子）互动交际为语料，描述这类特殊交际的过程，分析其中语言手段与交际行为的关系及背后机制，不带有先设范畴和理论假设，也不聚焦特定语言项目、范畴的发展，也未必关注语用能力的发展。

② 参看Dingemanse，Mark and Nick J. Enfield（2023），Interactive Repair and the Foundation of Language. *Trends in Cognitive Sciences* 28（1）。

现（焦点功能）上对称，在语言规约层面（肯定和否定的语义切分）上存在根本性不对称，这反映了肯定和否定的语用规约化结果不同，肯定占广义范围，否定为狭义焦点。

命题的解读可以通过语用条件和语用原则获得解释。沈敏的《“又”的语义背景与否定充分条件的语用解释》（《语言研究》第3期）进一步分析了语气副词“又”的语义背景，指出“又”否定句可通过否定充分条件假言命题的前件来否定后件，其顺应的认知事理是“肯定—否定关联推理”，而语用事理则涉及关联论和礼貌原则。李宇凤的《从祈愿到反事实》（《语言研究集刊》第三十一辑）讨论了像“希望X”这类祈愿表达在交际回应中浮现出的反事实用法。

言语行为中体现的交际原则推动着言语行为自身的演变，也为交际用语的意义演变提供理据。李宇凤《论对话交际中的互动平衡原则——以“谢谢”的言语行为功能演化为例》（《汉语学报》第3期）指出，言语表达作为一种社会互动行为，参与构建现实意义上的互动平衡；在实现互动平衡过程中，“谢谢”从致歉／婉拒发展到致谢／终结再到负面回应的强／弱对抗，并形成当代汉语中功能并存的现状。陈禹、甄晴的《从问候语看现代汉语程式语的语用变体系统》（《语言文字应用》第2期）在辨析问候语、招呼语和寒暄语内涵与外延的基础上，以问候语为例，提出了包含四层五类、逐级深入的语用变体层级系统。言语行为角度的研究还有李连伟、李蕴的《赞同语篇的会话结构、语用倾向与语用逻辑》（《汉语学习》第4期），周树江、张丹的《虚假礼貌话语交际中的语用误解》（《西安外国语大学学报》第4期），等等。

语言使用受到社会心理的制约。李强《从意外到语用否定：社会心理视角——以“怎么”句为例》（《汉语学报》第2期）从社会心理学的图式和认知保守的角度，说明“怎么”句从表达意外到语用否定的实现机制，并指出意外和否定是“怎么”示证性的两种表现形式——“怎么”句表达意外和否定的同时，也就宣告了言者的态度和立场，体现出交互主观性。

（二）语用学理论的多元探索

2023年，语用学理论的宏观思考共有9篇。陈新仁等的《语用学研究前瞻》（《北京第二外国语学院学报》第2期）邀请了多位语用学专家，对语用学具体分支领域的发展趋势做出前瞻性阐述。具体包括文化语用学（何刚、毛延生）、人际语用学（冉永平）、会话分析（于国栋、吴亚欣）、元语用研究（姜晖、陈新仁）、二语语用（任伟）、网络语用学（谢朝群）等。该文结合上述学科分支目前的发展状况，指出其未来发展的方向；其中，与社会语境（包括虚拟空间和公共空间）的语言使用的深度融合，以及学科背景和研究方法的多元化，是总体上突出的特点。

具体理论探索方面，结合特定领域、特定分析框架的具体阐发层出不穷，学科内部、学科之间的汇通融合愈加显著。这正与上面提到的发展趋势相合。

陈新仁、刘小红的《人际元语用：内容、框架与方法》（《外语与外语教学》第4期）阐述了人际语用（interpersonal pragmatics）和元语用（metapragmatics）在理论上的融合，指出人际元语用关注如何在元语用层面实施人际关系的维护与调整、实现人际态度的传达与理解，并梳理了该领域具体的研究内容，搭建了分析框架，并阐述了其研究路径和分析方法。

黄立鹤、杨晶晶的《多模态语用学研究的视野与方法》（《当代修辞学》第6期）指出传统语用学研究忽略了其他模态对语用意义的构建，阐释了言语行为理论、关联理论、话语标记研究、隐喻研究等传统领域，以及人际语用学、二语语用学、临床语用学等新兴领域开展多模态研究的现状，说明了本体研究的理论来源以及应用研究中的常用方法，揭示出多模态语用学的意义与价值。

向明友、刘欣雅的《意义研究的策略互动观：博弈语用学新进展》（《外语教学与研究》第6期）从听者言者的策略互动过程出发，说明博弈语用学问世的必然性和重要意义，从理论依据、研究议题、研究贡献和前景展望等四个方面评述了这一领域的最新成就，讨论了其决策过程分析框架下对会话含义、言语行为、话语社会意义等方面的认识，并展望了博弈语用学的前景。

此外，针对语用学特定分支理论和方法的探讨还包括高静、陈新仁的《伦理语用学：内涵、目标与路径》（《西安外国语大学学报》第4期），马廷辉的《语用学研究的神经科学进路——神经语用学研究》（《外国语（上海外国语大学学报）》第4期），陈晗霖的《话语—历史分析：趋势与展望》（《现代外语》第6期），等等。

（三）话语分析的应用研究

除了上述理论探讨之外，学者们基于多种理论开展了各类话语的研究。其中很多涉及生活中不同领域的特定话语，具有较强的应用价值。2023年，这方面的论文共有20余篇。

不少研究将语用、语篇与认知等视角结合进行考察。张绍杰、何鸣的《认知语用学视域下语句同义关系的构建》（《外语与外语教学》第3期）考察了三个话题的微博语料中语句同义关系①，指出这类关系是在认知语境中意义动态识解过程中构建的，体现了信息凸显、观察视点以及主观性等认知语用特征。杨文慧的《中美贸易谈判新闻语篇中语法空间认知模式研究》（《现代外语》第3期）结合认知语言学中的趋近化理论，从空间、时间、价值三个维度对2018—2020年中美贸易谈判新闻语篇的语法表征进行了分析，揭示了语法空间认知模式中的差异对作者政治主张和立场的表达。战海英的《关联理论框架下电影中的幽默生成机制研究——以电影〈憨豆特工〉为例》（《外语研究》第3期）以电影《憨豆特工》为语料，分析了幽默的生成机制，指出幽默的产生有赖于认知加工过程，并分析了电影中幽默的实现模式。结合认知视角的相关研究还有乐思伟的《企业跨国团队交流中解释性言语行为的交互文化冲突管理》（《外语与外语教学》第2期）等。

网络时代，基于互联网的话语成为语言生活的重要组成部分。2023年，《外语教学》第4期推出了“网络话语的语用学研究专栏”，其中的两篇文章分别讨论网络服务平台中的家庭抱怨话语和科学网学术博客评论中的异议话语，拓展了网络话语的语用学研究。雷容、冉永平的《道德规范视角下抱怨回应的社会语用研究》聚焦父母“不慈”所引发的间接抱怨，分析了公共语境下间接抱怨的回应方式，指出这些回应意在凸显和维护“慈”的道德规范；姜晖、岳纪维的《学术博客评论中异议话语的共同体关系管理》探讨不同形式的意义话语实现共同体关系管理的方式，指出评论者观照或忽视面子、身份和社交权，将缓和或非缓和的异议话语与表情包、链接、语码转换等非语言形式相结合，构建或解构学术共同体。同类研究还有黄旭、冉永平的《知识论视角下网络购物抱怨管理的语用研究》（《外语与外语教学》第4期）等。

话语中的身份建构是研究的热点。除了上文提到的理论探讨之外，黄菁菁、李可胜的《文

① 该文指具有相同交际功能的句子构建的关系。

旅新媒体宣传中身份建构的人际语用研究》（《现代外语》第 3 期）以公众号“好客山东”为语料，通过分析话语域、语体域和以言行事域的人际关系管理探讨了新媒体宣传中的身份建构及其人际管理功能和社会价值。类似的研究还有冉永平、范琳琳的《商务互动中话语调侃的身份建构及人际（不）和谐》（《外语与外语教学》第 2 期），柯于国的《基于认知期待的会话预设生成：语用身份视角》（《外语研究》第 6 期）。

多模态的应用研究也受到关注。周德宇、黄立鹤的《语用障碍多模态补偿的功能与机制》（《现代外语》第 1 期）基于符号、认知、运动、感觉系统各要素交互的“大语用观”，区分了个体和人际间补偿、语言层级间补偿以及符号模态间补偿三种多模态补偿的表现，并阐释了该现象的神经认知机制，拓展了语用障碍研究和语用学理论的维度。

四、文本分析的理论探索及应用

文本分析主要以系统功能语言学及其前沿分支为理论背景。这类研究关注文本呈现的系统性、互文性、发展性和语篇内部关系。2023 年，基于上述理念的文本分析持续推进，中国知网收录相关论文 40 余篇。除了宏观理论探讨之外，大量研究采用系统功能语言学的分析框架，开展了针对语言本体和特定领域话语的分析研究。

（一）宏观理论探索

张德禄、赵静的《语法隐喻的话语建构功能探索》（《外语教学》第 1 期）从韩礼德关于语法隐喻的相关论述出发，讨论了语法隐喻一致式和隐喻式的判断标准，指出语法隐喻的基本动因是在一致式基础上附加前景化的新意；话语建构对语法隐喻的选择有赖于语篇体裁结构、情景意义选择和意义结构模式等因素。辛斌的《系统功能语言学和认知语言学在批评话语分析中的兼容互补性刍议》（《外语研究》第 6 期）则是对特定分支领域中不同理论流派互补和融合的理论思考。

系统功能语言学理论同样关注多模态的文本话语建构。张德禄的《多模态话语建构中的模态融合模式研究》（《现代外语》第 4 期）讨论了文化语境、情景语境和交际意图等因素对多模态话语建构的促进，分析了多模态话语所涉及的多种符号系统的意义特征，以及符号之间的主次、核心外围、前景背景等配置关系，阐明模态融合的复杂过程需要考虑的主要问题。凯·奥哈洛伦、高塔姆·帕和金闵昊的《社交和新闻媒体大数据的多模态分析方法》（瞿桃译，《当代修辞学》第 6 期）就多模态文本分析与现有的大数据、云计算、自然语言处理、图像视频处理和语境元数据计算模型的融合作出了理论思考。系统功能语言学视域下对多模态做出理论探讨的还有雷茜的《超学科视域下的多模态话语创新研究模式探索》（《外语教学》第 1 期）等。

（二）系统功能视域下的本体研究

2023 年度有不少学者采用系统功能语言学相关概念或系统分析汉语具体问题。李东齐的《命题的限定性——限定成分的系统功能类型学研究》（《外语教学与研究》第 5 期）提出小句限定性范畴反映小句内容的可争论性和可协商性，作为命题的小句限定性最强，其限定性由普遍语气结构成分实现。该文基于 70 种语言的调查，归纳了命题限定性的方式——时间方式和说话者判断，揭示出限定成分的词汇语法及其缺省的跨语言差异。张春燕、冉永平的《人际隐喻视角下 and 条件复句的语义双重性研究》（《外国语（上海外国语大学学报）》

第 3 期）考察了 and 构成条件复句同时可表达祈使语义的现象及其机制；通过分析语气隐喻、评价隐喻等人际资源，指出 and 条件复句呈现条件—结果逻辑语义和人际命令或评价语义的融合。

何伟、杨璐的《功能视角下英汉语由比较到建议用法的对比研究》（《外语研究》第 4 期）对形容词“well/ 好”比较形式（“had better/ 不如”等）发展而来的建议用法进行了形式和语义的对比研究；张建东的《基于汉语及物性系统的语篇特征对比分析》（《西安外国语大学学报》第 1 期）针对英语及物性系统分析汉语小句的不足，采用汉语及物性系统对一则招聘启事的两个版本进行了对比分析。

黄国文的《语篇中的组合衔接》（《当代修辞学》第 3 期）指出，语篇中语句的衔接可以通过词汇手段和语法手段实现，并提出“组合衔接”的概念，即通过各句之间的组合关系决定的语句衔接，以此验证了韩礼德语篇连贯思想的正确性，也阐述了陈望道先生关于语篇的功能思想与系统功能语言学语篇思想的内在一致性。

此外，彭宣维的专著《英汉语篇综合对比》（上海外语教育出版社，10 月）基于系统功能语言学，提出语音系统及其语篇组织、句法系统及其语篇组织、语义系统及其语篇组织三个语言维度，并以韩礼德的语义三元理论对英汉语篇范畴进行了对比性探讨。

（三）特定话语的应用研究

基于特定领域的话语应用研究是 2023 年度的热点。不少期刊推出系列专栏，分专题探讨特定话语的理论与实践问题。

“评价系统”（Appraisal System）是系统功能语言学的重要学说[①]。《外语教学》第 2 期推出“评价系统及其运用性研究专栏”，对这一理论的描写和解释效用做出进一步探讨。王振华、吴启竞的《转述：对话性与潜在的交际偏误》从评价系统中的“介入”（engagement）角度指出转述是介入互动的一种方式，具有对话性；并结合再语境化和语法隐喻的意义潜势讨论了转述对于意义传递的潜在负面影响。张大群、方硕瑜的《解读译文评价偏离》基于评价特性将文本类型划分为抒发型、说服主导型和信息主导型，并系统探讨不同类型文本译文产生的评价偏离现象，指出上述三类文本翻译的评价偏离分别适用于评价理论的态度系统、介入系统和级差系统。刘承宇、赵常友的《监狱话语中的介入系统及其教育改造效能研究》探讨监狱教育改造罪犯话语中的介入资源分布、介入特性及其改造效能，揭示了不同介入策略与其改造效能之间的关系，为教育改造效能的评估和策略改善提供了参考。崔玉珍的《评价理论与司法实践：法庭互动话语中的评价分析》对法庭互动话语中的评价进行了系统考察，发现介入系统的使用相当凸显，介入、态度、级差三大子系统的使用呈现出评价主体的不平衡，并分析了评价资源实现的语用策略，指出评价语言是权势压制下语类决定的主观语言选择。

评价系统之外，提及较多的还有多声性系统。不同交际目的、不同语体的语篇多声系统各不相同。蒋婷、蒋言的《交往行为理论视阈下人民调解员话语有效性的多声介入研究》（《现代外语》第 5 期）探讨了人民调解员如何运用多声介入资源实现有效的调解，指出交往真诚性、正当性和真实性的实现对应不同类型的介入资源。赵德芳的《汉语商业广告语篇的多声系统

① 参看 Martin, James R. and David Rose (2003/2007), *Working with Discourse: Meaning beyond the Clause*. London: Continuum; Martin, James R. and Peter R. White (2005) *The Language of Evaluation: Appraisal in English*. New York: Palgrave Macmillan。

研究》（《西安外国语大学学报》第 1 期）则以旅游宣传广告语篇为语料，探讨汉语商业广告的多声资源和系统模式。

在司法话语方面，除了上文提到的专栏中的两篇外，方硕瑜、王振华的《中国民事庭审中话语主导权研究》（《外语与外语教学》第 4 期）借鉴评价系统和协商系统，结合庭审特征，提出了适用中国民事庭审中话语磋商的框架，并从立场的提出与应对角度考察了诉讼主体话语主导权的分布。袁传有、曹慧姝、郑洁的《律师结辩话语多模态态度资源与叙事建构》（《现代外语》第 3 期）以评价系统中的态度子系统及副语言类别为框架，分析了美国弗洛伊德案庭审结辩中的语言和副语言，揭示出多模态资源通过对不同评价对象的态度表达而建构不同的叙事版本。同领域的研究还有曹慧姝、袁传有的《庭审控辩律师叙事对抗的概念意义研究》（《外语与外语教学》第 4 期）等。

在外交、新闻媒体话语方面，研究大多以近年来国内外的热点事件、话题作为实例，其发现往往反映国家形象、民族立场建构的现状。在外交话语方面，蔡鑫鑫、徐玉臣的《评价理论视域下外交部发言人立场表达中的话语主题生成研究》（《现代外语》第 4 期）结合评价理论和语义网络分析，讨论了外交部例行记者会有关新冠溯源的文本立场表达中的话语主题，并阐释了多种评价资源互动实现的立场表达以及负责任大国的形象建构。尚文博、胡开宝的《基于语料库的中美新闻话语情感策略对比研究——以中华人民共和国成立 70 周年报道为例》（《外语研究》第 2 期）对中美媒体关于中华人民共和国成立 70 周年报道进行了对比研究，为探索媒体利用情感塑造国家形象、构建民族认同和表明身份立场提供了分析框架。苏杭、叶军、张钰卿的《局部语法框架下中美媒体新冠疫情话语表征分析》（《外语与外语教学》第 1 期）则将语料库语言学的方法引入批评话语分析，探讨新冠疫情在中美新闻媒体中的语义角色，揭示了语言使用对社会现实的建构。以特定事件或领域的媒体报道为对象的研究还有徐琳瑶、董敏的《评价共选视角下新闻话语评价研究新探》（《外语教学》第 4 期），苏蕾、刘沫彤的《中外媒体“双减”报道中的中国教育形象：语义网络与诠释包裹的路径》（《西安外国语大学学报》第 2 期），张瑞华、史鑫媛的《西方媒体关于中医报道的批评话语分析——基于语料库的视角》（《外语研究》第 1 期），等等。

网络及新媒体话语。《外语教学》第 5 期推出了“基于情感计算的微博话语语用研究专栏”，其中的两篇文章利用 Python 进行筛选计算，对微博中的话语问题做出研究。李捷、袁周敏的《基于情感计算的政务微博情绪话语管理研究》对公共事件中引发积极评论的微博展开情绪分析和话语策略分析，揭示不同类型事件对情绪管理维度和话语策略的选择性；钱永红的《基于大数据情感计算的政府网络身份互动建构研究》抓取政府微博在突发自然灾害事件期间的博文及评论，结合词云图、情感值以及相关实例分析了灾前、灾中和灾后三个阶段政府建构的网络身份及其与评论之间的人际语用互动机制。

文本之外，诸如二维码、表情包等非文本形式也是网络话语和网络文化的组成部分。王建华的《防疫健康码：网络社会治理的话语创新与应用——基于语言符号学与系统语用学的视角》（《当代修辞学》第 2 期）基于语言符号学与系统功能语言学视角分析了防疫健康码的语用特点和治理效能，指出健康码的数字话语与社会语境、技术语境和社会治理主体等产生互动，实现社会治理。杨佑文、谢佳、左宇涵的《表情包中积极情绪的多模态隐喻研究》（《西安外国语大学学报》第 1 期）则以 254 个表情包为材料，分析了其积极情绪的多模态隐喻类型，说明其隐喻表征的方式，并揭示出表情包积极情绪多模态隐喻的叙事功能和社交功能。类似的研究还有索格飞、郭可的《基于社会符号学多模态框架的短视频共通话语建构》（《外语电化教学》第 3 期），李恩耀的《社交媒体与机构身份建构：香港高校话语的社会符号学分析》（《北京第二外国语学院学报》第 6 期），张慧、杨炳钧的《情态隐喻视阈下网络游戏话语的符号暴力研究》（《现代外语》第 1 期）等。

在生态文明话语方面，《北京第二外国语学院学报》第 3 期推出了“生态话语研究专栏”。苗兴伟的《生态文明视域下生命共同体的话语建构：基于〈人民日报〉生态报道的生态话语分析》讨论了生态文明视域下生命共同体的话语分析框架，通过高频词检索和主题网络分析，阐释了《人民日报》生态报道中生态关系的话语建构和指向生命共同体的生态关怀。赵秀凤的《生态文明话语的社会认知研究》基于“语篇结构—认知机制—社会结构”的研究框架，分析了我国生态文明话语中的主题构建和认知机制，并阐释了生态话语蕴含的意识形态和社会结构。于洋的《微博话语中的生态文明：积极话语分析视角》则通过词频统计、实例分析等方式，总结了微博生态文明的热点话题、主要工作领域，以及主要用户类别，并从联结、群体、文化和意识形态的构建以及身份协商等角度阐释了微博生态话语的功能。

其他领域的应用研究还有李琳、李称鑫、李小萌的《评价系统视域下的经济话语研究——基于国外学界对中国经济评价的文本挖掘分析》（《外国语（上海外国语大学学报）》第 3 期），梁砾文、王雪梅的《基于语义波理论及态度资源的“中华文化失语”研究——以美国教科书〈世界历史〉中儒家思想的话语分析为例》（《北京第二外国语学院学报》第 4 期），等等。

在总体上看，2023 年篇章语用研究规模扩展，成果丰硕。基于多元的理论背景、深入真实语言使用和语言生活开展的汉语本体和应用研究，在扩大研究视野的同时催生了学科内部新的领域，推动跨学科的交流融合。在本体研究方面，篇章语用视角的研究体现出越来越强的主体意识，即融汇多种相关理论，获得对特定语言结构更为深刻、细致的认识；语料库语言学等新视角的融入，拓展了相关课题研究的深度和广度，增强了实证性。在应用方面，篇章语用的多种理论分析框架广泛应用于各行业各领域，在自主学术话语体系构建、服务社会生活方面体现出语言学科的使命担当。展望未来，这一领域的本体研究在概念内涵把握、理论自洽性及与事实的契合性方面仍有提升空间；应用领域研究的系统化、精细化，深化与社会学、心理学、文化传播等学科的交流融合，将促进理论探索和指导实践方面更上层楼，为文化建设贡献更大力量。

汉语辞书学研究

张　定　范文杰

辞书学是研究辞书类工具书及其发展规律的学科，内容包括辞书编纂的理论方法、科学性原则及辞书的设计、使用、评价和历史等。鉴于本年鉴中文字学、方言学、词汇学等部分也涉及与辞书学相关的内容，因此本文主要侧重现代汉语辞书学，有关《说文解字》《方言》《字汇》等古代辞书个别字词考释及形、音、义演变的研究成果不纳入辞书学研究综述内（涉及辞书性质、类型、功能、体例、编纂原则等的除外）。

2023 年度，汉语辞书学研究取得了丰硕的成果。释义研究依旧是辞书学关注的热点，释义理论及应用研究持续深入；专项研究紧扣辞书编纂实际，关注用户需求；辞书理论和方法研究注重经验总结和方法创新，为编纂和研究工作的开展提供了有力支撑；语料库与辞书学研究、数字化和融媒体辞书研究多维度全面铺开；专项辞书研究和辞书理论史、编纂史研究引人瞩目；高质量辞书产品相继问世；学术会议陆续召开。

一、释义研究

2023 年度释义研究仍是辞书研究的重中之重，主要包括同类词的释义研究、个别字词的释义研究、释义模式研究、与释义相关的理论研究等。

（一）同类词的释义

语文辞书中，具有某种共同特征的词相聚成同类词，是词汇系统性的表现之一，对这类词的逐项研究，可以检验和完善语文辞书收词的均衡性、完备性以及释义的一致性。

核心词是词汇学和辞书学研究领域经久不衰的话题，近些年尤其得到重视。目前核心词义项数量的研究多涉及现代辞书，将古今辞书在义项数量进行比较的研究较为少见。黄玮、冉启斌《古今典型辞书中汉语基本核心词义项数量的变化》（《语文学刊》第 5 期）考察了《说文解字》《玉篇》《类篇》《康熙字典》和《现代汉语词典》（第 7 版）中 60 个汉语基本核心词的义项数量情况，发现在五部辞书中每个基本核心词有义项均值 3.01 个，其中前三部辞书的义项均值均不足 2 个，《康熙字典》的义项均值为 4.55 个，《现代汉语词典》的义项均值为 6.08 个。文章还从词类、基本核心词等角度，探讨了义项数量增加幅度的大小和义项数量增长速度的快慢。

一些研究探讨了辞书中动词的某种语义特征或具有某种共同语义特征的动词的释义情况。张苗苗、谭景春《动词的结果义及其在词典释义中的处理》（《语言研究》第 2 期）在以往研究的基础上，考查了《现代汉语词典》中动词的结果义。文章认为，非自主的动作行为或其他某种成因往往会产生一定的客观结果。有些成因义不同的动词具有相同的结果义，可分为破损义、伤病义、断开义、沾附义、变化义、失败义等六种典型的语义类型。动词结果义的释义主要有五种处理方式：（“因 / 由于”+）成因义 +“而”+ 结果义、（“因 / 由于”+）成因义+“使”+结果义、动补结构、连动结构、采用同义词语释义。这些释义模式之间存在着系统性关联，具有一义多形的形义对应关系，在一定条件下可进行相应的变换。刘伟《〈商务馆学汉语词典〉与〈牛津中阶英汉双解词典〉共有心理动词义位释义对比研究》（《鲁东大学学报（哲学社会科学版）》第2期）基于原型范畴观，从释义因子理论出发，对比《商务馆学汉语词典》和《牛津中阶英汉双解词典》中共有心理动词义位的释义因子，发现两部词典都比较重视义核的作用，客体因子比主体因子的凸显度高，程度因子在释义中起重要区分作用。文章对“希望类”心理动词义位做了封闭研究，发现它们在释义上呈现如下特点：从释义因子类型的选择来看，普遍重视义核，但对某些附属因子的关注度存在差异；在释义配例的“求同”和“求异”上，基本贯彻了“同场同模式”的理念，但《牛津中阶》对附属因子的选择要比《学汉语》更有针对性，对学习者来说词义区分度更高；从同义词群（典型群）内部核心成员的释义精细度来看，两部词典中充当义核的词往往是典型群内部词价最高者，其释义精细度也更高。文章最后建构了心理动词的宏观释义模式，提出释义因子理论在词典释义、多义词义项划分以及易混淆词辨析等五个方面具有一定的应用价值。

还有一些研究考察了《现代汉语词典》等辞书中专科词的释义情况，主要涉及动物词条、化学类词条、行业名称类词条等。袁世旭、荀经纬、郑振峰《汉语语文辞书释义的静态修订和动态修订——以〈现代汉语词典〉动物词条为例》（《语文研究》第4期）基于辞书释义的系统性原则，以《现代汉语词典》系列版本中动物词条的释义为例，将汉语语文辞书的释义修订工作分为静态修订和动态修订两类。该文章认为，静态修订可按照“释义模式的确定”“修订模板的整理”“对非系统性释义的修订”这三步展开，一些特殊的静态修订工作须综合考虑多方面因素确定最优方案；动态修订可参照释义模板进行全面修订，还可用构建数据库的方法协助修订。静态修订是动态修订的基础，动态修订是静态修订的补充，两者兼顾有利于加强辞书释义的系统性，提高辞书修订的工作效率。冯海霞《〈商务馆学汉语词典〉与〈现代汉语词典〉动物词条释义表征对比研究》（《北方工业大学学报》第1期）以《现代汉语词典》（第7版）和《商务馆学汉语词典》分别为理解性词典和学习型词典的代表，从义项设置、语义特征、释义元语言等角度对比分析了两部词典中动物词条的释义。文章有助于展示不同类型词典的释义差异，探求词典释义与词典类型契合的规律。罗钰然、于屏方《〈现代汉语词典〉第1—7版外来化学类词条释义研究》（《辞书研究》第4期）考察了《现代汉语词典》各版外来化学类词条释义的调整变化，主要表现为释义系统性的加强、释义精确度和规范性的提高。该文章建议，第7版相关词条应该统一部分化学元素与有机化合物的释义模式，同时需要继续优化部分词条的释义表述。

此类研究成果还有韩冬阳《〈现代汉语词典〉（第7版）修辞格词条释文商兑》（《语文学刊》第4期），吕可、蒋语嫣《〈现代汉语词典〉（第7版）行业名称类术语条目指瑕》（《语言与文化论坛》第1期）等。

（二）个别字词的释义

2023年度，释义个案的研究成果也很丰富。不少研究对《汉语大词典》的释义个案进行了研究：陈思捷《〈汉语大词典〉“动物”“植物”条商榷》（《辞书研究》第1期）对《汉语大词典》中“动物”“植物”条所引书证进行辨析，认为其对书证的释读有误，对两词的来源未形成正确认识。该文章认为，“动物”和“植物”都是日源词，《汉语大词典》对应义项所援引的古代用例都是伪书证，宜当修改。胡绍文《〈汉语大词典〉“魫～”条释义商补》（《辞书研究》第3期）在名物考辨的基础上，分析了“魫角冠子”“魫窗”“魫灯”“魫版”“魫笏”的形制，对《汉语大词典》等大型辞书“魫～”条的收词和释义阙失做了补正。屈彤《说“茹退”》（《辞书研究》第3期）认为，《楞严经》长水《疏》中有“茹退”一词，《汉语大词典》收为“退茹”并释为“雪山白牛的粪便”，处理欠妥，建议以“茹退”出条，释义为“粪便”。张婷婷、卢烈红《“尊重”词义源流考——兼议〈汉语大词典〉“尊重”条存在的问题》（《中国古典学》第三卷）通过对“尊重”一词的相关语料分析来探讨“尊重”词义的发展演变过程，并就研究结果与《汉语大词典》对该词的解释进行对照发现，“尊重”的“尊贵；显要”义项为其本义，当列为第一项，且书证应提前至秦末；“敬重；重视”义项书证应提前至西汉，且其使用对象在历史发展中有一定的变化；词典应增补“重要；重大”义项；“敬称”义项应当增补为“重要的人；敬称”，且其书证应提前至中唐；“庄重”义项产生时间应提前至晋代。

还有一些研究对《汉语大字典》个别字词的释义及来源做了考察。何茂活的《〈汉语大字典·月部〉难字疑义证解》（《辞书研究》第4期）和《〈汉语大字典·支部〉难字疑义证解》（《鲁东大学学报（哲学社会科学版）》第1期）讨论了《汉语大字典》的释义个案。前者选取《汉语大字典·月部》形义有疑的难字10例，通过同见于该部的读音及意义相同或相近的字，以证明原有释义的信实或偏误。文章对相关汉字形义源流的探析以及字典修订有一定的参考价值。后者选取支部中的16例难字及疑难义项，主要从考求俗讹字的字形来源、解析“承袭故训”类疑难义项、建议合并重合义项、考辨虚假义项等四个角度进行分析。此类成果还有王凤娇《浅谈〈汉语大字典〉中“笪”表拉船绳索义的释义及来源问题》（《辞书研究》第5期）等。

（三）释义模式

一些研究尝试概括不同类型语文辞书中某类词或某类义项释义的原则、方式等。王迎春《〈现代汉语词典〉中借代义的释义模式》（《殷都学刊》第1期）对《现代汉语词典》中借代义的“借指……”、“指……”、“……的简称”、“……的代称”、“……的别称”、无标记等六种释义模式分别进行了分析与说明，并在此基础上讨论了《现代汉语词典》借代义释义的优化与完善。田郁菲《〈现代汉语词典〉体育词语的释义原则及释义方式》（《汉字文化》第13期）研究发现，《现代汉语词典》历次版本在体育词语的释义上坚持了准确性原则、规范性原则、完备性原则、简洁性原则，其体育词语的释义方式与其他类词语有所不同，主要有语词式释义、例举式释义、语素扩展式释义、综合性释义等四种释义方式。

李莉《汉语学习词典释义的原则与方式——基于〈当代汉语学习词典〉和〈现代汉语词典〉手部动词的对比考察》（《湖北文理学院学报》第12期）通过对《当代汉语学习词典》与《现代汉语词典》手部动词的对比分析，结合现代语义学、语用学、语言习得、语言教学的理论，提出了释义高度精细化、释义词汇控制性、释义语句自然化、词条用法详尽性四条释义原则；归纳了汉语学习词典的三大释义方式，即对释式、描述式、综合式。文章提出，汉语学习词典释义应以描述式为主，综合式为辅；以短语和句子释义逐渐取代词语释义，凸显词义的区别性特征，充分体现学习性的特点。

（四）与释义相关的理论研究

与释义相关的理论研究也有成果问世。李智初《汉语学习词典释义的语义学原则》（《北方工业大学学报》第 1 期）从元语言与释义元语言、准确性与概括性、通俗性与简明性、一体描写释义、解码与编码、系统性与非系统性、多式综合释义、语义等值、释义精细化、释义的体系性、释义的开放性和语料库等十二个方面探讨汉语学习词典的释义如何编码、生成，语义特征如何选择，释义方式如何接近真实层面。文章综合借鉴以往成果，辅以不少实例分析，对提高辞书编纂者的理论认识有推动作用。此外，唐萌、武建宇《〈现代汉语词典〉（第 7 版）辞书释义理论浅谈》（《汉字文化》第 1 期）从释义方式、释义用语、义项设置、释义配例、释义原则等五个方面，揭示了《现代汉语词典》（第 7 版）的释义编纂理论。

二、专项研究

2023 年度辞书专项研究成果涉及面广泛，涵盖收词（字）、词（字）形、注音、成语、条目设计、编纂术语、用户需求等多个方面。

（一）收词（字）

2023 年度，一些研究对语文辞书中专科词语的收录做了研究，并对收词的完善提出较为合理的建议。支玲《疾病词语的同实异名问题——兼谈〈现代汉语词典〉第 7 版疾病词语的收录与释义》（《辞书研究》第 1 期）从《现代汉语词典》第 7 版中提取出 72 组同实异名的疾病词语，从来源、词性等角度探索这些词语的表现形式，概括其形成原因，以及在现代汉语中的语用情况，并对语文词典中同实异名疾病词语的收录和修订提出了系统性意见。罗钰然、于屏方《〈现代汉语词典〉第 1—7 版外来化学类词目收词情况分析》（《长春师范大学学报》第 7 期）分析了《现代汉语词典》第 1—7 版外来词在收词方面的变化，发现其对外来化学类词目的处理相对稳定，有机化合物类词目的变化较为显著。文章认为，《现代汉语词典》第 1—7 版对外来化学类词条的收录遵循系统性、通用性、稳定性和规范性原则，但需要注意收词的内部层级性，提高收词的平衡性。

还有研究考察古代字书收字的传承与发展情况。如王虎、牛天志《〈说文解字〉与北朝字书〈字统〉收字释义比较研究》（《辽宁师范大学学报（社会科学版）》第 3 期）的考察发现，已亡佚的北朝字书《字统》在收字释义上对《说文》既有传承又有发展，将相关条目加以比较，可管窥上古汉语至中古汉语文字与词义的发展变化。收字方面，《字统》的收字总量超过《说文》，不仅补充了一定数量的《说文》失收字，还收录了相关的异体字和东汉后产生的新字。释义方面，《字统》一方面沿袭《说文》的训释；另一方面也颇有创见，对汉字的引申义和假借义亦有说解。

（二）词（字）形

2023 年度在词形、字形方面最突出的成果是对古今辞书以及文学作品中异形词和异体字的研究，这些研究为词形、字形的规范提供了有价值的参考。张书岩《辞书和语言文字规范的相辅相成——以〈新华字典〉〈现代汉语词典〉前后两版本对部分异体字的处理为例》（《辞书研究》第 5 期）以《新华字典》和《现代汉语词典》在《通用规范汉字表》发布前后的两个版本为考察对象，从分析两部辞书如何处理被规范精简的异体字入手，阐述了规范型语文辞书和语言文字规范之间相辅相成的关系，这种关系可以概括为：制定规范——（贯彻执行中）发现问题，做出调整——修订规范——形成新的规范，而辞书的作用体现在第二个环节。文中提出了树立正确规范观的问题，充分肯定了《新华字典》和《现代汉语词典》的正确做法。何茂活《〈汉语大词典〉异形词问题例辨》（《古汉语研究》第 1 期）通过对《汉语大词典》相关异形词条目的排比分析，认为词典在立目、释义、音注及书证方面尚有可资研酌之处，并有针对性地提出了例辨及建议。李鑫、王东海《基于文学史料学视角的现当代异体字词典考古研究——以〈子夜〉不同版本的异体字异形词为例》（《中国文字研究》第三十七辑）以《子夜》各版 123 组异体字和 51 组因异体字形成异形词的形体演变为研究对象，从字用与语言文字规范、权威字词典间的互动关系切入，构建字用字形、规范字形和权威字形三位一体的研究模式。文章发现《子夜》绝大部分字用字形与同时期的规范字形、权威字形一致，但也存在不规范的现象；字用贯彻落实语言文字规范的同时与之形成互补关系。该研究为现当代异体字和异形词的实证研究及后续整理规范工作提供了资料和参考。

一些研究侧重于古代字书或文献中疑难字词的考释。柳建钰《古代字书未编码疑难字札考》（《励耘语言学刊》第 1 辑）从文献使用、字形演变及异文佐证三个方面，对《元声韵学大成》等多部古代字书中的十五个未编码疑难字进行了考辨，沟通了其字际关系。谢明《道经疑难字词考释与〈汉语大字典〉修订》（《宁波大学学报（人文科学版）》第 2 期）利用道经语料，对《汉语大字典》中 6 个（组）有音无义、音义皆无、同形俗字、可作字际沟通而未作沟通的俗字进行了考证。

还有一些研究关注到古代字书中的特殊字形，如洪飏、曹景源《〈说文解字〉中的“反形字”探究》（《长春师范大学学报》第 1 期）、薛丹阳《浅析〈说文解字〉中的二体叠文》（《汉字文化》第 20 期）等。

（三）注音

注音方面，有的成果考察了修订语文辞书中的多音字。如张冰《历版〈现代汉语词典〉多音字及其音项的收录变化研究》（《中国古典学》第三卷）。文章将历版《现代汉语词典》多音字及其音项的收录变化概括为单音字增加音项变多音字、多音字内部增减音项、新增多音字等六种情况，探讨了出现这些变化的原因。文章还总结了由此体现出的《现代汉语词典》的编纂特色：既注重实用又兼顾传承的编纂特点，遵循促进规范化的编纂宗旨，以及“以学术研究为先导”的编纂原则。

（四）成语

2023 年度辞书中成语的研究主要围绕语义和释义展开。张娟《从成语语义视角看〈汉英对照成语词典〉编撰》（《现代英语》第 3 期）从成语本体进行分析，探讨了成语语义方面的特征以及《汉英对照成语词典》编撰所展示出的成语释义概况。周掌胜、朱瑾文《现代汉语辞书中的成语释义辨正》（《内江师范学院学报》第 11 期）以最新版的《现代汉语词典》和《现代汉语规范词典》为例，对其中误释的部分成语条目加以考辨。

（五）条目设计

条目设计是百科全书编纂过程中的重要环节，对此进行系统性梳理有助于提升百科全书的功能质量，对百科化的其他工具书也有重要借鉴意义。蒋丽君《百科全书条头设计与术语规范》（《辞书研究》第 5 期）通过概述百科全书条目的内涵与外延、条头设计影响因素、条头设计原则、条头与术语规范等内容，总结梳理了百科全书条头设计的理论与实践，呈现了包括词典、百科全书等在内的工具书的功用和意义。

（六）编纂术语

释义提示词是词典释义中重要的释义用语，2023 年度提示词的研究得到持续关注。朱斌《〈现代汉语词典〉“指”类释义提示语》（《辞书研究》第 3 期）归结出《现代汉语词典》第 7 版“指”类释义提示语的 4 个特点：“指”类释义提示语主要用于名词、动词、形容词的释义；“指”可以无附标释义，也可以附标释义；“指”类释义提示语的标元共有 7 类：延标、源标、申标、频标、用标、联标、域标；有的“指”类释义提示语的标元能组合使用，形成二元标组、三元标组、四元标组。戴俊豪《〈现代汉语词典〉释义提示词“形容”的提示功能及使用建议》（《鲁东大学学报（哲学社会科学版）》第 6 期）一文发现，在形容词性词目的释义中，使用“形容”提示词义，能够使释语与词目词性相匹配，或提示由词目特殊结构或词义派生带来的非字面义。在非形容词性词目的释义中，“形容”也存在提示拟声词词目的词义和提示拟声词以外的其他非形容词性词目的性质、状态义两个功能。文章建议《现代汉语词典》在修订时，不表形容义的非形容词不用“形容”提示词义，非形容性释语形容词、词目具有特殊结构的形容词以及拟声词词目则使用“形容”提示词义等。

还有研究涉及释义术语。唐萌、武建宇《基于语料库的〈现代汉语词典〉（第 7 版）释义术语“总称”“统称”“合称”研究》（《鲁东大学学报（哲学社会科学版）》第 3 期）研究发现，CCL 语料库中“总称”多用于对事物分类时的整体概括；“统称”多用于对事物共同特征的笼统概括；“合称”多用于对事物合起来的叫法。文章通过对《说文解字》中“总”“统”“合”的语源梳理，认为“总称”强调整体性，将原本分散的事物聚集成新的整体；“统称”强调共性，将个体按统一的标准进行概括；“合称”强调组合性，将事物会合、连接。文章认为，《现代汉语词典》（第 7 版）中释义术语“总称”“统称”“合称”存在混用现象，并从用语规范的角度出发，对《现代汉语词典》（第 7 版）的 26 个词条的术语使用情况提出修改建议。

（七）用户需求

2023 年度，一些研究围绕辞书内容和形式之外的用户需求展开。杨玉玲、李宇明《外向型汉语学习词典的供需错位和出路》（《辞书研究》第 6 期）研究发现，外向型汉语学习词典存在“需求大出版多而用户少”的供需错位，主要原因在于缺乏用户意识，更谈不上用户中心。文章以检索查检方式、收词规模、可理解性和词典介质四个维度为例分析用户需求和已有词典的错位，认为汉语学习词典要走出困境，需要做到以下四点：在理念上从“编者中心”切实转向“用户中心”；词典生产手段要实现电子化、数据化、融媒化、平台化，充分利用融媒词典编纂和使用平台创造机会使用户全程“参与”词典的编纂和完善，实现编者和用户的角色融合；词典研究方法上应加强定量研究和实证研究，充分利用用户查询数据为词典优化提供支撑；词典评价环节也应站在用户的角度为“用户中心”保驾护航。何姗《网络教学环境下国际学生汉语学习词典使用情况及需求调查》（《国际中文教育（中英文）》第 3 期）基于问卷调查和访谈，分析了网络教学环境下新的教学样态对国际学生汉语学习词典使用和需求情况造成的影响。文章发现，在线学习的方式从整体上提高了汉语学习词典的使用率，但是不同培养层次、不同年级的学习者的使用情况出现了分层现象；针对现有汉语学习词典编码功能不足的问题，国际学生的查询行为出现了策略化倾向。文章建议重点关注“中文 +

专业"的词典使用需求，进一步丰富汉语学习词典的内容与功能，加强相关资源建设。

三、理论和方法研究

2023年度，一些研究从理论和方法上对不同类型的字词典做了宏观的探讨，这些成果对不同类型辞书的编纂和修订具有指导和借鉴作用。

词典的凡例是关于词典内容和编写体例的说明，对词典的编写和使用都具有全局性的指导意义，对凡例的研究有助于凡例本身的完善，也有利于促进凡例和词典正文的照应。谭景春《〈现代汉语词典〉第6版凡例修订说明与反思》（《辞书研究》第6期）从修订者的角度，对《现代汉语词典》第6版凡例的修订逐条进行说明，记录当时的考虑因素和修订依据，并提出四点反思：条与条之间要条理清晰，彼此衔接；凡例与词典正文要相互照应，正文体例上的变动要及时地在凡例中予以说明；凡例的行文用语尽量一致，但要注意一定是在相同的情况下；在修订过程中要尽量避免"拉抽屉"的现象。文章最后指出，修订要力求精益求精，少求数量，多求质量，尽量避免因修订出现新的问题。

方言词典是语言词典（语词词典）的一种，但由于汉语方言的特殊性，汉语方言词典与共同语（普通话）词典存在多方面差异。曹志耘《汉语方言词典的定位与编写问题——以〈浙江方言词典〉为例》（《方言》第4期）基于丰富的工作实践，全面讨论了典藏型方言词典的收词、归类、用字、标音、图片和音频、视频等方面的问题，提出了一系列相关工作原则和操作方法，并提供了一份适用于典藏型方言词典编排的义类表。该研究对今后编纂同类词典具有重要的指导意义。

学术词典也有自身的特色。张涌泉《学术词典范式创新的探索——〈敦煌文献语言大词典〉编后》（《辞书研究》第2期）系统介绍了《敦煌文献语言大词典》作为一部收录敦煌吐鲁番文献特色语词和疑难俗字的大型学术词典，在收词、释义、引证、按语等方面的特色，并重点归纳了该书在编写体例方面的尝试和创新，包括创建字词群、运用三重证据法、引用第一手资料、回答"为什么"等四个方面。

随着国际中文教育的快速发展，汉外辞书也应运而生。系统总结当代优秀辞书汉外版的基本特征，可以促进这类辞书的完善。戴文颖《当代优秀辞书汉外版基本特征初探——以〈新华字典〉汉英版为例》（《辞书研究》第2期）通过考察《新华字典》（2021汉英双语版），分析归纳了汉外辞书编纂的基本特征，认为当汉语辞书改编成汉外辞书时，由于针对的主要读者是母语为非汉语的外国读者，采用双解形式更为可取；应在尊重汉语原书的基础上，利用合适的翻译原则和方法，编纂出符合外国读者认知习惯、便于理解使用的汉外版辞书。与此同时，外向型汉语学习词典的理论研究也引起重视。杨玉玲、段彤彤《外向型汉语学习词典配例难度控制原则及编写建议——以〈当代汉语学习词典〉为例》（《国际中文教育（中英文）》第3期）采用定量研究的方法对《当代汉语学习词典》配例语言进行了考察。文章基于定量统计，针对外向型学习词典配例难度控制，提出≤i原则，即配例用词难度不应高于被释词难度，并提出实现该原则的一些具体建议。

此类研究成果还有李学宁《SentiWordNet情感词标注及其对我国语文词典的启示》（《烟台大学学报（哲学社会科学版）》第2期），钱智勇、李强《典籍多语语义词典构建与应用研究》（《文化月刊》第5期）等。

四、语料库与辞书学、数字化和融媒体辞书研究

语料库与辞书学、数字化和融媒体辞书研究在2023年度热度持续攀升，研究内容紧贴辞书编纂实际，明确以市场及用户为中心的需求导向，关注新兴前沿领域及新兴业态，研究视野更加开阔，研究成果日趋深入。

（一）语料库与辞书学研究

胡钦谙《面向语文辞书编纂的神经网络语料库检索研究》（《辞书研究》第1期）尝试以海量检索结果中的同质语境为突破口，通过人工智能中的注意力机制、上下文相关词向量以及预训练语言模型等技术，以可视化及可交互的形式为辞书编纂人员展现检索结果分布的概貌，批量处理同质的语境，以提升辞书编纂的效率。

胡文飞《基于语料库的汉英词典儒学词研究》（商务印书馆，11月）基于历时视角调查汉英词典儒学词的编纂体系和发展历程，并通过抽样调查和对比分析，从共时角度分析英汉词典的圣经词与汉英词典儒学词在拓扑翻译和功能结构方面的共性与区别。此外，基于语料库翻译学视角，分析汉英词典儒学词的翻译特征及其词典学意义，并从对比短语学视角调查汉英词典儒学词的搭配模式和语义韵特征。该书基于语料库模式，历时与共时相结合地分析了汉英词典儒学词的表征现状，并系统构建汉英词典儒学词的新型表征模式，对于拓展辞书学研究范围、创新辞书学研究体系具有一定的指导意义。

（二）数字化和融媒体辞书研究

2023年度数字化和融媒体辞书研究成果丰硕，精彩纷呈。研究对象涉及语文辞书、百科条目、学术词典、双语词典等各种辞书类型，内容涵盖辞书编纂与修订、产品设计与开发、知识图谱构建、语法标注、特征调查分析等诸多领域。

辞书编纂与修订。董志翘《互联网、大数据时代汉语字词典的编纂与修订》[《中国语言学研究》（第二辑），2022年12月]强调，在互联网、大数据时代，辞书必须与时俱进，充分发挥互联网、大数据的优势，通过网络更广泛地收集字词典的编纂、修订素材，通过网络进一步协调字词典内部的知识点的联系，通过网络使单一的文本字词典成为多链接、多形式的字词典，通过网络变定时的专家编纂、修订为“在线”的专家、读者相结合的“动态”编纂、修订。这样才能真正保证字词典的质量，才能跟上不断发展的形势。

产品设计与开发。贺敏《关于双语融媒辞书产品设计特征创新的思考——以词博士App为例》（《编辑学刊》第2期）梳理了融媒辞书与辞书设计特征的理论研究，分析了融媒辞书市场现状，阐释了融媒辞书产品的双重属性，并以上海外语教育出版社词博士App的设计为例，探讨双语融媒辞书产品设计特征创新的逻辑和方法。李馨逸《网络词典的出版现状及优化路径》（《出版广角》第3期）对网络词典内容编纂上存在的失范现象和外部设计的缺漏进行系统性考察，发现网络词典收录的词条在形、音、义方面存在不规范的情况，在界面设计、广告处理、软件运行、售后服务等方面也亟须完善；结合网络词典的特性和社会影响对问题的根源进行探讨，提出网络词典出现的种种问题与开发方、监管方、审校方等多方失职有关，应将内外相辅、多方协作作为解决问题的有效路径。此类成果还有冯旭斌、谭小伟、李成文等《基于安卓的古诗词典App开发》（《电脑知识与技术》第26期）等。

知识图谱构建。钱智勇、陈涛、徐毅等《古代经典辞书知识图谱构建与应用研究》（《图

书馆杂志》第8期）深入分析了古代辞书的体例和内容结构，依据词汇语义学、本体术语学与资源描述框架标准，设计辞书知识本体，提出以词汇符号—概念—释义的结构化知识表示为基础的辞书知识图谱构建框架，依此进行词汇概念、关系、释义、例证的抽取，并完成关联数据的转换、存储与发布。文章以经典辞书《尔雅》为例，阐述了古代辞书知识图谱的构建过程以及在语义搜索、智慧学习、数字人文等场景中的应用，认为辞书知识图谱构建可以促进典籍辞书的数字人文研究。

语法标注。刘荣艳《从 Pleco 看外向型汉语词典的语法标注》（《辞书研究》第3期）聚焦 Pleco 的不同层级语法单位"无差别词性标注"模式，认为这一标注模式迎合了汉语学习者的学习心理，但也存在标注依据不合理、混淆不同层面语法单位等显著不足。文章提出了功能与意义相结合、共时与历时相结合、理论与实际相结合的素性标注依据，以及语法标注的区别性原则。在具体操作层面，提出了"分层标注"的新型标注模式，对优化外向型汉语词典的语法标注模式进行了探索。

特征调查分析。黄芳《国内出版社词典 App 融媒体特征调查分析——以商务印书馆和外语教学与研究出版社为例》（《辞书研究》第5期）以商务印书馆和外语教学与研究出版社为例，对国内出版社词典 App 的融媒体特征进行调查分析，归纳总结了其在查询功能、内容、结构、模态、页面布局以及编者、词典和用户等六个方面的融合特征，并针对现有融媒体词典存在的问题提出部分探索性改进建议。

此外，王逸群《当代英语新词构词方式研究——基于〈韦氏词典〉在线版的语言经济学和语言社会学考察》（《辞书研究》第6期）独树一帜，对韦氏在线词典"时间旅行者"功能中1946年至2022年共8299个新词进行对比和分析，深入探讨了二战结束以来英语的实时发展动态与各个构词法和借用法的具体变化趋势。该文章指出，语言变迁的根本规律是省力原则，而在语言社会学的视角下展现出多元化、全球化、平权化、大众化与麦当劳化的特点，并阐释了未来语言经济学和语言社会学研究的可能性。

五、专项辞书研究与辞书理论史、编纂史研究

专项辞书研究仍是2023年度的热点之一，其中"《新华字典》出版七十周年专题研究"格外引人瞩目，产出了多篇高质量成果；域外汉文辞书研究、双（多）语辞书研究等也取得了长足进展。"专题研究"以2022年中国辞书学会成立三十周年为契机，成果涵盖辞书事业的方方面面，是对我国辞书理论史、编纂史的一次全面总结；其他成果有些是对辞书编纂思想的系统梳理，有些则是对编纂经验的归纳和反思。

（一）《新华字典》出版七十周年专题研究

《新华字典》全版本的连续统记录了新中国语言文字事业的发展历程，贮存了文字学、词汇学、语音学等多方面的中华语言文化，是一份极为珍贵的史料财富。在《新华字典》出版七十周年之际，学界发表了系列文章，讨论这部字典的历史贡献，展示其最新版本和衍生辞书的面貌，梳理其背后的历史经过。

程荣《〈新华字典〉与新中国语言文字规范化》（《中国语文》第3期）从学术层面综合考察《新华字典》七十年全版本第一手资料，分析研究这部字典同新中国语言文字规范化的关系。该文章认为，《新华字典》以学术研究为支撑，创新字书形式，反映国家通用语言

文字规范，在引导正确使用现代通用汉字、推广普通话、推行汉语拼音等我国语言文字重大方针政策的落实及各项规范标准和相关规定的实施上，发挥了规范型权威字典特有的示范引领作用，为新中国语言文字规范化作出了十分重要的贡献。

王楠《〈新华字典〉第12版的新义、新词语及释义》（《中国语文》第3期）从编纂者的视角，系统总结了《新华字典》第12版的新义、新词语及释义情况，具体表现为该字典根据自身的规模、读者对象主要为中小学生等特点，本着通行性、规范性、查考性、积极性等原则，增补部分字词新义、增收部分新词语，并按照字典的体例、风格等采取了适当的释义方式。王楠《〈新华字典〉中编纂符号的用法及传承》（《辞书研究》第5期）立足于《新华字典》2020年第12版，结合其他十几个版本，分板块介绍字典中的编纂符号及用法，对相关编纂符号的修订完善分析论述，对某些编纂符号在《现代汉语词典》中的传承借鉴予以说明。杜翔《70年前字典编纂的创新设计——〈新华字典〉初版衍生辞书〈新华小字典〉介绍》（《辞书研究》第5期）从词表、注解形式、样张等方面，介绍了《新华小字典》作为《新华字典》初版的衍生品，在继承原书基础上的创新，及其对于研究《新华字典》编纂思想的重要价值。

金欣欣《新华辞书社的成立经过与主要成就》（《衡水学院学报》第2期）在参考叶圣陶日记相关记载的基础上，对新华辞书社的成立、发展与主要成果等史实进行了梳理，论述了其对于我国20世纪中叶先进辞书学理论与编纂实践的传承所起的重要作用。

（二）域外汉文辞书研究

2023年度，域外汉文辞书的研究成果喜人，内容既有字音、字形、部首、文献引证等专题考察，也有整部或其中某卷的综合探讨。

《新撰字镜》是日本古代一部非常重要的工具书，它的编纂大量参考了《玄应音义》《玉篇》等中国古代文献，在字形、字音、字义等方面保留了大量中国已经散佚的文献资料。2023年度这方面的研究涉及字音、字词考释和文献引证。蔡欣然、蔡梦麒《试说〈新撰字镜〉汉字注音研究的意义》（《语文研究》第2期）呼吁应当加强对《新撰字镜》的汉字注音的关注，挖掘其对于确认汉字的字形、厘清汉字形音义的关系，纠正现代字典辞书注音、释义的讹误，校勘相关的文献注音资料等具有的积极意义。张翔《〈新撰字镜〉与古汉语字词考释（续考）》（《古汉语研究》第4期）利用《新撰字镜》对“唐棣”等八组字词做了考释。张翔《〈新撰字镜〉引〈玉篇〉的若干问题》（《枣庄学院学报》第6期）概括了《新撰字镜》引《玉篇》的两种主要方式：照引原本《玉篇》和节引原本《玉篇》，指出其原因在于作者参照了不同的版本。

字形方面主要涉及异体字，如刘寒青《域外汉字异体字发展的趋势与特征——以日本汉文古辞书〈倭名类聚抄〉为例》（《汉字汉语研究》第4期）在汉字发展史的视角下，将域外汉字异体字的发展情况纳入整个汉字系统的研究。文章以日本汉文古辞书《倭名类聚抄》为例，穷尽性整理《倭名类聚抄》不同时代抄本中异体字的情况，并且参照同时期其他日本汉文古辞书。在此基础上提出了“日存变体”这一概念，并总结出域外汉字异体字在发展中呈现出的几种趋势与特征：继承性和保守性、字形变异程度加剧、类化原则影响加深、增补汉字异体字发展材料。

部首方面的成果有王安琪《“倭玉篇”第四类本对〈玉篇〉部首体系的接受与改造——

以长享本〈倭玉篇〉为例》（《励耘语言学刊》第1期），文章以“倭玉篇”第四类本中的长享本《倭玉篇》为例，对“倭玉篇”第四类本在部首体系方面对《玉篇》的接受和改造情况进行了考察。

文献引证方面除了上述张翔的研究成果之外，还有邢永革、丁治民《〈医心方〉旁注所引辞书考》（《辞书研究》第4期）和张颖慧《日本汉文辞书〈弘决外典抄〉引〈说文〉考》（《鲁东大学学报（哲学社会科学版）》第3期）。前者考察发现，日本现存最早的医学著作《医心方》大量引用了《说文解字》《广雅》《玉篇》等中国古代辞书的注音和释义，且这些旁注绝大部分忠实于引书原文，内容可靠，个别引文存在用字、繁简等方面差异。这些引文对于那些已经残缺或亡佚的字书和韵书，具有重要的辑佚价值。后者将佛典辞书《弘决外典抄》所引《说文》内容与今本《说文》进行比勘，发现《弘决外典抄》引《说文》多节引、意引，并存在误以他书为《说文》的现象，但总体而言，其引《说文》具有很好的校勘价值，对于整理日本汉籍《弘决外典抄》、考校今本《说文》具有显著的意义。

有些研究对整部辞书或辞书中的某卷做了综合探讨。王子舞《日藏古辞书〈无名字书〉及其价值研究》（《辞书研究》第1期）以镰仓时代日本人以中国古字书和其他典籍材料为底本编撰而成的汉字字典《无名字书》为研究对象，较为详细地介绍了其成书及版本、内容体例、引用情况与传承关系以及研究价值。潘牧天《日本古写玄应〈一切经音义〉卷一略探》（《辞书研究》第2期）通过大治本、金刚寺本、西方寺本、七寺本等日本古写本《玄应音义》卷一的比对，发现其日本写卷皆属于简本体系，其中大治本、金刚寺本与西方寺本关系较密切，与碛砂藏本相同部分较多，而七寺本与高丽藏本相同处较多；大治本与金刚寺本有直接的渊源关系，且属于在简本基础上进一步节略的略本体系。此外日本古写本与传世刻本《玄应音义》存有大量异文，对于补充传世藏经刻本具有独特的文献价值。

（三）双（多）语辞书研究

2023年度，双语、多语辞书的研究也取得了新的进展，研究对象以汉英词典为主体。这些成果或从宏观上探讨编纂特点，构建设计特征体系；或着眼于某类词或标记的专项研究。

黄锦鸿、高永伟《〈世纪汉英大辞典〉的编纂特点研究》（《辞书研究》第2期）通过与我国其他大型汉英词典的比较，从收词立目、词目翻译和例证等方面分析了综合性汉英词典新作《世纪汉英大辞典》的编纂特点，并指出其缺憾。文章在探究我国当代汉英词典的编纂情况、促进汉英辞书编纂质量提升方面有一定的价值。张俊、胡文飞《内向型汉英学习词典的设计特征与体系构建》（《外国语文》第6期）基于学习词典的学习性内涵，尝试构建内向型汉英学习词典“用户特征—内容特征—呈现模式”三位一体的设计特征体系。在该体系中，用户特征是最为根本的特征，也是整个设计特征体系的基础，其下辖的语言水平、认知特点和查阅需求决定了不同“阶”的词典的内容特征，并为词典的呈现模式提供理据和内容支撑。

李聪聪《清代满蒙汉合璧辞书中语法标记释义研究——以满语时体、副动词等部分语法标记为例》（《辞书研究》第5期）选取清代不同时期的满蒙汉合璧类辞书，分析其释义特点及释义词语的内涵，尤其关注这类辞书对时体标记、副动词标记等的释义，进而探讨合璧类辞书作者对于时体、副动词等语法范畴的认识。胡文飞、孙丹丹《搭配结构在汉英词典中的启动模式研究——以儒学词为例》（《外国语文》第3期）通过抽样分析、描述统计和对比分析，系统研究了八部汉英词典儒学词搭配的启动模式，发现其中存在搭配结构的启动模式单一、对创新隐喻关注不够、搭配结构的聚合模式较传统等不足。该研究还对今后的汉英词典编纂提供了改进策略。同类成果还有胡文飞、刘亚兰《语义韵视域下汉英词典文化词的记忆研究》（《外语教学理论与实践》第 6 期）等。

（四）其他专项辞书研究

专项辞书研究涉及面广，内容繁杂。除了上述成果外，还有一些成果对古今不同类型辞书进行了综合性或不同侧面的讨论。

对辞书进行综合性研究的成果如下。李登桥《〈明清俗语辞书集成〉研究》（巴蜀书社，2022 年 12 月）主要从内外两个方面对《明清俗语辞书集成》展开研究：在外主要分析其基本内容、编纂体例和释词方式，总结编纂特点，并对二十种辞书进行了科学分类；在内注重对词条训释所及的语言学问题进行分类梳理、总结规律。在对词汇考察的过程中注重从传统语言学角度，对其词语求义方法、词语形成途径、词义演变问题以及辞书对词源学问题的探索进行归纳和分析，从中窥探汉语词汇史的发展规律以及各辞书编纂者的语言观。该书还对所涉上百条词条的释义和书证进行了较为详细的补正。刘显《〈敦煌俗字典〉（第二版）探赜》（《哈尔滨师范大学社会科学学报》第 5 期）归纳了《敦煌俗字典》（第二版）较之初版的提升之处。

另一些成果对不同类型辞书呈现出的形音义、方言词、外来词等做了考察。蒋冀骋《〈说文解字〉注音释义研究》（商务印书馆，11 月）以形音义三者互求的方法，运用古文字学和古音韵学研究的近期新成果，重新考察《说文解字》的注音释义，取得了新的重要进展：一是解释了《说文》中声符与“读若”、与后代读音的矛盾；二是解释了某些汉字字形结构的分析问题；三是为文献中没有用例的《说文》的释义找到例证；四是对《说文》的疑难释义进行了解释。日本学者太田斋《关于〈玄应音义〉的音系性质和特点》（《辞书研究》第 3 期）指出，玄应直接从反映江东音的原本《玉篇》中引用了大量反切，最终使他的《音义》虽然也含有反映他自己母语的西北方言（秦音）特点，但整体音系特征比《切韵》更接近于《玉篇》。杨振华《〈汉语大字典〉（第二版）征引〈集韵〉疏失辨正》（《语言研究集刊》第 1 期）举例辨正了《汉语大字典》征引《集韵》时在释义、注音和沟通字际关系三方面的疏失。史维国、李倩《基于〈全球华语大词典〉的华语地域方言词研究》（《通化师范学院学报》第 3 期）和史维国、霍焱、曾凡姝《基于〈全球华语大词典〉的华语外来词研究》（《哈尔滨师范大学社会科学学报》第 1 期）分别考察了《全球华语大词典》中的华语地域方言词和华语外来词。刘晓英《〈汉语大字典〉引〈海篇〉版本考》（《古籍研究》第 2 期）将《汉语大字典》转引和直引的《海篇》书证与所见的“海篇”类字书比对之后发现，转引《字汇补》的《海篇》指《海篇心镜》，转引《康熙字典》的《海篇》既指《海篇直音》，也指其他“海篇”类字书，而直引的《海篇》书证来源最复杂。文章指出，厘清《海篇》的版本有利于《汉语大字典》再版时修订与完善。

值得一提的是，于淑娟《汉赋与汉代辞书研究》（商务印书馆，6月）立足于传统语言文字学，从汉赋字形、词汇、修辞、结构等方面，阐明了汉赋与汉代辞书之间的关联，以及汉赋、辞书与汉代制度之间的关系。全书较为细致地梳理了汉赋与辞书的联绵字同词异形、字形繁化现象，词汇的传承与创新、叠字及与辞书的关联、汉赋与汉代辞书中的方言，联边、复语和对偶等修辞手法；考察了汉代职官制度、文化教育制度与经济制度对汉赋与辞书的影响。该书是一部文学与语言学相结合、文化与社会制度相联系的佳作。

（五）辞书理论史、编纂史研究

1. 专题研究

2023 年度，不少研究以十整年为单位，对中国辞书发展历程做了多方面的回顾和总结。

三十年专题研究内容涉及辞书数字化发展、双语辞书编纂与研究、辞书市场、辞书评论等。吕海春《中国辞书数字化发展三十年》（《语言战略研究》第 5 期）概括了近三十年来中国辞书的数字化两条并行的推进线路：辞书产品形态的数字化、辞书编纂编辑方式的数字化，二者逐渐交融。该文章指出，学术研究，尤其是对“融媒辞书”的探讨，对辞书数字化起到了很大的助推作用。在数字化发展进程中，数字商借助技术优势跨界而入，抢得先机，而传统机构却被多重矛盾制约了融合发展。当前辞书数字化发展中存在的主要问题是融媒辞书新理论与实践尚未充分融合、复合型人才严重不足、知识产权问题多发，为此，中国辞书数字化的高质量发展，必须依靠创新和融合。于屏方、董静文《中国双语辞书编纂与研究三十年（1992—2022）》（《辞书研究》第 2 期）以 1992 年中国辞书学会成立为起点，描写分析了 1992—2022 年三十年间我国双语辞书的编纂、出版以及研究情况，分析其特点及存在的问题，对双语辞书未来的发展提出了优化建议。申葳、李斐《中国辞书市场三十年》（《语言战略研究》第 5 期）依据辞书在出版数量、产品形态和销售渠道等方面的发展变化情况，将 1992 年以来中国辞书市场的发展历程分为发展期（1992—2002 年）、成熟期（2003—2015 年）和转型期（2016—2022 年）三个阶段，提出推动辞书市场发展的主要因素包括国家对辞书编纂出版的引导、学会参与对辞书市场的规范、辞书产品对市场需求的响应、辞书出版者市场意识的转变。该文章指出，辞书市场也存在选题跟风、版权意识淡薄、新媒体营销无序、文化公司规范管理有待加强、学界研究不够、数字辞书盈利模式有待确立等问题，未来中国辞书市场持续健康发展需从规范市场环境、双效统一、数字化转型探索、用户消费观念培育等方面共同努力。郎晶晶《中国辞书评论三十年（1992—2022）》（《语言战略研究》第 3 期）归纳了近三十年来辞书评论研究的主要特点，即：关注了各类型辞书的编纂优势，有助于同类型辞书的编纂修订；关注了劣质辞书，但批评类文章相对较少；关注了最新出版的辞书，但覆盖面仍有限；多从微观内容与宏观两方面评论辞书，对辞书编纂工艺和体例等关注较少。该文章呼吁，辞书界应认识到辞书评论对于辞书编纂及修订的重要辅助作用，加强辞书评论理论研究，坚持打击劣质辞书，褒奖优质辞书，并关注辞书评论的新兴主体，加强专业编辑的辞书评论能力。

四十年专题研究侧重全面系统地总结中国辞书 1978 年以来的发展历程。袁世旭、刘善涛《我国当代语文辞书事业发展状况》（《辞书研究》第 2 期）统计分析了 1978 年以来我国汉语语文辞书出版和研究的数据，概括了出版和研究的特点，在此基础上提出当前我国语文辞书事业存在的问题，指出应该关注语言生活和社会需求，丰富信息时代的语文辞书生活，重视语文辞书人才培养和队伍建设，加强辞书理论建设，构建大型的、实用的语文辞书语料库，推进辞书事业的现代化。齐红飞、王东海《中国当代辞书学研究四十年（1978—2022 年）》（《辞书研究》第 3 期）统计分析 1978 年改革开放以来辞书学的重要研究成果，总结了辞书学发展的特点，并做出前瞻性分析。该文章指出，四十多年的辞书学研究呈现出明显的有意识有组织科研的局面，中国辞书学发展体现出研究思路多样性、研究内容丰富性和研究方法多元性的特点。随着融媒体、智媒体时代的到来，辞书学研究工作应加强对接国家重大需求，加强融媒辞书的研究力度，加强对“辞书生活”的引导，注重研究对象的平衡性，注重理论方法的创新性，注重队伍建设的提升完善。

二十年专题研究的文章主要有张永伟《近二十年我国辞书学研究的现状、热点与趋势》（《辞书研究》第4期），文章以中国知网（CNKI）2003—2022年辞书学相关主题的重要论文为研究对象，采用传统统计与科学计量学领域的可视化分析方法，对我国近二十年来辞书学研究的现状、热点与趋势进行分析，客观描述了我国辞书学研究的基本态势，为我国辞书学学科发展和辞书政策的制定提供了参考。

其他专题研究成果还有张晖《中国当代辞书相关规范标准制订及执行情况》（《中国辞书学报》第四辑），胡春玲《中国百科全书事业四十年》（《中国辞书学报》第四辑），李纳、赵航《中国当代专科辞书事业》（《中国辞书学报》第四辑），戴宗杰、戴蕾、姚桂林《中国当代民族辞书事业发展与前瞻》（《中国辞书学报》第四辑），邵宇彤《中国辞书人才培养回顾与展望》（《中国辞书学报》第四辑）等。

2. 其他辞书理论史、编纂史研究

除了上述专题研究，2023年度，一些成果试图勾勒中国辞书编纂和发展的历史进程，概括中国辞书精神，探索辞书形态的演变和发展，追溯经典辞书地位确立的历程以及借鉴的蓝本。雍和明、罗振跃、张相明《汉语辞典史（公元前1046—公元1911）》（外语教学与研究出版社，2022年10月）在对我国辞典演进的区别性特点进行分析的基础上，比照世界辞典发展的阶段，将我国辞典发展史分为“萌芽与开创”（西周至两汉）、“探索与建设”（魏晋至宋元）、“沿革与成型”（明清）、“沉寂与兴盛”（20世纪）四个时期，构建起一个较为完整的、连贯的、符合汉语辞典发展规律的辞典史研究体系。该书采用“中国社会文化演进与汉语辞典发展”双主线交织模式，史论结合，通过强调社会文化演变与辞典产生发展、社会文化需求与辞典编纂使用、具体作品分析与辞典史研究体系构架的联系，揭示语言与辞典、辞典与社会、辞典与文化之间的此渗彼透的关系以及相互影响的互动机制，揭示汉语辞典发展的轨迹、特点和规律。该著有助于深化汉字学、辞书学研究，对于词典编纂理论与实践研究有一定的指导和借鉴作用。杜翔《试论中国辞书精神》（《语言战略研究》第3期）将中国辞书精神的内涵表述为：文化担当的爱国精神、守正创新的科学精神、执着专注的工匠精神、甘于寂寞的奉献精神。朱滔《浅谈我国辞书形态的演变及发展趋势》（《传播与版权》第15期）梳理了我国辞书形态演变的四个阶段（简帛形态、纸质形态、封装型电子形态、网络化形态），分析了辞书形态的发展趋势，并对辞书融合出版模式展开探讨。彭小娟、焦子桓、李仕春等《〈现代汉语词典〉蓝本研究》（《大理大学学报》第9期）研究认为，《现代汉语词典》是在充分吸收我国历代字词典的优良传统、借鉴国外词典编纂经验的基础上创造而成。就释义、收词而言，《现代汉语词典》的汉语词典蓝本是《国语辞典》；释义模式更多借鉴了《牛津高阶英语词典》。

此外，周荐主编《明清来华西人与辞书编纂》（商务印书馆，6月）遴选了22篇以西方传教士为主体的明清来华学者的相关汉语研究成果，内容聚焦“词汇”和“辞书”两大主题，同时也涉及部分语音、语法、修辞等问题。该书有助于深入了解有关明清时期来华西人如何看待汉语材料，其留下的汉译西书和中外合璧辞典对近现代汉语词汇史建构与汉语辞书转型有何推动作用，对中国语言学研究和当代辞书编纂研究有无助推价值，从而促进中西辞书研究进一步交流互鉴。

六、辞书产品

2023 年，辞书市场蓬勃发展，一批大部头、高水平、高质量的辞书产品相继涌现，在辞书出版史上书写了浓墨重彩的一笔。

江蓝生主编《现代汉语大词典（试印本）》（商务印书馆，12 月）是在现代语言学理论、辞书编纂理论和实践经验指导下，以丰富、扎实的文献和口语语料为基础，以《现代汉语词典》为参照系统，反映百年现代汉语词汇面貌的大型原创性语文词典。全书共分五卷（第五卷附《条目倒序索引》），收词约 15.8 万条，合计约 1200 万字。该著提出了新的编纂理念，主要体现在：共时性与历时性相结合，规范性与描写性相结合，学术性与实用性相结合。其学术特色主要体现在四个方面：收词秉持普方、雅俗、新旧兼顾，体现规范性，增强描写性、查考性和学术性，多方面呈现百年词汇概貌；释义提供准确的概念义之外，还尽量提供附加义、搭配义和相关的语用信息和文化信息，以使释义更详确，内涵更丰富；配例丰富多样，既注重思想内容的客观、正面、积极向上，也注重形式多样，贴切简要，体现用法；基于“存故”原则，收录清末民国旧词语。

张涌泉、张小艳、郜同麟主编《敦煌文献语言大词典》（四川辞书出版社，2022 年 12 月）是国家“敦煌文献系统性保护整理出版工程”的第一项重大成果。该著突破以往敦煌语言辞书的范式，广泛收录敦煌文献（包括吐鲁番文献）中的特殊语词及疑难俗字，以语词为主，所释对象既包括口语词、方言词，也包括有一定时代特色的名物词和佛教词汇。书中既有近百年间敦煌吐鲁番文献字词考释成果的汇聚，也有大量编者自己通读敦煌吐鲁番文献爬梳考释的条目，为汉语史、近代汉字研究提供了一份较为全面丰富的敦煌吐鲁番文献资料。该著在编写体例方面也进行了尝试和创新，包括创建字词群、运用三重证据法、引用第一手资料、回答“为什么”等四个方面，特别是该词典把那些仅仅是因为形变或借音产生的异体字、通假字、异形词归并在一起来加以解释，系统建立了异体字群、通假字群、异形词群等三个类型的群，有助于读者消化理解。

刘洁修《汉语成语源流大辞典（全两册）（修订版）》（商务印书馆，2 月）是一部大型汉语成语辞书。该著以考源求实为重点，“源”“流”并重，对汉语成语的词义、词形、用法在历代文献中的演变进行了较为严谨而细致的梳理。本次修订订正了上版中的部分错漏，增补了部分注音，并补入了作者新增补的部分释义、书证及百余条词目。

张双棣编著《古汉语大字典》（商务印书馆，5 月）是一部帮助研读古文、释疑解惑的中型工具书。全书共收录单字约 16000 个，加上异体字及简化字对应之繁体字，近 20000 个。字头标注现代音、中古音和上古韵部。释义以本义、引申义为序，假借义排在最后；强调词义的系统性、字义的概括性和举例的时代性。

谷衍奎编著《汉字源流大字典》（商务印书馆，3 月）是一部专门探究汉字源流、普及汉字文化知识的大型辞书。全书收字 12000 多个，所收字头不仅包括汉字，也包括大部分偏旁部首，同时列出汉字发展中的多种字形（甲金篆隶古等），从字音、字形、构造、图示、本义、演变、组字等几个方面逐字进行解说，不仅钩稽本义、引申义，还列出主要的假借义，增加了一些教材中出现的义项解说和例句，还有一些重要词语的解释及易混字词的辨析，可以更好地为教学需要服务。

何九盈、王宁、董琨《辞源（第三版·音序本）》（商务印书馆，10月）将音序检索作为辞书的主要检索方式，相较于之前版本，共计校改音节30余万个、注音11万余条，改动5000余条，处理多音字、符号字、读音争议字等各种难题，使之更适应时代变化和读者需求。

董树人编《北京话词典》（商务印书馆，2月）突破以往北京话词典仅收北京城内方言土语的局限，收录近郊、远郊乃至北京方言片的词语，增加了虽已进入普通话但北京人日常生活中使用频率仍明显偏高的词语，增加了在北京地区的谚语、俗语里更多出现的词语，还收录了不少北京话特有的、《现代汉语词典》未收的一些北京口语词。全书共收单字3260余条，多字词语16400余条。词典释义简洁明了；依据北京话实际读音注音；例句选自真实的语言生活，涵盖了北京民众日常生活的方方面面。

许少峰编《近代汉语大词典》（增订版）（商务印书馆，4月）在2008年版本的基础上进行了全面增订，由之前的约500万字增至约700万字，从立目到释义、注音、例句进行了修订和补充，更加丰富和完善了该词典的内容。

清代王念孙、王引之合撰、舒怀整理的《康熙字典考证》（上海古籍出版社，5月）以1962年中华书局据晚清同文书局影印《康熙字典》所附高邮二王父子合撰的《康熙字典考证》为底本，精心校注而成，有助于《康熙字典》整理研究以及传统语言文字学研究的深入。

侯敏编著《汉语新词语词典（2000—2020）》（商务印书馆，1月）是一部多年本新词语词典。正文收录了2000年至2020年间产生的汉字开头的新词语四千余条，附录一收录了同期产生的数字、字母开头的新词语三百余条，附录二收录了20世纪产生21世纪仍在使用但《现汉》等词典没有收录的新词语五百余条。这些词语集中反映了20年来我国在政治、经济、科技等各领域的飞速发展，反映了人民生活及社会面貌的巨大变化。

李宗江、王慧兰《汉语新虚词（第二版）》（上海教育出版社，5月）分为上、下两卷，上卷是"总论"和副词、介词、情态词等七类词语的概述，下卷含"语篇关联语词典、副词词典、介词词典、情态词词典、唯补词典、语气词词典、助词词典"和"总词表"，因而带有一定的虚词词典性质。再版除了对初版上卷各"概述"部分进行少量改动和增补外，重点修订的是下卷"词典"部分，主要变化包括：增减词条和变体；增减义项；改进对词语意义和用法的描写；删去例句出处。作者同时指出，对于新虚词的变体简化、类别归属、构式入典等问题需要进一步思考研究。

《JUZI汉语》App（商务印书馆、北京语言大学《新时代中文学习词典》研发团队，1月）是一款基于工具书的外向型汉语学习App，它集成了《新时代中文学习词典》《商务馆学汉语词典》《新时代汉英大词典》等多部优质词典，总收词规模达17万条。这部融媒体辞书产品支持中英双语双向查询，模糊检索等多种检索方式；支持拍照、手写、语音等多种文本输入，同时配置了拼音、笔画、部首三种索引；释义简明实用，配例浅显易懂；配套学习资源丰富多样，兼顾实用性与趣味性。可满足以留学生为主体的用户的汉语查考及学习需求，有助于学习效果的提升，在融媒体辞书的形式、内容等方面做了诸多创新。

七、辞书学活动和事件

2023 年度，辞书学界召开了多次全国性学术会议和专题研讨会，辞书编辑业务培训班顺利举办。

中国辞书学会第十四届会员代表大会暨学术研讨会于 11 月 3—6 日在河北正定举行。大会以“数字时代的辞书生活”为主题，围绕大语言模型、融媒辞书、品牌辞书、辞书生活、辞书精神等话题展开，组织了两场主题报告、两场论坛和两场工作坊，并向广大辞书工作者发出了弘扬中国辞书精神的倡议。

中国辞书学会双语专业委员会第十五届年会暨学术研讨会于 11 月 17—19 日在广州召开。大会的主题为“新时代双语词典编纂与对外传播：机遇与挑战”。

中国社会科学院语言研究所组织举办了多次专题研讨会。辞书释义学术研讨会于 8 月 30 日举行，会议就不同辞书的释义特点进行专题研讨。《现代汉语词典》研究丛书研讨会于 12 月 8 日举行，会议旨在总结《现代汉语词典》编纂经验，密织《现代汉语词典》专项研究之网，推动适应时代需要的《现代汉语词典》内容建设。第三届计算词典学研讨会于 12 月 9 日举行。会议的主题为“大语言模型下的辞书编纂”。

由中国辞书学会主办的辞书编辑业务培训班于 2023 年 6 月 10—16 日在商务印书馆举办。此次培训班分别就新时代党的思想理论和辞书（图书）编辑出版理论、实践、创新、规范等进行专题讲座和交流。

计算语言学研究

张永伟 胡钦谙 薛嗣媛

一、引言

随着 ChatGPT、GPT-4 等大语言模型相继问世，人工智能应用已经展现出高度的可用性及通用性。在整个人工智能技术飞速发展的大背景之下，以语言为研究对象的计算语言学与自然语言处理相关研究也迈入了技术爆发阶段。自然语言理解与生成研究持续向纵深发展，与语言学、心理学、脑科学、社会学、病理学、教育学等领域结合，在词法分析、句法分析、语义分析、信息抽取、情感分析、社会计算、文本生成、机器翻译等领域取得了丰富的进展。这些成果对计算机辅助语言教学、社会舆情治理、语言健康等研究都具有重要意义。

2023 年，海内外学者在计算语言学及自然语言处理领域发表大量研究成果，其中不乏极具创新性的新思路，学术影响力持续稳定上升。本文旨在对海内外华人学者在大语言模型研究，以及在自然语言理解及生成等任务上的研究动态及前沿成果进行盘点。

二、大语言模型

（一）中文大语言模型构建

2022 年底 ChatGPT 发布后，国内产学研界迅速达成研发中文大语言模型的共识。作为目前人工智能基础模型的核心技术，Transformer 网络架构以及自回归语言模型学习范式等，已被验证成为基础模型的“黄金组合”。2023 年，围绕大语言模型的相关研究，众多科技巨头、高校及研究机构等展开激烈竞争。

2023 年上半年，主要由科技公司牵头开发的通用大语言模型迅速占领中文市场。2023 年 2 月，复旦大学自然语言处理实验室发布国内第一个对话式大语言模型 MOSS。2023 年 3 月，百度发布产业级知识增强大语言模型“文心一言”，参数规模达到 2600 亿，在 60 多项典型任务中取得了世界领先效果。2023 年 3 月，对话模型 ChatGLM-6B 及千亿对话模型 ChatGLM 由智谱 AI（由清华大学计算机系技术成果转化而来）正式发布。2023 年 4 月，阿里发布“通义千问”，该模型基于 10 万亿级参数的大语言模型进行训练。2023 年 5 月，科大讯飞星火认知大语言模型由科大讯飞发布，参数规模达到 1750 亿。自 2023 年 6 月以后，国内 AI 大语言模型数量“井喷式”增长，中科院紫东太初大语言模型 2.0、上海人工智能实验室书生浦语大语言模型、360 智脑大语言模型、智源悟道天鹰大语言模型等集中发布。根据《生成式 AI 发展与治理观察报告（2023）》，中文大语言模型已超过 190 个，大语言模型发布的主体主要来自高校、企业、研究机构、医院、银行等，其中企业牵头占比 79%。SuperCLUE 团队发表的《中文大语言模型基准测评 2023 年度报告》按时间顺序绘制了 2023 年的中文大语言模型关键进展（见图 1）。

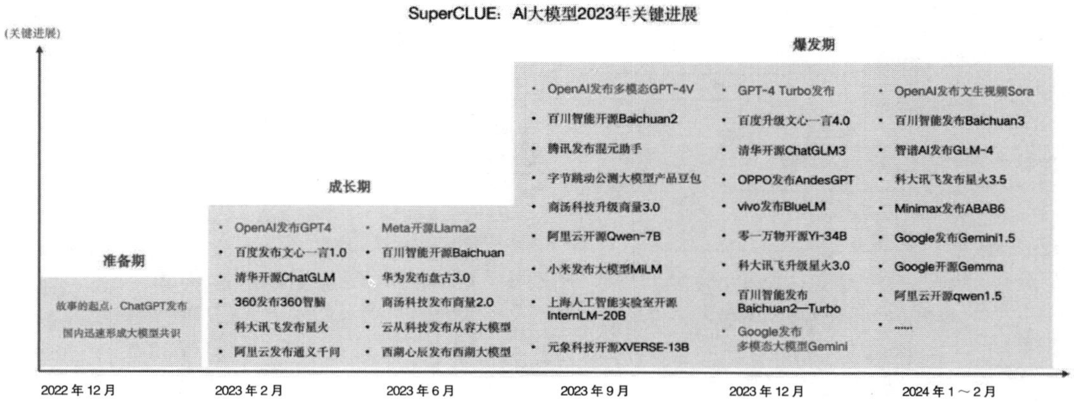

图1　中文大语言模型的准备期、成长期及爆发期

（引自《中文大语言模型基准测评2023年度报告》）

随着大语言模型研究不断深入，模型构建逐渐呈现出从通用到专业的倾向。通用类大语言模型一般都是基于公开文献和网络数据集训练而成，面对人群及适用场景十分广泛，然而领域性数据积累不足，导致模型针对具体任务的专业度和精准度不足。垂直领域大语言模型，能够更好地理解和处理特定领域的知识、术语和上下文，在特定任务上输出质量通常比通用大语言模型更高。部分研究者以此为切入点，加速构建针对特定领域的大语言模型。据不完全统计，190个国产大语言模型中，通用领域的大语言模型共有45个，垂直领域的大语言模型则有145个。垂直领域中又划分赛道43个，其中以医学、金融、企业服务、工业、政务、科研等领域数量较多，均为10个及以上。例如，中文医疗大语言模型有ChatDoctor、BenTsao、ChatGLM-Med、BianQue（扁鹊）、山海等，中文法律大语言模型有LawGPT、LexiLAW、Lawyer LLAMA等，中文教育大语言模型有Taoli（桃李）、MathGPT、TechGPT、百聆、子曰、EduChat等，中文经典文化大语言模型有Taiyan（太炎）、Xunzi（荀子）、Firefly、Huang-Di等，中文情感大语言模型有Pica、PsycheGLM、巧板等，中文拟人大语言模型有CharacterGLM等。

针对大语言模型技术发展脉络，2023年11月，中国人民大学文继荣团队进行了系统性梳理发表《大语言模型综述》（Zhao W， Zhou K， Li J， et al.， "A survey of large language models"， arXiv preprint arXiv：2303.18223， 2023）（见图2）。该文认为，语言建模的发展经历了四个阶段，分别是统计语言模型、神经语言模型、预训练语言模型及大语言模型。其中，大语言模型具备知识涌现能力，具备与普通用户交互的人机接口，并且对工程实践具有较高要求，这些是与预训练语言模型的重要区别。该文内容涵盖了大语言模型的预训练、适配微调、推理以及能力评估等四个主要方面。该文结构严谨，将大语言模型相关的众多新兴技术纳入统一框架，对整体把握该领域概貌起到了提纲挈领的作用。此综述既有技术细节，也有对实际操作的经验性总结，以及对上下文学习、思维链等神经网络底层工作机制的解析，为大语言模型研究提供了相对全面的参考。

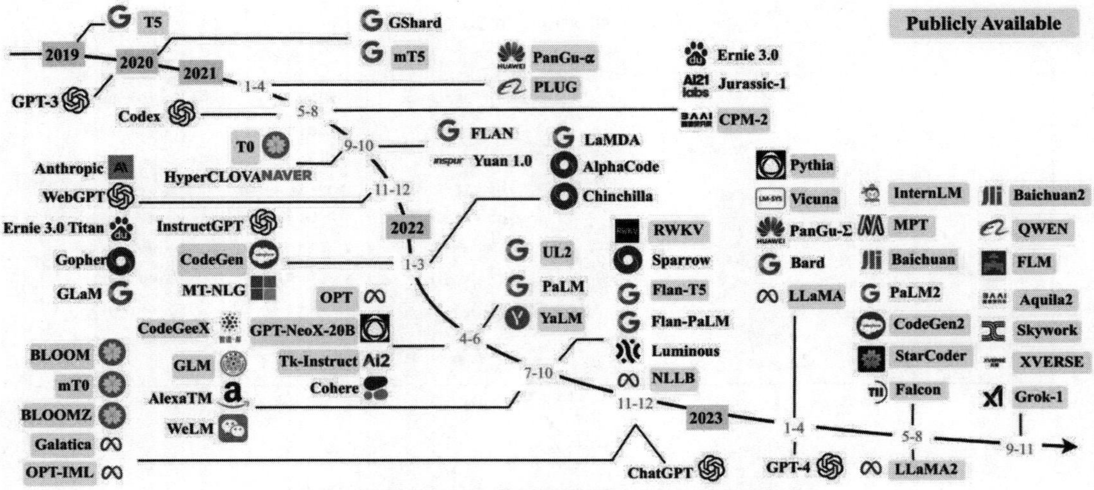

图 2 规模 10B+ 的大语言模型（按时间顺序）

（引自《大语言模型综述》）

（二）中文大语言模型数据集

1. 大语言模型训练数据集

当前主流数据集和评估基准多以英文为主，缺少中文。ChatGPT 的中文答案不准确的原因主要在于目前中文语料学习库少，中文资料占比不足千分之一，中文语料数据稀缺，成为中文大语言模型发展的痛点。为应对大语言模型发展对高质量、大规模、安全可信语料数据资源的需求，2023 年 7 月，大语言模型语料数据联盟在世界人工智能大会开幕式上宣布成立，该组织由上海人工智能实验室联合中央广播电视总台、人民网、国家气象中心、中国科学技术信息研究所、上海报业集团、上海文广集团等 10 家单位联合发起，目前已收集超过 1000 个自然语言处理领域数据集。其中，“书生·万卷文本数据集 1.0”由网页、百科、书籍、专利、教材、考题等不同来源的预训练语料组成，数据总量超过 5 亿个文档，数据大小超过 1TB（《万卷：用于推进中英文大模型的综合多模态数据集》，He C，Jin Z，Xu C，et al.，“WanJuan：A comprehensive multimodal dataset for advancing English and Chinese large models”，arXiv preprint arXiv：2308.10755，2023）。

2. 大语言模型指令微调数据集

大语言模型的训练分为两个阶段：首先，在海量文本语料上的无监督预训练，学习通用的语义表示和世界知识；其次，在小规模数据上进行指令微调和基于人类反馈的强化学习，更好地对齐最终任务和人类偏好。指令微调是提高大语言模型可控性的关键技术。浙江大学研究人员联合 Shannon AI 等单位发布关于指令微调的综述《基于大语言模型的指令微调：综述》（Zhang S，Dong L，Li X，et al.，“Instruction tuning for large language models：A survey”，arXiv preprint arXiv：2308.10792，2023）详细描述指令微调的一般方法、指令微调数据集构建、指令微调的模型训练，及其在不同领域、模式的应用。此外，鉴于指令微调对大语言模型性能的重要影响，智源研究院发布中文开源指令数据集 COIG 一期（Ge Zhang，Yemin Shi，et al.，“Chinese open instruction generalist：A preliminary release”， arXiv preprint arXiv：2304.07987）及其二期 COIG-PC（Prompt Collection）。其中，一期含有经过人工质检与修正的 17.8 万条中文指令数据，二期含 3.9 亿条人工改写的指令数据。

3. 大语言模型学科推理数据集

随着中文大规模语言模型在自然语言理解与自然语言生成方面展现出强大的性能，现有针对特定自然语言处理任务的中文评测基准数据集已经不足以对中文大模型进行有效的评估。传统的中文评测基准主要关注模型对于简单常识和表层语义的理解能力，而忽略了对人类复杂知识的挖掘和利用。目前，针对中文大模型复杂知识评测的数据集十分匮乏。2023 年有研究者构建面向大语言模型的中文学科类评测数据集以促进大语言模型在推理方面的性能。

中文学科类数据集以小学、初高中、大学、高考、公务员考试以及职业资格考试等考题为主要内容，重点考查大语言模型在面对人类难度级别的考试时的学科知识及推理能力。代表性数据集有，微软发布 AGIEval 专门用于评估基础模型在以人为本的标准化考试中的表现，如高考、公务员考试、法学院入学考试、数学竞赛和律师资格考试等（《AGIEval：以人为本的基础模型评估基准》，Zhong W，Cui R，Guo Y，et al.，“AGIEval：A human-centric benchmark for evaluating foundation models”，arXiv preprint arXiv：2304.06364，2023）；甲骨易 AI 研究院首创性地推出了高质量中文评测数据集“超越”（Massive Multitask Chinese Understanding，MMCU）（《测量大规模多任务中文理解》，Zeng H.，“Measuring massive multitask Chinese understanding”，arXiv preprint arXiv：2304.12986，2023）；C-Eval 是由清华大学、上海交通大学和爱丁堡大学等合作构建的面向中文语言模型的综合性考试评测集，包含 13948 个多项选择题，涵盖了 52 个不同的学科和四个难度级别测试题（《C-Eval：为基础模型构建的多层次多学科中文评估套件》，Huang Y，Bai Y，Zhu Z，et al.，“C-Eval：A multi-level multi-discipline Chinese evaluation suite for foundation models”，arXiv preprint arXiv：2305.08322，2023）；天津大学自然语言处理实验室与华为诺亚方舟实验室联合发布了 M3KE 数据集，以零样本、少样本形式测试中文大模型对于多级多学科知识的掌握能力（《M3KE：为中文大语言模型构建的大规模多层次多学科知识评估基准》，Liu C，Jin R，Ren Y，et al.，“M3KE：A massive multi-level multi-subject knowledge evaluation benchmark for Chinese large language models”，arXiv preprint arXiv：2305.10263，2023），等等。

（三）中文大语言模型评测

对于大语言模型研发以及产业落地而言，性能评测起着至关重要的作用。2023 年以中文大语言模型为主要评测对象的相关研究也迅速铺开。

1. 大语言模型评测报告

大语言模型评测研究报告以行业报告或综述的形式呈现结果。在行业报告方面，InfoQ 发布的《大语言模型综合能力测评报告 2023 版》、新华社研究院发布的《人工智能大语言模型体验报告》及 2.0 版、Superclue 团队发布的《中文大语言模型基准测评 2023 年度报告》等都通过多维度综合性测评，对国内外大模型发展现状进行观察与思考。其中，《中文大语言模型基准测评 2023 年度报告》表示，2023 年中文大语言模型在综合性能上持续进步，11 月的评测成绩已经超越 GPT-3.5，然而距离 GPT-4 仍有一段差距。在研究综述方面，天津大学自然语言处理实验室发布《大语言模型评测》（Guo Z，Jin R，Liu C，et al.，“Evaluating large language models：A comprehensive survey”，arXiv preprint arXiv：2310.19736，2023）将整个大模型评测按照评测维度的不同分为了5个评测类别：知识和能力评测，对齐评测，安全评测，行业大模型评测，综合评测组织。这5个评测类别基本囊括了当前大模型评测的主要研究领域。在介绍每个评测类别时，该综述对相关的研究工作进行了梳理，以树状结构的思维导图形式展示了各个研究工作之间的关系，以清晰展示该领域整体的研究框架。不仅如此，该综述还探讨了大模型评测的未来发展方向，强调了大模型评测应该与大模型本身协同进步。基于该综述，研究者能够对大模型评测的发展和现状形成较为全面的了解，并对大模型评测中的关键和开放问题进行深入思考。

2. 大语言模型评测平台

另一些评测研究则构建了大型评测平台对大语言模型的能力进行评测。这些平台通常集成了包括数据集、评测指标、工具集以及部署推理服务的算力支持等在内的整套方案，采用动态更新的排行榜形式呈现评测结果。中文语言理解测评基准CLUE（The Chinese Language Understanding Evaluation）是致力于科学、客观、中立的语言模型评测基准，发起于2019年，陆续推出CLUE、FewCLUE、KgCLUE、DataCLUE等广为引用的测评基准。SuperCLUE是大模型时代CLUE基准的发展和延续，聚焦于通用大模型的综合性测评（《SuperCLUE：中文大语言模型综合评测基准》，Xu L，Li A，Zhu L，et al.，“SuperCLUE：A comprehensive Chinese large language model benchmark”，arXiv preprint arXiv：2307.15020，2023）。SuperCLUE聚焦于大语言模型的四个能力象限，即语言理解与生成、专业知识技能、AI智能体和安全性，进而细化为12项基础能力，涵盖100多项任务。此评测体系同时还包含面向中文特性的一系列评测，包含对字形和拼音、字义理解、句法分析、文学、诗词、成语、歇后语、方言、对联及古文等。此外，智源研究院构建FlagEval（天秤）大语言模型评测体系及开放平台，细粒度刻画基础模型的认知能力边界，并可以呈现可视化评测结果。该评测体系包含22个主观、客观评测集，合计84433道评测题目。此外，FlagEval还集成了自建的主观评测数据集Chinese Linguistics & Cognition Challenge（CLCC），包含词汇级别语义关系判断、句子级别语义关系判断、多义词理解、修辞手法判断等数据集。

2023年，中文大语言模型实现了从无到有的突破。总体而言，这些模型普遍采用类似ChatGPT的技术路线，即采用Transformer及自回归语言模型构建基础模型；在此基础上，进一步采用基于人类反馈的强化学习等技术，使基础模型与人类价值观相对齐，构建中文大语言模型。这些模型在数据、算法及工程上各自进行了深度优化，不断将数据规模和模型规模推向新高。

三、自然语言理解

（一）语言分析与计算

1. 词法分析

词法分析是自然语言处理中数据处理的关键步骤。2023年，我国学者在利用智能技术处理汉语分词、词性标注、频次搭配、依存分析等方面得到了进一步深化。

汉语词语的离合现象是汉语中一种词语可分可合的特殊现象，二字动词离合现象的自动识别问题能够有效改善分词的错误传递。周露等发表《汉语词语离合现象识别研究》(《中文信息学报》第 6 期),针对汉语二字动词离合现象的特点,采用字符级序列标注模型,对原始句子与掩码后的句子分别进行编码;并调整掩码机制,遮蔽句中离合词,以强化对中间插入成分的学习,对前后语素采用不同掩码以强调其出现顺序。

频次搭配研究旨在揭示语言中的词语搭配模式,以及这些模式对语言使用和理解的影响。北京语言大学荀恩东团队对汉语介动搭配进行系统研究,发表了《基于结构检索的汉语介动搭配知识库构建》(王诚文等,《中文信息学报》第 7 期),基于结构检索技术,充分借助短语结构属性和结构信息,从大规模语料中抽取介动搭配 16033 对,并提出了介动搭配紧密度的度量方法,初步分析证明该方法远优于依靠绝对频次进行搭配度量的方法。

低资源领域的词性标注一直是中文信息处理研究关注的重点。受限于词性标注的高昂代价,现有研究大多局限于特定领域,训练样本不足导致的低资源场景阻碍了相关方法的进一步拓展与应用。低资源语言的词性标记和依存分析对推动低资源自然语言处理任务有着重要的作用。昆明理工大学余正涛团队针对低资源语言词嵌入表示发表《融合多粒度特征的低资源语言词性标注和依存分析联合模型》(陆杉等,《中文信息学报》第 7 期),提出融合多粒度特征的词嵌入表示,利用不同的语言模型分别获得字符、子词以及词语层面的语义信息,将三种粒度的词嵌入进行拼接,达到丰富语义信息的目的,缓解由于标注数据稀缺导致的依存分析模型性能不佳的问题。针对两种语言之间的形态复用科学问题,刘伍颖等人发表《基于词汇迁移的跨语言形态复用》(《中文信息学报》第 8 期),提出一种形态迁移率评估指标用以评估迁移效果,并验证了形态复用在低资源语言的语言资源建设和语义转述应用任务中的有效性。

2. 句法分析

句法分析的目标是识别句子中词汇元素(如名词、动词、形容词等)以及这些元素之间的关系,以构建出句子结构模型。北京语言大学杨尔弘团队作为该领域的先锋,深入探索汉语句法分析多年,成果丰硕。其中,该团队发表《句式结构树库的自动构建研究》(谢晨晖等,《中文信息学报》第 2 期),通过规则方法扩充规模,将宾州中文树库转换为句式结构树库。另外,该团队的余婧思等发表《汉语增强依存句法自动转换研究》(《中文信息学报》第 10 期),在斯坦福基础依存句法规范的基础上,从介词和连词的增强、并列项的传播、句式转换和特殊句式的增强等方面研制汉语增强依存句法规范,该文还提供了基于 Python 的汉语增强依存句法转换的转换器,以及将句子从基础依存句法树通过所提规范解析成依存图的 Web 演示,并以搭配抽取和信息抽取为例探索了增强依存句法的实际应用。

3. 语义分析

语义分析旨在使计算机能够准确地理解汉语文本的深层意义,并在此基础上进行合理的推理和应用,包括语义角色标注、语义关系识别、语义模型构建、语义网络构建等。中文语义分析的难点在于现有的汉语语义角色体系以及相关语义提取模型存在一定的局限性。

中科院计算所曹存根团队发表《一种改进的汉语语义角色分类体系与标注实践》(宋衡等,《中文信息学报》第 1 期)进一步改进了汉语语义角色分类体系,将事件中的语义角色分为中枢语义角色和周边语义角色两大类,后者进一步被细分为主要周边语义角色和辅助周边语义角色,为语义分析提供更具体的理论参考。

北京语言大学荀恩东团队深入对汉语语义分析的具体现象展开语义分析研究。

该团队针对一个小句中有连续两个动词出现的汉语现象发表《基于结构树库的状位动词语义分类及搭配库构建》（邵田等，《中文信息学报》第 6 期），以直接作状语的动词为研究对象，从大规模结构树库中抽取语料，进行语义的细分类并构建语义搭配库，为语义的智能化分析提供知识基础。

在依存句法分析方面，王佳琦等发表《基于依存句法的中文语义模型及语义提取方法》（《中文信息学报》第 10 期）基于汉语语法的特点，提出了不同的语义提取算法，解决了模型难以复用的问题。

在语义网构建方面，卢雪晖等发表《先秦词网构建及梵汉对比研究》（《中文信息学报》第 3 期），汇总国内外各种词网，特别是在古代语言的词网和汉语词网的基础上，构建了涵盖 43591 个词语、61227 个义项、17975 个义类的先秦词网，并与古梵语词网进行了对比。

4. 篇章分析

篇章结构分析旨在理解文章的整体结构及其各部分之间的语义联系，近年来发展迅速。篇章分析关注于语言材料在实际使用中的结构、功能和组织方式。与专注于单句或词汇的语言分析不同，篇章分析考查的是文本或口语交流中更大的语言单位，以及这些单位如何相互联系，形成连贯、有意义的整体。

苏州大学周国栋团队对汉语篇章结构智能化解析任务研究多年，发表《英汉篇章结构分析研究综述》（蒋峰等，《软件学报》第 9 期），系统梳理了当前英语、汉语中篇章结构分析的相关工作脉络，构建了篇章结构分析研究框架，归纳总结出当前研究的趋势和热点，简要介绍了篇章结构在下游任务中的应用，最后指出当前汉语篇章结构分析存在的问题与挑战，为今后的研究提供指导和帮助。

近年来，特定语篇的解析与普遍意义上的篇章结构分析相比有着更加明确的目的和应用倾向，成为篇章分析领域中的新兴热点，引起计算语言学学者的关注，催生了计算论辩学研究。论辩以人的逻辑论证过程作为研究对象，是一个涉及逻辑、哲学、语言、修辞、计算机科学和教育等多学科的研究领域。2023 年，复旦大学黄萱菁团队在《中文信息学报》发起“计算论辩”专栏，试图将人类关于逻辑论证的认知模型与计算模型结合起来，以提高人工智能自动推理的能力。其中，计算论辩学的研究可以分成两类，即单体式论辩和对话式论辩。

单体式论辩的研究对象是仅有一个参与者的辩论性文本，如议论文和主题演讲等。研究问题包括论辩单元检测、论辩结构预测、论辩策略分类和议论文评分等。其中，言佳润等关注计算论辩在司法中的应用，发表《面向中文网络对话文本的论辩挖掘——基于微调与提示学习的大模型算法》（《中文信息学报》第 10 期），构建了中文网络对话论辩语料库，以子句作为标注的粒度；然后，基于此语料库使用预训练语言模型微调和提示方法分别进行论辩元素及其关系的识别。邓健等发表《基于双重注意力网络的司法分论点生成》（《中文信息学报》第 10 期），提出基于自动证据推理的分论点生成任务，即基于证据子集生成司法分论点，该文构建司法分论点数据集，提出了一个双重注意力网络模型，从事实描述中挖掘与证据相关的语义以及法律知识，并结合解码器自动生成分论点，进一步还原法律案件中完整的证据证明、推理过程。首都师范大学宋巍团队重点关注语言教学中的论辩计算问题，发表了《学生议论文中的比喻论证作用分析》（武阗阗等，《中文信息学报》第 10 期），构建了一个数据集，标注了约 1200 篇学生议论文中的比喻句、论辩角色及论辩质量等级，分析了比喻与论点、论据、阐释和其他论辩角色的作用方式以及比喻运用与篇章质量的关系；进一步标注了比喻论点类型以描述比喻的论证作用，包括事实、价值和策略，发现比喻论点的作用主要是传递价值与提出策略；构建了一个集成比喻识别、论辩角色识别与论点类型分类的流水线系统，进一步优化作文自动评分等语言教学应用。

对话式论辩是针对某一个特定议题进行观点交互的论辩过程，一般有多个参与者。研究问题包括论辩结果预测、交互式论点对抽取、论辩逻辑链抽取等。复旦大学魏忠钰教授等发表《对话式论辩研究综述》（《中文信息学报》第 10 期），综述了对话式论辩领域的基本任务设置、主流模型框架、下游应用以及公开数据和评测方法。同时，该文也指出对话式论辩未来发展的几个研究方向，包括多模态的对话式论辩分析、知识注入的论辩生成等。何宇航等发表《融合细粒度上下文信息的互动论点对识别方法》（《中文信息学报》第 10 期），首先基于语义相似度筛选过滤上下文，而后构建基于上下文的对偶互动图，挖掘论点—上下文、论点—论点之间潜在的互动模式，以提高互动论点对识别性能。张霄军等关注外交领域的对话式论辩，发表《中英双语政治论辩挖掘任务数据集建设》（《中文信息学报》第 10 期），从多语外交对话语料库得到启发，选取部分语料进行政治论辩观点标注、论辩关系标注和论辩句情感分析，初步建成了包含 200 篇外交部例行记者会实录中英文文本、1536 个话轮的中英双语政治论辩挖掘任务数据集，以服务对话式论辩智能化研究。

（二）信息抽取与文本挖掘

1. 命名实体识别

命名实体识别是通过计算机从文本中自动识别具有特定意义的实体，主要包括实体边界识别和实体分类等，是信息提取、知识图谱构建、问答系统、文本摘要等多种自然语言应用的基础组件。近年来，命名实体识别研究不断深入，面对传统方法的不足，学术界提出了多种创新解决方案以提高实体识别的准确性和计算效率。

传统的命名实体识别方法面临着多种挑战，其中之一就是依赖于基于统计的分词工具自动生成词典的过程中引入的噪声问题。这种方法虽然在某种程度上有效，但分词质量的不稳定性往往会导致错误的分词结果，从而影响最终的命名实体识别准确率。针对这一问题，复旦大学邱锡鹏团队发表《基于不确定片段的检索增强命名实体识别框架》（耿志超等，《中文信息学报》第 7 期），提出了一种有效的实体识别框架，识别输入文本中模型不确定程度最高的实体级别文本片段，并基于不确定文本片段从外部知识库中进行检索，从而有效地获得相关的知识文本以消除输入样本的歧义。针对中文命名实体识别任务中字词图融合方法的不一致问题，中国科学院宗成庆团队发表了《基于对比学习的中文命名实体识别方法》（江洲钰等，《中文信息学报》第 12 期），提出了一种基于对比学习的方法。通过将不完全匹配的词视为负例，并设计专门的对比学习模块处理边界和语义冲突，提升中文命名实体识别效果。吕书宁等人利用信息增强等方式解决实体边界模糊问题，发表《基于多任务标签一致性机制的中文命名实体识别》（《中文信息学报》第 12 期），将分词和词性信息融入命名实体识别模型，进而联合训练命名实体识别、分词、词性标注三种任务；建立基于标签一致性机制的多任务学习模式，增强边界信息学习，捕获标签一致性关系。

随着互联网上多模态信息的不断涌现，有相关研究发现视觉信息有助于文本实现更加准确的命名实体识别，逐渐出现多模态命名体识别任务。针对此任务，张鑫等人发表《基于去偏对比学习的多模态命名实体识别》（《中文信息学报》第11期），提出了一种基于去偏对比学习的多模态命名实体识别方法，利用视觉语境丰富的图文作为扩充样本，通过去偏对比学习技术优化图文共享的潜在语义空间，实现图像与文本间的隐式对齐，有效缓解模态偏差，从而提升多模态命名实体识别系统性能。

此外，视觉文档也赋予文本丰富的多模态特征，如视觉特征、文本特征和布局特征等，逐渐出现视觉文档信息抽取任务。视觉文档信息抽取旨在利用视觉文档的多模态特征，更好地从文档内容中提取结构化的关键信息，已成为自然语言处理和计算机视觉技术的重要研究内容。吴泊心等人发表《基于深度学习的视觉文档信息抽取研究综述》（《中文信息学报》第12期），概述了视觉文档信息抽取任务基于有监督学习的三类方法，包括基于图的方法、基于网格的方法、端到端方法，以及基于自监督预训练和有监督微调方法的四个方面以及一些常用的公开数据集，最后总结并展望了未来可能的研究方向。

2. 关系抽取

关系抽取旨在从文本中自动识别并抽取实体之间的语义关系。通过分析文本中的实体及其相互作用，关系抽取能够构建出实体之间的关系网络。关系抽取的挑战包含实体多样性、实体歧义性、关系类型多样、知识领域广泛等问题，多位学者针对以上问题展开研究。

苏州大学周国栋团队发表《属性抽取研究综述》（徐庆婷等，《软件学报》第2期），对属性抽取的权威数据资源和通用评测规范进行了梳理，对基于规则、统计及深度学习的代表性方法进行了回顾。

在关系抽取实体多样性和歧义性问题上，清华大学李涓子团队针对现有中文开放关系抽取方法存在的实体识别覆盖率低且抽取关系种类单一的问题，发表《多策略中文开放关系抽取方法》（温清华等，《中文信息学报》第1期），提出了多策略的开放关系抽取方法。北京大学软件与微电子学院吴中海团队发表《基于语言模型增强的中文关系抽取方法》（薛平等，《中文信息学报》第7期），提出了基于语言模型增强的中文关系抽取方法。该方法基于多任务学习范式，促进轻量级的中文关系抽取模型学习预训练语言模型中的语言知识，提高了中文关系抽取模型的泛化能力。

在关系抽取任务中关系类型多样以及知识领域广泛问题上，有多位学者深入与人物相关的文本中进行资源构建和模型设计。其中，针对中长篇中文文学作品的特点，曹碧薇等发表《面向中文文学作品的长文本人物关系抽取》（《中文信息学报》第5期），采用对抗性学习框架训练句子级的噪声分类器以降低人物关系数据噪声，并通过抽取中文人物姓氏、性别与关系指示特征等手段，构建人物关系的分类模型。此外，山西大学李茹团队发表《基于人物特征增强的拟人句要素抽取方法研究》（李婧等，《中文信息学报》第8期），提出了基于人物特征增强的拟人句要素抽取方法，利用特定领域的特征，增强句子的向量表示，再利用条件随机场模型对拟人句中的本体和拟人词要素进行识别，实现〈本体，拟人词〉抽取任务，确定拟人词与各个本体的对应关系，助力机器能够在散文阅读理解中实现要素智能化抽取。

3. 事件抽取

篇章级事件抽取是从篇章文本抽取出事件类型及其对应的论元。王人玉等发表《文档级事件抽取研究综述》（《中文信息学报》第6期）介绍了文档级事件抽取任务的定义和常用数据集，并对代表性方法进行了梳理。

针对现有的篇章级事件抽取模型面临着以下挑战：（1）忽略了角色释义的先验信息，导致事件元素候选识别不准确；（2）事件论元分散于不同的句子，需要聚合篇章级信息。基于此，山西大学李茹团队发表《基于阅读理解与图神经网络的篇章级事件抽取》（张亚军等，《中文信息学报》第 8 期），能有效利用先验信息并建模论元间的联系。任昱冰等人结合检索增强技术完成篇章级事件论元抽取任务，发表《检索与采样：通过混合检索增强提取文档级事件参数》（Ren Y et al.，“Retrieve-and-Sample：Document-level event argument extraction via hybrid retrieval augmentation”，The 62nd Annual Meeting of the Association for Computational Linguistics，2023），从输入分布和标签分布的视角探究了多种检索设置，进一步提出了一种新颖的混合检索增强范式，该范式定义了事件语义区域，并通过从该区域中采样出伪样例以提高模型的类比能力，以增强文档级事件参数的提取。

（三）社会计算与情感分析

1. 语言安全检测

随着在线社交媒体的普及，网络空间中的不良信息泛滥成为一个亟待解决的社会问题。语言安全检测旨在识别和过滤文本中的不健康内容。有效的语言安全检测不仅可以保护用户免受有害内容的影响，还有助于维护网络环境的健康和秩序。2023 年，大量学者利用智能技术治理各类不良舆论，其中包含网络委婉语识别、暴力言论识别、不良价值观判断、不礼貌用语替换等内容。

委婉语识别是将给定的委婉语映射到特定的目标词。在舆情计算场景下，委婉语常被用于社交媒体中的暗网交易，以其表面含义掩盖潜在含义来逃避平台的监管。例如，用“weed”（杂草）代替“marijuana”（大麻）进行网络非法交易。当前，委婉语识别研究没有获得广泛关注，一方面缺乏有效标注的数据集；另一方面是现有方法只关注到委婉语句子中的单个词汇，忽略了语境信息。针对上述问题，华中农业大学胡玉雪等发表《基于自监督学习的委婉语识别方法》（《中文信息学报》第 10 期），提出了双层自监督学习模型用于委婉语识别，外层自监督学习框架用来自动构建标签数据集，以解决缺乏有效标注数据集的问题；内层使用语境对比学习方法，利用委婉语语境信息，拉近委婉语语境表示和目标词的语义距离，实现网络上不良委婉语的有效识别。

暴力言论是网络语言治理的重点，由于社交媒体信息量巨大，运用自然语言处理等人工智能技术对网络进行自动检测是及时阻止网络暴力言论传播扩散的必然要求。大连理工大学林鸿飞团队发表《网络暴力言论检测的技术和实践》（张冬瑜等，《语言战略研究》第 1 期），构建了一个大规模的中文暴力言论语料库，并研制了基于双重对比学习和基于情绪辅助的多标签自训练暴力言论检测方法，并在多种数据集上验证了其有效性和先进性。

相较于暴力、偏见等具有明显情感倾向的语言表达，不良价值观言论不一定包含显著敏感词汇特征，识别起来难度更大。为了准确识别网络文本中的价值观倾向，韩泓霖等发表《融合标签语义知识的价值观多标签文本分类》（《中文信息学报》第 10 期），首先基于价值观理论体系构建了价值观知识图谱，然后构建了价值观多标签文本分类数据集，最后提出了融合标签语义知识的价值观多标签文本分类模型，有效检测网络文本中的不良价值观。

礼貌用语可以改善网络舆论环境并提升在线交流的文明程度，有研究者利用迁移学习等方法治理网络舆论中的不礼貌行为。中文礼貌风格迁移任务是指在保持原文的内容和意义不变的情况下，将具有非礼貌语气的文本改写为礼貌的风格。基于此任务，朱洪坤等人发表《中文礼貌风格迁移的研究》（《中文信息学报》第12期），建设了一个中文礼貌风格迁移的语料库，构建了结合文本对齐模块和流畅度评估模块的中文礼貌风格迁移模型，文本对齐模块在保证文本风格迁移的同时保持文本语义内容，流畅度评估模块保证文本生成的流畅和连贯。

随着预训练语言模型表征能力的提高，大语言模型会从未处理的语料库中继承社会中存在的各类偏见，因此，对大语言模型生成的文本进行语言治理也同样值得重视。北京语言大学刘鹏远团队发表《中文句子级性别无偏数据集构建及预训练语言模型的性别偏度评估》（赵继舜等，《中文信息学报》第9期），根据16对性别称谓词，从一个平面媒体语料库中筛选出性别无偏的句子，构建了一个含有20000条语句的中文句子级性别无偏数据集。同时，提出了一个可衡量预训练语言模型性别偏见程度的指标，并对5种流行的预训练语言模型中的性别偏见进行评估。吉林大学王英教授团队发表论文《提示学习推得更远，对比学习拉得更近：缓解社会偏见的两阶段方法》（Li Y，et al.，“Prompt tuning pushes farther，contrastive learning pulls closer：A two-stage approach to mitigate social biases”，The 62nd Annual Meeting of the Association for Computational Linguistics，2023），提出一种对抗性训练启发的两阶段去偏模型，使用对比学习和连续提示增强技术来减轻大语言模型生成文本的社会偏见。

2. 舆情传播计算

随着互联网和社交媒体的蓬勃发展，虚假新闻得以快速传播，造成了一系列的安全问题，为社会和网络的健康发展带来了隐患。因此，从静态文本到多模态虚假新闻的自动检测、分析，成了一个亟待解决的问题。在静态文本虚假新闻检测分析任务方面，中央财经大学王友卫等发表《基于事件—词语—特征异质图的微博谣言检测新方法》（《中文信息学报》第9期），提出了一种基于“事件—词语—特征”异质图的微博谣言检测新方法，在传统方法基础上引入情感、语法、心理等方面的知识，构建用于谣言检测的“事件—词语—特征”异质图模型表征微博事件，实现谣言检测精度提升。在舆情传播的分析方面，复旦大学魏忠钰团队发表《面向社交网络用户建模的异质网络研究》（宁上毅等，《中文信息学报》第9期），发现对用户属性进行研究是实现舆情传播的重要途径，并提出了一种通过异构多质心图池为用户捕获更多不同社区特征的建模。

此外，短视频平台的盛行催生了大量假新闻视频，它们比文字假新闻具有更强的传播能力。自动检测多模态虚假新闻视频已成为舆情治理实践中的重要对策。传统的多模态虚假新闻检测工作大部分是处理文本和图片之间的一对一关系，将文本特征和图片特征进行简单融合，忽略了帖子内多张图片内容的有效特征，对帖子间的语义关联建模不足。为了克服传统方法的局限性，袁玥等发表《基于一对多关系的多模态虚假新闻检测》（《中文信息学报》第9期），提出了一种基于文图一对多关系的多模态虚假新闻检测模型，利用跨模态注意力网络筛选多张图片的有效特征，动态调整帖子间高层次的语义特征关联，增强融合图文特征的联合表示，有效提升了多模态虚假新闻检测模型的精确度。此外，伊利诺伊大学厄巴纳-香槟分校岳真锐等人发表《通过元学习实现领域自适应误报检测》（Zhenrui Y et al.，“MetaAdapt：Domain adaptive few-shot misinformation detection via meta learning”，The

62nd Annual Meeting of the Association for Computational Linguistics， 2023）分析了假新闻检测数据的每种模式，并确定了文本和图像偏见中潜在的心理语言偏见，并在此基础上提出了一种基于因果干预和反事实推理的多模态假新闻脱偏框架。

3. 情感计算

情感计算是一个集合了计算机科学、心理学、认知科学、语言学等多学科知识的交叉领域，它旨在开发能够识别、理解和模拟人类情感的技术和系统。通过分析人类的言语、文字、面部表情、生理信号等多种数据，情感计算不仅能够识别情感状态，还能对情感进行分类、量化。2023年，研究者主要从方面级情感分析、情感可解释性分析、多模态情绪识别等方面开展研究。

方面级情感分析作为情感分析领域的子任务，旨在分析给定目标中方面术语的情感极性。汪红松等人发表《文本方面级情感分析方法研究综述》（《软件导报》第9期），对方面级情感分析进行概述，然后针对细粒度情感分析子任务，阐述不同场景下方面情感研究方法及特点，最后展望此研究发展趋势，以期为该领域的研究提供一定的参考借鉴。

由于情绪的复杂性，单一模态信号很难全面地描述情绪，而且基于生理信号的情绪识别准确率仍有可提升的空间。多模态情绪识别获得广泛关注，模态间的特征融合决定了情绪识别的效果。大连理工大学宗林林等人发表《基于超图的多模态情绪识别》（《计算机学报》第12期），提出基于超图的多模态情绪识别模型，引入超图来建立多模态的多元关系，以此替代现有图结构采用的多个二元关系，实现更加充分、高效的多模态特征融合和多模态数据之间多元关系的充分利用。昆明理工大学宗静等人发表《结合多模态数据和混合模型的情绪识别》（《小型微型计算机系统》网络首发），使用生理数据，如脑电信号、眼电信号和肌电信号等，实现多模态情绪识别。

现有的情感分析方法大多是黑盒模型，其内部决策机制对用户是不透明的。情感可解释研究旨在判断文本情感的同时还需模型给出判断依据。尽管模型可解释性受到越来越多的关注，但由于缺少人工标注的评测数据，可解释评估仍旧是一个亟待解决的问题。阿里巴巴联合苏州大学发表《基于UIE的情感可解释分析》（朱杰等，《中文信息学报》第11期），提出了一个基于联合信息抽取的情感可解释分析方法，根据情感可解释任务的特点，使用小样本学习、文本聚类等技术，提高了模型解释的合理性、忠诚性。

4. 语言表达分析

语言表达的多样性和复杂性是人类交流中不可或缺的一部分，它丰富了我们的沟通方式并增强了交流的趣味性。随着自然语言处理技术的发展，研究者们开始探索如何通过计算方法理解和分析这些复杂的语言现象，以期提升人机交互的自然性。

修辞是语言的一种美学和表达手段，通过特定的语言构造来增强信息的传递效果、引起情感共鸣或强化说服力。修辞识别旨在识别和分析文本中使用的各种修辞手法，如隐喻、比喻、夸张、讽刺、反问等。文章《多语言多元修辞语言检测》（Huiyuan Lai et al.，"Multilingual multi-figurative language detection"，The 62nd Annual Meeting of the Association for Computational Linguistics， 2023）构建了句子级别的修辞语言检测基准，涵盖了三种常见的修辞手法和七种语言，并在此数据上开发了一个基于模板驱动的提示学习框架来检测修辞语言。

苏州大学朱晓旭团队发表《融合情感分析的隐式反问句识别模型》（李翔等，《中文信息学报》第 7 期），该文以隐式反问句识别为研究对象，扩充了汉语反问句语料库，语料库规模达到 10 000 余句；接着针对隐式反问句的特点，提出融合情感分析的隐式反问句识别模型。胡文彬等人发表《融合交叉注意力的突发事件多模态中文反讽识别模型》（《智能系统学报》第 6 期）运用交叉注意力机制捕捉模态间的不一致性表达，构建出突发公共卫生事件多模态中文反讽数据集，提出融合交叉注意力的多模态中文反讽识别模型，一定程度上填补了中文图文多模态反讽识别的空白。

幽默通常被视为一种特殊的语言和文化现象，而不是传统意义上的修辞手法。尽管幽默本身不直接归类为修辞手法，却涉及多种修辞技巧的运用。在自然语言处理中，识别和生成幽默文本是一个挑战性的任务，它不仅要求算法理解语言的字面意义，还要捕捉到语境、文化背景和人类情感等非显式信息。笑点是情景喜剧实现幽默效果的形式之一，在情景喜剧笑点识别任务中，每条句子的标签代表该句是否为笑点，但是以往的笑点识别工作通常只通过建模上下文语义关系识别笑点，对标签的利用并不充分。大连理工大学林鸿飞教授团队发表《结合标签转移关系的多任务笑点识别方法》（张童越等，《中文信息学报》第 11 期），以笑点为切入点展开幽默识别研究。该文引入了多任务学习方法，让模型同时学习每条句子的句义、组成每条句子的所有字符的词义、单词级别的标签转移关系，以及句子级别的标签转移关系，使模型能够结合多样关系信息提高笑点识别的性能。

（四）计算机辅助语言教学

1. 自动评分

自动作文评分旨在为针对特定提示所写的作文打分。首都师范大学周建设团队发表《写作智能评测研究综述和发展前景》（薛嗣媛等，《中文信息学报》第 2 期）。该文首先对写作智能评测系统的发展历程进行了阶段性回顾；其次介绍了其任务模式、常用数据库、评估方式以及代表性方法；再次从面向汉语母语者、面向汉语非母语者两个不同方面，展开介绍中文写作智能评测研究的现状及挑战；最后对未来写作智能评测研究发展进行展望。科大讯飞王士进等发表《基于要点匹配的文科主观题通用评分》（《中文信息学报》第 6 期），针对文科主观题，该文提出基于多任务学习的要点匹配评价模型，与文本相似度特征相结合，实现主观题自动评分。

此外，大量自动作文评分模型在有监督训练场景下得到了良好的结果，无法在“未见过”的提示领域上很好地泛化。因此，部分研究者展开跨提示的自动评分任务。《提升提示感知作文评分的领域泛化能力：解耦表示学习方法》（Zhiwei Jiang et al.，“Improving domain generalization for prompt-aware essay scoring via disentangled representation learning”，The 62nd Annual Meeting of the Association for Computational Linguistics， 2023）提出了一种提示感知的神经网络模型，用于提取作文评分的综合表示，包括提示不变特征和提示特定特征。为了改进表示的泛化性，该文提出了一种解耦表示学习框架，以分离表示中的提示不变信息和提示特定信息。《PMAES：跨提示自动论文评分的提示映射对比学习》（Yuan Chen et al.，“Prompt-mapping contrastive learning for cross-prompt automated essay scoring”，The 62nd Annual Meeting of the Association for Computational Linguistics， 2023）提出了一种名为“提示映射”的学习策略，以获取源提示和目标提示之间更多的共享特征，增强语义信息，并利用它们更好地为目标提示实现自动评分。

2. 语法检测

中文语法灵活多变，而且错别字和语法错误会严重影响整个句子的原本含义。语法纠错旨在判断自然语言文本中是否包含语法错误并对句子进行纠正。贵州大学王天级等发表《基于 Electra 和门控双线性神经网络的中文语法错误检测模型》（《中文信息学报》第 8 期），将语法错误检测视为序列标注任务，提出在预训练语言模型基础上利用相邻词汇的特征加强字向量的局部语义相关性，减轻其受到的错误语义影响。《基于语法知识增强的中文语法纠错》（邓倩等，《计算机工程》第 11 期）关注预训练语言模型中语法知识缺失问题，提出一种基于语法知识图谱的纠错模型。

（五）知识图谱与语义计算

随着社交网络、物端感知等技术的发展，网络上涌现出大量动态演化、强时效性的知识，这些知识成为知识图谱研究新的关注对象。

作为知识图谱概念的延伸，社交知识图谱融合来自社交网络的动态社交知识，涵盖以人为中心的人、物、事、地等异质信息及其复杂关联。江旭晖等发表《社交知识图谱研究综述》（《计算机学报》第 2 期），给出了社交知识图谱的形式化定义，对其动态性、异质性、情感性、互演化性等性质进行分析，并对社交知识图谱的构建、融合、表示和推理的代表性工作进行了梳理。

时态知识图谱通过建模知识的时效性，描述动态变化的现实世界，为时间的应用提供支持。中科院计算所沈英汉等发表《时态知识图谱的推理研究综述》（《计算机学报》第 6 期），介绍了面向补全任务的推理模型与面向预测任务的推理模型，并总结了相关数据集、任务、评测指标及应用场景。

概念知识图谱以概念之间的层次关联为对象进行建模。浙江大学陈华钧团队发表《OpenConcepts：一个开放的细粒度中文概念知识图谱》（叶宏彬等，《中文信息学报》第 1 期），针对概念知识图谱较难覆盖长尾实体等问题，发布了一个开放的细粒度中文概念知识图谱 OpenConcepts，包含 440 万概念核心实例，5 万多个细粒度概念和 1300 万概念—实例三元组，以及相应的调用接口。

四、自然语言生成

（一）机器翻译

1. 机器翻译

机器翻译是利用计算机将一种自然语言（源语言）转换为另一种自然语言（目标语言）的过程。机器翻译在 20 世纪 50 年代是最早的人工智能应用之一，现阶段已经实现大规模应用场景的落地。机器翻译相关领域的研究将围绕如何进一步提升机器翻译效率和质量展开。

宋恺涛等发表《基于混合自注意力机制的神经机器翻译》（《中文信息学报》第 9 期），提出混合注意力机制，该机制包含了对自注意力网络设计的多种不同的特定掩码来获取不同的语义信息，能够有效地区分每个单词的相对位置以改善机器翻译性能。昆明理工大学余正涛团队发表《词性信息在神经机器翻译中的作用分析》（郑一雄等，《中文信息学报》第 12 期），探讨了如何提高基于注意力机制的 Transformer 模型在机器翻译任务中的表现。通过分析和屏蔽模型中单个或组合节点的影响，研究这些节点对翻译质量的贡献度。东北大学自然语言处理实验室发表《非自回归神经机器翻译综述》（曹航等，《中文信息学报》第 11 期），关注如何缩小非自回归机器翻译（NART）和自回归机器翻译（ART）之间的翻译质量差距，从捕获依赖关系的角度对 NART 方法进行了详细分类和总结，而且对 NART 研究面临的挑战进行了展望与分析。

2. 语音文本翻译

语音文本翻译将输入语音直接翻译为另外一种语言的文字，有效减少了不同语言人群之间的沟通障碍。由于语音翻译语料稀缺，源语音到目标文本的映射学习难度较大，研究者们通常引入文本翻译任务来辅助语音翻译训练。然而，由于语音与文本之间存在模态鸿沟，语音翻译的性能通常落后于文本翻译。针对此问题，中国科学院计算所智能信息处理重点实验室冯洋团队针对语音翻译研究发表了一系列研究成果，包括《理解和弥合语音翻译的模态差距》（Qingkai Fang et al.，“Understanding and bridging the modality gap for speech translation”，The 62nd Annual Meeting of the Association for Computational Linguistics，2023）、《基于反向翻译方法的语音翻译》（Qingkai Fang et al.，“Back translation for speech-to-text translation without transcripts”，The 62nd Annual Meeting of the Association for Computational Linguistics，2023）、《CMOT：通过优化传输实现跨模态语音翻译》（Yan Zhou et al.，“CMOT：Cross-modal mixup via optimal transport for speech translation”，The 62nd Annual Meeting of the Association for Computational Linguistics，2023）等。

3. 机器译文自动评价

机器译文自动评价是指对机器翻译系统输出译文的质量进行自动评价，其一般通过计算机器译文和人工参考译文的相似度来度量机器译文的质量。刘媛等人发表《基于神经网络的机器译文自动评价综述》（《中文信息学报》第 9 期），梳理和对比了基于表征匹配的方法和基于端到端神经网络的方法两种主流方法的特点，并介绍推动机器译文自动评价研究的相关评测活动和性能评价指标。江西师范大学胡纬等人发表《融合 XLM 词语表示的神经机器译文自动评价方法》（《中文信息学报》第 9 期），通过跨语种预训练语言模型 XLM 将源语言句子、机器译文和人工参考译文映射到相同的语义空间，结合分层注意力和内部注意力提取源语言句子与机器译文、机器译文与人工参考译文以及源语言句子与人工参考译文之间的差异特征，并将其融入基于神经网络的译文自动评价方法中，以实现高质量机器译文的自动评价。

（二）人机对话

1. 口语语义理解

意图识别和槽填充是对话系统中自然语言理解模块的两个重要任务。这两项任务帮助系统理解用户的查询意图并从中提取相关信息。对话中的单标签意图识别精度已经达到应用状态。现阶段，因短文本的特征稀疏、字数少但包含信息量大，在分类问题中难以提取其有效特征，短文本的多意图识别是口语理解中的一个难题。

为解决多意图识别任务中语义、语境信息易受到不相关意图信息干扰等问题，四川大学何军团队发表《融合意图信息的小样本多意图识别》（罗顺茺等，《中文信息学报》第 7 期），提出一种基于原型网络在语义上嵌入意图信息的多意图识别方法，实现了在低资源多意图场景下捕获高质量的原型表征。武汉大学贾旭等人发表《基于双图注意力的多领域口语语言理解联合模型》（《中文信息学报》第 10 期），提出细粒度标签图和领域相关图的双图注意力联合模型。细粒度标签图将意图和槽标签分成细粒度分片，建模分片之间的结构性关联和上下文表示的语义特征。领域相关图通过标签间的领域信息，建模预测意图和对应领域内槽的关联，减少图中的冗余关联。联合模型能够实现多领域口语语言的有效理解。

2. 对话生成

情感支持对话旨在提供情感支持，以改善个人的心理状态。在人机对话中实现情感支持，让机器实现共情是一个至关重要的因素，共情回复生成逐渐成为研究热点。

清华大学黄民烈团队在共情回复生成方面属行业领先，发表多篇文章。其中，该团队发表《促进多轮情感支持对话：通过引发积极情绪的强化学习方法》（Jinfeng Zhou et al.，“Facilitating multi-turn emotional support conversation with positive emotion elicitation: A reinforcement learning approach”，The 62nd Annual Meeting of the Association for Computational Linguistics， 2023）提出一个基于专家混合的强化学习模型，并精心设计了 ES 和对话连贯性的奖励，以指导回复策略的学习，达到在回复过程中既提供积极情绪的支持又维持对话连贯的能力。此外，该团队还发表《CASE 模型：对齐粗略到细致的认知与情感以生成共情回应》（Jinfeng Zhou et al.，“CASE: Aligning coarse-to-fine cognition and affection for empathetic response generation”，The 62nd Annual Meeting of the Association for Computational Linguistics， 2023）该文章基于常识认知图和情绪概念图构建模型，并随后在粗粒度和细粒度层面对用户的认知和情感进行对齐，结果显示该模型能生成更具共情力和信息性的回应。在情感粗细粒度控制方面，有研究者发表《基于扩散模型的框架的多粒度共情回复生成》（Guanqun Bi et al.，“DiffusEmp: A diffusion model-based framework with multi-grained control for empathetic response generation”，The 62nd Annual Meeting of the Association for Computational Linguistics， 2023）引入了交流机制、对话意图和语义框架作为多粒度信号，对共情回复实现粗粒度和细粒度的控制。

（三）自动问答

近年来，知识库越来越受到人们的关注，并在众多自然语言处理的下游任务中得到应用。基于知识库的问答系统以知识库和自然语言问题作为输入，要求计算机正确理解问题的语义，并从知识库中提取问题的答案。清华大学李涓子团队发表《知识库问答研究进展与展望》（曹书林等，《计算机学报》第 3 期），对知识库问答进行了综述。该文总结归纳了简单问答和推理问答两类任务各自的问题、挑战及代表性方法，并对相关数据集进行了比较。罗琨皓等人发表《一种引入结构化知识的常识问答模型》（《中文信息学报》第 12 期），提出知识驱动的编码器模型，它将结构化知识（如语法和知识三元组）直接融入自注意力模块中，以促进领域知识的信息传递和高层推理，更进一步提升了预训练模型的准确率，并有效地关注对回答问题最重要的结构化信息。

外部知识视觉问答是一项具有挑战性的任务，需要获取和使用开放的现实世界知识。《外部知识的思考和观察相结合的视觉问答》（Qingyi Si et al. ，“Combo of thinking and observing for outside-knowledge VQA”，The 62nd Annual Meeting of the Association for Computational Linguistic，2023）提出了一个由多模态编码器、文本编码器和答案解码器组成的全新模型范式，将跨模态空间约束到自然语言空间中，这使得视觉特征可以被直接保留，使得模型在丰富的文本信息之上能够引入更多类型的知识辅助视觉问答。

（四）摘要生成

摘要生成技术涉及自然语言理解和生成技术，并应用于文档索引、标题生成和内容创建等多种场景，受到学术界和工业界的长期关注。北京大学万小军团队发表论文《摘要生成（几乎）行将就木》（Xiao Pu，et al.，“Summarization is （almost） dead”，The 62nd Annual Meeting of the Association for Computational Linguistic， 2023）。该文评测了 GPT-3，GPT-3.5 和 GPT-4 等大语言模型在各种摘要任务，如单条新闻、多条新闻、对话、源代码和跨语言摘要上的表现，发现由大语言模型生成的摘要明显更受人类青睐。与 GPT-4 相比，人工撰写的摘要不仅缺乏流畅性，而且出现更多幻觉。在多条新闻和代码摘要等特定任务中，人工撰写的摘要明显表现出较低的事实一致性。事实上，摘要生成所面临的上述问题在整个自然语言处理领域并非个例。随着大语言模型日趋成熟，很多传统自然语言处理任务已接近人类水准，创新亦变得愈发困难。

五、其他前沿研究：量子自然语言处理

作为量子力学和自然语言处理的交叉领域，量子自然语言处理研究逐渐受到重视。天津大学樊子鹏等发表《量子自然语言处理：历史演变与新进展》（《中文信息学报》第 1 期），对量子自然语言处理领域的研究动机、研究方法以及研究进展进行了综述。

量子力学理论作为一个对向量空间和概率进行操作的数学框架，被借鉴用于自然语言处理，其出发点在于量子力学和自然语言均使用向量空间描述状态。量子力学中，量子系统的状态由有限维或无限维希尔伯特空间中的状态向量表示，而基于向量空间的经典概率模型是基于希尔伯特空间中的量子概率模型的特例。

作者从语义空间、语义建模和语义交互三个方面，阐述了量子力学在自然语言处理中的作用，并将研究思路归纳为量子原生算法与类量子算法两种。第一种思路是在量子力学的数学框架下，对自然语言的语义和语法进行抽象表示。同时，将自然语言处理中常用的神经网络框架进行量子化，部署到量子计算平台，在收敛速度和训练稳定性等方面更具优势。另一种研究思路是针对自然语言中的类量子现象，尝试将其建模到自然语言处理模型和算法中，包括在信息检索过程中出现的非经典概率现象和干涉现象，以及单词依存关系中出现的量子纠缠现象等。通常，这种类量子算法，或者量子启发式算法无须部署到量子计算平台。

作者从语义表示、参数可解释性、模型运算平台和认知层面建模四个方面，对量子自然语言处理和传统自然语言处理进行了对比。首先，量子自然语言处理将语言的歧义等不确定性建模为量子叠加态，并通过单词间的张量积将句子的语义建模为高阶张量。其次，对量子语言模型进行张量分解后得到的数学表达，和循环神经网络、卷积神经网络具有同样的形式，可以对神经网络参数给出合理解释。再次，传统自然语言处理模型建立在经典概率框架内，而基于量子干涉的自然语言处理模型可以突破经典概率框架，从量子力学理论角度为认知机制提供新的视角和解释。最后，在面对大量高维度张量积运算时，量子计算机速度远超经典计算机；同时，不同于经典计算机采用的 0/1 逻辑，量子计算机的数据存储以叠加态原理为基础，更加高效。

六、学术著作出版和重要学术会议

（一）学术著作出版

张奇、桂韬、黄萱菁的《自然语言处理导论》（电子工业出版社，8 月）内容涵盖了从字、词、短语、句子、段落到篇章等不同粒度的文本处理技术，以及从处理、理解、认知、生成等多种维度的自然语言处理支撑各类应用的核心技术，还有针对基于机器学习模型稳健性和可解释性问题的深入讨论。

张奇、桂韬、郑锐、黄萱菁的《大规模语言模型：从理论到实践》（电子工业出版社，2024 年 1 月）以大语言模型的基础理论开篇，探讨了大语言模型预训练数据的构建方法，以及大语言模型如何理解并服从人类指令，介绍了大语言模型的应用和评估方法，为读者提供了更全面的视野。

杨灵、张至隆、张文涛、崔斌编著的《扩散模型：生成式 AI 模型的理论、应用与代码实践》（电子工业出版社，8 月）以扩散模型理论知识为切入点，由浅入深地介绍了扩散模型的相关知识。全书共 8 章，详细介绍了扩散模型的原理，以及扩散模型退化、采样、DDIM 反转等重要概念与方法，此外还介绍了 Stable Diffusion、ControlNet 与音频扩散模型等内容。最后，附录提供由扩散模型生成的高质量图像集以及 Hugging Face 社区的相关资源。

彭勇、彭旋、郑志军、茹炳晟的《多模态大模型：技术原理与实战》（电子工业出版社，11 月）详细介绍了大语言模型和多模态大语言模型的发展历史、技术原理和亮点、主要的开源框架、配套工具、部署细则和实战案例。

（二）学术会议

2023 年 6 月 30 日至 7 月 2 日，由中国中文信息学会情感计算专委会主办，西安交通大学承办的第三届中国情感计算大会（The Third Chinese Conference on Affective Computing，CCAC 2023）暨中国中文信息学会情感计算专委会工作会议在陕西省西安市举行。来自全国五十多所高校、科研机构和企业的近四百位代表齐聚西安，通过情感计算前沿讲习班、青年科学家论坛、前沿趋势论坛、评测研讨会、企业论坛、海报交流等多种形式，共同探讨情感计算领域的最新进展和发展方向。

2023 年 7 月 18—20 日，第二届自然语言生成与智能写作大会（NLGIW 2023）在新疆师范大学召开，组织单位为中国中文信息学会自然语言生成与智能写作专业委员会，承办单位为新疆师范大学。大会从特邀报告、前沿讲习班、青年学者论坛、企业论坛、评测论坛等各个环节围绕自然语言生成与大模型展开，包括大语言模型、代码大模型、多模态大模型的基本原理、高效训练和推理、有监督微调、人类反馈学习、安全与伦理、大模型应用等各个维度开展，为参与者提供一场关于大模型的盛宴。

2023 年 8 月 3—5 日，第二十二届中国计算语言学大会（The Twenty-second China National Conference on Computational Linguistics，CCL 2023）在黑龙江省哈尔滨市举行，会议由中国中文信息学会计算语言学专业委员会主办，哈尔滨工业大学承办。清华大学孙茂松教授、哈尔滨工业大学秦兵教授担任大会主席。会议中呈现 5 个特邀报告，4 个讲习班报告，8 场评测研讨会，10 个前沿技术动态综述报告，更有学生研讨会和口头的论文报告，内容覆盖自然语言处理领域的最新技术和动向。作为中国中文信息学会（全国一级学会）的旗舰会议，CCL 聚焦于中国境内各类语言的智能计算和信息处理，为研讨和传播计算语言学最新学术和技术成果提供了最广泛的高层次交流平台。

2023 年 8 月 24—27 日，第十七届全国知识图谱与语义计算大会（CCKS 2023）在沈阳召开。全国知识图谱与语义计算大会已经成为国内知识图谱、语义技术等领域的核心学术会议，聚集了知识表示与推理、自然语言理解与知识获取、图数据管理与图计算、智能问答等相关技术领域的学者和研发人员。该届大会主席为同济大学的王昊奋教授和中科院软件所的韩先培教授。大会的主题是“知识图谱赋能通用 AI”，旨在探讨知识图谱对通用 AI 技术的支撑能力，探索知识图谱在跨平台、跨领域等 AI 任务中的作用和应用途径，研究知识表示、知识存储、知识挖掘、知识融合、知识推理等知识图谱关键技术在通用 AI 背景下的发展趋势，引导知识图谱相关技术的变革，为通用 AI 的最终实现奠定基础。大会议程包括讲习班、大会特邀报告、前沿趋势论坛、工业界论坛、青年学者论坛、评测与竞赛、论文报告、海报与系统展示等环节，邀请了国内外知名学者介绍相关领域的最新进展和发展趋势，邀请产业界知名研发人员分享实战经验，促进产学研合作。

2023 年 10 月 19—21 日，第十九届全国机器翻译大会（The 19th China Conference on Machine Translation，CCMT 2023）在山东济南举行。会议由中国中文信息学会主办，齐鲁工业大学（山东省科学院）承办。哈尔滨工业大学（深圳）校长助理张民教授、齐鲁工业大学（山东省科学院）党委书记王英龙研究员担任大会联合主席。会议同期召开了中国中文信息学会机器翻译专业委员会工作会议。大会设特邀报告、前沿趋势论坛、主题论坛、产业应用论坛、学生论坛、中文学术论文报告、英文学术论文报告、评测论文报告。CCMT 旨在为国内外机器翻译界同行提供一个交互平台，加强国内外同行的学术交流，召集各路专家学者针对机器翻译的理论方法、应用技术和评测活动等若干关键问题进行深入的研讨，为促进中国机器翻译事业的发展，起到积极的推动作用。

2023 年 11 月 23—25 日，第二十九届全国信息检索学术会议（The 29th China Conference on Information Retrieval，CCIR 2023）在北京举行，会议由中国中文信息学会主办，由中国中文信息学会信息检索专委会、清华大学承办。此次会议与首届 ACM SIGIR-AP（Information Retrieval in the Asia Pacific）会议联合举办。会议由张敏（清华大学）、窦志成（中国人民大学）、王仲远（快手）担任联合主席。会议包含一系列学术活动，除传统的海内外知名学者的大会报告、会议论文报告、Poster 交流、评测活动外，还组织青年学者论坛以及面向热点研究问题的前沿讲习班等。全国信息检索学术会议（CCIR 2023）旨在满足人类在互联网上快速准确地获取信息与知识的需求，研究成果将支撑国家战略决策，推动互联网和人工智能领域的发展，提升整个社会的生产效率，并对社会生活各个领域产生重大影响。

2023 年 11 月 25 日，由中国中文信息学会社会媒体处理专委会主办，安徽大学、中国科学技术大学和合肥工业大学，以及合肥综合性国家科学中心数据空间研究院联合承办的第十一届全国社会媒体处理大会（SMP 2023）在安徽合肥正式开幕。中国社会媒体处理大会（SMP）专注于以社会媒体处理为主题的科学研究与工程开发，为传播社会媒体处理最新的学术研究与技术成果提供广阔的交流平台，旨在构建社会媒体处理领域的产学研生态圈，成为中国乃至世界社会媒体处理的风向标。此次大会程序委员会主席为中国科学技术大学大数据学院副院长何向南，会议以“Social Media Meets Big Model”为主题，为期 4 天，共呈现

9个特邀报告，3场讲习班，15场学术、产业论坛，同时设置海报交流环节，共同探讨大模型时代下社会媒体处理的发展方向，为社会媒体领域奉上一场精彩纷呈的学术盛宴。

2023年12月8—10日，第十八届全国人机语音通讯学术会议（NCMMSC 2023）在江苏苏州成功召开。此次会议由中国中文信息学会和中国计算机学会联合主办，上海交通大学和思必驰科技股份有限公司承办，会议同时举办中国计算机学会语音对话与听觉专委会的学术年会（CCFTFSDAP）。天津大学党建武教授与清华大学郑方教授担任大会名誉主席。北京工业大学鲍长春教授、清华大学陶建华教授和上海交通大学俞凯教授担任大会共同主席。此次大会通过大会报告、口头报告、墙报和演示的方式为参会者提供语音语言领域最新理论和实际工程技术的交流平台，同时举办了多模态识别竞赛、ASRU交流会、优秀学生论坛、工业论坛、专题技术沙龙等多场活动。

2023年12月15—17日，第四届中国智能教育大会暨第六届中国语言智能大会在云南省昆明市举办。会议由中国人工智能学会、中国语言智能研究中心、云南财经大学、首都师范大学主办，云南财经大学、首都师范大学、云南教育国际交流协会、云南省语言学会、CAAI自然语言理解专委会、CAAI语言智能专委会承办，得到中国电信股份有限公司云南分公司等企业及机构的支持。大会由6场大会报告、1场嘉宾对话及3场青年论坛等环节组成。大会以“学科教育智能化”“语言智能与智能教育融合发展”为主题，通过树立“智能+”等智能教育典型，搭建高校中文写作智能训练大赛等多元平台，分享语言智能产品服务教育的经验，探索利用语言智能推进教育高质量发展的创新模式，引导教育界脚踏实地推进智能教育稳步发展。

七、结语

2023年，计算语言学相关研究在多个方面取得重要进展。中文大语言模型实现了从无到有的突破，与国际领先水平之间的差距逐步缩小；在机器学习所擅长的知识储备及外推推理的基础上，大语言模型在更为抽象的数学、逻辑推理上的能力有所增长，开始尝试人类难度级别的学科考试。中文大语言模型在语言知识、世界知识以及推理上日渐成熟，势必将更多地反哺词法、句法、语义、篇章等语言学基础研究。

语料库研究与应用

张永伟　关　越

随着全球范围内人工智能领域不断取得突破性进展，大语言模型和语料库的关系得到了前所未有的充分讨论。今天的中国语言学界已经认识到，语言资源智能技术的较量也是国与国之间的较量，语料库不仅仅是语言文字的宝库，更是承载着民族语言文化的基础信息、记录着语言文化发展历史的国家重大文化资源和文化载体。在大语言模型飞速发展的今天，借助计算机分析工具的进步，语料库显现出愈发强大的功能，成为语文教学、语言研究、语言文字规范标准制定、辞书编纂、语言信息处理等诸多方面都离不开的重要增益工具。

下面将分别介绍 2023 年度中国语料库建设整体情况、技术路线的新进展以及语料库建库的实践；然后介绍语料库服务于语言本体研究方面的新成果；最后按照研究领域分别综述语料库应用方面的研究情况。

一、语料库建设情况

GPT 技术催生下的 2023 年是科技事业蓬勃发展的一年，语料库作为语言学技术手段的重要模块，在文献和研究方面相较于前几年有很大的进展，无论是数量还是质量都有着丰硕的成果。2023 年语料库研究总体呈现的趋势是:（1）研究数量庞大，遍布学科方方面面；（2）跨学科趋势显著，而且往往是文理交错的“大跨”，研究具有强大的创新生命力；（3）时代特征鲜明，大数据技术渗透其中，数字智能化程度高。

2023 年度国家社科基金项目中涉及语料库的项目有 15 个，有 4 个项目分属语言学之外的其他学科，包括一个重点项目“国际化推广中武术汉英双语语料库建设与应用研究”。在语言学学科中一般项目有 8 个，西部项目有 3 个。其中涉及中国少数民族和世界其他语言交叉的有 8 个，分别是“缅泰边境克伦语调查研究及数字化语料库建设”“基于吐蕃藏文文献语料库的古藏语语音变异研究”“基于大型语料库的藏语构式研究”“广西濒危汉语方言岛语言生态调查及多模态语料库建设”“基于语料库的中医词汇在日本的流变研究”“语篇衔接标注的汉语中介语语料库建设与应用研究”“基于大型语料库的英汉存在构式句法语义演化研究”“历史语言学视角下基于语料库的中亚阿拉伯语研究”。与古代汉语研究相关的有 4 个，分别是“清末民初传教士西南官话文献的语料整理、分析及语料库建设”“基于吐蕃藏文文献语料库的古藏语语音变异研究”“基于语料库的反讽与中国古代史官话语权建构的社会认知研究”“基于语料库的宋元碑刻俗字整理与研究”。可见 2023 年度立项的项目主要围绕着冷门绝学和跨语言、跨时代的语言资源建设研究。

在语料库建设方面，2023 年是语料库焕新的一年，无论是新的语料库的研制，还是老的语料库的更新，都有许多重要成果。

首先是北京大学 CCL 语料库进行了全面的更新。北京大学中国语言学研究中心 CCL 语料库是面向语言学本体研究和语言教学的大规模语料库，自 2004 年上线后，经历了多次升级扩展。最新发布的 2023 版，更新后总规模达到 58.4 亿字符，其中现代汉语 47.5 亿字符，古代汉语 10.9 亿字符，中文字数达到 1.9 亿字；在语料类型多样性和代表性等方面，也有较大提升，新增了早期北京话语料、《人民日报》语料、多种网络平台的语料、古代汉语的四库全书语料等多种有代表性的语料。

此外，还有诸多新发布的语料库及语言资源平台。如中译语通发布的“西部 AI 语料库与大模型”由 100 多种语言、PB 级多语言多模态高质量数据构成，构建了多模态、多场景、多语言感知世界、认知世界的通用能力，立足于宁夏作为“一带一路”和中阿合作重要窗口的政策优势，为西部政务、商贸、文旅等行业应用提供重要技术支持。

更多的语料库项目正在得到重视和扶持。2023 年 12 月，中国社会科学院语言学重点实验室成立，其中语言资源与智能技术子试验室的建设目标即为构建国家级水准的综合性语言数据共享平台，融合优质多学科语言数据资源，基于人工智能技术的语言分析工具等应用，充分挖掘语言资源的使用价值和使用效率。国家语料库项目将在语言学重点实验室的资助下持续建设。

（一）宏观理论思考

2023 年涌现出众多关于语料库理论和方法的一般性介绍的文章，充分说明学界对于这一领域的高度关注。这些语料库综述类文章在当前时局下的功用一方面是介绍语料库语言学这门学科，另一方面是总结这一阶段的重要成果。例如周秦超、林向阳的《语料库在现代语言学研究中的应用》（《文化学刊》第 12 期）介绍了语料库的基本概念和分类，随后探讨了语料库在语言学研究中的应用，包括语言描述、语言教学、翻译研究等方面，还讨论了语料库的局限性和未来发展方向。许家金等人的著作《语料库研究方法》（外语教学与研究出版社，12 月）及许家金的论文《后经典时代语料库研究方法及其理论启示》（《外语教学与研究》第 3 期）则以 2000 年为界，把语料库研究粗略分为经典时代和后经典时代，指出进入后经典时代语料库研究更加注重从全口径语境因素分析形义匹配机制，语料库研究方法立足形义对应，聚焦意义研究。这些应成为语料库语言学理论建构的本体考虑。

在计算机科学和数字技术突飞猛进的今天，语言学发展时常伴随着数字人文时代的宏观思考。冯志伟、张灯柯的《数字人文、元宇宙与自然语言处理》（《外语学刊》第 6 期）把数字人文发展划分为小规模的文本数据处理阶段、大规模的真实文本数据处理阶段、大规模的多媒体数据处理阶段三个阶段，分析数字人文在美国、欧洲、日本和我国的研制情况，指出元宇宙将进一步推动数字人文和自然语言处理的发展。

同时，响应国家推动大数据、人工智能等在哲学社会科学领域的应用的号召，建设中国的国家语料库的使命已经上升到了国家战略的高度。张伯江、张永伟的《国家语料库是重大文化资源》（《中国社会科学报》2023 年 11 月 8 日）指出，国家语料库可以更全面地反映国家通用语使用与发展全貌，是国家软实力的体现，也是亟待建设的重要资源；国家语料库建设将推动一批研究工作的开展，除语言学领域以外，也可以服务于文史哲及社会科学领域的数字人文、舆情观察等。

（二）交叉学科趋势

与此同时，语料库技术催生的交叉学科有了突飞猛进的进展。许家金的《人文社会科学研究的语料库语言学路径》（《中国外语》第 1 期）一文以热点事件传播、诗歌解读、网民心愿、法律诉讼等案例为例，展示了语料库语言学理念在传播学、文学、心理学和法学中的应用。同时，计算社会科学、计算人文学科等概念的提出，召唤出数据驱动的人文社会科学的时代。邵斌、李雨飞的《计算社会科学、文化组学与语言学》（《语料库语言学》第 1 期）一文对近年来文化组学在计算社会科学中的应用做了述评，指出语言学是文化组学及计算社会科学的基础，并探讨了语言学者参与其他社会科学研究的可能性。黄水清、刘浏、王东波的《计算人文学科的内涵、体系及机遇》（《图书与情报》第 1 期）一文对于计算人文在名词、定义、指代方面的规范表述进行了再讨论，阐明了计算人文的研究对象、研究问题和研究方法，厘清了计算人文的学科内涵，分析了计算人文在国家战略、信息资源管理学科更名以及新文科建设中面临的机遇和使命，并以计算语言学、计算史学、计算文献学、计算文学等学科为例阐述了计算人文学科体系的构成。邵斌、刘海涛的《数据驱动的文学传播研究》（《浙江社会科学》第 9 期）一文以美国作家海明威的文学声誉在 20 世纪的传播为例，提出数据驱动的文学传播研究新范式。

跨学科研究方兴未艾，而更具专门性的专用语料库在推动垂直领域研究发展中起到了不可小觑的作用。在法律领域，王艳伟、干诚、李俊飞等的《LawDEAP 法学学术英语语料库的创建》（《语料库语言学》第 1 期）介绍了 LawDEAP 法学学术英语语料库的建设思路和实施步骤，对建库目标、语料采集、文件命名与元信息登记、格式转换及文本清理作了具体说明。袁毓林、崔玉珍、孙竞等的《怎样构建面向事实性表达研究的法律专题语料库？》（《当代修辞学》第 2 期）指出面向事实性表达研究的专题语料库的标注应该聚焦于事实性构式的三种基本信息：事实、非事实和反事实，并从构式、语段、词汇三个层次挖掘跟事实性信息相关的形式特征。宋丽珏的《数字法学的语言数据基础、方法及其应用——以法律语料库语言学的诞生与发展为例》（《东方法学》第 6 期）介绍了美国及欧洲地区有关法律语料库语言学的发展历程，指出美国法学界采用了结构主义视角，将其作为整体性的跨学科领域法学，欧盟则更多的是采用解构主义视角，运用谱系分析将语料库语言学的语料数据、技术、方法分别应用于领域法学和法学方法论中。在医学领域，朱琼、周锋《基于语料库中医针刺术语英译标准比较研究》（《中国中医基础医学杂志》第 10 期）对比分析《中医基本名词术语中英对照标准》与《WHO 西太平洋地区传统医学名词术语国际标准》中针刺术语的异同及其实际使用情况，采集针刺相关英文文献 392 篇建立语料库，采用语料库分析工具 AntConc 进行术语词频统计与分析，发现两版标准内中文相同，英译不同的针刺术语共 49 条，术语间存在“词性”“连字符”“近义词”“词义”等差异。陈彦君、徐茂玲、王世龙等的《基于大型语料库的中医药术语翻译“约定俗成”原则研究》（《中国中医基础医学杂志》第 10 期）通过建立主题数据模型，以“Chinese medicine”“traditional Chinese medicine”“TCM”“Chinese herbal medicine”为关键词抓取了 PubMed 网站上与中医药相关学术论文的摘要部分，构建了包含 34 902 435 个形符、885 824 个类符的中医药术语英译大型语料库，探索了中医药术语翻译“约定俗成”原则的实现方法。图书馆情报领域也进行了跨学科的探索。沈立力、张宏玲、韩春磊等的《图书馆数字人文工具建设实践与未来展望》（《图书馆杂志》第 12 期）应用网络调研和案例分析的方法，从数字人文工具的用户需求出发，分析上海图书馆数字人文工具开发实践面临的问题，总结图书馆数字人文工具建设中的实践经验。舆情监测方面，关注点放在了如何应对网络暴力。张冬瑜、卢俊宇、闵昶榮等人的《网络暴力言论检测的技术和实践》(《语言战略研究》第 1 期）构建了一个大规模的中文暴力言论语料库，并研制了基于双重对比学习和基于情绪辅助的多标签自训练暴力言论检测方法，在多种数据集上验证了其有效性和先进性。在风控对策领域，大数据时代涌现出一系列思考数据安全问题的文章，如钭晓东的《论生成式人工智能的数据安全风险及回应型治理》(《东方法学》第 5 期）指出生成式人工智能语料库的大规模流动、聚合和分析带来前所未有的数据安全风险，其范围涵盖了数据输入、运算、存储和输出的全过程，应当革新生成式人工智能数据安全治理范式，并在此基础上进行回应型治理，加强非传统安全领域法治建设，积极参与塑造非传统安全风险治理的国际规范。

对于汉语词表的构建，孙素宇、胡韧奋、徐彩华的《铁路建设类职业中文核心词汇表的构建》（《汉语国际教育学报》第 1 期）一文基于国家铁路局发布的有关铁路建设的各项行业规范文本构建行业语料库为铁路工程建设的外方人员制定了面向短期中文培训的铁路建设核心词汇表，并讨论了词表在教学中的应用以及“职业 +”中文词汇表研制中应注意的问题。金朝炜的《词汇覆盖的平衡优化——基于多种教材的理工类来华预科专业词表构建》（《语言教学与研究》第 5 期）提出了以原始有效梯度方法为核心的平衡方案并据此构建了理工类来华预科专业词表。

（三）建库实践

人工智能潮流下，相应的理论和实践研究都已经开始向人工智能和语料库技术融合的领域渗透。当前人工智能大语言模型均利用开源数据、已有特色数据、采购或爬取的数据进行训练，ChatGPT 之所以展现出非常优秀的文本理解能力，其中重要的因素是其拥有一个强大的基座模型。为了获得这种基座模型，需要在大规模无标注文本数据上进行预训练。中文基座模型的训练数据集缺乏大规模中文语料库，目前主要限于 BooksCorpus、Wikipedia、Common Crawl、ROOT 等语料库的中文部分以及悟道、MNBVC 等少量的中文语料库，其中悟道包含汉语的 8.22 亿个网页数据，MNBVC 包含 30TB 纯文本。2023 年 12 月 20 日，中国网络空间安全协会人工智能安全治理专业委员会在京召开发布会，面向社会发布用于大模型的首批 120G 中文基础语料库。针对某行业或某个特定问题的行业大模型或专用大模型同样缺乏高质量的大规模中文语料库。人工智能训练用语料库，尤其是人工智能训练用多模态语料库的建设迫在眉睫。

语料库实践经验的积累推动了更加符合汉语语言文字和中国国情的语料库语言学理论的发展；而建库理论又反过来指导着语料库建设朝着功能更加完备和使用更加优化迈进。其中，平行语料库的建设一直是语料库实践领域的重要阵地，它可以为翻译研究、翻译实践、语言对比、外语教学等提供数据支持，有着重要的理论和实践价值。邓劲雷的《汉英人文社会科学文献平行语料库建设》（《语料库语言学》第 1 期）收集了 40 多部汉语学术著作及其英译作品，经过文字识别、校对、句子对齐、赋码等步骤，建成了约 1500 万字词的汉英学术文本平行语料库，并为该语料库开发了支持依存语法检索的配套检索平台。王峰、周璐、宋凯歌的《基于语料库的〈狼图腾〉英译策略与生态意蕴变异研究》（《外国语（上海外国语大学学报）》第 2 期）通过建设《狼图腾》平行语料库研究葛浩文的英译改写策略以及译文生态意蕴的变异。研究发现全译内容 73.99%，译者最常用的变译手段是整句甚至整段摘译（高达 26.01%）。

面向汉语学习者评测的语料库研究方面的文章也层出不穷，主要分为评测系统和评测语料两类。前者如常鸿翔、刘洋、徐萌等的《CCL23-Eval 任务 7 总结报告：汉语学习者文本纠错》（Proceedings of the 22nd Chinese National Conference on Computational Linguistics，Volume 3：Evaluations），文章设置了多维度汉语学习者文本纠错和中文语法错误检测两个赛道，以汉语学习者文本多维标注语料库 YACLC 为基础建设评测数据集，建立基于多参考答案的评价标准，构建基准评测框架，进一步推动汉语学习者文本纠错研究的发展。李怡、王诗可、于东等的《汉语文本文采的特征体系构建及自动评估研究》（《语言文字应用》第 1 期）构建了一个适用于评价汉语文本文采的语言特征体系，并基于机器学习模型考察了该体系在不同来源、粒度以及文采混合程度语料上的文采自动评估效果。

二、语料库系统研发

核心技术的进步是引领数字化革命的基础。在语料库系统技术研发方面成果层出不穷。赵铁军、许木璠、陈安东在《自然语言处理研究综述》（《新疆师范大学学报（哲学社会科学版）》网络首发）一文中讨论了自然语言处理针对语言学四个不同层次文本信息的分析手段，对自然语言处理的基本任务组成进行概述，并且就自然语言处理在具体下游任务中的应用现状以及自然语言处理领域已有的数据集及评测基准集等进行了分析。张永伟、吴冰欣的《基于网络的第四代语料库分析工具核心功能评介》（《当代语言学》第 4 期）一文梳理了第四代语料库分析工具应该具备的核心功能以及国内外语料库分析工具对这些核心功能支持的现状，并针对目前汉语语料库分析工具核心功能存在的问题提出建议。吴良平《CQP 语法赋能语言研究及语言学习》（《语料库语言学》第 1 期）对第四代语料库检索平台 CQPweb 所使用的高级检索语法 CQP 语法的检索模型和相关概念进行分解简化，并从词汇、短语和语法等语言学诸层面展示 CQP 语法丰富的检索功能。

还有一些研究借助专门语料库对技术进行了测试和调整。张毓、卫乃兴的《基于 LDA 主题建模技术的北京冬奥会话语意义研究》（《语料库语言学》第 1 期）选择境外英文媒体有关北京冬奥会的报道作为语料，自建北京冬奥会英文报道语料库，采用 LDA 主题建模技术探究北京冬奥会的境外英文报道主题，此外还结合语料库驱动路径分析主题的高频关键词和语义韵，以揭示北京冬奥会的话语建构和媒体态度意义。

在提高计算机在多轮对话中的表现方面，徐凡、徐健明、马勇等的《基于知识增强的开放域多轮对话模型》（《软件学报》第 2 期）提出基于知识增强的多轮对话模型，将对话历史中的实词进行义原及领域词替换，然后将经过知识增强后的对话历史、扩充的三元组世界知识、知识管理和知识拷贝加以集成，以融合知识、词汇、对话历史和对话目标多种信息，生成多样性回复。

在命名实体识别方面，章成志、谢雨欣、张恒的《学术文献全文内容中的方法实体细粒度抽取及演化分析研究》（《情报学报》第 8 期）以自然语言处理领域为例，将方法实体细分为算法、数据集、指标以及工具 4 种类型，并标注了 50 篇论文作为训练语料，该研究构建了 CRF（Conditional Random Field）、BiLSTM（Bi-directional Long Short-Term Memory）+CRF 等 4 种实体抽取模型。李莉、奚雪峰、盛胜利等的《深度学习中文命名实体识别研究进展》

(《计算机工程与应用》第 24 期)回顾了命名实体识别的发展进程和 CNER 的特殊性和难点，围绕着中文命名实体识别的不同处理特点，将基于深度学习的中文命名实体识别的方法分类为扁平实体边界问题、中文嵌套命名实体识别和 CNER 小样本问题处理三个领域，并具体阐述这三个领域的模型、细分领域和最近的研究进展并整理了部分典型深度学习方法在相关数据集上的实验结果。这些研究为当前中文命名实体识别技术指出了现存的问题和未来研究的方向。

三、语言研究

(一)本体研究

语料库语言学方法在服务语言学本体研究方面有很多成果，在句法研究方面，Lucy Xia Zhao、崔希亮的《汉语“把”字句的中介语分析》(《语言科学》第 3 期)通过 BCC 母语语料库和 QQK 中介语语料库的对比研究，探究学习者与母语者使用“把”字句的差别，并进一步分析学习者是否回避使用“把”字句的问题以及不同母语背景的学习者“把”字句偏误率的差异。彭馨葭、陶文的《基于使用的两个“差点儿没 VP”构式新解》(《中国语文》第 4 期)以基于使用的构式语言观作为理论框架和方法，对两个“差点儿没 VP”的用例进行基于频率的构式分析，提出两个“差点儿没 VP”实为具有区别性特征的两个构式。李翔、刘承伟、朱晓旭的《融合情感分析的隐式反问句识别模型》(《中文信息学报》第 7 期)扩充了汉语反问句语料库，并针对隐式反问句的特点，提出了一种融合情感分析的隐式反问句识别模型。

相较于现代汉语，古汉语文本具有内容艰深、与现代汉语差异大、不同时期差异大等特点，古文分词与词性标注一直处于研究不足、缺乏标注规范的状态，限制了语料库构建和自动分析的研究。对此，邱冰的《中古汉译佛经语体色彩的数字化呈现》(《数字人文》第 2 期)借助数字人文方法，以中古汉译佛经文献为研究对象，基于特征词的文言和口语形式出现频率，量化分析文献口语化程度，采用雷达图展示方法直观呈现不同性质、不同译者文献的语体特征。郑童哲恒、李斌的《上古汉语分词与词性标注加工规范——基于〈史记〉深加工语料库的标注实践》(《语言文字应用》第 4 期)根据现代汉语研究领域相关成果以及上古汉语词汇特点，构建出信息处理用上古汉语分词与词性标注规范，并应用于 45 万余字《史记》语料库。林立涛、王东波的《古籍文本挖掘技术综述》(《科技情报研究》第 1 期)在厘清古籍文本挖掘概念的基础上，整体把握古籍文本挖掘技术应用现状，从文本特征提取技术、词汇级文本挖掘技术、句子级文本挖掘技术、篇章级文本挖掘技术和知识组织与呈现等 5 个方面梳理了广泛用于古籍文本挖掘的算法、模型、工具。

少数民族语言是重要的文化瑰宝。三智多杰、祁坤钰、久仙加的《基于语料库的古藏文文献字符统计研究》(《西北民族大学学报(自然科学版)》第 1 期)依据现代藏文语料库，以敦煌藏文文献为主，构建了古藏文文献标注语料库，并在此基础上，应用 Python 语言设计出古藏文频率统计软件，对古藏文和现代藏文的元音、辅音、藏文数字频次等进行对比分析，归纳出古藏文字符的分布特征。

在语法化研究方面，刘军的《“遭”类被动搭配跨语料库的对比研究》(《语言与翻译》第 4 期)选取了北语 BCC 语料库、鲁东大学现代汉语搭配语料库、香港汉语共时语料库、香港慧科新闻资料库等语料库，分析了“遭”类被动词的类联结、搭配、语义韵、词种密度等情况，并与“被”“遇”“受”进行对比，阐释了被动标记语法化的条件、动因及演化过程。

在认知语言学方面，吴淑琼、江艳艳的《历时认知语言学的语料库量化研究方法》（《外语教学》第6期）通过梳理基于语料库的历时认知语言学的量化研究成果，重点解析了行为特征分析、搭配分析和语义向量空间模型这三类方法的原理和操作过程，例示了它们在词汇和构式演变研究中的应用价值，并指出了历时认知语言学量化研究中存在的困难和挑战，同时提出了相应的解决路径。

在对比语言学方面，王义娜和杨艺的《对比语言学研究的多因素转向》（《西安外国语大学学报》第3期）一文首先简要论证了对比语言学与定量研究之间的关系，指出了语料库结合下的可比性解决方案，然后从发散性多义和多形出发，指出多因素对比研究对形义内在关系的挖掘是对形式对等和功能对等的发展，其形义配对思想的运用兼具方法论优势和理论推动意义。

在类型学方面，崔苗苗、俞琳的《现代汉语相互事件编码策略的隐现规律研究》（《外文研究》第1期）基于相互事件的语言类型学理论，通过实验诱导和基于封闭式语料库的实证手段，就相互义饱和度、参与者数量、对称性3个参数探索了相互事件编码策略共现与互斥的隐现规律。

借助语料库，语音声学实验研究有了取得更多突破的可能性。王睿、艾斯卡尔·艾木都拉的《基于特征融合的正常语音和低语语音分类系统》（《现代电子技术》第4期）介绍了低语这种常见的发音方式，创建了汉语低语语料库，并建立一种鲁棒的低语与正常语音的分类系统，提出一种基于卷积神经网络（CNN）的特征融合方法，该方法将光谱平坦度（Spectral Flatness）和语音均方根（Root Mean Square，RMS）相结合。实验结果表明，所提出的特征融合方法能够提高低语与正常语音分类系统的性能，与基线模型相比，准确率提高21.67%。

很多研究都具有跨语言特性。最多的是来自英语的思考和英汉对比的研究。刘国兵、张莫晗的《基于语料库的“V+down”构式搭配分析及语义映射》（《外国语言与文化》第1期）基于美国当代英语语料库（COCA），采用构式搭配分析法中的共现词素分析法对“V+down”构式中进入V槽的动词与该构式之间的关联强度进行分析，考察共现动词的语义聚类，从而探究该构式的语义映射。张时倩、王俭的《具身认知视域下的语言身—脑—形三维模式初探——以获取事件及其构式为例》（《上海理工大学学报（社会科学版）》第1期）一文基于语言“身—脑—形”三维模式进行理论自建英语获取动词和构式语料库，经语料定量分析，来验证语言“身—脑—形”三维模式在阐释语言系统的认知操作过程和使用分布倾向中的有效性。一次词增长模式是计量语言学研究中的一个重要领域。王芳、许莹莹、冯志伟的《英语口语一次词增长模式研究》（《外语教学与研究》第2期）研究英语口语一次词的增长模式，基于英国国家语料库（BNC）口语语料，发现了英语口语一次词与词汇量的比率呈下斜的L形状，通过重新定义参数的Tuldava模型，描述英语口语一次词与词汇量的比率同文本长度之间的关系、比率的理论模型及其预测值95%双向置信区间，此幂函数模型同所观察的一次词与词汇量的比率曲线有很好的拟合度。此外，在其他外语方面，赵冲、许家金的《近百年西班牙语语料库建设与研究概述》（《欧洲语言文化研究》第1期）梳理了近百年的西班牙语语料库发展史，指出西语电子化平衡语料库的研制早于英语，在研究视角上西语语料库研究始终关注地域、文体等方面的语言差异，在机制建设上由权威语言学机构主导，这些可为我国语料库建设与研究提供有益参考。施灿镇、朱俊国、余正涛的《融合字符与词性特征的泰语文本语法错误检测》（《中文信息学报》第 11 期）结合相应的语言学及错误类型特点，基于人工启发式规则，利用单语数据构建了一定规模的泰语文本语法错误检测与纠正语料库，并基于该语料库提出一种融合语言学特征的泰语文本语法错误检测方法，在多语言 BERT 序列标注模型的基础上融合字符、词与词性的深层语义表达。安蓉的《基于语料库的语言对比研究——以“準備”“用意”和“准备”的对比为例》（《咸阳师范学院学报》第 6 期）分别使用日语语料库 BCCWJ 和汉语语料库 BCC 对日语近义词“準備”“用意”和汉语词汇“准备”进行了分析，通过对比两者的异同点总结了相互间的对应关系。

（二）语用研究

语用修辞的研究从语料库方法中获益良多。陈新仁的《语料库与人际修辞研究——以“说”的人际修辞用法为例》（《当代修辞学》第 2 期）基于北京大学现代汉语语料库（CCL）语料，系统考察“说”的人际修辞用法及其与常规用法，并从礼貌理论角度阐释其人际修辞理据。鞠玉梅的《科技新闻建构国家身份认同研究——基于“科技冬奥”中外媒体新闻报道的个案分析》（《当代修辞学》第 5 期）从科技新闻的社会性和政论视角出发，基于建构修辞学的理论框架，运用幻想主题修辞批评与语料库辅助话语分析相结合的研究方法，比较分析北京冬（残）奥会科技应用议题下，中外网络英文媒体报道的中国国家身份建构及其认同特征。

语篇关系历来是语料库关注的焦点。德波潘・达斯、马库斯・埃格、吴启竞等的《语篇关系的连续性》（《当代修辞学》第 6 期）从连续性的维度来分析具体实例中的语篇关系，采用 Givón（1993）的连续性维度分析修辞结构理论语篇树库中的五种典型关系，还以因果关系、状态关系和对比关系为例，说明了如何应用分析结果来验证连续性和语篇关系之间相关性的假设。何威恺、蒋玉茹、陈杰等的《中文多方对话篇章结构语料库构建及分析模型》（《北京信息科技大学学报（自然科学版）》第 5 期）构建了第一个中文的日常生活场景下多方对话篇章结构语料库，并提出了一种融入了角色识别特征及少量手工特征的基于图神经网络的篇章结构分析模型。

话语分析领域是近年来语言学方法的新宠，也是一种依赖语料的实证主义研究。金碧希、卫乃兴的《话语研究的语料库路径：方法、挑战与前景》（《外语与外语教学》第 1 期）从主要方法特征、常用分析技术以及与经典批评话语分析的对接及耦合等角度系统评述语料库话语研究的不同路径，包括基于语料库的话语研究（corpus-based discourse studies，CBDS）、语料库辅助的话语研究（corpus-assisted discourse studies，CADS）和语料库资讯的话语研究（corpus-informed discourse studies，CIDS），继而分析不同路径的思想和方法的异同，讨论话语分析在信息技术革命背景下面临的挑战，探讨其发展方向。李维静、许家金的《中国大学生英语话语标记序列组合规律及语用功能研究》（《外语界》第 5 期）的研究基于 COLSEC 和 SECCL 两个中国大学生口语语料库，采用多因素分析法，通过与英语本族语者话轮起始位置话语标记序列的对比，综合考察我国英语学习者自由会话任务中 240 个话语标记序列的组合规律及语用功能。臧悦、刘芹的《理工科大学生学术英语口语非言语特征研究——基于多模态视角》（《上海理工大学学报（社会科学版）》第 1 期）基于自建多模态学术英语口语语料库，运用多模态互动分析方法，对中国理工科大学生学术英语口语中的非言语特征进行研究，重点分析非言语模态结构配置、模态特征和模态协同。

技术进步支撑了多模态领域的快速发展。传统语用学研究主要考察语言符号在交际行为中的使用，限于以往的研究视野和技术手段，研究陷入了单个符号模态的视域，忽略了其他模态对语用意义构建的贡献。近年来，出于对真实语用交际及情感维度的重新认识，学者们开始从多模态视角分析语用现象。黄立鹤、杨晶晶的《多模态语用学研究的视野与方法》（《当代修辞学》第 6 期）阐释了在多模态范式下，言语行为理论、关联理论、话语标记语和隐喻等经典语用学议题及人际语用学、二语语用学和临床语用学等新兴议题在本体研究和应用研究两个层面上的发展现状。张宝林《汉语中介语多模态语料库体态语标注研究》（《国际中文教育（中英文）》第 3 期）探索了多模态中介语语料库建设中的体态语标注在内容和方法上的理论与实践，指出体态语标注应厘清标注对象边界，对具有辅助表意作用的表情和动作进行标注；其标注范围可以包括面部表情与动作、头部动作、上肢动作、下肢动作、全身动作等方面；应采取“偏误标注 + 基础标注”的标注模式和人标机助的方式，设计简洁、易懂、便于检索的标记代码进行标注。多模态与文化和交叉学科往往也能碰撞出火花。雷茜的《超学科视域下的多模态话语创新研究模式探索》（《外语教学》第 1 期）在回顾现有多模态话语研究的基础上，概括出语言学理论内驱式、范式融合式、跨学科式、跨科学领域融合式多模态话语创新发展模式，厘清了多模态研究相关学科间的关系，并以多模态文体学分析理论的建构过程为例，展示了超学科视域下多模态话语创新研究模式以问题为出发点、以协同整合为核心和受语境化制约的基本路径。席蕊的《基于语料库的“人类命运共同体”多模态视像化叙事建构》（《上海交通大学学报（哲学社会科学版）》第 12 期）基于自建的“人类命运共同体”多模态语料库，借助多模态隐喻和转喻理论，从模态表征类型、映射类型、分类占比、认知理据、运作机制等方面系统识解多模态隐喻和转喻，解构政治理念多模态视像化建构的叙事逻辑和过程范式。洪化清、倪亦斌的《中国传统故事多模态语料库的构建与应用——以瓷器上的故事画语料库为例》（《外语界》第 2 期）介绍了“中国传统故事多模态语料库”这种新型的以海外馆藏瓷器、版画等艺术品为媒材，承载反映中国传统故事内涵的图像和文本为素材构建而成的多模态语料库，并展望了多模态语料库在讲好中国故事、塑造国家形象、开展语言应用研究等方面的作用。刘佳的《数字化赋能非遗对外传播多模态语料库平台构建研究》（《上海翻译》第 6 期）通过梳理国内外非遗对外传播和多模态语料库的前期研究成果，对多模态语料库和非遗对外传播的多模态共性进行分析，探索数字化时代下适合非遗对外传播的语料库平台的构架和应用。濒危语言的多模态语料库构建具有重要的意义。谭宇辰、于重重、钱兆鹏等的《濒危土家语多模态语料库的构建》（《计算机仿真》第 10 期）建立了土家语的多模态语料库，包含视频、语音、文本三种模态材料，对语言学家深入地研究土家语具有十分重要的学术价值和实用意义。

批评话语领域，尚文博、胡开宝的《基于语料库的中美新闻话语情感策略对比研究——以中华人民共和国成立 70 周年报道为例》（《外语研究》第 2 期）采用语料库方法，借助修改后的评价系统情感分析框架，对中美媒体有关中华人民共和国成立 70 周年报道中的情感策略进行了对比研究，为新闻话语中的情感研究提供了一个语义分析框架，用于探索媒体如何利用情感塑造国家形象、建构民族认同和表明身份立场等。曾蕊蕊的《话语—历史分析视角下中国形象的话语建构——以 2020 年至 2022 年新冠肺炎疫情期间习近平主席对外讲话为例》（《外语研究》第 2 期）以话语—历史分析法为理论框架，结合语料库语言学方法，对习近平主席 2020 年 1 月至 2022 年 4 月新冠肺炎疫情期间发表的 46 篇对外讲话进行主题分析、互文分析、话语策略分析和社会历史语境分析，旨在探究在此期间国家领导人的对外讲话中构建中国“负责任大国”形象的话语策略及其隐含意义。张瑞华、史鑫媛的《西方媒体关于中医报道的批评话语分析——基于语料库的视角》（《外语研究》第 1 期）基于扩展意义单位词汇模式探讨西方媒体对中医的认知和态度，基于主题词考察西方五国媒体各自的侧重点，揭示了中医国际化所面临的一些挑战。

在文风语体方面，刘璐达、刘梦甜的《互动元话语与科普演讲：语境重置下的劝谏与修辞》（《外语学刊》第 2 期）基于自建 3 分钟演讲和同话题类的硕士学位论文摘要语料库，对比二者在互动元话语使用上的差异后发现前者的互动类元话语在总频数上远高于硕士学位论文摘要，各个子类元话语在两种目标体裁语境下的分布以及具体表现方式上也各有倾向。莫凯洁、胡韧奋的《现代汉语词汇语体属性探测模型研究》（《语言文字应用》第 4 期）立足于正式—非正式的语体维度，提出了基于机器学习方法的现代汉语词汇语体属性探测模型，旨在实现符合语体连续统特性的词语正式度测量，构建了现代汉语语体语料库，设计了语体分类特征，并基于《现代汉语词典》（第 7 版）中的〈书〉〈口〉标注数据训练语体属性自动分类模型。

（三）教学研究

在英语学习方面，齐晖的《基于数据驱动学习的医学英语论著写作教学设计及应用评价》（《医学教育研究与实践》2024 第 1 期）探讨了将数据驱动学习（data-driven learning, DDL）应用于基于体裁的英语学术写作教学的路径。杨伊、陈昌来、陈兴冶的《基于多模态语料库的教师话语分析：缘起、内涵及效力》（《教师教育研究》第 2 期）指出近年来兴起的多模态话语分析以言语行为理论为理论基础，突破了传统文本语料库的局限，将韵律、动作、意图、情境等多种语力表达手段纳入语料库中，结合多模态语料库中的具体教学案例进行剖析，发现该方法更能真实复现师生交互情景，多元展现语力表达形式，以及显化教师话语策略特征。

语料库方法指导教材编写方面有不少优秀案例，如王晓莉、胡开宝的《课程思政、英语应用能力与语料库技术“三位一体”的〈新时代大学应用英语〉》（《外语界》第 3 期）指出“新时代大学应用英语系列教材”编写以全人教育为本，融课程思政元素、英语应用能力培养、语料库技术于一体，凸显外语教材的人文性和应用性，实现教材编写的数据化和科学化，将助力大学英语教学改革与发展。金檀、李芷莹、徐曼菲等的《面向教材文本智能改编的教师语料库素养及实践应用》（《外语界》第 3 期）介绍了智能改编的三种范式，并结合语料库知识、语料库技术操作技能与语料库教学应用技能三个维度，阐释每种范式所需的教师语料库素养。文章进而通过在职外语教师培训案例，探讨了提升教师语料库素养及智能改编能力的可行路径。张正坤、阿力亚·艾尼的《中国学习者语料库研究的多元化转向——〈基于语料库的中国学习者英语特征及应用〉述评》（《上海理工大学学报（社会科学版）》第 3 期）介绍了《基于语料库的中国学习者英语特征及应用》一书，该书由上海交通大学甄凤超教授著述，囊括了其本人从事学术研究以来开展的一系列有关语料库研究的理论探索和学习者英语特征的实证性研究。王盈盈、张芸、赵丽丽著《语言学理论应用与语言教学的多维研究》

（中国书籍出版社，1月）从多维度对语言学理论与语言教学进行了深入研究。主要内容包括语言与语言学、语言教学理论等理论内容，然后介绍了词汇学、句法学、语义学、语用学、文化语言学、应用语言学、系统功能语言学、认知语言学与语料库语言学等理论在语言教学中的应用。张瑶的《语料库语言学理论在语言教学中的应用——评〈语言学理论应用与语言教学的多维研究〉》（《外语电化教学》第5期）对该书进行系统分析，指出将语料库语言学理论应用于语言教学领域具有实践的优势。

在对外汉语教学方面，张宝林等的著作《汉语中介语语料库建设标准研究》（北京语言大学出版社，11月）针对汉语中介语语料库建设中存在的随意性问题，借鉴国内外多种类型语料库的建设经验，并结合作者的语料库建设实践与理论思考，研究、制定了汉语中介语语料库建设标准。郑琬铃的《基于语料库的第二语言学习者"把"字句习得特征考察》（《宁夏大学学报（人文社会科学版）》第2期）基于150万字的学习者中介语语料，对日语、韩语、英语、越南语、印尼语五种不同母语背景的第二语言学习者"把"字句的使用情况进行了考察与分析。姜有顺、刘豪妍《基于语料库的汉语二语写作篇章组构模式比较研究》（《汉语学习》第2期）的研究选取母语为英语的汉语二语中高级学习者参加高等汉语水平考试的议论文作文为语料，根据官方阅卷人的作文评分，抽选高分组作文（HS）和低分组作文（LS），进而对比考察两组作文使用的篇章组构模式（DOP）的频率、密度及其分布特征。

在儿童语言习得方面，李慧敏和王磊奇的《汉语儿童早期应答语的发展》（《当代语言学》第6期）运用纵向个案研究、对比研究等方法，结合CHILDES转写系统、CLAN程序以及INCA-A系统考察汉语儿童一岁至三岁期间应答语的发展情况。王莹莹、黄荷婷、王玮的《儿童汉语口语语料库文本设计》（《汉江师范学院学报》第1期）研制了儿童汉语口语语料库，包括自然口语语料库和声学语料库两个部分。

（四）翻译研究

回顾过去，戴光荣、刘思圻的《语料库翻译教学研究进展（2007—2022）：基于国内外学术论文的对比分析》（《外语界》第1期）对2007—2022年语料库翻译教学研究领域的中英文核心期刊论文进行梳理，尝试构建语料库翻译教学研究框架，分析国内外研究的共性与差异。胡开宝、田绪军的《基于多语语料库的翻译研究：议题与意义》（《北京第二外国语学院学报》第2期）一文在梳理语料库翻译学缘起和研究现状的基础上，分析了目前语料库翻译学研究存在的不足，提出相较于单语或双语语料库研究，多语语料库的翻译研究能够深化语料库翻译学研究，而且可以为具有普遍性意义的翻译理论研究提供重要的物质基础，推进普通翻译学的构建与发展。

展望未来，语料库作为翻译辅助技术、翻译教学技术和研究工具，与数字时代的翻译教学相契合。黄立波、王克非的《语料库翻译学发展阶段与前沿动向分析》（《外语教学与研究》第5期）一文以一系列学术事件为线索，将语料库翻译学三十年的发展划分为学科地位确立、学科体系完善和研究疆域拓展三个阶段，指出当前研究呈现视角多样化、方法复合化和数据统计分析理据化的特点。张威、雷璇的《翻译研究的数字人文"转向"：现状及反思》（《中国翻译》第2期）指出面对数字人文这一时代热潮，数字人文语境中翻译研究现状及特征要全面评价，数字人文翻译研究在本体观照、理性分析、实际应用等方面的问题也须客观分析。

语料库方法在翻译学和逻辑学的交叉领域也有推进。尚新的《蕴涵关系与基于对比分析的翻译实证研究》（《外语教学与研究》第2期）表明，对比分析与翻译研究之间的关系实质上是前者蕴涵后者，可表征为"若P，则Q"。该逻辑表达式将对比分析结果与翻译研究整合在一个复合命题里，该复合命题的证伪，要求分别对前件命题和后件命题进行证伪，而证伪程序内在地要求双语语料库和平行语料库发挥验证功能。

许多学者采用自建平行语料库研究翻译语言，这已经成为翻译领域的一个研究范式。赵秋荣、孙培真的《译者多重身份对译者行为影响路径的语料库考察——以〈传习录〉英译本为例》（《外国语文》第1期）建立《传习录》汉英平行语料库，运用二语句法复杂度分析器（L2SCA）、词汇复杂度分析器（LCA）和语篇衔接分析器（Coh-Metrix），对比译入和译出两个英译本的易读性、词汇丰富度和句法复杂度，探究译者多重身份对翻译行为的影响。杨陇的《语料库视域下中国先锋小说英译之双重叙事进程翻译建构》（《外语研究》第4期）一文借鉴费伦后经典叙事学的叙事进程概念，同时关注申丹的双重叙事进程拓展性阐释，基于并拓展图伦的语料库文体学关于叙事进程实证研究的参数框架，以我国当代作家余华短篇先锋小说英译本为例证，探讨汉语小说英译过程中叙事性的规律契合与变异。庄雅妗、谌莉文的《〈孟子〉汉英平行历时语料库的创建与运用》（《外语与翻译》第1期）探讨《孟子》英译本历时平行语料库的创建和应用，分析《孟子》原文及其译本的总体特征，研究发现《孟子》各译本在语言层面、译本形式、翻译方法等方面的异同与译者的翻译理念、身份背景、文化语境等息息相关。祝朝伟、李润丰的《基于语料库的庞德中国典籍英译译者风格探析》（《外语教学》第4期）利用语料库分析方法，通过自建庞德翻译作品语料库和庞德原创作品语料库，从词汇、句法和语篇三个层面比较庞德的翻译作品与原创作品，归纳总结庞德在中国典籍英译中的译者风格。

利用已有的语料库的研究也有很多，如吴继峰、刘康龙、胡韧奋等的《翻译汉语和原创汉语句法复杂度对比研究》（《外语教学与研究》第2期）基于LCMC和ZCTC两个可比语料库，使用14项绝对复杂度和相对复杂度指标对比翻译汉语和原创汉语的句法复杂度差异，指出汉语翻译同时存在"简化"和"繁化"的翻译共性。

人机翻译对比研究能够探索机器翻译的潜在优势。梁君英、刘益光的《人类智能的翻译能力优势——基于语料库的人机翻译对比研究》（《外语与外语教学》第3期）基于语料库对人工翻译和机器翻译产出在词汇、句法、篇章等多个维度的文本特征差异加以系统分析，以期探究人类智能的翻译能力优势，进而把握新时代下译员翻译能力培养的新需求与新导向。

在口译研究领域，冯展祥、李洋的《基于跨模式口译语料库的代词对比研究》（《河北科技师范学院学报（社会科学版）》第1期）基于两会期间总理答记者问交传语料库和我国领导人重要讲话同传语料库，自建跨模式口译语料库，为充分对比政治场域内口译员使用代词情况提供了翔实证据。停顿作为口译产品中重要的副语言表现形式，对于口译研究具有特殊意义。齐涛云的《职业译员英汉同传译文停顿频次特征：一项基于语料库的研究》（《外语学刊》第1期）将收集的12名职业译员的12组现场英汉同传语料建成口译语料库，并以此为基础对译文中的停顿频次特征进行描写和分析。

（五）辞书研究

这一年语料库技术推动辞书研究发展主要有两个亮点。一是全方位融通的融媒体辞书研究取得重要进展。卫冰的《融媒体视角下汉语学习词典文化词的处理研究》（广东外语外贸大学硕士学位论文）从融媒体的视角探究汉语外向型学习词典文化词的处理特点，对比了《当代汉语学习词典》《汉语教与学词典》《现代汉语学习词典》以及 JUZI 汉语 App，提出融媒体视角下汉语外向型学习词典文化词的编纂设想。柏寅松的《融媒体时代英语学习词典负面语据信息的优化——以在线版〈朗文当代高级英语学习词典〉为例》（《海外英语》第 20 期）以词典中负面语据信息为个案研究对象，探讨了融媒体时代背景下，英语学习词典设计特征的优化路径。二是语料库技术辅助辞书编纂成为研究热点。胡钦谙的《面向语文辞书编纂的神经网络语料库检索研究》（《辞书研究》第 1 期）注意到辞书编纂人员在检索语料库时，实际上更为关注的是检索词出现的上下文语境，因此尝试以海量检索结果中的同质语境为突破口，通过人工智能中的注意力机制、上下文相关词向量以及预训练语言模型等技术，以可视化及可交互的形式为辞书编纂人员展现检索结果分布的概貌，批量处理同质的语境，以提升辞书编纂的效率。

（六）病理语言学和其他

此外，语料库方法在其他语言学应用领域的研究也有重要的创新和进步。蒋跃、安旭飞、袁家宏的《阿尔茨海默病患者语言障碍研究：回顾与展望》（《西安外国语大学学报》第 4 期）对国内外临床医学、语言学和计算机科学等领域阿尔茨海默病患者语言障碍研究进行梳理和反思，认为未来的阿尔茨海默病患者语言障碍研究应该从增加患者组和对照组不同形式的语料和从其他更复杂的语言层面两个方面发展。手语盲文也在逐步实现数字化。任天宇、姚登峰、仰国维、康新晨的《中国手语信息化的现状、瓶颈与实现路径》（《语言战略研究》第 4 期）针对中国手语的信息化在理论建构、实践模型和应用软件的欠缺以及手语数据集及语料库的薄弱等问题，提出要以中国语言为基础完善中国的手语书写系统理论，量身制定手语信息化标准，根据先机读后人读的原则制定手语输入输出方案。2023 年 6 月 16 日，中国盲文手语研究院还组织召开了国家手语语料库建设调研会。

四、学术会议

在 2023 年度与语料库相关的众多重要的学术会议中，除了专门为语料库研究举办的会议和活动之外，许多语言学的大会基本接受语料库语言学方面研究内容的文章及摘要，依据自身条件为语料库语言学设立分会场，体现出对语料库语言学研究的高度重视。

在语料库建设方面，2023 年 10 月 27 日上午，中国社会科学院语言研究所、语言研究所语料库暨计算语言学研究中心主办召开了 2023 汉语语料库建设与应用研讨会。六场主旨报告的题目分别为“ChatGPT 的语言学启示”“大语言模型的原理、实现及应用”“古汉语语料库建设与大模型研究”“大数据统计方法在语言研究中的应用”“通用人工智能技术进展与典型应用”“大模型对语料库分析工具的影响”。

2023 年 10 月 27—29 日，由西安交通大学外国语学院主办、北京外国语大学中国外语与教育研究中心、《外语教学》编辑部和西安交通大学出版社协办的“基于语料库的跨学科前沿研究”国际会议在西安召开。2023 年 11 月 10 日，北京大学社会科学部在北京大学数字化实验教学中心举办“数字与人文节气沙龙”立冬篇活动，主题为“北京大学 CCL 语言资源建设概况——语言知识数据化和可视化”。

在语言教学、语言习得和中介语研究方面，2023 年 4 月 1—2 日，由北京语言大学、同济大学、南京大学、鲁东大学、广东外语外贸大学、福州外语外贸学院、北京外国语大学、北京师范大学、美国加州大学戴维斯分校、英国诺丁汉大学等 10 单位联合主办的第七届汉语中介语语料库建设与应用国际学术研讨会在中国上海同济大学召开，主题为“后疫情时代汉语中介语语料库建设与应用研究面临的挑战与机遇”。2023 年 4 月 15 日，由华东师范大学和批改网联合主办的第八届数据驱动的计算教育学研讨会，在上海华东师范大学举办，主题为“AI 语料库赋能语言教学与研究”。

在语料库与辞书词典研究方面，2023 年 12 月 9 日上午，中国社会科学院语言研究所、中国社会科学院辞书编纂研究中心、中国社会科学院语言研究所语料库暨计算语言学研究中心主办召开了第三届计算词典学研讨会。会议的主题为“大语言模型下的辞书编纂”。2023 年 6 月 22—24 日亚洲辞书学会第十六届国际学术大会在韩国首尔延世大学举行，主题为“词典学、人工智能和词典用户”。

还有一些针对特殊语料库的会议，如 2023 年 6 月 16 日，中国盲文手语研究院作为国家手语语料库建设牵头单位组织召开了国家手语语料库建设调研会。

总体来说，有赖于数字人文技术的迅猛进步，2023 年是语料库理论与实践蓬勃发展的一年，这一年在技术手段的进步方面表现尤为出色，已经不仅仅局限于量的累加，更是质的飞跃。同时，交叉学科对于语料库和语言资源建设的关注显示出研究者对于实证研究的重视。语料库不仅是语料库语言学研究的基础资源，也是经验主义语言研究方法的主要资源。一言以蔽之，技术革新永远不会落下资源的建设，未来语料库取向的研究大有可为。

社会语言学研究

王春辉　董洪杰　张振达

2023年度的社会语言学研究延续了往年的论题，主要涉及语言治理与政策规划、语言变异研究、话语分析研究、语言与人工智能、语言生活与语言服务、学科发展等。其中，语言与人工智能、数字时代的语言治理、语言国情调查研究成为2023年度的亮点。

一、语言治理与政策规划

自国务院办公厅发布《关于全面加强新时代语言文字工作的意见》以来，国家大力推动国家通用语言文字推广普及、推进语言文字基础能力建设，增强国家语言文字服务能力，加强语言文字国际交流合作及相关研究。2023年度，语言治理与政策规划研究紧跟国家战略动态，立足铸牢中华民族共同体意识，探讨民族地区国家通用语言文字推广普及方略；拓宽国际视野，调研不同国家和跨国企业、国际组织语言规划实践和政策；着眼数智时代需求，思考数智时代语言治理的新问题、新挑战、新路径。

（一）民族地区国家通用语言文字推广普及

党的二十大明确提出大力推广普及国家通用语言文字。2020年以来，语言政策与规划研究紧密围绕铸牢中华民族共同体意识，探讨国家通用语言文字推广普及的意义、机理、政策、路径、策略等。2023年度相关研究聚焦重点地区、重点人群，精准定位民族地区国家通用语言文字推广普及问题，探究民族地区国家通用语言文字推广普及的历时演进、现状以及推广普及方略。

韩雨默、孙国军《宋辽金元：通用语言文字推广及多元一体格局研究》（《辽宁师范大学学报（社会科学版）》第3期）回顾了宋、辽、金、元政权学习与推广汉语言文字的实践以及多民族多元一体意识的形成。党宝宝、韩闰轩《民族地区国家通用语言文字教育的政策演进、实践经验与优化策略》（《民族教育研究》第4期）梳理了新中国成立以来民族地区国家通用语言文字教育政策的演进史、历史经验与改进策略。石琳《中国式现代化进程中民族地区国家通用语言文字的高质量推广普及：时代内涵与发展路向》（《民族学刊》第5期）分析了新时代民族地区国家通用语言文字普及提升工作的格局性变化，探索中国式现代化进程中提高民族地区国家通用语言文字普及水平和质量的发展路径。

《民族教育研究》聚焦民族地区国家通用语言文字推广普及的现实效果与当下问题，集中刊发了民族地区国家通用语言文字推广普及的理论基础、现实问题和解决策略的系列文章：孙倩文、李玲、陈可《整体性治理视角下民族地区推普政策执行碎片化及其整合》（《民族教育研究》第2期），胡炯梅、陈燕燕《民族地区乡村国家通用语言文字推广实践效果分析——以“我把国家通用语带回家”为例》（《民族教育研究》第3期），张时空、陶迪《国家通用语言文字促进少数民族进城务工人员融入城市生活调查——以呼和浩特市为例》（《民族教育研究》第3期），赵妍《国家通用语言文字教育助力民族地区乡村振兴的现实困境与优化策略》（《民族教育研究》第4期），李瑞华、杨成环《民族地区国家通用语言文字教育高质量发展：时代内涵、转型特征及实现路径》（《民族教育研究》第5期），徐林、王阿舒《国家通用语言文字教育铸牢中华民族共同体意识的逻辑与进路——基于多学科视角的分析》（《民族教育研究》第5期）。

此外，也有部分文章调研、分析了民族地区国家通用语言文字教育的效果、问题及其发展路径：曹传锋、侯俊霞、李圃《国家通用语语言态度量表的建构及实践——基于对新疆塔塔尔族和塔吉克族的调查》（《语言文字应用》第3期），孙亚俊《大学语文教学中铸牢学生中华民族共同体意识路径研究——以新疆工程学院为例》（《国家通用语言文字教学与研究》第1期），王方、李洁《普通话融入青海地区教育路径探讨》（《国家通用语言文字教学与研究》第5期），黄晓艳、梁焱《国家通用语言文字成人教材分析——以西部边疆地区为例》（《国家通用语言文字教学与研究》第6期），史菲《西部地区国家通用语言文字教育现状及培训路径研究——以青海省黄南州为例》（《国家通用语言文字教学与研究》第9期）。

（二）跨国企业、国际组织的语言规划实践

语言规划有宏观、中观、微观之分，宏观语言规划又可分为国际、国家两个层面，中观语言规划主要包括领域和区域两个方面。跨国企业、机构、组织是开展国际语言治理、制定国际各个领域语言政策的主体。2023年度研究关注各类跨国企业和国际组织的语言管理实践，探清各类跨国主体的语言规划现状、特点以及策略、经验。《语言战略研究》第2期开设跨国公司语言问题研究专栏，刊发以下文章，讨论跨国企业的语言选择与应用、语言管理策略及其对国家语言生活的影响和跨国企业语言管理研究的新发展：王苑青、张华辉、刘伟斌、尹煊、张帆、于潇媛《“跨国公司的语言问题”多人谈》，吉里·内克瓦皮尔、塔玛·谢尔曼、何山华《跨国公司如何改变周边语言环境：来自捷克的观察》，杭亚静、赵蓉晖《在沪跨国公司的语言管理策略及影响因素》，殷志平《跨国企业语言管理研究：从两种视角走向交叉学科》。国际组织的语言政策与规划方面，相关研究主要探究了国际组织语言政策研究方法、概况以及政策（或实践）现状，主要文献包括戴冬梅《法语联盟的运作策略及启示》（《语言政策与规划研究》第1期），郑咏滟、李文纯《国际组织语言政策研究数据驱动的新路径》（《语言政策与规划研究》第2期），曹友谊、张洁《国际组织语言政策研究综述》（《中国语言战略》第2期），张治国、李兰《总部驻华国际组织语言政策调查研究》（《外语学刊》第6期）。

2023年度出版的国际组织语言政策相关专著还有方小兵编译的《联合国语言政策规范文件汇编》（南京大学出版社，3月）。

（三）语言政策与规划区域国别研究

语言事关国家安全、民族团结、社会稳定、文化繁荣，2023年度语言政策与规划区域国别研究具有高度的国家战略意识，着重从国家安全稳固、民族文化融合、国家语言能力提升三个维度，探讨不同国家不同时期的语言治理与语言政策，说明并阐释语言的国家战略意义。

语言安全关涉国家安全。《解放军外国语学院学报》第6期发表系列文章，从安全维度探究中国、俄罗斯、巴基斯坦、印度的语言问题和语言政策：林立娟、王铭玉《中俄跨境鄂温克语（埃文基语）安全问题与对策》，李俊璇、袁曦冉《国家安全视域下巴基斯坦语言问

题研究》，何宁、廖波《论语言政策与规划的安全维度——以独立后印度的语言政策与规划为例》。《北京第二外国语学院学报》第3期开设“国家语言安全多人谈”，重点围绕国家语言安全理论体系构建、语言安全区域国别对比研究、国家语言安全学科体系和话语体系建设等问题展开讨论。

语言问题关涉民族关系。李春风《缅甸语言政策对华人语言文化适应性的影响》（《语言政策与规划研究》第1期）、盛静《中国移民儿童的双语发展与家庭语言管理：以移民至英国的中国家庭为例》（《语言政策与规划研究》第1期）探讨了缅甸、英国华人移民的语言政策和语言规划对其文化融入的影响。张辉《朝鲜朝（1392—1910）语言规划研究》（《语言战略研究》第2期）梳理了朝鲜朝国家语言规划的3个阶段及其对本国民族与其他民族关系的影响。袁雨航《语言意识形态视角下的巴基斯坦国语推广政策研究》（《语言政策与规划研究》第2期）讨论了巴基斯坦国语推广与其本国民族认同的关系。另外，有一批文章集中讨论了欧洲、非洲国家的语言政策对国家语言意识形态、民族（含各族裔、移民群体）关系、民族融合的影响，以及各国语言政策的变化，包括何山华、戴曼纯《中欧国家转型期语言教育规划及其动力机制研究》（《语言政策与规划研究》第2期），刘洪东、魏进红《语言政策与规划视角下的法国地方语言发展：以布列塔尼语为例》（《语言政策与规划研究》第1期），董洪杰、王雅荔、李蓓蕾《〈语言使用法〉与北马其顿国家双语制的再确认》（《语言政策与规划研究》第1期），徐台杰、董希骁《罗马尼亚高校跨境语言教育的经验及启示：以克卢日—纳波卡“巴贝什—博尧伊”大学为例》（《语言政策与规划研究》第1期），彭裕超《语言民族主义主导下的黑山语言规划》（《语言政策与规划研究》第1期），姚景晨、党沁然《阿尔及利亚语言政策研究及其启示》（《西安外国语大学学报》第4期），惠天罡、高璐《法国移民语言政策的发展历程、核心逻辑与趋势展望》（《江汉学术》第6期）。

国家语言能力关涉国家实力。《昆明学院学报》第5期设置了关键语言研究专栏，集中讨论中国的关键语种规划问题，重点介绍美国关键语言计划等重要政策，提出关键语言能力是国家语言能力的重要组成，关涉国家综合国力，并提出了关键语言规划的相关路径、方略，专栏文章包括张天伟、陈练文《关键语言的理论思考及其关键度比较》，董希骁《中国关键语言：重新阐释与规划建议》，张治国《中国关键跨境语言研究》。

此外，2023年度出版的语言治理与语言政策的相关专著也主要集中在区域国别研究，包括赵蓉晖、张琛主编《世界各国宪法中的语言条款汇编》（商务印书馆，4月），王辉主编《“一带一路”国家语言状况与语言政策（第四卷，非洲卷）》（社会科学文献出版社，7月），杨丹主编《大国语言战略》（外语教学与研究出版社，9月）；小理查德·B.巴尔道夫、罗伯特·B.卡普兰《非洲语言规划与政策（第1—2卷）》（社会科学文献出版社，2月），以及外语教学与研究出版社出版的文秋芳总主编的“国家语言能力研究丛书”（第二批）[①]，包括《俄罗斯国家语言能力研究》（2月）、《荷兰国家语言能力研究》（2月）、《德国国家语言能力研究》（5月）、《法国国家语言能力研究》（10月）。

---

① 第一批于2021—2022年出版，包括《新中国国家语言能力研究》（2021年10月）、《罗马尼亚国家语言能力研究》（2021年10月）、《意大利国家语言能力研究》（2022年10月）。

（四）数智时代的语言治理

2023年国家持续推动社会各个领域数字化转型，大力发展人工智能技术，推动中国进入数智时代。2023年度相关研究密切关注数智时代需求，讨论数智时代人类即将面临的语言生活问题，并提出治理路径。李宇明《人机共生时代的语言数据问题》（《华中师范大学学报（人文社会科学版）》第5期）回顾了人类语言技术的发展，提出人机共生时代的特征和语言大模型的语言数据问题，并提出语言数据管理开发的问题与路径。沈骑、孙雨《数智时代网络语言安全治理的范式及实现路径》（《解放军外国语学院学报》第6期）探讨数智时代人工智能发展及网络语言对中国政治、科技、文化、教育领域带来的挑战，厘清网络语言安全治理的三大范式，并提出网络语言安全治理的路径。籍红丽、彭爽《语言安全治理数字化转型的必要性和创新路径》（《江汉学术》第1期）提出语言安全治理数字化转型的必要性及其原则和路径。梁砾文、赵蓉晖、王孝存《智慧民航建设中的语言规划研究》（《中国语言战略》第2期）深入具体领域，关注国内外智慧民航语言实践、语言资源、语言规范，并提出智慧民航语言规划的路径方略。

2023年度也有部分文献涉及语言治理助力乡村振兴的相关文献，但鉴于数量有限且内容、主题更贴近于乡村语言生活及其调查，故将其纳入“语言生活与语言服务”栏目予以综述。

二、语言变异研究

广义的语言变异涵盖了从社会视角下对特定语言要素、语言接触和语言演变开展的研究，注重分析语言与社会的互动关系。2023年度主要涉及语言变异与变化研究、词汇变异专题研究和语言接触引发的语言演变等三个方面，呈现出实证主义导向、词汇分析导向和语言接触导向三个突出特点。下文以研究内容为纲作简要综述。

（一）语言变异与变化研究

2023年度的变异与变化研究既有理论引介，也关注微观语言变异、城乡语言接触与演变以及当代社会现实和虚拟空间里的语言生活问题。威廉·拉波夫的《语言变化原理：认知和文化因素》（商务印书馆，9月）作为国外语言学译丛的成果引介出版。作为社会语言学的基础性理论著作，该书基于实证研究强调了认知因素与语言变化在跨方言的理解中的效应，并提出了方言分化的普遍模型，并强调社会文化是语言变化的重要驱动力量。在理论构建方面，该书力图解决历史语言学中谱系树模型与波浪式模型之间的对立：谱系树模型是从父母向儿童传递的一种不间断的系列，保留系统的总体作为儿童语言习得能力的结果；而波浪模型是在成人之间扩散的结果，反映出年长的说话人语言习得能力的有限性。同年，佩内洛普·埃克特、萨利·麦康奈尔-吉内特的《语言与性别》（商务印书馆，8月）也作为语言学及应用语言学名著译丛的成果出版，该书主要研究了性别与语言使用之间的关系，重点讨论了性别变化所涉及的语言竞争与冲突，揭示了语言与性别之间的关系是蕴含于社会实践之中的、深层次的、不断变化的。徐默凡《从社会方言到功能语体——网络语言新论》（上海文化出版社，8月）对三种语体（口语体、书面语体和网络语体）做了系统的学理研究，为母语教学、对外汉语教学、工具书编撰和语言文字规范化等工作提供了切实的理论依据。刘晨红的《言语社区与语言文化研究：宁夏语言生活调查》（中国社会科学出版社，3月）划分了宁夏言语社区的类型，通过调查宁夏各类典型言语社区的居民语言状况、移民社区的语言状况及社会用语，研究了宁夏言语社区语言的动态使用和变异情况以及语言文化特征。刘昊坤、张璟玮的《城乡性别作用模式的差异——以德州话（ei）变项为例》（《中国语言战略》第2期）对德州市区、县城、乡村（ei）变项的共时分布情况进行了调查，发现在德州市区和县城的性别差异由于两性相对平等的社会地位的原因并不显著，而乡村则因家庭分工模式在城市化进程中的转变而表现出女性使用更多的本土变式，与西方性别标准模型相反。付义荣的《闽南农村方言词汇变化研究》（《中国语言战略》第2期）发现很多闽南方言词汇正呈现老龄化的趋势，并在近20年出现了加速的迹象，且闽南方言词汇的自创能力渐弱。高昕、陶寰的《音变中的情境效应和词汇效应——以上海市区方言 /Aʔ~əʔ/ 的产出与感知合并为例》（《中国语言战略》第2期）对上海市区方言 /Aʔ~əʔ/ 的产出与感知两方面的合并情况进行了案例研究，发现情境效应与词汇效应均影响了合并进程。李燕、姜亚军的《语料库驱动的中外学术语篇词块变异研究》（《外语电化教学》第2期）采用语料库驱动法，以英语母语语料库为参考，考察了中外写作者英文学术语篇中四词词块的异同。文章发现中国作者注重文本布局与逻辑建构，而英语母语写作者更侧重研究者的信息传递；中外作者学术语篇中四词词块结构与功能互动也存在一定差异。金耀华、王非凡的《搭配频率与普通话声调异读现象》（《语言教学与研究》第4期）调查了全国范围内普通话使用者关于“潜”“违”“祈”“寅”四字的发音问题，结果显示四字存在较为明显的“阳平 / 上声”异读现象。研究认为，“阳平 + 上声”的声调组合模式干扰了普通话使用者对于前字本调的判断，从而出现了较为普遍的“阳平 / 上声”异读现象。

（二）词汇变异专题研究

词汇是最具社会敏感性的语言要素，和往年一样，2023年度的词汇专题研究仍然是语言变异现象的主要切入点。卢月丽的《新马华语第三人称代词历时发展调查与思考》（《语言文字应用》第3期）以中国早期国语（1919—1949年）和普通话为参照，考察了新马华语第三人称代词的历时变化，发现新马早期华语中的第三人称代词与中国早期国语具有一致性，为早期华语来源于早期国语的推断提供了佐证。方寅、李萌《网络热词的语义建构与解构——以“内卷”为例》（《语言文字应用》第2期）以“内卷”为个案的分析表明，语义建构是多向的，同时，言语行为主体的差异性具身认知和网络言语行为环境的特点促成了网络热词语义内容增删等语义解构的发生。汪锋、殷玥《茶名“荈”的源流及其文化蕴含》（《语言学研究》第34辑）通过梳理茶名“荈”的源流，说明了茶名“荈”的意义、来源及使用，为茶文化提供了更多切实的细节。罗豪伟、吴彧君、余华的《对教育评价话语的分析与反思——基于上海高中生对“学霸”的使用调查》（《语言学研究》第35辑）调查了高中生对“学霸”一词的使用和认知，发现“学霸”话语的产生与传播是以考试为导向的单一评价话语所致，考试排名前列是学生获得并维持“学霸”身份的唯一途径；“学霸”为隐性知识权威的同伴关系可能引发消极情绪和过度竞争。方清明、黄琦泓《政治话语关键词“战略”的搭配特征、泛指及其动因》（《中国语言战略》第2期）基于中国共产党五代领导人的重要文献语料，考察了“战略”百年来语义的历时变化过程，并从社会因素、伟人效应、语言层级和语体要求等方面分析了“战略”泛指的动因。李宇凤的《论对话交际中的互动平衡原则——以“谢谢”的言语行为功能演化为例》（《汉语学报》第3期）认为，“谢谢”因其互动环境的差异而采用不同的表达形式平衡不同的“言语—物质”互动，实现了不同的言语行为功能。礼貌用语“谢谢”类表达的言语行为功能演化体现出人们对话交际中普遍遵循的互动平衡原则。侯敏编著的《汉语新词语词典（2000—2020）》（商务印书馆，1月）收录了2000—2020年产生的汉字开头的新词语，这些词语集中反映了20年来中国在政治、经济、科技等各领域的飞速发展，也反映了人民生活及社会面貌的巨大变化。

（三）语言接触引发的变异与研究

从语言接触的视角分析语言变异与演变是2023年度的一个重点研究方向。陈保亚、田祥胜的《强势语言做基语对目标语带来的深刻变化——以汉语和回辉话接为例》（《语言学研究》第34辑）认为，汉语对回辉话影响最为深刻，其主要原因在于作为强势语言的汉语处于基语地位，而回辉话处于目标语地位。余德江、陈保亚的《从变异有阶分布看接触引发的语音演变——以傣语与汉语接触为例》（《民族语文》第3期）提出了一个语言接触的分析框架，认为应该在梳理历史音变的基础上，根据变异的有阶分布来确定语音演变的性质和方向。邵燕梅、田梦的《冀鲁官话大学生英语单元音学习的方言迁移》（《外语电化教学》第1期）以山东境内冀鲁官话方言区大学生英语单元音的学习为例观察方言的迁移规律，发现方言在影响二语学习的诸多因素中最为强势。研究认为，将学习者的母语因素纳入目的语教学才能更好地服务并指导外语学习。钟昆儿的《语言接触中音节结构的渗透——以闽语区官话方言岛的双尾韵为例》（《中国语文》第4期）发现福建闽语区官话方言岛音系中存在闽东、闽北方言语音特征的双尾韵是方言接触中闽语的音节结构渗透至官话的结果，其演变动因是双语（双方言）社会中语言系统经济性原则。覃远雄的《桂南平话、粤语鼻音和边音声母拼阴调类现象——语言接触引起的演变》（《民族语文》第2期）讨论了桂南平话、粤语鼻音和边音声母语素今读阴调类的现象。文章认为，桂南平话区、粤语区的人们在学习汉语的过程中，将母语的口语词与发音习惯带入了汉语，很多鼻、边音声母拼阴调类的语素，受到了语言接触过程中汉语学习者的母语影响。张会见、傅梦菊《语言接触视角下朝、日语汉字否定前缀的演变研究》（《外语研究》第1期）以否定词“不、未、无、非”为研究对象，分析了其在朝鲜语语料库（鲜语）和日语语料库中的使用情况，发现汉字否定词借入新语言之后，其组合形态和语义产生的变化与汉、朝、日三种语言不同的编码策略紧密相关。于飞、崔学森、佟一的《语言接触视角下近代汉语词汇的生成：以近代中日国语辞典互动为中心》（社会科学文献出版社，2月）以《新尔雅》《辞源》等近代汉语代表性工具书为线索，从中日语言接触的角度探索了近代汉语新词“东渐西归”的过程。陈荣泽、脱慧洁《关中山东方言岛语言接触与演变研究》（商务印书馆，7月）以“语言接触”为理论视角，描写了关中山东方言岛及源方言的语音、词汇和语法，以此为基础对山东方言岛与源方言、关中方言进行了比较研究，分析结果呈现了关中山东方言岛在关中方言的影响下所发生的各种语言演变。彭剑、杨文全的《网络汉英谐音夹用的形音义用、生成识解及研究价值》（《语言文字应用》第2期）以汉英谐音夹用为研究对象，梳理了其语义语用演化轨迹，讨论了汉英谐音夹用的生成识解机制和动因，总结归纳了汉英谐音夹用的研究价值，并从三个维度对汉英谐音夹用现象提出了规范建议。

三、话语分析研究

和往年相比，话语研究依然是社会语言学中较为活跃的领域。2023年度话语分析研究涉及话语研究的理论与方法、话语与形象构建、媒体话语研究、政治话语研究、国家治理话语研究以及多元语境话语研究等六个方面，表现出关注社会生活、重视语料、领域特征鲜明、外语期刊为主要阵地等特点。下文作简要综述。

（一）话语研究理论与方法

胡开宝、杜祥涛的《中国特色大国外交话语的传播研究：议题、现状与未来》（《外语教学》第6期）介绍了中国特色大国外交话语传播研究的现状，并以此展望该领域研究的发展方向。研究认为，中国特色大国外交话语传播研究涵盖了中国特色大国外交话语传播的原则和形式、方式、策略、主体、受众以及传播效果等议题，应拓展并深化中国特色大国外交话语传播研究。金碧希、卫乃兴的《话语研究的语料库路径：方法、挑战与前景》（《外语与外语教学》第1期）系统分析了基于语料库的话语研究、语料库辅助的话语研究以及语料库资讯的话语研究等不同路径的话语研究的思想和方法的异同，讨论了信息技术革命背景下的话语分析的发展方向。陈晗霖的《话语—历史分析：趋势与展望》（《现代外语》第6期）在梳理话语—历史分析发展阶段的基础上，对其新发展进行了总结与评述，并基于当前研究的局限性提出了建议，为其未来发展提供了参考方向。张德禄的《多模态话语中符号意义构成研究》（《当代修辞学》第3期）对多模态话语中符号意义的构成进行研究，探讨了基于供用特征、话语实践和符号世界三个视角的符号意义的研究，以及从符号世界四个层次的现象域对符号意义及其来源的研究，并分析了符号意义、符号系统的生成及其过程和符号在多模态话语建构中的作用。赵秀凤的《多元话语网络中的话语互动》（《解放军外国语学院学报》第1期）考察了不同社会主体话语之间的相互联系和影响，发现上级主体话语与下级主体话语间形成了一种纵向的权力互动，主要体现为语体的再情景化和话题链上的延展、提升和改造。熊涛、周小兵的《国际传播视域下中国文化读本的话语亲和力建构》（《现代外语》第1期）整合了中国传统哲学和中西话语修辞相关理论视角，论证了话语亲和力具有主体属性、互动属性和价值属性，并以此为基础提出了话语亲和力的分析框架，为推动国际传播话语创新提供了新的思路，丰富了和谐话语分析、积极话语分析的方法维度。

（二）话语与形象构建

何伟、程铭的《新时代生态文明建设对外传播话语与国家生态形象塑造研究》（《外语电化教学》第4期）基于系统功能语言学及物性系统理论的语料库辅助功能话语分析法，考察了新时代中国生态文明建设对外传播话语的内容主题和语言表征，探讨了报道内容、报道倾向及语言表征对中国国家生态形象的塑造。研究发现，对中国的报道整体上以正面积极为主，语言表征主要聚焦中国的主动行为，在受动行为上将中国塑造为被赞扬者和被期待者。黄慧、易平理的《基于互动式元话语的中美企业危机公关声明信任修复话语策略研究》（《天津外国语大学学报》第5期）基于自建语料库，分析了中、美企业CPR声明中的互动式元话语。研究发现，中、美企业在信任修复话语策略上存在差异，归结于中美两国在语言风格和语境文化上的差异。该研究为中企提升CPR声明表达质量提供了参考。王俊超的《基于Python的中美企业名称认知对比分析——翻译数智论下企业形象重构研究》（《西安外国语大学学报》第4期）运用Python爬取技术，分析了中、美企业名称的语用状态和习用规律。研究发现，中、美企业对名称认知存在差异既有商法规约性与文化历时交互性等宏观理据，也有英汉语言思维及认知心理差异性等微观层面的原因。曾蕊蕊的《话语—历史分析视角下中国形象的话语建构——以2020年至2022年新冠肺炎疫情期间习近平主席对外讲话为例》（《外语研究》第2期）对习近平主席的46篇对外讲话进行了主题分析、互文分析、话语策略分析和社会历史语境分析。研究发现，习主席在对外讲话中分别运用了命名策略、述谓策略和辩论策略，实现了对中国践行“负责任大国”外交理念的再语境化与话语重构。钱玉彬的《基于语料库的奥运外宣话语文化主题研究》（《外语研究》第2期）运用了文化负载词和主题模型相结合的语料库方法探索奥运外宣话语中隐含的中国文化，通过描述构建话语的文化要素，以语言数据为视角解释了外宣话语对中国文化的投射关系，为实现中国文化对外传播提供了以话语中介为手段的外宣工作新思路。杨露倩的《基于语料库的企业话语案例分析》（《语言与文化论坛》第1期）从高频实词、主题词、搭配和索引行等角度研究了华为2021年企业年报的语言特征及其塑造的公司形象。该研究阐释了经济话语在企业形象塑造中的作用，为中国企业在海外塑造良好企业形象、推动中国企业文化走出去战略的实施提供了参考。刘明的《语料库辅助的中国生态形象建构研究》（《现代外语》第1期）建构了语料库辅助生态话语研究多维分析框架，以《中国日报》气候变化新闻报道为例，演示了如何运用该框架进行国家形象建构的多维分析，展示了语料库辅助生态话语研究的应用前景。吴远征、冯德正的《新冠疫情下的数字公共外交话语研究：印象管理视角》（《现代外语》第1期）从印象管理的视角出发，考察了中国外交部发言人在推特上发布的新冠疫情相关推文的话语策略，提出了一个包含进攻策略、防御策略、宣传策略、关系策略的多维度印象管理综合分析框架。研究认为，分析数字公共外交话语对推进我国战略传播、提高国际话语权具有重要意义。

（三）媒体话语研究

胡筱颖的《中国核心术语对外传播现状与对策——以“一带一路”为例》（《外语电化教学》第5期）通过梳理域外英文媒体的相关报道和域外学界研究成果，分析了中国核心术语的对外传播现状。针对中国核心术语在报道和研究成果分布、议题广度、关注度和持续性、表达主体等方面的问题，该研究提出了以学界研究带动媒体兴趣、以自我研究带动他者研究、以自我表达带动他者表达等对策。刘立华的《跨文化传播视域下媒体话语互动研究——以习近平主席在2020年气候雄心峰会的讲话为例》（《天津外国语大学学报》第2期）以2020年气候雄心峰会作为具体考察案例，论述了中国观点在对外传播过程中与西方媒体的互动过程。研究发现，作为文化表征的话语构成了跨文化传播研究的一个研究单位，话语互动研究应关注话语意义的生产和传播过程，这一视角为跨文化传播研究提供了一个新的思路。鞠玉梅的《危机语境下主流对外传播媒体的修辞与话语生产——以新冠肺炎疫情报道为例》（《天津外国语大学学报》第4期）选取《中国日报》（国际版）新冠肺炎疫情报道文本作为分析对象，研究危机语境下中国主流对外传播媒体的修辞与话语生产特征和效果。研究发现，中国主流媒体重视引导国际社会舆论，围绕“危机”“应对”“信心”“合作”“贡献”等五个话语包进行话语建构，其话语修辞表现出竞争国际话语权的强烈意识。李恩耀的《社交媒体与机构身份建构：香港高校话语的社会符号学分析》（《北京第二外国语学院学报》第6期）以香港8所公立大学发布在社交媒体平台上的356张图片为研究对象，考察了香港高校在社交媒体中通过视觉图像所建构的以生为本、研究型、创新型、国际化、社会导向型的高等教育身份，该身份反映出香港高等教育市场化和香港社会所特有的文化杂糅性特征。苗兴伟的《生态文明视域下生命共同体的话语建构：基于〈人民日报〉生态报道的生态话语分析》（《北京第二外国语学院学报》第3期）通过高频词检索和主题网络分析，从生态关系的话语建构、指向生命共同体构建的生态关怀两个方面阐释了《人民日报》生态报道中的生命共同体的话语建构，从生态文明的视角提出了生命共同体的话语分析模型。于洋的《微博话语中的生态文明：积极话语分析视角》（《北京第二外国语学院学报》第3期）总结了微博话语中最受关注的4类生态文明话题、生态文明建设5个方面的工作，采用语料库分析与具体话语分析相结合的方法，分析了微博话语中的生态文明所涉及的群体构建和身份协商，构建了基于系统功能语言学联合概念的积极话语分析理论框架。刘小红、侯国金的《防疫抗疫新闻标题的语用修辞价值——以〈人民日报〉为例》（《西安外国语大学学报》第3期）基于《人民日报》的防疫抗疫新闻标题语料，分析了此类标题中常使用的语用策略、语用修辞特征及其功能。苏蕾、刘沫彤的《中外媒体“双减”报道中的中国教育形象：语义网络与诠释包裹的路径》（《西安外国语大学学报》第2期）通过研究35家中外媒体的119篇“双减”报道，研究中外媒体对中国教育形象的构建逻辑。研究认为，面对形象建构差异较大的问题，中国的对外传播可采取首发议程、增强新闻对话协商功能、开拓共通意义空间等方式加以弥补。田海龙、冯莹的《〈主播说联播〉中“说”之风格的社会语言学研究》（《外语教学》第1期）分析了《主播说联播》节目中10位主播的口语化语言特征构建，研究认为，此类语言特征奠定了“说”联播的解说风格，主播对此类语言特征的认识是“说”之风格形成的内在动因。以此为基础，该研究讨论了主播的风格实践所产生的社会效果，认为语言创新引领并改变了语言景观。刘淼的《中国特色社会主义在俄罗斯媒体中的传播与阐释》（《语言学研究》第34辑）以俄罗斯中央和地方报纸为语料来源，考察了近四十年来中国特色社会主义在俄罗斯媒体中的传播趋势以及俄罗斯媒体对这一政治术语的语义阐释与态度认知。研究认为，中国应有针对性地优化对俄外宣工作，进一步推动和完善对外话语体系的构建。

（四）政治话语研究

孙成岗、陈新的《日本智库“一带一路”倡议专题报告标题的批评话语分析——系统功能语言学视角》（《解放军外国语学院学报》第4期）分析了日本智库“一带一路”倡议专题报告的标题，发现日本智库对“一带一路”倡议话语的建构方式具有隐晦性，其认知态度呈现出积极肯定与质疑担忧并存的矛盾性，该研究揭示了倡议话语背后所隐藏的话语传播意图。刘文宇、徐博书的《“容器”与“路径”——美国前副总统彭斯演讲的认知话语分析》（《北京第二外国语学院学报》第1期）分析了时任美国副总统彭斯2018年在哈德逊研究所就美国政府对华政策所发表的演讲，发现该演讲通过“容器—路径”这一复合意象图式把中国建构成侵蚀美国利益的入侵者和阻碍内部自由发展的壁垒，揭示了演讲从认知角度对听众的操控。周忠良、任东升的《国家话语的差异化架构：基于“一带一路”中外新闻语料库的对比》（《外国语文》第3期）以“一带一路”为例，基于自建类比新闻语料库，考察了中外媒体中国家话语的架构策略差异及动因，提出了加强国家话语对外传播的对策。马海兰、黎曜玮、郭遂红的《交际话语中的极致表达语用功能探究——以特朗普和拜登美国总统竞选辩论为例》（《外语研究》第3期）以特朗普、拜登美国总统竞选辩论为封闭语料，从词汇语法范畴、语篇过程和会话序列组织三个方面探究了极致表达的语用功能，即增强话题组织的连续性；让演说者明确强调同意或分歧的立场；体现了丰富的话语组织功能。杨倩的《认知视角下政治话语中缩略式术语的英译研究》（《中国科技术语》第3期）对2013—2022

年北京市政府工作报告中500多处缩略式术语的英译进行了分类研究，发现缩合式缩略术语多采取放弃形式、传递意义的翻译方法，认为翻译法归因于生成缩略术语的认知方式。赵会军、邱能生的《中美外交近五年重心变化的语料库话语分析》（《外语电化教学》第5期）构建了2017—2022年中美外交发言人讲话的4个历时和共时中文语料库，通过提取关键词词频、进行核心关键词搭配数据和例句分析，提出了使用语言数据分析重大事件中的政府潜在真实意图和政策风向变化的新模式。杨明星、贺康宁、帖伊的《外交语块：中国特色外交话语模块化构建与传播——基于四字结构的案例分析》（《当代修辞学》第3期）提出了"外交语块"这一概念，采用语块理论，从外交学和传播学等多学科视角，结合大量四字结构外交语料，系统分析了中国特色外交语块的语言特征、生成机制、语用功能。研究认为，推动外交话语的模块化构建将有助于降低话语记忆负荷，提升话语传播效果。

（五）国家治理话语研究

潘艳艳的《基于国家安全学的国家安全话语研究》（《外国语文》第1期）认为国家安全话语研究必须采取多视角、跨学科的分析方法，应通过讲好中国故事的方式培养国民的国家安全意识、寻求国际社会的支持，以消除安全威胁，提升国际话语权；同时为政府决策提供参考，服务于国家战略。王建华的《防疫健康码：网络社会治理的话语创新与应用——基于语言符号学与系统语用学的视角》（《当代修辞学》第2期）从语言符号学、系统语用学的视角分析了健康码在疫情防控社会治理中发挥的重要作用。研究认为，系统语用学各子系统内诸因素间的协调不当导致健康码在现实中出现了诸多问题，对健康码进行深入的语用剖析可以为网络社会治理的话语研究提供参考。余素青、骆伟兰的《当代中国法治话语规划研究》（《外国语文》第2期）对话语规划理论的代际发展进行了推演，从法治话语的本体规划、地位规划、声誉规划、教育规划、翻译规划和技术规划等六个方面进行了具体的法治话语规划分析，为我国法治建设提供了话语规划研究的新视角。毛延生、田野、喻倩的《资源、指向与逻辑——政务新媒体立场建构的文化语用视角》（《语言学研究》第35辑）以热点民生公共事件"张玉环案件"的微博文本为语料来源，分析了政务新媒体语用立场建构中涉及的文化语用资源、指向与逻辑维度。研究发现，借助文化预设、文化指示、文化行为等文化语用资源，政务新媒体完成了社会问题的表征，其文化语用立场建构指向聚焦于问题的矛盾性、偏离性与冲突性，形成了"问题倒逼"的文化语用逻辑。赵秀凤的《生态文明话语的社会认知研究》（《北京第二外国语学院学报》第3期）利用语料库对我国生态文明话语开展话语分析，揭示了话语结构与社会结构之间的认知连接机制和互动关系。研究发现，通过语篇结构、认知机制和社会结构的互动，生态话语通过不断的话语生产和再生产、传播和接受，实现了规范社会行为等意识形态功能。

（六）多元语境话语研究

苏祺、孟玲、赵芃的《文化组学视角下的中国殡葬话语变迁》（《天津外国语大学学报》第6期）基于大规模殡葬话语语料库，发现社会对殡葬事务认知与观念的转变经历了从改革传统殡葬形式、遗体安置到殡葬服务质量和绿色生态环保的逐渐演进，并指出新闻媒体对殡葬改革的关注度远高于殡葬政策，殡葬工作会议和政策文件是引发媒体关注的重要因素。李芳、路桂军的《"开启难以启齿之话题"——疼痛科门诊医患生命关怀会话分析》（《天津外国语大学学报》第6期）考察了疼痛科门诊的医患交流现状，发现医生主要使用的会话常规是引导阐述，采用的互动策略包括引用式、探索式和限定式等不同提问形式，为安宁疗护实践者提供了有益的参考框架。袁周敏、张艳红的《医药商务咨询会话中的语力交织与身份交互建构》（《语言学研究》第34辑）基于对医药商务咨询会话语料的分析发现，专业术语、断言与使役策略的使用建构了咨询顾问的专家身份；寒暄、恭维与共情策略的使用建构了咨询顾问的同伴身份。这些策略的交替使用，以及身份的交互建构均带来不同程度的语力交织。语力交织表现为言语层面的话语多声与身份交互，源于社会层面话语主体身份的多元性，体现出人际会话的复杂性与动态性。朱冬怡的《医患互动中的会话叙事：医护者叙事的话语策略研究》（《外语教学》第3期）通过语料分析发现，医护者通过语境置入—语境化—语境重构的动态多向过程呈现叙事话语序列，在策略形式上展现为案例归纳、情感回应以及对于疾病意义的元叙事阐释，这是医护者保证其话语行为、言语实践及社会身份达成的语境接洽。同时指出医护者叙事实质是医学治愈和心理安抚的言语润滑剂，能够提高患方的依从性，增加医患互信。吴雅菲的《社会语境下的流行疾病话语分析》（《山东外语教学》第6期）采用批评话语分析的理论框架，研究了流行疾病话语中存在的多个关键要素，包括“强烈”话语和“温和”话语的意义、社会角色和身份、批判性立场以及话语的多样性。这些要素不但对于理解流行疾病话语的本质至关重要，还可以揭示话语背后的潜在语义和社会动态。冉永平、范琳琳的《商务互动中话语调侃的身份建构及人际（不）和谐》（《外语与外语教学》第2期）以真实的商务会议为语料，探究商务话语互动中的刻薄类、戏谑类和友好类调侃，并以人际和谐管理理论为理论框架，分析了商务话语调侃互动中的身份建构及其在特定语境下多样性的人际语用功能，尤其是对人际（不）和谐的动态影响与发展。崔璨、王立非的《企业网站对外话语质量指标的验证与应用》（《现代外语》第1期）提出了企业网站对外话语质量的概念和指标体系，包含话语难易度、话语交互性和话语影响力3个一级指标和11个二级指标，并以此对62家企业网站的对外话语质量指数进行测量、评级和分析，发现企业网站对外话语质量总体较好，但部分企业网站仍然存在不同程度的改进空间。冉永平、雷容的《网络谴责的语言实现方式及其社会语用理据》（《中国外语》第4期）通过分析高铁霸座不当行为的网络评论发现，网民主要通过针对霸座乘客的负面道德评价、谴责类元语用情感、道德贬损型人称指示语、反问句等四种负面元语用评价方式实施公开谴责。这些话语谴责方式隐藏着说话人的社会语用动因，包括彰显、建构和维系相关的公共秩序。张德禄的《文化语境在多模态话语建构中的作用研究》（《解放军外国语学院学报》第5期）分析了文化和文化语境的基本研究范围和主要组成部分及其对话语建构的促动和制约作用。研究发现，文化语境为每个符号系统提供了动因又由符号系统实现。文化具有整体性，但符号系统通常是在一定的领域或机构内被激活的，因此符号系统具有机构性特点。杨佑文、谢佳、左宇涵的《表情包中积极情绪的多模态隐喻研究》（《西安外国语大学学报》第1期）通过多模态语料分析发现，积极情绪隐喻包含幸福隐喻和爱意隐喻两大类，主要是通过贴近生活实际的身体体征、感官效果、方位动态以及实体呈现来直观地表征源域，且表情包中积极情绪多模态隐喻具有叙事功能和社交功能。

四、语言与人工智能

随着ChatGPT等大型语言模型的诞生和广泛应用，语言与人工智能研究成为一个新的学术热点。2023 年度的研究主要涉及语言信息化的理论研究、语言智能在教育领域的应用研究以及大规模语言模型的治理研究等三个方面，呈现出理论导向、智能导向、理性导向三个突出特点。下文以研究内容为纲作简要综述。

（一）语言信息化的理论研究

2023 年度针对语言信息化，特别是大型语言模型的理论发展和实践应用进行了有益的梳理。李宇明的《“人机共生”的时代》（《语言战略研究》第 4 期）指出人机交际其实是“人—机—机—人”交际，并将其分为“人—机”交际、“机—机”交际和“机—人”交际三个环节，并强调当“人—机—机—人”交际成为交际常态时，人在生活、生产的诸多领域都需要与机器进行语言合作。李宇明的《人机共生时代的语言数据问题》（《华中师范大学学报（人文社会科学版）》第 5 期）指出语言大模型在语言表达中所表现出的知识缺陷是网络上缺乏专门领域、特殊人群、特殊场景、非通用语种等“特域数据”造成的，进而从法律法规、数据市场、数据规划、语言智能教育、就业市场预测机制等角度分析了语言数据问题，并提出数据管理应宽严适度，既要尽力促进语言智能发展，又要保证技术向善，使其在伦理学的轨道上前进。保罗·贝南蒂的《伟大的发明：从洞穴壁画到人工智能时代的语言演化》（中国大百科全书出版社，4 月）从具体的技术形式——语词技术开始追溯，解释“语言的技术”和作为技术的语言，语言能力和语言习惯等概念，分析了语言的来源、作用以及人类开发语言的用途方式，并探讨了语言的未来等重要议题。冯志伟、张灯柯、饶高琦的《从图灵测试到ChatGPT——人机对话的里程碑及启示》（《语言战略研究》第 2 期）梳理了从图灵测试到ChatGPT 人工智能中人机对话系统的发展历程，说明了数据资源、技术迭代和科学范式经历的变化。文章指出，面对新时代的要求，语言学家应当与时俱进，进行更新知识的再学习，成为适应数智时代需要的语言学家。冯志伟、张灯柯的《数字人文、元宇宙与自然语言处理》（《外语学刊》第 6 期）将数字人文发展划分为小规模的文本数据处理、大规模的真实文本数据处理和大规模的多媒体数据处理三个阶段，分析了数字人文在美国、欧洲、日本和我国的研制情况，指出元宇宙将进一步推动数字人文和自然语言处理的发展。袁毓林的《人工智能大飞跃背景下的语言学理论思考》（《语言战略研究》第 4 期）呼吁语言学研究要拥抱数据 / 计算密集型的第四 / 五范式，并倡导推介和评论人工智能研究与技术开发过程中有关专家对于跟语言学有关的问题的重要观点，强调了语言的交际性、语法的普及性以及语言使用的具身智能和大数据和强算力在语言研究中的可行性等问题。任天宇等的《中国手语信息化的现状、瓶颈与实现路径》（《语言战略研究》第 4 期）指出中国手语信息化的滞后表现在理论建构、实践模型和应用软件的欠缺以及手语数据集及语料库的薄弱等方面，而加快发展需以中国语言为基础完善中国的手语书写系统理论，量身制定手语信息化标准，根据先机读后人读的原则制定手语输入输出方案。刘挺的《从 ChatGPT 谈大语言模型及其应用》（《语言战略研究》第 5 期）指出互联网、物联网、大数据的迅猛发展使信息空间得以与物质空间、精神空间并列，构成三元空间。大语言模型出现后，机器可以自动生成数据，既丰富了信息空间，也污染了信息空间，对三元世界所构成的影响难以估量。

（二）语言智能在教育领域的应用研究

2023 年度的语言与人工智能研究的重要领域就是在教育领域的应用研究，聚焦于语言智能技术如何赋能教育，形成新的语言智能教育模式，并探讨了语言智能关键技术在教育中的实践应用，既有宏观领域的策略分析，也有微观层面的应用探索。周建设、薛嗣媛的《论语言智能教育》（《语言战略研究》第4期）指出语言智能教育是涉及以语言智能学科为对象的理论教育，以语言智能工程为对象的技术教育和以语言智能服务为对象的应用教育三个方面，其学科涉及脑语智能和计算智能两大主体内容和基础理论研究、数据资源建设、关键技术研发、应用系统创新四大研究方向。由教学资源建设、智能教学设计、智能读写训练、语言能力评估组成的"四位一体"的语言智能教学平台是语言智能在赋能全社会教育中的应用实践。周楠、周建设的《语言智能场景下的学习行为多模态情感语义库建设》（《语言文字应用》第3期）基于语言智能场景制定了一套科学完整的标注体系，构建了学习行为多模态情感语义库智能建设流程，并探讨了语义库在解析情感表达和构造情感智能识别模型、开展教学评价等多个方面的应用，为提高语义库的构建效率、掌握学生学习状态、优化教学策略提供了支持。周忠良的《ChatGPT在翻译教学中的应用：变革、挑战与应对》（《北京第二外国语学院学报》第5期）指出ChatGPT具有变革传统翻译教学模式的潜力，能够辅助个性化教学，促进自主学习，构建新型教学主体关系，创新教学管理模式，推动知识生产方式变革，拓宽翻译教育教学研究空间等优势，同时也存在削弱学习自主性、异化教学主体关系、损害学术诚信、知识安全、伦理和意识形态等风险。强调要创新教学模式，改革教学过程，增强学生自主学习能力，强化翻译伦理教育和意识形态风险教育，提升师生数字素养。刘星、王春辉的《机器人辅助语言学习的发展现状与研究展望》（《中国语言战略》第1期）根据硬件和软件属性对用于辅助语言学习的社交机器人进行分类，并进一步指出机器人辅助语言学习研究主要涉及机器人对于语言技能的影响研究、机器人对于学习者的影响研究和学习者对于机器人的感知与态度三个领域。未来研究需注重周期、群体、方法多样化；在实践方面，硬件升级、安全隐私、成本效益、教师培训等几个领域有待加强。宋飞、郭佳慧、曲畅的《ChatGPT在汉语作为外语教学中的应用体系及实践》（《北京第二外国语学院学报》第6期）基于汉语作为外语教学的具体实践研究，发现ChatGPT可以辅助教学资源建设，帮助教师开展课堂教学，促进学生的外语学习，是十分有效的外语教学工具。然而，ChatGPT在专业知识储备和资源搜索等方面仍存在一定问题，有时不能很好地满足用户需求，应在具体教学实践中对ChatGPT的反馈加以鉴别，合理使用。毛文伟、谢冬和郎寒晓的《ChatGPT赋能新时代日语教学：场景、问题与对策》（《外语学刊》第6期）指出以ChatGPT为代表的AI工具擅长解答假名写汉字、汉字注音、词汇题和短文读解题，能够充当完成句子、汉译日以及作文等的解题助手，语法、长文读解和完形填空题的答题准确率却偏低，且输出具有一定随意性，使用者难以精确规定输出的内容和难度。文章提出应在坚持人机协同、以人为主的主体意识，密切师生联系，仔细审查、取舍和整合AI工具的输出信息的同时，建立、完善AI工具使用规范，培养学术诚信意识，改革课程评价方式，实现以评促学，推动新时代日语教学转型发展。

（三）大规模语言模型的治理研究

2023年度的语言与人工智能研究还分析了大型语言模型带来的利益和挑战以及如何治理这些模型的态度和策略等。吴美萱、陈宏俊的《人工智能时代机器翻译的伦理问题》（《外语学刊》第6期）指出机器翻译的技术层面和"机器翻译+译后编辑"的应用层面存在亟须探讨的伦理问题，包括算法偏见、数据泄露、语言处理的局限性及对语言发展的消极影响、译者主体性的消解、责任主体的模糊性以及翻译成果的版权争议。文章指出人工智能时代机器翻译的伦理问题并提出相应的对策和伦理规范，有助于推动信息技术、技术哲学和语言翻译智能的进一步融合与发展。张杨的《ChatGPT与意象感知问题：再论塞尔的人工智能语言批判》（《外语学刊》第6期）指出，塞尔依据中文屋论证揭示出人工智能，尤其是自然语言处理的发展瓶颈，即不论数字计算机与人的语言交流多么顺畅，它的语言表达始终是基于运算，而不是基于对意象的理解。ChatGPT的成功看似对塞尔的观点构成挑战，但实际并未跳脱出塞尔的批判范畴。ChatGPT与人类高效互动的意义在于倒逼人类丰富自身的语言意象，从而揭示出人工智能发展的另一种可能性。饶高琦、胡星雨和易子琳的《语言资源视角下的大规模语言模型治理》（《语言战略研究》第4期）指出对ChatGPT等大规模生成式语言模型的治理应将目标定位于大模型赖以研发的语言资源和投放之后的使用。对大模型研发中的语言资源治理，应着力打破中文数据孤岛；提倡世界知识中文表达，助推中文大模型研发；尽快实现中文精华知识资源面向网络开放，完善中文概念、术语资源，做大、做全领域中文资源。对大模型使用领域的治理，则应强调其基础资源地位，从标准化、评测和伦理规制的角度进行。杜振雷、刘金婷和史金鹏的《ChatGPT及其核心技术在科技名词规范化中的应用潜力与挑战》（《中国科技术语》第4期）指出ChatGPT自推出以来，在语言理解和内容生成方面展现的卓越性能，为科技名词规范化提供了新的可能性。文章分析了相关技术在科技名词规范化中的应用前景及可能的挑战，为中国科技名词规范化在人工智能时代的发展提供了有益参考。沈家煊的《ChatGPT，赵元任，新文科——一个语言学家的思考》（《中国语言战略》第1期）从AI领域的两种思路出发，回顾语言学界认知语言学和生成语言学的发展，指出ChatGPT将引发语言学的研究范式大变革，中国语言学家应该积极地参与到这个转变的过程当中去，作出应有的贡献。冯志伟、张灯柯的《GPT与语言研究》（《外语电化教学》第2期）梳理了GPT的发展历程，分析了生成式预训练模型的特点，说明了GPT给外语教学和语言服务行业带来的机遇和挑战。文章指出由于GPT没有可解释性，可能带来深远的风险。胡加圣、戚亚娟的《ChatGPT时代的中国外语教育：求变与应变》（《外语电化教学》第1期）指出ChatGPT的产生标志着信息社会进入了划时代的人机交互期，并进一步探讨了ChatGPT智能机器人对中国外语教育政策带来的挑战和机遇以及中国外语教育应有的态度及求变和应变策略。赵世举的《ChatGPT对人的语言能力和语言教育的挑战及应对策略》（《长江学术》第4期）指出要应对智能机器对人的语言能力的挑战，需在人的基本语言能力层面“挖潜提能”，同时培育拓展人的新的语言能力。语言教育变革势在必行，需要转变语言教育观念，重构语言教育体系，调整语言教育目标，更新语言教育内容，革新语言教育方式方法和手段。

五、语言生活与语言服务

随着社会的发展进步，人们的语言生活更加丰富多彩，对语言服务的需求日益多样，2023年度研究从2022年语言生活调查、语言应急服务、语言翻译服务等研究议题转向新的群体、区域、领域以及语言文明、文化、资源的调查、保护和传承。重点关注儿童群体、老年群体、移民群体的语言生活与语言服务，乡村地区的语言生活及其治理，媒体、法律、商贸、医疗、公共等领域的语言实践，语言文明与语言传承，语言国情调查。

（一）儿童、老年、移民群体的语言生活与语言服务

语言生活研究的核心是“人”，调研群体语言生活状况，发掘群体语言生活需求，提供针对性的语言服务，是群体语言生活研究的主要逻辑。2023年度群体语言生活相关研究主要聚焦三类群体：儿童、老年和移民群体。

关注儿童及涉儿群体的语言生活、语言教育是2023年度群体语言生活和语言服务研究的一大亮点。《语言战略研究》第1期“语言跨界谈：专家谈家庭语言教育”栏目刊发3篇文章集中讨论了家庭语言环境和家庭语言教育对儿童成长的重要性：刘梦《家长语言暴力预防谈》、陈优《家庭语言暴力需要系统式治疗》、苏尚锋《关注儿童成长中的语言圈层现象，重视家庭语言教育》。《语言战略研究》第3期“儿童语言研究与教育”栏目刊发1篇主持人语、1篇多人谈和5篇文章，探讨儿童语言学的发展方向，调研儿童语言及幼儿教师等涉儿群体的语言特点、语言能力和语言教育现状：李宇明《主持人语：惠及儿童的儿童语言学》，娄开阳、郝燕、尹静、严小香、彭嗣禹、刘晓、孙小春《“儿童语言研究与教育”多人谈》，周鹏、谢媛《中国儿童语言发展研究的方法转向》，李英姿、王萍丽《中国家庭读写教育的发展现状与思考》，饶宏泉《从评价副词的习得看儿童评价表达的发展》，李建涛《幼儿教师儿向语言研究》，伍秋萍、郑佩芸《香港地区学龄儿童汉字认读水平测试研制与常模建构》。《语言战略研究》第6期“语言跨界谈：社会工作专家谈关心下一代语言问题”专栏刊发两篇社会工作领域专家谈论留守儿童、自闭症儿童等特殊儿童群体面临的语言问题、语言需求、语言服务现状和语言服务发展路径的文章：吴立忠《留守儿童语言交往的社会工作服务》、靳融《走进自闭症儿童的语言志愿服务》。

刘楚群、章苏杭《老年人语言和语言生活研究现状与展望》（《现代语文》第10期）综述了正常老化老年人语言的研究现状，并提出今后老年人语言与语言生活研究的三个维度。沈骑、李晓阳《语言权利视域下的老年语言服务研究》（《昆明学院学报》第2期）指出国内老年语言服务领域的问题，从语言权利视角出发，提出构建包含语言教育、语言融入、语言疗慰和语言文化四方面的老年语言服务体系。此外，刘楚群、朱检秀《农村高龄老人口语三大实词产出研究：立足赣州石源村高龄老人的调查》（《语言政策与规划研究》第2期），孙杨、何山华《长三角地区民营养老机构语言服务调查研究》（《昆明学院学报》第2期），赵丹、杨春春、李晓晖《语言规划价值观视域下老年英语教材开发研究——以〈21世纪老年英语听说教程〉为例》（《昆明学院学报》第2期）对具体区域的各种具体的老年语言生活现象和语言服务开展调查，了解老年群体的语言使用特点、语言服务机构和老年语言教育服务现状。

梁德惠《国际移民语言问题研究述评》（《语言战略研究》第4期）在梳理近30年的国际移民语言问题研究基础上发现：各种类型的国际移民对移入国均具有积极的价值，而语言能力是移民十分重要的核心能力之一。周庆生《论移民语言适应》（《语言战略研究》第4期）提出了移民语言适应的概念，根据移民群体的语言活力，将语言适应选择划分为5种类型。王春辉、张潇颖《欧洲国际移民目的国语言测试概况》（《江汉学术》第6期）调查分析了欧洲移民目的国的语言测试系统，并指出其对于中国的借鉴性意义。

（二）乡村地区的语言生活

《语言战略研究》第5期开设乡村语言生活研究专栏，刊发4篇文章、1篇主持人语和

1组“多人谈”，调研乡村语言生活，并论述语言在助力乡村建设、乡村治理、乡村文化繁荣等方面的作用、机理，提出语言助力乡村振兴的路径。上述文献包括周洪波、赵春燕《主持人语：做乡村语言生活的观察者和建设者》，李小云、陆益龙、韦刚、徐谛、邵建伟、刘亚辉、苏银坂《“语言与乡村振兴”多人谈》，赵春燕《新乡贤语言生活与乡村治理：中扎村的个案》，付义荣《厦门军营村社会及语言生活调查》，闫克《乡村振兴视域下三十里屯语言生活调查》，黄龙光、杨晖《语言助力乡村振兴的内在逻辑与实践路径》。另外，《语言政策与规划研究》第2期刊发了王春辉的《语言治理与中国乡村现代化：历史、当下与未来》和杨乐、李小云的《论民族地区的语言发展与乡村振兴：以云南省为例》，论述语言在推动乡村发展、助力中国乡村现代化中的重要作用以及二者的互动关系，并提出语言及其治理助力乡村振兴、推动中国乡村现代化的路径举措。

（三）若干领域的语言实践

关注媒体语言实践。《语言战略研究》第1期设置“语言与新媒体”专栏，刊发董洁《主持人语：新媒体语言研究的发展与未来走向》，李宇明、刘鹏飞、任伟、黄志波、许龙桃、汪磊《“语言与新媒体”多人谈》，宋旸、冯雨菡《新媒体语言社群是如何建构的：以微博BYM社群的语言实践为例》，董洁、王硕、小幡佳菜绘、刘晴《语言与新媒体研究的视角、方法和趋势》，讨论了新媒体发展催生的“超语”等新的语言现象和语言实践以及媒体语言社群的形成，并提出了新媒体语言研究的发展方向。此外，何自然《新媒体中网络语言的语用问题》（《天津外国语大学学报》第5期）指出新媒体中的网络语言是网络语言应用的进一步发展，模因是“网络语言的动力阀”。董洁《新媒体语言的共同体构建与身份认同：B站弹幕互动的线上民族志研究》（《语言政策与规划研究》第1期）通过调研弹幕语言发现，在媒体语言生活中已经形成了各类言语共同体，包括轻共同体与厚重共同体，二者交织重合。陈韵、陈坚林《语言安全规划视域下中国媒体报道的国家形象自塑》（《语言政策与规划研究》第1期）基于语言安全规划视角，提出增强报道影响力、提高形象自塑有效性的建议。

聚焦法律语言实践。《语言战略研究》第1期设置“法律语言”专栏，讨论法律领域的语言实践，提出中国法律语言的发展方向和研究议题，探讨法律语言与法律、法治建设、法治外交的关系，探究法治人才培养的任务与方向，并重点讨论了法庭话语的礼貌策略与中国立法语言的翻译规范化建设问题。所刊文献包括张法连《主持人语：中国法律语言的发展及未来研究议题》，邹玉华、朱勇、窦坤、徐文彬、马彦峰《“法律语言”多人谈》，廖美珍《中国法庭话语礼貌策略三维连续体研究》，赵军峰、薛杰、张文龙《中国立法语言及其翻译规范化建设的现状与思考》。此外，张清、刘冬梅《新时代法律语言发展面临的挑战及应对》（《外国语文》第2期）提出法律语言在法治建设、法治文化传播中的意义和作用，提出新时代法律语言研究和发展要以人民为中心，面向国内国际发展趋势，多方借力。程乐《交叉学科视域下的法律语言学研究》（《天津外国语大学学报》第4期）指出法律语言学呈现出由边缘学科、跨学科至交叉学科的发展趋势。

除此之外，还有部分研究调研了商贸领域语言服务、医疗领域语言景观、公共领域语言文字环境建设等问题，如张慧玉、陈玥羽《资源基础观视阈下中国跨境电商的语言服务模式研究——以阿里巴巴为例》（《天津外国语大学学报》第2期），张娣、王立非《跨国企业语言研究（1991—2020）：回顾与展望》（《语言教育》第1期），钟志英、黎小钰、周素文、徐冬东《穗港澳商务英语专业人才社会需求研究》（《语言教育》第1期），高一虹《安宁疗护病房的平面符号景观考察》（《天津外国语大学学报》第6期），戴燃《汉英双语公示语的翻译规律和策略》（《语言战略研究》第4期），郭锐《道路名的结构和汉语拼音拼写规则：以北京道路名的拼写为中心》（《语言政策与规划研究》第2期），李孟端、李雯《我国城市应急语言标识标语建设：必要性、现状及路径》（《语言教育》第1期）等。

2023年度出版的相关专著主要集中于媒体领域，包括宋平《生态语言学视角下的媒体新闻话语研究》（吉林大学出版社，1月），覃业位《网络语言规范问题的社会观察及治理研究》（中国社会科学出版社，4月），王梦《认知社会语言学视角下网络语言发展传播及规范研究》（河北大学出版社，5月），谢晓明、程润峰《新媒体与网络语言的互动研究》（中国社会科学出版社，6月），王岩、邹珉、李慧、杨梓茗《新媒体背景下的语言规范化研究》（武汉大学出版社，9月）。

（四）语言文明与语言传承

语言文明是人类语言承载的和通过语言创造的文明。2023年度的相关研究在既有的语言资源、语言文化研究基础上，进一步阐释语言文明的内涵、构成和表现，探讨语言及语言文化传承现状。

郭熙《华语文明 生生不息》（《语言战略研究》第1期）探讨了华语文明的历史，指出华语文明是华夏文明的同构体。方小兵、方愈、陈羽《语言伦理与语言文明》（《中国语言战略》第1期）指出语言伦理关注言语行为中的“诚恕雅”原则，伦理因素是语言文明的组成部分。

《语言战略研究》第6期设立“语言文化保护”专栏，探讨语言传承与文化传承的关系，着重调查、说明了女书非遗传承人语言能力标准构建和中国方言歌谣保护传承现状，另刊发汉语方言历史文献相关研究，主要文献包括曹志耘《文化传承离不开语言传承》、杨慧君《女书非遗传承人语言能力标准构建》、丁沾沾《中国方言歌谣保护传承现状与思考》、乔全生《汉语方言历史文献收集实践与思考》。此外，单韵鸣、焦静娜、邱雪梅、茹靖雯《粤港澳大湾区居民语言使用、语言态度与粤方言传承》（《中国战略研究》第2期）调查了粤港澳大湾区居民的语言选择和语言态度，提出响应湾区建设战略传承粤方言的建议。邱春安、严修鸿、王榕《梅州客家山歌的保护与传承调查研究》（《语言战略研究》第1期）调查了梅州客家山歌的保护和传承现状，并提出了相应的保护建议。

（五）语言国情调查

2023年度语言生活调查除了探讨语言生活调查方法、开展常规社会语言调查之外，更加关注大规模语言调查研究，特别是探讨语言国情调查的概念、体系和相关指标。

曹志耘《我国大规模语言调查的成就与启示》（《中国语文》第6期）系统回顾和梳理了中国大规模语言调查的历史成就，总结了大规模语言调查的3点经验启示：顺势而为，准确定位；统筹规划，规范实施；整理利用，持续发展。《云南师范大学学报（哲学社会科学版）》第5期“语言国情研究”专栏刊发3篇文章，集中讨论了语言国情调查类型、体系构成，讨论语言国情的概念及其调查的系统性，并详细分析了世界少数民族语文研究院提出的中国语言国情的5项指标。相关文献有黄行《〈世界民族语言〉涉及中国语言国情的指标数据分析》，李春风《新国情背景下语言国情调查的系统观念》，张振达、李宇明《语言国情调查的基本类型与体系构成》。此外，王远新《语言田野调查的必要性及学术伦理》（《民族教育研究》第 2 期）结合学术伦理提出了语言田野调查的 6 项原则。

六、面向新时代的学科发展

党的二十大提出“中国式现代化”的重要概念，以此为背景，中国社会语言学界回顾梳理社会语言学研究的历时演进，探寻社会语言学研究新的理念、理论、方向、方法，服务新时代需求、助力中国式现代化发展。

《云南师范大学学报（哲学社会科学版）》第 2 期“语言国情研究”专栏刊发中国式现代化与中国语言学发展的前瞻性研究：王春辉《中国式现代化与中国语言学的发展（代主持人语）》《中国语言学的三大体系建设：缘起、内涵与路径》指出中国语言学发展史分为三个阶段，经历了“中国体系—西方体系—中西体系融合”的发展历程，分析了中西语言学差异，提出扎实推进中国语言学三大体系建设。完权《汉语语法研究的中国道路》回顾百年汉语语法研究，提出新时代汉语语法研究要继承优良传统，开拓新的研究课题。付义荣《中国农村社会语言学的学科建构》阐释了农村对于中国社会语言学的特殊性和重要性，提出建构中国农村社会语言学学科的设想和路径。《语言文字应用》第 3 期设立“语言文字事业助力中国式现代化笔谈”，赵世举、苏新春、刘朋建、张天伟、王春辉、袁伟、沈骑等学者讨论了中国语言规划研究的中国立场、国家意识，指出语言学研究助力中国式现代化的时代任务、时代命题和发展方向。

学界也对社会语言学及其各分支的研究理念、研究主题、理论方法的发展、创新予以梳理、总结，借鉴跨学科视角和方法，探究新时代语言学研究的问题、任务、方向和范式。李宇明《语言生活研究与中国语言学的历史使命》（《昆明学院学报》第 1 期）讨论了中国语言生活研究的理念与成果，认为解决社会发展中的语言问题应作为语言学研究的出发点、验证处和归宿地。《语言战略研究》第 3 期刊发了 5 篇文章，分别探讨民俗学与语言学的结合以及语言文字在人类学、民族学、历史学、生理学、心理学、哲学、人工智能研究等诸多学科中的地位、价值和作用，包括段宝林、黄龙光《语言研究的民俗学视野和方法》，朝戈金《民俗学研究中的语言问题》，黄涛《“语言民俗学”还是“民俗语言学”：术语之别与学科意识》，罗仁地《以人为中心：交叉研究的必然走向》，罗美珍《从语言文字视角看“东夷”和东南亚原住民的关系》。在语言政策与规划学科发展上，海伦・凯丽 - 霍姆斯、何山华《语言政策 4.0：自动化未来中的主体性》（《语言战略研究》第 1 期）探讨了技术发展对语言政策与规划研究的影响，提出“算法主体性”的转变。沈骑《迈向语言规划研究的 3.0 范式》（《语言政策与规划研究》第 2 期）概括了语言规划研究的结构主义和建构主义范式以及批判主义和解构主义范式。魏晖《国家语言能力理论建构与建设实践应服务中国式现代化》（《语言科学》第 6 期）指出国家语言能力理论建构和建设实践应以服务中国式现代化为根本指向。李艳《新时代语言产业规划研究》（《昆明学院学报》第 4 期）阐述了语言产业规划的理念、框架等，提出要形成中国特色的语言产业发展规划理论，以助推新时代语言产业规划和语言产业发展。

除上述研究外，2023 年度关于语言学学科的研究主题还包括东亚区域语言规划史研究、中国术语学学科建设、体认地名学的建构、语言数字人文的跨学科理论、社会语言学相关学者的学术贡献、中国学术话语权提升与学术话语体系构建等，包括李无未《上田万年东洋语言学之世纪布局》（《语言战略研究》第 2 期），李逊、吴畏《上田万年东洋语言学对东亚语言研究的影响》（《语言战略研究》第 2 期），裴亚军《中国术语学学科建设的回顾与思考》（《中国科技术语》第 1 期），王天翼《体认地名学》（《外国语文》第 1 期），雷蕾《语言数字人文："小帐篷"理论框架》（《外语与外语教学》第 3 期），李葆嘉《女性语言学家绍尔：社会语言学、语言学史、普通语言学的集大成者》（《中国语言战略》第 1 期），张治国《斯波斯基：一位伟大的语言政策及规划研究者》（《中国语言战略》第 1 期），单宇、白芸《中国语言学国际学术话语权提升——基于国内语言学期刊中文摘要的多指标综合评价》（《语言文字应用》第 3 期）。

语言文字工作

张　洁

2023年的语言文字工作坚持以习近平新时代中国特色社会主义思想为指导，紧紧围绕深入学习贯彻党的二十大精神主线，从政治高度加大国家通用语言文字推广力度，大力传承弘扬中华优秀语言文化，扎实推进语言文字工作标准化、规范化、信息化、数字化、智能化，持续提升中文国际地位和影响力，着力构建语言文字工作治理新格局，推动语言文字事业高质量发展，为全面建设社会主义现代化国家、全面推进中华民族伟大复兴贡献力量。

一、学习贯彻党的二十大精神，加强党对语言文字工作的领导

10月27日，中共中央总书记习近平在主持中共中央政治局就铸牢中华民族共同体意识进行的第九次集体学习时强调，要“实施中华优秀传统文化传承发展工程，研究和挖掘中华传统文化的优秀基因和时代价值，推动中华优秀传统文化创造性转化、创新性发展，繁荣发展社会主义先进文化，构建和运用中华文化特征、中华民族精神、中国国家形象的表达体系，不断增强各族群众的中华文化认同。全面推广普及国家通用语言文字，全面推行使用国家统编教材，以语言相通促进心灵相通、命运相通”。

教育部语言文字信息管理司司长田立新在国家语委科研机构年度工作会议上作了“以语言文字事业高质量发展服务中国式现代化，全面推进中华民族伟大复兴”的主旨报告，强调要深入学习党的二十大精神，坚持以习近平新时代中国特色社会主义思想为指导，把坚持和加强党的领导贯穿语言文字工作全过程。与会代表围绕国家语委科研机构建设管理、分类评价、人才梯队建设、可持续发展等议题深入研讨，在加强“有组织科研”的机制与路径方面凝聚共识，共谋“十四五”期间高质量发展大计。

二、积极做好推广普及国家通用语言文字工作

1. 教育部办公厅发布了关于“推进落实‘一地一策’、加大国家通用语言文字推广力度”的通知，指出为深入贯彻落实党的二十大精神，加大国家通用语言文字推广力度，推进民族地区推普攻坚行动、推普助力乡村振兴计划、国家通用语言文字高质量普及行动“三大行动”，确保“十四五”期间10省区在国家通用语言文字推广普及工作中迎头赶上，要求各地推进落实“一地一策”，做到高度重视，完善工作机制；夯实基础，强化教育教学；聚焦重点，加大培训力度；数字赋能，加强资源建设；统筹力量，拓展帮扶渠道；跟踪问效，强化调查监测；结合实际，创新工作举措；重视宣传，及时总结成效。

全国各地广泛开展以习近平新时代中国特色社会主义思想为指导，深入落实习近平总书记关于教育的重要论述，坚持把语言文字工作融入党和国家事业发展全局，按照“一地一策”工作部署，精准聚焦，因地制宜，切实加大国家通用语言文字推广普及力度，统筹发展和安

全，不断推动语言文字工作高质量发展，着力为铸牢中华民族共同体意识、构筑中华民族共有精神家园贡献力量。6月14日，在新疆召开了加大国家通用语言文字推广力度“一地一策”推进会暨教育强国建设规划纲要语言文字工作集中调研咨询会，新疆维吾尔自治区人民政府副主席凯赛尔·阿不都克热木表示，新疆高度重视语言文字工作，坚持把国家通用语言文字推广普及作为铸牢中华民族共同体意识、促进社会稳定和长治久安的根本性、基础性、长远性工作，不断推动全区语言文字工作高质量发展。

2.9月13日，以“推广普通话，奋进新征程”为主题的第26届全国推广普通话宣传周在青海西宁开幕。教育部党组书记、部长，全国推普周领导小组组长怀进鹏致辞。他指出，习近平总书记高度重视推广普通话工作，在党的二十大报告中明确指出要加大国家通用语言文字推广力度，并作出一系列重要指示批示，强调要推广国家通用语言文字，逐步提高群众使用国家通用语言文字的意识和能力；坚定推行国家通用语言文字教育教学，努力培养爱党爱国的社会主义事业建设者和接班人。我们要认真领会落实好习近平总书记重要指示精神，切实把推普工作放在党和国家事业发展的大格局中去思考、去谋划、去推进。要主动融入中国式现代化建设大局，为推进中国式现代化建设提供重要的人才和智力支撑；要不断加大国家通用语言文字推广力度，全面服务铸牢中华民族共同体意识；要大力建设中华民族现代文明，助力增强中华民族的巨大向心力和中华文明的持久影响力。怀进鹏就做好推普工作提出要求。一要注重提质增效，抓好学校推普这个主阵地，持续实施学前儿童普通话教育专项计划，持续提高大中小学生听说读写能力，加大教师普通话教育和培训力度；抓好社会推普这个基础阵地，结合人民生产生活实际需求开展“职业技能+普通话”培训；充分发挥语言文字以文化人、以文育人独特作用，加强对中华优秀语言文化的挖掘和阐发，为中华民族伟大复兴注入不竭精神动力。二要注重数字赋能，加强语言文字高质量数字资源建设和常态化应用，积极探索各地区有效应用方式，满足人民群众日益增长的语言、文化、教育需求。三要注重统筹协同，认真履行宪法赋予的推普责任，全面落实党委领导、政府主导、语委统筹、部门支持、社会参与的管理机制，形成全社会共同参与推普的浓厚氛围。

青海省委副书记、省长吴晓军在致辞中表示，党的十八大以来，在以习近平同志为核心的党中央坚强领导下，青海坚持以习近平新时代中国特色社会主义思想为指导，聚焦重点、全面普及、巩固提高，社会用语用字更加规范，初步形成语言文字规范化、标准化应用环境，为促进全省经济社会发展作出了积极贡献。奋进新征程，青海将以这次宣传周活动为契机，把推广普及国家通用语言文字作为践行“两个维护”的具体行动，作为建设高质量教育体系的固本之基，作为铸牢中华民族共同体意识的关键之举，紧密结合省情语情实际，不断加大国家通用语言文字推广普及力度，以语言相通增进心灵相通、以文字相通增进文化相通，为奋力推进新时代语言文字事业高质量发展作出青海贡献。

开幕式上，全国推普周领导小组成员单位代表、青海省行业群众代表发言。现场发布了第七期“中华经典资源库”项目成果，开展了推普“智能+”展示体验活动。全国推普周领导小组各成员单位，国家语委各委员单位，各地、各行业系统，国家语言文字推广基地等也围绕推普周主题，开展了各具特色的推普宣传活动。

3. 国家通用语言文字推广普及工作表彰大会暨2023年国家语委全体委员会议在京召开。教育部党组书记、部长怀进鹏作视频讲话，指出“加大国家通用语言文字推广力度”是党的二十大报告的明确要求，是习近平总书记和党中央对新时代新征程语言文字事业发展作出的战略性部署。语言文字战线要当好执行者、行动派、实干家，切实将党中央决策部署落实落地，在高质量发展、服务自信自强、数字化赋能、大格局构建上下功夫。希望30个国家语委委员单位进一步加强沟通交流，强化合作，协同推动语言文字事业的创新发展。教育部党组成员、副部长吴岩出席会议并宣读了《教育部 国家语委关于表彰国家通用语言文字推广普及先进集体和先进个人的决定》，授予178个单位“国家通用语言文字推广普及先进集体”称号，294名个人“国家通用语言文字推广普及先进个人”称号。国家语委委员单位有关同志为先进集体和先进个人代表颁发奖牌和证书。4名先进集体和先进个人代表，以及中央宣传部、工业和信息化部、国家民委、广电总局的有关同志作交流发言。

4.12月22日，为深入贯彻落实党的二十大和二十届二中全会精神，落实《国务院办公厅关于全面加强新时代语言文字工作的意见》，加大国家通用语言文字推广力度，发挥国家语言文字推广基地支撑作用，教育部、国家语委认定中国人民大学等65家单位为第三批推广基地，国家语委公布第三批国家语言文字推广基地名单。第三批推广基地建设周期为2024年至2028年。各推广基地要根据《国家语言文字推广基地管理办法》要求，围绕服务铸牢中华民族共同体意识，落实立德树人根本任务，聚焦推广普及国家通用语言文字和传承发展中华优秀语言文化，立足自身优势创新实践，为国家和区域语言文字事业高质量发展提供人才保障、智力支持和专业服务。

三、加强语言文字规范化、标准化、信息化、数字化建设

1.教育部发布《信息技术产品国家通用语言文字使用管理规定》(以下简称《管理规定》)，这是我国第一个对信息技术产品相关语言文字问题进行规范的行政规定，于2023年3月1日开始施行。《管理规定》聚焦基础软件、语言文字智能处理软件、数字和网络出版物三大类信息技术产品，从语言文字表现形式、语言文字内容、语言观三个方面传递了明确的规范信号。具体而言，信息技术产品应当遵照汉语拼音、普通话语音、规范汉字、现代汉语词形、标点符号和数字用法等语言文字规范标准和现代汉语语法规律，使用正确的现代汉语。《管理规定》明确了信息产品应传递符合相关法律法规、公序良俗的语言内容，与其他信息产品管理法规形成了配合。《管理规定》秉持雅正、和谐的语言观，即信息技术产品使用国家通用语言文字有利于维护国家主权和民族尊严，有利于铸牢中华民族共同体意识，弘扬社会主义核心价值观、遵守公序良俗。

2.中央宣传部、中央网信办、中央外办、外交部、教育部、公安部、民政部、文化和旅游部、国务院国资委、市场监管总局等10部门联合印发《关于进一步加强论坛活动规范管理的通知》，对各类主体面向社会公开举办的论坛活动（包括论坛、峰会、年会以及其他具有论坛性质的会议活动）提出10条工作要求。举办论坛活动必须坚持以习近平新时代中国特色社会主义思想为指导，践行社会主义核心价值观，遵守相关法律法规和政策规定，确保正确政治方向、价值取向和舆论导向。举办论坛活动的各类社会主体，应经依法登记、具有合法身份。未经合法登记的企业及社会组织或无实际承办主体不得面向社会公开举办论坛活动。论坛活动名称应准确、规范、名实相符，不得随意冠以“中国”“中华”“全国”“国际”“世界”“峰会”“高端”“高峰”“巅峰”等字样。

3.《职业中文能力等级标准》在 2023 年“国际中文日”开幕式上正式发布。作为国际中文教育领域首个与职业教育结合的标准，该标准满足各行业运用中文进行交际的需求，为促进职业中文教育规范化发展，构建高质量的国际中文教育标准体系贡献力量。《职业中文能力等级标准》规定了中文作为第二语言学习者在特定职业领域、工作任务下的中文应用能力及等级，包括职业范围界定、术语和定义、等级能力描述、职业交际策略与文化意识四部分。《职业中文能力等级标准》对典型工作任务进行语言需求分析，基于《国际中文教育中文水平等级标准》实现专业词汇的类推与定级，完成语言标准与职业技能标准的衔接与融合。为职业中文学习者确立学习目标和方向，特别是建立自主学习体系，帮助学习者准确定位自己的职业中文能力。为教师在职业中文教学的各个环节提供规范性参考，包括分析教学需求、制定教学目标、规划教学内容、编写和遴选教材、制定教学大纲、确立测试与评估体系等，使职业中文教学具有系统性和规划性。为机构的职业中文课程体系建设提供参考，也将促进机构间合作机制建设。

4. 为响应国家教育数字化战略行动，中国语言文字数字博物馆一期开馆上线（网址 szyb.smartedu.cn），旨在收藏、研究、展示、阐释中华优秀语言文化，语博进行分期分阶段建设，以融合数字资源和丰富互动体验为方向，坚持“成熟一批上线一批”。语博一期建设分为语言国情、发展演变、经典传承、语博书屋、语博学堂、语言智能、主题展览 7 个主体板块，以及数据库、视听馆、互动体验馆 3 个资源模块，横纵交叉、立体展示。中国语言文字数字博物馆是国家智慧教育平台的服务拓展，立足语言文化传承和全民终身学习两大任务，以广大师生尤其是青少年学生为主要受众，兼顾服务社会大众，努力成为“四位一体”的综合应用服务平台，即语言文化资源的集群共享平台，国家通用语言文字和中华优秀语言文化的学习研究平台，语言文化品牌活动的参与互动平台，社会大众爱读书、读好书、善读书的阅读提升平台。

5. 由澎湃新闻牵头发起，上海人工智能研究院、上海市信息安全测评认证中心、上海新华传媒连锁有限公司和上海蜜度信息技术有限公司联合共建的“数字内容生态实验室”发布《网络不规范用字用词现象研究报告》。报告从错误类型、平台渠道等角度深挖不规范字词背后的规律，总结造成网络不规范字词现象的原因，建议成立由网络监管部门牵头、多方合作的网络语言生态联合体，以技术监管平台建设、规范用字用词评估、政策建议发布，形成促进互联网语言规范化的合力，推动规范、积极、向上的互联网语言生态建设。

6. 国家新闻出版署下发“关于发布《汉字字体使用要求》《汉语辞书出版规则》《图书编校质量差错判定和计算方法》《四角号码检字法》等 10 项行业标准的通知”，10 项行业标准技术归口全国新闻出版标准化技术委员会，自 2023 年 8 月 1 日起实施。

7. 教育部发布通知（教高函〔2023〕3 号），公布了 2022 年度普通高等学校本科专业备案和审批结果，“数字人文”进入最新的《普通高等学校本科专业目录》，归入“文学”门类下的“中国语言文学类”，专业代码：050110T。同时公布的《2022 年度普通高等学校本科专业备案和审批结果》显示，内蒙古师范大学新设数字人文本科专业获批，成为全国首个设置该本科专业的高校。

8. 在世界计量日中国主场纪念活动上，全国科学技术名词审定委员会、国家市场监督管理总局联合发布了国际单位制新词头中文名称。新词头的中文名称为：容 [那]、柔 [托]、昆[它]、亏[科托]，分别表示 1027、10-27、1030、10-30。引入新词头后，很大或很小的量值可以更简洁地表达，将为我国乃至华语世界的科学研究和工程应用提供更简洁、规范的表达方式，促进国际交流合作，助力人类探索宇宙尺度、量子效应等自然边界。同时，新词头在数字科技等新兴技术领域的广泛应用，亦将进一步推动科技进步、产业转型和经济社会高质量发展。

9. 中国新闻技术工作者联合会批准发布《中文新闻语义结构化标注》团体标准，于 8 月 1 日正式实施。《中文新闻语义结构化标注》团体标准由联著实业全资子公司——文灵科技(北京)有限公司和新华通讯社通信技术局联合牵头起草，规定了新闻写作常用表达方式所包含语义的术语和标注方法，包括新闻稿件标注说明、标注预处理、语义模板标注、新闻事件语义元标注、新闻事件关键词标注，以此形成语义标识体系。编制目的是规范、指导中文新闻语义结构化，使基于该标准构建的标识体系能够同时支持新闻内容知识库的建设和计算机神经网络新闻模型的训练，实现新闻知识库之间的相互兼容、互换共享。该标准的发布，有利于促进人工智能产业协调发展，对报刊、广播、电视、通讯社、新闻网站等新闻内容提供商及媒体应用与研究机构具有指导意义，填补了中国新闻语义结构化领域的空白，为新闻内容标注方法的设计带来革命性变化。

10. 教育部办公厅 中国残联办公厅关于印发《视力残疾和听力残疾人员普通话水平测试管理办法（试行）》的通知。视力残疾和听力残疾人员普通话水平测试，是根据应试人感知特点专门设计，考查应试人运用国家通用语言规范、熟练程度的专业测评。视力残疾人员测试的方式为摸读盲文或识读大字版汉字，参加测试的视力残疾人员应掌握国家通用盲文或规范汉字，具有摸读盲文或识读大字版汉字的能力；听力残疾人员测试的方式为写汉语拼音、写命题说话文本、打手语，参加测试的听力残疾人员应掌握《汉语拼音方案》、国家通用语言文字、《汉语手指字母方案》和国家通用手语，具有书写和手语表达的能力。测试内容依据国家颁布的《普通话水平测试实施纲要》执行，试卷由国家测试机构统一编制。

四、广泛开展语言文字交流，促进友谊与合作

1.8 月 18 日，国家主席习近平复信南非德班理工大学孔子学院师生，鼓励他们学好中文，为传承发展中南两国友好事业、促进中非友谊合作贡献力量。习近平指出，十年前，我见证了德班理工大学孔子学院的成立。我很高兴地看到，经过双方共同努力，两国教育文化交流结出累累硕果，众多南非青年通过学习中文，了解了中国的历史文化，拓宽了职业选择的道路，实现了人生的梦想。

2.4 月 7 日，中华人民共和国和法兰西共和国发表联合声明，声明中提到“中法两国重申重视语言教学合作，促进友谊和相互理解。两国将致力于延长 2015 年 6 月两国政府签署的《关于开展语言合作的协议》有效期，鼓励在双方学校开展中文和法语教学并增加双语课程，加强语言师资交流和培训”。

3.8 月 29 日，以“数字时代的语言文化交流”为主题的第二届中国—东盟语言文化论坛在贵州省贵安新区中国—东盟教育交流周永久会址黄杲树厅开幕。中国—东盟各国政府官员、专家学者以及东盟国家驻华使节等中外百余名嘉宾参加论坛。与会嘉宾围绕数字时代的语言多样性、“一带一路”语言文化交流合作、数字化时代的语言与跨文化交际、语言与人工智

能的交叉融合等议题进行交流。论坛发布了《中国—东盟语言文化交流合作倡议》以及语言文化合作项目标志性成果《越喃汉英四文对照新辞典》，启动《南洋华语文献分类丛刊》编纂项目，举行中国和东盟国家有关高校的合作协议签订仪式。

4.11 月 23—24 日，由国务院新闻办公室、国务院侨务办公室、中国社会科学院主办，上海市人民政府新闻办公室、上海市社会科学界联合会承办的"世界中国学大会·上海论坛"在上海国际会议中心举行，大会的主题是"全球视野下的中华文明与中国道路"，国家主席习近平向论坛致贺信。在分论坛四"学术的演进：代际传承与范式转换下的中国学"上，中国社会科学院语言研究所张伯江作主旨演讲"中西碰撞中的中国语言文化"。

5.11 月 24 日，推进"一带一路"建设工作领导小组办公室发布《坚定不移推进共建"一带一路"高质量发展走深走实的愿景与行动——共建"一带一路"未来十年发展展望》（以下简称《展望》），研究提出未来十年高质量共建"一带一路"的愿景思路和务实行动举措。《展望》提到要"加强中外青少年友好交流，深化中外语言文字国际交流合作"。

6.11 月 23—24 日，第四届"两岸语言文字调查研究与语文生活"研讨会在广州大学成功举办，来自两岸高校和科研机构的 60 余位专家学者参加会议。研讨会由两岸语言文字交流与合作协调小组主办，国家语委国家语言服务与粤港澳大湾区语言研究中心（广州大学）、国家语委国家语言资源监测与研究教育教材中心（厦门大学）、国家语委丝路语言文化研究中心（泉州师范学院）、广州大学人文学院、广州大学台湾研究院、厦门大学嘉庚学院两岸语言应用与叙事文化研究中心联合承办。8 位专家学者作大会主旨报告，近 30 名专家学者就两岸语言政策及语言调查研究、两岸语言文字规范标准对比研究、两岸辞书编纂研究、两岸语文教育研究、两岸语言服务研究等议题进行报告讨论。"调查、差异、对比、融合"是会议研讨的重要关键词。

7.12 月 7—9 日，2023 世界中文大会（World Chinese Language Conference 2023）在北京国家会议中心举办。大会由中华人民共和国教育部主办，大会以"中文服务世界，开放引领未来"为主题，意在"推动国际中文教育高质量发展，促进中外语言文化交流合作，增进中外人民了解和友谊"。特设全体会议、主论坛两场重点活动，举办第二届中海语言文化论坛、首届世界青年汉学家论坛、国际中文教育专业学位建设与人才培养专题研讨会、国际中文水平考试考点会、全球中文联盟大会等专项论坛，以及围绕语言教育与文明互鉴、中外教育交流合作、中文服务职业教育、中文教育数字化发展等新成果、新需求、新热点展开讨论，凝聚中外力量共同推动构建国际中文教育高质量发展新格局。中共中央政治局常委、国务院副总理丁薛祥在京出席 2023 世界中文大会，并发表主旨讲话。丁薛祥表示，语言是交流的工具、文化的载体，是促进人类文明交流对话的桥梁。习近平主席指出，学习彼此的语言，了解对方国家的历史文化，将有助于促进人民相知相亲，也将为构建人类命运共同体贡献力量。中国将继续推进高水平教育对外开放，支持民众特别是青少年加强外语学习和开展国际交流，一如既往大力支持国际中文教育，为加快中文走向全球、服务世界提供有力的支撑和保障。丁薛祥指出，中文是中国的语言，也是世界的语言。推进新形势下的国际中文教育和世界语言交流合作，需要中国和世界各国人民共同努力。要构建开放包容的国际中文教育格局，与各方一道办好孔子学院等中文项目，大力发展信息化、数字化、智能化中文教育，支持各国培养本土师资、研发本土教材、开展本土化中文教学。更好发挥中文社会服务功能，不断提升中文的社会应用价值，支持和鼓励更多国际组织将中文列为官方语言，欢迎更多国际场合使用中文，积极服务各国经济社会发展。深化中外语言交流合作，通过“请进来”与“走出去”相结合，加强中文与世界各国语言的双向交流，支持各国青少年来华体验中国文化、展示各国文化，增进彼此友谊和心灵沟通。促进文明互学互鉴，秉持开放包容，强化守正创新，共同推动世界多元文明繁荣发展。

五、不断加强语言文字服务能力

1.2023 年语言文字战线不断加强应急语言服务能力的研究与实践，10 月 27 日国家应急语言服务团在甘孜州组织开展了特大地震灾害应急语言服务试点演练。

为全面贯彻落实习近平总书记关于应急管理体系和能力现代化以及防灾减灾救灾的重要论述精神、检验在重大自然灾害背景下如何充分发挥应急语言服务作用，在教育部语言文字信息管理司及应急管理部救援协调和预案管理局、地震和地质灾害救援司等部门指导下，在四川省及甘孜藏族自治州应急管理和教育等部门支持配合下，国家应急语言服务团在甘孜州组织开展了特大地震灾害应急语言服务试点演练。演练采用桌面推演与实战演练相结合的方式，设置了快速响应指挥、协助救援与疏散、协助战地医院医疗救护、多语宣传与语言心理抚慰等科目，重点演练如何在不同应急场景下配合使用国家通用语言、少数民族语言及方言开展应急沟通。此次演练作为国内首次多语多灾地区重特大自然灾害背景下的应急语言服务演练，立足甘孜州语言文字使用状况和应急语言服务需求情况，全面系统展现了特大地震灾害背景下的应急语言服务场景和内容，检验了我国应急语言服务的组织管理体系、工作机制、协同能力、实战意识和有关规范标准，锻炼了甘孜州应急语言服务队伍，提升了甘孜州应急处置综合协调能力和精细化救援能力。此次演练的举行，为在全国其他多语多灾害地区开展应急语言服务提供了示范。国家应急语言服务团后续将在有关部门指导下，继续统筹整合相关资源和力量，不断提升我国应急语言服务工作的科学性、有效性、及时性，以语言服务助力国家应急管理体系和能力现代化，助力高质量发展。

2.《国家通用语言学用口袋书 应急交际》正式出版。该书由北京语言大学出版社联合国家应急语言服务团秘书处策划，主要结合民族地区和农村地区的实际生活需求，以《中华人民共和国突发事件应对法》界定的突发事件种类为总体框架，对在应急事件中经常涉及的灾害进行知识科普，按照语言学习和话语交际的要求，以真实场景对话的形式进行了还原。全书由 20 个单元组成，涵盖的事件场景主要包括洪水、干旱、暴雨、雷电、台风、寒潮、暴雪、冰雹、高温、地震、泥石流、滑坡、海啸、森林草原火灾、麦田火灾、家庭火灾、生产事故、交通事故、踩踏事故、食物中毒等。各单元具体内容主要参考了应急管理部、国家林业和草原局、国家应急广播、中国气象科普网等权威渠道发布的应急科普知识。重点介绍了当遇到这些情况时，如何快速、准确地使用国家通用语言进行沟通。无论是地震、火灾还是其他突发状况，大家都能凭借这些语言知识，架起沟通的桥梁，为自己和他人争取宝贵的生存时机。主编刘晓海、田列朋。

3. 语言文字工作服务于科研。在国家语委研究型基地续建签约会上，语言文字信息管理司负责同志与北京大学、北京师范大学、中国传媒大学、鲁东大学负责同志签订共建协议，“中国文字字体设计与研究中心”“中国文字整理与规范研究中心”“国家语言资源监测与研究有声媒体中心”“汉语辞书研究中心”正式进入第四个建设周期。会议就进一步加强研究型基地的资政服务能力、人才队伍建设、标志性成果产出转化等提出要求，四家单位负责同志作表态发言。四家研究型基地聚焦中国文字字体研究与设计、中国文字整理与规范研究、媒体语言资源建设与监测研究、辞书研究与辞书编纂等开展有组织科研，实施“中华精品字库工程”等重大语言文化工程，建设“通用汉字全息数据库”等一批资源库，组织“汉语盘点”等重要活动，开展资政建言，推动人才培养，打造科研品牌，取得良好成效。

文章选登

信息技术产品国家通用语言文字使用管理规定

（2023年1月3日中华人民共和国教育部令第54号公布　自2023年3月1日起施行）

第一条　为规范信息技术产品国家通用语言文字使用，保障信息化条件下语言生活和谐健康发展，根据《中华人民共和国国家通用语言文字法》《中华人民共和国标准化法》《中华人民共和国产品质量法》《出版管理条例》《互联网信息服务管理办法》等法律、行政法规，制定本规定。

第二条　在中华人民共和国境内生产、销售、出版、发布、推广对国家通用语言文字进行信息化处理和使用国家通用语言文字进行内容编辑的信息技术产品，适用本规定。

本规定所称的信息技术产品主要有：

（一）基础软件，包括字库、输入系统、操作系统、数据库系统、办公套件等；

（二）语言文字智能处理软件，包括语音合成、语音转写、机器翻译、智能写作、智能校对、自动问答等功能软件；

（三）数字和网络出版物。

第三条　信息技术产品使用国家通用语言文字，应当有利于维护国家主权和民族尊严、有利于铸牢中华民族共同体意识，应当弘扬社会主义核心价值观、遵守公序良俗。

信息技术产品使用国家通用语言文字，应当符合国家颁布的语言文字规范标准。

第四条　国务院语言文字工作部门负责统筹协调并会同有关主管部门对全国信息技术产品的国家通用语言文字使用进行监督管理和指导服务。

地方语言文字工作部门负责统筹协调并会同地方有关主管部门对本行政区域内信息技术产品的国家通用语言文字使用进行监督管理和指导服务。

第五条　基础软件应当符合信息技术编码字符集等标准。汉字字库应当符合汉字字形规范。汉字输入系统应当依据汉语拼音方案、普通话语音、汉字笔画和部件等语言文字规范标准设计，并具备一定的规范用法提示功能。

第六条　数字和网络出版物使用国家通用语言文字，应当符合汉语拼音、普通话语音、规范汉字、现代汉语词形、标点符号和数字用法等语言文字规范标准。需要使用汉语方言、繁体字、异体字的，应当符合《中华人民共和国国家通用语言文字法》相关规定。

教材、现代汉语语文工具书类数字和网络出版物使用国家通用语言文字，还应当在语言文字的排序、检索、注音、释义、用例及相关知识阐释等方面执行本条第一款规定的语言文字规范标准。需要变通的，应当以适当方式体现相关规范标准的规定。

第七条　语言文字智能处理软件及其系统集成产品应当遵照汉语拼音、普通话语音、规范汉字、现代汉语词形、标点符号和数字用法等语言文字规范标准和现代汉语语法规律，持续优化语言文字处理功能，不断提升输出结果的规范化水平。

第八条　办公套件、智能校对软件等应当视需要为用户提供以下提示功能：

（一）规范汉字文本中夹用的繁体字、异体字；

（二）错别字、错符；

（三）现代汉语异形词非推荐词形；

（四）其他可能影响语言文字规范使用的情况。

第九条 嵌有语音合成、语音转写、机器翻译、智能写作、自动问答等语言文字智能处理功能的互联网信息服务平台应当设置信息反馈功能，及时受理用户关于语言文字不规范情况的反馈，并根据反馈信息进一步优化功能，不断提升语言文字智能处理结果的规范化水平。

第十条 面向残疾人、老年人的信息技术产品，应当具备语言文字信息无障碍功能。面向少年儿童的信息技术产品，应当符合其身心特点和语言文字学习规律。

第十一条 国务院语言文字工作部门和有关主管部门在信息技术产品国家通用语言文字使用监督管理和质量检查工作中，可以授权第三方机构对相关产品进行语言文字规范标准符合性检测。

鼓励有关检测认证机构为社会提供面向信息技术产品的语言文字规范标准符合性检测服务。

第十二条 国务院语言文字工作部门会同有关主管部门，负责对现代汉语语文工具书类数字和网络出版物进行监督检查。

第十三条 地方各级语言文字工作部门负责对本行政区域内除教材和现代汉语语文工具书之外的其他数字和网络出版物进行监督检查。检查结果通报同级主管部门，同时向上级语言文字工作部门报告。

第十四条 国务院语言文字工作部门通过适当方式，为促进语言文字智能处理软件的研发和功能完善、提升现代汉语语文工具书类数字和网络出版物编纂质量提供指导与服务。

第十五条 国务院语言文字工作部门依法制定、修订并主动公开语言文字规范标准，会同有关主管部门做好行业领域有关规范标准的研究、制定、修订及信息公开工作。

第十六条 国务院语言文字工作部门对在信息技术产品国家通用语言文字使用的管理、服务及相关技术研发中作出突出贡献的组织和个人，依据《中华人民共和国国家通用语言文字法》的有关规定，予以表彰和奖励。

第十七条 基础软件处理国家通用语言文字违反本规定第五条的，由国务院语言文字工作部门会同有关主管部门督促软件生产方限期改正。拒不改正的，由主管部门依据《中华人民共和国标准化法》《中华人民共和国产品质量法》等法律法规予以处理。

第十八条 现代汉语语文工具书类数字和网络出版物使用国家通用语言文字违反本规定第六条的，由国务院语言文字工作部门会同有关主管部门督促出版方限期改正。拒不改正的，由主管部门依据《出版管理条例》等法律法规予以处理。

第十九条 其他数字和网络出版物使用国家通用语言文字违反本规定第六条的，由县级以上地方语言文字工作部门会同同级主管部门督促出版方限期改正。拒不改正的，由主管部门依据《出版管理条例》等法律法规予以处理。

第二十条 国务院语言文字工作部门应当加强信息技术产品国家通用语言文字使用情况的监测和研究，并会同有关部门组织开展宣传教育和业务指导。

第二十一条 国务院和地方各级语言文字工作部门应当建立工作协同机制，为同级有关主管部门依法管理信息技术产品中使用国家通用语言文字提供咨询服务、执法协助等支持。

第二十二条 本规定自 2023 年 3 月 1 日起施行。

中国语言学的三大体系建设：缘起、内涵与路径*

王春辉

提要：“三大体系”建设是当代中国的重大历史命题。对于中国语言学的“三大体系”建设来说，探寻“中国语言学之问”的答案或许是开启建设大门的钥匙。现代中国语言学跟其他许多学科一样，基本上是西学东渐的产物，是对西方中心主义学术体系内化的结果。中国与西方在语言学上的不同，根本上是由中西方的哲学传统和社会结构决定的。随着中国综合国力的提升和理论自信的增强，中国语言学人亟须跳出西方范式的视界，转而从中国语言现象本身、立足中国语言生活国情来进行观察、描写和解释。向世界学习，但不是西方或其他方理论的简单复制或套用；建中国自信，但不能故步自封、自我陶醉。在当下这个世界体系深刻调整变化的新时代，中国的学术、中国的语言学研究需要把握大势、深刻思考，放眼国际、立足中国，自觉地从本土的经验和学术研究中建构出与中国语言和中国国情相和谐的原创性思想，扎实推进中国语言学的“三大体系”建设，从而为中国哲学社会科学的发展和两个命运共同体建设作出应有贡献。

关键词：中国语言学之问；现代世界体系；三大体系建设；语言学现代化；原创性理论

一、引言

2016年5月17日，哲学社会科学工作座谈会在京召开。会上提出了“着力构建中国特色哲学社会科学，在指导思想、学科体系、学术体系、话语体系等方面充分体现中国特色、中国风格、中国气派”①的历史性命题，中国哲学社会科学“三大体系”建设开始进入一个新的时代。关于“三大体系”建设的相关研究也开始掀起新的热潮，如莫斌的综合性分

---

* 本文根据在“第八届中国语言学研究方法与方法论问题学术讨论会：新时代中国语言学的创新之路”（《中国社会科学》杂志社主办，2019年4月26—28日，江苏师范大学）的大会发言整理而成。曾在“2019国家语言战略工作坊”（南京大学，2019年11月25—27日）、“2021贯培汉教专业暑期职业教育培训（北京第二外国语学院，2021年7月5日）”、“北京市语言学会第15届学术年会暨2022年学术前沿论坛“（北京市语言学会，2022年12月25日）等场合作报告。感谢与会者的指正。李宇明先生、李泉先生、王敏老师、李瑞老师多有鼓励和指导，学报编辑部提供了宝贵建议。特此致谢！文责自负。

需要特别说明的是，面对如此宏大的一个论题，限于笔者的阅力、水平和能力，难免会有很多疏漏和力所不逮之处。之所以冒昧发文，是因为这是一个中国语言学以及语言学更好助力国家发展的基础性论题，值得更深入的思考和剖析。本文抛砖引玉，期待方家批评指正，共同促进学科发展。

［基金项目］国家语委“十四五”科研规划2021年度重大项目“我国语言文字治理体系现状及创新研究”（ZDA145-1）。

① 新华网：http://www.xinhuanet.com//politics/2016-05/18/c_1118891128_3.htm。

析[①]、李细珠对台湾史“三大体系”建设的分析[②]、李大龙对中国边疆学“三大体系”建设的分析[③]等。

在这一历史大潮下，语言学界也积极反思、深入探讨。比如陆俭明强调中国语言学研究须走数字化发展之路[④]，沈家煊较为系统地论证了中西方在范畴观上的不同以及英语和汉语在思维模式上的差异[⑤]，李宇明阐释了语言生活的“本源问题”、语言学的“话语转向”和语言学科的提升整合问题[⑥]，文秋芳讨论了学术国际话语权中的语言权问题以及外在学术语言和内在学术语言的区分对于中国特色学术话语体系构建的意义[⑦]，邢向东对语言学发展的“问题导向”和方言学在三大体系建设中的价值进行了系统分析[⑧]。但是目前来看，还较少有研究专门对语言学“三大体系”建设从历时和共时结合的视角进行较为系统论述的[⑨]。本文之目的就在于从中国语言学之问这一解锁的钥匙入手，来剖析中国语言学现状形成的历史脉络，提出研究自信、理论自信的倡议，以期为未来中国语言学的“三大体系”建设提供一些参考。[⑩]

二、中国语言学之问

徐烈炯在其2008年文集的“开篇语”中有一段表述：“我们这里提出一个似乎相反的问题：中国语言学没有什么？接着要探讨的是：为什么别的国家有的语言学我们没有，或者很少？这对中国语言学的过去和今后的发展有没有影响？”[⑪]早于此文两年，王士元曾提出

① 莫斌：《新时代的学术创新与哲学社会科学“三大体系”建设》，《哲学动态》2022年第4期。

② 李细珠：《台湾史“三大体系”建设论略》，《台湾历史研究》2021年第1期。

③ 李大龙：《试论中国边疆学“三大体系”建设》，《中国边疆史地研究》2020年第2期。

④ 陆俭明：《顺应科技发展的大趋势语言研究必须逐步走上数字化之路》，《外国语（上海外国语大学学报）》2020年第4期；陆俭明：《汉语研究的未来走向》，《汉语学报》2021年第1期。

⑤ 沈家煊：《从语言看中西方的范畴观》，《中国社会科学》2017年第7期；沈家煊：《有关思维模式的英汉差异》，《现代外语》2020年第1期。

⑥ 李宇明：《语言学的问题意识、话语转向及学科问题》，《广州大学学报（社会科学版）》2019年第5期；李宇明：《驱动语言学发展的三类问题》，《当代外语研究》2020年第2期。

⑦ 文秋芳：《学术国际话语权中的语言权问题》，《语言战略研究》2021年第3期；文秋芳：《论外在学术语言和内在学术语言——兼及中国特色学术话语体系构建》，《语言战略研究》2022年第5期。

⑧ 邢向东：《论语言研究中的问题导向》，《陕西师范大学学报（哲学社会科学版）》2020年第2期；邢向东：《论汉语方言学在中国特色语言学学科体系、学术体系、话语体系建设中的价值》，《中国语文》2022年第4期。

⑨ 也有一些研究谈及中西语言学的差异，但是并不深入，比如褚孝泉（《中西语言学理论差异的思想根源》，《社会科学》2003年第6期）和谢楠（《中西语言学研究传统差异释因》，《东岳论丛》2012年第8期）。

⑩ 两点说明：（1）为了增强文章的逻辑顺畅和论证力度，本文保留了大量直接引用。（2）因内容涉及范围较为宏观，文中引用难免挂一漏万，所用例证也不一定特别精当。

⑪ 徐烈炯：《中国语言学在十字路口》，上海教育出版社2008年版，第1页。

过加强版的几个问题："中国人很早就开始用科学的精神来研究语言了，比欧洲起码要早差不多两百年；后来又有像顾炎武、钱大昕、段玉裁那样的大学者，对语言做了很多细致深入的分析和探讨。可是为什么现在中国的语言学研究，跟西方比起来有那么大的差距呢？又为什么在短短的时间之内，西方的语言学研究能如此迅速发展，不但迎头赶上，还超越我们那么多呢？"①

两位学者的疑问可以归结为这样一个问题：尽管中国语言学历史悠久、成就卓著，但为什么近代以来却被西方语言学（远远）超越了呢？这个问题，很容易就让人联想到著名的"钱学森之问"以及更早的"李约瑟难题"。出于操作层面的考虑，本文姑且将上述语言学者提出的问题称为"中国语言学之问"。从某种程度上说，近代以来的中国语言学就是在"中国语言学之问"的求解中，不断学习借鉴、不断奋力追赶，进而描绘出了中国语言学现代化的历史画卷。而这一问题的答案或许正是开启中国语言学"三大体系"建设的那把钥匙。

本文的核心观点是：中西语言学和科学的传统有别，这根源于中西哲学传统和社会结构的系统差异，"西学东渐"提升了中国语言学的现代化水平，但未来的发展在交流借鉴的同时更需反思语言学的现代化是否只有西方式一条路径，更需立足中国语情、中国国情，从中国语言和语言生活的实际问题而不是西方的理论或主张出发来进行探索，增强中国语言学的创造力、加强"学科体系、学术体系、话语体系"三大体系建设，从而为国家发展、人类进步贡献更多力量。

（一）中国语言学的"传统"与"现代"

王力指出两个因素决定了中国语言学的发展路线，一个是社会发展的历史；另一个是汉族语言文字本身的特点。前者规定了中国古代语言学是为了实用的目的；后者规定了中国古代语言学不是以语法而是以文字为研究对象。②

所以"中国的'小学'一向被认为是经学的附庸"，而"在鸦片战争以前，中国的语言学，基本上就是语文学……""语文学在中国古代称为'小学'"，而"'小学'是有关文字的学问；古人治'小学'不是以语言为对象，而是以文字为对象的。"③

"中国语言学曾经受过两次外来的影响：第一次是印度的影响，第二次是西洋的影响。前者是局部的，只影响到音韵学方面；后者是全面的，影响到语言学的各个方面。"……"自从公元 1840 年鸦片战争失败以后，许多知识分子都以为要救国，只有维新；要维新，只有学外国。这种政治思想反映在学术观点上，就是把西洋的学术搬到中国来。具体到语言学上，就是把西洋的语言学搬到中国来。直到解放以前，除了极少数的马克思主义者以外，中国语言学始终是以学习西洋语言学为目的。这样，中国语言学就是从封建主义转移到资产阶级的，整个时期可以称为西学东渐的时期。"④ 从那时甚至更早的时候起，"全盘西化和中国本位的文化建设之争，在知识界有过几个回合。……我们需要明白的是，中国语言学发展的道路，

① 王士元：《语言是一个复杂适应系统》，《清华大学学报（哲学社会科学版）》2006 年第 6 期。

② 王力：《中国语言学史》，复旦大学出版社 1981 年版，第 170—171 页。

③ 王力：《中国语言学史》，复旦大学出版社 1981 年版，第 2 页。

④ 王力：《中国语言学史》，复旦大学出版社 1981 年版，第 142 页。

正是在这两种思潮的论辩中不断抉择。”[①]

西学东渐开始，学界也最常将 1898 年出版的《马氏文通》看作中国语言学进入现代的开端，从此中国语言学也开启了一直延续至今的“西化”进程。[②] 如果我们审看李宇明所列述的语言学学科群内部的各分支[③]，那么“西学”对于中国语言学之影响和改造就更是一目了然了。

（二）西方中心主义学术体系的建构与中国的内化

西学东渐的不仅仅是语言学，汪晖一语中的地指出：“由于与西方思想的碰撞，在十九世纪末期与二十世纪初期，几乎所有的知识领域都被重组了。我曾经将这个重组概括为以现代科学为基础的公理世界观对于以儒学及其价值为基础的天理世界观的替换。”[④] 换句话说，现在中国语言学的现状，跟许多学科类似，很大程度上都是接受西方中心主义学术体系并将其内化的结果。学术体系是世界观的反映，所以为了说清西方中心主义学术体系的来源，就需要再挖深一层，先探讨一下西方世界观或者说现代世界体系的来源。

1. 现代世界体系的形成与中国的内化

（1）形成年代。关于现代世界体系的形成年代，主要有三种观点：（1）12—13 世纪说，此说的代表人物是麦克法兰[⑤]；（2）1492—1500 年说，此说的代表人物有沃勒斯坦[⑥]、布劳特[⑦]、帕尔默[⑧]等；（3）1800 年说，代表人物是彭慕兰[⑨]、马克斯[⑩]等。本文认同的是第二种观点。

（2）基本特征。现代世界体系是一个建立在西方经济体系之上的、以西方为主导的历史产物。在这个体系中，西方处于体系的核心，掌握着话语权。全球化和现代化的过程，基

---

① 王宁：《中国语言文字学面临的抉择》，《励耘语言学刊》2017 年第 1 期。

② 当然，“模仿”和“借鉴”是学术跟跑阶段的必经之路，它们也有着重要的积极作用（李宇明：《〈马氏文通〉新评》，《古汉语研究》1993 年第 4 期）。

③ 李宇明：《语言学是一个学科群》，《语言战略研究》2018 年第 1 期。

④ 汪晖：《公理、时势与越界的知识——在帕西奥利奖颁奖仪式上的演讲》，载《颠倒》，中信出版社 2016 年版，第 217 页。

⑤ Alan Macfarlane, *The Making of the Modern World: Visions from the West and East*, Basingstoke: Palgrave Macmillan, 2002.

⑥ [美]伊曼纽尔·沃勒斯坦：《现代世界体系》（第一卷），郭方、刘新成、张文刚译，社会科学文献出版社 2013 年版。

⑦ [美]布劳特：《殖民者的世界模式：地理传播主义和欧洲中心史观》，谭荣根译，社会科学文献出版社 2002 年版。

⑧ [美]帕尔默：《现代世界史》（第 10 版），孙福生、陈敦全、周鸿临等译，世界图书出版公司 2014 年版。

⑨ [美]彭慕兰：《大分流：欧洲、中国及现代世界经济的发展》，史建云译，江苏人民出版社 2004 年版。

⑩ [美]罗伯特·B. 马克斯：《现代世界的起源——全球的、生态的述说》（第一版），夏继果译，商务印书馆 2006 年版。

本上就是一个西方话语体系向全世界蔓延的过程。这一体系的特征往往与“西方化”“现代化”“全球化”等紧密相关，其具体体现基本上就是经济上的资本化、政治上的民主化、文化/研究上的科学化、生活方式上的城市化、教育上的现代化等。正如张汝伦所说：“我们这个世界体系基本上是和资本主义的兴盛联系在一起形成了这样一个世界格局，不管叫作全球化的体系也好，殖民化的体系也好，因为它真正的哲学是个人主义，个人主义的放大是个人集体主义，这个集体我们把它叫作国家。”①

（3）中国对这一体系的内化。虽然大航海开启之后的西人东来就开始繁盛，从16世纪的西班牙、葡萄牙到17世纪的荷兰再到18、19世纪的英国，西人接踵而至，②但是国人对世界的认知直到了晚清，才实现了“从天下到万国”的突破。③鸦片战争则彻底将中国拉进了现代世界体系之中，国人在惊诧甚至惊恐之中，开启了对西方的重新认知和奋力学习。也是在这个过程中，近代中国将上述世界体系的特征一点一点地内化了，这一过程一直持续至今。

正如费孝通所指出的，资本主义世界体系所创造的东、西关系在社会学和经济学中被当成是“传统”与“现代化”的关系，东方常被当成是传统的、古老的，西方才是现代的、新兴的。“许多人想把自己的社会建设成为与原来不同，同时能与西方社会相匹配的社会。在这个前提下，东方社会出现了对现代化和现代特性的追求。充满‘东方学’偏见的西方现代化理论，常成为非西方政治的指导思想，使作为东方‘异文化’的西方，成为想象中东方文化发展的前景，因而跌入了以欧美为中心的文化霸权主义的陷阱。”④

最后，“人们主观上未必会认为现代化=西化=中国历史发展的方向，可事实上却自觉不自觉地以这样的思路来考虑问题，不正证明它已成为民族无意识了吗？”⑤

2. 西方中心主义学术体系的建构与中国的内化

（1）体系的建构。学术体系是世界观的反映，西方的世界观是经历了一个大的转折的：亚里士多德世界观是在公元前300年到公元1600年间占统治地位的观点体系，后来经过哥白尼、第谷、布鲁诺、开普勒、伽利略等的发展，到了《自然哲学的数学原理》（1687）出版，西方的世界观体系开始正式进入了“牛顿世界观”（1700—1900）。⑥也是从此开始，“科学定律”在科学中的角色越来越重要了。⑦

大航海时代开启以后，随着西方殖民体系的拓展，在欧洲逐渐形成了这样一种观点，即

① 张汝伦：《从精英思想走到生活世界——关于〈现代中国思想研究〉的对谈》，此资料为《现代中国思想研究》一书的附册，上海人民出版社2014年版，第14页。

② 张星烺：《欧化东渐史》，商务印书馆2011年版，第4—18页。

③ 葛兆光：《古代中国文化讲义》，复旦大学出版社2012年版，第15—17页。

④ 费孝通：《我对自己学术的反思：人文价值再思考之一》，《读书》1997年第9期。

⑤ 张汝伦：《现代中国思想研究》，上海人民出版社2014年版，第35页。

⑥［美］理查德·德威特：《世界观：现代人必须要懂的科学哲学和科学史》，孙天译，机械工业出版社2018年版。

⑦ 这种观念深刻影响了18世纪出现19世纪达到鼎盛的历史比较语言学，突出表现就是新语法学派奉为圭臬的“语音规则无例外论”。

欧洲是世界经济与文化的中心，先进的文化与文明是由欧洲传播到世界范围的，欧洲人聪明、勇敢而富有理性，这是欧洲人特有的性格特点，是其他地区与民族的人群所不具有的。这种"欧洲中心主义"的思想历史悠久[①]，如同中国一直就有的"天下主义"一样。比如在历史学界研究中国近代史的三大框架（冲击—回应框架、近代化框架与帝国主义框架）就是这一思想的典型体现。布劳特[②]从历史渊源谈起，一一细数了这一观点的由来和发展，分析了殖民发展的历史根源，从历史、政治、经济、文化、宗教、生物学、地理学、社会学诸方面对殖民问题和产生殖民现象根源的"欧洲中心主义"进行了阐述和批判。[③]

虽然布劳特同时将欧洲与亚洲、欧洲文明和世界上其他文明的发展状况进行了比较和分析，并最终得出结论认为"欧洲奇迹"只是一种一厢情愿的理论和人为的精神，是荒谬和不合理的。[④]"然而事实却是，18 和 19 世纪的欧洲理论学家，包括斯密、马尔萨斯、李嘉图、马克思和韦伯，都采纳欧洲例外论的观点，并想方设法予以解释，以此作为他们主要的研究目标之一。这些人是现代社会科学理论的奠基者，在 20 世纪，所有的社会科学，特别是社会学和经济学，实际上已经将欧洲例外论消化吸收，成为其基本的前提。20 世纪的历史学家采纳并完善这一社会科学的见解，以使他们的历史研究更为'科学'，他们也被欧洲例外论的起源及其原因的研究所俘虏了。"[⑤]

（2）中国对这一体系的内化。柳诒徵在《中国文化史》"绪论"中提到三卷本的时间

---

① 欧洲中心主义在不同时期的形态各异，二战前基本上是一种赤裸裸的种族决定论，冷战时期体现为一种制度决定论，后冷战和全球化时代则兴起了文明决定论（李怀印：《现代中国的形成》，广西师范大学出版社 2022 年版，第 372 页）。

② 布劳特：《殖民者的世界模式：地理传播主义和欧洲中心史观》。弗兰克评论道："布劳特实际上证明了霍奇森早已表达过的观点：各种所谓的欧洲特殊论和整个欧洲奇迹的说法，不过是完全建立在欧洲中心论意识形态上的一种神话。"（[德]贡德·弗兰克：《白银资本：重视经济全球化中的东方》，刘北成译，四川人民出版社 2017 年版，第 23 页）

③ 在资本主义世界体系下的学术，追求的是普适性/普遍性，其知识生产和学术生产也是流程化、规模化、标准化。童庆生《汉语的意义：语文学、世界文学和西方汉语观》（生活·读书·新知三联书店2019年版）一书让我们看到了西方语文学者将汉语作为"他者"而纳入到其学术体系的努力和传统。

④ 其他类似的观点比如杰克·古迪（《西方中的东方》，沈毅译，浙江大学出版社 2012 年版）重新评估了欧洲许多历史和社会理论所认为的东方是"停滞的"或"落后的"观点，认为东西方的发展是交替性的，西方近代的高度发展更多的是一种偶然而非必然。他也对卡尔 ·马克思和马克斯 ·韦伯等著名学者的传统"欧洲中心论"观点进行了挑战，对所谓的西方的特殊理性、特有商业活动等进行了批判。作者认为如家庭功能和劳动方式等其他"抑制"东方发展的因素，也被大大夸大了，并促成了东方和西方的历史和社会的误解。西方地缘政治学先驱哈·麦金德也曾对持"欧洲中心论"观点的同行们说："正是在外来野蛮人的压力下，欧洲才实现它的文明。因此，我请求你们暂时地把欧洲和欧洲的历史看作隶属于亚洲和亚洲的历史。因为在非常真实的意义上说，欧洲文明是反对亚洲人入侵的长期斗争的成果。"（[英]哈·麦金德：《历史的地理枢纽》，林尔蔚、陈江译，商务印书馆 1985 年版，第 52 页）

⑤ [美]罗伯特·B. 马克斯：《现代世界的起源——全球的、生态的述说》（第一版），夏继果译，商务印书馆 2006 年版，第 10—11 页。

段和特征时说：第一编从邃古到两汉构成独立文化时期；第二编自东汉到明朝是印度文化输入并与固有文化融合时期；第三编自明朝至1940年代是西方学术和文化渐次输入、激荡整合时期。[①]这三个时期划分很是见功力，其中第三个时期也就是中西学术体系碰撞激荡的时期。

如同对现代世界体系的内化一样，鸦片战争以后中国也开启了对西方中心主义学术体系的内化。“西方文明作为一个近现代的强势文明，其文化范式和思想范式，从19世纪末和20世纪初广泛进入中国以来，逐渐笼罩了整个中国的学术圈。”[②]所以“中国文化以十分负面的形象出现，那是因为它被放置入一个由他人缔造的‘现代’世界中，一切条件对他来说都是不利的，用来衡量它的所有标准也必然是异化的。”[③]

比如就历史学科来说。研究中国历史，特别是研究西方冲击之后中国历史的美国学者，最严重的问题一直是种族中心主义造成的歪曲。导致这一问题的原因一明一暗：一个明显原因是西方对中国近世史产生了直接的、极为重要的作用；另一不那么明显的原因是中国史家在重建他们自己过去的历史时，在很大程度上一直依靠从西方借用来的词汇、概念和分析框架，原创性的贡献阙如。[④]

就人文社科研究的总体来说。长期以来，中国知识界的各个阶层和群体大多是在借用他人的概念和理论来解释自己，结果是一方面没能解释好甚至曲解了自己，另一方面也就不太可能让外在世界来了解自己。[⑤]

而就语言学来说。何九盈的《中国古代语言学史》和《中国现代语言学史》，前者按照年代从先秦论及清代，后者按照学科分野论述从《马氏文通》到1949年的学术历程。作者指出，欧化是中国现代学术的关键词，“欧化，导致古今学术大别。故中国古代语言学与中国现代语言学必须分别对待，各自独立成篇。”[⑥]

这种内化一直持续到了当下。“自西方到来之后，中国的社会科学（以及文学、历史、

---

① 柳诒徵：《中国文化史》（第一卷），中华书局2015年版，第2页。

② 张祥龙：《中西印哲学导论》，北京大学出版社2022年版，第3页。

③ 孙隆基：《中国文化的深层结构》，中信出版社2015年版，第416—417页。

④ [美]柯文：《在中国发现历史——中国中心观在美国的兴起》，林同奇译，社会科学文献出版社2017年版，第1页。

这里与童庆生（《汉语的意义：语文学、世界文学和西方汉语观》）所提到的西方对于汉语以及中国的各种误读、曲解、谬误、谎言很类似。柯文和童庆生提到的现象都可以用萨丕尔([美]爱德华·萨丕尔：《社会行为的无意识模式》，载《萨丕尔论语言、文化与人格》，赵媛译，商务印书馆2017年版，第308—325页）的“社会行为的无意识模式”说法进行解读：“这种对行为模式化或形式化的研究，在惊人的程度上有赖于我们对该族传统所确立的思维模式的了解。在外来者看来明显的形式与意义可能会被应用这种模式的人完全否认；而对他们来说完全清晰的特征与暗示却被观察者忽略。在面对我们所陌生的惯例时，正是对了解本土模式必要性的忽视，造成了许多缺乏想象力的和错误的描述。我们有可能认为最高尚、最崇高的动机激发了某种行为，感受到利他主义，体验到美，但本族人自己完全没有这些意图和感受。”“换言之，一个人总是无意识地寻找他无意识中遵循的形式。”

⑤ 郑永年：《中国的知识重建》，东方出版社2018年版，第1页。

⑥ 何九盈：《中国现代语言学史》，商务印书馆2008年版，第761页。

哲学等人文学科的学者）除了在中国自己的故纸堆里有点儿自信之外，在现代社会科学领域几乎没有任何超越中国或亚洲的学术野心和追求，当然也就没有世界视野的学术自信。这使得我们的大部分学生也同样没有任何超越中国或亚洲的学术野心和追求，当然也就没有世界视野的学术自信。”[①] “所以我觉得很可悲，这二十年中国思想界总是这样，只要一个外国人来，我们就把他奉若神明，桑德尔也好，安德森也好，很少把他搞得下不了台，其实是应该质询他们的。大家是同样的，大家一起作为人，中国人和西方人一起思考今天人类的困境，互相切磋，互相谈不同的意见，因为我们的经验不一样，我们处在这样的一个国家，你们处在那样的社会，我们当然可以有很多不同的看法。而我们不是，这是我们最大的悲剧，中国人在政治经济上极端自大，而思想上现在还是很‘殖民’，我们什么地方都有外国的顾问，有外国的学术委员，要被国际承认，这是很可笑的一件事，真是还不如当年泰戈尔的气度。”[②]

（三）“中国语言学之问”的答案

费孝通指出20世纪70年代以来，西方也有大量本土人类学作品指出了西方的“非西方研究”存在的问题，即在探讨“非西方”文化时可能把产生于本文化的观念强加在异文化之上。[③]事实上这一分析也适用于其他学科。如在历史学界，柯文《在中国发现历史》提出研究中国历史应该“走向以中国为中心”，亦即从中国而不是从西方着手来研究中国历史，并尽量用中国的而非西方的准绳来决定中国历史哪些现象具有历史重要性。之后，随着大历史视角“全球史观”的发展，比如王国斌的《转变的中国》及彭慕兰的《大分流》等都将这种观点进一步作了发挥。[④]

也是在这种大环境的更新之下，中国语言学界也开始反思中国语言学的当下与未来。李行德提到了汉语语言学传统与西方语言学传统的两个矛盾之处[⑤]：一是汉语的许多现象无法纳入到主要是基于印欧语言的语言理论模型/框架中去；二是中国的本土研究者有种文化焦虑，面对广大如戈壁、多样如苏州园林的传统研究，往往自惭形秽。

面对本文开头提到的“中国语言学之问”，李行德的解答是，中国的语言学还有两个倾

---

① 唐世平：《国际政治的社会演化：从公元前8000年到未来》，董杰旻、朱鸣译，中信出版集团2017年版，Ⅵ－Ⅶ。

② 张汝伦：《从精英思想走到生活世界——关于〈现代中国思想研究〉的对谈》，此资料为《现代中国思想研究》一书的附册，上海人民出版社2014年版，第15页。

③ 费孝通：《跨文化的“席明纳”：人文价值再思考之二》，《读书》1997年第10期。

④ 李强：《“全球史观”——反思“西方中心论”的一个代表》，《中国社会科学报》2011年6月9日第9版。

⑤ Lee，Thomas Hun-tak. “The bridging of linguistic research traditions——A review of 中国语言学的新拓展”，*Journal of Chinese Linguistics*，Vol. 28，No.1（January 2000），pp. 116—162.

向[①]：（1）基本上是只关注汉藏语而不太涉及其他语言，而且对当代语言学理论及普通语言学的文献也较少参考；（2）基本上与其他学科没有交叉或关联，比如心理学、社会学、人类学、考古学等。王士元的回答是[②]：第一，中国传统的学者只重视我们自己的汉语，而西方的学者非常注重研究各种不同的语言；第二，西方的语言学非常注重跟其他学科的沟通与合作，采用跨学科的研究方法，所以它的研究领域得以不断拓展，对于语言的了解和认识也更加深入，获得很多新的发现。姚小平在与西方传统语言学进行横向比较之后，概括了中国传统语言学的三个特点[③]：一是重“为学”轻“为道”，也就是重视对语言学具体学科——如训诂学、文字学、古音学的探索，对涉及语言本体的整体性质等相关问题缺少持续而全面的思考；二是重文字轻语法；三是重本族语轻异族语。可以发现，三位学者的看法基本一致。

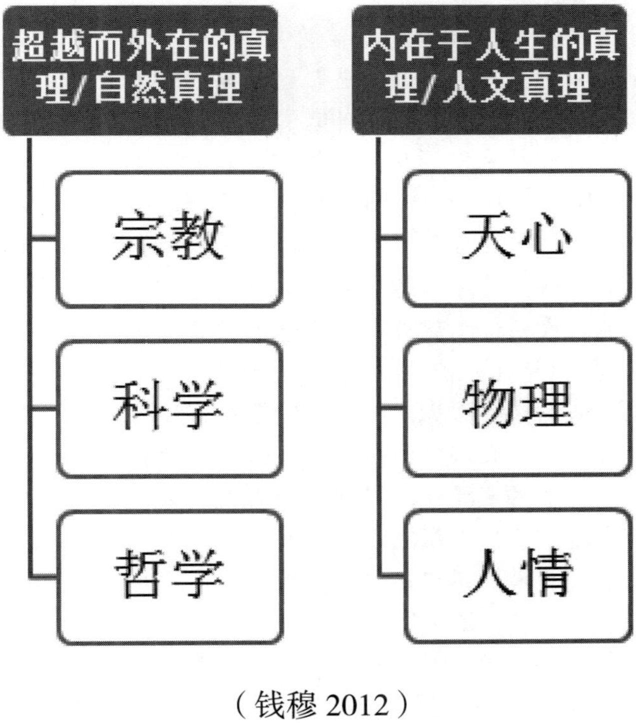

图 1　中西方在“真理”追求上的差异

如果我们先跳出语言学，从一个更基础的层面来追问为什么会如此，那么钱穆的论述似乎可以提供一些线索。其对中西方在“真理”追求上的差异可表示为上图[④]（见图 1）。

概而言之，似乎可以说西方的研究倾向于外向的、在“上帝”关照下的“理”，而中国的研究更倾向于内向的、在“人间”生活中的“情”。即是许倬云所说“中国思想重入世的人文与群己理论，希腊思想则重视宇宙之理及个人的自主。”[⑤]或者如周策纵所言“欧美的文明，除宗教思想之外，主要比较重视逻辑推理，考察自然规律，也就是客观的知识；中国至少自秦汉以后，所发展的乃是偏重伦理道德、修齐统治的文明。虽有个别的例外，但主要历史事

① Lee, Thomas Hun-tak. “The bridging of linguistic research traditions——A review of 中国语言学的新拓展”, *Journal of Chinese Linguistics*, Vol. 28, No.1 (January 2000), pp. 116—162.

② 王士元：《语言是一个复杂适应系统》，《清华大学学报（哲学社会科学版）》2006 年第 6 期。

③ 姚小平：《17—19 世纪的德国语言学与中国语言学》，外语教学与研究出版社 2001 年版，第 331 页。

④ 钱穆：《中国思想史》（新校本），九州出版社 2012 年版。

⑤ 许倬云：《历史大脉络》，广西师范大学出版社 2009 年版，第 25 页。

实确是如此。”[①]

这种哲学传统上的差异又引申出另一个问题，即关于中国为什么没有“科学”。从20世纪任鸿隽的缺乏“归纳法”这一科学的方法[②]、冯友兰的“在一切哲学中，中国哲学是最讲人伦日用的”“西方是外向的，东方是内向的；西方强调我们有什么，东方强调我们是什么”“欧洲技术发展是认识和控制物质，而中国技术发展是认识和控制心灵”[③]，到竺可桢的“中国农村社会的机构和封建思想，使中国古代不能产生自然科学”[④]、李约瑟的“地理、气候、经济、社会”四阻力说[⑤]，一直到近期的许多学者都进行了探究[⑥]。

吴国盛在《什么是科学》这一专著中将科学分为了源于古希腊科学的理性科学、17世纪以来的现代科学（数理实验科学）和中西皆有的博物学，并指出如果可以说中国古代有科学的话，那也是在博物学的层面上。为什么几乎可以说中国古代没有理性科学和数理实验科学？吴国盛认为是“因为中国文化中根本就没有科学的种子（基因）”，而这基因就是“希腊的理性科学基因和基督教基因”。以往学者关注两种土壤［技术革命的土壤和社会革命（资本主义革命）的土壤］比较多，而对两种基因关注很少。[⑦] 爱因斯坦在1953年给J. S. 斯威策的信中就表达过类似的观点，即西方科学的发展是以两个伟大的成就为基础的：希腊哲学家发明形式逻辑体系和在文艺复兴时期发现通过系统的实验可能找出因果关系。中国的贤哲没有走上这两步，那是用不着惊奇的。[⑧]

爱因斯坦和吴国盛的解释，是基于科学发展史本身而做出的一种判断，还没有从社会结构的视角进行系统阐释。金观涛和刘青峰则从科技结构与社会结构同构的视角，给出了更

① ［美］周策纵：《五四运动史：现代中国的知识革命》，陈永明、张静译，四川人民出版社2019年版，第9页。

② 任鸿隽：《说中国无科学之原因》，《科学》1915年第1期。

③ Fung Yu-Lan（冯友兰），“Why China Has no Science: An Interpretation of the History and Chinese Philosophy”，*International Journal of Ethics*，vol. 32，no. 3（March 1921），pp. 237—263. 后来收入 *Selected Philosophy Writings of Fung Yu-Lan*，外文出版社1991年版，第571—595页。其中译文收入《三松堂学术文集》，北京大学出版社1984年版，第23—42页。

④ 竺可桢：《为什么中国古代没有产生自然科学》，《科学》1945年第3期。

⑤ ［英］李约瑟：《中国之科学与文化》，1944年10月演讲，转引自竺可桢《为什么中国古代没有产生自然科学》，《科学》1945年第3期。

⑥ 比如许倬云就指出：“在中国知识界，‘天理’是一套合理的制序，原本就不顾忌神意不可测也不应测。可能正因为中国人的思维方式中不必顾忌这一点，中国人在（天启的）顿悟与国学的渐悟之间从来没有深刻注意，以致中国人忽略了科学方法学的思辨。”（许倬云：《历史大脉络》，广西师范大学出版社2009年版，第170页）

⑦ 吴国盛：《什么是科学》，广东人民出版社2016年版，第278—281页。对这两种基因更为深刻的阐释，可以参看金观涛（《轴心文明与现代社会：探索大历史的结构》，东方出版社2021年版）等著作。

⑧ 许良英等编译：《西方科学的基础与古代中国无缘》，载《爱因斯坦文集》（第一卷），商务印书馆2009年版，第772页。

为系统和清晰的解读。① 他们的解释可以用右面两个图呈现（见图2、图3）。如果再往下深挖一层，就可以看到这是中西两种不同类型的轴心文明顺应各自的观念和行动体系历史发展的结果。②

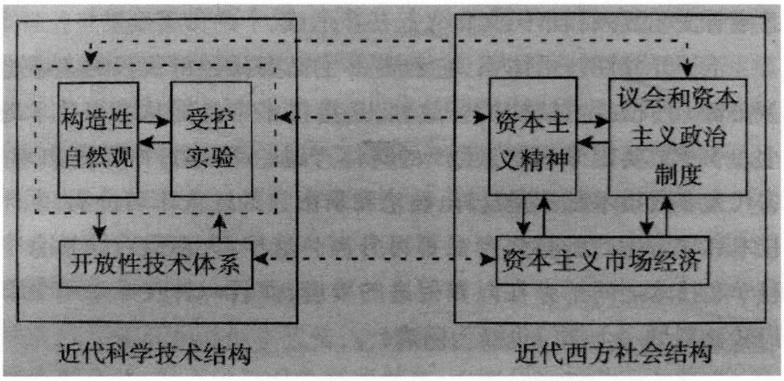

图2 近代科学技术结构与西方社会结构的关系

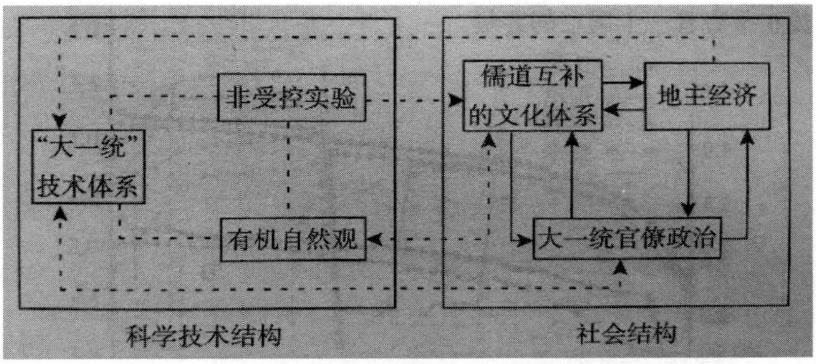

图3 中国传统科学技术结构与社会结构的关系

至此，可以将“中国语言学之问”的答案归总如下：（1）中西语言学的差异是源于哲学体系、科学传统和社会结构上的不同；（2）近代以来，西方中心论泛起、现代化等同于西化之后，中国语言学跟其他学科一样，完成了西方化转向；（3）正是在这个意义上，西方语言学实现了对中国的超越。

由此一些问题也就可以迎刃而解，比如为什么乔姆斯基的生成句法、拉波夫范式的社会语言学研究、跨学科范式的研究等在中国发展相对薄弱；还有就是下文将要分析的中国语言学三大体系建设的内涵和路径到底指的是什么。

三、中国语言学的“三大体系”建设：内涵、基础与路径

在用“中国语言学之问”这把钥匙开启了中国语言学“三大体系”建设的大门之后，下文就可以聚焦“三大体系”建设的基本内涵、已有基础和实施路径等问题了。

（一）中国语言学“三大体系”建设的内涵

中国正在进行的“三大体系”建设是国内国际各种因素历史性合力作用的结果，一方面是西方主导的世界体系自身问题日益累积，而世人对于其提供的人类未来发展方案的质疑声也日盛，另一方面是中国综合国力提升、国家自信回升，离开中国来谈人类未来发展变得不切实际，中国也在反思西方中心主义的消极影响以及人类的现代化之路是否只有西方式的一

① 金观涛、刘青峰：《兴盛与危机：论中国社会超稳定结构》（增订本），法律出版社2011年版，第323—340页。许倬云在分析明代的启蒙变化未能像西方启蒙运动那样得以彻底展开的原因时，也从意识形态、制度设置等社会性结构角度进行了分析（许倬云：《历史大脉络》，广西师范大学出版社2009年版，第160—162页）。

② 金观涛：《轴心文明与现代社会：探索大历史的结构》，东方出版社2021年版。

条等问题，也在思考人类究竟需要以及将会发展出一个怎样的未来。

中国语言学“三大体系”建设，即中国语言学的学科体系、学术体系和话语体系的建设，指的是在自觉认识到近代以来西学东渐对于中国语言学发展以及西方范式对于人类语言学探索的重大意义和推进作用的同时，也自觉认识到西化带来的中国理论的缺失和整体话语权的丧失以及西方范式或许不是人类探索语言的唯一路径，进而自觉在古今传承、中西融通、辩证统一的基础上，从中国语言文字和中国基本国情的实际情形、真实问题出发，在结构、功能、生活、应用、学科、话语等不同层面，进行理念意识、概念术语、理论体系、方法视角等的创新性探寻和建构，为人类语言理论和实践的探索贡献东方思考和智慧，最终利国利民、有益人类。

（二）中国语言学“三大体系”建设的基础

主要涉及语言研究的三大分野，学界的思索和认知与行动的转向。

1. 语言研究的连续统

萨丕尔在其经典论文《作为一门科学的语言学的地位》中提道：“最后，作为一门科学，语言学处于什么位置呢？它是与生物学一起同属自然科学呢，还是属于社会科学？”① 他说历史比较语言学以来的语言学研究更强调其自然科学属性，但是也要关注语言的社会科学属性。

唐斯指出，解释语言行为（language behavior）有四类理论模式：①以经验为依据的社会科学理论模式，包括相关关系统计研究及说明潜在机制的研究；②认知科学类，如乔姆斯基的心智语言学及斯珀勃和威尔森的关系理论；③行为意向解读类，包括对交际行为和言语行为用意解读的理论研究及常人方法学、社会符号学、批判性语言学 / 话语分析等；④功能解释类，从社会系统、行为起源、进化等方面对语言行为功能予以解释。②

如果我们综而合之，就会发现“语言”这一现象本身是可以从人文科学、社会科学和自然科学的多重视角进行探究的。③ 人文科学的视角主要涉及语文学（philology）、训诂、文字、文化语言学、文学语言、历史与语言、考古与语言、文献学、语言与地理、语言哲学、伦理与语言、语言符号学、翻译学、思想史④ 等；社会科学的视角主要是语言与社会的界面，比如民族与语言、人类语言学、媒体与语言、语言与政治、语言政策与规划、语言与经济等；自然科学的视角主要涉及实验语音学、神经语言学、生物语言学、计算语言学、语言人工智能、自然语言信息处理、语言起源等。

① [美]爱德华 ·萨丕尔：《作为一门科学的语言学的地位》，马毅、龚群虎、范俊军译，《福建外语》1993 年第 3、4 期。

② William Downes, *Language and Society （2nd edition）*， Cambridge: Cambridge University Press， 1998: 415—419.

③ 关于这三种研究视角，可以参看[美]凯根（《三种文化：21 世纪的自然科学、社会科学和人文学科》，王加丰、宋严萍译，上海世纪出版集团 2011 年版）和[英]斯诺（《两种文化》，纪树立译，生活 · 读书 · 新知三联出版社 1994 年版）。

④ 比如科塞雷克为核心的德国概念史（History of Concepts）学派。

一般来说，自然科学讨论的是普适性的问题，人文科学讨论的是特殊性的问题。[①] 但是显然这三个领域之间不是截然分明的，而是构成了一个以“语言”为研究对象的学科连续统。即使在语言学内部，也已经形成了一个语言学学科群[②]。

在这个连续统中，基于国际期刊、学界年会所提交论文、各主要大学所设置学科和课程等几个方面，比较欧洲、美国、中国的情形，可以发现几个有意思的现象：（1）欧洲的历史 / 历时研究、语言与社会的研究传统依然强劲，它也从美国手中接过了语言类型学大本营的接力棒，而其最终指向则是为探究人类的演化服务[③]；（2）在美国，形式主义依然占据优势地位，语言学与认知、计算、神经等其他学科的跨学科研究强盛[④]；（3）在中国，“小学”有滑向“绝学”的倾向[⑤]，结构主义研究范式依然盛行，一些研究的新理论和新方法则因为大学学科设置、跨学科偏弱、整体科研环境受限等因素的存在而举步维艰。

2. 整个哲学人文社会科学的思索

随着中国综合国力的提升，尤其是近来“四个自信”“中国式现代化”等理论的提出，人文社会科学界的学者们一直在思索中国人文社会科学的未来方向。面对西方所谓的“普适性”体系，我们应该采取怎样的态度？甘阳提出：“近百年来我们过于迫切地想把自己纳入这样那样的普遍性模式，实际忽略了中国文明的独特性。同时，我们以过于急功近利的实用心态去了解学习西方文明，也往往阻碍了我们更深刻地理解西方文明内部的复杂性和多样性。21 世纪的中国人应该已经有条件以更为从容不迫的心态、更为雍容大气的胸襟去重新认识中

① [比] 伊 · 普里戈金、[法] 伊 · 斯唐热：《从混沌到有序——人与自然的新对话》，曾庆宏、沈小峰译，上海译文出版社 1987 年版，第 29 页。但是也要注意“普适性”事实上可能只是一种“想象”，即使在自然科学领域，玻姆就提醒人们注意，“我们必须记住：关于普适性的任意给定表述，只适合于一定限度；一旦超越限度，就需要对普适性作新的表述。”（[美] 戴维 · 玻姆：《论创造力》，洪定国译，上海科学技术出版社 2001 年版，第 94 页）

② 李宇明：《语言学是一个学科群》，《语言战略研究》2018 年第 1 期。

③ 比如在德国，由语言类型学家 Matthew S. Dryer 和 Martin Haspelmath 负责的 The World Atlas of Language Structures （WALS）项目已经搜集了 2679 种语言的语言类型参项数据，占到了世界语言的 38%。而此项目的最终指向其实并不是语言类型研究，而是马克斯 · 普朗克进化人类学研究所（Max Planck Institute for Evolutionary Anthropology）“人类的演化”这个项目中的子项目。参与这个项目的有灵长类动物学家、人类进化学家、行为生态学家、进化遗传学家、发展与比较心理学家以及语言学家。

④ 在美国，语言学与认知科学的交叉研究在各高校随处可见，有的语言学在认知科学系（如 Johns Hopkins University）、有的语言学系有专门的语言与认知方向（如 University of California, San Diego）、有的是就叫“认知与语言科学系”（如 University of Delaware/ Pomona College）或“认知 – 语言 – 心理科学系”（如 Brown University）、有的是有认知与语言科学项目（如 University of Southern California/ Wellesley College/ University at Albany， State University of New York/ Dartmouth College）。此外，以人类语言的生物遗传性为指向的生物语言学（biolinguistics）也发展迅猛，集结了语言学、生物学、神经系统学、心理学、数学等众多学科的力量。

⑤ 国家社科基金自 2018 年起设立冷门“绝学”和国别史等研究专项，语言学赫然在列。

国与世界。”[①]

郑永年在指出“中国知识界借用他人的概念和理论来解释自己”之后，又进一步论述道，知识分子的首要任务不是照抄照搬西方知识体系，而是需要去思考西方的知识体系是如何产生的，我们自己如何能够生产自己的知识体系。任何一个文明的核心就是拥有能够解释自己和说明自己的知识体系，没有一个强大而富有生命力的知识体系何谈强大的文明。中国文明复兴的关键就是重建中国自己的知识体系。[②]

那“（中国人文社会科学）如何争取主流地位呢？”张光直给出了三条建议：第一，跳出中国的圈子而了解各个学科主流中的关键问题、核心问题；第二，研究中国材料的分析是否对属于全人类的问题有新的贡献；第三，如果有所贡献，一定要用世界性的学者能够看得懂的语言写出来。[③]张光直曾预言：人文社会科学的 21 世纪应该是中国的世纪。而要发挥中华文明的潜力，就需要同时做三件事：深入研究中国的史料、尽量了解世界史、深刻了解各种西方社会科学理论。有了这三个条件，才能辨别哪些西方社会科学理论能适用于中国，哪些理论需要借由中国的史实和事实加以修正。[④]王正典指出新中国成立以来中国的人文社会科学经历了三次转型：一是从 1949 年开始经历了从民国学术到共和国学术的巨大转型；二是从 1978 年开始经历了从“以阶级论为纲”的人文社会科学到“以现代化为纲”的人文社会科学的巨大转型；眼下正在经历人文社会科学的第三次巨大转型，即“以现代化（西方化）为纲”的人文社会科学正在向“以中国化为纲”的人文社会科学的转变。[⑤]这种转变，是伴随着世界格局的变化而产生的：西方政经体制、文化面临的问题和弊端，中国政经体制、文化的成就和所提出的人类未来发展方案等。

基于上述的各种建构，才有可能达到王汎森所提到的两个自觉的第二个自觉，即“自觉到从本土的经验与学术研究可能提出独特而有意义的理论建构”[⑥]，才能实现从借鉴性研究到原创性研究的升华。此处有必要举几个基于中国经验“提出独特而有意义的理论建构”的案例，以昭示此路是存在的、也是行得通的。

宋念申指出，从 20 世纪 50 年代起，中国就提出并贯彻着“和平共处”的新国际关系准则，到 1974 年毛泽东完成了“第三世界”论述，这些原则和理念到今天已经被广为接受。这段所谓“孤立”时代，恰恰是新中国在国际舞台上话语实力（或者说“软实力”）最强的时代。[⑦]

马林诺夫斯基在给《江村经济》写的序言中褒扬说，此书将被认为是人类学实地调查和理论工作发展中的一个里程碑。某些段落确实可以被看作应用社会学和人类学的宪章。费先

① 甘阳：《“文化：中国与世界”新论丛书》，生活 · 读书 · 新知三联书店 2007 年版，第 5 页。

② 郑永年：《中国的知识重建》，东方出版社 2018 年版，“出版说明”第 1 页。

③ 张光直：《中国人文社会科学该跻身世界主流》，《亚洲周刊》1994 年 7 月 10 日。

④ 张光直：《中国青铜时代》，生活 · 读书 · 新知三联书店 1999 年版，第 486 页。

⑤ 王正典：《学术上的巨大转型：人文社会科学 40 年回顾》，《中华读书报》2019 年 1 月 2 日第 5 版。

⑥ 王汎森：《本土思想资源与西方理论》，《南方周末》2009 年 5 月 28 日。

⑦ 宋念申：《发现东亚》，新星出版社 2018 年版，第 280 页。

生得到如此高评价的原因，笔者认为就在于“作者并不是一个外来人，在异国的土地上猎奇而写作的；本书的内容包含着一个公民对自己的人民进行观察的结果。这是一个土生土长的人在本乡人民中间进行工作的结果。”①

斯波斯基在给《中国语言规划论》（英文版）写的序言中说道，这本文集已经超越了中国语言规划的主题，可以为指导整个语言规划领域的研究打下坚实的基础。本书的出版有望为中西学者在语言政策和管理方面进行有价值的合作提供可能。②

诚如项飚所言：“总之，我之所以此刻豁然开朗是因为我又回到了现实，抛弃了学科崇拜，重新让真实问题牵着我走。”③ 而这些“由实践（而非理论）出发所发现的问题，更有可能是所研究国家自身的内生要求，而不是源自西方理论 / 认知所关切的问题。”④

3. 语言学界意识和行动的转向

（1）意识上的转向

中国语言学界在研究意识上的转变非一时之功，也不是一人之力，而是诸多学者长期探索、不懈努力的结果。限于篇幅，在此仅举几例。

吕叔湘在 1980 年 10 月 22 日中国语言学会成立大会上作了主旨发言，讨论了当时中国语言研究工作需要正确处理的四种关系：中和外的关系、虚和实的关系、动和静的关系、通和专的关系。在谈到中和外的关系时，他指出“重要的是学习西方学者研究语言的方法，而不是套用他们的研究成果。比如在中古音的构拟上，因为把传统的声类韵类的研究跟用西方的历史比较法研究汉语方言的结果结合起来，就取得了比较满意的结果。跟这个比较起来，语法研究的成绩就要差些，很可能就是因为套用现成结果多了些，钻研方法少了些。”⑤

王宁说道，“对于文化，越是民族的，越是国际的”是一个已普及的文化定律。中国的语言学国际化，应当是创造自己民族语言的精品来与海外对话，是以自主创新的成就获得话语权，不是每天想着用汉语的事实来证明西方的论断都是正确可用的——当然，可用的部分自然应当吸收。⑥

袁毓林指出，如果我们能够基于汉语的历史、方言和其他多种语言的事实，进行沉浸式的调查和多角度的观察，敢于尝试各种新的研究方法，锐意提出新的见解，那么汉语语法研究就会不断进步。至于能否被国际学界承认，并不需要过多地担心。它承认了你怎样？不承

---

① [英] 布 · 马林诺夫斯基：《江村经济：中国农民的生活》序，费孝通著，戴可景译，商务印书馆 2002 年版，第 13—19 页。

② Bernard Spolsky. “Foreword”, in Yuming Li, *Language Planning in China*. Berlin: de Gruyter Mouton, 2015, pp. vii-xi.

③ 项飚：《全球“猎身”——世界信息产业和印度的技术劳工》，王迪译，北京大学出版社 2012 年版，第 43 页。

④ 黄宗智：《“实践社会科学系列”总序》，载《国家与社会的二元合一：中国历史回顾与前瞻》，广西师范大学出版社 2022 年版，第 3 页。

⑤ 吕叔湘：《把我国语言科学推向前进》，《中国语文》1981 年第 1 期。

⑥ 王宁：《中国语言文字学面临的抉择》，《励耘语言学刊》2017 年第 1 辑。

认你又怎样？你还是你，我们还是我们。我们要埋头苦干、脚踏实地地做好我们的工作。[①]

李宇明说道，既有“本土意识”又有“国际眼光”的人是“双图人”。“本土意识”是个宽泛的说法，包括熟悉且珍爱中华文化、具有家国情怀和现代公民意识等；“国际眼光”就是既能从中国看世界，又能从世界看中国。[②]

张伯江指出，经过半个多世纪的不懈探索，中国语言学者越来越深刻地认识到，在我国作为国家通用语言的汉民族共同语，其句法和语音等方面的根本特征，与西方语言理论赖以构建的印欧语言存在系统性不同；语言学者越来越强烈地意识到，应该建立基于汉语特点的理论和体系，不仅让汉语得到最切合实际的描写和解释，也让汉语视角为西方学者乃至全世界的语言研究提供新的思维和启示。[③]

这些论述，是中国语言学人在意识上转变的标识，也是一种历史的自觉。

（2）行动上的转向

跟随西方各种主义的亦步亦趋，最终也只能是模仿与跟随；在借鉴的同时，坚定地从中国语言现实、从中国语言国情的立场出发，才有可能创建自身的语言学理论体系，也才有可能让西方更关注中国人的研究。在上述研究意识的转变之外，中国语言学者也开始更多地探索跳出西方范式、立足于中国语言、中国语境本身来探索语言结构和使用的理论与方法。

比如汉语语法研究。近些年，随着摆脱印欧语眼光理念的深入人心，汉语语法界也在做着一些理论创新的努力，比如沈家煊近几年就提出了“名动包含”模式[④]、“对言语法”体系[⑤]、汉语是“用法包含语法，语法属于用法”[⑥]等理论观点。而且沈先生指出这些差异的背后跟中国哲学的理念密切相关[⑦]，也是中西（哲学）范畴观差异在语言上的表征[⑧]。

再如李宇明领衔的语言生活派的研究。中国学术历来的功能性、实用性指向使得对语言生活的观察、描写和解释成为中国语言学的重要分支。对语言生活的研究也逐渐形成了自己的理论体系，建立起了“语言生活派”[⑨]。这是个忠实于真实语言生活记录、问题导向从而服务国家和社会的研究流派，比如对于语言生活状况的年度描写、语言扶贫、应急语言服务、语言资源开发和保护、语言与共同富裕、语言治理等研究都有一些创见。对于语言政策与

① 袁毓林：《近代中西文化激荡背景下的汉语语法研究70年》，“2019中青年语言学者沙龙”演讲，商务印书馆，2019年1月20日。

② 李宇明：《本土意识，国际眼光》，《语言战略研究》2016年第2期。

③ 张伯江：《新时代语言学的学科建设和学术创新》，中国社会科学网，2022年10月10日，http://www.cssn.cn/index/tp/202210/t20221012_5548857.shtml。

④ 沈家煊：《“名动词”的反思：问题和对策》，《世界汉语教学》2012年第1期。

⑤ 沈家煊：《超越主谓结构：对言语法和对言格式》，商务印书馆2019年版。

⑥ 沈家煊：《汉语有没有“主谓结构”》，《现代外语》2017年第1期。

⑦ 沈家煊：《汉语有没有“主谓结构”》，《现代外语》2017年第1期。

⑧ 沈家煊：《从语言看中西方的范畴观》，《中国社会科学》2017年第7期。

⑨ 李宇明：《语言生活与语言生活研究》，《语言战略研究》2016年第3期。

规划研究领域来说，“语言生活派”已经形成了自身的学派理念[①]，已经发展成为可以与国际上以 Bernard Spolsky、Jiri Nekvapil 等为代表的“语言管理”学派、以 Thomas Ricento、James ollefson、Stephen May 为代表的“语言政治”学派、以 Nancy Hornberger、Teresa McCarty 等为代表的“语言民族志”学派并驾齐驱的研究流派。

其他还包括王宁、黄德宽和潘悟云等精研的“小学”传统，孙宏开和戴庆厦等引领的民族语言学研究，冯志伟和刘海涛等领衔的计算 / 计量语言学研究，邢福义等提出的“两个三角”理论和“小句中枢说”，文秋芳等倡导的“产出导向法”，郭熙等探索的华人华语口述史，徐杰等提出的“语言特区理论”，袁毓林等融通“结构—信息—认知—修辞”的尝试，曹志耘等实践的语言文化保护与典藏等。[②]

上述这些，都是中国语言学界“三大体系”建构的“跬步”，积小跬步才能至大千里。

（三）中国语言学“三大体系”建设的路径

构建中国特色、中国风格、中国气派的学科体系、学术体系、话语体系，是国际国内新形势下的学术自觉，是构建中国特色哲学社会科学的目标指向。通过前文的阐释，可以看到中国语言学的三大体系建设，也亟须在新形势下审时度势、擘画未来。新时代呼唤中国语言学的原创性研究，提升研究自信，在人文哲学社会科学层面构建中国式语言学体系。

在路径建构上，笔者做过较为详细的论述[③]，在此仅提纲挈领摘要如下：在学科体系建设上，主要还是语言学增设为一级学科甚至独立为学科门类的问题，未来可以增强与其他学科或专业的交叉发展上的想象力；在学术体系建设上，主要涉及学术培养、学术研究和学术评价三个方面，学术培养宜提升跨学科性、增强国际交流和借鉴，基础性和交叉性学术研究尤其重要，学术评价则亟须提质增效；在话语体系上，主要是放眼全球、立足中国，提出新概念、新术语、新理论、新思想，建构起普遍性和特殊性相结合的中国语言学话语体系，尤其需要在提升中文的学术话语权和加大中国传统语言学思想的现代性转化等方面用力。

此外，还有几点需要补充说明：（1）如上所述，语言研究是个连续统，自然科学视角的研究中西有更多共性，人文科学和社会科学的研究中国有更多特性；（2）就理论和方法来说，应更多借鉴方法而非理论或结论的简单套用；（3）极少（也可能是没有）从无到有的创新或者创造，创新都是有基础的，是在古今中外互通互鉴基础上进行的，是站在前人肩膀上的发展；（4）中国语言学在经历了依附于语文学和独立为一个学科这两个阶段之后，未来或将进入一个跨学科和交叉学科发展的阶段；（5）未来建设将会是一个长期的甚至艰辛的过程[④]；（6）不管是西方的还是中国的探索，都是在为人类的知识大厦增砖添瓦，都是在为人类的未来找寻路径；（7）中国探索是以开放交流、辩证借鉴为前提的，需要的是中

---

① 李宇明：《中国语言规划学的四大理念》，第十一届全国社会语言学学术研讨会主旨发言，浙江金华，2022 年 4 月 23 日。

② 难免会有疏漏，还望海涵。

③ 王春辉：《扎实推进中国语言学三大体系建设》，《中国社会科学报》2022 年 7 月 5 日第 3 版。

④ 正如李宇明先生所言：“中国语言学要有大的格局和心胸。但最重要的是不要急，学科发展最忌急躁，获取学术话语最忌狂躁。学术发展有规律，要一步一步走。”（李宇明：《语言学的问题意识、话语转向及学科问题》，《广州大学学报（社会科学版）》2019 年第 5 期）

国"生存的哲学"和西方"思辨的哲学"融合基础上的"转化性创造"①，是中西双轨并行、中西互鉴融合，而绝不是闭门造车、自说自话，绝不是从西方中心主义的一端滑向中国中心主义的另一端，绝不是非此即彼的二元对立②。

四、结语

近些年，鲁国尧针对中国语言学的未来，提出了许多观点，比如"国力学术相应律"③、"文化学术后发论"和"不崇洋，不排外"的"双不方针"④等；并指出"只有植根于中国土壤，才能做出真正的中国学问，才能做出垂之长久的学问，才能为中华民族的伟大复兴事业做出重大的贡献。"⑤

人类的文明从来都是内核稳定，边缘交融的。比如亨廷顿的七大/八大文明或者金观涛所论述的四大轴心文明的内核一直延续至今。而边缘的交融性，当代是东方借鉴西方更多一些；若再往前追溯，现代世界诞生于欧洲，但"事实上，导致现代世界诞生的所有因素几乎悉数来源于欧洲之外"，即与中国文明、阿拉伯文明等的互动与借鉴。⑥

世界体系和世界观是互为因果的两个系统。"每一个时代的理论思维，包括我们这个时代的理论思维，都是一种历史的产物，它在不同的时代具有完全不同的形式，同时具有完全不同的内容。"⑦每个时代的学术体系都是那个时代世界体系的投影；每个时代的学术观也都是那个时代世界观的表现之一。经过近代中国社会和思想上的新陈代谢⑧，现代世界体系和西方学术思想的进入使得中国的学术体系也发生了翻天覆地的变化。但是传统的影响依然强大，哲学体系、社会意识、政经体制都会在语言研究的各个方向上打上深深的烙印。中国语言学的未来，也必将是扎根中国大地、在中西交融中徐徐前行。

麦克法兰在辨析中国人创造的印刷术、指南针、火药、钟表、玻璃等没有为中国带来工业革命，却在欧洲遍地开花时说道："不是技术本身制造了差别，而是技术发挥作用的情景和具体用途造成了差别。"⑨一个学科的发展，离不开其所在的历史社会语境，所以，一方

---

① 李泽厚：《伦理学纲要》，人民日报出版社 2010 年版，序第 2 页。

② 关于这一点，可参看黄宗智《我们的问题意识：对美国的中国研究的反思》，《开放时代》2016 年第 1 期。

③ 鲁国尧：《"振大汉之天声"——对近现代中国语言学发展大势的思考》，《语言科学》2006 年第 1 期。

④ 鲁国尧：《自立、屹立：中国语言学的愿景》，《汉语学报》2017 年第 4 期。

⑤ 鲁国尧：《植根于自己国家的土壤才会长命——读王佐良论美国诗人勃莱（Robert Bly）》，《温州大学学报（社会科学版）》2018 年第 3 期。

⑥ 吴国盛：《什么是科学》，广东人民出版社 2016 年版，第 114 页。

⑦ 中共中央马克思、恩格斯、列宁、斯大林著作编译局：《马克思恩格斯文集》（第 8 卷），人民出版社 2009 年版，第 436 页。

⑧ 陈旭麓：《近代中国社会的新陈代谢》，生活·读书·新知三联书店 2017 年版。

⑨［英］艾伦·麦克法兰：《给四月的信：我们如何知道》，马啸译，生活·读书·新知三联书店 2015 年版，第 41 页。

面要尊重中国的深层结构、哲学体系、学术传统和现实国情，另一方面需要拓展国际视野、学术前沿、基础建构和对外开放。

纵观中国语言学的发展史，可以发现其大致经历了三大阶段：19 世纪末之前的传统语言学阶段、19 世纪末至 21 世纪初的西化阶段、21 世纪初以来的主体自觉阶段。我们既要看到东学西渐给包括语言学在内的中国学术带来的积极影响和历史意义，也要看到过度西化带来的学术话语权的遗失。

在百年未有之大变局、世界体系深刻调整变化的新时代，中国的学术、中国的语言学研究需要把握大势、深刻思考，深化对“传统与现代、自我与他者、普世与特色”的辩证系统分析，将从中国看世界和从世界看中国辩证结合，进而去走好新时代中国语言学的创新之路，并在最终增强学术、服务国家、有益人类。

（原文刊于《云南师范大学学报（哲学社会科学版）》2023 年第 2 期）

我国大规模语言调查的成就与启示 *

曹志耘

提要：大规模语言调查是极富挑战性的工作。近百年来，我国开展了多次大规模、总体性的汉语方言和少数民族语言调查，取得了巨大成就，积累了丰富经验，也存在一些缺憾。文章在搜集筛选各种历史资料的基础上，梳理出了历次大规模语言调查的简要情况，重点介绍了20世纪50年代开展的全国汉语方言和少数民族语言普查的背景、任务及成果，辑录了汉语方言普查所形成的综合性成果。然后，主要根据全国语言方言普查和中国语言资源保护工程，归纳出了大规模语言调查的几点启示：1）顺势而为，准确定位；2）统筹规划，规范实施；3）整理利用，持续发展。

关键词：语言调查；方言普查；语保工程；地图集

1. 概况

本文所说的"大规模"调查是指在全国范围内，针对全国或大部分地区的语言方言开展的调查。"语言"调查是指对语言方言本体进行的调查，不包括对其分布情况、使用情况等的调查。

早在两千年前的西汉，扬雄就已记录整理了各地方言词语，历27年编成《𬨎轩使者绝代语释别国方言》一书，收录675个方言词条（近2000个方言词）。进入20世纪以来，有关政府机构、专家学者对我国汉语方言和少数民族语言开展了各种不同目的、不同类型、不同规模的调查研究。其中包括多次大规模、总体性的调查，现把其简要情况整理如下。

1.1 高本汉《中国音韵学研究》

瑞典汉学家高本汉可以说是运用现代语言学方法调查汉语方言的第一人，他的《中国音韵学研究》所研究的汉语方言有34种（日译汉音和吴音按两种计），每种都有3000多个字音材料，"方言字汇"卷列表收录了26种方言1328个例字的字音对照。在以上方言中，有17种是他本人于1910年5月至1911年11月间在山西、陕西、甘肃、河南等地调查的，即归化、大同、太原、文水、太谷、兴县、平阳、凤台、兰州、平凉、泾州、西安、三水、桑家镇、开封、怀庆、固始。其余17种是根据有关字典或西方传教士收集的材料整理的。尽管高本汉的调查区域局限于北方地区，调查点也比较有限，但在他那个时代，仍然称得上是大规模、系统性的调查了（支建刚，2021）。

---

* 本文曾在第十一届全国社会语言学学术研讨会（2022年4月23—24日，浙江师范大学）和中国语言学会第二十一届学术年会（2022年9月23—25日，陕西师范大学）上宣读。在写作过程中得到孙宏开先生的指教，我的学生支建刚、程朝、王倩倩协助我搜集资料，谨此致谢。

1.2 赵元任和“中研院”史语所方言调查

1927年，赵元任先生开始调查吴语。自1927年至1946年，赵元任以及“中研院”历史语言研究所的罗常培、李方桂、杨时逢、丁声树、吴宗济、董同龢等先生先后对江浙沪（1927年）、两广（包括海南，1928—1930年）、陕南（1933年）、皖南（1934年）、江西（1935年）、湖南（1935年）、湖北（1936年）、云南（1940年）、四川（1941年和1946年）等12个省市部分地区的方言进行了大规模的调查，并出版了部分调查成果，例如《现代吴语的研究》（1928年）、《湖北方言调查报告》（1948年）、《关中方音调查报告》（1954年）、《云南方言调查报告（汉语部分）》（1969年）、《湖南方言调查报告》（1974年）、《四川方言调查报告》（1984年）。其中《湖北方言调查报告》收录了64个县的方言语音材料，并将全省方言进行比较研究，绘制了66幅方言地图。

据《湖北方言调查报告》“序”，开头几次调查“都是注重几个代表语的较详细的记录，所用的例字表较长而所调查的地方较少。到二十四年春本所拟了一个全国方言调查的总计划，打算由少数人在几年之内，给全国方言做一个粗略的初次调查，并且灌制全国的代表音档，所调查的地方要多到能够画得出方言地图来，每处所调查的材料要少到能够在几年之内就完成这计划。”可见，史语所后来的计划是要做全国范围的调查，并绘制全国汉语方言地图。由于历史的原因，这项调查最终未能覆盖全国，成果也未能全部出版。

1.3 全国语言方言普查（详见本文第二节）

1.4 新编地方志

我国从20世纪80年代开始开展新编地方志的工作，至20世纪末共编纂省、地、县三级志书约6000部，此外还有大量的乡镇志、专业志等（郁文，1999）。在新编地方志中，有相当一部分含有“方言卷”或相关内容，有些地方还编写出版了单行本的方言志（少数民族语言方面的情况不详，暂略）。新编地方志工作由地方志办公室领导，在全国层面并无统一的规范要求，各地基本上是根据方志部门的意见和专家的意愿自行编写，不过大多会包括方言的语音系统和常用词语等基本材料。尽管未能采取统一行动，缺乏统一规范，成果也是详略各异，良莠不齐，但从全国范围来看，实际上仍然构成了一次大规模的方言调查和汇编。遗憾的是至今尚无这方面的统计数据，也没有将这批成果进行汇总利用。

1.5《中国语言地图集》

1983年6月15日，中国社会科学院和澳大利亚人文科学院签订协议，合作编写《中国语言地图集》。在李荣先生等人的领导下，经过5年的调查编写，于1987年出版了《中国语言地图集》，包括A（综合）、B（汉语方言）、C（少数民族语言）三组共36幅彩色地图，每幅地图还配有相应的文字说明。据该书“序”，“图集的材料主要依据中国学者以及海外学者近几十年，特别是近几年大规模调查和仔细研究的成果，也参考利用了前人的一些有关的著作。”这里提到的“大规模调查”是指由中国社会科学院语言研究所和民族研究所组织的、各地学者参与的、以语言方言分布分区为目的的调查。这种调查是针对已有知识的补充、核实和完善，因此根据各地区、各语言方言的具体情况而详略不同，调查内容也没有统一的条目。但由于要反映中国所有语言方言的分布分区状况，因此必须要了解掌握或重新调查每个县的情况，涉及的地点是相当全的。2012年，出版了《中国语言地图集》（第2版），地图增至79幅。

1.6 北方话基本词汇调查

“北方话基本词汇调查”于1985年底立项，是国家社会科学“七五”规划重点项目，由陈章太、李行健两位先生牵头，全国汉语方言学界近百人参加。该项目对我国长江以北和西南地区23个省（区市）的106个汉语方言点进行了调查，调查内容包括当地概况、语音系统和3200多条词语，调查过程历时一年半。经过整理、校对和编纂，著为《普通话基础方言基本词汇集》（5卷），由语文出版社于1996年12月出版。全书收入93个点的材料，包括音系、同音字表、2645条词语和63幅方言地图。从项目启动到书稿完成历时6年，到成果出版历时11年（胡士云，2021）。

1.7《汉语方言地图集》

2001年12月，“汉语方言地图集”获批为教育部人文社会科学研究“十五”规划项目和北京语言大学“十五”规划项目，由笔者牵头，国内外34所高校和研究机构57名研究人员参与。经过长达4年的实地田野调查，共完成全国各地方言调查点930个（东南部地区达到一县一点），发音人基本上是1931—1945年之间出生的男性，调查条目包括单字、词汇、语法共计1005个条目，收集到100多万条第一手方言资料。在传统的书面记录之外，还采用数字录音方式录制全部调查项目的有声语料。所有调查材料经录入、校对后，建成全部930个调查点的“汉语方言地图集数据库”，再利用绘图软件进行方言地图的绘制工作。根据调查结果，从全部调查条目中归纳出最有价值的510个地图条目，绘制成510幅方言特征分布地图，分为语音、词汇、语法3卷，其中语音卷205幅，词汇卷203幅，语法卷102幅。全部工作于2008年1月完成，2008年11月商务印书馆出版了《汉语方言地图集》。

1.8 中国语言资源有声数据库建设

“中国语言资源有声数据库建设”项目由国家语言文字工作委员会领导实施。2008年10月，项目在江苏省开展试点调查工作。随后几年，上海（2011年）、辽宁（2011年）、北京（2012年）、广西（2012年）、福建（2013年）、山东（2013年）、河北（2013年）等省（区市）也相继启动。项目计划对全国各县汉语方言、各少数民族语言的常用语音词汇语法现象、日常话语、地方普通话等进行实地调查，并采用先进的录音设备和技术进行录音，建设“中国语言资源有声数据库”。2015年，随着中国语言资源保护工程的启动，有声数据库项目也一并纳入语保工程。至语保工程启动时，有声数据库项目共完成江苏等8省（区市）164点的调查工作，江苏省还编写出版了《江苏语言资源资料汇编》（19册）。

1.9 中国语言资源保护工程

中国语言资源保护工程是在国务院领导指示下，由国家财政支持，教育部和国家语言文字工作委员会组织实施的重大语言文化工程，是继1956年开展全国汉语方言和少数民族语言普查以来，我国历史上第二次全国性、大规模的语言方言调查工作，也是目前世界上最大规模的语言资源保护项目。语保工程于2015年启动，一期任务于2019年底顺利完成。共完成1712个调查点，其中包括1134个汉语方言点，324个少数民族语言调查点，152个濒危少数民族语言和汉语方言点，102个语言文化点。调查范围涵盖全国所有省（区市）、123个语种及其主要方言，调查内容包括各语言方言的概况、语音、词汇、语法、话语、口头文化等内容（汉语主要包括1000个单字、1200条词汇、50个语法例句以及口头文化材料，民语主要包括3000条词汇、100个语法例句以及口头文化材料），形式包括文字、音标、音频、视频、照片等，调查对象包括老年男女、青年男女以及多名口头文化发音人。调查收集到 123 种语言和全国各地方言的原始语料文件数据 1000 多万条，其中音频、视频数据各 500 多万条，总物理容量达 100TB，建成世界上最大规模的中国语言资源库和采录展示平台。同时编写出版了《中国语言资源集》（分省）、《中国濒危语言志》（50 卷）、《中国语言文化典藏》（50 卷）等一系列标志性成果。

语保工程二期于 2021—2025 年实施，将对一些持续濒危的语言方言开展调查，对一期所收集的语言资源进行全面系统的整理加工，并对现有的数据平台进行改造升级。

表 1　我国 20 世纪以来大规模语言调查概况

简称	时间	组织主持	调查地区	调查点数	发音人出生年代	音像	目的	主要成果
高本汉调查	1910—1911	高本汉	晋陕甘豫部分地区	17	推测为 1890 年以前	无	学术	方言字汇
史语所调查	1927—1946	赵元任、史语所	江浙沪等 12 省（市）部分地区	665	多为 1900—1920 年之间	部分录音	学术	调查报告 6 种
普查	1956—1959	高教部、教育部、中科院	全国	汉 1800、民 1500	推测为 1930 年前后	无	推广普通话、创立文字	学话手册、调查报告、民语简志等
新编地方志	20 世纪八九十年代	省地县方志办	全国	不详	不详	不详	存史	地方志里方言部分
中国语言地图集	1983—1987	中国社科院李荣等	全国	不详	不详	不详	学术	地图集
北方话调查	1985—1991	陈章太、李行健	23 省（区市）	106	1903—1968	部分录音	学术、应用	调查报告 5 卷
汉语方言地图集	2001—2008	曹志耘	全国汉语方言地区	930	1931—1945	录音	学术	数据库、地图集 3 卷
有声数据库	2008—2014	国家语委	江沪辽京桂闽鲁冀部分地区	164	老 1941—1950，青 1971—1980	录音	抢救保存语言资源	纳入语保工程
语保工程	2015—2019	教育部、国家语委	全国	1712	老 1951—1965、青 1981—1995	录音、摄像	抢救保存语言资源	资源库平台、资源集等

2. 全国语言方言普查

20 世纪 50 年代，我国开展了一次大规模的汉语方言和少数民族语言普查，这也是我国历史上第一次全国性的语言方言普查。这次普查距今已过去 60 多年，许多当事人已离开人世，健在者则多已年过九旬，大部分原始调查资料和成果初稿长期散落各处或已亡佚，整理出版的成果十分有限。因此，历史的真实面目已变得模糊不清。在本节里，我们通过搜寻各种相关记录、查阅所能见到的原始书稿、向亲历者咨询求证等，力图拼凑勾勒出一个相对完整的面貌，以供大家参考。

2.1 汉语方言普查

1956 年 2 月 6 日，国务院发布《关于推广普通话的指示》，要求“为了帮助普通话的教学，中国科学院语言研究所……会同教育部和高等教育部，组织各地师范学院和大学语文系的力量，在 1956 年和 1957 年完成全国每一个县的方言的初步调查工作。各省教育厅应该在 1956 年内，根据各省方言的特点，编出指导本省人学习普通话的小册子。”

1956 年 3 月 20 日，高等教育部和教育部联合发布《关于汉语方言普查工作的指示》，要求“在 1956、1957 两年内把全国各地的汉语方言普查完毕。调查以市、县或相当于县的行政区域为单位，每一单位为一个调查点（以市、县人民委员会所在地的方言为调查对象）。”“这次方言普查以帮助推广普通话为目的，着重调查语音（声、韵、调的系统，音值跟北京语音的对比），同时调查一部分词汇和语法特点。这次调查还是初步的，详细深入的调查研究，待以后再做。”“调查所得材料，必须结合实际，应用于本地各级学校的普通话教学，并且要把方音和北京语音的对应规律及学习方法编写成书。”

关于本次汉语方言普查，政府部门或学术界并未留下一份全面具体的总结报告（至少没见到过）。我们现在所能找到的最早的记录是吕叔湘先生于 1959 年 11 月 26 日发表在《人民日报》上的《谈谈现代汉语规范化工作》，吕先生指出（括号里的阿拉伯数字为笔者所加）：“这次方言普查以当时的县及相当于县的行政单位为调查点，共有一千八百八十点（1880）。经过两年来的努力，已经调查了一千八百二十二点（1822），写出了方言调查报告一千一百九十五种（1195），学习普通话手册三百零七种（307）。”

随后，1960 年 12 月，丁声树先生在中国科学院哲学社会科学部学部委员会第三次扩大会议上作了一个关于方言调查研究工作的发言，后以《关于进一步开展汉语方言调查研究的一些意见》为题发表在《新建设》1961 年第 1 期（《中国语文》1961 年第 3 期转载）。丁先生指出：“到 1958 年秋季，全部方言普查工作基本上完成了。调查了 1800 多点，写成的调查报告将近 1200 份，根据方言和普通话的语音对应规律编写的方言地区人民学习普通话的手册 320 多种（其中正式出版的有 40 多种）。……从 1959 年起，各省区又依照教育部的指示，根据普查材料编写本地区的方言概况。就目前（1960 年 12 月初）了解到的，有八个省区的方言概况已经编写完成。”

另据詹伯慧（1980）：“当时全国除西藏外有县（市）数目 2298，已普查汉语方言 1849 点；各省（自治区）随后编出 300 种以上的‘学话手册’（或‘××人怎样学习普通话’），其中已由各地方出版社出版的有 72 种；各省（自治区）编出的‘方言概况’一类综合性调查报告有 18 种。”又据王福堂（2010：41）：“1956 年方言普查工作在全国各省区汉语地区展开，1958 年基本完成。两年多时间里，总共调查了大陆 1849 个市县的汉语方言。1959 年起工作转入总结阶段，编写了调查报告近 1200 种，学话手册 300 余种，各省区的方言概况 20 种（计有河北、辽宁、黑龙江、内蒙古、山东、河南、山西、陕西、甘肃、江苏、浙江、安徽、湖北、湖南、四川、云南、贵州、福建、广东、广西等）。”

根据以上资料，我们暂且把有关数据归纳为：共完成 1800 多个点的普查，编写学习普通话手册 300 多本，单点方言调查报告约 1200 份，省区方言概况约 20 种。

2.2 少数民族语言普查

1951 年 2 月 5 日，中央人民政府政务院发布《关于民族事务的几项决定》，第（五）条为：“在政务院文化教育委员会内设民族语言文字研究指导委员会，指导和组织关于少数民族语言文字的研究工作,帮助尚无文字的民族创立文字,帮助文字不完备的民族逐渐充实其文字。”1954年5月，中央人民政府政务院文教委员会民族语言文字研究指导委员会及中央人民政府民族事务委员会《关于帮助尚无文字的民族创立文字问题的报告》指出：“几年来由于少数民族在政治、经济、文化各方面获得很大的发展，没有文字的或没有通用文字的民族现在迫切要求解决文字问题”，“对于没有文字或没有通用文字的民族，根据他们的自愿自择，应在经过一定时期的调查研究之后，帮助他们逐步制订一种拼音文字，或帮助他们选择一种现有的适用的文字。”

1955年12月，我国举行了首届民族语文科学讨论会。会议制定了少数民族语文工作的第一个五年计划和十二年远景规划，计划在两年内对少数民族语言开展普遍调查，在两三年内为少数民族创立和改革文字方案。1956年3月10日，国务院发布《关于各少数民族创立和改革文字方案的批准程序和实验推行分工的通知》，明确要求“中国科学院少数民族语言研究所负责作出创立和改革文字的初步设计”。

为完成上述指示任务，在中央民族事务委员会和中国科学院领导下，中国科学院少数民族语言研究所组建了7个调查工作队，共计700多名少数民族语言研究者和工作者，于1956年五六月间赴16个省区开展少数民族语言普查工作。至1959年，共调查了42个民族的语言，收集了1500多个调查点的语言资料，基本上了解了我国少数民族语言、方言、文字的种类、分布和使用情况。在此基础上，为壮、布依、黎、侗、苗、佤、哈尼、傈僳、纳西、彝10个民族设计了14种拉丁字母拼音文字方案，之后又陆续设计了载瓦、土、羌3种拼音文字方案，帮助傣、拉祜、景颇、彝4个民族改进了5种文字方案。在语言调查研究方面，20世纪60—80年代陆续出版了《中国少数民族语言简志丛书》（59种），此外还出版了一批少数民族语言方言研究专著和民汉词典，发表了少数民族语言概况类论文100多篇（尹虎彬2019：17—18）。

不过，据孙宏开（2015）：“收集的语言资料初步统计约1600多个点。每个点一般有3000—4000个常用词，整理出一套音位系统，包含一套语法体系的数百个语法例句。部分调查点还记录了长篇语料。摸清了我国少数民族主要语言的分布、使用人口和使用状况、结构特点、内部差异、与周围民族语言的关系等等。”“自1956年起至1958年，在国家民委领导下，为11个民族创制了15种文字。”两种说法略有出入，但大体相同。

2.3 汉语方言普查成果辑录

汉语方言普查的基本成果即上文所说的“学习普通话手册300多本，单点方言调查报告约1200份，省区方言概况约20种”。作为我国历史上第一次全国性、大规模、系统性的方言普查，这批调查材料和成果具有无比珍贵的价值。其中，“学习普通话手册”已完成历史使命；“单点方言调查报告”无疑是很有用的，但除了个别地区（如广西）还有所保留外均已不知所终，搜集难度很大；“省区方言概况”类成果是在全面普查基础上编写的整个省（区市）的综合性、研究性成果，应该是最有价值的。正如詹伯慧（1980）所说：“这一批方言普查的成果，对于进一步深入开展汉语方言调查，也是很宝贵的资料。拿上、下两大册字数近一百多万的《福建省汉语方言概况》来看，其材料之丰富，在闽方言研究史上可谓空前。”

1979年，宋学先生曾就汉语方言普查的资料保管保存、各类成果编写出版等情况，向全国26个省（区市）的教育部门和有关专家做过一次书面调查，调查结果发表在《语文现代化》1980年第2辑上。尽管存在不全面和不准确的问题，但这可能是现存最详细的一份材料了。关于“省区方言概况”类成果的数量，丁声树（1961）说是8种（截至1960年底），詹伯慧（1980）说是18种，王福堂（2010）说是20种。宋学（1980）文中可能是沿用了丁声树先生的数据，也说是8种，不过他在表里列出的“方言概况”“方言概要”“语音概况”等书稿却远不止8种，其中题署时间为1960年及之前的书稿也不等于丁先生提到的那8种。在该表里，他还列出了各省（区市）的县（市）数、实际调查点数、原始材料保存情况等。近年来，我们主要以宋学先生的材料为基础，对“省区方言概况”类成果的相关情况做了力所能及的补充、核实，结果如下。

“省区方言概况”类成果共涉及21个省（区市），有20项成果（江苏省和上海市合为1项），其中14项为全省方言概况、概要类，6项为全省方言语音概况、音系汇集类（不过河北、湖北虽名为“方言概况”，实际内容主要也是语音）。这20项成果中，已正式出版或发表的有4项：《河北方言概况》（河北人民出版社，1961年）、《内蒙古自治区汉语方音概况（一）》（《内蒙古大学学报（哲学社会科学版）》1963年第2期）、《江苏省和上海市方言概况》（江苏人民出版社，1960年）、《四川方言音系》（《四川大学学报（社会科学版）》1960年第3期〈专号〉）。其余16项均为石印、铅印、油印、手抄的形式。鉴于相关信息散乱残缺，出入和矛盾之处甚多，搜寻也极为不易，我们汇总整理成了一个简表以供大家查阅参考。

表2　汉语方言普查综合性成果概况

省（区市）	调查点/县级	书名	册数	署名	时间	印刷出版情况	备注
河北	155/165	河北方言概况	1	河北北京师范学院、中国科学院河北省分院语文研究所编	1961	河北人民出版社	实际内容只是语音
山西	97/100	山西方言概况	1	山西省方言调查指导组编	1961	油印本	词汇书稿未见
内蒙古	25/86	内蒙古自治区汉语方音概况（一）		张清常	1963	内蒙古大学学报	仅5页。原计划还有三部分，未完成
辽宁	47/52	辽宁汉语方言概况		辽宁大学中文系语言教研室	1963	手稿	不详
黑龙江	64/71	黑龙江方言语音概况			1964	石印本	不详
上海	12/20	江苏省和上海市方言概况	1	江苏省和上海市方言调查指导组编	1960	江苏人民出版社	
江苏	62/81						
浙江	71/88	浙江方音集	2	浙江省推广普通话工作委员会、杭州大学中文系方言调查组编印	1959	油印本	收入50点材料
安徽	75/75	安徽方言概况	1	合肥师范学院方言调查工作组编	1962	内部发行	

续表

省（区市）	调查点/县级	书名	册数	署名	时间	印刷出版情况	备注
福建	67/71	福建省汉语方言概况（讨论稿）	2	福建省汉语方言调查指导组、福建省汉语方言概况编写组编	1962、1963	油印本	
山东	103/110	山东方言语音概况	1	山东方言调查总结工作组编	1960	油印本	
河南	123/122	河南方言概况（初稿）	1	开封师范学院方言调查研究室编	1960	油印本	另有《河南话与普通话词汇语法比较》（1959）
湖北	76/76	湖北方言概况	1	湖北省方言调查指导组编著	1960	油印本	实际内容主要是语音
湖南	87/90	湖南省汉语方言普查总结报告（初稿）	1	湖南师范学院中文系汉语方言普查组编	1960	石印本	
广东	104/113	广东方言概况			1960	手稿	不详。由广州、客家、潮州、海南 4 种概况汇编而成，已佚
广西	39/74	广西汉语方言概要（初稿）	2	广西师范学院中文系	1960	油印本	
四川	150/212	四川方言音系	1	四川方言调查工作指导组	1960	四川大学学报	包括重庆。有单行本
贵州	52/81	贵州汉语方言概要（初稿）	1	贵州省教育厅编	1960	油印本	
云南	108/123	各专州方言概况		云南省教育厅、昆明师范学院			不详。另有《云南方音概况》(1986—1987）和《云南方言概述》（1986）
陕西	99/99	陕西方音概况（初稿）	1	陕西省方言调查指导组、陕西省教育厅编	1960	铅印本	
甘肃	76/101	甘肃方言概况	1	甘肃师范大学中文系方言调查室编	1960	铅印本	收入 42 点材料

3. 几点启示

大规模语言调查是极富挑战性的工作，不同时代、不同国家所面对的问题和困难也不尽相同。从总体上看，我国近百年来所开展的大规模语言调查取得了巨大的成就，积累了丰富的经验，同时也存在一些缺憾。其中，20 世纪 50 年代全国语言方言普查和 2015 年起开展的语保工程是世界上罕见的重大语言文化工程，值得进行全面认真的总结，以吸取经验，避免教训。在本节里，我们主要以全国语言方言普查和语保工程为对象，进行一些初步的思考和讨论。希望这里归纳的经验教训能对今后开展同类工作有所启示，同时也可为世界上其他国家地区开展相关工作提供借鉴。

3.1 顺势而为，准确定位

大规模语言调查任务艰巨，需要投入大量人力财力，要想顺利实施，并取得重大成就，必须与国家战略需求相结合，顺势而为，借力而行。不过语言毕竟不是国计民生，很难上升到国家急需或重大战略的高度，但历史上有时也会出现这种时机。

20 世纪 50 年代，新中国刚刚成立，加强民族团结、国家统一和促进社会经济发展是国家的头等大事，而语言文字的规范和统一是达此目的的重要前提和手段。于是，现代汉语规范化、推广普通话、简化汉字、制定汉语拼音方案、摸清少数民族语言状况、创制改进少数民族文字成为这一时期的重要任务。例如，1955 年举行了全国文字改革会议和现代汉语规范问题学术会议，1956 年初成立中央推广普通话工作委员会，1956 年 2 月 6 日国务院发布《关于推广普通话的指示》，1956 年 3 月 20 日高等教育部和教育部联合发布《关于汉语方言普查工作的指示》。周恩来总理亲自抓这项工作。据孙宏开（2015）：“1956 年春，各少数民族语言调查队出发在即，在中央民族学院举办训练班，周恩来总理两次亲临训练班看望大家，给所有师生以巨大鼓舞。”1958 年 1 月 10 日，周总理在中国人民政治协商会议全国委员会举行的报告会上作了《当前文字改革的任务》的报告，提出了简化汉字、推广普通话、制定和推行汉语拼音方案三大任务。《关于汉语方言普查工作的指示》中甚至提出要“把方言调查当作一项政治任务”。语言文字工作尤其是语言调查工作受到如此重视，在我国历史上是空前的。

在此形势下，全国各省（区市）教育厅、各高校和广大语言方言工作者迅速行动起来，汉语方言部分仅用两年多时间就完成了全国 1800 多个点的调查，少数民族语言部分用 4 年时间就完成了全国 42 个民族 1500 多个点的调查。且不论调查质量如何，光从工作量来说，以当时的专业力量和物质条件，如果没有强大的政治支持和行政支持，是绝对不可能完成的。

语保工程则遇上了一个更大的时代背景和历史机遇。近几十年来，世界各地语言濒危现象日益严重，语言保护已成为世界性课题，联合国及许多国家对此都极为关注。联合国教科文组织把 1993 年定为“抢救濒危语言年”，并启动“世界濒危语言计划”，连续发布“世界濒危语言地图”，同时还通过了一系列有关语言文化保护的宣言和公约，例如《世界文化多样性宣言》（2001）、《保护非物质文化遗产公约》（2003）、《关于普及网络空间及提倡和使用多种语言的建议书》（2003）、《保护和促进文化表现形式多样性公约》（2005）。联合国则把 2019 年定为“国际本土语言年”，接着又把 2022—2032 年确定为“国际本土语言十年”。

我国在现代化和城镇化的高速进程中，少数民族语言和汉语方言也以前所未有的速度发生变化，许多语言和方言趋于濒危或面临消亡。这种严峻的形势引起了学术界的关注和社会大众的忧虑，也受到了党和政府的高度重视。2011 年中国共产党的第十七届六中全会通过的《中共中央关于深化文化体制改革、推动社会主义文化大发展大繁荣若干重大问题的决定》首次提出了“科学保护各民族语言文字”的号召，2017 年中共中央办公厅、国务院办公厅《关于实施中华优秀传统文化传承发展工程的意见》则提出了“保护传承方言文化”“加强少数民族语言文字和经典文献的保护和传播”的指示。2020 年，在全国语言文字会议召开之际，国务院办公厅发布《关于全面加强新时代语言文字工作的意见》，提出了更为具体、明确的要求：“保护开发语言资源。大力推进语言资源的保护、开发和利用。科学保护方言和少数民族语言文字。……建设完善国家语言资源数据库，促进语言资源的开放共享。建设网络中国语言文字博物馆。推进中国语言资源保护工程建设，打造语言文化资源展示平台等标志性成果。”

2014年初，国务院有关领导对汉语方言保护工作做出重要批示，指出汉语方言是中华传统文化的载体和地方历史文化的见证，是宝贵的文化财富，要加强对其的研究、总结，不能使之消失，这与推广普通话并不矛盾。并要求要作为抢救工程，制定时间表，切实做好汉语方言和少数民族语言的整理，包括方言故事的收集，对外国人所进行的对我语言的搜集要注意依法应对。2015年，语保工程应运而生。

不同的时代，不同的形势，两次大规模语言调查的定位全然不同。汉语方言普查的目的非常明确，就是为推广普通话服务。正如丁声树（1961）所指出的："这次汉语方言普查有鲜明的为当前政治服务的目标，为推广以北京语音为标准音的普通话服务。"少数民族语言普查的直接目的是为少数民族创立和改革文字，同时也起到掌握语言国情，为民族识别、制定民族语文政策服务的作用。二者的总目的乃是促进语言文字规范和统一，提高各民族人民文化教育水平。语保工程的主要目的是抢救性地调查记录汉语方言和少数民族语言资源，传承弘扬中华优秀传统文化。由于定位科学准确，全国语言方言普查和语保工程都能够得以顺利实施，并取得巨大成功。至于后来少数民族新创文字命途多舛，那是另外的问题了，与普查工作无关。

3.2 统筹规划，规范实施

要开展大规模语言调查，尤其是全国性的大工程，做好统一规划和顶层设计，科学制定工作规范标准，并严格管理实施，毫无疑问都是题中应有之义。事实上，如果没有规划规范，根本就寸步难行。如果规划不周全，规范不完善，也会导致事倍功半甚至前功尽弃。

语保工程成功经验之一就是重视顶层设计，统一规划规范。在工程正式启动之前的2014年，国家语委就组织专家开展工程的全面论证，论证工作持续一年之久。在充分调研、论证的基础上，形成了一个全面、完善的顶层设计方案。该方案有两个主要特点，一是全局性，二是前瞻性。全局性是指面向全国各地区、各民族、各语言、各方言进行统一规划，统一规范标准，做到地区和语言全覆盖、汉语和民语同步、语言本体和口头文化并重。前瞻性是指立足当今最新技术手段，面向未来，谋求长久保存和使用，例如除了传统的文字音标记录以外，还充分利用音像摄录手段收集高质量的音像语料，实现"音像图文影"五位一体的语料采录展示方式。

语保工程坚持"统一规范""标准先行"的原则。在工程启动之前和开始之初，就在以往工作的基础上，研制了一系列适用于语保工程的工作规范和技术规范。工作规范包括立项、培训、试点调查、中期检查、预验收、验收、结项、入库等各环节工作的具体规定；技术规范包括调查表、调查规范、语料整理规范、音像加工规范、属性标注规范、成果编写规范以及专用摄录软件、校验软件、标注软件等相关技术软件。所有规范经教育部语言文字信息管理司审定后，作为正式文件编印成册，统一下达至各地教育和语言文字管理部门、有关高校和科研机构遵照执行。其中《中国语言资源调查手册·汉语方言》《中国方言文化典藏调查手册》纳入国家语委A系列绿皮书（软性规范）出版并广泛使用。这套复杂的规范标准系统对语保工程各方面、各环节的工作都做出了严格、明确的规定，保证了专业技术工作的科学性、规范性和一致性，杜绝了无据可依、各行其是的现象。

为保证语保工程高效、优质完成，有关部门制定颁布了一系列管理办法，例如《中国语言资源保护工程管理办法》《中国语言资源保护工程专项资金管理办法》《中国语言资源保护工程资料使用管理办法》《中国语言资源集（分省）实施方案》等，并严格按制度实行管理。在工程一期期间，共举办全国层面的专业培训班57期，对核心专家、项目负责人、调查团队负责人、专业技术人员进行统一培训，总计达4700余人次（各地举办的二级培训未计在内）。共组织巡检25次、中期检查68次、预验收73次、验收73次。在语保调查课题的实施过程中，设立了培训、巡检、中期检查、预验收、验收等环节，每个环节均有会议、反馈、回头看。每年就中期检查、验收结果形成通报，由教育部语信司发至各省（区市）语言文字管理部门和项目负责人，对课题完成情况优良者提出表扬，对完成情况差的提出批评，对验收不合格或未能按时完成的课题做出撤项处理。

20世纪50年代汉语方言普查也制定了一系列工作计划、调查表，举办了多期培训班，还编印了《汉语方言调查手册》《汉语方言调查简表》《方言调查字表》《方言调查词汇手册》《古今字音对照手册》以及《汉语方言调查字音整理卡片》（共2136张），因而从总体上保证了普查工作全面快速的开展。但从整个实施过程来看，全国层面的统筹规划和管理力度明显不够，似乎基本上是由各省（区市）教育厅自行管理，各地专家自行开展。因此，各省（区市）的工作进度、完成质量、资料整理和成果出版等情况差别也很大。例如，拿调查点来说，国家要求一县一点，安徽、河南、湖北、陕西等省做到了一县一点，但内蒙古在72个县级点（未计纯牧业县）中只调查了25点，广西在74个县级点中只调查了39点。又如省区方言概况的编写，按理说全国应有统一的要求和规范，但从今天所见书稿来看，各省区的篇幅、内容、质量差异悬殊，例如福建、江苏（含上海）均达八九百页，而河南只有几十页，内蒙古已发表的则只有5页；有的包括语音、词汇、语法，有的只有语音；有的有单点音系，有的无单点音系；有的有方言地图，有的无方言地图；等等。

造成这种现象可能与管理体制有关，汉语方言普查是由高教部、教育部和中科院语言所三家单位联合牵头，由各省（区市）教育厅分头实施的，在最高层面没有一个明确的统筹全国工作的主责单位和负责人。相比之下，少数民族语言普查方面的情况就要好一些。国务院文件中明确规定了“中国科学院少数民族语言研究所负责作出创立和改革文字的初步设计”，少数民族语言的普查和文字创立改革工作都是由该所组织开展的，他们能够编写出系列性、成系统的《中国少数民族语言简志丛书》也就不奇怪了。

3.3 整理利用，持续发展

大规模语言调查工作完成之后，会得到一批数量庞大的原始语料。及时对这些调查材料进行整理、加工，产出可供政府部门、社会大众和学术界使用的成果，是一项不可或缺的工作。但由于各种原因，有的项目在调查结束后，未能继续跟进相关整理加工工作，致使调查材料长期束之高阁，甚至随着时间的流逝而散失，造成极大的浪费，留下永远的遗憾。

语保工程一期对全国各语言方言开展了全面、系统、科学的抢救性调查记录，获得了海量的第一手原始语料。这批语料具有唯一性和不可迭代性，是无价之宝，亟待进行整理利用。为此，在圆满完成一期（2015—2019年）建设任务后，紧接着开展了为期5年的二期建设（2021—2025年）。二期的主要任务就是对语保工程调查收集的语言资源进行科学系统的整理加工和全面深度的开发应用，建成准确权威、开放共享的语言资源公共服务平台，产出系列标志性成果。具体而言，包括语言资源汇聚加工和开发应用两大部分。汇聚加工部分包括对一些持续濒危的语言方言开展调查保护，对工程一期所收集的语言资源进行全面系统的整理加工，并对现有的数据平台进行改造升级。开发应用部分包括编写出版语言资源集、濒危语言志等一系列标志性成果，建设语言资源公共服务平台，开发语言文化产品，提供多样化的语言服务。

“北方话基本词汇调查”项目在完成调查任务后，随之召集了一支精干的队伍，花了两年时间对调查材料进行汇总、分析、筛选、登录、查对、补充和审订，又花了两年时间进行书稿编纂和校对。整个过程历时 6 年，可谓一气呵成。

“汉语方言地图集”项目的调查时间为 2002 年 12 月至 2006 年 12 月，但从 2005 年 3 月起就开始了资料整理（包括录入、校对）、数据库建设和图目编写工作，至 2006 年底完成。2007 年 1 月至 12 月，花了一年时间进行分类和画图工作，全部画图工作于 2007 年底完成。2008 年 11 月正式出版《汉语方言地图集》。就地图集本身而言，工作节奏是连贯紧凑的。但是，有一项很重要的相关工作却迟迟未能完成，这就是与地图集配套的《汉语方言语料集》。由于版面和容量的限制，方言地图上只能反映最重要的、经过提炼归纳的语言特征，而难以容纳更多、更详细的语料。为了弥补地图的不足，原计划在地图集出版之后组织力量编写《汉语方言语料集》，把调查所得的全部语音、词汇、语法材料以列表对照的形式或以数据库的形式提供给研究者使用。然而，由于工作重心的转移，这一计划搁置至今，每当思及则不免耿耿于怀。

赵元任和“中研院”史语所开展的汉语方言调查是我国第一次利用现代语言学方法对各地区方言进行系统调查，所得材料无疑是非常珍贵的。然而，由于时处战乱年代，调查、整理和核实工作都面临很大困难，当时只整理出版了吴语和湖北两种成果，湖南、云南、四川等省的调查报告直到三四十年后才在台湾出版，白涤洲先生调查的陕西关中方言因白先生在调查次年便不幸去世，后来由喻世长先生整理出版，其他地区的调查材料命运如何则不得而知。

全国语言方言普查可谓是速战速决。汉语方言普查结束后，立即编写出了 300 多本各地区人学习普通话的手册，自 1959 年起部分省（区市）又编写了约 20 种省区方言概况，至于单点方言调查报告有的是工作报告，有的是同音字表，估计是随着调查同时完成的。例如甘肃，至 1958 年 2 月，两个调查工作组分别写出了 22 份工作报告和 42 份工作报告（张文轩，2020）。少数民族语言普查方面，“对调查所得资料，开展了初步整理和研究工作。各工作队基本上都完成了各方言点之间的比较研究，以书面报告的形式写出了方言调查报告初稿”（孙宏开，2015）。

当然，如此大规模的语言调查，后续整理、研究和开发应用工作是极为繁重的，也是大有可为的。尹虎彬（2019：18）指出：“迄今为止，大调查获取的第一手调查资料，目前只刊布了其中的一部分，尚有很多材料有待整理、刊布和深入研究。”然而，“1960 年以后，由于三年自然灾害和精简机构等原因，资料的整理和编写工作都停了下来”（宋学，1980），随之而来的是“文革”十年浩劫，加上近几十年里频繁的机构分合、高校搬迁、人事更迭，普查的原始资料包括调查卡片、手稿、油印稿不断散失，以致我们今天不得不像考古工作者一样，四处搜集碎片，补缀还原。至于像广东那样，本已汇编成 40 多万字的《广东方言概况》书稿，交给广东省方言调查指导组保管，但还没能印出来，就已将原稿丢失（李新魁 1994：20），只能令人抱憾永远了。

参考文献

曹志耘主编，2008，《汉语方言地图集》，商务印书馆。

曹志耘，2019，《中国语保的理念及其实践》，《语言文字应用》第4期。

丁声树，1961，《关于进一步开展汉语方言调查研究的一些意见》，《中国语文》第3期。

傅懋勣，1984，《建国三十五年来民族语言科研工作的发展》，《民族语文》第5期。

国家民委文化宣传司编，2006，《民族语文政策法规汇编》，民族出版社。

胡士云，2021，《关于"汉语北方话基本词汇研究"》，《语言资源》第3辑。

李新魁，1994，《广东的方言》，广东人民出版社。

吕叔湘，1959，《谈谈现代汉语规范化工作》，《人民日报》11月26日第7版。

宋学，1980，《1957—1958年全国汉语方言普查的成果调查》，《语文现代化》第2辑。

孙宏开，2015，《中国少数民族语言规划百年议》，《青海民族研究》第2期。

王福堂，2010，《汉语方言论集》，商务印书馆。

谢留文，2019，《汉语方言研究七十年》，《方言》第3期。

尹虎彬主编，2019，《新中国民族语言学研究70年》，中国社会科学出版社。

郁文，1999，《我国新编地方志成果辉煌》，《中国地方志》第6期。

詹伯慧，1980，《30年来中国语言工作的一些情况》，《语文现代化》第4辑。

张文轩，2020，《〈甘肃方言概况〉的成书过程及学术价值》，《档案》第2期。

赵元任、丁声树、杨时逢、吴宗济、董同龢，1948，《湖北方言调查报告》，商务印书馆。

支建刚，2021，《高本汉〈中国音韵学研究〉材料性质考辨》，中国社会科学论坛（2021年·语言学）——汉语方言学暨纪念李荣先生百年诞辰国际学术研讨会论文。

中国社会科学院、澳大利亚人文科学院编，1987，《中国语言地图集》，香港朗文出版（远东）有限公司。

（原文刊于《中国语文》2023年第6期）

汉语语法研究的中国道路 *

完　权

提要: “不忘本来、吸收外来、面向未来”是汉语语法研究做出中国特色的基本指导思想，尤以“不忘本来”为根本。老一辈语言学家一直在探寻汉语语法研究的中国道路，他们力图摆脱印欧语眼光的束缚的精神是我们的宝贵财富。就汉语语法研究而言，“不忘本来”包括三个方面：不忘汉语本来的研究道路，不忘汉语本来的经典传承，不忘汉语本来的语言面貌。在语言学同样面临百年未有之大变局的今天，抓住流水句、用体包含、文学语言、“字”的语法等反映汉语特色的研究课题，就有可能做出既具有民族性又具有世界性的成果，为普通语言学贡献汉语的智慧。

关键词: 汉语语法研究；中国道路；不忘本来；印欧语眼光

一、引言

正如马克思主义必须中国化才能指导中国革命从一个胜利走向另一个胜利，源自西学的现代语言学也必须走在中国道路上才能取得汉语语法研究的真正创新和突破。

那么，怎样寻找汉语语法研究的中国道路？

2016 年 5 月 17 日，习近平总书记在哲学社会科学工作座谈会上的讲话中，论述中国特色哲学社会科学的“继承性、民族性”时提出，“我们要坚持不忘本来、吸收外来、面向未来”①。这三点里又以“不忘本来”为根本。这正是汉语语法研究走好中国道路、做出中国特色、中国风格、中国气派的基本原则。汉语语法研究也只有走在中国道路上，才能走向世界，走向未来。

在“不忘本来、吸收外来、面向未来”的口号提出后，沈家煊多次在各种场合发言，积极提倡在语言学研究中践行“不忘本来、吸收外来、面向未来”的精神，其核心要义主要包括三种。一是向赵元任、吕叔湘、朱德熙等前辈大家学习；二是摆脱印欧语眼光的束缚；三是探索汉语语言学的中国哲学基础。同时，沈家煊也在其近期著作中身体力行，尤以《超越主谓结构》《从语言看中西方的范畴观》为代表。张伯江则从语言学整体着眼，肯定了“汉语研究者追寻汉语自身特征的初心”，构想“兼具当代学术特色和中国传统文化特色的汉语

* ［基金项目］中国社会科学院马克思主义理论学科建设与理论研究工程重大项目“马克思主义语言意识形态问题研究”（2021mgczd005）。

① 习近平：《在哲学社会科学工作座谈会上的讲话》，人民出版社 2016 年版，第 16 页。

话语体系”[①]，并在研究实践中努力将传统戏剧的“出戏与入戏”[②]、诗骚传统的艺术传承等和汉语研究结合在一起[③]，蹚出了一条传统与现代相结合的新路。

本文将本着“不忘本来、吸收外来、面向未来”的原则，顺着沈家煊、张伯江指出的方向，进一步展望汉语语法研究的中国道路。

二、语言学之大变局

学术发展不可能游离于时代潮流之外，中国的语言学研究当前也正面临着“百年未有之大变局”。

汉语研究历史悠久，但历代学者对汉语语法的认识却没有发展为成熟的学科。直到西学东渐，以模仿拉丁文法的《马氏文通》为标志，现代语言学范式下的汉语语法研究才逐步确立学科地位。黎锦熙《新著国语文法》对英文《纳氏文法》借鉴颇多。王力、吕叔湘在叶斯帕森的影响下建立起自己的汉语语法体系。赵元任 *Mandarin Primer*（《国语入门》）带动了国内学者转向结构主义。到改革开放后，形式语言学、功能语言学、认知语言学、语言类型学等新思想都引进国内。20 世纪是国内汉语语法学界努力“吸收外来”的一百年。

成果当然是丰硕的，但其中能开辟一片新领域的语法学思想却屈指可数。活跃在国际学界的赵元任，提出“主语、谓语作为话题和说明”和“零句是根本”等理论，都是基于汉语事实的对结构主义语言学的直接贡献。在国内学界，吕叔湘倡导“流水句”研究和朱德熙强调“最简‘两分层次’”[④]，是为数不多的理论创新和方法创新的代表。在英语中和汉语流水句相应的“run-on sentences”是病句，而形态发达的语言中更看重直接成分而不是层次。因此，赵、吕、朱 3 位先生的成就，都在于发现汉语自身特点，在“不忘本来”的前提下“吸收外来”。

时至今日，国际语言学大势已然浮现出百年未有之大变局的端倪。20 世纪八九十年代，海外学界曾出现过一个新理论新方法新成果井喷的高潮，但现在却转入平淡，推动学科发展的基础理念缺乏激动人心的创新驱动。反观国内语言学界，现在却呈现出令人欣喜的景象。在改革开放的大背景下，国内语言学者对国外理论越来越熟稔，也比较清醒地认识到各种外来语言学理论的适用性，发现了越来越多的汉语现象难以用西方现成的理论来解释，尝试做出新的探索。现在，国内学者的国际发表已然屡见不鲜，尽管数量和质量都有待提升，但国内学者可以逐步走上国际舞台，这已经是不争的事实了。

时代变迁，主要靠“吸收外来”已经无法让我们“面向未来”，汉语语法研究已经走到了必须主动调整发展战略的关口，必须充满自信独立自主地开拓具有中国特色的语言学研究道路。正如党的二十大报告所强调的，“我们必须坚定历史自信、文化自信，坚持古为今用、

---

① 张伯江：《新中国 70 年语言学学科体系、学术体系和话语体系建设的回顾与思考》，《光明日报》2019 年 8 月 28 日第 11 版。

② 张伯江：《语言主观性与传统艺术主观性的同构》，《中国社会科学评价》2017 年第 3 期。

③ 张伯江：《论〈女神〉的诗体创新——为〈女神〉出版 100 周年而作》，《文学评论》2021 年第 6 期。

④ 陆丙甫、屈正林：《层次观念的深化——依存、整合，以及轨层跟距离象似性的复杂对应》，《中国语文》2023 年第 1 期。

推陈出新，……不断赋予科学理论鲜明的中国特色"①，今天中国的语言学人，必须展现足够的学术自信，不能依旧闷头追赶，否则只会失去前进的方向。习近平总书记指出："如果不加分析把国外学术思想和学术方法奉为圭臬，一切以此为准绳，那就没有独创性可言了。"我们要继续发展，追求具有独创性的汉语语法研究，只有"不忘本来"，在"中华民族五千多年文明历史所孕育的中华优秀传统文化"②中找到发展的原动力。

追根究底，只有以汉语的具体语言事实为研究起点，才能找到汉语研究的根本，创新"民族性、主体性、原创性"③的语言理论。具有民族性的语言理论，必然植根于汉语言文化源远流长别具特色的传统，才能防止滑落到西方中心主义概念框架的旋涡中去。具有主体性的语言理论，必然以朴素的眼光看汉语，正视汉语自身的本来面目，从而挣脱印欧语眼光的束缚。具有原创性的语言理论，必然在汉语事实的基础上构建理论，从而不会因为比附外来理论而削足适履。沈家煊指出："长期以来，在语言学领域，我们不断学习和借鉴来自国外（主要是西方）的理论和方法，有成效，在某些方面成效还很显著，但是总的来说还是觉得运用在汉语上不免捉襟见肘、圆凿方枘，至少勉强不自然。"④那么，怎么才能"自然"起来？显然，再跟着西方理论打转转肯定没有出路，出路只能是"行有不足，反求诸己"。只有求诸汉语事实本身，我们的语言学才能真正形成中国特色。

从"吸收外来"转到"不忘本来"才能"面向未来"，这就是汉语语法研究正在面临的百年未有之大变局。

三、前辈语言学家的中国道路

习近平总书记指出："走自己的路，是党的全部理论和实践立足点，更是党百年奋斗得出的历史结论。"⑤同样，一百年来，老一辈语言学家用他们的成就证明了，汉语语法研究也必须坚定不移地走出一条属于自己的道路，才能取得突破和发展。

陈望道既是中国共产党早期活动家，也是"中国文法革新讨论"的倡导者。他在不同场合多次阐述他毕生的研究心得："我们语文研究，应该屁股坐在中国的今天，伸出一只手向古代要东西，伸出另一只手向外国要东西。"⑥他还反复强调要"以中国的语文事实为研究

---

① 习近平：《高举中国特色社会主义伟大旗帜 为全面建设社会主义现代化国家而团结奋斗——在中国共产党第二十次全国代表大会上的报告》，人民出版社2022年版，第18页。

② 习近平：《在哲学社会科学工作座谈会上的讲话》，人民出版社2016年版，第16页；习近平：《习近平谈治国理政》（第三卷），外文出版社2020年版，第32页。

③ 完权：《努力开拓汉语本体研究之路》，《中国社会科学报》2022年7月5日第3版。

④ 沈家煊：《语言学热点问题研究丛书》序，学林出版社2018年版，第1页。

⑤ 习近平：《在庆祝中国共产党成立一百周年大会上的讲话》，载《习近平谈治国理政》（第四卷），外文出版社2022年版，第10页。

⑥ 陈望道：《我对研究文法、修辞的意见》，载《陈望道文集》（第三卷），上海人民出版社1981年版，第553页。

对象”[①]。在早年的《修辞学发凡》中，他反对因袭模仿，处处留心汉语言事实，总结汉语特有的规律，揭示出许多汉语别具一格的修辞现象，继承传统论述，创造性地概括出许多新颖的辞格，比如析字、错综、飞白、藏词、顶真等。到了晚年，他还在《文法简论》中给“文法”下了一个具有中国特色的定义。他指出从印欧语言研究中诞生的“文法是词的形态变化规则及用词造句规则的总和”这个定义并不适合汉语，而“文法是语文的组织规律”才是适合汉语的定义[②]。与以上学术观点相应的是，他抓住一大批虚词，扎扎实实地描写它们的用法，如“再”“吗”“的”“和”“又”等。陈望道的这些早期研究，代表了汉语语法研究的一大特色，在用法研究以认知功能语言学为背景重新兴起的今天，仍然具有相当的学术价值。注重用法，在用法中探寻语法，这条道路集中反映在以沈家煊提出的“用体包含”[③]原则和以张伯江《汉语句法的语用属性》为代表的当代汉语用法研究中。

王力是带着法国结构主义语言学的深厚功底回到国内的，但是，在其语法研究成名作《中国文法学初探》中，他也批评在语法研究中不可“努力在中国文法里寻求西洋文法”，指出“别人家里没有的东西，我们家里不见得就没有”，“不要把竹夫人误认为字纸篓”，“最重要的工作，在乎努力寻求中国文法的特点”，“避免牵强附会的毛病”；而且，他非常清醒地指出，“我们对于某一族语的文法的研究，不难在把另一族语相比较以证明其相同之点，而难在就本族语里寻求其与世界诸族语相异之点”[④]。他身体力行，踏踏实实从汉语实际出发，以《红楼梦》和《儿女英雄传》为研究对象，发现“中国以造句法为主”，而词法是次要的，开创了注重句式的研究道路。这相对于《马氏文通》是一大进步。其成果集中体现在姐妹篇《中国现代语法》和《中国语法理论》中。注重句式的道路和当前方兴未艾构式语法研究遥相呼应。构式语法诞生于英语研究，之所以能够在汉语研究中为广大学者所接受，正是因为构式语法和汉语“以造句法为主”的“相异之点”相适应。王力对发现汉语个性的强调，也得到沈家煊的当代回响：“共性寓于个性之中，没有语言的个性哪来语言的共性呢？近年来，国际语言学界逐渐形成一个认识，要弄清人类语言的本质，先要充分了解语言的多样性……（要）基于本土语言事实提出的新见解，发出的新声音，使他们（国外学者）也能从中得到启发。”[⑤]

无独有偶，吕叔湘早年的《中国文法要略》也和同期的王力一样“力图摆脱印欧语的羁绊，探索汉语自身的规律”[⑥]，继承“前人写书讲虚字和句读的精神”[⑦]，尤其是在下卷“表达论”中对汉语句法的描写以语义为纲，重视句式和表达，成为最早对汉语句法全面进行语义分析的一部著作，走出了一条既具有继承性又具有创造性的语法研究新路。吕叔湘也很注重对用

① 陈望道：《关于语言研究的建议》，载《陈望道文集》（第三卷），上海人民出版社 1981 年版，第 691 页。

② 陈望道：《文法简论》，上海教育出版社 1978 年版，第 1 页。

③ 沈家煊：《如何解决状语问题》，《语法研究和探索》（十七），商务印书馆 2014 年版，第 11 页。

④ 王力：《中国文法学初探》，载《王力文集》（第三卷），山东教育出版社 1985 年版，第 89—94 页。

⑤ 沈家煊：《语言学热点问题研究丛书》序，学林出版社 2018 年版，第 1 页。

⑥ 朱德熙：《汉语语法丛书》序，商务印书馆 1982 年版，第 2 页。

⑦ 吕叔湘：《中国文法要略》，商务印书馆 1982 年版，第 12 页。

法的描写，从奠基性的《中国文法要略》到集大成的《汉语语法分析问题》都是如此。他指出了用法研究的范围和价值："很多人……忘了这个和那个词语的用法（在句子里的作用），这个和那个格式的用法（适用的场合）和变化（加减其中的成分，变换其中的次序，等等），忘了这些也都是语法研究的课题。……弄清楚各种词语、各种格式的用法，才能为语法分析提供可靠的依据。"① 晚年吕叔湘更是石破天惊发出倡议："要大破特破。……要把'词'、'动词'、'形容词'、'主语'、'宾语'等等暂时抛弃。可能以后还要捡起来，但这一抛一捡之间就有了变化，赋予这些名词术语的意义和价值就有所不同，对于原来不敢触动的一些条条框框就敢于动它一动了。"② 这就是要力图抛弃那些从形态语言里借用来的观念，甚至语法学的基本概念，都要赋予它们新的意义和价值，打破从西方语言学中借来的框架，才能建立起符合汉语实际的语法体系。敢于触动西方语法的那些条条框框，这需要非凡的理论勇气！

朱德熙的学术生涯伴随着他对结构主义方法的引进、运用和推广，但是他并没有拘泥于国外语言学的理论框架，而是根据汉语事实提出"层次分析法"，尝试改造"向心结构理论"，更重要的是"将结构主义的原则和方法与汉语的实际紧密地结合起来，揭示了汉语语法有别于印欧语语法的特点，建立了一个比较适应汉语实际的语法体系"③，这是他最大的理论贡献。关键是两点："一是汉语词类跟句法成分（就是通常说的句子成分）之间不存在简单的一一对应关系；二是汉语句子的构造原则跟词组的构造原则基本上是一致的。"并且指出，"造成这两个特点的根源都在于汉语词类没有形式标记"。④ 这两点结论都突破了印欧语眼光的束缚，在印欧语里相关语言事实不是这样，可是汉语却本就如此，这是汉语语法体系的大格局。这样的事实已经被朱德熙清清楚楚地揭示出来，然而直到今天，还有一些学者沉溺在西方理论框架中不能自拔以至于不能或不愿正视这样的事实。所以才有沈家煊近期专注于揭示事实的一些文章，比如《动主名谓句》和《衬字与变文》等。朱德熙另一点理论贡献是"在建立汉语语法体系的时候明确提出简明性和严谨性同等重要的原则并加以贯彻"⑤，这是他保持理论清醒、不被印欧语法框架牵着走的根本原因，是我们必须继承的语法研究科学方法论。

以上 4 位大师都有非常高的外语水平，对国外语言学理论都有非常深入的理解，但是他们所开创的研究道路却都是扎根于汉语本身的，形成了注重语用、注重句式、注重语义、注重事实的研究传统。

进入新世纪，沈家煊的《名词和动词》、《超越主谓结构——对言语法和对言格式》和《从语言看中西方的范畴观》堪称继承吕叔湘"大破大立"精神的三部曲，沿着前人的脚步，在一切从汉语实际出发的道路上越走越宽广。《名词和动词》坚持朱德熙对汉语语法体系的基本认识，在大量语言事实基础上论述了汉语的动词是属于名词的一个次类"动态名词"的创见，并用以解释一系列相关的汉语语法现象，进而基于"名动包含说"阐释了"甲乙包含就有两

---

① 吕叔湘：《汉语语法分析问题》，商务印书馆 1979 年版，第 6 页。

② 吕叔湘：《语法研究中的破与立》，载《吕叔湘全集》（第十三卷），辽宁教育出版社 2002 年版，第 402—404 页。

③ 沈家煊：《朱德熙先生最重要的学术遗产》，《语言教学与研究》2011 年第 4 期。

④ 朱德熙：《语法答问》，商务印书馆 1985 年版，第 4—9 页。

⑤ 沈家煊：《朱德熙先生最重要的学术遗产》，《语言教学与研究》2011 年第 4 期。

个范畴”这一中国传统的范畴观。《超越主谓结构——对言语法和对言格式》在反对比附西方语法的基础上，在汉语里消解主语和谓语的对立以及动词的中心地位，突破句子的狭窄范围，从对话和互动的角度，从汉语流水型语篇的特性着眼，构建了汉语表情达意的“对言语法”体系。《从语言看中西方的范畴观》把中西语言的比较上升到思维方式的高度，从语言比较来探讨中西方范畴观，用“甲乙包含”的范畴观来指导汉语语法研究，为中国语法理论的建设提供不同于西方的哲学基础。理论自洽简洁，贴近汉语实际，是汉语语法研究摆脱“印欧语眼光的束缚”和“甲乙分立”范畴观的一大实绩。

坚持实事求是，尊重汉语事实，前辈大师筚路蓝缕，为我们开辟了一条具有中国特色的语言学发展道路。

四、汉语语法研究如何不忘本来

对汉语语法研究而言，在“不忘本来、吸收外来、面向未来”这三点原则中，最根本的是“不忘本来”。这个“本来”，也包括三个方面。

第一，不忘汉语本来的研究道路。

这条道路就是上一节所概括的前辈大师们开创的道路。我们应当发扬他们力图摆脱印欧语眼光束缚的精神，继承他们留下的经典观察和结论，深入理解他们的理论和体系，想清楚他们描写的事实到底意味着什么，他们究竟是怎么想的，他们为什么会这么想，我们应该继承什么发展什么，而不能被现在眼花缭乱的新理论迷惑了智慧，不能被铺天盖地的大数据遮蔽了眼睛。在这方面，沈家煊的《朱德熙先生最重要的学术遗产》一文为我们作出了表率。

第二，不忘汉语本来的经典传承。

诚然，汉语自古而来并没有语法学科。但是，前人对汉语语法的认识散布在各处，很早就明白“立言之间，莫不有法”①，历代学人留下很多精彩论述反映了汉语的精髓，值得我们认真品味。传承经典，取法古人，有助于我们排除干扰真正立足于汉语看汉语。

前文说到吕叔湘在《中国文法要略》中有意识继承“前人写书讲虚字和句读的精神”。这就是对经典的传承。实际上，早在汉代儒生解经时就已经注意到虚词和实词的差异，并从训诂的角度加以说明。比如许慎《说文解字》这样解释语助词，“者，别事词也”，“宁，愿词也”，等等。用现代语法术语来理解，可以是“者”具有指别性，“宁”具有情态性。宋人诗话中也有丰富的虚字实字之论。汉语传统的虚实之分，远远早于西方语言学家的内容词和功能词之分，而且更加符合汉语实际，因为汉语的虚实不是二元对立关系，而是包含关系。清代袁仁林《虚字说》从修辞角度阐释文言虚词，提出“春风风人、夏雨雨人、解衣衣我、推食食我”中后一个“风，雨，衣，食”的用法是“实字虚用”②，说明汉语虚词包含在实词中，在实际使用中形成虚实包含范畴，这不仅是语法，也是用法。“名实动虚”“实字虚用”这样的认识，我们现在应该从用法研究的角度，从语法化的角度，做出新时代的诠释。但是，不管怎么诠释，都不能偏离汉语汉文化的包含范畴观，否则就是忘却了来路。

古人讲句读也很早，并且比我们从西方语法中学来的句子观念更贴近汉语的实际。南北

① [南宋]陈骙：《文则》，《文则 文章精义》，人民文学出版社1960年版，第29页。

② 袁仁林：《虚字说》，中华书局1985年版，第46页。

朝刘勰《文心雕龙·章句》对“句”的认识是这样的：“宅情曰章，位言曰句。故章者，明也；句者，局也。局言者，联字以分疆……”[①] 刘勰所谓的“句”是包括句、读二者在内的，往往只表达语言的一个停顿，并不要求具有“表达一个完整的意思”这样的西来概念。这样的“句”，非常接近赵元任零句说对汉语句子的理解。或者说，赵元任真正理解了什么是汉语的“句”，不同于英语中“sentence”的“句”。用王力的话说，这就是我们汉语的“竹夫人”，而不是外国的“字纸篓”。

古人对语法乃至语言的认识，散布于经史子集，特别是在训诂、文论、经学之中，需要我们深入挖掘。沈家煊用“天人合一”“体用不二”“有生于无”“物犹事也”中的“包含范畴观”论证了汉语词类“名动包含说”的中国古代哲学基础；王寅用《易经》《荀子》的“体认观”对西方认知语言学进行本土化改造[②]；这些都是很好的尝试。当然，我们今天讲不忘传统，并不是故步自封，而是要在传统的根本上开枝散叶，进行现代化的扬弃、改造和发展。正如党的二十大报告所说的，这样的现代化是“中国式现代化”，“既有各国现代化的共同特征，更有基于自己国情的中国特色”[③]。传统语法思想的中国特色，就是尽管没有成为独立的学科，却大量出现在各种实用性的分析解说中，这正说明汉语语法的本质是语用法，语法寓于用法之中。

第三，不忘汉语本来的语言面貌。

这也就是沈家煊一再强调的“用朴素的眼光看汉语”。什么是“朴素的眼光”？在我看来，根本一条就是要摆脱先入为主的现成的概念框架，直接面对汉语事实，尊重汉语事实，用事实评判理论，而不是扭曲事实去迎合理论。具体而言，是3个“不设限”。一是不要限定语料的范围。长期以来，语法学者太喜欢听话的例句而漠视了很多真真切切存在于汉语中的事实。这个弊端正在逐渐被打破。沈家煊的《〈繁花〉语言札记》以小说《繁花》的语言为样本，重视“上海普通话”的语料价值，发现了大量明明白白却长期被人们忽略的活生生的语言事实，用新鲜活泼的话语展现出汉语的本来面目。张伯江《汉语话题结构的根本性》取材诗歌、俗语、京剧念白等论证汉语话题结构是基本句法结构。方梅《“的”字补说》在对话口语语料中发现了“的”具有他引标记的功能。这些都是从大家司空见惯、熟视无睹的现象中发现了“人人口中所有，人人笔下所无”的汉语本来面貌的佳作。二是不要限定“语法”的研究对象。印欧语句法语义语用是分立关系，汉语也一定如此吗？如果承认语法是言语对错优劣的规律，那么汉语语法研究的对象一定会远超印欧语传统的范域。至少可以迈出的一步，就是沈家煊提出的“大语法包含韵律”“英语的韵律语法是韵律和语法的交集，汉语的韵律语法是（大）语法的一个子集”“建立在‘字’本位的基础上”[④]。推而广之，纳入社会行为研究的互动语言学也是“大”的语法。三是不要限定概念体系的可能性。在很多人追随印欧语语法认为修饰名词的当然是形容词的时候，朱德熙提出，“我的眼镜”“他写的诗”“富的爸爸”里

---

① 刘勰：《文心雕龙》，中华书局2012年版，第392页。

② 王寅：《体认语言学——认知语言学的本土化研究》，商务印书馆2020年版，第160—193页。

③ 习近平：《高举中国特色社会主义伟大旗帜 为全面建设社会主义现代化国家而团结奋斗——在中国共产党第二十次全国代表大会上的报告》，人民出版社2022年版，第22页。

④ 沈家煊：《汉语“大语法”包含韵律》，《世界汉语教学》2017年第1期。

做定语的“的”字结构都是名词性的“的”是“名词性语法单位的后附成分”。看似不同的表象背后的汉语实质，是名词修饰名词。“这是用朴素的眼光观察汉语得出的独到创见。”① 在很多人追随印欧语语法想当然地认为汉语的名词和动词也是分立关系的时候，沈家煊提出汉语名动是包含关系。这也是用朴素的眼光观察汉语得出的独到创见。不同的语言，当然可能具有不同的语法范畴及其关系。要从语言事实中归纳出规律，而不要带有“主题先行”的偏见。

启功虽然以书法家名世，但是他深厚的国学修养，却支撑起了他跳出圈外、不受误导、别具一格的汉语学说。王宁将其特色概括为“完全从汉语事实出发的汉语语言学”②。他的《汉语现象论丛》正是“不忘本来”的范本。他用汉语常常缺少主谓宾但也像“没有尾巴”“没有脑袋”的“两只老虎”一样“跑得快”调侃“省略说”，这就是不扭曲事实去迎合理论。倡导对新旧诗歌、八股文和骈体文的语法修辞的探讨，这就是语料范围不设限。发现“上管下”意义控制语序，提出语法结构和意义、音律的配合关系，这就是研究对象不设限。质疑“葛朗玛”是否分析汉语语言规律唯一可用的法则，尝试提出一些新的汉语规律，这就是概念体系的不设限。启功“完全从汉语事实出发”的精神值得我们学习。

另外，我们也要摆正“不忘本来”和“吸收外来”的关系。

沈家煊在多个场合表达过这样的观点：我们可以把国外各派的理论都融合起来，融会贯通，然后挖掘中国传统对语言的论述中的一些概念，用现代语言学的眼光重新加以阐释和认识，这是中国文化复兴的唯一出路。我的理解，吸收外来的原理、方法胜过套用外来的理论框架和结论。借用活用在西方语言研究中取得成功经验的原理方法，重视汉语的本来面貌，传承发展汉语本来的经典认识，走在老一辈学者开创的道路上，我们终将迎来汉语语法研究的新时代。如果“外来”的理论和汉语“本来”面貌相冲突，怎么办？习近平总书记的回答掷地有声：“对国外的理论、概念、话语、方法，要有分析、有鉴别，适用的就拿来用，不适用的就不要生搬硬套。”③ 用启功的话来讲，就是不要用“葛朗玛”的“小竹圈”去套“大熊猫”④。

五、中国特色的语法研究课题举隅

党史百年的经验告诉我们，只要我们坚持实事求是、一切从实际出发，在实践中形成和发展出自己的“中国特色”，我们就能赢得革命和建设的胜利。同样，语言研究要将“本来”和“外来”融会贯通走向“未来”，也一定要实事求是找到属于汉语的中国特色。面临语言学的百年未有之大变局，下面这些中国特色鲜明的课题颇具“春江水暖鸭先知”的意味。

第一，流水句研究。最早发现“汉语口语里特多流水句”这个特点的是吕叔湘的《汉语语法分析问题》。流水句最直观的特点就是“可断可连”，这和来自印欧语的“sentence”具有一个限定动词核心的要求截然不同。“可断可连”的句子在汉语中很自然，而这样的句子在英文中叫作“run-on sentences”，是典型的病句。汉语语法和印欧语语法的句子观念显

① 沈家煊：《名词和动词》，商务印书馆 2016 年版，第 279 页。

② 王宁：《汉语语言学研究的新思路——读启功先生〈汉语现象论丛〉》，《传统文化与现代化》1996 年第 4 期。

③ 习近平：《在哲学社会科学工作座谈会上的讲话》，人民出版社 2016 年版，第 18 页。

④ 启功：《汉语现象论丛》，中华书局 1997 年版，前言。

然具有不同的基本特征。由此引发了"sentence"这个术语是否适用汉语的质疑。自20世纪90年代以来，流水句研究逐步深入，但是受限于传统理论中的单复句框架，流水句研究渐渐陷入了困境。直到沈家煊《零句和流水句》在其"名动包含说"的基础上结合赵元任正视汉语特点的"零句说"，指出传统语法上判定的汉语主谓结构究其本质乃是语用上的话题说明结构；而后又以此为基础提出"递系三联"[①]就是规模最小的流水句，反映了汉语句子体系和印欧语句子体系的本质差异。这一汉语句子结构思想最终在《超越主谓结构——对言语法和对言格式》中发展为"对言语法"理论，并启迪了对汉语复句、主谓结构、话题等的新研究。相关的复句研究如许立群的专著《从单复句到流水句》，主谓结构研究如刘探宙的《主谓主语句还是主谓谓语句？》，话题研究如完权的《话题的互动性》，等等。零句和流水句的研究仍大有可为。

第二，"用体包含"研究。"用"是指用法，"体"是指语法，"用体包含"是指用法包含语法。"体用不二"是中国哲学的一个传统命题，反映在语言事实上，汉语的语法其实是表现在用法之中，那么与此现象对应的研究方法，汉语的用法研究就成了汉语语法研究的重要组成部分。事实上，从中国古代的相关学者，到现代的语言学家，一直具有重视用法研究的传统。清代袁仁林《虚字说》对虚字用法的解说非常值得深入探讨，书中建立的一系列用法概念自成体系，很可以推广到现代汉语的用法研究中来。陈望道很早就展开对一系列虚词的使用方法和功能特征的描写，这些都是细致的用法研究。吕叔湘晚年深刻认识到用法研究在语法研究中的意义，在《汉语语法分析问题》中大力倡导展开用法和语法相结合研究。近年来，张伯江深入探索了汉语句法结构和语用结构的关系，其成果集中反映在《汉语句法的语用属性》中，论证了汉语的句法结构其实更多的是反映了汉语的语用结构。沈家煊《超越主谓结构——对言语法和对言格式》在名动包含说的基础上斩钉截铁地指出，汉语的语法就是包含在用法之内，汉语离开了用法就没有办法讲句法，汉语语法和用法的关系和印欧语的"用体二分"截然不同，将这一汉语的本质特点归纳为"用体包含"。西方语言学界近年来也兴起了"基于使用的语言学"，但仍然以二元对立的观点来看"用法"和"语法"的关系。我们在借鉴他们的理论和成果的时候，也应该留心用体包含才是汉语的本色。

第三，文学语言研究。这是汉语"用体包含"特点的自然延伸。"用体包含"使得汉语语法和语用修辞共冶一炉的专著成为汉语语法史上别具一格的特色。吕叔湘、朱德熙合著有《语法修辞讲话》。古典文学家、语言学家郭绍虞著有《汉语语法修辞新探》。近年来，这方面的新作仍层出不穷。这在西洋语法专著中是不可思议的，他们语法是语法，修辞是修辞，各是各的体系，不可混淆。然而，汉语是"用体包含"，汉语研究也自然是"用体包含"。顺理成章，文学中的语言问题当然也是汉语语法研究的对象，因为文学正是语言运用的艺术，是汉语用法的宝藏。由此看来，文学语言研究必然是探索"用体包含"的不二法门。沈家煊近期的一系列研究堪称典范：《〈繁花〉语言札记》从看似独特的方言小说中提炼出反映汉语语法共性的规律；《汉语大语法五论》凭借大量的唐诗语料，解说了汉语语法不同于印欧语语法的特征是"语义语法""语用语法""声韵语法"；《衬字和变文》一文从分析一个苏州评弹唱词着手，展开说明汉语以整齐对称的骈文为本，散文是骈文加衬字的"变文"，

① 沈家煊：《"二"还是"三"——什么是一个最小流水句》，《汉语语言学》（第一辑），社会科学文献出版社2021年版。

汉语的组织是以对言格式为主干，变化寓于整齐。张伯江则提出汉语是诗化的语言，他的《语言主观性与传统艺术主观性的同构》一文从鲜有讨论的京剧语言中的同位短语入手，观察到了出戏和入戏的相融，阐释了传统戏剧理念的开放性与名词组合的自由化之间的高度吻合，为当代语体语法研究引入了传统中国文学与文化的新视角。

第四，“字”的语法研究。“字本位”在汉语语法研究中，曾经是一个非常敏感的话题，“字本位”的倡导者徐通锵因此遭受了很多批评。固然，徐通锵体系有其自身的薄弱之处。但是，在语法研究中一提到“字”就过敏，恐怕主要是因为西方语言学理论的“金科玉律”中没有“字”的合适位置。当然，这是因为他们没有“字”。可是，当西方有人说单音节语只是个“神话”的时候，赵元任就说过这是个“最真实的神话”①。赵元任早就指出，汉语里没有英语那种“word”，只有一些“似词”的单位。启功也提出“单字也是‘词’”，认为汉语的首要特点是单音节词，从而有对偶、平仄、骈文、格律诗，这些都没有成为“葛郎玛”的研究对象。在“大语法包含韵律”的口号下，沈家煊论证了“汉语以‘字’为结构的基本单位，字是形、音、义、用的结合体、可以分析，不能分离，分离就破坏了它的完整性”②。并且用基本单位和强势单位的区分解释了汉语和英语、古代汉语和现代汉语的差异。“字”是汉语语法研究中最难啃的硬骨头，但也是最具特色的领域，也正因此很有可能成为汉语语言学对普通语言学最大的贡献，因为“越是民族的越是世界的”③。

以上专题都是着眼于汉语自身特点的学术增长点，此外还有对言语法、韵律语法等。这些都不是形态发达的西方语言的主要课题，但在汉语却是学术富矿。星星之火，可以燎原，从这样的专题打开突破口，走出语法研究的中国道路，必将迎来汉语语法研究翻天覆地的巨大变化，必将对世界语言学研究贡献出我们独特的中国智慧。

六、结论

党的二十大报告指出：“我们坚持以马克思主义为指导，是要运用其科学的世界观和方法论解决中国的问题，而不是要背诵和重复其具体结论和词句，更不能把马克思主义当成一成不变的教条。”④同理，对待西方语言学理论也应如此。要解决中国的语言学问题，必须不忘汉语本来的语言面貌，不忘汉语本来的经典传承，沿着前辈大师们开创的道路，摆脱印欧语眼光的束缚，用朴素的眼光看汉语，抓住具有中国特色的汉语语法课题，抓住百年变局的机遇，做出既具有民族性也具有世界性的成果，为普通语言学研究贡献汉语的智慧。我们期待中国语言学者能够在百年未有之大变局中抓住时代的脉搏，大踏步走上这条具有中国特色的语言学发展大道。

（原文刊于《云南师范大学学报（哲学社会科学版）》2023 年第 2 期）

① 赵元任：《中文里音节跟体裁的关系》，载《赵元任语言学论文集》，商务印书馆 2002 年版，第 592 页。

② 沈家煊：《超越主谓结构——对言语法和对言格式》，商务印书馆 2019 年版，第 216 页。

③ 习近平：《在哲学社会科学工作座谈会上的讲话》，人民出版社 2016 年版，第 18 页。

④ 习近平：《高举中国特色社会主义伟大旗帜 为全面建设社会主义现代化国家而团结奋斗——在中国共产党第二十次全国代表大会上的报告》，人民出版社 2022 年版，第 17 页。

《新华字典》第12版的新义、新词语及释义*

王　楠

提要：《新华字典》第12版根据自身的规模、读者对象主要为中小学生等特点，本着通行性、规范性、查考性、积极性等原则，增补部分字词新义、增收部分新词语，并按照字典的体例、风格等采取了适当的释义方式。

关键词：《新华字典》第12版；新义；新词语；释义方式

1. 引言

《新华字典》1953年出版，至今已问世七十年，修订了十几个版次。目前的最新版为2020年的第12版（以下简称第12版）。在保持原有风格特色，加强规范性、科学性、准确性、简明性、实用性的前提下，第12版进一步落实国家规范标准，增补部分新义、新词语，完善已有释义，更新附录等，是一次比较全面的修订。

随着时代进步和社会发展，新事物、新现象层出不穷，新概念、新思想日新月异。伴随而来的就是为了表达这些新内容而产生的大量的新词语以及在已有字词的基础上产生的新义，包括新用法。《现代汉语词典》（以下简称《现汉》）第6版修订主持人江蓝生在总结《现汉》第6版修订工作时指出："动态地反映新时期汉语词汇发展的新面貌、新特色，是现代语文词典修订的重头任务。"（江蓝生，2013）作为小型语文字典，《新华字典》在每一版的修订中都会增补部分字词的新义、增收部分新词语。徐时仪对《新华字典》的修订就有这样的论述："这本字典伴随社会的进步和时代变化，经几代上百名专家学者10余次大规模的修订，……每一次修订都体现了强烈的时代特征，不仅在字词上'咬文嚼字'，而且更在内容上'与时俱进'，在形式上'革故鼎新'。每一次修订版本不仅体现了语言文字的不同变化，也折射了不同历史时期的社会特征。"（徐时仪，2016：363）

第12版同以前的版本一样，根据字典的规模以及读者对象主要为中小学生等特点，本着通用性、规范性、查考性、积极性等原则，增补部分字词近年来产生的新义、增收部分新词语，并根据字典的体例、风格等，采取了适当的释义方式。

2. 增补单字新义

单字的修订是字典修订工作的首要内容，这里先讨论第12版增补的单字新义。《新华字典》第11版2011年出版，《现汉》第7版2016年出版，一部分在《现汉》第7版出版后产生或流行起来而且通行范围广、用法规范、具有查考性同时又没有明显消极意味的单字

---

* 匿名审稿专家提出了宝贵的修改意见，深表谢意！

新义，第12版为了方便读者，反映语言生活，酌情增补。另外，对于《现汉》第7版已经收录的部分单字的新义，第12版适当参考吸收。

2.1 增补《现汉》第7版没有收录的单字新义

秒

近年来，受“秒杀”的影响，“秒+V”类词语大量产生并广泛应用，“秒”因此产生了做状语的名词性用法。

“秒杀”一词源于网络游戏，由于见词名义的构词和新颖、生动、形象的表达，一经出现便导致非常能产的“秒+V”词模的产生（刘松泉，2007），刘文的“词模”即李宇明（2002：1-13）提出的词语模概念。除了“秒杀”，又如“秒变、秒传、秒懂、秒购、秒光、秒回、秒进、秒拒、秒空、秒拍、秒抢、秒删、秒停、秒退、秒赞、秒转、秒赚”等（侯敏、邹煜，2015：76-77），凡是能瞬间或在极短时间内完成的动作行为等，都可以用“秒+V”来表达。“秒+V”结构中的“秒”成为用法固定的名词性构词语素，做状语修饰后面的中心成分“V”，意思也非常明确，“指极短的时间、瞬间”（王楠，2019）。

“秒”这一抽象的名词性新义，是由具体表示时间单位“秒”的量词用法发展演变而来。第12版修订时，除了《新编学生字典》（第2版）外，常见的其他字词典多没有反映。第12版增补“秒”的新义（加粗部分为第12版增补内容，下同）：

秒❶谷物种子壳上的芒。❷计量单位。1. 圆周的一分的六十分之一。2. 经纬度的一分的六十分之一。3. 时间的一分钟的六十分之一。**㉇指极短的时间，瞬间：~杀（在极短的时间内就完成或结束）。**

第12版根据字典的体例，把“秒”的新义作为“秒”义项“❷计量单位”下子义项“3. 时间的一分钟的六十分之一”的引申义，并通过《新华字典》特有的释义编纂符号“㉇”“(喻)”“(转)”中的“㉇”来直观呈现词义的发展引申脉络，没有简单省事地立为义项❸。这是因为“秒”的名词性新义是由原义项❷下的子义项“3. 时间的一分钟的六十分之一”所具有的时间短暂的特性通过引申产生，在词义发展演变的脉络上与已有的义项❶❷层次不同，不宜直接处理为义项❸。为了方便读者，第12版还将引申高频用法的“秒杀”做例，并括注释义。

由于“秒+V”类组合的大量出现，单字“秒”还出现了“秒”=“秒+V”的转喻式引申（参看叶蜚声、徐通锵，2017：272），“秒”又发展出独立的动词用法。不过因为“秒”的动词用法多见于网络，而且不够成熟和通行，第12版暂没有反映。

党

“××党”组合比较早的有“黄牛党”“背包党”等，《现汉》1978年版中收录的“黄牛”词条的相关义项下就以“黄牛党”为例。因为以前这类组合比较有限，《现汉》各版一直没有对“××党”中“党”的含义立项释义。

近年来“××党”结构的词语逐渐增加，如“熬夜党、标题党、假唱党、炒作党、淡定党、剁手党、点赞党、浪漫党、拍砖党、伸手党、手机党、熊猫党、隐身党、瑜伽党”等（单威，2016）。又如常见的“飙车党、动漫党、游戏党、手残党、学生党、初三党、高三党”等，具有某种特点的一类人多可以用“××党”来“冠名定性”。字词典应该方便读者，对“党”的这一用法做出解释说明。除了《全球华语大词典》外，目前常见的字词典多没有体现“党”的这一意义，第12版增补释义：

党❶政党，在我国特指中国共产党。❷由私人利害关系结成的集团：死~｜结~营私。［党羽］附从的人（指帮同作恶的）。❸具有共同特点的一类人：黄牛～。❹偏袒：不偏不～｜～同伐异。❸旧时指亲族：父～｜母～｜妻～。

对“党”的新义项，第12版仍没有简单地放在已有释义的最后，而是作为义项❸，因为从来源上看，“党”的这一新义和已有的义项❷之间有引申关系，也比字典已有的后两个义项更常用。审稿专家指出“党”的这一释义，补充括注“（多含贬义）”更好一些。确实如此，“具有共同特点的一类人”这种用法确实“多含贬义”，尤其是早期的“黄牛党”“背包党”等贬义色彩非常明显，现在这一用法还产生了明显的戏谑意味，将来根据情况也可以考虑增补括注“（多含贬义或戏谑意）”。当代汉语中很多字词的新义包括新词语，在产生初期都带有比较鲜明的感情色彩，在经过一段时间的沉淀后，有的感情色彩往往会有所减弱，有的还向中性变化偏移，出现“贬词不贬”“褒词不褒”的现象（刁晏斌，2020：170-186）。

第12版对多用于网络、不够成熟而且消极色彩比较明显的字词新义多缓收，如像“霸”“控”等指某一类人，“撕”指在网络上互相揭短谩骂，“挂”戏称人死亡等新义，虽然近年来在网络上有一定的使用频率，但使用范围比较有限，考虑到通行性、规范性、积极性、稳定性等因素，作为主要读者对象为中小学生的小型规范字典，第12版没有因为其他字词典多没有收录而一味地“追新求异”来补充这些字义，对这类单字新的用法和含义，还需要进一步跟踪观察。

2.2 参考《现汉》第7版增补部分单字新义

被

近年来“被”产生了不同于传统被字句的新用法，如“被自杀”“被捐款”“被就业”“被小康”“被自愿”“被会员”等。学界对“被××”的语义、构式等多有研究。因为这种“被××”组合中的动词多为不及物动词，多用于非正式的场合，整个结构多含有讽刺、戏谑的意味，有学者直接把这一结构形式的“被××”称为“表示反讽的非及物动词被字结构”（王开文，2010）。也有学者认为这种新的“被”字结构是运用“词汇压制手段创造出的一种‘新被字构式’”（王寅，2011）。还有学者认为这一结构“更像附加式合成词”，其中的“被”具有明显的词缀化倾向（杨同用，2012：64—72）。

参考学界研究，我们认为这种新的“被××”结构，在形式上也可以看作是传统的被字句“被宣传成××”“被说成××”的紧缩，因而能够被无障碍地理解和接受。由于语言简洁、经济的原则和人们交际中的某种需要，具有共性的“宣传”“说”等表示言语行为的言说类动词被省略，同时，这一结构中言说动词的主语因为人所共知，不必言明，也被省略。人们在形式上将“被”和作为结构中语义焦点的成分直接组合，而在理解这一结构所表达的语义时，言说动词“宣传”“说”等又被“复位”，“被××”结构的语义就被重新完整地理解为“被（某某）宣传成××”“被（某某）说成××”。

《现汉》从第6版开始增补“被”的这一新义，《现汉》第7版同第6版：

被❻动用在动词或名词前，表示情况与事实不符或者是被强加的（含讽刺、戏谑意）：～就业｜～小康。

《新华字典》第12版参考《现汉》的释义并有所修改（着重号为笔者所加，这部分内容与《现汉》不同，下同）：

被❺用在某些词语前，表示所说情况与事实不符，是被强加或被迫的（含讽刺、戏谑意）：～就业｜～会

员 | ～满意。

首先，在组合搭配上，“被 ××”结构中“被”后面的成分最初常见的是动词（多为不及物动词）和名词，后来还有形容词和某些短语，如“被幸福”“被开心”“被加工资”“被长大 10 岁”等（何洪峰、彭吉军，2010），甚至还能够用在单纯的数字和西文字母前，如“被 67 %”“被‘PS’”等（彭咏梅、甘于恩，2010；王寅，2011）。但是，又不是所有的词语都能够进入这一结构，比如强及物性动词相对就比较受限，说明“被 ××”结构中“被”的适用范围还是有一定的制约。所以，第 12 版参考《现汉》第 7 版，将“用在动词或名词前”修改为“用在某些词语前”，对“被”的使用范围采用了比较概括的说明方式。

其次，有编修专家认为应该在“情况”前增加“所说”两字，因为“情况”不一定属实。还有专家指出这种用法的“被”多是被强加某种名义，事实上并没有实现“××”，具有“被迫性”的特点。关于“被 ××”语义的“被迫性”，如“被辞职”“被满意”“被捐款”等（王灿龙，2009；杨同用，2012；施春宏，2013）等都有论述。第 12 版根据专家意见和学界研究成果，补充相关内容。

啤

近年来由于多种“× 啤”的使用，使得“啤”由单纯表音的记音用字发展为具有明确含义的音义兼表的构词语素，出现了语素化。“啤”可以构成“冰啤、瓶啤、生啤、听啤、鲜啤、扎啤”等，甚至在一定的语境下还有“你喝白的还是啤的”“来瓶啤的”等用法。《现汉》从第 6 版开始给单字“啤”立项释义“指啤酒”，“啤酒”另外出词条释义并说明语源，第 7 版同第 6 版。

第 12 版根据语言发展变化，将第 11 版中复音词“啤酒”的释义改为单字“啤”的释义：

啤 [啤酒] 用大麦做主要原料制成的酒。（第 11 版）

啤（外）**指啤酒，用大麦等做主要原料制成的酒：生～ | 鲜～。**（第 12 版）

苏新春（2003）指出：“当代汉语外来词中的单纯记音字出现语素化确实是一种值得注意的现象。”包括外来词在内，当代汉语中单纯记音字出现语素化的现象比较常见，字词典也需要进一步关注。如“粉”的“粉丝”义、“咖”的“咖啡”义、“模”的“模特儿”义等，以后修订应该考虑收录。

拼

“拼车、拼饭、拼购、拼团”等用法，近年来比较常见，《现汉》第 7 版对“拼”的这一用法立项释义：

拼[1] 动 ❶合在一起；连合：～读 | ～音 | ～版 | 把两块木板～起来。**❷几个人拼合起来做某事：～车 | ～饭 | ～购。**

第 12 版参考《现汉》并补充“拼”的目的义：

拼❶连合，凑合（连～凑）：～音 | 东～西凑 | 把两块板子～起来。引**几个人合起来做某事**（费用常分摊）：～**车** | ～**购**。❷不顾一切地干，豁（huō）出去：～命 | ～到底。

首先，“拼”的新义与已有的义项❶有明显的引申关系。第 12 版释义比较简洁，并根据《新华字典》特有的体例，通过“引”的方式，说明新增释义的发展引申脉络，没有简单地处理为义项❸。

另外，第 12 版除了释出“拼”的显性词义“几个人合起来做某事”外，还补充了“拼”

的“费用常分摊”的隐含目的义。因为一般情况下分摊费用是“拼”新用法的主要目的，现实生活中人们“拼车”“拼购”多是为了节约省钱。目的义也是词义的重要组成部分，为了方便读者正确理解和使用，字词典理想的释义应该释出词语的目的义。《现汉》第 7 版没有在“拼”单字下说明“费用分摊”，是因为在“拼车、拼购”等词条下分别进行了说明。两部辞书性质不同，释义方式有差异。

由于《新华字典》和《现汉》既有主要收录对象、规模、体例上的不同，也有释义方式、行文风格上的差异，所以，即使参照《现汉》第 7 版补充的某些单字新义，《新华字典》义项的设置、呈现方式都要根据自身的体例、风格特点等，尽量不简单机械地照搬《现汉》原文。在符合《新华字典》体例、特点的情况下，有些释义也沿用《现汉》，不为了区别而区别。

除上述外，第 12 版还参考《现汉》第 7 版对以下单字也增补了相关新义：

“巴”“超”“炒”“城”“毒”“黑”“裸”“萌”“派”“软”“帖”“硬”

对这些单字的新义，第 12 版也根据体例等采取了相应的释义方式，这里不再赘述。

3. 增补新词语

汉语字典一直就有以相应的方式收录或解释词语的传统。《新华字典》的编写目的“主要是想让读者利用这本字典，对祖国语文的词汇能得到正确的理解，并且知道词汇现代化和规范化的用法，在书面上和口头上都能正确运用。”（1953 年版《凡例・一》）所以，虽然是字典，再加上编写之初我们国家还没有一部完全的白话文词典，为了方便广大读者，《新华字典》就承担起了字典和词典的双重重任，除了“以音统字，以字统义”外，还“以义统词”（魏建功，1999），适当收录部分常用词语，包括少量词组。

“以义统词”即在“重点字”的相关义项后，收录由这个“重点字”构成的词语，而不是像一般的字词典那样，把词条都放在整个释义结束后的词语的首字下。1953 年版凡例对收词有具体说明：“用方括弧 [ ] 表示的复合词，按其意义分别放在各个复合词中的重点字下。……用尖括弧《 》表示的复合词，因本字的意义不明确或其意义是本字典没有收取的，都放在本字注解的末了。”（《凡例・十三》）（笔者注：《新华字典》1979 年版改符号“《 》”为“【 】”，从 1987 年版起，出条释义的词语统一用符号“[ ]”表示。）

将所收词语放在“重点字下”，反过来词语的释义又能帮助读者理解“重点字”的含义，这是《新华字典》独特的收词释义体例，具有很强的实用性。“《新华字典》在继承汉语字典单字头下收录复音词传统的同时，还借鉴了汉语辞书以单字带复词的编纂形式，从而形成了《新华字典》所特有的复音词的收录特点和编纂方式。”（戴文颖，2020：27）

《新华字典》适当收录部分词语，字典的实用性增强，深受广大读者欢迎。七十年来各版一直延续这一传统，收词基本在 2500—3500 条。第 12 版增收的新词语涉及意识形态、规章制度、网络信息技术、环保理念、自然现象、日常语文生活等多个领域。在收词形式上，第 12 版采取在词目外加“[ ]”的显性收词和作为单字释义例证的隐性收词等不同的形式。

3.1 作为词条收录的显性收词

一般情况下，字词典中有形式标记的词条为显性收词。第 12 版凡例对收词也做了具体说明：“字头下所收的带注解的复音词或词组，外加 [ ]。意义上有联系的，放在相关义项之下；意义上联系不明确的，放在注解最后，并另起行。”（《凡例・三》）

第 12 版作为显性收词的新词语主要有三种情况：（1）《现汉》第 7 版出版后产生或通行开来、具有规范性、查考性并且没有明显消极意味的新词语。（2）《现汉》第 7 版已经收录的部分新词语。（3）《现汉》早期版本已经收录，但是，近年来又产生出比较积极向上或使用频率非常高的新义的词语等。后一种情况严格说应该是属于新义，因为《新华字典》以前版本一直没有收录这部分词语，为了叙述方便，我们也暂把这部分内容归入新词语部分。

3.1.1 增收《现汉》第 7 版没有收录的部分新词语

《现汉》第 7 版出版后出现或广泛流行的新词语，第 12 版为方便读者查考，体现时代气息，酌情收录。

挂科

挂❶悬：……。[**挂科**] **指功课考试没通过。**

“挂科”现象早已有之，但对这一现象过去多说“考试不及格”，一直没有一个固定、简短的词语来表示，存在表达上的缺位。近年来，人们尤其是各类在校的学生，多用“挂科”代替“考试不及格”。“挂科”除了表达的简洁、形象，还多了几分委婉含蓄和诙谐，容易被人接受，成为比较通行的新词语，第 12 版根据字典的体例收词释义。

刷脸

刷❷用刷子或类似刷子的用具来清除或涂抹：……。[**刷脸**] **通过人脸识别技术鉴定身份，进行考勤或支付等。**

“刷脸”是近些年比较通行的科技新词，反映的是新事物、新科技，现实生活中常见常用，具有查考性。第 12 版根据字典的体例收词释义。

3.1.2 增收《现汉》第 7 版已收录的部分新词语

第 12 版增收了部分《现汉》第 7 版已经收录的新词语，并根据语言的发展变化以及字典自身的体例、风格特点等，对有的词语的释义做了适当修改。

工匠精神

“工匠精神”是新时代各行各业大力提倡的理念。第 12 版在“重点字”“匠”的相关义项后收录“工匠精神”，释义参照《现汉》第 7 版，并结合小字典的特点略有精简：

匠❶有专门手艺的人：……。[**工匠精神**] **工匠对自己的产品精益求精，不断追求完美和极致的精神理念。**

第 12 版通过对这类词语的收词释义，希望对读者，尤其是中小学生起到一定的启迪教育作用。

点赞

“点赞”是近年来由网络走向通用、规范的高频词，也是一个充满正能量的词语。第 12 版在“重点字”“赞”的相关义项后增收词条，释义参考《现汉》并有精简，同时增补“为英雄点赞”这一体现新时代崇尚英雄、学习英雄精神的例证：

赞❷夸奖，称扬：……。【 **点赞** 】**在网络上点击代表“赞”的标记表示称赞，也泛指赞扬、支持：为英雄～。**

酒驾

“酒驾”本身是一种消极现象，但是，考虑到现实生活中“酒驾”危及自己及他人生命安全的现象比较常见，第 12 版在单字“酒”后对“酒驾”出词释义，并将《现汉》第 7 版的例证“严禁酒驾”增补为“珍爱生命，严禁酒驾”：

酒……。［**酒驾**］**酒后驾驶：珍爱生命，严禁～。**

第 12 版收录“酒驾”，目的是希望通过家喻户晓的小字典对“珍爱生命，严禁酒驾”起到一定的宣传、教育作用，“从娃娃抓起”，使孩子们从小就认识到酒驾的危害性、增强法律意识。

粉丝

粉……。

［粉丝］（外）指迷恋、崇拜某个名人等的人：这位艺术家拥有大量～。

“粉丝”是外来词，也是近年来的高频词，其中的“粉”与字典中收录的单字“粉”的几个义项都没有意义上的联系，第 12 版按照字典的收词体例，在“粉”释义的最后另起行收词释义。释义参考了《现汉》第 7 版，并增加了“等”字，因为从语料看“粉丝”不仅用于名人，还用于其他的人或事物等。

3.1.3 增收近年来产生新义的词语

有些词语早期只有使用范围比较有限的专科义，《新华字典》以前没有收录。近年来，这些词语产生高频比喻义，由于本义与新的比喻义都很常用，不适合做例，第 12 版收词。

充电

《现汉》1978 年版收录“充电”的专科义，2002 年的第 4 版在粉印张中增补比喻义，第 5 版整合补充了前面版本的释义，第 7 版同第 5 版：

【充电】动 ❶把直流电源接到蓄电池的两极上，使蓄电池获得放电能力，也泛指用其他方式补充电能：～器。❷比喻通过学习补充知识、提高技能等：为了适应新的形势，每个人都需要通过不断～来提高自己。

“充电”的比喻义从《现汉》2002 年收录，到现在已经 20 多年，第 12 版之所以增收“充电”词条，是因为它的比喻义生动形象、积极向上和现如今的广泛、高频使用。在当今社会，凡是补充知识、提高本领技能的行为都可以称“充电”。“充电”一词本身是中性的，但“充电”行为代表着奋发向上、积极进取和不懈追求，要做一个对社会有用的人、要跟上时代就需要不断“充电”。因为现在“充电”的本义和比喻义都很常用，不适合使用举例再括注释义的方式，第 12 版吸收专家的意见，将“充电”出条。通过㊗释出比喻义，释义参考《现汉》并根据字典的特点做了简化：

充 ❷填满，装满：……。［**充电**］**补充电能：～器｜手机～。喻补充知识，提高技能等：只有不断～，才能跟上时代。**

第 12 版还收录了同类情况的“流量”。

此外，第 12 版在“重点字”下以显性出条方式收录的新词语还有：“爆表”“二维码”“打卡”“到位”“截屏”“裸婚”“买单”“逆袭”“数据库”“智库”“刷卡”“刷屏”“众筹”“自媒体”“做功课”等。

对上述词语，第 12 版也根据具体情况采取了相应的释义方式，这里不再赘述。

3.2 作为例证的隐性收词

第 12 版有一部分新词语以例证的方式体现，这是字词典的隐性收词方式。第 12 版隐性收词又有对例证简单括注释义和只举例不括注两种形式。

前一种形式，如“爆红”“博眼球”“海淘”“秒杀”“捧杀”“顶层设计”“薪火相传”等，字典举例后都做了简单括注释义。

后一种形式，如“代购”“代驾”“反腐倡廉”“房贷”“到付”“非物质文化遗产”“官媒”“官网”“海归”“垃圾分类”“网购”“网络媒体”“网银”“追尾”“机洗”“手洗”“收银台”“预警”等，字典只在有关字词释义后举例不括注。

通过显性、隐性不同的收词方式，《新华字典》第12版充分体现出其新的时代特色和与时俱进的传统。

4. 小结

小型的字词典，限于篇幅，对单字新义及新词语的增补要求更严格，更需要“精挑细选”。尤其是《新华字典》的“小”很大程度上是因为字词释义的概括、凝练和体例设计、释义方式的科学、精巧，而不是因为收字数量少，实际上第12版收录字头13000多个（其中包括正体字头9400多个和所附列的字头的繁体字、异体字），收字数量和一些中型现代汉语字词典大体相当。七十年来虽然经过十几个版次的修订，不断有新的内容补充，修订者根据字典体例等采取适当的释义方式，使字典的篇幅一直保持在六七十万字的规模。“一般来说，简明性是小辞书的必备属性；但是，能够真正做到却不太容易。《新华字典》的修订者在修订时很好地把握了这个原则。”（金欣欣等，2021：11）

第12版根据字典的规模、读者对象的需求等，酌情增收了部分通行度高、规范、具有查考性同时又没有明显消极意味的单字新义和少量新词语，并结合字典的体例等采取合适的释义方式。这些新义、新词语的补充增补，反映了语言生活新面貌和语言研究新成果，增强了字典的时代性、实用性和科学性。

参考文献

戴文颖，2020，《〈新华字典〉复音词研究》，安徽人民出版社。

刁晏斌，2020，《当代汉语词汇探索》，北京大学出版社。

何洪峰、彭吉军，2010，《论2009年度热词“被×”》，《语言文字应用》第3期。

侯敏、邹煜主编，2015，《2014汉语新词语》，商务印书馆。

江蓝生，2013，《〈现代汉语词典〉第6版概述》，《辞书研究》第2期。

金欣欣、陈悦、古鑫，2021，《〈新华字典〉研究》，商务印书馆。

李宇明，2002，《语法研究录》，商务印书馆。

李宇明主编，2016，《全球华语大词典》，商务印书馆。

刘松泉，2007，《新词语“秒杀”》，《语文建设》第12期。

彭咏梅、甘于恩，2010，《“被$V_{双}$”：一种新兴的被动格式》，《中国语文》第1期。

人民教育出版社辞书研究中心编，2016，《新编学生字典》（第2版），人民教育出版社。

单威，2016，《“党”族新成员：剁手党》，《语文建设》第10期。

施春宏，2013，《新“被”字式的生成机制、语义理解及语用效应》，《当代修辞学》第1期。

苏新春，2003，《当代汉语外来单音语素的形成与提取》，《中国语文》第6期。

王灿龙，2009，《“被”字的另类用法——从“被自杀”谈起》，《语文建设》第4期。

王开文，2010，《表示反讽的非及物动词被字结构》，《语言教学与研究》第2期。

王楠，2019，《“秒”的新用、新义“三部曲”》，《光明日报》5月4日。

王寅，2011，《“新被字构式”的词汇压制解析——对“被自愿”一类新表达的认知构式语法研究》，《外国语（上海外国语大学学报）》第3期。

魏建功，1999，《对1976年修订〈新华字典〉方案（草案）的意见》，《辞书研究》第5期。

徐时仪，2016，《汉语语文辞书发展史》，上海辞书出版社。

杨同用，2012，《“被”字结构与“被”的词缀化倾向》，《词汇学理论与应用（六）》，商务印书馆。

叶蜚声、徐通锵，2017，《语言学纲要》（修订版），王洪君、李娟修订，北京大学出版社。

（原文刊于《中国语文》2023年第3期）

羡余否定出现的条件

李　明

提要：羡余否定现象有很多争议。人们很容易认为词义是羡余否定的根本要素，羡余否定词不过是隐性否定动词的否定义的上浮。但实际上羡余否定不能完全归结为词汇现象，因为羡余否定不仅需要引发 ¬p，同时还需要引发 p。语用上造成 p 和 ¬p 的冲突才是最关键的。只引发 ¬p，要么难以形成羡余否定，比如“禁止、反对”等；要么只能产生偶发的羡余否定，比如“忘、拒绝”等。归根结底，最关键的因素是语用而非词义。羡余否定词仍有意义；更确切地说，羡余否定一般是强调主体的态度：“避免、提防”等表明主体希望 ¬p，“差、欠”标识说话人提示结果仍是 ¬p。相应地，羡余否定句式都是糅合句式。

关键词：羡余否定；隐性否定动词；p 和 ¬p 的冲突；态度标记

1. 引言

羡余否定是备受关注的语言现象，比如“避免出问题＝避免不出问题”。这种现象广泛存在于世界诸语言（参看 Jin 和 Koenig，2021）。本文的中心议题是：究竟在何种情况下可以出现羡余否定。这个问题已有很多研究，但仍可推进。与之相关的问题，比如羡余否定的性质，本文也将连带说明。

2. 隐性否定动词有潜在的否定性要素

袁毓林（2012）把表示或者触发隐性否定的汉语动词分为以下六类：一、“防止、避免”类；二、“差欠”类；三、“拒绝、否认”类；四、“小心”类；五、“后悔、责怪”类；六、“怀疑”类。这些动词都会引发否定羡余，比如“避免出问题＝避免不出问题”。

是什么允准了这么一个羡余的否定要素？人们很容易瞄准主动词来寻找答案。可以设想主动词是隐性否定动词（covertly negative verb）①；Hoeksema 和 Klein（1995）就把这些动词称为否定谓词，并且给出了英语中此类词语的词表（150—151 页）。这些动词有潜在的否定性要素。最显著的证据是：这些动词带 p（动词后包孕小句所表述的命题）蕴涵（imply）¬p。Karttunen（1971）称之为“负向蕴涵（negative implicative）动词”，比如英语的 forget（忘记）、fail（失败）、neglect（忽视）、decline（拒绝）、avoid（避免）、refrain（克制）（Karttunen，1971：352）。它们与“蕴涵动词”［比如 manage（设法）、remember（记得）］以及“非蕴涵动词”［比如 agree（同意）、decide（决定）］构成对立，蕴涵动词后接 p 蕴涵 p，非蕴涵动词后接 p 并不蕴涵 p。

① 比如 Progovac（1992a：341，注 1）称 doubt（怀疑）是隐性否定成分（covertly negative element），与 think（想／认为）相对。

蕴涵—非蕴涵—负向蕴涵动词同叙实—非叙实—反叙实动词形成对立（参看 Givón，1973）：

（1）叙实动词：

知道 p（他走了）　→　p

不知道 p（他走了）　→　p

蕴涵动词：

着手 p（工作）　→　p

没着手 p（工作）　→　¬p

在叙实动词中，p 是预设；在蕴涵动词中，p 是蕴涵。

注意概念的层次："叙实"包括"叙实 / 反叙实"，与"非叙实"对立；"蕴涵"包括"蕴涵 / 负向蕴涵"，与"非蕴涵"对立。狭义的"叙实"与"反叙实"都有一个预设，只不过前者预设 p，后者预设 ¬p；狭义的"蕴涵"与"负向蕴涵"都有一个蕴涵，只不过前者蕴涵 p，后者蕴涵 ¬p。

Karttunen（1971）认为负向蕴涵动词如 forget（忘记）、fail（失败）、neglect（疏忽）、decline（拒绝）、avoid（避免）、refrain（克制）有以下特点：这些动词后接 p 是 ¬p 的充分且必要条件。不过，至少就汉语的"拒绝、避免、克制"而言，"拒绝 p（出门）"并不能绝对推出 ¬p，因为可能存在强迫出门的情况；"避免 p（出问题）、克制 p（抽烟）"也不能绝对推出 ¬p。"拒绝、避免、克制"等还是自主动词，有主体的意图[①]，不能保证如愿以偿。因此，"拒绝 / 避免 / 克制 p"逻辑上并不蕴涵 ¬p，只是语用上蕴涵 ¬p。与"避免"等相比，"免于、差"才是真正逻辑意义的负向蕴涵动词：

（2）"免于 / 差 p"不仅符合负向蕴涵动词的条件：

a. 差 p（写后记）→　¬p

b. ¬ 差 p　→　p

而且，"免于 / 差 p"逻辑上衍推（entail）¬p：

a. 差 p（写后记）→　¬p

c. p　→　¬ 差 p

而且，"免于 / 差 p"是 ¬p 的充分且必要条件：

a. 差 p（写后记）→　¬p

d. ¬p　→　差 p

此外，隐性否定动词有潜在的否定性要素，还有其他四个证据。第一个证据是：隐性否定动词，可以允准负极词（negative-polarity item，NPI，即只出现于否定语境中的词），比如：

（3）a. I doubt that Mary insulted anyone.（Progovac，1992a：341；anyone 是个 NPI）

b. Il faut éviter qu'il achète

① "避免"有主体的意图，在"努力 / 小心翼翼避免（不）出问题"等句子里比较明显。

pro3sg.nom[①] 应该 .3sg.prs 避免 .inf comp+ pro3sg.nom 买 .3sg.prs

quoi que ce soit.

什么 comp dem cop.3sg.sbjv

"要防止他买任何东西。"（van der Wouden，1994：34；quoi que ce soit 相当于 anything，是 NPI）

不过，隐性否定动词仍然是肯定形式，而不是真正的否定词，因此与真正的否定词有别。比较（Progovac，1992b：283）：

（4）a. Mary forgot that anyone dropped by.

b. *Mary forgot anything.

c. Mary did not remember anything.

（a）说明 forget 是隐性否定动词。如果 forgot 是真正的否定词，那么，它应该像（c）一样，允准 anything 作它的直接宾语；事实是（b）并不成立。

第二个证据是：在存在否定协和（negative concord，即一个小句中出现两个或多个否定词但只表达一个否定的意思）[②] 的语言中，比如法语、西班牙语，隐性否定动词所带的补足语小句中，可以只出现一个否定词。请看法语的例子：

（5）Empêchez que personne sorte.

阻止 .imp comp 人 .pro.indf 出去 .3sg.sbjv

"阻止任何人出去。"（引自 Muller，1991：361）

此例中，隐性否定动词 empêcher（阻止，防止）所带的补足语小句中，只出现了一个否定词 personne（相当于英语的 nobody）。personne 要求其他否定要素与之对应，这就说明 empêcher 有隐性否定义。需要注意的是，personne 在这里不作否定词理解，而是应作负极词 quiconque（anybody，任何人）理解，因此体现了否定羡余。[③]

允准羡余否定的动词，有隐性否定要素，第三个证据是：它们出现的语境和显性否定词出现的语境一样，都有"向下衍推"（downward entailment）的特征。向下衍推例如："他不吃肉"蕴涵"他不吃牛肉"，"牛肉"是"肉"的子集，所以称作向下衍推。这个特征的一个表现是：

（6）f（X 或 Y）→ f（X）和 f（Y）[如果一个功能算子（functor）作用于 X 或 Y，则它既作用于 X，同时也作用于 Y]

① 本文涉及的术语缩写分别为：ACC：受格；ASP：体标记；COMP：标补语；COP：系词；DECL：陈述；DEM：指示词；DET：限定词；FUT：将来；GEN：属格；IMP：祈使；INDF：无定；INF：不定；NEG：否定标记；NOM：主格；PL：复数；PRO：代词；PREP：前置词；PRS：现在；PST：过去；REFL：反身；Q：疑问标记；SBJV：虚拟；SG：单数；TOP：话题。

② Giannakidou（2000：458）把否定协和定义为：虽然否定在小句中不止一次被表述出来，但是只接受一次诠释。

③ 这里说体现了"否定羡余"，是因为否定词应作负极词理解，所以否定词里的否定要素显得羡余了。注意此例并不是真正的否定协和，因为主动词并不是真正的否定词。西班牙语类似的例子请参看 Espinal（2007：50-51）以及 Zeijlstra（2013：821）。

比较：

（7）a. 不把书借给小张或小王＝不把书借给小张，并且不把书借给小王

b. 避免把书借给小张或小王，他们都是只借不还＝避免把书借给小张，并且避免把书借给小王

c. 担心他把书借给小张或小王＝担心他把书借给小张，并且担心他把书借给小王

d. 后悔把书借给了小张或小王，后来就丢了 ≠ 后悔把书借给了小张，并且后悔把书借给了小王

显性否定词和“避免、担心”一样，都有“向下衍推”的特征，而“后悔”则不同。也就是说，“避免、担心”比“后悔”更像否定词。

van der Wouden（1994：34）举下面法语的例子说明“担心”一类词出现的语境有“向下衍推”的特征，比如（8a）衍推（8b）：

（8）a. J’ai peur que personne ne vienne.

pro1sg.nom+ 有 .1sg.prs 害怕 comp 人 .pro.indf neg 来 .3sg.sbjv

“我担心没人来。”

b. J’ai peur que personne de mes amis

pro1sg.nom+ 有 .1sg.prs 害怕 comp 人 .pro.indf prep pro1sg.gen 朋友 . pl

ne vienne.

neg 来 .3sg.sbjv

“我担心没有朋友来。”

“朋友”是“人”的子集，所以此例能够说明 avoir peur（担心）出现的语境有“向下衍推”的特征。不过 Portner and Zanuttini（2000：194）不认同这样的分析，他们认为“担心”出现的语境并非“向下衍推”：

（9）a. I fear that John will come.

b. I fear that John and Mary will come.

他们认为（b）“约翰和玛丽会来”是（a）“约翰会来”的一个子集，但句子却是（b）“约翰和玛丽会来”衍推（a）“约翰会来”，而非（a）衍推（b），所以“担心”出现的语境并非“向下衍推”。笔者不认同这种分析。在笔者看来，（a）“约翰”是（b）“约翰和玛丽”的一个子集，而（b）衍推（a），因此 fear（担心）出现的语境仍是“向下衍推”。①

Portner and Zanuttini（同上）且认为：向下衍推的语境并不保证能够出现羡余否定，同样，羡余否定的出现语境并不都是向下衍推。先看“向下衍推的语境并不能保证出现羡余否定”，这个观点当然是成立的，比如（4a）、（4c），它们是向下衍推的语境，但并未出现羡余否定②。再看“羡余否定的出现语境并不都是向下衍推”，这个观点的成立，需要确定羡余否定的范围。本文讨论的隐性否定动词 [比如“避免（不）出问题”]，其羡余否定的出现的语

① Hoeksema 和 Klein（1995：150-151）给出了英语否定谓词（包括短语）的词表，它们都可出现于向下衍推的语境中，其中就有 be afraid of、be fearful of。

② 又如全称量词“每个”出现的语境也是向下衍推，比如“每个学生都来了”衍推“每个语言学专业的学生都来了”，但这里也没有羡余否定。

境确实是向下衍推；这时，羡余否定词相当于负极词（这也是 van der Wouden 1994 的观点），要出现于一个更高的否定的辖域之内，只不过允准羡余否定词的那个更高的否定，是隐性否定动词，而非一般的显性否定语素。要注意以下两种特殊情况。

一、Yoon（2013）提到，日语和韩语的羡余否定并不限于隐性否定动词，有些表示肯定义的动词比如“希望”也可以允准羡余否定，这时句子不具备向下衍推的特征。比如（引自 Yoon，2013：136）：

（10）日语：John-wa Mary-ga ko-nai-ka（-to） kitaisi-te iru.

约翰 -top 玛丽 -nom 来 -neg-q（-comp） 希望 -asp

“约翰希望玛丽来。”

韩语：John-un Mary-ka oci-anh-ul-ci/kka kitayha-koiss-ta.

约翰 -top 玛丽 -nom 来 -neg-fut-q 希望 -asp-decl

“约翰希望玛丽来。”

但是，这种羡余否定（日语例句中的 nai，韩语例句中的 anh）是同疑问词（日语例句中的 ka，韩语例句中的 ci/kka）关联的，Choi 和 Lee（2017）认为源于反问。这类情况非常特殊，还不能凭此就认为羡余否定的出现语境并非都是向下衍推。

二、在一些语言中，羡余否定可以出现于表示疑问或感叹的小句（并非补足语小句）中，比如：

（11）How many people did you not deceive in your youth!

“你年青时到底骗了多少人啊！”（引自 Espinal，1997：77）

其他语言中的更多例证参看 Espinal（1997：76—77）、Portner and Zanuttini（2000）、Horn（2010：123—124）、Makri（2013：15—16，76，80—81，82，85）。这些例子没有隐性否定动词，羡余否定的出现同样与反问有关，与典型的羡余否定的产生机制完全不同。因此同样不能凭此就认为羡余否定的出现语境并不都是向下衍推。基于以上分析，我们仍然认为典型的羡余否定的出现语境都是向下衍推。

以上分析即向下衍推并不能保证出现羡余否定，但典型的羡余否定的出现语境都是向下衍推。因此，向下衍推是羡余否定出现的必要条件。向下衍推其实也是负极词出现的必要条件，从这个角度来看，羡余否定其实也就可以看成是负极词（参看 van der Wouden，1994）。

允准羡余否定的动词，有隐性否定要素，第四个证据是：因为这些动词自身已有隐性否定义，所以其前如有否定词，其隐性否定义就可能被取消，因而不能再带羡余否定。这种现象类似于双重否定。比如法语的例子（引自 van der Wouden，1994：38）：

（12）a. Il y a quelques enfants qui craignent

pro3sg.nom 这儿 / 那儿 有 .3sg.prs 某些 孩子 .pl comp 担心 .3pl.sbjv

qu’il ne vienne.

comp+ pro3sg.nom neg 来 .3sg.sbjv

“有些孩子担心他会来。”

b. Il n’y a pas d’enfants qui

pro3sg.nom neg+ 这儿 / 那儿 有 .3sg.prs neg det+ 孩子 .pl comp

craignent qu'il (*ne) vienne.

担心 .3pl.sbjv comp+ pro3sg.nom neg 来 .3sg.sbjv

"没有孩子担心他会来。"

（a）中，动词 craindre（担心）的补足语小句有羡余否定词 ne；（b）中，动词 craindre 自身就处在一个更高的否定辖域之下，其隐性否定义被取消了，所以其后补足语小句中不能再出现羡余否定。法语的 craindre（担心）前有否定词，则不能再带羡余否定（尤其参看 Muller，1978：94，1991：389—392；Martin，1984：109），这是个颇受关注的现象。

3. 否定义的载体

如果主动词是隐性否定动词，这时如果补足语中又出现显性的羡余否定词，整个句子就会出现一隐一显两个否定性的词语，那么整个句子的否定意义是由哪个来承载的呢？综合以往研究，有以下数种处理。

一、否定意义由显性的羡余否定词来承担，隐性否定动词的否定意义已经上浮，不再具有否定意义。[①] 如此处理会造成一个结果，即同一个隐性否定动词一分为二：如果没有羡余否定词（"难免出问题"），则隐性否定动词的否定义依然存在；如果有羡余否定词（"难免不出问题"），则隐性否定动词的否定义已经空了。这种处理一般难以成立。江蓝生（2008：488）说："在肯定式中，'难免'的'免'意思很实，不可缺少；而在否定式'难免不出问题'中，'免'的意义虚化，'难免'的意义相当于'难（难以 / 难于）'。"江先生对于隐性否定动词"免"[②]，就是这种一分为二的处理；这似乎还缺乏足够的证据。不过这种分化，也不能完全说没有。比如"拒不执行、拒不交代"中的"拒"已有坚决的副词义，这时它的隐性否定义似乎确实已经空了，与动词"拒绝"并不全同。[③]"拒绝"的情况很特殊，因为"拒绝不执行"很难说，只能说"拒不执行"；"拒绝"一般并不出现羡余否定。"拒不"的词化以及其中"拒"的转义，同双音化有关系。

二、隐性否定动词始终承担着否定作用，而显性否定词的意义是空的，它只是隐性否定动词的一个影子。[④] 这是最容易产生的理解。所以，羡余否定常被称为"形式否定"（expletive negation），Vendryès（1950）甚至称之为"滥用的否定"（négation abusive）。

如果显性否定词的意义是空的，那么，就会违背"语义合成性原则"（principle of semantic compositionality）。因为按照该原则，句法结构的整体语义就是由其组成部分的意义按一定方式组合而成的。而现在，有一个形式，它的意义却在整体意义中得不到反映。与之近似，显性否定词的意义为空，也会违背 Chomsky（1986）提出的"完全诠释原则"（principle of full interpretation），按照该原则，语音式（phonetic form）和逻辑式（logical form）中的

---

① 袁毓林（2012）在分析隐性否定动词"怀疑"时，还提到了"倒灌"；好像主动词的否定义先是转移（袁先生称之为"溢出"）到补足语小句中的羡余否定词上，后又返回到主动词上。这个说法已被袁毓林（2014）否定。

② "免"带羡余否定，例如：既是不顶屁用，我就免了不放屁了。（《白鹿原》，10 章）

③ 张谊生（2012：135）认为"拒不执行"是由"拒绝执行"和"绝 / 决不执行"整合而成。

④ "影子"是借用了陈秀清（2018：70）的说法。

每个成分都应得到适切的诠释。同样，显性否定词的意义为空，也违反汉语语法学界一贯强调的语法形式和语法意义相互对应、相互验证的基本思路（参看朱德熙，1985），因为这个形式居然没有意义。

而且，这里也有把同一否定形式一分为二的问题：羡余否定词与一般否定词通常同形，为什么同一个否定形式，有时有否定义，有时没有？

本文认为羡余否定词仍有否定义，因此并不同意这种看法。

三、隐性否定动词承担着否定作用，显性否定词的否定义被隐性否定动词“吸收”了（Espinal，1992）。Espinal（1992）通过对于加泰罗尼亚（西班牙东北部地区）语的分析，认为这种逻辑语义的吸收发生在“逻辑式”（logic form）的层面。这个方案是从形式句法来考察的，它的好处是可以解释一些歧义现象：

（13）El turmentaran [CP fins que no es declari culpable].

pro3sg.acc 折磨 .fut 直到 comp neg cop 宣布 .sbjv 有罪的

a. “他们将折磨他直至他服罪。”

b. “他们将折磨他直至他不服罪。”（引自 Espinal，1992：347）

如果补足语小句的时间受主句时间的制约，则 CP 不构成否定吸收的障碍，这时会发生否定吸收，产生否定羡余。这是（a）义的情况。如果补足语小句的时间不受主句时间的制约，补足语小句有自己独立的时间结构，则 CP 会成为否定吸收的障碍，这时不会发生否定吸收，否定词仍为一般否定。这是（b）义的情况。

如果补足语小句中有其他比否定词短语位置高的逻辑算子，比如时间副词、情态算子等等，也会打断否定语义的吸收，因而不会产生否定羡余：

（14）El turmentaran [CP fins que ja no es declari culpable].

pro3sg.acc 折磨 .fut 直到 comp 再 neg cop 宣布 .sbjv 有罪的

“他们将折磨他直至他不再服罪。”（引自 Espinal，1992：348）

此例中的时间副词 ja 中断了否定语义吸收的路径。

否定吸收作用于逻辑式，即是在表层句法之后的操作。我们认为动词词义是触发否定羡余的基础，本文的旨趣重在考察动词词义以及语用如何触发否定羡余；至于 Espinal（1992）所考察的否定羡余的句法限制，是下一步的问题。基于不同的研究旨趣，本文暂不采取这种思路。

四、认为羡余否定词仍然有否定意义，是用来强化隐性否定动词的否定义，但并不是如数学的负负为正一样，而是负负仍为负。袁毓林（2012：100—101）援引 Jespersen 的观点说：

对于语言中诸如此类的冗余否定（redundant negation）的动因，Jespersen（1924：332-334）有一个很有启发性的解释。他指出，许多语言都有累积性否定（cumulative negation）；即两个或多个否定词附加在不同的词上，它们不再互相抵消，结果仍然是否定的。例如：

（15）a. Nobody never went and hinted no such thing，said Peggotty.

（裴哥缇说：从来没有人去过，也没有暗示过这件事）

b. I can’t do nothing without my staff.

（不带随从，我什么也干不了）①

据他分析，这种现象广泛出现于不同语言中的原因是，在累积性否定成为一种习见现象的语言里，普通否定在音丛上是较小的部分……由于这些词首音不太重要或者是弱读音节，因此就有必要在句中重复，以防止被人忽略。在强烈的感情影响下，说话人想要绝对保证否定的意义得到充分理解，他不仅把否定词加在动词上，而且加在句中易于构成否定的其他成分上。事实上，他给整个句中蒙上了一层否定的色彩，而不是把否定局限在一个地方。

袁文也引用了沈家煊（1999：122）对于汉语羡余否定的解释：

这种添加一个否定词后意思不变的情形，正如 Jespersen（1924：333）早就指出的，是因为原来的句子含有否定的意思而又没有明确表达出来，说话人感到有必要强调否定的意思以避免误解，于是就加上实际是赘余的否定词。

这是沈先生按照 Jespersen 的精神，对于羡余否定的说明，并非 Jespersen 说过这样的话。Jespersen 说的只是：由于（否定词的）这些首音或弱读音节不重要，因此就有必要在句中重复，以免被忽略（the insignificance of these initial sounds or weakly stressed syllables makes it desirable to multiply them in a sentence so as to prevent their being overlooked）。

需要指出的是，袁先生以及沈先生援引 Jespersen 的观点来说明隐性否定动词后带的补足语小句中的羡余否定，但 Jespersen 实际针对的是（15）这类小句中出现两个或两个以上否定词的“否定协和”现象，而非直接针对补足语小句中的羡余否定。类似观点已见于 Jespersen（1917：71—72）。无论是 Jespersen（1917：64—77）还是 Jespersen（1924：331—334），都是把隐性否定动词后带羡余否定 [他称为“并置否定”（paratactic negation）] 视为与（15）一类否定协和不同的一种现象，虽然二者都是句中出现了两个或两个以上否定词。不难看出其区别：隐性否定动词后带羡余否定，一隐一显两个否定分别出现于主句和子句，而（15）一类否定协和是两个否定词出现于同一小句；如果一定要统一看待，前者可称为“长距离的否定协和”。

不过，Jespersen（1924：334）在简短说明“并置否定”这种现象之后，最后一句话总结道：“这里的现象同样是属于冗余（redundancy）和过分强调（over-emphasis；着重号为笔者所加），而不是不合情理或不合逻辑。”这其实就是认为，并置否定和否定协和一样，多出的否定词都是为了强调否定；它们仍然就是一般的否定词，有否定意义。

由“这里的现象同样是属于冗余和过分强调，而不是不合情理或不合逻辑”这句话，也可推测：Jespersen 所谓的“冗余”（redundancy），并非指没有意义，而是意味着重出但仍有意义。Martin（1984：103—106）指出：否定羡余现象，一类观点认为羡余否定词的意义是空的，这可从“形式的”（explétif）、“滥用的”（abusive，Vendryès 1950）和“寄生的”（parasite）一类标签反映出来；另一类观点则视为句法上的一致关系，这可从“冗余的”（redondant）和“赘余的”（pléonastique）这样的标签反映出来。Horn（2010：132，注 13）也特别指出，按照《牛津英语词典》，pleonasm（赘余）是“表述的冗余（redundancy）；或者是因为失误，或者是作为修辞手段；用为强调或使表述清晰明了”，与 expletive（形式的）意义不同。

这里特别辨析了几个名称：本文讨论的羡余否定，文献中或称为形式的（expletive）、滥用的（abusive）、寄生的（parasitic）否定，或叫赘余的（pleonastic）、冗余的（redundant）

① 为了下文说解方便，此例重新进行了编号；这个编号不是原文的。

否定。前三个概念反映出这样的认识：羡余否定词意义为空，这是上文提到的第二种处理；后两个概念却认为羡余否定词并非空义。Horn（2010：121）还提到过一种“和谐否定”（sympathetic negation）的提法，这大概是接近后两个概念。

Horn（2010）把一般的负负为正的双重否定称之为“合逻辑的双重否定”，而把负负仍为负的多重否定（包括双重否定）称为“超否定”（hypernegation），“超否定”又区分为“否定协和”（negative concord）和“赘余否定”（pleonastic negation，即本文讨论的隐性否定动词的羡余否定）两类。Jespersen 所举（15）一类否定协和的例子，Horn（2010：120）还举了滚石乐队的歌 I can' t get no satisfaction（我不能得到满足），说明是英语口语的常见用法。[①] 研究者一般都会区分否定协和和羡余否定，又如 Espinal（2000，2007）。如上文所述，Jespersen 认为否定协和和羡余否定之中，重出的否定词就是一般的否定词，仍有意义。我们很认同这个基本的看法。但是，两种现象毕竟不能等同，沈家煊（1999）和袁毓林（2012）所引的 Jespersen 专门针对否定协和现象的解释，还不能完全解释羡余否定。羡余否定需要在此基本看法之上，添加更加专门的解释。

以上四种处理方式可以归结为：

主动词是否有否定义		羡余否定词是否有否定义
本有但后无	→（否定义转移）	有
有		无
有	←（否定义被吸收）	本有但后无
有		有

这几种观点，有的认为羡余否定词语义为空，有的认为羡余否定词仍有否定义。这可以与否定协和的研究类比。否定协和的分析，争议也集中于同一小句之中重出的否定词到底有义无义。参看 Zeijlstra（2013）。van der Wouden（1994：41）把羡余否定、否定协和视为同类现象，但认为重出的否定词是无义的。这似乎是在坚持负负不能仍为负的数学逻辑。这个看法颇不同于一般的看法，因为一般都会区分羡余否定和否定协和。如此则不得不像第二种处理方式一样面临以下问题：为何同一个否定形式，有时有否定义，有时却意义为空。

还有一种很特别的观点。Abels（2005）依据对俄语的分析而认为，羡余否定词就是真正的否定词，仍有否定义，“羡余否定”的提法没有必要。该文主要是从句法的角度进行分析，认为只要用否定词移位的位置以及移位的时间 [是在逻辑式（LF）层面还是在之前]，就能说清楚所谓羡余否定词和句子否定词之间的差别，因此没必要专门设立羡余否定这个提法；羡余否定词与句子否定词的不同仅仅在于：羡余否定词的句法位置高，在 CP 层。这种分析的好处，是可以较好地说明俄语中“否定的所有格”（genitive of negation）的问题。在俄语中，“否定的所有格”和“否定性的不定指词”（negative indefinite，类似英语 nobody，nothing

① Pink Flyod 乐队《迷墙》（The Wall）专辑里的歌曲 Another brick in the wall（墙上的另一块砖）有如下歌词：we don't need no education（我们不需要教育）、we don't need no thought control（我们不需要思想控制）、I don't need no arms around me（我不需要身边有武器）、I don't need no drugs to calm me（我不需要毒品来镇定我）。这几句都有否定协和。

等的词语）都出现于否定的语境中，需要否定词允准；但是，在能否出现羡余否定方面，二者又有区别：

（16）Ja bojus' {kak by / čtoby}[1] Petr ne narušil èksperimenta. a
PRO1SG 担心 COMP / COMP 彼得 NEG 毁坏 实验 .GEN
"我担心彼得会搞砸这次实验。"

（17）*Ja bojus' {kak by / čtoby} nikto ne opozdal.
PRO1SG 担心 COMP / COMP NEG+ 谁 NEG 迟到
想表述的意思：我担心有人会迟到。（以上两例引自 Abels，2005：7—8，62）

（16）èksperimenta 带的是"否定的所有格"，否定词 ne 显得羡余。（17）出现了"否定性不定指词"nikto（nobody），如果该句理解为"我担心有人会迟到"，否定词 ne 以及与之协和的 nikto 中的否定语素 ni 就会显得羡余，但（17）这样的羡余否定的句子不合法。为了解释这种现象，Abels（2005）认为：（16）中，否定词 ne 与补足语小句中的轻动词有一致关系，而轻动词赋予宾语以"否定的所有格"，否定词 ne 可以以此来实现对"否定的所有格"的允准；但是否定词还要移位到补足语小句的 CP 层，表示对补足语小句中虚拟式所显示的评价语气（evaluative mood）的否定。由于是在 CP 层，只是将补足语小句 p 的虚拟语气所显示的评价义 It is a good/perfectly wonderful/bad thing that p 转化为 It is not a good/perfectly wonderful/bad thing that p，所以并不对补足语小句 p 的命题真值性产生影响，这就使（16）中的否定词看似羡余。但是，如果真把它看作羡余，就不好解释为何它能允准"否定的所有格"。（17）中，否定词 ne 如果移位到 CP，则它在 LF 的层面不能再重建在原来的位置上，而"否定性不定指词"也不能离开 TP 的辖域，因此在 LF 中，否定词 ne 不能再允准"否定性不定指词"nikto，这导致（17）不合法。

在说明为什么（16）"担心"可以带所谓的羡余否定时，Abels（2005：62—63）说：俄语的虚拟式中有一个肯定的评价性成分，主动词"担心"与这样的虚拟式补足语小句不谐调，故而需要一个否定词来否定这种肯定性的评价，而这个否定词并不影响补足语小句 p 的直值，这就是所谓的羡余否定词。作者这样说时，仍然触及了"担心"的词义。否定羡余现象的句法表现，各语系、语支甚至各个语言，表现可能不尽相同；但其允准词项，具有一些共同的语义特征，我们认为这是否定羡余的基本条件。至于羡余否定的提法是否必要，这个问题并不重要，因为这个提法归根结底只是一个标签而已。

俄语存在否定协和，如：

（18）Ivan nicego ne znaet.
伊万 NEG+ 什么 NEG 知道
"伊万什么也不知道。"（引自 Abels，2005：6）

Abels（2005）认为羡余否定就是一般的句子否定词，则这种观点实际也就是把（16）一类羡余否定等同于否定协和。只不过这种观点更加激进，认为可以通过句法移位的高低及时间区分一般否定与羡余否定，因而可以取消羡余否定这一提法。

---

① kak by 和 čtoby 是两个引介虚拟语气小句的标补语，在此可以互换。

4. 羡余否定出现的条件

上面提到，仅仅把羡余否定归为否定协和，还不能完全说明它的特性。羡余否定有特别的条件，下面将详加说明。

4.1 从担心义动词说起

外文文献谈羡余否定，常用担心义动词举例。如法语：

（19）Je crains qu' il ne vienne.

PRO1SG.NOM 担心 .1SG.PRS COMP+ PRO3SG.NOM NEG 来 .3SG.SBJV

"我担心他会来。"（否定词 ne 羡余）

Muller（1991）列举的法语中可出现羡余否定的词语中，最多的就是表示担心义的词语，共有 20 项（见 362—365 页）：craindre；（la/une）crainte que，de crainte que；l' angoisse；l' anxiété，anxieux；appréhendre 等[①]。

Muller（1991：420—421）还举了罗马尼亚、意大利、西班牙（但西班牙语中否定羡余现象很少见）、加泰罗尼亚等语言中担心一词带羡余否定的例子。这些语言担心一词后接的补足语小句中，否定词羡余则子句动词用虚拟式，否定词并非羡余、就是一般的否定，则子句动词用直陈式。Muller（1991：421—422）还提到：法语中其他可带羡余否定的动词义，比如防止、否认（只在"不否认"即在否定的情况下引发羡余否定）、怀疑（只在"不怀疑"即在否定的情况下引发羡余否定）等，在现代其他罗曼语中，似乎并未有带羡余否定的现象。

此外，Abels（2005）涉及俄语"担心"义词语的羡余否定，Zovko Dinković（2017）谈到了斯洛文尼亚语以及罗马尼亚语中的这类现象。

奇怪的是，汉语"担心"一类动词并没有否定羡余现象，Qiu（1998：28）、Zuo（2017：127）都曾提到这一点。可见，否定羡余现象在具体语言中有不同的表现。

Jespersen（1917：75）把羡余否定称为"并置否定"（paratactic negation）[②]，他说：并置否定是"一个否定词出现于一个小句，而该小句依存于 deny（否认），forbid（禁止），hinder（阻碍），doubt（怀疑）这类否定义动词。该小句在某种方式上被处理为一个独立句，否定词被表达出来，好像其上并不存在 deny 等动词主句一样"。这里转引其所举的一例：

（20）Yoy may deny that you were not the meane Of my Lord Hastings late imprisonment.（莎士多亚《理查三世》第一幕第三场）

"你也可以否认海斯丁斯勋爵最近下狱之事不是你的主使。"（梁实秋译本）[③]

"你对你最近陷害黑斯廷大人，使他琅珰入狱的事也可以不认账了？"（朱生豪等译本）[④]

Joly（1972）批评 Jespersen 的并置分析：

（21）Je crains qu' il ne vienne.

---

① 每一项可能有若干变体，比如 l' anxiété，anxieux（焦急）算一项，前为名词，后为形容词。

② 关于"并置（parataxis）"，可参看沈家煊（2019：165，183—184）。

③［英］莎士比亚：《莎士比亚全集》，梁实秋译，第 23 册 51 页，中国广播电视出版社 2001 年版。注意这个汉译也带羡余否定词"不"。

④［英］莎士比亚：《莎士比亚全集》（增订本），朱生豪等译，第 3 册 292 页，译林出版社 1998 年版。

"我担心他会来。"

（22）a. Il ne viendra， je le crains.

"他不会来，我担心。"

b. Il viendra， je le crains.

"他会来，我担心。"

Joly（1972）认为，按照 Jespersen 的分析，（21）的意思当接近（22a）而非（22b），而这与事实不符。

这个批评其实是误解了 Jespersen。Jespersen 的意思应该是：（21）可以理解为"我担心怎么样，同时希望不怎么样"。这时，"（希望）不怎么样"可以看作与其前"我担心怎么样"是并置关系。并置的第二项中的主动词应该有所替换，不再是"担心"，而是其反义词"希望"。这也是 Tesnière（1959）的分析（参看 Horn，2010：131）。

因为实际上，Jespersen（1924：334）对于羡余否定现象也有一个类似上引 Jespersen（1917：75）的说明，二者都很简短，但并不全同。Jespersen（1924：334）是这样说的：

并置否定词"用于附属于一个否定意义动词的从句当中，这类动词有 deny（否认），forbid（禁止），hinder（阻碍），doubt（怀疑），似乎从句就是一个独立的句子，或者似乎相应的肯定动词用于主句中。例如：First he deni'de you had in him no right（首先他承认你对他拥有权利——莎士比亚）| What hinders in your own instance that you do not return to those habits（对于你来说成为障碍的是你丢掉了那些习惯——兰姆）"。[a negative is placed in a clause dependent on a verb of negative import， e.g. 'deny， forbid， hinder， doubt'， as if the clause had been an independent sentence， or as if the corresponding positive verb had been used in the main sentence. Examples： First he deni'de you had in him no right（Sh.）| What hinders in your own instance that you do not return to those habits （Lamb）.][1]

注意这里说：似乎（补足语）小句就是一个独立的句子，或者似乎有相应的肯定义动词用于主句中。后一句"或者似乎有相应的肯定义动词用于主句中"是 Jespersen（1917：75）的说明所没有的。所谓的相应的肯定义动词，即是比如与"担心"相对应的肯定义动词"希望"。所以 Jespersen 并置否定的意思，其实就是（21）一类例子是两个命题的糅合，一个命题是我担心怎么样，另一个命题是我希望不怎么样。[2]

4.2 反向否定

上面第 2 节已经说明，隐性否定动词有潜在的否定性要素。很自然地，就补足语小句

① 中译引自叶斯柏森 Jesperson（2010：521）。中译本对两个例句的翻译有误，译者把羡余否定误当成了一般否定，因此把意思弄反了。第一句应为"首先他否认你对他拥有权利"（出自莎士比亚《错误的喜剧》第四幕第二场），朱生豪意译为"他起先把你们夫妻的名分否认"。第二句应为"对于你来说成为障碍的是你重拾了那些习惯"。

② 按照 van der Wouden（1994：31；1997：201）：德国新语法学派语言学家 Hermann Paul《历史语言学原理》（Principien der Sprachgeschichte）1886年第二版中，I fear that he may not come（义为"我担心他来"）已被视为 I fear that he will come（我担心他来）和 I hope that he will not come（我希望他不来）的糅合。

所表述的命题 p 而言，隐性否定动词能够引发 ¬p。比如“避免（不）出问题”语用上蕴涵 ¬p“不出问题”。法语的 Je crains qu’il ne vienne（我担心他会来），“担心 p”并不在逻辑或语用上蕴涵 ¬p“他不来”，而是蕴涵“希望 ¬p”，因为担心 p，则可以推出希望 ¬p。所以我们只说“引发”¬p。

Muller（1991：397-398）把羡余否定出现的条件界定为：

（23）X ≈ Y（NEG）

比如：

（24）évitez（避免）≈ faire（使）+ 否定

nier（否认）≈ afffirmer（断言）+ 否定（Horn 1978：148 说英语 deny ≈ assert…not）

prendre garde（小心）≈ faire attention（注意）+ 否定

déconseiller（劝阻）≈ conseiller（建议）+ 否定

意即避免 p 相当于促使不 p，等等。比如“避免（不）出问题”即相当于“促使不出问题”。（23）中，否定不是 X 的反义词 Y 的外部否定，而是位于其后补足语小句，像是内部否定；Muller 称之为反向否定。

（23）这样的否定义同一般的不一样。一般的是外部否定：

（25）X =（NEG）Y

比如 Jespersen（1917：42—43）举的例子是：

（26）absent = 否定 + present　　fail = 否定 + succeed

lack = 否定 + have　　forget = 否定 + remember

exclude = 否定 + include

Jespersen 认为（26）每一对中前面的词项“是肯定形式、但有内在的否定义”（with inherent negative meaning though positive in form）。且说：我们很自然地把每一对中的前一个词视为否定词（fail=not succeed），但也可以从逻辑上颠倒次序（succeed=not fail）。（26）中各对中的两项可以换位，Muller（1991：56—58）也提到这一点，其举例如：refuser=ne pas accepter（拒绝 = 不接受）；accepter=ne pas refuser（接受 = 不拒绝）。（24）中的各对则不行，比如“使 ≠ 避免 + 否定”。

因此，一个隐性否定动词，可以从以上两个方面来理解它的否定义，比如 Muller（1991：397）举的下例：

（27）défendre（禁止）≈ ne pas permettre（不允许）

（在此意义上，défendre 有否定义）

défendre（禁止）≈ ordonner（que/de）ne pas（指令不）

（在此意义上，défendre 有反向否定义）

又如汉语的“拒绝 = 不接受 / 不同意 / 不答应”，这是一般的否定义，否定在其反义词的辖域之外；但“拒绝”也可以理解为“使不发生”，这是反向否定义，否定在其反义词的辖域之内。比较：

（28）a. 卓遣将李傕诣坚求和，坚拒绝不受，进军大谷，距洛九十里。（《后汉书·董卓传》，坚指孙坚）[引自车录彬，2016：204]

b. 赵戬字叔茂，长陵人，性质正多谋。……董卓数欲有所私授，戬辄坚拒不听，言色强厉。

（《后汉书·王允传》）[引自车录彬，2016：202]

（29）比方有一个有名的人，普通的人去拜访他，先要说几句话，倘这几句话说得不对，往往会遭倨傲的待遇，叫他坐到屋外去，甚而至于拒绝不见。（鲁迅《魏晋风度及文章与药及酒之关系》）[引自车录彬，2016：210]

（28）“拒绝不受、拒不听”是并列关系，因为拒绝 = 不受、拒 = 不听（不同意）。但（29）“拒绝不见”，拒绝 ≠ 不见，所以不是并列；拒绝不见≈使见面不成为现实，这是羡余否定。

Muller（1991）的这个观察，即羡余否定满足“反向否定”X ≈ Y（NEG），实际上就等于说：X+ p 能引发 ¬p，但这时需要把主动词 X 改换为另一个动词 Y，即 X+p ≈ Y+¬p。比如“避免（不）出问题”≈“使不出问题”。

再看 Muller（1991：398）所举下例：

（30）Evitez qu’il（ne）vous voie（避免他看见您）≈ Faites qu’il ne vous voie pas（使他不看见您）

Muller 解释道，运用羡余否定时，存在着一种下意识的同义改换（paraphrase），即用“使”义动词代替原来的“避免”义动词，实际是“使”义要求羡余否定。羡余否定词实际同时标示了“避免”和“使”的复杂语义。从这个说明来看，Muller 的分析同上一小节提到的糅合分析并无二致。在把主动词暗地里改换成相应的另一动词之后，否定义可以在补足语小句浮现出来。

在我们看来，反向否定还只是一种对于结果的描述，其原因不过就是这些动词是隐性否定动词，能够引发 ¬p。反向否定这个观察，至多只是羡余否定出现的必要条件，而非充分条件。比如（24）Muller 列举了法语几个隐性否定动词的反向否定义，其中 déconseiller（劝阻）就几乎不带羡余否定（参看 Muller，1994；Muller，1991：372）。

Muller 的这个分析也不能说明为什么汉语的“禁止、反对”等动词难有羡余否定，“拒绝”也一般不出现羡余否定。这些动词都蕴涵 ¬p。同样，法语的 défendre（禁止），Martin（1984：115）认为不能带羡余否定；Muller（1991：371-372；405-406）也发现 défendre（禁止），interdire（禁止），s’opposer à（反对）现在几乎不带羡余否定①；法语 refuser（拒绝）带羡余否定也极少（Muller，1991：372）。

4.3 初步的限制

有必要对羡余否定的出现条件作进一步的讨论。首先，隐性否定动词不仅要能引发 ¬p，同时也要引发 p，反映出一种冲突。

法国语言学家 Damourette 和 Pichon 较早明确提出类似想法。对于担心类动词的羡余否定，他们认为这种现象反映出主句主语心理上的“不协调”（discordance），即他的愿望与他所预见的可能性是不一致的。（Damourette 和 Pichon，1930：132）②他们称法语的羡余否定词 ne 为“不协调否定”（discordantiel）。

Martin（1984）基于他们的观点，认为可以这样分析 Je crains qu’il ne vienne（我担心

① Muller（1991：382—383；396）又认为 s’opposer à（反对）带羡余否定可以接受。他不区分偶然现象和常见现象，这是一个问题。

② 这两位作者合著的《法语语法论集》（Essai de G^ammaire de la Langue Française）出版于 1930—1949 年，共 7 卷，有 4700 多页，影响很大。

他会来）这样的羡余否定：一方面，补足语小句表述的命题 p（他来）在提及它的可能世界中为真。因为当我说我担心他来，即当我提及 p 时，我预见了 p 的可能性。另一方面，这句话还暗示着另一个可供选择的可能世界，即在说话人的愿望里，p 为假。羡余否定正是体现了提及 p 的世界（monde évoqué）与另一个可供选择的世界（monde alternatif）之间的冲突。Martin 还认为，p 在提及它的世界中为真，这个世界，可以是可能世界（包括现实世界，因为现实世界也是一种可能世界），甚至反现实的，因此没有限制；但 p 在可供选择的世界中为假（即是 ¬p），这个可供选择的世界，只能是可能世界，不能是反现实的。（反现实则不再可能，所以可能世界与反现实的世界是对立的。）他以此说明法语可带羡余否定的"担心、避免、差点"和不带羡余否定的"后悔"的区别。比如：

表 1　法语"担心、避免、差点"和"后悔"的区别

例示	提及 p 的世界	可供选择的世界
Je crains qu' il ne vienne"我担心他来"	P（可能世界）	¬p（可能世界）
pour éviter qu' il ne vienne"为避免他来"	P（可能世界）	¬p（可能世界）
Il s' en est fallu de peu qu' il ne le fasse"他差点做了那件事"	P（反现实世界）	¬p（现实世界）
Je regrette qu' il vienne（直译：我后悔他来了）	P（现实世界）	¬p（反现实世界）

在"担心"和"避免"两个词中，在提及它的世界（都是非现实的可能世界），p（他来）为真，即他有来的可能性；而在可供选择的世界（也都是非现实的可能世界），p 为假，比如"担心""避免"都是希望 ¬p。"差点"一句中，在提及它的世界，p（他做了那件事）为真，因为说"差点 p"就意味 p 接近实现，但在这里，p 为真存在于反现实的世界，因为毕竟 p 未发生；在可供选择的世界（说话人的愿望），p 为假，在这里，p 为假存在于现实世界，因为他毕竟没有做那件事。至于"后悔 p"，它和"差点"正好相反：在提及它的世界里，p 为真，这个世界是个现实世界；而在可供选择的世界（说话人的愿望）里，p 为假，不过在这里，p 为假只存在于反现实世界，而非可能世界。

简单地说，Martin（1984）对 Damourette 和 Pichon 提出的不协调作了限制。并非所有的不协调都能引发羡余否定，比如"后悔"。"担心 p"和"避免 p"反映外部客观世界和大主语的主观愿望的冲突，因为在客观世界中 p 可能发生，而主观世界则是希望 ¬p。p 都是非事实的。[①] 但在"差点 p"和"后悔 p"中，p 却是事实的（包括反事实的）。不同的是，"差点 p"是最终事实与愿望相合，p 是反事实的；而"后悔 p"却是事与愿违，p 是事实的。所以，羡余否定的出现，大主语的愿望不能落空，不能事与愿违。也就是说，在大主语的主观世界里是 ¬p，¬p 一定要是可能的（包括是事实的），不能是反事实的。

Martin（1984：115）指出：déteste（恨）等词不能带羡余否定，同 regretter（后悔）是一个道理：在可供选择的世界（说话人的主观世界）里是 ¬p，而此时 ¬p 是反事实的。同理，汉语的"恨、讨厌、嫌、嫌弃、骂"等也不能带羡余否定。

① 在区分不同世界时，我们用"现实／反现实／非现实"，其他情况则用"事实／反事实／非事实"。

"忍住"可以带羡余否定，比如"忍住（不）笑"①，这里似乎有一个主体意识的分裂（多是生理冲动和心理的冲突）。大主语的主观中，既想笑但又知道不宜笑。最终事实与心理要克制的一致。在这里，p是反事实的，这从也可以说"忍住没笑"可以看得更清楚②。但是"忍不住、不觉/不禁"不能带羡余否定，因为同"后悔"一样，这时p是事实的③，亦即¬p是反事实的，大主语的克制落空了，可以说也是事与愿违。可以看出，"忍住"类似"差点"，可带羡余否定；"忍不住"类似"后悔"，不带羡余否定。注意"忍住/忍不住"所涉及的提及p的世界与可供选择的世界都是主观的，不再是客观与主观的冲突。

Muller（1978：95）提到：法语 nier（否认）、douter（怀疑）在否定语境中（包括反问，反问实表否定）即在"不否认、不怀疑"的情况下可以带羡余否定，这时，同 regretter（后悔）一样，p也是事实的。这一点，Martin（1984）似不能解释。这种情况很特殊，下文会说明。

张谊生（2000：399）把"差一点没跌倒"分析为"差一点跌倒，幸好没跌倒"；同时认为羡余否定式"难免没有不同的看法"是由非羡余式"难免有不同的看法"附加上一个主观意愿"但愿没有不同的看法"而形成的紧缩形式。我们同意这种糅合分析。江蓝生（2008：493）认为羡余否定同概念叠加有关："一个概念往往可以从正反两个方面进行表述，尽管表述的角度、侧重点不同，但核心语义相同。"比如"这样做难免不出问题"是由正说"这样做难免出问题"与反说"这样做不出问题很难"叠加而成。江先生说的正面表述，等于说p（出问题）的一面；反面表述，等于说¬p（不出问题）的一面。不过，反面表述时，主动词应该改换。"这样做难免不出问题"是正说"这样做难免出问题"与反说"但愿/希望不出问题"叠加而成。这一点，下文还会说明。应该说，二位先生对汉语羡余否定的分析，同糅合分析以及上述 Damourette 和 Pichon 分析为不协调、Martin 分析为冲突，实质是一致的。

下面辨析一些词语：

"恨不得/恨不能（马上去）、宁愿/情愿（不长大）"有客观与大主语主观的冲突，客观上¬p，主观上希望p。"希望、祝愿"等在一定程度上似乎也是如此。

"巴不得（马上去）"在一定程度上有他人主观与大主语主观的冲突，他人认为¬p，大主语希望p。

"只当（是哑巴）"有客观与大主语主观的冲突，客观上¬p，主观上暂且认定p。

"假装（睡着了）"有说话人的认定与大主语主观的冲突，说话人认定¬p，同时，它有一个蕴涵义：大主语主观上希望制造一个假象，即主观上希望别人相信p（参看 Givón，1973：908）。

"谎称"是在"声称p"基础上加上说话人评判p为假而形成的反叙实动词，有说话人的认定与大主语的认定的冲突：说话人认定¬p，但大主语希望别人相信p。

否定羡余需要满足"大主语在主观世界里希望¬p"，以上这些词语都不符合这个条件，故都不能带羡余否定。

"宁愿、情愿"也可能是大主语两个主观选择的冲突，比如"宁愿睡觉（，不愿吃早饭）"，

① "忍住"也说"熬住"，比如"他总算熬住没说"（《围城》，第6章）。

② "很难忍住（不）笑"这类例子，不能说"很难忍住没笑"，这时p是非事实的。不过这里是"很难忍住"决定了p是非事实的，而非"忍住"。

③ "忍不住想笑"一类例子并不代表其中的p（想笑）是非事实的，因为有"想"。

这时一个主观为 p“睡觉”，另一个主观为 ¬p“不睡觉”。虽然这里也存在着另一个可供选择的主观世界，但大主语在这里希望的是 p 而非 ¬p，因此也不符合带羡余否定的条件。Muller（1991：395）用法语 préférer（宁愿、情愿）不能带羡余否定来质疑 Martin（1984）的分析，似并未意识到 Martin 提到的“可供选择的世界”、即 ¬p 才是大主语所希望的，“宁愿、情愿”并不符合这一点。

上面的分析也即“担心、避免、差点”等否定羡余中的 p 是大主语不期望的，而“恨不得、宁愿 / 情愿、巴不得、只当、假装、谎称”后的 p 则符合大主语的期望。可见，“恨不得”等不同于一般的隐性否定动词。所谓的否定义动词，本来就是从人们所不期望这一点来定义的，因此，否定羡余中的 p 是大主语不期望的，这一点不过是隐性否定动词词义的一个表现而已。

上面利用 Martin（1984）p 和 ¬p 的冲突，说明了羡余否定的两个限制：一、p 是大主语不期望的，这实际还是与隐性否定动词的词义直接相关，借此可以说明为什么“恨不得”等虽然也有 p 和 ¬p 的冲突但不带羡余否定；二、¬p 不能是反事实的，这可以说明为什么“后悔、忍不住、不觉 / 不禁”等虽然也有 p 和 ¬p 的冲突但不带一般的羡余否定。

4.4 进一步的限制

上面的两个限制条件还不充分，下面把汉语能带羡余否定的隐性否定动词分为五类，继续讨论。

一、行为动词“避免、防止；忍住”等。其反向否定义是“使 ¬p”，即使 p 不发生。它们蕴含 ¬p。

首先当然要满足上面提到的两个条件：一、p 是大主语不期望的。比如“尽力避免不吃早餐”，p（不吃早餐）是主语不希望的，“不”是 p 的组成成分，并不羡余。如果把“不”羡余，那么，p（吃早餐）就违背了这个条件。二、¬p 不是反事实的。比如“避免（不）出问题”，p（出问题）是非事实的，¬p（不出问题）并非反事实。但是，具体就这类词而言，p 也可以是反事实的，比如“坐在后排的飞行员反应迅速，成功避免了（不）发生事故”，这时 ¬p 是事实的，因此同样不是反事实的。后一种情况同于“差点”。

不过，通过不同词项的比较，我们还发现，羡余否定不仅需要引发 ¬p，同样需要引发 p；如果隐定否定动词只引发 ¬p 而不能引发 p，照样不能带羡余否定。比如“禁止 / 制止 / 阻止”不能带羡余否定，“避免 / 防止”可以。“禁止 / 制止 / 阻止 p”基本只能引发 ¬p，这时 p 的可能性极小，不能构成 p 和 ¬p 的冲突。而“避免 / 防止”不能禁绝 p 的可能性，p 的可能性相对要大：即使大主语主观上想 ¬p，即在可供选择的世界 p 为假；但在外部客观世界，p 仍可能发生，当我们说“要避免出现问题”，我们显然已经预见了 p（出现问题）的可能性，因此 p 在提及它的世界可能为真。这里就有两个世界中 p 和 ¬p 的冲突。p 表示非自主非期望的事情时，比如“摔倒”，只能用“避免 / 防止”，不能用“禁止 / 制止 / 阻止”，因为“摔倒”等不能完全禁绝，它仍有客观上的可能性。Martin（1984）虽然强调两个世界中 p 和 ¬p 的冲突，但是，对于羡余否定同样需要引发 p 这一点，并没有深入阐发。

下面的词语，从左到右，引发 p 的可能性越来越大；p 对大主语来说越来越不可控，大主语越来越不能掌控结果：

禁止 / 制止 / 阻止 提防 / 小心 / 当心 避免 / 防止 难免 / 不免 / 免不了

它们在羡余否定方面的表现如下：

禁止：p 带自主性；不能出现羡余否定。

提防：p 带自主性（比如“提防人家骗自己”）或非自主性（比如“提防摔倒”）；可带羡余否定“别”[比如“提防（别）摔倒”]，带一般的羡余否定“不”比较少见[比如“时时提防（不）说错话”]。

避免：p 带非自主性（比如“避免出问题”）或自主性（比如“努力避免刺激她”）；可带一般的羡余否定“不”，带羡余否定“别”比较少见[比如“要避免（别）出问题”]。

难免：p 带非自主性；可带一般的羡余否定“不”，不带羡余否定“别”。

即（加括号表示出现少）：

表 2　汉语“禁止、提防、避免、难免”带羡余否定的区别

羡余否定的类别	禁止	提防	避免	难免
一般的羡余否定“不”	−	（+）	+	+
表禁止的羡余否定“别”	−	+	（+）	−

如果带非自主的 VP，“提防”等与“避免”等有如下异同点：

表 3　汉语“提防、避免”的异同

提防	*不能提防摔倒	没提防（会）摔倒	要提防（别）摔倒
避免	不能避免（不）（会）摔倒	*没避免（会）摔倒	要避免（别）摔倒

注意带一般的羡余否定“不”时，p 是大主语所不希望的，比如“他为避免（不）出问题而仔细检查”；代表禁止的羡余否定“别”时，p 是说话人所不希望的，比如“你要避免（别）出问题而仔细检查”。带“别”基本只是“提防”一类词的特征，所以这里只讨论带一般的羡余否定“不”的情况。

“禁止”等引发 p 的可能性小，基本只引发 ¬p，通常不带一般的羡余否定。因为 p 不是大主语所期望的，¬p 符合大主语的期望，不须再糅合进羡余否定表明大主语不希望 p 发生。而“提防”“避免”等 p 的可能性增大，这时能够出现一般的羡余否定，表明大主语不希望 p 发生。到了“难免”等，¬p 的概率反而降低，离肯定 p 会发生只有一步之遥，这时更容易出现羡余否定；因为这时 p 所表示的大主语所不期望的事情就要有发生的可能性了，很容易糅合进羡余否定来亮出大主语的态度，即表明大主语是不希望 p 发生的。① 所以，我们的看法与一般的认识恰恰相反：隐性否定动词引发 ¬p，是它的内在特性，这并不是它引发羡余否定的关键；反而是隐性否定动词出现于接近否定或反问的语境，比如“难免 / 不免 / 免不了 / 无法避免 / 哪能避免”，使 p 的可能性增大，才更容易激发羡余否定。羡余否定的出现，就是在 p 和 ¬p 的冲突中表明大主语的态度，即表明大主语是不希望 p 发生的。羡余否定词是一种“态度标记”。

① 陈秀清（2018：180）已指出，“难免”带羡余否定的能力大于“避免”。

"忍住"也是如此。"很难忍住（不）笑"比"忍住（不）笑"更容易激发羡余否定。

现在的一个问题是"避免、防止；忍住"的羡余否定句如何糅合而成？这有两种可能：一、参与糅合的是反向否定义。因为它们是隐性否定动词，蕴涵 ¬p，如果让这个隐性否定义（即反向否定义）上浮在表层，就会出现糅合句式。比如：避免出问题 + 使不出问题 = 避免不出问题；忍住笑 + 使不笑 = 忍住不笑。Muller（1991：398）就是这种处理。二、参与糅合的是主体的态度。张谊生（2000：399）认为羡余否定式"难免没有不同的看法"是由非羡余式"难免有不同的看法"附加上一个主观意愿"但愿没有不同的看法"而形成的紧缩形式。如果把"但愿"替换为更为宽泛一点的"希望"，那么，按照这种理解，糅合方式是：避免出问题 + 希望不出问题 = 避免不出问题；忍住笑 + 希望不笑 = 忍住不笑。

我们觉得在"避免不出问题、忍住不笑"一类例子中，两种分析似乎都是可以的。因为如果"使不出问题""使不笑"，当然一般也就是"希望不出问题""希望不笑"，只不过还不只是心理上希望，还要采取行动。但是，如果把"避免不出问题"理解为"避免出问题 + 使不出问题"，那么，"难免不出问题"按此逻辑就应分析为"难免不出问题 = 难以避免不出问题 = 难以（避免出问题 + 使不出问题）= 难以避免出问题 + 难以使不出问题"。可是事实上，"难免"已成词，"难免不出问题"不能再离析为"难以避免出问题 + 难以使不出问题"，它只宜分析为"难免出问题 + 希望不出问题"。也就是说，如果视为否定义的上浮，则"难免不出问题"应分析为"[难 [免不出问题]]"，而实际只能是"[难免 [不出问题]]"。"不免 / 免不了不出问题"亦是如此。另外，理解为反向否定义的上浮，也不能解释为什么"难免"带羡余否定的能力大于"避免"这一类现象。总体而言，我们倾向于第二种理解，即不把此类羡余否定视为反向否定义的上浮，而是视为表明主体的态度。

注意在"难免 / 不免 / 免不了 / 无法避免 / 哪能避免不出问题"等句子中，都是"难免 / 不免 / 免不了 / 无法避免 / 哪能避免"这些词语整体带羡余否定，而非"免、避免"带羡余否定。否则，"无法避免不出问题"就应分析为"[无法 [避免不出问题]]"，即"无法（避免不出问题）= 无法（避免出问题 + 希望不出问题）= 无法避免出问题 + 无法希望不出问题"，这显然不符合句子的原意；句子的意思是"无法避免出问题 + 希望不出问题"。

那么，这个主体的态度，到底是大主语的，还是说话人的？前面已经提到，就这类动词而言，表明的是大主语而非说话人的希望。比如：

（31）你知道我胸中的愁郁，所以只是默默的不响，因为在这时候，你若说一句话，总难免不被我痛骂。（郁达夫《茑萝行》）[①]

此例"难免不被我痛骂 = 难免被我痛骂 + 希望不被我痛骂"，显然，希望的主体是大主语"你"而非说话人"我"。

不过，说是大主语的希望，有时似乎不贴切。比如：

（32）资产阶级的报刊总是挑选最稳重的词汇，来谈论世界两个体系的力量对比。尽管这样，它们也无法避免不流露一点真实情绪。（《人民日报》1958 年）

（33）他的"包装"计划难免不中途夭折。

① 此例及下文的汉语例句，多检索自 BCC 语料库（北京语言大学汉语语料库），有的会给出具体出处。

（34）黑龙江上将架桥铺路，自然的、原有的景观难免不遭到破坏。

这几例大主语都是无生命的，不能成为希望的主体。（32）“无法避免不流露＝无法避免流露＋希望不流露”。显然，这个希望关联的是与大主语“它们（指资产阶级的报刊）”相关的“资产阶级”，而非说话人，作为说话人的我方倒是希望“它们”流露一点真实情绪的。同理，希望的主体在（33）中是“他”。（34）没有指明希望的主体，这时只能说羡余否定词表明人们希望大主语不被怎么样。

所以，就这类动词而言，只能大体上说，羡余否定词表明大主语或相关主体希望不怎么样。但可以肯定，这个主体并不直接牵涉说话人。

二、状态动词“差、欠”等。其反向否定义可以理解为“存在 ¬p”，比如“就差（没）写后记”可以理解为“就有没写后记（这件事）”，即等于说“就有后记没写”。“差、欠”基本只在“就/只差、就/只欠”的组合中带羡余否定（陈秀清，2018：116），因为说“就/只差、就/只欠”，p 的可能性就非常大了。如：

（35）a. 年轻人们指天发誓，就差没给辣辣叩头。（池莉《你是一条河》）

b. 父亲气得就欠没打儿子一顿了。

Martin（1984：116）提到：Damourette 和 Pichon 已经指出下面两例的对立：

（36）a. Il s’en faut de beaucoup que nous

pro3sg.nom refl+pro 应该 .3sg.prs prep 许多 comp pro1pl.nom

soyons d’accord.

cop.1pl.sbjv 同意

“离我们意见一致还差得远。”

b. Il s’en faut de peu que nous

pro3sg.nom refl+pro 应该 .3sg.prs prep 一点 comp pro1pl.nom

ne soyons d’accord.

neg cop.1pl.sbjv 同意

“我们差一点就意见一致。”

（36a）是差得远，只引发 ¬p，不能形成 p 和 ¬p 的冲突，没有羡余否定 ne；（36b）是差点儿，引发 p 和 ¬p 的冲突，带羡余否定 ne。

副词“差点”表示接近 p 而没有 p，p 的可能性同样非常大。

注意“差/欠、差点”同以上“避免/防止、忍住”有以下区别：

（Ⅰ）前面第 2 节已经说明，“避免”等并不在逻辑上蕴涵 ¬p，只是语用上蕴涵 ¬p。与“避免”等相比，“差、欠”才是真正逻辑意义的负向蕴涵动词。

（Ⅱ）“差/欠、差点”的 p 是反事实的，而“避免/防止、忍住”的 p 是非事实或反事实的。

（Ⅲ）“差、欠”是状态动词，而“避免/防止、忍住”是行为动词。“差、欠”与大主语并没有直接的语义关联，比如“他就差（没）写后记”，底层结构应是“他就写后记（这件事）还差着”。这一点与“避免/防止、忍住”不同；在“避免/防止、忍住”中，大主语仍是施动者。“差、欠”之后的 p 可以是积极的，如“就差（没）写后记、只欠（没）大彻大悟了”，也可以是消极的，如（35）。它带羡余否定，只表示说话人提示客观结果仍是 ¬p。但副词“差点”的羡余否定句是“差点 p”与“还好/幸好/到

底 ¬p”的糅合，比如差点没摔倒 = 差点摔倒 + 幸好没摔倒；高兴得差点没跳起来 = 高兴得跳起来 + 到底没跳起来。“差点”带羡余否定，有说话人（不是大主语）一种表示庆幸的感情色彩（江蓝生，2008：487）。比如看球赛时说：“幸运的是，对手差点没进”或者“对手差点没进了，真幸运”，这可以证明“差点”表示说话人而非大主语的态度。① 而“避免”等带羡余否定，标识的是大主语或相关主体而非说话人的态度。

“差、欠”的糅合，似乎就是反向否定义的上浮，比如，就差写后记 + 有没写后记（这件事）= 就差没写后记。不过，如果只是理解为反向否定义的上浮，就没法解释为什么只有“就差、就欠”带羡余否定。总体来说，我们觉得“差、欠”带羡余否定表示说话人提示结果虽然接近 p 但仍是 ¬p；这种主观态度在副词“差点”表现得更明显，因为“差点”有表示说话人庆幸的感情色彩，这一点仅用反向否定义的上浮尤其无法解释。

三、行为动词“提防、小心、当心”等。其反向否定义是“注意 ¬p”。这类羡余否定一般用“别 / 不要”，比如“提防（别）摔倒”，表示说话人对听话人的提醒。但是，其实也可能用一般否定，比如“他时时提防着（不）说错话”。既然说话人说“提防别摔倒”“他时时提防着不说错话”，说明在客观世界，p（摔倒 / 说错话）可能为真。但是，在说话人的主观世界，说话人希望 ¬p，这是羡余否定“别”的情况；或者在大主语的主观世界，大主语希望 ¬p，这是羡余否定“不”的情况。所以，“提防、小心、当心”带羡余否定的糅合方式为：a. 提防摔倒 + 希望别摔倒 = 提防别摔倒，这时羡余否定词表示说话人的希望；b. 时时提防说错话 + 希望不说错话 = 时时提防不说错话，这时羡余否定词表示大主语的希望。注意“提防 / 小心 / 当心 p”只是在语用上蕴含 ¬p（参看袁毓林，2012：105），即如果“提防 / 小心 / 当心 p”，则通常但不必然是 ¬p；这与上述“防止 / 避免、忍住”相同而与“差 / 欠”不同。

“切忌”也可以带羡余否定“别 / 不要”，比如“切忌不要贪便宜”。

值得注意的是“小心、当心”这两个词。依据车录彬（2016：5 章），“小心别 VP”一类羡余式产生于“小心，别 VP”这类并列结构。有理由相信，在“小心 / 当心（别）VP”这类结构中，“小心 / 当心别 VP”产生在前，“小心 / 当心 VP”反而是由“小心 / 当心别 VP”类推出来的。这与一般带羡余否定的动词截然不同，因为一般的羡余式，要晚于非羡余式出现，请参看车录彬（2016）对于“难免、拒绝”等词的历时考察。

四、言语行为动词“否认、抵赖”等。其反向否定义是“说 ¬p”，即说 p 非真。汉语和法语中，“否认”基本只能在否定语境中（包括反问）带羡余否定，即只出现于“不能否认、并不否认、谁又能否认”等语境中。肯定语境中的“否认”只能引起 ¬p，不能形成 p 和 ¬p 的冲突，所以较难带羡余否定。

① 参看 Jespersen（1917：40-41）对于 little 和 a little、few 和 a few 的对比分析：little 和 few 近似否定，a little 和 a few 是肯定的表述。……little 意味着比你期望的少，a little 意味着比你期望的多：Unfortunately, little is left of the former splendour（不幸的是，之前的辉煌所剩无几）| Fortunately, a little is still left of the former splendour（幸运的是，之前的辉煌还有所残存）| Unfortunately, there are few who think clearly（不幸的是，头脑清楚的人很少）| Fortunately, there are a few who think clearly（幸运的是，头脑清楚的人还有几个）。

羡余否定比如：

（37）谁又能否认没有医生收红包的现象？

上例实际是下面的糅合句式：

（38）谁又能否认有这种现象＋有人说没有这种现象。

一方面，说话人反问“谁又能否认 p（有医生收红包的现象）”，说明说话人觉得 p 为真。“否认”本身是隐性否定动词，它自身又出现于否定（这里表现为反问）的辖域之内，就等于双重否定，会得到 p 为真。另一方面，否定语境表示对预先假设的相应的肯定句所表达的命题的否定。因为否定句会“预先假设”相应的肯定句所表达的命题内容，“否定”作为一种言语行为，是对这个预设的命题加以否定。（Givón，1978；沈家煊，1999：44）所以（37）又预设：有人否认 p，即有人说 ¬p；这就暗示有一个可供选择的世界，在这个世界里，p 为假。这时就形成了 p 和 ¬p 的冲突。

（39）你不要否认你没有利用我。

上例在说话人的世界里，p（你利用我）为真；该例又预设：大主语“你”否认 p，即大主语说 ¬p。

（40）我们并不否认现实生活中没有这样的事例。

上例在大主语的世界里，p（现实生活中有这样的事例）为真，因为大主语并不否认 p。但是因为该句是个否定句，它又预设：有人觉得或说我们会否认 p，即有人觉得或说我们会说 ¬p；（40）就是对这种预设的否定。所以在有些人的认识世界里，p 为假。两相糅合，我们并不否认现实生活中有这样的事例＋有人觉得或说我们会说现实生活中没有这样的事例＝我们并不否认现实生活中没有这样的事例。

在“否认”中，对比的两个世界是两个主观世界：一个是大主语或说话人的，p 在这个世界里为真，因为大主语不否认 p 或说话人觉得大主语不能否认 p；另一个是与前一世界中的主体不同的其他主体的世界，p 在这些人的世界里为假，因为他们说 ¬p 或他们觉得大主语会说 ¬p。①

Martin（1984：110）在分析 Pierre ne nie pas qu'il ne l'ait dit（Pierre 不否认他说了那件事）时，把 p 和 ¬p 的冲突都置于大主语 Pierre 的世界：既然 Pierre 不否认 p，所以 p 在 Pierre 的世界可能为真；但另一方面，“不否认 p”又意味着大主语 Pierre 也可能否认 p，即 p 在 Pierre 的世界为假。这个分析似未达一间，即没有意识到“Pierre 不否认他说了那件事”其实会预设：有人觉得 Pierre 会说 ¬p。

“抵赖”是在“否认”的基础上形成的，表示说话人认定大主语的否认为假，因此它带羡余否定的机制与“否认”一样。吕叔湘（1985：248）所举例为：

---

① 任荷曾问笔者：肯定语境中的“否认”有时也有两个世界的对比，一个是大主语认为 ¬p，一个是说话人认为 p。比如“他竟然否认借过了钱”。为什么不容易带羡余否定？笔者觉得这是因为在“他竟然否认借过了钱”这类句子中，呈现提及 p 的世界为假，而可供选择的世界（这里是说话人的主观世界）为真，而羡余否定要求可供选择的世界为 ¬p。在这里，Martin（1984）对于所冲突的两个世界的规定，仍然是成立的。只不过，对于之前讨论的“避免”等词，可供选择的世界反映的是主体的期望，而对于“否认”及下面要讨论的“怀疑”，可供选择的世界反映的是主体的信念。

（41）a. 美国国务院被迫发表声明，抵赖美国政府并不知情。

b. 史蒂文森一面又抵赖美国对柬埔寨没有进行侵略或怀有侵略意图。

沈家煊（1999：122）所举例为：

（42）难道你还要抵赖你没参与其事？

（41）只引发 ¬p。而（42）出现于反问句，同时引发 p 与 ¬p：说话人用反问实际在说你不要抵赖 p（参与其事），说话人觉得大主语有义务承认 p，这时 p 为真；但是这个反问又预设：大主语想说 ¬p，这时 p 为假。按我们的观点，否定或反问语境的（42）比非否定或反问语境的（41）更容易引发羡余否定。

五、认知动词“怀疑”。反向否定义是“相信 / 认为 ¬p”，即相信 / 认为 p 非真。按照袁毓林（2012，2014）的分析，“怀疑”实际有两种用法：一是表疑惑，疑多于信；二是表猜测，信多于疑。第一种用法“怀疑$_1$”一般不带谓词性宾语，带谓词性宾语的一般是第二种用法“怀疑$_2$”，比如：

（43）大家都怀疑王刚的法语水平。

（44）大家都怀疑王刚的法语水平不高。

前一例为“怀疑$_1$”，后一例为“怀疑$_2$”。如果这么分解词义，那么（44）“不”可以不算是羡余否定。如此，“怀疑”其实并不涉及羡余否定现象。汉语“怀疑$_1$”和“怀疑$_2$”分别对应英语的 doubt（不相信 p 为真）和 suspect（猜测 p 为真），以及法语的 douter 和 se douter（料到）/soupçonner（猜想）（Qiu，1998：21—22）。朴敏浚、袁毓林（2016）以及 Choi 和 Lee（2017：193）还提到韩语和日语也不区分英语的 doubt 和 suspect。

不过，我们认为“怀疑$_1$”在否定（包括反问）语境中可以带羡余否定，同“否认”一样。先看没有带羡余否定的“怀疑$_1$”：

（45）祖斐并不怀疑他是个好人，但不知怎地，总觉得他的行为举止有点滑稽，不禁摇头莞尔。（亦舒《异乡人》）

（46）我们懂得实现这种变化需要勇气和决心，但我们并不怀疑中国共产党人具有这种必不可少的勇气。（《人民日报》1997 年）

下面是带羡余否定的“怀疑$_1$”：

（47）就这种人你完全不会怀疑他不是个好人，他看上去就是最好的那种人。[此例等于“就这种人你完全不会怀疑他是个好人……”]

上例既然说你完全不会怀疑 p（他是个好人），则在大主语“你”（这里实际不是指听话人，而是个虚指）的世界里，p 为真。但是，因为是出现在否定语境里，句子又预设：在大主语之外的其他某些人的世界里，你曾相信 ¬p；（47）就是对这种预设的否定。两相糅合，就形成（47），即：你完全不会怀疑他是个好人 + 有人觉得你曾相信他不是好人 = 你完全不会怀疑他不是个好人。

对于法语的 douter（怀疑）只在否定（包括反问）语境下带羡余否定、而 craindre（担心）带羡余否定却不能出表现于否定（包括反问）语境，Choi 和 Lee（2017：193）认为：羡余否定暗示相比 ¬p，大主语更相信 p。而 douter que p（怀疑 p）意味着不相信 p，这就产生了矛盾。所以 douter（怀疑）只在否定语境下带羡余否定。craindre p（担心 p）即相信 p 但希望 ¬p，与羡余否定的上述隐含义匹配；但如果是否定语境“不担心 p”，则意味着大主语

相信 ¬p，这与羡余否定的上述隐含义冲突，所以 craindre（担心）带羡余否定不能出表现于否定语境。这种解释比较牵强。实际上羡余否定在罗曼语、斯拉夫语中常常出现于虚拟式，大主语相信 p 为真的程度并不高。

Jin 和 Koenig（2021：73-74）也提到汉语的“怀疑”等带羡余否定倾向于否定或疑问语境，但并没有解释清楚。

现在对上面的分析作一个小结。首先，汉语的“担心”义不带羡余否定，不同于法语等。上文提到，“担心 p”并不在逻辑或语用上蕴涵 ¬p，而是蕴涵“希望 ¬p”，因为担心 p，则可以推出希望 ¬p。因此，担心≈希望＋否定。参看 van der Wouden（1994：32）：fear（X）=believe that X will be the case and hope that X will not be the case[担心（X）＝相信 X 将成为事实但希望 X 不成为事实]。法语 Je crains qu' il ne vienne（我担心他会来）= 我担心他会来 + 我希望他不来。因此，对于“担心”而言，羡余否定就是其反向否定义的上浮，而这个反向否定义也就是大主语的态度。但是，“避免、差 / 欠、提防”等蕴涵（逻辑上或语用上）¬p，因此，在隐性否定义上，“担心”弱于“避免、差 / 欠、提防”等。“避免、差 / 欠、提防”等带羡余否定，大多并不是反向否定义的上浮，如果仅视为否定义的上浮，一些现象难以解释；羡余否定一般是强调大主语或说话人的态度：“避免、提防”等表明主体希望 ¬p，“差 / 欠”标识说话人提示结果仍是 ¬p。

其次，羡余否定需要 p 和 ¬p 的冲突。但“担心 p”蕴涵“希望 ¬p”，“避免、差 / 欠、提防”等蕴涵 ¬p；而“否认 / 抵赖”“怀疑”是在否定语境可以预设 ¬p。上文 4.3 小节提到，Muller（1978：95）认为 Martin（1984）不能解释：法语 nier（否认）、douter（怀疑）在否定（包括反问）语境中可以带羡余否定，因为这时 p 也是事实的；而按照 Martin（1984），p 如果是事实的，就不能带羡余否定，比如 regretter（后悔）。不过，只要明白“否认 / 抵赖”“怀疑”带羡余否定是因为预设 ¬p，不同于其他动词，Muller 的质疑就不构成挑战；Martin（1984）的限制对于其他动词还是适用的。

再次，对于“避免、提防”等动词，p 都是不希望的，p 的可能性越大，越容易糅合进羡余否定来亮出主体的态度，即表明主体不希望 p 发生。但在“否认 / 抵赖”“怀疑”中，p 与主体的期望无关，但 p 的可能性越大越容易引发羡余否定这个现象同样存在。“否认 / 抵赖”“怀疑”出现在反问中，比出现在一般的否定，更容易带羡余否定，就是因为在反问如“谁又能否认 p”中，p 的可能性比一般的否定如“不否认 p”更大。

5. 结语

羡余否定出现的条件可以归结为：

一、p 一般是主体不期望的，这与隐性否定动词的词义直接相关，借此可以说明为什么“恨不得”等虽然也有 p 和 ¬p 的冲突但不带羡余否定。

二、¬p 是可能的，不能是反事实的，这可以说明为什么“后悔”等虽然也有 p 和 ¬p 的冲突但不带一般的羡余否定。

三、p 也需要是可能的，而且 p 的可能性越大越容易引发羡余否定，这可以说明为什么“禁止、反对”等不带羡余否定。

允准羡余否定的动词的词汇特征——动词为隐性否定动词，是否定羡余的一个基本条件，因为隐性否定动词可以引发 ¬p。但羡余否定不能完全归结为词汇现象，因为羡余否定不仅需要引发 ¬p，同时还需要引发 p。语用上造成 p 和 ¬p 的冲突才是最关键的。只引发 ¬p，要么难以形成羡余否定，比如“禁止、反对”等；要么只能产生偶发的羡余否定，比如“忘、拒绝”［“有什么东西忘了（没）拿”］等。归根结底，最关键的因素是语用而非词义。至于羡余否定的性质，我们认为羡余否定词仍有意义；更确切地说，羡余否定一般是强调主体的态度：“避免、提防”等表明主体希望 ¬p，“差、欠”标识说话人提示结果仍是 ¬p。相应地，羡余否定句式都是糅合句式。限于篇幅，有的问题没有涉及或深入，我们将在后续文章中继续探讨。

参考文献

Abels, Klaus. 2005. 'Expletive negation' in Russian: A conspiracy theory. *Journal of Slavic* Linguistics 13: 5–74.

Che, Lubin（车录彬）. 2016. *A Study of Constructions of Redundant Negation in Modern Chinese*. Beijing: Chinese Social Science Press. [《现代汉语羡余否定构式研究》，中国社会科学出版社 2016 年版。]

Chen, Xiuqing（陈秀清）. 2018. *A Study of Redundant Negation in Modern Chinese*. PhD diss., East China Normal University. [《现代汉语羡余否定研究》，华东师范大学博士学位论文，2018 年。]

Choi, Yoonhee and Chungmin Lee. 2017. Expletive negation and polarity alternatives. In Chungmin Lee, Ferenc Kiefer and Manfred Krifka, eds., *Contrastiveness in Information Structure, Alternatives and Scalar Implicatures*. Cham: Springer. pp. 175-201.

Chomsky, Noam. 1986. *Knowledge of Language: Its Nature, Origin, and Use*. New York: Praeger.

Damourette, Jacques and Edouard Pichon. 1930[1911-1927]. *Des Mots à la Pensée: Essai de Grammaire de la Langue Française,* vol. 1. Paris: d'Artrey.

Espinal, Maria Teresa. 1992. Expletive negation and logical absorption. *The Linguistic Review* 9, 4: 333–358.

——. 1997. Non-negative negation and wh-exclamatives. In Danielle Forget, Paul Hirschbühler, France Martineau, and María Luisa Rivero, eds., *Negation and Polarity: Syntax and Semantics*. Amsterdam: John Benjamins. pp. 75– 93.

——. 2000. Expletive negation, negative concord and feature checking. *Catalan Working Papers in Linguistics* 8: 47–69.

——. 2007. Licensing expletive negation and negative concord in Romance languages. In Franck Floricic, ed., *La Négation dans les Langues Romanes*. Amsterdam: John Benjamins. Pp. 49-74.

Giannakidou, Anastasia. 2000. Negative . . . concord? *Natural Language and Linguistic Theory* 18: 457–523.

Givón, Talmy. 1973. The time-axis phenomenon. *Language* 49, 4: 890–925.

——. 1978. Negation in language: Pragmatics, function, ontology. In Peter Cole, ed., *Syntax and Semantics 9: Pragmatics*. New York: Academic Press. pp. 69–112.

Hoeksema, Jacob and Henny Klein. 1995. Negative predicates and their arguments. *Linguistic Analysis* 25: 146–180.

Horn, Laurence R. 1978. Remarks on Neg-raising In Peter Cole, ed., *Syntax and Semantics 9: Pragmatics*. New York: Academic Press. pp. 129–220.

——. 2010. Multiple negation in English and other languages. In Laurence R. Horn, ed., *The Expression of Negation*. Berlin & New York: Mouton de Gruyter. pp. 111–148.

Jespersen, Otto. 1917. 1917. Negation in English and other languages. In *Selected Writings of Otto Jespersen*. London: George Allen & Unwin Ltd. pp. 3–151.

——. 1924. *The Philosophy of Grammar*. London: George Allen & Unwin Ltd.

[丹麦]奥托·叶斯柏森:《语法哲学》，何勇、夏宁生、司辉、张兆星译，商务印书馆2010年版。原著：1924. *The Philosophy of Grammar*. London: George Allen & Unwin Ltd.

Jiang, Lansheng（江蓝生）. 2008. Conceptual superposition and constructional integration: An explanation on the asymmetry between affirmation and negation. *Studies of the Chinese Language* 6: 483-497. [《概念叠加与构式整合——肯定否定不对称的解释》，《中国语文》2008年第6期。]

Jin, Yanwei（金延伟）and Jean-Pierre Koenig. 2021. A cross-linguistic study of expletive negation. *Linguistic Typology* 25, 1: 39–78.

Joly, André. 1972. La negation dite 'expletive' en vieil anglais et dans d'autres langues indo-européennes. *Foundations of Language* 25: 30-44.

Karttunen, Lauri. 1971. Implicative verbs. *Language* 47, 2: 340-358.

Lü, Shuxiang（吕叔湘）. 1985. Questions, negation, and affirmation. *Studies of the Chinese Language* 4: 241–250. [《疑问·否定·肯定》，《中国语文》1985年第4期。]

Makri, Maria-Margarita. 2013. *Expletive negation beyond Romance: Clausal complementation and epistemic modality*. MA Thesis, University of York.

Martin, Robert. 1984. Pour une approche sémantico-logique du ne dit 'explétif'. *Revue de Linguistique Romane* 48: 99–121.

Muller, Claude. 1978. La négation explétive dans les constructions complétives. *Langue Française* 39: 76–103.

——. 1991. *La Négation en Français*. Droz: Genève.

——. 1994. Expliquer ne explétif ou: Il s'en faut de beaucoup que je ne sois convaincu. *Lingvisticae Investigationes* 18, 1: 187–196.

Park, Minjun（朴敏浚）and Yuan Yulin（袁毓林）. 2016. A comparative study on verbs of doubt/suspect in Chinese, English, Japanese and Korean. *Journal of Sino-Tibetan Languages*. [《汉英日韩“怀疑”类动词的句法语义和语用对比》，《汉藏语学报》第9期。]

Portner, Paul and Raffaela Zanuttini. 2000. The force of negation in wh exclamatives and interrogatives. In Laurence R. Horn and Yasuhiko Kato, eds., *Negation and Polarity*. Oxford:

Oxford University Press. pp. 193-231.

Progovac, Ljiljana. 1992a. Nonnegative polarity licensing must involve Comp. *Linguistic Inquiry*, 23, 2: 341-347.

——. 1992b. Negative polarity: A semantico-syntactic approach. *Lingua*, 86, 4: 271-299.

Qiu, Haiying. 1998. La négation 'explétive' en chinois. *Cahiers de Linguistique-Asie Orientale* 27, 1: 3–50.

Shen, Jiaxuan(沈家煊). 1999. *Asymmetry and Markedness Theory*. Nanchang: Jiangxi Education Publishing House. [《不对称和标记论》,江西教育出版社 1999 年版。]

——. 2019. *Beyond Subject and Predicate*. Beijing: The Commercial Press. [《超越主谓结构——对言语法和对言格式》,商务印书馆 2019 年版。]

Tesnière, Lucien. 1959. *Éléments de Syntaxe Structurale*. Paris: C. Klincksieck.

van der Wouden, Ton. 1994. Polarity and 'illogical negation'. In Makoto Kanazawa and Christopher J. Piñón, eds., *Dynamics, Polarity, and Quantification.* Stanford: CSLI. pp. 17–45.

——. 1997. *Negative Contexts: Collocation, Polarity and Multiple Negation*. London: Routledge.

Vendryès, Joseph. 1950. Sur la négation abusive. *Bulletin de la Société de Linguistique de Paris* 46: 1-18.

Yoon, Suwon. 2013. Parametric variation in subordinate evaluative negation: Korean/Japanese versus others. *Journal of East Asian Linguistics* 22: 133–166.

Yuan, Yulin(袁毓林). 2012. The semantic level and overflow conditions of the covertly negative verbs in Chinese. *Studies of the Chinese Language* 2: 99–113. [《动词内隐性否定的语义层次和溢出条件》,《中国语文》2012 年第 2 期。]

——. 2014. The mechanism of semantic extention and stratedies of interpretation of the Chinese verb huaiyi(怀疑). *Studies in Language and Linguistics*, 3: 1–12. [《"怀疑"的意义引申机制和语义识解策略》,《语言研究》2014 年第 3 期。]

Zhang, Yisheng(张谊生). 2012. *An Exploration of Adverbs in Modern Chinese*. Shanghai: Xuelin Publishing House. [《现代汉语副词研究》,学林出版社 2012 年版。]

Zeijlstra, Hedde. 2013. Negation and negative polarity. In Marcel den Dikken, ed., *The Cambridge Handbook of Generative Syntax*. pp. 793-826.

Zhu, Dexi(朱德熙). 1985. *Questions and Answers on Grammar*. Beijing: The Commercial Press. [《语法答问》,商务印书馆 1985 年版。]

Zovko Dinković, Irena and Gašper Ilc. 2017. Pleonastic negation from a cross-linguistic perspective. *Jezikoslovlje* 18, 1: 159–180.

Zuo, Baiyao. 2017. L' analyse sur la négation explétive en chinois-mandarin à travers sa comparaison avec le français. *Asiatische Studien - Études Asiatiques* 72, 1: 117–135.

(原文刊于《当代语言学》2023 年第 1 期)

话题连续性测量的两个维度：可及性和重要性*

乐　耀　陆筠怡

提要： 文章全面梳理并修正了 Givón（1983a）提出的话题连续性测量方法，认为话题连续性的测量包括话题的可及性和重要性两个维度：前者对复现话题而言，关注话题的回指，涉及当前话题识别的难易程度；后者对首现话题而言，关注话题的后指，涉及当前话题在后续语篇中的持续性，也即重要程度。文章以汉语口语叙事语篇为材料，分别从指称形式、句法位置以及特殊句式（存现句）等角度对修正后的话题连续性测量方法进行使用，进而考察话题连续性不同维度与指称形式和句法位置的关联。本研究的意义和价值在于从理论上厘清和讨论了话题连续性的性质、不同维度，话题连续性测量的对象以及测量单位的选择等问题。这为进一步研究语篇话题及相关问题提供了理论依据。

关键词： 话题连续性；可及性；重要性；话语分析

一、背景介绍

1.1 话题和话题连续性

本文所说的话题连续性（topic continuity）测量方法来自 Givón（1983a）[①]。该文论证了话题是动态、生成性的，而非静态、预设性的。因此，这样的话题观认为，虽然话题在小句层面编码，但脱离语篇则无所谓话题连续性。也即，话题是基于语篇而产生，其中每个小句都有可能出现作为话题的名词参与者。既然话题植根于语篇，那么其连续性也应植根于语篇连续性（discourse continuity）。作者提出语篇连续性包含主题（theme）、行为和话题 / 参与者三方面的连续。其中主题连续性最为基本，语篇中反复出现的旧信息很可能构成主题。行为连续性则与主题段落中的时间序列相关，是指在同一地点按时间流产生的连贯行为序列，这暗示了相同的事件参与者。可见，话题连续性断开不一定导致主题连续性断开，行为连续性同理。作者总结为“主题连续性〉行为连续性〉话题 / 参与者连续性”包含关系。

Givón（1983a）明确指出主题连续性是最宏观、最模糊、最难测的概念。他预测主题连续性与语法编码之间的关联度低，一般不会用某种语法形式专门去编码。因此，放弃对主题连续性的测量基本不会影响话题连续性的测量模型。该模型最关注的是话题 / 参与者的连续性。这是最具体、最易量化，也是与语法编码最相关的部分，因为必须先有小句级编码的话题，

* 感谢匿名审稿专家的意见和建议，感谢方梅老师对本研究的鼓励。

① Givón（2017）在 Givón（1992）基础上对话题连续性测量模型的基础理论和操作方法进行了优化调整。虽然两者在具体观点上几乎无区别，仅是在部分语言表达和术语使用上有修改，但前者更能体现作者新近的观点。本文以该领域研究的始创文献 Givón（1983a）为起点，后文相关处会涉及 2017 年版本。

才有构成语篇主题的可能。可见，主题连续性与话题连续性相关；而话题能贯穿行为序列，所以行为连续性也与话题连续性相关。

1.2 话题连续性的测量方法

在连贯的语篇中，影响话题连续性的因素有四方面（Givón，1983a）：（1）话题在先前语篇中的缺失长度，即从上次出现同指话题的位置到当前话题位置的长度；（2）其他指称形式可能会干扰当前话题识别；（3）小句中冗余的语义信息可能会影响话题识别；（4）语篇的主题或主旨可能会帮助话题识别。在实际测量中前两个因素容易量化，起主导作用。因此，作者提出如下三种测量话题连续性的方法。

方法一：回数法（look-back）是针对指称距离的测量。具体指最近的先行词到当前被测话题间的长度（以小句为单位）。回数法测量的最小值为 1，即先行词在上一小句中出现；最大值人为设定为 20[①]。回数法与影响话题连续性的因素（1）相关。

方法二：歧义法（ambiguity）是针对潜在干扰项的测量。具体指在先前语篇范围[②]中其他指称形式对话题识别的干扰程度。若未发现潜在干扰项，则赋值为 1，如果存在一个或多个干扰项，则赋值为 2[③]。歧义法与影响话题连续性的因素（2）、（3）相关。

方法三：衰减法（decay）是针对持续度的测量。具体是测量话题在后续语篇中的持续长度（以小句为单位）。因此，可测量的最小值为 0，即一个即将消失的话题；最大值为正无穷，理论上某个话题可无限持续下去。

下一节主要介绍使用上述测量方法对不同语言话题延续性进行测量的实证研究，进而提出我们结合汉语语篇材料要试图解决和思考的具体问题。

二、已有研究及存在的问题

到目前为止，Givón 提出的话题连续性测量模型已经在多种语言的话题连续性研究方面得到使用，并取得了一系列研究成果（参看 Givón，1983c）。这些研究的结论基本能与 Givón（1983a）提出的话题连续性连续统相互印证。汉语使用该模型进行话题连续性的研究相对较少，主要有 Pu（1989）与徐赳赳（1990）。

Pu（1989）的研究旨在确定 Givón（1983a）提出的话题连续性序列是否能在汉语书面语中得到验证。文章列出了八种常见的指称形式，包括零形回指、独立代词、指示代词、指示词 +NP、专有名词、有定 NP、属格代词 +NP 以及无定 NP，通过回数法测量得出了最终的连续性序列，与 Givón（1983a）大致相合。此外，文章对 Givón（1983a）的测量模型提出了一些质疑，例如三种测量方式的关系不明确、语义信息的影响程度难以考虑、平均值的计算导致数据分布的模糊，以及对于实际语料中个别特殊情形的忽略等。遗憾的是，Pu（1989）并未对这些问题给予解释和讨论。

徐赳赳（1990）采用 Givón（1983a）测量模型主要针对代词“他”进行话题连续性研究。

① 当间距大于 20 时，也一律归为 20；当该话题为首现话题，没有先行词时，也同样赋值 20。

② 在 1983 测量模型中，Givón 定义先前语篇范围的区间为左数 1—5 个小句。干扰项是指在给定范围中符合当前被测话题的语义框架，但不同指的话题。

③ 原文中此处赋值为“1”（Givón，1983a：14），我们认为这里显然存在错误。

测量结果显示，代词的连续性高于名词低于零形式，也符合 Givón 先前的预测结果。作者在使用回数法时针对汉语情况作了调整：原测量方法将回指对象指向与被测话题同指的名词、代词或零形式等，但由于实际语篇中有些零形式的同指关系无法判断，作者在测量上对零形式与代词和名词做出了区分处理。[①]

上述已有研究中有些在三种测量方法上会有选择地使用。像日语研究（Hinds，1983）和 Givón（1983b）对英语叙事口语的研究仅涉及回数法与衰减法；徐赳赳（1990）对汉语代词“他”的话题连续性的研究只用了回数法。但他们都未说明这样选择的原因是什么。这就引发了一个问题，Givón（1983a）提出的测量话题连续性的三个方法之间是什么关系？即便有的研究三种方法都用了，比如有关英语和汉语书面叙事语篇的研究［前者为 Brown（1983）；后者为 Pu（1989）］，但他们都有这样的疑问。由于三种测量方式的存在，最终产生的结果可能并不唯一，也即，按照 Givón（1983a）的模型最终处理的其实是有关话题连续性的三种不同的连续统。那么这三个结果如何反映话题的连续性？

三、话题连续性测量方法的调整

3.1 话题连续性的两个维度

话题连续性包括指称可及性（accessibility）和重要性（importance）两个维度。前者关注前文范围（承上），强调回指（anaphora）；后者关注后文范围（启下），强调后指（cataphora）。其中，指称重要性分为局部重要性和总体重要性。前者是说当前所测话题基于衰减法测量的重要性，数值与重要性成正比；后者则是某一指称基于整体语篇的重要性（Givón，2017）。

这里要强调的是，在话题重要性的文本测量中，两种“重要性”的测量对象是完全不同的。局部重要性是基于衰减法修改建立的，它关注某一被测话题的后指情况，衡量其在后续语篇中的持续程度，也即在后续语篇中的重要性。它的测量是一种动态的过程，每一个同指的被测话题都有各自的话题持续值。而总体重要性是先前模型中未提及的，它关注某一指称在完整语篇中的出现频率，它的测量以整个语篇成品为对象，该测量方法不具备动态性，一个指称仅有一个总频率值（overall frequency）。

3.2 测量方法的具体内容

结合上述讨论，话题连续性的测量包括话题的可及性和重要性两个维度：可及性关注话题回指，涉及当前话题识别的难易程度；重要性关注话题的后指，涉及当前话题在后续语篇中的重要程度。但这里要将首现话题和复现话题区分来说。我们认为，这两类话题的认知模式和语篇功能不一样。前者是引入新的话题，在认知中建立新的心理文档（mental file）供后续信息存储。也即，这个话题本身不能回溯到已有的心理文档，因此话题搜索的难易程度对它而言就变得无意义，但它在后续语篇中的重要程度却会影响到其语法形式的选择。相反，对于复现话题来说，相关的心理文档已经建立，言者会考虑“我将如何使听者理解我所指的是哪一个实体”的问题。因此会更加重视话题搜索和识别的过程，也就要关注话题的可及程

① 我们认为在回指环境中，零形式与名词和代词具有相似的话题搜索和话题识别过程，因此不宜完全将其与名词、代词割裂去进行测量，尤其是对那些零形式同指可以做明确判断的情况。

度，而重要性在复现话题方面意义不大。所以，话题连续性包括首现话题的重要性和复现话题的可及性两个维度。

四、汉语口语叙事语篇话题连续性的测量

4.1 语料、测量单位和测量对象

我们选取有关电影《梨子的故事》的 20 篇汉语口语复述样本作为研究的语料[①]。之所以选择该语料是因为这部电影默片具有典型的叙事特征，由此获得的语言样本是连贯的口语叙事语篇。并且电影故事中包含各种人物角色，他们在语篇中由不同的名词短语来指称，这些名词短语以及在后续语篇中同指的语言形式构成了我们所关注的测量对象——话题指称。

在 Givón（1983a）的测量模型中，小句（clause）为测量单位。但在 Givón（2017：39）中作者明确提出测量单位应是“心理命题”（mental proposition）。所谓“心理命题”是基于认知视角的信息处理和信息存储的基本单位，它对应书面语篇中的小句。但在口语语篇中，我们认为认知心理层面上对应的是语调单位[②]（intonation units，IU，Chafe，1987；Tao，1996）。无论“心理命题”编码为何种形式，它作为语篇处理的基本单位本质上都反映了人脑处理信息的模式。因此，在测量话题连续性时，不同的语篇类型应该选择各自相应的测量单位[③]。

根据 Givón（1983a）和 Givón（2017），话题连续性测量模型中的话题是语篇小句中出现的具有充当话题可能性的 NP，在语法上倾向于主语和宾语位置。另外，为了保证测量的准确性，本研究排除语义上可能造成影响的因素，因此测量的对象只涉及故事人物，而不涉及非人实体（比如语料中的“梨子”“自行车”“筐子”等）。

4.2 测量方法

4.2.1 可及性的测量

假设在连贯语篇内存在话题指称序列：$R_1 R_2 R_3 R_4$……R_n。该序列中，话题均同指实体 R。其中，R_1 为首现话题，R_2 到 R_n 为复现话题。当测量对象为复现话题时，我们采用回数法与歧义法进行测量。

回数法测量 R_n 到 R_{n-1}（$n>1$）之间的距离，计量单位为 IU（或“逗”，参看脚注③）。

---

① 有关该电影故事背景的详细介绍，请参看网站：www.pearstories.org。

② 在认知层面的心理现实性方面，有关 IU 和记忆系统意识单位（idea unit）关系的论述可参看 Chafe（1994）。

③ 在书面语材料中，我们认为“逗”是合适的测量单位。在王洪君、李榕（2014：16）的定义中，“逗”是汉语语篇的基本单位，作者认为，“延宕型韵律边界和书面语上的逗号，都是汉语语篇中的最小单位‘逗’的韵律标记”，有关标点句的讨论参看宋柔（2008、2013）。同样的，王洪君（2011）强调，语篇单位由于形式上的边界明确，具有封闭性，所以会形成母语者心理上的自然单位。而“逗”在书面上与逗号、句号等形式重合，因此同样也是意识单位在文本层面上的映射。

测量最小值为 0，因为可能会有 R_n 与 R_{n-1} 出现在同一单位内的情形[①]；没有也无须设定最大值，因为复现话题必然存在先行词，不会出现无穷大的情况。歧义法测量其他指称成分对当前话题识别的干扰程度。一般是个二元选项，即是否存在干扰项，是为 1，否为 2。我们认为干扰必须在一定范围内才能生效，因此设置该范围为 R_n 前 3 个单位。如果范围内存在某个其他话题符合当前话题 R_n 的语义框架，则认为存在干扰项；反之则认为不存在干扰项。如下文例（1）所示。

对于上述两类测量方法所得数据的处理方法是：一方面，统计每一个实例的具体分布情况；另一方面，计算每一类语法形式手段的平均值并进行排序。此外，由于话题可及性与它在先前语篇范围中的缺失长度和其他指称的潜在干扰度均相关，因此在数据分析时应该针对两种测量方法所得数据进行综合考量。

4.2.2 重要性的测量

当测量对象为首现话题时，需要关注它在语篇内的重要程度，这直接影响到话题在后续语篇中的出现频率。Givón（1983a：15）认为“更重要的话题在语篇范围中出现的频率更高，它们在相关测量点后持续得也更久”。故而对首现话题的连续性采用衰减法进行测量，也就是测量语篇中话题的出现频率。由于不同语篇其长度不相同，我们设定测量的最大值为 10[②]，即测量当前单位之后的 10 个单位内与被测话题同指的数量。在上述 R_1……R_n 话题序列中，R_1 的持续值为 n-1。

衰减法数据处理的方法与回数法、歧义法相同，一方面统计每一个实例的具体分布情况；另一方面计算每一类语法形式手段的平均值并进行排序。与测量可及性不同的是，由于话题重要性仅与它在语篇中的出现频率相关，是一个单变量的问题，因此只需考虑一类数据即可。

4.2.3 几点限制说明

第一，在回数测量中，复数话题可回数到前文归属于复数群体的单数话题位置；而单数话题则必须回数到同指的单数话题之处，不可回数到复数话题位置。

第二，在歧义测量中，若单数话题前的干扰项为语义上涵盖它的复数话题，则计入赋值；若被测话题为复数且前文干扰项为归属它的单数话题，则不计入。

上述两点举例说明如下[③]：

（1）有一个小孩他手里拿了一个，那个是一种玩具噢。他不断地拍那个，$\underline{Ø_1}$ 就站在旁边看。（省略 3 个 IU）<u>这三个小孩</u>$_2$ 跟他正好是往着相反的方向。（省略 3 个 IU）$\underline{Ø_3}$ 在路上发现…

① 这种情况在本文《梨子的故事》语料中并没有，但是下面这段中的 R_6 和 R_7 就出现在同一单位内：淑英 [R_1] 依旧站在对面阶上，她 [R_2] 的心跳得很厉害。憎厌和绝望的感觉苦恼着她 [R_3]。她 [R_4] 不要看这眼前的景象，但是她 [R_5] 却又茫然地望着对面那个厨房。她 [R_6] 甚至忘记了她 [R_7] 刚才打定主意要到什么地方去。淑华和琴已经从里面出来了。淑华走得快，她到了厨房门口，还帮忙王氏去拖克安。琴却默默地站在淑英 [R_8] 的身边。（巴金《春》）

② 数值 10 的设定参考 Givón（2017）。若语篇本身小于 10 个单位，则按其本身的最大值进行设定。

③ 语料中“...”指 IU 内部的停顿，“=”表示音节的延长，“，”则指 IU 未完结，“。”指 IU 的结束。《梨子的故事》汉语口语原始语料是按照 IU 分行转写的。本文为了节省篇幅，未将 IU 分行排列，韵律标注的“，”“。”可以明确 IU 的划分。

这个小男孩掉了的一顶帽子。于是于是呢，那个拿着玩具的小男孩$_4$就捡起他的帽子。

例中“这三个小孩$_2$”和“那个拿着玩具的小男孩$_4$”均为复现话题且具有语义上的包含关系，前后分别是复数和单数话题。$Ø_1$与“那个拿着玩具的小男孩$_4$”同指，$Ø_3$与“这三个小孩$_2$”同指。根据限制一，在回数测量中，“这三个小孩$_2$”可回指到$Ø_1$，“那个拿着玩具的小男孩$_4$”却不能回指到$Ø_3$，而必须回指到$Ø_1$。因此“这三个小孩$_2$”的回数值为4，“那个拿着玩具的小男孩$_4$”的回数值为10。根据限制二，其中“这三个小孩$_2$”是复数话题，即便在其前$_3$个单位范围内存在属于“这三个小孩”群体中的同指单数话题，仍不算存在干扰项，其歧义值为1；但“那个拿着玩具的小男孩$_4$”是单数话题，在其前3个单位范围内存在的$Ø_3$（复数）被算作干扰项，歧义值为2。

第三，在衰减法测量中，若被测话题为单数，则后文无论出现单数或复数话题都可被计数；但若被测话题为复数，只有当复数话题出现时才可被计数①。此条不再赘述举例。

下文以汉语《梨子的故事》口语叙事语篇为材料，分别从指称形式和句法位置两个角度来考察话题连续性的不同维度与这两个语法角度之间的关联。

五、测量的结果和分析

5.1 复现话题与指称形式

复现类话题连续性测量的是可及性，使用回数法与歧义法两种方法。不同名词指称形式（参看 Chen，1986；陈平，1987）的复现话题，其回数值与歧义值分别统计如表1和表2所示。

先看零形式。从两个表中可以看出零形式整体的回数值是偏低的，平均值为1.3，回数值是1的占77.6%，且后续占比逐渐下降，最高值不大于6；语料中仅有1例回数值为6，似乎不那么符合零形式高可及性特点，但并非如此，如：

（2）然后$Ø_1$就把一篓 ... 一篓那个装好的番石榴放到前面。前面好像有一个 ... 架子，好像。可是，我没有看清楚。然后，$Ø_2$又爬去。

例中$Ø_2$回数值较高的原因有多种，除了单独的连词、副词构成的IU以及小句“前面好像有一个…架子”作为背景信息以外，也因为其中存在一个言者之于语篇世界（discourse universe）的抽离现象。也即当言者说“我没有看清楚”的时候，她已不在故事语篇之中了。

表1 复现话题中不同指称形式的回数值数据分布②

指称形式	1	2	3—5	6—10	11—20	〉20	总数	平均值
零形式	330	78	16	1	0	0	425	1.3
光杆名词	2	1	2	1	0	0	6	2.7

① 对于以上数量关系的限制，我们参考了 Brown（1983）。

② 由于不同指称形式回数值的数据分布差异很大，我们无法在一张表格中精确展现出所有的测量数据，因此考虑采取由小到大逐渐扩展区间的表格模式以综合所有形式回数值的分布情况。另外，表中平均值为每一个实例所对应的回数值之和除以总数，下同。

续表

指称形式	1	2	3—5	6—10	11—20	〉20	总数	平均值
人称代词	151	83	28	2	0	0	264	1.6
“一”+（量）+名	0	1	0	0	0	0	1	2.0
数+（量）+名	2	1	2	1	0	0	6	3.7
这+（数）+（量）+名	7	6	18	5	2	0	38	3.9
那+（数）+（量）+名	12	19	20	11	6	6	74	7.2
限制成分+名	1	1	0	0	0	0	2	1.5
“一”+（量）+限制成分+名	0	0	0	0	0	0	0	0.0
数+（量）+限制成分+名	0	0	1	0	0	0	1	5.0
这+（数）+（量）+限制成分+名	0	0	1	1	0	0	2	5.5
那+（数）+（量）+限制成分+名	2	0	1	3	3	5	14	24.9

表 2 复现话题中不同指称形式的歧义值数据分布

指称形式	1	2	总数	平均值
零形式	390	35	425	1.1
光杆名词	6	0	6	1.0
人称代词	232	32	264	1.1
“一”+（量）+名	1	0	1	1.0
数+（量）+名	4	2	6	1.3
这+（数）+（量）+名	25	13	38	1.3
那+（数）+（量）+名	48	26	74	1.4
限制成分+名	2	0	2	1.0
“一”+（量）+限制成分+名	0	0	0	0.0
数+（量）+限制成分+名	0	1	1	2.0
这+（数）+（量）+限制成分+名	0	2	2	2.0
那+（数）+（量）+限制成分+名	4	10	14	1.7

表 2 显示零形式的歧义值同样偏低，平均值只有 1.1，歧义值为 1 的占比 91.8%。另外，零形回数值为 2、3 的大多是口语中不可避免的重复或由连词、语气词等所构成的 IU，这并不影响零形式是典型的话题延续标记。表 2 引发了一个疑问：为何零形式作为话题可及性高却仍存在一小部分（35 例，8.2%）高歧义度的话题？我们发现这部分话题的回数值极低，

绝大部分为 1（30 例），小部分为 2（5 例）。因此，在歧义度高的位置上，若回数值低，同样可认为该位置的话题具有较高可及性。例如：

（3）另外三个男孩子过来帮他的忙，$Ø_1$ 把水果都装在一 ... 那个篓子里。

这例中 $Ø_1$ 的歧义值为 2，因为中间的“他”是干扰项，但由于 $Ø_1$ 的回数值极低仅为 1，整体来说这个位置的话题可及性还是很高的。因此，言者在此还是使用了零形式这类话题可及性高的形式。

再看人称代词。它也是汉语回指的典型形式手段之一。在回数法测量中，人称代词[①]的数据分布整体与零形式类似，同样是回数值为 1 的最多。后续区间内数量逐渐下降，但具体数值上较之零形式略微偏大一些，平均值为 1.6。在歧义法测量中，人称代词平均歧义值低，为 1.1。人称代词和零形式在两方面的差异并不大，所以在一定程度上可互相替换。

最后看含有指示词的结构。无论是回数值还是歧义值，表中含有指示词的四类结构形式的总数值都大于零形式及人称代词，相对而言可及性低。这是因为相对于承载信息量小的零形式和人称代词，指示词及其后数量限制成分所含信息可以帮助话题识别，所以在一个低话题可及性的语篇位置中，它可以降低听者的话题识别难度。

我们还发现在含有指示词结构中，有限制成分的相对没有的回数值更高。因为限制成分是更加具体、细化的信息，当言者预设听者可能会在话题识别中遇到困难，就会通过添加限制成分增加信息量。这种困难可能表现在语篇距离较长，也可能是容易产生话题歧义的环境。所以增加了限制成分的指称形式在回数值和歧义值两方面都处于一个很高的区间内。比如语料中，“摘梨农夫”只在故事的开头和结尾出现，在结尾第一次回指农夫时其回数值一般较高，因此 20 篇语料几乎全采用“那 +（数）+（量）+ 限制成分 + 名”形式编码。

通过以上分析，排除非典型的汉语回指手段[②]，依据典型回指手段的数据可以得到如下基本序列。这体现了象似性原则：话题可及性越高，言者倾向于选择更小的指称形式进行话题编码（参看 Givón，1983a）。

（4）	话题可及性高	话题可及性高	话题可及性高
	零形式	近指指示词	无限制成分
	人称代词	远指指示词	有限制成分
	含有指示词的结构	话题可及性低	话题可及性低
	话题可及性低		

5.2 首现话题与指称形式

首现话题连续性的测量方法是衰减法，请看表 3 的数据统计：

① 由于《梨子的故事》本身的视角局限，这里讨论的人称代词只包括第三人称“他 / 她”“他们 / 她们”以及与第三人称代词相关的形式，如“他们三个”。

② 除了以上零形式、人称代词、指示词结构和带有限制性成分的回指手段以外，其余手段的数量都不超过 10 例，这意味着它们都不是汉语典型的回指手段，因此这部分的数据仅供参考。

表 3 首现话题中不同指称形式的持续值数据分布

指称形式	0	1—2	3—5	6—8	9—10	总数	平均值
零形式	0	0	0	0	0	0	0.0
光杆名词	0	0	0	0	0	0	0.0
人称代词	0	0	0	0	0	0	0.0
“一”+（量）+名	2	13	21	24	1	61	4.5
数+（量）+名	2	2	9	2	0	15	3.3
这+（数）+（量）+名	0	0	0	0	0	0	0.0
那+（数）+（量）+名	0	0	1	0	0	1	4.0
限制成分+名	0	0	1	0	0	1	3.0
“一”+（量）+限制成分+名	2	0	3	3	0	8	3.9
数+（量）+限制成分+名	0	0	0	1	0	1	6.0
这+（数）+（量）+限制成分+名	0	0	0	0	0	0	0.0
那+（数）+（量）+限制成分+名	0	0	0	1	0	1	6.0

从表 3 可以看出，“‘一’+（量）+名”与“数+（量）+名”结构的数量在首现话题中占比较大，分别占 69.3% 与 17.0%。但故事中“数+（量）+名”结构仅对应于“三个男孩”的复数指称角色，其余角色均适用“‘一’+（量）+名”结构，因此数值上的差异并不能代表语言使用上的差异，二者在本质上可归于同一类范畴讨论。也即，从指称形式来看，无定名词短语（主要指上述含“一”“三”两类数量名结构）形式通常用于引入新话题。

表中持续值的变化体现了话题重要性的变化，理论上说，持续值越高则话题重要性越强。因此，若话题重要性与指称形式有关，那么越重要的话题其形式可能携带的信息量越大。但由于语料中含有限制成分的形式数量过少，因此无法做对比分析。表 3 中无定名词结构“‘一’+（量）+名”的数量分布呈坡形，在 6—8 区间达到峰值，其平均持续值也相对较高。虽然首现话题无论重要性高低都会倾向选择无定名词短语作为表现形式，但重要话题的数量占比多①。这是因为无定名词短语形式中数量词修饰名词，可将其后的名词前景化从而标记名词在语篇中的显著性，被前景化的名词参与故事情节的发展（古川裕，1997），因而在语篇中具有话题重要性。

① 许余龙（2004、2007）通过测量汉语民间故事语料中不同实体后续被回指的次数，论证了无定名词短语在篇章中主要用于引入一个潜在的重要话题的观点。但我们的研究认为，无定名词短语主要用于引入话题，但话题的重要性与指称形式（像无定名词短语）没有直接关系，它在一定程度上与其句法位置相关。

5.3 复现话题的句法位置

接下来将考察不同句法位置所对应的话题连续性情况。按照模型中涉及的测量方法，用回数法与歧义法对复现话题进行数统计，分别如表 4、表 5 所示。

表 4 复现话题中不同句法位置的回数值分布

句法位置	0—3	4—7	8—11	总数	平均值
主语	261	10	1	272	1.58
宾语	123	7	3	133	1.81
定语	79	8	3	90	1.68

表 5 复现话题中不同句法位置的歧义值分布

句法位置	1	2	总数	平均值
主语	242	30	272	1.11
宾语	116	17	133	1.13
定语	75	15	90	1.17

我们语料中测量的话题只涉及主语、宾语、定语三类不同句法位置。从表 4、表 5 可以看到：主语位置的数量大大超过了其余两类，高达 54.9%，而宾语为 26.9%，定语为 18.2%。可见，主语、宾语是重要的话题位置，尤其汉语的主语通常是话题（朱德熙，1982）。其次，再看平均值情况，回数值和歧义值越低则话题可及性越高，分别呈现两个不同的序列：

（5）a. 基于回数值：主语〉定语〉宾语　　b. 基于歧义值：主语〉宾语〉定语

上面序列展示的是三个不同句法位置话题可及性的相对关系。从回数值来看，主语话题的话题可及性最高，宾语最低；从歧义值来看，主语的话题可及性仍然最高，但定语最低。这似乎与 Givón（1983a、2017）提出的话题连续性和语法成分序列关系（主语〉直接宾语〉其他）不完全吻合，主要表现在：基于回数值来衡量时，宾语话题的可及性并不如定语。但当保持话题的指称形式不变时，句法位置在回数值、歧义值方面并未呈现显著差异，这三个句法位置的平均值相差都只在 0.1 左右。

5.4 首现话题与句法位置

首现话题的句法位置分布与话题连续性的测量主要采用衰减法。统计结果见表 6。

表 6 首现话题中不同句法位置的持续值数据分布

句法位置	0—3	4—7	8—10	总数	平均值
主语①	23	33	5	61	4.5

① 在存现句中，存现标记之后的话题同样被视为主语位置。

续表

句法位置	0—3	4—7	8—10	总数	平均值
宾语	9	1	0	10	1.5
定语	0	0	0	0	0

从上表可以看到，首现话题在不同的句法位置表现出了明显的差异。先看总体分布，主语话题 61 例，占比 85.9%；宾语的情况较少，仅有 10 例；定语没有。再次说明言者倾向在主语位置引入新话题，宾语位置次之。再看持续值的统计，主语的平均持续值 4.5 远高于宾语的 1.5。因此，当引入一个重要性较高的新话题时，会选择主语位置（如例 6）；反之，若是偶现信息，则一般位于宾语位置或其他非主语位置（如例 7）。

（6）一个小孩子过来了。那个小孩子呀，本来呀，他想要偷偷拿一个。结果嘛，看到那个农人很专心的样子，在那边采。

（7）这个小孩子嘛，就把这个车子骑骑骑，骑到最后，噢，在一个路 ... 呀，田野 ... 路中的时候呢，碰到了一个女孩子。嗯，这个时候呢，这个小孩子大概有一点呢，呀看到前面 ... 呀，就是那个 ... 刚 ... 刚好这时候，风吹到了。把他 ... 帽子吹走了。

例（6）中“一个小孩子”是主语，是故事的主角，其持续值为 5，持续值高，是重要话题。而例（7）中的“一个女孩子”在宾语位置，属于偶现信息，是非重要话题，其话题持续值为 0，而“Ø 碰到了一个女孩子”中的零形主语指称的是本段的重要话题“这个小孩子”。

话题重要性高的指称倾向于出现在主语位置，这可以从认知心理学的系列位置效应的首因效应（Primary Effect）进行解释。实验心理学的相关研究①认为，信息输入大脑时的先后顺序对认知效果有较大影响。一般而言，最先输入的信息对认知的影响最大。最先输入的信息会形成一个格式塔原型，随后输入的信息需要以该原型为基础来进行理解。若从注意机制来看，最先输入的信息其信息加工较为精细，没有受到其他干扰（马燕，2009：62）。

5.5 话题连续性与存现句

这一节简要分析用于首引话题的存现句②与话题连续性的关系。首先来看存现句的相关统计数据，如表 7 所示。

表 7 存现句与非存现句中话题的持续值数据分布

持续值	0—3	4—7	8—10	总数	平均值
存现句	21	28	4	53	4.5
非存现句③	2	5	1	8	4.6

① 首因效应理论来自 A. S. Lochins 于 1957 的相关实验（转引自马燕，2009）。

② 本研究语料中的存现句包括以下几类：“有”字句；表人物出现或消失的动词句，如“来了”；表示人物所在处所的动词句，如“站着”。

③ 此处非存现句为引入话题的位置在主语的。

表7中存现句中话题的数量远高于非存现句，占了86.9%，这意味着至少在口语叙事语篇中更倾向于使用存现句去引入新话题。但从平均值来看，存现句和非存现句对应的话题重要性其实差距并不大（分别为4.5和4.6），都是较高的持续值。也即，对一个重要性较高的首现话题，既可以用非存现句也可以用存现句引入，但使用存现句频率更高。在上一节中已经讨论了非存现句在主语位置引入的新话题具有重要性。那么，存现句中所引出的话题虽然不在句首，但是其前的处所成分，表存在、出现或消失的成分好比是认知参照点，当听者大脑接收到参照点信号，就会立刻意识到有新话题引入。因此，在感知凸显的程度上，存现句首引话题的凸显度高，听者在对话题做信息处理时的效能也会提升。

六、结语

本文全面梳理并结合汉语叙事语篇修正了Givón（1983a）提出的话题连续性测量方法。我们认为话题连续性的测量包括话题的可及性和重要性两个维度：前者对复现话题而言，关注话题的回指，涉及当前话题识别的难易程度；后者对首现话题而言，关注话题的后指，涉及当前话题在后续语篇中的持续性，也即重要程度。正因为有这样的差别，Givón（1983a）提出的回数法、歧义法和衰减法应该是针对话题连续性不同维度的测量。具体来说，当测量对象为复现话题时，应采用回数法与歧义法进行测量话题的可及性；当测量对象为首现话题时，应采用衰减法测量话题在后续语篇中的出现频率，以此判断它的重要性。概括如下：

（8）话题连续性 { 复现话题：可及性；回指；回数法和歧义法
首现话题：重要性；下指；衰减法 }

文章以汉语口语叙事语篇为材料，分别从指称形式和句法位置两个角度对梳理修正后的话题连续性测量方法进行使用，进而考察话题连续性不同维度与指称形式和句法位置的关联。我们发现：第一，复现话题的可及性主要与指称形式有较大关联。话题可及性在很大程度上影响了言者对于不同话题形式的选用，但不太影响对于句法位置的选择。第二，首现话题的重要性主要与句法位置而非指称形式相关。话题重要性在一定程度上影响到言者对于话题在句中位置的选择而很少影响到指称形式的择取。言者倾向于将重要话题置于句首位置（大部分情况下为主语位置），并且更常用存现句来引入重要话题。

我们对测量结果的分析发现，像零形式、人称代词是话题可及性高的形式，主语位置的话题可及性高，也通常是重要话题所在的句法位置，虽然这些基本都符合Givón（1983a）的研究结论。但是，本研究的意义和价值主要在于从理论上厘清和讨论了话题连续性的性质、话题连续性测量的对象、话题连续性包含的不同维度，以及不同语言、不同语篇类型在测量话题连续性时该选择怎样的测量单位等问题。这为进一步研究语篇话题及其相关问题提供了理论依据。

参考文献

陈平，1987，《释汉语中与名词性成分相关的四组概念》，《中国语文》第2期。
古川裕，1997，《谈现象句与双宾语句的认知特点》，《汉语学习》第1期。
马燕，2009，《浅析“首因效应”》，《科教文汇》11月（上旬刊）。

宋柔，2008，《现代汉语跨标点句句法关系的性质研究》，《世界汉语教学》第 2 期。

宋柔，2013，《汉语篇章广义话题结构的流水模型》，《中国语文》第 6 期。

王洪君，2011，《汉语语法的基本单位与研究策略》（作者补记），载《基于单字的现代汉语词法研究》，商务印书馆。

王洪君、李榕，2014，《论汉语语篇的基本单位和流水句的成因》，《语言学论丛》（第 49 辑），商务印书馆。

徐赳赳，1990，《叙述文中“他”的话语分析》，《中国语文》第 5 期。

许余龙，2004，《篇章回指的功能语用探索：一项基于汉语民间故事和报刊语料的研究》，上海外语教育出版社。

许余龙，2007，《话题引入与语篇回指——一项基于民间故事语料的英汉对比研究》，《外语教学》第 6 期。

朱德熙，1982，《语法讲义》，商务印书馆。

Brown, Cheryl, 1983, Topic continuity in written English narrative. In Talmy Givón (ed.), *Topic Continuity in Discourse: A Quantitative Cross-language Study*, 313-342. Amsterdam/Philadelphia: John Benjamins Publishing Company.

Chafe, Wallace L., 1987, Cognitive Constraints on Information Flow. In Russell S. Tomlin (ed.), *Coherence and Grounding in Discourse*, 21-51. Amsterdam/Philadelphia: John Benjamins Publishing Company.

Chafe, Wallace L., 1994, *Discourse, Consciousness, and Time: The Flow and Displacement of Conscious Experience in Speaking and Writing*. Chicago: The University of Chicago Press.

Chen, Ping, 1986, *Referent Introducing and Tracking in Chinese Narratives*. Ph. D. dissertation, University of California, Los Angeles.

Givón, Talmy, 1982, Universals of discourse structure and second language acquisition. In William E. Rutherford (ed.), *Language Universals and Second Language Acquisition*, 109-136. Amsterdam/Philadelphia: John Benjamins Publishing Company.

Givón, Talmy, 1983a, Topic continuity in discourse: An introduction. In Talmy Givón (ed.), *Topic Continuity in Discourse: A Quantitative Cross-language Study*, 1-42. Amsterdam/Philadelphia: John Benjamins Publishing Company.

Givón, Talmy, 1983b, Topic continuity in spoken English. In Talmy Givón (ed.), *Topic Continuity in Discourse: A Quantitative Cross-language Study*, 343-364. Amsterdam/Philadelphia: John Benjamins Publishing Company.

Givón, Talmy, 1992, The grammar of referential coherence as mental processing instructions. *Linguistics* 30 (1): 5-56.

Givón, Talmy, 2017, *The Story of Zero*. Amsterdam/Philadelphia: John Benjamins Publishing Company.

Hinds, John, 1983, Topic continuity in Japanese. In Talmy Givón (ed.), *Topic Continuity in Discourse: A Quantitative Cross-language Study*, 43-93. Amsterdam/

Philadelphia：John Benjamins Publishing Company.

Pu，Ming-Ming ，1989，Topic continuity in written Mandarin discourse. In K.Hall，M.Meacham and R. Shapiro（eds.），*Proceedings of the Fifteenth Annual Meeting of the Berkeley Linguistics Society*，February 18-20，1989：General session and parasession on theoretical issues in language reconstruction，256-267. Berkeley：Berkeley Linguistics Society.

Tao，Hongyin，1996，*Units in Mandarin Conversation：Prosody，Discourse，and Grammar*. Amsterdam/Philadelphia：John Benjamins Publishing Company.

（原文刊于《世界汉语教学》2023 年第 1 期）

从评价副词的习得看儿童评价表达的发展 *

饶宏泉

提要：评价是儿童语用能力的关键之一，评价表达是观测儿童语用发展的一个重要窗口。本文基于多个儿童语料库中的评价副词用例，选取使用频次相对较高的“原来、反正、到底、正好、明明”5个评价副词为代表，描写其核心语义与典型功能的初始习得及其校准调试和拓展完善的过程，微观刻画儿童评价表达的发展。作为抽象语法成分的评价副词出现在儿童进入成人语言体系之后，主要始现于3～4岁的幼儿期，其语言体系已经演化出执行概念功能和人际功能，这些副词的评价意义是儿童在互动中构建、在认知中转化、在语用中塑造的。应该在多样语言生活、多元语言功能以及多面的语言教育中进一步开展儿童评价表达研究，改善儿童的语言发展，提升儿童的思维能力，促进儿童的性格塑造。

关键词：评价副词；评价表达；儿童语用发展；语言生活；语言教育

一、引言：评价表达与评价副词

语言运用是儿童语言发展的驱动力，儿童需要哪些知识才能适当有效地、符合规则地在人际情境中运用语言，又是如何获得这些知识与能力的，这些构成了当代“发展语用学”（Developmental Pragmatics，Ninio & Snow，1996）的核心关切。从儿童语用能力来看，祈使、问答、评价和叙述是关键。评价表达了对特定的人、事物或事件的价值判断，是人类分享知识、表达情感和态度的重要手段，儿童学会评价对其人生发展至关重要，因此评价表达是观测儿童语用发展的一个重要窗口。饶宏泉、李宇明（2021）具体考察了一名儿童4岁时的评价表达系统，从共时维度对儿童语用能力做了横切面刻画，但要深刻理解儿童的语用发展，还需要基于历时维度考察每种评价手段从无到有的发展。

本文从评价性语气副词（以下简称“评价副词”）① 入手考察儿童的语用发展。作为典型评价手段，评价副词表示对已知事实的价值、特点等的评价（史金生，2011：67），可分为评价关系和评价特点两个小类，见表1。

* 论文受到国家社科基金重点项目“中国学前儿童语料库建设及运作研究”（19AYY010）、安徽省哲学社科规划一般项目“汉语儿童会话互动中的评价表达研究”（AHSKF2020D11）的资助。感谢茆蕾帮助搜集、检索和整理 CHILDES 语料库中的相关数据。

① 本文主要考虑双音评价副词。

表 1 两类评价副词

类别	例词
评价关系类	反而、反倒、却、反、倒是；甚至、甚而、甚至于
评价特点类	难怪、怪不得、怨不得；原来、敢情；反正、横竖、左右、好歹；明明、分明、明；竟然、居然、竟、竟自；果然、果不其然、果真、当真；幸亏、幸、亏、幸而、幸好、幸喜、好在、多亏、亏得；毕竟、究竟、到底、究、总、总归、终究、终竟、不愧；偏偏、偏、偏生；正、正好、偏巧、碰巧、恰好、恰巧、恰、恰恰、可巧

汉语学界目前是从副词整体的角度，基于句法和语义来关注评价副词 / 语气副词的习得。如孔令达、傅满义（2004）注意到评价副词出现较晚、数量较少、使用频率较低，这是由于它们要求使用者不仅能把握整个句子所表达的事件与命题，而且能够依据通行的事理做出某种推理，或依据一定的信念、标准做出自己的评价，其语义复杂，儿童必须有较强的心理加工能力。张云秋、赵学彬（2007）也认为认知处理的难易度很重要，语气副词稍晚习得是因为它们评价动作行为必然会调动较多的知识才能进行。张云秋、李若凡（2017）则是专门探讨了早期儿童语言中的情态副词，即语气副词，认为它们是调节和补充情态值及主观性高低的重要手段。该文注意到"原来、反正"等语气副词蕴含了说话人对听话人的情感、态度和评价的关注。儿童这一能力的发展说明他们在 3 岁后就开始显现一定的语用能力并对人际功能有所理解。这些研究对儿童评价副词的习得做了初步探讨，有了一些重要发现。但由于缺乏专题研究，因而成果相对零散，未能深刻揭示其发展规律。我们迫切需要了解儿童在怎样的语境下使用哪些评价副词来表达怎样的评价及其发展情况。因此，本文参照表 1，具体考察儿童语言中评价副词的使用情境，详细描写它们的语义和功能，深入探讨儿童学习如何表达评价意义的过程，并提出儿童评价表达的语用发展研究设想。

本文使用的儿童语料有 3 个来源。语料库（一）来自《人生初年——一名中国女孩的语言日志》（以下简称《人生初年》，李宇明，2019）一书中儿童个案跟踪语料，该书是对乳名"冬冬"的儿童 0 ~ 6 岁 2200 多天语言发展近百万字的记录。语料库（二）来自分年龄段的群案调查和个案跟踪调查。分年龄段调查的对象是安徽师范大学附属幼儿园和托儿所 5 岁以前的儿童，2~5 岁每半岁分为一段，共分 7 段；2 岁以前（最小年龄为 1 岁）每两个月分为一段。以上每段随机抽取 15 名被试。个案跟踪调查对象为 2 名儿童，包括 1 名男童（调查时段为 8 个月至 2 岁 4 个月）和 1 名女童（调查时段为 1 岁 8 个月至 2 岁 8 个月）。语料库（三）来自儿童语言数据交流系统（CHILDES）中的 19 个普通话语料库（统计时间截止到 2021 年 12 月 9 日），选取 0 ~ 6 岁 11 个月儿童的自然会话语料，转写共计 13544635 字。

二、儿童评价副词的核心语义和典型功能

3 个语料库一共检索到 13 个评价副词共 315 个用例，详见表 2。综合个案和类型的习得情况，本文选取 5 个使用相对较多的评价副词（表中灰色部分）为代表，描写其核心语义与典型功能的初始习得及其校准调试和拓展完善的过程，微观刻画儿童评价表达的发展。

表 2 儿童语言中评价副词的习得情况[①]

评价副词	具体描述						合计
	语料库（一）频次	始现时间	语料库（二）频次	始现时间	语料库（三）频次	始现时间	
反正	12	3；0[②]	69	3；10	27	3；2	108
原来	13	2；8	13	3；0	57	2；8	83
到底	9	4；1	1	4；6	36	1；11	46
正好	2	3；7	6	3；0	33	3；0	41
明明	4	4；0	—	—	15	3；2	19
怪不得	2	4；0	1	4；6	1	6；0	4
多亏	1	3；11	1	4；5	—	—	2
居然	—	—	—	—	5	4；0	5
难怪	—	—	—	—	2	4；9	2
竟然	—	—	—	—	2	5；11	2
果然	—	—	1	5；0	—	—	1
偏偏	—	—	1	5；0	—	—	1
好在	1	5；8	—	—	—	—	1
合计	44		93		178		315

（一）醒悟义副词“原来”的习得

“原来”是儿童习得较早且使用较多的一个评价副词，（1）是其始现用例，“原来”表达了儿童有新的发现。

（1）*MOT：上次我们本来有六个蛋.
*MOT：后来都找不着了.
*MOT：原来有一个掉到沙发底下去了.
*CHI：原 [/] 原来在这.
*MOT：嗯 ‡ 好.
*MOT：同同你真棒.
*MOT：放到这里吧.（2；4）

① 3 个语料库的转写规范不一，本文使用时除去个别无关细节，保持了原有样式。语料中还有个别涉及阅读绘本、模仿对话人说话的内容等未计量。另外，“果然”和“偏偏”仅出现在儿童讲“二郎神”故事时，如“果然立刻变化成一位渔翁”“偏偏那只哮天犬又窜了过来”，有很明显的书面语色彩，似是记忆模仿，本文不做分析。“始现”意味着儿童能自主地正确地使用该语言成分。

② 第一个数字代表年，第二个数字代表月，“3；0”即 3 岁 0 个月，下同。

4 岁左右，儿童还会在叙述“奇疑”情节时使用“原来”，增强故事性并揭晓答案，彰显认识的新发现。

（2）*CHI：轰隆的巨响是什么呀？

*CHI：人们都吓得爬起床来.

*CHI：原来是一个车的声音啊.（4；0）

（3）有一天，小白兔去草丛里去偷萝卜去了，突然听见一个大声音。原来呀，来了一只大狐狸，它说，嗯，这么肥的小公鸡啊，我今天非要把你吃掉不可。（3；8）

这表明此阶段的儿童对于醒悟义“原来”的使用愈加成熟，凸显出“认识突变”（饶宏泉、杨方，2021），且关注叙事技巧的运用。这一点观察“原来”的共现成分便可知晓，如（4）~（7）中的认识类动词“发现”“知道”“想着”“我说”都体现了儿童自我认识的变化：

（4）*CHI：〈接着他没有发现〉[//]〈接着〉[/] 接着他发现原来妈妈在二楼.（6；2）

（5）冬冬说：“知道，知道，我知道了，原来是这么回事呀！”（2；11）

（6）她跑楼下玩了一会儿。回到家，说：“我想着是不冷的，原来是冷呀！”（3；5）

（7）大姑在楼下水管上洗头。冬冬从幼儿园回来，撩起大姑的头发，说：“我说谁的头发这么长？原来是大姑呀！”（3；10）

初始阶段的副词使用不仅能折射出儿童对副词最核心语义和最典型功能用法的敏感，而且还能反映语用的校准调试与拓展完善，这些细节都有迹可循。

首先是使用语境欠恰当，如（8）并没有明显的认识突变感，却使用“原来”。

（8）冬冬吃果脯，自问自答：“看看是哪个呀，原来是绿的。”（2；11）

其次，“原来”的醒悟义与时间义[①]还存在混淆。如（9）反映了儿童的元语言意识和儿童自我监察机制的发展，是内化能力的体现。

（9）妈妈：“不错，按你原来画过的图形，涂上颜色！”冬冬：“‘原来’，你怎么不说‘刚才’呢？”（3；11）

再次，从结构上看，年龄小的儿童更多使用“原来是 +NP”句式，后接命题性表达即主谓短语（侯学超，1998：707）基本要到 4 岁以后，如：

（11）后来它说，妈妈这什么声音啊？小白兔妈妈把耳朵竖起来仔细听，可能是人还在吐气吧。后来它们跑过去一看，原来一个大象爬不起来，就吃东西，它就，小白兔就去拔好多草喂给它，它就长得胖胖的，就能爬起来了。（4；6）

（二）认定义副词“反正”的习得

吕叔湘（1999：199）指出，“反正”强调在任何情况下都不改变结论或结果，上文常有“无论”“不管”或表示正反两种情况的词语。另外也指明情况或原因，意思与“既然”相近，而语气较强。儿童使用“反正”凸显的核心语义正是“认定”，他们并不关心对方所说或可

① 表时间义的“原来”大约是 3；4 始现，但主要发展还是 4；10 之后，共 30 例。如：

（10）*MOT：我的下巴要是掉了.

*MOT：我就装一个假的下巴在这.

*CHI：原来下巴掉了吧.

*CHI：<u>这是下巴又掉了</u>.（3；4）

能的情况，其使用情境可以概括为“不管怎样，强调某一事实或态度”，因此常出现在观点不一致或不耐烦的情境中。如：

（12）冬冬穿上了一双新鞋子。新鞋磨脚，走路一瘸一瘸的。爸爸问：“是不是新鞋子不合脚？”冬冬答：“我不知道，反正它疼。”（3；0）

（13）爸爸：“上幼儿园是好孩子，戴大红花。不上幼儿园是坏孩子，坏孩子就得挨揍。”冬冬：“我也不当好孩子，也不当坏孩子。反正我不上幼儿园。”（4；2）

（14）早上，冬冬化妆，涂脂抹粉。正画眉毛，眉笔折了。奶奶：“冬冬，你看，弄断了吧！”冬冬：“搞断了它怕什么？反正我们一家也不用。”大姑：“谁说不用？”冬冬：“等我上舞台才用吗，难道？”（5；5）

吕叔湘所说的第二类即指明情况或原因，也有少许用例，如：

（15）冬冬和大姑下跳棋，大人不由得想支几招。她很不高兴地说：“反正是我来，不要你管！要不要爸爸、妈妈，我都一样赢。你少啰唆！”（4；0）

在“反正”的习得中，同样发现了校准调试和发展完善。一种情况是句法结构使用不对（比如“反正”不能用于疑问句）或情绪情境不恰当（比如礼貌场合不宜采用负面情绪表达），如：

（16）*CHI：今天是三.

*CHI：反正我怎么会做那么长时间呢？（4；10）

（17）周诗雨：“哎，你大姑在家吗？”

冬冬：“大姑好像不在家吧！”

周诗雨：“冬冬再见，我要走了。”

冬冬：“你走吧，反正我不管，你走你的。你在家有事，我在家也要学习。”（3；11）

另一种情况是泛化使用。“反正”频繁出现在并无必要之处，当作话语标记来用（董正存，2008），可能也反映了儿童在瞬时交际困境中的调节功能（Gao & Tao，2021）。如：

（18）（这瓦片怎么样？）

吴：碎了，反正我也会搞。

汤：没砸碎。

吴：反正我会讲另外一个故事，现在我不跟你们讲，等一下我玩好再给你们讲。

汤：不想唱，反正我玩好了再唱。（唱歌）

吴：反正我会唱另外一个歌，我反正我会跳另外一个舞。（4；0）

此外“反正”的位置也渐趋灵活，4；1时出现在末尾追补，共发现2例。

（19）征质：没擦完哪，看我擦bo。

汤伟：这些东西擦，这也不要擦，我会画反正。（4；1）

（三）追究义副词“到底”的习得

“到底”最早出现在1岁11个月的时候，仅有（20）这1例：

（20）*CHI：要贴纸.

*CHI2：还有一个东西.

*CHI2：这怎么要拿出来的？

*CHI：这到底怎么列呢？（1；11）

其他“到底”的用例均是3；2之后且主要是4；6之后使用较多，这说明不同儿童习得该副词有差别，而且初期并不稳定，如（21）中“到底”有“老实”的意思，本质上也是在追究。

（21）冬冬让姐姐陪她出外玩，说：“你去不去，到底说？”（3；6）

整体上看，4岁多的儿童基本上能较好地习得“到底”表示进一步追究的用法，意义相当于“究竟”（吕叔湘，1999：153），其使用情境为“对认识基础存有疑惑，从而追究质疑”。“到底”的使用主要是针对之前所说或所认识的某种困惑，涉及选择问句和特指问句，如：

（22）父女俩约定，午饭后去吴亮家。爸爸还在刷碗。冬冬就焦急地站在爸爸身边等待，问：“你到底去不去吴亮家？说！”（4；1）

（23）冬冬跟吴阿姨拉家常，说：“我爸爸说，我是在树林里捡来的。我妈妈说，我是在育婴室抱的。我到底是怎样出生的，我也弄不清楚。”（4；5）

（22）中冬冬观察到爸爸的“言行不一”，即说好去吴亮家但还在刷碗，于是发出“你到底去不去吴亮家”的质疑；（23）中冬冬提到爸爸妈妈对于她的出生有不同说法，所以非常困惑“我到底是怎样出生的”。可见，“到底”的核心语义是“追究”。

“到底”的习得中同样存在校准调试，如（24）和（25）：

（24）爸爸，我到底问拿一个新手帕，手帕做那个手工，叠东西，好吧。（3；6）

（25）*CHI：毛毛虫发现了一只黑乎乎的东西.

*CHI：它想钻进去瞧瞧.

*CHI：到底是一座小房子吗？

*CHI：它把自己跑在里头.（6；0）

从语用拓展角度来看，“到底”还可表“毕竟”义，既可以表示归根结底的结论，比如“不管好不好，到底是人家一片心意”；也可以表示原因，如“预选到底是预选，还不能算数”（侯学超，1998：132）。但在儿童语料中，我们只发现1例“到底”表示经过较长过程最后出现某种结果，即“终于”义用法，句末带“了”，见（26）。

（26）孔阳：我发现了，往这儿插。（插了上去）哟，拔不下来了？（使劲）拔下来了。发现了，到底发现了。爸爸，你来，这个是不是把它打开的？（指取下磁带的按钮）（4；6）

我们未发现“到底”表“毕竟”义的用例，与此相关的是语料中语气副词“毕竟”也没有发现，这种同步性表明语言是一个内部相互制约的系统。

（四）巧合义副词“正好”的习得

吕叔湘（1999：671）认为语气副词“正好”表示某种巧合（多指时间、情况、机会条件等）。从儿童习得来看，该副词的核心语义的确是“巧合”，即“当下话题在某一点上触发了与另一事物的‘巧合’感”。“正好”的语气副词用法始现于3；0，这个年龄段的儿童用它来表达事件间模糊的巧合关系，即“正好”呈现了儿童注意力聚焦的变化。如：

（27）洁：花。我这花好高。正好到爷爷身上来了。她没叶子了，那我还有叶子。（3；0）

（28）*CHI：这里有机器人.

*CHI：你看！

*CHI：哈！

*CHI：正好变形！

*MOT：变形金刚 .

*CHI：变形金刚 .（3；6）

“花好高”和“到爷爷身上”之间，以及机器人的“变形”都很难说得上是“正好”，只是由于儿童当下的注意发生了变化。渐渐地，儿童能描述事件间明确的巧合关系。

（29）*MOT：我的刀又断了 .

*CHI：再来 .

*MOT：假装我们的刀都不断 .

*CHI：我把刀丢过去正好插到你的眼睛 .

*MOT：哎呦 .（3；9）

（30）*CHI：你看这娃娃的家门开开了 .

*CHI：小偷正好进去 .

*CHI：把门给关上 .（4；0）

4 岁左右的儿童能关注到“刀丢过去”与“插到你的眼睛”之间动作与结果的巧合，“门开开了”与“小偷进去”之间状态和行为的巧合。这样的“正好”也逐渐稳定地成为事件之间的联系项。随着年龄的增长，儿童 5 ~ 6 岁时“正好”不仅可以体现与前文所述内容的巧合，还可以表达启后性功能，如：

（31）*MOT：为什么要妈妈陪着他呢？

*CHI：因为他怕怪兽来吃他 .

*CHI：正好我睡的上铺 .

*CHI：妖怪怕上铺就不敢上来了 .（6；3）

“正好”的语用发展中也存在校准过程，如（31）中“正好”似乎并不恰当，疑为“幸好”“还好”。另外，我们还注意到“正好”的形容词用法也始现于 3 岁，共 7 例，与副词用法同步发展。

（32）*CHI：这个几块钱？

*MOT：这个两百块钱 .

*CHI：不贵正好 .（3；3）

两种用法的同期始现，应是语义上都表“巧合”，这说明儿童语用发展中对核心语义很敏感。

（五）显然义副词“明明”的习得

“明明”表示显然这样（吕叔湘，1999：388）或情况显而易见，有“确实”“显然”的意思（张斌，2001：378）。儿童语料中，“明明”始现于 3 岁 2 个月，用于前文或后文有另一方的不一致或质疑的观点时，常伴随反问或表示转折的小句。

（33）*CHI：把它 ×××.

*CHI：明明这上面本来应该是有一个发条的 .

*CHI：那个有一个 .

*ADU1：哪里有发条？

*CHI：本来这上面那个 .

*CHI：有一个标志的 .（3；2）

（34）大姑："辣死了。"冬冬："怎么辣死了？"大姑："吃了一个辣椒。""你为什么要放辣椒？你明明知道辣椒辣，为什么还要放呢？"（4；0）

（35）*CHI：嗯看这手.

*MOT：那是尾巴.

*MOT：这是什么怪兽的尾巴有什么怪兽的尾巴？

*CHI：这明明是章鱼的手嘛.

*MOT：这哪是章鱼的手？（5；9）

儿童使用"明明"表达的核心语义就是"显然"，它用于观点冲突的语境中，话语中常常出现表确证的"就/（就）是"，如"明明就像一个枪（3；4）""那个明明就是我的（6；4）"；还会携带表肯定语气的"的/嘛/啊"，如"明明在附近的（3；3）""水壶明明是应该放在这里啊！"，也正因为强调"显而易见"，于是带上批评和责备的语用色彩。"明明"的习得也有一个校准过程，如：

（36）*CHI：这怎么打开？

*MOT：圣诞节也收到这样的（.）圣诞礼物.

*MOT：喔这里面是没有的.

*CHI：这里面明明装的是什么啊？

*MOT：不知道耶.（5；11）

三、儿童学习如何表达评价意义

上一节的描写符合原型理论的预测，即儿童能习得的都是各评价副词的核心语义和典型功能，并且用法在不断调试，功能也在逐渐拓展。那么儿童究竟是怎样掌握这些评价意义的呢？韩礼德（2015）认为，儿童是"充满了意义的人类"，一直在学习如何表达意义。儿童在早期母语阶段，就发展出了一个有声音和意义的两层系统，但没有词或结构，没有任何系统性的意义表达，其意义直接来源于与其他人的互动、需求得到满足等初级社会功能，这些微观功能如工具功能、规约功能就是"用法"。在向成人语言过渡的过程中，声音和意义之间嵌入了词汇语法层，"功能"成为"用法的概括类型"，逐渐整合为实用功能（用语言做事）和理性功能（用语言学习）。2岁左右，儿童进入成人语言体系后，已经能够建构成人语言的意义潜势，并且这种能力会持续一生。此时，"功能"与"用法"已经不再是同义词，语言围绕着概念和人际双向区分构建。

就评价副词而言，它们出现在儿童进入成人语言体系之后，其语言体系已经演化出执行概念功能和人际功能。概念功能体现说话人的经验以及他对周围世界和内在世界的解释；人际功能则体现说话人在话语情景中的个人投入，包括他的角色、态度、希望、判断等等。作为抽象语法成分的评价副词，其评价意义是儿童在互动中构建、在认知中转化、在语用中塑造的。

（一）互动构建：评价的人际与意图

对话是典型的互动，标志着儿童语言开始向成人语言过渡。对话向儿童敞开了语气选择的途径，因此打开了语言体系中的整个人际成分。通过这个成分，说话人介入人际交流，将自己建构到语言结构之中，表达自己与其他参与者之间的关系，自己的态度和判断、自己的承诺、欲望等（韩礼德，1973）。除了对话，儿童还广泛体验着互动的丰富样态，不断学习转换角色、调整视角，他人也同儿童一起积极参与整个建构过程，帮助儿童自如地应对各种需求。评价作为一种人际意义，便是在这样的互动中孕育和构建起来的。

（37）冬冬画了一幅画，解说道："大灰狼把花都吃到肚子里去了。"（2；11）

（37）是冬冬在向他人解说自己画的画，《人生初年》对此注解道：这个"都"是表示语气的，有"甚至"的意思。但我们在语料库中均未检索到6岁前儿童使用"甚至"，这说明该副词词形虽未出现，但并不意味着儿童不能掌握其评价意义，儿童可能早就构建出其评价的人际意义，只是不能以评价副词的形式表达而已。上述评价副词的习得，大都体现出生动表达的人际效果，如醒悟义"原来"凸显了惊奇感，认定义"反正"凸显了不耐烦，追究义"到底"和显然义"明明"凸显了质疑态度，巧合义"正好"则凸显了偶然感。可以说，没有互动就很难产生这些精细的人际意义区分。

此外，儿童作为活跃的自组织系统（Tomasello，2003），会主动对情境进行功能分析和概括，对他人交际意图进行解读。而要能准确地理解对方的意图，就需要有共同基础，这同样是在互动中构建的。比如（13）中冬冬说的"反正我不上幼儿园"否定了对方的劝说意图，这种理解正是基于互动中参与者构建"上不上幼儿园与好坏孩子有关"，从而准确表达自己对于上幼儿园的抗拒态度。饶宏泉、李宇明（2021）也基于评价序列细致考察了互动中儿童的知识协商与共建方式，展示了儿童对互动语境和序列组织的敏感。这些都说明互动对于评价意义构建具有重要的作用。

（二）认知转化：评价的具象与抽象

儿童3岁之后进入幼儿期，独立性增强，对世界充满了好奇，有着强烈的探索欲望。社会互动和语言生活使得儿童的世界知识在累积，经验在丰富，并通过认知不断转化为意义，但毕竟儿童的知识和经验都很有限，主要依赖具体形象的方式认知世界，思维具有表面性特点。这样的思维发展水平使得具有抽象属性的副词习得相对困难。就儿童习得的这些评价副词而言，它们具有感知的表面性，表示的都是性质特点，显然这与儿童整体思维水平发展是同步的，见表3。

表3　儿童评价副词的发展词表

年龄	2；8	3岁段	4岁段	5岁段
评价副词	原来	反正、正好、明明、多亏	到底、怪不得、居然、难怪	竟然、果然、偏偏、好在

从表3可以发现，有两个重要的时间节点：3岁左右是评价副词始现的时间，4岁时更多的评价副词陆续登场，使用也越来越频繁。高频的5个评价副词，在3个语料库中也呈现出基本相同的习得顺序，"原来 ＜ 反正、正好 ＜ 明明、到底"，反映出儿童认知的有序发展，从"发现新信息"到"对信息的态度"再到"对信息的质疑深究"，记录着儿童从客体感知走向主体思考的思维成长过程。

幼儿期儿童的自我意识有了进一步发展，核心表现就是评价能力（朱智贤，1993；林崇德，1995）。评价副词的使用反映出儿童能凭借对事物性质特点的认识，做出简单的判断与推理。刘慧（2022：2）根据评价对象的不同，将评价分为"从物评价"和"从言评价"两类。

前者评价的是人、客观事物等具体对象，而后者的评价对象为命题、主张、想法等抽象对象。显然，评价副词更加关注命题、事理和想法层面，涉及从言评价，需要的认知能力更复杂，比如醒悟义评价副词（原来、怪不得、难怪）需要建立一定的因果推理和事实判断。另外，虽然儿童习得的评价副词主要涉及对性质特点的认识，但它们反映出儿童在言语的抽象水平上关于自身认识的重要进步，或是有了新发现的“醒悟”，或是对某一事实的“认定”，或是对认识基础的“追究质疑”，抑或是强调事实的“显而易见”，等等。这些认识水平的提高已经触及初步抽象思维的发展，相比评价名词和评价形容词，评价副词的运用为评价活动增添了更多的逻辑色彩。这些都反映出幼儿期儿童在评价能力上具体形象性与初步抽象性的过渡衔接。

（三）语用塑造：评价的模式与调整

和皮亚杰的主张不同，韩礼德以及托马塞洛都认为，功能是在不断分化且随语境变化的。托马塞洛（2012：170）认为，人类出于什么目的而沟通，决定了沟通信号“内部”必须含有多少和什么样的讯息，因此通常也决定了必须采用何种语法结构。最典型的请求只需要请求语法中的“简单句法”；如果以告知对人有益的事为目的，就可能涉及众多的事件和参与者，必须用告知语法中的“严谨句法”；而当人们要以叙事方式与人分享一连串复杂事件，就需要更繁复的句法机制，这就让分享与叙事语法里的“想象句法”渐渐约定俗成。

功能主义认为语用塑造了不同的语法表达。进入幼儿期，儿童更多地开展分享与叙事活动，最重要的是分享彼此对信息的态度，其中就包括对人物及行为价值特点的评价。显然儿童对此非常敏感，评价副词更多展现的是语言的启发模型以及表征模型，这些都属于“理性”功能，即用语言来学习，而不是“实用”模块的“用语言来做事”（韩礼德，2015：50）。

某一评价副词的准确使用，说明儿童已经能捕捉其最核心的语义和功能，即习得了在怎样的语用环境中怎样使用该副词来表达评价意义。随着相似情境的类推，该副词的语用模式会由例（token）走向型（type），逐渐固化为一种语用模式。在这个过程中，无论是泛化使用、结构误用、语境不当或与其他义相混淆，儿童都在不断调整和校准语用模式，不断规约意义表达。我们还注意到，那些习得较晚较少以及尚未被儿童习得的评价副词，可能与评价参数有关，比如“偏偏”“竟然”“果然”“居然”还涉及评价的期待性参数[①]，“幸亏”涉及评价的重要性参数，等等，这些参数可能需要更复杂的语用模式。还有像“毕竟”“竟然”等评价副词，可能涉及学业语言等因素，要依赖儿童进入学业阶段对更多的文本类型有所体验才能够逐渐习得。

（四）小结

评价意义属于人际元功能，儿童需进入成人语言体系后才能逐渐发展起来。评价副词主要始现于 3 ~ 4 岁的幼儿期，是评价系统走向成熟的一个重要转折。一方面，和其他的评价手段如评价性形容词、评价性名词等相比，评价副词作用于命题之上，体现抽象的事件关系

① Hunston & Thompson（1999：24）指出了评价的 4 个参数：好坏、确定性、期待性和重要性。好坏和确定性的维度是现实导向的，表达说话人对命题和客体状态的看法；期待性和重要性的维度则是文本导向的，还可以引导读者关联到他们的所读和所听。如果是评价主体期待的或认为重要的，评价主体就会认为是积极评价；反之则是消极性的。

及特点，它的使用有效地补充了儿童以形容词的高程度表达为显著特征的评价词汇库，使评价表达更为生动多样，也为话语层面的评价表达打开了新窗口。儿童只有发展到这个年龄段，才可以获得因果推理、论证解释等思维能力，从而走向理性主义评价[①]。另一方面，从评价参数来看，把事物和经历分为“好”与“坏”似乎是人类婴儿最早的分类方式，确定性评价副词相对容易习得，而期待性和重要性参数都有待“常态”认知经验的积累。

四、深化儿童评价表达研究的几点思考

当前国内外儿童语用发展的研究，普遍提及3个基本的观测指标：意图表达的清晰程度、语言行为的丰富程度、互动合作的理解程度（饶宏泉，2022），汉语学界列举儿童语用议题多，系统研究少（如周兢，2002；尚晓明，2016；程璐璐，2021）。儿童的评价表达作为专题性语用发展研究，就是要探究儿童是如何学会准确清晰地、恰当有效地、丰富多样地运用语言来表达评价，这对儿童一生的发展至关重要。饶宏泉、李宇明（2021）基于评价标准、指称基础、评价手段和评价互动四大要素，描写儿童的评价表达特征，提出了“知识环模型”来诠释儿童评价表达的实现过程和理解机制。本文以评价副词为切入点，补充了儿童评价手段的研究，并且从互动、认知和语用3个维度对发展机制所做的解释，也将该模型由平面化向立体化推进，从宏观视野对儿童评价表达的研究框架做了进一步完善，为后续研究提供了新的方向。

（一）在多样的语言生活中研究评价

李宇明（2016）指出语言生活是运用、学习和研究语言文字、语言知识、语言技术的各种活动。儿童的语言生活同样丰富多彩，比如语言知识的学习，不是到了基础教育阶段才有，学前及更早的阶段，家庭就常常会开展识字游戏、亲子阅读等活动，儿童从中学习到简单的语言知识，并建立对语言文字的理性认识；再比如随着当代信息技术的发展，智慧产品成为儿童的亲密玩伴，在游戏和互动中教会儿童语言技术。语言生活对儿童的影响主要是通过语言输入，语言输入除了来自父母、祖辈和照看者，还有社会上广大的涉儿人群（李宇明2022），包括教师、医生、儿童读物作者、儿童玩具/游戏设计者与销售者等等，他们的评价表达，都会在一定程度上影响儿童的价值判断和态度立场，也会影响儿童对待别人评价时的表达方式。比如，不少智能玩伴的自动评价表达非常单一（“你真棒”），动画片中的负面评价表达比比皆是（“你这个臭虫”），等等。这些都给儿童评价表达的研究提出新的课题，需要我们从丰富多彩的语言生活中取材，改善儿童的评价表达，助力儿童的自我意识发展和个性发展。

（二）在多元的语言功能中研究评价

随着语言功能的拓展分化，儿童能以更加新颖的方式理解和表达世界。儿童逐渐独自开展各类活动，不仅在语言互动中表达态度情绪，还可以在独白言语中阐述内心，在连贯完整

① 据阿鲁玖诺娃（2012：162—163），个别评价意义可以分成3组：感觉评价、升华的评价和理性主义评价。感觉评价包括感觉—味觉评价和心理评价，升华的评价由审美评价和伦理评价组成，理性主义评价涉及实用评价、规范评价和目的评价。

的话语中讲述看法和立场。连贯言语和独白言语的发展是儿童口语表达能力发展的重要标志（林崇德，1995：214）。这就要求我们从话语表达的高度而非句法结构的角度考察评价表达，研究儿童评价表达的话题功能、论证功能、规范功能等等。另外，要重点从语言的个人模型、启发模型和表征模型来深入研究儿童的评价表达，探讨评价表达在儿童性格塑造、现实探索和学习交流等方面扮演的角色。尤其是对于儿童个性化的评价领域、评价标准和评价方式等，成人要包容和理解，比如对待儿童语言暴力及负面评价表达，要看到这是语言发展的自然现象，大可不必如临大敌，家长需要区分对象、场景和语言表达进行适当的语言引导，从而丰富儿童对评价表达的功能认知，提升其语言鉴别力，更好地发挥评价表达的功能。

（三）在多面的语言教育中研究评价

语言教育在儿童社会化中的作用日益受到各方重视，家长、学校和社会都希望能教导儿童恰当地评价自己、他人和周遭世界。这就需要研究在不同阶段、不同类型的语言教育中，教育者是如何实施评价的。父母的儿向语言是儿童最早接受的语言教育；幼儿教师和小学教师在语言教育中运用的评价表达，时刻影响着儿童的社会化；成人对儿童进行个体评价和群体评价的策略选择、日常语言和学业语言中的评价手段差异，也都深刻地影响儿童评价标准、评价领域、评价视角和评价方式。目前儿童语言研究仍偏重语言发展早期，对于学前阶段后期乃至小学阶段的关注不多也不够系统，而评价表达恰恰在这一时期表现更为凸显。因此，需要深入调研这些关键时期的评价表达使用，这样不仅可以为语言教育的改善提供案例和思考，更重要的是能为儿童的人生发展积蓄语言之力。

五、结束语

当前，儿童成人化愈演愈烈，不仅表现为外表的成人化，还有言语、行为以及价值观念的成人化（李昭璇等，2019）。儿童的评价表达及其背后折射出的社会意识，引起了家长、学校和社会的广泛关注与高度重视，2021 年颁布的《中华人民共和国家庭教育促进法》正是要引导全社会重视家庭教育的作用，尤其是重视对儿童价值观的引导。评价从表达上看是获得一些词汇语法手段以及话语模式策略，从内容上看则反映了一个人对世事的洞察与价值判断，是批判性思维能力的重要检测项。一个人能够客观多维地、逻辑清晰地表达自己的评价，表明他具有较好的批判性思维能力，因此透过评价表达能探究思维缺陷，进而帮助训练和提升思维水平。由此可见，诸多的应用面向都需要我们将儿童的评价表达置于公民语言能力和人生发展的背景上去看，不仅要描写、揭示和解释语言习得规律，还要改善儿童的语言发展、提升儿童的思维能力、促进儿童的性格塑造，为其一生的发展创造更好的条件。

参考文献

[俄]阿鲁玖诺娃，2012，《语言与人的世界》（上、下），赵爱国、李洪儒译，北京大学出版社。

程璐璐，2021，《学龄前儿童语用发展的取效行为研究》，中国社会科学出版社。

董正存，2008，《情态副词“反正”的用法及相关问题研究》，《语文研究》第 2 期。

[英]韩礼德，2015，《婴幼儿的语言》，高彦梅等译，北京大学出版社。

侯学超编，1998，《现代汉语虚词词典》，北京大学出版社。

孔令达、傅满义，2004，《儿童语言中副词的发展》，《安徽师范大学学报（人文社会科学版）》第5期。

李宇明，2016，《语言生活与语言生活研究》，《语言战略研究》第3期。

李宇明，2019，《人生初年——一名中国女孩的语言日志》，商务印书馆。

李宇明，2021，《试论个人语言能力和国家语言能力》，《语言文字应用》第3期。

李宇明，2022，《“涉儿人群”与儿童语言学》，南京师范大学学术报告，9月25日。

李昭璇、何义虎、魏勇刚，2019，《新媒体时代儿童成人化现象的探析》，《早期教育（教育科研）》第6期。

林崇德，1995，《发展心理学》，人民教育出版社。

刘慧，2022，《现代汉语评价系统研究》，暨南大学出版社。

吕叔湘主编，1999，《现代汉语八百词（增订本）》，商务印书馆。

［美］迈克尔·托马塞洛，2012，《人类沟通的起源》，蔡雅菁译，商务印书馆。

饶宏泉，2022，《儿童语用发展与家庭语言生活》，《中国社会科学报》5月27日第5版。

饶宏泉、李宇明，2021，《儿童互动中的评价表达与知识构建——以4岁汉语儿童的个案研究为例》，《语言文字应用》第4期。

饶宏泉、杨方，2021，《“因果达及”与“认识突变”：醒悟类语气副词的功能实现》，《汉语学习》第3期。

尚晓明，2016，《儿童语用发展知识图式探究》，《外语电化教学》第4期。

史金生，2011，《现代汉语副词连用顺序和同现研究》，商务印书馆。

张斌主编，2001，《现代汉语虚词词典》，商务印书馆。

张云秋、李若凡，2017，《普通话儿童早期语言中的情态量级》，《中国语文》第1期。

张云秋、赵学彬，2007，《早期儿童副词习得的优先序列——北京话早期儿童副词习得个案研究》，《世界汉语教学》第3期。

周兢，2002，《儿童语言运用能力的发展》，南京师范大学出版社。

朱智贤，1993，《儿童心理学》，人民教育出版社。

Gao，H. & H. Tao. 2021. Fanzheng “anyway” as a discourse pragmatic particle in Mandarin conversation：Prosody，locus，and interactional function. *Journal of Pragmatics* 173，148–166.

Hunston，S. & G. Thompson. 1999. *Evaluation in Text：Authorial Stance and the Construction of Discourse*. Oxford：Oxford University Press.

Ninio，A. & C. E. Snow. 1996. *Pragmatic Development*. Boulder：Westview Press.

Tomasello，M. 2003. *Constructing A Language：A Usage-Based Theory of Language Acquisition*. Harvard：Harvard University Press.

（原文刊于《语言战略研究》2023年第3期）

汉语 N_1VN_2 型复合词的构式解读 *

宋作艳

提要：N_1VN_2 型复合词的生成机制、层次结构等存在很大争议。本文引入构式理论和构式语块分析法，认为这个词法模式已成为词法构式，具有非组合性、规约性和非派生性。其主功能是根据功用命名事物，次功能是构建三级概念层级，倾向正式书面语体。其结构不是二分的 N_1V/N_2 或 N_1/VN_2，而是三分的 $[N_1+V+N_2]$，对应语块链[功用对象/结果+功用+事物]，V与左右成分语义关系都很紧密。新词语不是转换生成，也不是逐层组合生成，而是根据图式构式整体生成、整体理解。构式视角研究直接从表层入手，立足整体，采用上下互动整合的分析策略，对外比较相关构式确定该词法构式的特点与价值，对内区分典型性不同的构例，可以解释一些遗留问题，揭示此类复合词的内在一致性和更多特点。

关键词：构式词法；构式语块分析法；组块理论；图式；整体性

“纸张粉碎机”类 N_1VN_2 型复合词①一直是研究热点，充满争议。本文梳理争议的焦点问题，分析争议背后的理论分歧与局限性，然后引入构式理论和构式语块分析法证明这类词已形成词法构式，进而进行构式分析。

1. 争议的焦点及存在的问题

早期争议的焦点是生成机制，后来是层次结构。生成机制之争是核心，层次之争是其延续和表象化。争论的结果是在两个焦点问题上都呈现出折中处理的趋势。

1.1 生成机制之争：转换生成、基础生成还是二者共存？

1.1.1 转换生成说

转换生成说有两个共同点：一是都设定底层，底层转换生成表层复合词；二是都是动词视角，聚焦动词为中心的论元关系。但各家在底层设置（SVO、VON或“VO的N”）、移位操作（移不移？谁移？移几次？）和移位动因（重音规则、词法对论元次序的指派、去动词化、核心靠近、语义驱动的联系项居中）等问题上都有分歧，下面介绍有代表性的几家观点。

---

* 本文得到国家社科基金一般项目“基于构式形态学的汉语词法研究”（19BYY032）的资助。论文初稿曾在澳门大学中国语言文学系报告过（线上，2022年4月27日），承蒙徐杰、袁毓林、王铭宇、张帆等诸位老师指教，谨致谢忱。衷心感谢匿名评审专家提出的详细意见和建议。

① 这类词常被称为合成复合词（synthetic compound），但与英语合成复合词（如truck driver）不同，N_2 不一定是词缀，而且这一概念引入汉语研究后扩展到了所有含动词成分的定中复合词（顾阳、沈阳，2001），故本文不用这个术语。这类词还常被称为动宾饰名复合词，用OVN标记。为了避免先入为主，除了相关研究介绍，也不用此术语和标记。

Duanmu（1997）认为底层是 VON，汉语重音规则使双音步 VO 中的 O 前移。顾阳、沈阳（2001）认为底层是论元结构，其底层句法结构形式为 SVO，V 提升到 S 前，O 又提升到 V 前生成 OVS。例如，“汽车修理工”的底层是“工修理汽车”，动词“修理”提升到“工”前，“汽车”又提升到“修理”前。

（1）
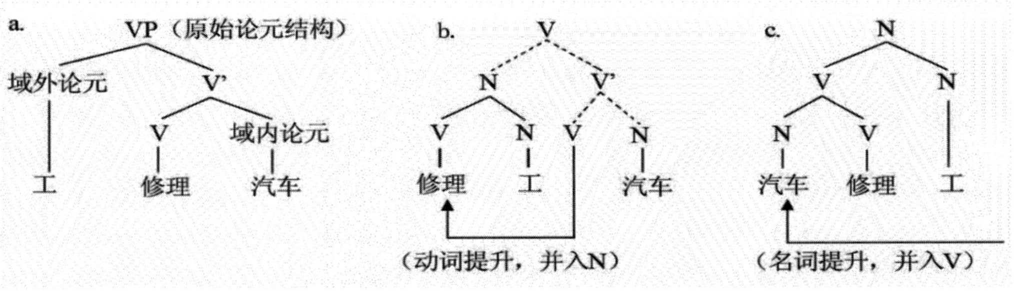

何元建（2004）则认为词结构不能从句法结构中衍生出来，两次移位也不经济。他主张词法与句法都以论元结构为底层，只是论元次序相反：词法是左分支，句法是右分支。无序的论元结构分别生成复合词 OVS（如“论文指导教师”）和句子 SVO（如“教师指导论文”）。这一方案相比确实简明，但周韧（2006）发现“词法与句法对论元次序的指派相反”这一假设不具有跨语言的普遍性，此类复合词的共性是 V 都有去动词化（deverbalization）倾向，英语中是动源名词（deverbal noun）。周文提出，是 V 因为“去动词化”和“核心靠近”原则后移，例如，“语言获得装置”是“获得”移位到“语言”后生成的。

（2）
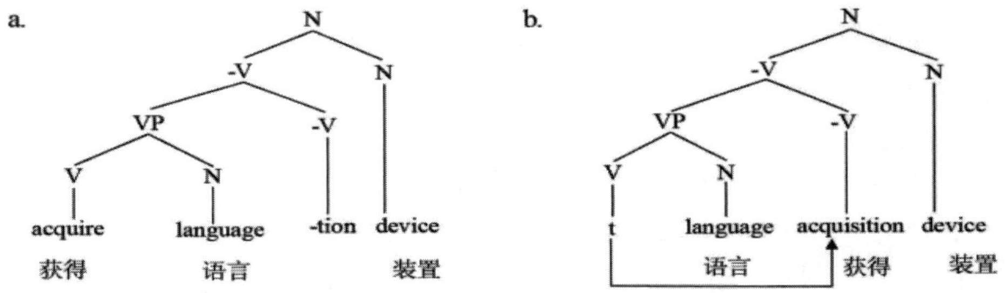

以上研究都假设，VO 是底层动宾。与之不同，刘云、李晋霞（2002）、陈玉洁（2006）都认为，OVN 是由“VO 的 N”转化而来。也就是说 VO 是表层动宾，论元结构生成表层句子，句子关系化为“VO 的 N”，然后再转化为 OVN。陈玉洁（2006）进一步指出，转化是语义驱动的，当语义要求表称谓性时，“的”字不能出现，V 居中成为联系项。

1.1.2 基础生成说

基础生成说都反对底层假设，主张直接从表层入手，成分逐级组合生成 N_1VN_2，但在组合顺序上有分歧。

石定栩（2003）主张 N_1 修饰 V 组成复合词，然后一起修饰 N_2。因为 N_1 是 V 的论元，关系更密切。如（3）所示，“汽车”修饰“修理”组成复合词，然后一起修饰“工”；而“本地”并非“修理”的论元，不与之直接发生联系，而是修饰复合词“修理工”。程工、周光磊（2015）的观点类似，只是基于分布式形态学，认为生成过程的基本操作是合并，参与操作的是词根，不含词类特征。如“√制造”是词根，格特征核查决定了“谣言”不能做其宾语，只能并入其内部与之成为一个整体“谣言√制造”。然后，与定类语素“者”合并生成“谣言制造者”。

（3）

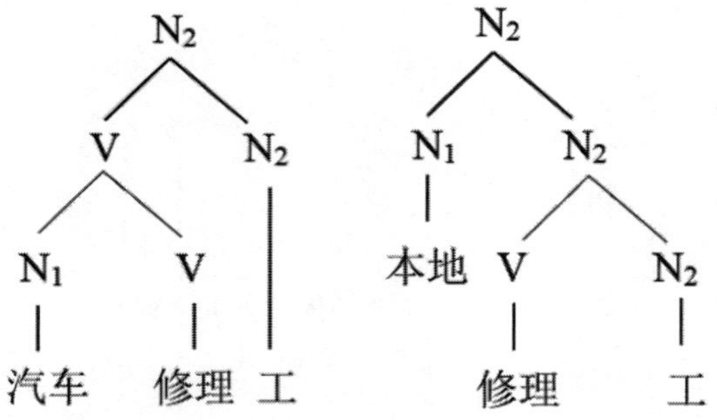

王洪君（2008：303—305）指出，转换生成说着眼于底层论元结构，忽略了表层语法关系和语法成分。她主张从语言各级单位的获得模式入手，基本词先行组织，通过逐层添加修饰语构词。比如，先有“粉碎机”，再附加修饰语“纸张”构成“纸张粉碎机”，从而与“饲料粉碎机、垃圾粉碎机”等相区别。柯航（2012：140—142）与程璐璐（2019）也持这一观点。

1.1.3 共存说

应学凤（2019）区分了原生式和附加式两类，原生式是“VO 的 N”转化来的，附加式是 VN 前附加 O 生成的。VN 可能是由动词直接作定语构成的，也可能来自原生 OVN 的重新分析。这两类实际上分别对应转换生成和基础生成的“基本词先行组织说”。

1.2 层次结构之争：N_1V/N_2、N_1/VN_2 还是二者共存？

层次结构之争实际上是生成机制之争的延续和表象化，生成观不同，层次切分随之不同：主张转换生成的都赞成右切的 N_1V/N_2，主张基础生成的大都赞同左切的 N_1/VN_2。其实，关键在于是否认为 N_1 是 V 的论元。石定栩（2003）主张基础生成，但赞成右切，就是因为认为二者是论元关系。层次划分的主要依据是语义关系紧密度，若着眼于以动词为中心的论元关系，N_1 是 V 的客体，二者语义关系更紧密；若着眼于以名词为中心的属性关系，V 表 N_2 所指事物的属性，且最靠近 N_2，二者语义关系更紧密。

研究发现，两种切分都有一些反例不好解释，反映出相应生成机制存在问题。我们将这些反例归纳为四组，如（4）[①] 所示，前两组不适合左切，后两组不适合右切。A 组词中的“防治研究中心、开发管理办公室”作为实体不存在（周韧，2007），“征求稿、缺乏病”作为词很罕见，B 组词中的 VN_2“修理设备”等单看倾向动宾（邢福义，1994；裴雨来等，2010；应学凤，2019），两组词中的 VN_2 都不宜看成“基本词先行组织”。C 组中的 V 是述宾式不及物动词，D 组中的 V 是非宾格动词（形容词或非自主性不及物动词），N_1V“空

① 本文例词来自前人文献、BCC 语料库、CCL 语料库和网络文本。

气清新”等单独看是主谓。两组词中的 VN_1 都难以理解为由动宾转化而来，因为相应的 VN_1 不成立。

（4）A. 乳腺病防治研究中心、矿产资源开发管理办公室、意见征求稿、碘缺乏病

B. 汽车修理设备、路灯维修电话、中药收购店铺、房屋出售资料、古迹介绍专家

C. 新闻播音员—* 播音新闻、手机充电器—* 充电手机、蔬菜切丝机—* 切丝蔬菜

D. 空气清新剂—* 清新空气、植物生长剂—* 生长植物、硬币消失器—* 消失硬币

两种切分都难以一以贯之，唯一的选择似乎是承认两种层次都存在。问题是为什么两种层次结构都成立？裴雨来等（2010）、应学凤（2019）都归因于韵律。应学凤（2019）结合以往研究进行了总结，认为一般两种切分都可以，有的只能左切或右切，有的怎么切都不合适；具体词的切分受韵律、语义、修饰语位置、频次、歧义性等因素影响。例如：

1）N_2 为黏着语素的只能是 N_1/VN_2，因为 VN_2 是韵律词，如“汽车 / 修理工”；N_2 为词的两可，如“血液采集车”。

2）N_2 是 V 的施事的只能是 N_1/VN_2，如“研究生 / 指导教师—* 研究生指导 / 教师”。

3）附加修饰语加在 N_2 上会影响 V 与 N_2 的语义联系，层次为 N_1V/N_2，如“蔬菜批发 / 总公司”；加在 N_1 或 V 上会淡化或阻碍二者联系，层次是 N_1/VN_2，如：“乡镇企业 / 发展规划、数据 / 远程删除装置”。

4）“纪律检查”更常见，故是“纪律检查 / 委员会”；“修理设备”倾向述宾，故是“汽车修理 / 设备”。

5）VN_2 罕见，N_2 是黏着语素，造成层次结构怎么切都不自然，如“意见征求稿”。

1.3 研究中存在的问题

两种生成观和层次切分都有不能解释的例外，走向共存说。共存说只是一种折中、便宜的处理策略，而不是解释。同一类词用完全对立的两种生成机制解释，逻辑上说不通。而且，没有可操作性的方法判断哪些是转换生成的，哪些是基础生成的。同一类词层次结构不同，无法通过结构把握整体，违背了层次划分的初衷，是否是同一类词都值得怀疑，何况有些词两种切分都不合适。我们认为，有两个关键问题需要深入探讨。第一，争论背后的理论分歧需要梳理清楚。第二，既然两种生成机制都有不能解释的例外，说明它们很可能有相同的局限性，需要另辟蹊径，寻找新的解释。我们发现，两种生成观的根本分歧是研究从底层还是表层入手，视角、层次结构随之对立（如表 1 所示）。它们共同的问题是着眼于成分，忽略了整体，这一点突出表现在层次划分上。

表 1 转换生成与基础生成的分歧

机制	分歧					
	层面		视角		层次结构	
	底层	表层	动词视角：论元关系	名词视角：属性关系	N_1V/N_2	N_1/VN_2
转换生成	+	−	+	−	+	−
基础生成	−	+	−	+	−	+

1.3.1 基于底层研究存在的问题

转换生成说关注底层动宾结构以动词为中心的语义关系（论元关系），是动词视角；基础生成说关注表层定中结构以名词为中心的语义关系（属性关系），是名词视角。不少研究的视角是杂糅的，承认 N_1V 是定中，同时认为 N_1 是 V 的论元。所以，有必要论证研究应该着眼于底层还是表层。底层假设有助于揭示不同的语言格式之间的语义关联，但也存在一些问题。

首先，忽略了表层结构和语法关系的作用。王洪君（2008：303）已经敏锐地指出这一点：假设复合词与句子有相同的论元结构，忘记了论元结构反映的是动名之间的语义关系，进入句子或词还要获得语法关系；论元角色与语法成分不在一个层面，不能说明表层结构中成分的身份，底层是宾语的在表层可能是定语。成分间有多种潜在的语义关系，实现哪种语义关系要看表层结构（宋作艳，2022a）。名词和动词有潜在的论元或属性关系，“工人修理汽车”实现的是动词为中心的论元关系，“工人、汽车”分别是“修理”的“施事、受事”；“汽车修理工人”实现的却是名词为中心的属性关系，“汽车、修理”都表“工人”的属性。

其次，底层假设离不开对表层的分析，且不经济，缺乏共识。不管移位的动因是什么（重音规则、去动词化、语义驱动等），都是基于对表层的观察，是由果索因。底层不能自由转换生成相应的 N_1VN_2，如“张三修理汽车—修理汽车的张三—* 汽车修理张三；工人乘坐汽车—乘坐汽车的工人—* 汽车乘坐工”。不管添加什么限制条件（比如中心语不能是专名、动词表功用等），都是观察表层复合词得到的。既然如此，不如直接从表层入手。基于不同表层观察提出不同假设，有特设、循环论证之嫌，以致转换生成派内部分歧很大，难以达成共识。

再次，转换生成说无法解释 V 是不及物动词或形容词的 N_1VN_2（见 4C、4D），因为底层动宾 VN_1 不成立。

此外，专注于底层，忽略了基于表层的细致考察，对此类复合词的共性与差异挖掘不够。顾阳、沈阳（2001）、何元建（2004）都根据中心成分的论元角色做了分类，如“汽车修理工（施事）、纸张粉碎机（工具）、皮肤滋润霜（材料）、食品加工厂（处所）”。但这种分类没有揭示此类复合词的根本差异，反而掩盖了其共性：中心成分倾向指凸显功用的人造物或职业。“空气净化器、空气清新剂、手机充电器、碘缺乏症、难民救济问题、污水处理过程”之间的差异却未引起充分关注。不同研究涉及的研究对象范围不同，是造成分歧的原因之一。

1.3.2 成分分析模式存在的问题

基础生成说是从表层入手，但自下而上逐层组合的成分分析模式无法解释例（4A）（4B），其中的 VN_2 不宜看成“基本词”。成分分析模式也不能解释为什么有些 VN_2 或 N_1V 没有整体复合词 N_1VN_2 常用，而且后出现。如表 2 所示，“血液化验、化验室”比“血液化验室”使用频次高，“新闻播音员”情况类似；“粉碎机”也比“饲料粉碎机”使用频次高。但独用[①]的“检查委员会、处理厂”没有“纪律检查委员会、污水处理厂”使用频次高，“清新剂”未见独用的例子。“饲料粉碎、纪律检查、污水处理”也没有对应的整体复合词频次高，“空

① “独用”指作为独立句法单位充当主语、宾语、组合式偏正结构的定语或中心语，不做复合词或粘合式偏正结构的定语或中心语。

气清新”是主谓结构。事实上，N_1VN_2的出现并不以N_1V或VN_2为前提。BCC历时检索语料库显示，“饲料粉碎机”在《人民日报》中首见于1956年，“饲料粉碎”首见于1958年。“空气清新剂”1991年出现，1997年才有单用的“清新剂”。上述问题促使我们反思：整体复合词真的是成分逐层组合生成的吗？听话人是逐层理解的吗？有没有可能直接根据N_1VN_2生成，所有成分一起出现后作为整体理解？

表2 部分N_1VN_2型复合词及其相应的N_1V、VN_2在CCL语料库中的出现频次

例词	N_1V	VN_2	N_1VN_2
血液化验室	36	179	0
新闻播音员	11	450	7
饲料粉碎机	0	84	19
纪律检查委员会	22	5	866
污水处理厂	379	6	878
空气清新剂	0	0	28

转换生成说与基础生成说多方面对立，但也是成分分析模式。转换不仅改变了表层，而且使成分脱离了整体。两派的共性集中表现在层次观是一样的，都是结构主义的直接成分分析法，即逐层二分模式。两种层次划分各有不能解释的例外，两种层次共存说不能反映此类复合词的共性，违背了层次划分的初衷。这同样促使我们反思直接成分分析法的前提假设——成分逐层组合成整体——是否成立。多数情况下两种层次都可以，恰恰说明V与N_1、N_2的语义关系都很密切，不必择其一先组合。二分法也无法解释怎么二分都不合适的词。而且，拘泥于二分使得划分层次的依据、手段往往着眼于成分或成分组合，忽略了整体复合词。

修饰语位置、韵律、频次、歧义性等一定程度上反映了成分间语义关系的紧密度，但根本上影响、反映的是成分组合作为独立使用单位——复合词或短语的合法性与规约性。复合词首先必须是一个韵律词（冯胜利，1996），频次反映的是单位的规约化程度。不是韵律词、不常见、有歧义不代表不能做构词成分。“修理设备”单看倾向动宾，但在整体复合词中恰恰相反，不能理解为动宾。通过部分作为独立单位的适切性来判断整体切分的适切性，会导致相似的复合词有不同的层次。比如，“汽车修理工”只能左切，“汽车修理厂”两可，就因为“工”是黏着语素，“厂”是词；“古迹/研究专家”与“古迹介绍/专家”层次不同，就因为“研究专家”常见，“介绍专家”不常见；“汽车修理/设备”与“汽车/修理工具”层次不同，就因为“修理设备”倾向述宾，“修理工具”倾向定中。

根据能否插入“的”来判断语义关系紧密度看似是简便的形式化手段，本质上是变换分析。不含“的”是N_1VN_2的重要特点，一旦加“的”，表层形式变了，成分也脱离了整体。合法与否可能受其他因素影响，不一定反映语义关系紧密度，具体词层次划分的分歧往往源于此（裴雨来等，2010；柯航，2012：140—141）。比如，“意见的征求稿”不能说是因为“征求稿”不能说，“心理辅导的师”不能说是因为“师”不成词。“心理辅导的教师”能说，“研究生指导的教师”不能说是因为“研究生指导”容易理解为主谓；“心理的辅导教师”别扭，“研究生的指导教师”可以说，是因为后者可以解读为领属（原词本身并无领属义）。据此把“心理辅导 / 教师、研究生 / 指导教师”分为两种层次不合理。

2. 构式理论及其启示

以往研究对表层与整体关注不够，因此我们引入了强调表层和整体的构式理论，以及基于构式语块分析法的构式层次观。

2.1 构式的内涵与研究策略

构式语法认为语言的基本单位是构式，构式是形式—意义对（form-meaning pair），其形式或意义的某些特征不能从其组成成分或已经建立的其他构式中完全预测出来（Goldberg，1995：4）。有些语言模式即使可以充分预测，只要出现频率足够高，也作为构式存储（Goldberg，2006：5）。从上述定义可以看出，构式具有非组合性（non-compositionality），不是其成分的简单组合，而是一个整体；构式具有非派生性（nonderivational），作为整体在与其他构式的区别中显示独立价值；构式具有动态浮现性和规约性，随着高频使用得以固化（entrenchment）、规约化（conventionalization），作为一个整体存储并调用。构式作为一种语言知识，是在语言使用中浮现出来的。规约性不一定表现为高频，但高频会促进规约化。所以，能产的词法模式、句法模式都是构式。总而言之，构式具有整体性（holistic property），具体表现为非组合性、非派生性和规约性。三者都是充分条件，满足其一就是构式。非组合性不是必要条件，非派生性与规约性是必要条件。非组合性与非派生性都意味着形式与意义的配对具有规约性，所以简而言之，构式是“具体语言系统中的规约化的形式—意义对”（施春宏，2021）。形式包括语音、韵律结构、形态、句法特征、成分序列等，意义包括语义、功能、语用、语体特征等（Croft，2001：18；施春宏，2021）。

鉴于构式的上述特点，构式语法的研究策略是基于表层进行概括，立足整体进行还原。构式语法（Goldberg，1995：3；Goldberg，2006：19-44）反对派生，否认存在底层，认为构式是单层的（monostratal），意义直接与表层结构联系，形式有差别意味着意义有差别。并由此提出了表层概括假设（surface generalization hypothesis），主张相互释义的格式宜根据表层格式的自身特征进行独立分析。与生成语法不同，构式研究更关注不同格式之间的差异而不是共性和派生关系，主张基于已有构例（instance）概括图式构式（schematic construction），说明其形式与意义之间的关系，为新构例的创造提供模板；通过相关构式比较，概括特定构式成为一个独立构式的形式和意义特点，进而探讨为什么有这样的特点。整体性是构式理论的核心，构式是个完形（gestalt），作为整体被存储，有独立的意义和功能，不是成分义的简单相加（Booij，2010：1—11；Booij，2018）。所以，构式分析强调自上而下，从整体到部分，同时上下互动整合。

从构式角度看，N_1VN_2 型复合词是独立的形式意义配对体，不是语素或词的简单组合，也不是从 SVO、VON 或“VO 的 N”派生来的。N_1V 并非倒置动宾，顺序是重要的语法手段，顺序不同，语义关系也随之不同。成分的意义与功能由整体构式决定，N_1VN_2 整体上是根据属性命名事物，决定了 V 不陈述动作，N 也不是论元，以 V 为中心的论元关系只是潜在的。

研究应着眼于表层定中结构关系以及以 N_2 为中心的属性关系，采用名词视角。

2.2 构式语块分析法与构式的层次观

根据 Miller（1956）的组块理论（Chunk Theory），短时记忆限制大脑运用语言进行编码和解码所能容纳的离散块最多是七块左右。一个语言表达形式作为整体看似是由若干个语素或词组合而成，实际上从上到下只能被识解为有限的语块。一个语块是一个整体，其内部结构可以暂时“视而不见”。组块理论在整体观和自上而下的分析策略上与构式理论是一致的，故被引入构式研究，促生了构式语块分析法。语块是构式的组成单位，指“一个构式中以一定的句法形式相对独立地承担该构式的一个语义单元的句法语义聚合体”（苏丹洁、陆俭明，2010）。语块本质上是语义块，与构式是“部分—整体”关系；语块反映构式的语义配置，语块序列形成线性链的语块链，表达构式义（苏丹洁，2012）。构式根据语块切分，有几个语块就几分，不限于二分，而且分出的语块在一个平面上，只有一层（陆俭明，2016）。这样，构式就是扁平结构，方便记忆和即时处理。构例并非逐层组合生成、逐层理解，而是根据构式整体生成、整体理解。陆丙甫（2008）的直系成分分析法也持类似观点，如“[大型[白色[自动[塑料[洗衣机]]]]]”中的定语类似并列关系，顺序仅显示定语与中心语的语义紧密度不同。听者不会按层次一步步去理解，先组成“塑料洗衣机”，再组成“自动塑料洗衣机”，以此类推；而是把每个定语当作独立的板块存储在短时记忆中，等听到核心名词时再一下子把所有成分组成一个整体理解。

受构式语块分析法启发，我们认为 N_1VN_2 型复合词可分为三个语块：功用对象或结果 + 功用 + 事物。三个语块与整体复合词直接联系，不是邻近的两个先组合，V 与 N_1、N_2 的语义关系都很密切。三分格局具有心理现实性。一则，这类复合词的缩合往往是在三个语块上各取一个音节，说明存在三个相对独立的语义单元，因为缩合语往往从每个意义段上各取一个成分（王吉辉，2001：148）。如：

（5）干部 / 培训 / 班—干训班　证券 / 交易 / 所—证交所　婚姻 / 介绍 / 所—婚介所
土地 / 改革 / 委员会—土改委　汽车 / 修理 / 厂—汽修厂　房屋 / 管理 / 局—房管局
旅客 / 运输 / 站—客运站　纪律 / 检查 / 委员会—纪检委　空气 / 调节 / 机—空调机
奥林匹克运动会 / 申办 / 委员会—奥申委 / 会　高级职称 / 评审 / 委员会—高评会

除了“纪律检查委员会、空气调节机 / 器”可分别简称“纪委、空调”，其他缩合形式都是三音节，说明三分是最基础、最稳定的格局。二则，韵律要求、语块的形式类（语类范畴）要求都是根据语块提出的。常见的韵律模式是三分的，即：2+2+2、2+2+1；语类序列为 N_1+V+N_2，语义、语类和韵律三个层面的成分对应整齐。三分格局可以揭示纷乱的层次背后的一致性。首先，语块是语义块，复合词中的语块可以由语素、单纯词、复合词等呈现。N_1、V、N_2 各是独立语块，与 N_1V、VN_2 的韵律、规约化、频次、歧义性无关。这样，相似的词结构一致，“汽车修理工—汽车修理厂、古迹研究专家—古迹介绍专家、汽车修理设备—汽车修理工具”都是三分的。怎么二分都不合适的“意见征求稿”三分后无论韵律模式还是语类序列都与同类词一致。其次，二分格局会因为附加修饰语的位置而变化（应学凤，2019），三分格局不会。修饰语不会改变语块的形式类，加在哪个语块上就属于哪个语块。也就是说扩展只限于语块内部，不会改变构式的语块配置模式。如“蔬菜 / 批发 / 总公司、乡镇企业 / 发展 / 规划、数据 / 远程删除 / 装置、有机蔬菜 / 节本高效栽培 / 新技术”。

图 1 的梯形可以分为三个基本图形：一个矩形和两个三角形。也可以二分为左边一个梯形和右边一个三角形，或者左边一个三角形和右边一个梯形。梯形进一步分为一个矩形和一个三角形。三分是最直观、最容易识别的，切出的图形是最基本的。整个梯形是个独立的整体，具有完形性。三分并不意味着梯形由三个图形组合而成，分割的虚线只是为了帮助我们了解其结构。N_1VN_2 型复合词就是一个类似这样的三分构式。

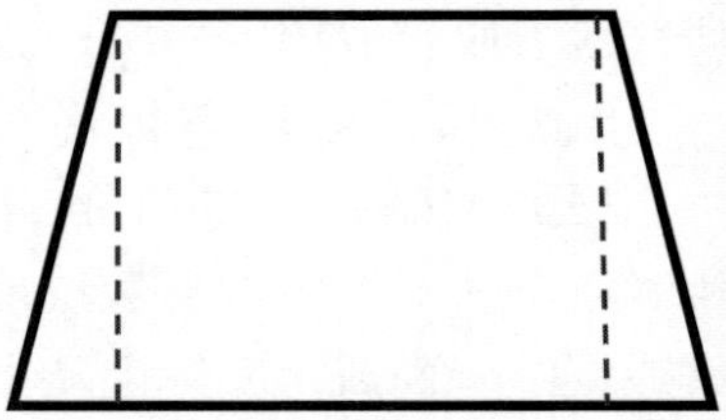
图 1 三分的梯形

3. N_1VN_2 型复合词的构式理据

非组合性、规约性与非派生性满足其一就是构式，N_1VN_2 型复合词三个条件都满足，整体性很强。

3.1 非组合性

N_1VN_2 型复合词的非组合性首先表现在命名功能不能由成分完全预测。"修理汽车的工人"不一定是"汽车修理工"。"汽车修理工"是职业名称，指"专门修理汽车的工人"。非组合性突出表现在构式压制（construction coercion）上：构式会对成分施加压力，使之凸显某个方面的意义以与构式契合；或者激发成分的潜能，使之产生跟构式相关联的意义或功能（Goldberg，1995：238；施春宏，2012）。构式压制是有条件的，只能压制那些表面上与构式冲突、实际上有契合之处的成分。词语间的语义关系是多样的，在不同构式中凸显不同关系（陆俭明，2012）。比如，"修理、设备"在"修理设备"中凸显论元关系，在"汽车修理设备"中则凸显功用关系。"空气净化剂"中的"净化"表功用，而"空气清新剂"中的"清新"不能直接表功用，但可以表达功用的效果。在构式压制机制作用下，通过效果转指功用的转喻来满足构式的要求。功用解读来自构式，无法从成分获得。

3.2 规约性

高能产性是词法构式整体性特征的重要表现（Booij，2010：50），N_1VN_2 型复合词在高频作用下已规约化为一个构式，作为整体存储并调用。新词语直接参照整体图式构式生成，而不是逐层组合而成。证据之一是有些 N_1VN_2 先于 N_1V、VN_2 存在，证据之二是前者使用频次比后者高（见表 2）。如图 2 所示，独用的"处理厂"[①] 在"污水处理厂"之后出现，且频次一直远远低于后者。如果与"N 处理厂"相比，差距更大。而且，有些"处理厂"并非上位概念，而是"N 处理厂"的简称，如：

① 语料来自 BCC 历时检索语料库，从第 1 例出现的时间开始统计，选取了部分年份。"N 处理厂"包括"垃圾处理厂、废水处理厂"等；"污水处理 N"包括"污水处理池、污水处理装置"等。

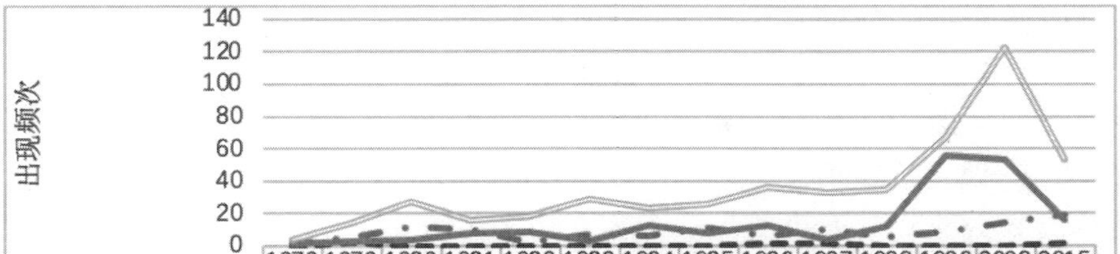

	1978	1979	1980	1981	1982	1983	1984	1985	1986	1987	1988	1996	2008	2015
处理厂	0	2	0	0	0	0	0	0	1	1	0	0	0	1
污水处理	1	5	12	10	2	7	6	11	6	10	5	9	14	19
污水处理厂	1	3	4	8	9	3	13	8	13	4	12	56	53	16
污水处理N	4	14	27	16	18	29	23	26	36	33	35	67	122	53

图 2 “处理厂、污水处理”与“污水处理厂、污水处理 N”的出现频次对比

（6）记者来到位于斯德哥尔摩南城的亨利谷污水处理厂参观，对那里的高效、科学污水处理系统印象很深。从外面看，处理厂很小，只有寥寥几幢房子，进去之后才知道，整个处理厂都是埋在山底下的。

“污水处理”也没有“污水处理 N”常用。先于其部分 VN_2、N_1V 出现，且更常用，说明 N_1VN_2 作为一个独立的整体构式存储在大脑中，已成为汉语语言知识的一部分。“污水处理厂”是直接根据这个构式生成的，而不是先有“污水处理”或“处理厂”。相反，后者是伴随“N 处理厂、污水处理 N”大量出现和高频使用而独立为词的，是逆构词（back-formation）。

如图 3 所示，“饲料粉碎”比“饲料粉碎机”出现得晚，也没有后者常用。“粉碎机”与“N 粉碎机”同时出现于 1956 年，一开始前者频次低于后者，1966 年才反超。“粉碎机”往往也是简称，特指最常见的“饲料粉碎机”或其他具体的粉碎机，而不是泛指各种粉碎机。即便“粉碎机”已独立为上位词，新词语也不见得是通过前加修饰成分组合而成。如“纸张粉碎机”不一定是在“粉碎机”前加“纸张”生成的，可以直接根据 N_1VN_2 生成，理解为“专门粉碎纸张的机器”，而不是“专门粉碎纸张的粉碎机”。也可能是用“纸张”替换“饲料粉碎机”中的“饲料”生成的，是基于整体的部分替换，而不是逐层组合。

	1956	1957	1958	1959	1960	1961	1962	1963	1964	1965	1966	1967	1968	1969	1970	1971	1972	1973	1974	1975	1976
粉碎机	1	7	19	22	33	2	3	7	1	7	13	1	3	6	28	28	40	31	12	17	6
饲料粉碎	0	0	1	6	37	0	0	0	0	0	1	0	0	3	2	13	11	10	5	8	1
饲料粉碎机	1	2	20	9	49	2	0	0	3	11	7	0	0	5	7	14	18	13	6	15	1
N粉碎机	3	6	40	31	51	2	3	1	5	11	7	0	0	6	13	16	19	13	6	17	2

图 3“粉碎机、饲料粉碎”与“饲料粉碎机、N 粉碎机”的出现频次对比

退一步说，即使 N_1VN_2 最初是逐层组合生成的，只要足够能产，就会形成独立的合并图式（unified schema）构式。NV、VN 和 N_1N_2 都是汉语中的构词模式，如“环境保护、经济建设；打印机、加工厂；汽车厂、豆浆机”。前两个构词图式可以分别进入第三个图式 N_1、N_2 的位置，与之合并为一个复杂图式：

（7）$[N_1V]N+[N_1N_2]\ N=[[N_1V]NN_2]\ N$　$[VN]\ N+[N_1N_2]\ N=[[N_1[VN_2]N]\ N$

只要足够高频，N_1VN_2 就会成为一个独立的合并图式。语言使用者可以直接根据整体图式生成复杂的复合词，不需要经过中间阶段 N_1V 或 VN_2，所以即使二者不能独用、不合法、晚出现也没关系。比如，“硬币消失器、意见征求稿”都合法，尽管“意见征求”很罕见，“消失器、征求稿”尚未形成整体概念、独立为词。我们可以造出并理解“建议征求稿、苹果消失器”，尽管它们都不存在，也说明我们大脑中有 N_1VN_2 构式。该构式的结构模式可以简单看成一个由 N_1、V、N_2 组成的线性序列，以 N_2 为中心。作为整体，不再进行层级组合，扁平化为三分结构，结构关系也不明朗，“去层级 / 弱层级、去关系 / 弱关系”是构式的重要特征（詹卫东，2021）。当然，并非每个现有词都是根据图式构式生成的，因为它可能是在构式形成前逐层组合而成的。特定词到底是如何生成的，需要具体分析，做历时考察。N_1V 或 VN_2 单看不合法的、晚出现的只能是根据构式生成的，如“空气清新剂、硬币消失器”。在构式图式形成后，就算 N_1V 或 VN_2 更高频、先出现，也可以是整体生成、整体理解的。比如，“检验员”早已有之，但“核酸检测员”依然可以是根据构式整体生成的，命名一种新职业。整体理解为“专门检测核酸的人员”，不一定要理解为一种检测员，即“专门检测核酸的检测员”。再比如，“病例自助打印机、核酸快速检测试剂盒”也可以是整体生成，尽管“打印机、检测试剂盒”出现在前。英语中的 denuclearize 和 decaffeinate 就是分别根据合并图式 [de-[N-ize]v] 和 [de-[N-ate]v] 生成的（Booij，2010：44）。母语者可以直接在一个动词上同时添加前缀 de- 和后缀 -ize/-ate 创造新词语，而不是逐层添加。nuclearize、caffeinate 是逆构词的结果，很少用，合法性待定。通过逆构词产生的 militarise 没有 demilitarise 的使用频次高（马丁・休伯特，2016：110）。

3.3 非派生性

特定构式不是由其他构式派生来的，但其特点和价值只有在与相关构式的差异中才能凸显（施春宏，2021）。N_1VN_2 型复合词与“VN_1 的 N_2”、VN_1N_2 有一定释义关系和可替换性，但其构式特征不能由后者完全预测（如表 3 所示）。

表 3 N_1VN_2 的构式特征

构式特征		相关构式		
		N_1VN_2 纸张粉碎机	VN_1 的 N_2 粉碎纸张的机器	VN_1N_2 碎纸机
功能	功用命名	+	–	±
	书面正式语体	+	–	–
	通过聚类构建三层概念层级	+	–	–

续表

构式特征		相关构式		
		N_1VN_2 纸张粉碎机	VN_1 的 N_2 粉碎纸张的机器	VN_1N_2 碎纸机
形式	V 居中	+	−	−
	V 倾向及物，可以不及物	+	−	−
	N_1、V 不能是单音节	+	−	−
	N_2 可以是黏着语素，不能是专名	+	−	+
	成分不接受轻声、儿化	+	−	−

N_1VN_2、VN_1N_2 都有根据功用命名的功能，“VN_1 的 N_2”没有。N_1VN_2 倾向书面正式语体，多用来命名专业性强的事物，多用于书面语和正式场合；VN_1N_2 则是通用语体，多用来命名日常事物，多用于口语和非正式场合（王永娜，2015）。如：

（8）地面清扫机—扫地机 蔬菜切割机—切菜刀 作业登记簿—记作业本儿

稿件评审专家—* 稿子评审专家 货物销售员—* 货物销售员儿—售货员儿

N_1VN_2 主要是功用命名，而 VN_1N_2 涉及的属性更宽泛，如“抗日片、绣花鞋、食蚁兽、注水肉”。相应的“日本侵略反抗片、花纹刺绣鞋、蚂蚁食用兽、清水灌注肉”都不能说。N_1VN_2 有构建三级概念层级体系 N_1VN_2—VN_2—N_2 的功能，VN_1N_2 没有。不过，中间层级 VN_2 并非“分类”产生的，而是“聚类”，表达缺乏完形性的上位范畴。N_1VN_2 与 VN_1N_2 都能显示功用对象或结果，表达具体功用。具体功用的实现需要事物有特定的构造，形成特定的形状，具有完形性，能被整体感知，因此两类词都表达基本层次范畴。如“纸张粉碎机、碎纸机”都可以在大脑中唤起有完形性的意象。自主性不及物动词也倾向表达具体功用，因此 ViN 也表达基本层次范畴，如“游泳池、休息室”也能唤起有完形性的意象。而及物动词往往表抽象功用①，VtN 倾向表达上位范畴。上位范畴缺乏完形性，但有凸显功能（highlighting function）和汇集功能（collecting function）（弗里德里希·温格瑞尔、汉斯-尤格·施密特，2009：88—91）。上位范畴凸显范畴普遍的显性特征，把它们汇集在一个标签下，使之层级化、体系化。N_1VN_2 中的 V 通常是及物动词，VN_2 倾向表达上位范畴。如“粉碎机”不能在大脑中形成整体意象，只能激活某种具体粉碎机的意象。同样，“污水处理厂”有完形性，而“处理厂”没有。随着“饲料粉碎机、砖头粉碎机、纸张粉碎机、光盘粉碎机”等大量“N 粉碎机”出现，“粉碎机”才呈现出汇集功能，成为独立概念，构建概念层级“饲料粉碎机—粉碎机—机”。新词语根据整体构式生成，先于 VN_2 存在，且使用频次更高，不只是因为 N_1VN_2 已规约化为，范畴层次上的差异是一个重要原因：上位范畴 VN_2 只能在基本层次范畴 N_1VN_2 之后聚类产生。“开发管理办公室”虽没有实体，但可以作为“矿产资源开发管理办公室、房地产开发管理

① 如果功用对象是泛指的，VtN 可以表达基本层次范畴，如“化验室、轰炸机、打印机、放大镜”。相关的 N_1VN_2 是下位范畴，出现频次低，同样可以整体生成、整体理解（见 3.2）。

办公室”等的虚体上位概念。如果 N_1 没有替换性，就无法通过聚类形成中间层级，如“征求稿、消失器”尚未成为上位概念。

N_1VN_2 的首要功能是命名，作为独立命名模式是三分的，V 与左右成分关系都很紧密。在对比语境中凸显对 VN_2 或 N_2 的分类时，才会倾向二分，分别重读 N_1 和 V。如“我要买纸张 / 粉碎机，不是光盘 / 粉碎机；我要买纸张粉碎 / 机，不是蔬菜切割 / 机”。二分有两种可能与韵律、频次等无关，而是凸显不同概念层级使得 VN_2 或 N_1V 看起来语义关系更密切。概念的组织是层级性的，N_1VN_2 型复合词满足这一需求。

构式有自己的要求，表现为对成分有限制或偏好（马丁 · 休伯特，2016：23—27）。N_1VN_2 的形式特点首先是 V 居中。与“VN_1 的 N_2”相比，N_2 可以是黏着语素，不能是专名；V 倾向及物动词，也可以是不及物动词或形容词。如：

（9）汽车修理工人 / 工　　*汽车修理张三　　植物生长剂　　空气清新剂

修理汽车的工人 /* 工　　修理汽车的张三　　* 生长植物的物质　　* 清新空气的物质

与 VN_1N_2 相比，N_1VN_2 要求 N_1、V 不能是单音节[①]，成分偏书面，不接受轻声、儿化（王永娜，2015），见例（8）。

4. N_1VN_2 型复合词的构式分析

3.3 节通过相关构式比较确定了 N_1VN_2 型复合词的整体意义和功能，接下来立足整体进行还原分析，说明各个层面的成分配置及其对应关系，区分典型构例与边缘构例，进而通过同形构式比较进一步显示这类复合词的特点。

4.1 形式—意义配对关系

词法构式的形义配对关系是基于大量同类型词抽象概括出来的，如图 4 所示，N_1VN_2 构式是形义结合体，各层面都是三分的，不同层面的成分一一对应：典型韵律模式是 [2+2+1/2]，语类序列是 [N_1+Vt+N_2]，语义结构是语块链 [功用对象 / 结果 + 功用 + 事物]。该构式是以 N_2 为中心的向心构式，其主功能是根据功用属性命名一类 N_2，次功能是构建三级概念层级，倾向书面正式语体。次功能只是潜能，随着大量构例出现，中间层级 VN_2 才会形成，表达上位范畴，如“粉碎机”；有的还未形成，如“消失器”。构式决定成分的性质、功能：成分倾向书面性，不能带“子、儿”；V 倾向及物，直接表功用；N_1 表功用对象或结果，可以是专名；N_2 可以是词根语素、单纯词或复合词，只能是类名。N_2 是单音节的命名性更强，如“汽车修理工”比“汽车修理工人”更像职业名称。V 与左右成分语义关系都很紧密：V 直接表 N_2 的抽象功用，N_1 是 V 所表功用的对象或结果，使之具体化并分类，因为功用往往表现为影响事物或创造事物。V 不出现的话，N_1 就表具体功用，如“飞机厂”中的“飞机”代表“飞机制造”。N_1 与 V 语义关系紧密，但不是论元关系，类似于分类关系，潜在的动宾关系只是有助于释义时表述具体功用属性。V 居中是成分语义关系和构建概念层级的功能决定的。越是本质、稳定的属性越靠近中心成分（陆丙甫，2018：101），人造物和职业最本质的属性是功用，V 直接表功用，自然离中心成分更近。N_1 不直接表功用，对 V 有一定分类性，居于其左。

① “汽修工”不合要求是因为来自“汽车修理工”的缩合，更多例子参见 2.2。

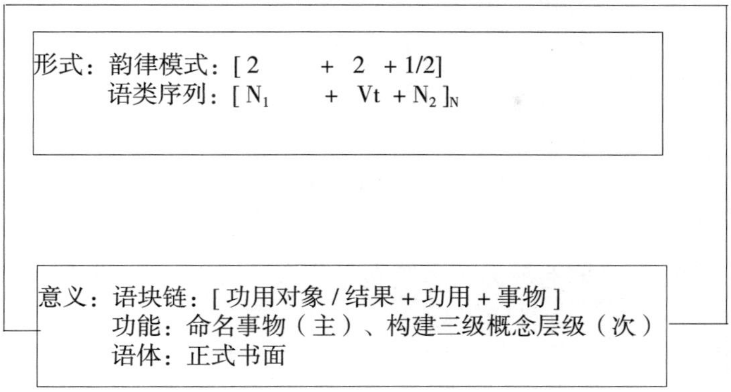
形式：韵律模式：[2 + 2 + 1/2]
语类序列：[N_1 + Vt + N_2 $]_N$
意义：语块链：[功用对象 / 结果 + 功用 + 事物]
功能：命名事物（主）、构建三级概念层级（次）
语体：正式书面

图 4 N_1VN_2 词法构式的形式—意义配对关系

典型 N_1VN_2 型复合词的构式义可以表述为“专门 VN_1 的 N_2”，如“纸张粉碎机”是“专门粉碎纸张的机器”（见表 4）。N_1VN_2 作为一个整体构式存储在我们大脑中，我们根据构式直接生成新词语，也据此整体理解新词语，即“整存整取”（施春宏，2021）。如“作业、批改、器”分别配置在构式的不同位置生成“作业批改器”，并不要求已有“批改器”的概念。第一次听到这个词的人会将其识别、匹配到 N_1VN_2 构式上，参考构式义整体理解为“专门用来批改作业的软件”。特定词能否归入该构式，要看它是否满足图 4 所示的形式—意义配对关系，能否识解为其构例，也可简单根据是否符合构式义来判断。比如，“儿童保护栏”是“专门用来保护儿童的围栏”，而“儿童游泳圈”是“专门供儿童使用的游泳圈”。“儿童”分别是功用对象和使用者。

“羊毛剪刀、羊毛剪子”与“羊毛修剪器”看似只是动词音节数不同，其实是语块链不同，分属两个不同构式（见表 5）：前两者与“羊毛仓库”同属 N_1N_2，后者与“羊毛存储仓库”同属 N_1VN_2。“剪刀、剪子”是整体概念，在一个语块，表达基本层次范畴，可以替换为语素“剪”。“修剪器”则分属两个语块，表达上位范畴，两个语块都不能替换成更小的成分。“羊毛剪刀”倾向理解为一种剪刀，而“羊毛修剪器”不用理解为一种修剪器，而是整体理解为“修剪羊毛的工具”。“抽”是单音节，“抽机”又不是一个整体概念，“油烟抽机”既不符合 N_1N_2，也不符合 N_1VN_2，所以不合法。

表 4 N_1VN_2 型复合词的典型构例

N_1	Vt	N_2
功用对象 / 结果	功用	事物
纸张	粉碎	机
汽车	修理	工
汽车	制造	厂
汽车	修理	工人

续表

N_1	Vt	N_2
汽车	修理	设备
专门用来 / 负责 VN_1 的 N_2		

表 5 “羊毛剪刀、羊毛剪子”与“羊毛修剪器”

2	2/1	2	2	2/1
N_1	N_2	N_1	V	N_2
功用对象	事物	功用对象	功用	事物
羊毛	剪刀 / 剪子 / 剪	羊毛	修剪	器
羊毛	仓库 / 仓	羊毛	存储	仓库 / 仓

4.2 边缘构例

图式构式有弹性，会不断准入新构例，扩展范围和容量，构例因而有典型与边缘之分（彭睿，2020）。表 6 中的构例在韵律或成分语类（及成分意义）上偏离了原型构式，后两类是比较能产的次构式。第 1 列词有的语块是多音节，但只是在语块内部进行了扩展，没有改变语块的形式类，也没有改变构式的结构模式。N_1、V 可以是粘合式偏正或并列结构，N_2 只能是偏正。第 2 列词中的 V 是非宾格动词，包括形容词和非自主性不及物动词，不直接表功用，但可以表达功用的效果。在构式压制下，通过效果转指功用满足构式要求。功用义是整体构式赋予的，释义中需要添加“使”。如“信号消失器”是“专门用来使信号消失的器具”，与“信号屏蔽器”功能相似，只是“屏蔽”直接表功用，“消失”表功用的效果。第 3 列词中的 V 是动宾结构，不及物，有自主性，表达具体功用，而不是抽象功用。宾语成分是直接受影响的功用对象或结果，N_1 是间接受影响的功用对象，会因为 V 失去、获得或变成宾语成分所指事物。比如“空气”会因为“杀菌”没有“菌”，“手机”会因为“充电”获得“电”，“蔬菜”会因为“切丝”变成“丝”。释义中需要添加“给”，如“空气杀菌剂”是“专门用来给空气杀菌的药剂”。N_1VN_2 都是下位范畴，VN_2 都倾向为基本层次范畴，往往更常用并先出现。BCC 历时检索语料库显示，“播音员”首见于 1949 年，“新闻播音员”首见于 1983 年，前者比后者出现频次高很多（见 1.3.2 表 2）。

表 6 形式特征偏离的构例

N1+Vt+N2	N1+A/Vi +N2	N_1+Vi（vo）+N_2
功用对象 / 结果 + 功用 + 事物	功用对象 / 结果 + 功用 + 事物	间接功用对象 + 功用 + 事物
汽车技术 + 研究 + 中心	空气 + 清新 + 剂	空气 + 杀菌 + 剂
服装鞋帽 + 批发 + 市场	衣物 + 柔顺 + 剂	电脑 + 散热 + 器

续表

$N1+Vt+N2$	$N1+A/Vi+N2$	N_1+Vi（vo）+N_2
污水处理＋自动检测＋仪	缝隙＋消失＋术	苹果＋削皮＋刀
污水＋处理排放＋系统	指纹＋显现＋剂	手机＋充电＋器
蔬菜＋批发＋总公司	植物＋生长＋剂	卡片＋打孔＋机
核酸＋快速检测＋试剂盒	燃油＋汽化＋器	新闻＋播音＋员
有机蔬菜＋节本高效栽培＋新技术	溶液＋蒸发＋器	蔬菜＋切丝＋机
专门用来／负责 VN_1 的 N_2	专门用来／负责使 N_1A 的 N_2	专门用来／负责给 N_1V 的 N_2

形式特征会偏离，语义、功能特征也会偏离。N_1VN_2 型复合词主要用于人造物或职业的功用命名，因为具体功用属性往往表现为对事物施加影响或创造事物，通常用动宾结构表达。N_2 多是表人或人造物的，也可以是表抽象事物的，都凸显功用，如“歌手选拔赛、鲁迅纪念日、疫情防控措施、星象占卜术、汉字输入法”。有的是自然功用，如“疾病遗传基因、水体自洁力”。随着构式化增强，N_1VN_2 开始允许其他属性命名，主要涉及内容、行为特点，如“维生素缺乏症、难民救济问题、英语习得研究、病毒传播者”。“污水处理过程、污水处理情况”类最边缘，甚至可看成一个独立的构式：N_2 是表事件属性的一价名词，不表事物类；V 与 N_2 不凸显属性关系，关系密切是因为这类名词必须依附表事件的 V，VN_2 都合法；除了中心成分是黏着语素的（如“垃圾回收率”），命名功能都很弱。

以往研究往往把（10）中的词看作反例，其实是功能和表义需求决定了它们可以或倾向选择 VN_1N_2 形式。

（10）A. 走私毒品罪、拐卖儿童罪、挪用公款罪

B. 扩大编制计划、压缩通货政策、紧缩银根理论

C. 占用耕地现象、侵犯隐私案

D. 征求意见稿、征求意见表、征求意见座谈会

E. 制造谣言者、传播病毒者、操作计算机者

A 组词一般用于法律文件，命名严谨，构建概念层级的需求不强（王洪君，2008：303—305）。在非法律文本中有“毒品走私罪”，也有独用的“走私罪”。另外，罪名是根据犯罪行为命名，更适合用陈述性更强的述宾结构表达。比如问“他犯了什么罪？”，用“走私毒品”比“毒品走私”回答更好。前三组词都不是功用命名，而是广义的“内容”，更适合述宾结构来陈述，可以说“走私毒品这种罪、扩大编制这一计划、占用土地这种现象”。D 组词中的“征求”词义比较虚，不能做形式动词宾语，如“* 进行征求、* 做征求”，很难直接修饰中心成分，独立表功用。添加了宾语的“征求意见”功用义更实在，适合做修饰成分。另外，把“征求意见稿”与“讨论稿、送审稿、报批稿”放在一起就会发现修饰成分凸显稿子处于不同阶段（状态）。动宾结构的“征求意见”更能体现阶段义，故“征求意见稿”更常用，在 BCC 多领域语料库中有 1252 例，而“意见征求稿”只有 6 例。“征求意见稿”通常放在文件名后备注的括号里，补充说明稿子所处的阶段，前面甚至可以加“二次”，如：

（11）近日，建设部发布了《建筑节能管理条例》（征求意见稿）。

（12）由环保部编制的《环境空气质量标准》昨日起向全社会第二次公开征求意见。据环保部有关负责人介绍，与现行标准相比，二次征求意见稿调整了环境空气质量功能区分类方案……

E组是古汉语句法的遗留，不是复合词，没有命名功能。若要表类名，会选用N_1VN_2，如“谣言制造者”。（10）都有相应的N_1VN_2形式，很可能是受该构式的吸引。一是韵律模式更符合N_1VN_2而不是VN_1N_2，二是为了构建三层概念层级。表义和功能需求会影响形式的选择，说明意义和形式倾向配对。扩张、吸引相关构式的边缘构例也是N_1VN_2图式构式化的重要证据。受构式义影响，“意见征求稿”甚至倾向理解为功用命名，即“用来征求意见的稿子”。

4.3 同形构式比较

下面（13）中的三组看起来都是N_1VN_2，V都表功用。但它们的语块链不同，N_1、V的语义关系紧密度依次降低，整体性、称谓性、词汇性随之依次降低，分类性却依次增强（见表7）。

（13）A. 纸张粉碎机、体温测量仪、汽车修理工、硬币消失器、空气清新剂

B. 教员休息室、校长办公室、儿童游泳圈、顾客留言本、儿童记事本

C. 美国粉碎机、本地修理工、塑料游泳圈、毛毡留言板、玻璃蒸发皿

对象、结果与功用V关系最密切，可使抽象功用具体化，可以说是功用的一部分。故A组词中的V与左右成分语义关系都很密切，语义内聚性最强，整体性、称谓性和词汇性也最强，构建三级概念的过程更凸显向上聚类而不是向下分类。V是及物动词、非自主性不及物动词或形容词，VN_2倾向上位范畴，不一定能独用。B组中的V与左右成分都有语义关系，但V都是不及物自主动词，N_1指使用者，跟V关系没那么密切，排在功用对象左边，如“小学生作业记录簿”。这组词语义内聚性、整体性、称谓性和词汇性都没有A组词强，构建三级概念的过程更凸显分类。VN_2都是基本范畴，都能独用。C组的N_1与功用V无直接语义联系，而是与VN_2整体有语义联系，语义内聚性、整体性和称谓性最弱，接近短语，凸显分类。C组只能二分，VN_2是一个整体语块，独立性很强，如“美国/粉碎机”中的“粉碎机”。“美国纸张粉碎机”的层次不是四分组合“美国/纸张/粉碎/机”，而是“美国/纸张粉碎机”，也就是说，“纸张粉碎机”在更大的构式中是一个语块。“汽车修理工、本地修理工”都可以看成对“修理工”的分类，不同在于“汽车”与“修理”有直接语义关系，而“本土”与“修理”没有。所以，“本地修理工”只能二分为“本地/修理工”。“汽车修理工”二分为“汽车/修理工”显示了与“本地修理工”的共性，却抹杀了其差异，二分为“汽车修理/工”正相反。三分为“汽车/修理/工”，只在对比语境下凸显二分，比如，“我是汽车/修理工，不是管道/修理工”“我是汽车修理/工，不是道路清洁/工”。这样既能解释二者的差异，也能说明其共性。

表 7 三种 N_1VN_2 比较

类型	语块链	N_1 与 V 语义关联度	整体性、称谓性、词汇性	分类性	V 及物	VN_2 独用
A	功用对象 / 结果 + 功用 + 事物	++	++	（+）	±	±
B	使用者 + 功用 + 事物	+	+	+	−	+
C	来源 / 材料 +（功用 + 事物）	−	−	++	±	+

就像词有同形词，构式也有同形构式。同形构式在形式（韵律模式、语类要求）和意义（尤其语块链）特征上都有所不同。B 组词所属的构式与本文所概括的构式就是同形构式。此外，还有一些 N_1VN_2 词属于其他同形构式，例如：

（14）A. 食材 + 烹饪方式 + 食材：番茄炒鸡蛋、土豆炖牛肉、芹菜拌腐竹、白菜烩豆腐

B. 制作工具 + 制作方式 + 产品：刀拍黄瓜、刀削面、手擀面、针织衫、砂滤水

（14A）图式化程度比较高，三分格局比较明朗，在命名的同时也兼有通过聚类构建三级概念层级的次功能。如“菜夹馍、肉夹馍—夹馍—馍”，能做上位范畴的名词性成分倾向居后，“夹馍”也是逆构词（宋作艳，2022b）。可见，形式为 N_1VN_2 的不一定属于同一构式，有些甚至尚未构式化，很难概括出规约化的三分语块链，如“日本进口货、人力驱动船、灯光照明球场、日常消费总额、课间游戏时段、构式分析思路、冰川侵蚀作用”。构式库不是构式清单，而是立体交叉的构式网络，其中的构式因形式、意义有所重叠而彼此交叉联接。

5. 结语

本文认为 N_1VN_2 型复合词已经构式化为词法构式，成为规约化的形式意义对，具有非组合性、规约性和非派生性，整体性强。该构式作为汉语语言知识的一部分存储在大脑的长期记忆中，可以整存整取。新词语可直接根据图式构式整体生成，参考构式义整体理解。

本研究基于表层和整体展开研究，采用自上而下和自下而上相结合的分析策略，更关注不同格式之间的差异而不是共性和派生关系，更关注表层表达的属性关系而不是所谓底层的潜在的论元关系，更关注整体而不是成分，采用单层三分而不是逐层二分模式。研究致力于探讨 N_1VN_2 型复合词到底是什么样的，以及为什么是这样的。为此，对外与相关构式（意义功能相似或形式相似的构式）比较，确定其构式特点和独立价值；对内立足整体进行还原，关注该词法构式的异质性，区分了偏离原型构式特征的不同构例。构式分析可以解释一些以往研究中遗留的问题，揭示此类复合词的内在一致性和更多特点。比如：

（1）基于语块的层次划分揭示出三分格局才是稳定的，具有心理现实性。三分格局象似性地显示了 V 与左右成分语义关系都密切，使不同层面的成分配置对应更整齐，还能解释怎么二分都不合适的词。二分只在对比语境下才会凸显，这可以解释为什么二分有两种可能。

（2）研究发现 N_1VN_2 倾向表达基本层次范畴，VN_2 倾向表达上位范畴，并非分类的结果，而是聚类造成逆构词。这可以解释为什么新词语基于整体构式生成，为什么有些 N_1VN_2 先于 N_1V、VN_2 出现，且使用频次更高，以及为什么 VN_2 不成词或倾向动宾也没关系。

（3）相关构式比较揭示了 N_1VN_2 偏正式书面、通过聚类构建三级概念层级、语义内聚

性强、整体性强、称谓性强等特点，同时也揭示了同形构式的共性与差异及其原因。

（4）内部分析揭示了此类复合词的原型性和多元性，构式压制可以解释为什么V的位置可以出现形容词和不及物动词。

（5）构式研究强调语义、功能决定形式，可以解释为什么V居中，为什么“走私毒品罪”等选择 VN_1N_2 形式。

参考文献

陈玉洁，2006，《联系项居中原则与N1VN2（NP）结构》，《世界汉语教学》第2期。

程工、周光磊，2015，《分布式形态学框架下的汉语动宾复合词研究》，《外语教学与研究》第2期。

程璐璐，2019，《从概念范畴化看汉语定中关系动名复合词》，《汉语学习》第1期。

冯胜利，1996，《论汉语的“韵律词”》，《中国社会科学》第1期。

［德］弗里德里希·温格瑞尔、［德］汉斯—尤格·施密特，2009，《认知语言学导论（第二版）》，彭利贞、许国萍、赵微译，复旦大学出版社。

顾阳、沈阳，2001，《汉语合成复合词的构造过程》，《中国语文》第2期。

何元建，2004，《回环理论与汉语构词法》，《当代语言学》第3期。

柯航，2012，《现代汉语单双音节搭配研究》，商务印书馆。

刘云、李晋霞，2002，《“V_双 N_1 的 N_2”格式转化为粘合式偏正结构的制约因素》，《世界汉语教学》第2期。

陆丙甫，2008，《直系成分分析法——论结构分析中确保成分完整性的问题》，《中国语文》第2期。

陆丙甫，2018，《核心推导语法（第二版）》，上海教育出版社。

陆俭明，2012，《相同词语之间语义结构关系的多重性再议》，《苏州大学学报（哲学社会科学版）》第4期。

陆俭明，2016，《构式语法理论有待深究的三个问题》，《东北师大学报（哲学社会科学版）》第4期。

［德］马丁·休伯特，2016，《构式语法教程——构式语法及其在英语中的应用》，张国华译，北京大学出版社。

裴雨来、邱金萍、吴云芳，2010，《“纸张粉碎机”的层次结构》，《当代语言学》第4期。

彭睿，2020，《图式性构式的边界：边缘构例和变异构例》，《世界汉语教学》第3期。

施春宏，2012，《从构式压制看语法和修辞的互动关系》，《当代修辞学》第1期。

施春宏，2021，《构式三观：构式语法的基本理念》，《东北师大学报（哲学社会科学版）》第4期。

石定栩，2003，《汉语的定中关系动-名复合词》，《中国语文》第6期。

宋作艳，2022a，《基于构式理论与物性结构的动名定中复合词研究——从动词视角到名词视角》，《世界汉语教学》第1期。

宋作艳，2022b，《构式词法的特点及其对汉语词法研究的启示——以菜名的命名模式为例》，《语言教学与研究》第2期。

苏丹洁，2012，《构式是一条语块链——构式语块分析法的理论框架》，《语言科学》第3期。

苏丹洁、陆俭明，2010，《“构式—语块”句法分析法和教学法》，《世界汉语教学》第4期。

王洪君，2008，《汉语非线性音系学——汉语的音系格局与单字音（增订版）》，北京大学出版社。

王吉辉，2001，《现代汉语缩略词语研究》，天津人民出版社。

王永娜，2015，《“NNVVN”、“VNN”、“VN的（N）”语体等级的鉴别》，《汉语学习》第4期。

邢福义，1994，《NVN造名结构及其NV|VN简省形式》，《语言研究》第2期。

应学凤，2019，《韵律与语义互动视角下的动宾倒置复合词的层次结构》，《汉语学习》第4期。

詹卫东，2021，《构式的形式与意义表征——语言数据资源建设视野下的构式研究》，《语言学论丛》（第六十四辑），商务印书馆。

周韧，2006，《共性与个性下的汉语动宾饰名复合词研究》，《中国语文》第4期。

周韧，2007，《关于“纸张粉碎机”的切分》，《东方语言学》（第二辑），上海教育出版社。

Booij, Geert 2010 *Construction Morphology*. Oxford: Oxford University Press.

Booij, Geert 2018 The construction of words: Introduction and overview. In Geert Booij (ed.) *The Construction of Words: Advances in Construction Morphology*, 3-16. London: Springer.

Croft, William 2001 *Radical Construction Grammar: Syntactic Theory in Typological Perspective*. Oxford, UK: Oxford University Press.

Duanmu, San 1997 Phonologically motivated word order movement: Evidence from Chinese compounds. *Studies in the Linguistic Sciences* 27 (1): 49-77.

Goldberg, Adele E. 1995 *Constructions: A Construction Grammar Approach to Argument Structure*. Chicago: Chicago University Press.

Goldberg, Adele E. 2006 *Constructions at Work: The Nature of Generalization in Language*. Oxford: Oxford University Press.

Miller, George. A. 1956 The magical number seven, plus or minus two: Some limits on our capacity for processing information. *Psychological Review* 101 (2): 343-352.

（原文刊于《中国语文》2023年第5期）

动词因果蕴含义的互转 *

谭景春

提要：本文讨论动词因果蕴含义的互转问题。有的动词可以用原因转指结果，有的动词可以用结果转指原因，从而造成动词词义的相互演变。动词因果蕴含义互转的语义特点是：有的动词字面义弱化，甚至消失，只表示原因或只表示结果；有的动词字面义保留，既表示原因也表示结果。因果推理是因果互转的大前提，词义因果潜质是因果互转的小前提。词义所蕴含的因果关系的强弱程度是能否发生因果互转的重要因素，强度越高可能性越大，强度越低可能性越小。可以把因果推理看作动词因果互转的总路径，而省略是某些动词因果互转的具体路径。因果互转具有具体、形象和委婉、含蓄的表达效果。

关键词：因果蕴含义；因果推理；因果潜质；大前提；小前提

1. 动词因果蕴含义

“语义学是语言学的重要部分之一。词和语的含义方面在研究语言上具有重大的意义。”（斯大林，1971：33）本文打算就动词的含义做一番探讨。由字面义发展而来的意义可以统称为转义，转义可分为两大类，一类跟字面义在词义上有直接联系，如“建筑”指建筑物（一座建筑）；另一类跟字面义在词义上没有直接联系，是字面义的一种含义，如“遍野”表示非常多（牛羊遍野）。汉语中，有的动词在使用中表示的不是字面义，而是字面义的某种含义。这种含义事理上与字面义有一定的联系，根据字面义往往可以推导出它的含义。例如：

（1）目前黑龙江省农民，正在紧张进行第三遍的中耕除草，很快就要“挂锄”（中耕除草结束），中共黑龙江省委发出指示……（《人民日报》1959 年 7 月 15 日）

（2）东北日报消息：东北南满地区夏锄工作已经基本结束；北满在本月下旬也将挂锄。挂锄期间正是一年积肥的中心季节。（《人民日报》1950 年 7 月 28 日）

“挂锄”字面义就是把锄头挂起来，一般是挂在屋檐下的横杆上，或挂在作为仓库的房子里，也就是把锄头收藏起来不再使用的意思。但例（1）、例（2）中的“挂锄”表示的是“锄地工作结束”，因为某项工作结束，就会把做这项工作的工具收藏起来，这是“挂锄”和“锄地工作结束”在事理上的联系。这跟“鸟尽弓藏（鸟没有了，弓也就收起来不用了）”的道理是一样的，是一种因果关系。人们根据“挂锄”（果）可以推导出“锄地工作结束”（因）。

这种语义演变认知语言学上叫作“转喻”，语法学上叫作“转指”，修辞学上叫作“借代”。

* 本研究得到国家社科基金重大项目“面向新疆义务教育的语言资源数据库建设及应用研究”（20&ZD294）的资助。本文的初稿曾在新时期的汉语研究与辞书编纂暨庆祝《辞书研究》创刊四十周年学术研讨会（2019 年 6 月，上海华东师范大学）上宣读，承蒙与会专家给予中肯的建议。投稿后，承蒙匿名审稿专家提出宝贵的修改意见。谨此一并致谢。

（参看沈家煊，1999；陆俭明，2009；夏征农、陈至立，2013：313）其实“锄地工作结束”是“挂锄”的一种含义，因为可以说“挂锄”意味着“锄地工作结束”，也就是说“挂锄”蕴含着“锄地工作结束”，所以本文把动词的这种含义叫作动词的蕴含义。[①]

动词的蕴含义十分复杂，限于篇幅，本文只讨论动词的因果蕴含义，即动词的蕴含义与其字面义存在着因果关系，由于可以用原因转喻／转指结果，也可以用结果转喻／转指原因，所以把这种语义演变现象叫作动词因果蕴含义的互转。另外，本文讨论的蕴含义绝大多数都是动词，也有少数是形容词（如“脸热、挠头”）和熟语（如“吃错药、闭月羞花”）。为了叙述的方便，都叫作动词的蕴含义，有时也把谓词性的词语叫作动词。

2. 动词因果蕴含义互转的类型

一个词语除了字面义外，还含有另外的意义，那么这个词语的字面义跟它所含有的另外意义（蕴含义）一定存在着某种联系。这种联系应该是多种多样的，有的疏远，有的紧密。其中因果关系就是较为紧密的一种。因果关系是人们日常生活的一种常识，说出原因往往可以蕴含结果，说出结果往往可以蕴含原因。由于语义演变的方向不同，动词因果蕴含义的互转有两种类型，有的动词用原因转指结果，有的用结果转指原因。下面分别进行讨论。

2.1 以因蕴果

以因蕴果，即用原因转指结果。例如：

（3）一次他躺在单工宿舍简陋的木床上告诉我他想到车间去上班。我当时很不解，说“现在车间很多的人都想方设法往机关科室调，你没吃错药吧。”（百度网）

（4）韦造祥看到村里学校没教师愿意教，辞去村支书不干，甘愿当孩子王，有人说他吃错药了，问他图什么，韦造祥却说：“不图钱、不图官，就图我们的下一代有文化、有知识。”（《中国教育报》2015 年 1 月 1 日）

“吃错药”《现代汉语词典》（以下简称《现汉》）的释义是“指言行举止不太正常或有违常理”，例（3）、例（4）中的“吃错药”表示的就是这个意思。那么“吃错药”为什么能表示“言行举止不太正常或有违常理”呢？其实“吃错药”和人的“言行举止不太正常或有违常理”存在着因果关系，“吃错药”就会导致“言行举止不太正常或有违常理”，这就是用原因转指结果。再如：

（5）50 余岁的表叔至今独身未娶……究其原委，表叔有个缺陷：说话“大舌头”，那说话声儿粗有些含混。姑娘一听这声音，便皱起眉头，觉得这太刺激耳朵，更妨碍交流。（肖复兴《表叔与阿婆》）

---

① 有的文献把这种因果关系称作蕴涵，如“汉语的‘学不成’，在中古汉语是表示‘没有学成’（连谓结构），在现代汉语是表示‘不可能学成’（动补结构），其间发生了重新分析，而‘没有学成’和‘不可能学成’是两个相关的概念，即一个蕴涵另一个：不可能实现的事一定是没有实现的事。……听到‘学不成’（学而未成），知道没有学成的原因通常是不可能学成，于是推断它很可能表达‘不可能学成’的意思。”（沈家煊，2004）可见其中“不可能学成”为因，“没有学成”为果。再如“‘他什么都买得起’则蕴涵着‘他钱多’。”（夏征农、陈至立，2013：271）其中“什么都买得起”为果，“钱多”为因。为了与逻辑学中的“蕴涵”相区别，本文称作“蕴含义”。

（6）我从小说话有点大舌头（即发音不很清楚），十岁左右感觉听力比别人差。曾经去过好多家医院，结果都是“神经性耳聋”。[《人民日报》（海外版）2006 年 3 月 31 日]

“大舌头”《现汉》的释义是“舌头不灵活，说话不清楚”。“大舌头”怎么能够表示“说话不清楚”？也就是说，“大舌头”跟“说话不清楚”语义上有什么联系？汉语中有些词语表层是“形 + 名”，而深层语义表达的是“名 + 形”，比如“热心肠→心肠热；死心眼→心眼死”。“大舌头”表示的就是“舌头大”。人们认识到“舌头”是最重要的发音器官，发音时舌头来回活动，发某个音时，舌头要移到相应的发音部位，舌头大就会不灵活，发音时不容易做到位（这就好比一个人体态臃肿，做动作就不容易做到位一样），就会造成说话（发音）不清楚。这也是用原因（舌头大，即不灵活）转指结果（说话不清楚）。其实《现汉》的释义已经反映出了这种因果关系，即因为“舌头不灵活”，所以“说话不清楚”。

用因表果的词语还有“受风、受凉、受热、受寒、着凉、伤风、中风、中暑、遇难、罹难、不治、尽忠、成仁、冻、抻、扭、烫、咬舌儿、欠火候（夹生）、打鸡血（情绪亢奋）”等等。

2.2 以果蕴因

以果蕴因，即用结果转指原因。例如：

（7）据载，泰姬不仅有闭月羞花的容貌，而且有贤淑聪明的品格，因此“三千宠爱在一身”，皇帝对她挚爱有加。（《人民日报》1997 年 1 月 17 日）

（8）此番得进皇宫，可以见到各种“闭月羞花”的姣娥，真是艳福匪浅。（北京大学 CCL 现代汉语语料库，以下简称 CCL 语料库）

“闭月羞花”《现汉》的释义是“使月亮躲藏，使花朵害羞，形容女子容貌非常美丽。”释义可以替换到以上例句中，如“非常美丽的容貌”“非常美丽的娇娥”。“闭月羞花”的字面义是“使月亮躲藏，使花朵害羞”，那么这个字面义为什么能够表示“（女子）非常美丽”呢？这是因为字面义与表达的实际意义有因果关系，即“（女子）非常美丽”使月亮（感到自愧不如而）躲藏，使花朵（感到自愧不如而）害羞。其实这就是用结果转指原因。再如：

（9）齐齐哈尔和平机器厂老工人陈殿文，在某个会上说了一段耐人寻味的话。他说：“我们往往因为任务过重感到‘挠头’，这怎么办？我们就一起研究，大家想‘招儿’，谁的‘招儿’好，就用谁的。有了‘招儿’，大家就一边研究，一边试验，失败也不灰心，直到成功为止。”“挠头”大概就是“伤脑筋”的意思吧，这是由工作中的困难和矛盾引起的。（《人民日报》1959 年 6 月 10 日）

（10）陈宜瑜眼下最为挠头的事，莫过于不得不耗费大量的时间和精力去处理一些行政事务。（CCL 语料库）

“挠头”的字面义是用手抓头，但在例（9）、例（10）中是表示事情麻烦复杂，难以处理。为什么“挠头”能够表示事情麻烦复杂，难以处理呢？就是因为“挠头”的字面义与“事情麻烦复杂，难以处理”存在着因果关系。当人们遇到麻烦复杂、难以处理的事情时，就会不由自主地挠自己的头，比如人们常说“急得直挠头、愁得直挠头”，就是因事情繁难而挠头。例（9）中对“挠头”的解释（“挠头”就是“伤脑筋”的意思，这是由于工作中的困难和矛盾引起的）也说明了这种因果关系。即事情繁难是因，挠头是果。用“挠头”表示“事情繁难”也是用结果转指原因。

用果表因的词语还有“脸热、脸红、红脸、红眼、耳热、鼻酸、肝儿颤、汗颜、发指、扑鼻、倾倒（dǎo）、倾城、捧腹、喷饭、发烧、发热、封笔、挂锄、挂镰、挂拍、挂靴、挂冠、挂甲、关门、开门、切齿、咬牙、瞪眼、咋舌、遍野、没挑儿（非常好）、没的说（非常好）、伤脑筋（事情难办）、卷铺盖（指被解雇）、屈指可数、不可胜数、数不胜数、滴水成冰、倾国倾城、大跌眼镜、可圈可点、咬牙切齿、瞠目结舌、万人空巷、目不窥园、废寝忘食、门可罗雀、摩肩接踵、漫山遍野、盆满钵满、满坑满谷、名落孙山、洛阳纸贵、一望无际、吹胡子瞪眼”，等等。

以上所列出的因果互转的词语，“以果蕴因”的要比“以因蕴果”的词语多一些，这是因为相比较而言，结果比原因更具体、更形象、更容易被感知。（参看文旭、叶狂，2006）比如用“脸红（果）”表示“羞惭（因）”，因为“脸红”比“羞惭”更容易被观察到；用“关门（果）”表示“停业（因）”，因为“关门”是“停业”的外在表征。这说明结果比原因显著度高，“因为可见的比不可见的显著”（沈家煊，1999），所以更容易用结果转指原因。另外，从因果推理的过程看，由果推因比由因推果更常见些、更容易些，这也是前者比后者词语多的原因之一。

3. 动词因果蕴含义互转的语义特点

因果结构一般由原因事件和结果事件两部分组成，不论在句法上还是词法上都是由两个动词性成分构成，如“因表现突出而受到表彰”“冻得直哆嗦”“打垮（打击使崩溃）”“老死（由于年老体衰而死亡）”，前面的动词性成分表示原因，后面的动词性成分表示结果。而因果互转只有一个动词性成分，从表达的意义上看可以分为两类。

3.1 字面义弱化、消失

字面义弱化甚至消失，不再是词义的一部分，即这个动词性成分只表示相关的蕴含义，也就是只表原因或只表结果，如“汗颜、脸红、咬舌儿、大舌头”。

【汗颜】动 因羞惭而脸上出汗，泛指惭愧：深感～ | ～无地（羞愧得无地自容）。①

【脸红】动指害臊：说这话也不～？

【咬舌儿】❶动说话时舌尖常接触牙齿，因而发音不清。

【大舌头】❶形舌头不灵活，说话不清楚：他说话有点儿～。

“汗颜、脸红”是同义词，都是表示心中羞惭，但不一定真的脸上出汗，脸色变红。“脸红”直接释为“指害臊”，并没有释出字面义。“汗颜”释为“泛指惭愧”，表明了“汗颜”表达的实际意义，而前半部分的“因羞惭而脸上出汗”，只是说明“惭愧”和“汗颜”的因果关系。所以它们的字面义已不是要表达的实际意义的一部分，要表达的实际意义只是它们的蕴含义（原因）。因此要表达羞惭的意义时，既可以说成“脸红”，也可以说成“汗颜”，二者基本上可以替换。比如“感到脸红”，也可以说成“感到汗颜”。当然，在“你别再说了，人家都脸红了”这样的句子中，“脸红”可能还保留着一定的字面义，不过仍然主要是表达“羞惭”的意义。这说明字面义从弱化到消失是个渐变的过程。

① 本文的词条释义大都出自《现汉》第7版，以下出自《现汉》第7版的不再一一交代，出自其他辞书的则随文注明。另外，为了节省篇幅删去了词条中与本文无关的义项，对某些释义及配例也做了删减。

“咬舌儿、大舌头”也是同义词，都表示说话时发音不清。“咬舌儿、大舌头”的字面义只是“说话时发音不清”的原因，但不一定果真如此，只是反映人们的一种认知。也就是说，人们要表达的意义不是“咬舌儿、大舌头”的字面义，而是它们的蕴含义（结果），它们的字面义已不是要表达的实际意义的一部分。所以只要是表达“说话时发音不清”，说成“咬舌儿”或者“大舌头”都可以，二者基本上可以替换。比如“这孩子说话有点儿咬舌儿”，也可以说成“这孩子说话有点儿大舌头”。

“脸红”和“汗颜”、“咬舌儿”和“大舌头”基本上能够相互替换，说明它们表达的实际意义是它们的蕴含义，而字面义已经弱化，甚至消失。

对于这种情况，词典释义可以不释出字面义，只释出其蕴含义。例如：

【红眼】❶动指发怒或发急。

【跌眼镜】〈方〉指事情的结果出乎意料，令人感到吃惊（多跟“大”连用）：主队意外失利，令不少行家大~。

“发怒或发急”“事情的结果出乎意料，令人感到吃惊”分别是“红眼”“跌眼镜”的蕴含义（原因），释义中并没有释出它们的字面义（结果）。有时即便是释出了字面义，也只是为了便于读者理解其蕴含义，也不是要表达的实际意义。例如：

【扑鼻】动（气味）直扑鼻孔，形容气味浓烈：香气~丨茉莉发出~的芳香。

【门可罗雀】大门前面可以张网捕雀，形容宾客稀少，十分冷落。

“扑鼻”字面义是“（气味）直扑鼻孔”，实际意义是表示“（气味）浓烈”。因“（气味）浓烈”才导致“直扑鼻孔”，也就是用结果转指原因，释出字面义有助于对其蕴含义的理解。不过由于字面义已不参与实际意义的表达，不释出也是可以的。其实“（气味）直扑鼻孔”是《现汉》第5版增补的，第3、4版只释为“形容气味浓烈”，这也说明了这一点。

同样，“门可罗雀”释出字面义也有助于对其蕴含义的理解，因为“宾客稀少，十分冷落”，以至于“大门前面可以张网捕雀”，说明蕴含义和字面义是因果关系，是用结果转指原因。不过字面义已不参与实际意义的表达，也是可以不释出来的。请比较《汉语大词典》对“门可罗雀”的解释。

【门可罗雀】形容门庭冷落，来客绝少。语出《史记·汲郑列传论》：“始翟公为廷尉，宾客阗门；及废，门外可设雀罗。”（《汉语大词典》第12卷第5页）

《汉语大词典》只释出了“门可罗雀”的蕴含义及其出处，并没有释出其字面义，也正是因为其字面义已不是要表达的实际意义了。

3.2 字面义仍是词义的一部分

字面义仍是词义的一部分，也就是这个动词性成分既表原因也表结果，如“着凉、受热、遇难、不治”。

【着凉】动受凉：外面挺冷，当心~。（【受凉】动受到低温的影响而患感冒等疾病。）

【受热】动❷中暑：他路上~了，有点儿头痛。（【中暑】❶名病，由于长时间受烈日照射或室内温度过高、不通风引起。症状是头痛，耳鸣，严重时昏睡，痉挛，血压下降。❷动患这种病。）

【遇难】动❶遭受迫害或遇到意外而死亡：他在一次飞机失事中~。❷遭遇危难：~成祥。

【不治】动经过治疗无效（而死亡）：~身亡丨患者病情进一步恶化，终致~。

“着凉、受热”都指生病（结果），但同时还表示出了原因（字面义），一个是受凉，一个是中暑。“遇难、不治”都是指死亡（结果），但同时还表示出了原因（字面义），一个是遇到灾难，一个是医治无效。很明显，“着凉、受热”虽都指生病，但不能互相替换；同样，“遇难、不治”虽都指死亡，也不能互相替换，因为它们的字面义仍然是词义的一部分。

对于这种情况，词典释义要同时释出字面义和蕴含义，并表明二者的语义关系。再如：

抻 动❷因突然或过度拉伸使筋骨受伤：胳膊～了｜猛的一回头，把脖子～了。

【没挑】无可自责，十分完美。贾克《大势所趋》：“要说周代表，那人‘人性’好，……我掏心窝子说，那人没挑。”（《现代汉语大词典》）

【尽忠】动❶竭尽忠诚：～报国。❷指竭尽忠诚而牺牲生命：为国～。

【滴水成冰】水一滴下来就冻成冰，形容天气十分寒冷。

“抻、没挑、尽忠、滴水成冰”的释义都可以分为两个部分，一部分是原因，另一部分是结果，如“没挑”释义中的“十分完美”是原因，“无可指责”是结果；“尽忠”释义中的“竭尽忠诚”是原因，“牺牲生命”是结果。①

4. 动词因果蕴含义互转的条件与路径

关于词义演变的条件与路径，往往可以归纳为三种：外部客观世界、人的主观世界以及语言本身。（参看张志毅、张庆云，2012：260—276）本文主要讨论语言本身演变的条件与路径。动词因果蕴含义互转的条件与路径主要有以下几个方面。

4.1 因果推理

4.1.1 语言中因果推理是动词因果蕴含义互转的大前提。

因果推理是人们思维的基本方式之一，往往可以根据原因推导出结果，也可以根据结果推导出原因，这符合人们的一般认知规律。因此“在日常言语中，人们经常用原因转指结果。……例如：你今天迟到了没有？——路上又堵车了。……是用原因（堵车）转指结果（迟到）。”（沈家煊，2000）也可以说“路上又堵车了”蕴含着“我今天迟到了”。

同样，人们也经常用结果转指原因。例如：

（11）特效蟑螂药，特效蟑螂药，今天晚上撒药，明天早上起来扫蟑螂。

这是笔者在早市上听到的一则口头广告。这是用结果（今天晚上撒药，明天早上起来扫蟑螂）转指原因（蟑螂药有特效）。也可以说“今天晚上撒药，明天早上起来扫蟑螂”蕴含着“蟑螂药有特效”。

值得一提的是，《现汉》释义中也有用原因解释结果和用结果解释原因的。前者如：

老❾形（食物）烹调时间过长；火候过大：鸡蛋煮～了｜青菜不要炒得太～。

《现汉》并没有直接释出“老”本身的性质义，而是只说明了造成“老”的原因（烹调时间过长；火候过大）。“（食物烹调得）老”是咀嚼时的一种感觉，有的食物（如蔬菜）

---

① 当然“竭尽忠诚”也可以分析为目的（为了竭尽忠诚而牺牲生命），这说明目的和原因是相通的，只是角度不同，目的是主观的，原因是客观的。不过即便把“竭尽忠诚”分析为目的，仍可以认为“为了竭尽忠诚”和“牺牲生命”是因果关系，比如可以说“因为为了竭尽忠诚所以牺牲了生命”，请比较：因为为了生存，所以拼命地工作。

炒得老了，咀嚼的感觉是太烂，没有嚼头；有的食物（如肉）炒或烤得老了，由于水分蒸发得过多而发硬，不容易咀嚼。因此要全面地概括出“（食物烹调得）老”的性质义比较难。这时就只好用造成“老”的原因来解释“老”，也就是用原因转指结果。这一点通过比较《现汉》对“老”的反义词“嫩”的释义（嫩形❷指某些食物烹调时间短，容易咀嚼：这肉片儿炒得很嫩）更能清楚地看出来。“嫩”既释出了其原因（烹调时间短），也释出了这种原因造成的结果（容易咀嚼），即“嫩”本身的性质义。后者如：

痒形❶皮肤或黏膜受到轻微刺激时引起的想挠的感觉。

“痒”是表示感觉的形容词，直接释出“痒”的感觉（性质义）比较难。释义中“想挠”其实是“痒”引起的结果，是因“痒”而“想挠”，所以“痒”跟“想挠”具有因果关系。用“想挠”解释“痒”就是用结果转指原因。

在日常言语中，通过因果推理可以用原因转指结果或用结果转指原因，这是语言中的一种常见现象。可以说因果推理的思维方式是动词因果蕴含义可以互转的大前提，是一个重要的条件，也可以看作动词因果互转的总路径。

4.1.2 词义的因果潜质是动词因果蕴含义互转的小前提。

在词汇层面上，有的动词能够用原因（字面义）转指结果（蕴含义），有的能够用结果（字面义）转指原因（蕴含义）。这样的动词在词义上有一个特点，就是生活常识使人们用到或听到这些动词时更关注它们的成因或结果。例如：

（12）老人家最近胸口老疼。

（13）我这几天有点儿失眠。

（14）有一位游客拍照时不慎坠崖。

（15）昨天晚上他让车碰了一下。

“胸口疼、失眠”是有其原因的，也会造成某种结果，但知道了某人胸口疼或失眠会更加关注其原因。比如在对话语篇中通常会有这样的表达：

甲：老人家最近胸口老疼。

乙：是不是心脏出了问题？最好到医院查一查。

甲：我这几天有点儿失眠。

乙：你是不是心里有事呀？

同样“坠崖、让车碰了”也是有其原因的，也会造成某种结果，但知道了某人坠崖或让车碰了，会更加关注其结果。比如在对话语篇中通常会有这样的表达：

甲：有一位游客拍照时不慎坠崖。

乙：人怎么样了？

甲：昨天晚上他让车碰了一下。

乙：碰得严重不严重？

动词的这种语义潜质在词典释义中也有所体现。例如：

【发抖】动由于害怕、生气或受到寒冷等原因而身体颤动：吓得～｜冻得直～。

【颤动】动短促而频繁地振动：汽车驶过，能感到桥身的～。

【触电】动❶人或动物接触较强的电流。机体触电会受到破坏，甚至死亡。

【摸高】动❶体育上指人跳起后伸直胳膊用手触摸到最高点。

"发抖"和"颤动"动作义基本相同，但"发抖"释出了其原因，因为"发抖"往往有其明确的原因，这一点也是人们所关注的，所以才有"气得发抖、吓得发抖、冻得发抖"等常见组合。即便没有"气得、吓得、冻得"出现，在一定的语境中人们也可以推知其具体的原因。而"颤动"就是表示一般的动作，人们一般也不大关注造成"颤动"的原因，因此也就没有释出。"触电"和"摸高"字面上都是触摸到某种物体的意思，但"触电"释出了其结果"机体触电会受到破坏，甚至死亡。"其实这不是"触电"词义的本身，而是生活常识。释出这部分内容，就是因为"触电"可以造成严重的后果，所以人们会特别关注其结果。而"摸高"没有释出其结果，因为"摸高"是为了测试人的弹跳力，不会造成什么严重的后果，所以人们也不会关注其结果。

人们用到或听到某些动词时，更关注它们的原因或结果，这说明这些动词的原因或结果在人们的生活常识中很重要，甚至有的已成为词义的一部分。这是这类动词能够因果蕴含义互转的语义基础，是内在的语义潜质，也是因果蕴含义互转的小前提和一个重要的条件。

4.1.3 词义因果关系强弱的程度是动词因果蕴含义能否发生互转的重要因素。

有了大前提和小前提，哪些动词真正能够发生因果互转的词义演变，这还取决于因果关系强弱的程度。因果关系有强弱之分，心理学上有句子因果关系强弱度评定量表。比如：

她的脚已扭伤，脚踝很红肿。

非常弱○ 1 ○ 2 ○ 3 ○ 4 ○ 5 ○ 6 ○ 7 非常强

根据上面的七级量表，评定句子因果关系强弱度。其中，1 代表"非常弱"；7 代表"非常强"。数字越大，表明该句子的因果关系越强。

动词因果蕴含义的互转跟词义之间的因果关系的强弱有很大关系，强度越高可能性越大，强度越低可能性越小。例如：

（16）她脸红了（果），她害羞了（因）。

（17）她脸红了（果），她喝酒了（因）。

（18）她着凉了（因），她感冒了（果）。

（19）她着凉了（因），她肚子疼（果）。

人害羞时脸红，是一种心理反应，具有一定的普遍性。当人害羞时会出现一种紧张感或激动感，并反射性地引起人体交感神经兴奋，从而使人的心跳加快，毛细血管扩张，即表现为脸红。所以"脸红"和"害羞"的因果关系就强。人喝了酒脸红，是一种生理反应，但不具有普遍性。很多人喝酒会脸红，也有很多人喝酒不脸红。所以"脸红"和"喝酒"的因果关系就相对弱一些。这就是人们选择"脸红"表示"害羞"的原因。

关于"着凉"和"感冒"的因果关系，请看下面的两段文字。

a. 春秋季节是感冒的多发季节，这是由于季节交替，早晚温差较大，天气忽冷忽热导致的。天气热时人的毛孔张开，但如果天气突然转冷，毛孔来不及闭合，就会导致寒气进入体内，引发感冒。（百度网）

b. 普通感冒又称为上呼吸道感染，是鼻腔、咽或喉急性感染的总称。本病一年四季均可发病，但以冬春季节多发。发生感冒的原因一般是由于劳累、休息不好，天气突然变化身体受凉，机体免疫力降低，病毒或细菌感染引起的。（百度网）

由这两段文字可知，身体着凉是感冒外在的最主要的原因之一，因此"着凉"和"感冒"

的因果关系就强。当然“如果肚子受凉会引起胃肠功能紊乱，也就是痉挛刺激胃肠道蠕动，也就会导致急性肠胃炎，导致腹泻腹痛”（百度网）。不过生活经验告诉我们，肚子疼主要的原因是饮食不当（如吃了不卫生的东西）引起的。因此“着凉”和“肚子疼”的因果关系就弱一些。所以人们选择了与“感冒”因果关系强的“着凉”来表示“感冒”。

需要说明的是，因果关系强的动词容易发生因果蕴含义互转，但这只是一种倾向。哪些动词真正发生因果蕴含义互转具有一定的规约性。也就是说真正建立起因果联系，用因表果或者用果表因，还是要靠人们在使用中做出选择，是约定俗成的。因为这种因果关系不是必然性的，只是常识性的。一种原因不会绝对导致某种结果，一种结果也不是绝对由某种原因造成的。比如说“他着凉了，上不了班了”，“他着凉了”表示的是他（因着凉）感冒了。但也可以说“他身体很结实，着点儿凉也没事”，这里的“着凉”只是字面义，也没有引起结果（感冒）。上文提到的“遇难”也是如此。“他在一次飞机失事中遇难”，“遇难”指死亡。但“遇难”并不会必然造成死亡，因此还有“遇难成祥”的说法。由于这种因果关系不是必然的，所以是否发生互转就需要约定俗成。如果因果关系是必然的，那说出因必然蕴含果，说出果必然蕴含因。比如人们常用“心脏停止了跳动”“停止了呼吸”来表示死亡，因为二者存在着必然的因果联系。（参看夏征农、陈至立，2013：313）

4.2 因省略造成的动词因果蕴含义的互转

在会话中追求经济和省力，只要不造成误解则能省就省。比如“遇上高兴的事总要喝两口”，这句话中的“喝”指“喝酒”，“喝”表示“喝酒”，就是省略了“酒”形成的。在动词因果蕴含义互转过程中有的也是由于省略形成的。例如：

（20）十一月七日晚上，气温突降，寒风裹着雪花向着会战在第一线的职工袭来。有人患了感冒，有人气管炎犯了，有人手、脸冻了。（《人民日报》1977年8月16日）

（21）打到12∶14时，林瑛和吴迪西同时跳起扣杀，不曾料到，两个人竟撞在一起，吴迪西摔倒在地，脚扭了。（《人民日报》1985年3月24日）

（22）他的台词处理和表演常常出奇制胜，令人捧腹。（CCL语料库）

（23）上海一交警在执行公务时，被强行变道加速的私家车拖行，伤重不治。（《人民日报》2016年1月8日）

例（20）中的“冻”指“冻伤”，例（21）中的“扭”指“扭伤”，动作义不同，但表示相同的结果义“受伤”。动作义是受伤的原因，这就是用原因转指结果。在实际语料中还存在着大量的“冻伤”“扭伤”的用例。例如：

（24）严冬，机场气温零下20多摄氏度，手冻伤了他不在乎；盛夏，跑道上热浪蒸人，他仍淌汗坚持，直到拿出可靠数据。（CCL语料库）

（25）有次野外架线训练，新战士李开顺把脚扭伤了。（《人民日报》1971年9月11日）

“冻”表示“因冻而受伤”、“扭”表示“因扭而受伤”时，都可以用“冻伤”“扭伤”替换，如例（20）和例（21）中的“冻”和“扭”就可以替换成“冻伤”和“扭伤”。由此看来，把“冻”“扭”表示“冻伤”“扭伤”的这种词义演变解释为是由于省略了“伤”而形成的，这是比较合理的。（参看王楠，2016）

例（22）中的“捧腹”表示“大笑”。这是用结果转指原因，因为“捧腹大笑”表示笑得非常厉害，不能抑制，以至于捂着肚子。人们常说“笑得直捂肚子”就是这个意思，这跟

“笑得前仰后合”中“笑”和“前仰后合”的语义关系是一样的，所以“大笑”是因，“捧腹”是果。例（23）中的“不治”表示“身亡”。“不治”的字面义是不能救治（救治不了），伤病不能救治，也就意味着要死亡。“不治”是因，“身亡”是果，这是用原因转指结果。在实际语料中，“捧腹”和“大笑”、“不治”和“身亡”常常连用。例如：

（26）这是一台反映农村破除婚姻旧俗的曲艺节目，四位演员说拉弹唱，配合默契，诙谐的语言使观众不时捧腹大笑。（CCL 语料库）

（27）据当地警方消息，34 岁的作案人当天凌晨射杀 1 人、重伤 3 人后，与警察发生交火，受伤后送医不治身亡。一名警察在交火中受伤。（《人民日报》2017 年 7 月 31 日）

“捧腹 = 捧腹大笑”“不治 = 不治身亡”，而且实际用例中“捧腹”“不治”可以用“捧腹大笑”“不治身亡”替换，如例（22）、例（23）中的“捧腹”和“不治”就可以替换成“捧腹发笑”和“不治身亡”。所以我们认为，也可以把“捧腹”“不治”表示“捧腹大笑”“不治身亡”的这种词义演变解释为因省略“大笑”“身亡”而形成的。另外，从历时角度看，这一点也能得到证明。比如，“捧腹大笑”出自《史记·日者列传》：“司马季主捧腹大笑曰：‘观大夫类有道术者，今何言之陋也，何辞之野也！’”之后才有单作“捧腹”的用例，如柳宗元《送邠宁独孤书记赴辟命序》：“则曳裾戎幕之下，专弄文墨，为壮夫捧腹，甚未可也。”这也能说明“捧腹”表示“捧腹大笑”是因省略“大笑”而形成的。（参看刘洁修，1989：774）

“冻伤”“扭伤”“捧腹大笑”“不治身亡”在 CCL 语料库中各有 300、455、138、467 例。由于是常见组合，在一定的语境和条件下，就可以用“冻”“扭”“捧腹”“不治”表示“冻伤”“扭伤”“捧腹大笑”“不治身亡”。也就是说“因果组合”省略“果”或“因”，只用“因”或“果”仍然可以表示整个“因果组合”的意义。这正如张永言（1982：58）所指出的那样：“由于一个词组或复合词中某一成分的省略或失落，余下来的成分就会承担整个词组的意义，从而造成新的词义的产生。”这就是语言趋简而省略造成的词义演变。汉语中因省略造成的词义演变是比较常见的，其类型也是多种多样的（参看蒋绍愚，2015：217—225；吴福祥，2018）。因省略造成的动词因果蕴含义互转只是其中的一种，这是在因果推理的大前提下通过省略的具体路径而形成的。

4.3 因典故形成因果关系而造成动词因果蕴含义的互转

有些因果蕴含义的互转从事理上并不一定存在着内在的因果关系，但因果关系因典故建立起来，从而形成因果蕴含义的互转。例如：

1）发指。“发指”《现汉》的释义是“头发竖起来，形容非常愤怒”其中的“指”是直立、竖起来的意思，头发怎么能够直立？这也不大符合常理。另外，头发直立和非常愤怒，二者语义又是怎么联系起来的？这些都让人费解。

为了说明“发指”和“非常愤怒”二者之间的语义联系，我们先看看跟“发指”有语义联系的“怒发冲冠”。“怒发冲冠”出自《史记·廉颇蔺相如列传》：“相如因持璧却立，倚柱，怒发上冲冠。”《现汉》对“怒发冲冠”的释义是“因怒而头发直竖，把帽子都顶起来了，形容非常愤怒。”由此得知“发指”和“非常愤怒”是因果关系，因为非常愤怒导致头发直竖起来，这种因果关系是靠典故建立起来的，而且是一种夸张的说法。所以用“发指”表示“非常愤怒”，其实就是用结果转指原因。

2）目不窥园。“目不窥园”字面上是“眼睛不看园圃”的意思，实际上是表示“埋头读书”。例如：

（28）那公子却也真个足不出户，目不窥园，日就月将，功夫大进。（文康《儿女英雄传》）

（29）篑初白日在碧草轩目不窥园，黄昏到自己楼上课画谈贴。（李观海《歧路灯》）

“目不窥园”出自《汉书·董仲舒传》：“（仲舒）少治《春秋》，孝景时为博士。下帏讲诵，弟子传以久次相授业，或莫见其面。盖三年不窥园，其精如此。”这一典故把“埋头读书”和“目不窥园”的因果关系联系起来，是用结果转指原因，因为“埋头读书”以至于“目不窥园”。

3）万人空巷。“万人空巷”《现汉》的释义是：“家家户户的人都从巷子里出来（观看或参加某些大的活动等），多用来形容庆祝、欢迎等盛况。”例如：

（30）《万笏朝天图》……描绘了乾隆南巡期间苏州居民万人空巷、夹道迎接的热烈场面。（《人民日报》（海外版）2016年9月17日）

（31）牛家二少爷出斩的那天，半个北京城，高等社会，低等社会，男人，女人，可以说是万人空巷，争看人人痛恨的牛财神的儿子活遭现世报应，千千万万人拥挤在天桥一带。（林语堂《京华烟云》）

“万人空巷”出自苏轼《八月十七复登望海楼》诗：“赖有明朝看潮在，万人空巷斗新妆。”是说千家万户都离开居住的街巷到江边观潮，以致往日热闹的街巷空无行人了。通过这一典故使“众人都奔向一个地方观看或参加某些大的活动而形成庆祝、欢迎的盛况”与“街巷空空荡荡”建立起了因果关系，前者为因，后者为果，用“万人空巷”来形容“庆祝、欢迎等盛况”，其实也是用结果转指原因。

有些词语，尤其是成语，字面义和表达的实际意义往往有所不同，而字面义与表达的实际意义有的具有因果关系。因此形成了用因表果或用果表因的语义演变，从实际语料来看多是用结果转指原因。这种因果关系往往不是因日常事理建立起来的，而是因典故建立起来的，而且带有明显的夸张意味，以上三例及上文提到的“闭月羞花”“门可罗雀”就是如此。所以需要了解典故的来龙去脉，才能比较好地理解这类词语要表达的实际意义。

5. 动词因果蕴含义互转的动因与效果

语言在表达上往往有话不直说，而是曲折地说出要表达的意思。“所以才有‘言不尽意’、‘意在言外’、‘求之于字里行间’这些个话。”（吕叔湘，1980：67）这是有其内在原因的，主要是为了达到某种表达上的效果。

5.1 具体、形象的表达效果

因果互转有时是为了达到更具体、更形象的表达效果。例如：

（32）在广袤的草原上，马、牛、羊、驴、骡、骆驼等大小牲畜漫山遍野。（《人民日报》1986年9月22日）

（33）八月十五日，中秋节，高密县城大集。虽是战乱年代，老百姓还得活着，活着就要吃穿，就要买卖。出城的进城的，摩肩接踵。（莫言《红高粱家族》）

例（32）、例（33）中的“漫山遍野”“摩肩接踵”表达的意思是“非常多”，这是用果表因，即因为“非常多”，所以才“漫山遍野”“摩肩接踵”。这比直接说“非常多”要具体、形象得多，而且还含有夸张的意味。再如：

（34）党员领导干部之间“红红脸、出出汗”，可以“排毒、治病”，增强“免疫力”……（《经济日报》2016年12月22日）

（35）用好“红红脸、出出汗”这一良药[①]（新疆维吾尔自治区纪委监委网站，2020年7月31日）

例（34）、例（35）中的“红红脸、出出汗”是什么意思？先请看下面的三段文字。

要用好批评和自我批评武器，有一点“辣味”，让每个党员干部都能红红脸、出出汗。（《光明日报》2014年3月19日）

红脸出汗，汉语词汇，党务词汇，是指通过批评和自我批评，达到红脸出汗的目的。（百度网）

这些民主生活会充分运用批评与自我批评这一锐器，开出了“辣味”，起到了“红红脸”“出出汗”的效果。（《光明日报》2014年6月19日）

以上三段文字都有“批评和自我批评”与“红红脸、出出汗／红脸出汗”，而且显示出了“批评和自我批评”是因，“红红脸、出出汗”是果。尤其是第一段文字“要用好批评和自我批评……让每个党员干部红红脸、出出汗”，从字面上已说明二者的因果关系。据此可以推知，例（34）、例（35）中的“红红脸、出出汗”就是指批评和自我批评，这是用果表因，即互相批评，不留情面，自我批评，深刻反思，以至于辣味十足红了脸，自疚羞惭出了汗。另外，2022年3月21日《解放军报》上有一篇文章的标题是“用好批评和自我批评这剂‘良药’”。通过比较更能说明例（34）、例（35）中的“红红脸、出出汗”就是指“批评和自我批评”，也更能看出例（34）、例（35）不直接说“批评和自我批评”而说“红红脸、出出汗”，使表达更具体、更形象、更富有感染力。

5.2 委婉、含蓄的表达效果

因果互转有时也是为了达到委婉、含蓄的表达效果。例如：

（36）甲：（给乙发微信）我现在能给你打电话吗？

　　　乙：（给甲回微信）我现在开会呢。

乙回答甲“我现在开会呢”，要表达的意思是“你现在不能给我打电话”，这是用因表果，即因为“我现在开会呢”，所以“你现在不能给我打电话”。这比直接说“不能”要委婉得多。不直接拒绝，还表示了不是我不愿意通话，是条件不允许的意思。

（37）甲：王教授，您明年还招博士生吗？

　　　乙：我明年就退休了。

现在高校、科研单位一般都有明文规定，就是博士生导师在办理退休手续后，原则上不再招收博士研究生。王教授回答“我明年就退休了”，就意味着“我明年不招博士生了”。这也是用因表果，即因为“我明年就退休了”，所以“我明年不招博士生了”。这比直接回答“不招”要含蓄得多，而且还显得模糊，具有不确定性。也许还含有王教授想招，但规定不允许的意思。

还有一个比较有意思的例子，有一次笔者到熟食店买贴饼子，看到有一个贴饼子有点儿

---

① 这是文章的标题。

煳，就说："那煳的我不要"。卖东西的人说："火大的不给你。""火大"是造成"煳"的原因，这也是用原因转指结果。买主说"煳的"，卖主说"火大的"，因为"火大的"比"煳的"婉转得多，好听得多，从中可以看出卖主的主观心理。

因果互转有时是表达委婉的意思，这一点在词典释义中也有所体现。例如：

【名落孙山】宋代人孙山考中了末一名回家，有人向他打听自己的儿子考中了没有，孙山说："解名尽处是孙山，贤郎更在孙山外。"（见于宋范公偁《过庭录》）后来用"名落孙山"指应考不中或选拔时落选（含委婉意）。

用"名落孙山"表示"应考不中或选拔时落选"其实就是用果表因，释义中用括注提示了"含委婉意"。

另外，动词因果蕴含义互转还能够提供更大的信息量。如例（36）、例（37）不仅说明了原因（"我现在开会呢""我明年就退休了"），而且还说明了结果（"你现在不能给我打电话""我明年不招博士生了"），这也符合语言的经济原则。

需要说明的是，动词因果蕴含义互转表达的具体形象、委婉含蓄的效果，会因为经常使用而逐渐磨损、消减。比如"着凉"表示"感冒"，"没挑儿"表示"非常好"，由于常用，词义演变已完成，这种效果就会淡化。而在会话层面，由于是某种语境下的临时使用，这种效果就会很明显，比如例（36）、例（37）就是如此，所以我们这里举语篇层面的会话来说明这个问题。

6. 结语

"在人们的语言活动中出现的意义是很复杂的。"（吕叔湘，1980：66）就词语而言，有字面义和转义。既然转义是由字面义衍生而来的，转义必然与字面义存在着某种联系，这可以概括为"隐喻""转喻""引申"等等。在此基础上还可以做更深入的研究，探究转义与字面义的各种各样的具体联系。其中词语的蕴含义就非常值得深究，而词语的蕴含义的类型也是多种多样的，动词因果蕴含义只是其中的一种。

词典收录了大量词语，词典释义必然涉及各种语义问题。本文试图通过结合词典释义，对动词因果蕴含义互转这一具体问题做细致的研究，揭示动词因果蕴含义互转的词义演变规律，从而给词汇语义学研究添砖加瓦，也希望对词典释义及词典释义的研究有积极的促进作用。

参考文献

汉语大词典编辑委员会汉语大词典编纂处，1993，《汉语大词典》（第12卷），汉语大词典出版社。

蒋绍愚，2015，《汉语历史词汇学概要》，商务印书馆。

刘洁修，1989，《汉语成语考释词典》，商务印书馆。

陆俭明，2009，《隐喻、转喻散议》，《外国语（上海外国语大学学报）》第1期。

吕叔湘，1980，《语文常谈》，生活·读书·新知三联书店。

沈家煊，1999，《转指和转喻》，《当代语言学》第1期。

沈家煊，2000，《句式和配价》，《中国语文》第4期。

沈家煊，2004，《语用原则、语用推理和语义演变》，《外语教学与研究》第 4 期。

斯大林，1971，《马克思主义和语言学问题》，人民出版社。

王楠，2016，《单音节动词非自主用法与消极结果义》，《中国语文》第 2 期。

文旭、叶狂，2006，《转喻的类型及其认知理据》，《解放军外国语学院学报》第 6 期。

吴福祥，2022，《词义感染与删略生义》，*Journal of Chinese Linguistics*（《中国语言学报》）第 3 期。

夏征农、陈至立，2013，《大辞海·语言学卷》（修订版），上海辞书出版社。

《现代汉语大词典》编委会，2000，《现代汉语大词典》，汉语大词典出版社。

张永言，1982，《词汇学简论》，华中工学院出版社。

张志毅、张庆云，2012，《词汇语义学》（第三版），商务印书馆。

中国社会科学院语言研究所词典编辑室：《现代汉语词典》（第 1—7 版），商务印书馆 1978 年版 / 1983 年版 / 1996 年版 / 2002 年版 / 2005 年版 / 2012 年版 / 2016 年版。

（原文刊于《中国语文》2023 年第 3 期）

从八部书看中古汉语语法

蒋绍愚

提要：对中古汉语语法的研究有待于进一步加强。本文选取8部中古汉语时期的著作（包括中土著作和汉译佛典），进行分析，概括出中古汉语时期8个方面语法特点，并指出这些语法特点主要表现在魏晋南北朝时期，在东汉时期这些特点还不很明显。

关键词：中古汉语；语法特点；东汉；魏晋南北朝

中古汉语是汉语史的一个重要阶段。近年来，对中古汉语语法的研究取得了不少进展，孙锡信、杨永龙（2014）对此有详尽的述评。但总的看来，目前对中古汉语语法的研究还有待于进一步加强。中古汉语的语法究竟有哪些重要特点，从上古汉语语法到中古汉语语法究竟有哪些变化，这些问题还需要深入研究。

一

在21世纪初，魏培泉撰文谈过这些问题（见魏培泉，2001，2003）。在魏培泉（2003）一文中，作者举出36项语法特征，说明上古汉语到中古汉语的语法变化：

1. 以音素的屈折或加缀来派生新词的构词法消失
2. 名动同形的词项剧减
3. 复合词剧增
4. 名词词尾趋盛
5. 名词词头兴起
6. 使动式趋衰
7. 使成结构趋盛
8. “V而V”结构趋消
9. 代词格对比消失
10. 产生表复数和集体的依附词
11. 代词“之”趋衰
12. 产生专用的第三身代词
13. 代词一般不再兼表事物及处所
14. 在判断句中系词“是”成为必要
15. 引介所在、所自以及工具语的介词不再位于动词后
16. 普通名词表处所必须搭配方位词
17. 平比式的标准项由动词后改置于动词前
18. 产生标准项在动词前的差比句

19. 体貌助词“已”臻于流行
20. 趋向助词“来”“去”产生
21. 助断的“也”趋衰
22. 感叹句或反问句的主谓倒序规则消失
23. 用于正反问的否定词“不”“无”转为真正的疑问助词
24. 反身的“自”及互指的“相”的反指功能趋弱
25. “被”字式被动句取代其他各式种被动式而成为主流
26. 宾语提升动词不再自为一类
27. 否定句代词宾语从动词前改置于动词后
28. 焦点名词组移前规则消失
29. 疑问代词宾语改置于动词或介词后
30. 关系代词“所”“者”趋衰
31. 全称指量词可以修饰名词
32. 具指代性的副词“莫”“或”消失
33. “主 + 之 + 谓”结构消失
34. 名量词成为必用且“数 + 量 + 名”结构取代先秦的“数 + 名”结构
35. 动量词产生
36. 以名词重叠表全量的手段趋盛

这几项语法特征，是我们考虑中古汉语的语法特征的重要参考。但该文主要是一些结论性的意见，所举的例子很少，从中难以看到中古汉语语法的实际面貌。

二

本文的意图是通过对中古汉语时期 8 部重要著作（包括中土著作和汉译佛典）的调查分析，来讨论中古汉语的语法特点。这 8 部重要著作是：

东汉时期：1. 王充《论衡》；2. 支娄迦谶译《道行般若经》。

魏晋南北朝时期：3. 干宝《搜神记》（只用《太平御览》等标明“引作《搜神记》”的条目）；4. 刘义庆《世说新语》；5. 周子良、陶弘景《周氏冥通记》；6. 竺法护译《生经》；7. 吉迦夜、昙曜译《杂宝藏经》；8. 求那毗地译《百喻经》。

在这 8 部著作中，可以看到从上古汉语到中古汉语的语法的消长变化：一方面是上古汉语的一些语法特征的减弱或消失，另一方面是上古汉语所没有的语法特征的出现和加强。这种旧成分的消亡和新成分的出现就构成了中古汉语语法的总体面貌。但这种变化在东汉时还不很明显。《论衡》虽然也有一些新的语法特点，但主要还是沿袭上古汉语的语法格局；《道行般若经》新的语法特点较多一些，但也不很突出。而到魏晋南北朝时期的著作中，新的成分就相当明显了。所以在下面的讨论中，我们把魏晋南北朝时期的著作放在前面讨论，从中可以概括出中古汉语语法的特点；然后再回过头来讨论东汉时期的著作。

三

魏晋南北朝时期的 6 部著作反映出来的中古汉语的语法特点表现在 8 个方面。

（一）在判断句中使用系词“是”

在上古汉语中，判断句用“N1 者，N2 也”和“N1，N2 也”的句式来表示，但到战国晚期，系词“是”已开始使用。如：

此是何种也？（《韩非子·外储说左上》）

《史记》中系词“是”也有 8 处。

但系词“是”的普遍使用，是在魏晋南北朝。

在《搜神记》中，很多条目在开头都说“N1 者，N2 也”或“N1，N2 也”，但全书中也有不少系词“是”。如：

吾是鬼神，非人也。（《搜神记》卷五）

我是伯夷之弟，孤竹君也。（《搜神记》卷十六）

在《世说新语》中，没有“N1 者，N2 也”，有“N1，N2 也”或“N1，N2”这样的句式，如：“宏，真長祖也。”（赏誉）“君吴楚之士，亡国之余。”（言语），但已不多。判断句主要是用系词“是”。如：

此是君家果。（《世说新语·言语》）

陛下龙飞，此是庾冰之功，非臣之力。（《世说新语·方正》）

卿家仲堪，定是何似人？（《世说新语·赏誉》）

此是屋下架屋耳。（《世说新语·文学》）

按：此句中系词“是”后面不是名词性词组，可见运用得广泛了。

在《周氏冥通记》和三种汉译佛典中，都是用系词“是”，例多不举。

在《杂宝藏经》中，有这样的句子：

妇言：“汝为是谁，劝谏于我？”答言：“我是汝夫。”（《杂宝藏经》卷五）

时王问言：“今此光瑞，为是谁耶？”（《杂宝藏经》卷十）

这些句子中的“为是”连用，大概是为了凑足四字音节而形成的，不是一种正常形式，在其他著作中没有见到。

（二）“被”字句出现

被动句在上古汉语中是用“见 V”，“为 N 所 V”表达的。到中古汉语中，出现了“被”字句。

“被 +V”在战国末期就已出现。如：

今兄弟被侵，必攻者，廉也；知友被辱，随仇者，贞也。（《韩非子·五蠹》）

万乘之国，被围于赵。（《战国策·齐策》）

但这些只是“被”字句的萌芽。真正的表被动的“被”字句，要到魏晋南北朝时才出现。

朱冠明（2013）说：“中土著作的情况与译经中一致，即在《世说新语》之前，‘被 N 施 V’罕见，从《世说新语》时代（五世纪初）开始‘被 N 施 V’才逐渐多起来。”

在本文所选的 6 种魏晋南北朝著作中的“被”字句，有的是“被 +N+V”，如：

昨忽被县召，夜避雨，遂误入此中。（《搜神记》卷十二）

祢衡被魏武谪为鼓吏。（《世说新语·言语》）

亮子被苏峻害。（《世说新语·方正》）

其财物被淫女人悉夺取之。（《生经》卷一）

鳖王见之，被火焚烧，焚炙其背。（《生经》卷四）
又复过去忍辱仙人，被他刖耳鼻手足。（《杂宝藏经》卷二）
被他打头，不知避去。（《百喻经》第 3 则）
更多的是“被 +V”。如：
及入，果被杀。（《搜神记》卷九）
昨被召来，今却得还。（《搜神记》卷十五）
鼠被害，尚不能忘怀。（《世说新语 · 德行》）
孔融被收。（《世说新语 · 言语》）
殷中军被废东阳。（《世说新语 · 文学》）
为卢志所谗，被诛。（《世说新语 · 尤悔》）
若到彼国，王必被觉，见执不疑。（《生经》卷二）
闻服王德，故被使来。（《生经》卷三）
虽被毁辱，忍而不瞋。（《生经》卷四）
独与母居，未被教敕。（《生经》卷四）
驼骠比丘有何因缘，而被诽谤。（《杂宝藏经》卷二）
树枝被斫不应拔，人心已离不可亲。（《杂宝藏经》卷三）
遂复前进，被打狂走。（《杂宝藏经》卷七）
昔有一人，为王所鞭。既被鞭已，以马屎傅之。（《百喻经》第 27 则）
第二估客即便偷他被烧之金。（《百喻经》第 32 则）
如捉毒蛇，被螫而死。（《百喻经》第 89 则）
有的表被动仍用“见 +V”“为 +N+ 所 V”。如：
陈述为大将军掾，甚见爱重。（《世说新语 · 术解》）
说司马孝文王，大见亲待。（《世说新语 · 谗险》）
和峤为武帝所亲重。（《世说新语 · 方正》）
在《杂宝藏经》中，还有一种“为 N 之所 V”的句式。如：
即为王子之所获得。（《杂宝藏经》卷一）
为死摩竭鱼之所扰恼。（《杂宝藏经》卷十）
在《百喻经》这种“为 N 之所 V”很多，共 32 例。如：
乃为外道邪恶妖女之所欺诳。（《百喻经》第 29 则）
为一切世人之所嗤笑。（《百喻经》第 77 则）
《百喻经》中还有：
果被众人之所怪笑。（《百喻经》第 17 则）
这是受“为 N 之所 V”类化而成的。
在《生经》中，还有“为 N 所见 +V”的：
为债主所见拘系。（《生经》卷四）
是为凶人所见侵枉。（《生经》卷五）
还有“为 N 被 +V”：
出家子为沙门被打撼者是也。（《生经》卷五）

这是被动标记“为”“见”和“为”“被”的重叠使用。

（三）述补结构出现

述补结构产生于中古汉语时期，这是学界已有定论的。这里先说魏晋南北朝的例句。这些例句，有的是“VC”，有的是“VCO”，有的是“VOC”。述补结构有不同类别，如“动结式”、“动趋式”、带“得”的述补结构等，下面的例句以动结式为主。

一竹竿饵钓于盘中，须臾，引一鲈鱼出。（《搜神记》卷一）

贼击伤额，……有顷遂死。（《搜神记》卷五）

即掘出之，已活。（《搜神记》卷十五）

辽西人见辽水中有浮棺，欲斫破之。（《搜神记》卷十六）

择可通者作白事成。（《世说新语·德行》）

举却阿堵物。（《世说新语·规箴》）

时人谓“看杀卫玠”。（《世说新语·容止》）

韩康伯母，隐古几毁坏。（《世说新语·贤媛》）

遂掘断墓后。（《世说新语·术解》）

果震柏粉碎。（《世说新语·术解》）

道真食豚尽，了不谢。（《世说新语·任诞》）

三祖寿乐器，虺瓦吊，孙家儿打折。（《世说新语·轻诋》）

上人箸百尺楼上，儋梯将去。（《世说新语·黜免》）

时淫女人驱出其家：“去更求财，尔乃来还。”（《生经》卷一）

即取应器，盛满中蜜，两手擎之。（《生经》卷五）

唇齿破尽，不知厌足。（《杂宝藏经》卷五）

拔我毛羽，啄破我头。（《杂宝藏经》卷十）

见我头上无有发毛，谓为是石，以梨打我头破乃尔。（《百喻经》第 3 则）

即便以刀决破其口。（《百喻经》第 72 则）

有婆罗门空捉澡罐，诈言洗净。（《百喻经》第 74 则）

为熊所啮，爪坏身体。（《百喻经》第 81 则）

先所舍者鸡鸭食尽。（《百喻经》第 88 则）

即便以嘴啄雌鸽杀。（《百喻经》第 95 则）

（四）疑问句的新形式

在中古汉语中，有一种疑问句的新形式：“不”或“未”居于句末，是一种反复问句。

这种疑问句，在上古汉语中就已经出现，但出现得不多。如：子之以此知左右之诚信不?（《韩非子·内储说上》）

秦王以十五城请易寡人之璧，可予不?（《史记·廉颇蔺相如列传》）

君除吏已尽未?（《史记·魏其武安侯列传》）

但在中古汉语中就经常出现。

《搜神记》作“……否”：

人盗君膏药，颇知之否?（《搜神记》卷十七）

问思彦：“复道吾否?”（《搜神记》卷十七）

以我才貌，可得见张司空否？（《搜神记》卷十八）

在《世说新语》作"……不"，共出现35次，选收如下：

君能屈志百里不？（《世说新语·言语》）

圣人有情不？（《世说新语·文学》）

魏武谓修曰："解不？"修曰："解。"（《世说新语·捷悟》）

汝竟识袁彦道不？（《世说新语·任诞》）

在其他4部魏晋南北朝著作中也有。如：

欲知我姓氏不？（《周氏冥通记》卷二）

尔识之不？……尔闻血臭不？（《周氏冥通记》卷二）

比欲观其德业，君见之不？（《周氏冥通记》卷三）

来年十月可保得申延不？（《周氏冥通记》卷四）

某人彭公在此不？（《周氏冥通记》卷四）

仁欲知不？（《生经》卷一）

仁者睹此音声丛树为快乐不？（《生经》卷二）

汝见吾不？（《生经》卷五）

生悔心不？答言不悔。（《杂宝藏经》卷一）

佛言：帝释及诸天，皆安乐不？（《杂宝藏经》卷一）

帝释及三十三天欲得见佛，听来见不？（《杂宝藏经》卷六）

未生子者竟可得不？（《百喻经》第21则）

此之树上将生美果，汝能食不？（《百喻经》第33则）

在尔此村不？（《百喻经》第46则）

池上有树不？（《百喻经》第46则）

有时，这种句子在"不"后面还可以加上"耶"和"乎"：

卿等宁见前所逐梵志不耶？（《生经》卷一）

欲知尔时乌妻不乎？（《生经》卷五）

这说明"不"还不是一个疑问语气词。

但当前面的句子中已有否定词"不""未"或表反诘的副词"讵"、表推测的副词"颇""将非"的时候，句末的"不"就转化为疑问语气词，整个句子就演变为是非问句了。如：

君得哀家梨，当复不烝食不？（《世说新语·轻詆》）

萧祖周不知便可作三公不？（《世说新语·赏誉》）

王尚书惠尝看王右军夫人，问："眼耳未觉恶不？"（《世说新语·贤媛》）

伊讵可以形色加人不？（《世说新语·方正》）

尔颇有所识不？（《世说新语·夙惠》）

欲寄朱阳东为小屋，未审可尔不？（《周氏冥通记》卷四）

颇有消息问讯不？（《生经》卷三）

将非我孝子睒摩迦有衰患不？（《杂宝藏经》卷六）

也有"……未"。如：

南阳宗世林，魏武同时，而薄其为人，不与之交。及魏武作司空，总朝政，从容问宗曰：

"可以交未？"（《世说新语·方正》）

卿家痴叔死未？（《世说新语·赏誉》）

所通辞仰呈君未？（《周氏冥通记》卷四）

问言"杀未？"姑答"已杀"。（《杂宝藏经》卷九）

"不"问的是情况是否如此，"未"问的是情况是否已经发生变化。

（五）"已"和"来"的虚化

"V+（O）+已，下句"是一种完成貌句式。"V+来"表示动作完或实现。这都是魏晋南北朝时期语法的特点。下面分开说。

（1）"已"的虚化

"已"是一个表完成的动词，如"食已"，表示"吃完了"。但后来出现一种句式："V+（O）+已，下句"，表示做完甲事，再做乙事（或再发生什么情况），这是一种完成貌句式（可参见梅祖麟，1999）。魏晋南北朝的著作中这种句式很多（《世说新语》中无"V+（O）+已，下句"）。如：

既行刑已，其血青黄，缘旛竹而上标，又缘旛而下云。（《搜神记》卷十一）

斗争已，便出宫去。（《生经》卷一）

得此宝已，与诸兄弟。（《生经》卷二）

右三遶已，忽然不现。（《生经》卷三）

昔有一家，家喜行毒。一行毒已，家中得富。（《生经》卷四）

儒童受已，各自别去。（《生经》卷五）

王子闻已，即还家中。（《杂宝藏经》卷一）

白父母已，便取水去。（《杂宝藏经》卷一）

作是语已，田主欢喜。（《杂宝藏经》卷一）

作是念已，铁轮即堕地。（《杂宝藏经》卷一）

闻此语已，心生妒忌。（《杂宝藏经》卷一）

王见贼已，集诸臣等，共议此事。（《百喻经》第8则）

待与药已，然后示王。（《百喻经》第15则）

舍是身已，当生梵天。（《百喻经》第29则）

食六枚半已，便得饱满。（《百喻经》第44则）

（2）"来"的虚化

动词"来"本是表示空间的位移的，后来用在VP后面，虚化为表示时间的过去：从某时到如今。如下面的例句"抱疾来"表示从抱疾到现在，"失来"表示从丢失到现在。这种用法在魏晋南北朝的著作中较多见。

自过江来，尚书郎正用第二人。（《世说新语·方正》）

小人母年垂百岁，抱疾来久，若蒙官一脉，便有活理。（《世说新语·术解》）

迷来日久，作恶不罢。（《生经》卷四）

会值王大夫人亡来七日，王遣使者，按行国界。（《杂宝藏经》卷四）

今我父头，死来多日，颜色不变。（《杂宝藏经》卷十）

又复问言："失经几时？"言："失来二月。"（《百喻经》第19则）

再进一步发展，“来”可以放在句末，表示“来”前面的事情是过去曾发生的事情；“来”演变成一个事态助词。这种用法在本文所选的6种著作中并不多见，但很值得注意。

问云：“公何处来？”答云：“今日与谢孝剧谈一出来。”（《世说新语·文学》）

我母为我，入城求食，未曾得一来。（《杂宝藏经》卷七）

《世说新语》例和梁银峰（2004）所举的《中阿含经》：“便问：‘婆磋，晨起从何处来？’卑卢异学答曰：‘梵志，我见世尊礼事供养来。’”完全一样。问句中的“来”是趋向动词，答句中的“来”可以理解为表示已发生的事情。这是演变的开端。《杂宝藏经》例已演变为表“曾经”的事态助词。此例和曹广顺（1995）所举的例句性质是一样的：

琛谓峦：“何处放蛆来？今晚乃顾？”（《北史·甄琛传》）

恪身经事萧家来，今日不忍见此事。（《南史·沈恪传》）

《北史》和《南史》都是初唐时撰成的，但上述例句还是如实记录了南北朝时的口语。《北史》例原见《魏书·甄琛传》，《魏书》是同时资料。

关于事态助词“来”的来源和演变过程可参见梁银峰（2004）。

（六）新的代词

魏晋南北朝时期产生一批新的代词。在6种著作中有如下一些：

（1）第一人称代词

身

身今日当与君共谈析理。（《世说新语·文学》）

乃问蔡曰：“公自言何如夷甫？”答曰：“身不如夷甫。”（《世说新语·排调》）

侬

便欲去，诸女曰：“待侬。”（《周氏冥通记》卷三）

第一人称代词“侬”在所选的著作中仅此一例。但在晋代的乐府诗中很常见，都是女子的自称。又，在《晋书》中有下面一例：

道子颔曰：“侬知侬知。”（《晋书·会稽文孝王道子传》）

虽然《晋书》是唐初房乔等编撰的，但这里的“侬知侬知”应是晋人口语的记录。因此，“侬”在魏晋南北朝应是男女通用的第一人称代词。

（2）第三人称代词

伊

勿学汝兄，如兄自不如伊。（《世说新语·品藻》）

使伊去，必能克定西蜀。（《世说新语·识鉴》）

伊于时意色极不好。（《周氏冥通记》卷二）

伊犹沉滞尘喧。（《周氏冥通记》卷三）

其

“其”在上古汉语中相当于“他的”，只用作定语。到中古汉语中，具有“他”义，用作主语和宾语。如：

有异人过之，为其掌火。（《搜神记》卷一）

王莽居摄，东郡太守翟义知其欲篡汉。（《搜神记》卷九）

我与元规虽俱王臣，本怀布衣之好。若其欲来，吾角巾径还乌衣。（《世说新语·雅量》）

王荀子来，与共语，便使其唱理。（《世说新语·文学》）

王宁异谋，云是卿为其计。（《世说新语·言语》）

有相识小人贻其餐。（《世说新语·方正》）

其若来，可不接之。（《周氏冥通记》卷四）

已黄昏，仍留其停宿。（《周氏冥通记》卷二）

别屋两小儿……不能不惧，而犹向其道。（《周氏冥通记》卷三）

见其端正，甚适悦意，即从梵志，求索此女。（《杂宝藏经》卷一）

尔时比丘为其说法。（《杂宝藏经》卷一）

若其问者，汝可答言。（《杂宝藏经》卷三）

即于水边，为其敷衣。（《杂宝藏经》卷四）

我于尔时，教其使得具五神通。（《杂宝藏经》卷六）

婢言次者："先与其浣。"（《百喻经》第51则）

时先入者谓其是鬼。（《百喻经》第64则）

（3）指示代词

尔

在上古汉语中，"尔"主要用作第二人称代词，到中古汉语中，"尔"演变为一个很活跃的指示代词。"尔"可用作近指，作定语用。如：

尔夜风恬月朗。（《世说新语·赏誉》）

但更主要的是表示"如此"，用作谓语。如：

主曰："妇人何能？"永曰："能织"。主曰："必尔者，但令君妇为我织缣百匹。"（《搜神记》卷一）

宜为我立祠。不尔，将有大咎。（《搜神记》卷五）

正始之音，正当尔耳！（《世说新语·文学》）

孙曰："云是世业人。"谢曰："殊不尔，卫自是理义人。"（《世说新语·品藻》）

卿自幼至今，不无小愆，可自思悔谢。若不尔者，亦为身累。（《周氏冥通记》卷一）

自非如来至真等正觉，孰能尔乎？（《生经》卷一）

非但今日恶心向我，过去亦尔。（《杂宝藏经》卷三）

如彼愚人以盐美故而空食之，致令口爽。此亦复尔。（《百喻经》第1则）

"乃尔"在这些著作中也很常见，为"乃至于如此"之意。

卿凭重桓乃尔，哭之状其可见乎？（《世说新语·言语》）

（七）量词大量出现

中古汉语是量词大发展的时期。刘世儒《魏晋南北朝量词研究》已做了很好的研究。在这次查检的6种书中，量词很多，列举一些如下：

（1）名量词

枚

因下玉镜台一枚。（《世说新语·假谲》）

乃命左右悉取珊瑚树，有三尺四尺，条干绝世，光彩溢目者六七枚。（《世说新语·汰侈》）

得彼乞女两枚小钱。（《杂宝藏经》卷三）

因其饥故食七枚煎饼。（《百喻经》第 44 则）
量（緉）
可为买两量丝履。（《搜神记》卷四）
未知一生当箸几量屐？（《世说新语·雅量》）
献屐一只，何所施补？若获一緉，罪可除也。（《生经》卷一）
匹
见外鞍马三匹。（《搜神记》卷十）
支道林常养数匹马。（《世说新语·言语》）
株
斋前种一株松。（《世说新语·言语》）
周所住廨亭坛有四株大柏树。（《周氏冥通记》卷一）
函
都下人因附百许函书。（《世说新语·任诞》）
又尔日于书案上得四函书。（《周氏冥通记》卷一）
领
东海君已织成青襦一领遗之。（《搜神记》卷二）
见其坐六尺簟，因语恭："卿东来，故应有此物，可以一领及我。"（《世说新语·德行》）
沓
定是二百五十沓乌樏。（《世说新语·任诞》）
隻
往到河侧，则得一隻七宝之屐。（《生经》卷一）
种
我愿得百种璎珞庄饰，臂钏步摇之属。（《生经》卷一）
张
辅相更以一张妙氎直千万钱，与兄阿练。（《杂宝藏经》卷三）
瓶
赍一瓶酥，湛然盈满。（《杂宝藏经》卷九）
把
于此水底得一把毛。（《百喻经》第 49 则）
囊
道中偶得一囊金钱。（《百喻经》第 90 则）
（2）动量词
下
斫伤数下，应乃还卧。（《搜神记》卷十八）
如是五人各打十下。（《百喻经》第 51 则）
过
闻人道痴人有作此者，戏笑之，时道此非复一过。（《世说新语·纰漏》）
尔已经三过上仙籍。（《周氏冥通记》卷二）

今日三过，为君送食。（《杂宝藏经》卷五）

番

因示语攻难数十番。（《世说新语·文学》）

中古汉语的量词，有的语义和用法还不很稳定。如“番”在《世说新语》中是动量词，而在《百喻经》中是名量词：

昔有夫妇，有三番饼。（《百喻经》第 67 则）

（八）上古汉语语法特点的减弱和消失

在中古汉语的著作中，上古汉语的有些语法特点减弱或消失，这是中古汉语语法特点的一个重要方面。

这个方面，有些问题已有人做过研究。如：

王洪君（1987）认为，在上古汉语中“主之谓”是很常见的句式，这种句式在西汉初年已经大大衰落，南北朝初期在大众口语中已经消失。据作者调查，“主之谓”在《杂宝藏经》中仅有 3 次，在《百喻经》中为 0 次。

魏培泉（2005）指出，上古汉语中，很多及物动词后面一般要有宾语“之”，而到东汉以后，“之”往往被零形式代替。如：

温后问曰：“天有头乎？”宓曰：“有之。”……温曰：“天有足乎？”宓曰：“有。……”温曰：“天有姓乎？”宓曰：“有。”（《三国志·秦宓传》）

第一个回答说“有之”，后面的回答就只说“有”，“有”后面是零形式了。

这些问题在本文中就不谈了。

下面专就名词动用和使动意动作一简要说明。但这些无法像“主之谓”那样作用例统计，只能是一个大致的印象。

在上古汉语中名词动用和使动意动都很常见。而在魏晋南北朝的 6 部著作中，名词动用和使动意动用法已很少见到。在《世说新语》中稍多一些，在其他 5 部著作中很少。如：

名词动用

知衣在积稻下，得知，衣而飞去。（《搜神记》卷十四）

不知卿家君法孤？孤法卿父？（《世说新语·政事》）

术大怒，便欲刃之。（《世说新语·方正》）

但未了自称“仆”而卿人之意。（《周氏冥通记》卷一）

以何罪罪之？（《生经》卷一）

今欲妻卿，可得尔不？（《杂宝藏经》卷二）

使动意动

刘伶身长六尺，貌甚丑悴，而悠悠忽忽，土木形骸。（《世说新语·容止》）

汝为元帅，宜数唤诸将宴会，以说众心。（《世说新语·简傲》）

还复卧之，饮其臣药，即时除愈。（《生经》卷三）

苦恼百姓，残贼无道。（《杂宝藏经 》卷八）

医闻是语，深责之言。……即便以余药服之。（《百喻经》第 80 则）

以上是一些少量的例句。其他例句很少出现。

四

现在，回过头来，用魏晋南北朝6部著作中的8个方面的语法特点，来检验一下东汉时的两部著作：《论衡》和《道行般若经》。

（一）判断句使用系词“是”

《论衡》中有系词“是”。如：

余是所嫁妇人之父也。（《论衡·死伪》）此例原见《左传》：“余，而所嫁妇人之父也。”（《左传·宣公十五年》）

其谓霣之者，皆是星也。（《论衡·说日》）

但用得不多，判断句主要还是采用上古汉语的形式：“N1者，N2也”或“N1，N2也”。如：

夫桑谷者，野草也。（《论衡·异虚》）

周公，武王之弟也。（《论衡·气寿》）

《道行般若经》用“是”，而不用“N1者，N2也”或“N1，N2也”：

幻与色无异也。色是幻，幻是色。（《道行般若经》卷一）

般若波罗蜜者是地，五波罗蜜者是种。（《道行般若经》卷二）

（二）被字句出现

《论衡》中的“被”字都是“被V”，没有见到“被N施V”。

被毁谤者谓之辱。（《论衡·累害》）

曾子见疑而吟，伯奇被逐而歌。（《论衡·感虚》）

张仪游于楚，楚相掠之，被捶流血。（《论衡·变动》）

《道行般若经》中无“被V”和“被N施V”。表被动都用“为N所V”，如：

不为兵刃所中死。（《道行般若经》卷二）

正令我为贼所杀，我不当有瞋恚。（《道行般若经》卷六）

（三）述补结构出现

两书都有述补结构，但都不太多。

则玉变为石，珠化为砾，不足诡也。（《论衡·累害》）

推此以省太公钓得巨鱼，刳鱼得书。（《论衡·纪妖》）

人为人所殴伤。（《论衡·论死》）

何方术之学成无浸渐也？（《论衡·道虚》）

菩萨当是学成。（《道行般若经》卷一）

譬如幻师于旷大处化作二大城。（《道行般若经》卷一）

持金镂织成杂衣。（《道行般若经》卷九）

（四）疑问句的新形式（以“不”或“未”居句末）

《论衡》有“……否”和“……未”各一句：

晓知其事，当能究达其义，通见其意否？（《论衡·谢短》）

武王已得文王之年未？（《论衡·感类》）

《道行般若经》有“……不”，无“……未”。

人可得见不？（《道行般若经》卷一）

般若波罗蜜可得见闻不？（《道行般若经》卷三）

是男子为黠不？须菩提言：为不黠。（《道行般若经》卷四）

宁能复还不耶？（《道行般若经》卷五）

当所灭者，宁可使不灭不？（《道行般若经》卷六）

最后一例句末的“不”已经演变为疑问语气词。

如果前面句子的动词是“有”，则句末用“无”：

幻与色有异无？幻与痛痒思想生死识有异无？（《道行般若经》卷一）

乃有从彼来生是间者无？（《道行般若经》卷五）

这种“无”是疑问语气词“吗”的来源。从“无”演变为“吗”的过程可参见杨永龙（2003）。不过，杨永龙（2003）所举的“有N无”的例句最早是西晋的汉译佛经，而实际上，这种“有N无”的句式在东汉的《道行般若经》中就已经有了。

（五）“已”和“来”的虚化

《论衡》有“V+（O）+已，下句”，但比较少。

黄帝封禅已，仙去。（《论衡·道虚》）

自责适已，天偶反风。（《论衡·感类》）

《道行般若经》中比较多：

是菩萨摩诃萨于梦中觉已，若见城郭火起时，便作是念。（《道行般若经》卷七）

见已大欢欣。（《道行般若经》卷九）

信佛已，反持小道入佛道中。（《道行般若经》卷一）

既闻经已，无有狐疑大如毛发。（《道行般若经》卷十）

“来”的虚化用法两部书均无。

（六）新的代词

《论衡》未见。

《道行般若经》中有表“如此”的“尔”：

余他辈亦尔。（《道行般若经》卷二）

尔乃晓知是深般若波罗蜜。（《道行般若经》卷五）

（七）量词大量出现

《论衡》中有一些名量词，但不很多。动量词没有见到。

母见其上若一匹练状。（《论衡·吉验》）

河内女子坏老屋，得佚《礼》一篇。（《论衡·谢短》）

忽生芝草五本。（《论衡·验符》）

今小龙六头并出遨戏。（《论衡·验符》）

《道行般若经》有名量词“种”：

身中无八十种虫。（《道行般若经》卷六）

（八）上古汉语语法特点的减弱和消失

《论衡》中名词动用和使动意动都比较多。略举数例：

孔子虽王，犹不得生。（《论衡·问孔》）

太山雨天下，小山雨一国。（《论衡·说日》）

譬之湍水，决之东则东，决之西则西。（《论衡·本行》）

以所闻见，伍唐、虞而什殷、周。（《论衡·佚文》）

或说以为天生五谷以食人，生丝麻以衣人。（《论衡·治期》）

仙人辄饮我以流霞一杯。（《论衡·道虚》）

才不待贤，在所事者贤之。（《论衡·逢遇》）

贵鹄贱鸡，鹄远而鸡近也。（《论衡·齐世》）

还有名词用作状语的。如：

王者父事天，母事地。（《论衡·祭意》）

《道行般若经》中名词动用与使动意动都很少见，下面是仅有的一些例句：

雨五色华。（《道行般若经》卷八）

如是辈菩萨不当字菩萨，当字为佛。（《道行般若经》卷九）

过大剧道厄难之中，安隐父母。（《道行般若经》卷七）

是时诸弊魔四面放火风，恐怖是菩萨。（《道行般若经》卷八）

总的看来，《论衡》虽然也有一些新的语法特点，但保留上古汉语语法特点较多。《论衡》反映的是东汉士大夫阶层使用的书面语的面貌，当时士大夫阶层的书面语和口语还有较大的距离，而较多地沿用上古汉语的语法模式。《道行般若经》保留上古汉语语法特点较少，新的语法特点较多。这是因为汉译佛典宣讲的对象是一般大众，所以要尽量接近口语，而受上古汉语语法影响较少。但《道行般若经》和魏晋南北朝的著作相比，则还没有明显地反映出那些新的语法特点。

所以，中古汉语的语法应分为东汉和魏晋南北朝两个阶段。这两个阶段语法的发展演变程度是不同的。和上古汉语语法不同的中古汉语语法，很多在东汉只是处于初始阶段，要到魏晋南北朝时期才有明显的发展。

五

本文对中古汉语语法特点的归纳是粗略的。上述8个方面，都是根据所选的8部著作中大量出现的例句，来概括中古汉语的语法特点。但实际上，这8个方面，有几个方面还有问题需要深入讨论。

（一）判断句使用系词“是”

较早出现的系词“是”，研究者常举《马王堆帛书》中的“是是帚彗”为例。但魏宜辉（2008）说：《马王堆帛书》中的“是是帚彗”，应为“是＝帚彗”，其中的“=”是重文符号，代替前面出现的“谓”字，而不是“是”字。所以，这个例子应当否定。

在汉译佛典中有这样的句子，“是”放在句末。如：

欲知尔时方迹王者，则此比丘是。那赖仙人者，则我是。（《生经》卷一）

欲知尔时盲父者，今净饭王是。尔时盲母者，摩耶夫人是。（《杂宝藏经》卷一）

这种“是”是不是系词？为什么放在句末？这个问题曾有过讨论，有人认为是受梵文的影响。姜南（2010：64）认为这种句子“非系词判断句”，她通过汉译《法华经》和梵文原本的对比指出：“无论从语法功能，还是从所对应的原文来看，句末‘是’都表现出较为鲜明的代词属性，回指主语，表达‘如此、这样’的意思，延续先秦汉语固有的‘是’字后置用法。”这个问题还可以讨论。

（二）被字句出现

表被动的被字句是怎样产生的？《韩非子》中的“被侵”“被辱”一般认为只是被字句的萌芽，“被”是动词，表“蒙受，遭受”的意思，而“侵”“辱”既可以看作动词，也可以看作名词。即使看作动词，在上古汉语中动词作宾语也很常见，所以“被侵”“被辱”也可能是动宾结构。

到中古汉语中，出现了“被 +N 施事 +V”，这是表被动的被字句。王力（2000）说：“大约在汉末以后，被字句中有了施事者出现。”并举了几个例句：

正月二十日，臣被尚书召问。（蔡邕《被收时表》）

祢衡被魏武谪为鼓吏。（《世说新语・言语》）

亮子被苏峻害。（《世说新语・方正》）

但太田辰夫（2003）说：“亮子被苏峻害”，其中“害”是名词，“但也可以看作动词，可以说是名词性较弱的。但是，‘苏峻’之类作为名词却是固定的，……和修饰语作为名词是固定的这一点相反，被修饰的名词性却比较弱，也很容易被用作动词，这样的结果，主客就颠倒了，原来是修饰语的变成了主语，原来的被修饰语成了它的述语。这就是现代汉语用‘被’的被动句的起源。”

朱冠明（2013）认为蔡邕例应是：“今月十三日，臣被尚书召，问臣大鸿胪刘郃前为……郃不为用致怨之状。”《世说新语・言语》例应断句为：“祢衡被魏武谪，为鼓吏。”两个例句都不能当 作典型的“被 NV”的例子。

可见，对被字句也是有不同分析的。

（三）述补结构出现

述补结构在中古汉语出现，这是没有问题的。但是在东汉还是在魏晋南北朝？这就有不同看法。比如《论衡》中的“殴伤”“钓得”，《道行般若经》中的“化作”“织成”，究竟是述补结构还是连动结构？判断的主要根据是：“V1+V2”中的 V2 是及物动词还是不及物动词？是使动还是形容词？胡敕瑞（2005）认为“V+ 破”类的“破”从东汉开始已有很多用作定语，所以“V+ 破”类应是述补结构。而遇笑容（2010）对《撰集百缘经》中 12 个“V1+V2”的 V2 逐个研究，认为该书中的一些动词正在向补语发展，但还没有出现成熟的述补式。

可见，中古汉语中的述补结构问题，还需要作进一步的研究和讨论。

（四）疑问句的新形式

“……不？”这种问句在中古汉语中出现很多，但对这种句式有不同的分析。何亚南（2001）认为句末的“不”仍然是否定词，所以后面还能再加疑问语气词“乎”或“耶”，整个句子还是反复问句。只有在前面的句子中已有否定词的时候，句末的“不”演变为疑问语气词，整个句子演变为是非问。但曹广顺、遇笑容（2002）认为，这些句子句末的“不”都已演变为疑问语气词，这是受到疑问语气词“乎”和“耶”的类化。这个问题可以继续讨论。

除本文所概括的 8 个方面的语法特点之外，中古汉语还有一些重要的语法特点。如：广义处置式在上古就有，而狭义处置式是中古出现的，狭义处置式的出现也应是中古汉语和上古汉语相区别的重要特点。关于这个问题，可以参看曹广顺、遇笑容（2000，2006）的两篇文章。曹广顺、遇笑容（2006）指出，中古汉语的处置式有“以”字句、“取”字句、“持”字句、“将”字句、“捉”字句、“把”字句，其中“取”字句、“将”字句、“捉”字句都有狭义处置式。该文对东汉七种佛经和魏晋南北朝5种译经和5种本土著作做了调查，举出相关例句，其结论是可靠的。那么为什么本文对中古汉语的语法特点没有提到这一点呢？这是因为本文是以所选取的8部书为基础的，在这8部书中，有关处置式的例句很少，仅有《道行般若经》《生经》各一例，而且是广义处置式：

信佛已，反持小道入佛道中。（《道行般若经》卷一）

将一大牛，肥盛有力，卖与此城中人。（《生经》卷四）

所以，无法根据这8部书，归纳出中古汉语语法中“狭义处置式出现”这一语法特点。

这种情况也是中古汉语语法研究的一个难点。中古汉语的语法，有不少是处于初始状态的，所以，只会分散地出现在若干部著作中，而不可能在一些著作中集中出现。对于这些语法现象，研究者必须广泛地调查多种著作资料，然后汇集在一起，得出某个结论。当然，中古汉语语法研究也可以做专书语法研究，孙锡信、杨永龙（2014）述评了多部中古汉语的专书语法研究著作，都是很有水平的。但仅仅靠做专书语法研究是不够的，还要在广泛使用语料的基础上，做专题语法研究。

只有这样，才能把中古汉语语法研究做得越来越深入。

参考文献

曹广顺，1995，《近代汉语助词》，语文出版社。

曹广顺、遇笑容，2000，《中古译经中的处置式》，《中国语文》第6期。

曹广顺、遇笑容，2002，《中古汉语中的“VP不”式疑问句》，载《纪念王力先生百年诞辰学术论文集》，商务印书馆。

曹广顺、遇笑容，2006，《再谈中古汉语处置式》，载《中古汉语语法史研究》，巴蜀书社。

何亚南，2001，《〈三国志〉和裴注句法专题研究》，南京师范大学出版社。

胡敕瑞，2005，《动结式的早期形式及其判定标准》，《中国语文》第3期。

姜南，2010，《汉译佛经“S，N是”句非系词判断句》，《中国语文》第1期。

梁银峰，2004，《汉语事态助词“来”的产生时代及其来源》，《中国语文》第4期。

刘世儒，1965，《魏晋南北朝量词研究》，中华书局。

柳士镇，1992，《魏晋南北朝历史语法》，南京大学出版社。

[日]麦谷邦夫、[日]吉川忠夫编，2020，《〈周氏冥通记〉研究》（译注篇），刘雄峰译，齐鲁书社。

梅祖麟，1999，《先秦两汉的一种完成貌句式——兼论现代汉语完成貌句式的来源》，《中国语文》第4期。

孙锡信主编、杨永龙副主编，2014，《中古近代汉语语法研究述要》，复旦大学出版社。

[日]太田辰夫，1991，《汉语史通考》，江蓝生、白维国译，重庆出版社。

[日]太田辰夫，2003，《中国语历史文法（修订译本）》，蒋绍愚、徐昌华译，北京大学出版社。

（西晋）竺法护译，谭代龙等注，2015，《生经简注》，四川大学出版社。

王洪君，1987，《汉语表自指的名词化标记“之”的消失》，《语言学论丛》第 14 辑，商务印书馆。

王力，1958/1998，《汉语史稿》，《王力文集》第九卷，山东教育出版社。

王力，2000，《汉语语法史》，载《王力文集》第十一卷，山东教育出版社。

魏培泉，2001，《东汉魏晋南北朝在语法史上的地位》，《汉学研究》第 18 卷特刊，汉学研究中心。

魏培泉，2003，《上古汉语到中古汉语语法的重要发展》，《古今通塞：汉语的历史与发展》，台湾“中央研究院”语言学研究所筹备处。

魏培泉，2005，《汉魏六朝称代词研究》，《语言暨语言学》专刊甲种之六，台湾“中央研究院”语言研究所。

魏宜辉，2008，《再论马王堆帛书中的“是 =”句》，《东南文化》第 4 期。

杨永龙，2003，《句尾语气词“吗”的语法化过程》，《语言科学》第 1 期。

遇笑容，2010，《〈撰集百缘经〉语法研究》，商务印书馆。

周绍良译注，1993，《百喻经今译》，中华书局。

[日]志村良治，1995，《中国中世语法史研究》，江蓝生、白维国译，中华书局。

朱冠明，2013，《汉语语法史研究中的几个例句辨析》，《中国语文》第 6 期。

（原文刊于《历史语言学研究》2023 年第一辑总第十九辑）

试谈删略导致的语法化 *

吴福祥

提要：以往在讨论删略与语言演变关系时主要聚焦于删略（或脱落）引发的词汇—语义演变、句法演变和语音演变。本文从语法化角度探讨删略引发的语言演变，将删略导致的新的语法成分的产生这一现象谓之“删略导致的语法化”。这类语法化最主要的特点是不涉及任何语用—语义过程，是一种典型的形式语法化。因为这种形式语法化本质上是一种定名学演变，所以很难用现有的基于符义学演变的语法化理论框架来描述和解释。本文的考察显示，删略导致的语法化现象广泛见于汉语方言和历史文献，源于删略的语法成分涉及指代词（人称代词、指示代词和疑问代词）、助动词、副词、介词、连词、体助词、语气词等多种功能语类。

关键词：删略；语法化；语言演变；汉语

1. 引言

以往的语法化研究普遍认为，语义演变是语法化演变的主要过程，甚至是语法化现象的定义特征。譬如 Heine（2018：20）提出语法化的“语义优先假说”（meaning-first hypothesis），主张语义演变是语法化的首要过程，且先于形式演变（形态—句法演变和语音—音系演变）发生，① Narrog（2017：82、106）以及 Narrog & Heine（2018：1；2021：10、15）强调语法化的核心和本质是语义 / 功能演变（semantic/functional change）而非形式演变（formal change）。另外，Hopper &Traugott（2003： 18）将语法化演变界定为“词项或结构式在特定语境里获得某种语法功能，一旦语法化就会继续发展出新的语法功能”，很显然，这个定义完全是基于语义 / 功能演变做出的。不过考察发现，也有一些语法化现象其实并不涉及语义 / 功能演变，本文讨论的“删略导致的语法化”就是这种不包含语义演变过程的语法化现象。因为这类语法化现象难以用既有的语法化理论框架来描述和解释，因而对其性质和特点的探讨无疑会加深我们对语法化演变甚至一般的语言演变的理解。

2. 删略与语言演变

所谓“删略”，指的是说话人（或写作者）出于经济、强调、风格等原因有意删除句子或话语中某个（或某些）成分，被删的成分对于所在结构的语义解释和话语理解必不可少，可以通过考察语境而加以恢复。（参看 Crystal， 2008：166；McArthur， 1992： 344；

* 本文受北京语言大学院级项目“中央高校基本科研业务费专项资金”（23YJ170005）资助。初稿在浙江大学汉语史研究中心语言学前沿与汉语史研究论坛上报告，承汪维辉、洪波、陶寰、史文磊和盛益民诸教授以及匿名审稿专家提出宝贵意见，谨致谢忱。文中错误，作者自负。

① 事实上，这种“语义优先”假说，Heine及其合作者很早就明确表述过，参看Heine & Reh（1984：62）、Heine et al.（1991：15）和Heine & Kuteva（2002：3）。

Baker& Ellece，2011：39）。删略涉及句法、语义、语用、语篇和修辞等界面，具有不同的类别。根据删略成分的“找回”方式，删略可分为“句法删略”（syntactic ellipsis）和“语义或语用删略”（semantic or pragmatic ellipsis）（Allott，2010：68—69），或者“语篇删略”（textual ellipsis）、“情景删略”（situational ellipsis）和“结构删略”（structural ellipsis）（Quirk et al.，1985；McArthur，1992：344—345）。另外，根据被删成分所属的语言模块，删略可分为“句法删略”（syntactic ellipsis）、“词汇删略”（lexical ellipsis）和语音删略（phonetic ellipsis）（Popescu，2019）。

删略作为一种句法手段或话语操作属于共时的语言使用，原本跟语言演变没有直接关系。但其中有一类删略，即词汇删略，有时会引发语言演变。词汇删略指的是在一个公认的结构体（syntagm）中删除其中的某个词项（Popescu，2019：115）。按照 Popescu 的说法，词汇删略的特点是其操作域通常是一个二项式（binomial）短语结构，此外，词汇删略的结果常会导致剩余成分发生词类范畴和词义的改变。例如（Popescu，2019：115）：

（1）private soldier → private （“列兵”）
superior officer → superior （“上司”）
final examination → final （“期末考试”）

目前所知，最早系统地从语言演变的角度讨论这种词汇删略的是 Stern（1968 [1931]）。他认为语义演变有七种基本类型，其中之一是“省缩”。他对“省缩”的界说如下：

如果由于某种原因，一个词在某个复合表达式（compound expression）中被省略，而其意义仍保留在该复合表达式中，那么该表达式中剩余的词就得承载原先属于整个复合表达式的全部意义。如果这种省略成为一种惯常行为，其结果就会导致剩余的词项发生语义演变。（Stern，1968 [1931]：167）

Stern（1968 [1931]：167）将“省缩”区分为“省略”（omission）和“截短”（clipping）两种情形。截短是对一个词的省缩，截去词的某一部分使之变短，譬如英语的 omnibus（“公共汽车”）截短为 bus。省略则指某个组合形式中，一个或多个词整个儿被删，比如 private soldier 省略为 private（Stern，1968 [1931]：258—259）。不难看出，Stern（1968 [1931]）所说的“省略”（omission），在概念上与本文的“删略”（词汇删略）并无不同。

Stern（1968 [1931]）之后，很多学者对删略在语义演变中的作用进行讨论，但论及删略与语义演变关系时则有不同看法，约而言之，有以下三种不同观点。

1）删略是语义演变的一种类型。例如 Ullmann（1957、1964）主张语义演变有四种基本类型（即隐喻、转喻、俗语源和删略），而“删略”（ellipsis）是其中之一。Ullmann（1964：222）对删略的定义是：“在一个由两个词组成的固定短语中，其中一个词被删略，而其意义被转移到另一个词之中”。此外，Hock（1991：193）、Hock & Joseph（2009：285—286）、Blank（1997：288—292）以及 Campbell（2013：227）等也将删略视为语义演变的一种类型。

2）删略是语义演变的一种机制。Anttila（1989：142）和 Luján（2010：289—293）认为语义演变有四种机制，其中之一是“删略”（ellipsis）。Luján（2010：292）对“删略”的定义是：“删略是指一个复杂表达式中某一组成部分获得整个表达式意义的过程”。

3）删略是语义演变的一种动因。Waldron（1979 [1967]：120—121、151）将删略视为

语义演变的一种动因。此外，Györi（2002：130）也主张删略是语义演变的一种重要因素。

删略与语义演变的关系在汉语学界也早有关注。[①] 汉语文献中，对“删略”与语义演变的关系论述得最为精当者当数张永言（1982：58-59）：

又如，由于一个词组或复合词中某一成分的省略或失落，余下来的成分就会承担整个词组的意义，从而造成新的词义的产生。许多物品的出产地的名称变成了这些物品的名称，专有名词变成了普通名词，就是这样来的。例如：龙井〈龙井茶叶，茅台〈茅台酒……

此外，蒋绍愚（1985、1989、2015）认为“简缩”（缩略）是词义变化和发展的途径之一。蒋先生的“简缩”在概念上跟本文的“删略”大致相同，譬如在蒋绍愚（1985：11）里将“简缩”定义为“一个双音节或多音节的词或词组，用其中的一个或两个字来表达。这种简称经常被使用，就会形成一个新的词义”。

吴福祥（2022a）为了将上述作为词义衍生途径的删略与一般意义上的删略区分开来，将前者称为“删略生义”：

在一个短语（或复合词）中，某一成分因信息冗余或易于推知而被删略，剩余的成分负载整个短语（或复合词）的意义，这种删略后的剩余形式频繁使用以致发生规约化（conventionalization），从而导致新的词义的产生。我们把这种词义衍生的方式称之为“删略生义”。

吴福祥（2022a）举的例子有：

（2）daily （← daily paper） 龙井 （←龙井茶）

删略也可以引发句法演变，特别是有可能造成一个新的句法结构的产生。例如江蓝生（2007：488）认为先秦汉语正反问句“VP 不？”是由双小句正反问句式“VP? 不 VP?”通过省略和紧缩而来。此外，江蓝生、杨永龙（2006）表明，句式省缩也可以导致构式化。

除了引发语义演变和句法演变，删略（词汇删略）有时也会导致一个新的语法成分的产生，我们把这种演变称为“删略导致的语法化”。一个比较典型的例子是法语否定小词 pas 的演化。pas 原是“步子”（“step”）义名词，当它在否定句中被用来强化否定语气时，由于跟否定词 ne 一起使用从而获得否定的意义，变成一个典型的否定词。那么 pas 何以获得否定标记这种功能？很多学者主张，pas 否定意义的获得导源于复合否定词 ne…pas 中 ne 的删略。由于 ne 的删略，pas 作为删略后的剩余成分独自负载之前 ne…pas 的否定意义，从而引发了语义演变。（Fortson Ⅳ，2003：655；Hock & Joseph，2009：171；Stern，1968 [1931]: 263；Anttila，1989：138）也就是说，非连续形式的否定标记 ne…pas 中 ne 的删略是 pas 发生语义演变的先决条件：如果 ne…pas 中 ne 不被删除，则 pas 不可能变为否定标记，pas 的语法化也就无由发生。可见这是一个比较典型的删略导致的语法化现象。

不过，以往历史语言学界讨论删略与语言演变的关系时，主要关注删略导致的语义演变

① 早在 20 世纪 40 年代，吕叔湘（1982[1942]：342）在论及转折连词“然”产生时就强调“然”的转折连词用法源自“然而”之省。

和词汇演变，很少涉及删略与语法化的关系，[①] 而后者正是本文聚焦的问题。

3. 汉语中若干源于删略的语法化实例

本节我们将利用汉语历史文献和方言材料讨论汉语中一些删略导致的语法化实例。这些实例的共同特点是，删略的操作域是一个由 Y-X 构成的二项式复合词或短语（基本式），该二项式表达的是语法功能，通常是业已语法化了的语法词或结构式。删略后剩余的形式 Y 或 X 大多是单音节的语法形式（删略式），独立负载删略前基本式的语法功能，因而产生了一个新的语法成分。[②]

3.1 指代词

3.1.1 上古汉语指代词“若”的来源

先秦汉语里，“若”是一个常用的指示代词，例如：

（3）尔知宁王若勤哉！（《尚书・大诰》）| 以若所为求若所欲，犹缘木而求鱼也。（《孟子・梁惠王上》）

“若”本为“顺（顺从）”义动词，引申为动词性“像、如”义（徐中舒，2006：676；卢玉亮，2021）。但这种“像、如”义动词“若”何以有“如此”义指示代词功能？有些学者注意到，“若”的指示代词用法并非“像、如”义动词直接演变而来，而是源于“如此”“（像）这样”义的动宾结构“若兹”。比如方有国（2015：346）认为指示代词“若”来自“若兹”结构中“若”对“兹”的吸收隐含，卢玉亮（2021）则主张“若”的指示代词用法是由“若兹”动宾结构省音（省“兹”留“若”）合义（汇合“若 + 兹”两词之义）而来。他给出的演变路径是：

“顺”义动词“若” > “像、如”义动词“若” > “若兹”省音合义产生指示代词“若”

卢玉亮（2021）所说的“省音合义”概念上等同于本文的“词汇删略”：“省音”指的是删除基本式“若兹”中的“兹”，“合义”则指删略式“若”独立负载基本式的指代功能。我们要略作补充的是，基本式“若兹”在删略前极有可能发生了语法化，即由表近指的动宾结构演变为复合近指代词，也就是说，删略的操作域“若兹”应是一个复合指示代词而非动宾结构。

3.1.2 部分方言性状指示词的来源

黄晓雪（2014）提到，赣语宿松方言的“那里”[n^{21} li] 用以指代处所，也可以指示动

---

① Rhee（2012）提到韩语中存在一种“基于删略的语法化”（ellipsis-based grammaticalization），跟本文讨论的“删略导致的语法化”有显著差别。对于前者，汉语学界也有类似的观察和分析，例如董正存（2016a、b）、张丽丽（2020）、柯理思（2002）、李桂兰（2021）等，这些学者都主张相关句尾语气词的产生导源于其后 VP 或小句的省略。但这些都是一种“基于删略的语法化”，而非本文讨论的“删略导致的语法化”。

② 本节讨论的删略实例，其操作域通常是一个语法性复合词而非词汇性短语，删略的成分是语素而非词项。因此，这些删略实例既非典型的词汇删略（删略的是词项），亦非典型的截短（截去的是音段）。鉴于这些删略实例中被删成分和剩余成分通常都是成词语素，我们把这类删略实例视为词汇删略的特别的次类。

作的情状或程度，后者如“佢懒腰那里伸她那样伸着懒腰”“那个伢孩子那里晓得事懂事。”单音节的代词“那”也有相同用法，比如“佢懒腰**那里**伸”可以说成“佢懒腰**那**伸”，“那个伢**那里**晓得事”可以说成“**那**个伢那晓得事。”黄晓雪（2014）明确指出，宿松方言表达情状、样态或程度的样态指示代词“那”是双音指示代词“那里”的省略形式，而样态指示代词“那里”则源于处所指示代词“那里”。

据邢向东（2014），陕西吴堡方言指示性状的近指词既可以说“这底”[tʂəʔ^{22}tɛe^{213}]、“这底个”[tʂəʔ^{21}tɛe^{24}kuəʔ/^{21}]，也可以说“底”[tɛe^{213}]和“底个”[tɛe^{24}kuəʔ/^{21}]。邢向东（2014：287）明确指出，后者分别是前者省去指示语素“这”而成的。

据汪国胜（1994：160-163），大冶方言表示动作样态或状态程度的指示代词“带果”[ta^{35} ko^{53}]、“那果”[la^{35} ko^{53}]通常减省为单音节“果[ko^{53}]”，且后者更常用。

3.1.3 吴语部分方言单音节处所指示代词的来源

Sheng（2015）发现吴语中存在一个“处所成分—指示词”演化圈：由“指示语素＋处所成分”构成的复合处所指示代词，脱落其中的指示语素，使得处所成分具有整个处所指示代词的功能，于是发展成新的处所指示代词；之后，该处所指示词又语法化为基本指示代词，于是形成了循环演化圈。我们这里感兴趣的是这个演化圈的前一部分演变，即“指示语素＋处所成分”构成的复合处所指示代词中删略其中的指示语素，导致剩余的处所语素演变为独立的处所指示代词。Sheng（2015）将这一演变描述为：“指示语素＋处所成分 → 处所成分（新的指示代词）”。例如绍兴柯桥话中，处所近指词在部分老派中是“益$^{=}$里这里”[iɪʔ^{3}/eʔ^{3}li^{53}]，在大部分老派和中派中则是“里”[li^{53}]，“里”[li^{53}]显然源于部分老派的“益$^{=}$里”删略其中的指示语素“益$^{=}$”。所以在绍兴柯桥话中，处所本体成分“里”发展成新的处所指示代词。据Sheng（2015），吴语中同样源自删略的单音节处所指示代词还有“浪”“荡”“埭”“块”“汰”等。①

3.1.4 部分方言单音节个体指示代词与时间指示代词的来源

Sheng（2015）注意到，在有些方言中，某些单音节的个体指示代词和时间指示代词源自双音节复合指示代词的省略，并将这两种演变分别描述为“指示语素+个体本体语素 → 个体本体语素（新的指示代词）”和“指示语素+时间本体语素 → 时间本体语素（新的指示代词）”。前者如：温州方言近指代词“居个”（kei kai）→“个”（kai）；扶风方言的个体远指代词“兀个”[u^{31}kɤ^{42}] →“个”[kɤ^{42}]。后者如：宁海方言时间近指词“葛抢$^{=}$这会儿”[keʔ^{5}tɕ^{h}iaŋ^{44}] →“抢$^{=}$”[tɕ^{h}iaŋ^{44}]；绍兴皋埠方言时间近指词“葛卯这会儿”[keʔ^{3}mɒ^{55}] →“卯”[mɒ^{55}]。

3.2 疑问代词

在汉语史和现代方言中，有些疑问代词（尤其单音疑问代词）源自相关的复合疑问代词或疑问性句法结构的删略。

3.2.1 汉语史中若干源自删略的疑问代词

等 ← 何等

魏晋南北朝时期，“等”可以用作询问事物的疑问代词，如（4）。已有的研究表明，“等”的这种用法来自复合疑问代词“何等”[如（5）]的删略（周法高，1990[1959]：272；魏培泉，

① Sheng（2015）提到，晋语及陕西境内中原官话也有类似的处所指示代词脱落指示语素的现象。

2004：285；吴福祥，1996；冯春田，2009）。即："何等"→"（何）等"。例如：

（4）衡更熟视曰："死公，云等道？"祖大怒……（《后汉书·祢衡传》）

（5）王夫人曰："陛下在，妾又何等可言者？"（《史记·三王世家》）

物（没/莽/勿）←何物

唐五代时期"没"可以用作疑问代词，字也做"莽"：

（6）缘有何事，诈认狱中罪人是阿娘？缘没事漫语？（《敦煌变文校注》1032 页）| 今受困危天地窄，更向何边投莽人？（《郭煌变文校注》92 页）

据吴福祥（1996：83）和冯春田（2009：141），这里的"没"和"莽"是疑问代词"物"的记音字，而"物"则是疑问代词"何物"的删略，即"何物"→"物（没、勿、莽）"。

若←若何

南北朝时期，"若"可以用作疑问代词，用来询问样态、情状或方式。冯春田（2009：145）认为疑问代词"若"乃"若何"之省。例如：

（7）敬则问："我昔种杨柳树，今若大小？"（《南齐书·王敬则传》）

如←如何/何如

中古佛经文献里，"如"可以用作"如何/何如"义性状、方式疑问代词。朱庆之（1992：205）认为，"如"之所以有"何如，如何"义，是因为在"何如/如何"这类固定组合里"如"受了"何"的词义沾染。冯春田（2009：145）和吴福祥（2022a）则认为更合理的解释是，"何如/如何"这种固定组合删略了"何"，导致剩余成分"如"独自承载原先"何如/如何"的意义 [即："何如/如何" →"（何）如/如（何）"]，从而使得"如"获得新义"何如、如何"。例如：

（8）舍利弗白佛言："愿闻诽谤法者受形何等象类讫？不知其身大如？"（东汉支谶《般若道行品经》3：8-441b）| 譬若如人，从生而盲，若百人若千人若万人若千万人，无有前导，欲有所至，若欲入城者，不知当如行？（支娄迦谶《道行般若经》224：440 下）

缘←缘何/何缘

中古佛经文献里，"缘"可以用作疑问代词，如（9）。蔡镜浩（1990：405）和魏培泉（2004：284）均明确指出，"缘"字用如疑问代词，源于"缘何/何缘"的省略。

（9）"昔为王孙，今为奴婢，奴婢之贱，缘坐王膝乎？"问梵志曰："缘得斯儿？"（康僧会《六度集经》：10 下）

所←何所

汉魏六朝时期，"所"开始用作疑问代词：

（10）帝见永，问曰："卿众所在？"（《后汉书·鲍永传》）| 美音问曰："道士何来？今欲所之？"（昙果共康孟详《中本起经》：157 上）

魏培泉（2004：282）和吴福祥（2022a）均认为，这里的疑问代词"所"乃"何所"之省。

3.2.2 汉语方言中某些源自删略的疑问代词

据施其生（1999：319-320），汕头方言指物疑问代词有"什乜 [$si^{35-31}miʔ^{2}$]"和"乜 [$miʔ^{2}$]"以及"什乜个 [$si^{35-31}miʔ^{2}$ kai^{55}]"和"乜个 [$miʔ^{2-5}$ kai^{55}]"。其中"乜""乜个"分别是"什乜""什乜个"的"省说"。

连城客家方言询问事物的疑问代词有"是勿 [$ʂʔə^{51}$ mai^{11}]"和"物 [mai^{11}]"。据项梦冰（1997：

129），“物 [mai^{11}]”是由“是勿 [ʂʅə^{51} mai^{11}]”省略“是”而成。

屯昌方言相当于普通话“哪里”的处所疑问代词是“底带 [ʔde^{213} ʔde^{35}]”。据钱奠香（1999：342），“底带 [ʔde^{213} ʔde^{35}]”可删略为“带 [ʔde^{35}]”，“带”独立充当疑问代词。

在江淮官话安庆方言及周边的桐城、枞阳等地方言里，询问原因或目的的疑问代词“么事 [mo^{212} sɿ^{53}]”（如“今朝**么事**不上班？”），应是“做 / 为么事”的删略形式。因为在这些方言里，询问原因或目的也常用“做么事、为么事”（如“今朝**做 / 为么事**不上班？”）。（吴福祥，2022a；项开喜，2019：474）。而周边的宿松方言这类原因疑问代词只能说“做么事 [tso^{21}mo^{42} · sɿ]”“为么事 [uei^{24} mo^{42}.sɿ]”而没有省略形式“么事”（唐爱华，2005；黄晓雪，2014），尽管该方言的事物疑问代词也是“么事 [mo^{42} .sɿ]”。

与此相类，中古近代汉语时期原因疑问代词“缘 / 为何事”也可删略为“何事”。例如：

（11）a. 读书破万卷，何事来从戎。（岑参《北庭贻宗学士道别》，《全唐诗》2033 页）

b. 狱卒又问：“和尚缘何事来至此？”（《敦煌变文校注》1031 页）| 东面见有二十所已来，□□（皇帝）问从者：“第六曹司内有两人哭，为何事得尔许哀？”（《敦煌变文校注》319 页）

据石汝杰、宫田一郎（2005）、石汝杰（2020）和刘丹青（2021），苏州、吴江等北部吴语中指物的疑问代词“啥”具有原因疑问代词功能。例如吴江话（引自刘丹青，2023）：

（12）老王啥弗来？老王怎么不来～啥老王弗来？怎么老王不来

原本指物的疑问代词“啥”如何获得原因疑问代词功能？刘丹青（2023）基于吴江方言材料的分析提出四种可能的途径，并推断其中的第二种途径，即“啥”来自“啥事体”“啥体”逐步脱落或来自“则啥”脱落这种可能性较大。相比较而言，本文认为“啥”极有可能是“则 / 做啥”“为啥”的删略形式。一则吴江方言以及北部吴语中同时存在的“则 / 做啥”和“为啥”在句法和语义上与原因疑问代词“啥”高度平行；二则古汉语的“缘 / 为何事” →“何事”以及安庆话“做 / 为么事→么事”可作为平行证据。

3.3 人称代词复数标记①

考察发现，汉语部分方言人称代词的复数标记源于复杂形式的删略。比如在皖西南的江淮官话和怀岳片赣语中，人称代词复数标记普遍采用“几”或“几个”形式（李金陵，1991：45），如（13）和表 1 所示。

（13）桐城（作者调查）：我几割稻，你几打药。

枞阳（作者调查）：你几割稻，他几车水。

太湖（杨求凤，2017：12）：我几三个人（我们三个人）。

怀宁（李清华，2020：10-12）：你几（几个）跟我一路去买东西。

宿松（唐爱华，2005：198-200）：我几 [· tɕi] 我几个 [· tɕi · ko]（“我们”）。

① 删略导致的人称代词范畴的演化，还体现在有些方言里第一人称代词复数词尾因删略而演变为独立的第一人称复数代词，如陕西吴堡话“我每 [ŋɤu^{41}mεe^{213}] → 每 [mεe^{213}]”，详见吴福祥（2022b）。

表 1　皖西南方言人称代词复数标记（据李金陵，1991 及笔者调查）

	“几个”	“几”	“们”
安庆			+
桐城		+	
枞阳		+	
太湖		+	
宿松	+	+	
怀宁	+	+	
岳西	+		
望江	+		
潜山	+		

因为宿松和怀宁的复数标记既可以是“几个”也可以是“几”，可以证明桐城、枞阳和太湖的复数标记“几”应是“几个”的删略形式。

闽南方言的人称复数标记普遍用“侬”。李如龙（1999：265）基于闽方言的比较推测：“闽东方言普遍用‘我各侬、汝各侬、伊各侬’做人称代词复数式，有时‘他们’就说成‘伊侬’，也许闽南话的‘我侬、汝侬、伊侬’就正是从‘我各侬、汝各侬、伊各侬’省略而来。”事实上，闽东方言材料本身也显示彼地方言曾有“各侬”删略为“侬”这样的演变。据林寒生（2002：108–109），有些闽东方言的复数标记“各侬”可删略为“侬”，如福州、长乐、福清等地第一、第二人称为“各侬”，第三人称则既可以说“各侬”，也可以说“侬”。汪化云（2008）进一步主张，闽语及其周边方言的复数标记“侬”均是“各侬、多侬”等双音形式省略的产物。

福建清流方言第一人称代词复数包括式有“我各尔连人 [a^{22}kouʔ^{5}ŋ̍$^{|22}$ taiŋ^{21}n̠ieŋ^{21}]（咱们，多数）”“我各尔 [a^{22}kouʔ^{5}ŋ̍$^{|22}$]”（咱们，咱俩；双数）和“我各 [a^{22}kouʔ^{5}]”（咱们，咱俩；双数）等形式，其中“我各”是“我各尔”的减省说法。（项梦冰，1999：204）

对于汉语方言复数标记删略式演变，汪化云（2008、2011、2012）有比较系统的考察。汪化云（2008、2011、2012）认为，很多汉语方言的单音节复数标记源自多音节形式的省略，多音节复数标记的省略是构成单音节复数标记的重要手段。汪化云（2011：20）发现，汉语方言中多音节人称代词复数标记的省略，可以分为两种：（1）“省前式”，即省略其前的音节。例如江淮官话黄孝片的武穴方言，其分别用于第一、第二、第三人称代词的复数标记“这些人 [ta꜂꜀se꜁in]”“那些人 [le꜂꜀se꜁in]”“兀些人 [u꜂꜀se꜁in]”，可以省略前面的指代词变成统一的复数标记“些人 [꜀se꜁in]”，构成复数形式“渠些人 [꜁xe꜀se꜁in]”等；进一步省略其前面的音节可以构成单音节的复数标记“人”。（2）“略后式”，即省略其后的音节。如江淮官话黄孝片的黄梅县南部诸乡镇方言的复数标记是 [ta꜂ · li]，如 [꜁kʰæ ta꜂ · ti]他们。[ta꜂ · li] 还表示“这里”，其中 [ta꜂] 是近指代词，[· ti] 即方位语素“里”，而黄梅县北部乡镇和相邻的蕲春县部分乡镇、英山县方言的复数标记为 [· ta꜂ · tɛ]。跟近指代词的声韵母相同，仅声调轻化，显然是黄梅南部诸乡镇 [taᵓ · li] 省略后一音节并弱化的产物。

3.4 南方方言的进行体／持续体标记

很多学者注意到，吴、闽等南方方言的进行体标记和持续体标记普遍源自一个相当于北京话“在这 / 那里”的处所结构式“[A[BC]]”（巢宗祺，1986；刘丹青，1996、2003；施其生，1996；汪国胜， 1999；吴瑞文， 2001；李小凡， 2014）。在这个结构式中，A 是可以兼做处所动词的处所介词，相当于北京话的“在”；BC 是表示处所的复合词，其中 B 是表示空间指示的词根语素，相当于北京话的“这 / 那”，C 是表示泛向性方所的词缀语素，相当于北京话的“- 里 /- 上 /- 边 /- 头 /- 处”。这种处所结构式“[A[BC]]”在东南方言演变的普遍模式是，在 VP 前演变为进行体标记，在 VP 后则演变为持续体标记甚至进一步演变为句尾语气词。

值得注意的是，当“[A[BC]]”由表处所的介词短语语法化为进行体或持续体标记之后，很多方言里作为体标记的 ABC 经过两种基本的删略模式而形式不断缩减。

第一种删略模式是以 ABC 为操作域，删略其中的 A 或 BC。这种删略模式相对少见，主要见于部分徽语、吴语、赣语以及官话。例如绩溪方言的进行体标记和持续体标记“是尔搭、是那搭”可删略为“尔搭、那搭”（赵日新，2001：11—12）；赣语安义方言的进行体标记“勒个里、勒许里”可删略为“勒”（万波，1996：83）。

第二种删略模式是以 ABC 中 BC 为操作域，删略其中的 B 或 C，从而得到一个双音形式 AX（X=B/C）。这种删略模式广泛见于吴、闽、徽、赣及部分西南官话。比如赣语吉水方言的进行体标记“去该里 [$tɕ^{h}ie^{31-33}kai^{512}$ li^{20}]/ 去咕里 [$tɕ^{h}ie^{31-33}ku^{24}$ li^{20}]”删略为“去里 [$tɕ^{h}ie^{31-33}$ li^{20}]”（李桂兰、吴福祥， 2018：203）；永新方言的进行体 / 持续体标记“在格垱”[$tɕhie^{35}ke^{55}tɔ̃^{53}$] 删略为“在格 [$tɕhie^{35}ke^{55}$]”（龙安隆， 2016：79-80）。

另外，在具有第二种删略模式的方言里，有些方言还发生了二次删略，即以双音形式的 AX（X=B/C）为操作域，删除其中的 A 或 X，这种二次删略主要见于吴闽方言。比如苏州方言的进行体标记“勒海 [ləʔhE]”可删略为“勒 [ləʔ]”（石汝杰，1996：357）；泉州方言的进行体标记“伫嘞 [$tɯ^{22}ləʔ^{0}$]”通常删略为“嘞”[$ləʔ^{5}$]（李如龙 1996：195）。

3.5 吴语等方言复杂否定词的删略

盛益民等（2015）注意到，在汉语有些方言里一些复合否定词（或由否定成分参与构成的复合情态词）中否定成分往往脱落。例如绍兴方言里不确定标记“勿交”[$feʔ^{33}tɕiɔ^{55}$] 脱落否定成分“勿”减缩为“交”[$tɕiɔ^{55}$]；祈使否定词“勿可”[$feʔ^{5-33}$ $k^{h}o^{53-55}$] 脱落否定成分简缩为“可”[$k^{h}o^{53-55}$]；祈使否定词“勿许”[$veʔ^{2-11}ɕy^{55}$] 脱落否定成分简缩为“许”[$ɕy^{55}$]；建议标记“勿妨”脱落否定成分简缩为“妨” [$fɔŋ^{55}$]，不确定标记“勿得知”脱落否定成分简缩为“得知 [$teʔ^{5-33}tsʅ^{53}$]”。例如：

（14）a. 渠勿交 / 交今朝去还明朝去？（他不知今天去还是明天去？）

b. 先烧得嘞再剪，勿可 / 可剪开得烧。（先烧了之后再剪，别剪开烧。）

c. 生活诺勿许 / 许做哉！（活儿你不许干了！）

此外，盛益民等（2015）还提到，部分吴语及江淮官话里，复杂已然否定词“勿曾 / 不曾”脱落其中的否定成分简缩为“曾”；闽语诗山方言表“不必”的情态否定词“不免 [m^{21} $bian^{24}$]”脱落否定成分简缩为“免 [$bian^{24}$]”；等等。

3.6 现代汉语时间副词“从”

现代汉语中“从”有一种副词功能，《现代汉语词典》（第7版）释为“用在否定词前面，表示自过去到现在”，举有“从没有听说过”等例证。《现代汉语八百词》（商务印书馆，1999）认为副词“从”用法同“从来”，表示从过去到现在都是如此。举例有“从不推辞|工作认真负责，从未出过事故”等。据初步考察，“从”的这种时间副词用法已见于唐代。例如：

（15）无尘从不扫，有鸟莫令弹。若要添风月，应除数百竿。（韩愈《竹迳》，《全唐诗》3849页）|宦途从不问，身事觉无差。华发初生女，沧洲未有家。（李频《书怀》，《全唐诗》6824页）

“从”的这种时间副词用法与其本义（“随行”）及其常用的介词功能相去甚远，很难寻到明显的概念联系。那么其副词功能由何而来？冯春田（2005）和吴越（2021）等研究表明，时间副词“从”源自时间副词“从来”的删略，而后者的产生不晚于南北朝时期。例如：

（16）昔苏峻事，公于白石祠中许赛车下牛，从来未解。（《世说新语·伤逝》刘孝标注引《搜神记》）|伏寻晋、宋左丞案奏，不乏于时，其及中丞者，从来殆无。（《南齐书·陆澄传》）

3.7 部分南方方言介—连词“做”①

在部分南方方言里，“做”可以用作多功能的介-连词用法，比如绩溪方言“做”具有伴随介词、人物方向介词和并列连词功能，吉水方言“做”则有伴随介词、人物方向介词、平比介词和并列连词功能。例如：

（17）绩溪徽语（赵日新，2013；私下交流）“做”

a. 伴随介词：尔明朝做渠到县子去。（你明天跟他去县城。）

b. 人物方向介词：渠要有么仂事我做尔讲。（他要是有什么事儿我会跟你说。）

c. 并列连词：我做渠是老同学。|小张做小李是一个村仂。

（18）吉水方言（李桂兰，待刊）“做[tsɿ512]”

a. 伴随介词：渠会做珊珊结婚。（他会和珊珊结婚。）

b. 人物方向介词：渠去里做我迎手。（她在向我招手。）

c. 平比介词：我做你差不多（高）。[我跟你差不多（高）。]

d. 并列连词：峰峰要苹果做梨吃。（峰峰要吃苹果和梨。）

吴语绍兴和富阳方言里，“则”也有相似的功能：

（19）绍兴方言（王福堂，2015：331—332）“则[tseʔ45]”

a. 伴随介词：我则诺话。

b. 处置介词：则只牛杀伊患*。

c. 人物方向介词：则伊一些无有办法咯。

d. 并列连词：我则诺都是农民。

（20）富阳方言（盛益民、李旭平 2018：319；个人交流）“则[tseʔ5]”

① 这里的“介—连词”是指具有伴随介词和并列连词等用法的多功能虚词，概念上相当于赵元任（Chao，1968）的“介词性连词”和江蓝生（2012）的“连－介词”。

a. 伴随介词：我则渠一道游水去。

b. 人物方向介词：我则尔讲，你要懂事丢。（我跟你说，你要懂事点。）

c. 并列连词：苹果则橘子，尔欢喜何事？（苹果和橘子，你喜欢哪一样？）

上举绍兴方言的“则”，王福堂（2015：331）明确指出其是由“做”变来的。《越谚》：“穷勿做富斗，富勿做官斗”，其中的“做”和“则”语法功能相同，语音有演变关系：由 [tso^{33}] 入声化变为 [tsoʔ^{45}] 再弱化为 [tsəʔ^{45}]，写作“则”。据此也可以推断，富阳方言“则 [tseʔ^{5}]”本字可能也是“做”。

“做”本是“制作、制造”义动词，何以有“伴随、并列”介–连词功能？李桂兰（待刊）基于吉水方言介–连词“做 [tsɿ^{512}]”的各种功能可以双音形式的介–连词“做伴 [tsɿ$^{31-51}$ p^{h}on$^{512-20}$]”替换以及其他赣方言的平行现象，证明吉水方言介–连词“做 [tsɿ^{512}]”是双音形式“做伴 [tsɿ$^{31-51}$ p^{h}on$^{512-20}$]”的删略形式，而后者来源于动词“做伴 [tsɿ$^{31-33}$ p^{h}on$^{512-20}$]”的语法化，演变的路径是：动词“做伴 [tsɿ$^{31-33}$ p^{h}on^{512}]”→“‘做伴 [tsɿ$^{31-51}$ p^{h}on$^{512-20}$]’+VP”（“做伴”动作性弱）→“‘做伴 [tsɿ$^{31-51}$ p^{h}on$^{512-20}$]’+NP$_{有生}$+VP”→（重新分析）伴随介词“做伴”→（弱化）伴随介词“做”→并列连词“做”。

李桂兰的上述结论也能得到其他方言的证明。比如浙江富阳方言“做淘 [tsʊ$^{335-33}$ dɔ$^{113-53}$]”也有伴随介词、人物方向介词和并列连词等功能 [如（21）]，可见上举富阳方言“则 [tseʔ^{5}]”很有可能是“做淘 [tsʊ$^{335-33}$ dɔ$^{113-53}$]”删略“淘”后“做”的促化。[①]

（21）富阳方言（盛益民、李旭平，2018：319；个人交流）

a. 伴随介词：我做淘尔一总生一起去。（我跟你一起去。）

b. 人物方向介词：渠上日子做淘我话过嘚。（他昨天跟我说了。）

c. 平比介词：今朝做淘上日子温度一样。（今天和昨天气温一样。）

d. 并列连词：语文做淘数学都蛮重要（语文和数学都很重要。）

此外，赵日新（2013：51）提到绩溪方言的“做”除了介–连词功能外，还有“一起、一同”义的协同副词用法，而这种功能均可用双音形式的协同副词“做伙”替换。例如：

（22）绩溪方言（赵日新，2013：51；个人交流）

a. 渠不晓得去，尔搭渠做去。（他不知道怎么走，你陪他一起去。）

b. 渠不晓得去，尔搭渠做伙去。

赵日新（2013：51）明确指出，绩溪方言单音节协同副词“做”来自双音节“做伙”的省略。据此可以推断绩溪方言的连介词“做”也有可能是双音节介–连词“做伙”的删略。

吉水方言的“做伴”、富阳方言的“做淘”以及绩溪方言的“做伙”在结构和意义上高度平行，作为实词都是表示“结伴、陪伴”义、具有“做–N”形态结构的复合动词，其共同的演变模式是当“做–N”在“__ VP”这一句法环境里语法化为伴随介词后，删略了其中的名词性语素 N，从而逐渐形成单音节“做”这种介–连词。有意思的是，在富阳方言里介–连

① 盛益民、李旭平（2018：319）提到富阳方言的“做淘 [tsʊ$^{335-33}$ dɔ$^{113-53}$]”可合音为 [tsɔ^{335}]，推断介–连词“则 [tseʔ^{5}]”或许与 [tsɔ^{335}] 有关系。此外，盛益民（2010：200）注意到，绍兴柯桥话多功能虚词“作 [tso꜂] /[tsoʔ꜀]”及周边部分临绍小片方言与“作”同源的语素具有“给与”义动词用法，如余姚$_{阳明}$的“则 [tsoʔ꜀]”、诸暨$_{王家村}$的“则 [tseʔ꜀]”等。如此看来，绍兴等地介—连词“则”的语源尚需进一步研究。

词“做淘”也可删略“做”，单用“淘”来表达同样的功能。例如：

（23）富阳方言（盛益民、李旭平 2018：320）

a. 伴随介词：淘尔去，还是淘渠去好。（跟你去，不如跟他去。）

b. 人物方向介词：覅淘渠讲，渠个人讲弗灵清。（不要跟他说，他这个人跟他说不清楚的。）

c. 并列连词：苹果淘橘子我都欢喜吃嘞。（苹果和橘子，我都喜欢吃。）

3.8 现代汉语禁止词“别”

禁止词“别”的来源和产生过程，以往有很多说法，其中以“不要”合音说影响最大。鉴于合音说音理上难以解释以及早期文献中“别要”与“别”共现且用例远多于“别”，杨永龙（2017）提出“变音省缩”说，认为“别”的产生途径是“不要”先变音为“别要”，然后省缩为“别”。其完整过程经历三个阶段：（Ⅰ）词汇化：“不”“要”词汇化为表禁止的“不要”；（Ⅱ）词音变化：“不要”变读为“别要”；（Ⅲ）省缩：“别要”省缩为“别”，即“不要→别要→别”。

张世方（2023）基于现代南京方言和北部吴语“不”的一些特殊读音形式，推断北方话的“别”可能来自江南地区“不”的存古性读音，“别”是北方话对南方读音的“不”的同音替代字。也就是说，北京方言的“别要”实际上就是南京方言的“不要”。从“不要”到“别要”的“变化”，是因为当时南北方言“不”读音不同，南京方言“不”的读音与北方方言“别”的读音相同，导致北方人把南京方言传入的“不要”记写为“别要”。其后禁止词“别要”在使用中发生语义偏移，“别”承担了原由“别要”表达的禁止义，而“要”作为羡余成分被弃用，“别”单独用来表达禁止义。

由此可见，否定禁止词“别”也极有可能是删略的产物，即“别要 〉别”。

3.9 部分方言总括副词“下”“回”“把”

据李桂兰（2019），汉语很多方言的“一下”可以用作总括副词，而在另外一些方言里这种总括副词“一下”可省减为“下”，甚至只用“下”。① 例如：

（24）湖南涟源湘语：街上下是滴人。（街上都是人。）

湖南平江赣语：听你哟子搞下行。（无论你怎么做都行。）

湖南新化湘语：（随便）哪下下喊其师傅。（谁都叫他师傅。）

湖南娄底湘语：大势下就倒尔一个人。（大家都迁就你一个人。）

河南光山官话：些老师下开会去了。（老师们都去开会了。）

安徽宁国官话：那点鱼你下吃了吧。（那些鱼你都吃了吧。）

（25）湖南浏阳赣语：屋里（一）下是人。（家里都是人。）

湖南隆回（南岳庙）赣语：咯题目其（一）下晓得做。（这题目他都会做。）

湖南隆回（桃洪）湘语：我俚（一）下唔喜欢其。（我们都不喜欢他。）

湖南新田土话：他一家人（一）下来嘞。（他一家人都来了。）

重庆西南官话：把这些（一）下给我。

贵州黄平西南官话：这几件衣裳（一）下（都）要不得。

① “下”用作总括副词，广泛见于湖南境内的方言，字也作“咸”、“哈”和“号”。详见伍云姬（2007：358—393）。

云南广南西南官话：你们（一）下来。

湖北潜江西南官话：街上的路灯（一）下亮哒了。

陕西平利中原官话：那些人的心，（一）下都坏了。

湖北潜江西南官话：街上的路灯（一）下亮哒。（街上的灯都亮了。）

因为上举方言的总括副词具有“一下”和“下”两种交替形式，可见上举涟源等方言的总括副词“下”应是“一下”的删略。

据姜礼立、唐贤清（2019：79），益阳方言的“一回”可以用作总括副词：

（26）我买的一回是书。（我买的都是书。）| 他侬两个（一）回是益阳人。

这种用法的“一回”可删略成“回”，用法同于“一回”：

（27）街上回是人。| 他屋里的小伢唧现在回大咖哒。

肖亚丽（2015：80-81）提到，黔东南凯里、丹寨、麻江、雷山、黄平等地方言里，“把”可以用如总括副词。例如：

（28） 凯里：我们几个把是老街哩。

丹寨：你们三个把有朋友啊。

麻江：阿他两个姑娘把嫁出去啊 | 阿们把没在家（他们都没在家）。

黄平：他们把来我家吃饭。

雷山：我们把是雷山哩。

其中，雷山、黄平两地还可以用“把连”表示总括。例如：

（29） 雷山：崽崽把连大啊。（孩子们都长大了。）

黄平：饭、菜把连熟啊。

可见，上举凯里等地的总括副词“把”应是“把连”的删略形式。

“把连”作为总括副词也见于云南，例如昆明（张华文、毛玉玲，2014）、广南（董彦屏，2005）、东川（云南省东川市地方志编纂委员会，1995）、蒙自、曲靖（云南省地方志编纂委员会，1989）、沾益（山娅兰，2005）、玉溪（许宝华、宫田一郎，1999）等。其中，广南等地也说成“一把连”。例如（引自李桂兰，2019：32）：

（30）广南： a. 那瓶酒他把连喝了 | 帮把这些把连拿走

b. 他们一把连走了 | 他帮把衣服一把连抓走了

据李桂兰（2019），用“一把连”做总括副词的还有云南大理、昭通、保山、文山、临沧，以及四川崇庆、湖北武汉等地。因为广南有“一把连”和“把连”两种形式，很明显，“把连”是“一把连”的删略。由此可见，上举贵州凯里等地单音节总括副词“把”的演变过程是：

一把连 → 把连 → 把

单音节的总括副词“把”也见于江淮官话。据陈淑梅（2006a：41），鄂东方言“把”具有范围副词功能。例如：

（31） 衣裳、帽子、鞋把买回来了。（衣服帽子鞋全买回来了。）

陈淑梅（2006b：98）提到，普通话用“都”表达的范围副词功能，鄂东方言用“一把”“一下”“下”等表示，但并未举例。鲍红（2016 ：224）指出安庆话“一把”可以用于范围副词，如：“驮的债一把还清着（欠的债全部还清了）”。可见，上举鄂东方言的“把”应是“一把”的删略。

综上所述，汉语方言里单音节范围副词“把”有两种可能的来源：贵州等地西南官话的“把”源于“把连”的删略，而后者删自“一把连”；鄂东江淮官话的单音节范围副词“把”则来自范围副词“一把”的删略，其情形平行于“一回”删略成“回”、“一下”删略成“下”。

3.10 语气副词“非”

现代汉语语气副词“非”表达必须、必定或必然等情态意义，主要用于口语。据董正存（2006），“非”的这种表达情态用法始见于20世纪30年代老舍作品，但用例较少；而在当代，使用数量则猛增。例如：

（32）这是我们家的特别教育。为什么非请妓女看护孩子呢！（老舍《猫城记》）| 我说下雨天凉，让你换长裤，你非抖骚，穿短裤。（王朔《永失我爱》）

《现代汉语词典》（第7版375—376页）“非”字条提到：“非”跟“不可、不成、不行”呼应，表示必须。口语中“不可”等有时可以省略。举的例子是“你不让我去。我非去！”《现代汉语八百词》（商务印书馆，1999：205）指出：“非……不……。表示一定要这样。……后一部分常用‘不行、不可、不成’……口语中‘非’后也可以不用‘不可’等词……”举的例子有“不让他去，他非要去 | 他不来就算了，为什么非叫他来”。

可见，这种强调肯定的“非”源自语气副词“非……不可”或“非……不成 / 不行”中“不可”或“不成 / 不行”的删略。事实上，这种表强调肯定的“非”，赵元任先生（Chao，1968：786）早已揭明其源，赵先生称之为“表强肯定”的副词，举的例子是“他非要自己来”，认为这类“非”是“非……不”式的省略形式。

4. 讨论

上一节我们基于历史文献和汉语方言的材料，列举了若干删略导致的语法化的实例。这些实例的共同之处是，在由两个语素构成的语法成分X-Y中，其中的一个语素X或Y被删，导致剩余形式（删略式）Y或X独自负载原先复合语素（基本式X-Y）的功能，从而产生一个新的、形式更为弱化的语法成分，即“X-Y → Y/X”。需要注意的是，这种删略造成的新的语法成分（删略式Y/X）相对于演变前的语法成分（基本式X-Y）只是改变了形式（语音形式），而功能（语法意义）并未改变。[①] 那么这里有几个问题需要讨论。

第一，既然删略式相较于基本式，只是形式发生改变，那么这种由删略导致的新的语法成分的产生，为什么要被视为语法化现象而非单纯的语音弱化过程？[②] 确实，以往有些文献在讨论类似现象时将这类演变视为语法成分的一种语音演变现象。例如盛益民等（2015）基于绍兴话等汉语方言和中国周边民族语言的材料，证明脱落否定成分是复杂否定词的一种语

① McMahon（1994：184）已注意到，“删略”（ellipsis）作为一种语义演变的类型，其实并不涉及语义演变。

② 对于删略导致的新的语法成分的产生这种现象汉语学界还有其他看法，比如刘丹青（2005）将部分方言复杂否定词的“熔合”（熔合成新的否定词）和“脱落”（脱落其中的否定成分）均视为词汇化；而陶寰等（2015）则将绍兴方言复杂否定词的“熔合”和“脱落”视为形态变化。我们觉得，既然这种删略促成的新的成分是语法词而非词汇词，那么这种现象自然应视为语法化而非词汇化。另外，这种删略造成的删略式较删略前的基本式，并不见得有明显的形态变化的效应。

音销蚀手段。该文还进一步指出，“合音”（fusion）和“脱落”（drop）是音节销蚀（erosion）的两种操作方式，而脱落则是中国境内语言非常普遍而重要的一种音节销蚀手段（盛益民，2015：252）。将复杂形式删略为相对简单形式视为一种语音销蚀，至少就音系过程而言没有任何问题。不过，我们觉得这只是问题的一个方面。因为删略后得到一个新的语法成分，使得特定语言或方言的语法系统因增加新的成员而发生改变，这自然是一个语法化现象，因为语法化最普遍也最无争议的界定就是“语法成分或语法范畴产生、形成的过程”。另外，如前所述，删略操作得到的简略形式（删略式X/Y）相较于删略前的复合形式（基本式X—Y），音系形式更短、因而语音更为弱化，就语音—音系过程而言这也是一种语法化，即形式语法化。[①]

第二，较之一般的语法化，删略导致的语法化至少有以下几个特点。

1）删略导致的语法化是一种形式语法化，而一般的语法化通常是功能语法化。一般说来，语法化过程通常包含语用—语义、形态—句法和语音—音系三个子过程（Heine & Reh，1984；吴福祥，2003、2017）。其中，语用—语义过程体现为“去语义化”（desemanticization），形态—句法过程表现为“去范畴化”（decategorilization），语音—音系过程则实现为“销蚀”（erosion）。上述三个子过程中，语用—语义过程被称为“功能演变”（functional change），形态—句法和语音—音系两个过程一般谓之“形式演变”（formal change）（Heine，2018：20；Narrog & Heine，2021：10）。理论上，语法化过程中功能演变和形式演变分别构成语法化演变的两个基本类别：“功能语法化”（functional grammaticalization）和“形式语法化”（formal grammaticalization）（Narrog，2017；Allan，2017）。[②] 但考察发现，不含形态—句法过程的功能语法化实际上十分罕见，而完全不包含形态—句法过程的形式语法化也非常少见。因此，假如我们先不考虑形态—句法子过程，将不涉及语音—音系子过程的语法化现象以及不涉及语用—语义子过程的语法化现象分别谓之功能语法化和形式语法化，那么汉语“把”的“‘执持’义动词 〉 处置式标记”这类演变属于功能语法化，因为这类演变并不涉及语音—音系子过程。另外，近代汉语第一人称复数包括式代词“自家〉咱”这类演变则属于形式语法化，因为这类演变并不涉及任何语用—语义子过程。本文讨论的删略导致的语法化显然属于上面定义的形式语法化，但又与一般的形式语法化有所不同：英语将来时标记（be） going to 演变为 （be） gonna，这种熔合的结果导致新的音系形式的产生（即X—Y → Z）；而汉语“从来→从”这种删略操作造成的删略式在音系形式上同于删略前基本式中的构词语素（即X—Y → Y / X），并没有造成新的音系形式的出现。（盛益民等，2015；吴福祥， 2022a）

① Bybee et al.（1994）很早就用“形式语法化”（formal grammaticalization）来指称语法化过程中时－体－情态标记发生的语音弱化（reduction）、省缩（shortness）、依附（dependence）和熔合（fusion）等形式演变。

② Allan（2017：103、112、116）把语法化过程中的语义虚化、泛化、语用化、主观化等现象称作“语义语法化”（semantic grammaticalization）；与之相对，音系销蚀（phonological erosion）和形式黏合（bondedness）等现象则被称为“形式语法化”。Allan 证明，形式语法化与语义语法化可相互独立发生：一个语言成分可以在不涉及任何语义语法化的情况下发生形式语法化，反之亦然。

2）删略导致的语法化是定名学演变，而一般的语法化则是符义学演变。功能语法化与形式语法化之分平行于符义学演变与定名学演变之别。传统历史词汇学主张，词汇演变有两种基本类别：一种是“符义学演变”（semasiological change），即词的编码形式不变，意义（概念）发生改变；另一种是“定名学演变”（onomasiological change），即词的意义（概念）不变，形式（名称）发生改变。这两种演变情形，房德里耶斯（1992[1920]）分别谓之“词怎样改变意义”和“概念怎样改变名称”。我们认为，形式语法化本质上是一种定名学演变，而功能语法化是一种典型的符义学演变。二者的区别可图示如下：

编码形式	语义概念
汉语“**把**”	“执持”义动词 〉处置式标记
[符义学演变]	

语义概念	编码形式
苏州方言**进行体标记**	勒海 → 勒
[定名学演变]	

图 1　符义学演变与定名学演变

3）一般的语法化（非删略性语法化）演变中，新的功能源自“孳生”；而在删略导致的语法化过程中，新的功能则源于“寄生”。① 一般的语法化现象因为属于符义学演变，所以特定语法成分新的语法意义是由某个固有意义演变而来（源于“孳生”）；而在删略导致的语法化过程中，因为删略式 Y 或 X 语音形式同于基本式 X—Y 中的构词语素 X 或 Y，② 又因为这类构词语素 X 或 Y 往往可以独立成词。因此在共时系统里，一个删略式（X 或 Y）所负载的原先作为复合词（基本式 X—Y）的意义就被“寄生”到可以单独成词的语素 X 或 Y 上，造成这个寄生意义与成词语素 X 或 Y 固有的“孳生”意义“同词化”（colexify），以致发生了没有语义演变过程的语义演变。比如“从来”删略为“从”后，造成时间副词“从”这种新的语法成分的产生。但由于时间副词“从”语音形式同于时间副词“从来”中构词语素“从”，又由于“从”是一个可以表达时—空源点、人物源点等介词功能的成词语素，因此在共时系统中，删略式“从”的时间副词功能即使跟成词语素“从”的时—空源点、人物源点等意义没有任何亲缘关系，也被“寄生”到成词语素“从”之上，从而造成这个语素新的意义的衍生。这种“寄生”的一种极端后果是，在共时平面上造成一个多功能语素具有两个截然相反的意义。譬如在某些没有连读变调的方言和民族语言中，复杂否定词“不曾”删略为“曾”后，导致这些方言和民族语言中“曾”具有“曾经”和“未曾”两个截然相反的

① 关于“孳生”和“寄生”，请参看王力（1982 [1942]）。

② 一种例外的情形是，在有些具有连读变调的方言里，删略式 Y（或 X）保留的是连读变调的调值，因而不同于成词语素 Y’的调值。譬如盛益民等（2015：243）提到，绍兴柯桥话祈使否定词“勿可 [feʔ$^{5-33}$ k^{h}o$^{53-55}$]”可以删略否定成分简缩为“可 [k^{h}o$^{53-55}$]”（=Y）；这个新的祈使否定词的调值因为发生连读变调而与成词语素“可”[k^{h}o^{53}]（= Y’）的调值不同。不过，这种情形相对少见。

意义（参看盛益民等，2015）。

4）删略导致的语法化难以用既有的语法化理论框架来描述和解释。因为这类语法化现象并不包含语用—语义过程甚至也不涉及明显的形态—句法演变，所以很难用现有的语法化理论框架来描述和解释。比如 Traugott（1996）提出的语法化斜坡“词汇 〉句法 〉形态句法 〉形态音位〉零形式”以及 Givón（1979）主张的语法化路径“话语 〉句法 〉形态 〉形态音系 〉零形式”并不能描述删略导致的语法化的演变过程；Traugott（1996）提出的语法化的先决条件［“语义相宜”（semantic suitability）、“结构邻近”（constructional contiguity）和“高频使用”（frequency）］，Bybee et al.（1994）的“语源决定论”（source determination）；Heine（2002）和 Diewald（2002）的“语境模型”（context model）也难以说明这类源于删略的语法化的条件和环境。另外，Hopper & Traugott（2003）提出的语用推理（pragmatic inferencing）这种语法化动因以及 Bybee（2007）主张的语法化机制（泛化、隐喻、推理）也不能合理地解释删略导致的语法化为何发生以及如何进行。最后，Hopper（1991）的语法化原则［“叠层”（layering）、“滞留”（persistence）、“歧变”（divergence）和“特化”（specialization）］和 Heine（2003）的语法化参数（“扩展”、“去语义化”、“去范畴化”和“销蚀”）以及 Bybee et al.（1994）的“形—义共变（coevolution of meaning and form）”假说也并不能有效地描述删略导致的语法化的性质和特点。

第三，由删略导致的新的语法成分的产生可否视为一种“逆语法化”现象？本文第三节列举的很多删略实例都涉及在一个二项式语法成分 X—Y 里，由于删略其中的一个语素，导致余下的另一语素承载原先二项式 X—Y 的意义，从而产生一个新的语法成分 X 或 Y。比如柯桥话处所指示词“益 = 里”因为删略其中的指示语素“益 =”而导致原来的方所后缀“里”变成新的处所指示词。既然基本式中的词缀或其他构词语素的语法化程度明显高于因删略而产生的自由的语法词，那么是否可以把“益 = 里→里”这类删略性演变为视为一种逆语法化现象呢？我们的回答是否定的。首先，“益 = 里→里”这类演变中，并不是基本式的构词语素本身演变为删略式，而是整个基本式 X—Y 演变为删略式 X 或 Y，具体说，柯桥话处所指示词“里”并不是“益 = 里”中后缀“里”演变而成的，而是由整个复合词“益 = 里”演变而来的。也就是说，在这种删略导致的语法化过程中，演变的输入端（input）是整个 X—Y，而不是其中的某个构词语素 X 或 Y。其次，因为删略造成的删略式 X 或 Y 较删略前的基本式 X—Y，形式更短、音系更为弱化，因而语法化程度更高，所以是比较典型的形式语法化。最后，跟语法化一样，逆语法化也是一种渐变过程，通常具有过渡阶段；而删略导致的语法化本质上是一种特异性（idiosyncratic）演变，一般没有中间的过渡阶段。

第四，这种删略的动因和条件是什么？这个问题我们目前所知甚少。不过可以肯定的是，删略的前提是存在一个高频使用的二项式 X—Y，其中 X 或 Y 表达的意义在某种语境中冗余或易于提取，即使不出现也可以从语境中推知（参看 Ullmann，1957：238；Hock & Joseph，2009：286）。删略的主要动因是遵循经济原则，避免信息冗余（参看 Waldron，1979 [1967]：121），而删略导致语言演变的条件是，删略后的剩余形式高频使用且发生规约化。

5. 结语

以往的研究在讨论删略与语言演变关系时主要聚焦于删略（或脱落）引发的词汇—语义

演变、句法演变和语音演变。本文从语法化角度探讨删略促成的语言演变，将删略导致的新的语法成分的产生这一现象谓之“删略导致的语法化”。这类语法化最主要的特点是不涉及任何语用—语义过程，是一种典型的形式语法化。因为这种形式语法化本质上是一种定名学演变，所以很难用现有的基于符义学演变的语法化理论框架来描述和解释。

本文的考察显示，删略导致的语法化现象广泛见于汉语方言和历史文献，源于删略的语法成分涉及指代词（人称代词、指示代词和疑问代词）、助动词、副词、介词、连词、体助词、语气词等多种功能语类。但匪夷所思的是，这类研究却罕见于一般语言学文献。这是因为这类语言演变现象在其他语言里有不同的分析，还是因为这类演变现象根本就少见于其他类型的语言，我们目前尚不清楚。假若属于后者，那么这种删略导致的语法化或许是汉语这种分析性语言的类型特征，那么对于这个问题的进一步研究也就具有了重要的语言类型学价值。

参考文献

鲍红，2016，《安庆方言研究》，安徽教育出版社。

蔡镜浩，1990，《魏晋南北朝词语例释》，江苏古籍出版社。

巢宗祺，1986，《苏州方言中“勒笃”等的构成》，《方言》第4期。

陈淑梅，2006a，《鄂东方言的副词“把”》，《汉语学报》第1期。

陈淑梅，2006b，《鄂东方言的量范畴研究》，华中科技大学博士学位论文。

董彦屏，2005，《广南方言语法研究》，云南师范大学硕士学位论文。

董正存，2006，《现代汉语副词“非”用法之间的关系》，《河北北方学院学报》第6期。

董正存，2016a，《让步条件构式的省缩及副词“打死”的形成》，《语言教学与研究》第1期。

董正存，2016b，《结构省缩与情态依附——以让步条件结构式为例》，《世界汉语教学》第4期。

方有国，2015，《先秦汉语实词语法化研究》，巴蜀书社。

[法]房德里耶斯，1992，《语言》，岑麒祥、叶蜚声译，商务印书馆。

冯春田，2005，《汉语“从/否”类副词的历史考察》，《语文研究》第4期。

冯春田，2009，《汉语疑问代词演变的特殊规则》，《文史哲》第5期。

黄晓雪，2014，《宿松方言语法研究》，中国社会科学出版社。

黄燕旋，2016，《揭阳方言言说动词“呾”的语法化》，《中国语文》第6期。

江蓝生，2007，《同谓双小句的省缩与句法创新》，《中国语文》第6期。

江蓝生，2012，《汉语连—介词的来源及其语法化的路线和类型》，《中国语文》第4期。

江蓝生、杨永龙，2006，《句式省缩与相关的逆语法化倾向——以“S+把+你这NP”和“S+V+补语标记”为例》，载何大安、张洪年、潘悟云、吴福祥编《山高水长：丁邦新先生七秩寿庆论文集》，台湾“中央研究院”语言学研究所。

姜礼立、唐贤清，2019，《益阳方言的总括副词“一回”》，《汉语学报》第3期。

蒋绍愚，1985，《词义的发展和变化》，《语文研究》第2期。

蒋绍愚，1989，《古汉语词汇纲要》，北京大学出版社。

蒋绍愚，2015，《汉语历史词汇学概要》，商务印书馆。

柯理思，2002，《客家话里表示“暂时VP吧”“先VP再说”的句末形式“正”》，载《客家方言研究》，暨南大学出版社。

李桂兰，2019，《汉语方言多功能副词的语义演变专题研究》，中国社会科学院研究生院博士学位论文。

李桂兰：2021，《汉语方言中源于连接词的句末先行义助词及语法化问题》，Cahiers de Linguistique Asie Orientale.50：111-134。

李桂兰，《江西吉水方言连-介词“做”及双音节形式的功能和语义演变》，待刊稿。

李桂兰、吴福祥，2018，《江西吉水方言“去”的多功能用法及其演变》，《方言》第2期。

李金陵，1991，《皖西潜怀十县方言语法初探》，《安徽大学学报》第3期。

李清华，2020，《安徽怀宁方言代词研究》，渤海大学硕士学位论文。

李如龙，1996，《泉州方言的体》，载张双庆主编《动词的体》，香港中文大学中国文化研究所吴多泰中国语文研究中心。

李如龙，1999，《闽南方言的代词》，载李如龙、张双庆主编《代词》，暨南大学出版社。

李小凡，2014，《苏州话“勒海”和绍兴话“来东”的语法化问题》，载《吴语研究》（七），上海教育出版社。

林寒生，2002，《闽东方言词汇语法研究》，云南大学出版社。

刘丹青，1996，《东南方言的体貌标记》，载张双庆主编《动词的体》，香港中文大学中国文化研究所吴多泰中国语文研究中心。

刘丹青，2003，《苏州话“勒X”复合词》，载《吴语研究——第二届国际吴方言学术研讨会论文集》，上海教育出版社。

刘丹青，2005，《汉语否定词形态句法类型的方言比较》，《中国语学》（日本）总252期。

刘丹青，2021，《“啥”的原因问用法及预期性三分法》，第十届汉语方言语法学术研讨会论文。

龙安隆，2016，《赣语永新方言的体标记“在+指示代词”》，《汉语学报》第4期。

卢玉亮，2021，《上古汉语“若”类指示代词来源试析》，《中国语文》第1期。

吕叔湘，1982，《中国文法要略》，商务印书馆。

钱莫香，1999，《屯昌方言的代词》，载李如龙、张双庆主编《代词》，暨南大学出版社。

山娅兰，2005，《沾益方言语法研究》，云南师范大学硕士学位论文。

盛益民，2010，《绍兴柯桥话多功能虚词“作”的语义演变——兼论太湖片吴语受益者标记来源的三种类型》，《语言科学》第2期。

盛益民，2015，《汉语吴方言的“处所成分-指示词”演化圈——兼从语言类型学看指示词的词汇更新》，*International Journal of Chinese Linguistics* 第3期。

盛益民、李旭平，2018，《富阳方言研究》，复旦大学出版社。

盛益民、陶寰、金春华，2015，《脱落否定成分：复杂否定词的一种演变方式》，《中国语文》第3期。

施其生，1996，《汕头方言的体》，载张双庆主编《动词的体》，香港中文大学中国文化研究所吴多泰中国语文研究中心。

施其生，1999，《汕头方言的代词》，载李如龙、张双庆主编《代词》，暨南大学出版社。

石汝杰，1996，《苏州方言的体和貌》，载张双庆主编《动词的体》，香港中文大学中国文化研究所吴多泰中国语文研究中心。

石汝杰，2020，《明清时代吴语的疑问词和疑问句》，日本《海外事情研究》第47卷。

石汝杰、[日]宫田一郎主编，2005，《明清吴语词典》，上海辞书出版社。

唐爱华，2005，《宿松方言研究》，文化艺术出版社。

陶寰、盛益民、金春华，2015，《吴语绍兴方言否定词的词形特征和语义类别》，《语言研究集刊》（第十四辑），上海辞书出版社。

万　波，1996，《安义方言的体》，载张双庆主编《动词的体》，香港中文大学中国文化研究所吴多泰中国语文研究中心。

汪国胜，1994，《大冶方言语法研究》，湖北教育出版社。

汪国胜，1999，《湖北方言的"在"和"在里"》，《方言》第2期。

汪化云，2008，《汉语方言代词论略》，巴蜀书社。

汪化云，2011，《省略构成的人称代词复数标记》，《方言》第1期。

汪化云，2012，《汉语方言 tɕ 类复数标记的来源》，《语言研究》第1期。

王福堂，2015，《绍兴方言研究》，语文出版社。

王力，1982，《新字义的产生》，载《龙虫并雕斋文集》（三），中华书局。

魏培泉，2004，《汉魏六朝称代词研究》，台湾"中央研究院"语言学研究所。

吴福祥，1996，《敦煌变文语法研究》，岳麓书社。

吴福祥，2003，《关于语法化的单向性问题》，《当代语言学》第3期。

吴福祥，2017，《汉语方言中的若干逆语法化现象》，《中国语文》第3期。

吴福祥，2022a，《词义感染与删略生义》，《中国语言学报》第3期。

吴福祥，2022b，《晋语复数词尾"每（弭、们）"的多功能性》，《语文研究》第3期。

吴瑞文，2011，《闽东方言"进行/持续体"标记的来源与发展》，《语言暨语言学》第3期。

吴　越，2021，《时间副词"从"的语义来源及演变模式——兼论省缩对词汇化、语法化的影响》，首都师范大学本科毕业论文，2021。

伍云姬主编，2007，《湖南方言的副词》，湖南师范大学出版社。

项开喜，2019，《安徽枞阳方言的疑问副词"么事"与"么话"》，《方言》第4期。

项梦冰，1997，《连城客家话语法研究》，语文出版社。

项梦冰，1999，《清流方言的代词系统》，载李如龙、张双庆主编《代词》，暨南大学出版社。

肖亚丽，2015，《黔东南方言"把"字的用法》，《方言》第1期。

邢向东，2014，《陕北吴堡话的代词》，载李小凡、项梦冰主编《承泽堂方言论丛——王福堂教授八秩寿庆论文集》，语文出版社。

徐中舒，2006，《甲骨文字典》（第2版），四川辞书出版社。

许宝华、[日]宫田一郎，1999，《汉语方言大词典》，中华书局。

杨求凤，2017，《安徽太湖方言语法研究》，中国社会科学院研究生院硕士学位论文。

杨永龙，2017，《词音变化与构式省缩——禁止词“别”的产生路径补说》，《中国语文》第6期。

云南省地方志编纂委员会，1989，《云南省志·汉语方言志》，云南人民出版社。

云南省东川市地方志编纂委员会，1995，《东川市志》，云南人民出版社。

张华文、毛玉玲，2014，《昆明方言词典》，云南人民出版社。

张丽丽，2020，《复句省缩引发的语法化——以语气副词为例探讨》，《汉学研究》第38卷第4期。

张世方，2023，《也谈禁止词“别”的来源》，《中国方言学学报》（第10期），商务印书馆。

张双庆主编，1996，《动词的体》，香港中文大学中国文化研究所吴多泰中国语文研究中心出版。

张永言，1982，《词汇学简论》，华中工学院出版社。

赵日新，2001，《说“在”及相当于“在”的成分》，《语文研究》第4期。

赵日新，2013，《“做”的语法化》，《语言教学与研究》第6期。

周法高，1990，《中国古代语法·称代编》，中华书局。

朱庆之，1992，《佛典与中古汉语词汇研究》，台北文津出版社。

Allan，Rutger. 2017. The grammaticalization of Greek particles：A Functional Discourse Grammar approach. In：Felicia Logozzo and Paolo Poccetti（eds.），*Ancient Greek Linguistics：New Approaches，Insights，Perspectives.* 103-118. Berlin；Boston：de Gruyter.

Allott，Nicholas. 2010. *Key Terms in Pragmatics*. London：Continuum.

Anttila，Raimo. 1989. *Historical and comparative linguistics*. Benjamins Publishing Company.

Baker，Paul and Sibonile Ellece. 2011. *Key Terms in Discourse Analysis*. London：Continuum.

Blank，Andreas. 1997. *Prinzipien des lexikalischen Bedeutungswandels am Beispiel der romanischen Sprachen.* Tübingen：Niemeyer.

Bybee，Joan. 2007. Diachronic linguistics. In Dirk Geeraerts and Hubert Cuyckens.（eds.），*The Oxford Handbook of Cognitive Linguistics*. 945-987. Oxford：Oxford University Press.

Bybee，Joan，Revere Perkins & William Pagliuca. 1994. *The evolution of grammar：tense，aspect，and modality in the languages of the world*. Chicago：University of Chicago Press.

Campbell，Lyle. 2013. *Historical linguistic：An Introduction. 2nd ed*. Edinburgh University Press.

Chao，Yuen Ren. 1968. *A Grammar of Spoken Chinese*. Berkeley and Los Angeles：University of California Press.

Crystal，David. 2008. *A dictionary of linguistics and phonetics. Sixth Edition*. Blackwell

Publishing.

Diewald, Gabriele. 2002. A model for relevant types of contexts in grammaticalization. In: Ilse Wischer and Gabriele Diewald (eds.), *New reflections on grammaticalization*. 103-120. John Benjamins Publishing Company.

Fortson Ⅳ, Benjamin W. 2003. An Approach to Semantic Change. In Brian D. Joseph and Richard D. Janda. (eds.), *The handbook of historical linguistics*, 648-666. Blackwell publishing.

Givón, Talmy. 1979. *On understanding grammar*. New York: Academic Press.

Györi, Gábor. 2002. Semantic change and cognition. *Cognitive Linguistics* 13, 2: 123–166.

Heine, Bernd. 2002. On the role of context in grammaticalization, In: Ilse Wischer and Gabriele Diewald (eds.), *New reflections on grammaticalization*.83-101. John Benjamins Publishing Company.

Heine, Bernd. 2003. Grammaticalization. In Brian Joseph & Richard Janda. (eds.), *The handbook of Historical Linguistics*. 575-601. Blackwell Publishing.

Heine, Bernd.2018.Grammaticalization in Africa: Two contrasting hypotheses. In: Heiko Narrog and Bernd Heine (eds.), *Grammaticalization from a Typological Perspective*.16-34. Oxford: Oxford University Press.

Heine, Bemd and Mechthild Reh. 1984. *Grammaticalization and reanalysis in African languages. Hamburg*: Helmut Buske Verlag.

Heine, Bernd & Tania Kuteva. 2002. *World lexicon of grammaticalization*. Cambridge University Press.

Heine, Bernd, Ulrike Claudi & Friederike Hünnemeyer. 1991. *Grammaticalization*. The University of Chicago Press.

Hock, Hans Henrich.1991. *Principles of Historical Linguistics*, Berlin; New York: de Gruyter.

Hock, Hans Henrich, and Brian D. Joseph. 2009.*Language history, language change, and language relationship: an introduction to historical and comparative linguistics. second revised edition*. Berlin: Mouton de Gruyter.

Hopper, Paul.1991. On some principles of grammaticalization. In: Elizabeth Traugott & Bernd Heine (eds.), *Approaches to grammaticalization*. Vol.1. 17-35. John Benjamins Publishing Company.

Hopper, Paul and Elizabeth Traugott. 2003. *Grammaticalization, 2nd ed*. Cambridge: Cambridge University Press.

Luján, Eugenio.2010. Semantic Change. In: Silvia Luraghi and Vit Bubenik (eds.), *Continuum Companion to Historical Linguistics*. 286-310. London; New York: Continuum International Publishing Group.

McArthur, Tom. 1992. *The Oxford Companion to the English Language*. Oxford:

Oxford University Press.

McMahon, April.1994. *Understanding language change*. Cambridge: Cambridge University Press.

Narrog, Heiko.2017. Relationship of form and function in grammaticalization — the case of modality. In: Kees Hengeveld, Heiko Narrog and Hella Olbertz (eds.), *The Grammaticalization of Tense, Aspect, Modality and Evidentiality*, 75-110. Berlin; New York: de Gruyter.

Narrog, Heiko and Bernd Heine.2018. Introduction: Typology and grammaticalization. In: Heiko Narrog and Bernd Heine (eds.), *Grammaticalization from a Typological Perspective*.1-15. Oxford: Oxford University Press.

Narrog, Heiko and Bernd Heine. 2021. *Grammaticalization*. Oxford: Oxford University Press.

Popescu, Floriana. 2019. *A Paradigm of Comparative Lexicology*. Cambridge Scholars Publishing.

Quirk, Randolph, Sidney Greenbaum, Geoffrey Leech, and Jan Svartvik. 1985. *A Comprehensive Grammar of the English Language.* London; New York: Longman.

Rhee, Seongha. 2012. Context-induced reinterpretation and (inter) subjectification: the case of grammaticalization of sentence-final particles. *Language Sciences* 34: 284-300.

Sheng Yimin 2015 The location morpheme-demonstrative cycle in Wu dialects: On the lexical renewal of the demonstratives from the typological perspective. *International Journal of Chinese Linguistics* 2 (1): 121-148.

Stern, Gustaf.1968 [1931]. *Meaning and Change of Meaning*. Bloomington: Indiana University Press.

Traugott, Elizabeth.1996. Grammaticalization and lexicalization. In: Keith Brown & Jim Miller (eds.), *Concise encyclopedia of syntactic theories*. 181-187.Oxford; New York: Pergamon.

Ullmann, Stephen. 1957. *The principles of semantics. A linguistic approach to meaning, 2nd ed*. Oxford: Blackwell.

Ullmann, Stephen.1964. Semantics. An introduction to the science of meaning. The principles of semantics. *A linguistic approach to meaning, 2nd ed.* Oxford: Blackwell.

Waldron, Ronald Alan. 1979 [1967]. *Sense and sense development. Second Edition.* London: Deutsch.

（原文刊于《中国语文》2023 年第 3 期）

试论语音史研究框架的转型

刘晓南

提要：形成于20世纪初的汉语语音史的研究框架，是一种以通语语音发展为主的单线模式的研究框架。经过百余年的研究，随着历史方音研究的重要性日益凸显，原框架因忽略方音研究造成的对文献中复杂语音现象的描写与解释的困难愈益突出，一种兼顾时空维度的新的研究框架正在形成，以通语语音史为主、历史方音为辅的语音史研究框架的转型正在成为现实。

关键词：汉语语音史；时代音系；通语语音史；历史方音；研究框架

汉语语音史几乎是伴随着上古音研究而开始的。随着上古音研究的成长，在经过了宋元明清诸代漫长的酝酿之后，语音史从上古历经中古、近代以达现代的研究框架终于在20世纪初成型，随之而来的是上古音、中古音和近代音的纵向研究全面展开。但随着时间的推进，研究的步步深入，语音史各个时代的研究在不断取得成就的同时，也经常遭遇到来自历史上的共时层面复杂语音现象的挑战。这些新的挑战，一次又一次地提示我们是否应当对不同时代平面上丰富多彩的语音现象作出多视角的考察，把历史语音的空间差异纳入研究框架之中来？毫不夸张地说，时至今日，形形色色的挑战天长日久积累起来的能量已经将语音史推向了一个十字路口，是沿袭已有的依时间线索单向推进的路径继续前行，还是迅速调整，引入空间维度以促使语音史框架作出历史性转型，已经成为语音史学科进一步发展的一道绕不过的必答题。有鉴于此，我们将简要地回顾语音史学科的萌生与百来年的发展进程，展望发展的方向，尝试给出我们的答案。

一、语音发展观和语音史

音韵学研究古汉语语音，就是要在语音发展观的指导下，对不同历史时代的语音状况及其发展变化作出翔实的考证和科学的论述，以建构语音史的框架与体系。通常思想是行动的指导，但语音史的研究却先有行动，后有思想。从学术史的角度来看，语音发展观的形成有一个从偶然涉及古音进而到有意识地揭示古音的漫长探索过程，随着古音材料愈益丰富，对古音的了解愈益深入，有关语音古今变化的思想越来越清晰，语音史才逐渐得以成型。

（一）汉唐人偶说古音

戴震《声韵考》卷三云："古音之说，近日始明。然考之于汉郑康成笺毛诗云：古声填寘尘同，及注它经，言古者声某某同，古读某为某之类，不一而足，是古音之说，汉儒明知之。非后人创议也。"[①] 戴氏所述郑笺，出于《豳风·东山》篇，以今所见文献，这的确是最早

① （清）戴震：《声韵考》卷三，严式诲辑刻：《音韵学丛书》，国家图书馆出版社2011年版，第3页。

述及古音的材料。郑玄以后直至宋代，偶尔述及古音者，代有其人。如东汉末刘熙《释名》述“车”之语源说“古者曰车，声如居……今曰车，声近舍”，后来三国人韦昭又驳之曰“古皆音尺奢反，从汉以来始有居音”即是[①]，其后大概又有李季节、颜之推、王劭、陆德明、孔颖达、颜师古等等，不一而足。诸说之中颇有可称道者。

以颜之推为例。参与《切韵》纲纪讨论的杰出语言学家颜之推，他主张语言文字当使用“正音”，为了正音，必须“参校方俗，考核古今”，这是他的原则。从《颜氏家训》可以看到，他所说“古今”的“古”，绝不是古文家为了骈俪而加的衬字，而是确有其事的。著名的一个例子就是《颜氏家训·音辞》篇中的一段文字：

北人之音，多以举、莒为矩，唯李季节云：齐桓公与管仲于台上谋伐莒，东郭牙望见桓公口开而不闭，故知所言者莒也。然则莒、矩必不同呼。此为知音矣。[②]

李季节即李概，算是颜氏同时代人，著《音韵决疑》，该书今已佚。颜氏所引当出自该书。这段材料说的是一件发生于先秦时代齐国的事。《管子·小问第五十一》记述齐桓公与管仲密谋伐莒，伐莒之令尚未下达，国中即已传言伐莒。传言自何而来？找到一个叫东郭邮（即东郭牙）的最初传言人。下面是齐桓公与东郭邮的对话：

桓公……问焉。曰：“子言伐莒者乎？”东郭邮曰：“然，臣也。”桓公曰：“寡人不言伐莒，而子言伐莒，其故何也？”东郭邮对曰：“臣闻之，君子善谋，而小人善意。臣意之，也。”桓公曰：“子奚以意之？”东郭邮曰：“夫欣然喜乐者，钟鼓之色也。夫渊然清静者，缞绖之色也。漻然丰满而手足拇动者，兵甲之色也。日者臣视二君之在台上也，口开而不阖，是言莒也。举手而指，势当莒也。且臣观小国诸侯之不服者，唯莒，于是臣故曰：伐莒。”桓公曰：“善哉。”[③]

“东郭牙事件”还见载于《吕氏春秋》《韩诗外传》等书。东郭牙根据齐桓公发音时的口型“口开而不阖”，判断他说的是“莒”字。颜氏转引来说“莒”与“矩”古不同音。从《切韵》音看，“莒”属于鱼韵上声，“矩”属于虞韵上声，当时北人语音中，“多以举莒为矩”，说明这两个韵的字多数人读混了，也可能有少数人没混。究竟这两韵当分还是当合？颜氏以为当分。他之所以审音从少数，理由就是这少数符合古音。他盛赞李季节确定“莒矩不同呼”为“知音”。后来陆法言《切韵》中，鱼、虞两韵也是分的。这应当是“萧颜多所决定”的一例。可见颜氏等人考核古今，确有其事。

汉唐间虽有人提及古音，但并不等于古音学就此开始。李荣说：“汉朝人就知道古今音异，可是系统地研究上古音，是从宋朝人开始的。”[④]因为汉唐的古音考核都是仅就某一特定之字，偶然一提，不成体系，更看不出是否萌生了古今语音演变的思想。

---

① 刘熙语见《释名》之《释车第二十四》；韦昭驳议见《经典释文》之《毛诗音义》上，《召南·何彼秾矣》“车服”条下引文，中华书局1983年影印通志堂本，第57页。

②（南北朝）颜之推：《颜氏家训·音辞》，载王利器《颜氏家训集解》，上海古籍出版社1980年版，第496页。

③《管子》第三册第十六卷，四部丛刊本，第十一页。

④ 李荣：《音韵存稿》，商务印书馆1982年版，第30页。

（二）宋人的古音研究实践

对古音认识的朦胧含混现象到宋代大为改观。宋儒考察古代文献中的特殊语音现象，揭示的古音现象越来越多，对古音的认识越来越清晰，古音学作为一个新兴学科于是逐渐成形。这体现在三个方面。

一是古音学的基础理论和术语体系初步建立。宋人已经意识到，古音是一个与今音相对的学术概念，各有不同的内涵。这是因为宋人看到了诗骚用韵大面积与礼部韵不同，推想这是时代不同造成的，需要将他们视为古音的押韵，项安世所谓“《诗》韵皆用古音，不可胜举”是也。① 由此宋儒建立了古音、今音这一组对立统一的语音史概念，从而奠定了古音学的学理基础。他们认为一个字有今音，也可以有其古音，而这些见于诗骚特殊用韵中的古音，往往被韵书、音义书所遗漏，所以，吴棫要作《毛诗补音》以补释文《毛诗音》之遗，著《韵补》以补《集韵》以及礼韵之遗。②

二是方音暗合古音的思想，即方音存古和方音证古说。以今所见，朱熹、项安世都有过明确的论述。且看朱熹的 3 条代表性言论。

（1）大抵方言多有自来，亦有暗合古语者。③

（2）“诗音韵有不可晓处。”因说：“如今所在方言，亦自有音韵与古合处。”④

（3）雄，与凌叶，今闽人有谓雄为形者，正古之遗声也。⑤

第 1 条将方言的来源与“古语”挂钩，从现代语言学的角度来看，这是历时的阐述。第 2 条的“所在方言”指当时各地方言，明确指出各个不同方言的音韵中都有一些与古音相合的地方，这相当于是从共时层面的考察。第 3 条告诉我们闽音中那些不合礼部韵系但与诗骚协韵相符的读音是“古之遗声”，也就是说，方音中与古音相合的部分，是古音的遗留，因而可以证古音。一言以蔽之，当代活的方言语音中保留了古音，古音亦可利用当代活方言来诠释。在吴棫、朱熹的诗骚叶音中可以看到许多当时方言语音的影迹⑥，即缘于此。

三是初具古音研究的方法体系。从吴棫、朱熹、程迥以及其他宋人的古音研究中，我们可以感知到他们的研究方法渐臻成熟，且已成体系，大致可以归纳为以下诸种。

（1）古诗用韵例推之法。

（2）声符相推之法。

（3）古音注相推之法。

（4）古音通转之法。

---

① （宋）项安世：《项氏家说》卷四，丛书集成初编本，第 50 页。

② 参见刘晓南《朱熹的古音学》，《西南交通大学学报（社会科学报）》2020 年第 2 期。

③ （宋）朱熹：《杂著·偶读漫记》，载《晦庵先生朱文公文集》卷七十一，《朱子全书》第 24 册，上海古籍出版社、安徽教育出版社 2002 年版，第 3420 页。

④ （宋）朱熹：《朱子语类（第 6 册）》卷八十，中华书局 2020 年版，第 2081 页。

⑤ （宋）朱熹：《楚辞辩证》，李庆甲点校：《楚辞集注》，上海古籍出版社 1979 年版，第 190 页。

⑥ 参见刘晓南《论朱熹诗骚叶音的语音根据及其价值》，《古汉语研究》2003 年第 4 期。

（5）方音证古之法。[①]

总之，与汉唐的偶然一提不同，宋人对古音的研究是有思想指导、有理论依据的对古音现象的批量考察。他们强调古音、今音使用之时代差异，显示古音与今音各有不同的音类归属。他们考察古诗文中的古音，目的是要揭示古音与今音之差异，以帮助学者读懂和理解古代文献。故有宋一代，参加到古音研究中的学者较之前代大大增加，已然形成了一个研究群体，写过专著或有专题论著的，有吴棫、程迥、朱熹、项安世、郑庠等人。至于关注古音，或泛发议论、或偶考古音者更是多见，如方崧卿、王质、蒋全甫、黄子厚、傅景仁，甚至大、小徐整理《说文》都可以看见他们时而提及某字之古音，等等。有宋一代，古音学专著如春蕾初绽，颇为精彩。流传至今的重要著作有吴棫《韵补》、朱熹《诗集传》《楚辞集注》，至于见诸记载且对后代造成影响的还有吴棫《毛诗补音》、程迥《古音通式》、郑庠《古音辨》等等。

（三）古今音变思想与语音史

1. 宋人的古今音变思想萌芽

在语言学史上，叶音是宋儒研究古音的主要方式，其代表人物是吴棫、朱熹。自明末以来，对宋儒“叶音”开展了广泛的批评，可以说充分地批判了其消极的一面，但对其积极的一面关注不够。我们认为，“叶音”的一个重要意义就在于萌生了宋儒的“古今音变”思想。

以今所见，最早显现“古今音变”思想的是吴棫。吴棫早期的古音学著作《毛诗补音》里其实就有了比较清晰的古今音变思想。因《毛诗补音》已佚，故而后世学者仅据其《韵补》来论其古音学。看到他的取证古今杂糅，字无定音，故而不为采信。如麻韵所收的一组从“叚”得声的字，《韵补》上平声九鱼洪孤切小韵收“霞瑕鰕騢豭”、下平声七歌寒歌切小韵收“霞瑕蝦遐”，一会儿入鱼部，一会儿入歌部，给人大道多歧之感，颇有疑惑。但在《毛诗补音》中，“瑕”等字的论说就大不相同，甚至可以说精彩：

《补音》不瑕，洪孤切。《史记·龟策传》：“日辰不全，故有孤虚，黄金有疵，白玉有瑕；事有所疾，亦有所徐。”《太元·众首》：“军或累车，文人摧拏，内蹈之瑕。”《礼记》引《诗》“瑕不谓矣”，郑云：“瑕之为言胡也。”秦晋以前凡从叚者，在平则读如胡，魏晋之间读如何，齐梁之后读为胡加切。《楚辞·远游》：“漱正阳而含朝霞，精神入而粗气除。”司马相如《大人赋》：“回车朅来兮会食幽都，呼吸沆瀣兮餐朝霞。”曹植《洛神赋》：“升朝霞”与“出渌波”叶。左思《蜀都赋》“霞”与“峩峩”叶。此以霞为何也。又《魏都赋》“遐”与“罗”叶。陆机《应嘉赋》“遐”与“波”叶。此以遐为何也。韩愈《元和圣德诗》“瑕”与“拊”叶，又以遐为古。白居易效陶诗“暇”与“坐”叶。[②]

这段话中的点睛之笔就是：“秦晋以前凡从叚者，在平则读如胡，魏晋之间读如何，齐梁之后读为胡加切。”看到这段话，才明白《韵补》为什么要将这批字一会收入歌部，一会收入鱼部。原来他是要说，这些字在秦晋时归于鱼部，并引述先秦两汉的例据证之，到魏晋之间转归歌部，同时引魏晋时的例据证之，时代之音与例证若合符契。试将吴氏此意，以音标图示如下：

先秦两汉　　魏晋六朝　　隋唐宋

① 参见刘晓南《朱熹的古音学》，《西南交通大学学报（社会科学版）》2020 年第 2 期。

② （宋）杨简：《慈湖诗传》，《豳风·狼跋》“德音不瑕”下引文，四明丛书本。

	读如胡		读如何		胡加切
霞瑕…	ɣu	→	ɣo	→	ɣa

上图显示了这批字之入歌还是入鱼，不是一般的一字多音，而是一字之音在不同时代的不同表现，这是不折不扣的古今音变。在这里，“音随时而代变”的意思是清晰的，说的是不同时代有不同的音，并非古音漫无定准。洞彻此义，你不得不佩服其高明。难怪王质要在《诗总闻》中大加赞叹：“善哉，吴氏之说！曰载籍所传，自三代而下，以至于今，一字之声无虑数变。”①吴氏《补音》中这段精彩的论说，在《韵补》中却受制于编辑体例而被分解、被简化，“秦晋以前……”这句点睛之笔不见了，尽管将从叚声的字分收于鱼、歌两部、并与不同时代的例证相配合，仍隐然微露字音随时而不同的意思，但“音变”思想却隐晦不显。实际上吴氏将很多字都兼入多个韵部，读者一般找不出其间的古今变化脉络，的确凸显了大道多歧的弊端。看来，吴棫并没意识到他的这个发现的重大意义，音变思想仍不甚明确。

王质说吴氏发现了“一字之声变”，从引文看，吴棫并不仅仅指“一字”，他从谐声的角度立说，应当指的是一个谐声系列的一组字。与“一字”相比，范围较大，可以看作一个音类，但还是没有达到音系的层面。跟宋代其他学者一样，他还没有古音系的思想。②从文献记载看，宋代也出现了有关古韵部著作，即郑庠《古音辨》，但郑氏古韵六部，其实只是据时音六种韵尾合并礼部韵的大杂烩，并非真正的古韵部。后人从吴棫、朱熹叶音中归纳出古音韵部，也只能算是对宋人古音分部的一种推测。③这都显示出宋人古音学的不足之处很多，但最大缺陷是没有真正归纳过古韵部，因而也没留下古今音系不同的学说。从学术史看，宋代古音学仍是以字音为主的研究。

2. 明儒的古今音变观

古音系的建立当出于明儒陈第之后。在陈第、焦竑之后，音韵学研究古音，有了音系的观念，语音史的理论框架因而得以确立。

陈第和焦竑等人研究古音，是从批评宋儒的叶音开始的。陈第年少时受他父亲的影响，对叶音产生怀疑。他回忆道：“余少受诗家庭，先人木山公尝曰：‘叶音之说，吾终不信。以近世律绝之诗，叶者且寡，乃举三百篇，尽谓之叶，岂理也哉？然所从来远，未易遽明尔。竖子他日有悟，毋忘吾所欲论著矣。’余于时默识教言，若介于胸臆。”④少年父命的影响是很大的，果然在成年后，陈第对“叶音”发动了讨伐。他说：“自唐以来，皆以今音读古之辞赋。一有不谐，则一曰叶，百有不谐，则百曰叶。借叶之一字而尽该千百字之变，岂不至易而至简，然而古音亡矣。”⑤与陈第同时代的另一位学者焦竑，不但持相同的观点，而且话说得更严厉：“如此则东亦可音西，南亦可音北，上亦可音下，前亦可音后，凡字皆无

① （宋）王质：《诗总闻》卷八，《狼跋》“闻音”，丛书集成初编本，第 147 页。

② 关于宋人古音学的相关研究，参见刘晓南《朱熹叶音本意考》，《古汉语研究》2004 年第 3 期；《重新认识宋人叶音》，《语文研究》2006 年第 4 期；《朱熹的古音学》，《西南交通大学学报（社会科学版）》2020 年第 2 期，以及张民权《宋代古音学与吴棫〈诗补音〉研究》，商务印书馆 2005 年版。

③ 参见刘晓南《试论朱熹古音学的古韵部刍型》，《古汉语研究》2021 年第 4 期。

④ （明）陈第：《屈宋古音义》跋，康瑞琮点校，中华书局 2008 年版，第 253 页。

⑤ （明）陈第：《屈宋古音义》跋，康瑞琮点校，中华书局 2008 年版，第 253 页。

正呼，凡诗皆无正字矣，岂理也哉？”[①] 这就是所谓“叶音乱改字音说”的来源。后来学者研究上古音，无一不秉承焦、陈之成说，一以“乱改字音”界定宋人叶音。大意是，宋人以时音读《诗经》《楚辞》等古韵文，遇到其韵不谐时，浑然不知这是古今音变，而为了谐韵，随意地将韵脚临时改读一个能谐韵的音来谐韵，称为叶音。以这个观点衡量，宋人对诗骚所作的叶音当然要被视为乱改字音。

平心而论，焦陈对叶音的批评虽然对语音史的发展有重要意义，但难说严谨，至少存在两个漏洞。一是并未穷尽全部叶音材料，仅凭举例即予以全盘否定。二是没有考察过吴、朱叶音的来源，忽视了宋人叶音的语音根据。据新近的研究[②]，宋人叶音并不是不要根据地乱改字音。朱熹叶音其实是特别注重根据的，如：

《诗集传·行露》第三章：墉讼叶祥容反从

“讼”是个多音字，有平、去二读，《广韵》钟韵“祥容切”、用韵“似用切”。宋代常用去声一读，而《诗经》该段韵文从声律上看，当取平声一读入韵方可和谐，朱子在“讼”字的平去二读之中选定非常用音平声一读入韵，故注为叶音。然而为了注释从简，朱熹在《诗集传》《楚辞集注》中一般都不给出自己叶音的根据，后人难以理解，甚至以为臆说。

陈第与焦竑等人批评叶音的正面意义，并不是反对前人提出的古音说，究其实只是反对叶音表现出来的纷歧繁芜，以及由此引出的主观臆断。强烈的怀疑使他们全盘否认了“叶音”的音注，进而确认了不但古代字有本音，而且字音随时而变的观点。陈第的名言“时有古今，地有南北，字有更革，音有转移，亦势所必至”，将“古今音变”升华为一种势所必然的历史规律。学术思想的升华，引领并促成了他超迈前辈的学术成就。

3. 语音史框架形成

陈第既然认识了古代字自有本音，就从《诗经》等先秦韵文考古音，作《毛诗古音考》和《屈宋古音义》，对先秦韵文中许多韵脚字的古音作了考定。用充足的证据证明了古音是确定的，力纠“叶音”一字多叶的偏差，其中已经隐含了古音系统不同于今音的意涵。清初音韵学家顾炎武考证先秦古音，离析《唐韵》，得出古韵十部系统。顾炎武有浓厚的复古思想，他要摒弃今音，以返淳古，这是不对的。但他由此而进入到古韵系统，开始了古音系统的研究，这是他对古音学的重大贡献。后来的学者循此以进，随着古音系研究的愈益深入，语音史的观念和框架逐渐形成。

清朝乾隆间编《四库全书》时，收集了一大批包含古音著作在内的音韵之书，依类编排，分别列为古音之书、今音之书和等韵之书三类。其中古音、今音之分，实际就是语音史的最初划分。自此之后，语音随时代发展的思想深入人心，语音史的探索也逐渐深入。段玉裁《六书音均表·音韵随时代迁移说》云：“音韵之不同，必论其世。约而言之，唐虞夏商周秦汉初为一时，汉武帝后洎汉末为一时，魏晋宋齐梁陈隋为一时。古人之文具在。凡音转、音变、四声，其迁移之时代皆可寻究。”[③] 这些杰出的研究者不但关注周秦汉魏，还注意到了唐宋

---

① （明）焦竑：《古诗无叶音》，载《焦氏笔乘》卷三，明清笔记丛书本，上海古籍出版社 1986 年版，第 83 页。

② 参见刘晓南《论朱熹诗骚叶音的语音根据及其价值》，《古汉语研究》2003 年第 4 期。

③ （汉）许慎：《说文解字注》，（清）段玉裁注，上海古籍出版社 1981 年版，第 816 页。

以下之音，如江永《古韵标准》说："（三百篇之外）又可考屈宋辞赋，汉魏六朝、唐宋诸家有韵之文。审其流变，断其是非。"①

这些思想启迪来者，终于在20世纪初叶结出硕果。1918年钱玄同的《文字学音篇》（北京大学出版组，1918年，后收入《钱玄同音学论著选辑》曹述敬选编，山西人民出版社，1988）首次提出语音史框架，分为六期：周秦、两汉、魏晋南北朝、隋唐宋、元明清、现代。从此，音韵学明确地把语音史作为自己的研究对象，不同时代的语音得到全面的研究。魏建功《古音系研究》（初版于1935年，1996年中华书局重印）一书，《开宗明义（引言与总纲）》曰"凡是在今日国音以前的音韵的研究皆属于'古音系'中"，因此"古音系的研究成为语音史的意味"；又说，"凡是中国语言文字所表示的音的内容都是古音系研究的东西"，因此"古音系的研究成为语言史的意味"。这说明在20世纪初中国新一代语言学家继承前人的语音发展观，已经树立了汉语语音史的自觉意识。

二、单线研究模式及其困难

（一）单线模式的语音史

从宋儒开始古音研究以来，经过数百年发展，在语音发展观的指导下，随着语音史框架的建立，汉语语音史的上古音、中古音、近代音研究全面展开。1954年董同龢《中国语音史》问世，1957年王力《汉语史稿》出版，该书第二章即语音史。据何九盈统计②，从20世纪50年代至21世纪初，陆续出版了9种汉语语音史著作。这些著作在表现形式上有所不同，多数按语音史分期来谈音系的发展，也有按声、韵、调分专题讨论各自的演变。但它们有一个共同点，这就是都以时间发展为线索，分期论述汉语语音的发展历史。与钱玄同分六期不同，后出著作大多将汉语语音史区分为四个历史时期：上古、中古、近代、现代。王力先生晚年所著《汉语语音史》将语音史划分为九个阶段。无论是六期、四期还是九段，这些语音史都采用了将从古至今不同历史阶段的音系相互衔接、串成一线的论述模式，可以名之曰单线模式。

单线模式继承了音韵学古音研究传统。前文我们已经看到，从吴棫到段玉裁逐渐形成的正是语音从一个时代到下一个时代连续不断演变的思路。瑞典汉学家高本汉的古音系列研究，强化了这个思维模式。高本汉以《切韵》研究的辉煌成就建立了中古音在语音史上的核心地位，他明确提出从《切韵》上推古音，下溯今音的研究思路。有了中古音的立足点，有利于语音史单线发展模式的确立。

按照单线发展的思路，除王力先生晚年写的《汉语语音史》之外，其他语音史都将从《诗经》用韵和《说文》谐声系统考求的音系确立为上古音系，以《切韵》音系代表中古音系，以《中原音韵》音系为近代音的代表，三点确立，然后将三点之间的空隙填充补足，语音史的全景画卷就大功告成了。

（二）单线模式的困难

单线发展的语音史研究模式着力于每个时代建立一个音系，可以名之曰：时代音系。正因为一个时代只有一个音系，因此，时代音系也就被寄予了解决本时代的所有语音问题的殷

① （清）江永：《古韵标准》例言，中华书局1982年版，第3页。

② 详见何九盈《汉语语音通史框架研究》，《民俗典籍文字研究》第一辑，商务印书馆2003年版。

切期望，但在实施中却遇到了许多困难，有时甚至左支右绌，可以概括为四点。

1. 诗文押韵存在大量的跨部通押

通过归纳韵文押韵所得的每个时代的韵部系统，都无法全部解释本时代诗人的用韵现象。以《诗经》用韵为例，江有诰构建了古韵21部系统，后出转精，超越先贤，然美中不足的是，仍有很多出韵通押。他自己曾有一个统计，《诗经》韵段1112个，跨部通押有70来个，约占总数的6.2%。但细数其《诗经韵读》，实际上他的通押韵段多达119个，占总数的10.7%。如此之多的跨韵部通押，对其古韵部系统的合理性、严谨性等无疑都是一个严重的挑战。我们需要特别指出的是，这绝对不是一个特例，古音学史上无论哪一家，无论其立韵是如何精严，都无可奈何地留下不少的跨韵部通押。推展开来，无论是从《诗经》等先秦文献中所得的上古韵部，还是从汉魏以下各个时代韵文获得的韵部系统，跨韵部通押都如影随形，无法消除。足以显示出在同一个时代的不同作者之间，押韵的差异有多大。这些都不是一个音系所能解释的。

2. 音近通假大量存在

通假现象，是古代文献中的常例，几乎可以说没有哪一部历史文献不存在通假。但只要稍微有一点古文阅读常识，我们都会惊讶在时代音系的背景下，古音通假居然是以“音近通假”为多，而少见“音同通假”。我们常说，古通假类似于现代人写错别字。可是，现代人写别字都是同音别写，如“阴谋诡计”误写成“阴谋鬼计”之类，一般不会写成“阴谋贵计”或“阴谋归计”等，说明两字读音不同而别写是很困难的，即便是读音差异很小的字之间写错也很少见。也就是说，音近字“通假”其实是极不自然的。然而，当我们采用“时代音系”来考察文献中的通假现象时，却正好与之相反，音近通假占绝大多数，成为自然现象，同音通假反而是少数，变得不自然了。很难理解为什么古人放着音同的不别写，专挑读音不完全相同的字来别写？恐怕更有可能的是，写别字的人所操语音并非标准的时代音系，他的同音别写，在时代音系看来，就不是同音而是音近了。

3. 古音注材料不合时代音系

先秦时代的谐声，汉代的读若譬况以及魏晋以下的音释，这些音注材料往往无比庬杂，跟当时的代表音系有许多地方并不吻合。以《说文》谐声为例。段玉裁的著名论断“凡同声必同部”，其实并不能涵盖全体谐声字。他自己也说过“谐声偏旁分别部居，……间有不合者”①，《六书音均表》中列举了许多“不合”的字例。

看中古以来的各种古音注，归纳其切语上、下字形成声、韵系统，各音注的音系几乎各不相同。仅陆德明《经典释文》一书，就可以看出其所引述诸家之间有多大歧异。若将陆德明与同时代的陆法言相比，同样有同有异，并非同一系统。如果认定陆法言《切韵》是中古时代的代表音系，那陆德明的又算什么？②

4. 诸韵书音系往往不同

韵书是记录某一时代音系的专书。如果韵书所记都是时代的代表音系，那么同时代韵书

---

① （汉）许慎：《说文解字注》，（清）段玉裁注，上海古籍出版社1981年版，第832页。

② 邵荣芬认为《经典释文》音系是以金陵音为代表的南方标准音系。见邵荣芬《〈经典释文〉音系》，高雄：台湾学海出版社1995年版。

所记之音一定相同，至少其音系主体相同，但实际情况并非如此。

早期韵书——《切韵》以前的韵书——大多不传，我们今已难知其详，但颜之推早有评述曰“自兹厥后，音韵锋出，各有土风，递相非笑”[①]，亦可见其差异甚大，互不认同。

《切韵》一出，风行天下，音韵定于一尊，但数百年来的持续修订，也说明内中有所差异。元明以降，《蒙古字韵》与《中原音韵》几乎同时，但二书音系大为不同。因此，苏联汉学家龙果夫提出古官话有两套标准音系的观点，得到罗常培、杨耐思等先生响应。[②]现在的问题是，如果两套标准音能够成立，那么，至少在近代这一历史时期语音的发展就不是单一模式的了。问题还不仅仅止于此。随着明清韵书研究的深入，学者清楚看到，明清时期音韵学家编写的许多韵书、韵图，尽管大多标榜为中原雅音、正音等，但各自的音系并不相同，有的甚至差异很大。这又从一个侧面验证了明清官话音的内部差异以及近代方音的分歧。

综上种种，语音史上每个时代的语音的复杂程度超乎想象，想要一个时代的语音仅凭一个音系概之既不符事实，也不便用来解释整个时代复杂的语音现象。

三、转型：时空结合的语音史

（一）时间与空间、通语与方言

历史语音的高度复杂性向语音史研究的单线模式提出了严重的挑战。其凸显出来单线模式的重大弊端，就在于强调时间推移的同时，忽略了空间变化的差异。所谓空间变化，至少有两个内涵。

1. 通语基础方言的变换

汉语从先秦到现代，有文献记载的历史约五千年，一直存在一个全民通用的共同语，可以称之为通语。

通语必有其基础方言。上古时代邈远，孔子所说的“雅言”，我们已经无法确指其基础方音。前汉的京城长安、后汉的京师洛阳的语音，都有可能成为当时通语的基础音系。中古时代的基础方音，据颜之推“参校方俗，考核古今，権而量之，独金陵与洛下耳”[③]的表述，应当是洛阳音系，金陵音可以看作南迁的洛阳音。《切韵》若为中古标准音系，当以洛阳、金陵两地为基础语音。唐代以长安为首都，以长安音为通语基础音的可能性很大，玄应、慧琳等《一切经音义》都把《切韵》看作吴音，注音用秦音（即长安音）即是。到了宋代，首都移至汴京。宋诗词用韵反映出来的通语十八部韵系就是以汴洛中州音为基础的音系。元代首都在北京，明代初年首都在南京，虽然官话成为此时通行全国的通语，但元代官话的中原之音具体方位仍有争议，而明代官话的基础音系现在存在着两种观点：一为北京音，一为南京音。两说各有根据，没有定论。这样看来，五千年来通语只有一个，但其基础音系却非常复杂，仅凭前文粗线条梳理，就可以看到通语基础音系发生了多次变换。这意味着，通语语

---

① （南北朝）颜之推：《颜氏家训·音辞》，载王利器《颜氏家训集解》，上海古籍出版社1980年版，第473页。

② 参见罗常培、蔡美彪《八思巴字与元代汉语（增订本）》，中国社会科学出版社2004年版；杨耐思《近代汉语语音史的分期》，载中国音韵学研究会、石家庄师范专科学校编《音韵论丛》，齐鲁书社2004年版。

③ （南北朝）颜之推：《颜氏家训·音辞》，载王利器《颜氏家训集解》，上海古籍出版社1980年版，第473页。

音史的发展进程恐怕也不是基于一个基础方音形成的一条直线。

2. 古方言语音的歧异

这种歧异最早表现在《诗经》用韵研究中的跨韵部通押的例外之上。处理这些例外，前修常作两种处理，一是目为合韵，看作临时从权的音近通押现象，如段玉裁；二是看作古方音差异，如顾炎武、江永等。后者由于缺乏充足的证据来加以证实，故而长期不被采信，而前者又难以圆满解释为什么临时合韵的数目如此之大，如江有诰韵谱的占总数百分之十以上。近年来，随着语音史研究的深入，新材料的拓展，人们越来越多地发现，不但《诗经》、先秦群经用韵有例外，汉赋乐府、魏晋古诗以至唐诗宋词元曲传奇等用韵莫不如此。唐宋以下传世文献相对丰富，从中可以考得诗词用韵的例外属于方言的可信证据。证据确凿，完全可以肯定，大多数的用韵例外，正是当时使用方言特异语音造成的，当然也有极少数可能是用韵偶疏。近代如此，中古上古亦可类推。

这样看来，陈第“时有古今，地有南北”的名言应当要作新的诠解：“原则上大概地理上看得见的差别往往也代表历史演变上的阶段。所以横里头的差别往往就代表竖里头的差别。”① “方言的分布，是以地域区分于某时代中的。”② 要之，纵向的史的研究亦必须进行横向的方言考索，横里头方言亦各有纵向的史，实是纵横交错，缺一不可。语音史单线发展模式只注重历史分期而忽略了空间分区，故而难以说明丰富的历史语音现象。对高本汉式古音研究的尖锐批评之一就是：“在高本汉的语言发展模式中，只有方言资料与中古汉语的纵向比较，几乎完全忽略了横向的比较。”③ 可见，进行语音史的研究，必须有历史方音的考察与探求，否则，语音史难以完备。

（二）两个研究层面

时至于今，通过文献研究汉语的历史语音，必须面对复杂的方音。毫无疑问，语音史的“一线制”框架有必要作出相应改造，要在时间维度之外，确认并引入空间维度，以改变长期以来仅关注时间推移之变异而忽略时代共时层面语音差异的传统研究态势，形成由时间、空间两个维度或通语、方言两个研究层面组合而成的新型语音史。在这个新的架构中，反映特殊语音现象的历史方音将与时代音系和谐共存，各司其职，时代音系只需要说明时代的代表语音，解释民族共同语语音的应用及表现，再也不必期望它去完成那个不可能完成的诠释纷繁复杂的方音现象的任务了。

因此，新型语音史构架必须确立两个研究层面：上位层是研究通语音系，下位层是研究历史方音。在这个二位层级结构中，由空间维度引入的历史方音研究，不但不会与传统的“时代音系”发生冲突，反之，恰恰由于有历史方音的介入，时代音系的性质与价值才得以清晰的确认。

1. 上位层的性质

所谓上位层研究是要聚焦于语音史的代表音层面，其目的是获取某一历史时期文献中所有语音现象的共性成分，并将它们有机组合起来，作成一个时代的代表音系。这个音系是某

---

① 赵元任：《语言问题》，商务印书馆 1980 年版，第 104 页。

② 魏建功：《古音系研究》，中华书局 1996 年版，第 54 页。

③［美］罗杰瑞、［美］柯蔚南：《汉语历史语言学研究的新方法》，朱庆之译，张永音校，《汉语史研究集刊》第一辑下，巴蜀书社 1998 年版，第 690 页。

一时代全民通用的共同语音，即通语语音。通语音系一般有强势的首都方言作为基础方音，有广泛通行的韵书详细记录，符合大多数文献语音的共同特征。如果基础方言尚不明朗，那么，通语音系就应当由时代文献语音中的全部共性因素构成。所谓“共性因素”泛指不同地域的不同作者，都按照同一种音类规则使用文字，比如同样的押韵，同样的同音字组等等。造成文献语音具有共性因素的原因，是记写文献的汉字具有超方言性和“文言”用语有要求规避俚俗口语的传统。在传统文献的话语环境下，通语语音有足够的空间来展示自身。通语的共性可以通过文献有意无意的记载，得到充分的表现。这也就是为什么通过海量文献归纳的语音系统一般都属于通语音系的原因。要之，通语音系是时代广泛使用的，普遍认可的，有极大的共同性的成系统的语音。通语音系不但具有全民通用的共性，同时也提供了区域方音沟通的桥梁以及描写和说明方音差异的参照系。

在新型语音史构架中，通语音系作为全民共同语的语音，必然是研究的主体。上位层研究必然聚焦于时代通用的各种共性的语音现象，而不必囊括作为不同区域变异的特殊语音现象于一身，更不必寻求构建一个包打天下的超能音系。同一时代的地域性方音特征的研究将留待语音史的下位层来实施。

2. 下位层的性质

新语音史下位层的研究对象是纷繁复杂的历史方音，这个研究必须囊括所有的文献中特异语音现象，加以古今方俗的比较、考证，以论证其方音特征与属性。

汉语的方言自古而然，任一历史时代都广泛存在与通语相对的方言。方言的语音即“方音”虽然自成体系，但对于通语音系而言，绝不是异质的系统。方音与通语之异只是同质前提下的大同小异，有同有异。因其大同，故属于汉语大家庭，因其小异，故能有别于通语。任一时代的历史方音都以其有别于通语共性的特异语音为标志，在文献语言中表现为语音现象的个性成分、特异成分。它们在各个历史时代的社会生活中广泛存在，但在历史文献中却大多以特殊方式出现。因此，处于语音史下位层的历史方音研究有“细碎性”“散点性”和“依附性”三大特点。

所谓细碎性是指语音文献中的历史方音现象不显著、零碎而不成系统。这是因为受汉字文献超方言性以及文言排斥俚俗用语的传统的制约，大多数方音在文献中被“磨损”，被“转化”，成为一些隐而难显的遗迹，成为文献中特异的、枝节的现象。虽然细碎，但绝不能轻视、更不能忽视它们，因为它们细碎而独特，但并不少见，广布于文献之中，如点点繁星遍布昊天，在浩如烟海的文献中它们其实是一个不可忽视的量，足以对语音史的研究发生重大影响。

散点性略等于“散点多线”①，是指不同时代方音分布的“点”或“区”及其历史发展线索都有很大的不确定性。历史方言不能像现代方言那样，设立完备的方言区、方言点和次方言点的系统。从文献中考求古代方音，只能根据文献已有的语料设立“区”或“点”，文献阙如则“区、点”不立，越是古老的方音在文献中散点性程度越高，“点”的设立越加困难。还有，文献方音体现出来的方言区划与现代方言不一定完全对应，其间常有断层或错位，比如宋代的四川方音与秦晋系方音相近，而现代四川话归属西南官话，就是由历史演变导致

① 该术语始见于何九盈《汉语语音通史框架研究》，《民俗典籍文字研究》第一辑，商务印书馆 2003 年版。

的时代断层或错位。[①] 但是，常见的断层却是因文献不足造成的。在一个个具体区域方言的历史考察中常因为缺乏足够多的历史文献而无法贯通为一条古今相连的线，虽然有的点也可能连缀成线，但线的长短不一，更多的是有点无线。“散点性”无疑极大地影响或阻滞了历史方音的系统揭示，但这不应当成为否认它的理由。我们的目的是要通过这些残存于文献中的遗迹来发掘曾经存在过的古代方言，以解释古代文献中的疑难问题和最大限度地说明现代方言的来龙去脉。从这个意义来看，历史方音的学术地位与通语语音史同样重要。

依附性是指汉语的大家庭中所有方言都对通语有不同程度的依附，尤以文献语言为然。表现有三。

一是凭借通语与不同方音沟通。作为区域变体的方言，只通行于有限区域，如果要与其他区域交流，最有效的途径就是依靠通语作为中介来实现沟通。

二是凭借通语作为正音的标准。通语不但是不同方言之间联系的桥梁纽带，而且给不同方言区的人们提供了现实语音的正音规范。人们常常通过与通语的比较来论定土语之俚俗或讹误。这种比较在语音史研究的意义就是，它提供了确认方音特征的参照系。

三是凭借通语来确认方音现象。在语音史研究的下位层，我们必须凭通语音系来确认方言的特征，采取跨通语音类的“某与某读混”或“某与某通用”之类方式来表述方音特征，舍此别无他途。这种通混，只是以通语为背景，指明某方音在某些字的归类上或音值上与通语有参差，正如孔广森所说：“所谓通者，非可全部混淆，间有数字借协而已。”[②] 正是这些特殊的“借协”，才鲜明地表现了异于通语的方言特征，才有可能凭借它们论定其方音属性。

四、新型语音史：两个层面的有机结合

语音史研究设立通语、方言两个层面，这是从研究的方便立说的，绝不是要将语音史割裂为两个独立的部分。当然，研究中可以有所侧重，完全可以就某一具体对象或材料，侧重于通语的或方言的层面研究，无论是哪个层面，必然都是语音史研究的一个组成部分。

仅就某一时代的语音文献而言，完备的语音史研究是既要进行通语语音的研究，又要进行方音的研究。两个层面的研究不可分离，侧重点不同，效能各异：前者是主体的，全面的，后者是辅助的，补充的；前者是共性的，是所有文献展示的共同语音现象，后者是个性的，只是某一区域文献中特殊现象；前者是系统的，以建立音系为目标，有完整的韵部系统和声母系统等等，后者通常是特征式的，表现为某韵与某韵通押或某声母与某声母通用等等；研究的材料往往前者是多数的，大量的，后者是少数的，小部分的。最后，从史的角度来看，前者以时代音系为其主线，完全可以也必须通过前后时代的串联作纵向发展，形成不间断发展的语音史；后者散播于某一历史时代的广袤区域之中，星罗棋布，呈现散点多线的特征。它们游移于主线周围，以其绚烂多彩的语音表现，作为主线的补充成分，极大地丰富了一个时代的历史语音，也成为语音史纵向发展的原因或动力之一。因此，两个层面的研究相辅相成，缺一不可，只有两者全备，才是完备的语音史。

（原文刊于《长江学术》2023 年第 2 期）

---

① 参见刘晓南《宋代四川语音研究》，北京大学出版社 2012 年版。

② （清）孔广森：《诗声类》卷一，中华书局 1983 年版，第 1 页。

从隋唐等早期注音看南北朝至隋唐的全浊上声变去声

孙玉文

提要：在梳理既往有关汉语全浊上声变去声最早出现时期的基础上，率先大规模利用海内外发现的《经典释文》以讫五代时期有关汉语的多种注音材料，包括正音和反切，设计具体的考订方法，论证汉语语音史上的浊上变去现象。魏晋之交有浊上、浊去相混的异读，南北朝仍之，但是零星发生的现象，难以断定为后代浊上变去的前身。到隋唐五代，北方汉语浊上变去急剧发展，今所见用例甚多，可以确定是浊上变去现象。到宋代，已完成全浊声母清音化，浊上变去正式完成。自晚唐五代始，浊上变去逐步扩散，由北向南推移，使得汉语绝大多数方言都产生浊上变去现象。

关键词：早期注音；音变时期；浊上变去；方言；汉语语音史；《慧琳音义》

宋代全浊上声系统性地变去声，有多方面的证据，张麟之《韵镜序》中有“上声去音字”，明确反映了此音变现象。对于唐五代有没有全浊上声变去声，学界有不同的看法，或以为有，或以为没有。[①]说唐五代确实出现了这种音变现象，最有力的证据是韩愈（768—824）的《讳辩》：

曾参之父名皙，曾子不讳昔。周之时有骐期，汉之时有杜度，此其子宜如何讳？将讳其嫌，遂讳其姓乎？将不讳其嫌者乎？汉讳武帝，名彻为通，不闻又讳车辙之辙为某字也；讳吕后，名雉为野鸡，不闻又讳治天下之治为某字也。今上章及诏，不闻讳浒、势、秉、机也。惟宦官宫妾，乃不敢言谕及机，以为触犯。

《讳辩》是韩愈因有人阻挠李贺（790—816）参加科举考试而写作的，韩愈曾于801年、808年、812年三次任国子博士，此文可能是他后两次担任此职时所写。他据所持基础音系（应

① 关于这方面的研究，请参看：黄淬伯《唐代关中方言音系》，江苏古籍出版社1998年版；杨耐思《北方话“浊上变去”来源试探》，载《近代汉语音论（增补本）》，商务印书馆2012年版；马重奇《从杜甫诗用韵看“浊上变去”问题》，《福建师大学报（哲学社会科学版）》1982年第3期；陈大为《初盛唐湖北诗文用韵浊上变去情况考》，《湖北广播电视大学学报》2008年第5期；丁治民《〈时要字样〉的“浊上变去”》，《语言研究》2004年第1期；任翔宇《“浊上变去”现象研究述评》，《青年文学家》2014年第3期；李琴《试析浊上变去的演变机制》，《汉字文化》2007年第6期；李如龙、辛世彪《晋南、关中的“全浊送气”与唐宋西北方音》，《中国语文》1999年第3期；田范芬《几组全浊上声字未变去声探因》，《古汉语研究》2003年第2期；杨世文《浊上变去例外探因》，《语文研究》2001年第2期；［日］平山久雄《日僧安然〈悉昙藏〉里关于唐代声调的记载》，载《平山久雄语言学论文集》，商务印书馆2005年版；［韩］廉载雄《汉语“浊上变去”研究》，北京大学博士学位论文，2010年。

该是东都洛阳音或都城长安音）的字音异同关系揭露因音同避讳造成的一些弊端，替李贺鸣不平。这一段话中，他据基础音系的音同情况来发议论。跟全浊上声变去声有关的是“杜、度”同音，“雉、治”同音。就古今对应关系看，只能是“杜、雉”这2个全浊上声字，在保留全浊声母的条件下，变成了去声，不可能有别的解释。这是9世纪前期全浊上声变去声的铁证。

还有李涪《刊误》卷下《切韵》：

法言平声以“东、农”非韵，以“东、崇”为切；上声以“董、勇”非韵，以“董、动”为切；去声以“送、种”非韵，以“送、众”为切；入声以“屋、烛”非韵，以“屋、宿”为切。又恨怨之“恨”，则在去声；佷戾之“佷”，则在上声。又言辯之“辯”，则在上声；冠弁之“弁”，则在去声。又舅甥之“舅”，则在上声；故旧之“旧”，则在去声。又皓白之“皓”，则在上声；号令之“号”，则在去声。

李涪生卒年不详，《刊误》作于唐僖宗广明年间（880）。这段话中，“切、韵”字义应该相同，都指韵。李涪据所持基础音系（应该是东都洛阳音）评论《切韵》分韵、归韵之“不当”。在基础音系中，“佷、恨”同音，“辯、弁”同音；“舅、旧”同音，“皓、号”同音。就古今对应关系看，只能是“佷、辯、舅、皓”这几个全浊上声字，在保留全浊声母的条件下变成了去声，不可能有别的解释。这是公元9世纪后期全浊上声变去声的铁证。

因此，至晚中唐开始就出现了全浊上声变去声的现象，这是无可置疑的事实。笔者曾于2011年发表《从变调构词的角度看中古汉语全浊上声变去声》一文[①]，举出11个涉及变调构词的例子，证明晚唐五代已出现全浊上声变去声现象。就笔者搜寻的证据看，当时肯定出现了全浊上声变去声。

笔者在2022年发表的《汉语史学科建设问题：总体趋势与分支走向》[②]一文中说：

研究汉语语音史，光掌握一个方面的材料，或者仅采取一种视角去得结论，容易钻牛角尖，造成推测痕迹过重，必须尽量避免。例如仅利用唐代诗歌用韵中全浊声母上声字跟去声相押不容易推论当时全浊上声变去声，因为人们可以解释为上去通押。杜甫《题衡山县文宣王庙新学堂呈陆宰》“事、顇、地、志、肆、至、弃、意、义、閟、墜、邃、气、翠、祀、鬃、思、味、记、坠”相押，是长韵段，只有“祀”崇母上声，其他都是去声。光凭这个材料不能推出杜甫时全浊上声已变去声。但杜甫《哭李常侍》之二：“次第寻书札，呼儿检赠诗。”《杜诗详注》卷二二仇兆鳌注曰：“第字本与弟相通，故可对儿。”赵翼《陔馀丛考》卷二三说：“杜甫《哭李常侍》诗：‘次第寻书札，呼儿检赠诗。’借‘第’字作‘弟’，对‘儿’字也。”弟，定母荠韵；第，定母霁韵。又说：“张乔《月中桂》诗：‘根非生下土，叶不坠秋风’，借‘下’字作‘夏’字也。”下面的“下”，匣母马韵；夏天的“夏”，匣母祃韵。可见杜甫时全浊上声变去声了，《题衡山县文宣王庙新学堂呈陆宰》是去声自押。《全唐诗》卷四百五十九白居易《夏日闲放》诗：“资身既给足，长物徒烦费。”“长”下原注：“音丈。”冗长的“长”只能读去声，不读上声，但白居易用本读上声的“丈”注音，说明白居

① 孙玉文：《从变调构词的角度看中古汉语全浊上声变去声》，载龙庄伟、曹广顺、张玉来主编《汉语的历史探讨——庆祝杨耐思先生八十寿辰学术论文集》，中华书局2011年版。

② 孙玉文：《汉语史学科建设问题：总体趋势与分支走向》，《湖北大学学报（哲学社会科学版）》2022年第1期。

易时“丈”全浊上声变去声了，因此他的《琵琶行》“住、部、妒、数、污、度、故、妇、去”是去声自押，“部、妇”当时不是全浊上声，而是全浊去声。

其中所举杜甫（712—770）诗韵是8世纪的材料。据考，《哭李常侍》作于代宗大历三年（768），《题衡山县文宣王庙新学堂呈陆宰》作于代宗大历五年（770），这是杜甫晚年的作品。可见至晚8世纪后半叶已经出现全浊上声现象。

诚然，既往研究全浊上声变去声出现年代的一些论著，在研究方法上面存在着种种局限，但上举《讳辩》《刊误》之类的例子是无法否认的。有人笼统地说唐代浊上变去的证据不充足，但是没有具体论证《讳辩》《刊误》中相关的材料为什么不能证明当时已有浊上变去，也没有给这些材料提供浊上变去之外的解释，因此这种粗放型的研究是不可取的。

二

下面说说本文据古代的注音材料证明某时代全浊上声变去声时所采用的具体操作方法。首先当然要重视校勘。例如“枲”古人一直注上声，但是《仪礼·有司彻》“麷蕡坐设于豆西”注“蕡，熬枲实也。”《释文》：“枲，思治反。”治，中古常用读法是去声，我们不能设想陆德明是矫枉过正，而将全浊去声的“治”给“枲”作切下字，陆德明不可能不知道“治”读去声。尽管没有版本的依据，但“治”应是“始”之讹。当我们遇到这类逸出常态的材料时，既要不轻易地改动古书注音，也要保持阙疑的态度，不轻易采用。

读前人的注音，不能以今律古，要放到当时的语音背景里理解它。例如S.2172《大般涅槃经音》“陕小”注音：“陕，（音）押。”押，照今天的常见读音以推，似乎古代应该是影母。其实不然，“押”在中古除了影母，还有匣母一读也很常见，这里的注音字“押”应按匣母一读来理解，才符合古人注音的原意。“陕”在古代读匣母，没有影母读法。再如“骑”作“一人一马”讲读去声，①但《史记·项羽本纪》“于是项王乃上马骑”正义“骑，其倚反”似乎是例外。但“马骑”是名词性并列词语，②“倚”在中古读去声很常见，此例不是例外。

一个字如果有异读，这异读在注音时都很常见，那么注音者有时候会采用这一读，有时候会采用另一读来做反切。这是我们在读反切时应仔细分辨的地方。例如“左”有上去二读，“莝”只读去声，《说文系传·艸部》“莝”朱翱注音：“此左反。”这里应取“左”的去声一读。“为”有异读，S.5999《大般涅槃经音》“樴”注：“为为反。”这是取前一个“为”的平声，后一个“为”的去声来给“樴”注音。“车”有异读，古人有时候取“车”的见母（“九鱼切”）一读给一些字做切上字，但《说文系传·麻部》“麻”朱翱注音：“门车反。”这是取“车”的昌母（“尺遮切”）一读作“麻”的切下字。“差”有异读，《说文系传·田部》“界”朱翱注音：“苟差反。”这是取“差”的去声一读做“界”的切下字。如果一个异读字在中古都是常音，这不同的常音都可以用来给被注音字注音，那么在理解具体注音材料时如何确定注音人采用的是哪一个读音，就需要仔细研究，这里面当是有规律可循。

总之，读古人注音，据这些注音研究语音史，不能误会注音，其中有一些需要注意的地方，值得专题探讨，这里从略。

① 孙玉文：《汉语变调构词考辨》，商务印书馆2015年版。

② 郭芹纳：《〈史记〉中的“骑”字》，载《训诂散论》，中国社会科学出版社2002年版。

当我们掌握一个字从古到今足够多的注音材料并且排比在一起时，就可以在注音系统里按时代整理并排比材料，探讨音变问题。《古音汇纂》[①]在这方面很值得参考，能帮助我们从不同时代的注音异同中把握一个字的历史变迁。

本文在确认文字符号和语言符号具有历史同一性的前提下，分直音和反切两方面探讨它们所反映的全浊上声变去声的信息。所谓文字符号和语言符号的历史同一性，是就被注音字而言的，指被注音字作为文字符号和语言符号的历史同一性；至于注音字，它们常常只管注音时是否常用，不管它们的字义是否跟被注音字有什么字义关联。

确认一个被注音字的文字符号和语言符号的历史同一性，就是要确认不同古书中写成同一个汉字的不同被注音字指的是否为同一个字、词，这就需要将形、音、义综合起来全面、细致地加以考察。不管形、音、义的注音比较，十有八九会出错。例如黯黮的“黮”，《广韵》有“徒感、他感”二读，但 S.619《白家碎金》“色黯黮”注：“黯，乌谄（反）。黮，直陷（反）。”S.6204《字宝·上声字》“色黯黮”注：“黯，乌陷（反）。黮，直陷（反）。”似乎可以跟“徒感切”对起来，其实不然。“陷”本是去声字，《字宝》的“陷”放到“上声字”中，是因为它反映了敦煌一带去声、上声有相混的音变现象，这种声调相混现象在《字宝》《开蒙要训》等敦煌一带注音材料中极多。“直陷（反）”跟“徒感反”等第不同、声母有别，不能作为同一个字音的古今不同的对应形式。

中古时期，也会利用原来的字形来记录新产生的词、词构。例如佛经中的译音词，有时会带来新读音，新读音常常需要注音。新读音可能是用字时音近假借形成的，反映的不是读音的历史变迁，是共时系统中的音近。如果是这种情况，那么一个字形的这种新读音，跟原读音就不具有文字符号和语言符号的历史同一性。还有一种情况：古人利用一个汉字的字形、字音去记录词、词构，而不管它的字义[②]。这时候，他们常常借用该汉字在当时的常音来注音，因此也存在文字符号和语言符号的历史同一性问题，我们需要确定该字在中古时期的常音，确定常音，必然离不开字形、字义。确定中古时期的常音是语音史研究者必须注意的一项基础性工作。近年来，有人利用异读来研究音变，在这些方面有所忽视，影响了结论的科学性，必须加以避免。

在此基础上，我确定以下几个具体研究方法。

（一）直音

1. 如果我们确认一个被注音字原来一直是全浊上声字，后来用去声字给它注音，那么可以断定这个被注音字在注音时已变成去声字。

2. 如果我们确认一个被注音字原来一直是去声字，后来用全浊上声字给它注音，那么可以断定这个注音字在注音时已变成去声字。

（二）反切

1. 如果我们确认一个被注音字原来一直是全浊上声字，后来用去声字的切下字给它注音，那么可以断定这个被注音字在注音时已变成去声字。

2. 如果我们确认一个被注音字原来一直是去声字，后来用全浊上声字给它做切下字，那

---

① 宗福邦、陈世铙、于亭主编：《古音汇纂》，商务印书馆 2020 年版。

② 孙玉文：《汉字音符的特点和作用》，《语文研究》2022 年第 1 期。

么可以断定这个切下字在注音时已变成去声字。

此外，还有一个补充办法：有的注音，例如《玄应音义》《慧琳音义》也加以引用，但注音用字不同而读出来的音相同，可以用来互证。“盪”原来只读定母，有上去二读，上声是常音。《玄应音义》卷7给《正法华经》卷2“冢埌”注音：“埌，力宕反。”《慧琳音义》卷28引《玄应音义》卷7给《正法华经》卷2“冢埌”注音：“埌，力盪反。”二处是一个音，玄应、慧琳都是唐朝人，可见“宕、盪”同声调。“宕”去声，则“盪”在慧琳时已读去声。这种比较的方法，可以叫“异文证音法”，本文也偶加以采用。

运用这些具体方法进行大规模的搜寻，我们就会得到若干材料，这些材料表明，有些字原来读全浊上声，后来读全浊去声。但这都只是确定某一时期是否存在浊上变去的必要条件，还不是充分条件。

就音系说，反映全浊上声变去声的注音材料，大多是在整个音系中有一套全浊声母，全浊声母并没有清音化，这是我们首先应该明白的事实；而且注音是一种语文教学传统，有历史继承性。汉字注音是一种传统，不但整个注音系统是这样，具体字的注音也是这样。所以注音人有时采用原来的注音，有时采用时音来注音，常常形成新旧读音并存的局面。例如“鱓”《广韵》是“常演切”，唐代注音中，有些材料反映了注音者的注音保留全浊上声归上声的旧格局，《玄应音义》、颜师古《汉书注》、李善和五臣《文选注》、《文选音决》都注“音善”，李善《文选注》注成“时阐反”，司马贞《史记索隐》注成“时战反，又音善”，《慧琳音义》注成“蝉阐反”，《说文系传》朱翱注成“石遣反”等，都有意保留上声，但这并不意味着这些注家注音没有反映浊上变去。再如“鹰”是蒸韵字，《慧琳音义》卷29注“忆兢反”，卷85注“亿兢反”，卷92注“忆陵反”，都合乎旧音，但卷97“鹰鹯”注：“鹰，臆令反。”令，青韵，梗摄字，露出了曾梗二摄相混的马脚。

一般来说，注家们都会注重保留旧读，但是不经意间会露出时音的马脚，这就为我们探索隋唐时期浊上变去带来方便。例如“蟹”本来是“解”的匣母上声读法词义构词的产物，取吃蟹时卸掉旁边的脚、钳，造成了“蟹”一词，南北朝至唐宋注家都是读匣母上声，《慧琳音义》有注“谐买反”（卷68“龟蟹”注）的，这是遵从旧读，但是卷53“傍蟹”注“谐芥反”，这是反映新读，在唐宋注家中仅《慧琳音义》反映了这个新读，弥足珍贵。

我利用《古音汇纂》将这类注音裒集起来，裒集起来的材料如果是洋洋大观，再经过进一步的科学论证，确定具体材料中反映的的确是语音变化信息，那么就可以有力地证明隋唐时代已开始浊上变去。本文将列举相关材料，证明有些字原来读全浊上声，后来读全浊去声，并从充分条件的角度论证隋唐时代确实发生了浊上变去。

二

据我搜集到的材料看：第一，反映唐五代全浊上声变去声的例子远不止《讳辩》《刊误》以及诗歌用韵等，还有多方面的证据，注音材料即其中一项重要材料；第二，这种音变现象出现的时代可以提前到两晋南北朝，隋唐时只是承袭而有新发展而已。本部分要用注音材料论证这两个结论。

本文的目的是研究全浊上声变去声的始见时代，所以对于一个注家的注音，更关注的是他反映时音的那个注音。为节省篇幅，常音只用“某母某声”带过，这并不意味着注家的注音只采用时音，不采用旧读，请读者阅读本文时注意这一点。

（一）匣母ɣ

郈，匣母上声，《经典释文》（以下简称《释文》）多注上声。但《左传·昭公二十五年》“季郈之鸡斗”、《定公十年》“帅师围郈”，《释文》均引《字林》：“下遘反。”《说文系传·邑部》“郈”朱翱注音：“下遘反。”遘，去声。这些注去声的“郈”，跟注上声的“郈”字义全同，是同一个语言、文字符号。《字林》作者吕忱是魏晋间人，这则注音可能反映魏晋时期已有全浊上声变去声的现象。至于后来人们为什么更多地采纳“郈”的上声读法，而不是更早的《字林》的去声，原因不可能是南北朝时期口语中上声读法常见，因为“郈”这个字比较生，在当时口语中不一定存在；只能是它的上声读法有比《字林》更早的来历，只是我们今天没法知道详情罢了。

旱，匣母上声。但《礼记·檀弓下》“岁旱，穆公召县子而问然”《释文》：“旱，音汗。”汗，去声，这反映了陆德明时已有浊上变去现象。《慧琳音义》卷8“不悍”注：“悍，唐旱反。”悍，去声。卷11“干戈”注：“杆，音旱。”杆，去声。卷13“抗拒”注：“扞，音旱。”扞，去声。卷6“拒逆”注：“捍，音旱。”捍，去声。卷50“稻稈”注：“旱，音翰。”翰，去声。卷61“曰旱”注：“旰，干旱反。”旰，去声。《文选·左思〈吴都赋〉》“乐湑衎其方域”五臣注：“衎，苦旱反。”“衎”去声。《五经文字·豸部》“豻”注：“五旱反。”“豻”去声。注意：《慧琳音义》卷80“沙揉”注“扞，干罕反”是另一个读音，声母亦不同，这是上声读法的例子。

浣，匣母上声。但P.2172《大般涅槃经音》“浣濯”注音：“浣，（音）换。”S.2821《大般涅槃经音》“浣”注音：“浣，（音）换。”换，去声。《说文系传·示部》“祼”朱翱注音：“故浣反。”祼，去声。浣，《说文·水部》作“瀚”，大徐本注音：“胡玩切。”玩，去声。又作“澣”，《文选·虞羲〈咏霍将军北伐诗〉》“澣海愁云生”五臣注：“澣，（音）汗。”澣海，即瀚海，“瀚海”见于《史记》《汉书》，瀚，去声。《说文系传·玉部》“瓘”朱翱注音：“古澣反。”瓘，去声。虞羲是南朝齐梁间人，他将“瀚海”写作“澣海”，可能反映那时“澣”已有浊上变去现象。

限，匣母上声。但《广雅·释诂三》“间，覗也”曹宪音：“间，孤限（反）。”《慧琳音义》卷3“离间”注：“间，革限反。”间，去声。第一则材料可证隋代已有浊上变去。《慧琳音义》卷15“绽坏”注：“绽，宅限反。”卷93“补绽”注：“绽，枨限反。”绽，澄母裥韵，二等，去声。

户，匣母上声。但《慧琳音义》卷5“顾命”注：“顾，光户反。”顾，上古可能有上声读法，但中古常音是去声，所以中古注家碰到“顾”在上古韵文中押上声时，给“顾”注上声，要加上“协韵”一类的字眼。这里用“户”作切下字，只能是因为“户”变成去声了。又卷11“之祚”注音：“祚，曹户反。”祚，去声，无上声读法。《文选·马融〈长笛赋〉》“瓠巴聑柱”五臣注：“瓠，（音）户。”瓠，去声。《慧琳音义》卷83“求蠹”注：“蠹，都户反。”蠹，去声。

菡萏的“菡”，匣母上声。“菡萏”是叠韵联绵词，两个音节都是上声，符合叠韵联绵词两音节同调的规律。[1]《慧琳音义》卷23“菡萏花”引慧苑《华严经音义》注：“菡，胡感反；萏，徒感反。”但《慧琳音义》卷24“菡萏”注：“上含绀反，下谈滥反。”绀，去声。

倖，匣母上声。但S.2053《礼记音》“倖”注音：“胡更（反）。”更，去声。

幸，匣母上声。但《慧琳音义》卷3“邪行”注：“行，音幸。”行，去声。

后，匣母，有上去二读，上声是常音，去声是“君后，皇后”义。但《慧琳音义》卷6“沟坑”注：“篝，钩后反。”篝，去声。卷62“謦咳”注：“嗽，桑后反。”嗽，去声。卷84“懋绩”注：“懋，茅后反。”懋，去声，没有上声读法，则“后”的常音已经变成去声了。

後，匣母，有别义的上去二读，上声一读为“如字”，即中古的常音[2]。但P.2172《大般涅槃经音》“隘陋”注音：“陋，卢後反。”陋，去声。

夏，匣母，作“大”讲读上声，作“夏天”讲读去声[3]。但《文选·陶潜〈读山海经〉》“孟夏草木长”集注引《音决》：“下嫁反，又如字。”这里“夏”是“夏天”义，只能读去声，《音决》说“又如字”，说明当时上去二读已混，都读成去声了。有人读“如字”，是矫枉过正。由《音决》可知，“夏”的上声读法是“如字”。《慧琳音义》卷91“讶其”注：“讶，牙夏反。”讶，去声，无上声读法，可见“夏”的如字已读成去声了。

很，匣母上声。《慧琳音义》卷67“很悷”注：“很，痕艮反。”艮，去声。据此，可以理解《慧琳音义》卷16“项很”注：“很，痕恳反，上声字。”他之所以加“上声字”三字，应是担心人们按时音读成去声。

怙，匣母上声。但《慧琳音义》卷70引《玄应音义》“依怙”注：“怙，胡故反。”故，去声。

撼，匣母上声。但《慧琳音义》卷36“撼为铃”注：“撼，含绀反。”绀，去声。

瘣，匣母上声。但《慧琳音义》卷5“肿疱”注：“瘣，音会。”会，去声。

晛，匣母上声。但P.2529《毛诗》“晛睆黄鸟”音注、《龙龛手镜·目部》“晛”并云：“音现。”现，去声为常音。

槛，匣母上声。作为被注音字，中古注家一般都注上声，不注去声。但《文选·左思〈蜀都赋〉》“列绮窗而瞰江”五臣注：“瞰，苦槛（反）。”瞰，去声。

祜，匣母上声。但《说文系传·示部》“祜”朱翱注音：“胡故反。”故，去声。

负荷的“荷”，匣母上声。但《慧琳音义》卷8“荷担”注：“荷，恒饿反。”饿，去声。卷10“荷负”注：“荷，音何，又音贺。”贺，去声。卷98“荷条”注：“荷，何箇反。”箇，去声。

铉，匣母上声。但《慧琳音义》卷80“智铉”注：“铉，玄绢反。”绢，去声。卷91“智铉”注：“铉，音县。”县，去声。

泫，匣母上声。但《慧琳音义》卷94“旋涡”注：“旋，宣泫反。”旋，去声。

项，匣母上声。但《慧琳音义》卷54“项瘿”注：“项，学降反。”降，去声。S.2578《开

---

① 孙玉文：《先秦联绵词的声调研究》《先秦联绵词的语音研究》《汉语双音词两音节之间语音异同研究》，载《上古音丛论》，北京大学出版社2015年版。

② 孙玉文：《汉语变调构词考辨》，商务印书馆2015年版。

③ 孙玉文：《汉语变调构词考辨》，商务印书馆2015年版。

蒙要训》“颈项臂肘”注：“项，（音）巷。”巷，去声。

蟹，匣母上声。但《慧琳音义》卷53“傍蟹”注：“蟹，谐芥反。”芥，去声。

（二）群母 g

臼，群母上声。《经典释文》一般都注上声，但《礼记·杂记上》“畅，臼以椈，杵以梧”《释文》：“臼，其究反。”究，去声。《左传·哀公五年》“齐侯杵臼卒”《释文》：“臼，求又反。”又，去声。可见陆德明时“臼”已浊上变去。《慧琳音义》卷100“碓臼”注：“臼，音旧。”旧，去声。在唐朝，如果碰到“旧”跟上声相押，就要注叶音，例如《汉书·叙传下》“曷惟其旧”颜师古注：“旧，合韵音臼。”《说文系传·鱼部》“鮥”朱翱注音：“鮥，沟臼反。”鮥，去声。

近，群母，有上去二读，远近的“近”上声，接近的“近”去声。上声读法原来是常音，即“如字”[①]。但陆德明写《经典释文》时，去声读法开始占上风，《穀梁传·襄公二十四年》“三谷不升谓之馑”、《慧琳音义》卷25引云公《大般涅槃经音义》“饥馑”注、《龙龛手镜·食部》“馑”注，并云：“馑，音近。”馑，去声，无上声读法。由上可知，“近”浊上变去至晚隋朝已然。《慧琳音义》卷35“上仅”、《龙龛手镜·人部》“仅”均注音为：“音近。”仅，原来只读去声，《五经文字·釁部》《说文系传·釁部》“釁”注音：“许仅反。”《慧琳音义》卷12“罪釁”注音：“釁，忻近反。”釁，去声，无上声读法。宋跋本《切韵·问韵》“又兴近反”，S.6204《字宝·去声字》“疮脪肿”注：“脪，希近反。”《释文·肉部》“脪”大徐本注音：“香近切。”脪，去声。《玄应音义》卷7“刚靳”注：“靳，居近反。”靳，去声。《龙龛手镜·人部》“儭”注音：“初近反。”儭，去声。《歹部》：“殣，音近。”殣，去声。《玉部》：“瑾，音近。”瑾，去声。这都是“近”上声变去声之后形成的注音现象。

咎，群母上声，《荀子·臣道》“晋之咎犯”杨倞注：“咎，与舅同。”但《慧琳音义》卷60“愆咎”注、S.6601《首楞严经音义》第7“沐咎”注，均为“咎，音旧。”旧，去声，无上声读法。

舅，群母上声。但S.2578《开蒙要训》“姑姨舅甥”注：“舅，（音）旧。”

伎，群母上声。但《文选·陆机〈文赋〉》“辞程才以效伎”五臣注、S.6204《字宝·上声字》“人伎俩”注，均为“（音）忌”。忌，去声。P.2172《大般涅槃经音》“倡伎”注：“伎，（音）骑。”骑，当取去声一读。宋跋本《切韵·寘韵》“伎”注音“神伎反”。伎只读去声，不读上声。

“楗”群母上声。但《慧琳音义》卷83“遒楗”注：“楗，音健。”健，去声。

跪，群母上声。但《晋书音义》卷上“跪”注：“求累反。”累，去声。《慧琳音义》卷18“跪伏”注：“跪，逵位反。”位，去声，无上声读法。

跽，群母上声。但《慧琳音义》卷16“跟跽”注：“跽，其记反。”记，去声。

键，群母上声，《慧琳音义》多处注音都沿袭了此读。但卷13“关键”注音：“键，渠彦反。”彦，去声。《说文系传·金部》“键”朱翱注音：“其献反。”献，去声。

（三）定母 d

但，定母上声。但《庄子·徐无鬼》“郢人垩慢其鼻端”，《释文》：“郭莫干反，徐

---

① 孙玉文：《汉语变调构词考辨》，商务印书馆2015年版。

莫但反。”慢，去声，无上声读法。徐邈是东晋人，这个“但”如果不是“旦”之讹，则东晋时已有浊上变去之端倪。《经典释文》中“但、旦”都用作切下字，区别还是很严的，例如“难”字多处用“旦”做切下字，没有一处错成“但”，因此不能轻易认为“但”为“旦”之讹。《荀子·强国》“污漫争夺贪利是也”杨倞注：“漫，莫但反。”漫，去声。《唐韵·（翰）韵》“但”音“徒案反”，案，去声。P.2012《切韵法·四等轻重例·去声》“但”、《慧琳音义》卷27引大乘基《法华音训》“但教”均注“但，徒旦反”，《慧琳音义》卷5“为但”注：“但，唐旦反。”旦，去声。《汉书·司马相如传上》“案衍壇曼”颜师古注：“壇，徒但反。”这里“案衍壇曼”四字叠韵，全是去声，则“但”去声。《扬雄传上》“平原唐其壇曼兮”颜师古注“壇”即为“徒旦反”，《文选·司马相如〈子虚赋〉》“案衍壇曼”的“壇”李善注“徒旦反”、五臣注“徒赞（反）”，《文选·杨雄〈甘泉赋〉》“平原唐其壇曼兮”的“壇”李善注“徒旦反”、五臣注“徒汗（反）”，均可证“壇”是去声，也证明“但”是去声。《五经文字·木部》：“榦，古但反。”榦，去声。《慧琳音义》卷8“茎榦”注：“榦，干罕反，又通去声呼。”注“干罕反”，读成上声，应属唐代方言或矫枉过正。“坦”是上声字，常常用“但”作切下字，随着“但”跟“旦”同音，《慧琳音义》卷6“平坦”注、《说文系传·土部》“坦”朱翱注，“坦”均为“他旦反”。“懒”是上声字，《慧琳音义》卷11“懒惰”注：“懒，郎旦反。”严格地说，如果这些“旦”不是“但”之讹，那么这种替换也当属唐代方言或矫枉过正。

诞，定母上声。《经典释文》一般注上声，但有2例是注去声，《书·大诰》“诞敢纪其叙”《释文》：“诞，大旦反。”《诗·大雅·皇矣》“诞先登于岸”《释文》：“诞，但旦反。”如果说前1例的“旦”是上声字“但”之讹，那么后1例就不能这样解释，《释文》中没有反切上下字用同一个字的条例，因此，必须承认此例切下字是“旦”。《慧琳音义》卷67“傲诞”注：“诞，壇旦反。”S.6691《首楞严经音义》第6“诞生”注：“诞，徒旦反。”旦，去声字，无上声读法，陆德明时“诞”已读去声了。

袒，定母上声。《经典释文》一般注上声，但有1例是注去声。《礼记·祭义》“卿大夫袒”《释文》：“徒旦反。”可见陆德明时“袒”已浊上变去。《文选·王褒〈四子讲德论〉》“文身裸袒之国”五臣注：“袒，徒旦反。”旦，去声。《慧琳音义》卷10“偏袒”注：“袒，壇烂反。”烂，去声。

弟，定母上声是常音。但《书·大禹谟》“罔咈百姓以从己之欲”传“咈，戾也”《释文》：“戾，连弟反。”《慧琳音义》卷2“涕泪”注：“戾，历弟反。”戾，去声。《论语·季氏》“政逮于大夫四世矣”《释文》：“逮，音代，一音弟。”逮，去声。可见陆德明时“弟”已浊上变去。《汉书·公孙刘田王杨蔡陈郑传》“或私解脱钳釱”注、《扬雄传上》“肆玉釱而下驰”注、裴务齐《切韵·泰韵》、《龙龛手镜·金部》并云“釱，音弟”，釱，去声，无上声读法。《文选·屈平〈离骚经〉》“恐鶗鴂之先鸣兮”的“鶗”李善注、五臣注、《史记·历书》“秭鳺先滜”集解引徐广曰“子鳺鸟也，一名鶗鴂”索隐：“鶗，音弟。”鶗，定母霁韵去声，无上声读法。《慧琳音义》卷6“仆隸”注：“隶，音弟。”隶，去声。卷7“朋侣”注：“俪，历弟反。”俪偶的“俪”，去声。卷45“瀧悷”注：“悷，黎弟反。”悷，去声。卷50“揔谛”注：“谛，丁弟反。”谛，去声。《五经文字·艸部》“蘻”注音：“工弟反。”蘻，去声。《龙龛手镜·木部》：“棣，音弟。”棣，去声。《示部》：“禘，音弟。”禘，去声，没有上声读法。

道路的“道”，原来只读定母上声，没有例外；“道”读去声，是引导的“道”。到中古，引导的“道”写作“导”，“道”的常音是定母上声。[①]但《礼记·檀弓下》“七年曰悼”《释文》、P.2172《大般涅槃经音》“鄙悼”注、“哀悼”注，并云：“悼，音道。”蹈，去声，但《广雅·释诂一》“蹈，履也”曹宪音：“蹈，音道。”《慧琳音义》卷86“整道”注：“道，徒到反。”《文选·屈平〈离骚经〉》“悔相道之不察兮”《集注》引《音决》：“道，或徒到反。”这里的“道”只能是名词，指事君之道（见王逸《楚辞注》）。“焘”定母去声，无上声读法，但《后汉书·荀韩钟陈列传》“绲、靖、焘、汪、爽、肃、专”李贤注、《慧琳音义》卷89“託跋焘”注：“焘，音道。”由陆德明、曹宪的注音可知，“道”至晚隋时已可读去声，唐仍之。

孝悌的“悌”读去声，用于“恺悌”中读上声，去声为常音。[②]但《玄应音义》卷15“悉悌”注、《慧琳音义》卷58“悉悌”注，并为“大帝、大礼二反”。此为孝悌的“悌”，应该只读去声，之所以兼注上声，是因为“悌”有上去二读，浊上变去，难以分别，因而矫枉过正，也有可能是反映了方音中去声变读上声。

菡萏的“萏”，原来只读定母上声，没有例外。但《慧琳音义》卷24“菡萏”注：“上含绀反，下谈滥反。”滥，去声。

啗，原始词是定母上声，作“吃”讲；滋生词是定母去声，作“使吃，引诱”讲[③]。但唐代原始词可以读去声，《唐韵·阚韵》“啗”读“徒滥反”，“啖也，食也”。《慧琳音义》卷15“食啗”注：“啗，唐滥反。”卷41“吞啗”注：“徒滥反。”卷62“啗嚼”注：“谈滥反。”《汉书·高帝纪上》“啗以利”颜师古注：“啗者，本谓食啗耳，音徒敢反。以食喂人，令其啗食，音则改变为徒滥反。”滥，去声。可见颜师古时，“啗”的上去二读一般人难以区别，是指上声的“啗”读成去声了，所以要加以说明。“啗”本义是食，但《说文·口部》“啗”大徐本注：“徒滥反。”也作“噉”，《慧琳音义》卷1“啄噉”注：“唐滥反。”

盪，原来只读定母，有上去二读，上声为常音。《玄应音义》卷7“冢埌”注：“埌，力宕反。”《慧琳音义》卷28引《玄应音义》“冢埌”注：“埌，力盪反。”两处是一个音，可见“宕、盪”同声调。又《文选·张衡〈思玄赋〉》“逾痝鸿于宕冥兮”李善注：“宕，徒浪反。”五臣注：“宕，（音）盪。”“宕”去声，则“盪”去声。

堕，定母上声。但S.2053《礼记音》、《晋书音义》卷中均注：“堕，徒卧反。”卧，只能读去声，无上声读法。

庉，定母上声。但《广雅·释宫》“庉，厩舍也”曹宪音：“庉，徒困（反）。”困，去声，无上声读法。

怠，定母，有上去二读，不别义。去声读法应是后起的，上声是常音。《礼记·曲礼上》“敦善行而不怠”《释文》、《慧琳音义》卷2“懈怠”注、《龙龛手镜·心部》“怠，懈怠”均注“音代”。代，去声，也可见陆德明时“怠”已浊上变去。S.2053《礼记音》：“怠，

---

① 孙玉文：《汉语变调构词考辨》，商务印书馆2015年版。

② 孙玉文：《汉语变调构词考辨》，商务印书馆2015年版。

③ 孙玉文：《汉语变调构词考辨》，商务印书馆2015年版。

唐戴（反）。”戴，去声。

挏，定母上声。但《说文系传·手部》“挏”朱翱注音：“挏，头贡反。”贡，去声。《龙龛手镜·手部》“挏”注音：“挏，音洞。”洞，去声。

挺，定母上声，没有去声读法。但《慧琳音义》卷76“挺动”注：“挺，音定。”定，去声。

杜，常音读定母上声。但《慧琳音义》卷3：“杜多，上音度，梵语也。”当是取“杜”的常音翻译梵语，则“杜”的常音已为去声。

柁，定母上声。但《慧琳音义》卷13“柁那”注：“柁，唐那反。”那，去声。卷56“嗢柁南”注：“唐贺反。”贺，去声。卷63“柁折”注：“陀个反。”个，去声。也写作“柂”，宋跋本《切韵·箇韵》“柂”音“对逻反”。逻，去声。

蜓，定母铣韵，上声。但S.617《俗务要名林·虫部》“蜓”注音：“唐见反。”见，去声。

动，定母上声。但《慧琳音义》卷13“詷疾”注：“詷，音动。”詷，原读去声。

迨，定母上声。但《文选·陆机〈长歌行〉》“迨及岁未暮”五臣注：“迨，（音）大。”大，去声，没有上声读法。

铤，定母上声，《慧琳音义》卷29“金铤”注：“铤，亭郢反，上声字。”这是采用传统的上声读法，还加以注明，实际上应该是针对当时浊上变去来说的。但卷35“铁铤”注露出了时音的马脚：“铤，音定。”定，去声。两处的“铤”字义一样，都是指未经冶铸的铜铁。

簟，定母上声。但《慧琳音义》卷42“啖慧”注：“啖，阎箪反。”箪，当为“簟”之讹。啖，余母艳韵，则“簟”变成了去声。

（四）澄母 ḍ

肇，澄母上声。但《诗·周颂·维清》“肇禋”《释文》：“肇，音召。”召，去声。可见陆德明时“肇”已开始读去声。

朕，澄母上声。但《文选·左思〈魏都赋〉》“是以兆朕振古”五臣注：“朕，迟胤（反）。”胤，去声。《史记·律书》“朕能任衣冠”正义：“朕，而禁反。”《说文·舟部》“朕”大徐本注音：“朕，直禁反。”禁，去声。《说文系传·舟部》“朕”朱翱注：“直赁反。”赁，去声。《慧琳音义》卷81“鸩之”注：“鸩，音朕。”这是因为“朕”变成去声了，所以可以作“鸩”的切下字，“鸩”是澄母去声字，没有上声读法。

纣，《经典释文》本有上去二读，均为澄母。去声仅见于《易·系辞下》《论语·微子》，注音“直又反”，应反映陆德明时“纣”浊上变去。唐代以读上声为常，《切韵》系韵书均只收“纣”的上声读法，去声没有“纣”字。但《慧琳音义》卷45“浮溜沙”注音：“溜，流纣反。”溜，没有上声一读，它读去声。

雉，澄母上声。但《诗·鲁颂·閟宫》“稙穉菽麦”《释文》：“穉，音雉。”《史记·五帝本纪》“教穉子”正义：“胄雉反。”穉，澄母去声，《释文》的材料反映了陈隋时“雉”浊上变去。《慧琳音义》卷3给“垢腻”注音：“尼雉反。”这是因为“雉”变成去声了，所以可以作“腻”的切下字。“腻”只有去声读法，没有上声读法。《慧琳音义》卷95“所莅”注：“莅，离雉反。”莅，去声，无上声一读。“詈”去声，没有上声读法，古人还以“詈”的去声读法作切下字，例如《说文系传·言部》“诐”朱翱注音：“笔詈反。”诐，去声，无上声读法，可证“詈”去声。《慧琳音义》卷16“骂詈”注：“詈，理雉反。”B8431《大般若波罗蜜多经难字音》“雉”注音：“（音）助。”助，去声，敦煌一带方言中跟“雉”音同。《文选·马融〈长笛赋〉》“或乃植持纚纚”五臣注：“植，（音）雉。”植，去声。

柱，澄母上声。但《匡谬正俗·柱》：“《西域传》云：‘当为拄置，心不便。’按‘拄’者，撑拄之名，本音竹羽反。柱物之本因谓之‘柱’，竹具反。”柱子的“柱”，本是直主切，“竹”知母，“具”去声。

偫，澄母上声。但《文选·杨雄〈羽猎赋〉》“器械储偫”五臣注：“偫，（音）值。”值，去声，没有上声读法。

篆，澄母上声。但《慧琳音义》卷37“草篆”注：“篆，传恋反。”恋，去声。

瑑，澄母上声。但《五经文字·玉部》：“瑑，长绢反。”绢，去声。《说文系传·玉部》“瑑”朱翱注：“直恋反。”《说文·玉部》大徐本注音：“直恋切。”恋，去声。

兆，澄母上声。但《说文系传·肉部》“朓”朱翱注音：“田兆反。”（“田”可能是“丑”之讹。）朓，彻母去声，裴务齐《切韵·笑韵》“朓”音“丑召反”。

丈，澄母上声。但S.619《白家碎金》“胮胀”注：“胀，知丈反。”胀，去声。

（五）从母dz

践，从母上声，《慧琳音义》卷29“履践”注：“践，前剪反。”跟“贱”读音不同，贱，从母线韵，去声。《礼记·檀弓下》“夫子相，男子西向，妇人东向”注“夹羡道为位”《释文》：“羡，音贱。”羡，有从母线韵异读，不读从母上声，可见“羡、贱”同音，去声。但《诗·大雅·公刘》“其军三单”笺“以其余卒为羡”《释文》：“羡，音践，又音衍。”此反映了陆德明时“践”浊上变去。《慧琳音义》卷31引《玄应音义》“唾汒”注：“践，子旦反。”此从母仄声读成精母，“旦”去声。卷15“践踏”注：“践，前甸反。”甸，去声。《文选·傅毅〈舞赋〉》“朱火晔其延起兮”五臣注：“延，寅践（反）。”延，去声。《史记·夏本纪》“汶、嶓既蓺”集解引郑玄曰“《地理志》：岷山在蜀郡湔氐道”正义：“湔，子践反。”湔，精母去声，无上声读法。

渐，常音是从母上声。但《汉书·食货志下》“皆自占司市钱府”颜师古注：“之渐反。”占，去声，无上声读法。《慧琳音义》卷15“艳美”注：“艳，阎渐反。”卷89“艳发”注：“艳，盐渐反。”艳，去声，无上声读法。卷38“燄王”注：“燄，阎渐反。”燄，去声，早期无上声读法。据研究，长安一带方言全浊声母清音化时，无论平仄，都形成“全浊送气”现象，这在注音中有表现，如“堑”清母去声，《史记·李斯列传》“峭堑之势异也”索隐：“堑，音渐。”S.5999《大般涅槃经音》“堑”注：“堑，（音）渐。”这里应该反映了“渐”读清母去声。餤，余母艳韵，去声。《慧琳音义》卷12“毒餤”注：“餤，盐堑反。”卷30“无垢餤”注：“餤，阎渐反。”阎渐反，音当同于盐堑反，“堑”艳韵，去声，则“渐”亦当为去声，“渐”本读上声。

在，中古常音是从母上声。《说文·土部》大徐本、《广韵·代韵》、《集韵·代韵》均有“昨代反”，跟上声读法不区别字义，去声一读当是浊上变去形成的新读。《慧琳音义》卷89“截”注音：“音在。”截，去声，无上声读法。

靖，从母上声。但P.2172《大般涅槃经音》“寂靖”注：“靖，音净。”净，去声。《文选·陈琳〈为曹洪与魏文帝书〉》“谓为倩人”五臣注：“倩，七靖（反）。”倩，去声。

静，从母上声。但《汉书·扬雄传下》“爰清爰静”颜师古注：“静，才性反。”《慧琳音义》卷66“静虑”注：“静，情性反。”性，去声。

荠，从母上声。但《慧琳音义》卷79“睨眥”注：“眥，音荠。”眥，从母去声。《文选·宋玉〈高唐赋〉》“风止雨霁”李善注：“霁，音荠。”霁，去声。

罪，从母上声。但《慧琳音义》卷36“藻缋”注：“缋，回罪反。”缋，匣母去声。卷35“结纇”注：“纇，雷罪反。”纇，来母去声。《龙龛手镜·自部》：“辠，相承殂外反。”外，泰韵，去声。

（六）邪母 z

灺，邪母上声。但《慧琳音义》卷41“余烬”注：“灺，夕夜反。”夜，去声。S.6204《字宝·去声字》“火灺”注：“灺，音谢。”谢，去声。

兕，邪母上声。但《慧琳音义》卷83“豹兕”注：“兕，音寺。”寺，邪母去声。

巳，邪母上声。但《慧琳音义》卷89“圯传驿”注：“巳，音寺。”

祀，邪母上声。但S.5999《大般涅槃经音》“蛩”注：“祀，同寺。”寺，邪母志韵，去声。S.2053《礼记音》：“食，（音）祀。”食，邪母志韵，去声。

似，邪母上声。但《周礼·天官·兽医》“然后药之，养之，食之”《释文》《汉书·货殖传》“而颜渊箪食瓢饮”颜师古注、《匈奴传上》“其亲岂不自夺温厚肥美赍送饮食行者乎”颜师古注并云：“食，音似。”食，邪母去声。《慧琳音义》卷79“飤四部”注：“飤，音似。”飤，去声。

吮，邪母上声。但S.6204《字宝·去声字》“口吮哂”注：“吮，息愿反。”愿，去声；切上字是“息”，反映了邪母字浊音清化。《说文系传·口部》“吮”朱翱注：“自遍反。”遍，去声。

（七）崇母 dʒ

柿，崇母上声。但《慧琳音义》卷82“椑柿”注：“柿，音事。”事，去声。

瀺，崇母上声，也有平声一读，没有去声读法。但S.6204《字宝·去声字》“水瀺灂”注：“瀺，士陷反。”陷，去声。

撰作的“撰”本上声，崇母，这是它中古的常见音义；作“撰具”讲才是去声。但S.2053《礼记音》注“援”：“羊撰（反）。”用“羊”作“援”的切上字，反映了当时喻三四合流；这是给读去声的“援”注音，用“撰”作切下字，当取其常见音义，反映了“撰”变去声。《慧琳音义》卷49“撰焉”注：“馔卷反，上声字也。”慧琳特地在后面加上“上声字也”，反映当时“撰”以读去声为常，折射出全浊上声变去声。《五经文字·衣部》注音：“禩，音撰。”禩，去声。

譔，崇母上声。但《广雅·释言》“譔，殊也”曹宪音：“譔，士眷、此专反。”眷，去声。裴务齐《切韵·线韵》“譔”音“士恋反”，《龙龛手镜·言部》“譔”注“又士恋反”。恋，去声。

鉏，崇母上声。但S.6204《字宝·去声字》“鉏龉”注：“鉏，（音）助。龉，（音）御。”助，去声。“龉”也读成了去声，反映了敦煌一带上声变去声的音变范围比中原地区大，这是次浊声母读去声。

（八）船母 dʑ

舓，船母上声。但《慧琳音义》卷75“舓足”注：“舓，时至反。”至，去声。卷89“舌舓”

注："瑒，食二反。"二，去声。

盾，船母上声。但《慧琳音义》卷91"矛盾"注、《龙龛手镜·圭部》"鮭，盾属"注，并云："盾，音顺。"顺，去声。

楯，船母上声。但《慧琳音义》卷4"栏楯"注："楯，垂闰反。"闰，去声。卷14"钩栏"注："楯，音顺。"《龙龛手镜·木部》："楯，食闰反。"顺，去声。

（九）禅母 ʑ

墠，禅母上声。《周礼·春官·鬯人》"社壝用大罍"注"壝，谓委土为壝壇"《释文》："墠，音善，或音禅。"其中"或音禅"表明陈隋时期"墠"开始读去声了。《后汉书·党锢列传》"刻石立墠"李贤注："墠，音禅。"禅，去声，无上声读法。

是，禅母上声。但《尔雅·释虫》"蚬，缢女"《释文》："缢，一赐反，一音翳是反。"缢，去声，无上声读法。《慧琳音义》卷80"经蒔"注："莳，音是。"莳，禅母去声。此时"是"变为禅母去声，故可以作读去声的"莳"的切下字。S.2821《大般涅槃经音》"豉"注、S.5999《大般涅槃经音》"豉"注，并云："豉，（音）是。"豉，去声。由《经典释文》注音可知，在陈隋之时，"是"已开始浊上变去了。

竖，禅母上声。但《左传·僖公二十四年》"晋侯之竖头须"《释文》《昭公四年》"遂使为竖"《释文》并云："竖，上注反。"注，去声。《文选·郭璞〈江赋〉》"虎牙嵘竖以屹崒"五臣注、《慧琳音义》卷62"阉竖"注、《龙龛手镜·豆部》"竖，立也"并云："竖，音树。"《晋书音义》卷中"贾竖"注："树音。"树，中古常音是去声。

善，禅母上声。"缮、膳"都是"善"变调构词的产物，它们都是禅母[①]。"善"上声，"缮、膳"去声。但作"禅代"讲的"嬗"去声，《史记·秦楚之际月表》"号令三嬗"宋裴骃《集解》："嬗，音善。"这是南朝宋浊上变去的例子。《广雅·释言》"善，佳也"曹宪音："善，（音）膳字。"可见刘宋至隋代即已开始全浊上声变去声。《慧琳音义》开始用"善"给"缮、膳"注音，卷80"依缮"注："音善。"《龙龛手镜·糸部》"缮"亦注音"音善"。又《慧琳音义》卷13"肴膳"注："音善。"卷25引云公《大般涅槃经音义》"甘膳"注："音善。"S.617《俗务要名林·聚会部》"餐膳，吃饮食也"注："音善。"S.5999《大般涅槃经音》"膳"注："音善。"S.6691《首楞严经音义》第9"嘉膳"注："音善。"鄯善，西域国名，"鄯"去声，"善"上声。但《汉书·赵充国辛庆忌传》"鄯善"、《傅常郑甘陈段传》"鄯善"、《冯奉世传》"鄯善"颜师古注，均为"音善"，这是因为"鄯、善"读音混同了。"禅"去声，无上声读法，但《列子·杨朱》"及受舜禅"《释文》、《慧琳音义》卷21引慧苑《华严经音义》"七十二君"注均为："禅，音善。"擅，去声，但《史记·平准书》"浮食奇民欲擅管山海"索隐："擅，音善。"蜒，去声，但《晋书音义》卷中"蜿蜒"注："蜒，余善反。"

鱓，禅母上声。但《史记·晋世家》"子鱓代桓叔"索隐："鱓，时战反，又音善，又音陁。"这里"时战反"和"音善"形成异读，应该反映了浊上变去时的新旧读音并存现象，去声一读是新起的。

甚，早期注音都是禅母上声。但唐代可以用它作去声字的切下字，《慧琳音义》卷4"任持"

① 孙玉文：《汉语变调构词考辨》，商务印书馆2015年版。

注："人甚反。"任，去声，没有上声读法。《汉书·司马相如传下》"僸祲寻而高纵兮"颜师古注："僸，角甚反。"僸，去声。

绍，禅母上声。但《说文系传·言部》"诏"朱翱注音："诏，之绍反。"《说文·言部》"诏"大徐本注音："之绍切。"诏，去声字。

市，禅母上声。但《慧琳音义》卷27引大乘基《法华音训》"制止"注："制，诸市反。"制，去声，无上声读法。

剡，禅母上声。但《慧琳音义》卷80"剡山"注："剡，常焰反。"焰，去声，无上声读法。

受，禅母上声。"授"是"受"的滋生词，去声。"受"偶尔用作"授"，去声，为"受"的罕见读音，上声读法是常音。[①]但《匡谬正俗·受授》："或问曰：'年寿之字，北人读作受音，南人则作授音，何者为是？'答曰：两音并通。按《诗》云：'南山有栲，北山有杻。乐只君子，遐不眉寿。'此即音受。嵇康诗云：'颐神养寿，散发巉岫。'此即音授也。"应该这样来理解，颜师古时的北方话，"寿"已经浊上变去了。S.6204《字宝·去声字》"卖不售"注、P.2172《大般涅槃经音》"不售"注，并曰："售，音受。"售，禅母去声，无上声读法。

脤，禅母上声。但《文选·王俭〈褚渊碑文〉》"虽无受脤出车之庸"五臣注、《慧琳音义》卷99"隐脤"注并云："脤，音慎。"慎，去声。

肾，禅母上声。但《慧琳音义》卷41"脾肾"注、P.2578《开蒙要训》"脾肾肠肚"注并云："肾，音慎。"慎，去声。《慧琳音义》卷68"脾肾"注："时刃反。"刃，去声。

蜃，禅母上声。但《慧琳音义》卷86"蜃蛤"注、《龙龛手镜·玉部》"珧，玉珧，蜃甲也"注音均为："音慎。"慎，去声。又《龙龛手镜·虫部》："蜃，时忍、时刃二反。"刃，去声。

蟺，禅母上声。但《慧琳音义》卷95"蜿蟺"注："蟺，蝉战反。"战，去声。

（十）並母 b

牝，並母上声。但《诗·大雅·灵台》"麀鹿攸伏"传"麀，牝也"《释文》："牝，频刃反。"《释文》"牝"切下字多用"忍"，此"刃"如果不是"忍"之讹，而是透出口语现象，那么反映了陆德明时"牝"开始读去声。《慧琳音义》卷57"殡殓"注："殡，宾牝反。"殡，去声。卷62"鬅鬓"注："宾牝反。"鬓，去声。

抱，並母上声。但S.2821《大般涅槃经音》注:"曝，（音）抱。"曝，一直读去声，並母。S.2821《大般涅槃经音》"爆"注、P.3406《妙法莲华经难字音》，并曰:"爆，（音）抱。"爆，並母去声，无上声读法。

梐，並母上声。但S.3438《大般涅槃经音》注："梐，毗谜反。"谜，去声，今读阳平，是例外。

鲍，並母上声。但《史记·货殖列传》"鲍千钧"索隐："鲍，音抱，步饱反。"前面注"音抱"，但由于当时"抱"是去声，因此特地在后面加上"步饱反"，"饱"是清声母，没有变成去声，由此提醒读者，"鲍"是上声。

拌，並母上声。但《慧琳音义》卷40"拌之"注："拌，盘满反，上声字也。亦通去声。"

① 孙玉文：《汉语变调构词考辨》，商务印书馆2015年版。

这则材料非常典型地反映了当时浊上变去时，跟全浊上声形成新旧异读并存的现象。

伴侣的“伴”原读並母上声。但《慧琳音义》卷4“绮幔”注：“谋伴反。”幔，去声，无上声读法。卷36“相伴”注：“伴，盘满反。”但卷7“伴侣”注：“伴，傍漫反。”卷51“流漫”注：“漫，满伴反。”漫，去声，不读上声。卷61“畔睇”注、S.6691《首楞严经音义》第2并云：“畔，音伴。”畔，去声。

加倍的“倍”，並母上声，是常音。但《史记·龟策列传》“悖背人道”索隐：“悖，音倍。”悖，去声。

棓，並母上声。但《慧琳音义》卷12“打棓”注：“棓，白降反。”降，去声。《广雅·释器》“棓，杖也”曹宪音：“步讲、步项二反。”这个注音很难理解，站在《广韵》音系的立场上，二读同音。可能要这样理解：“步讲”是全浊上声，“步项”的“项”在曹宪的时候已经变到了全浊去声，所以形成异读。

瓿，並母上声。但《五经文字·瓦部》：“瓿，步豆反。”豆，去声。

膑，並母上声。但《慧琳音义》卷26引《玄应音义》“指膑”注：“膑，又作髌，同，必刃反。”刃，去声。

髌，並母上声。但《慧琳音义》卷13“刖足”注：“髌，毗胤反。”胤，去声。

谝，並母上声。但《五经文字·言部》“谝”注：“谝，与便巧之便同。”便，並母去声。

婢，並母上声。但P.2578《开蒙要训》“髲”注音：“（音）婢。”髲，去声，没有上声读法。

陛，並母上声。但《慧琳音义》卷43引《玄应音义》“谜那”注：“谜，迷陛反。”谜，去声，没有上声读法。

（十一）奉母bv

父，奉母上声，这是常音。但《礼记·檀弓上》“周公盖祔”《释文》：“祔，音父。”祔，只有並母去声一读。此例说明陆德明时代已经发生全浊上声变去声的音变了。《礼记音义》中有相当多反映后起变化的注音。“附”的常音是去声，但P.2172《大般涅槃经音》“及附”注音：“附，（音）父。”

愤，奉母上声。但《玄应音义》卷3“愤恚”注：“愤，扶忿反。”S.6204《字宝·去声字》“不愤惋”注：“愤，（音）忿。”忿，去声。《五经文字·心部》《慧琳音义》卷13“愤乱”并注：“愤，扶问反。”《慧琳音义》卷21引慧苑《华严经音义》“愤毒”注：“愤，夫问反。”卷18“结愤”注：“愤，分问反。”问，去声。卷40“纰紊”注：“紊，文愤反。”紊，去声。《说文系传·心部》朱翱注：“愤，符训反。”训，去声。

饭，奉母，上声义为吃饭，去声义为饭食，原来二读区分甚严。中古时以去声为常音，去声的“饭”后起字又作“飰”。《礼记·曲礼上》“三饭”《释文》：“饭，符晚反。依《字书》，食旁作卞，扶万反；食旁作反，符晚反。二字不同，今则混之。”说的就是这个意思①。《慧琳音义》卷62“飰食”注：“飰，烦晚反。”卷81“一饼”注：“飰，樊晚反。”这是“饭食”义，却注上声。《说文·食部》：“饭，食也。”这是“吃饭”义，《说文系传·食部》朱翱注：“饭，服万反。”《说文·食部》大徐本注：“饭，符万切。”本该注去声，

① 孙玉文：《汉语变调构词考辨》，商务印书馆2015年版。

却注上声，属矫枉过正，这是因为浊上变去，慧琳等人难以分辨。朱翱和大徐本注音为去声，反映了浊上变去。

负，奉母上声。但《慧琳音义》卷64“负揵”注音：“负，浮务反。”务，去声。

阜，奉母上声。但《慧琳音义》卷25引云公《大般涅槃经音义》“堆阜”注：“阜，浮务反。”务，去声。S.2821《大般涅槃经音》“阜”注、B8431《大般若波罗蜜多经难字音》“阜”注并云：“（音）富。”富，去声。

奉，奉母，有别义的上去二读，上声一读指承受、接受，这是常音。① 但B8431《大般若波罗蜜多经难字音》“凤”注：“（音）奉。”凤，去声，无上声一读。

根据上面注音材料提供的证据，完全可以证明，至晚西晋开始，汉语已经出现全浊上声变去声现象，到隋唐急剧增加。

三

以上我们从隋唐等早期注音材料中设计了研究全浊上声变去声的具体方法，通过运用这些方法，得出了一些结论：有不少字，原来读全浊上声，后来读全浊去声或清声母的去声。下面作进一步的讨论，试图证明至晚隋唐时代，那些原来读全浊上声，后来读全浊去声的字，反映了当时确实浊上变去了。

研究汉语全浊上声变去声，必须注意汉语符号、汉字符号的古今同一性。从书面语言来说，我们所理解的音变是同一个汉语符号、汉字符号在古今发生了读音变化，既往的研究在这方面有所忽视，因此其结论难以令人信服，本文在方法论上作出了一些改进。

本文在研究过程中，将每一个汉字的两汉至唐五代的注音材料按照历史顺序排列下来，根据形音义结合的研究原则研究汉语汉字的全浊上声变去声问题，分直音和反切两个方面提炼具体的研究方法，这是利用注音材料得出隋唐时代浊上变去的必要条件，希望在历史长河中确定浊上变去的具体时代。

文中所提炼的具体研究方法对于探讨浊上变去具有必要性，但考虑到汉语异读来源的复杂性，原来是全浊声母的字，也会在全浊上声变去声的现象出现之前，零星地变成全浊去声，如同非全浊上声的字，也会有零星地变成平声、去声字，形成异读，碰巧跟浊上变去相类似，但实属不同的音变现象，一个是零星的语音变化，另一个是规律性的、具有周遍性的演化现象，在不同的声母、韵母中都出现，跟今天北方话的浊上变去现象重合。零星的语音变化，碰巧发生在浊上变去的字上，这可能是由音变构词、语流音变、方言读音被吸收进民族共同语等原因造成的，也可能有个别字是误读造成的，这些都应该是要考虑的因素，值得研究。因此，要确定浊上变去的时代，也就是确定浊上变去是规律性的、具有周遍性的演化现象，还必须注意其他方面，例如：1. 用来证明浊上变去的注音材料在声母上具有较为充分的覆盖率，而且例证要多。2. 研究浊上变去，还应该注意跟注音材料之外的证据相结合。只有注意这些方面，才能充分证明隋唐时代出现了今天所说的浊上变去现象。

汉语的全浊上声变去声现象是渐变发生的，可能在魏晋至南北朝时期已经出现了个别用例，但是可靠的例证不太多，上文所举《经典释文》中“邸、旱、澣、臼、近、但、袓、弟、道、

① 孙玉文：《汉语变调构词考辨》，商务印书馆2015年版。

怠、肇、纣、雉、践、是、墠、牝、父”都反映了魏晋至陆德明时已经出现全浊上声变去声的现象。范新干研究三国时代王粲、杨修、曹植、邯郸淳、毋丘俭、嵇康六人的诗文用韵的声调情况，试图证明“浊上变去”发端于三国[①]；廖名春《从吐鲁番出土文书的别字异文看“浊上变去”》试图据南北朝时期吐鲁番一带文书的别字异文，证明南北朝末年已出现浊上变去。[②]通过当时的注音材料，可以佐证范、廖二氏说有一定道理。但三国时期的诗文用韵、南北朝时期的别字异文，在论证汉语浊上变去问题上有极大的缺陷，这是要考虑的问题。

上文所举南北朝以前的浊上变去的注音的例子，例字太少，加上陆德明本人的注音，也就20个不到，在声母上的覆盖率不高，难以断定是规律性的、具有周遍性的演化现象，因此难以据此确定汉语在陆德明之前已经出现浊上变去。可能在系统性地发生浊上变去之前，一些全浊上声字，是以全浊上声字和全浊去声字并存的身份形成异读，全浊去声字没有取代全浊上声字，不过这种异读如果在口语中大量出现，那么它们会成为浊上变去的一个重要诱因。总之，南北朝时期是否真正出现浊上变去，还需要深入研究，找到更强有力的证据加以证实或证伪。

到了隋唐五代，情况就大不相同，就上文所搜材料在三十六字母中的全浊声母来说，所有的全浊声母都出现了浊上变去的现象。其中匣母23个，群母9个，定母15个，澄母10个，从母6个，邪母6个，崇母5个，船母3个，禅母14个，並母14个，奉母6个。就所搜集材料的韵属看，这些浊上变去的材料涉及中古相当多的韵，例如匣母的浊上变去，涉及厚旱缓产姥感耿马很贿铣槛哿讲蟹诸韵。这些都可以证明隋唐时期浊上变去已经发展得相当成熟。

就所采注音的文本看，浊上变去现象覆盖了《经典释文》、曹宪《博雅音》、《玄应音义》、颜师古《汉书注》、《匡谬正俗》、李贤《后汉书注》、杨倞《荀子注》、S.619《白家碎金》、《唐韵》、张守节《史记正义》、司马贞《史记索隐》、慧苑《华严经音义》、大乘基《法华音训》、云公《大般涅槃经音义》、《慧琳音义》、《五经文字》、《文选》李善及五臣注、S.2053《礼记音》、《晋书音义》、《文选音决》、宋跋本《切韵》、裴务齐《切韵》、P.2172《大般涅槃经音》、S.2821《大般涅槃经音》、S.5999《大般涅槃经音》、S.6691《首楞严经音义》、S.6204《字宝》、B8431《大般若波罗蜜多经难字音》、P.3406《妙法莲华经难字音》、《开蒙要训》、S.2053《礼记音》、S.617《俗务要名林》、P.2012《切韵法》、《说文系传》朱翱注音、《龙龛手镜》等，基本上是北方的注音，南方除了南北朝个别注音反映浊上变去，其他只有五代时期的《说文系传》朱翱注音。

当一个原来读全浊上声、后来读全浊去声的字，它的注音足够多，有几十、几百乃至上千的注音，原来在相当长的时间内只注上声，后来才注去声，这种去声读法跟现代汉语具有一脉相承的关系时，如果这样的字大量出现，那么就完全可以证明此时浊上变去了，隋唐时期的注音就有这样的论证效力。因此，隋唐时代已出现浊上变去，这是不争的事实。上述材料表明，浊上变去发源于北方，至晚五代时已经波及南方。

《经典释文》所采音义来源不一，放在最前面没有注明来源的所谓“首音”不一定都是陆德明本人自作的注音，而是采用了大家都没有不同意见的注音。由于《经典释文》写作于

① 范新干：《浊上变去发端于三国时代考》，《汉语史研究集刊》第2辑，巴蜀书社1999年版；《略论西晋时代的浊上变去》，《人文论丛》1999年卷，武汉大学出版社1999年版。

② 廖名春：《从吐鲁番出土文书的别字异文看“浊上变去”》，《古汉语研究》1989年第1期。

不同时期，所采音义不一，因此在给不同古籍注音时，所反映的新的音变现象是不相同的，《尔雅音义》反映新起音变现象就比较突出。例如：緻，澄母。但《尔雅·释言》“曎，密也”注“谓緻密”《释文》：“緻，之侍反，一音智，又音至。”之、至，章母；智，知母。这里将“致密”的“緻”注成了清声母。弟，定母上声是常音。但《书·大禹谟》“罔咈百姓以从己之欲”传“咈，戾也”《释文》：“戾，连弟反。”戾，去声。《论语·季氏》“政逮于大夫四世矣”《释文》：“逮，音代，一音弟。”逮，去声。《经典释文》的这种注音，只能理解为“弟”已浊上变去。再如“似”字，《周礼·天官·兽医》“然后药之，养之，食之”《释文》、《汉书·货殖传》“而颜渊箪食瓢饮”颜师古注、《匈奴传上》“其亲岂不自夺温厚肥美赍送饮食行者乎”颜师古注并云：“食，音似。”食，邪母去声。《慧琳音义》卷79“飤四部”注：“飤，音似。”飤，去声。值得注意的是，“食”作“使吃，提供食物”和“饭”讲是去声，不是上声，特别是“食”的后起字“飤、饲”只读去声，正可以为证。《经典释文》用“似”来注音，表明陆德明时“似”已有去声读法。因此，就一般情况说，《经典释文》应该反映了当时存在规律性的浊上变去的音变现象。

据北宋邵雍《皇极经世书·声音图》，当时洛阳一带的汉语已完成浊音清化，说明当时完成了浊上变去。[①]据《朱熹反切考》《汉语语音史》[②]研究，宋代全浊声母全部消失了。假如从西晋（265—420）建国算起，到宋邵雍（1011—1077）写成《皇极经世书》（1072）止，汉语浊上变去经过了800多年的时间，符合语音演变的规律。如果将汉语浊上变去的时间定在唐朝（618—907），那么这种音变从发生到结束，满打满算，只有460多年，变化太快了。从这个角度说，认为汉语浊上变去至晚从西晋开始萌芽，至隋唐蔚为大观，不仅符合材料，而且符合一般的语音演变规律。

如果是这样的话，那么汉语史上全浊上声变去声发生的时间要远早于全浊声母清音化，全浊声母清音化应该发生在南北朝后期。从理论上说，全浊上声变去声必然早于全浊声母的清音化，全浊声母清音化不可能早于全浊上声变去声。如果：1.发生全浊声母清音化之前，全浊上声未变去声，则相应的全浊声母变到清声母的上声，则后来不可能按照全浊上声的语音条件变到去声；2.发生全浊声母清音化之前，全浊上声已变去声，则后来的清音化和全浊上声变去声的时间关系就容易解释。既然浊上变去可能在初盛唐之交可能开始发生，则全浊声母清音化一定不会早于此时。考察的结果，跟理论上的推导也是相合的。

至晚南北朝时期起，关于各地汉语声调的调值的不同，已经见诸记载。例如，隋陆法言《切韵序》：“吴楚则时伤轻浅，燕赵则多涉重浊；秦陇则去声为入，梁益则平声似去。”可惜没有说到上去之间的关系。唐顾齐之于开成五年（840）写的《新收一切经音义序》有这样的话：“又音虽南北，义无差别。秦人去声似上，吴人上声似去，其间失于轻剽，伤于重浊，罕分鱼鲁之谬，多传豕亥之误。”这里是批评“秦人、吴人”语音都有“谬、误”，显然说明《慧琳音义》不可能是以当时的长安音为基础音系。

我们说，即使深受秦音影响的字典及其注音，是否完全采用长安话，也是可以讨论的，

① 周祖谟：《宋代汴洛语音考》，载《问学集（下册）》，中华书局1966年版。

② 王力：《朱熹反切考》，载《王力文集》第19卷《龙虫并雕斋文集（三）》，中华书局2015年版；《汉语语音史》，载《王力文集》第2卷，中华书局2014年版。

它们至多反映了长安一带读书人的音系或语音。例如据《贡父诗话》："周人语转，亦如关中以中为蒸、虫为尘，丹青之青为萋也。"这种"语转"，唐代已然。但所有的古注，包括《慧琳音义》，都没有给"中"注成"蒸"的读音、给"虫"注成"尘"的读音、给"青"注成"萋"的读音。再如"四"，据《集韵·质韵》，"关中谓四数为息七切"，但《慧琳音义》等书都没有收"息七切"一读；"稻"，据《集韵·晧韵》，它读"土皓切"是"关西语"，但是《慧琳音义》却"音盗"。景审给《慧琳音义》作序说："今有元廷坚《韵英》及张戬《考声切韵》，今之所音，取则于此。"景审并没有说，《慧琳音义》的注音全部"取则于此"。黄淬伯《唐代关中方言音系》说："从慧琳全部反切看，指明《韵英》反切者，不过千百分之一。"所以我们应这样来理解慧琳的音系：他给佛教群经做音义，不可能一空依傍，必然大量采用旧注，他从新疆一带进入长安，对西部地区的佛经音义材料掌握得多一些，因此采纳得多一些。但由于采纳的音义材料不限于西北，也不限于长安，而且古人注音，一般来说不可能纯粹以某个地点方言的音系作为自己的取舍标准，因此我们不能将他所采音系一股脑儿归结为长安音系。职是之故，他的注音会有不一致之处。例如他有时候三四等分得较严，符合旧注，有时候却相混得十分厉害；有时候清浊声母分得很严，符合旧注，有时候却相混得十分厉害。黄淬伯《唐代关中方言音系》据《慧琳音义》慧琳对同一个字常常标注很多不同的反切，推定《慧琳音义》"必有一种活方言作为技巧"，不是的论。"茂"莫候切，但《慧琳音义》采用"摸布反"，这是"秦音"。其实应该这样理解，之所以采用"摸布反"，是因为广大北方地区都这样读，不仅仅是"秦音"如此。因此，《慧琳音义》的浊上变去现象反映的不尽是长安一地的语音现象，而是北方共同语具有代表性的音变。

《慧琳音义》也有兼采南北方音的例子，但以采北方为主。例如：髀，並母旨韵，三等。《仪礼·士婚礼》"肫髀不升"《释文》引《字林》："髀，方尔反。"可见西晋《字林》读纸韵，三等。在唐朝，据《玄应音义》卷2"柱髀"注："髀，蒲米反，北人行此音。又方尔反，江南行此音。"卷3"两髀"注："髀，蒲米反，《说文》：股外也。北人行此音。又必尔反，江南行此音。"《慧琳音义》卷26引云公《大般涅槃经音义》"以柱髀"注："髀，蒲米反，北人行此音。又必尔反，江南行此音。"可见"髀"在北方变化较快，读成四等；南方变化较慢，仍然保留三等读法。但《慧琳音义》卷4"右髀"注："髀，步米反，又必尔反。"后面"必尔反"是三等，这是当时"江南"的读法。但慧琳多采北音，卷1"两髀"注："髀，捕米反。"卷4"右髀"注："髀，步米反。"卷2"髀骨"注："髀，毗米反。"卷12"髀髆"注："髀，卑米反。"卷49"髀膔"注："上音陛。"卷61"脊骽"注："髀，鞞米反。"米、陛，四等。卷75"指髀"注："髀，脾弭反。"弭，三等。

上引顾齐之说道"秦人去声似上，吴人上声似去"，应该是站在基础音系的基础上开展批评的，他的意思不是说秦人的去声跟他们的上声调值相近，因此据此不能证明当时长安一带音系中上去二调相近；而是说秦人的去声跟基础音系的上声调值相近。这个基础音系，应是洛阳一带以语音为主的中原音系。由此可见，汉语从很早时候起，各地方言的调值就有差别，有的方言上去二声的调值还相差甚远。有一点可以肯定，唐代的音义著作中，《慧琳音义》反映口语最充分。例如"铤"定母迥韵，但《慧琳音义》卷29"金铤"注："铤，亭郢反，上声字。"郢，静韵，上声字，但是慧琳还要加上"上声字"三字，似乎是叠床架屋。只能这样理解，当时已经开始浊上变去，因此他担心人们拼出去声读音，特地加上"上声字"三字。

卷29“齐限”注：“齐，寂丽反，去声字。”这是因为“丽”有平去二读。由此可见，《慧琳音义》在反切之后再注某某声调，都是有原因的。

全浊上声变去声，在各个方言区域的速度不同，最早可能发生在某个上声调和去声调调值比较接近的方言，然后扩散开去，然材料太少，无法确认。试图通过“四声八调”、浊上和浊去调值相近一股脑儿解释汉语所有方言的浊上变去，容易以偏概全；在对浊上变去之前的各地方言调值、浊上变去最早发生在哪个具体方言中缺乏精密的研究之前，这些推测只是一家之言。可以推测，全浊上声变去声可能最早出现在中原一带方言中，而且不可能是从唐代才开始的，必然其来有渐。可能在最早出现浊上变去的中原方言中，全浊声母出现了某种特殊的音色，足以造成浊上变去，这需要进一步证实。有人设想浊上变去源于平上去入都因清浊分调，这有一定的可能，但是论证缺环甚多，需要进一步证实。本文所收的反映浊上变去的唐代材料，大多是这一带产生的，反映的是汉语的北方共同语。

全浊上声变去声不可能首先发生在上去二调相差甚远的方言，因为没有这种音变的基础。上去二调相差甚远的方言能否出现浊上变去？是可以的，但这些方言出现该现象只能是起先出现浊上变去的方言推移过去的。

在唐朝，在汉语方言中全浊上声变去声是大量出现的，而且出现该现象的不限于西北一带，其他一些方言的诗文用韵也出现了该现象；唐五代其他材料也证明当时出现了浊上变去。因此，此期可以说唐代是全浊上声变去声的大变动时期。在当时，全浊声母清音化和全浊上声变去声交互作用，加快了全浊上声变去声的进程。有的全浊上声字在当时既读上声，也读去声，形成新旧过渡的读音，但是此时声母多维持全浊的局面，极少数的全浊声母开始清音化，那些声母已经清音化的浊上变去的字能更进一步确认这种音变现象。

唐代出现的这些反映浊上变去的材料，不但《广韵》，就是“务从该广，经史、诸子及小学书更相参定”，旨在“以椊群说”的《集韵》都很少收录进去，这应该理解为《集韵》编者认为这些字音来源不古，是后人的“俗读”或“误读”，不是隋唐以前对儒道等经典所做注音的遗留，因此不适合反映到正统的官修韵书中。不过，这也表明这些反映浊上变去的材料确实是一种新读，隋唐汉语中一定存在浊上变去现象。

可以肯定，唐朝只是处于全浊上声变去声的急剧变动时期，当时既出现全浊上声变去声，也出现了全浊声母清音化，但这两个过程都没有完成。因为上引这些材料，从音系的角度说，都存在全清、次清、全浊、次浊的系统对立，全浊声母作为系统的一部分还存在着，例如《龙龛手镜·門部》“闣”注音：“堂、汤二音。”这是定透二母的对立。到宋代，在不少方言中已经没有全浊声母了，所以我们可以肯定当时已经完成了全浊上声变去声和全浊声母清音化的历程。

全浊上声变去声是从北方话开始的。本文所引的材料，均是北方话的材料。据夏俐萍《“浊上变去”与“浊音清化”》一文研究，与北方话毗邻的部分吴语、湘语还保留了一套全浊声母，有些方言出现了浊上变去现象。① 可以推知，汉语的全浊上声变去声，是由北方汉语向南方逐步推移的。

（原文刊于《江苏师范大学学报（哲学社会科学报）》2023年第3期）

① 夏俐萍：《“浊上变去”与“浊音清化”》，《语言研究》2019年第1期。

说“辟彊”*

张传官

提要：“辟彊”是我国古代常见的人名，关于其取意，唐代颜师古曾罗列“辟御彊梁”和“开辟疆土”二说，未有定论。本文通过对“强”、“彊”和“疆”三字的文字学关系（尤其是其用字习惯）进行考察，结合先秦以迄近现代的人名“辟彊”、“辟强”和“辟疆”，从而对人名“辟彊”的取意加以详细辨析，探讨颜氏二说的有关证据，认为“辟彊”最初只有“开辟疆土”之意；由于用字习惯的变化以及后人的误会，从魏晋时期开始，出现“辟御彊梁”这一新解，并为后人所接受而行用于世。这种误解的产生和传播，导致魏晋以后的历史中同时存在两种说法，本研究为人名“辟彊”的变化及其历史背景提供了更为丰富的材料。

关键词：辟彊；“强”、“彊”和“疆”；辟御彊梁；开辟疆土；人名

古代人名研究具有重要的学术价值，正如刘钊（1999）所指出的：“每个具体时代的人名都不只是区别人与人的符号，同时又是文化的镜像和观念的折射。它反映了当时的社会思想、信仰、习俗、道德观、价值观、文化心理及美学观念。所以人名研究又具有社会学和文化史上的意义。”与此同时，由于字数与辞例的限制，部分人名的取意往往难以考索（单字名尤其如此）。有的人名在最初或许只拥有某种固定的含义，但由于用字习惯的变化、后世的误解等种种原因，会出现另一种新的解释，导致两种取意并存于世。“辟彊”就是其中一个比较典型的例子。

一、人名“辟彊”

“辟彊”是先秦秦汉比较常见的人名，典籍所载者就有如下七位：

卫侯辟彊（《新书·审微》）

齐宣王辟彊（《史记》卷十五《六国年表》、卷四十六《田敬仲完世家》、《汉书》卷二十《古今人表》）

张良子张辟彊（《史记》卷九《吕太后本纪》、卷二十二《汉兴以来将相名臣年表》、《汉书》卷九十七上《外戚传》）

河间王刘辟彊（《史记》卷十《孝文本纪》、卷五十《楚元王世家》、《汉书》卷四《文

* 本文为国家社科基金一般项目“基于新出土文献的《苍颉篇》文本复原与综合研究”（20BYY148）、国家社科基金冷门绝学研究专项学术团队项目“中国出土典籍的分类整理与综合研究”（20VJXT018）、国家社科基金重大项目“阜阳汉简整理与研究”（21&ZD305）的成果。本文曾先后蒙刘钊师和广濑薰雄、魏宜辉、熊长云、陈伟武、张富海等先生指教，复蒙《中国语文》匿名评审专家指正，本文所用玺印资料多蒙施谢捷先生和魏宜辉先生惠示，谨此一并致谢！唯文责自负。

帝纪》、卷十四《诸侯王表》、卷三十八《高五王传》。赵幽王子）

都昌侯朱辟彊（《史记》卷十八《高祖功臣侯者年表》、《汉书》卷十六《高惠高后文功臣表》）

平棘侯林辟彊（《史记》卷十八《高祖功臣侯者年表》、《汉书》卷十六《高惠高后文功臣表》）

茂才刘辟彊、光禄大夫刘辟彊、宗正刘辟彊（《汉书》卷七《昭帝纪》、卷十九下《百官公卿表》、卷三十《艺文志》、卷三十六《楚元王传》。楚元王孙）

见于汉印资料者亦复不少（先秦古玺似未见）：

辟彊（上海书画出版社，1979：101；韩天衡、孙慰祖，1989：100；韩天衡、孙慰祖，2002：471 号；庄新兴、茅子良，2000：下 984 号；庄新兴，1998：453；庄新兴，1999：下 146。韩天衡，1987：80）

常辟彊—臣辟彊（方斌、郭玉海，2007：375 号）

陈辟彊印>陈子方印（王人聪，2000：286 号）

箕辟彊—箕中孙（陈汉第，1987：105；沈沉，2000：二 667；庄新兴，1999：中 67）

李辟彊印—李子布[①]

聂辟彊（罗振玉，1988：122；沈沉，2000：二 301）

孙辟彊—孙长君[②]

许辟彊（黄玉希，2012：332 号）

魏晋南北朝以后，也不乏以“辟彊”为名的历史人物，如：

顾辟彊（《晋书》卷八十《王献之传》）

习辟彊（《北史》卷三十五《王慧龙传》。习凿齿子）

阳辟彊（《北齐书》卷四十二《阳休之传》、《北史》卷四十七《阳休之传》。阳休之子）

兵部尚书辟彊（《新唐书》卷七十下《宗室世系下》）

关于人名“辟彊”的取意，早期典籍中似无十分明确的说法，直到唐代才出现专门的记载。《汉书》卷四《文帝纪》：“遂弟辟彊。”颜师古注曰：

辟彊，言辟御彊梁者，亦犹辟兵、辟非耳。辟音必亦反。彊音其良反。一说辟读曰闢，彊读曰疆。闢疆，言开土地也。《贾谊书》曰：“卫侯朝于周，周行人问其名，卫侯曰辟彊。行人还之曰：‘启彊、辟彊，天子之号也，诸侯弗得用。’更其名曰燬。”则其义两说并通。他皆类此。[③]

可见，此时颜氏以“辟御彊梁”和“开辟疆土”两说并存，未作明确的取舍。颜氏在其晚年的未尽著作《匡谬正俗》卷五“辟彊”条对此亦有专门讨论：（参看刘晓东，1999：145—146；严旭，2019：209—213）

《外戚传》：留侯子张辟彊。前贤亦无释，而学者相承读“辟”音如珪璧之“璧”，“彊”

① 蒋溥等辑：《金薤留珍》，台北“故宫博物院”1971 年版，璧 19。下文此书同。

② 罗王常辑：《秦汉印统》，文史哲出版社 1971 年版，卷三 30。下文此书同。

③ 按颜注所引《贾谊书》之说见于贾谊《新书·审微》。贾谊说本《韩非子·外储说》，而今本《韩非子》则作“辟疆”，且无“启彊”或“启疆”。关于这个问题，详见后文。

为彊御之“彊”，作意解云：能弭辟彊御，犹言辟恶邪、辟兵之类是也。东齐仆射阳休之为儿制名亦取此。按贾谊《新书》云：“昔者卫侯朝于周，周行人问其名，曰‘卫侯辟疆’，周行人还之曰‘启疆、辟疆，天子之号也，诸侯弗得用’。卫侯更其名曰‘燬’，然后受之。”若如贾生此说，“辟”当音为开闢之“闢”。“彊”当音为疆埸之“疆”。楚有薳启疆，亦其例也。古单用字多有假借，不足为疑。又汉济南王名辟光，世人亦读为“壁”，复解释云：辟，君也。恐此亦当取开闢之义为胜。

虽然仍旧罗列二说，但从相关论述可以看出，其时他已倾向于“开辟疆土”的理解。

稍晚于颜师古的司马贞也为“辟彊”分注二音。《史记》卷五十《楚元王世家》：“孝文帝即位二年，立遂弟辟彊。”索隐曰：“音壁强二音，又音闢疆。”司马贞虽未直接讨论“辟彊”的取意，但注音不同，恐怕与其含义不同有密切的关系。王叔岷（2007：1848）即认为司马贞的说法本于上引《汉书》颜师古注。不过，司马贞可能未注意到或不同意颜师古《匡谬正俗》中的新说。清代何焯校注《匡谬正俗》时眉批云“辟彊”“自有两义”（见严旭，2019：209—213），亦持两说并存的意见。严旭（2019：209—213）在确知颜氏后出新说之后，仍赞同二音二义皆通之说。

然而，“辟御彊梁”和“开辟疆土”两种说法是截然不同的，很难找到二者在意义上的联系，因此它们是无法共存的，需要进一步判断其是非。

二、“辟”与“彊”

之所以出现这两种解释，应该是与“辟彊”（尤其是“彊”）的用字习惯和词义不同有关。

“辟”字古代有“开辟”义是众所周知的，字亦多作“闢”。此外，古代“辟（闢）”亦有抵御、消除、摈弃之类的含义，[①]如《庄子·庚桑楚》：“至信辟金。”郭象注：“金玉者，小信之质耳，至信则除矣。”《楚辞》卷五《远游》：“风伯为余先驱兮，氛埃辟而清凉。”王逸注：“扫除。”《周礼·秋官·大司寇》：“凡邦之大事，使其属蹕。”郑玄注：“故书蹕作避，杜子春云：‘避当为辟，谓辟除奸人也。’”《小尔雅·广言》云：“辟，除也。”《荀子·解蔽》：“是以闢耳目之欲，而远蚊蝱之声。”杨倞注：“闢，屏除也。”

“彊”的问题则复杂得多，主要是因为它跟“强”“疆”的关系十分密切，以至于有些纠缠不清。关于三者的关系，下面根据前人的研究成果，并略参己见简述如下。

在较早的古文字中，强弱之“强”（后文用“{强}”来表示这个词）的本字作“弘”，后世又写成“弜”（参看裘锡圭，1992：55—56）。疆界之“疆”（后文用“{疆}”来表示这个词）本作“畺”[参看裘锡圭（2013：254）]；[②]后加“弓”旁作“彊”，其中“弓”旁学者或认为是意符（或认为“弓”旁表示用弓箭捍卫疆界之意，参看张世超，1996：3212、3034；或认为弓是古代丈量土地、划分边界的用具，参看李学勤，2012：1205），或认为是声符（参看季旭昇，2014：917）；又加“土”旁或“阜”旁作为意符，其中“疆”

① 刘钊师（2019年8月21日）赐告：这两个词义实际上是同源的，是从不同角度对同一个动作做出的不同理解：开辟某处的同时也就是辟除某物。

② 甲骨文、金文中，“畺”之“田”旁的数目或横画的数目均有多寡不一的写法，此处以“畺”统摄之。

一直流传至今。西周（甚至包括稍后的春秋时期）的金文中，“畺”“彊”“疆”均不乏其例，但皆表示{疆}[辞例多为“无彊（疆）”]，并未见到“彊”表示{强}的用法，可见无论“彊”之“弓”旁的性质如何，“彊”应该就是“畺”的异体，是从“畺”到“疆”演变的过渡环节，它的出现与{强}应无关系。

春秋战国时期，出现了一些从“弘”或“弜”声、从“力”或从“木”或从“心”或从“止”之字，皆表示{强}。无独有偶，战国时期也出现了从“彊”声、从“力”或从“心”表示{强}的文字。[①]可见，从这一时期开始，“弘”声字与“彊”声字（实为“畺”声字）开始产生了密切的联系：“彊”既可表示{疆}，亦可表示{强}，甚至出现“疆”表示{强}的用法。这种情况的出现，应该是由于在表示{强}的时候，已经有“心”“力”等偏旁起到一定的表意或限定作用，声符就不再局限于“弘”或“弜”，而可以改换为音近的“彊”。也就是说，这一时期“彊”声字开始用来表示{强}。需要特别注意的是，传世和出土的材料中从未出现用“强”表示{疆}的例子。“彊”的两种用法持续了很长一段时间，至少在两汉时期依然如此。后来在表示{疆}的时候，“疆”渐行而“彊”渐废，“彊”更多地只用来表示{强}，因此历来学者大多把“彊”视为“强”的异体甚至{强}的本字。

按照《说文》的说法，“强”本指一种虫，也是以“弜”为声之字，用来表示{强}是其假借用法。“强”至汉代仍多从“口”作，《说文》作“強”则是后起的写法（裘锡圭，1992：55—56）。《说文·弓部》训“彊”为“弓有力”，已为季旭昇（2014：917）等所质疑，该说很可能是在“弜（强）”与“彊”二字产生纠葛甚至被视为一字异体之后才出现的解释。实际上，要说训为“弓有力”，也只能是“弘”或“弜”（参看季旭昇，2014：917），以“彊”表示{强}很可能也是假借用法。

了解“彊”“强”“疆”三者的关系，是我们进一步分析前引“辟彊”二说的基础。下文就结合传世典籍与出土文献中的材料（主要以人名为例），分别讨论此二说成立的可能性并辨析二说的优劣。

三、“辟彊”的异文

由于长期以来，“彊”既可以表示{疆}，也可以表示{强}（其中当然包括“彊”“疆”二字分化以后时人用古字的情况），因此，古代人名“辟彊”之“彊”在后世的典籍中颇有一些异文。有的作“疆”，如表1所示；有的则作“强”，如表2所示（均大致以异文出现时代为序）。

表1 “辟彊”与“辟疆”

辟彊	辟疆
卫侯辟彊	诸侯辟疆（《韩非子·外储说》）
顾辟彊	顾辟疆（《世说新语》卷下《简傲》）

① 其中“彊”字的“畺”旁，或省作“田”，参看荆门市博物馆（1998：《五行》简34）。《说文》古文及其他传抄古文则不省，参看李春桃（2016：291）。

续表

辟彊	辟疆
刁辟彊	刁辟疆（《魏书》卷三十八《王慧龙传》）
阳辟彊	司空祭酒阳辟疆（《北齐书》卷四十五《文苑传》、《北史》卷八十三《文苑传》）
齐宣王辟彊	辟疆（《史记》卷六十九《苏秦列传第九》“因东说齐宣王”索隐引《世本》）
宗正刘辟彊	楚元王孙辟疆（《资治通鉴》卷第二十三《汉纪十五·孝昭皇帝上》）
张辟彊	辟疆（《金史》卷一百十一《王渥传》）；张辟疆[①]
平棘侯林辟彊	侯辟疆[②]
都昌侯朱辟彊	辟疆〔王叔岷（2007：803）引殿本〕

表 2　“辟彊”与“辟强”

辟彊	辟强
河间王刘辟彊	文王辟强（《史记》卷十七《汉兴以来诸侯王年表》）
张辟彊	辟强（《南齐书》卷三十二《阮韬传》）
刁辟彊	辟强（《晋书》卷八十二《习凿齿传》）

其中值得注意的有以下两点：其一，部分“辟彊”在几乎同时的典籍中出现了异文，如刘辟彊（强）、顾辟彊（疆）、阳辟彊（疆）等。[③]其二，有的“辟彊”则兼有“辟强”“辟疆”两种异文，如《史记》的张辟彊，《南齐书》作“辟强”，《金史》则引作“辟疆”。而习凿齿之子“刁辟彊（强、疆）”，则兼具上述两种情况。典籍中甚至还出现“辟强”“辟疆”互为异文的情况，如《北齐书》卷十二《武成十二王列传·琅邪王俨传》载有“中常侍刘辟疆”，《北史》卷五十二《武成诸子列传·琅邪王俨传》则作“中常侍刘辟强”。

这些异文当然与“彊”“强”“疆”三者之间错综复杂的关系有密切的联系，也不免与诸书在后世流传过程中传抄或版刻易字，后人混淆三字、误解原意或好用古字等情况有关。至于“中常侍刘辟疆”与“中常侍刘辟强”，考虑到“疆”“强”几乎没有直接的联系，其间可能也经历了“彊”这么一个中间环节。

在出土的中古石刻资料中，也多次出现人名“辟强”，如：[④]

① 梁玉绳：《史记志疑》，中华书局 1981 年版，第 744 页。

② 梁玉绳等编：《史记汉书诸表订补十种》，中华书局 1982 年版，第 253 页。

③ 当然，上引传世文献所据皆为宋代以来的版本，并不能反映汉至隋唐时期实际的文字面貌，这些材料还不能全然看作“同时材料”，应当结合汉唐时期的出土材料来讨论（此蒙承匿名审稿专家赐告）。关于这些出土材料，详见后文。

④ 下列石刻文献，蒙梁春胜先生赐告（2022 年 8 月 9 日）。

魏元略墓志："辟强幼达，令思早名。"（北京图书馆金石组，1989：101。按此"辟强"指张辟彊）

隋尉粲妃叱列毗沙墓志："尔乃辟强仕汉，甫及成童。"（大同北朝艺术研究院，2016：204。按此"辟强"指张辟彊）

唐裴寂墓志："辟强入侍，匹此非奇；子晋游仙，方之已老。"（胡海帆、汤燕，2018：182。按此"辟强"指张辟彊）

唐刘璇墓志："若乃辟强居宗室之冠，路叔持黄老之术。"（洛阳市文物工作队，1991：414。按此"辟强"指刘辟彊）

唐安范墓志："仲长统之山水，顾辟强之园林。"（周绍良、赵超，2001：307。按顾辟强即顾辟彊）

如果说传世刻本存在后世改易的可能，那么作为出土文献的石刻材料，上引例子可以充分表明，至迟在魏晋隋唐时期，人名"辟彊"已经较多地出现了"辟强"的异写，反而少见"辟彊""辟疆"。

四、"辟御彊梁"说

暂时不论人名"辟彊"的"强""疆"两种异文孰是孰非，文献中也确实存在没有异文的人名"辟强"，其取意很可能跟"辟御彊梁"有关，如：

韦应物甥赵辟强（韦应物《永定寺喜辟强夜至》）

余姚县令张辟强（《永乐大典方志辑佚·浙江省·宁波市·宁波府志·山川》，见马蓉等，2004：647）

上述人名"辟强"可能存在笔者尚未查知的其他异文，不能断定取意于辟御彊梁，但历史上确实存在确凿无疑的这种例子，如南宋庆元六年（1200）的《安光远墓志铭》① 中有如下记载（另参看曾枣庄、刘琳，2006：92）：

（安昭祖）子男四：胜非、辟彊、去华、弃疾。

从并列的"胜非""弃疾"等人名来看，"辟彊"显然取意于辟御彊梁。②《匡谬正俗》何焯批语曾举有"宋有王辟强，字弱翁"一例，吴省兰过录何批作"宋有王辟彊，字弱侯"（见严旭，2019：212），严旭（2019：212）指出王辟彊（强）"既以'弱翁'为字，显系通'彊'为'强'"。此例人名取意亦属"辟御彊梁"一类。

明代龙膺也曾论及古代的人名"辟彊（强）"：③

辟强，人名。一为张子房子，名辟强；二为顾氏名辟强，有名园。即古人镇恶、弃疾、去病意也。多有读"强"为"疆"者，误。

叶值（2013：72）曾有如下辨析：

习辟强，《魏书》作"辟疆"，其他文献均作"辟强"。"强"字繁体有与"疆"相近者，

---

① 楼钥：《攻媿集》，《丛书集成新编》（第六四册），新文丰出版公司 1985 年版，第 498 页。

② 按"去华"取意为何尚难断定。从其含义及与之并列的人名来看，"华"表示的应该是一个意义消极或含贬义的词，可能是指浮华，而"去华"即追求朴实之意。待考。

③ 龙膺：《龙膺集》，岳麓书社 2011 年版，第 299 页。

当为传刻致误。江西习氏诸家谱都同时记习凿齿有辟疆、辟强、辟简三子，显系谱匠的伪作。

刘晓东（1999：147）在讨论前引《匡谬正俗》之说时，对张良之子张辟彊也有类似的看法：

然留侯子名辟彊者，窃以为留侯固学黄老者，盖承老氏贵柔之教，而以辟御强梁之义名其子耳，当不与卫侯之名同旨。师古说疑非是。

可见，将“辟彊”解释为“辟御彊梁”并非《汉书》颜师古注（或许还包括司马贞《史记索隐》）所特有的说法。在他们之后，也有不少人持有相同的观点（很可能就是受到颜说的影响），甚至确实出现了以“辟御彊梁”为取意的人名“辟彊”。

不过，上引材料和说法都是汉代之后的，那么，在先秦秦汉时期，人名“辟彊”的取意是否可以理解为“辟御彊梁”呢？

“辟”训为“辟除”“辟御”自然没有问题（见前文），而“彊”能否解释为“彊梁”则值得考察。

典籍中可以视为这种省称的例子似乎也不少。如《诗经·大雅·荡》：“曾是彊御，曾是掊克。”毛传：“彊御，彊梁御善也。”《汉书》卷一百下《叙传》引“彊御”作“强圉”，颜师古注：“强圉，强梁御善也。”《诗经·大雅·烝民》：“不侮矜寡，不畏彊御。”《汉书》卷九十九上《王莽传上》引“彊御”作“强圉”，颜师古注：“强圉，强梁圉扞也。”后世直引或间引上述《诗经》二“彊御”，亦多据前揭毛传为说。这些注释对“御（圉）”字的解释虽然有所不同，但皆训“彊（强）”为“彊（强）梁”。王引之引王念孙说则详细论证了《诗经》中的“御（圉）”与“彊”为同义并列。① 其说甚是。此外，《尔雅·释言》：“强，暴也。”郭璞注：“强梁凌暴。”郝懿行义疏亦引《诗》毛传为注。②《太玄·疑》：“疑彊昭。”孙诒让《札迻》引范望注：“彊，彊梁也。”③《尚书·禹贡》：“荆及衡阳惟荆州。”疏引李巡注《尔雅》“汉南曰荆州”语：“荆州其气燥刚，禀性彊梁，故曰荆。荆，彊也。”亦皆可证。

甚至还有训“梁”为“彊梁”者，如《释名·释宫室》：“梁，彊梁也。”《史记》卷六《秦始皇本纪》：“贾人略取陆梁地。”张守节正义：“岭南之人多处山陆，其性强梁，故曰陆梁。”据其说，“陆梁”乃合“山陆”“强梁”而成。《晋书》卷十四《地理志上·梁州》：“梁者，言西方金刚之气强梁，故因名焉。”

按“彊梁”是叠韵联绵词，一般不能省略成单字，上引故训可能难免有望文生义的嫌疑；不过，即便训“彊（强）”或“梁”为“彊（强）梁”属于误解，至少汉代就已经出现这种说法了（如毛传、《释名》等），可见其时确实可以将“彊（强）梁”省称为“彊（强）”。此其一。

古人确有以“彊（强）梁”为名者，如侯马盟书所载参盟人名中有“弜梁”“恶梁”，裘锡圭（1992：55—56）指出就是以“强梁”为名。汉印有姓名“锜强良”（《秦汉印统》卷二16）、“笵强良”（私人藏印），施谢捷（2018：323—324）指出“强良”即“强梁”。后世有强梁氏，见王符《潜夫论》卷九《志氏姓》。又有“强梁”以名为氏的传说，如《元

---

① 王引之：《经义述闻》，商务印书馆1935年版，第264—265页。

② （清）郝懿行：《尔雅义疏》，齐鲁书社2010年版，第3046页。

③ 孙诒让：《札迻》，中华书局1989年版，第265页。

和姓纂》卷五“强梁”引《世本》：“卫将军文子生慎子会，生强梁，因氏焉。秦有左庶长校尉强梁皋。”汉印有“彊郎赛印”[①]，“彊郎”亦读为“彊梁”。[②]此其二。

从用字习惯来看，传世典籍和出土简帛、玺印资料中存在大量的单字名“彊”和“强”，它们如果读为“疆”则于义无取（何况“强”似乎从无用作“疆”的例子），应该只能是用来表示{强}的。而在汉代的双字名中，“彊”也往往有作“强”的异写，如人名“武彊”（甘肃简牍保护研究中心等，2011：编号73EJT10：131“肩水禽寇隧长韩武彊”；施谢捷，2014：1153号“孔武彊印”），或作“武强”（王人聪，2000：147号“何武强印”；《金薤留真》书19“富武强印”）；又如“汉彊”（居延新简E.P.T51：493、E.P.T53：29、E.P.T53：62、E.P.T53：69、E.P.T56：6A、E.P.T56：280A等多处简文都记录了甲渠鄣侯“汉彊”等，参看张德芳，2016[③]），或作“汉强”（施谢捷，2014：0410号“邓汉强印”）；“彊友”（“李彊友”；[④]黄濬，1990：338“聊彊友印”），或作“强友”（施谢捷，2014：2421号“王强友印”）；“辅彊”（施谢捷，2014：0531号“杜辅彊印”），或作“辅强”（施谢捷，2014：1321号；黄玉希，2012：243号“李辅强印”）等。可见这些双字名中的“彊”也是表示{强}的。此其三。

需要注意的，上引单字名或双字名中的“彊（强）”，是指强壮、强健、强劲之“强”；人名或姓氏之“强梁”亦取于褒义，正如裘锡圭（1992：56）所指出的：“在古代‘强梁’一词并不一定用于贬义。”而“辟彊（强）”之“彊（强）”如果确实指彊（强）梁，则应该是取其常见的贬义，即强横、凶暴、跋扈之意。当然，这两种取意其实并不矛盾，二者实际上是相通的，后者即由前者引申而来。此其四。

正如前引《汉书》颜师古注所说，“辟御彊梁”与人名“辟兵”“辟非”等取意相近。“辟兵”“辟非”皆为汉代常见的人名，均属于辟除、辟御外来的邪恶、伤害等一类取意。顺着颜注的思路，秦汉时期常见人名“辟死”（或异写作“彼死”，参看施谢捷，2018：324—326）亦可与“辟御彊梁”相类比。此其五。

此外，《太玄·彊》：“次六　克我彊梁，于天无疆。测曰：克我彊梁，大美无基也。”司马光集注：[⑤]

王本“无基”作“无疆”，今从诸家。宋曰：“无基谓无疆界，言广远也。”王曰：“六为彊主，得位当昼，能克彊梁，自彊其德，则君道益光，故至于天而无穷也。”光谓：“五以上作消，六过乎中而当昼，君子能与时消息，自胜其彊者也。如是则享有遐福，与天无疆矣。”

“克彊梁”的说法或可与“辟御彊梁”相对照。此其六。

以上所述，皆为人名“辟彊”具有“辟御彊梁”之义的可能性的证据。

① 汪启淑辑：《汉铜印丛》，西泠印社1988年版，第85页；汪启淑辑：《汉铜印原》，西泠印社1996年版，第126页。

② 此说蒙魏宜辉先生（2019年8月19日）赐告。

③ 广濑薰雄先生（2019年12月11日）赐告：这些“汉彊”为同一个人，参李振宏、孙英民（1997：77—79）。

④ 陈介祺辑：《十钟山房印举》，中国书店1985年版。下文同。

⑤ 司马光集注：《太玄集注》，中华书局1998年版，第75页。

五、“开辟疆土”说

比起“辟御彊梁”说，魏晋以后相信“开辟疆土”说的人似乎更多。前引“辟彊”的异文中，“辟疆”远多于“辟强”这一情况就可以在一定程度上说明这一点。此外，后世以“辟疆”为名者也不乏其人，如：

赵婿辟疆（傅璇琮、张剑，2011：591 引《初寮集》卷二）

直龙图阁王辟疆（傅璇琮、张剑，2011：598 引《宋会要辑稿》）

严辟疆[①]

杜公寺丞辟疆（曾枣庄，2015：2366；卷八六《三杜兄弟字序》）

冒襄字辟疆（《清史稿》卷五百一《遗逸列传·冒襄传》）

焦辟疆（刘泽民、李玉明，2012：478；上编《增修普觉寺碑记》）

张辟疆（刘泽民、李玉明，2010：339—340；上编《汇捐修姓名银数》）

近代以来又有蚕学专家郑辟疆，目录学家、诗人汪辟疆（原名国垣）等。

《汉语大词典》亦引贾谊《新书》语，取“开辟疆土”之说来解释“辟彊”：

古代君主专用之号。取开疆拓土之意。

按《新书·审微》谓：

昔者，卫侯朝于周，周行人问其名，曰：“卫侯辟彊。”周行人还之，曰：“启彊、辟彊，天子之号也，诸侯弗得用。”卫侯更其名曰熓，然后受之。故善守上下之陛者，虽空名弗使踰焉。

章学诚早已指出其说本自《韩非子·外储说》，[②]《外储说》原文谓：

卫君入朝于周，周行人问其号，对曰：“诸侯辟疆。”周行人却之曰：“诸侯不得与天子同号。”（旧注：开辟疆土者，天子之号。）卫君乃自更曰：“诸侯燬。”而后内之。仲尼闻之曰：“远哉禁偪，虚名不以借人，况实事乎！”（旧注：名“辟疆”，未必能“辟疆”，故曰“虚”也。）[③]

需要注意的是，《韩非子》中并没有“启彊（疆）”，只有“辟彊（疆）”。这似乎容易让人产生一个疑问：“辟疆”有没有可能其实只是当时周天子的名字，卫侯只是因为犯名讳而不是其取意僭越才改的名？“号”训为“名”古书习见，孙诒让《周礼正义》就根据前引《新书》“问其名”与《韩非子》“问其号”的不同，认为“号、名亦通称”，那么“天子之号”“不得与天子同号”之“号”也可能只是指名。[④]如果单就这些情况来说，当然可以做出上述推测。不过，无论其时周天子之名为何，从《外储说》后文所载孔子以“虚名”和“实事”来评价此事的言语来看，《韩非子》可能还是将“辟疆”理解为开辟疆土。

---

① 吴廷燮：《北宋经抚年表　南宋制抚年表》，中华书局 1984 年版，第 330 页。

② 章学诚：《乙卯札记》，中华书局 1986 年版，第 5 页。

③ 前人多已指出“熓”“燬”为一字异体。又，王先慎谓：“‘诸侯辟疆’、‘诸侯燬’两‘诸’字，皆涉‘诸侯不得与天子同号’句而误，‘诸’当作‘卫’。”（《韩非子集解》，中华书局 1998 年版，第 342 页。）

④ 孙诒让：《周礼正义》，中华书局 2015 年版，第 2668 页。

章太炎“卫侯燬灭邢”条云：[①]

卫侯本名辟彊，彊即疆。《管子》：“卫公子开方。”盖与辟彊为兄弟。辟、开同义，疆土、方域亦同。

其说以同时代的类似人名为证。刘晓东（1999：147）虽然将张良子张辟彊之名的取意解释为辟御彊梁，却引章太炎此说赞同颜师古将卫侯辟彊之名的取意解释为开辟疆土的说法：

唯卫侯事状可按，故得确知也。……（引者按：省略处即上引章说）以开方之名旁证之，兹义尤明。

章太炎所引手稿对此又有补论，曰：[②]

《管子·大匡》言：“公子开方可游于卫。”《小匡》言：“开封处卫。”开封即开方，封为封疆，义与辟疆尤近。

此外，齐宣王也叫辟彊，如果将之理解为开辟疆土，似乎仍旧有僭越之嫌。不过按照《韩非子》和《新书》所述，卫侯确曾名“辟疆”，而且其时为春秋时期，周天子权威尚存，故有改名之举；而战国时期周王室早已衰落，僭称为“王”者所在多有，何况只是取名为“辟疆”。

无论如何，从《韩非子》和《新书》来看，至少从战国以至西汉早期，将人名“辟彊”的取意理解为“开辟疆土”确实不是个别现象。

可以支持此说的还有春秋时期的楚人“薳启疆”（《左传·襄公二十四年》）。《汉书》卷二十《古今人表》录其名作“薳启彊”，典籍中亦多作此两种写法，只有《史记》卷三十一《吴太伯世家》“至雩娄”索隐引《左传》作“薳启强”。而敦煌写本《春秋左氏经传集解》则作“薳启彊”（张涌泉，2008：1154—1155）。按从时代上看，这一人名，先秦秦汉典籍皆作“薳启疆”或“薳启彊”，作“薳启强”应该是把“彊”视为“强”的本字或异体的观念兴起之

① 章太炎：《章太炎全集·春秋左传读、春秋左传读叙录、驳箴膏肓评》，上海人民出版社2014年版，第262页。

② 章太炎：《章太炎全集·春秋左传读、春秋左传读叙录、驳箴膏肓评》，上海人民出版社2014年版，第262页。

后才出现的。而从故训来看，古代“启”多训为“开”，正适用于人名“蘧启彊（疆）”。[①] 此外，春秋晚期金文有“王子启疆尊”（吴镇烽，2012：11690号），亦以“启疆”为名。[②]

《晏子春秋·内篇谏下》又有“田开疆”，吴则虞（2011：128—129）集释：“《艺文类聚》八十六、《事类赋》、《合璧事类》、《柳河东集》注引俱作‘疆’，《后汉书》卷六十、又九十注、《尔雅》疏引俱作‘彊’，《御览》九百六十七又作‘强’，《乐府解题》作‘田强’，案作‘疆’者是。”张纯一（2014：117）校注：“《后汉书·马融传》注作‘彊’。《太平御览》九百六十七作‘强’。《尔雅》阮元校勘记云：‘开疆犹辟疆也，作“彊”盖误。’”按作“彊”未必误，字可读为“疆”；从时代上看，作“强”恐怕仍然是后出异文。居延新简EPT57：54有“田开彊”，邢义田（2017：309—310）、刘娇（2018：302）已指出即《晏子春秋》之“田开疆”。[③] 人名“开彊（疆）”与“启（彊）疆”取意相近。

开辟疆土是古代十分常见的理念，不仅传世典籍中有诸多论述，出土文献中亦有类似的说法，如中山王䜌鼎有“辟启封彊（疆）”句（中国社会科学院考古研究所，2007：02840B号），中山王䜌方壶有“刱（创）辟封彊（疆）”句（中国社会科学院考古研究所，2007：09735.3号）。

除了前引章太炎所揭典籍中的类似人名外，先秦秦汉玺印中也有不少取意与“开辟疆土”相近的人名，如“启封”[罗福颐，1981：0861号；庄新兴，1998：53“长𢼄（启）𡉚（封）”]、“辟封”[罗福颐，1981：4091号；罗福颐，1982A：209号、庄新兴，1998：83“后闢（辟）𡉚（封）-后闢（辟）圭（封）”）、“广地”（萧春源，2005：155“官朔之印—官广地—官长子”）]、“斥地”（罗福颐，1982B：卷九05“韩斥地印”；许雄志，2006：255号“侯

① 只有《诗经·大雅·皇矣》“启之辟之，其柽其椐”一句，后人有不同的理解。如程颢、程颐谓：“‘启之辟之’，谓芟除也。”（《二程集》，中华书局2004年版，第1083页）朱熹集传：“启、辟，芟除也。”（《诗集传》，凤凰出版社2007年版，第215页）不过一则这种解释出现得非常晚，二则“芟除”之说可能是从另一个角度对同一件事的不同表述。《皇矣》相关诗句作：“作之屏之，其菑其翳。修之平之，其灌其栵。启之辟之，其柽其椐。攘之剔之，其檿其柘。”此四句看似并列，实则有别。前人早已指出，由于草木不同和目的不同，诗句中的那些动词所描述的行为其实也不相同，如陈桥枞谓：“以上四者（引者按指处理菑、翳、灌、栵等草木四事），皆开山通道之首事也。下文云云，乃辟地定居之事。柽、椐，易生之木，故其地则启之辟之；檿、柘，有用之材，故其树则攘而剔之。如是者土地既广，树木亦茂，故下章即继以‘柞棫斯拔，松柏斯兑’也。”（王先谦《诗三家义集疏》，中华书局1987年版，第853—854页）可见所谓“芟除”柽、椐是由开辟土地造成的，“启”恐怕本没有“芟除”之义，这种解释可能是受到并列文句以及“辟”之“除”义的影响形成的。不过，不同的是“辟”由“开辟”引申出的“除”义在典籍中多次出现，已经成为一个固定的义项；而“启”即便可以由“开”引申为“芟除”，也只是一种临时的随文释义，不能将之视为“启”的一个新义项。何况，前人几乎未对此句之“启”加以特别解释，恐怕也是因为它用的是常训，二程和朱熹的解释恐不合文义。

② 此例蒙陈伟武先生（2019年11月10日）赐告。

③ 邢义田（2017：309-310）所引安阳画像石（图3.1、3.2、3.3）榜题有人名“陈閰強”，陈彦堂和邢氏皆认为即“田开彊”，其说甚是。然所谓“強”字作（图3.2），潘伟斌摹作（图3.3），按该字右旁笔画较为模糊，但摹本的文字结构不太协调，恐不确；从文献不用“强”表示{疆}的用字习惯来看，该字更可能是“彊”字。附志于此，待考。

斥地”；沈沉，2000：二 290“赵斥地”），皆可类比；又如“广国”“广汉”，亦与之颇为相似。非人名或难以确定为人名（部分可能是成语）者如“开边”（《十钟山房印举》卷二 13“开边将军之印”）、“启邦”（吴砚君，2017：169 号“启邦”）、“广邦”（吴砚君，2013：249 号“克地广邦”）等，亦可与之对照。

六、结论

前文分别论述了将人名“辟彊”的取意理解为“辟御彊梁”和“开辟疆土”两种说法的可能性及相关证据，从中可以看出，“开辟疆土”说恐怕比“辟御彊梁”说更为直接，其证据也比后者充实得多。

虽然先秦秦汉时期也有一些材料似乎可以作为“辟御彊梁”说的证据，但这些材料缺乏直接有效的证明力，顶多只能算是旁证。而更主要的是，“辟御彊梁”说还存在如下一些缺点或难以解释之处。首先，该说出现的时代太晚。人名“辟彊”在先秦秦汉时期皆不乏其例，但直到魏晋以后才出现“辟御彊梁”说的一些端倪，唐代才有明确的这种说法。而“辟疆”从先秦开始就是古人常语，而且《韩非子》和《新书》已明确指出人名“辟彊”就是取意于“开辟疆土”。其次，从逻辑上说，即使“彊梁”可以省称为“彊”或“梁”，也不能说明“彊”或“梁”就一定是“彊梁”的省称；何况如果人名“辟彊”之“彊”确实是“彊梁”的省称，由于“彊梁”也可以省称为“梁”，那么当时也很可能存在人名“辟梁”，然而我们在出土的先秦秦汉文字资料中并没有发现这个人名。至于“贵柔”和“辟御彊梁”之间在逻辑上没有关系，不能以前者来解释后者。

实际上，把“辟彊”误解为“辟御彊梁”很可能跟“彊”与“疆”的分化进程有一定的关系：从某个时代开始，“彊”被视为“强”的异体字，因此“辟彊”就被误解为“辟御彊（强）梁”。[①] 这个时代，很可能就是俗字盛行的魏晋隋唐时代。前引中古石刻文献多次出现人名“辟强”，正说明“辟彊”改作“辟强”是发生在魏晋隋唐时期的；而这一改写，显然正是因为“辟御彊（强）梁”这一新解的出现和流行。

综上所述，我们认为，先秦秦汉的人名“辟彊”，还是应该读为“辟疆”，取意于“开辟疆土”，颜师古《匡谬正俗》中的相关理解是正确的。颜师古注《汉书》之所以记录两说，可能只是他当时的理解，更多的则是因为此前不久“辟御彊梁”这种新解已经产生并为他所采录。当然，我们知道，后来他又摒弃了这一新说。司马贞、何焯等人由于未能充分注意文字、词义尤其是用字习惯的历时演变，亦即未能辨析此二说存在时代先后不同、后者由前者发展派生而来等问题，因而未能做出有效的梳理和明确的取舍。

当然，我们仍需要注意以下两点。其一，对比玺印中取意相近的人名，以“辟彊（疆）”为人名，可能更多的是取意于建功立业一类的含义，而不仅仅像《韩非子》和《新书》所说的那样限于天子所用。或者说，天子专用只限于“辟彊（疆）”的早期取意，后世其取意和使用范围则均有所扩大。其二，说“辟彊”取意于“开疆辟土”只是就先秦秦汉人名而言。后世接受并信服“辟彊”为“辟御彊梁”的说法的例子是切实存在的，这应该是受到魏晋隋唐时期出现的新说的影响，是一种误解。但正是这种误解的产生和传播，才导致魏晋以后的

① 这一点蒙广濑薰雄先生（2019 年 12 月 11 日）赐告。

历史中，同时存在着两种理解，为“辟彊”的变化及其历史背景提供了更为丰富的材料。这种现象正是本文想要特别揭示的。

参考文献

北京图书馆金石组编，1989，《北京图书馆藏中国历代石刻拓本汇编》（第五册），中州古籍出版社。

北京大学图书馆金石组、胡海帆、汤燕编，2018，《1996—2017 北京大学图书馆新藏金石拓本菁华（续编）》，北京大学出版社。

陈汉第辑，1987，《伏庐藏印》，上海书店。

大同北朝艺术研究院编著，2016，《北朝艺术研究院藏品图录：墓志》，文物出版社。

方斌、郭玉海主编，2007，《金石千秋：故宫博物院藏二十二家捐献印章》，紫禁城出版社。

傅璇琮、张剑主编，2011，《宋才子传笺证（北宋后期卷）》，辽海出版社。

甘肃简牍保护研究中心等编，2011，《肩水金关汉简》（壹），中西书局。

韩天衡辑，1987，《秦汉鸟虫篆印选》，上海书店出版社。

韩天衡、孙慰祖辑，1989，《古玉印精萃》，上海书店出版社。

韩天衡、孙慰祖辑，2002，《古玉印集存》，上海书店出版社。

黄濬辑，1990，《尊古斋金石集》，上海古籍出版社。

黄玉希编，2012，《禾德堂印留》，艺文书院。

季旭昇，2014，《说文新证》，艺文印书馆。

荆门市博物馆编，1998，《郭店楚墓竹简》，文物出版社。

李春桃，2016，《古文异体关系整理与研究》，中华书局。

李学勤主编，2012，《字源》，天津古籍出版社。

李振宏、孙英民，1997，《居延汉简人名编年》，中国社会科学出版社。

刘娇，2018，《居延汉简所见六艺诸子类资料辑释》，《出土文献与古文字研究》（第七辑），上海古籍出版社。

刘晓东平议，1999，《匡谬正俗平议》，山东大学出版社。

刘泽民、李玉明主编，2010，《三晋石刻大全（运城市盐湖区卷）》，三晋出版社。

刘泽民、李玉明主编，2012，《三晋石刻大全（晋城市泽州县卷）》，三晋出版社。

刘　钊，1999，《古文字中的人名资料》，《吉林大学社会科学学报》第 1 期。

罗福颐主编，1981，《古玺汇编》，文物出版社。

罗福颐主编，1982a，《故宫博物院藏古玺印选》，文物出版社。

罗福颐编，1982b，《汉印文字征补遗》，文物出版社。

罗振玉辑，1988，《赫连泉馆古印存》，上海书店出版社。

洛阳市文物工作队，1991，《洛阳出土历代墓志辑绳》，中国社会科学出版社。

马蓉等点校，2004，《永乐大典方志辑佚》，中华书局。

裘锡圭，1992，《甲骨文字考释（续）·说“弘”“强”》，载裘锡圭《古文字论集》，中华书局。

裘锡圭，2013，《文字学概要》（修订本），商务印书馆。

上海书画出版社编，1979，《上海博物馆藏印选》，上海书画出版社。
沈沉主编，2000，《中国篆刻全集》，黑龙江美术出版社。
施谢捷编，2014，《虚无有斋摹辑汉印》，艺文书院。
施谢捷，2018，《简牍人名（双名）释读札记》，载复旦大学出土文献与古文字研究中心编选《探寻中华文化的基因》（一）“出土文献与古文字研究卷”，商务印书馆。
王人聪编，2000，《香港中文大学文物馆藏印续集三》，香港中文大学文物馆。
王叔岷，2007，《史记斠证》，中华书局。
吴砚君编著，2013，《盛世玺印录》，艺文书院。
吴砚君主编，2017，《盛世玺印录·续壹》，文化艺术出版社。
吴则虞，2011，《晏子春秋集释》（增订本），国家图书馆出版社。
吴镇烽，2012，《商周青铜器铭文暨图像集成》，上海古籍出版社。
萧春源辑，2005，《珍秦斋藏印·汉魏晋唐宋元篇》，澳门民政总署文化康体部。
邢义田，2017，《汉画、汉简、传世文献互证举隅》，载李宗焜主编《古文字与古代史》（第五辑），台湾“中研院”历史语言研究所。
许雄志编，2006，《鉴印山房藏古玺印菁华》，河南美术出版社。
严旭疏证，2019，《匡谬正俗疏证》，中华书局。
叶值，2013，《习凿齿传》，湖北科学技术出版社。
曾枣庄主编，2015，《宋代序跋全编》，齐鲁书社。
曾枣庄、刘琳主编，2006，《全宋文》，上海辞书出版社、安徽教育出版社。
张纯一，2014，《晏子春秋校注》，中华书局。
张德芳主编，2016，《居延新简集释》，甘肃文化出版社。
张世超、孙凌安、金国泰、马如森，1996，《金文形义通解》，中文出版社。
张涌泉主编，2008，《敦煌经部文献合集》，中华书局。
中国社会科学院考古研究所编，2007，《殷周金文集成》（修订增补本），中华书局。
周绍良、赵超主编，2001，《唐代墓志汇编续集》，上海古籍出版社。
庄新兴编，1998，《古玺印精品集成》，上海古籍出版社。
庄新兴编，1999，《汉晋南北朝印风》，重庆出版社。
庄新兴、茅子良编，2000，《中国玺印篆刻全集·玺印》，上海书画出版社。

（原文刊于《中国语文》2023 年第 2 期）

《颜氏家训·风操》“时以为笑”新说[*]

朱冠明　李佳琪

提要：《颜氏家训·风操》第 34 条：“尝有甲设宴席，请乙为宾；而旦于公庭见乙之子，问之曰：‘尊侯早晚顾宅？’乙子称其父已往。时以为笑。如此比例，触类慎之，不可陷于轻脱。”为何“时以为笑”，即乙子有何过失，遭时人嘲笑？这涉及对本段文字的准确理解。以往分析其笑点，有人认为在“误言‘其父’”，有人认为在“不明‘早晚’”，有人认为在“‘已往’犯讳”，等等。本文认为当在乙子不明“顾宅”为“返家”义，答非所问，故贻人笑柄。

关键词：颜氏家训；早晚；已往；顾宅

1. 引言

颜之推《颜氏家训》卷 2“风操”篇有这样一则小故事：

尝有甲设宴席，请乙为宾；而旦于公庭见乙之子，问之曰：“尊侯早晚顾宅？”乙子称其父已往。时以为笑。如此比例，触类慎之，不可陷于轻脱。（王利器，1993：113）

其中“轻脱”一词，源自《左传·僖公三十三年》：“秦师轻而无礼，必败。轻则寡谋，无礼则脱；入险而脱，又不能谋，能无败乎？”杨伯峻（1981/2016：540）注：“轻指超乘，谓其轻佻不庄重也；……脱，简易也，今曰脱略，疏略。”又朱东润（2008：59）注：“轻：轻狂放肆。”“脱：脱略，就是粗心大意。”乙子有何过失，以致时人以之为笑，且使颜之推评价他轻率粗心、子孙当慎以为戒？

自清人注《颜氏家训》以来，[①] 对这一问题进行探讨的文献不下十余种，答案也莫衷一是，至今仍有争议。本文在检讨前人相关说法的基础上，重新分析“时以为笑”的原因。

2. 以往的观点

巧合的是，台湾和大陆都在同一年（1993 年）再版了《颜氏家训》一书的汇注 / 集解本，即周法高（1960/1993）和王利器（1980/1993），二书都关注到“时以为笑”这一问题，汇集了前人的诸种说法，并提出己见。此外近年几种注解本如方一新、王云路（1993/2018：422），程小铭（1993/2008：63），庄辉明、章义和（1999/2012：57）等也各有所持，汪维辉（2019）则是研究这一问题的最新成果。以下分别介绍。

---

* 本文为国家社科基金重大项目“佛典语言的中国化”（编号：20&ZD304）成果。汪维辉、真大成二位先生和匿名审稿人提出了宝贵意见，博士生林智、李思贤也为本文写作提供了帮助，一并致谢。

① 清以前《颜氏家训》无注本，清人赵曦明（1705—1787）始为之作注，卢文弨于乾隆 54 年（1789）将赵注本七卷收入“抱经堂丛书”刊布，并作补注。严式诲（1890—1976）于民国 17 年重刊卢本，又附《颜氏家训补校注》一卷。

2.1 周法高《颜氏家训汇注》

周法高（1993：26）在“乙子称其父已往”下引用以下诸家说法，并提出己说：①

1）（卢文弨）补（注）：“从他人称之，可云其父；亲子称父，不容亦著其字。至对甲言，当云已赴嘉招，亦不当言已往。”

2）郑（郑珍及其子郑知同）校本签曰：“‘已往’，嫌谓父已亡。‘其父’是属父之词，非乙子谓父为‘其父’也。卢云，子称父不应著其字，解误。”

3）林（思进）曰：“补（指卢的补注）似微误。‘其’字乃书中语气。下云‘时以为笑’者，盖笑其不审早晚，不顾望而对，遽云‘已往’。所以陷于轻脱，此耳。”

4）刘（盼遂）曰：“按补注全瞶瞶。此甲问乙子，乙将以何时可以枉过；②乙子不悟，答以其父已往，遂成笑柄。盖六朝唐人通以早晚二字为问时日远近之辞。《洛阳伽蓝记·璎珞寺》：‘李澄问赵逸曰：太尉府前甎浮图，形制甚古，犹未崩毁，未知早晚造？逸曰：晋义熙十二年，刘裕伐姚泓军人所作。’”

5）（周法高）案：郑说“已往嫌谓父已亡”，是也。宋岳珂《桯史》卷七：“昔有一朝士，出谒未归。有客投刺于门，阍者告之以某官不在，留门状俟归呈禀。客忽勃然发怒，叱阍者曰：汝何敢尔？凡人之死者，乃称不在。我与某官厚，故来相见，某官独无讳忌乎？而敢以此言目之耶？”讳“不在”与讳“已往”相似。

2.2 王利器《颜氏家训集解》

王利器（1993：114）同样在“乙子称其父已往”句下出注，主要引用了林思进和刘盼遂两家说法，并出已见：

器案：刘说是。姚元之《竹叶亭杂记》七：“京中俗语，谓何时曰多早晚（早字俗言读音近盏）。《隋书·艺术传》：‘乐人王令言亦妙达音律。大业末，炀帝将幸江都，令言之子尝从于户外弹琵琶，作翻调《安公子曲》。令言时卧室中，闻之大惊，蹶然而起曰：“变变。”急呼其子曰：“此曲兴自早晚？”其子对曰：“顷来有之。”’族弟子伯山曰：‘然则此语，盖由来已久。’”姚氏所举王令言事，亦足为证。

以上两种汇注 / 集解，实际上提出了三种观点：一为卢文弨说，认为乙子之过在于称己父为“其父”，对甲言“已往”不如“已赴嘉招”雅致，但卢说显然不通，已被郑、林、刘诸家否定；二为郑氏父子说，认为乙子言父“已往”有“已亡”之嫌（因“往”有“死亡”义），周法高赞同此说，并佐以《桯史》之例；三为林思进说，认为乙子不明“早晚”一词之义，仓促作答，刘盼遂、王利器均持此说，且广举“早晚”义为“问时日远近”的用例。

---

① 以下周法高引卢文弨观点见于民国17年渭南严氏孝义家塾刻本《重校颜氏家训》（《续修四库全书》第1121册，第615页），周和王利器所引林思进观点见于严式诲《颜氏家训补校注》（《续修四库全书》第1121册，第681页），周、王所引刘盼遂观点见于刘盼遂（1930）。又周引郑氏父子观点见于郑氏校本签，此本旧藏北平人文科学研究所，今归台湾历史语言研究所（周法高，1993：例言第2页）。括号中的文字如“（卢文弨）”等为笔者所补。感谢真大成教授惠赐周法高《汇注》一书相关内容的图片。

② “枉过”周法高引作“枉顾”；下文“宋岳珂《桯史》卷七”周法高原作“宋岳柯《桯史》卷六”。

2.3 近年所见诸说

两种汇注/集解本之外，20世纪80年代至今，各家出版的《颜氏家训》的各种注译、选译等普及本多达一百数十种，[①] 但在这一问题上多为承袭旧说。以下四种可为近年研究的代表：

1）方一新、王云路（2018：422）同林说，在“题解”中指出：“乙子不明‘早晚’之义，答非所问，竟成笑柄。这类事现实生活中颇多，我们实在应该‘触类慎之’。”方、王还在“注释”部分注“早晚”为“何时”，并举有《全晋文》《洛阳伽蓝记》《魏书》《北齐书》等多个与《颜氏家训》时代相近的中古用例。他们对“早晚”中古用例的发掘是其贡献。

2）程小铭（2008：63）同郑说，他指出“时以为笑”的原因有多种解释，并引用了林、刘以及郑氏父子的说法，但他的译文从郑氏，表明他更赞成这一说法。因郑说在大陆颇不易见，程著较早引介此说，不过遗憾的是他在书中未交代所引郑说的出处。

3）庄辉明、章义和（1999/2012：57）同林说，他们仅引林、刘说法而未做说明。

4）汪维辉（2019）是分析“时以为笑”原因的一项最新成果，他反对林说（“不审早晚”）而赞成郑说（“嫌谓父已亡”），因此汪文重点分析了方、王之说“在逻辑上恐怕难以讲通”，并力图证成问题出在“乙子答语中‘已往’的‘往’字”（详后文）。

3. 谁不明“早晚”

如上所述，将“时以为笑”归因为乙子不明“早晚”之义的观点很有影响，林思进、刘盼遂、王利器、方一新和王云路、庄辉明和章义和等都持此说。但乙子真的不明“早晚”吗？

汪维辉（2019）不同意此说，他重点对方、王（2018）予以反驳，并举有四条理由：

《读本》以为是因为“乙子不明‘早晚’之义，答非所问，竟成笑柄”，这一解释在逻辑上恐怕难以讲通，因为：

1）甲问乙子“令尊大人何时光临寒舍”，乙子说他的父亲已经去了，这说明乙子并非不明“早晚”之义，他的回答跟甲的问题完全对得上，并没有“答非所问”。

2）如果是“乙子不明‘早晚’之义，答非所问”，这只能说明他的语言知识匮乏，谈不上“陷于轻脱”。

3）《读本》引诸例证明“早晚”有“何时”义，甚是，这也可以说明当时人是懂得这个新兴口语词的，乙子不可能“不明‘早晚’之义”。

4）这段文章出自《风操》篇，该篇头上开宗明义，说道：“吾观《礼经》，圣人之教……故聊记录，以传示子孙。”王利器注：“风操，谓风度节操。《晋书·裴秀传》：‘少好学，有风操。’又《王劭传》：‘美姿仪，有风操。’”（59—60页）本篇所“记录以传示子孙”的，都是有关“士大夫风操”的正反实例，本条也是其中的一个反面例子，如果仅仅是“乙子不明‘早晚’之义答非所问”，则无关乎“风操”，不应置于本篇。

汪文这四条理由的前三条均言之成理，很好地反驳了乙子因不明“早晚”之义而为时人所笑这一观点，我们完全赞同。确如汪文所言，询问时间的“早晚”一词是中古时期的“新

① 见程时用（2016：301-309）所列《颜氏家训》的各注译版本和普及读物。

兴口语词”，[①]方、王及刘盼遂等所举的丰富用例恰好能说明这一点；既然是新兴且流通较广的口语词，乙子只要有正常的语言能力，不至于不懂得这个词，其过失不在于“不审早晚”。

但汪文第四条理由值得推敲。本条涉及《风操》篇的“篇义宗旨”，汪文采用王利器注，认为“风操”指（士大夫的）风度节操，因此本篇所记“都是有关‘士大夫风操’的正反实例”，假如乙子仅因不明“早晚”之义而答非所问，则“无关乎‘风操’”，即与本篇宗旨不合，不应置于本篇。本来从是否符合篇义宗旨这个角度来论定乙子过失之所在（“笑点”所在），不失为一个好的思路，但“风操”是否真如王利器所言，是指“风度节操”，而本篇所记事例是否都关乎士大夫的品行修养、道德操守呢？

4. “风操”是什么

《风操》篇共有40条，[②]除第一条总论本篇要旨外，其余39条各载见闻事实，“以示子孙”。“风操”作为本篇的题目，其含义可从两方面来考察，一是分析第一条总论，看看颜之推到底怎么界定“风操”；二是逐条查考本篇其他39条事实，看看这些事实总体反映什么共同的思想主题。

4.1 颜之推论“风操”要旨

《风操》篇的第1条颜之推总论篇旨：

吾观《礼经》，[③]圣人之教：箕帚匕箸，咳唾唯诺，执烛沃盥，皆有节文，亦为至矣。但既残缺，非复全书；其有所不载，及世事变改者，学达君子，自为节度，相承行之，故世号士大夫风操。而家门颇有不同，所见互称长短；然其阡陌，亦自可知。昔在江南，目能视而见之，耳能听而闻之；蓬生麻中，不劳翰墨。汝曹生于戎马之间，视听之所不晓，故聊记录，以传示子孙。（第1条，王利器，1993：59）

这段话有三层意思：（1）箕帚匕箸之类的日常举止礼仪在《礼经》既有规范，博学君子也各自斟酌实行，这就是士大夫的“风操”；（2）各家奉行的规范不尽相同而各有长短，

① 中古近代产生了一批由一对反义词组合而成的疑问词，除询问时间点的“早晚”（何时）外，还有询问时间段的“久近”（多久），询问数量的“多少”，询问体积等的“大小”（多大）等，例如：

[1] 彼仙人者，处在山泽，久不见人，得猎者至，甚大欢喜，命令就坐，与甘果美浆，共相慰劳。猎师白言：“止此久近？”答言：“止此以来，经尔所时。”（东晋·佛陀跋陀罗共法显译《摩诃僧祇律》，22/230c）

[2] 桓又问：“官有几马？”答曰：“不问马，何由知其数？”又问：“马比死多少？”答曰：“未知生，焉知死。”（《世说新语·简傲》，余嘉锡，2007：908）

[3] 帝又问：“尊师饮户大小？”净能奏曰：“此尊大户，直是饮流，每巡可加三十五十分，卒难不醉。”（《敦煌变文·叶静能诗》，项楚，2006：450）

② 庄辉明、章义和（1999/2012）给《颜氏家训》的每一条都编了号，《风操》篇各条目编号为6.1—6.40，本文所论“时以为笑”这一条编号为6.34；庄、章在“前言”中说明“原文沿用《集解》”，故其各条的分合情况同《集解》。

③ 赵曦明注下文“箕帚”“匕箸”“咳唾”“唯诺”“执烛”“沃盥”诸事，都引《礼记》文字以明出处（见王利器，1993：59—60），可知这里的《礼经》即指《礼记》；又本篇第29条所引《礼经》文字，也源于《礼记》。

但大致方向（阡陌）还是清楚的；（3）本人过去在江南对这些礼俗多所闻见，因虑子孙遭逢战乱不得见闻，所以记下来传示子孙。从上引王利器注及其所引《晋书》品评裴秀和王劭的例句看，“风操”是指人在品行修养和道德操守方面的品质，但颜之推这段“总论”则基本不涉及人的品德，显然王对“风操”的注解是不符合颜之推的意旨的。这从本篇所记39条事实看得更清楚。

4.2 《风操》篇所记事实

《风操》篇所记39条事实大体可分为四大类：

（1）与避讳相关，共7条：第2—6、21、33条；

（2）与名字称呼有关，共12条：第7—11、13—15、17—20条；

（3）与丧亡有关，共13条：第12、22—32、35条；

（4）其他，共7条：第16条（南北别离之异）、第34条（乙子为时人所笑）、第36条（痛之所呼）、第37条（梁世被系劾者其子孙所为）、第38条（父祖在军或疾笃其子孙所为）、第39条（结兄弟当慎而北俗轻此）、第40条（门不停宾）。

凡此四类，都与士大夫的品行修养没有直接关系，而重在讲述避讳、称呼、丧事等方面各自操持的风俗礼仪，尤其是南北差异。这39条中明确以“江南、江东、江左、南人”与“河北、山东、北间、北土、北人”相对而标举南北风俗差异的就有18条，即第5、12 — 18、21 — 23、27 — 28、35 — 37、39 — 40条，略举2例如下：

（1）南人冬至岁首，不诣丧家；若不修书，则过节束带以申慰。北人至岁之日，重行吊礼；礼无明文，则吾不取。南人宾至不迎，相见捧手而不揖，送客下席而已；北人迎送并至门，相见则揖，皆古之道也，吾善其迎揖。（第12条，王利器，1993：77）

（2）江南凡遭重丧，若相知者，同在城邑，三日不吊则绝之；除丧，虽相遇则避之，怨其不己悯也，有故及道遥者，致书可也；无书亦如之。北俗则不尔。江南凡吊者，主人之外，不识者不执手；识轻服而不识主人，则不于会所而吊，他日修名诣其家。（第23条，王利器，1993：96）

又，“风”在《风操》篇中共出现12次，除“屏风”1次与此无关外，还有“风操”1次，其他“风俗”6次、“风教”2次、“遗风”1次、“门风”1次，这些“风”都指“风气、风俗”，因此本篇“风操”也当指“（士大夫）操持的风俗规范”，断非与个人品行修养相关的“风度操守”。

程小铭（2008：35）在本篇“题解”中指出：“本篇论士大夫‘风操’，即士大夫所应遵循的种种礼仪规范，并论及南北风俗习尚的差异”“作者一生遍历南北，故他往往把南北风俗习尚加以比较，并表明自己的褒贬态度”等，他对篇题“风操”的解说是很准确的。①

4.3 “时以为笑”条的归类

本文所讨论的第34条“时以为笑”，说的是乙子个人行为以及引起的社会反应，其内容并不属于“风俗习尚”范畴，为何被置于“风操”篇内呢？

首先，古人篇题往往不能与篇内全部条目内容严格契合，个别条目与所在篇题关系疏远

① 邓嗣禹（Teng SSu-Yü，1968：22）将“风操”译为customs and manners（风俗礼仪），其理解与程小铭一致。

是常见现象。以《世说新语》为例，该书共三十六篇（门），篇下某些条目的归属不当已成为历代点评者津津乐道又聚讼纷纭的问题（参看林莹，2019）。

其次，就《颜氏家训·风操》而言，除本条外，也还有其他与篇题“风操”不太相合的条目，如第3条写沈氏因某人名“审”而在给他写信时只具名不写姓（王利器，1993：64）、第7条写某些人将古人连姓带名一起用为名字（王利器，1993：70）、第30条写某女因见其亡母旧物而哀伤至死（王利器，1993：108）等。这几条都是写个别人的行为，与“风俗习尚”无关，多是在记述某种“风俗习尚”时连类而及，如第3条前后条目与避讳的习俗有关，第7条前后条目与名姓称呼的习俗有关，第30条前后条目与悼亡的习俗有关。本条写乙子因不慎而为时人所笑，也正是与前文第33条写刘氏兄弟为避父讳而一生处处留心却依然防不胜防有关，刘氏兄弟是过于谨慎，而乙子则是过于不慎（因此颜之推告诫子弟要“触类慎之”）。至于乙子如何不慎，后文揭晓。

由此可见，方一新、王云路（2018：422）认为“时人笑之”的原因在于“乙子不明‘早晚’之义答非所问”，固然未中鹄的，而汪维辉（2019）反驳方、王之说，认为乙子之过假如在“不明‘早晚’而答非所问”，则“无关乎‘风操’而不应置于本篇”，也于理未安。但前文说到，汪文反驳方、王之说的前三条理由还是很有说服力的，那么，汪文破了方、王旧说，其所立新说是什么呢？

5. “已往”犯讳吗？

5.1 汪文的新索隐

汪维辉（2019）明确提出：“我认为这里的笑点是乙子答语中‘已往’的‘往’字。”其具体论述如下：

> “往”是个多义词，除了常用义“去”之外（这是乙子的本意），古代还有“死；死者”义，《汉语大词典》和《汉语大字典》均有收例，引例有：……可见此义是当时读书人所熟知的。所以“乙子称其父已往”（存殁）这样解释本条不仅跟“风操”的篇旨相关合，也合乎文章谋篇布局。
>
> “往”指“去世；逝者”，《颜氏家训》中即有内证……像“往”“归”“孤”这样在古代有特定含义的词古书中所在多有，古代士大夫说话行文往往是注意避忌的，解释时要特别留意，“不可陷于轻脱”。

显然，汪文观点与前文2.1所引郑氏父子及周法高的观点一致，认为乙子回答“已往”是不懂避忌，有言其父“已经死了”之嫌，因此为时人所笑。但是，日常言语中真的会因为“往”是个多义词，有“死、死者”这样的不祥之义，人们说话就需要避忌吗？答案是否定的。

5.2 中古汉语的“已去”

《颜氏家训》所在的中古时代“已往”其实很少见，且用例多表时间（过去或将来），如例（3）；表示“已经去往（某处）”除本文讨论的“其父已往”外，其他只是偶见，如例（4）：

（3）夫神以知来，不追已往，祯祥先见而后废兴从之。（《三国志·魏书》卷11“管宁传”，中华书局1959年版，第361页）| 自今已往，事无巨细，必经太子，然后上闻。（《南齐书》卷57“魏虏传”，中华书局1972年版，第984页）

（4）若一人已往，一人后复欲往者，当作如是念……（东晋·佛陀跋陀罗共法显译《摩

诃僧祇律》，22/347b）| 东林山寺使至，逮八月八日诲，用慰驰结。仰承已往衡山，至当稍久。（杨广《与释智顗书》，《全隋文》卷6，中华书局1958年版，第4048页）

但中古新产生的趋向动词“去”显示了很强的生命力，有替代“往”之势，“已去”的使用频率也远远高于“已往”。如东晋佛陀跋陀罗和法显译《摩诃僧祇律》中“已去”共出现14次，其中表时间9次（“从今已去”8次、“自今已去”1次）、表趋向动作义“已经走了”5次；“已往”则只出现3次，表时间2次（“从今已往”“自今已往”各1次）、表趋向动作义“已经走了”1次。我们可以从“已去”的用法来观察“已往”的用法。

5.2.1 “去”在中古的发展

中古时期，原本为“离开”义的“去”在词义上有两个发展。

一是发展出了“去往”义。据林智（2022），可靠的“去往”义的“去”较早见于西晋译经（而非以往研究中论定的“东汉”），如“尔时，萨陀波伦闻空中声已，于是东行。东行不久，意中念言：‘向者不问，我当于何去？去是几所？当从谁闻？’”（西晋·无罗叉译《放光般若经》，8/142a）此义的“去”在东晋时期成熟，朱庆之（1992：177 — 178）举了不少东晋以后“去”带终点宾语的例子，是其成熟的标志，如：“是时有一异比丘，于竹园去罗阅祇国，适在中间，为蛇所啮。”（东晋·竺昙无兰译《玄师飏陀所说神咒经》，21/901c）

二是发展出了“死亡”义。[①]《汉语大词典》引陶渊明《杂诗》之三“日月还复周，我去不再阳”，释“去”为“去世，死亡”。隋树森（2018：41）注《古诗十九首》引李周翰“去者谓死也，来者谓生也”；项楚（2010：99、666）多处注释“去”有“死”义，举中古多个用例；朱庆之（1992：179—180）也举有中古佛典中多个“去”为“死亡”义的用例。

可见，“去”同“往”一样，在中古是个既有“去往”义，又有“死亡”这个不祥义的多义词，那么人们在日常言谈中需要避忌它吗？

5.2.2 “已去”无须避忌

《世说新语·方正》有一条“已去”用例，其言说语境与《颜氏家训·风操》“时以为笑”条相当接近：

（5）陈太丘与友期行，期日中。过中不至，太丘舍去，去后乃至。元方时年七岁，门外戏。客问元方：“尊君在不？”答曰：“待君久不至，已去。”友人便怒曰：“非人哉！与人期行，相委而去。”元方曰：“君与家君期日中，日中不至，则是无信；对子骂父，则是无礼。”友人惭，下车引之。元方入门不顾。（余嘉锡，2007：331）

跟乙子一样，元方用“已去”陈述的对象也是自己的父亲。除自己的父亲外，中古对其他尊长或普通人同样可以自由地使用“已去”，无须避忌。以下佛经材料中，“已去”陈述的对象既有“世尊”“上坐”等地位尊上的人，也有“沙门”“本二（配偶）”等普通人，都不会令人联想到“陈述对象已经死了”这样的意思（尽管理论上也存在这种歧解的可能），使用十分自由。

① “去”的“死亡”义是从其新产生的“往”义发展出来，还是从原有的“离开”义发展出来，目前尚未有研究。我们倾向于前者，因为从目前所见用例的时间关联上，“死亡”义用例恰恰出现在“往”义产生之后。如果来自“离开”义，则不能解释为何要迟至中古以后其“离开”义才发展出“死亡”义。

（6）阿阇世便以衣掷床上，其菩萨即不现，复闻其音不见其形，说言："其有现者，以衣与之。"而是菩萨坐处有菩萨，名曰不见幻至泥洹。阿阇世以手擎衣而往趣之："上坐已去，仁者可受。"（东汉·支谶译《阿阇世王经》，15/401c）

（7）其夫来归，道中见妇，怪其惊怖。其妇语夫："有一沙门见怖如此。"夫大瞋怒，问为所在，妇曰："已去，想亦未远。"（西晋·法炬共法立译《法句譬喻经》，4/578b）

（8）尔时韦提希子阿阇世王……不见世尊，即问诸比丘："世尊所在？"诸比丘答言："世尊已去。"（东晋·佛陀跋陀罗共法显译《摩诃僧祇律》，22/329b）

（9）摩诃罗以是数数语，犹故不去，即持衣钵弃舍而去。有女人见已，语言："汝本二已去。"闻已即逐。（同上，22/469a）①

同样是针对自己的父亲，为何元方说"已去"被传为佳话（收入"方正"篇），而乙子说"已往"则为时人所笑？可见乙子的过失可能并不出在"已往"上。

5.3 近代汉语的"不在"

前文2.1周法高引宋·岳珂《程史》一则故事，来客叱阍者（看门人）不当以"不在"称其主人，因为人死了才称"不在"。周并指出"讳'不在'与讳'已往'相似"，以此证明乙子之过在于称其父"已往"。但是周法高仅引了故事的一部分，下面我们将这则故事全文引出，以分析"不在"在宋人言语中是否当讳：

秦桧为相，久擅威福。士大夫一言合意，立取显美，至以选阶一二年为执政，人怀速化之望，故仕于朝者，多不肯求外迁，重内轻外之弊，颇见于时。有王仲荀者，以滑稽游公卿间。一日，坐于秦府宾次，朝士云集，待见稍久。仲荀在隅席，辄前白曰："今日公相未出堂，众官久俟，某有一小话愿资醒困。"众知其善谑，争竦听之。乃抗声曰："昔有一朝士，出谒未归，有客投刺于门，阍者告之以某官不在，留门状，俟归呈禀。客忽勃然发怒，叱阍曰：'汝何敢尔！凡人之死者，乃称不在，我与某官厚，故来相见，某官独无讳忌乎！而敢以此言目之耶！我必俟其来，面白以治汝罪。'阍拱谢曰：'小人诚不晓讳忌，愿官人宽之。但今朝士留谒者，例告以如此，若以为不可，当复作何语以谢客。'客曰：'汝官既出谒未回，第云某官出去可也。'阍愀然蹙頞曰：'我官人宁死，却是讳出去二字。'"满坐皆大笑。（宋·岳珂《程史》卷7，中华书局1981年，第84—85页）

从上引故事全文可看出，这则笑话是讥讽朝士不肯出朝为官，笑点来自"不在"和"出

① 以上各例中"已去"在现代汉语口语中最合适的翻译是"已经走了"，但"走"的这一义项《现代汉语词典》（第7版，第1746页）即释为"离开；去"，可见"离开"和"去往"这两个义项在具体使用中，如果不带处所宾语，是不易区分的。上举《世说新语》"已去"例中，"陈太丘与友期行（相约去某处）"，如果"已去"后省略的是"相约要去的某处"（终点宾语），那么"去"义为"去往"；如果"已去"后省略的是"太丘家"（起点宾语），那么"去"义为"离开"。下例"去时"之"去"一般会理解为"离开（内覆处）"，但后文用"余处去"解释它，说明也可理解为"去往（余处）"：

佛告诸比丘："依止舍卫城住者尽集，以十利故与诸比丘制戒，乃至已闻者当重闻。若比丘内覆处自敷床褥、若使人敷，去时不自举、不使人举，波夜提。"比丘者，如上说。内者，是覆处。床座者，十四种，如上说。枕褥者，亦如上说。敷者，若自敷、若使人敷。去者，余处去。（东晋·佛陀跋陀罗共法显译《摩诃僧祇律》，22/342c）

去”二词都是多义词，“不在”有“不在家”和“人死了”二义，“出去”有“离家外出了”和“出朝为官”二义。来客故意挑剔阍者，说他称“某官不在”有“某官死了”之嫌，但阍者回答“但今朝士留谒者，例告以如此”，恰恰说明在正常的日常对话中，并不因“不在”有“人死了”之义而忌讳，听话人也不会用“人死了”来理解，只有来客在故意挑剔的情况下，才会强行做这样的理解。可见这则故事非但不能用以证明“已往”犯讳，反而还透露出“已往”“不在”这样的表达在日常言谈中并不需忌讳。①

近代时期的实际用例，也说明言语中“不在”并不犯讳：

（10）聿兴云：“沈元用今在耶不在？”某等云：“在。”（宋·王绘《绍兴甲寅通和录》，《三朝北盟会编》卷162，《近代汉语语法资料汇编·宋代卷》，商务印书馆1992年，第185页）

（11）因问诸葛均曰……张飞曰：“问他则甚！风雪甚紧，不如早归。”玄德叱止之。均曰：“家兄不在，不敢久留车骑；容日却来回礼。”（《三国演义》第37回，人民文学出版社1973年，第314页）

5.4 现代汉语的“已经去了”

同中古的“往”一样，现代汉语中“去了”也常用来婉称某人离世，“已经去了”同“已往”一样可以表示“（某人）已经死了”。但是不是日常言谈中“已经去了”这个短语就不宜说了呢？从语感上我们认为并不存在这样的忌讳，为了进一步确证，我们调查了近1400种电子版网络小说（约780MB，4亿余字，均为近年在网络论坛发表的高点击率的小说），其中的“已经去了”的确常常是“某人已经死了”的婉语，如：

（12）唐巧儿不禁泪落：“我们炎儿将葬在风家墓园中。悦儿，炎儿已经去了，你节哀顺变，好么？”（《随波万里》，https：//www.jjwxc.net/onebook.php?novelid=187776&chapterid=34）

但这并不妨碍人们用“去了”的本义（去往某处）来正常使用它：

（13）那人……道：“说的就是你家。是韩大夫叫我来的，你家人被马车撞了，在他那看呢，让赶紧带着银子过去。”宋佳期装作不当回事的说：“你说这个啊，那我们家人已经去了。”那人盯着她，有点摸不着头脑：“已经去了？”“已经去了。”（《炸年糕》，https：//m2022dec31.astoriabook.com/book/37503/17419774.html）

① 汪维辉（2019）在注释中也举了一个李润生教授提供的日常生活中因“在”有歧义而引人发笑的例子：“（某同学）在宿舍用电脑与她妈妈远程视频聊天，聊了一段时间后安静下来，安静一会儿后，另一同学大声问这位聊天的同学：‘你妈妈还在吗？’此语一出，同宿舍的同学都哄笑起来。……通过这个例子可见，选词不当，或者用语不慎（比如：这个同学可以直接说‘在线’），容易引起笑话——这真是一个绝佳例子，与‘乙子称其父已往’有异曲同工之妙。”但我们认为，此例仍然不能作为“乙子之过在称‘其父已往’”的证据，因为此例中“同学都哄笑起来”的“笑”并不同于“时以为笑”的“笑”。《现代汉语词典》（第7版，第1446页）释“笑”有二义：[1]露出愉快的表情，发出欢喜的声音；[2]讥笑。很显然，同学的“笑”是义项[1]，而时人的“笑”是义项[2]。大声说“你妈妈还在吗”的同学并没有犯什么过错，离开这个特定的场景，这句问话也并不可笑。比如有人远远看见张三和他妈妈一起进了超市，便追进超市想找他妈妈，可是又没看到，便问张三：“（我刚看见你和你妈妈进的超市）你妈妈还在吗？”这么说毫不可笑，也不犯忌讳。而乙子与此不同，他显然是犯了某种过错而导致在较长一段时间内都受到时人的讥笑，并非当时在场的人听他说了有歧义的“已往”之后一时爆笑。

例（13）中“已经去了”所陈述的对象是对话参与者的家人，可见“已经去了”在现代汉语中使用也很自由，即便是用来称说十分亲近的人也无须避忌。①

无论中古的“已去”、近代的“不在”还是现代汉语的“已经去了”，都是含有婉指“人死了”之义的多义表达，但它们在语言使用中都是自由的，并不需要刻意避忌。由此推知，日常交谈中说“已往”也并不会犯讳，认为乙子为时人所笑的原因是他不慎称其父“已往”，这个观点很难成立。

另外，颜之推在本条之前的第 33 条，刚刚明确表达了他对文字避讳的意见：

刘縚、缓、绥，兄弟并为名器，其父名昭，一生不为照字，惟依《尔雅》火旁作召耳。然凡文与正讳相犯，当自可避；其有同音异字，不可悉然。刘字之下，即有昭音。吕尚之儿，如不为上；赵壹之子，傥不作一：便是下笔即妨，是书皆触也。（王利器，1993：112）

颜之推认为，文字如犯了“正讳”，即恰好与所讳之字同字，是应当避讳的，但如果仅仅是同音而不同字，则不必避，否则将避不胜避、无从下笔。由此可见，颜之推对避讳要求的尺度是很宽松开明的。那么在紧接着的第 34 条，假如他又认为多义语词“已往”需要避讳，就有点自相矛盾、不可思议了。

从以上讨论看到，甲与乙子的对话仅寥寥数字，而乙子竟导致“时以为笑”，其原因既不在“其父”，也不在“早晚”，也不在“已往”，那么到底是什么呢？其实，行文至此，我们用排除法就已经不难推断，问题只能是出在对“顾宅”的理解上。

6. “顾宅”的确解

以往的研究都把“顾宅”理解为“光临寒舍”，即甲邀请乙赴宴后又问乙子：“你父亲何时光临寒舍？”如方、王（2018：423）注：“顾宅：谓光临寒舍。”程小铭（2008：63）译文：“令尊大人几时可以光临寒舍？”庄、章（2012：57）译文：“令尊何时可以光顾寒舍？”乍一看这么理解没有问题，但细思则又发现有不通情理处。甲邀请乙，而一早在公庭（“旦于公庭”）碰见乙子，遂发问；从乙子答“已往”可知在他们对话的当时，乙已经出发去往甲处。问题是，既然甲与乙子一早能于公庭相见，可知两家相距不会太远（最远不超过两家与公庭距离之和），那么乙赴甲宴何至于一大早（早于乙子离家往公庭之前）就出发呢？很可能这里对“顾宅”的理解有误。②

6.1 “顾”在中古的用法和意义

6.1.1 “光顾、拜访”义的“顾”带处所宾语可疑

将“顾宅”理解为“光临寒舍”，是使“顾”带上了处所宾语“宅”，这种用法最常见的用例是成语“三顾茅庐”。但我们看一看这个成语出处的原文：

（14）先帝不以臣卑鄙，猥自枉屈，三顾臣于草庐之中，谘臣以当世之事。（《三国志·蜀

① 现代汉语中还有一些同“去了”一样存在歧义的表达，如“走了”“离开了”等，同样使用自由，并不需要刻意避忌。

② 本文曾在中国社会科学院语言研究所报告，报告后杨永龙先生指出，既然乙子说“已往”，又排除其父当日一大早即前往甲家赴宴的可能性，那么甲宴请乙这件事只可能发生在前一天，那么再将“顾宅”理解为“光临寒舍”于情理不通。笔者以为很是。

书》卷35“诸葛亮传”，第920页）| 时左将军刘备以亮有殊量，乃三顾亮于草庐之中；亮深谓备雄姿杰出，遂解带写诚，厚相结纳。（同上，第930页）

这里的“顾”都带指人对象宾语，义为“拜访”，可见“顾”最初并不带处所宾语。“三顾茅庐”这个说法最早见于东晋时期：

（15）昔咎繇谟虞，吕尚归昌；德协充符，乃应帝王。夷吾相桓，汉登萧张；草庐三顾，臭若兰芳。（庾阐《吊贾生文》，《全晋文》卷38，中华书局1958年，第1682页）| 且德非管仲，不足华轩堂阜；智非孔明，岂足三顾草庐。（鸠摩罗什《又答姚兴书》，同上，卷163，第2405页）

这里“顾”带处所宾语都出现在四字格中，显然是“三顾亮于草庐之中”的缩略，不是正常的口语表达。且遍查中古“顾”的用例，除“三顾草庐”外，基本未见其他“拜访/光顾”义的“顾”带处所宾语的情况，而带指人宾语却多见：

（16）鲁肃代周瑜，当之陆口，过蒙屯下。肃意尚轻蒙，或说肃曰：“吕将军功名日显，不可以故意待也，君宜顾之。”遂往诣蒙。（《三国志·吴书》卷54“吕蒙传”，第1274页）

（17）是时，朝仪典章，悉出于浩，浩以式博于古事，每所草创，恒顾访之。（《魏书》卷38“袁式传”，中华书局1974年，第880页）

（18）昔汝南步游张少失其母，及为县令，遇母于此，乃使良马踟蹰，轻轩罔进，顾访病妪，乃其母也。（《水经注》卷24，陈桥驿，1999：430）

（19）彭城王谓肃曰：“卿不重齐鲁大邦，而爱邾莒小国。”肃对曰：“乡曲所美，不得不好。”彭城王重谓曰：“卿明日顾我，为卿设邾莒之食，亦有酪奴。”（《洛阳伽蓝记》卷3“城南”，范祥雍，1978：148）

仅有一处例外，“顾”带处所宾语：

（20）相知何必旧，倾盖定前言。有客赏我趣，每每顾林园。（陶渊明《答庞参军并序》，袁行霈，2018：81）

但其中“林园”在中古中土文献中都用于“华林园”或“芳林园”等，所有用例均指皇家园林，除（20）外没有例外；普通则只用“园林”而不用“林园”。① 汉译佛典中情况相同，“林园”用例很少，一般也用“园林”且用例很多。仅见2次疑似例外的“林园”用例：

（21）其林如是行列庄严，河津华池庄严林园。（元魏·瞿昙般若流支译《正法念处经》，17/167a）| 于此山中常有紧那罗女，于山峰中歌众妙音，河岸园林、平处山谷，多有华池，有诸林园，所谓吱多吱林，次名龙林，……次名多罗林。（同上，17/412b）

这两例“林园”似为“包含各种林子的园子”，不同于一般所谓的“园林”义为“种植花木，兼有亭阁设施，以供人游赏休息的场所”（《汉语大词典》释义）。

因此颇疑陶诗“顾林园”三字有误；即便文字本身无误，这个孤例也是作者限于诗韵的临时措辞，不能看作常规用法。总之“顾”带处所宾语在中古还十分罕见，这一点不支持将“顾宅”理解为“光顾寒舍”。

① 陶诗另有一处“林园”：“闲居三十载，遂与尘事冥。诗书敦宿好，林园无俗情。”（《辛丑岁七月赴假还江陵夜行涂中一首》，袁行霈，2018：137）但据校记，此处“林园”在和陶本以及《艺文类聚》所引均作“园林”。

6.1.2 “顾”有“返回”义

“顾”有“返回”之义，王念孙《读书杂志·史记四》“顾反”条已经指明：

“具符节，南使臣于赵，顾反，命起兵击齐”。念孙案：“顾反”者，还反也。《文选·沈约〈钟山诗〉》注引《苍颉篇》曰：“顾，旋也。”《穆天子传》“吾顾见女”，郭璞曰：“顾，还也。”故“还反”谓之“顾反”。《屈原传》曰“使于齐，顾反，谏怀王”，《吕氏春秋·观表篇》曰“郈成子为鲁聘于晋，过卫，右宰穀臣止而觞之，顾反，过而不辞”……皆谓“还反”也。（徐炜君等点校，上海古籍出版社2014年，第338页）

蒋礼鸿（1981/1987：2）“顾返、顾归、故归、回故”条、蒋礼鸿（1988：593）“待公卿回故日”条，又郭在贻（1985：184、228）“顾归、顾返”条、郭在贻（1986：54）“顾”条，都专门讨论了“顾”的这一义项，所举其他中古用例如下：

（22）出东门，不顾归。（古乐府《东门行》）| 浮云蔽白日，游子不顾返。（《古诗十九首》）| 行人思顾返，道别且徘徊。（梁·刘遵《度关山》）| 行者不顾反，出门与家辞。（王粲《七哀》）| 惊飙接我出，故归彼中田。（曹植《吁嗟篇》，“故归”即“顾归”）| 登车何时顾，飞盖入秦廷。（陶潜《咏荆轲》）

我们还找到以下用例：

（23）巴往零陵，事不成，欲游交州，道还京师。时诸葛亮在临烝，巴与亮书曰：“乘危历险，到值思义之民，自与之众，承天之心，顺物之性，非余身谋所能劝动。若道穷数尽，将托命于沧海，不复顾荆州矣。”（《三国志·蜀书》卷39“刘巴传”裴注引《零陵先贤传》，第981页）

（24）是时郡国多降邯郸者，纯恐宗家怀异心，乃使䜣、宿归烧其庐舍。世祖问纯故，对曰：“窃见明公……纯虽举族归命，老弱在行，犹恐宗人宾客半有不同心者，故燔烧屋室，绝其反顾之望。”世祖叹息。（《后汉书》卷21“耿纯传”，中华书局1965年版，第762页）

（25）董卓无道，陵虐王室，祸加太后，暴及弘农，天子播越，宫庙焚毁，是以豪桀发愤，沛然俱起。元恶既毙，幼主东顾，乃使王人奉命，宣明朝恩，偃武修文，与之更始。（《后汉书》卷75“袁术传”，第2440页）

（26）狗吠何喧喧，有吏来在门。披衣出门应，府记欲得钱。语穷乞请期，吏怒反见尤。旋步顾家中，家中无可与。思往从邻贷，邻人已言匮。钱钱何难得，令我独憔悴！（常璩《华阳国志》卷1，任乃强，1987：17）[①]

（27）将使此子执人宗庙之重，割其归顾之情。（梁·僧祐《弘明集》，52/52a）

上引诸例可见“顾”自先秦起就有“返回”这一义项，中古时期仍在使用，但相比“顾”的其他义项（如“看视”“顾惜”等），其“返回”义并不常用，因此需要王念孙、蒋礼鸿、郭在贻等学者做专门的揭示说明。值得注意的是，“返回”义的“顾”可以带处所宾语，如上举例中的“故（顾）归彼中田”“顾荆州”“顾家中”等。

6.2 “宅”即是“家”

“宅”本指“住宅、房舍”，这个意思很容易引申出“家”义，《汉语大字典》“宅”

① 此例中“顾”似也可理解为“看、视”，如汪启明、赵静（2007：17）即译为“转身环顾家中，家中实在没有什么可以给他”。但前文已写明“出门应”，站在门外转身“环顾”，恐怕也不能看到家中有什么东西，不如理解为“调转脚步返回到家中”更贴切。

条所列义项③即为“家（常指大家族）”。[1] 以下隋代译经中的用例显示“宅”即“家”，但总起来看，作为“家”义的“宅”，其使用频率远不如“家”高，口语中最常用的还是“家”。

（28）尔时，提婆大婆罗门……即至佛边，长跪咨白，作如是言：“大善沙门！若知时者，饮食已办，愿赴我家。”尔时，世尊既至食时，着衣持钵，渐渐而行至彼提婆婆罗门家，到其家已，随铺而坐。……尔时，兵将见此地藏悉皆是金，见已复问彼提婆言：“仁者汝今供养何谁？为天为仙？并及善人？而彼与汝，如是愿报。”提婆报言：“我于今日，家唯供养是大沙门，来于宅内，奉施饭食，或应藉彼功德果报，当成于此。”（隋·阇那崛多译《佛本行集经》，3/839b — 840a）

（29）世尊以法教化难陀，难陀……心欲舍戒，还其家宅。尔时，复有一大长者，欲请世尊供设饮食，于时难陀，次当守寺。尔时，难陀复作是念：“世尊今者当入聚落受彼长者请食之时，我当还家。”（同上，3/913c）

综上，我们认为，甲问乙子的话“尊侯早晚顾宅”，当理解为“令尊是何时回家的”，而非“令尊几时光临寒舍”。那么，甲为何不直接说“尊侯早晚还家”呢？乙子又为何会回答“已往”呢？这涉及古代文人日常交谈所用的语言问题。

6.3 文人的言谈用语

自东汉言文分家至清末民初废除文言文，长达近两千年的时间，中国的语言使用状况是很复杂的，既有书面的文言系统，又有口头的白话系统；对于传统的读书人而言，则还存在一种介于文言与白话之间的所谓“半文半白”的语言（太田辰夫称为“文语”，详下），主要用于受过教育、能识书断文的读书人之间交谈。这种语言没有绝对固定的词汇语法系统，其文白程度（采用的文言或白话词汇语法成分的多寡）由交谈双方自行掌握。先看一个实例：

施济……忽闻下面有人哭泣之声，仔细听之，其声甚惨。……上前看时，认得其人姓桂，名富五，幼年间一条街上居住，**曾同在支先生馆中读书**。……问道：“桂兄有何伤痛？倘然见教，小弟或可分忧。”桂富五初时不肯说，被再三盘诘，只得吐实道：“某祖遗有屋一所，田百亩，自耕自食，尽可糊口。不幸惑于人言，谓农夫利薄，商贩利厚，将薄产抵借李平章府中本银三百两，贩纱段往燕京。岂料运蹇时乖，连走几遍，本利俱耗。……是以悲泣耳。”

……吃饭已毕，并不题起昔日交情，亦不问及家常之事。施还忍不住了，只得微露其意，道：“不肖幼时侍坐于先君之侧，常听得先君说，生平**窗友**只有老叔亲密，比时就说老叔后来决然大发的。家母亦常称老婶母贤德，有仁有义。幸而先年老叔在敝园暂居之时，寒家并不曾怠慢，不然今日亦无颜至此！”桂迁低眉摇手，嘿然不答。施还又道：“昔日虎丘水月观音殿与先君相会之事，想老叔也还记得？”桂迁恐怕又说，慌忙道：“足下来意，我已悉知，不必多言，恐他人闻之，为吾之羞也！”

……谁知桂迁自见了施小官人之后，却也腹中打稿，要厚赠他母子回去，其奈孙大嫂立

① 笔者老家湖北公安方言中“屋”即可指“家”，如：“他一天到晚不落屋（回家）。| 你屋里（家里）几口人？”袁海霞（2017：112）释公安方言中的“屋”为 3 个义项：“①房屋；②房间；③家。”甚是。据李荣（2002：2949 — 2950），武汉、万荣、温州、长沙、广州等地方言中“屋”也都有“家”义。又承汪维辉先生告知，宁波方言“屋里”也有“家”义。

意阻挡道："'接人要一世，怪人只一次。'揽了这野火上门，他吃了甜头，只管思想，惜草留根，到是个月月红了。就是他当初有些好处到我，他是一概行善，若干人沾了他的恩惠，不独我们一家。千人吃药，靠着一人还钱，我们当恁般晦气？若是有天理时，似恁地做好人的千年发迹，万年财主，不到这个地位了！如今的世界还是硬心肠的得便宜，贴人不富，连自家都穷了！"

……施还在门上候了多时，守门的推三阻四不肯与他传达。再催促他时，佯佯的走开去了。那小官人**且羞且怒**，揎衣露臂，面赤高声，发作道："我施某也不是无因至此的，行得春风，指望夏雨！当初我们做财主时节，也有人求我来，却不曾恁般怠慢人！……"骂犹未绝，只见一位郎君衣冠齐整，自外而入，问骂者何人？施还……见他说话入耳，自悔失言，方欲再诉衷曲，那郎君不别，竟自进门去了。（《警世通言》卷25"桂员外途穷忏悔"，人民文学出版社1956年，第378、385—387页）[①]

这篇小说讲的是施济曾在桂迁（原名桂富五）落难时厚助过他，后来施家败落而桂家发达，施济之子施还上门向桂迁求助，桂迁夫妇却不肯报恩。这里引的几段对话，下加点的是文言表达，下加横线的是纯口语。可以看出：施济与桂迁都是读书人（**黑**体字所示），因此彼此交谈用半文半白的话，施还与桂迁交谈也是一样；但孙大嫂妇道人家说的是纯口语，施还在羞怒发作而高声叫骂时说的也是纯口语。总之，读书人在较为正式的场合所说的，都是这种半文半白的话，以显示他们腹有诗书而不同于普通百姓。与冯梦龙差不多同时代、明后期（16世纪末）来华传教的意大利人利玛窦真实地记载了这一现象：

事实上常常发生这样的事：几个人在一起谈话，即使说得很清楚、很简洁，彼此也不能全部准确地理解对方的意思。有时候不得不把所说的话重复一次或几次，或甚至得把它写出来才行。如果手边没有纸笔，他们就沾水把符号写在什么东西上，或者用手指在空中划，或甚至写在对方的手上。这样的情况更经常地发生在有文化的上流阶级谈话的时候，因为他们说的话更纯正、更文绉绉，并且更接近于文言。（《利玛窦中国札记》，中华书局1983年版，第28页）

太田辰夫（1954/1991：189—193）较早注意到这个现象，[②]他指出："在文明主义的汉民族的社会中，懂得而且能够写作文言文不仅仅是知识人的必需条件，同时作为其素材的文言（或者是尽可能接近文言的话语）也用于口头语，要求他们能够用文言说并听得懂，这一点迄今尚未被注意。"他列举了民国时期蒋光慈小说《田野的风》所记叙的乡绅会话，《红楼梦》《金瓶梅》《元曲选·㑳梅香》等文学作品描写的人物语言，《唐阙史》《朝野佥载》《隋书》等史籍所载人物对话，用以说明从近现代一直上溯到中古，知识人是用一种文绉绉的"文语"自由交谈的。这里看看太田先生所举《隋书》二例：

（30）开皇初来朝，上谓之曰："卿亦悔不？"建绪稽首曰："臣位非徐广，情类杨

① 匿名审稿人指出，此处例证时代过晚，最好举与《颜氏家训》时代相近的例证。笔者同意这个意见，但因中古并没有这么典型的例证，只有后文例（30）、（31）这类"零散"例，为说明问题之方便清楚起见，仍将冯梦龙例留用。

② 竹越美奈子（2015）讨论了19世纪广东知识分子谈话的语体问题，指出他们在较为正式的场合多使用官话词汇或书面语词汇，在日常生活中则多使用本地的口语词汇进行交谈，可参看。

彪。”上笑曰：“朕虽不解书语，亦知卿此言不逊也。”（《隋书》卷66“荣毗传”，中华书局1973年，第1559页）

（31）密数之曰：“卿本匈奴皂隶破野头耳，父兄子弟并受隋室厚恩，富贵累世，至妻公主，光荣隆显，举朝莫二……今若速来归我，尚可得全后嗣。”化及默然，俯视良久，乃瞋目大言曰：“共你论相杀事，何须作书语耶！”（同上，卷70“李密传”，第1630—1631页）

荣建绪和李密所说的话，都是太田先生所谓的“文语”，而在隋文帝杨坚和宇文化及听来则是不易懂的“书语”。

了解了自古以来文人的交谈用语习惯后，我们再回头看《颜氏家训》“时以为笑”，就更容易理解乙子的过失出在何处了。甲和乙子显然是在以文人的方式对话，所说的都是“文语”：甲的问话“尊侯早晚顾宅”中，“尊侯”是书语兼敬语、“早晚”是时语（新兴口语词）、“顾”和“宅”都是书语；乙子答语“已往”中“往”也是书语（口语为“去”）。甲因前一天宴请了乙，故第二天一早（“旦”）[①]在公庭碰见乙子后，询问乙子：“令尊大人是什么时候回到家里的？”这本来是一个合乎情理的、日常生活中时常发生的问话，问题就出在乙子没能准确地理解“顾宅”这个语词（正与利玛窦所言“彼此也不能全部准确地理解对方的意思”相合），但他率尔作答，说：“（父亲昨天）已经去了。”因此贻人笑柄，可笑处有二：一是不懂“顾宅”，答非所问，有失读书人体面；二是不懂装懂，率尔作答，陷于轻脱不慎。[②]

7. 结语

《颜氏家训·风操》“时以为笑”条所记是一则简短的故事，全文不过五十余字，文字并不艰深，但要真正读懂它，解决学界争论已久的问题，却又涉及颇广。本文在前人研究的基础上，主要考察了以下几个方面：

1）“早晚”“顾”“宅”“往”等词在中古的词义和用法；

2）古书篇题与所含条目的关系以及“风操”篇的篇旨；

3）“往”“去”“不在”等含有“死亡”义的多义词语在日常使用中是否需要避讳；

4）历代文人在日常交流中所使用的语言。

---

① “旦”本义是“早晨”，但在具体语境中常常可指“第二天早晨”，如：

[1] 母梦带奂印绶，登楼而歌，旦以告奂。（《三国志·魏书》卷18“庞淯传”裴注引《典略》，第548页）

[2] 宋元嘉初，富阳人姓王，于穷渎中作蟹断。旦往观之，见一材长二尺许，在断中。（《搜神后记》卷7，中华书局1981年版，第48页）

[3] 昔慕容玄明自邺率众南徙滑台，既无舟楫，将保黎阳，昏而流澌冰合，于夜中济讫，旦而冰泮，燕民谓是处为天桥津。（《水经注》卷5，陈桥驿，1999：78）

前二例为博士生林智检示，特此致谢。

② 六朝士人特别注重言语表达，讲求“语音雅正”和“辞句修洁”，并以此为品鉴士人的标准。缪钺（1944）：“故六朝三百年间，士大夫重言谈，尚辞令，春秋之后，罕有其匹。”颜之推对子孙后辈在语言上也有严格的要求，《颜氏家训·音辞》：“吾家儿女，虽在孩稚，便渐督正之；一言讹替，以为己罪矣。云为品物，未考书记者，不敢辄名，汝曹所知也。”（王利器，1993：530）乙子应对失当而为时人所笑，颜之推郑重记之以训子弟，应该与这个大背景有关。

在弄清这几个问题的基础上，我们得出的结论是，乙子的回答之所以导致“时以为笑”，是因为他同甲在用“文语”交谈，而错误地理解了甲所说的“顾宅”之义，并轻率地回答了甲的问题，这是很不慎重的表现。颜之推在谈论避讳风俗时，讲到刘氏兄弟在避父讳上一生过于谨慎，因连类而及，又讲了乙子在应答时因轻率不慎、言语舛误而为时人所笑，从两方面训诫其子孙凡事既要细心谨慎，又不可拘泥过度。

参考文献

陈桥驿，1999，《水经注校释》，杭州大学出版社。

程时用，2016，《〈颜氏家训〉传播与接受》，暨南大学出版社。

程小铭，1993/2008，《颜氏家训全译》，贵州人民出版社。

范祥雍，1978，《洛阳伽蓝记校注》（新 1 版），上海古籍出版社。

方一新、王云路，1993/2018，《中古汉语读本》（修订本），上海教育出版社。

郭在贻，1985，《训诂丛稿》，上海古籍出版社。

郭在贻，1986，《训诂学》，湖南人民出版社。

蒋礼鸿，1981/1987，《义府续貂》（增订本），中华书局。

蒋礼鸿，1988，《敦煌变文字义通释》（第四次增订本），上海古籍出版社。

李荣主编，2002，《现代汉语方言大词典》，江苏教育出版社。

林莹，2019，《“以类为评”：〈世说新语〉分类体系接受史的新视角》，《中南大学学报（社会科学版）》第 6 期。

林智，2022，《关于“去”的“去往”义的判断标准和产生年代》，第十五届汉文佛典语言学国际学术研讨会（浙江大学）。

刘盼遂，1930，《颜氏家训校笺》，《女师大学术季刊》第 1 卷第 2 期；又见于《刘盼遂文集》，北京师范大学出版社 2002 年版。

缪钺，1944，《六朝人之言谈》，《思想与时代》第 34 期；又见于《读史存稿》（增订本），北京大学出版社 2017 年版。

任乃强，1987，《华阳国志校补图注》，上海古籍出版社。

隋树森，2018，《古诗十九首集释》，中华书局。

［日］太田辰夫，1954/1991，《关于汉儿言语——试论白话发展史》，江蓝生、白维国译，载《汉语史通考》，重庆出版社。

汪启明、赵静，2007，《华阳国志译注》，四川大学出版社。

汪维辉，2019，《〈颜代家训·风操〉“其父已往”索隐》，第 21 届中国语言与文化国际学术研讨会（北京师范大学）。

王利器，1980/1993，《颜氏家训集解》（增补本），中华书局。

项楚，2006，《敦煌变文选注》（增订本），中华书局。

项楚，2010，《王梵志诗校注》（增订本），上海古籍出版社。

杨伯峻，1981/2016，《春秋左传注》（修订本，第 4 版），中华书局。

余嘉锡，2007，《世说新语笺疏》（第 2 版），中华书局。

袁海霞，2017，《公安方言研究》，华中师范大学出版社。

袁行霈，2018，《陶渊明集笺注》，中华书局。

周法高，1960/1993，《颜氏家训汇注》（第2版），（台北）“中央研究院”历史语言研究所。

朱东润主编，1979/2008，《中国历代文学作品选》（上编），上海古籍出版社。

朱庆之，1992，《佛典与中古汉语词汇研究》，（台北）文津出版社。

[日]竹越美奈子，2015，《早期粤语口语中的语体》，《南开语言学刊》第2期。

庄辉明、章义和，1999/2012，《颜氏家训译注》，上海古籍出版社。

Teng，SSu-Yü，1968，*An Annotated Translation with Introduction of Family Instructions for the Yen Clan（颜氏家训）by Yen Chin-T'ui（颜之推）*，Leiden：E. J. Brill.

（原文刊于《历史语言学研究》2023年第1辑总第19辑）

基于人工智能技术的古文字研究 *

李春桃　张　骞　徐　昊　高嘉英

提要：人工智能与古文字学交叉研究十分重要，开展这项研究既需要人工收集和标注大量数据，同时也需结合恰当的技术。在数据处理方面，数据集建设过程中尽量丰富了单字数量以及字图总量。数据中的字图包括拓本和摹本，其中拓本多带有斑点噪声，降低噪声有助于提高文字识别的准确率。数据中古文字隶定体的显示也是要重点解决的问题。在文字自动识别方面，利用了深度学习算法开展智能识别，从实验结果看，准确率达到八成以上，这是在大规模识别任务下达到的效果，证明了利用人工智能技术识别古文字形体是可行的。分析错误数据可以发现，数据量与形近字是影响识别准确率的关键因素。除了识别以外，知识图谱技术也很重要，建设古文字知识图谱一方面可以实现对古文字知识体系的多角度展示；另一方面也可计算字形中偏旁及构形的相似度，智能寻找出字形之间的联系。

关键词：人工智能；古文字研究；深度学习；知识图谱

近些年来人工智能发展迅速，尤其是深度学习技术，具有学习知识、分析问题、总结规律的能力，能够对文字、图像和声音等数据进行识别、归纳与分类。鉴于此，已有学者将深度学习应用于汉字的识别任务中，尤其是对手写汉字的识别取得了不错的效果。这也提示我们将人工智能运用于古文字形体识别是可行的。相比于偏重主观感受的学科，古文字研究更为客观，其结论具有唯一性，研究过程也遵循一定的规律，在人文学科中最接近自然科学，这些都与人工智能技术的工作原理相契合。

已有学者在这方面进行了探索，但更多的是技术性的尝试，或是理论上的思考，尚缺乏系统性的大规模研究。这可能与古文字材料自身的特点有关。首先，古文字与现代文字存在很大区别，在数据处理以及技术结合上都需要大量的专业知识，而掌握古文字专业知识的学者属于小众群体，并不具有普遍性。其次，人工智能研究需要高质量的数据集，目前来看形体数量庞大且单字丰富的公开数据集几乎没有，需要单独构建。再次，由于出土资料有限，古文字形体数量多寡不一。有的常用字可能出现数千次，字图数量也能达到数千个；而有的文字仅出现一两次，且字图数量也仅有一两个，后一种情况在古文字中占比很大。在数据不足的情况下，人工智能模型难以学到泛化的分类特征，会对识别准确率产生较大的影响。最后，古文字形体的呈现方式主要是拓本，很多拓本上存在腐蚀噪声，会对模型提取字图的特征形成干扰，而对拓本进行降噪本身也是一个复杂的问题。以上因素都在不同程度上影响了古文字智能化识别的进程，是古文字与人工智能交叉研究领域需要面对和解决的重要问题。近几

* 基金项目：国家八部委“古文字与中华文明传承发展工程”资助项目（G3829）；国家社会科学基金项目（18BYY135）。

年来，我们在这一领域做了一些探索，收集整理了古文字数据，并对数据进行了分类与标注，利用深度学习算法完成了识别实验，同时也就古文字知识图谱的构建做了初步尝试。

一、数据的收集与处理

（一）数据的收集与增强

古文字形体以拓本为主，而一些特殊资料又以摹本形式呈现[①]，所以在建立数据集时我们根据这种实际情况，既收集了大量拓本，也利用了已有的部分摹本，其中拓本占绝大多数。数据集中包括甲骨文、金文以及战国文字，其中战国文字包括印文、陶文、币文，而竹简文字则以早年发表的为主，近年新公布的清华简、安大简等材料尚未收录。在数量方面，第一次完成的数据集中字图总量为 150680 张。随着不断扩充，近期又更新了数据集，最新一版的字图总量是 556390 张，以甲骨文、金文为主。[②]在单字数量方面，以往的研究所覆盖的范围都不够丰富。为了确保研发数据的充分和全面、得到的实验结果更加客观，我们在收集过程中有意增加了单字数量，数据集中单字达 6941 个。与以往研究相比，单字数量是最多的。

我们收集的数据总量颇为丰富，却呈现不平衡的特点。有的文字图版数量庞大，如“亡”“年”“田”等字在古文字中出现了数千次，尽管我们未将其字图全部收录，但在数据集中每个字也高达 1000 余个；而那些仅出现一至两次的形体，虽已全部收入，但其样本总量仍十分匮乏。这使数据集在结构上分布不平衡，使用不平衡的数据，模型在学习过程中容易导致特征偏移。为了解决上述问题，我们进行了“数据重构”，对于样本数量超过阈值上限的数据采取随机采样方法，即对数据集中某些单字存在大量重复、冗余的样本进行随机抽样，可以简化样本空间中重复的特征点，降低计算复杂度，同时也可在一定程度上降低训练过程中出现的过拟合效应。对于样本数量低于阈值上限的数据采取数据扩充的方法，利用计算机图形算法将图像进行不同程度的变换，包括仿射、剪裁、调色以及旋转等方式（参见图 1），进而实现数据量的增加。通过数据的扩充，智能模型可学习到更多的分类特征，也提高了泛化能力。

图 1 数据扩充

（二）字体的生成与显示

古文字中有很多字不见于今天的楷书，由于现在通用的字体库中不包含这些字符编码，所以这些文字形体可以隶定，却无法以字体形式显示。如（《合集》7287 臼）形从女从羊[③]，可隶定作“𡛜”；（《铭图》15155）形从亦从示[④]，可隶定作“奈”；（《玺汇》

① 如部分传世金文和不够清晰的甲骨、楚简材料。

② 此数据集仍然在更新之中，目前正在整理的是竹简文字。

③ 中国社会科学院历史研究所：《甲骨文合集》，中华书局 1978—1982 年版。本文简称《合集》。

④ 吴镇烽：《商周青铜器铭文暨图像集成》，上海古籍出版社 2012 年版。本文简称《铭图》。

4039）形从门从犬[①]，可隶定作“閖”，以上形体都可进行字形拆分并加以隶定，但这些隶定字无法以字体形式显示。古文字学者在撰写文章涉及此类问题时，往往以图片形式来显示隶定字，但人工智能模型输出时则不宜采用图片形式。故而，欲实现大规模的古文字识别，须先解决古文字字体显示问题。在字体方面，中华字库工程曾经研发了输入法以及“中间字库”，可以提供很多便利，但古文字中还有一些字形未被包含在“中间字库”之内，为此我们研发了“集大字库”，把那些可以隶定但无法显示的字形收入其中，如此处理之后这些隶定字便可在模型中输出。除此之外，“集大字库”对于我们为古文字材料所作的释文资料也有很大帮助，其不仅使这些字形能够以隶定字显示出来，还可以实现检索功能。

（三）拓本的降噪与处理

甲骨文与金文的主要呈现方式是拓本，而由于文字载体本身的残损、锈蚀等原因，拓本往往会出现一些斑点、泐痕等非文字笔画痕迹，图像中这些非必要的或多余的干扰信息在计算机领域被称作噪声。带有噪声的拓本如、、、、，类似情况一般不会对古文字研究者造成影响，因为专家凭借知识积累以及研究经验，很容易排除这些噪声，但是对于人工智能模型而言，噪声会形成较大的障碍，所以在人工智能与古文字的交叉研究中，降低噪声是很重要的步骤。以往一些研究文字识别的学者，较多利用的是摹本而非拓本，最主要的原因就是拓本存在噪声。对拓本图像进行降噪处理是十分必要的工作。

我们先后采用腐蚀化、骨架化、膨胀化、二值化的方法，最终实现了图像降噪的目标。例如伯梡亖簋铭文中的“皇”字作（《铭图》5085），该形左侧和右上部都有噪声。在降噪过程中（参见图 2），首先对其进行“腐蚀化”操作[②]，尽量减少拓本中的小面积独立噪声，当然这一操作会使文字笔画受到部分影响；接着采取“骨架化”操作，提取拓本中文字的形体骨干，噪声多数会在前两个步骤中被排除；然后进行“膨胀化”操作，将形体骨干加粗，重新变成丰满的笔画；最后是“二值化”操作，将拓本处理成白色文字和黑色背景的形式。在实际研发过程中，数据集中每一个文字拓本都会经过这一降噪过程，从而弱化图像中的噪声干扰，提高模型对笔画特征的提取能力，增强模型分类的准确性。

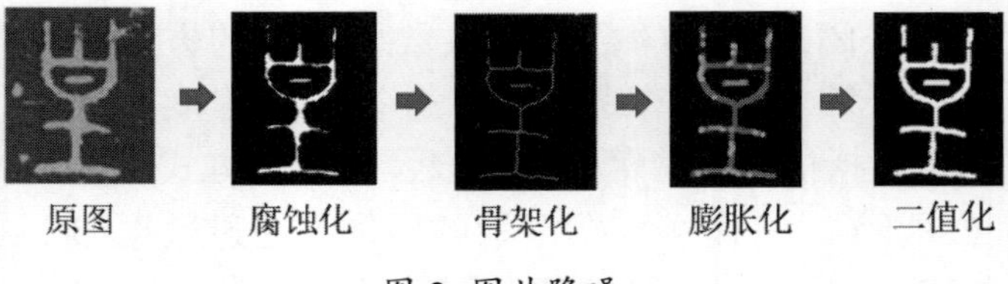

图 2 图片降噪

二、古文字智能识别

（一）智能识别的原理与实验

在利用人工智能识别古文字形体时，首先应该了解研究者是如何考释古文字形体的，然

① 罗福颐：《古玺汇编》，文物出版社 1981 年版。本文简称《玺汇》。

② 关于“膨胀”与“腐蚀”的概念，请参见杜慧敏、蒋忭忭、常立博等《膨胀与腐蚀算法的改进及并行实现》，《西安邮电大学学报》2017 年第 1 期。

后结合计算机技术设计和研发出适合的方法。关于古文字的考释方法，著名古文字学家唐兰先生曾总结为形体对照法、推勘法、偏旁分析法与历史考证法。[1]163-193 这几种方法对于今天的古文字考释仍然适用。当然，近年随着战国竹简的陆续公布，古文字的考释方法也发生了变化，通过破解通假关系找到文字所代表的“词”显得尤为重要。详审两者区别，前者可概括为“考释文字”；后者可概括为“考释词语”。就“考释文字”而言，字形是十分重要的。于省吾先生曾考释出大量的甲骨文，在总结考释经验时，他提道：“留存至今的某些古文字的音与义或一时不可确知，然其字形则为确切不移的客观存在，因而字形是我们实事求是地进行研究的唯一基础。”[2]3-4 林沄先生曾将其总结为“以形为主”[3]37。这种方法显然是科学的，唐兰先生总结的形体对照法、偏旁分析法与历史考证法都是针对古文字形体而言。

在人工智能视觉领域，主要基于深度学习技术来识别古文字，用足够多的字形图版训练深度学习模型来达到识别目的。这种技术显然也是着眼于字形，是以形体本身为研究对象和出发点，可以类比的是上文谈到的形体对照法。形体对照法是古文字考释中最为直接和常用的方法，是把不同材料中古文字形体加以比较、对照，利用已识字来考释未释形体。针对古文字的特殊性，我们选用 ResNet18 基础神经网络模型并对参数进行了调整。该模型具有特定的浅层网络结构，可以针对图形数据进行特征提取，同时具备收敛速度快、识别准确率高、训练成本低等优点。

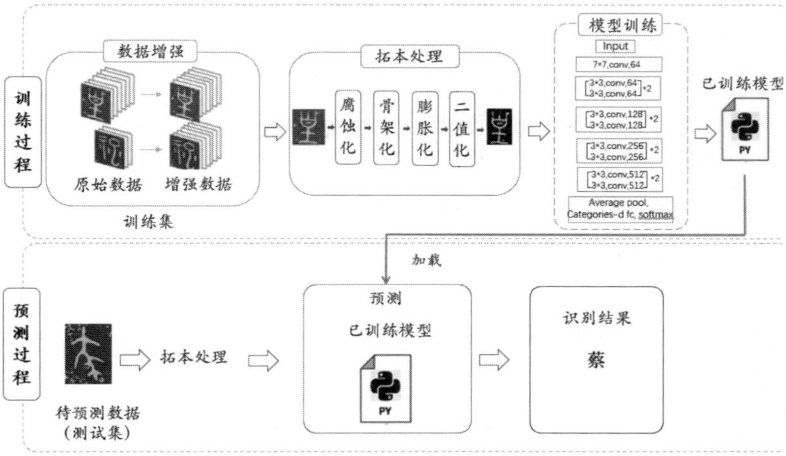

图 3 识别过程

整个流程可分为两个步骤（参见图 3）：训练过程和预测过程。在训练过程中，首先会对文字图像进行数据扩充，然后对每一张拓本进行降噪处理，经过处理后，文字图像变得清晰。将处理后的图像输入网络模型进行训练，在训练中模型可以提取字形的关键特征并将图像分类至对应的文字标签下。在迭代训练数十轮之后，我们将模型参数进行保存，得到已训练模型。

预测过程是检验模型识别能力阶段。将待测试字形进行拓本处理，然后输入已被训练过的网络模型中，输出结果。经过测试，模型对测试集中的数据识别准确率达到 80.24%。我们使用的是以拓本为主的数据，字形又来源于不同的时代，时间跨度较大，而且是在大规模识别任务下达到的效果，所以这个准确率是比较理想的。

（二）实验结果的总结与分析

测试的准确率达到八成，对这些测试结果进行总结，会给我们启发；同时，还有两成数据识别错误，分析这些错误的数据也会给我们带来更为深入的思考。

从时代上看，甲骨文与西周金文的识别准确率更高，而战国文字的识别准确率较前两者低，后者较前两者的平均值低了6.34%。这主要因为甲骨文与西周金文写法更为稳定，同一个字在不同的材料上虽略有变化，但总体而言并不剧烈，智能模型能够把这些形体合理地联系起来，并给出正确的判断。战国文字则不然，一方面，战国时期同一个字在不同地域写法区别很大，即“文字异形”[4]；另一方面，战国文字出现了大量的草率写法，简体、俗体、异体大量涌现。这些都给识别工作带来了困难。举例来说，战国时期楚系文字中的“夏”字异体较多，仅《楚系简帛文字编》就收录了七种异体[5]525-527，其常见写法作、、，也有很多变体，如在上博简《容成氏》中作（47号）[6]139，“页”旁被省略，形体与“蜀”字（老子甲21）类写法相近[7]，模型便误释作“蜀”。“夏”在上博简《缁衣》中作（18号）[8]62，这种写法是在上一种的基础上把“虫”形上部拉得平直一些，形成横画，进而与甲骨金文中的“昜”字（《铭图》5322）相同，形成了不同时期的“同形字”，所以《缁衣》“夏”字被智能模型误释作“昜”。“夏”字还有一种变体，在包山简中作（包山225）[9]，此形左部省略成“日”形，右面省略成“首”形，上下结构，其出现次数极少，我们的数据集中仅有一例，模型误释作“为”①。从“夏”字的情况可以看出，战国文字变化剧烈、异体纷繁，导致战国文字的识别准确率低于甲骨文与西周金文。

从字图呈现方式上看，摹本的平均准确率较拓本低4.64%。按照常理，摹本更为清晰，没有噪声干扰且笔画明确，准确率应当更高，这也是过去一些研究者更愿意使用摹本的原因。实验结果之所以呈现相反的效果，应当与数据有关。数据方面，我们搜集的字图中拓本占绝大多数，摹本占比仅为15.13%。智能模型在经过反复训练后，对拓本上字形的特征更为敏感，也更易于提取，所以在测试中拓本的表现超过了摹本。

影响识别准确率方面，有两个因素表现得最为突出：一是数据量；二是形近字。前者容易理解，一些古文字形体仅出现一两次，即使做了摹本，在数量上依然不够丰富，导致模型学习的特征过于单一，无法进行准确分类。对于深度学习算法来说，数据的质量以及分布对模型的训练有着巨大影响，这不仅局限于古文字专业，其他领域也是如此，无须赘述。下面重点讨论第二个影响因素。同一时代的文字中便已存在很多形近字或者同形字，如甲骨文中的“月”和“夕”、“士”和“王”、“上”和“二”等。如果时间范围扩大，形近字的数量更多。我们的数据范围涵盖了甲骨文、金文、战国文字，从时代上看，早至商代晚到战国末年，历时千年左右，此间文字的载体、用途、形体都发生了变化。理想的情况应根据时代、性质或者载体对数据进行区分，分别实验②，这不仅在收集数据方面更加容易，识别难度也大幅度降低。但是，此次我们的目标是考察智能模型对先秦古文字的整体识别情况，检验其对不同时代文字的系联能力，所以有意将不同时代的文字都放入同一数据集中。当然，这也导致数据中存在大量的形近字甚至是同形字，给模型造成较大的干扰。查验测试数据，

① 其实“为”字与形存在一定区别，此次误释应属偶然。

② 这一工作我们也做了尝试，不同材料呈现的结果存在差异。

在识别错误的形体中，形近字占绝大多数。除了大家都了解的本身写法就相近的文字外（如上文所举的“月”与“夕”等），还有很多因为形体讹变而偶然相近的。如“虎”字在伯晨鼎中作（《铭图》2480），与常见“虎”字写法有别，这是因为伯晨鼎铭文比较特殊①，该形与“虔”近似，人工智能模型也误释作“虔”。宰甫卣铭文中“光”字作（《铭图》13303），“光”在古文字中属于常见字，尤其在甲骨金文中，下部都从侧面跪坐人形，而古文字中跪坐人形有时可以替换成女形②，所以卣铭中“光”字下部可以写成“女”。如此一来便与“每”字近似，智能模型也将其误认作“每”。此类现象是比较多的，如甲骨文中的“子”字（《合集》21567），被误认成形体相近的“列”[10]；金文中的“生”字或作（《铭图》2392），被误认成形体相近的“之”；楚简中“安”字或作（《孔子诗论》3号）[8]15，被误认成形体相近的“民”；楚简中“天”字或作（《民之父母》2）[6]18，被误认成形体相近的“而”；玺印中“强”字或作（《玺汇》2749），被误认成形体相近的“侃”；玺印中“兵”字或作（《玺汇》3445），被误认成形体相近的“共”。类似因形体变化而被误识的例子极多。需要注意的是，上举例证，很多属于“个案”。如“光”字写作形是偶然现象，在金文中仅出现两例③，数量极少，模型才会将其归类到“每”字中。而其他正常写法的“光”字多会被正确地识别。那些偶然讹变而被误识的形体，主要是由形体混同导致，也与这些讹体的数据量不够丰富有关。可见数据量与形近字两个因素是相互影响的。

影响识别准确率的还包括人为因素。数据的整理及标注过程如果存在矛盾和误差会直接影响最终的识别结果。我们的数据由团队成员分批次进行收集整理，最终再统一、汇总。由于前后的认识存在差异，标注也会不同。如古文字中有两类“御”字：一类正常写法作（《铭图》15585）；还有一类作（《铭图》5387），两者形体数量都颇为丰富。《说文》：“御，使马也。从彳、从卸。驭，古文御从又、从马。”[11]37《说文》没有把“驭”字单独设立成字头，而是当成“御”字古文，所以常用的字编类工具书多把类形体收录在“御”字头下。[12]115[13]212我们在处理金文时也采用了同样方式，将这两类形体都收在“御”字下。而后来在收录战国文字资料时，我们对这两类形体进行了区分。如此处理主要基于两种考虑：一是两类形体差异很大，构形本义不同，前者是形声字，后者是会意字，而且都见于今天的楷书；二是这两类形体用法有别，各成体系④，《说文》中将后者当成前者的古文属于音近通假现象。将它们分列成两类字似乎更为合适。由于前后两次对数据的处理并不相同，而汇总数据时又未能

① 或怀疑此铭是在封地所作，作器者来自距离周王畿较远的诸侯国。参见杨安《释伯晨鼎铭文中的“茵”》，《古文字研究》第33辑，中华书局2020年版。

② 如甲骨文中“鬼”字多从跪坐人形，也偶有写成从女者。陈剑先生认为它们不是表意相近的偏旁替换现象，应该理解成跪坐人形上增加了“敛手”的特征而与“女”写法相同。参见陈剑《卜辞{凶}词觅踪》，载《首届出土文献语言文字研究国际学术研讨会》，第18页注释2，台北彰化师范大学等，2022年。

③ 另一例见于姒丁尊（《铭图》11797）。

④ 两者用法上的区别曾有多位学者提及，相关工具书亦论证颇详，参见张世超、孙凌安、金国泰等《金文形义通解》，京都中文出版社1996年版，第391—399页。

予以统一，于是形成了两种标注。所以测试时标注成“御”字类形体，被模型识别成“驭”，按照模型召回的结果，这种情况便被划分至识别错误的类别当中。除了这类学术方面的处理差异外，在标注过程中也存在偶尔误收、误标等情况，这些都会影响模型的识别。

（三）应用方面的尝试

为了更好地体验模型的识别功能，我们开发了应用平台，将智能模型部署在服务器上，试着转换成实际应用程序。同样，转化后应用程序的识别范围仍是覆盖6941个单字，计算的平均速度为38ms/张。举两个例子来观察实际应用情况。首先以形为例，该形为“戒”字，见于戒鬲铭文（《铭图》2767）。将鬲铭拓本从输入端提交，会自动提示选择待识别的古文字形体。框选后页面右上角会有图片预览，确认无误后可点击确定，提交（参见图4）。应用程序会很快给出识别结果（参见图5），页面顶端显示的是识别字形，识别结果下面是“最优识别结果”，为“戒”字，准确率达94.66%。考虑到古文字中存在很多形近字甚至是同形字，智能程序中输出结果除了“最优识别结果”外，还提供了参考结果项。“参考结果”是模型给出的其他可能性，共6个参考项，每个结果后面都以百分数标明了相似度并根据大小依次排列。例如参考结果中“武”字的相似度为“89.2%”，排在最前面。除了两项楷书识别“结果”外，我们还设置了“相似字图”推荐功能。影响识别的因素中形近字占据很大比例，设置的“参考结果”可以在一定程度上解决形近字误认问题。一般情况下，测试两组形近字时，正确答案或者是“最优识别结果”，或者是“参考结果”中的前两项，所以这一设置在一定程度上解决了形近字辨识的问题。

“戒”字见于今天的楷书，再举一个没有被保存下来的文字形体。如孟簋铭文中有形体作（《铭图》5174），据研究此形从宀、从琮字初文得声[14]，可隶定作“宗”，“宗”不见于今天的楷书，常用的字体库中未收录该形。如前文所论，我们曾对这类隶定字进行了录入并建立了专门的字库，所以应用程序是可以正常输出该形。经过检测，应用程序最终也

图4 上传图像

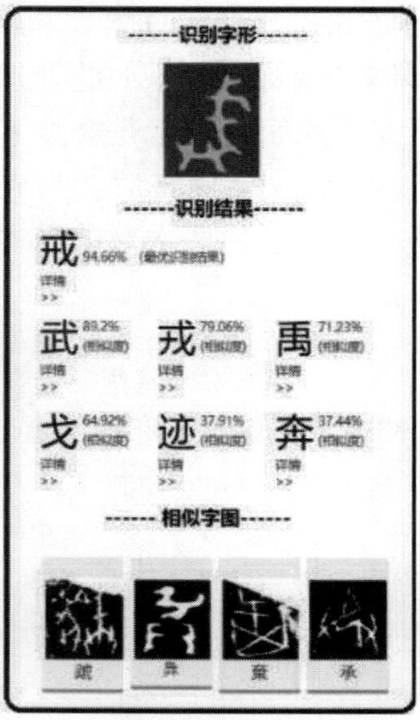

图5 选择字图

图6 识别结果

给出“宣”作为“最优识别结果”，准确率达 94.57%（参见图 6）。

需要说明的是，应用程序中所设置的“最优识别结果”“参考结果”“相似字图”都可点击查看“详情”，包括该字字形数据库、知识图谱、词义用法、古文字辞例等相关信息都可相互关联并能够直接查阅。这些功能涵盖了文字的形体、用法、词义等诸多方面，能够为使用者提供很大便利。

三、古文字知识图谱的建设

目前的人工智能与古文字结合研究尚处于起步阶段。就古文字本身来说，研究的内容多集中于识别方面。这是技术在应用方面的实现，也是进一步研究的基础，那么当前人工智能技术能否为我们考证未释字提供一些帮助和提示呢？这也是我们在研究过程中一直思考的问题。以上文讨论的识别内容为例，其不但可以识别已释字，还可以为考证未释字提供参考。学者在考释古文字形体时，经常会将未释字与已释字加以系联，这种系联主要依赖于研究者的记忆积累和知识经验。而记忆联想与知识推理都是人工智能技术所擅长的。通过上述古文字识别任务，我们已将古文字字形图像分类至对应的文字标签，并在训练中使神经网络能够提取字图的关键特征。因此，我们可以通过提取神经网络输出的高维向量表示该字图，取所有字图向量的平均值，可得到表示字形的向量，通过计算向量之间欧氏距离以及余弦相似度等方法即可量化不同字形的相似程度。相似数值越接近，说明字形之间的联系越加紧密。这是从字形整体形态角度考虑，此外还可以计算字形所含偏旁及构形的相似度，这就需要引入人工智能里面的知识图谱技术。

（一）知识图谱与数据拆分

知识图谱本质上是一种语义网络，用于揭示事物之间的关系。在自然语言处理领域应用广泛，如语义搜索、智能问答、辅助决策等方面，其已经成为人工智能发展的重要动力。[15]知识图谱能够支持知识的抽取、融合、管理和应用等各个方面。我们将其应用在古文字研究中，一方面可以构建古文字知识网络；另一方面也可计算字形中偏旁及构形的相似度，进而寻找已释字和未释字之间的关联路径，为考证未释字提供帮助。

数据的收集和标注依然是研究的前提与基础，我们对数据集中古文字形体做了进一步处理。古文字中的偏旁部首是文字组成的基本单元，对古文字的考释有着重要作用。唐兰先生提出的偏旁分析法就是通过分析、识别偏旁来考释古文字，历史考证法也与此关系密切①，所以我们把数据集中的古文字形体进行了偏旁拆分，拆分时以古文字写法为基础，同一个字的不同写法予以区分处理，多数情况下会拆分到最小单位。如“御”字作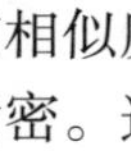，可拆分成“彳、止、午、卩”四部分；另有异体作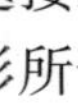，可拆分成“止、午、卩、女”四部分。我们对数据集中古文字形体都做了分类和拆分并加以标注，形成了文字、字图、偏旁相互结合的数据集。

（二）知识图谱的构建与应用

利用已经完成偏旁拆分的古文字数据集并结合已有的字义数据集，我们设计并构建了古

① 历史考证法，是根据不同时期形体特征及演变规律来考释古文字，这些形体特征和演变规律很多体现在偏旁部件的写法上。

文字知识图谱[①]，这是首个关联甲骨文、金文、战国文字并对字形、偏旁、字义之间的关系进行描述和表示的历时知识谱系。图谱以单字为基础，将6941个单字与古文字字形、相应的偏旁相互关联，同时对应当代楷书并联系每个字的词义（架构图参见图7）。

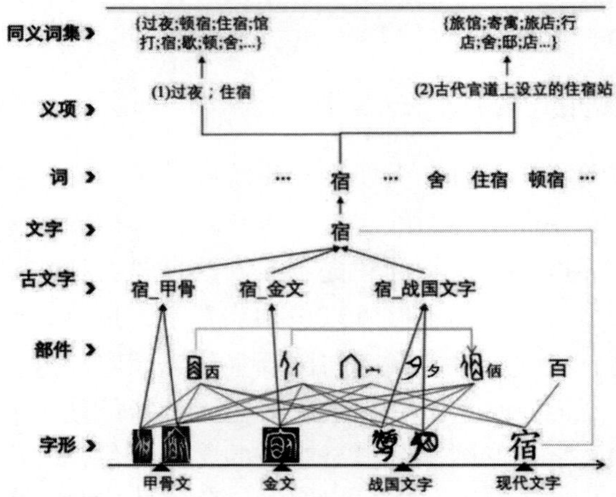

图7 古文字知识图谱架构

古文字知识图谱目前分为七层，包括字形、部件（偏旁）、古文字、文字、词汇、义项、同义词集。通过对实体进行属性描述以及层次内部与跨层次实体之间的关系描述，实现对古文字知识体系的多角度展示。其中重要的知识包括对应的古文字图像、偏旁、字义等相关信息，还可关联释文辞例。此图谱是可以扩展的，字形层和古文字层对于每个特定时代的文字类型是相对独立的，随着数据的增加与补入，图谱信息也能相应地扩展。知识图谱可以非常直观地显示古文字知识，包括字形写法、部件组成、词汇字义等，也可通过部件等信息展现不同字之间的关系。这些通过单字检索、偏旁检索便可实现。

古文字知识图谱还有另一项功用，可计算文字所含偏旁及构形方面的相似程度并进行量化。形体相近的古文字，在知识图谱中往往拥有更多的交叉，它们通过相同偏旁或含义相近的部件连接在一起（参见图8）。基于这种特性，我们采用随机游走算法，用向量来表示知识图谱中的字形实体，所得到的高维向量可以表示该字形在知识图谱中的语义空间。通过计算向量之间的欧氏距离、余弦相似度等方法即可量化不同字形在偏旁系统方面的相似程度。这种方式与古文字考释中的偏旁分析法有相似之处。

① 关于图谱的构建过程，请参见迟杨、Fausto Giunchiglia、史大千等，“ZiNet：Linking Chinese Characters Spanning Three Thousand Years”（《跨越三千年的汉字知识图谱构建》），Dublin（都柏林）：ACL（The Association for Computational Linguistics，国际计算语言学协会），2022年。在这篇文章中，此知识图谱被称作“ZiNet”。

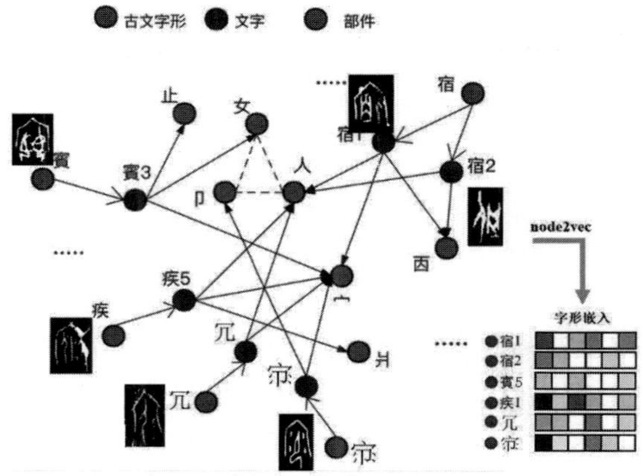

图 8 知识图谱中形近古文字的关联案例

前文在利用计算机视觉算法实现文字的形体识别时，从字形的整体形态上可以计算出不同字形的相似程度。而这一部分讨论了知识图谱的构建，并且结合知识图谱可以计算出不同字形中偏旁及构形上的相似程度，把两种方法结合起来，通过计算得出的相似字形更加客观。通过以上方法，智能模型即可为我们推荐出与未释字相似的古文字形体，从而为古文字的考释提供一定的辅助。

本文讨论了人工智能与古文字相互结合的研究，利用深度学习算法来实现形体上的识别，同时也讨论了古文字知识图谱的构建。其实，无论是在方法上还是角度上，古文字与人工智能的结合都有很大的研究空间。在研究方法上，近些年自然语言信息处理技术发展迅速，在命名实体识别、语义关系等方面都有重大提升，可以利用文献数据训练智能模型，使其具有强大的古代汉语语感。在古文字考释过程中，输入待释字所在的文句，智能模型或者能够给出文献中的相似语句，或者能够根据前后文意、语词搭配缩小考释结果的范围。这些都能给研究者提供很大的帮助。在研究角度上，除了古文字资料本身外，文字载体的研究也可结合人工智能技术开展。甲骨方面，学者利用人工智能技术缀合甲骨残片[16]，取得了不错的效果；青铜器方面，我们利用人工智能深度学习技术对青铜器进行了分类、分期断代研究，实验结果和应用转化均十分理想。我们相信，随着更多学者的参与，人工智能与古文字的相互结合研究会取得更大进展。

注释

[1] 唐兰：《古文字学导论》，齐鲁书社 1981 年版。
[2] 于省吾：《于省吾著作集·甲骨文字释林·序》，中华书局 2009 年版。
[3] 林沄：《古文字研究简论》，吉林大学出版社 1986 年版。
[4] 何琳仪：《战国文字通论（订补）》，江苏教育出版社 2003 年版。
[5] 滕壬生：《楚系简帛文字编》（增订本），湖北教育出版社 2008 年版。
[6] 马承源主编：《上海博物馆藏战国楚竹书（二）》，上海古籍出版社 2002 年版。

[7] 荆门市博物馆：《郭店楚墓竹简》，文物出版社 1998 年版。
[8] 马承源主编：《上海博物馆藏战国楚竹书（一）》，上海古籍出版社 2001 年版。
[9] 湖北省荆沙铁路考古队：《包山楚简》，文物出版社 1991 年版。
[10] 蒋玉斌：《释甲骨文“烈风”—兼说“歺”形来源》，《出土文献与古文字研究》第 6 辑，上海古籍出版社 2015 年版。
[11] 许慎撰，徐铉校订：《说文解字》，中华书局 2013 年版。
[12] 容庚著，张振林、马国权摹补：《金文编》，中华书局 1985 年版。
[13] 董莲池编著：《新金文编》，作家出版社 2011 年版。
[14] 陈剑：《释“琮”及相关诸字》，载《甲骨金文考释论集》，线装书局 2007 年版。
[15] 张吉祥、张详森等：《知识图谱构建技术综述》，《计算机工程》2022 年第 3 期。
[16] 莫伯峰、张重生、门艺：《AI 缀合中的人机耦合》，《出土文献》2021 年第 1 期。

（原文刊于《吉林大学社会科学学报》2023 年第 2 期）

甲骨文“弦”字补释

——兼谈“弦”与“幻”的关系

王子杨

提要：通过排比梳理古文字形体，可把两种尚无确释的甲骨文形体统一起来，一并释作“弦”。不少学者释作“弹”的甲骨字形应释作“弦”，甲骨卜辞“弦”用作“㢋县”之“县”。从字形和用法两个方面，可确认甲骨文中有“弦”无“弹”。此外，本文还讨论了古文字“弦”与“幻”的关系问题。

关键词：甲骨文；考释；弦

甲骨文到底有没有“弦”字，学界尚无定论。有关古文字“弦”的论文，几乎都未提及甲骨文“弦”，大概认为甲骨文中没有确定无疑的“弦”字形体。少数学者认为甲骨文“”“”等形之字就是“弦”。唐兰最早提出此说：“罗据《说文》弜字释弹，似未碻，当是弦字象形，后乃变为弦，更变为弦字矣。”① 李孝定同意唐说，并云：“盖从〇・者均指事字，以示弦之所在。”② 后来《甲骨文字典》也取唐说，分析字形云：“于弓弦处加一指事符号〇以表示弓弦之所在，为弦之初文。”③《字源》④、《甲骨文字编》⑤、《新甲骨文编》增订本⑥、《商代文字字形表》⑦ 也都主张把“”“”形字释作“弦”。

与释“弦”说相比，绝大多数学者从罗振玉说，主张“”“”当释作“弹”。以古文字工具书为例，《簠室殷契类纂》⑧、《古籀汇编》⑨、《甲骨文编》⑩、《甲金篆隶大字

---

① 容庚编：《殷契卜辞》之释文按语，北平・哈佛燕京学社 1933 年版，第 33 页；又《容庚学术著作全集・殷契卜辞》，中华书局 2012 年版，第 18C 页。

② 李孝定：《甲骨文字集释》，“中央研究院”历史语言研究所 1965 年版，第 3858 页。李氏虽不同意罗氏释“弹”，但又从罗氏意见把今天释作“发”的“”形也一并释作“弦”，则不可取。

③ 徐中舒主编：《甲骨文字典》，四川辞书出版社 1988 年版，第 1405 页。

④ 李学勤主编：《字源》，天津古籍出版社 2012 年版，第 1127 页。

⑤ 李宗焜编著：《甲骨文字编》，中华书局 2012 年版，第 943 页。

⑥ 刘钊主编：《新甲骨文编》（增订本），福建人民出版社 2014 年版，第 742 页。

⑦ 夏大兆编著：《商代文字字形表》，上海古籍出版社 2017 年版，第 524 页。

⑧ 王襄：《簠室殷契类纂》，天津博物院石印本 1920 年版，第 57 页。

⑨ 徐文靖编著：《古籀汇编》第十二下，上海商务印书馆 1934 年版；又上海书店 2013 年版，第 400 页。

⑩ 孙海波编著：《甲骨文编》，中华书局 1965 年版，第 502 页。

典》[①]、《甲骨金文字典》[②]、《甲骨文字诂林》[③]、《古文字诂林》[④]、《古文字释要》[⑤]、《新甲骨文编》初版[⑥]、《中国汉字文物大系》[⑦]、《古文字类编》（增订本）[⑧]、《甲骨可释字形总表》[⑨]、《殷墟甲骨文编》[⑩]、《殷墟甲骨文辞类编》[⑪]等，都把“”“”等形释作“弹”。王襄说解字形道：“此象丸在弦上将发之形。”[⑫]传抄古文字“弹”字作“”“”[⑬]，这在很大程度上加强了学者释“弹”的信心。然传抄古文“弹”跟甲骨文形体尚难以建立直接的联系，故据此释“弹”不能令人信服。方述鑫等说：“甲骨文正象引弓执丸之形，为弹之初文。弹则为后起形声字。或释弦，谓于弓弦处加一指事符号，以表示弓弦之所在，后变为，许君遂以象丝轸说之耳（李孝定《甲骨文字集释》）。按释弦恐不确，当释弹。”[⑭]姚孝遂也说“字当释为‘弹’”，卜辞用作用牲法的“弹”“有击义，盖谓击杀之”[⑮]。方、姚之说似可作为代表性意见。长期以来，多数学者把“”“”释作“弹”，甲骨释文类工具书大都如此处理，不赘引。另外，学界讨论比较多的“弹尸”卜辞，也都按“弹”字来解释，或把“弹”读作“墠”，或认为“弹”是一个使用祭品的祭祀动词[⑯]。

综上，学界以释“弹”为主流意见，只因最近出版的《甲骨文字编》和《新甲骨文编》（增订本）增设“弦”字头，学界才重新审释唐兰意见。事实上，学者撰文时仍把甲骨卜辞的这个形体释作“弹”字。还有学者虽看到释“弦”在字形方面更合适，但由于缺乏力证而仍隶写作“弹”。葛亮即如此处理，他说：

若将字中的圆圈看作标记“弓弦”的指事符号，那么这个字也完全可能是“弦”的初文。甲骨文中以圆圈作为指事符号的例子又有“柲”的初文，或在象柲的部分上加圆圈以指事，作、等形；“肱”的初文（厷）在象手臂的笔画上加圆圈以指事；“股”的初文在

① 徐无闻主编：《甲金篆隶大字典》，四川辞书出版社1991年版，第892页。

② 方述鑫等编著：《甲骨金文字典》，巴蜀书社1993年版，第993页。

③ 于省吾主编：《甲骨文字诂林》，中华书局1996年版，第2602—2604页。

④ 李圃主编：《古文字诂林》第9册，上海教育出版社2004年版，第1080页。

⑤ 李圃、郑明主编：《古文字释要》，上海教育出版社2010年版，第1188页。

⑥ 刘钊主编：《新甲骨文编》，福建人民出版社2009年版，第708页。

⑦ 刘志基主编：《中国汉字文物大系》，大象出版社2013年版，第726页。

⑧ 高明、涂白奎编著：《古文字类编》（增订本），上海古籍出版社2014年版，第284页。

⑨ 王蕴智主编：《甲骨可释字形总表》，河南美术出版社2017年版，第48页。

⑩ 韩江苏、石福金编著：《殷墟甲骨文编》，中国社会科学出版社2017年版，第1225页。

⑪ 陈年福编著：《殷墟甲骨文辞类编》，四川辞书出版社2021年版，第7596页。

⑫ 王襄：《簠室殷契类纂》，天津博物院石印本1920年版，第57页。

⑬ 徐在国编：《传抄古文字编》，线装书局2006年版，第1285页。

⑭ 方述鑫等编著：《甲骨金文字典》，巴蜀书社1993年版，第993—994页。

⑮ 于省吾主编：《甲骨文字诂林》，中华书局1996年版，第2604、2606页。

⑯ 相关讨论，可集中参看沈培《关于古文字材料中所见古人祭祀用尸的考察》，《古文字与古代史》第3辑，台湾“中央研究院”历史语言研究所，2012年。

象大腿的位置上加圆圈以指事等。字的构形或许正可以与、、类比。不过由于缺乏语音上的支持，“弹”或“弦”的释法都难以得到确证。为便于指称，以下我们暂时把这个字写作“弹 *”。[①]

葛先生以“柲”字形体模拟证明“”可能释“弦”，很有道理；又指出释“弦”释“弹”都没有语音上的证据而仍隶写作“弹 *”，态度谨慎，该处理方式较有代表性。也有学者犹疑不决，此处释“弦”而彼处又释“弹”[②]。

“弹”“弦”的歧见远不止此。《古文字谱系疏证》和《中国汉字文物大系》，又把甲骨文“”字释作“弦”[③]，前者有简短的论证：

从弓，从糸，会弓弦之意，古弦字。《说文》“，弓弦也。从弓，象丝轸之形。（胡田切）”《隶辨·先韵》北海相景君铭“或颂毂于管弦”，弦作，又孙叔敖碑“去不善如绝弦”，弦作。后作弦，变会意为形声。[④]

《中国汉字文物大系》正是接受了《古文字谱系疏证》的意见而把“”形收在“弦”字之下[⑤]。限于体例，《古文字谱系疏证》未引更多的古文字字形，而用较晚的汉碑材料与甲骨文直接比较，不免让人生疑，也未把辞例讲解清楚，因此，这一释读并未引起学界的注意。

这样，以往的研究意见中，被释为“弦”的甲骨文有“”、“”（或从攴）和“”三种形体。其中，“”（或从攴）形，裘锡圭释作“发”的表意初文[⑥]，并非“弦”字，可首先排除。“”字，学界倾向释作“弹”，少数学者主张释作“弦”，但未提出有力的字形和辞例证据。至于“”字，除了《古文字谱系疏证》和《中国汉字文物大系》释“弦”外，未见学者信从。可见，甲骨文究竟有无“弦”字的问题仍未得到妥善解决。本文尝论证甲骨文确有“弦”字。

无名组的“”字出现两次，分别见于《合集》26956 和《屯南》4066 两版，形体略异：

A	B
、（摹本）	、（摹本）
合集 26956	屯南 4066

① 葛亮：《甲骨文田猎动词研究》，《出土文献与古文字研究》第 5 辑，上海古籍出版社 2013 年版。

② 朱歧祥：《甲骨文词谱》，台北里仁书局 2013 年版，第 370—371 页。

③ 黄德宽主编：《古文字谱系疏证》，商务印书馆 2007 年版，第 3428 页；刘志基：《中国汉字文物大系》，大象出版社 2013 年版，第 740 页。

④ 黄德宽主编：《古文字谱系疏证》，商务印书馆 2007 年版，第 3428 页。

⑤《中国汉字文物大系》又把《合集》2514 写作“”形的“御”字也释作“弦”，显误，可不论。

⑥ 裘锡圭：《释“勿”“发”》，载《古文字论集》，中华书局 1992 年版，第 70—84 页；又载《裘锡圭学术文集·甲骨文卷》，复旦大学出版社 2012 年版，第 140—154 页。

A、B二形左侧皆为“弓”旁，右侧“”形或倾斜，或垂直放置。至于“”“”上部“V”和“Λ”形歧笔的差异并非区别字形的因素，甲骨文构形系统中有不少平行变化的例证，刘钊已做了很好的解释[①]，其为一字是很明显的。姚孝遂把该字隶定作“弜”，云“字不可识，其义不详”[②]。刘钊认为右部的“”即“矢”字，字从“弓”从“矢”，应是“射”字的异体[③]。《甲骨文字编》把这两个形体编为3147号，置于3146号“”“”诸形之后[④]，认为两者关系密切，甚至怀疑两者可能是同一个字。《甲骨拼合四集》919组释文将之隶定作“弞”，大概是接受了前引刘说[⑤]。《甲骨文字形表》把此字隶写作“彍”，大概认为右部的“”是“囊橐”之“橐”的表意初文[⑥]。前引《古文字谱系疏证》释作“弦”，认为是“弓”“糸”会意。

今按只有《古文字谱系疏证》的释读正确。从字形上看，“弓”右侧的“”旁并非简单、任意地放置，其位置相当考究。A形“”上部向左倾侧而与弓形紧密连接。《说文》：“弦，弓弦也。从弓，象丝轸之形。”段玉裁解释文字构形：“象古文丝而系于轸。轸者，系弦之处。”观甲骨文A形，“”形上部与弓连接之处，恰为弓轸的位置，形体与《说文》的解释正合。“”下部的三歧笔画本来也应系于弓之另一轸，但刻写者为避开弓体中部的“›”形笔画而向右倾斜，最后未能如愿。B形则两端三歧笔画皆系于弓之两轸，表意色彩浓厚。从表意意图的角度看，把无名组这两个形体释作“弦”，非常合适。

另外，A形可跟甲骨文中过去释作“弹”的“”“”形系联，两者的过渡形体就是《怀特》1582的“”形，演进序列可构拟为：

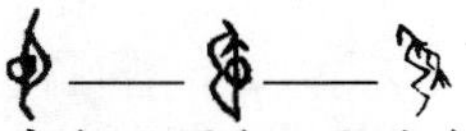

宾组 历组 无名组

宾组卜辞“”，在弓弦处施加圆圈笔画，指事弓弦之所在。历组卜辞“”，于弓弦系于弓轸之处，变直线为三歧笔画，突出丝系于轸的特点。到了无名组卜辞，弓弦两端索性都刻写作三歧笔画。与此同时，本来施加的圆圈笔画，中间空心，讹变得跟甲骨文偏旁“束”“糸”相近。甲骨文构形系统中，本来施加的指事符号后来中间变成纯粹空心的“○”形，比较常见。比如甲骨文“”，本来就有“”“”等不同写法；又如陈剑释作“游”字的“”，大多数写作“”[⑦]，所从偏旁“”，在表示器柄的“柲”上施加指事符号“○”，指事“柲”

① 刘钊：《古文字构形学》，福建人民出版社2006年版，第17页。

② 于省吾主编：《甲骨文字诂林》，中华书局1996年版，第2633页“按语”。

③ 刘钊：《古文字构形学》，福建人民出版社2006年版，第17页。

④ 李宗焜编著：《甲骨文字编》，中华书局2012年版，第944页。

⑤ 黄天树主编：《甲骨拼合四集》，学苑出版社2016年版，第286页。

⑥ 沈建华、曹锦炎：《甲骨文字形表》，上海辞书出版社2008年版，第120页。

⑦ 陈剑：《甲骨金文用为“游”之字补说》，《出土文献与古文字研究》第8辑，上海古籍出版社2019年版。

之所在，刻手往往把这个偏旁刻写作“”，中间变成空心的“○”。皆其证。

类比“柲”字的造字方式，诚如葛亮所指出的，释作“弦”比较合适，此即唐兰最初释“弦”的初衷。要想证明上述“”“”“”释“弦”的必然性，不能仅着眼于“”“”类形体，而要把它跟无名组A、B形体以及后世“弦”字形体加以沟通，从而在字形上充分证明“”“”“”就是“弦”字。

前引无名组卜辞A、B，其典型特征就是三歧笔画的弓弦一定要跟弓轸连接，表示弓弦系于弓轸之上。睡虎地秦简《日书》甲27正“弦望”之“弦”作“（）”，丝弦的一端仍与弓轸相连，犹存古意。后来，本为弓弦笔画的讹体“糸”旁又进一步讹变为“系”，所谓“系”的上部笔画就是从系于弓轸的表意笔画演变而来。下引秦简“弦”字，右部偏旁“糸”已完全讹变为“系”，且逐渐与“弓”脱离，这一点跟古文字“孙”“悬”的演变完全平行。

里耶8-294	里耶8-458	里耶9-29	里耶9-1547	帛书·病方214

汉代“弦”字多作“”“”“”“”。魏晋时期，有的写作“”（北海相景君铭），右部仍从“糸”，但上部已无跟“弓”相连的笔画；有的写作“”（熹平石经·泰射），右部又演变为“玄”[①]，写法与今天的“弦”字无甚差别。从甲骨文偏旁“”演变为“糸”，再演变为“系”，最后演变为“玄”，符合形体演变规律，因而把无名组卜辞的A、B释作“弦”是合适的。

除了秦汉文字“弦”，曾侯乙简多见“弦”字形体，写作“”（凡22见），裘锡圭、李家浩根据该字用法，怀疑它连同过去释“幻”的“”“”等玺印文字当即“弦”字[②]。此说并未得到学界的肯定。直到上博简、清华简材料相继公布，出现了确定无疑的“弦”字形体，可证裘、李两先生释读正确。上博简《三德》1号简“弦望”之“弦”作“”，不少学者指出此形即上引诸形的讹体。尤其是清华简《系年》46号简“弦高”之“弦”作“”，更是一锤定音，再次证实把战国文字中的“”“”“”等形释“弦”毫无问题[③]。

石小力以战国文字“弦”字写法为定点，上溯周代铜器铭文，把孟¬父簋和弦伯隹壶中的“”“”二字释作“弦”[④]，甚确。此前黄锡全也曾联系上述曾侯乙简形体，把“”“”二字读为“弦”，但黄先生碍于形体，先是把这两个字释作“幻”，

① 汉语大字典字形组编：《秦汉魏晋篆隶字形表》，四川辞书出版社1985年版，第915页。

② 裘锡圭、李家浩：《曾侯乙墓竹简释文与注释》，载湖北省博物馆《曾侯乙墓》，文物出版社1989年版，第504页。

③ 单育辰对过去释作“幻”的字形当释作“弦”的学术史有简单梳理，参《楚地战国简帛与传世文献对读之研究》，中华书局2014年版，第113—115页。

④ 石小力：《东周金文与楚简合证》，上海古籍出版社2017年版，第146—149页。

由于“国名‘幻’不见于典籍”而读作“弦”[①]。黄先生如看到后来的上博简、清华简“弦”字形体，也一定会把“”“”二字径释作“弦”。战国文字写作“”“”“”等形的“弦”都应从这两个形体演变而来。玺印文字“”的写法与西周晚期盂弜父簋的“”字几无差异。而弦伯隹壶的“”字跟无名组的A类写法较近，左侧的“弓”形演变为“匚”形，右部“”上面的三歧笔画变作二歧。也可能是，表示弓弦的部分上部跟“匚”发生借笔，本来乃是“纟”形。无论作何种分析，这个字形都可从无名组A、B处找到源头。上博六《用曰》12号简有“”字，从辞例看，无疑也表示“弦”字。石小力说：“所从原始之‘弓’形讹变成‘匚’，致弓弦之意不明，故又益以‘弓’旁。”[②]甚是。

把上述金文、战国秦汉文字的“弦”字形体跟甲骨文“”“”“”形体放在一处，寻绎形体演变脉络，其间的联系比较明显。因此，把甲骨文“”“”“”诸形释作“弦”，字形依据充足。如释作“弹”，这些形体如何演变到右部以“单”为声的“”（马王堆帛书甲），恐怕无法说清。还有学者据传抄古文“弹”字作“”“”“”诸形[③]，认为甲骨文“”“”或也当释“弹”。李春桃曾引此看法，说：“古文从弓从弹丸形会意，甲骨文中有形体（《合集》10458）、（《合集》18477），或据此古文释读为‘弹’，如此则古文与甲骨文相合。”[④]从行文上看，李先生对甲骨文“”“”就是“弹”字的结论并未予以肯定，这是很对的。今按传抄古文“”“”“”诸形可能与甲骨文无关，传抄古文“弹”字来源有待研究。

下面讨论甲骨文“弦”字的用法。无名组卜辞“弦”字的辞例是：

（1a）叀婢，王受又。

（1b）又豉羌，王受又。

（1c）在兹。

（1d）即于弦中。吉。合集26956[⑤][无名]

（2）若酉于母酘，弦兴于之，受[又]。　　屯南4066[无名]

（1d）“即于弦中”与（1c）“在兹”构成一组选贞卜辞。“即于”结构历组、无名组卜辞习见，后面可以接表示地点的词，如“即于右宗”（《合集》28252）、“即于宗”（《合集》27313）等。“即于”后也可以接受祭对象，如“即于岳”（《合集》30675）、“即于上甲”（《屯南》2322、《屯南》4412）、“即于河”（《合集》34294）等。“即于”后面跟的受祭对象，很可能也表示地点，“即于”后的“上甲”或表示祭祀上甲的地方。由于跟（1c）构成选贞的限定，“弦中”应表示跟“在兹”之“兹”相对的一个地名。“”又见于出组卜辞，

① 黄锡全：《枣阳郭家庙曾国墓地出土铜器铭文考释》，载《古文字与古货币文集》，文物出版社2009年版，第121页。

② 石小力：《东周金文与楚简合证》，上海古籍出版社2017年版，第148页。

③ 徐在国编：《传抄古文字编》，线装书局2006年版，第1285页。

④ 李春桃：《古文异体关系整理与研究》，中华书局2016年版，第318页。

⑤ 李爱辉把《合集》26956与《合集》27093缀合，收入黄天树主编《甲骨拼合四集》第919则，学苑出版社2016年版，第128页。

用于“妇某”之“某”。如：

（3）癸亥卜，兄贞：旬亡。旬，壬申［夕盂（向）癸酉］司龚逸（失）火，妇子殒。七月。

合集 26630+26628+17066+26680+26649（蔡哲茂、蒋玉斌、莫伯峰缀合①）［出一］

（4）……旬，［壬］申夕盂（向）［癸］酉司龚［逸（失）］火，妇子殒。七月。

合集 11573+ 北图 2382+ 合集 2861（李延彦、刘影缀合②）［出一］

（5）……旬亡。［旬，壬申夕盂（向）癸酉司龚］逸（失）火，妇子殒。

合集 17067+ 合集 5934（蒋玉斌缀合③）［出一］

（6）……兄贞……龚逸（失）…… 合集 5928［出一］

（7）……壬申……司龚……子殒。 合集 17069［出一］

（8）……夕盂（向）……司龚……妇子…… 合集 14815（安明 465 清晰）［出一］

蒋玉斌指出，上引诸版为同卜一事，并将各版比勘互补，复原出一条完整的卜辞④。刘影进一步利用上述材料，还原出我国最早的火灾记录。⑤这些研究对正确理解上引卜辞大有裨益。宾出类甲骨卜辞还有“”组合⑥，“”应该也是这个“妇”。此外，《辑佚》30号也有“妇”。学界一般把这个字隶定作“㚢”或“姓”⑦，两者并无实质性的差异，只是前者右部偏旁隶写更严格而已。（1d）“弦中”的“”与上述“妇”之“”关系密切，不能排除为同一妇人的可能。“中”，上下并无旗斿笔画，在卜辞里往往用于称谓之“中”，如“中子”“中妇”“中母”“中己”“中丁”等之“中”，几乎都写作无旗斿的形体。⑧因此，“弦中”之“中”也该如此理解。我们认为，“弦中”有两种理解方向。一是把它看作一个称谓结构，可理解为弦族行第为“中”、名字叫的女子。这样考虑主要是联系前引西周时期的孟㢸父簋，铭文说：

（9）孟㢸父作弦伯妊媵簋八，其万年子孙永宝用。 集成 3962、3963

① 《合集》26628+26630 为蔡哲茂缀合，参《甲骨缀合集》，台北乐学书局 1999 年版，第 1 页；蒋玉斌加缀《合集》17066，参《〈甲骨文合集〉新缀十二组》，《古文字研究》第 28 辑，中华书局 2010 年版，第 154、157 页；莫伯峰加缀《合集》26680、《合集》26649，参黄天树主编《甲骨拼合续集》，学苑出版社 2011 年版，第 56、348—350 页。

② 《合集》11573+《北图》2382 为李延彦缀合，收入黄天树主编《甲骨拼合三集》第 774 则，学苑出版社 2013 年版，第 242、386 页；刘影又加缀《合集》2861，后入黄天树主编《甲骨拼合五集》第 1035 则，学苑出版社 2019 年版，第 27、280 页。

③ 蒋玉斌《甲骨新缀十二组》之第 4 组，中国社会科学院先秦史研究室网站（https://www.xianqin.org/blog/archives/3292.html），2013 年 9 月 18 日。

④ 蒋玉斌《〈甲骨文合集〉新缀十二组》，《古文字研究》第 28 辑，中华书局 2010 年版。

⑤ 刘影《利用甲骨缀合还原商代的一场火灾》，《华夏考古》2018 年第 3 期。

⑥ 如《合集》19141、《合集》19142（《合集》15220 重片）和《怀特》940。

⑦ 刘钊主编：《新甲骨文编》（增订本），福建人民出版社 2009 年版，第 703 页。

⑧ 赵鹏《谈谈殷墟甲骨文中的“左”“中”“右”》，《古文字学青年论坛》，“中央研究院”历史语言研究所，2013 年，第 9—59 页。

按铜器铭文中妇女称谓的规则，“弦伯妊”应是“所适国名＋行第＋女姓”格式，即嫁于弦国的妊姓长女。黄锡全把我们释作“妊”的字误释作“姬”，并说“簋铭‘幻白姬’之幻当是国名，‘白姬’当是人名，‘白’可视为伯，表行第。姬可能是幻国之姓”①。为证明上述看法，黄先生还举出“辅伯匡父鼎”和“旅伯簋”二铭作类比。由于关乎弦国的族姓，非常重要，先引出“辅伯匡父鼎”和“旅伯簋”，然后简单辨析黄先生的观点。

（10）辅伯戠匡父作丰孟嫃媵鼎，子子孙永宝用。　　辅伯匡父鼎（集成 2546）

（11）善夫旅伯作毛仲姬尊鼎，其万年子子孙永宝用享。　旅伯簋（集成 2619）

利用妇女称谓来判断国族之姓，要注意区别形式相同而所指有异的称谓组合。尤其对于“国名＋行第＋女姓”的称谓组合，更要辨明是家长为出嫁女儿作器还是丈夫为妻子作器。如是前者，则女子本姓与国姓不同；如是后者，才属于学界的“本国本姓”。对于这种差异和辨别方法，不少学者作了深入的研究。②黄先生引出的“辅伯匡父鼎”“旅伯簋”二铭中的“丰孟嫃”和“毛仲姬”，表层结构虽同，但内部分别属于不同称谓类型，不能等同。具体说来，“辅伯匡父鼎”属于媵器，显然是家长“辅伯匡父”为出嫁到丰国的大女儿所作之器，因此，“嫃”并非丰国族姓，而是女子本国之姓。“毛仲姬”则不同，这是丈夫“善夫旅伯”为其妻“毛仲姬”所作之器，因此属于本国本姓，所以姬乃毛国之姓。“弦伯妊”同样属于媵器，其类型与“丰孟嫃”相同。“妊”只能是嫁给弦国之女的本国族姓，即“孟弜父”的族姓，而不能以此推论出弦国是妊姓的结论。

“弦伯妊”跟前引（1d）“弦中□”结构相同，如主张“□”是私名，则“弦中□”可理解为弦族排行为“中”、私名为“□”之女子。如主张“□”是族氏，则可理解为弦族排行为“中”的□姓女子。从目前的甲骨材料看，商代称谓结构中尚无“孟、仲、叔、季”等行第的概念，这里的“中”应表示位次，指与“大、小”或“上、下”相对立的概念。鉴于甲骨卜辞常见“某伯某”“某侯某”的称谓，也有“排行＋亲称”的组合称谓③，那么把卜辞中的“弦中□”理解为组合称谓，并无奇怪之处。赵鹏指示笔者，“弦中□”应理解为“弦中□”所在之地，很有道理。

另一种理解是把“弦”看作祭祀动词，把“中□”看作女性称谓。这样理解的好处在于，宾组、历组、花东子组卜辞中的“弦”用作祭祀动词，可与绝大多数“弦”字用法统一来看待。“中□”也可与卜辞中的“中妇”“中母”等类比。如果是这样，“弦中□”可理解为弦祭“中□”的地方。

（2）辞“若酉”“敀”等准确含义尚不知晓，这给理解“弦”的意义带来很大的困难。不过，仍可通过相似语句的比较，窥探本辞所要表达的意思。下面先列出一些卜辞：

（12）其舌，若酉毓祖丁，王受又。合补 8734[无名]

① 黄锡全：《枣阳郭家庙曾国墓地出土铜器铭文考释》，载《古文字与古货币文集》，文物出版社 2009 年版，第 120 页。

② 盛冬铃：《西周铜器铭文中的人名及其对断代的意义》，《文史》第 17 辑，中华书局 1983 年版；李仲操《两周金文中的妇女称谓》，《古文字研究》第 18 辑，中华书局 1992 年版；曹定云《周代金文中女子称谓类型研究》，《考古》1999 年第 6 期。

③ 赵鹏：《殷墟甲骨文人名与断代的初步研究》，线装书局 2007 年版，第 56—98 页。

（13）⿱宀新……

若酉祖乙舌，王受又。

⿱宀新大乙舌。

若酉祖乙舌，王受又。合集 27110（合集 27111 同文）[无名]

（14）其若酉⿰礻舌祖乙，又正。合集 27200[无名]

（15）若酉于□[①]，王受 [又]。

弜于□。天理 505[无名]

（16）其……于……宗……

若酉于□，受又 =（有又） 屯南 2393[无名]

（17）其舌⿱宀新小乙，王受又。

于妣庚，王受又。

舌妣庚，若酉于□，王受又。屯南 822[无名]

（18）登鬯二卣，王受又。

三卣，王受又。

登新鬯，若酉□至，王受又。

弜□至。 屯南 766[无名]

（19）丁酉卜：今日丁万其学。吉。

于来丁乃学。

于右⿱宀東学。吉。

若酉 [于] 学。吉。屯南 662[无名]

（20）即于 [宗]。

弜若酉□于祖丁□。

惠今日庚申。合集 27313[无名]

“若酉”，《屯南》整理者说：“若，祭名。《广苍》：‘若，踏足皃’，在此可能为献舞之祭。”“㕯，《说文》：‘言之讷也’。在卜辞中为祭名，可能为祝祷或献歌。若㕯相连为献歌舞之祭。”[②] 整理者把“酉”上部偏旁释作“内”肯定不对，因此说“酉”为祝祷或献歌，也就失去了依据。“若酉”确定语义还不清楚，但用法比较清晰，后面多接受祭对象，也可接“于 + 地名（□）”作处所补语，还可接“动词 + 受祭对象”，三者多可互相组合，变成更为复杂的命辞，但需遵循一定规则。一般情况下，命辞可呈现如下形式：

① 从照片上看，此字已被刮削，但笔画仍可辨认。

② 中国社会科学院考古研究所编：《小屯南地甲骨（下）》第 1 分册，中华书局 1983 年版，第 887 页。

形式	例句
若酉 + 受祭对象 +V（一般是舌），王受又	（13）
其 + 若酉 + V+ 受祭对象，又正	（14）
其 +V，若酉 + 受祭对象，王受又	（12）
若酉 + 于 + 彔，王受又。	（15）（16）
舌 + 受祭对象，若酉 + 于 + 彔，王受又。	（17）

“若酉”搭配位置比较灵活，若去掉“若酉”，句子依然成立。“若酉”后面的结构往往是刻手需要强调的成分。（2）辞“若酉于母畒”，“畒”是动词，“母畒”是“畒”母的地方，“弦兴于之”的“之”复指前面的“母畒”，意谓在这个地方兴“弦”之祭。

再看其他类组的“弦”字用法。

（21）戊寅卜，贞：弦延尸。七月。　合集 25+①[宾三]

（22）己卯卜，贞：弦尸，延于丁宗熹。　前编 5.8.5[宾三]

（23）贞：其……弦在⼙。（以上正面）

⼙入……（以上反面）　合集 9283（中历藏 394）[典宾]

（24）癸亥卜，宾贞：翌丁卯酒弦牛百于丁。　合集 9410[典宾]

（25）癸卯卜，贞：弦𢀛百牛百……　合集 13523[宾三]

（26）壬午卜，宾贞：翌丁亥呼光弦。　拼四 951②[宾三]

（27）丙午卜，贞：弦延兔。　合集 10458[宾出]

（28）庚子贞：辛丑酒乇。

庚子卜：告方，弦珹③。　怀特 1582（合补 10657）[历二]

（29）丁丑卜：其弦于，惠入人，若。用。子占曰：“女（毋）有孚雨。”

惠剢人呼先奏，入人乃往。用。

惠剢人呼先奏，入人乃往。用。

惠入人呼。用。

戊寅夕：宜兆一。在入。

戊寅夕：宜兆一。在入。　花东 252[花东子组]

（30）□□卜：子其弦于……　合集 20040[花东子组]

（31）……作弦……　合集 18477[宾组]

过去多把上述卜辞中的“弦”释作“弹”，各家在释“弹”的基础上提出了一些不同看

① 蒋玉斌、李爱辉缀合，收入黄天树主编《甲骨拼合四集》第 956 则，学苑出版社 2016 年版，第 168—169 页。

② 黄天树主编：《甲骨拼合四集》，学苑出版社 2016 年版，第 161—162、297—298 页。

③ 从陈剑释，参《说殷墟甲骨文中的“玉戚”》，《“中央研究院”历史语言研究所集刊》第 78 本第 2 分，2007 年。

法。郭沫若读作“禅”，并引《尔雅·释天》训作“祭”①。饶宗颐把这种用法的“弹”读为“墠”，认为是“除地”之意②。沈培已指出把“弹”读作“墠”大概是不对的，“弹”“应该是一种使用祭品的祭祀”，“‘弹延尸’当亦是说‘弹祭中接着用尸这种祭品’的意思”③。沈先生对“弹”字用法的把握是合理的。我们既主张所谓的“弹”应释作“弦”，则不能同意读“禅”、读“墠”的意见，应从“弦”的角度去考虑问题。

结合“弦”的语音线索，用作祭祀动词的“弦”可能要读作“庋悬”之“悬”。《山海经·西山经》“实惟帝之玄圃”，“玄圃”《穆天子传》卷二作“悬圃”。《马王堆汉墓帛书·脉法》“脈（脉）之悬”，“悬”整理者释作“玄”④。后世“弦”以“玄”得声，自然跟“悬”语音相近，可通用。《山海经·中山经》云：“凡薄山之首，自甘枣之山至于鼓镫之山，凡十五山，六千六百七十里。历儿、冢也，其祠礼：毛〈屯〉太牢之具；悬以吉玉。其余十三山者，毛〈屯〉用一羊，悬婴用桑封，瘗而不糈。”郭璞注曰：“悬，祭山之名也，见《尔雅》。”又《尔雅·释天》云：“祭天曰燔柴，祭地曰瘗埋，祭山曰庋悬，祭川曰浮沈。”郭璞注曰：“或庋或悬，置之于山。《山海经》曰‘悬以吉玉’，是也。”⑤郝懿行曰：“庋悬者，《觐礼》云：‘祭山丘陵，升。’贾疏引《尔雅》而申之云：‘升即庋悬也。’《公羊·僖公卅一年》疏引李巡曰：‘祭山以黄玉及璧，以庋置几上，遥遥而眡之若悬，故曰庋悬。’孙炎曰：‘庋悬，埋于山足曰庋，埋于山上曰悬。’按《大宗伯》注：‘祭山林曰埋。’如孙炎说，则庋悬即埋；如李巡说，则庋为庋置。李说是也。”⑥今按在《尔雅》的语言系统中，既然祭地的方式称“瘗埋”，则祭山的方式“庋悬”不宜再理解为“埋”，很可能是两个语义密切相关的词，“悬”跟“庋置”之“庋”语义相近，似可以本义当之，用来表示祭山之名。笔者认为，在殷商时代，“弦（悬）”作为祭名，尚未被祭山之名所专，对祖先、自然神都可言“弦（悬）”。（28）辞“告方，弦（悬）琡”，意为向四方告祭，庋悬玉琡。“悬琡”跟《山海经》“悬以吉玉”相似。（31）辞残，“作弦（悬）”即“兴弦（悬）”。（30）（29）（23）诸辞“弦（悬）于某某”“弦（悬）在某”，可能是于某地举行庋悬之祭。（24）（25）“弦（悬）牛百于丁”和“弦（悬）鬯百牛百”的“弦（悬）”也用作“庋悬”之“悬”。（21）辞“弦（悬）延尸”，意谓庋悬活动中，接着用“尸”这种祭品。（27）“弦（悬）延兔”可以类推。（22）辞占问庋悬“尸”这种祭品，接着在“丁宗”里举行“熹”这种活动好不好。

以上讨论了甲骨文“弦”字的形体和用法，总结如下：甲骨文“”“”二形皆为“弦”字，前者有学者指出系于弓弦之处添加“○”形笔画指示弓弦之所在，甚确，不能释作“弹”；后者是在前者的形体上演变而来，也可看作系于弓轸两端的弓弦之形。前者多见于宾类、历类和花东子类卜辞，后者则见于无名类卜辞，两者正好处于互补分布状态，这也是甲骨文字

① 郭沫若：《殷契粹编·考释》，东京文求堂书店1937年版，第77页。

② 饶宗颐：《殷代贞卜人物通考》，香港大学出版社1959年版，第298页。

③ 沈培《关于古文字材料中所见古人祭祀用尸的考察》，《古文字与古代史》第3辑，台湾“中央研究院”历史语言研究所，2012年。

④ 张儒、刘毓庆：《汉字通用声素研究》，山西古籍出版社2002年版，第861页。

⑤ 《尔雅》，中华书局2016年版，第52页。

⑥ 郝懿行撰，王其和等点校：《尔雅义疏》，中华书局2017年版，第584页。

形存在类组差异现象的一个例子。作为祭祀动词的“弦”在卜辞里可能用作《尔雅·释天》“庪悬”之“悬”。《新甲骨文编》卷九“悬”字条下收录了“”“”类形体[①]，张惟捷提出了不少值得注意的看法。[②]由于跟金文确定无疑的“悬”（“”）字形体尚有一定距离，且释“悬”并非唯一解释[③]，因此“”“”是否当释作“悬”，似可存疑。退一步说，即使释“悬”后来被证实是正确的，其与本文的“庪悬”之“悬”表示的也不是一个词，不能成为本文释“弦”的反证。当然，并非说把甲骨文的“弦”读作“悬”就一定正确，这是现阶段能够找到的一种解释，是否符合事实，有待更多新材料验证。

最后交代一下“弦”与“幻”的关系。[④]学者注意到“弦”“幻”之间的密切关系大概是比较早的。明确提出“弦”“幻”一字可能始于王玉堂，不过王先生以《金文编》摹写并不准确的形体“”“”为立足点，在笃信释“幻”而不明尚有更早的“弦”字形体的情形下，认为古文字“弦”字所从的“弓”乃是由“幻”字右上的曲笔演变而来，从而讲错了源流；又错误地认为，金文“”上部笔画如果写作对称就演变为“玄”，而“玄”“弦”一字，从而把“弦”“幻”本为一字改为“幻玄本是一字”[⑤]，就错上加错了。1996年，《金文形义通解》将“弦”“幻”二字关系表述为：“（幻）字本象弓弦形，从，突出其弦部丝索绞扭之纹，乃‘弦’之本字。‘弦’‘幻’古音同纽，其韵一在真部，一在元部，真元旁转，《诗经》有二部合韵例。……后世之‘玄’即‘幻’若‘弦’省文分化而成。”[⑥]该书较早指出古文字“幻”实际上是“弦”的本字，“幻”是从“弦”字形体上省变而来的，很有道理。2005年，肖晓晖纠正了王玉堂的错误，提出“‘幻’字很可能本来就是‘弦’字，后来才分化；因‘弦’字经常被借为‘眩’，遂用分化出来的‘幻’形记録‘眩’，故‘二字音义皆相似’”[⑦]。肖先生不仅重申“弦”“幻”本为一字的意见，还尝试解释“幻”从“弦”分化的原由，结论值得重视。此后，一些学者开始相信“弦”“幻”本为一字的结论。但大部分学者仍不承认“幻”与“弦”的关系，认为本文前面引出的金文形体“”“”以及三晋文字中的“”“”等形当释作“幻”，在出土文献资料中表示“弦”只是普通的假借关系。也有学者独辟蹊径，指出写作“”“”等形的“幻”可能为“县”之省体，音近读作“弦”[⑧]；季旭升则认为，“从字形来看，‘幻’更可能是‘玄’字的分化，即‘幻’

① 刘钊主编：《新甲骨文编》（增订本），福建人民出版社2009年版，第523页。

② 张惟捷：《论殷卜辞中的“县”字》，《出土文献综合研究集刊》第6辑，巴蜀书社2017年版。

③ 如单育辰释作“枭”，参《甲骨文字考释两则》，《中国国家博物馆馆刊》2012年第5期。

④ 初稿为避枝蔓，未涉及此问题。当时考虑，现存较早的出土文献材料中尚无确凿的以“弦”为“幻”的例证，学界提出的“弦”“幻”本为一字的结论并不能得到真切证明（“幻”从“弦”分化出来可能较晚），而本文的目的是讨论甲骨文“弦”字形体及其用法，抛开“弦”“幻”的纠葛也不会影响结论。谢明文提示笔者，既然论及古文字“弦”，还是有必要提一下“幻”字。

⑤ 王玉堂：《玄幻予的形义》，《古汉语研究》1989年第2期。

⑥ 张世超等：《金文形义通解》，京都中文出版社1996年版，第961—962页。

⑦ 肖晓晖：《说“幻”》，《古文字论集》（三），第155—157页，《考古与文物》2005年增刊。

⑧ 何琳仪：《战国古文字典——战国文字声系》，中华书局1998年版，第986页。

字是在‘玄’的字形上部加一曲笔分化出来的”[①]。从上文对“弦”字形体演变的梳理情形看，“幻”与“玄”、“县”的形体都没有关系，“幻”最有可能如《金文形义通解》和肖晓晖所言，是从“弦”字形体分化出来的。

包山楚简192号有“”字，其形作“”，除去“邑”旁后的“弦”形“”，弓弦上部仍系于弓轸之处，此形稍作变化即可演变为上博简《三德》篇的“”（简1），“幺”旁与表示直弓形的“”已完全分离，这种写法的两个偏旁左右间隙拉大，自然就会演变为后世的“幻”。唐代石经“幻”字有“”“”两种写法，前者笔画连接，尚存构意，后者笔画完全断开，正对应楚简的上述两种形体。因此，从形体演变上看，“幻”确有可能从“弦”分化出来。此外，古书“玄”“眩”等字与“幻”多有通用之例，两者关系也十分密切，关于这一点，不少学者都有集中揭示[②]，不赘。以上都提高了“弦”“幻”本为一字的可能性。

早期的甲骨金文文献里，“弦”不是用作祭祀动词，就是用作国族名，明显与后世的“幻”字用法不合。就是战国秦汉文献中的“弦”字，也未见明确用作“幻”之例，可以推测，“幻”从“弦”分化出来的观点可能比较晚起。如果是这样，目前所见的古文字工具书仅在“幻”字头下收录前引这些“弦”字形体就不合适了。

（原文刊于《文史》2023年第1期）

① 季旭升：《说文新证》，台北艺文印书馆2014年版，第324页。

② 王玉堂：《玄幻予的形义》，《古汉语研究》1989年第2期；肖晓晖《说“幻”》，《古文字论集》（三），第155—157页，《考古与文物》2005年增刊。

晋语“可心、可院子跑、可可（儿）地”等之“可”的来源*

沈　明

提要：晋语里“可心合心意”“可脚鞋袜尺寸合脚”“可身衣服尺寸合体”“可院子跑满院子跑”“可可（儿）地不多不少，正好；恰巧”等常用词中的“可”，读音有三种：[^{*c}k^{h}ə]、[*k^{h}ə꜄]、[*k^{h}əʔ꜀]。文章分析认为，其来源与本字，一是“可枯我切、口箇切”[^{*c}k^{h}ə]、[*k^{h}ə꜄]，二是“合佮，《集韵》渴合切”[*k^{h}əʔ꜀]。

一、引言

晋语口语里常说“可心合心意”“可脚鞋袜尺寸合脚”“可身衣服尺寸合体”“可边至沿紧贴着边沿”“可住裤边边缝紧贴着裤边儿缝”“可世界满世界”“可院子跑满院子跑”“可底子拾翻紧贴着底子翻找”“可可（儿）地不多不少，正好；恰巧”等词，首字大多写作“可”，读音有三种（左上角加“*”表示代表音）：[^{*c}k^{h}ə]、[*k^{h}ə꜄]、[*k^{h}əʔ꜀]。从词性看，“可可（儿）地”是副词，其他的“可”都是动词。

根据“可”的意义、用法，晋语里“可”的读音可以分成三类：A.“可”都读入声，B.“可”都读去声，C.“可”在各种词语中的读音不一致。

请看表 1 的例子（用发圈法标记的调类为本文所加，用数字标记的调值是原书的记录。“—”表示暂未找到此类说法。方言志或方言词典里，与“可”音义相同而字形不是“可”的，依原书记录。

表 1　晋语“可心、可脚、可身”“可世界、可院子”“可可（儿）地、可好”等词的读音

类型	方言点	可～心；～脚；～身；～边至沿	可～世界；～院子	可～～（儿）地；～好
A	太原	k^{h}əʔ꜀^{2} ～心；～脚；～身；～边至沿	k^{h}əʔ꜀^{2} ～住院子一下一下扫干净	k^{h}əʔ꜀^{2} 不多不少，～～底
	浑源	k^{h}aʔ꜀^{3}	k^{h}aʔ꜀^{3}	k^{h}aʔ꜀^{3}
	后旗	k^{h}aʔ꜀^{5}	k^{h}aʔ꜀^{5}	k^{h}aʔ꜀^{5}

* 本文是国家社科基金重大项目“汉语方言母语深度调查研究”（项目编号：21&ZD303）、中国社会科学院语言研究所重大工程项目“汉语方言母语重点调查”（2021—2025）的阶段性成果。

续表

类型	方言点	可～心；～脚；～身；～边至沿	可～世界；～院子	可～～（儿）地；～好
B	临县	kʰəɯᵓ53 ～边边	kʰəɯᵓ53 ～世界；～院	kʰəɯᵓ53 ～好
	五台	kʰɔᵓ52 ～边边（沿着边边）	kʰɔᵓ52 ～院子里跑	kʰɔᵓ52 ～好；～好好：正好
	应县	kʰɤᵓ24 ～心；～脚；～边边	kʰɤᵓ24 满，全	kʰɤᵓ24 ～巧：正巧
	陵川	kʰəᵓ24 ～脚	kʰəᵓ24 ～院跑：在院子里到处乱跑	kʰəᵓ24 ～～地；～好
C	清徐	kʰɤɯᵓ35	꜀kʰ ɑ 11 ～院儿寻不见你	kʰɤɯᵓ35 ～～地；～正好
	交城	kʰɤɯᵓ24 ～意：可心	kʰəʔ̜11 ～脚；～世界：到处	kʰəʔ̜11 ～～儿地：不多不少，正好
	岚县	kʰieᵓ53	kʰieʔ̜4 ～世界寻不见你	kʰieʔ̜4 ～～地：正合适
	忻州	kʰɔʔ̜2 ～边至沿：贴着边沿	kʰɔʔ̜2 ～村里人都骂他	kʰɛᵓ53 ～合适；～好：正好
	原平	kʰɔʔ̜4 ～边～沿	kʰɔʔ̜4 ～院：满院子；～家：满家	kʰɤᵓ53 ～世界；～好、～～儿呀：正好
	定襄	kɔʔ/̜2 ～脚；～边至沿	kɔʔ/̜2 ～院子：满院子；～世界：到处	kʰɔᵓ53 ～正好、～～地
	文水	—	kʰaʔ̜2 满：～处；～世界	kʰaʔ̜2 ～～儿地
	孝义	kʰəʔ̜53 ～边边起都是的	kʰEᵓ35 到处：兀家～世界跑咧	kʰəʔ̜53 ～～儿地
	兴县	꜀kʰəʔ̜55 ～心；～脚；～身	꜂kʰɤ324 ～居舍：整个家里	kʰɤᵓ53 ～～地：恰好；～正好：正好
	神木	肯 kʰɤ̃ᵓ53 ～心：遂心	kʰuoᵓ53 ～家：满家	吝 kʰəʔ̜4 ～～儿地
	绥德	kʰɯᵓ53	꜀kʰə33$ ～世界	kʰɯᵓ53 ～～儿
	榆社	kʰəʔ̜22 这鞋～～的，不大不小	kʰɤᵓ45 ～世界	꜂kʰɯ312 ～～地
	左权	kʰɤᵓ53 ～坡流；沿着坡流	—	恰 kʰɤᵓ35 ～好：正好；他～不在家
	山阴	kʰaʔ̜4 棱沿～边边哩	kʰaʔ̜4 ～院子；～世界价跑	—
	长治	—	kʰəᵓ44 ～地：到处	kʰəᵓ44 ～好：刚好，恰巧
	襄垣	—	kʰəᵓ53 ～地：到处	kʰaʔ3̜ ～合适
	长子	—	kʰəʔ̜44	kʰəᵓ35 ～～的：恰好
	静乐	—	kʰɤɯᵓ53 ～院，满院子；～地：满地	□ kʰɤɯᵓ53 ～好：正好
	武乡	—	扣 k'əuᵓ55 ～世界：到处	刻 k'ʌʔ̜4 ～好：刚好
	阳原	—	kʰəʔ̜3 2 ～身疼：全身疼	kʰəᵓ2 1 3 ～～儿：刚巧

注：表中“后旗”指察哈尔右翼后旗。

C类各方言中，凡是三类词语都出现的方言，动词“可”、副词“可”的读音各点并不一致，应当和语法功能没有太大关系。

"可",《广韵》枯我切,《集韵》口我切,今读 [*꜂k^{h}ə]。《康熙字典》:"《文中子·事君篇》达人哉山涛也,多可而少怪。又仅可,未足之辞。……又叶口箇切,轲去声",今读 [*k^{h}ə꜄]。可见,上面的"可"读上声 [*꜂k^{h}ə] 或去声 [*k^{h}ə꜄],都符合"可"的演变规律。"可"读入声 [*k^{h}əʔ꜆] 的方言,应当是另有原因,或者是另有本字。

二、晋语"可心、可院子跑、可可(儿)地"之"可 [*k^{h}əʔ꜆]"的本字

晋语"可心、可院子跑、可可(儿)地"之"可"[*k^{h}əʔ꜆],本字应当是"佮"。"佮"有两个反切:一是《广韵》古沓切(《集韵》葛合切)。《说文》:"佮,合也。"今读 [*kəʔ꜆],义为合取。二是《集韵》渴合切,姓氏用字。今读 [*k^{h}əʔ꜆]。"佮"即"合",是后起字,为方便讨论,下文写作"合佮,渴合切"。

综上,晋语里的"合"有三个读音:一是 [*xəʔ꜇],来源于《广韵》"侯閤切。集也",用于"合并、合适"等词;二是 [*kəʔ꜆],来源于《集韵》"葛合切",用于"十合一升、合得来合不来、不合群"等词;三是 [*k^{h}əʔ꜆],来源于《集韵》"佮,渴合切"。本文要讨论的是第三个读音。

2.1 晋语里的"合"[*k^{h}əʔ꜆]

除了用于"可心、可院子跑、可可(儿)地",晋语里"合"[*k^{h}əʔ꜆] 还见于"合子旧时称量粮食的器具,容量单位、合得来、合不来 / 合不得、不合群"等几个常用词。

2.1.1 "合子"之"合"[*k^{h}əʔ꜆]

旧时有一种称量粮食的器具,晋语多说"合(子)"。"合(子)"之"合"[*kəʔ꜆] 来源于《集韵》葛合切。"合(子)"也是一个容量单位,十合为一升。例如(下面只标各例词出处的文献名及页码,其他信息见文后"附录"):

太原:kaʔ^{2} 合十~一升(《太原方言词典》257 页)
清徐:ka^{11} 合十~为一升(《清徐方言志》23 页)
平遥:kʌʔ^{13} 合十~一升(《平遥方言简志》49 页)
文水:kaʔ^{2} 合十~为一升(《文水方言志》46 页)
岚县:kieʔ^{4} 合十~一升(《山西岚县方言》61 页)
临县:kəʔ^{4} 合~子:量器(《临县方言志》28 页)
大宁:kɐʔ^{31} 合十~一升(《大宁方言研究》102 页)
永和:kɐʔ^{35} 合十~一升(《永和方言研究》89 页)
天镇:kaʔ^{32} 合十~一升(《天镇方言志》24 页)
怀仁:kaʔ^{43} 合十~为一升(《怀仁方言志》28 页)
山阴:kʌʔ^{4} 合十~是一升(《山阴方言志》19 页)
灵丘:k ɑ ʔ^{4} 合十~一升(《灵丘方言志》24 页)
朔县:k ɑ ʔ^{34} 合十~:一升(《朔县方言志》24 页)
忻州:kɔʔ^{2} 合十~为一升(《忻州方言志》68 页)
原平:kɔʔ^{4} 合十~为一升(《原平方言志》54 页)
盂县:kʌʔ^{2} 合(《盂县方言志》20 页)
阳曲:kɔʔ^{2} 合十~一升(《阳曲方言志》52 页)
榆社:kaʔ^{22} 合十~一升(《榆社方言研究》96 页)

长治：kəʔ^{54} 合十～一升（《长治方言志》57 页）

屯留：kəʔ^{45} 合一～米（《屯留方言志》25 页）

长子：kaʔ^{4} 合（容量）十～一升（《长子方言志》30 页）

高平：kʌʔ$^{\underline{22}}$ 合十～一升（《高平方言研究》87 页）

吴堡：kəʔ^{3} 合（《吴堡方言调查研究》58 页）

神木：kəʔ^{4} 合升～（《神木方言研究（增订本）》221 页）

绥德：꜀kə^{33} 合十～是一升（《绥德方言调查研究》50 页）

察右后旗：kaʔ^{5} 合十～一升（《内蒙古察右后旗方言同音字汇》）

阳原：kɐʔ^{32} 合十～一升（《河北阳原（化稍营）方言同音字汇》）

获嘉：kaʔ^{3} 合石斗升～（《获嘉方言研究》101 页）

山西兴县及周边几个方言里，“合子”的“合”读 [*kʰəʔ꜆]，与《集韵》“佮，渴合切”相合。例如：

兴县：合 kʰəʔ꜆^{55} ～子：测量工具，一合子约等于 15 斤

娄烦：合 kʰaʔ꜆^{3} 一～子

静乐：合 kʰaʔ꜆^{4} ～子：四升，16 斤

“合子”作容量单位，与多数晋语点的“合十～一升”不一样，一合为四升。“合子”木制，倒梯形，口大底小。静乐称量粮食的器具，从小到大依次是，升 [*꜀ʂʅ^{24}] 半升（1 公斤）、一升（2 公斤）、合 [*kʰaʔ꜆^{4}] 四升（8 公斤）、斗 [*꜂təu^{314}] 五升（10 公斤）、石 [*tan꜄^{53}] 十合（80 公斤）。

2.1.2 “合得来、合不来 / 合不得、不合群”之“合”[*kʰəʔ꜆]

“合得来、合不来 / 合不得、不合群”之“合”，晋语多读 [*kəʔ꜆]，多写作“合”或“佮”。例如：

朔县：kaʔ^{34} 合不～股：合不来（《朔县方言志》24 页）

孝义：kəʔ^{2} 合～伴儿：结为伙伴（《孝义方言志》100 页）

介休：kʌʔ^{13} 合不～：合不来（《介休方言志》48 页）

应县：kaʔ^{43} 合～人：合得来；不～股：合不来；～伴儿：在一起的伙伴儿（《应县方言研究》278 页）

榆社：kaʔ$^{\underline{22}}$ 合～不将来：合不来（《榆社方言研究》174 页）

高平：kʌʔ$^{\underline{22}}$ 合不～：合不来（《高平方言研究》137 页）

静乐：kaʔ^{4} 合～得来；～不来（《静乐方言研究》266 页）

大宁：kɐʔ^{21} 合～得好：合得来（《大宁方言研究》220 页）

永和：kɐʔ^{35} 合不～：合不来（《永和方言研究》168 页）

岚县：kieʔ^{4} 佮～不来：合不来（《山西岚县方言》134 页）

平定：kaʔ$^{\underline{44}}$ 佮～架：有人就伴（《平定方言研究》117 页）

灵丘：kaʔ^{4} 佮～不住：合不来（《灵丘方言志》47 页）

神木：kəʔ^{4} 佮～得来：合群儿（《神木方言研究（增订本）》221 页）

榆社话“合不将来”之下，还列出了同义词条“磕$^{=}$不的 kʰaʔ$^{\underline{22\text{-}44}}$ pəʔ$^{\underline{22}}$ tə^{0}”。“磕$^{=}$”的读音和意义皆与“合佮，渴合切”[*kʰəʔ꜆] 相合。在榆社话里暂未找到其他古全清声母入声字今读塞音送气的例子，说明“磕$^{=}$”的本字也应当是“合佮，渴合切”。

2.2 北方官话方言里的“合”[*k^{h}əʔ꜆]

晋南的洪洞方言属于中原官话。据《洪洞方言研究》，“可脚、可院子跑满院子跑、可妙地正好”之“可”读阴平[꜀k^{h}ɤ^{31}]，与来源于《广韵》枯我切、叶口箇切的“可”[꜂k^{h}ɤ^{42}]、[k^{h}ɤ꜄^{33}]声调不同，但与“合佮，渴合切”音义皆合，应来源于清入。

山东利津方言属于冀鲁官话。《利津方言志》记录“这鞋是可着你的脚做的”之“可”音[k^{h}ə꜆^{44}]，清入自成调类，与“可”[꜂k^{h}ə^{55}]声调不同，但与“合佮，渴合切”音义皆合。

山东牟平方言属于胶辽官话。下面几个牟平方言词里的“磕、搕”[꜂k^{h}a^{213}]都来源于咸开一入盍溪，与“可”[꜂k^{h}ə^{213}]韵母不同（引自《牟平方言词典》92页）：

【磕 $^{=}$】꜂k^{h}a^{213} 紧密：你紧～～地缝着。

【磕磕儿】꜂k^{h}a$^{213-55}$ k^{h}ar^{213} 紧密不留余地：你佟～地缝着 ‖ 磕，另见 k^{h}ə^{51}

【磕筐】꜂k^{h}a$^{213-35}$ k^{h}uaŋ^{51} 比喻把剩下的货物全买下：剩下这点儿，磕儿筐买下了（笔者注：“磕筐”就是“合筐”，即“整筐”）

【搕脊】꜂k^{h}a$^{213-55}$ tɕi^{213}=【搕顶】k^{h}a$^{213-55}$ tiŋ^{213} 苫草房或铺瓦房时封住屋脊的一道工序：都苫好了，就剩儿～了

《广韵》：“磕，克盍切。音榼。石声”“搕，克盍切。取也。又击也”，与《广韵》“合侯閤切[*xəʔ꜇]，集也”、《集韵》“合葛合切[*kəʔ꜆]”读音不同、意义毫不相干，与《集韵》“合佮，渴合切[*k^{h}əʔ꜆]”音义皆合。

上面的语言事实说明，中原官话洪洞方言以及冀鲁官话利津方言里来源于清入的“可”、胶辽官话里来源于清入的“磕、搕”[꜂k^{h}a^{213}]，本字都是“合佮，渴合切”[*k^{h}əʔ꜆]。

三、方言和明清文献里的“可心、可脚、可身”与“合心、合脚、合身”

3.1 晋语“可心、可脚、可身”之“可”[*꜂k^{h}ə]、[*k^{h}ə꜄]与“合心、合脚、合身”之“合”[*k^{h}əʔ꜆]

晋语“可心、可脚、可身、可边至沿、可住裤边边缝、可世界、可院子跑、可底子拾翻”与“可可（儿）地”等词中的“可”，有两个来源：一是“可”[*꜂k^{h}ə]（《广韵》枯我切）、[*k^{h}ə꜄]（叶口箇切）；二是“合”[*k^{h}əʔ꜆]（《集韵》佮，渴合切）。

同一个方言里，“可口箇切”[*k^{h}ə꜄]、“合佮，渴合切”[*k^{h}əʔ꜆]都说的，比如清徐、交城“可口箇切”[*k^{h}ə꜄]、“合佮，渴合切”[*k^{h}əʔ꜆]可以单说（见表一），也可以连起来说，清徐“可合可不多不少，正好 k^{h}ɤɯ꜄^{35} ꜀k^{h} ɑ ^{11}k^{h}ɤɯ꜄^{35}”；交城“齐□ k^{h}aʔ꜆^{11} 齐正好”就是“齐合齐正好”。

3.2 其他方言“可心、可脚、可身（儿）、可街上满街”中表“可”义的语素

3.2.1 语素是“合”[*hop꜇]侯閤切、[*kop꜆]葛合切的方言

西安：合 ꜁xuo^{24} ～脚、～身（《西安方言词典》122页）

成都：合 ꜁xo^{21} ～意：符合心意，中意（《成都方言词典》134页）

贵阳：合 ꜁xo^{31} ～心：称心（《贵阳方言词典》103页）

柳州：合 ꜁ho^{31} ～心水：合心意（《柳州方言词典》118页）

绩溪：合 xɤʔ^{42} ～意：合乎心意；中意（尔尔的讲合我仂意，不合渠仂意）（《绩溪方言词典》288页）

娄底：合 xue^{13} ～式：称心（咯番子唧合介你箇式哩吧！）（《娄底方言词典》98页）

南昌：合 hot^{1} ～身（《南昌方言词典》25 页）

于都：合 huɐ^{42} ～意：中意（佢底两介人都蛮～）（《于都方言词典》73 页）

建瓯：合 xɔ^{55} ～身（《建瓯方言词典》101 页）

厦门：合 kaʔ^{1} 葛合切。～意：中意；满意（即领衫伊看了会～的：这件衣服他看了会满意的）（《厦门方言词典》349 页）

海口：合 hap^{3} ～心；～身样：合身、合 ka^{55} 葛合切。～骹：合脚（《海口方言词典》254、43 页）

3.2.2 语素是“可枯我切”[*ᶜkʰə] 的方言

古县：可 ᶜkʰuo^{42} ～妙：凑巧；碰巧（《古县方言研究》289 页）

河津：可 ᶜkʰɤ^{53} ～世界：到处（《河津方言研究》260 页）

徐州：可 ᶜkʰə^{35} ～脚、～身儿、～把儿、～河边儿走：沿着河边儿走（《徐州方言词典》130、131 页）

银川：可 ᶜkʰə^{53} ～屋的烟、～身的汗、～院子的水、～街的人（《银川方言词典》120 页）

西宁：可 ᶜkʰɔ^{53} ～～儿：恰恰（～叫我猜着了）（《西宁方言词典》74 页）

牟平：可 ᶜkʰuo^{213} ～着脚买鞋、～街的人都来看热闹儿（《牟平方言词典》141 页）

大体上看，南北方言都有说“合侯閤切”[*hop꜇]（合葛合切，厦门 [kaʔ^{1}]、海口 [ka^{55}]）的，北方的官话方言多说“可枯我切”[*ᶜkʰə]。

北京话里，“合～身儿、～街上有谁不敬重三合祥的？”[꜁xɤ^{35}]，也可以说成“可～身儿、可～街全是人”[ᶜkʰɤ^{214}]。“合佮，渴合切”舒化后与“可枯我切”正好同音，意义也完全相同，不太好确定其来源。

由此可见，汉语方言里“可～心、～脚、～身（儿）、～街上：满街”义的语素，实际上有两个来源：一是“可”[*ᶜkʰə] 枯我切、[*kʰəᵓ] 口箇切；二是“合”[*hop꜇]《广韵》侯閤切、[*kop꜆]《集韵》葛合切、[*kʰop꜆]《集韵》佮，渴合切。

3.3 明清文献里的“合身、合院、合巧”与“可身、可可（儿）”

汉语方言里“可心、可脚、可身（儿）、可街上满街”中表“可”义的语素“可”[*ᶜkʰə] 枯我切、[*kʰəᵓ] 口箇切和“合”[*hop꜇] 侯閤切、[*kop꜆] 葛合切、[*kʰop꜆] 佮，渴合切，在明清文献里均有记载。

（1）小妹子岂敢不接见魏爷？我们合院姊妹都是仰慕魏爷的。（明·长安道人国清《古本小说集成·警世阴阳梦》）

（2）还恐怕和尚不是好人，乘机奸骗了这个女子，甚是吃酸，再三不肯说出，合院和尚，见他瘦得不好，恐日后连累，只得苦苦盘问，吴秀才方吐真情。（明·周清原《古本小说集成·西湖二集》）

（3）我们这个新娘子是七月十六日午时进门，家乡的是七月十六日生儿，到也合巧得紧。（清·黄瀚《古本小说集成·白鱼亭》）

（4）蕙芳即将衣包解开，取出一件小毛衣裳与他穿了，恰还合身。（清·陈森《古本小说集成·品花宝鉴》一四回）

（5）虔婆道：“你还是这等快取笑。可可儿的来。自古有恁说没这事。”（明·兰陵笑笑生《金瓶梅词话》一五回）

（6）桂姐骂道：“怪应花子，汗邪了你。我不好骂出来的，可可儿的我唱门词儿来。”（明·兰陵笑笑生《金瓶梅词话》二一回）

（7）痰疾加贝母。便买贝母，为虚加参，便买参，只是不好，可可院中发案无名，越发动气。（明·陆人龙《古本小说集成·型世言》一〇回）

（8）上下打量小连城，见他乌绒帽垫头上戴，……蓝布袍子甚可体，皂布马褂可身形。（清·佚名《刘公案全传》）

（9）俏情郎灯下观，睄细留神。最可爱乌云巧，挽美人髻，斜披着香色小夹袄儿正可身。（清·佚名百本张钞本《绣荷苞子弟书》二回）

从文献用字情况看，明代多用“合”，清代“合”“可”都用。字形不一样，但无法反映读音。

四、余论

4.1 表词汇义的“可枯我切。未足之辞”[*ᶜkʰə]与表语法义的“可很，非常”[*kʰəʔ꜆]

“合～心、～脚、～身”[*kʰəʔ꜆]晋语里之所以写作“可～心、～脚、～身”，是因为“可”作程度副词时读入声，正好与“合佮，渴我切”[*kʰəʔ꜆]同音。也就是说，晋语里“可枯我切。未足之辞”[*ᶜkʰə]、“可口箇切。紧贴、密合”[*kʰəᵓ]用的都是词汇义；当“可枯我切。未足之辞”[*ᶜkʰə]促化为[*kʰəʔ꜆]时，成为表示程度加深的副词，这属于语法音变。

请看表2的例子。

表2 晋语“可口箇切，紧贴、密合”[*kʰəᵓ]、“可枯我切，未足之辞”[*ᶜkʰə]、“可很；非常”[*kʰəʔ꜆]的读音

	可口箇切，紧贴、密合[*kʰəᵓ]	可枯我切，未足之辞[*ᶜkʰə]	可很；非常[*kʰəʔ꜆]
太原	合 kʰəʔ꜆^{2} ～院子寻：满院子找	ᶜkʰɤ^{53} ～咧：病轻了；～疼咧：不那么疼了	kʰəʔ꜆^{2} ～疼嘞：太疼了
清徐	kʰɤɯᵓ^{35} ～炕爬：满炕爬	ᶜkʰɤɯ^{53} ～咧：病轻了；～热咧：不那么热了	꜀kʰɑ^{11} ～热嘞：太热了
文水	kʰəɪᵓ^{53} ～～地；～正好	ᶜkʰəɪ^{423} 盛得～满些（即不要太满）	kʰəʔ꜆^{2} 这东西～好了
孝义	kʰᴇᵓ^{53} 到处：兀家～世界跑咧	ᶜkʰᴇ^{312} 这颜色～红：这颜色不那么红	kʰəʔ꜆^{2} ～好咧
静乐	kʰɤɯᵓ^{53} ～好：正好	ᶜkʰɤɯ^{312} 病～咧：病轻了	kʰəʔ꜆^{4} ～好嘞
岚县	kʰieᵓ^{53} ～心；～院子跑	ᶜkʰie^{312} 病～咧：病轻了；～疼咧：疼得轻了	kʰieʔ꜆^{4} ～疼嘞：太疼了
五台	kʰɔᵓ^{52} ～好：正好	ᶜkʰɔ^{213} 你～害些哇：你不要太调皮了！	kʰəʔ꜆^{33} ～害嘞：太调皮了
忻州	kʰɛᵓ^{53} ～合适；～好：正好	ᶜkʰɛ^{313} 饭舀得～稠些：饭舀得稀一些，不要太稠	kʰəʔ꜆^{2} ～稠哩：太稠了
原平	kʰɤᵓ^{53} ～好：恰好	ᶜkʰɤ^{213} 病～咧：病轻了；～疼咧：疼得轻了	kʰəʔ꜆^{34} 饭～好吃嘞
定襄	kʰɔᵓ^{53} ～正好：恰好	ᶜkʰɔ^{214} 病～嘞：病轻些了；～凉哂：没那么凉了	kʰəʔ꜆^{2} ～凉咧：太凉了
山阴	kʰuəᵓ^{353} 满：～街乱跑	ᶜkʰuə^{52} ～了：好一些了	kʰᴀʔ꜆^{4} ～好嘞
天镇	kʰʌᵓ^{24} ～～儿：正好	ᶜkʰʌ^{54} ～咧：病轻了；～热咧：不那么热了	kʰaʔ꜆^{32} ～好呀；～等呀
左权	kʰɤᵓ^{35} 他～好不在家	ᶜkʰɤ^{53} ～些啦：病轻些了；～红咧：不那么红了	kʰəʔ꜆^{22} ～红嘞：很红
长子	kʰəᵓ^{35} ～～的：恰好	ᶜkʰə^{535} ～疼咧：不那么疼了	kʰəʔ꜆^{4} ～疼嘞：太疼了

用语音弱化形式（促化等）表示语法化成分，在晋语里“可”不是孤例。大同方言比较典型，请看下面几个例子：

在 tsεe²⁴ ～家	在 tsəʔ³² ～路上
往 vɒ⁵⁴ ～来	往 vəʔ³² ～南走
把 pa⁵⁴ ～门	把 pəʔ³² ～门关上
死 sɿ ⁵⁴ ～人	死 səʔ³² 旱～了
可 kʰɤ⁵⁴ ～疼了（疼得轻了）	可 kʰaʔ³² ～疼呢（很疼呢）

上述例子显示，大同方言的“在、往、把、死、可”表词汇义时读舒声，表语法义（作介词、副词、补语标记）时发生促化，读入声。这是因语法意义发生的音变，两者可以使用同一字形。

晋语里副词“可很；非常”[*kʰəʔ꜀]，与动词“合佮，渴合切。～心；～身”[*kʰəʔ꜀]同音，但来源、意义毫不相干，字形上也应当区分开。

4.2 “可苦格切”[*kʰəʔ꜀]与“可～心”[*kʰəʔ꜀]

《字汇补》：“可，苦格切，音克。《魏书·吐谷浑传》可汗，此非复人事。《唐书·突厥传》可汗，犹单于也，妻曰可敦。”也就是说，来源于清入的“可”，见于“可汗、可敦”二词。《现代汉语词典》（第7版）收了“可汗”一词，并将“可”标作去声 kè。晋语区的老百姓知道不知道“可汗、可敦”这两个称呼，暂未可知。“可～心”[*kʰəʔ꜀]是不是来源于“苦格切”，目前似也不能判定。

附注：

表中忻州、孝义、神木、绥德、左权、武乡、阳原7个点的材料来源于文后“附录：材料来源（一）”，其余各点的材料来源于文后“附录：材料来源（三）”。

邢向东教授告知：“肯～心”也是“可口箇切”的音变，韵母读音应当跟绥德一带果摄读入曾梗摄有关。

绥德话入声舒化归阳平33（参见黑维强《绥德方言调查研究》，北京师范大学出版社，2016）。

兴县、静乐的“合～子：旧时称量粮食的器具，也是容量单位”，是山西大学史秀菊教授2023年5月初补充调查并再次核实的。

附录：材料来源

（一）纸版文献（61种）

（1）温端政主编《山西省方言志丛书》21种，其中《语文研究》增刊2种：侯精一《平遥方言简志》（1982），温端政《怀仁方言志》（1984）；语文出版社6种：郭建荣《孝义方言志》（1989），侯精一《长治方言志》（1985），胡双宝《文水方言志》（1988），金梦茵《原平方言志》（1989），马文忠、梁述中《大同方言志》（1986），温端政《忻州方言志》（1985）；山西高校联合出版社12种：陈茂山《定襄方言志》（1995），高炯《长子方言志》（1995），江荫褆《朔县方言志》（1991），江荫褆、李静梅《灵丘方言志》（1995），李小平《临县方言志》（1991），潘耀武《清徐方言志》（1990），宋欣桥《盂县方言志》（1991），王希哲《左权方言志》（1991），谢自立《天镇方言志》（1990），杨增武《山阴方言志》（1990），张益梅《介休方言志》（1991），张振铎、刘毅《屯留方言志》（1991）；社会科学文献出版社 1 种：孟庆海《阳曲方言志》（1991）。

（2）乔全生主编《山西方言重点研究丛书》13 种，其中山西人民出版社 6 种：白静茹、原慧艳、薛志霞、张洁《高平方言研究》（2005），蒋文华《应县方言研究》（2007），李建校《静乐方言研究》（2005），李建校、崔容、郭鸿燕、余跃龙《榆社方言研究》（2007），史秀菊《河津方言研究》（2004），杨增武、崔霞《山阴方言研究》（2007）；九州出版社 5 种：崔容、郭鸿燕《大宁方言研究》（2009），李建校、刘明华、张琦《永和方言研究》（2009），史秀菊、双建萍《交城方言研究》（2014），孙小花《五台方言研究》（2009），武玉芳、林静、李慧卿《朔州方言研究》（右五卷，2012）；北岳文艺出版社 2 种：刘芳、和苗《古县方言研究》（2012），延俊荣、刘芳《平定方言研究》（2014）。

（3）李荣主编《现代汉语方言大词典》（分卷本），江苏教育出版社 16 种：陈鸿迈《海口方言词典》（1996），李如龙、潘渭水《建瓯方言词典》（1998），李树俨、张安生《银川方言词典》（1996），梁德曼、黄尚军《成都方言词典》（1998），刘村汉《柳州方言词典》（1995），沈明《太原方言词典》（1994），苏晓青、吕永卫《徐州方言词典》（1996），汪平《贵阳方言词典》（1994），王军虎《西安方言词典》（1996），温端政、张光明《忻州方言词典》（1995），谢留文《于都方言词典》（1998），熊正辉《南昌方言词典》（1995），颜清徽、刘丽华《娄底方言词典》（1998），张成材《西宁方言词典》（1994），赵日新《绩溪方言词典》（2003），周长楫《厦门方言词典》（1993）。

（4）钱曾怡主编《山东方言志丛书》，语文出版社 2 种：罗福腾《牟平方言志》（1992），杨秋泽《利津方言志》（1990）。

（5）邢向东主编《陕西方言重点调查研究丛书》3 种，其中中华书局 2 种：邢向东《神木方言研究（增订本）》（2020），邢向东、王兆富《吴堡方言调查研究》（2014）；北京师范大学出版社 1 种：黑维强《绥德方言调查研究》（2016）。

（6）其他 4 种：陈刚、宋孝才、张秀珍《北京话口语词典》（语文出版社，1998），高艾军、傅民《北京话词语》（北京大学出版社，2001），贺巍《获嘉方言研究》（商务印书馆，1989），沈明《山西岚县方言》（中国社会科学出版社，2014）。

（7）论文 2 篇：王婧《内蒙古察右后旗方言同音字汇》（《方言》2018 年第 3 期），赵晓阳《河北阳原（化稍营）方言同音字汇》（《方言》2021 年第 2 期）。

（二）电子数据库（2 个）

爱如生中国俗文库、古音小镜 http：//www.kaom.net/。

（三）调查语料

清徐、浑源、察哈尔右翼后旗为笔者调查，其他点由山西大学文学院史秀菊教授 2023 年 5 月调查核实。各点发音合作人信息（姓名，性别，出生年份，学历，职业）如下：

01. 清徐东于镇东高白村（孙宇炜，女，1984，博士，科研人员）

02. 浑源城关永安镇（王丽琴，女，1971，本科，技术人员）

03. 察哈尔右翼后旗白音察干镇（唐春秀，女，1953，小学，工人）

04. 交城城关天宁镇（双建萍，女，1977，硕士，高校教师）

05. 文水城关凤城镇（樊小琳，女，1967，高中，银行职工）

06. 静乐王村乡下王村（李建青，女，1975，初中，农民）
07. 兴县固贤乡康家坡村（张丽，女，1987，硕士，中学教师）
08. 临县曲峪镇郭家洼村（李艳丽，女，1986，中专，自由职业）
09. 五台阳白乡田家岗村（张宪荣，男，1984，博士，高校教师）
10. 原平大牛店镇大牛店村（李小萍，女，1973，博士，高校教师）
11. 定襄受录乡回凤村（范慧琴，女，1976，博士，高校教师）
12. 榆社郝北镇郝北村（乔慧芬，女，1987，在读博士）
13. 山阴城关岱岳镇（温振兴，男，1978，博士，高校教师）
14. 应县城关金城镇（魏娟，女，1990，本科，自由职业）
15. 长治潞州区屈家村（王建林，男，1956，高中，会计）
16. 襄垣古韩镇南丰沟村（连月厅，男，1952，高中，中学教师）
17. 长子鲍店镇西任村（王培明，男，1967，初中，农民）
18. 陵川城关崇文镇（郗丽，女，1988，本科，干部）
19. 洪洞万安镇垣上村（王小娟，女，1963，大专，中学教师）
20. 古县古阳镇南山村（李怀茹，女，1965，中专，退休干部）
21. 河津柴家镇柴家村（柴国珍，女，1980，初中，农民）

（四）明清文献：明·长安道人国清编次《古本小说集成·警世阴阳梦》（上海古籍出版社1994年版）、明·周清原《古本小说集成·西湖二集》（上海古籍出版社1994年版）、明·吴炳《古本戏曲丛刊·西园记》（文学古籍刊行社1957年版）、明·兰陵笑笑生《金瓶梅词话》（香港太平书局1982年版）、明·陆人龙《古本小说集成·型世言》（上海古籍出版社1994年版）、清·黄瀚《古本小说集成·白鱼亭》（上海古籍出版社1994年版）、清·文康《古本小说集成·儿女英雄传》（上海古籍出版社1994年版）、清·陈森《古本小说集成·品花宝鉴》（上海古籍出版社1994年版）、清·张玉书等编《康熙字典》[清康熙五十五年内府刻本（电子版）]。

参考文献

罗福腾：《“佮”（gé）的音义及其地理分布—兼谈“轧”“搿”》，《中国方言学报》第5期，商务印书馆，2015年。

覃远雄：《汉语方言里的“佮”与“合”》，《语文研究》2008年第1期。

中国社会科学院语言研究所词典编辑室：《现代汉语词典》（第7版），商务印书馆2016年版。

中国社会科学院语言研究所、中国社会科学院民族学与人类学研究所、香港城市大学语言资讯科学研究中心：《中国语言地图集》（第2版），商务印书馆2012年版。

（原文刊于《语文研究》2023年第3期）

湘语益阳方言指称标记“阿”的系词功能*

夏俐萍

提要：湘语益阳方言“阿”的核心功能是充当指称标记，在此基础上进一步发展出系词“是”的各项功能，表现为“阿”可以充当名词谓语句和形容词谓语句的联系成分，表达多种语义关系，可以用于肯定句、否定句和一般疑问句。“阿”还可以像系词“是”一样充当焦点标记，但不能充当强调标记。益阳方言的“阿”已经成为名词性成分的附缀，在系词句中，“阿”依附于名词性成分或形容词性转指成分之前，并且不可或缺。通过省略方言中固有的系词“是”，“阿”作为系词的用法得到巩固和加强，但仍会受到其指称功能的各种限制。“阿”的系词功能提供了系词来源于动词与代词之外的又一可能途径。

关键词：指称标记“阿”；系词；附缀化；省略

益阳方言属于湘语长益片益沅小片（鲍厚星、陈晖，2005）。“是”是益阳方言中的固有系词，该方言还有一个读轻声的多功能语素“阿 [·a]”，主要充当指称标记，包括有定、类指、无指等功能，在“阿 +NP”结构的基础上，“阿”进一步扩展出话题标记、领属标记、系词等多种功能（夏俐萍，2013；夏俐萍，2020）。本文在此基础上进一步介绍“阿”的系词用法和限制条件，并讨论其形成机制和类型学意义。语料来自笔者内省，由张怡生（男，1954 年生，退休工人）核对。

汉语的名词短语和形容词短语可以直接充当谓语，构成名词谓语句和形容词谓语句，其中名词谓语句还可以通过系词“是”连接。朱德熙（1982：102）指出，名词、时间词做谓语，前头可以加上轻读的“是”转化为动词性谓语。尽管不同学者对系词的功能认识各异，但对于系词作为语言要素的连接成分，且系词本身不增加谓语的语义内容这两点看法较为一致（Pustet，2003：6）。为了便于称说，本文的名词谓语句和形容词谓语句取广义，包括带系词和不带系词的情况。例句中首次出现方言词时添加普通话注释。

一、“阿”用于名词谓语句

益阳方言的名词谓语句中，时间词、“的”字结构、数量成分充当谓语时，可以不带系词，表归属、等同或分配、领有等关系，省略系词时只有肯定式，没有相应的否定式。

（1）明朝八月十五 | 今朝星期二。　　（2）我益阳的，他长沙的。

（3）箇这本书我里老师我老师的。　　（4）我昨日子来的。

* 本文获得国家社科基金一般项目“区域方言学视角下的湘鄂赣边界方言接触与演变研究”（项目编号：21BYY016）和国家社科基金重大项目“汉语方言母语深度调查”（项目编号：21&ZD303）的资助。本文在“首届汉语方言语法类型比较研讨会”（复旦大学中文系，6 月 25—26 日）上报告，得到刘丹青、盛益民、卢笑予等师友的指正，匿名审稿专家也提出诸多宝贵的建议，谨此一并致谢。

（5）一个人每人一只苹果、一只桔子每人一个苹果，一个桔子。（6）地上一条蛇。

（7）? 周立波益阳人。|* 地上蛇。|* 我老师 |* 箇我的。

以上各例中，（1）—（6）中的时间名词、各类“的”字结构以及表示分配关系的名词性成分可以与名词主语直接构成名词谓语句①，其中例（1）—（4）可以带系词“是”或“阿”，例（5）（6）可以带系词“是”，但不可以带“阿”。例（7）的两个名词性成分不能直接组合，必须添加系词“是”或“阿”。我们将带“阿”的名词谓语句简称为“A 阿 B”句式，其中 A、B 分别代表名词主语和名词谓语。

1.1 “A 阿 B”的语义功能

系词所连接的两个名词性成分，具有多种语义关系，最主要的是类属和等同。此外，还有解释、存在以及领有等关系（Dixon，2010：170）。“A 阿 B”句可以表达类属、等同、解释、存在、领有等多种语义关系。

1.1.1 表类属

所连接的两个名词性成分表示类属关系是“A 阿 B”句的最常见用法，A 一般是代词或光杆名词，B 一般为光杆名词，“阿”是这类句子中不可或缺的成分。例如：

（8）a. 我是阿老师。b. 我阿老师。c. ? 我是老师。d. * 我老师。

例（8）a—d 显示，作为谓语的光杆名词“老师”前面需要加上“阿”，系词“是”可以出现也可以不出现。但如果仅出现系词“是”，不出现“阿”，句子不太自然；既没有系词“是”，也没有“阿”，句子不能接受。可见，“阿”起到了连接两个名词性成分的作用。

“A 阿 B”有相应的否定式“A 不阿 B”和一般疑问式“A 阿 B 吧”，但一般疑问句的回答必须用“是的 / □ [ɳ^{21}] 的”或“不是的”，不能用“阿”或“不阿”。此外，“A 阿 B”还可以构成特殊疑问句和选择疑问句，但没有“阿不阿”这样的反复问用法，请看例句：

（9）蚂蚁子阿益虫。　　（10）他阿老师，我不阿老师。

（11）箇阿么□ ȵie^{45}什么啊？

——箇阿打印机。

——* 阿 /* 不阿

（12）尔阿老师吧吗？

——是的 / □ɳ^{21} 的 / 不是的。

（13）尔阿老师阿学生唠呢？

——阿老师 / 阿学生。

（14）* 尔阿不阿老师？

从例（9）—（14）可以看出，“A 阿 B”表类属关系时，名词谓语 B 不能省略，说明“阿”后面必须有相应的名词性成分，如例（12）和例（14）所示，这与“阿”作为名词指称标记的用法是一脉相承的（夏俐萍，2013）。

1.1.2 表等同

等同关系指两个名词性成分 A 和 B 属于同一关系，B 并不是对 A 的分类，理论上说 A 和 B 互换并不会改变句子的意义。但在“A 阿 B”句中，A 和 B 即使在意义上属于同一关系，句子也不能随便互换。先看例句：

（15）a. 周立波阿《山乡巨变》的作者。

b. *《山乡巨变》的作者阿周立波。

（16）a. 箇个学期张老师阿数学老师，李老师阿语文老师。

b. * 箇个学期数学老师阿张老师，语文老师阿李老师。

（17）a. 我里外婆我外婆阿我最佩服的人。

b. * 我最佩服的人阿我里外婆。

（18）a. 我阿大崽大儿子，他阿晚崽小儿子。

b. * 大崽阿我，晚崽阿他。

例（15）—（18）的“A 阿 B”结构中，A 和 B 属于同一关系。但有意思的是，A 和 B 并不能随意互换，见各例 b 句。通过比较后发现，a 句和 b 句的不同之处在于，a 句的名词谓语属于特定描述（specific description），通过描述限定某一类特定的人或事物，如“语文老师、我最佩服的人”。而 b 句的名词谓语属于特定指称（specific referent），即专有名词、亲属名词或人称代词等，如“周立波、张老师、我里外婆、我”，本身具有唯一性和确指性，而益阳方言“阿”对确指性成分进行指称是受限的，可以通过例（19）验证。

（19）a. 周立波是阿《山乡巨变》的作者。 b.*《山乡巨变》的作者是阿周立波。

例（19）采用系词“是”连接主语和谓语，此时“阿”仅充当名词性成分的指称标记，a 句 “阿”对“《山乡巨变》的作者”进行定指，但 b 句由于“周立波”本身具有唯一性和确指性，并不需用“阿”进行定指。当省略系词“是”后，“阿”在 b 句中充当系词的用法也自然受限。

表示等同关系的“A 阿 B”同样有相应的否定式，也可以用于一般疑问句和特殊疑问句，一般用“阿何作个”对等同关系的句子进行提问。例如：

（20）《山乡巨变》的作者阿何作个谁啊？

——（是）周立波 /（？阿）周立波。

例（20）的答句可以不加系词，如果加系词回答时优先采用“是”而不是“阿”，因为“阿”在句首人名之前优先理解为话题标记而不是系词，需要有后续的述题成分。

1.1.3 表解释、存在、领有及其他

“A 阿 B”除了最常见的表类属和等同外，还可以表解释、存在或领有等关系。表解释关系时，B 项往往对 A 项的特征、质地、性质等进行解释。

（21）箇件衣服阿手工的。　　（22）阳历七月间阿最热的天。

（23）箇只路这件事反正阿麻烦路，不晓得何家搞怎么办。

“A 阿 B”表示存在关系时，一般由处所成分充当主语，“阿”前一般有程度副词“到处”“一下全部”等修饰，如果不带程度副词成分，则多出现于对举格式。

（24）山上到处阿板栗树，冇得没有柿子树。（25）身上一下全部阿泥巴。

（26）屋门口前面阿田，屋后背后面阿山。

“A 阿 B”表存在关系时，其否定形式不用“不阿”或“不是”，而是“有”的否定形式“冇得”，如例（24）所示。

“A 阿 B”表领有关系时，一般表示固定领有而不是临时领有，且多用于对举格式。由疑问代词“么子什么”修饰的名词性成分也可以进入“A 阿 B”格式表领有关系。例如：

（27）* 我阿牛肉，他阿果汁我有牛奶，他有果汁。

（28）我屋里阿崽，他屋里阿女我家有儿子，他家有女儿。

（29）他阿 *（么子什么）病唠？——阿糖尿病。

（30）箇号崽阿么子用唠？——冇得没有么子用。

例（27）是临时领属，不能用“阿”连接两个名词性成分，表领有关系。例（28）领有者和被领有者是亲属关系，属于固定领属，可以用“阿”连接。光杆名词不能用“阿”连接表示领有关系，如例（29）不能说“他阿病”。表示领有关系的“A 阿 B”的否定式也是“冇得”，如例（30）。此外，“A 阿 B”还可以表示其他松散的语义关系。例如：

（31）人阿铁，饭阿钢，一顿不吃饿得慌。（比喻）

（32）他阿猴子一样。（比拟）

（33）他阿牛肉粉，我阿猪肝粉。（话题）

（34）阿老师到底阿老师，繁体字都认得。（话题）

表示同一性话题结构的“阿老师到底阿老师”中，必须有语气副词“到底”“究竟”等，否则不能说“阿老师阿老师”。相应地，当表示对名词主语的强调时，也只能用“是”，不能用“阿”。例如：

（35）*一阿一，二阿二。　（36）*工作阿工作，生活阿生活。

1.2 “A 阿 B”的句法功能

名词谓语句“A 阿 B”结构可以单独成句，也可以充当复杂句的主语、宾语或定语等句法成分。例如：

（37）尔莫得难道不晓得他阿村支书啊你难道不知道他是村支书啊？

（38）他阿村支书就了不起啊他是村支书有什么了不起？

（39）他阿村支书的人都不晓得阿村上的箇只路他作为村支书都不知道村上这件事。

例（39）“他阿村支书的人”是由名词谓语句“他阿村支书”作核心名词“人”的定语，起到限制作用，在普通话中没有对译用法。

不同语义关系的“A 阿 B”结构，“阿”前面可以加入强调副词、情态副词等修饰成分。例如：

（40）看箇只样范样子他可能阿老师。

（41）他根本就不阿老师，只*（是）阿学生。

（42）他都阿老师哒，应该晓得知道。

（43）尔一阿学霸，哦那都阿学霸你要是学霸，那就都是学霸。

例（40）—（42）可以分别采用副词“可能、根本、都”修饰“阿”及其后面的名词性成分，例（43）可以用假设连词“一”修饰“阿”，表示“若是”。要注意的是，一些副词或连词性单音节语素可以与系词“是”构成双音词，例如“都是、要是、就是、还是”等。但“阿”不能构成“都阿、要阿、就阿、还阿、只阿”等双音词。例（41）“只是”不能说成“只阿”；例（42）（43）“都阿”“一阿”的两个音节之间均有停顿，“都”和“一”分别修饰后面的“阿 + 名词性成分”，并没有双音词化。

“阿”与系词“是”一样，后面不能添加体标记等成分，句子表示事态的变化可以通过添加时间词或句末语气词“哒”等表示。例如：

（44）他原先原来阿老师，夷只节现在不阿老师哒。

（45）地上开始一下阿泥巴，夷只节现在搞素净干净哒。

（46）马上阿大学生哒，要讲卫生。

1.3 “A阿B”中A和B的构成

“A阿B”名词谓语句中，主语A要求是表有定或类指的名词性成分，如代词、领属结构、指量（名）结构等，光杆名词充当主语需要在名词前加“阿”表有定或类指，如例（49）的“阿大学生”，这是与益阳方言排斥光杆名词及无定成分充当主语的要求是一致（夏俐萍，2020）。例如：

（47）他阿新化人，他里堂客他妻子也阿新化人。

（48）哦边那边来的阿救护车。

（49）阿大学生阿国家的栋梁。

构成B的名词性成分受限较多，均有一个共同点，就是B自身不能带有指称性，因此代词、数量结构、指量结构、领属结构等成分不能进入B，但形容词及关系从句等不带指称性的修饰成分不受限制。例如：

（50）*我讲的阿他｜*我买的阿箇只。（51）箇阿书｜*箇阿一本书｜*箇阿我的书。

（52）箇阿好书｜箇阿刚刚买的书｜箇阿不好看的书。

（53）他阿老师｜*他阿一个老师。｜*他阿我的老师。｜*他就阿哦个那个老师。

（54）他阿语文老师｜他阿一心想教好书的老师。｜他阿负责的老师。

从上例可以看出，在“A阿B”结构中，对A的指称性要求与益阳方言非名词谓语句中主语的要求一致。而对B限制条件则是与系词“阿”的使用有关，上述例（50）—（54）各例如果替换成系词“是”均可以成立。这一点将在第四节继续讨论。

二、“阿”用于形容词谓语句

我们将带“阿”的形容词谓语句简称为“A阿X”结构，其中A为名词性主语，X为形容词性谓语。性质形容词直接充当谓语时，无须“是/阿”充当连接成分，但可以用系词“是”表示强调，句子一般带程度副词或表强调语气的句末语气词。

（55）a.*箇朵花是/阿红。（系词用法）　　b.箇朵花是红呢。（强调用法）

（56）a.*箇朵花是/阿嗨很红。（系词用法）　b.箇朵花是嗨很红。（强调用法）

能进入“A阿X”结构的形容词谓语句分性质形容词和状态词两类讨论。

2.1 性质形容词

朱德熙（1980）将形容词分为限制性的和描写性的甲乙两类，其中甲类又分为甲$_1$和甲$_2$两类，分别如“白纸”和“白的纸”，并认为甲$_2$类中的“的”有体词化作用，具备体词所有的一切性质（朱德熙，1980：11）。益阳方言中，性质形容词只有添加“的”变成“X的”结构才能进入形容词谓语句。例如：

（57）箇件衣服阿红的，哦件衣服阿蓝的。

（58）箇阿真的，不阿假的。

（59）箇只粽子阿甜的啵吗？

例（57）—（59）的性质形容词加“的”有对主语名词进行分类的作用，反映主语名词较为固定的属性，可以用于否定句和一般疑问句。上述例句主语和形容词谓语一般不直接组合，“阿”属于主语和形容词谓语的连接成分，当“阿”前面加系词“是”时，“阿”仅起指称作用，不起连接作用。要注意的是，并不是所有的性质形容词“的”字结构能进入“A

阿X”结构。例如：

（60）a. 中时节的菜嗨很香。　b.* 中时节的菜阿香的。

（61）a. 今朝的雪落得嗨很厚。b.* 今朝的雪阿厚的。

例（60）（61）b 句不能进入“A 阿 X”结构，是因为“香的”“厚的”本身不能对“菜”和“雪”的性质进行分类，不能表达固有属性。这类性质形容词只有转变为状态词才能进入形容词谓语句，详见下文。

“X 的”结构虽然具有体词化作用，但用于形容词谓语句时，只能说明主语的特征或属性，并不对主语起到指称的作用。而如果“X 的”出现于非系词句，前面加“阿”可以表示定指或类指，试比较：

（62）阿红的好些，我要阿红的。

例（62）中“阿红的”均指向颜色为红色的某个或某类事物，在具体语境中谈话双方能意识到对应的实体，而相比之下，例（57）的“阿红的”仅指向主语的颜色分类属性。

2.2 状态词

跟性质形容词“的”字结构不同，状态形容词不表示对主语的属性分类，而是对主语的状态进行描写，且带说话者的主观感情色彩，状态形容词语法表现也与“X 的”结构不同，如“X 的”结构不仅充当形容词谓语句的谓语，还可以充当主谓句的主语、宾语或定语等成分，而状态形容词只能充当形容词谓语句的谓语或动词谓语句的补语，不能充当句子的主语或宾语，很少充当定语。益阳方言的某些四字格生动形式与状态形容词语法表现相同，可以合称为状态词。与“A 阿 X 的”不同的是，当状态词进入“A 阿 X”结构时，如果“阿”前加“是”，只能用于强调，且需要重读，不能充当主语和谓语的联系成分。例如：

（63）a. 箇只苹果是阿红的。b. 箇阿苹是阿鲜红的。

用于形容词谓语句的状态词主要有三音节格式和四音节格式。它们在形容词谓语句中的用法如：

（64）桃江的擂茶阿喷香的很香。（65）他里他们晒得阿墨黑一个他们每个人都晒得很黑。

（66）箇点这些面粉阿白湛湛里唧白花花的。（67）屋里阿冷火秋烟形容冷清的样子。

（68）他穿哒箇件衣服阿巴皮吃肉唧很合身。

以上充当主语的名词性成分和充当谓语的状态词之间采用“阿”进行连接，其中的状态词没有分类属性，仅有描写作用。如例（64）的“喷香的”只是对主语的描写，但不能分类，如不能说“我的阿喷香的，尔的阿不喷香的”。例（65）—（68）的状态词对主语描写时，包括说话者的评价。上述例句主语和状态词之间的“阿”也可以省略。由状态词构成的形容词谓语句没有否定式，也不能用于一般疑问句，例如：

（69）a.* 桃江的擂茶不阿喷香的呢。

b.* 桃江的擂茶阿喷香的啵？

c. 桃江的擂茶香啵？——阿喷香的。

（70）a.* 屋里不阿冷火秋烟。

b.* 屋里阿冷火秋烟啵？

c. 屋里蛮冷清啵？——是有蛮冷清。

例（69）（70）显示，状态词“喷香的”“冷火秋烟”不能用于否定句和一般疑问句，如需表达相应的概念，状态形容词需换成性质形容词。上述例句“阿”前加入“是”只能起到表强调的作用，且需要重读。

三、“阿”充当焦点标记

汉语的系词“是”可以充当焦点标记。方梅（1995）提出确定焦点标记的三条标准：（1）标记成分自身不负载实在的意义，不可能带对比重音。（2）标记词的作用在于标示其后成分的焦点成分，所以焦点标记后的成分总是在语音上凸显的成分。（3）标记词不是句子线性结构串的基本要素，因此它被省略以后句子依然可以成立。照上述标准，益阳方言的“是”和“阿”均可以充当焦点标记，此时，“是/阿”轻读，它们后面的成分重读。

在名词谓语句和形容词谓语句中，“阿”主要充当连接主语和名词谓语或形容词谓语的系词。但当疑问代词单独成句时，“阿”可以充当焦点标记，后面的疑问代词重读，“阿”所标示的焦点为整句焦点。“阿”可以由系词“是”替换，也可以省略。

（71）阿么子路什么事？　（72）又阿何家又怎么啦？

在动词谓语句中，系词“阿”也可以充当焦点标记，但使用受到限制，一般只充当对比焦点标记②，例如：

（73）阿王医生开的刀，不阿李医生开的刀。

（74）他阿昨日子昨天去的，不阿今朝子今天去的。

（75）箇件毛衣阿我自家自己织的。

上述例句中，“阿”后的成分需重读，且由于“阿”后的成分已经具有确指性，“阿”既可以用“是”替换，也可以省略，具备了充当焦点标记的功能。不过由于“阿”对名词性成分的依附性，即使充当焦点标记，也受到很大的限制。一般动词、情态标记、介宾短语等非名词性成分充当焦点时就不能用“阿”，只能用“是”充当焦点标记。例如：

（76）他是/（*阿）去接人，不是/（*阿）去送人。

（77）我是/（*阿）不得不会去的。

（78）我是/（*阿）跟尔你讲话，不是/（*阿）跟他讲话。

四、“阿”充当系词的形成机制及类型学意义

从形式和意义两方面看，“阿”已经发展出成熟的系词用法：可以用在名词谓语句、形容词谓语句中充当主语和谓语的联系成分，表达类属、等同等多种语义关系；可用于陈述句、否定句和疑问句，“阿”所在的系词小句可以担任各类句法成分；在系词用法的基础上，发展出了对比焦点标记的用法。从类型学的角度来看，“阿”的使用也符合系词“NP > AP > VP”的等级序列（Puster，2003：78），最常用于名词谓语句，其次是形容词谓语句。在形容词谓语句中，性质形容词“的”字结构必须要系词，而状态词可以不用系词连接，反映出性质形容词“的”字结构跟名词更为接近，状态词跟动词更为接近的特点。但“阿”也有一些不同于系词“是”的特点：首先，“阿”不能单独用来回答问题；其次，无论是充当系词还是焦点标记，“阿”后面的成分不能带表达无定、有定等指称性成分；最后，由于“阿”始终读轻声，没有强调标记的用法，而“是”可以重读表示强调。夏俐萍（2013）指出“阿”充当系词的用法，是在指称标记的基础上发展起来的，这里进一步讨论。

4.1 "阿"充当系词的形成机制

4.1.1"阿"的系词功能是"阿"附缀化的结果。在益阳方言中，"阿"与名词性成分构成"阿+NP"结构，NP的范围极广，包括普通名词、专有名词、方位短语、形容词短语以及关系从句等。此外，指量名短语以及疑问代词等成分，也可以自由地带上"阿"。名词性成分在表达有定、类指、无指等概念时，对"阿"的使用具有很强的依赖性，事实上"阿"已经附缀化成为名词性成分的标记。

名词谓语句是由名词性成分充当谓语的句子，正是由于名词性成分前面需要加"阿"，名词性成分之间有"是""阿"两个联系成分，回过头来看例（8）。

（8）a. 我是阿老师。b. 我阿老师。 c.? 我是老师。 d.* 我老师。

由于"阿"已经附缀化为名词性成分的标记，一方面可以标示名词性成分，具有不可或缺性；另一方面，"阿"位于主语和名词谓语之间，客观上可以充当两个成分之间联系的桥梁，符合联系项居中原则（Dik，1997：406）。而此时的系词"是"，并不增加谓语的语义内容，仅符合联系项居中原则，在功能上可以让位于"阿"。久而久之，"阿"便排挤掉"是"，成为主语和名词谓语的唯一联系成分，从而兼具了名词性附缀和系词的双重功能，这使"阿"反倒成为名词谓语句中最常用的系词。随着"阿"作为系词功能的进一步加强，"阿"的使用域进一步扩大，可以用于否定句或一般疑问句；从名词谓语句进一步扩展到形容词谓语句；从系词用法扩展出对比焦点的用法。

4.1.2 "阿"的系词功能受到原型功能的限制。虽说"阿"已经发展出典型的系词功能，但并没有取代系词"是"成为益阳方言中唯一的系词，这也是受"阿"的指称性原型功能决定的。"阿"能表示有定、类指、无指等指称义，当名词性成分带其他指称标记（指量结构、数量结构）表达有定、类指、无指以及无定等概念时，"阿"就不再能充当系词性成分。例如：

（79）a. *他阿一个老师。 b. *他阿我的老师。 c. *他阿哦个那个老师。

（80）a. *筒本书阿我的。 b. *筒本书阿一本好书。 c. *我讲的阿筒本书。

（81）a. *他阿泉伢唧小泉。b. *他里他们阿三个人。

由上例可以看出，当名词性成分为"一量名"结构、指量结构、领属结构、专有名词等时，因为这些结构已经带有指称性，不能再用"阿"添加在名词短语前面，因而"阿"也失去充当系词的机会。可见，"阿"的系词用法并没有摆脱其作为指称标记功能的制约。

"阿"作为系词功能所受的限制还表现在，由于"阿"对名词性成分的依附性，"阿"不能作为答句单独使用，"阿"的系词用法也只限于名词谓语句和形容词谓语句（转指形容词和部分状态词），而充当系词"是"的表语可以是各种语类，包括各类小句和短语成分。例如：

（82）苹果是/（*阿）他最爱吃的。

（83）我最后一次看见他是/（*阿）在长沙。

（84）尔不讲话就是/（*阿）冇得意见没意见。

4.2 "阿"系词功能的类型学意义

动词和代词是系词的两大来源（Hengeveld，1992：237）。动源系词一般来源于表示方位、存在的动词或者表示"做""发生""变化"意义的动词。代词来源的系词有的来源于指示代词，如汉语的系词"是"，巴布亚皮钦语的系词"em"；也有来源于第三人称代词，肯尼亚的 Luo 部落语言的系词“e’n”来源于第三人称代词。

汉语是话题显赫的语言，汉语系词跟话题化有密切关系。梁银峰（2012）指出系词“是”就来源于话题化名词短语之后的回指性指示代词“是”，“是”的前面必须有一个话题化的 NP，而且这个话题化的 NP 与后面表示判断的 NP 之间存在等同、归类等语义关系。此外，一些汉语方言的话题功能发达，在联系项居中原则的驱动下，后置话题标记也有可能发展为系词，如吴语苏州话、上海话的“末”，连城客家话的话题标记“时”都可以担任系词（强星娜，2008）。但益阳方言“阿”的系词功能与话题化没有直接关系，这是因为作为话题标记的“阿”只能前置于名词性成分，失去了充当主语和谓语之间联系项的机会，只有名词谓语之前的“阿”才能充当系词。

（85）阿箇本书（是）阿好书。

例（85）有两个“阿”，第一个是话题标记，前置于主语名词“箇本书”；第二个是指称标记，用在“好书”前属于无指用法。当有系词“是”时，“阿”仅表示无指，当省略系词“是”，“阿”就承担了系词功能。可见，“阿”的系词功能是在名词附缀化的基础上，省略固有系词“是”的结果。虽然“阿”的系词功能是在指称功能的基础上发展而来的，但与指称功能之间并不是直接的演变关系，更多的是句法选择的结果。处于联系项位置的标记成分挤占固有系词而“上位”的情况，扩展了汉语系词来源的可能性途径，如潮州方言语气副词“个”发展为系词的过程（黄燕旋，2019），与益阳方言“阿”发展为系词的过程如出一辙。

附注

①本文的“名词性成分”包括名词及功能上相当于名词的代词、领属短语、形容词短语或关系从句等成分。

②“阿”有充当话题焦点标记的功能，如“他阿爷父亲都打，有么子用！”，但这一用法来自“阿”的话题标记用法，而不是系词用法，感谢匿名审稿专家指出这一点。

参考文献

鲍厚星、陈晖，2005，《湘语的分区（稿）》，《方言》第 3 期。

梁银峰，2012，《汉语系词“是”的形成机制》，《语言研究》第 4 期。

方梅，1995，《汉语对比焦点的句法表现手段》，《中国语文》第 4 期。

黄燕旋，2019，《19 世纪以来潮州方言判断句的演变》，《语言研究》第 3 期

强星娜，2008，《话题标记代系词功能的类型学初探》，《语言科学》第 6 期。

夏俐萍，2013，《益阳方言“阿”的多功能用法探析——兼论由指称范畴引发的语义演变》，《中国语文》第 1 期。

夏俐萍，2020，《湘语益阳（泥江口）方言参考语法》，商务印书馆。

朱德熙，1980，《现代汉语语法研究》，商务印书馆。

朱德熙，1982，《语法讲义》，商务印书馆。

Dixon， Robert M.W.，2010，*Basic Linguistic Theory Ⅱ： Grammatical Topic*，Oxford：Oxford Universtity Press.

Dik, S.C., 1997, *The Theory of Functional Grammar: Theory, Typology, Diachrony,* Berlin & New York: Mouton de Gruyter.

Hengeveld, Kees, 1992, *Non-verbal Predication,* Berlin &New York: Mouton de Gruyter.

Pustet, Regina, 2003, *Copulas: Universal in the Categorization of the Lexicon,* Oxford: Oxford University Press.

（原文刊于《汉语学报》2023 年第 2 期）

上海话 E / Eɪ 变异与上海普通话 ei 的双向动态影响*

陈忠敏　马　良　温　睿

提要： 本文通过分析上海话“雷”等字韵母 E/Eɪ 变异，以及上海普通话 ei 韵母变异来研究近年来上海话与普通话的双向动态影响。本文指出：（1）上海话“雷”等字韵母 E/Eɪ 变异是受普通话影响所致。（2）上海话“雷”等字韵母读 Eɪ 在年龄层里呈现差异，从 60 后、70 后、80 后一直到 90 后，有双元音 Eɪ 的人数逐渐增加，80 后、90 后全部都是双元音；韵尾 ɪ 在 Eɪ 中的时长占比也随着年龄的递减而递增，反映了普通话对上海话的影响程度在 80 后、90 后里最深。（3）上海普通话“雷”等字韵母读 ei 也在年龄层里呈现差异，年龄越大，i 在 ei 中的时长占比则越小，反映了底层母语对普通话习得的干扰，这种干扰随着年龄的增大而增大。本文还就语言接触引发的音变匹配机制、双向动态影响等问题展开了讨论。

关键词： 语言接触；语言变异；双元音化；共振峰曲线；一阶导数极值点

1. 前言

1.1 上海方言的历史

上海的城市规模和人口从 1843 年开埠到现在处于不断扩张中（陈忠敏，1995、2016；Chen，2011）。从 19 世纪末叶到 20 世纪 50 年代，大量移民移居上海市区。据 1950 年统计，市区人口达 500 多万，本地籍人口只占其中的 15.1%（邹依仁，1980：113）。第一代移民主要来自邻近的江浙两省，以江苏苏州地区的移民最早，以后是浙江的宁波地区和绍兴地区移民，20 世纪 40 年代则以江苏苏北地区移民居多（Chen，2011；陈忠敏，2016；平悦铃，2014）。移民是一批一批来的，来上海的移民彼此间为了交流只能学说上海本地话，因此第一代外地移民所说的上海话一般都带有原居住地方言的口音（Chen，2011；陈忠敏，2016）。可以说当时这种带有不同移民口音的上海城市方言与原先开埠初期的上海县城话已有很大的不同。从 20 世纪 50 年代初到 90 年代初，这一时期的户籍管理和票证制度限制外来移民进入上海市。生在上海市区的第二代移民已经使用较为一致的市区话，一个重要标志是他们所说的上海城市方言（下文称为“上海话”）一般已听不出他们父母原籍贯地的口音，这种上海话是目前大多数人所说的上海话。从 20 世纪八九十年代开始，普通话通过国民教育系统和各种媒介的传播得到了极大的推广，教学语言必须是普通话（此前可用方言教学）。票证制度取消，随着城镇化进程加速，大量以说普通话为主的外地移民进入上海市区。这一

* 本文受国家社科基金重大项目“上海城市方言现状与历史研究及数据库建设”（项目编号：19ZDA303）资助，特此鸣谢。

时期出生的上海人（80 后、90 后）在学校里基本使用普通话，接触普通话的机会远多于上海话，他们的普通话熟练程度也普遍高于上海话，他们的上海话跟父母辈的上海话相比则有较为明显的差异。80 后、90 后的上海话（下文统称“新派上海话”）包含很多普通话渗透和影响的成分。本文通过上海话韵母 E/Eɪ 变异以及上海普通话 ei 韵母的变异来研究近年来上海话与普通话的双向动态影响，并就语言接触引发的语音变化及语音变异理论等问题展开讨论。

1.2 上海话变项 E/Eɪ 的出现和原因

据20世纪80年代调查，当时的上海话部分老派古蟹摄一等哈灰韵读e韵，山摄开口寒韵读 ɛ 韵，如“雷来” le^{6}≠ “兰” lɛ^{6}。这部分人主要是上海本地籍和来自原松江府其他地区的老人。当时的多数老人以及中派、新派两者对立已经消失，读音都相同。如“雷来” = “兰” lE^{6}（许宝华、汤珍珠，1988：53；许宝华、陶寰，1997：7）。对立消失读E仍是今天上海话的主流（以下称为中派上海话）。上海话E韵母对应于北京话的ai、ei、uei、an和 ian 等五韵母，如表 1所示。

表 1　上海话 E 韵母与北京话韵母的对应

上海话	北京话	条件	例字
E	ai	多数字	袋来再海
	ei		背内雷梅
	uei	部分字（ k 组除外）	对推岁赘
	an	部分字	板蛋兰喊
	ian	白读（ k 组声母）	咸減眼闲

上海话 E 韵母多数字对应于北京话的 ai 韵母字，其次是 ei 韵母字，uei 和 an 都是部分字，最少的是 ian 韵母，这部分字在上海话里白读才可以读 E 韵母。

新派上海话 E/Eɪ 韵母变异是把对应于普通话的 ei 和 uei 韵母字读成双元音 Eɪ，使得原本同音的字（ 上海话）变为不同音（ 新派上海话）。新派这一双元音变异大概发生在 20 世纪 80 年代末 90 年代初（石汝杰、蒋剑平，1987；许宝华、陶寰，1997：7）。如表 2所示。

表 2　上海话与新派上海话对比

	杯	掰	班	雷	来	兰	对	戴	胆
上海话	pE^{1}			lE^{6}			tE^{5}		
新派上海话	pEɪ^{1}	pE^{1}		lEɪ^{6}	lE^{6}		tEɪ	tE^{5}	

本文将中派上海话的E韵读成前响双元音Eɪ这一现象称为双元音化音变。双元音化音变主要发生在20世纪八九十年代出生的新派上海人里，不过这种读音也有逐渐向中年人扩张的趋势，换句话说，少数中年人也有“雷” lEɪ^{6}≠ “来” = “兰” lE^{6}的读音。最近几年来对新派上海话E/Eɪ韵变异的研究表明这种变异来源于语言接触（陈忠敏等，2014；Yao和Chang，2016）。即原本上海话E韵中对应普通话的ei或uei韵母（限舌尖音声母）的字产生了

双元音化音变,不对应普通话ei或uei的则不变,仍读E。显然这是受普通话ei(uei)影响而产生的双元音化音变,与80后、90后上海人长期接触普通话有直接关系。本文在此基础上再进一步研究由语言接触激发的双向动态音变进程、双向动态的程度,以及它们的影响因素等问题。

1.3语言接触的双向性

语言接触导致语言的音系结构发生变化是历史语言学所关注的重要课题,语言接触被认为是引起语言变化的外部因素(Weinreich、Labov和Herzog,1968)。Weinreich(1953/1968)从语言接触和双语研究的角度提出,语言接触引发的语言演变是通过双语者来实现的。语言接触具有双向性,母语会对第二语言产生迁移作用(Odlin,1989),二语对母语也会产生影响(Pavlenko和 Jarvis,2002)。Flege(1987)发现长期生活在美国的法语母语者其法语清塞音t的VOT向二语英语清塞音t靠拢;长期生活在法国的英语母语者其英语清塞音t的VOT向二语法语清塞音t靠拢。

本文以上海话E/Eɪ韵母变异、上海普通话(上海人所说的普通话)ei韵母变异为例,分析上海话和普通话在接触过程中产生的相互影响。首先分析普通话对上海话的影响,以及这些影响在不同年龄人群中的分布情况;然后分析上海话对上海普通话的影响,通过调查不同年龄人群的发音情况分析底层母语对二语的影响。本文选择调查上海话E/Eɪ韵的变异有两个原因:其一,在诸多变项里E/Eɪ韵的变异是很典型的且有规则地受普通话影响的语音变化;其二,E/Eɪ韵变异是单元音双元音化的一种音变,我们可以通过量化手段来分析双元音化在不同年龄组的变异程度,从而探讨普通话对上海话的动态渗透进程。对于上海普通话的ei韵母,我们同样可以根据不同年龄组的读音分析ei的双元音化程度,从而看出底层上海话对上海普通话的动态影响。

2.研究方法

2.1发音人

参加本次实验的共有80位上海话发音人。按年龄分为四组,20世纪50年代和60年代(1952—1969年)出生的为一组(称为60组),70年代(1970—1979年)出生的为一组(称为70组),80年代(1980—1989年)出生的为一组(称为80组),90年代(1990—1999年)出生的为一组(称为90组),每组各20人。发音人均出生并成长在上海。中老年发音人的职业主要为教师和公务员,日常说上海话较多。青年发音人主要为在校大学生,日常说普通话较多。所有发音人均口齿清晰,无听力障碍。

2.2录音材料

实验使用两组词:

A组:“**来**事,**版**面,**慢**慢,一**般**,**难**穿,**漫**游,留**办**,**蓝**田”

B组:“**类**似,**背**面,**妹**妹,一**杯**,**内**参,**煤**油,刘**备**,**雷**电”

A组和B组在中派上海话里分别同音,“**来**事=**类**似”(上海话“来事”义“能干”)、“**版**面=**背**面”、“**慢**慢=**妹**妹”、“一**般**=一**杯**”、“**难**穿=**内**参”、“**漫**游=**煤**油”、“留**办**=刘**备**”、“**蓝**田=**雷**电”其中目标字(黑体)韵母是E。新派上海话则A组和B组分别不同音,A组目标字(黑体)韵母是E,B组目标字(黑体)韵母是Eɪ。B组目标字(黑体)对应的普通话均为ei韵母。设计A和B两组词,主要是将上海话发音分为“可以区分AB”与

“不能区分AB”的两类人群。每组词需要发音人说一遍上海话和一遍普通话。每个词置于承载句“我讲三遍”（普通话）和“我讲三遍”（上海话）中。录音在实验室的录音棚内进行。录音设备为Thinkpad笔记本电脑、Mbox外接声卡和AKG头戴式话筒。声音的采样率为44100Hz，采样精度为16bit。

2.3数据分析方法

图1显示元音频谱，我们使用praat提取每个目标字的共振峰F1和F2。图1（a）显示上海话“来”，从图中可以看出F1和F2共振峰相对比较平缓，中间没有滑动过程。图1（b）显示新派上海话“类”，可以看出来共振峰有滑动的过程，F1逐渐下降，F2逐渐上升，但是上升和下降的幅度都不是很大。图1（c）显示普通话“类”，是典型的双元音，共振峰滑动明显，F1下降和F2上升的幅度都很大。

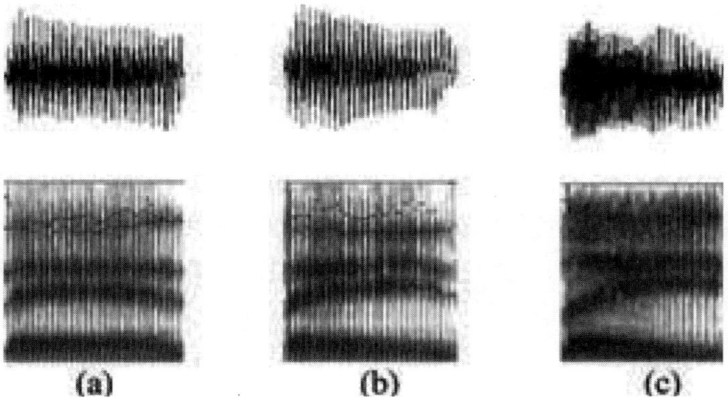

（a） 上海话：“来事”中的“来”
（b） 上海话：“类似”中的“类”
（c） 普通话：“类似”中的“类”

图1 元音频谱

为了研究双元音的声学动态特性,我们计算的参数主要有如下两个。

（1）共振峰的变化幅度

先提取F1和F2在80%处和20%处的值,然后计算80%处和20%处的差值作为共振峰的变化幅度,用△F1和△F2表示（公式如下）。

$\triangle F1=F1_{80\%}-F1_{20\%}$ $\triangle F2=F2_{80\%}-F2_{20\%}$

变化幅度若为正数则代表共振峰从一个较小的值过渡到一个较大的值,若为负数则代表共振峰从一个较大的值过渡到一个较小的值。

（2）共振峰变化速率极值点

共振峰的变化幅度只能反映共振峰首部和尾部的差异情况,如果只看首尾位置的变化,不容易观察到整个共振峰变化的情况。

我们进一步使用计算共振峰变化速率极值点的方法,这种方法可以提供更多的双元音动态变化的细节,尤其是能够确定具有滑动段的双元音中首尾音段分界的位置。我们先用Matlab软件对F1和F2的共振峰数据进行平滑处理,使用二阶函数拟合出共振峰曲线,然后分别计算了F1和F2共振峰的一阶导数曲线,找到一阶导数极值点,这个极值点代表F1和F2在滑动过程中变化速率最快的位置。图2显示F1和F2共振峰曲线的一阶导数和极值点的选取。

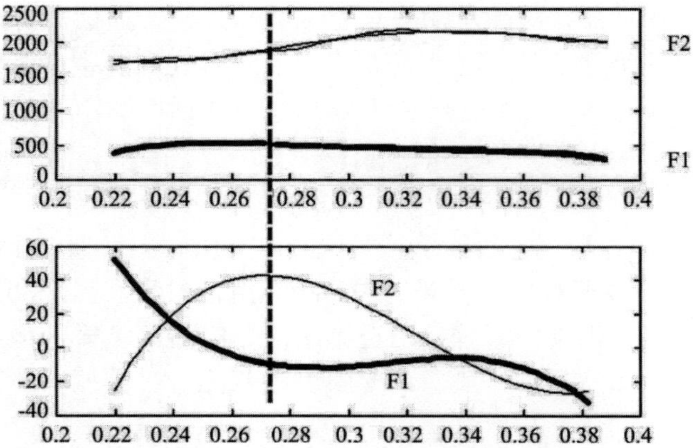

横轴为时间（单位：秒）。图中的深色曲线为F1的一阶导数，浅色曲线为F2的一阶导数。竖线为一阶导数曲线的极值点位置。

图2 共振峰F1和F2平滑后的连续曲线（上图），以及对应的一阶导数曲线（下图）

图2显示共振峰F1和F2平滑后的连续曲线以及对应的一阶导数曲线。E与ɪ的差异主要体现F1的不同（舌位高低的不同）,图中竖线主要依据F1的一阶导数极值点位置,同时也参考F2。我们以这个极值点位置来确定韵母Eɪ首尾音段的界限,然后计算首音段的时长占总时长的百分比。百分比值=（极值点位置—元音起始位置）/元音总时长。在图2这个例子中，F1和F2的一阶导数极值点位置重合,在两者不重合的情况下,我们分别计算F1和F2两个百分比值。

3. 数据分析

3.1上海话E和Eɪ

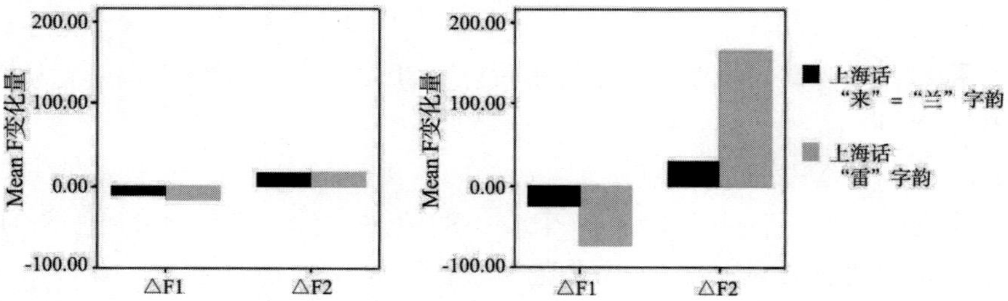

图3 共振峰的变化幅度△F1和△F2

注：左图，上海话“不能够区分A组字和B组字”（上海话“来”=“兰”=“雷”lE⁶）的一组。右图，上海话“可以区分A组字和B组字”（上海话“来”=“兰”lE⁶≠“雷”lEɪ⁶）的一组。深色代表上海话A组“来”字韵和“兰”字韵，浅色代表上海话B组“雷”字韵。正值代表共振峰上升，负值代表共振峰下降。

上海话Eɪ双元音化音变主要发生在新派上海话中，不过一部分中年人也出现“来”=“兰”lE⁶≠“雷”lEɪ⁶的读音。我们先将80名被试分为两组，一组是上海话“不能够区分AB组字”（上海话“来”=“兰”=“雷”），另一组是上海话“可以区分AB组字”（上海话“来”=“兰”≠“雷”）。区分与否靠听感分组。我们先看这两组的声学参数表现。

图3左图展示了不区分上海话A组和B组字人群的情况，t检验统计结果显示“来”和“雷”字韵的△F1差异不显著（$p>0.05$），△F2差异也不显著（$p>0.05$）。右图展示了可以区分上海话A组和B组字人群的情况，t检验统计结果显示“来”和“雷”字韵的△F1差异非常显著（$p<0.001^{**}$），△F2（$p<0.001^{**}$）亦然。右图中“雷”字韵的F1明显下降，F2明显上升。

3.2 上海话 Eɪ 与年龄的关系

对于上海话“可以区分AB组字”的人群（上海话“来”=“兰”lE⁶≠“雷”lEɪ⁶），我们来进一步看一下他们的B组“雷”字韵Eɪ随年龄变化的情况。

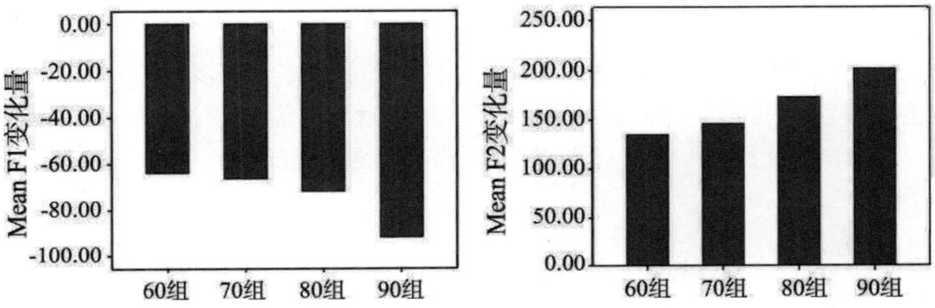

图 4　上海话“雷”字韵的共振峰变化幅度△F1（左图）和△F2（右图）

注：横轴依次代表四个年龄组，纵轴代表共振峰变化幅度量，正值代表共振峰上升，负值代表共振峰下降。

图4显示“雷”字韵Eɪ的变异情况，在四个年龄组中，90组的F1下降幅度最大，F2上升幅度也是最大的，其次是80组，变化幅度最小的是70组和60组。方差分析结果显示四组年龄△F1（$p<0.001^{**}$）差异显著，△F2（$p<0.001^{**}$）亦然。结果说明“雷”字韵Eɪ的读音向普通话逐步靠近的过程中，其双元音化程度随着年龄降低而加深。

3.3 上海话 Eɪ 与上海普通话 ei

对于上海话可以区分A组和B组字的人群（上海话“来”=“兰”lE⁶≠“雷”lEɪ⁶），进一步比较他们的上海话“雷”字韵Eɪ与上海普通话ei的声学参数，发觉两者也有显著区别。

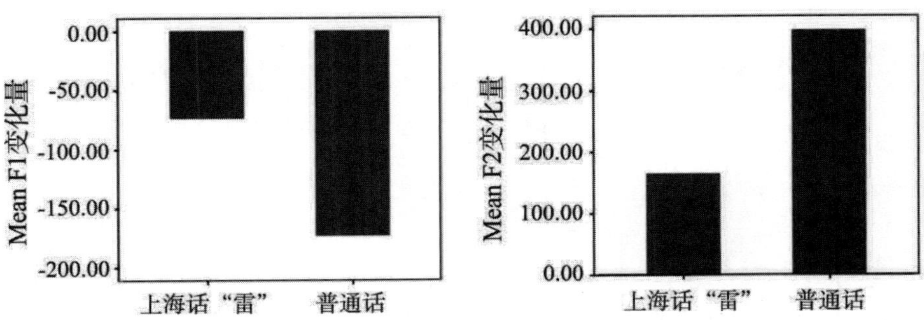

图 5　上海话“雷”字韵 Eɪ 与上海普通话 ei 共振峰变化的幅度

注：左图表示△F1，右图表示△F2。正值代表共振峰上升，负值代表共振峰下降。

图5展示上海话“雷”字韵Eɪ与上海普通话ei共振峰变化幅度。这里我们不分年龄组，考察所有上海话被试所发的“雷”字韵Eɪ变异情况。从整体情况看，Eɪ共振峰变化幅度与上海普通话ei存在非常大的区别，t检验统计结果显示，两组△F1（$p<0.001^{**}$）存在显著差异，△F2（$p<0.001^{**}$）亦然。

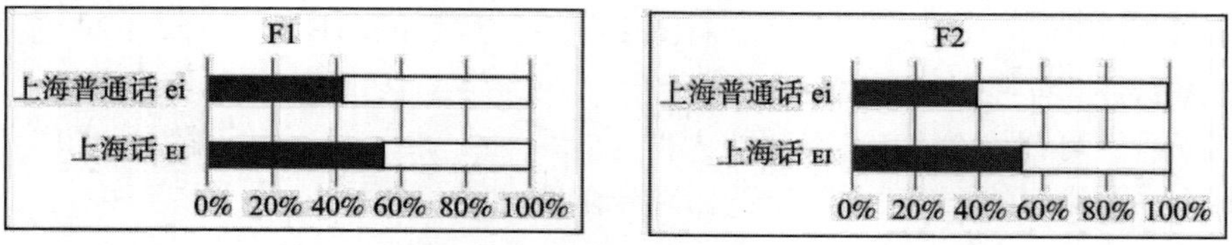

图 6 上海话 Eɪ 与上海普通话 ei 首尾音段时长占比

图6展示了上海话Eɪ与上海普通话ei首尾元音的时长占比，我们以共振峰变化速率极值点位置来区分首尾音段。从图中可以看出，尽管上海话Eɪ与上海普通话ei都是双元音，但首尾元音的时长占比不同。上海话“雷”韵母的E元音时长要大于韵尾ɪ，而上海普通话e元音的时长要小于韵尾i。

3.4 上海普通话 ei

对于上海普通话ei，我们做了共振峰变化幅度量（△F1和△F2）与年龄的相关性分析，比较不同年龄的上海人普通话ei的双元音化程度，如图7所示。

图7显示，上海普通话ei的双元音化程度与被试年龄组呈相关关系。在左图中，第一共振峰的下降量（绝对值）随着年龄的降低（横轴出生年份的增加）而增加，两者的相关系数为−0.589（$p<0.001^{**}$）。年龄越小，F1从起点到终点的变化越大。在右图中，第二共振峰的上升量随着年龄的降低（横轴出生年份的增加）而增加，相关系数为0.435（$p<0.001^{**}$），年龄越小，F2从起点到终点的变化也越大。换句话说，年龄越小，双元音化的程度越深。

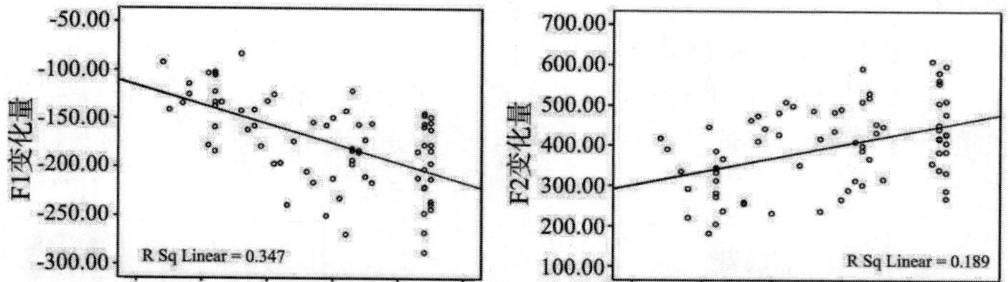

图 7 共振峰变化幅度与年龄的相关性分析

注：横轴为被试的出生年份，纵轴为共振峰变化幅度（左图为△F1，右图为△F2）。

我们进一步计算上海普通话ei韵母的共振峰变化速率极值点如下。

图8的三维刻度表时间轴为归一化以后的时间值，年龄轴按60组、70组、80组、90组分为四组，竖轴为共振峰频率值。粗线代表F1拟合曲线，细线代表F2拟合曲线，共振峰上的黑色短竖线代表变化速率极值点的位置。从图8可以看出，90组的发音人F1和F2变化速率极值点是

最早的，其次是80组，而70组和60组发音人F1和F2变化速率极值点出现得晚。

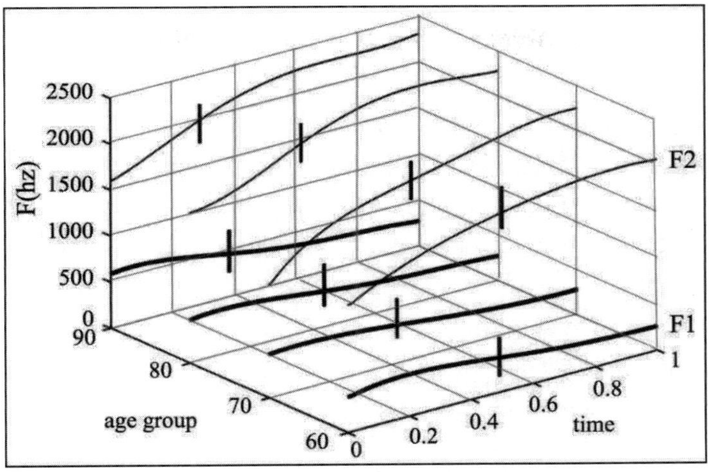

图 8　上海普通话 ei 共振峰拟合曲线及变化速率极值点位置

我们根据共振峰变化速率极值点，得出四个年龄组上海普通话ei首尾音段时长占比（见图9）。

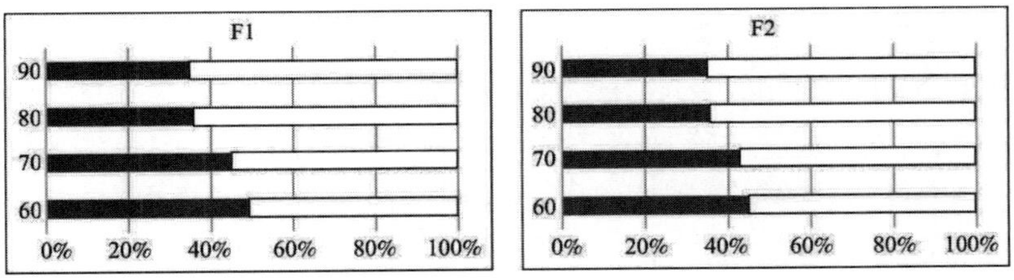

图 9　不同年龄组上海普通话 ei 首尾音段时长占比

如图9所示，年龄最小的90组极值点出现得最早，年龄最大的60组极值点出现得最晚。

90组在语言习得的关键期主要习得普通话，普通话熟练程度远高于上海话，因此有理由认为他们的普通话是较为标准的。

4.结论与讨论

我们的实验给出三个结论：第一，上海话“雷”类字韵母双元音化Eɪ是受普通话影响而引起的接触音变，这一音变主要发生在新派上海话中，是新派上海话的主流读音。不过部分中老年也发生这种音变，比较以往的记录及共时的双元音化的程度，我们认为这是新派上海话的主流读音逐渐向中老派扩散的结果。第二，这是一种正在进行中的音变，双元音化的程度随年龄降低而提高。年龄越小，双元音化程度越接近普通话。以上海话E / Eɪ的变异来看，一部分中老年上海人不发生E韵母的变异（ 上海话“来” = “兰” = “雷” lE^{6} ），而另一部分中老年上海人和青年上海人的E韵母变为Eɪ。在发生上海话双元音化变异的这些人群中，Eɪ韵母的双元音化程度随着年龄的降低而递增，呈连续性变化，逐步靠近上海普通话ei，但仍然与上海普通话ei存在显著区别。第三，上海人讲的普通话受到上海话母语的影响，复韵母ei的双元音化的程度随年龄的增大而降低，也呈连续性变化，复韵母ei的共振峰的变化量（双元音化程度）与年龄呈显著相关性。上海普通话ei的共振峰变化速率极值点随年龄变化而变化。年龄最小的90组，共振峰F1、F2曲线变化极值点出现得最早，年龄最大的60组出现得最晚。可以看出上海话底层母语对于二语产出的影响，以及母语负迁移的作用。

双语之间的相互影响，以及语言接触引发的音变跟两种语言使用的频率有关，使用频率越高，影响力越大。20世纪90年代出生的上海人在工作学习时接触普通话的机会多于上海话，普通话使用频率很高，普通话影响力更大。60年代出生的人接触上海话多于普通话，普通话使用频率不如90年代出生的人。

语言是一种复杂的适应系统。不过在上述上海话双元音化的音变中我们还能看到它的动态过程。说它复杂，是因为语言演变既有语言内部的传承演变，也有来自不同语言（方言）接触而引起的演变，上海话双元音化音变就是受强势权威方言（普通话）的影响而引发的音变。由语言接触引发的语音演变，变与不变并不完全受本语言内部语音条件制约，还受其他非语音因素制约。制约变与不变的因素复杂多样，跟年龄层次、受教育程度等非语言因素有关，也跟词频、口语语体等语言因素有关。适应性特点在上海话双元音化音变的进程中十分明显。由接触引发的上海话双元音化音变的实现必须与上海本地方言的音系结构相适应。第一，双元音化的程度不是完全照搬普通话的，无论是90后、80后，还是70后、60后的上海人，他们上海话双元音化程度都跟他们所说的普通话有显著差异：前者动程小、韵尾时长短，后者动程大、韵尾时长长。第二，普通话的ei、uei韵母进入上海话后要适应上海话的音系结构。上海话舌尖音t、t^h、d以及ts、ts^h、s、z声母后不拼以u为介音的合口呼韵母，当普通话“对”$tuei^5$、“脆”ts^huei^5、“碎”$suei^5$进入上海话后，就得适应上海话的音系结构，去掉合口介音，“对”“脆”“碎”分别读$tEɪ^5$、$ts^hEɪ^5$、$sEɪ^5$；上海话舌根音、喉音声母、零声母后可以跟以u为介音的合口呼韵母拼合。所以普通话的“规”kuei、“喂”uei进入上海话后，合口介音保留，读成“规”$kuEɪ^1$、“喂”$ɦuEɪ^6$或$uEɪ^1$。这说明由语言接触引进一个原来没有的新韵母，如Eɪ，较为容易，但是引进新韵母后要打破原来声韵拼合规律则相当困难。

上海话Eɪ韵母的双元音化程度则最能体现语言的动态变化特点。上海话双元音尽管音标记作Eɪ，但E在整个韵母中的所占时间长，不同的年龄层E与ɪ时长的比例是有显著性差异的（见3．2）。随着年龄的降低，ɪ韵尾在整个韵母中时长占比就越大，逐步靠近上海普通话ei。60后、70后、80后一直到90后，Eɪ韵母元音间的时长占比呈连续性动态变化，E占比逐渐缩小，ɪ占比则逐渐变大。换句话说，上海话内部Eɪ韵母的双元音化在不同年龄层里存在动态变异，这种动态变异不是杂乱无章的，而是有方向性的。由语言接触引发的双元音化音变首先是从年轻人开始，逐渐影响中年人。这可以从两方面看出，第一，新派上海话（80组、90组）“雷”等字读双元音是绝对主流，中年人（60组、50组）“雷”等字读双元音不是主流。第二，同是元音化，“雷”等字双元音化程度年轻人与中年人有差异。新派上海话双元音化动程大，更接近于普通话，70后特别是60后双元音化动程小，与普通话差距大。

我们发现60后、70后、80后、90后的普通话ei也显示差异性，普通话ei韵中的i随年龄增大，其时长占比逐渐减小。这种年龄组与韵尾时长的相关性一方面说明权威方言普通话的影响是从年轻人开始，逐渐影响中老年人。另一方面也说明两种语言影响力在竞争中是此消彼长的，年轻人普通话使用频率高，普通话影响力就大，底层上海话的势力就弱，不管是上海话Eɪ，还是上海普通话ei，都更靠近标准普通话；中年人普通话使用频率相对低，普通话对他们即使有影响也是受到较强的上海话底层语言的反干扰，所以，不管是上海话Eɪ，还是上海普通话ei，都受到更多的底层上海话势力的反干扰。

参考文献

陈忠敏，1995，《上海市区话语音一百多年来的演变》，《吴语和闽语的比较研究》（第一辑），上海教育出版社。

陈忠敏，2016，《解码上海方言》，《文汇报》文汇学人专题，10月14日星期五版。

陈忠敏、马良、温睿，2014，《论上海市区话 E/Eɪ 的变异——探索语言接触激发音变的机制和特点》，第八届国际吴方言学术研讨会论文，上海。

平悦铃，2014，《上海方言的E韵字》，《语言研究集刊》（第十二辑），上海辞书出版社。

石汝杰、蒋剑平，1987，《上海市区中年人语音共时差异的五百人调查》，《语言研究集刊》（第一辑），复旦大学出版社。

许宝华、汤珍珠主编，1988，《上海市区方言志》，上海教育出版社。

许宝华、陶寰编纂，1997，《上海方言词典》，江苏教育出版社。

邹依仁，1980，《旧上海人口变迁的研究》，上海人民出版社。

Chen，Zhongmin，2011，The Classification of Shanghai-Area Dialects，*Bulletin of Chinese Linguistics* 5（1）：25—50.

Flege，JamesEmil，1987，The Production of “New” and “Similar” Phones in a Foreign Language：Evidence for the effect of equivalence classification，*Journal of Phonetics* 15（1）：47—65

Labov，William，1994，*Principles of Linguistic Change：Internal Factors*，Oxford：Blackwell.

Odlin，Terence，1989，*Language Transfer：Cross-Linguistic Influence in Language Learning*，Cambridge：Cambridge University Press.

Pavlenko，Aneta and Scott Jarvis，2002，Bidirectional transfer. *Applied Linguistics* 23（2）：190-214.

Weinreich，Uriel，1953/1968，*Languages in Contact*，The Hague：Mouton Publishers。

Weinreich，Uriel，William Labov and Marvin I. Herzog，1968，Empirical foundations for a theory of language change. In Winfred Philip Lehmann and Yakov Malkiel（eds.），*Directions for Historical Linguistics：A Symposium*，95—188. Austin：University of Texas Press.

Yao，Yao and Charles B. Chang，2016，On the Cognitive Basis of Contact-induced Sound Change：Vowel Merger Reversal in Shanghainese，*Language*92（2）：433—467.

（原文刊于《中国语文》2023 年第 1 期）

轻声与非轻声之间轻重的连续统关系*

黄靖雯 李爱军

提要： 轻声是汉语连读变调的声调中和化问题。本文以“语调格局”的理论框架为指导，从句法分类角度详细考察宽焦点陈述句中双音节轻声字组的超音段特征，并提出“重音力度”来分析轻声与正常重音之间的轻重关系。对8位普通话发音人的9类不同类型轻声字组分析结果发现，与非轻声相比，结构助词、词缀、时态助词、功能性轻声词4类轻声的超音段特征处于较轻层级；非轻声音节多处于较重层级；叠音词、趋向动词和方位词的轻声音节居中；习惯性轻声和可轻声表现出较大游移性。从结构助词轻声到非轻声字之间语言成分负载的意义或功能表现出由虚到实递增特征，体现在语音层面则表现为语音充盈度增加，轻声与非轻声的超音段特征在轻重关系形成一条链式连续统。

关键词： 轻声；宽焦点句；连续统；重音力度

一、引言

“轻音”最先由赵元任（1922）提出，后使用“轻声”（赵元任，1934），并一直延续。绝大多数语言学家认为轻声是一种特殊的变调（罗常培、王均，1981；王福堂，1999；石锋等，1999；李小凡，2006），在一定的条件下，四声失去原来的声调，变读为轻声。

20世纪80年代开始划分“轻声”和“轻音”。徐世荣（1980）指出，“轻声”是一种变化了的声调，“轻音”指肌肉松弛、不用力、气流很弱、音波振幅较小的音，也是一种弱音。沈炯（1986）认为，轻声不是声调，音高特征属于前一声调的附属成分，没有曲拱特征；轻音是语素音节的声调特征暂时丢失，声调可以恢复，与同义正常声调形式经常共存，保留声调属性，能起变调条件的作用。轻音是基于轻重音层面上的非重读音节，轻声是基于声调层面失去声调的中和调音节（路继伦、王嘉龄，2005；林焘、王理嘉，2013）。因此如果着眼于语音范畴的话，轻声和轻音代表不同语音特征，轻声为词汇层面比较固定的轻音音节，轻音为语句中根据表达需要或者发音习惯临时形成的轻音音节。可见，学界对于“轻声”和“轻音”的划分已经上升到声调与语调两个层面。本文将听感上较轻的音节都看作轻声，即广义的轻声，既包括词汇层面比较固定的轻声，又包括可读轻声也可不读轻声这类临时性轻音音节。

赵元任还提出“活轻音”的概念，指出“有些词儿的轻音是一定的，有些是活动的”（劲松，2002）。对于轻声的分类有很多（林焘，1962；鲁允中，1995；王志洁，1999；魏钢强，

* 基金：中宣部文化名家暨“四个一批”人才自主选题项目“语调类型学研究”。中国博士后科学基金第71批面上资助（2022M713456）。感谢《世界汉语教学》匿名审稿专家的审阅及宝贵意见。非常感谢石锋教授在研究中的指导意见，感谢李智强教授和殷治纲副研究员的宝贵意见，感谢张劲松教授、彭文杰及许峰分别在语音标注和数据处理中给予的帮助。文责由作者自负。

2000；汪化云，2003），劲松（2002）从轻声功能角度出发，认为现代汉语的轻声可以分为“功能性轻声”和“非功能性轻声”，即有辨义功能和无辨义功能的轻声，分别相当于鲁允中（1995）的不规则轻声和规则轻声。本文将依据鲁允中（1995）和劲松（2002）对轻声类别的划分，选取不同类型轻声进行考察。

轻声研究最初建立在听感上（赵元任，1932；林焘、王理嘉，2013），后有不少学者采用量化分析的方法对普通话轻声音高特征进行研究（林茂灿、颜景助，1980；曹剑芬，1986；彭宗平，1993；王韫佳，1996），发现阴平、阳平、去声后轻声为降调，阳平后音高最高，去声后最低；上声后为中平或中升调。

Chen（2017）印证了轻声的 F0 模式是基于词汇中轻声前一音节的声调，不同声调后的轻声有不同调形变体。李爱军（2017）指出轻声的声学特征与信息结构、轻声前字调和轻声底层调等相关。邓丹（2018）发现韵律短语中位置对轻声音高的影响主要表现在音高曲线在整个调域中的高低上；各声调后轻声的音高变化幅度和在韵律短语中的位置没有明显联系。Li 和 Li（2022）研究发现，轻声音高目标与韵律结构有关，且对语调模式、韵律词长度等韵律模式非常敏感。轻声的音高模式——包括其音高等级、高低度和走势——是轻声的语音性质之一。学者提出的轻声音高模式虽然略有差别，但公认轻声音节丢失本调，前字重读音节的音高类型是其主要决定因素。

对普通话轻声音长的研究发现，双音节词中轻声音节的平均音长比正常重音短三分之一到一半（林茂灿、颜景助，1980、1990；林焘，1983；曹剑芬，1986；Chen & Xu，2006；Chen，2017）。

学界多认为音强不是轻声的本质特征，轻声音强不一定比非轻声音节弱（林焘，1983；林茂灿、颜景助，1990；梁磊、石锋，2010）。轻音音节之所以轻，主要并不是因为音强减弱，而是因为发音时间短，因而响度低，听起来轻（林焘，1989）。曹剑芬（1986）、劲松（2002）等发现轻声音强与前一音节的声调有关。

感知上，初敏等（1993）发现音节调型和音高起点在轻声感知中均起作用。王韫佳（2004）确认了音高在轻声感知中的作用比时长大，且起点音高和调型曲拱对于轻声的听辨均有显著作用。Li 等（2014、2015）发现除底层调为去声的轻声外，音高对轻声感知的作用大于时长，同时也与轻声词在信息结构的位置以及轻声音节的底层调相关。邓丹（2019）发现音高和音长都会对轻声感知产生影响，其中调型的影响是最主要的，其次是音长。

综上，普通话轻声特征是时长显著缩短，但不一定削弱音强；当音节变短，一定程度的量会导致轻声音节音质的变化，可以说轻声的声学本质实际上是由发音时长大大缩短而导致的音节弱化。

普通话轻声音节不能单独出现，大多数轻声只出现在特定词汇中。携带轻声音节的词被称作轻声词。从音节数量上看，普通话中双音节轻声词占绝大多数，占轻声词的 70% 左右，部分三音节、绝大部分四音节及以上的轻声词或俗语在结构上由双音节词与其他词或语素组合而成，如“玻璃丝、不识抬举”等，其中“玻璃、抬举”单用时均为双音节轻声词。因此，双音节轻声词是全部轻声词的基础。

轻声类别众多，轻声词按类别划分，包括结构助词、时态助词、词缀、语气助词、方位词、趋向动词、动词名词重叠式，这些不同类别的轻声词轻读程度各不相同。另外，轻声中还包括习惯性轻声一类，例如“玻璃、棉花”等，范围不很确定，轻读程度也各不相同。这些轻声音节一般是常用的，由于轻化程度不同，轻声范围也并不固定。黄靖雯、石锋（2019）对陈述句不同位置上不同类型轻声词进行实验研究，初步认为从正常重音到完全轻声应是一个连续统，轻声的级别不同，在音高、时长、音强上的轻化表现也不同。

秉承之前的研究结果，我们认为在正常重音的声调和完全轻声之间的可轻声可不轻声，有着相当大的活动空间，这个可轻声除了轻声程度的差异外，还可能包括有时轻声，有时不轻声；有人轻声，有人不轻声。由于轻声类型众多，不同类型轻声在听感上表现不同，加之存在可轻声一类，使得轻声的声学表现更加多样，因此有必要对不同类型轻声的超音段特征进行考察。本文拟从句法分类角度详细考察双音节轻声字组在宽焦点句中的超音段特征，从而进一步探讨不同类型轻声之间及其与正常重音之间的轻重关系。

二、实验说明

2.1 实验被试

参加本次声学实验的发音人共 8 人（4 男 4 女），平均年龄 28 岁，现居北京，母语为北方方言，普通话水平均在二级甲等及以上，具有大学及以上学历，发音器官正常，无生理疾病。被试承诺并乐于完成录音任务。

2.2 实验材料

实验轻声词均为两字组，选词源于《现代汉语词典（第 7 版）》，参照鲁允中（1995）及劲松（2002）轻声词表，选轻声词 9 类，包括结构助词 [“·的[①]”（*De*）]、时态助词 [“·着”（*Zhe*）]、词缀 [“·子”（*Zi*）]、方位词 [“·上”（*Shang*）]、趋向动词 [“·来”（*Lai*）]、叠音名词（*RN*）、习惯性轻声词（*H*）、可轻声可不轻声词[②]（*P*）、功能性轻声词（*Dis*）[③]和相应的非轻声词（*Lexical*）。考虑到可轻声词（如朋·友）和功能性轻声词（如东·西）末音节本有声调，因而与非轻声词同样匹配首音节四声与末音节本调四声，各 16 个调组，其他 7 种类型均为首音节四声与轻声的 4 种组合。

参照 BCC 语料库（荀恩东等，2016）和北京大学中国语言学研究中心 CCL 现代汉语语料库，设计目标词位于宽焦点陈述句句中的实验句。前 7 种轻声词依据首音节四声各选择一个代表词，每类各有 4 个实验句；可轻声和功能性轻声词及非轻声词则依据首音节四声和末音节底层四声各选一个代表词，每类各有 16 个实验句。实验句共有 76 个（语料示例见附录 1）。

2.3 实验程序

录音在北京语言大学专业录音实验室内进行，采用 Praat（Boersma，2011）语音软件和电容式话筒录音。为提高录音精度，录音时话筒通过外接声卡与电脑连接。录音采样率为 11025Hz，单声道，采样精度为 16bit，文件保存为“.wav”。

① 为在文本上方便区分轻声字组和非轻声词，文中所有轻声字组中轻声音节前均加“·”。在实际录音过程中，只有功能性轻声音节前加“·”，以与对应的非轻声词进行区分，且录音之前发音人先熟悉语料，能明确区分功能性轻声词与对应非轻声词语义上的差异，不会混淆。

② 下文用“可轻声词”指代。

③ 功能性轻声即可以区别词义的轻声。

录音时将实验材料顺序随机打乱。正式录音前要求发音人按照字表进行练习，熟悉实验过程，保证发音自然度与流畅度。录音过程中，主试使用“你刚刚说什么？”问句引导发音人产出实验句，每句读2遍，每条间隔2—3秒。共8（发音人）×2（遍）×76（句）=1216句。

2.4 数据处理

声学参数提取之前，首先对实验句进行自动切分，切分工具为SAIT-Lab开发的“SAIT语音强对齐工具”。自动切分标注内容分两层，一层标注实验句各音节内容及边界；另一层标注各音节内声韵的内容及边界。自动切分结果由专业标音人员进行手工校对。

使用脚本提取声学参数，得到各音节音高（Hz）、音长（ms）和音强（幅度积）的原始数据，将原始数据转换为相应调域比值、时长比值和音强比值。计算调域比值时，将赫兹值转换为半音值①，以半音为标度得出字调域跨度，并计算目标词首音节与末音节的调域比值。

将各类轻声及非轻声的相关超音段参数建立表格，根据Multidimensional Scaling（MDS，Kruskal & Wish，1978；Mair et al.，2015），得出距离矩阵（Distance Matrix），在R（R Core Team，2015）上完成统计。

三、声学特征

本文旨在考察宽焦点句中位置两字组中不同类型轻声的超音段特征，实验结果只聚焦目标两字组的超音段特征。另由于受到句法结构及韵律结构（语句重音位置）的影响，各类目标词的实际承载信息不同；但基于各类目标词的语法属性，难以保证各组承载句结构一致，因而暂不考虑句法和韵律结构的影响。

3.1 音高

音高分析显示，轻声在阴平、阳平、去声后多为降调，上声后多为升调或平调，轻声调干音高基本为阳平后最高，阴平后次之，去声后最低。

图1显示，*De*（图a）在上声后为升调，受后接上声协同发音影响，调尾抬升；其他三声后轻声为降调。音高明显低于首音节，调域压缩。*Zhe*（图b）在上声后为平调，调尾受其后去声影响上升；其他三声后为降调，去声后轻声高于上声后。调域明显压缩，收敛于首音节调域中部。*Zi*（图c）在上声后先平后升，受其后阴平影响，音高由调干中部上升；其他三声后为降调。调域也收敛对应于首音节调域中部。

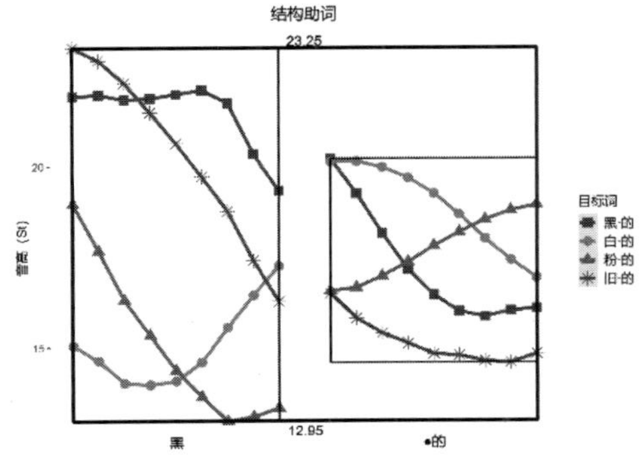

图a 结构助词（De）爆发期

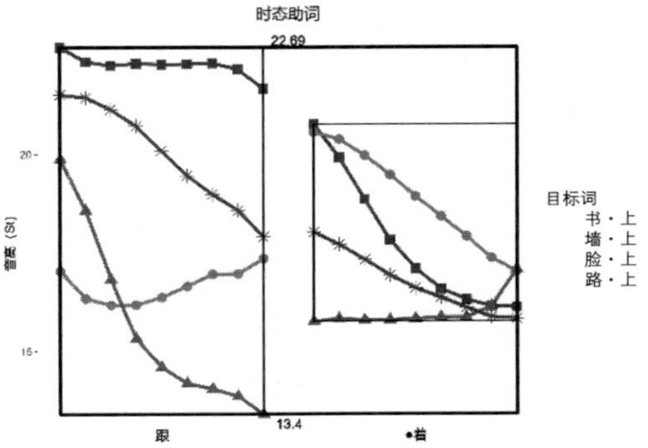

图b 时态助词（Zhe）

---

① 半音值参考频率：男性55Hz，女性64Hz。

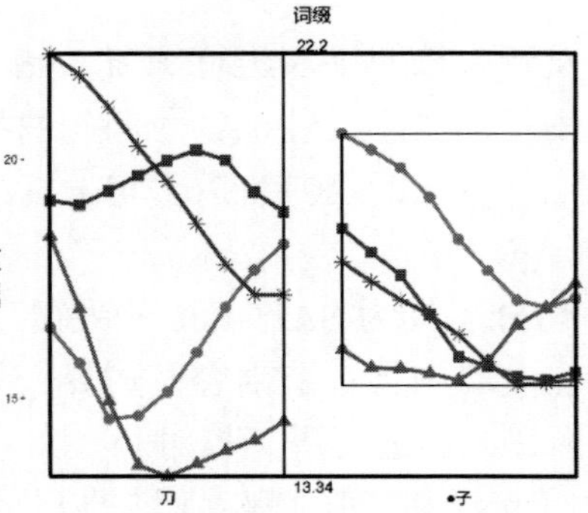

图 c 词缀（Zi）

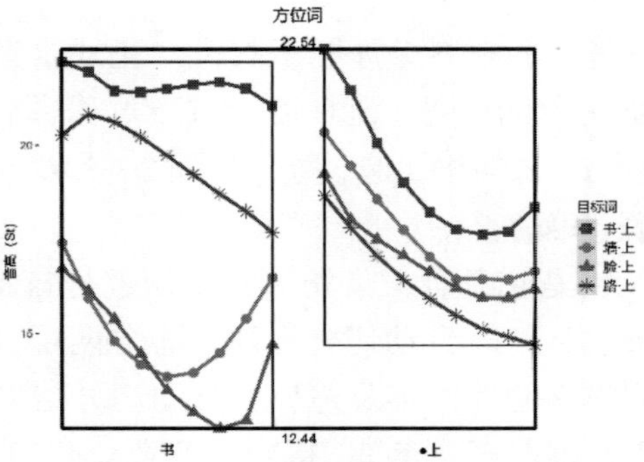

图 d 方位词（Shang）

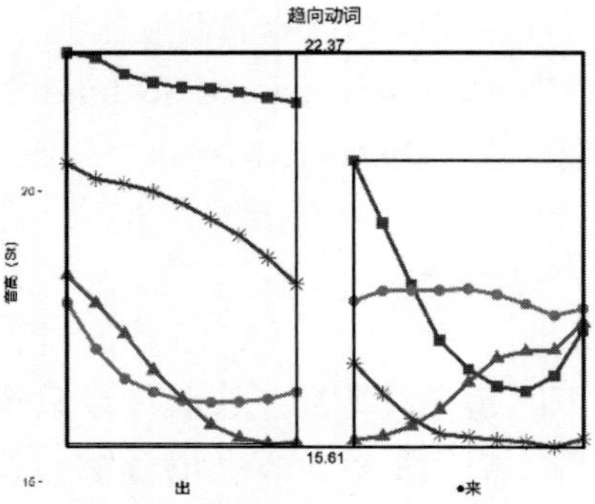

图 e 趋向动词（Lai）

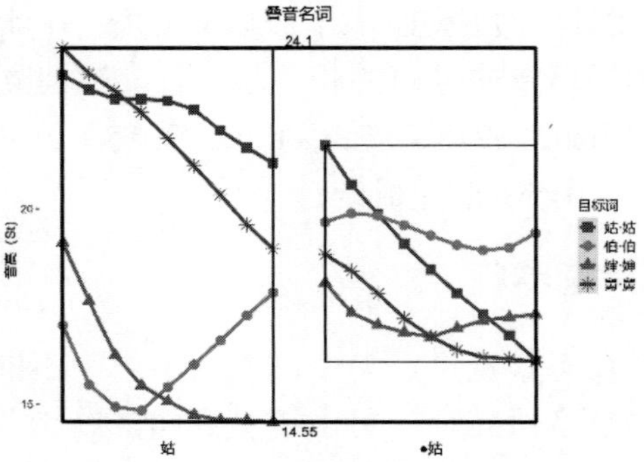

图 f 叠音名词（RN）

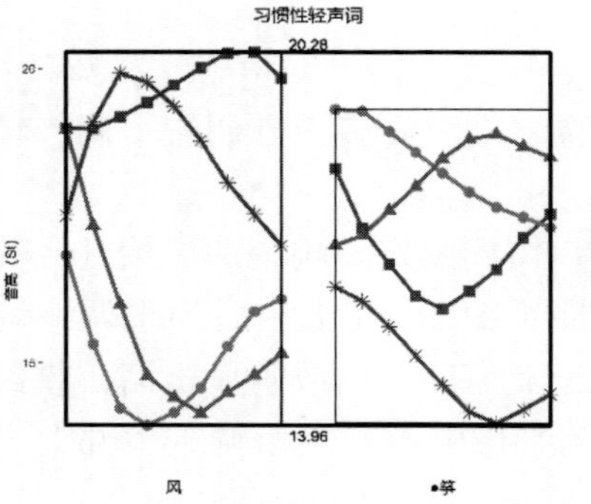

图 g 习惯性轻声词（H）

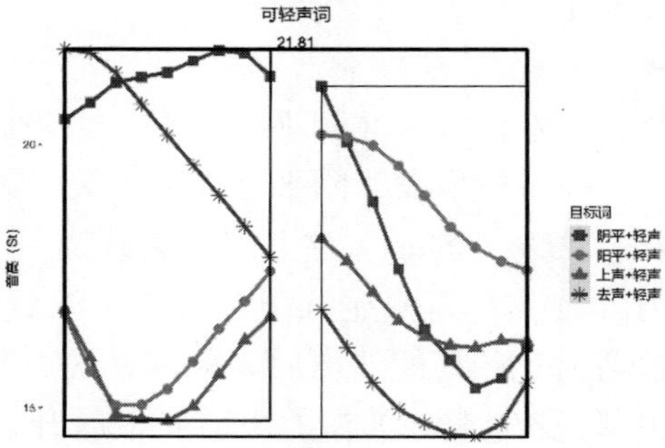

图 h 可轻声词（P）

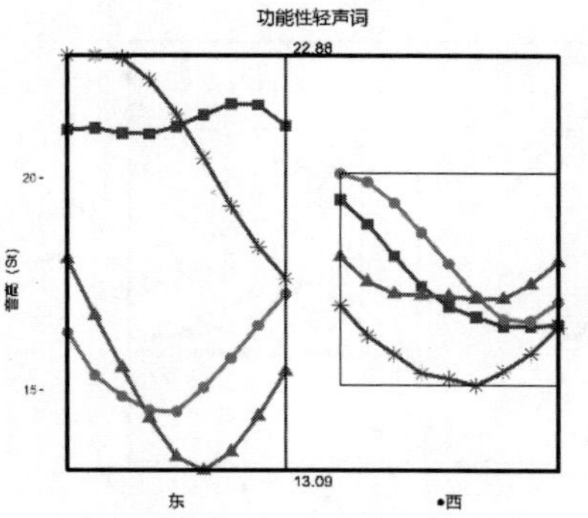

图 i 功能性轻声词（Dis）

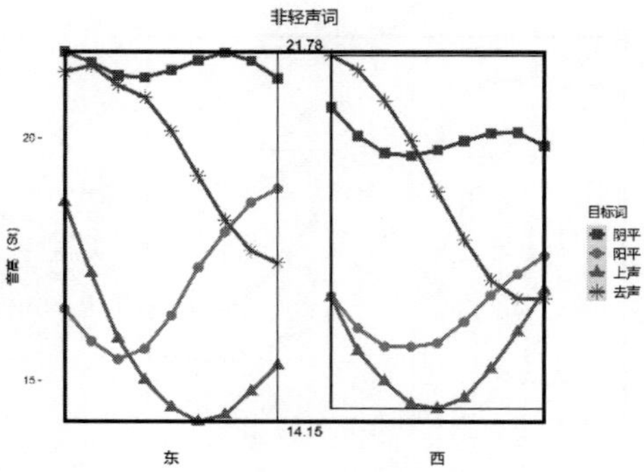

图 j 非轻声词（Lexical）

图 1　目标词音高调域

方位词（“·上”）、趋向动词（“·来”）在本实验宽焦点句中均读为轻声。*Shang*（图d）不同于其他类型轻声，四声后均为降调，音高排序为阴平后、阳平后、上声后、去声后；且调域上限高于首音节。*Lai*（图e）在上声后为升调，受其后上声影响，调尾上升；阳平和去声后基本为平调；阴平后为降调。调域上限较首音节压缩明显，调域下限略低于首音节。

RN 组（图f）轻声在阳平和上声后为平调，阳平后高于上声后；阴平后和去声后均为降调。调域明显压缩，调域上下限收敛于首音节中部略下位置。*H*（图g）在阳平和去声后为降调，阳平后音高最高，去声后最低；上声后为升调，并受其后上声逆同化作用，调尾音高提高；阴平后调头为降，受其后阴平影响由调干升至调尾。调域上限较首音节压缩，调域下限接近首音节下限。

P（图h）比较特殊，读为轻声或非轻声均不影响词义，实验中选取读为轻声的录音进行分析①（轻声比例见附录2）。四声后均为降调，音高排序为阳平后、阴平后、上声后、去声后；调域上限较首音节压缩，调域下限较首音节下限向下延展。

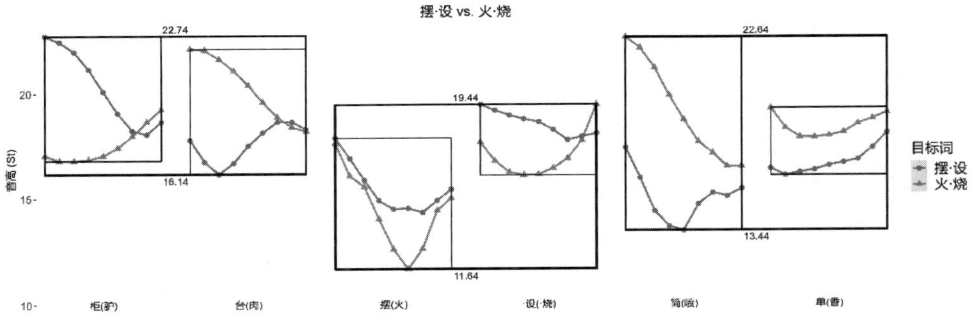

图2　功能性轻声词（*Dis*）“摆·设”vs.“火·烧”音高调域

Dis（图i）轻声特征明显，上声后为平调，其他三声后为降调，阳平后音高最高，去声后最低；调域明显压缩，收敛于首音节调域中部。图2为 *Dis* 组两上声后轻声情况，“火·烧”后接高降去声，“摆·设”后接低调上声。“摆·设”中轻声高于前后两上声音高，且只有调尾音高低于“火·烧”，可见后接声调对轻声音高的影响。*Lexical*（图j）四个声调，末音节调域与首音节相近，但调域略窄域首音节。

① 邀请两位非语音学专业同学对声学实验中可轻声词轻声与否进行判断，判断一致时保留结果；判断不一致时，另请一位同学帮助判断。

表 1　目标两音节调域[①]、调阶[②]和方差分析结果

目标词	调域跨度（St）		调阶（St）		末音节 vs. 首音节		末音节轻声 vs. 末音节 Lexical	
	首音节	末音节	首音节	末音节	调域跨度差异 F	调阶差异 F	调域跨度差异 F	调阶差异 F
De	11.46	6.79	17.98	17.13	17.666**	0.196	1.175	0.126
Zhe	10.26	6.23	17.72	17.96	13.322**	0.016	3.715	0.003
Zi	10.23	7.46	17.14	17.24	7.960*	0.003	0.074	0.092
Shang	11.80	8.02	16.59	18.56	4.714*	0.830	0.135	0.100
Lai	7.75	6.24	18.97	17.54	3.327	0.365	3.725	0.021
RN	11.45	6.43	18.69	18.46	36.438***	0.013	3.119	0.081
H	7.52	6.15	17.03	16.75	0.886	0.021	1.323	0.326
P	8.22	7.42	18.16	17.60	0.422	0.094	0.069	0.017
Dis	10.73	5.65	17.76	17.47	21.177***	0.022	5.817*	0.035
Lexical	8.31	7.72	18.00	17.86	0.852	0.005		

（*** 表示 $p<0.001$，** 表示 $p<0.01$，* 表示 $p<0.05$）

表 1 呈现了目标两音节调域跨度、调阶、两音节之间及末音节轻声与非轻声之间在调域跨度和调阶上的单因素方差分析结果。调域跨度上，*De*、*Zhe*、*Zi*、*Shang*、*RN* 和 *Dis* 与各自首音节差异显著；末音节之间，只有 *Dis* 与 *Lexical* 调域跨度差异显著，F 值大于其他类

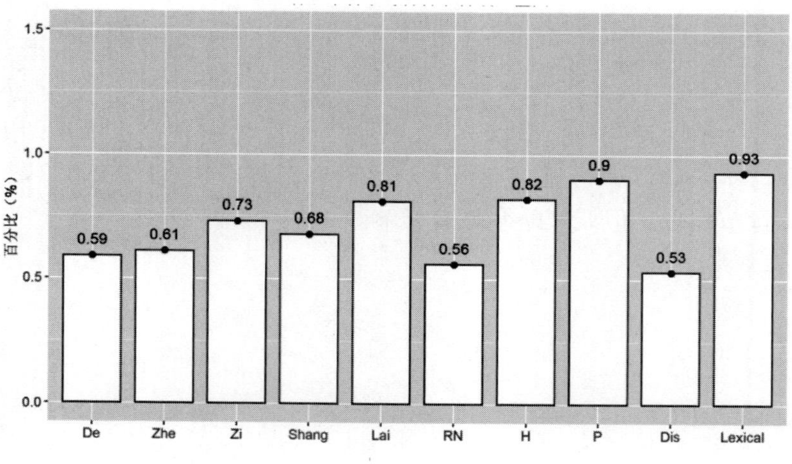

图 3　各类型目标末音节与首音节调域比值

① 调域跨度为调域上线与调域下线的差值。

② 调阶为音节调域中线。

型轻声与 *Lexical* 调域跨度比较的 F 值。调阶上均无显著差异。

原则上，比较相同语境下轻声与正常重音之间的关系，应当为每类轻声两字组设计相应正常重音的两字组，从而比较每类轻声调域与相应正常重音调域的差异。但受实际条件的限制，本文只为 *Dis* 组配以相应的四声音节，所以比较轻声与正常重音调域关系时，我们采用比较两字组内末音节与首音节调域比值的方法，亦可看出各类轻声与正常重音之间的音高调域差异，结果见图 3。根据各类轻声及首音节与末音节调域比值可知，*Lexical* 调域接近但略小于首音节；轻声调域则明显小于各自首音节，其中 *Dis* 与首音节调域差异最大（$p<0.001$），*RN*、*De*、*Zhe* 与首音节调域差异次之，*Shang* 两音节差异其次（$p<0.05$），*Zi*（$p<0.05$）、*Lai*、*H* 差异再次，*P* 组两音节差异较小，与 *Lexical* 两音节差异相近。根据表 1 前后两音节调域和调阶的方差分析，*Shang* 调域跨度最大，甚至超过 *Lexical*，但与 *Shang* 组首音节仍差异显著，这是其表现为轻声的重要特征，而音节较大的调域跨度是受其底层调去声的影响。

轻声和非轻声之间的调域和调域比（规整）不存在明显边界，呈现连续变化模式。

3.2 时长

比较首音节与末音节时长，将各组两音节时长分别进行平均处理，然后计算时长比。目标轻声时长多小于首音节。

表 2 为目标两音节平均时长及相应音节的方差分析结果。*De*、*Zhe*、*Zi*、*H*、*Dis* 均与各自首音节时长差异显著。比较末音节，只有 *Shang*、*P* 与 *Lexical* 无显著差异，其他各类轻声时长与 *Lexical* 均差异显著，这可能是由于“·上”的固有时长，可轻声词轻化程度小，导致其与 *Lexical* 时长差异小；但在时长绝对值上，*P* 时长明显小于 *Shang* 时长。

表 2　目标两音节平均时长和方差分析结果

目标词	时长（ms）		时长差异	
	首音节	末音节	末音节 vs. 首音节	末音节轻声 vs. 末音节 *Lexical*
De	260	138	90.925***	56.692***
Zhe	216	156	12.196**	26.105***
Zi	262	163	43.454***	24.713***
Shang	221	240	1.098	0.195
Lai	171	173	0.05	35.192***
RN	210	187	4.209	19.261**
H	226	179	9.909**	17.067**
P	217	205	0.707	7.556
Dis	249	195	22.392***	14.248**
Lexical	249	248	0.003	

（*** 表示 p<0.001，** 表示 p<0.01，* 表示 p<0.05）

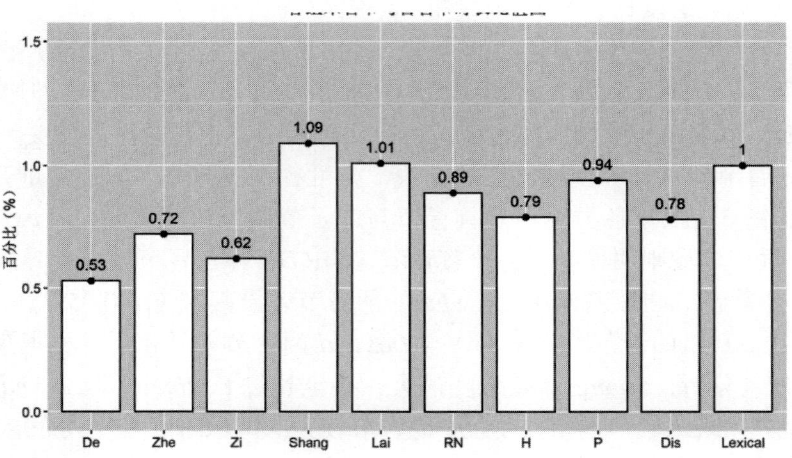

图 4 各类型目标末音节与首音节时长比值

根据图 4 和表 2 的结果，*Lexical* 组首末音节时长几乎相等。轻声组中，*Shang* 和 *Lai* 时长均大于首音节时长；*P* 和 *RN* 时长略长短于首音节，*P* 组两音节时长相近；*H*、*Dis* 与各自首音节时长差距增大；*Zhe* 组两音节时长差距更大，*Zi*、*De* 与各自首音节时长差距最大。各组末音节时长大小排序为：*Lexical* > *Shang* > *P* > *Dis* > *RN* > *H* > *Lai* > *Zi* > *Zhe* > *De*。

将各类型轻声时长两两比较，*Shang*、*Dis* 多大于其他轻声（$ps < 0.05$）；*De*、*Zhe*、*Zi* 较小（$ps < 0.05$）。比较末音节时长，*RN* 在阴平后略长于 *De*（$ps < 0.01$），在阳平和去声后小于 *Dis*、*H*、*P* 等（$ps < 0.01$），去声后长于 *De*、*Zhe*、*Lai*、*P*（$ps < 0.05$）；*H* 在阳平后较小（$ps < 0.01$），在阴平、上声和去声后处于居中状态，具有一定游移性。

虽然 *Shang* 与 *Lexical* 时长相近，明显大于 *De*、*Zhe*、*Zi*，这与音节结构的固有时长有关。但根据表 2，平均时长 *Zi* 为 168ms，*Lai* 为 173ms，*H* 为 179ms，三者相近。因 *H* 包含轻声音节众多，并非单纯某一种音节结构，其平均时长并未与 *Zi* 形成明显差异。可见，除音节结构固有时长的影响外，音节轻化程度对音节时长的影响很大，从而才能使我们将不同音节结构放在同一平面进行比较。

轻声和非轻声之间的时长和时长比（规整）不存在明显边界，呈现连续变化模式。

3.3 音强

与时长一致，将各组首末音节幅度积分别平均计算，然后计算音强比值。

表 3 目标两音节平均音强和方差分析结果

目标词	音强（幅度积）		音强差异	
	首音节	末音节	末音节 vs. 首音节	末音节轻声 vs. 末音节 *Lexical*
De	265	178	3.123	4.646*
Zhe	273	191	1.543	2.821

续表

目标词	音强（幅度积）		音强差异	
	首音节	末音节	末音节 vs. 首音节	末音节轻声 vs. 末音节 *Lexical*
Zi	217	87	15.682**	21.684***
Shang	207	232	0.185	0.851
Lai	187	261	0.993	0.105
RN	313	293	0.101	0.000
H	266	153	15.966**	8.378*
P	251	222	0.541	1.687
Dis	336	177	6.949*	4.873*
Lexical	348	284	1.029	

（*** 表示 $p<0.001$，** 表示 $p<0.01$，* 表示 $p<0.05$）

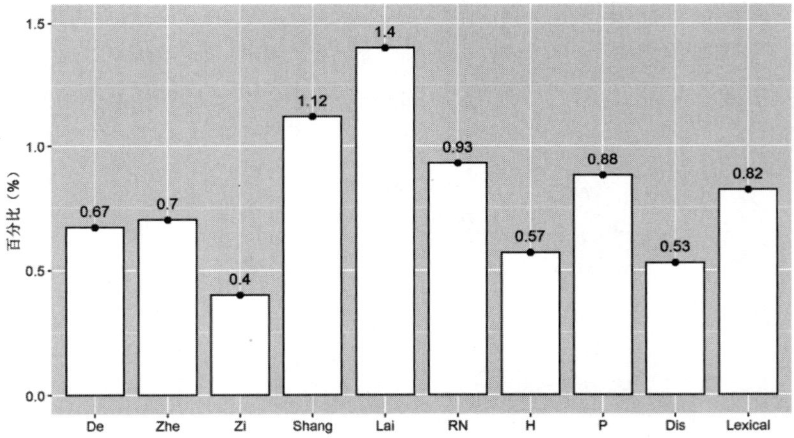

图 5　各类型目标末音节与首音节音强比值

Lexical 组首音节音强大于其他组首音节，且其首音节音强明显大于末音节。轻声音强为 *Lai* 和 *Shang* 明显大于首音节；*RN* 和 *P* 略小于首音节，且 *RN* 组两音节相近；*Zhe* 和 *De* 与首音节差距增大；*H* 和 *Dis* 与首两音节更大，首音节超过末音节音强的 1.5 倍；*Zi* 与首音节差距最大，首音节达到轻声的 2 倍。各组末音节音强大小排序为：*RN* > *Lexical* > *Lai* > *Shang* > *P* > *Zhe* >*De* > *Dis* > *H* > *Zi*。

表 3 显示了目标两音节平均音强及相应音强的方差分析结果。*Zi*、*H* 和 *Dis* 与首音节音强差异显著，*De*、*Zi*、*H* 和 *Dis* 与 *Lexical* 音强差异显著，其他类型轻声与首音节及 *Lexical* 均无显著差异。可见，相比于词首音节音强减弱的程度并不能成为判定音节是否为轻声的标准。

比较各类型轻声音节音强，阴平后 *Zi* 和 *H* 明显小于 *Lai*、*Shang*、*P* 和 *RN*（$ps < 0.01$）。

上声后 *Zi* 明显小于 *H*（$p < 0.01$）和 *RN*（$p < 0.001$），*Dis* 小于 *RN*（$p < 0.05$）。去声后 *Zi* 和 *H* 明显小于 *Lai*（$p < 0.01$，$p < 0.05$）。

总体上，音高方面，轻声在阴平、阳平、去声后多为降调，上声后多为升调或平调，轻声调干音高基本为阳平后最高，阴平后次之，去声后最低。结构助词、时态助词、功能性轻声词中轻声音高符合典型特征，其他类型轻声则在调型或音高上与轻声典型特征有所差异。

时长上，轻声时长基本短于词内首音节，方位词与趋向动词出现个例，首音节时长小于轻声。音强上，词缀最小，非轻声末音节音强小于叠音名词，而方位词和趋向动词组中轻声明显大于首音节音强。

四、多维尺度分析（MDS）与“重音力度”分析

本文旨在考察轻声与非轻声之间的轻重关系。以往研究表明，一个音的凸显程度不仅依赖于该音的“固有强度”（音色、声调、韵律位置等）差异，还包含发音用力强度（表现为音高、时长等的变化）差异，且后者对重音感知的重要性远大于前者（殷治纲，2011）。我们从目标音节调域跨度、调阶、时长、音强及各因素复合量等角度比较目标各类型轻声及非轻声之间的关系。

4.1 MDS 分析

基于目标两字组的超音段特征，采用多维尺度分析（MDS），对调域跨度、调阶、时长、音强四个变量进行可视化分析，利用数据降维，通过二维平面图中样本数据点之间的距离，将样本间的相似性直观呈现出来。样本之间的超音段声学参数越相近，各类目标音节在图上的距离也越相近。

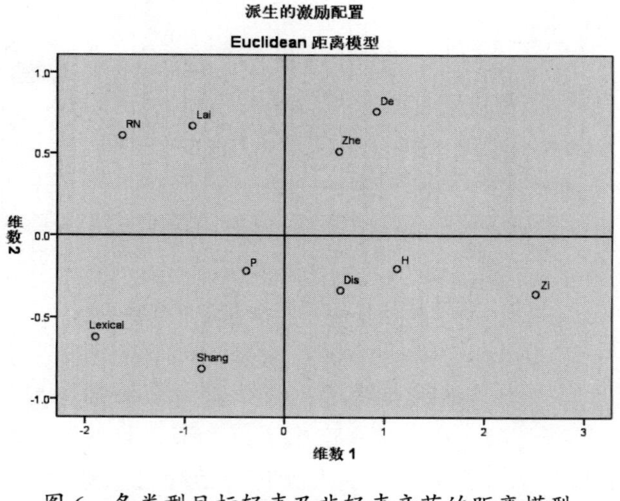

图 6　各类型目标轻声及非轻声音节的距离模型

将得到的二维距离矩阵经过 ALSCAL，得到各类目标轻声及非轻声音节的距离模型（见图 6），结果显示，各类轻声及非轻声的 *Stress*=0.00012，*RSQ*=1.00000。*Stress* 为拟合量度值，也叫应力，反映的是输入数据（矩阵）与输出结果（空间结构）之间的吻合程度，是衡量分析结果优劣的指标，值越小表明分析结果越好。一般认为，*Stress* $\leqslant 0.1$ 表示分析结果比较好；

若 *Stress* ≥ 0.15 则分析结果不可接受（Kruskal & Wish，1978）。*RSQ* 是拟合优度（相关系数）的平方，是分析结果空间对原始数据总变异的解释率。一般认为，当 *REQ* > 0.6 时表示分析结果与实际数据的拟合程度可以接受（赵守盈、吕云红，2010）。因此，本文的结果还是比较令人满意的。图 7 为目标音节超音段特征的线性拟合散点图，实测值与预测值在一条直线上分布，表明拟合度很高。

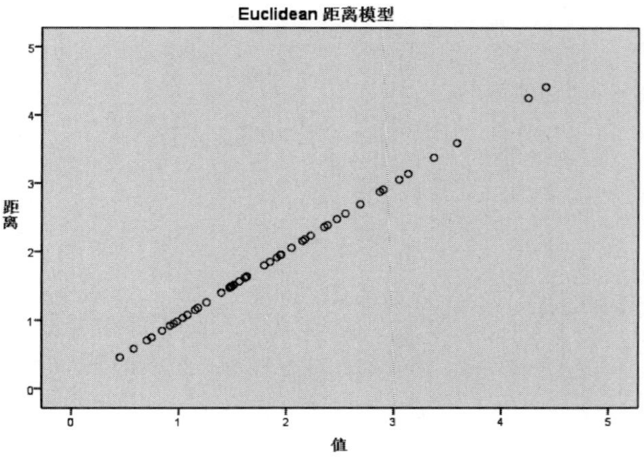

图 7　各类型目标轻声及非轻声音节超音段特征线性拟合散点图

九类轻声与非轻声音节分布于图 6 的二维位置结构图，其中 *Lexical*、*Shang*、*P* 为一类，*De*、*Zhe* 为一类，*Dis*、*H*、*Zi* 为一类，*RN* 和 *Lai* 为一类。根据目标音节的超音段特征，维数 1 可以解释为调域跨度和时长，左侧为调域跨度和时长大，右侧为调域跨度和时长小；维数 2 可解释为调阶和音强，上部为调阶和音强小，下部为调阶和音强大。可见，在各类轻声及非轻声进行比较时，调域跨度和时长在超音段参数比较中是第一位的，调阶和音强是第二位的。

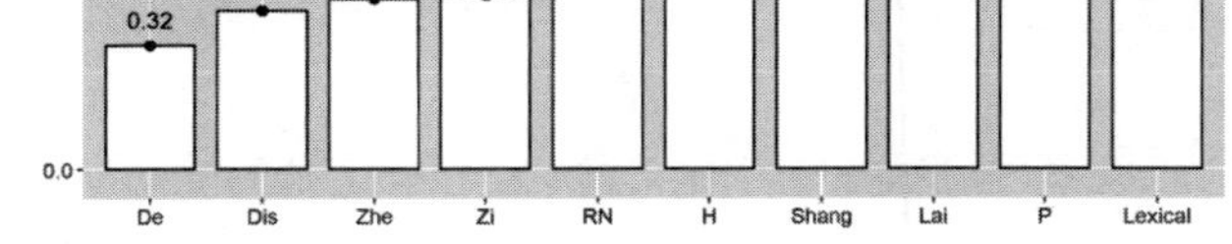

图 8　各类型目标两音节重音力度

4.2 “重音力度”分析

MDS 表明，音域和时长对轻重分类贡献最大。殷治纲（2011）发现音高均值和音节时长的乘积这个组合量是所有声学量中与重音级别相关性最高的一个；音强和能量与重音的相关性最弱。因而，在测量各类轻声及正常重音之间的轻重关系时，我们以音域和时长为主要相关量，辅以参考音强比值。采用两字组内末音节与首音节调域比值、时长比值作为规整值，考察轻声与正常重音之间的差异。将归一化后的目标两音节的音域比值、时长比值相乘，得出重音力度，分析各类型轻声及非轻声之间的轻重关系。

图 8 显示重音力度排序，*Lexical* 超过所有类型轻声，最重。*P* 和 *Lai* 接近 *Lexical*，*Shang* 和 *H* 居中，*RN*、*Zi*、*Zhe* 和 *Dis* 处于较轻层级，*De* 最轻。

由上，结构助词（“·的”）、时态助词（“·着”）、词缀（“·子”）和功能性轻声词在重音级别中处于轻级别，叠音名词、习惯性轻声词、方位词（“·上”）属于居中范围，趋向动词（“·来”）和可轻声词与正常重音相近，属于偏重范围。

4.3 轻声超音段特征的链式连续结构与语义虚实、音节结构关系

根据各类型轻声及非轻声超音段参数及重音力度，正常重音的非轻声音节最重；结构助词（“·的”）、时态助词（“·着”）、词缀（“·子”）、功能性轻声与非轻声音节在超音段特征上形成明显对比，重音力度较轻；叠音名词、习惯性轻声词、方位词（“·上”）、趋向动词（“·来”）及可轻声词的超音段声学参数位居其中，将较轻的“·的”“·着”“·子”与较重的正常重音连接起来，在超音段声学参数及重音力度层面形成不可分割的连续关系。

“连调存古”，连调往往更接近底层形式，变调有时候可能是原调（丁邦新，1982）。因而在宽焦点一般陈述句中考察各类型轻声，且句中位置使其摆脱边界调的影响，可能更容易看到轻声的本质及其与非轻声之间的关系。

4.3.1 轻声语义虚实

大多词缀、结构助词和时态助词的轻声音高、时长和音强都处于相对较低范围，这种低范围与三种轻声音节自身特征也有关系，结构助词（“·的”）、时态助词（“·着”）、词缀（“·子”）本无声调，音高特征完全由前面音节声调决定。从语法角度讲，由于三类轻声不具备实际的词汇意义，只能附着于实词之后而不能独立存在，在词中只起到辅助构词的作用，这种语法属性和使用环境导致三类轻声音节长期处于附属地位，且高频率地应用于日常口语交流中，因而与首音节结合更紧密，轻化程度更大，这也就导致了其声学参数相对较低。而三种类型轻声音节多用 e 或 i 等单韵母，读轻声时更易脱落。

功能性轻声与结构助词等一样在轻重关系中处于较轻层级，与非轻声差异较大，但多数情况下功能性轻声的音高与其他类型轻声之间差异较小。这是由于功能性轻声是一种用来区别语义的轻声类型，因而轻声已固化到词内不易发生变动。但由于功能性轻声音节原来都有本调，为失本调轻声，因而轻化程度不及轻声词缀那样深，且具有实际的词汇意义，比结构助词和时态助词等只有语法意义而无实际词汇意义的轻声所负载意义内容的实在程度更高。

赵元任（1979）、朱德熙（2011）指出名词重叠式是词根语素，基式多是黏着语素。这类重叠式中第二音节读轻声，首音节如果原来是上声，则变读为半上。沈炯（1986）介绍轻声与轻音时，曾分别以“姐姐”和“小姐”为例，认为前者末音节没有保留声调属性，为轻声，后者末音节保留声调属性，为轻音，所以后者末音节能起到变调的作用，使首音节变读为阳

平，而前者末音节不能起到变调作用，故首音节读为半上。可见，叠音名词中的轻声已经基本固化，但与功能性轻声不同，读为轻声与否或轻化程度多少并不影响词义，因而在轻重比较中属于略轻层级。

赵元任（1979）指出，单语素方位词“上”的重读形式的结合面远不及轻声形式的宽。实验中“·上”底层调为去声，读为轻声时，与非轻声音节音高差异明显，降幅比去声音高曲线平缓，表现出明显的中和化特征。但由于“·上”音节声母为擦音，韵母有鼻韵尾，音节时长比其他类型轻声更长。根据对应原理（石锋，2017），一个语言成分的语音充盈度跟它所负载意义内容的实在程度和所传递的信息量相互对应。方位词轻声形式在保留部分本意的情况下，也丢失了部分的原有意义，语音上读为轻声的声学参数与非轻声音节声学参数相近，又具备了轻声的中和化特征，从而成为一个处于轻重比较关系轴上中等范围的轻声类型。

习惯性轻声的声学参数具有较大游移性，有时处于低水平范围，有时又位于高水平范围，表现不稳定。这种游移性可能受到词汇本身特征及日常使用的影响。由于该类轻声都有底层调，原声调特征虽已丢失，但底层调为上声的轻声还能使前面的上声发生变调，如“捣·鼓”。各习惯性轻声词只是由于受日常使用习惯和使用频率的影响而相对弱化了词内末音节，将有本调的音节轻化为轻声音节，这也是省力原则的一种表现。在将末音节轻化后，由于日常高频率使用对轻化程度的巩固和加深，在进入习惯性轻声词时则固化为轻声。随着日常口语不断变化，不同习惯性轻声词的轻化程度可能出现变动，以“扁·担”为例，通常末音节读为轻声。但随着日常使用的变化，原本的轻声被一些人读为本调去声，这种变动并不影响词汇意义，并随着使用频率增加而在轻声与非轻声之间切换。有些使用者在用词中保持了轻声的习惯，而相对弱化了轻声的程度，无意中加重音强或者提高音高，但未达到非轻声超音段特征的程度。这种情况下，不同轻声词的轻化程度不同，有的保持绝对轻声，如“钥·匙”“包·袱”，有的则有时读为“弱轻声”，导致轻声超音段特征的不稳定性。

可轻声词是比较特殊的一类，可读为轻声或正常重音，两种情况并不影响词语意义及使用语境。即便在听感上有轻声特征附着在可轻声音节上，也可能包含非轻声超音段特征在其中，因而不能将其限定在某个固定范围之内。且可轻声音节原来的声调特征虽然已经弱化，但也能使前面音节发生变调，表明底层调依然在起作用。由于设计语料时考虑到可轻声组有16句负载目标词，影响目标轻声的后接音节声调更复杂，这也加剧了可轻声表现的不稳定性。

动词“来”和“去”附着在动词（如“过”）后变为趋向动词，只剩下表方向的意思，实际动作的语义由前面的“过”来表达。相比于功能性轻声词、词缀、结构助词和时态助词等轻声，趋向动词保留了较实际的语义，相应地，其语音形式轻化程度较小，与正常重音的重音力度比较接近。

黄靖雯（2021）在对孤立双音节轻声字组进行考察时使用了更丰富的语料，时态助词包含“·着”和“·了”、“·过”，词缀包括“·么””、“·们”、“·子”和“·头”，等等。实验结果表明，同类轻声几种代表音节的音高、时长等参数略有差异，如时态助词三个代表音节只在阴平后有调阶差异，而较其他类型轻声的音高差异非常微小。限于实验体量及文章篇幅，本文考察宽焦点句中的各类目标轻声时只使用一种代表音节，这也是本文的不足之处，其他代表轻声音节在句子中的表现需在以后的研究中继续探索。

总体来看，结构助词“·的”、时态助词“·着”、词缀“·子”均为实词的附着成分，没有实际意义且无本调，易由于轻读而央化或脱落韵母；功能性轻声音节在词中辅助构词，并与正常重音的非轻声词有语义区别，语音形式上明显的轻化实现了语义上的对立区分；叠音词中轻声音节（如“姐·姐、哥·哥”中的“·姐、·哥”）本有声调和意义，但已不是表达词义的必要音节，变成了首音节的附属成分，满足双音节构词；“上”和“来”本有实际意义和声调，当进入方位词和趋向动词末音节时，实际意义已经虚化，只保留本义中表方位和表方向的意思，变为配合实词表达意义的辅助成分，在语音形式上表现出相应轻化的特征；习惯性轻声音节与可轻声音节保留了音节部分本义，受到构词和整体词义影响，辅助实词共同表达词义，但在词义贡献度上属于从属地位，因而其轻化程度会受到语境和使用习惯的影响，在超音段声学参数上表现并不稳定。可见，各类型轻声音节在语义虚化程度上也具有连续关系，而且对应于语音特征形成的连续关系。

4.3.2 音节结构与语义虚实

在对比各类型轻声的音高、时长、音强及重音力度时，我们只有功能性轻声一组有相应非轻声音节的声学参量进行比照，其他各组都未设计相应的非轻声参照组，这导致不同类型轻声在对比时音节结构上看似不平等。有人会质疑，几类轻声的音节结构本身决定了时长长短，比如“·的”固有时长就比“·上”短，所以统计结果是固有时长造成的。其实，不同语法结构和功能对应不同结构的音节，恰恰体现了句法功能虚实和语音之间的关系。轻声除了在语音韵律上的表现，更重要的是在语法意义和语用功能上的作用，这势必不能脱离轻声词本身的需求来谈轻声音节。结构助词、时态助词、词缀等这些虚词情况下，就要求辅助构词的音节结构较短，意义较虚，表达实际意义的轻声音节不会出现其中，因而在构词时，会使用意义较虚的音节（如“·子、·的、·着、·了”等），这些音节的韵母要么容易央化，要么容易脱落，而那些复合元音韵母则基本不会出现，这恰恰是语法要求在语音韵律上的体现。

根据我们对《现代汉语词典（第七版）》中可轻声词的统计（附录 3），双音节可轻声词共 294 个，其中声母时长较长的共 223 个，声母时长较短的共 71 个；韵母中，单韵母 112 个，复合元音韵母 182 个。从可轻声音节的声韵母总体分布来看，声韵母大多分布于声母时长较长、复合元音韵母的情况，而较少分布于声母时长短和单韵母的情况，这不只是可轻声词构词本身的要求，也体现了在可轻声词这种要求两音节均提供实际意义的词汇中，其音节结构多长于虚词、助词等的音节结构，这是语法、语用和语音韵律要求的必然结果。

4.3.3 轻声的链式连续关系

本文从语音形式和语法、语义功能的角度来分析各类型轻声及非轻声之意义由虚到实，音节的重音力度及超音段声学参数也在逐渐增加。

Chao（1918）指出，序列中的比较不是一个是与否的问题，而是一个多或少的问题。沈家煊（2017）也认为汉语及对汉语的研究以范畴的包含为常态。二者均着眼于“有”，而非着眼于“是”。从轻声与正常重音的关系来讲，轻声是汉语中连读变调的声调中和化问题，是声调的变体；基于声调层面，考察轻声与正常重音之间的轻重关系，则将二者置于这个“包含体”的两端。而轻声又包含众多类型，由超音段声学参数入手分析各类型轻声的轻重关系，又将各类轻声进行排序，也将轻声超音段特征与非轻声超音段特征进行比较。

轻声的本质在于音高，时长和音强等伴随成分在一定程度上能够表现出轻声的特征，比较轻声与正常重音之间的轻重关系，将两音节音域比值、时长比值、音强比值及重音力度考虑进来。音高方面，可以看到不同声调与轻声之间的对比特征，以阴平和去声两类高调与轻声之间的对比最为明显。在时长和音强上，不同类型轻声及非轻声虽然表现出高低倾向，但互有参差，高低情况时有变换，且不同类型轻声之间超音段特征难以剥离，而方位词、习惯性轻声词、可轻声词等又与非轻声词的目标音节超音段特征之间少有差异。在重音力度上，非轻声处于比较序列中较重层级，结构助词、词缀、时态助词、功能性轻声词处于比较序列中的较轻层级。根据增量原理（石锋，2017），一个语言成分负载的意义或功能的增多表现为语音充盈度的增量叠加；而一个语言成分的语音充盈度的增量反映出所负载的意义或功能的增加。反则反是。

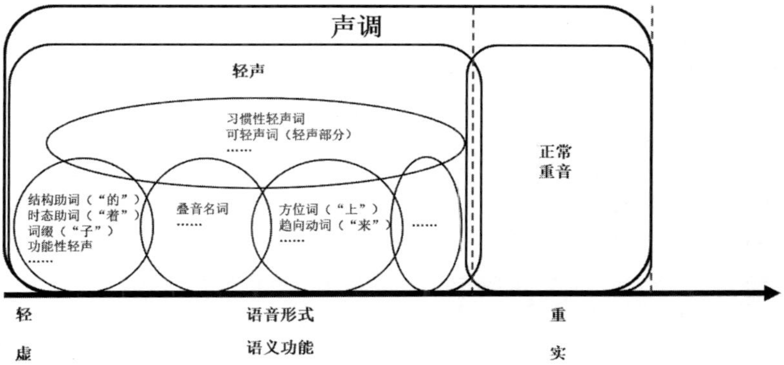

图 9　各类型轻声与非轻声音节语音及语义关系

从结构助词、词缀、时态助词、功能性轻声词，到叠音词、方位词、趋向动词，再到非轻声词。随着语言成分所负载意义和功能的丰富充实，我们在声学实验中看到各类轻声超音段参数的逐渐增长；同样，各类型轻声超音段参数的增量也体现出各语言成分意义的逐渐充实。因而从结构助词（“·的”）到非轻声词的超音段特征在轻重关系上形成了一种环环交叉的链式连续关系，在轻重对比关系轴上处于较轻层级的轻声超音段声学参数与处于较重层级的非轻声超音段声学参数之间存在差异，但又有其他类型轻声的超音段声学参数位居其中，将有差异的轻与重连接起来，形成一个不可切分的连续统。各类轻声音节在语音轻化程度上形成的连续统，也反映了轻声音节的意义虚化程度，与轻声音节在意义虚化程度上表现的连续统形成对应关系。

五、结论

本文通过语音实验，使用负载九种类型轻声及非轻声两字组的宽焦点句，从句法分类角度考察 8 位发音人对各类型轻声超音段特征的各项指标数据。将不同类型的轻声及非轻声音节的超音段特征进行对比，分析各类轻声音节的音高、音域、时长和音强的表现，并提出“重音力度”来分析轻声及非轻声音节的轻重关系，总结出各类型轻声及非轻声之间超音段特征轻重关系的理论重点。

通过对各类轻声及非轻声的对比分析，各类型轻声与非轻声的轻重序列之间显然不存在一条明显的分界线。各类轻声和非轻声的超音段特征在轻重序列上有一定的分布趋向，但高低水平时有变换且多数情况下没有显著差异，因而无法完全剥离。结构助词、词缀、时态助词、功能性轻声词在声学参数上分布于较轻层级，非轻声的超音段声学参数位于较重层级，叠音词、方位词和趋向动词轻声音节的声学参数位居其中，可轻声和习惯性轻声音节的超音段特征则在轻重之间游移。整体来看，各类型轻声和非轻声的超音段特征总体相融，不能明确分割，超音段声学参数从低水平范围到高水平范围形成一个层层递进叠加的链式连续统，与音节所承载语义虚实连续统形成对应关系。

轻声类型众多，各类型轻声的代表字又众。本文选取九种类型轻声，除叠音名词、习惯性轻声词、可轻声词及功能性轻声词外，其他类型轻声各选一个代表性轻声字与词根组成两字组。各代表性轻声的声学表现只能代表各类轻声的部分特征，而不能涵盖其类型的全部特征。以词缀为例，本文中词缀代表音节为“·子”，而该类型其他代表字（如“·头、·们、·么”）的超音段特征与“·子”又有很大差异，这将在作者对孤立两字组中轻声的研究中进行探讨。由此，轻声内各类型的声学表现有着相当大的空间，轻声与正常重音之间的轻重关系也有很大的空间亟待进一步研究。

附录 1　实验语料示例

（1）结构助词（“·的”）　　他喜欢用黑·的书柜放报。
（2）时态助词（“·着”）　　张珊跟·着高兵的脚步出门。
（3）词缀（“·子”）　　张珊把刀·子放在天台。
（4）方位词（“·上”）　　史实在书·上记载着。
（5）趋向动词（“·来”）　　张珊出·来参加比赛。
（6）叠音词（亲属称谓语）　　今天姑·姑没炸鱼。
（7）习惯性轻声词　　张珊把包·袱搁在衣柜。
（8）可轻声可不轻声词　　北方鸳·鸯过冬。工人工·钱累加。
（9）功能性轻声词 & 相应非轻声词
大陆东·西充足。——文化东西融合。　农家丫·头可爱。——东山鸭头美味。

附录 2　可轻声词在宽焦点句中的轻声词数比例（声学实验版）

轻声词数比例（声学实验版）

语境位置	鸳鸯	工钱	敷衍	搭讪	黄瓜	合同	调理	答复
宽焦点句中	100.00%	43.75%	6.25%	6.25%	50.00%	100.00%	43.75%	68.75%

语境位置	点拨	考量	讲法	嘱咐	后生	佩服	道理	分量
宽焦点句中	37.50%	12.50%	87.50%	87.50%	31.25%	87.50%	100.00%	100.00%

附录 3 《现代汉语词典（第七版）》双音节可轻声词声韵母分布情况

声母													
声母时长较长（223）								声母时长较短（71）					
送气塞音（28）		擦音（105）		送气塞擦音（32）		浊音（58）		不送气塞音（32）		不送气塞擦音（23）		零声母（17）	
p	4	c	2	q	32	l	38	b	6	j	23	17	
t	19	ch	5			m	3	d	14				
k	5	s	10			n	11	g	11				
		sh	25			r	6						
		z	3										
		zh	7										
		f	23										
		h	13										
		x	17										

韵母							
单韵母（112）		介音+韵腹（15）		韵腹+韵尾（100）		介音+韵腹+韵尾（67）	
a	13	ia	3	ai	11	ian	14
e	3	ua	7	an	11	iang	18
i	66	uo	4	ang	12	iao	8
o	4	ye	1	ao	9	iou	2
u	16			ei	1	uai	3
ü	10			en	12	uan	2
				eng	8	uang	2
				in	5	uei	12
				ing	8	uen	5
				ong	11	üan	1
				ou	12		

参考文献

曹剑芬，1986，《普通话轻声音节特性分析》，《应用声学》第 4 期。

初敏、吕士楠、周同春，1993，《汉语轻声音节合成规则研究》，载《第六届全国语音图像通讯信号处理学术会议论文集》。

邓丹，2018，《轻声的韵律与句法》，北京语言大学出版社。

邓丹，2019，《普通话轻声感知特性再分析》，《语言文字应用》第 1 期。

丁邦新，1982，《汉语方言区分的条件》，《清华学报》第 2 期。收入《丁邦新语言学论文集》，商务印书馆 1998 年版。

黄靖雯、石锋，2019，《汉语轻声音节韵律表现的多样性》，《语言文字应用》第 1 期。

黄靖雯，2021，《普通话不同类型轻声的超音段特征》，北京语言大学博士学位论文。

劲松，2002，《现代汉语轻声动态研究》，民族出版社。
李爱军，2017，《普通话不同信息结构中轻声的语音特性》，《当代语言学》第 3 期。
李小凡，2006，《汉语方言的轻声变调》，《中国汉语方言学报》第 1 期。
梁磊、石锋，2010，《普通话两字组的音量比分析》，《南开语言学刊》第 2 期。
林茂灿、颜景助，1980，《北京话轻声的声学性质》，《方言》第 3 期。
林茂灿、颜景助，1990，《普通话轻声与轻重音》，《语言教学与研究》第 3 期。
林焘，1962，《现代汉语轻音与句法结构的关系》，《中国语文》第 7 期。
林焘，1983，《探讨北京话轻声性质的初步试验》，《语言学论丛》第 10 辑，商务印书馆。
林焘，1989，《汉语韵律特征和语音教学》，世界华文教学研讨会，新加坡。
林焘，2001，《林焘语言学论文集》，商务印书馆。
林焘、王理嘉编，王韫佳、王理嘉增订，2013，《语音学教程》，北京大学出版社。
鲁允中，1995，《普通话的轻声和儿化》，商务印书馆。
路继伦、王嘉龄，2005，《关于轻声的界定》，《当代语言学》第 2 期。
罗常培、王均，1981，《普通语音学纲要》（修订本），商务印书馆。
彭宗平，1993，《双音节三音节语词中轻声声调调型的初步测试》，北京师范大学硕士学位论文。
沈家煊，2017，《从语言看中西方的范畴观》，《中国社会科学》第 7 期。
石锋、亓海峰，1999，《变调类型和上声变调》，载《现代中国语研究论文集》，中国书店出版社。
石锋，2017，《语调是实验语言学的奠基石——语调论坛总结报告》，《实验语言学》第 1 期。
沈炯，1999，《汉语音高载信系统模型》，载石锋、潘悟云编《中国语言学的新拓展——庆祝王士元教授六十五岁华诞》，香港城市大学出版社。
汪化云，2003，《自主的轻声和非自主的轻声》，《语文研究》第 1 期。
王福堂，1999，《汉语方言语音的演变和层次》，语文出版社。
王韫佳，1996，《轻声音高琐议》，《世界汉语教学》第 3 期。
王韫佳，2004，《音高和时长在普通话轻声知觉中的作用》，《声学学报》第 5 期。
王志洁，1999，《词汇变调、词法变调和音系变调》，载徐烈炯编《共性与个性——汉语语言学中的争议》，北京语言文化大学出版。
魏钢强，2005，《北京话的轻声和轻音及普通话汉语拼音的注音》，《中国语文》第 6 期。
徐世荣，1980，《普通话语音知识》，文字改革出版社。
荀恩东、饶高琦、肖晓悦、臧娇娇，2016，《大数据背景下 BCC 语料库的研制》，《语料库语言学》第 1 期。
殷治纲，2011，《汉语普通话朗读语篇节奏研究》，中国社会科学院研究生院博士学位论文。
赵守盈、吕红云，2010，《多维尺度分析技术的特点及几个基础问题》，《中国考试》第 4 期。
赵元任，1922，《国语罗马字的研究》，《国语月刊》第 7 期，载吴宗济、赵新那编《赵元任语言学论文集》，商务印书馆2002年版。

赵元任，1939，《新国语留声机片》，载周辨明、黄典诚编《国语罗马字新读本》，国立厦门大学。

赵元任，1979，《汉语口语语法》，吕叔湘译，商务印书馆。

赵元任，2002，《英语语调（附美语变体）与汉语对应语调初探》，载吴宗济、赵新那编《赵元任语言学论文集》，商务印书馆。

中国社会科学院语言研究所词典编辑室，2016，《现代汉语词典》（第7版），商务印书馆。

朱德熙，2011，《语法讲义》，商务印书馆。

Boersma，Paul，David Weenink，2011，*Praat: Doing Phonetics by Computer*. Retrieved from：http：//www.fon.hum.uva.nl/praat/ .

Chao，Yuenren，1918，*Continuity-A Study in Methodology*. PhD diss，University of Harvard.

Chen，Yiya & Yi Xu，2006，Production of Weak Elements in Speech：Evidence from F0 Patterns of Neutral Tone in Standard Chinese. *Phonetica* 63：47-75.

Chen，Yiya，2017，Neutral Tone. *Encyclopedia of Chinese Language and Linguistics（Volume 3）*. Leiden · Boston，pp. 168-176.

Kruskal，J.B. & Wish M.，1978，Multidimensional Scaling. *Sage University Paper Series on Quantitative Applications in the Social Sciences*，Volume 07-011. Sage Publications，Newbury Park.

Li，Aijun，Jun Gao，Yuan Jia & Yu Wang，2014，Pitch and Duration as Cues in Perception of Neutral Tone Under Different Contexts in Standard Chinese. *Proceedings of APSIPA*. Angkor，Cambodia.

Li，Aijun & Shanshan Fan，2015，Correlates of Chinese Neutral Tone Perception in Different Contexts. *Proceedings of the 18th International Congress of Phonetic Sciences*. Glasgow，UK.

Li，Aijun & Zhiqiang Li，2022，Prosodic Realization of Tonal Target and F0 Peak Alignment in Mandarin Neutral Tone. *Language and Linguistics* 1：47-81.

Mair，Patrick，Jan de Leeuw & Patrick J. F. Groenen，2015，*Multidimensional Scaling in R: SMOCAF*. URL：https：//cran. r-project. org/web/packages/smacof/vignettes/smacof. pdf.

R Core Team，2019，*R: A Language and Environment for Statistical Computing*. R Foundation for Statistical Computing，Vienna，Austria. Retrieved from: https: //www.R-project.org/.

（原文刊于《世界汉语教学》2023年第3期）

语言资源视角下的大规模语言模型治理

饶高琦　胡星雨　易子琳

提要：柴语生[①]等大规模生成式语言模型的应用，引发了全社会的关注和反思。本文提出应以工具观正视其技术属性。在对这类智能应用进行治理的过程中，应尊重技术发展规律，从其源头（数据资源）和其使用两端深入进行治理。语言资源观是审视大模型治理的重要视角。在实践上应着力打破中文数据孤岛，提倡世界知识中文表达，助推中文大模型研发。在使用上，强调大模型的基础资源地位，从标准化、评测和伦理规制角度对其进行治理。

关键词：柴语生；语言资源；大规模语言模型；语言治理

2022年末，以柴语生为代表的一批基于大规模语言模型的智能应用进入了公众视野，并引起了全社会的关注和众多行业的焦虑。然而如同人类历史上所有重要技术突破，大规模语言模型带来的冲击必须被正视，也应以工具视角审视，推进技术本身的发展，以获取其红利，并减小实践风险。作为依赖语言数据资源，并以语言服务为主的技术，大规模语言模型的研发依赖语言资源治理的支持，其自身也具有语言资源属性，适用于语言资源治理的诸多侧面。

一、柴语生应用落地与治理需求

（一）柴语生与大规模语言模型

柴语生是2022年11月投放市场的新型聊天机器人，支持多任务连续对话和问答。其特点为：可进行多轮对话、语言自然流畅、会承认错误、能质疑不正确的前提等。[②]柴语生由大规模语言模型GPT-3.5支持，并在2023年3月升级到GPT-4。其服务也相应升级。GPT全称为生成式预训练转换器模型（Generative Pre-trained Transformer），它是一种大规模语言模型（Large Language Model，LLM，后文简称“大模型”）。典型的大模型还包括BERT[③]、

① 即ChatGPT，国内一些学者为其定过音意结合的中文译名为柴语生。

② https：//openai.com/blog/ChatGPT.

③ BERT（Bidirectional Encoder Representations from Transformers），双向编码器表示与变换器，2018年发明。

RoBERTa①、T5②、XLNet③和悟道④等规模不一、技术路线各异的模型。与一般语言模型相比，大模型的训练语料的规模巨大，参数急剧膨胀。GPT-3 模型规模则达到 1750 亿。据信 GPT-4 的参数规模已突破万亿。我国的悟道 2.0 和谷歌的 Switch Transfomer 分别达到了惊人的 1.75 万亿和 1.6 万亿的参数规模。

超大规模的训练数据和参数量使得大模型产生了知识涌现能力。在面对提问时只需给出几个任务实例，模型即可通过推理进行举一反三式的回答，且开始具有将复杂问题拆分的步骤推理能力。因此，它在阅读、问答、摘要、翻译等 173 项语言相关测试集上均有优异表现，甚至在编程和画图上也可圈可点。（Jason Wei et al.，2022；Neel Nanda et al.，2023）

（二）大模型落地引发使用热潮和行业反思

柴语生上线仅 5 天用户数量就已突破 100 万，发布后两个月即达到 1 亿，成为史上用户数量增长最快的应用程序。但柴语生收集实时信息的能力较弱，且中文知识能力显著弱于英文，更会经常出现“一本正经地胡说八道”的问题。虽然如此，依然有众多用户运用其进行写作。用户给出大致框架和主题，柴语生即可生成文章，其流畅程度强于一般写作者。用户只需在此基础上进行简单修改即可使用，大大提高了语言生活的效率。

一方面，众多行业在不同程度上感受到了来自它的冲击和挑战。教育行业对大模型的滥用提出不少担忧与顾虑，认为它干扰了教学和科研秩序。美国在线教育平台的调研数据显示，89% 的美国大学生使用柴语生写作业，还有 48% 的学生借助其完成考试。⑤乔姆斯基批评柴语生正在破坏教育系统，其本质是高科技的剽窃系统。⑥另一方面，许多人则主张应该拥抱新技术。沃顿商学院和香港科技大学要求学生必须使用柴语生完成作业，主张正确使用 AI 工具有助于学生思维能力提高。⑦

在学术界，包括《自然》在内的一些期刊规定大模型不得被列为文章作者，仅可出现在致谢或参考文献中。我国《暨南学报》与《天津师范大学学报》等刊物也要求暂不将语言模型工具列为单独或共同编辑者。⑧张华平等（2023）指出科研工作者使用柴语生等工具有助于提高科研效率，但可能导致文章质量和透明度降低。

面对柴语生和深度合成技术引发的冲击和争议，2022 年 12 月国家网信办、工信部和公安部联合发布《互联网信息服务深度合成管理规定》，规范了包括语言合成在内的深度合成

① RoBERTa（Robustly Encoder Representations from Transformers），强化优化 BERT 方法，2019 年由脸书公司发明。

② T5（Text-to-Text Transfer Transformer），文本到文本传输变换器，2020 年由谷歌大脑公司发明。

③ XLNet（eXtreme MultiLingual Language Model），极大多语言模型，2019 年由谷歌公司和卡耐基梅隆大学联合开发。

④ 悟道大模型由北京智源研究院于 2020 年研发。

⑤ https：//study.com/resources/perceptions-of-ChatGPT-in-schools.

⑥ https：//m.tech.china.com/tech/article/20230222/022023_1226999.html.

⑦ https：//www.thepaper.cn/newsDetail_forward_21906428.

⑧ https：//m.thepaper.cn/newsDetail_forward_21896535.

技术使用规范，严格要求生成内容合法、合规，并对使用场景进行约束。①

（三）大模型的治理观

大模型与其他发明的不同之处是人类第一次无法完全理解其具体运行机制。依靠大数据涌现效应工作的大模型，如同黑盒遮蔽了其内部工作路径，造成了其结果的不可解释性和一定程度的不可控。这是前文所述各种伦理焦虑的根源，其本质是语言资源及其使用方式带来的科学、工程问题，因而大模型依然拥有作为技术发明的工具属性。而人与工具协同发展是历史的常态。如同搜索引擎革新了知识获取方式，大模型的应用将重塑“获取答案”和“获得陪伴”的方式，且使其大大简化。

在实践中，将大模型工具化要求我们以工具观对其进行治理。其要义在于尊重技术发展的客观规律，减少对技术本身的干预，而将规划和治理目标放在技术使用的行为与场景上。正如语言规划重在规划语言生活而不是语言本身（李宇明，2022），大模型的主要治理对象也是大模型的研发者、研发要素、使用者、使用行为和使用环境（王春辉，2022b）。在治理过程中认可、正视工具化所带来的益处，尽量规避其风险，促进工具本身的发展。

基于这样的思想，本文认为面向大模型，在技术之外有两种重要的治理实践：大模型研发阶段的语言资源治理和大模型投放之后的使用治理。本文认为大模型本身也是一种新型语言资源，因而其使用治理在一定程度上也可采用语言资源的视角。

二、大模型研发中的语言资源治理

（一）柴语生背后的语言资源

语言智能基于对大规模语言数据的加工利用而实现。语言模型对语言资源的利用能力是其性能的重要指标。自 20 世纪 90 年代统计机器学习成为主流后，从机器翻译到语言生成，语言大数据的加工和利用能力与语言智能应用的能力彼此促进（冯志伟等，2023）。

2022 年柴语生的研发机构 OpenAI 公布了其背后的语言模型 GPT-3 训练数据集的规模：根据其公开的训练语料词数分布，其训练集约为 2045 亿词②。极端巨大的语言模型，使其可以将语言大数据中所蕴含的语言知识以统计方法提取出来。人类绝大多数的知识和信息以语言形式存在。而语言所蕴含的知识又一定存在于某个或某几个具体的语种之中。因而语言资源的语种分布，在大模型时代具有了更加巨大的重要性。GPT3 的训练语料语种已经公开，其分布如表 1 所示③。

表 1　GPT3 模型训练语料语种分布

语种	字符数	占比
英文	1051665177484	92.09864%
法文	20309400904	1.77858%

① http：//www.cac.gov.cn/2022-12/11/c_1672221949354811.htm.

② https：//github.com/openai/gpt-3/blob/master/dataset_statistics/languages_by_word_count.csv.

③ https：//github.com/openai/gpt-3/blob/master/dataset_statistics/languages_by_character_count.csv.

续表

语种	字符数	占比
德文	19136098380	1.67583%
西班牙文	9007559288	0.78883%
意大利文	7322862470	0.64129%
葡萄牙文	6203099243	0.54323%
荷兰文	4049596619	0.35464%
俄文	2562941612	0.22445%
波兰文	2108747016	0.18467%
罗马尼亚文	1893347238	0.16581%
日文	1839624833	0.16110%
芬兰文	1833334362	0.16055%
中文	1828425488	0.16012%

在训练数据中，英文占据绝对优势（92%）。中文占比极低。这使大模型在英语问答中表现惊艳，非英语资源的缺乏使其在其他语言中的表现欠佳，错误较多。且众多非英语问答内容由英语生成后经机器翻译形成，它们更多体现了英语世界中的看法和解读，这无疑对非英语使用者十分不利，使其只能获得单一语种所蕴含的文化、知识和态度。更严重地说，语种信息茧房在大模型时代中依然存在。本文认为解决该问题关键在于做大中文语言资源，其路径则是充分利用已有资源，打破中文资源数据孤岛；快速建设优质资源，实现世界知识中文表达。

（二）大模型研发需要打破数据孤岛

数据孤岛指一个组织内部，不同业务之间缺少信息共享，导致各自所拥有的数据处于孤立状态，无法被其他业务利用（Davenport， 1998）。它还可以被进一步抽象概括为数据集的形成、分析、使用过程中，由于技术、政策等不完备形成的封闭、半封闭式现象（李希明等，2003）。

数据孤岛现象广泛存在。随着数据生产速度的加快，对于通用的语言智能服务而言，一般数据的规模矛盾并不明显。其矛盾主要集中在精加工数据的规模和质量上。但在大模型时代，情况开始出现变化。在算力提升的刺激下，大模型对语言数据的驾驭能力增强、需求显著增加。GPT3 使用了约 2000 亿词规模的语料，类似的 PaLM 模型，消耗了 7800 亿词的语料。据估计，整个互联网上的可用数据资源在 4.6 万亿到 17.2 万亿词。也即目前人类已使用的文本数据已经和存量在同一数量级上，且未来大模型技术发展对更多文本的需求量增长速度很可能远高于文本数据的增长速度（1%—7%/ 每年）（王昊，2023）。但是可获取文本数据规模和普遍认为的互联网数据规模（4ZB① 字节）相去甚远。主要原因在于公开可获取数据（姑

① ZB 是一种超大规模计数单位，直接用文字表述为：万亿万亿。

且不论版权归属）只占整个互联网的一小部分。多媒体数据、电子邮件和聊天等私人数据、行业或企业的业务数据库数据等占据了互联网的绝大部分。这还没有算入未接入互联网的大量数据，如行业局域网的业务数据、安全类数据等。可以说在大模型时代，数据孤岛造成的数据困窘已经开始出现。

而这一问题在中文语言资源中显得尤为严重。截至 2023 年，中文互联网使用者已突破 10 亿①，占全球互联网使用者的 20%。而互联网中，中文网页信息占比则只有 1.5%。②这一巨大落差的产生是由于中国是世界上移动互联网普及最早、接入最广的国家之一。网页数据在中文互联网数据中所占比例很低。大部分的文本、语音交互发生在即时通信软件、社交平台、电子商务平台中。出于法规、技术和市场等原因，这些数据无法有效获取和汇聚。

此外，一般文本数据的开放程度也不理想。如中文数据中知识价值最高的两类数据——当代科研文献和数字化古籍——无法在线开放获取。前者被控制在知网、超星等图情服务商手中；后者则由各大科研单位、图书馆占有，多处于不公开的状态。

严重的中文数据孤岛现象，使得任何机构（甚至政府）都难以整合中文语言数据资源。因而在数据基础层面，就对大模型研发造成了严重的障碍。对此，本文提出以下几点建议。

1. 发展联邦学习为代表的分布式模型构建技术

大模型研发方法的核心是各类机器学习算法。联邦学习（Federal Machine Learning）是一种分布式机器学习框架，即一种算法可以在多处设备或数据储存地进行语言模型构建和参数调试，而后再将各处分散模型有效融合为功能更强大的统一语言模型。在这个过程中原始数据并不共享，因而具有更强的安全性和私密性（Yang Q， et al.， 2019；谭作文等，2020），也即这一技术路线可以兼顾数据隐私和模型规模。然而由于设备、数据的异构性，不同设备间通信的速率受限，以及参数融合和参数更新等问题，该类路线在当前大模型研制中的作用还十分有限。

然而结合联邦学习技术的思想，深挖多种分布式技术，仍可以期待其进一步提高性能。在兼顾数据隐私的情况下，汇聚中文语言资源，构建大规模语言模型。

2. 建立国家知识数据开放机制

面对中文数据困窘，仅有技术支持是不够的。基于开放、共享的互联网精神，遵循尊重版权、善意使用的原则，促进优质内容上网是助力中文在数智化知识管理时代占据优势的重要抓手。经典知识迅速开放，新增知识中文表达，应成为当下中文语言资源治理的一条主线。本文认为，应尽快建立中文资源的国家数据开放机制，尤其是高知识价值的科研论文、古籍资源等。这类资源大多由公共资金资助生产，因而向全社会开放具有内在合理性。为避免形成新的数据孤岛，公共知识数据的开放应由国家或相关公立机构稳步协调完成，以统一有序的标准和共享协议，服务社会使用。

国家语委、中科院、中国社会科学院等单位近年来以国家语言资源平台、中科院知识服

① 中国互联网络信息中心第 51 次《中国互联网络发展状况统计报告》。

② "Usage Statistics of Content Languages for Websites". archive.fo. Archived from the original on 12 November 2021. Retrieved 12 November 2021.https：//w3techs.com/technologies/overview/content_language.

务平台、中国哲学社会科学文献中心等方式，大力推动语言资源、科技论文开放获取，取得良好反响。然而由于起步较晚，规模和质量仍十分有限。期待全社会在有关部门的统筹协调下，积极投入中文知识资源上网、开放、汇聚的行列中来。

3. 尽快建立开放、高效的语言数据交换市场

资源知识开放机制是基础，而更大范围内服务多样化需求的大规模资源供给，仍需依靠开放、高效的语言资源市场。2020 年《中共中央 国务院关于构建更加完善的要素市场化配置体制机制的意见》将数据作为一种新型生产要素纳入，与土地、劳动力、资本、技术等传统要素并列为要素之一。文件指出，要加快培育数据要素市场，推进政府数据开放共享、提升社会数据资源价值、加强数据资源整合和安全保护。构建开放、高效的语言数据交换市场是意见精神的应有之义。

在实践中，应对大模型需求，语言资源应做好确权、脱敏和开放三方面的工作。资源或数据确权即在数据所有权和使用权的确定和保护之下，进行使用权、所有权的清晰分离，以便中文语言数据可以脱离单一机构控制，为全社会所使用。数据脱敏是所有权和使用权分离中必然进行的操作。在保证语言数据可用的前提下，对其中的个人身份、隐私或其他敏感信息进行去标识化或加密处理，以确保语言数据的安全性和隐私性。在此基础上，大力做好数据开放工作，加速中文语言数据以合法、标准、可控的方式实现善意使用。最大受益者将是各类大规模语言模型和基于此开发的语言智能应用。

（三）大模型研发要求世界知识中文表达

打破数据孤岛解决了已有数据的聚合和联通问题，针对的是已有资源（存量）的充分利用和有效开发问题。那么强调和落实世界知识中文表达则是要进一步做大中文资源（增量）。

不可否认，柴语生代表了人类知识管理和知识使用的新样态。它和类似的产品极有可能成为如同搜索引擎和图书馆一样的信息基础设施，为全社会提供基础知识服务。在面向全球和全社会的知识服务中，中文和中文承载的知识可以占据多大席位，决定了未来知识服务中可以体现多少中文世界的事实、观点、立场、态度和情感。

在以国际学术期刊为代表的世界学术领域中，经过几十年的努力，中文论文代表的中文知识表达已跻身第二集团中游（饶高琦等，2020）。然而在互联网中，中文网页信息占比则只有 1.5%。[①] 在已经到来的数智化知识管理时代中，中文无疑又处在十分不利的首发位置。近年来，李宇明等学者不断重申“世界知识，中文表达”的理念（李宇明等 2020、2018），防范中文作为科学语言步“印地语在印度”的后尘（汪品先，2015；饶高琦等，2020）：在科研领域中被边缘化，母语社群知识获取成本更高、时效性更差。而长此以往将导致中文逐步丧失表达前沿概念、承载科学知识的能力。国民的知识获取将主要依赖外语，民族振兴便无从期待。

过去一段时间，学术界和政府都积极倡导在知识生产中重视语言的层级分布，提高研究者使用母语的自觉意识。这些讨论和举措都集中于知识生产密集的学术、科研领域。而以大模型为基础的新知识管理模式涉及全方位的知识生产（包括人文、艺术、商业、教育、意识

① “Usage Statistics of Content Languages for Websites”. archive.fo. Archived from the original on 12 November 2021. Retrieved 12 November 2021.https：//w3techs.com/technologies/overview/content_language.

形态等）和加工。在大模型上，不同语言的提问和交互带来显著的质量差距。可以说这一新型知识管理模式加速了对语言知识承载能力的筛选。因而使用母语进行知识生产、信息沟通不仅仅是语言尊严和文脉赓续的问题，更成为关乎语言安全和知识安全的现实问题，关乎知识可否被触达、可否被以中文直接触达，有多少知识可以被以中文使用。

因此“世界知识中文表达”不仅在学术、科研领域具有指导价值，如今看来对整个中文世界知识的积累和发展都有重要意义。基于此，本文认为这一理念的具体落地需要注意以下几点。

1. 中文精华知识资源尽快上网开放

中文知识资源规模浩大，种类繁多。应以核心的知识密集资源为先导，探索知识资源的开放使用路径。这类资源以当代各学科的中文科技、学术文献和传世古籍为主。此两类资源分别代表了当代中国的知识贡献和古代中国的思想文化精髓。对于前者，我国已具有多年成熟的文献服务平台开发和运营经验，需要中国知网等运营商践行其国家知识基础服务工程的初心使命，实现公益转型，促进已有学术资源数据化、开放化。对于后者，则应加大对古籍修复、整理和数字化的投入，集成多种智能技术手段，推动古籍数字化工作提质增效，以发挥传世古籍助力数字中国发展的积极作用（黄少安等，2022）。

2. 完善中文概念、术语资源

语言具有文化和思维属性，蕴含该语言社团独特的历史、哲学和世界观。而这些集中由该语言独特的概念、术语体系所承载（韩震，2023）。完善中文概念、术语体系是构建中国特色话语体系和传承中华文化知识的基础工作。本文还认为以当前机器翻译的技术水平，规范文本的自动翻译已快速接近直接可用的水平。但在这一背景下，正确、恰当使用中文概念、中国思想文化术语，精准表达中式思想，是区分中文原生文本和翻译文本的重要特征，更是原生中文语言资源的重要特点。

对此，相关部门应加速中文思想文化术语体系建构、阐释工作，快速整理优秀的相关文献，并汇聚这类术语的经典应用，形成高度体现中国文化特色的数据资源和知识资源。

3. 做大、做全领域中文资源

基于任务目标领域数据进行训练，对语言智能落地起到至关重要的作用。在预训练模型范式下，尤其如此。大模型是一种预训练模型，预训练模型是已经在大规模通用语料库上进行了训练的模型，通常涉及不同领域的通用功能学习（李周君，2020）。预训练模型完成后，它就可以作为其他自然语言处理任务的起点。微调（Fine-tune）是将预训练模型放到小的特定领域数据集上，进一步进行训练，以获得特定任务上实现更高的性能。特定领域的数据集被用于微调预训练模型，因为它们包含了特定任务或行业的数据，这些数据可以帮助模型学习与该领域相关的特征（车万翔等，2021）。这一方式极大地节约了计算资源，提高了数据复用性。

目前，除了面向公众展示的柴语生系统和 GPT4 外，大模型的产业落地都需要行业级和企业级的领域、业务数据。如在金融业中摩根士丹利[①]和彭博社[②]都跟依托自身业务数据，构

① https：//www.barrons.com/advisor/articles/morgan-stanley-chatGPT-open-ai-artificial-intelligence-advisors-377b072f.

② https：//www.bloomberg.com/company/press/bloomberggpt-50-billion-parameter-llm-tuned-finance/.

建了精准服务金融问答、情绪分析等任务的大模型。斯坦福大学依托 PubMed 医学文献数据集构建了专门服务生物医药领域的 BioMedLM 模型。①

大模型在具体行业中实现提质增效，同样需要优质、丰富的领域语言资源。目前我国通用语言资源建设逐步加速，而领域语言资源的质量、规模则参差不齐。数字化程度较高的行业如信息产业、金融业等具有较为丰富的积累，而人文领域、传统制造业、农林渔牧、基础教育等行业的数据化程度较低②，相应的语言资源积累也较为贫乏。因而强化关键领域语言资源建设，补全空白领域语言资源，应成为本阶段资源建设的一个侧重点。

领域语言资源不限于语言数据、标注语料库，还应建设涵盖行业知识、规则的领域知识库，以提高领域特征学习的速度和精度。大部分行业知识本身也以语言数据的形式呈现，所以也可纳入语言资源的行列，加以推进和规划。

三、作为语言资源的大模型治理

（一）大模型是一种重要语言资源

Ruiz（1984）开辟了语言作为资源的规划理念。陈章太（2008）更深入地从语言能够产生社会效益、经济效益入手将其定义为一种可利用的社会资源。邱质朴（1981）、Ruiz（1984）等学者也特别提到语言的资源性与语言能力息息相关。显然，这种能力由人经语言教育，机器经语言工程所获得。在信息时代这种能力也越来越多地在语言智能上体现。李宇明（2012）和徐大明（2008）等学者指出语言及其知识已经成为信息工业的重要资源，是支撑多样化语言服务，形成社会和国家语言能力的重要基础。在信息产业中，以数据形式呈现的资源正在扮演越来越重要的角色。依照这些研究，语料库、语言知识库等被认为是重要的语言资源。这些资源仍然以较为自然的语言文字物质外壳存在。随着信息技术对标注数据的需求日益增大，很多语料库中的数据被以各种形式，按照目标任务需求进行标注加工。对文本数据而言，常见的分词、词性标注、命名实体识别等是最基本的标注，情感、语义、事件、偏误等复杂标注任务需求也在快速增长。对于语音数据而言，文本转写、韵律标记、话者分离等也是重要的标注项目。这些标注工作在原始的自然状态的语言文字上叠加了标注者所给予的任务知识。两者共同发挥作用，为各类自然语言处理算法、模型所利用，最终用以提供语言智能服务。

在这个过程中，语言资源的属性未被改变，而标注资源已经逐步脱离了语言文字的自然状态。将大规模语言文字数据进行进一步抽象、加工，提取其特征和规律，构成基于语言数据的神经网络。进一步，这一神经网络可以在具体任务中代替自然形态的语言数据，成为开发者使用的基础，并再基于此进行微调。在此过程中，神经网络就充当了传统自然语言处理任务中训练语料的角色。因而神经网络在此也就可以被视作一种特殊的语言资源：它是语言资源，依赖于语言数据而形成，蕴含语言特征、规律和知识，并服务语言智能；它较为特殊是因为它已完全脱离了语言文字的自然状态，呈现为一种仅为机器可读的状态。

而今天的大模型正是这种神经网络集成后的形态。大模型作为一种高级的语言资源加工

① https：//crfm.stanford.edu/2022/12/15/pubmedgpt.html.

② 《中国制造业数字化转型研究报告》，艾瑞咨询，2022 年，https：//pdf.dfcfw.com/pdf/H3_AP202208251577625437_1.pdf?1661445981000.pdf。

形式，在实践中成为更多上层应用的基础资源。其具体表现为知识中间件、语言服务中间件两种形式。

1. 作为知识中间件

大模型以神经网络结构的形式包含了从语言资源中获取的特征、规律和知识，可以被视作“语言知识压缩包”[①]。相较于传统搜索引擎，大模型支持以自然语言的形式进行交互，并可以将其训练语料中离散的信息加以衔接和重组，生成合适的知识反馈。各类知识服务可以基于这一功能进行开发，如智能问答、辅助决策、摘要汇总等。

2. 作为语言服务中间件

从语言服务的角度来看，大型深度学习模型又可以发挥中间件的作用，利用其强大的语言理解和生成能力，在其上搭建面向具体任务的语言服务项目，如翻译、文案撰写、陪聊等。

（二）大模型是国家语言能力的重要体现

语言信息处理技术和相关智能服务是国家语言能力的重要组成部分（李宇明，2021；文秋芳，2016）。相应地，语言智能服务的质量和规模也是国家语言能力的体现。且大模型对语料、数据化能力、算力、算法提出了巨大挑战，涉及语言人才、产业、教育和规划、技术等诸多方面，是综合国力的体现。具体而言，大规模语言模型背后凸显了对语言资源、算力和算法等方面的要求。

首先，语言资源是大模型研制的基础。其需要包含大量的语言表达和场景，具备足够的广度和深度，为模型提供充足的训练数据。其次，大模型需要庞大的算力支撑。高达万亿参数规模的模型训练、迭代，需要强大的计算资源来训练和优化这些参数。例如，使用大规模集群和分布式算法确保模型能够高效地训练和优化。此过程中耗费的GPU芯片数量、服务器机时，乃至电力都已进入“大科学工程”的范畴，考验国家的工业化和信息化实力。最后，大模型对算法的要求也更高。对于大规模多源异构数据，需要使用更为先进的算法来提高模型的性能。

（三）大模型资源的治理

作为语言资源的大模型同样需要作为语言资源被治理，以发挥其最大红利。资源治理中比较重要的侧面包括资源的标准化与共享、资源的评价和资源使用的伦理法规建设。本文也简要从这几个方面探讨大模型治理的方向和路径。

1. 大模型的标准化

大模型研制成本高昂，由业务单位或个人自行开发并不现实。以云端服务，调用API接口的形式提供服务，是目前和未来一段时间的主流模式。同时，大模型技术在主要工业化国家间扩散，面向各种技术方案、领域服务、语种、资源的多样化实践将在短时间内快速出现。各类大模型的科学基础差距较小，技术实现各具特色，训练数据的语种、领域、规模各有选择。大模型产品市场快速形成。这对大模型接口和服务的标准化提出了要求。

大模型服务的标准化应着重于服务接口（API）的调用方式、模型微调方式、数据格式和系统交互方法等方面，应丰富面向各种编程语言的标准接口和标准库。基于此，还应寻求构建协议框架，开发各具特色的服务接口，推动建立行业标准。最大限度方便基于大模型的智能技术的二次开发工作。

---

① “语言知识压缩包”这一形象表述源自作者与荀恩东教授在2023年2月的交流，特此感谢。

2. 大模型的评测

大规模预训练模型的评测是评估这些模型效果的关键环节，也是形成大模型应用服务时长的重要基础。预训练模型的评测可以通过两种方法：人工评测和基准测试。前者可以深入了解用户体验，并对模型的交互性能进行全面评估，更全面地表示模型的表现，但耗时长、效率低。现在更多采取基准测试的方式，即使用一系列可自动评价的测试任务，例如自然语言推理任务、问答任务、阅读理解、错误修改等常见的任务，并在这些任务上比较不同的模型之间的精度和效率。基准测试的优势在于可以快速确定模型的主要性能。此外，基准测试问题集的使用将使各种模型之间的比较具有客观性。

在逐步形成的大模型应用服务市场中，基础模型性能的评测应以客观基准评测为主，在具体服务项目上引入主观人工评测。在安全、能源、交通等关键领域应结合两者。对评测事务的规划应着力于基准评测中的任务项目规划与任务数据集建设。任务项目应充分覆盖（中文）语言能力的主要侧面，如推理、问答、纠错、陪聊等。各项目的测试数据集应采样科学、平衡，具有代表性，注意随时更新维护（董青秀等，2021）。此外评测中不可缺少的是安全伦理测试。大模型生成内容中不应含有歧视、侮辱等伦理风险内容，不生成有违国家法律法规和社会公序良俗的内容。

3. 大模型使用的伦理

随着大规模预训练模型的普及，其使用涉及的伦理问题也越来越受关注。大部分伦理问题与数据相关，并适用于语言数据安全的相关理论（王春辉，2022a）。当前较为主要的问题有以下几类。（1）隐私问题：大模型依赖海量训练数据，这就需要收集众多用户数据。其中可能包含用户的私人信息，如邮件、密码、地址等，这涉及隐私泄露问题。（2）偏见和歧视问题：大规模预训练模型可以学习到语言的模式和结构，但也可能学习到语言中的偏见、歧视等不良信息，进而在模型服务中产生隐患。（3）安全问题：大模型的功能越来越强大，攻击者可能会利用大模型进行恶意活动，如网络钓鱼、社交攻击、认知作战等。（4）社会分工问题：大模型的广泛应用必然取代众多人力劳动。如何化解“羊吃人”问题，是否严重依赖语言模型会削弱人类语言能力，都值得探讨。

对于这些伦理争议，本文认为应当将伦理规制主要集中于开发者、使用者、使用行为和使用环境四个方面。在开发者方面，大模型应在互联网开放、共享精神的激励下，以适宜的商业模式，为尽量广泛的公众提供知识服务。全社会的语言和知识资源是大模型存在的基础。利用这些开放资源研发的模型，理应以服务形式回馈全社会。大模型的开发应弥合知识鸿沟，而非加大之。

在使用者方面，大模型应为全社会所有适龄成员使用。但使用者仍需明确了解大模型的工具属性和目的，以及善意、良好的使用方式。他们需要被告知大模型背后的数据来源、处理方式，以及可能存在的伦理问题，并承担相应的使用后果。

在使用行为方面，政府、企业和机构应积极引导制定规范，预防大模型的误用、滥用和恶意使用。我国学者在 2019 年发出的《推进智能写作健康发展宣言》① 和政府在 2023 年 1 月起实施的《互联网信息服务深度合成管理规定》就规定了生成式模型在使用时应当进行显著标识，避免公众将生成模型产生的结果与人类行为发生混淆。不得制作、复制、发布、传

① https：//cn.chinadaily.com.cn/a/201912/17/WS5df83e27a31099ab995f1eb0.html.

播法律、行政法规禁止的信息等。这是对使用行为规制的具体落实，为后续探索更加全面的大模型治理奠定了基础。

在使用场景方面，大模型的使用需要至少遵循公平、安全、以人类为中心等原则。大模型不得用于对人类能力进行筛选和考评的场合，以免破坏公平性。“以人类为中心的原则”尤其值得强调：大模型不应干扰人类能力的发展，如不得在儿童和青少年关键能力发育和养成期，代替人类进行有关能力发展的实践等。

四、结论

大模型的出现和应用，对语言学、语言产业都提出了挑战。大模型的出现要求语言研究更多关注语言资源建设、语言知识表示和相应的语言伦理问题。这些将共同构成数智时代最重要的语言研究话题。而在大模型帮助下，人机共生的语言生活快速发展。这进一步拓宽了语言治理研究的视野，增添新的研究议题，并将在一定程度上改变其研究范式。

在众多研究取向中，本文采取了语言资源的视角关注大模型治理的问题。大模型作为未来重要的知识服务基础设施，其训练数据的规模、质量决定了其服务性能。这也在很大程度上影响了中国语言文化在未来语言生活中的地位。突破中文数据孤岛、强化世界知识中文表达应引起全社会的重视。此外，大模型自身也是一种基础语言资源，提供知识服务和语言服务。因此对大模型的治理应遵循语言资源治理的诸多原则，即从标准化、评价和伦理规制等方面入手。

李宇明等学者（2020）曾提出应创立机器语言行为学。这极具先见之明，值得学术界和产业界同人进行更深入的探索。

参考文献

车万翔、郭江、崔一鸣，2021，《自然语言处理：基于预训练模型的方法》，电子工业出版社。

陈章太，2008，《论语言资源》，《语言文字应用》第1期。

董青秀、穗志方、詹卫东等，2021，《自然语言处理评测中的问题与对策》，《中文信息学报》第6期。

冯志伟、张灯柯、饶高琦，2023，《从图灵测试到ChatGPT——人机对话的里程碑及启示》，《语言战略研究》第2期。

韩震，2023，《从思想文化术语看中国语言文化的传承发展》，《中国科技术语》第2期。

黄少安、汪张龙、宋晖等，2022，《“语言数据与数字经济”多人谈》，《语言战略研究》第4期。

李希明、梁蜀忠、苏春萍，2003，《浅谈信息孤岛的消除对策》，《情报杂志》第3期。

李宇明，2012，《当代中国语言生活中的问题》，《中国社会科学》第9期。

李宇明，2021，《试论个人语言能力和国家语言能力》，《语言文字应用》第3期。

李宇明、王春辉，2018，《全球视域中的汉语功能》，《云南师范大学学报（哲学社会科学版）》第5期。

李宇明、王春辉，2020，《科研生产力与中文首发制度》，《语言战略研究》第2期。

李宇明，朱海平，2020，《论中国语言测试学的发展》，《语言文字应用》第3期。

李舟军、范宇、吴贤杰，2020，《面向自然语言处理的预训练技术研究综述》，《计算机科学》第3期。

邱质朴，1981，《试论语言资源的开发——兼论汉语面向世界问题》，《语言教学与研究》第3期。

饶高琦、夏恩赏、李琪，2020，《近10年国际学术论文中的语言选择和中文使用情况分析研究》，《语言文字应用》第2期。

谭作文、张连福，2020，《机器学习隐私保护研究综述》，《软件学报》第7期。

汪品先，2015，《汉语被挤出科学，还是科学融入汉语》，《文汇报》2月27日。

王昊，2023，《可用数据存量不足，还能怎样向AI模型注入人类智能？》，CSDN，3月21日，https：//mp.weixin.qq.com/s/GZ5t7QSY7kivZwA8KO3M_A。

徐大明，2008，《语言资源管理规划及语言资源议题》，《郑州大学学报（哲学社会科学版）》第1期。

文秋芳，2016，《国家语言能力的内涵及其评价指标》，《云南师范大学学报（哲学社会科学版）》第2期。

张华平、李林翰、李春锦，2023，《ChatGPT中文性能测评与风险应对》，《数据分析与知识发现》第3期。

张凯、薛嗣媛、周建设，2022，《语言智能技术发展与语言数据治理技术模式构建》，《语言战略研究》第4期。

王春辉，2022a，《数字时代语言伦理的新形态和新表现》，《社会科学战线》第12期。

王春辉，2022b，《语言数据安全论》，《语言战略研究》第4期。

Davenport， T. H. 1998. Putting the Enterprise into the Enterprise System. *Harvard Business Review*， 76（4）， 121-131.

Jason Wei， Yi Tay， Rishi Bommasani， Colin Raffel， Barret Zoph， Sebastian Borgeaud， Dani Yogatama， Maarten Bosma， Denny Zhou， Donald Metzler， Ed H. Chi， Tatsunori Hashimoto， Oriol Vinyals， Percy Liang， Jeff Dean， William Fedus. Emergent Abilities of Large Language Models， *Transactions on Machine Learning Research*， 2022.

Neel Nanda and Lawrence Chan and Tom Lieberum and Jess Smith and Jacob Steinhardt. Progress Measures for Grokking via Mechanistic Interpretability. *arXiv：2301.05217v2.*

Ruiz R. Orientations in Language Planning. *NABE Journal*， 1984， 8（2）： 15-34.

Yang， Q.， Liu， Y.， Chen， T.， & Tong， Y. 2019. Federated Machine Learning： Concept and Applications. *ACM Transactions on Intelligent Systems and Technology（TIST）*， 10（2）， 1-19.

（原文刊于《语言战略研究》2023年第4期）

后经典时代语料库研究方法及其理论启示

许家金

提要：语料库研究方法以2000年为界，其前后可粗略分为经典时代和后经典时代。这两个时期对语言的考察，从研究视野上呈现从点到线、从线到面、从面到体的发展历程。这两个时期的语料库研究，在统计词汇和语法范畴频次的基础上，都注重从词汇语法特征的共选规律上探讨语义。进入后经典时代，语料库研究更加注重从全口径语境因素分析形义匹配机制。综合来看，语料库研究方法立足形义对应，聚焦意义研究。这些应成为语料库语言学理论建构的本体考虑。

关键词：后经典时代；语料库研究方法；语言学理论建构；概率语境共选

1. 引言

“语料库语言学”这一术语的中心语虽为“语言学”，但多数学者倾向于把语料库语言学当作方法论，而将其视为学科理论体系的学者不过十之一二。本文无意参与语料库语言学是方法论还是学科体系的争辩。实际上，理论、方法与工具密不可分，语料库语言学具有理论和方法的双重特点。语料库语言学方法优势突出，其研究方法中蕴含着诸多理论关切。本文聚焦语料库语言学研究方法，旨在对经典和前沿的研究方法做系统梳理，进一步探讨语料库研究方法的发展对语料库语言学理论构建的反哺作用。

本文将语料库语言学的核心要义概括为“3个T”，即Texts（文本）、Tools（工具）、Theories（理论）。其中，工具是桥梁，联通文本和理论。语料库研究正是借助分析工具从语言事实（文本）中探求语言规律（理论）。本文试以“概率语境共选观”（许家金，2014，2020）统摄语料库研究中文本收集、工具运用、理论阐释各环节。这一语言观强调语义的传达和识解受制于多重语境因素的协同作用。具体而言，语境中的词汇、语法范畴等的概率分布及其共现可有效区分词语意义、探究句式选用机制、裁定语域类别等。从应用语言学视角来看，通过语境共选分析可以回答词不达意、句不合式、话不中用等语言使用失当问题。

2. 语料库研究方法中的文本

如今百亿词级乃至更大规模的语料库已不鲜见。然而，语言学研究中使用的语料库主体仍是亿级以下，多为千万或百万词级，或更小规模。大规模巨量文本数据主要源自自动爬取的网络语料。这类语料取之不竭，量不封顶。但若不加筛选，泥沙俱下的网络语料难以直接为语言学者所用。一般来说，用于语言学和语言教学目的的语料库对语料的规范性和文本产生的语境变量要求更高。语料库中文本取样的代表性，以及语料产生的时间、地点、说话人职业、性别等因素，是语言研究理论探究的基石，影响理论探索的方向。可以说，语言研究中，语料不可靠，结论必不牢。因此，从文本数据的质量要求来看，人工智能领域的语料库和语言研究领域的语料库是明显不同的。前者以量取胜；后者要求质量兼顾，质优者胜。二者对语料库文本的不同理解主要归因于研究目的的差异。人工智能研究依靠大数据优化算法、辅助决策，因而重“量”；语言研究者通过大数据考察词汇、语法等形式特征与说话人观点和立场之间的对应关系，“质”“量”缺一不可。除了两者存在的差异，我们还要注意到当前人工智能研究进展对语料库语言学“真实文本”质量的影响。例如，人工智能生成文本（AIGC）是否算作真实发生的自然语言？尽管这些问题涉及人工智能与人类智能的边界争议，但对语料库研究中的文本概念和文本选择势必会产生一定影响。

在语言教研实践中，我们一般会选用规模较大的权威语料库，如当代美国英语语料库（Corpus of Contemporary American English，COCA）和英国国家语料库（British National Corpus，BNC）。很多情况下，我们也提倡研究者自建或运用百万词级规模的小而精的语料库，即取样广泛多元、包含丰富文本语境和社会文化语境信息的语料库。在语料库建设之时，研究者就应将文本产生的关键语境因素尽力记录在案。例如，BNC 中记录了多达几十项的语境因素，包括作者和说话人的性别、年龄、社会阶层，等等。总之，文本是语料库研究的重要载体，它的量与质同等重要。在两者的统筹兼顾中，较为关键的是注重文本使用的社会、文化、情景等相关参数以及语音、体势、语气等多模态变量。这是文本意义研究和多因素、多变量分析的基础。

3. 语料库研究方法中的分析方法

本节介绍有关语料库工具的基本认识。本文所谓“工具”，主要指语料分析方法以及语料库研究设计。从语料库研究方法的发展历程来看，可粗略以 2000 年为界，将其前后分为语料库研究方法的“经典时代”和“后经典时代”（见表 1）。这两个时期并非截然分开，而是呈交叠之势：“后经典方法”在 21 世纪初逐渐兴起，经典时代的研究方法仍然在相当长时间内继续使用。

表 1　语料库分析方法概览[1]

阶段特点	研究定位	分析方法
聚焦单特征的“经典时代”	语言特征计量对比	单词频次统计，如词频表、型次比； 多词频次统计，如词丛表、短语框架频次表； 词性、句法单位频次统计，如名词及名词短语、T 单位、小句等语言单位的频次计算； 话语、语义、语用、隐喻、偏误等语言特征的频次统计； 频次差异计算，如通过卡方、对数似然率、费舍尔精确检验等方法对相关语言特征在不同语料库间的差异进行对比。其中包含主题词表、主题短语表、主题性短语框架表的抽取
	词汇语法共选生义	索引分析：通过频数、互信息、卡方、对数似然率等词语搭配算法描写和解析意义单位； 局部语法：通过具体词形和细颗粒度的功能标注分析特定意义 / 功能与词汇语法的对应关系； 搭配构式：通过 ΔP、费舍尔精确检验等方法分析词语与构式间的相互吸引和排斥关系； 多维分析：通过多项词汇及语法特征在文本中的共现模式，分析语域的变异情况

续表

阶段特点	研究定位	分析方法
协同多特征的“后经典时代”	文内文外共选生义	综合考察文内特征（如词汇、短语、语法、话语、语义）和文外特征（语用、社会语言学变量）的共选机制，揭示形义对应关系； 多项语言特征归集成组，有助于将同一个语义单位作细分类别探讨，常采用主成分分析、因子分析、对应分析、多维尺度、聚类分析等； 多项语言特征协同解析两个或多个近义单位的选用机制，常采用逻辑斯蒂回归、条件推断树、随机森林、线性判别分析、支持向量机、朴素贝叶斯模型等

本文所谓经典与后经典时代的区分，主要是为方便梳理几十年间语料库研究方法的发展历程，但这并不意味着经典的方法已弃而不用。从流行时间和功能定位两个维度来看，表 1 中“局部语法”“搭配构式”“多维分析”三种研究方法出现于经典时代向后经典时代的过渡时期，很难划归到哪个时代。另外，很多如今流行的统计方法，也并非最近一二十年才出现。这些统计方法只是近期逐渐进入语料库研究领域，并发挥积极作用。例如，Thurstone（1931）提出多元因子分析法，但这一方法成为语料库研究的关键分析方法，主要还是 Biber（1988）的功劳。近年多变量统计在实证语言研究中受到重视，更激活了因子分析一类统计方法在语料库研究中的应用。

3.1 经典时代研究方法简述

经典时代的语料库研究方法包括词频表、词丛、索引分析、搭配分析、主题词分析和多维分析等。其中手工编制词频表和索引分析的历史相当悠久。20 世纪中叶，随着电子化语料库的产生，利用计算机手段获取词频表并建立索引成为最早采用的文本分析手段。这两种功能可以进一步归结为“检索”或“查询”，是经典时代语料库方法的基础。经典分析方法立足于在大量文本中查询特定字词或短语结构的用法，并给出相应的使用频率。在无特定检索目标的情况下，语料库软件可对所有文本进行穷尽式检索，枚举文本中所有词汇，附上频次信息。如有确定的检索目标，研究者可针对检索词，观察其在语料库中的上下文语境、社会文本情境，从而全面了解其用法。

在词频表和索引分析功能的基础上，词丛、主题词分析方法、词语搭配分析法逐渐发展起来。词丛虽有词块、词簇、N 元组等不同称谓，但其实质是多词词频表。主题词分析方法则是将两个编制好的单词词表或多词词表中的词或短语进行逐个比对，其中统计学上存在显著差异的词汇或短语即为主题词或主题词丛，由此得到的词或短语列表往往能揭示文本的主题内容，“主题词分析法”也因而得名。搭配分析基于索引分析的检索结果，分析检索词与语境共现词之间的依存关系，进而理解短语意义。

在语料库研究方法的经典时代，词丛分析和搭配分析是所谓“短语学”（phraseology）（Sinclair，1991，2004）研究的重要技术手段。主题词也可以理解为语料库文本中的高频词语共现（Scott，1997），可以用于建构话语主题（McEnery，2006）。经典时代操作流程上最为复杂的研究方法当数 Biber（1988）提出的多维分析法。该方法主要是建立在词汇、语法特征检索的基础上，通过因子分析法将几十个乃至上百个语言特征自动归结为几个共现特性大类（即多个维度），从而支撑对某类特定文本语域的识别。

以上相关技术在当前语料库研究中仍被广泛应用，并有所拓展和升级。比如：

（1）批判话语分析是当代语料库研究分支中成果最为丰富的一派，以兰卡斯特大学为代表。从语料库分析技术层面来看，批判话语分析采用的仍是经典时代方法，本质上立足于词汇的共选；

（2）局部语法（Gross，1993）研究通过对索引行进行多层级、细颗粒度的标注，从而得出构型和功能的共选模式；

（3）多维分析最初用于英语的语域研究，现已不断拓展至多个语种、各类子语域；

（4）在短语学之外产生了融合构式思想的构式搭配分析法（Stefanowitsch & Gries，2003）。

总的来说，经典时代的语料库语言研究方法以索引行观察、频数计算与对比、文本主题词分析等为主，描述统计是重要手段，短语学研究是重要内容。经典时代后期的批判话语分析、局部语法和多维分析在内容和方法上丰富了短语学研究和文本解读的维度，呈现向细分变体或细分领域发展的趋势。这些经典方法是语料库语言学的重要基础，在后经典时代依然广泛使用。

3.2 后经典时代语料库研究方法的特色

后经典时代的语料库研究方法表现出明显的整体观和协同性。这一时期的研究方法关注整体语境，注重言内（语言特征）与言外（社会文化特征）语境的相互协同，从而综合考察语言运用，揭示语言形式与意义间的对应关系。在具体分析技术上，后经典时代方法主要有两种取向，第一种是基于特征异同将不同实例归集成组，可称为“聚类型方法”（clustering）[2]。一般来说，聚类型方法整合归并的是语言实例，如包含某个词汇的所有语句。但是，主成分分析、因子分析这类降维方法也被用来对词汇语法特征进行分析。此时语言特征就成为语言实例。第二种研究取向是“分类型方法”（classification），指研究者事先知晓存在多种语言范畴（如图1中的圆点、三角和正方形），继而通过统计手段将这些范畴尽量区分开来。这种方法可用于解析和界定语言使用中的近义范畴。事实上，聚类和分类两者的共通点在于分类，其中聚类分析适用于语言实例所属的范畴不清或界限不明的情况，而分类分析适用于类别已知的情况。究其根本，语言研究重在解决语言范畴划分，或语言使用者舍此取彼的语

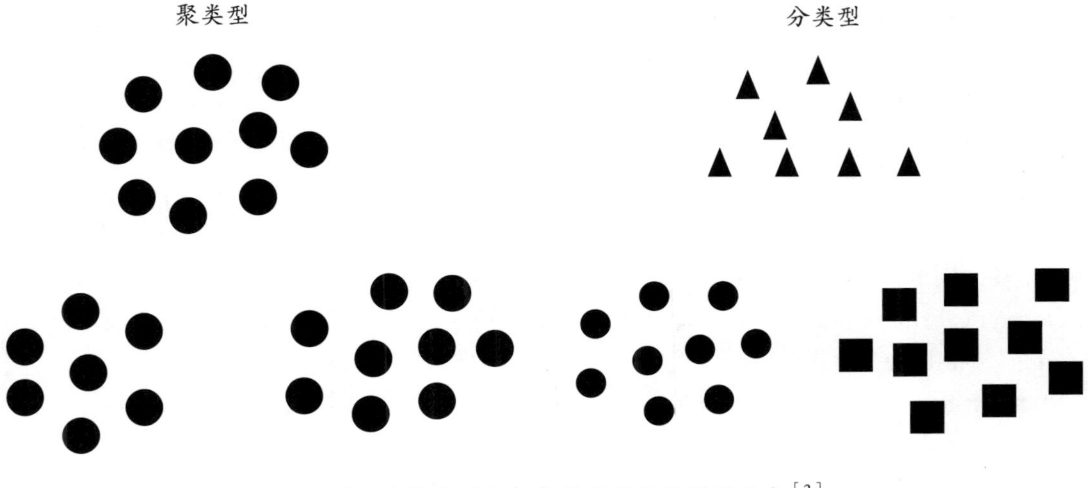

图1　聚类型和分类型研究法的区别示意[3]

言运用机制问题。

第一种取向的相关方法可对众多语言特征整合归并。归并而成的数据组合可更好地概括某个不易分解或较抽象的语言范畴。聚类型方法常包括主成分分析、因子分析、对应分析、多维尺度、聚类分析等。根据研究需要，相关统计方法有时也会组合使用。例如，语言研究中的“语域”（register）这一概念，相对不容易界定和判定。Biber（1988）在其跨时代的多维分析框架中，采用因子分析法针对 67 个词汇语法特征，归纳并概括出交互性 / 信息性、叙述性、指称明晰性等 7 个因子。这种自下而上的方法，将看似纷繁复杂的语域实践条分缕析、化繁为简。据此得出的多维分析思路广泛应用于英语变体（Kruger & van Rooy，2018；Bohmann，2020）、翻译语言（Hu，Xiao & Hardie，2019）、学习者语言（Larsson，Pacquot & Biber，2021）、语域演变（许家金、李佳蕾，2022）、著者身份（Grieve，2023）等方面的研究，成为文本语域变异研究的重要手段。

对于隐喻、转喻这样的抽象概念议题，也有越来越多的研究采用后经典方法对其进行分析。例如 Glynn（2014）采用层次聚类和多重对应分析对 19—20 世纪美国英语中 home 这一概念的多项语义属性进行了挖掘。研究发现，在两个世纪的语料中，house（住宅）、land（土地）、nation（国家）、abstract place（精神家园）这些“家”的核心含义从众多属性中被分离出来。另外，20 世纪的语料中表示抽象含义的“精神家园”属性比 19 世纪更为凸显。Glynn 发现，200 年间人们的出行、迁徙变得更为频繁，进而引发“家”的概念表征的变化。聚类和对应分析一类的方法往往能以可视化手段直观呈现研究发现。Szmrecsanyi（2013）和 Grieve（2016）则根据研究需要更进一步，利用地理信息可视化技术，将英国英语和美国英语在两国国内的词汇语法使用异同以热力图和散点图的方式呈现在英国地图和美国地图上。

后经典时代语料库研究方法的第二种取向，即分类型方法，在构式交替（construction alternation）研究中应用广泛。这类研究主要关注两个或多个近义构式的选用理据，如 Bresnan（2007），房印杰（2017），张炜炜、王芳（2017），张懂、许家金（2019）对英语和汉语中构式交替现象的研究。其中较有代表性的研究是 Bresnan（2007）。这项研究探讨了双宾与格构式（如 Mary gave John the book）和介词与格构式（如 Mary gave the book to John）的区分依据。通过对多个潜在因素（如与事和受事成分是否是代词，与事和受事的生命性，名词短语的长度等）的手工标注，研究利用二分类逻辑斯蒂回归模型，在概率上确定了影响两种近义构式的变换使用依据（例如，有生无生、有定无定、与事受事是否为代词等），还能知晓相关因素的影响权重。Zhang 和 Xu（forthcoming）采用类似方法对汉语与格的变换作了探讨。Gries 和 Bernaisch（2016）以类似的方法和思路对亚洲英语变体中的与格交替现象作了比较。Gast（2015）运用多分类逻辑斯蒂回归方法对比了德语和英语中非人称用法的选用情况。Kruger（2019）和 Liu（forthcoming）分别用多因素统计建模深入分析了笔译中关系代词 that 的使用和省略，以及汉英口译中 I 和 we 的选用规律。Dubois、Paquot 和 Szmrecsanyi（forthcoming）对学习者英语中的属格交替现象（即’s 和 of 构式的选用情况，例如 the dog’s tail/the tail of the dog）进行了深入探讨。更多的研究选题和方法介绍可参阅 Gries（2018），Speelman、Heylen 和 Geeraerts（2018），De Sutter 和 Lefer（2020），许家金（2020）及李元科、何安平、黄灵敏（2022）。

除此之外，后经典时代采用的混合效应回归模型（Speelman，Heylen & Geeraerts，

2018）还能很好地分析语言特征和语言使用者的个体差异，这是经典时代方法所不擅长之处。这一研究方法既能触及语言的规约性，又能考察语言的创造性（Goldberg，2019），为语料库研究注入了新的活力。

综上，后经典时代的语料库语言研究充分利用推断统计、多因素分析、文本聚类、可视化呈现等现代技术，极大地推动了语言研究方法的创新，持续深化短语学、话语分析、语言对比与翻译等研究主题，成为当前语料库语言研究的主要方法论。

3.3 两个时代语料库方法评述

概言之，经典时代与后经典时代语料库语言研究方法的区分和联系可概括如下：

（1）都关注真实文本中语言使用的共选特征，前者多为词语、语法的典型使用特征描写，后者发展为不同语境参数中词语、语法、文本类型等要素的局部使用特征描写；

（2）都重视真实语言的使用概率，前者多采用索引行分析和频次百分比等描写统计手段，后者则发展为使用多因素分析、文本聚类与分类、主题建模等相对复杂的推断统计方法；

（3）都以语言意义描写为主要任务，前者多在通用语料库中进行词语和语法使用的互文描写与解释，后者开始注重受特定语境限制的词语和语法局部意义或功能；

（4）两者的发展都以多维分析和局部语法研究为过渡，前者在语言描写和语言理解方面为后者提供重要基础，后者则是前者的自然发展，两者有机地联系起来。

就后经典时代的方法而言，其两类主要方法都指向语言运用中的“选择”（choice）和“概率”（chance）问题（Herdan，1966）。从用法本位的观点来看，语言运用可归结为语境制约下的意义和功能实现及其变异。在语言层面具体体现为话语使用者如何能在特定形态句法选项中作出优化选择。这样的选择机制基于人们的长期语言实践，受到多种语境因素共同制约，是有概率基础的。语境特征的概率共选可以看作语言运作的一种本体性特征。共选观是横跨经典与后经典两个时代的，而后经典时代的研究方法总体上体现出建模思维，即统而视之。后经典时代的研究方法主攻多项语言特征的整体考察和协同分析。这些语言特征的共选影响人们选用不同语言形式、不同语义和不同功能范畴的行为倾向。

聚类型方法和分类型方法，用机器学习的概念来解释的话，前者所得到的语言现象类别是事先不确定的，偏向于无监督式（unsupervised）的学习算法；后者所关注的类别是事先给定的，是有监督式（supervised）的学习算法。前者偏探索性，后者偏验证性。研究者采用哪种方法，主要在于他们事先对语言范畴的分类是否已经明确。虽然前文仅重点介绍了因子分析和逻辑斯蒂回归两种方法，但可根据研究实际适时采用表 1 中涉及的后经典时代分析方法，且可以在一项研究中采用多种方法，甚至还可以在概率统计的基础上，结合反应时、眼动、脑电等心理神经实验方法进行交叉验证。

后经典时代研究方法的关键数据是与所研究语言范畴相关的语言特征集，即对选用特定范畴有潜在影响的词、句、篇、语义、语用、认知乃至社会文化等方面的因素。通过在语料库中检索得到相关特征的频次后，可选用因子分析、聚类分析、多维分析、逻辑斯蒂回归、条件推断树、随机森林等方法对语言实例进行分析。后经典时代的语料库分析数据在形态上的突出特色是以行列式呈现的矩阵数据，通常来说每一列对应一个语言特征或语境变量，而每一行记录的是某一个文本出现相应语言特征的频次或词句长度等信息。这样的数据格式正与整体语言观和协同语言观相适应。

语料库文献中涉及的相关语言现象以二分类型案例居多。实际上，语言中的多分类现象并不少见。例如，对于回指语中名词、代词和零形式的选用问题，可以通过先行语与回指语相关的语境变量（如先行语与回指语之间的距离远近、语境中与先行语存在竞争关系的其他名词性成分的数目等）构建回归模型，从而推断出选用名词、代词和零形式三种回指类型的关键制约因素及其影响权重。前文提及的很多统计方法也适合对语言中的多分类现象进行研究。另外，多分类现象往往也可以约减为二分类现象，例如徐秀玲（2020）就将回指归并为显性回指（包括名词和代词）和隐性回指（零形式）两大类。

从拓宽研究视野和解决语言应用问题的角度，对比研究设计至关重要，可分为横向对比和纵向对比两个维度。在横向维度上，我们可以通过选取汉语与外语、学习者与本族语者、翻译与原创、男性与女性、口语与书面语、文科与理工科、新媒体与传统纸媒等方面的语料，开展汉外对比研究、二语习得研究、翻译研究、社会语言学研究、话语研究、媒体研究等。这些横向维度的对比，在操作层面可以将两组语料分别检索，之后进行统计差异检验；也可以将语料差异作为一个变量结合到统计模型中，让算法自动进行分类比较。前一种对比在经典语料库方法中更常见，后一种在后经典时代更主流。在纵向对比维度，研究者可以基于不同历史时期的语料开展语言演变研究，也可以对学习者不同阶段的语料开展语言发展研究。

4. 语料库研究方法的理论启示

在经典时代，Sinclair 通过词语搭配、扩展意义单位、局部语法、线性单位语法等路径，构建了以词汇为中心的意义理论，形成了自成一体的短语学或“词汇语法”（Lexical Grammar）。这一研究传统对理论语言学和应用语言学都产生了不小影响，在相当长的时期内，学界对语块、构式一类的意义单位热度空前。短语学理念在理论上消除了词汇与语法之间的界限。词汇—语法连续统观产生于语料库语言学起步之初（McIntosh，1961；Halliday，1966；Sinclair，1966）。虽无法断言功能语言学、认知语言学中的类似观点源于语料库语言学，但至少在方法论层面，大型语料库的出现以及词语搭配、短语框架自动抽取技术的发展，使我们比任何时候都更易于在词汇与语法之间的语言单位上，做到观察和描写的充分性，并进而有可能在此基础上，提炼出基于短语的新语言学理论。Sinclair 所开创的理论之路，在后经典时代仍在延续，虽从者不多，但影响不小。目前，语料库语言研究中常用的语义韵、话语韵、局部功能等术语大多来自 Sinclair 的扩展意义单位模型和局部语法理论。

跨越新旧两个时期的语料库语言学理论探索以 Biber（1984，1988）开创的“语域研究”发展最快，现已逐渐完成其理论体系建设，并通过“口笔语语法”（Biber et al.，1999）进入主流教学语法。此外，同时期的局部语法研究则另辟蹊径，从微观层面出发，为语言单位凝练用法构型提供行之有效的路径。当前，局部语法与言语行为理论的结合，从理论和实践上扩充了语料库语用学的研究内容。

在后经典时代，语料库建设的深化和多变量统计的普及，使 Quirk（1960）提出的“穷尽阐释”（Total Accountability）原则和 Labov（1972）倡导的“可阐释性原则”（the Principle of Accountability）得到越来越充分的体现。Quirk 的穷尽阐释原则强调语料代表性，据此可以实现更高程度的描写充分性。在后经典时代，语料库方法多元综览在一定程度上已经触及语言使用的机制和规律。语料库语言学家从关注特定语言单位的多用和少用，到探索多项语言特征在语境中如何使用，进而逐步指向“为什么如此使用”这样的深层次问题。

综观近60年来的语料库语言学研究，工具技术、方法设计与语言理论紧密联系。在持续更新的技术支持下，语言研究的方法与设计日趋精准化、多元化，使得语言描写的维度广泛而细致、全面而深入，在很大程度上深化了我们对语言的理论认识。用一个形象的类比，将搜索项视为一个点，索引行看作一条线，同主题文本中该搜索项的所有索引行则构成一个面，若干主题文本中的词语和语法使用则勾勒出真实文本使用的体。在“点—线—面—体”的研究推进中，结合从简单到相对复杂的统计技术，语料库语言研究方法已经丰富了我们对语言学理论的认识，将来会持续为语言理解带来新的方法论和理论贡献。

综合来看，从经典时代到后经典时代，语料库语言学的发展经历了从点到线、从线到面、从面到体的历程。这两个时期的语料库研究，在词汇和语法范畴频次统计的基础上，都注重从语言特征的共选规律上探讨意义和功能，这或许是今后语料库语言学理论构建的重要立足点之一，出现多因素语法或共选语法也不无可能。

5. 结语

本文所谈研究方法包括：（1）语料库建设方法，解决的是文本从哪里来的问题；（2）语料库检索、统计、对比、建模、可视化等分析方法；（3）理论阐释方法，例如，搭配分析、局部语法分析、多维分析、概率语境共选分析，以及与其他语言学理论相关的操作方法。语言本身是复杂的，本应以全息式视角和整体观进行综合考察。后经典时代的语料库分析方法已经能够比较充分地实现统筹兼顾，我们应该勇于采纳和尝试相关的新思路和新方法。

目前看来，后经典时代研究方法的弊端是操作上有把简单问题复杂化的现象。在数据结果呈现方面仍需简明扼要、读者友好，同时要有利于后续的理论阐释。另外，也必须清醒地认识到，复杂的算法不一定优于个人语言直觉。语言实践是检验语言研究方法有效性的准绳。

近些年，受文本挖掘和机器学习技术的影响，语料库研究存在将语言看作“一袋子词”（a bag of words）的趋势。这种“词袋模型”认为语言使用无异于书写符号的机械物理现象，有些背离语言用以达意传情的基本特性。语言是“有序的异质体”（Weinreich，1968），存在一定的自组织规律，即存在语言要素、语言与语境要素相关依存、共选共生的机制。语料库语言学应更加关注语境中的意义表征和形义共选现象。回归意义研究，立足形义对应关系，才是语料库研究应该始终恪守的。母语习得之易，二语习得之难，均在于具体使用情境中的形义对应。

从经典时代到后经典时代，用于研究的核心数据呈现从线性文本到行列式数据的转变。今后语料库研究方法的发展或将进入以行列式数据为主、结合线性文本语境化分析的新发展阶段。更进一步，我们也要注意到工具技术、方法手段与语言解释的辩证关系。方法工具只是人们理解语言的辅助手段，对语言本质的深入探究，仍是语言学家的根本任务。

注释

［1］理论上，几乎所有统计方法都可用于语料库研究。本文聚焦计算语言特征出现频率和分布规律的典型统计学方法。语料库分析中也经常见到语言单位长度和文本得分等连续变量。这类数据并非语料库语言学研究的最典型数据类型，因此不作重点介绍。

［2］这里的聚类型分析是一个上位概念，其中包含“聚类分析”（cluster analysis）这一方法。本文对语料库分析方法的区分采用了多变量统计和机器学习中对聚类和分类的表述，但主要还是从语言使用实践中多项语言特征共选生义和共选辨义的角度进行概括，并非是统计术语的简单借用。统计学中的回归和降维在本文中也按其实现的语言目标被归入了聚类和分类。例如，逻辑斯蒂回归因其解决的核心问题是分类，故被并入分类型方法，而未单列出一类回归算法。

［3］该图的绘制受到 https：//www.atmosera.com/blog/supervised-learning-with-k-nearest-neighbors/ 页面图片启发。

参考文献

Bazell， C.， et al. （eds.）. 1966. In Memory of J. R. Firth [C]. London： Longmans.

Biber， D. 1984. A Model of Textual Relations within the Written and Spoken Modes [D]. Ph.D. Dissertation. University of Southern California.

Biber， D. 1988. Variation across Speech and Writing [M]. Cambridge： CUP.

Biber， D.， et al. 1999. Longman Grammar of Spoken and Written English [M]. London： Pearson Education.

Bohmann， A. 2020. Variation in English Worldwide： Registers and Global Varieties [M]. Cambridge： CUP.

Bresnan， J. 2007. Is syntactic knowledge probabilistic? Experiments with the English dative alternation [A]. In S. Featherston & W. Sternefeld （eds.）. Roots： Linguistics in Search of Its Evidential Base [C]. Berlin： Mouton de Gruyter. 77-96.

De Sutter， G. & A. Lefer. 2020. On the need for a new research agenda for corpus-based translation studies： A multi-methodological， multifactorial and interdisciplinary approach [J]. Perspectives 28（1）： 1-23.

Dubois， T.， M. Paquot & B. Szmrecsanyi. forthcoming. Alternation phenomena and language proficiency： The genitive alternation in the spoken language of EFL learners [J]. Corpus Linguistics and Linguistic Theory.

Fang， Yinjie [房印杰]. 2017. A Multifactorial Analysis of Relativizer Omission by Chinese EFL Learners [M]. Beijing： Foreign Language Teaching and Research Press. [《中国学生英语限定性关系从句中关系代词取舍的多因素分析》。北京：外语教学与研究出版社]

Gast， V. 2015. On the use of translation corpora in contrastive linguistics： A case study of impersonalization in English and German [J]. Languages in Contrast 15（1）： 4-33.

Glynn， D. 2014. The conceptual profile of the lexeme home： A multifactorial diachronic analysis [A]. In J. Díaz-Vera （ed.）. Metaphor and Metonymy across Time and Cultures [C]. Berlin： Walter de Gruyter. 265-293.

Goldberg， A. 2019. Explain Me This： Creativity， Competition， and the Partial Productivity of Constructions [M]. Princeton： Princeton University Press.

Gries， S. 2018. On over- and underuse in learner corpus research and multifactoriality in corpus linguistics more generally [J]. Journal of Second Language Studies 1（2）： 276-308.

Gries, S. & T. Bernaisch. 2016. Exploring epicentres empirically: Focus on South Asian Englishes [J]. English World-Wide 37(1): 1-25.

Grieve, J. 2016. Regional Variation in Written American English [M]. Cambridge: CUP.

Grieve, J. 2023. Register variation explains stylometric authorship analysis [J]. Corpus Linguistics and Linguistic Theory 19(1): 47-77.

Gross, M. 1993. Local grammars and their representation by finite automata [A]. In M. Hoey (ed.). Data, Description, Discourse [C]. London: Harper-Collins. 26-38.

Halliday, M. 1966. Lexis as a linguistic level [A]. In C. Bazell et al. (eds.). 1966. 148-162.

Herdan, G. 1966. The Advanced Theory of Language as Choice and Chance [M]. New York: Springer-Verlag.

Hu, Xianyao, Richard Xiao & A. Hardie. 2019. How do English translations differ from non-translated English writings? [J]. Corpus Linguistics and Linguistic Theory 15(2): 347-382.

Kruger, H. 2019. That again: A multivariate analysis of the factors conditioning syntactic explicitness in translated English [J]. Across Languages and Cultures 20(1): 1-33.

Kruger, H. & B. van Rooy. 2018. Register variation in written contact varieties of English: A multidimensional analysis [J]. English World-Wide 39(2): 214-242.

Labov, W. 1972. Sociolinguistic Patterns [M]. Philadelphia: University of Pennsylvania Press.

Larsson, T., M. Pacquot & D. Biber. 2021. On the importance of register in learner writing [A]. In E. Seoane & D. Biber (eds.). Corpus-based Approaches to Register Variation [C]. Amsterdam: John Benjamins. 235-258.

Li, Yuanke, Anping He & Lingmin Huang [李元科、何安平、黄灵敏]. 2022. The multifactorial turn of statistical methods in learner corpus research and their applications [J]. Corpus Linguistics (2): 1-13. [《学习者语料库研究的多因素统计方法转向》,《语料库语言学》第2期]

Liu, Nannan. forthcoming. Speaking in the first-person singular or plural: A multifactorial, speech corpus-based analysis of institutional interpreters [J]. Interpreting.

McEnery, T. 2006. The moral panic about bad language in England, 1691–1745 [J]. Journal of Historical Pragmatics 7(1): 89-113.

McIntosh, A. 1961. Patterns and ranges [J]. Language 37(3): 325-337.

Quirk, R. 1960. Towards a description of English usage [J]. Transactions of the Philological Society 59(1): 40-61.

Scott, M. 1997. PC analysis of key words — And key key words [J]. System 25(2): 233-245.

Sinclair, J. 1966. Beginning the study of lexis [A]. In C. Bazell et al. (eds.). 1966. 410-430.

Sinclair, J. 1991. Corpus, Concordance, Collocation [M]. Oxford: OUP.

Sinclair， J. 2004. Trust the Text [M]. London： Routledge.

Speelman， D.， K. Heylen & D. Geeraerts. 2018. Mixed-effects Regression Models in Linguistics [M]. Berlin： Springer.

Stefanowitsch， A. & S. Gries. 2003. Collostructions： Investigating the interaction of words and constructions [J]. International Journal of Corpus Linguistics 8（2）： 219-243.

Szmrecsanyi， B. 2013. Grammatical Variation in British English Dialects： A Study in Corpus-based Dialectometry [M]. Cambridge： CUP.

Thurstone， L. 1931. Multiple factor analysis [J]. Psychological Review 38（5）： 406-427.

Weinreich， U. 1968. Languages in Contact： Findings and Problems [M]. The Hague： Mouton.

Xu， Jiajin [许家金]. 2014. Jiajin Xu's view on the nature and methodology of Corpus Linguistics [J]. Corpus Linguistics （2）： 35-44. [《许家金谈语料库语言学的本体与方法》，《语料库语言学》第 2 期]

Xu， Jiajin [许家金]. 2020. Multifactorial contextual co-selection： The recent development of corpus linguistics [J]. Foreign Languages and Their Teaching （3）： 1-10， 21. [《多因素语境共选：语料库语言学新进展》，《外语与外语教学》第 3 期]

Xu， Jiajin & Jialei Li [许家金、李佳蕾]. 2022. A study of register change in written Chinese over the last century [J]. Foreign Languages and Their Teaching （4）： 76-86. [《近百年汉语书面语的语域演变研究》，《外语与外语教学》第 4 期]

Xu， Xiuling [徐秀玲]. 2020. A multifactorial analysis of subject anaphor realization in translated Chinese： The conditional inference tree approach [J]. Foreign Languages and Their Teaching （3）： 44-53. [《翻译汉语主语回指语显隐机制研究——条件推断树法》，《外语与外语教学》第 3 期]

Zhang， Dong & Jiajin Xu [张懂、许家金]. 2019. A multifactorial study of dative alternation in English and Chinese [J]. Journal of Foreign Languages （2）： 25-35. [《英汉与格交替现象的多因素研究》，《外国语（上海外国语大学学报）》第 2 期]

Zhang， Dong & Jiajin Xu. forthcoming. Dative alternation in Chinese： A mixed-effects logistic regression analysis [J]. International Journal of Corpus Linguistics.

Zhang， Weiwei & Fang Wang [张炜炜、王芳]. 2017. Construction alternation：An exemplar-based conceptual space of Chinese passives with "Rang" and "Gei" [J]. Foreign Languages and Their Teaching（6）： 22-33. [《从基于样例的概念空间看构式交替——以"让"和"给"的被动用法为例》，《外语与外语教学》第 6 期]

（原文刊于《外语教学与研究》2023 年第 3 期 ）

比较修辞学识解：动因、核心思想与研究方法 *

刘东虹　毛履鸣

提要：比较修辞学是近年来在美国日渐壮大的一个修辞学流派。20世纪末全球的文化政治环境以及修辞学界的几种思想误区促使修辞学者们寻求新的出路，从而提出了比较修辞学。比较修辞学崛起过程中逐渐明确了其核心思想，其研究方法总体来说是语境重构。本文探讨比较修辞学的两大动因，围绕四个令人困扰的问题对核心思想进行阐述，并且描述几种具体的研究方法。

关键词：比较修辞学；核心思想；动因；研究方法

几十年来，修辞学者们以及相邻学科的学者们都在致力于研究如何论及其他文化和修辞传统，如何为其代言、如何与其交流，才能避免本质主义，避免异化、混同、分割其他文化及修辞传统。令学者们感到困扰的是：在代表他人时，如何才能摆脱自己的思想或避免重复已有的知识？需要做哪些努力才能使代言不仅仅对代言者自己“有用”或不仅仅为代言者自己的利益服务？代表他人时，如何评价自己的角色和民族中心主义的偏见？

比较修辞学的崛起正是为了回答这些问题，颠覆处于主导地位的修辞范式，扩大和丰富对于其他修辞传统与修辞实践的知识，即处于边缘地位、鲜为人知的、几乎被遗忘的修辞传统及实践。比较修辞学流派将修辞学视为与语境共存和同生的事物，同时具有文化属性和临界性。现在比较修辞学研究已经在学者们持续不断的共同努力下壮大起来。2010年以来比较修辞学致力于寻求跨学科的分析框架，竭力呈现被边缘化的修辞实践及文化。今天我们应该回顾反思，充分了解使之崛起的作用力，以便于比较修辞学在新的层面上能够更恰当地论及其他文化、为其代言、与其交流。

本文将首先探讨两大动因——宏观动因和特殊动因，在二者的作用下比较修辞学得以崛起和盛行，从而在创造、干预与转型的修辞学领域里获得主动性和价值认可。

一、比较修辞学产生的宏观动因

比较修辞学得以产生，离不开当时大的文化政治环境。首先，20世纪末跨学科研究越来越兴盛。跨学科研究的一个主要特点就是：采用不同学科的理论和方法框架挑战以西方传统为主体的理念——二元思维（binary thinking），促使我们对历史和文化的互依性（interdependency）和互文性（intertextuality）的认识产生了根本性的转变。比较修辞学顺应了这一历史发展趋势，成为文化、文学、修辞、语言学等学科的交叉点。比较修辞学还借鉴了

* 本文系国家社科基金后期资助项目“比较修辞学视域下的语篇修辞策略研究”（项目编号：21FYYB016）的阶段性研究成果。

阐释学、文化人类学、话语批评、后现代研究的理论。

其次，受全球化的影响。全球化对于“民族—国家”“公民—臣民”这样单独、离散的分析单位提出了挑战，认可那些影响个体生活和文化实践的全球性势力。而且，全球化更尖锐地暴露了权势的分布极其不均，以及物理处所（即实际居住地）与认知处所（即影响说话、认知和生存的想象中的地理位置或空间）之间的矛盾。同时，全球化也使人们看到“本族人视角”的可供性（affordances）与局限性；自我与他者的边界，以及本土与异域的界限越来越模糊。这些发展变化为比较修辞学的崛起创造了滋养环境。

再次，1978 年 Edward Said 出版了他的具有开创性的专著《东方主义》（*Orientalism*）。“东方主义”既是意识形态又是行为方法。Said（1978）认为，当军事上和科技上发达的西方文化遇到不熟悉的文化时，总是倾向于把自己看成理想的模型，以自己为标准把其他文化当作反面的低劣方。与此同时，作为意识形态，“东方主义”又赋予西方文化或殖民势力（colonizingpower）一种“挽救”或“教化”的“历史使命”作为行为方法，“东方主义”采用二分法把一些概念对立起来，并偏颇地认为每一对立概念组中的第一个概念总是高于第二个概念，如：“阳刚—阴柔”“理性—情感”“变化—停滞”“心智—身体”“本质—表象”“自由—奴役”“个体—群体”“原创—统一”等。东方主义学者认为汉语修辞属于阴柔，具有女性化特征，但是他们无法解释中国文化中的父权思想。Said 的理论在修辞学领域内也影响非凡，它让修辞学者认识到研究中也犯有遵循“东方主义”逻辑的错误——套用欧美修辞范式或框架来解释或评估本土文化语境和修辞行为。总之，Said 对“东方主义”的强烈批判为比较修辞学的发展提供了肥沃的土壤，使之得以在修辞学领域内对“东方主义”进行批判，并提出根据其他文化自身的特点、深入其语境进行研究的方法。

最后，20 世纪后半叶 Kaplan 开创了西方修辞学研究中颇具影响力的当代流派“对比修辞学”（contrastiverhetoric）。该流派主张，不同语言的语篇所呈现的差异与文化因素有关，强调文化的同质性。尽管其文化的概念还处于静态、单一及稳定的理念内，但它对文化的重视以及将语篇差异与文化直接关联的思想，为新兴的修辞学流派“比较修辞学”（comparativerhetoric）奠定了基础。正是有了这个基础，比较修辞学才可以强调文化的动态性、异质性、多元性以及地域特征等。

二、比较修辞学产生的特殊动因

除了上述的四大宏观动因之外，修辞学界一些典型的思想误区成为比较修辞学产生的特殊动因。以下我们讨论三大主要误区。

1. 归因错误

20 世纪 70—90 年代西方修辞学界部分学者拿古希腊修辞范式来生硬地衡量其他文化，比如认为亚洲文化中缺少修辞。如 Mao（2003）提到，David Jolliffe 把中国人喜欢用格言警句、名人名言的写作习惯归因于个人对集体的服从行为，而不是将其看作一种修辞行为。还有 John Morrison，在研究中则直截了当地把日本与西方的写作差异归因于日本文化中缺少修辞传统，从而导致交际中顺从、修辞中无论辩、宗教上重冥想、语言上缺乏逻辑推理。在这些学者看来，似乎世界上只有一个修辞传统，即古希腊修辞，完全不认可其他文化中的修辞传统，或将这些传统也归于古希腊修辞中。

Garrett（1999）也认为，有些西方修辞学者和受西方教育的修辞学者的思想比较偏狭，在比较修辞学研究中会产生误导。如果采用古希腊著名的雄辩者（sophist）Gorgiasof Liontini 对修辞的定义，即用语言劝说法官、议员以及任何为公共利益而聚集的会众，那么中国文化中的修辞现象的确不多。但如果把修辞定义为“针对有关公共利益的问题用语言劝说有政治权力的人”，那么从汉朝开始，朝廷的议政、讨论、论辩，以及文化人的书信、文章等都是修辞实践。如果把修辞定义为“人际交往语境中的劝说”，就会发现中国文化中有大量修辞典范，如《战国策》《韩非子》《鬼谷子》等。如果把修辞定义为“对话语进行的有组织的研究”，那么中国文化中有关修辞的理论著作、指导手册等则浩如烟海。对修辞的不同定义说明，如果衡量的尺度有问题，那么对非西方文化的看法势必进入误区。

2. 夸大修辞特殊性

受“东方主义”影响，有些西方学者把非西方文化看成“他者”（Other），即无共性、神秘、陌生的异域文化，而且对这些文化中的特异之处感兴趣，并对此进行夸大甚至导致异国情调化（exoticism），不免会使修辞学界对这些文化产生错误的认识。例如，研究中国修辞学的西方学者尤其对道家修辞感兴趣，但是这种过度关注与《道德经》对中国修辞理论和实践的影响不成比例，可能因为西方学者有猎奇的心理（Garrett，1999）。这种夸大其他文化及其修辞特殊性的做法非但不能对研究对象——其他文化或其他社体（societyorcommunity）——做出合理的分析，反而会重蹈或延续二元思维的覆辙。此外，西方学者的语料来源不可靠、不全面等也是造成这个问题的原因之一，这个问题又会导致第三个误区。

3. 为他人代言不当

第三个误区可以概括为 Alcoff（1991）所指的“为他人代言”（speak for others）造成的问题。Alcoff 关于加拿大白人作家 Anne Cameron 的例子清楚地说明了这一点。Cameron 的几本半小说体著作采用第一人称，以虚构的土著者身份讲述了加拿大土著妇女的生活。然而，在 1988 年蒙特利尔国际妇女图书展上，一群加拿大土著作家要求 Cameron 把自己的作品撤掉，因为在这些土著作家看来，Cameron 的作品剥夺了他们的权利，且没有真正体现土著女性的生活。由此看来，“为他人代言”不一定会被他人认可，反而会被看成“傲慢、自负、不合伦理、政治上不合理”（Alcoff，1991：6）。究其原因，代言者所处的位置影响话语意义和话语的真实性。代言者的“社会定位”（social location）或者说社会身份很重要，突出的社会地位和特权地位都会影响代言者的话语效果，会招致被代言者的反感。代言行为本身反映控制欲，代言者认为自己比他人知道更多真相、对事物的理解更正确，从而将自己置于优势地位、获得赞许和荣耀。而代言的结果有时会加剧性别、种族以及其他等级差异。

再比如，为第三世界代言的人来自第一世界，反而会强化其特权地位。如果英美修辞学家用亚里士多德的修辞术语来解释南非的修辞现象，很可能会把南非修辞归属到古雅典修辞中，忽视南非修辞自身的修辞创造（Hum & Lyon，2009：160）。我们在这里并不是反对为他人代言，而是主张开诚布公地讨论为他人代言固有的危险，并寻求如何降低、削弱其不利影响。人类社会中存在文化、地位、身份等方面的差异，为他人代言是无法避免的，但若我们无视或轻视为他人代言会带来的挑战，那就会进入误区。

三、比较修辞学的核心思想

比较修辞学作为新生事物，不能完全被世人理解，自诞生以来学术界不免有些困惑和争议。比较修辞学最初的研究者之一是 Robert T. Oliver。由于受历史局限，他对中、印修辞分析的结论存在不少问题。但是，他认为每种文化都有自己的价值体系，有自己修辞的独特性。这个观点在当时颇有创建性，至今仍引起共鸣。Oliver 在这一点上继承了 Kaplan 的“新沃尔夫”思想[1]。然而所不同的是，他认为西方学者是东方文化的局外人，不可以把西方修辞学范式用于分析东方修辞。不能把柏拉图—亚里士多德的修辞理论拿来研究中国修辞和印度修辞，因为这两个国家在古代没有与古希腊等同的修辞环境；更不能以西方修辞为标准来评价东西方修辞的差异，进而误解甚至否定东方修辞。否则等于“拿尺子来测量水中的盐分”（Oliver，1971：3）。那么正确的做法是什么？下面围绕四个有争议的主要问题阐述其核心思想。这四个问题具有内在的逻辑联系，涵盖比较修辞学的定义、特征、研究方法，以及终极目的。也就是说，比较修辞学的核心思想涉及表象和本质、自起始到终极的过程。因此有必要对这四个问题进行辨析。

第一，比较修辞学到底是研究对象，还是研究方法？

有些学者如 Kennedy（1998）认为，比较修辞学就是对各个社会里过去和现在所存在的修辞传统进行跨文化的研究。他把比较修辞学看成研究对象，研究方法则是借鉴西方修辞学传统，如亚里士多德修辞理论。而另一些学者如 Hum 和 Lyon（2009）则认为比较修辞学是研究不同文化中话语行为的方法。

Mao（2021）以及毛履鸣（2021）认为，比较修辞学既是研究对象，又是研究方法，二者是共生关系（symbioticrelationship）。以放大镜为例，通过放大镜看东西，则放大镜是工具。如果观察放大镜、研究其效果，则是一种研究实践，此时放大镜是研究对象。把比较修辞学既看作研究实践又看作研究方法有助于克服偏见和两极化思维，而这种偏见和两极化思维阻碍了对非欧美修辞的有效研究。“缺了方法，我们就无法合适地研讨、推广比较修辞学，我们就会重犯上述的‘东方逻辑’（指萨伊德的理论）错误，或是它们的变异。缺了修辞行为，即你我怎样通过论据、比喻、叙事等等来体现、影响社会、政治结构和文化行为，再好的方法也会失去它们的用武之地。”（毛履鸣，2011）

第二，“对比修辞学”强调差别，那么“比较修辞学”则侧重相同点吗？

Kaplan 的对比修辞学凸显了英语修辞范式与非英语修辞的差别，暗示甚至明示了后者的不足，引起学术界的不满。因而才出现了跨文化修辞学和比较修辞学。但比较修辞学并不是走向另一个极端——相同点。比较修辞学强调，必须认识和重视不同文化中修辞实践的多样性（multiplicity）、易变性（fluidity）和独特性（singularity），不能淡化或抹杀其修辞实践的特点。换言之，不能只谈共同点，掩盖或忽视差异（刘东虹，2021）。确切地说，比较修辞学试图更加细致多元，对共鸣与分歧持审辨态度，更加小心谨慎，以免落入上述陷阱。诚然，人们认识陌生事物都是从将它与熟悉的事物做比较开始，通过比较并发现相似性，可以更好地了解陌生事物（Cummings，2021）。对事物进行比较会导致两极化观念，但是同样也会瓦解两极化观念。比较修辞学会加固文化、语言、民族观念，也会消解这些观念。例如，旅行者进入一个不同民族的村落，可能会感到新鲜好奇甚至警惕，这时可以充分意识到语言、习俗及自我身份与村民的不同。但随着接触加深，游客学会了当地语言、了解了其生活习俗，会逐渐融入该村落的生活中。比较修辞学尊重边缘化的修辞、历史与传统，认为这些被忽视的修辞传统与处于支配地位的修辞传统是平等的，应该并驾齐驱。并且认为所有文化中的话语活动都应该相互依存、相互联系。这种理念矫正了对修辞的狭隘定义而带来的思想误区。

第三，比较修辞学如何研究非西方文化中修辞的特殊性或独特性？

对修辞行为或话语活动进行比较，通常有两种框架："主位"（emic）和"客位"（etic）（Mao，2003：418）。"主位"是作为具有某种文化背景的修辞使用者来研究自己的文化修辞特征，即从文化局内人视角进行研究。"客位"则是从文化局外人视角进行研究。如英美学者在英语文化中长大，熟知英语修辞范式。当他们看到亚洲修辞，不免会从自己的视角去认识它、用英语修辞范式去评价它，这是客位视角。而当他们充分了解亚洲文化、历史、修辞，把自己置于亚洲文化背景中，深入材料或语料中进行研究，用亚洲文化本身的修辞范式来分析问题时，则是主位视角。而主位和客位框架相辅相成才能避免陷入自说自话的窠臼，才能走向通往客观准确的大道。如 Lu（1998）的研究聚焦中国古典修辞（"主位"），并反复与西方古典修辞做特殊比较，分析其历史、政治与文化语境（"客位"）。

以"主位"和"客位"研究成果为基础，比较修辞学最近几年强调，研究者们应该把自己文化和其他文化中的认知和处事方式都纳入"去语境化"（decontextualization）和"语境重构"（recontextualization）过程中。前者指研究者通过比较，对于自己文化中的修辞范式和框架进行处理，改变其自然属性。也就是说，将一种文化中的修辞范式等单独拿出来研究。"语境重构"则是将自己文化修辞范式等，与其他文化（特别是处于强势地位的）修辞范式进行平等对话，目的是颠覆强势文化与修辞的大一统地位。"语境重构"需要的不仅是在解读语篇时做到主位和客位的平衡，还应该质疑非此即彼的两极化模式。"语境重构"囊括了上文讨论的主位、客位、为他人代言、反思等所有思想。"去语境化"和"语境重构"两者缺一不可，相辅相成。

第四，比较修辞学应该致力于产生一种放之四海而皆准的理论吗？

Kennedy（1998：88）认为比较修辞学应该提出适用于世界上所有文化的"普遍修辞理论"（General Theory of Rhetoric），即致力于宏大叙事。然而，Mao（2021）则不以为然，认为比较修辞学不应该致力于宏大叙事，这种叙事或理论在处理文化内部与跨文化的多样性和独特性时会面临巨大的挑战，甚至会重蹈西方种族中心论的覆辙，把自己的修辞原则或信条当作普适标准或规范，而把其他修辞看作需要提升和改进的不合规范的修辞。

不同文化中修辞实践的多样性和多变性，是任何一种修辞理论都难以全面涵盖和解释的，因此普遍修辞理论实际上不可能"普遍"。而且在欧美修辞传统中，有些修辞概念及修辞实践可能会与其他文化中的修辞概念及行为有一些相似性。然而，这类相似性常常要比我们所想象和预料得更加复杂和多变。如果任何普遍修辞理论没有对这些问题提出恰当、合理的解释，或提供解决这些问题的有效方法，那么这些普遍理论很可能与空洞泛化的理论相差无几，或者无形中变成了欧美修辞传统的某种延伸（毛履鸣，2011）。

四、比较修辞学的研究方法

比较修辞学从一开始就在探索研究方法。Lu（2004）把西方学者对中国修辞的研究总结为四个阶段：第一阶段，大多数学者受欧洲中心论的影响，推崇语篇的线性逻辑发展模式，并且认为中国没有修辞传统、缺少逻辑推理；第二阶段，学者从中文经典著作中发现了丰富的修辞思想，使中国古典修辞得到了认可和关注；第三阶段，学者越来越多地怀疑基于西方修辞框架进行跨文化比较是否偏颇，并开始尝试新的比较方法；第四阶段，学者意识到比较研究不仅可以加深对中国修辞的了解，而且反过来可以加深对西方修辞理论的理解。当然，国外对中国修辞的研究不一定如 Lu 所言呈现清晰的阶段性，有可能是几个阶段的特征同时存在。但 Lu 的思想至少说明，目前的修辞研究正在重拾被边缘化、被忽视、被异化的非西方修辞传统、理论以及实践，并且开始承认中国修辞的研究结果对于主流西方修辞传统与范式的影响（薛婷婷、吴晖，2017）。

把比较修辞学看成研究对象的学者更加注重寻找合适的研究方法。毛履鸣（2011）总结了三种较有影响力但已受到质疑甚至否定的研究方法。

方法一，发展普遍修辞理论，涵盖收纳各种修辞学传统，如 Kennedy 的普遍修辞理论。从古典修辞学或新修辞学的视角来看待世界上不同文化的修辞现象，发掘相似性，即异中求同。比较修辞学的这种研究方法可简称为“求同法”。值得注意的是，比较修辞学理念不是一味求同而忽略、否认差异。这种研究路径实施的前提是承认差异，在差异中看到相似性。

但是比较修辞学领域采用这种方法会带来一些问题，如忽略多样性和多变性，从而导致理论漏洞百出，最终无法成立。这个方法已经受到多数比较修辞学研究者的质疑和否定。

方法二，碎片法（piecemeal approach）。与方法一刚好相反，碎片法主张对不同文化中的理论或概念进行单独研讨，并进行比较。从西方理论入手，深入非西方文化语境中研究其语篇，进行合理的解读，并对西方理论和非西方修辞进行反思，最后（也是最重要的）发掘非西方修辞的特殊性。要求研究者，特别是非西方学者从自己本土文化的深处挖掘出影响其修辞的因素，最终能有效地解释特殊性，切忌简单地归因于缺少西方某种修辞传统。Mao（2003：418）推荐了“从客位出发到主位再回到客位这样循环往复的方法（etic/emicapproach）”。就是说，如果想研究某种非西方修辞，首先借助其修辞系统以外的元素（例如英语修辞范式）对该非西方修辞语篇进行文本分析，然后深入该修辞系统内部研究其特殊性，分析其修辞特色以及文化思维的影响，反过来再借用其分析的结果（主位）来重新评估英语修辞范式（客位）。

为了体现差异和特殊性，研究者们保留了本土修辞中的术语，而不是为了迎合英语世界的读者而翻译成英语。如 Lloyd（2021a）的文章中采用了印度语 Nyayasutra，You（2006）用了汉语拼音“li（礼）”。甚至还有“yin（阴）”“yang（阳）”“shu（恕）”“qi-cheng-zhuan-he（起承转合）”等许多此类术语出现在比较修辞学研究者们的论著中。

然而，这种做法完全忽略了一个重要现象，即任何理论或概念在其自身修辞传统中都具有多样性和争议性。做比较研究时，如果不考察和比较研究对象本身的多样性和争议性，很难自圆其说。

方法三，超正确法（hypercorrection），即矫枉过正。针对过去传统对比修辞学研究中出现的一些弊端进行纠正。然而，超正确法却是矫枉过正，走向另一个极端。过去西方修辞学者把东方看成西方的对立面，认为西方修辞更加高级、文明，现在有些西方学者对此进行纠正，却矫枉过正。这种做法会产生两个结果：要么过分强调东西方修辞之间的差异，完全无视两者之间可能存在的相似之处；要么把东方的修辞传统和修辞实践理想化。

Hum 和 Lyon（2009）提出的比较修辞学研究方法可称为“方法四”，即基于跨文化修辞学中的跨学科理念，借鉴相邻学科的理论和清楚易懂的方法。理论与方法不一定局限于西方修辞学领域，可以来自其他学科，与修辞学研究领域有密切联系，并且具有适用性。而且研究者易操作，受众容易明白。例如，逻辑学的非形式逻辑研究，社会学或人类学的访谈法、内容分析法、恒定比较法等，甚至涉及少量的统计学知识。总之，不仅不能完全抛弃西方修辞理论和框架，必须将西方修辞学理论、原理等作为“参照框架”进行比较或者作为研究的出发点（Mao，2010：334），而且涉及其他学科的方法。最重要的是，研究中必须对文化语境进行反思和解读。

Hum 和 Lyon（2009）还提到一种研究方法，就是用非西方修辞范式或理论来分析、解读、评价西方语篇。不过，这种方法在当今全球化时代使用得相对较少。虽然有不少学者主张在理论上和研究方法上与西方完全脱钩，但是很难做到。比较修辞学并不主张摆脱西方研究方法和范式，而是批评性地评估它们，建设性地使非西方修辞范式或理论与其共存，并干预或转型。

需要指出的是，上述几种研究路径不是孤立的，研究工作中通常会涉及几种方法。如 Mao（2006）、毛履鸣（2018）以及毛履鸣（2014）的研究不仅仅采用了第二种方法，还有第四种方法，因为面子理论基于语用学的“礼貌原则”，从现代精细的学科划分来看属于不同学科。而且，“跨文化修辞学”已经提倡借鉴语料库研究方法、民族志方法等，这些都有助于作“比较修辞学”研究。钱乘旦（2020）也认为：“文科交叉已经是大势所需。虽说死守原有的学科边界，在研究课题上继续深究，仍然可以做出成绩；然而，要使文科获得质的发展、更符合时代的需要，交叉就是舍其不可的。”交叉有多个方面，其中一个是研究方法的交叉，即借用其他学科的研究方法。

2013 年，在堪萨斯州召开美国修辞学会夏季研究会的分论坛，除了明确了比较修辞学的定义、研究目标和对象，更重要的是确定了比较修辞学的研究方法，即在下列几组问题中进行语境重构：过去研究的意义和当今面临的问题；什么是重要的存在与什么是仅仅存在；相互对话与为他者代言（Mao & Wang，2015）[2]。

上述问题虽然比较笼统、概括，但强调了总体研究方法——语境重构，即毛履鸣（2011）提到的富有对话性和辩证性的“三元法”，批判性地考察自我（一元）和他人（二元）。处于三元立场，不拘泥于相似性和差异性，对自我（本土观念或修辞）与他人（非本土观念或修辞）进行反思比较。总而言之，“比较修辞学”研究和其他人文社科研究一样，研究方法不是束缚研究者的枷锁，而是支撑研究者长途跋涉走到目的地的拐杖。

五、结语

综上所述，比较修辞学既是研究对象，又是研究方法。比较修辞学并不是只谈文化修辞间的相同点，而是重视不同文化中修辞实践的多样性、易变性和独特性，主张平等对待被忽略、被边缘化的修辞传统。比较修辞学不会产生一种可以解释所有文化修辞的普遍理论。比较修辞学的研究方法总体来说是语境重构或“三元法”，涉及反思、对话、权衡等。

比较修辞学队伍目前已经声势浩大。来自不同文化的学者在致力于本族文化修辞传统的研究，Lloyd（2021b）的《路特里奇比较世界修辞手册》以及 Wu 和 Graban（2023）的《全球修辞传统》就是典型的例子。以跨越边界为出发点、用世界修辞学的视角来观察与研究，这两部著作大大丰富了比较修辞学，为其打开了一个更广阔的窗口，让我们更多地了解鲜为人知的修辞历史和实践，关注多种多样的修辞模式和文化，并促使我们重新考虑对修辞、文化以及我们自己的看法。而且，比较修辞学的思想还会渗透到其他领域，如应用语言学、传播学、写作学等。这个趋势还会继续增强，研究课题也会更加细化。而在这个过程中，自我和他人（self and other）也会随之成长、丰富与转变。同时，比较修辞学者也会继续深入探讨如何论及其他文化和修辞传统、如何为其代言、如何与其交流，从而避免本质主义、避免异化、混同、分割其他文化及修辞传统，这方面的研究将迈出更大的一步。

注释

［1］新沃尔夫思想不仅强调语言相对论，而且强调文化相对论，认为每种文化中的修辞、逻辑等都具有独特性。

［2］这是比较修辞学会制定的纲领的一部分，纲领详细规定了比较修辞学的定义、研究对象和目标。该纲领发表在2015 年 Rhetoric Review 第34 卷第3 期（273—274），在修辞学界产生了很大反响。

参考文献

刘东虹，2021，《比较修辞学视角下汉语论说文段落修辞的特殊性研究——基于教材和作文的分析》，《北京第二外国语学院学报》第 6 期。

毛履鸣，2011，《借用苏格拉底式的寓言来阐释比较修辞学》，《当代修辞学》第 2 期。

毛履鸣，2014，《美籍华人修辞的形成——解读中式签语饼》，汪建峰译，《当代修辞学》第 1 期。

毛履鸣，2018，《发展阴阳修辞：从和谐互惠到异中互存》，赵烨冰译，《当代修辞学》第 5 期。

毛履鸣，2021，《比较修辞学再界定的三个维度——本质、事实及事件》，汪建峰译，《当代修辞学》第 4 期。

钱乘旦，2020，《文科为什么要交叉———兼论知识发展的一般规律》，《文化纵横》第5 期。

薛婷婷、吴晖，2017，《中国修辞在美国：方法、焦点及展望》，《当代修辞学》第 4 期。

Alcoff，L.，1991，The Problem of Speaking for Others，*Cultural Critique*，20：5—32.

Cummings，L.，2021，Rhetorical Histories of Comparison：Anarcheology of the Comparative Act，In Lloyd，K.（Ed）. *The Routledge Handbook of Comparative World Rhetorics*，Philadelphia：Routledge，58—66.

Garrett，M. M.，1999，Some Elementary Methodological Reflections on the Study of Chinese Rhetorical Tradition，*International and Intercultural Communication Annual*，22：53—63.

Hum，S. & Lyon，A.，2009，Recent Advances in Comparative Rhetoric，In Lunsford，A.（Ed），*The Sage Handbook of Rhetorical Studies*，Los Angeles：SAGE，153—165.

Kennedy，G. A.，1998，*Comparative Rhetoric：A Historical and Cross-Cultural*

Introduction, New York: OxfordUP.

Lloyd, K., 2021a, Comparative World Rhetorics: The What and How, In Lloyd, K. (Ed.), *The Routledge Handbook of Comparative World Rhetorics*, Philadelphia: Routledge, 1—11.

Lloyd, K., 2021b, *The Routledge Handbook of Comparative World Rhetorics*, Philadelphia: Routledge.

Lu, X., 1998, *Rhetoric in Ancient China, Fifth to Third Centurty B.C.E.: A Comparison with Classical Greek Rhetoric*, Columbia: The University of South Carolina Press.

Lu, X., 2004, *Rhetoric of the Chinese Cultural Revolution: The Impact on Chinese Thought, Culture, and Communication*, Columbia: University of South Carolina Press.

Mao, L., 2003, Reflective Encounters: Illustrating Comparative Rhetoric, *Style*, 37(4): 401—425.

Mao, L., 2006, *Reading Chinese Fortune Cookie: The Making of Chinese American Rhetoric*, Logan, UT: Utah State UP.

Mao, L., 2010, Searching for the Way: Between the Whats and Wheres of Chinese Rhetoric, *College English*, 72(4): 330—345.

Mao, L., 2021, Redefining Comparative Rhetoric: Essence, Facts, Events. In Lloyd, K. (Ed.), *The Routledge Handbook of Comparative World Rhetorics*, Philadelphia: Routledge, 15—33.

Mao, L. & Wang, B., 2015, A Symposium Manifesting a Future for Comparative Rhetoric, *Rhetoric Review*, 34(3): 239—274.

Oliver, RT., 1971, *Communication and Culture in Ancient China and India*, Syracuse, NY: Syracuse UP.

Said, E., 1978, *Orientalism*, New York: PantheonBooks.

You, X., 2006, The Way, Multimodality of Ritual Symbols, and Social Change: Reading Confucius' s "Analects" Asarhetoric, *Rhetoric Society Quarterly*, 36(4): 425—448.

Wu, H. & Graban, T.S. (Eds.), 2023, *Global Rhetorical Traditions*, Anderson: Parlor Press.

（原文刊于《当代修辞学》2023年第6期）

"三位一体"：篇章意义研究的一个宏观模式*

王振华　方硕瑜

提要： 本文以中国学术期刊全文数据库中的核心期刊为数据来源，梳理我国语篇评价研究2001—2020年20年来的发展脉络和研究趋势。通过梳理发现，随着评价研究从萌芽期过渡到快速和稳定发展时期，其理论应用得到了系统推进，所分析的语料体裁逐步多元，同时涉及对大数据的应用和对新媒体的研究。20年来，国内相关研究丰富了语篇评价研究的体裁谱系，助力了我国各领域的话语生产与实践，推动了语篇评价研究中的跨学科对话。但是，多数研究在研究方法和理论发展方面存在一定的局限性。为寻找一个具有适用性和整体性的研究模式，本文提出"三位一体"的宏观模型，从"起源"、"语义"、"元功能"和"评价"四个维度，为语篇评价研究在研究方法和理论上提供一个比较系统的、多元的研究框架。

关键词： 评价系统；语篇意义；回顾与展望；"三位一体"模式

一、引言

"评价系统"（the Appraisal Systems）发端于2000年，以马丁（J. R. Martin）的Beyond Exchange： Appraisal Systems in English 论文为标志。王振华在《外国语》2001年第6期上将其作为系统功能语言学的新发展引介至国内。2008年，外语教学与研究出版社引进了Palgrave 2005年出版的马丁和怀特（J. R. Martin & Peter R. R. White）合著的*The Language of Evaluation：Appraisal in English*一书。此后，国内学者对评价系统的兴趣日趋升温，相关的研究成果层出不穷。在某种意义上，这种情况说明了评价系统具有一定的前沿性、创新性、适用性和可接受性。

本文关心的问题是，在2001—2020年20年里，我国对评价系统的研究和应用有哪些进展、现状如何以及未来如何发展？为回答这些问题，本文选取具有一定代表性的核心期刊文献作为分析样本，梳理该领域的研究过往，讨论国内语篇评价研究的优势和不足。为促进未来语篇评价研究的进一步发展，我们提出"三位一体"的研究模式。

二、进展与现状

本文的文献数据源自《中国学术期刊》（CNKI）全文数据库，来源类别选择"核心期刊""CSSCI"，检索条件依次按照主题、关键词和全文等查缺补漏，对评价系统及各子系统的名称术语进行检索，包括"评价系统""评价理论""介入（系统）""态度（系统）""级差（系统）""自言""借言""单声""多声""对话性""对话收缩""对话扩展""判

* 本文为上海交通大学文科建设处团队项目（项目编号：WKCX007）的阶段性成果。

断”“情感”“鉴赏”“语势”“聚焦”“清晰”“模糊”等。根据摘要或全文内容清洗数据，严格限定所选论文与语篇研究相关。最后得到的文献语料为362篇（截至2020年12月31日），见图1。根据发展趋势，我们把这20年来该研究的发展分成三个主要阶段：萌芽期（2001—2005年）、快速发展期（2006—2010年）和稳定发展期（2011—2020年）。具体内容将在2.1节讨论。

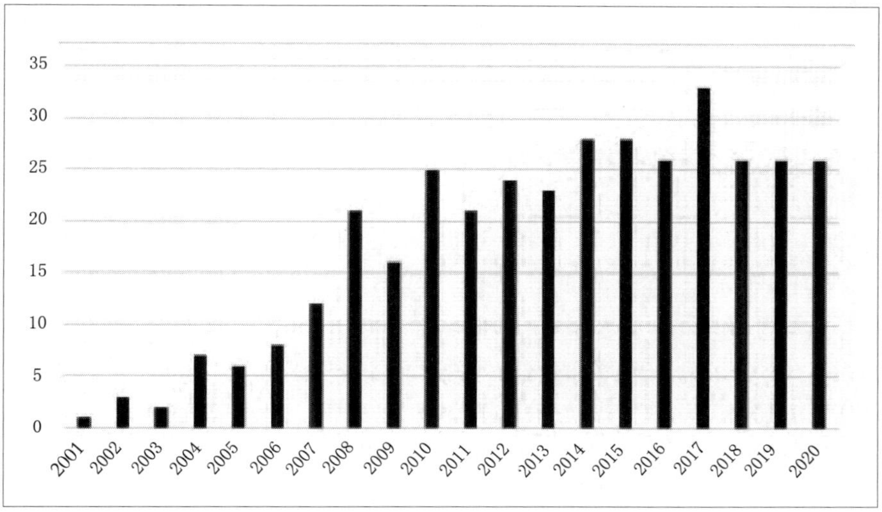

图 1　国内基于评价系统的语篇研究历时分布

通过文本细读，我们发现各个子系统在不同文本类型中的应用都比较充分。这些研究有综合运用态度、级差和介入子系统中的某两类或三类资源，也有从单个子系统切入，考察语篇中的人际意义。为了更好地把握语篇评价研究的热点，我们依据三个发展阶段，统计了不同语篇类型的研究分布（见图2），以便讨论语料类型的选择趋势以及评价系统的适用特点。语料类型主要涉及11大类。

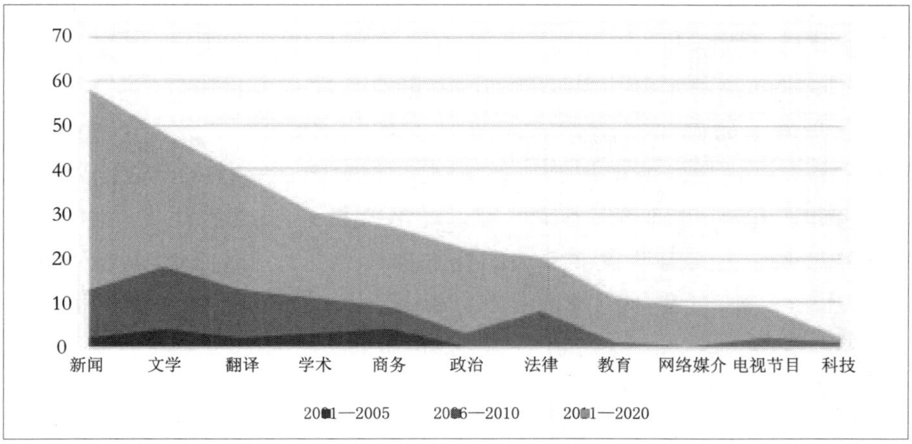

图 2　国内语篇评价研究的语篇类型研究情况

本文将从发展阶段、取得的成绩与存在的不足，归纳语篇评价研究2001—2020年的动向和趋势。

2.1 三个发展阶段

萌芽期（2001—2005年）。这个阶段的发文量每年不超过10篇，论文初步验证了评价系统尤其是态度子系统在新闻（2篇）、文学（4篇）、翻译（2篇）、学术（3篇）、广告（4篇）文本分析中的适用性。其间，介入和级差子系统经历了从未完全成型到逐渐完善的过程。在这个过程中，学界声音众多。部分学者应用的介入子系统是以情态和投射为主要手段，尚未划分内、外部声源的多声性。另外，一些学者对介入和级差子系统的运用则参考了怀特1998年博士学位论文的版本（如刘世铸、韩金龙，2004；唐丽萍，2004，2005等）。早期的理论引介与研究，尤其是评价在汉语语篇中的应用，初步显露出了萌芽期评价系统研究的开拓性和前沿性。

快速发展期（2006—2010年）。这个阶段的发文量呈现阶梯式上升的趋势，最高达到年发文25篇（2010年）。在这期间，评价系统整体理论的完善推动了其应用的系统化。理论的完善包括马丁和罗斯（Martin & Rose，2003/2007）在 *Working with Discourse: Meaning beyond the Clause* 中构建的含评价系统在内的语篇语义系统，马丁和怀特（Martin & White，2005）在评价专著中深入展开了介入和级差两个子系统。马丁和怀特通过阐释评价系统与语篇语义研究的关系，建构了评价从意义潜势到阅读立场的解读路径，可以更系统地分析语篇的人际意义。另外，胡德（Susan Hood）2004年博士学位论文中的级差框架、胡德和马丁（Hood & Martin，2007）对级差系统的修改框架也受到学者的关注（如张滟，2008；布占廷，2010）。在此阶段，新闻（11篇）、文学（14篇）、翻译（11篇）、学术（8篇）等语篇的研究议题逐渐丰富，语料范围不断拓宽，语类中典型的语法或词汇表达方式得到较为系统的讨论。此外，文本类型较前一阶段明显增多，涌现出教材、演讲、戏剧、访谈、电影等多元体裁形式[①]，法律（8篇）、政治（3篇）、科技（1篇）的语篇也开始受到关注。这些研究对评价在不同语言层级的表现形式、与语境的相互作用和联系，以及显性和隐性评价的呈现方式均有论述。

稳定发展期（2011—2020年）。这个阶段的总体发文量明显增加，年均发文量超过20篇。这十年来，语篇评价研究触角不断延伸。研究通过拓展早期文献所涉议题，同时回应当下的热点话题，兼具承继性与前沿性。其中，新闻类的文本研究剧增至45篇，文学（30篇）、翻译（26篇）、学术（19篇）、商务（18篇）、政治（19篇）、教育（12篇）和法律（12篇）等各类文体都有一定规模的增长。得益于网络数据库和语料库分析软件的普及，基于大文本语料的量化研究成为一大趋势。不少研究的样本覆盖面大，语料的代表性较好，如王振华、张庆彬（2013）对224所国内外大学校训的评价意义研究，李琳（2016）对涵盖12个不同行业的56家英美知名企业年报中风险话语的分析，等等。另外，历时性语篇考察也受到青睐。例如，杨晓军、谭福华（2012）分析了19世纪和20世纪美国总统就职演说中评价性重复手段的使用异同，杨敏（2013）追踪体育报刊七代中国运动员的获奖感言，探讨国家认同语义的种系、个体和话语发生。除了量化研究趋势，这一时期，网络媒介兴起（9篇）为传统的

① 此处数据统计归入了教育、电视节目、政治等语篇类型。

商务、教育、电视节目领域带来全新的互动方式，出现宣传网页、电商评论、影评、教评系统、TED 演讲、美剧等新体裁的评价研究。社交媒体的应用，还带动了微博互动、网站评论和跟帖的评价研究。

2.2 取得的成绩

综合分析发现，2001—2020 年，国内相关研究取得的成绩主要表现在以下三个方面。

2.2.1 丰富语篇评价研究的体裁谱系

语篇评价研究涉及的语料既有静态成文、存在潜在对话者的文本类型，也有对话性的口语语体语篇。研究探讨了不同语篇中语言的交际效果与互动功能。2001—2020 年，语篇评价意义研究在新闻、文学、翻译、学术、商务、政治、法律这几类体裁中的应用特点如下。

新闻类语篇涉及报道、社论、硬新闻、电视访谈，涵盖政治、体育、时尚等主题。研究的热点是通过评价资源的标注和分析，解读有关国内外局势、政策和外交等内容。切入点主要包括：（1）同主题但不同国家或语言的新闻语篇对比，如对《人民日报》和《悉尼先驱晨报》关于我国地震报道的差异研究（王振华，2004）；（2）针对西方媒体建构的中国形象的批评话语分析。这方面研究涵盖了中国在政治、经济、军事、社会各领域的政策或表现，如：美国主流媒体有关中俄军演报道中的中国形象（潘艳艳、董典，2017）；（3）针对我国重要外交理念的新闻外宣研究，例如对“一带一路”、中国梦、大国关系构建等的研究（如蒋国东、陈许，2017）。

文学类语篇涉及英美文学和中国文学中的小说（25 篇）、诗歌（8 篇）、散文（2 篇）、语录体（2 篇）、传记（2 篇）、寓言（1 篇）、童话（1 篇）、戏剧（1 篇）等文本。研究目的主要是通过评价分析作品中的语言特色、剖析作品中的人物形象等，促进对文学文本的鉴赏。

翻译类语篇从原文和译文评价意义是否偏离出发，探讨了忠实、对等的翻译标准，以此启迪翻译质量评估。研究主要关注英汉或汉英语篇之间的对译，包括单译本和多译本，内容涵盖文学作品、新闻、商务、政治等语篇类型。研究者讨论了译本的文化内涵、价值取向，以及译者的意识形态等议题。针对口译语篇的评价研究主要出现在 2011—2020 年期间。如唐芳、李德超（2013）针对不同译员组别的评价信息显化特征研究，李涛、胡开宝（2015）对政治语篇汉英口笔译中级差资源的使用与重构的研究。

学术类语篇包括学术论文和书评，涉及对不同学科（如地学、科技、医学、语言学、历史）、不同语言（主要是英语和汉语）、不同写作部分（如摘要、引言、标题、序言）的探讨。评价系统从声音系统和隐性评价角度，丰富了学术语篇人际意义的考查维度（张大群，2014）。

商务语篇包括商务会话、广告、公司信函、年报、企业官网等话语类型。研究围绕商品生产者、经营者的价值观与话语策略，及其与消费者之间的人际互动。其中，广告类语篇在评价研究初期就受到了广泛关注，并对叙述式和问答式广告类型，招生、商业、公益等广告内容均有较为系统的讨论。

政治类话语是指服务于不同政治活动目的的文本或文体。随着国际形势的深刻变化和地区热点问题的增多，该文体在 2010—2020 年受到广泛关注。研究涉及国家元首的就职演说，针对内政事务或对外关系的演讲（如外交演讲、战争演讲）、官方文件（国情咨文、公报、声明），以及西方国家的议会辩论、总统竞选辩论等内容。

法律类语篇包括立法和司法语篇。立法文本关注成文的法律法规，如《中华人民共和国妇女权益保障法》中的立法者姿态（王蕾，2009）。司法语篇聚焦侦查和审判过程中各方的言语互动，具体包括律师、法官等司法主体的身份和话语特征，警察讯问、法庭辩护、调解等不同场景的言语修辞，以及代理词、辩护词、判决书等静态文本中的评价意义。法律语篇的评价研究通过挖掘案件"事理"和审判"法理"中的"情理"要素，建构了更加丰满的司法形象。

在上述研究中，实现不同类型语篇人际意义的典型语言手段得到较为充分的探讨。如新闻报道中的部分投射（裘燕萍，2007）、转述言语（吴建设等，2017）；学术论文中的隐性评价资源识别（张大群，2010）、语步结构（黑玉琴，2010）、介入型式（张继东、陈晓曦，2016）；文学作品中的隐喻（任绍曾，2008）、作品前言中的模糊限制语（唐艺菲，2007）；律师辩护语篇中的修辞疑问句（袁传有、廖泽霞，2010）、不确定性语义资源（于梅欣，2016）；广告语篇中的名词化现象（汤斌，2007）。

2.2.2 助力我国各领域的话语生产与实践

语篇评价研究通过探讨多元话语实践的人际功能、交际效果、语篇对话性与读者关系，阐述了语言学对中国语境下的司法文本、新闻报道、文学创作、商务实践、学术写作等诸多领域的借鉴价值。尤其是针对汉语语篇结构及其语言评价模式的探究，深化了评价系统对汉语语篇研究的适用性和指导意义。

英汉翻译和英汉对比方面的研究成果较为突出，反映了学界在跨文化研究方面付诸的实践和努力。其中，针对知名企业商务话语的中外对比研究，为跨文化交际和我国企业对外传播提供借鉴（徐珺、夏蓉，2013；王立非、部寒，2017）；针对人文社科与自然科学、实证与非实证类中外期刊学术语篇的对比研究，对中国学者学术成果的国际传播具有重要价值（张继东、陈晓曦，2016；钱家骏、穆从军，2017）；针对新闻报道的评价研究，能够引领我国外宣策略，如方芳（2015）通过对比中菲报纸有关南海仲裁案合法性、案件影响和结果三个方面的评价话语呈现，对提升我国就国际事务的立场表达提出建议；针对翻译语篇的评价研究，则为评判翻译质量、衡量文化差异提供了可行的参照指标，助力中国文化走出去。

近年来，针对小语种新闻媒体或者政治话语的评价分析有所增加，例如，斯里兰卡主流媒体对"一带一路"的认知和评价（江潇潇，2018），意大利主流媒体对党的十九大报道的评价建构（董丹，2019），对伊朗领导人用波斯语所做的联大演讲的文本解读（李伟，2016）。

2.2.3 推动语篇评价研究的跨学科对话

大数据时代下，文本量化收集和处理的必要性推动了评价研究与语料库语言学、计算语言学、计算机科学等诸多学科的深度融合。语料库语言学路径主要参考局部语法构式、语义韵分析方法、Bednarek 的评价参数模型、情感评价词表等内容。在大数据技术支持下，语言大数据文本挖掘、文本情感自动分析等手段被广泛应用于评价话语分析。如邵珊珊和王立非（2019）通过 Python 语言和深度学习方法挖掘数据，建立情感倾向模型；段尧清等（2019）采用 word2vec 态度匹配算法，自动识别文本的态度极性和态度强硬程度；岳颖等（2017）运用 C# 开发可视化软件自动解析标注语料，生成态度意义语篇组织流图。

除了在研究手段上的更新，不少研究根据文本阐释需要，依据研究对象的特征调整或重组评价子系统的分类，形成了多层次的分析框架。如融合符号媒介、形式、意义、语境、意识形态的五层次话语政治分析框架（唐青叶、史晓云，2018）；借鉴评价三个子系统和面子理论提出的学术批评话语分析框架（陈新仁，2017）；基于对话沟通理论和介入系统修正的互联网对话分析框架（周翔、户庐霞，2019）；通过讨论评价系统与主体间关系，提出的生态化评价系统（李淑晶、刘承宇，2020）。

2.3 存在的不足

总体来看，国内在语篇评价方面的研究视角多样，为相关研究提供了丰富的选择和阐释空间。但是，仍然存在一些不足。

2.3.1 统计分析与语篇阐释脱节

近年来，量化统计的语篇评价研究越来越多，但是，有些研究仅选择几篇或一组文章作语料，然后在语料中标注和统计不同的评价资源。在用统计数据阐释语篇方面做得不够深入，也很少有平衡静态数值与动态表意之间关系的研究成果。许多研究重在描写，忽略了讨论和阐释。

2.3.2 重篇内义、轻篇外义

国内的语篇评价研究主要是围绕语篇中的评价性词语的特点、评价资源的分布、评价的韵律结构、评价资源的处所、语法隐喻的评价功能、主位结构的评价功能、多模态勾连等，探讨语篇中的显性或隐性态度评价、介入评价和级差评价。这种研究关注的主要是语篇内的意义，属于本体研究。但是，评价研究既是描写性研究（descriptivestudy），同时也是规定性研究（prescriptivestudy）。既然是规定性研究，就有必要研究与语篇有关的外部意义，诸如与语篇有关的意识形态、文化习俗、社会规约、价值观念、个人信念等对语篇意义的制约和影响。但是，这种价值论意义上的篇外意义研究在国内相关研究中并不多见。

2.3.3 理论突破性研究较少

从我们掌握的文献看，有些研究没有领悟评价系统框架的精要，缺乏整合系统间的逻辑关系，只是机械地套用这些系统，如套用态度系统分析意象、称谓、语态、修辞等；套用介入系统考察信息源、元话语的使用、叙述者的人称；套用级差系统讨论修饰词的分级和重复。我们通过研读所掌握的文献，发现无论运用哪个子系统的研究，都没有理论上的明显突破。另外，尽管有些研究尝试交叉学科的方法，也有研究对汉语语篇的分析，但是迄今尚没有形成一个具有交叉学科学性质的、解释力强的理论模型。

三、展望："三位一体"的评价意义研究模式

评价系统的总体目标是实现对人、事、物的估值，它的"中心是'系统'，焦点是'评价'。语言在该系统中是'手段'，……，评价不是停留在语言的表层意义上，而是通过表层意义看深层的意义取向，就是我们常说的'通过现象看本质'"（王振华，2001）。语言选择和言语行为在很大程度上与思想意识、社会语境有着很大关系（杨信彰，2003）。同一种语言，语类不同，表达观点、态度的词汇语法手段及其分布也会不一样。我们认为，无论研究语篇中的什么成分，其终极目的都是意义——篇内意义和篇外意义，或者说语篇的认识论意义（epistemological meaning）和语篇的价值论意义（axiological meaning），诸如语篇的韵律意义、词汇语法意义、篇章意义，社会意义、文化意义、语境意义、语象意义、意识

形态意义，等等。因此，我们认为，篇内意义和篇外意义对语篇中价值（value）和估值（valuation）的评价研究来说是必不可少的。

为了弥补国内在语篇评价研究方面的不足，加强评价系统研究的理论建设，我们基于系统功能语言学的观点（Halliday & Matthiessen，1999：235；Martin & White，2005；Martin&Rose，2007；马丁、王振华，2008；王振华，2009；王振华，2021），提出一个研究语篇评价意义的模式，即我们所说的“三位一体”。该模式包括以下四个维度。

（1）起源：“种系发生—个体发生—话语发生”（参见 Halliday & Matthiessen，1999：235；Martin & White，2005；Martin&Rose，2007 等）；

（2）语义：“语境意义—语篇意义—词汇语法意义”（参见 Halliday，1978；Martin，1992；Martin & Rose，2003/2007，2008 等）；

（3）元功能：“概念—人际—谋篇”（参见 Halliday，1985，1994；Halliday & Matthiessen，2004，2014；Martin，1992 等）；

（4）估值：“态度—介入—级差”（参见 Martin，2000；Martin & Rose，2003/2007；Martin & White，2005 等）（见图 3）。

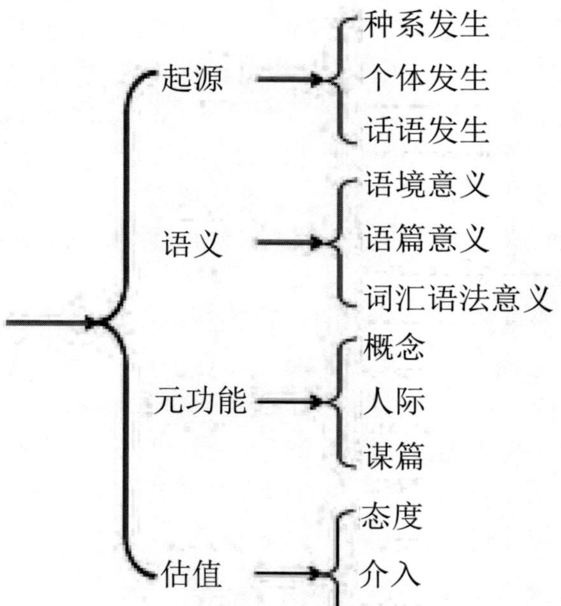

图 3 语篇评价意义的“三位一体”研究模式（基于王振华，2021）

在这个系统网中，系统之间的逻辑关系是“合取”关系。另外，每个“三位一体”都是个体和整体的结合以及个性和共性的结合后形成的“一体”。但是，各个系统的研究维度是有区别的：起源系统属于发生学范畴：对语篇评价追根溯源；语义系统属于语言学范畴：分析社会符号产生的不同意义；元功能系统属于认识论范畴：人们在做出评价前，通过对现象的“真假”判断而形成经验知识、交换知识和谋篇布局的知识；估值系统属于价值论范畴：

对获取的知识进行“对错”评判。这些系统建构一个超学科（trans-disciplinary）的系统网络。这些系统在方法论上，既用于描写又用于解释，有的描写多于解释，如语义系统和元功能系统；有的解释多于描写，如起源系统和估值系统。

3.1 起源维度：“种系发生—个体发生—话语发生”

人类社会中，如果没有个体发生，个性就无法体现；如果没有种系（本文指社会群体）发生，共性就体现不了。当然，如果没有话语发生，人的社会性以及社会互动就难以形成。话语发生记录和传播个体和社会群体的经验、知识、情感、思想等；话语发生繁荣了社会互动。

社会互动话语的意义呈多层级表现。话语作为系统（system）具有概括的意义潜势（generalized meaning potential）；话语作为语域（register）具有专业领域的意义潜势；话语作为文本类型（type of text）具有概括的类案意义；话语作为具体文本（text）具有该文本的具体意义；话语作为读物（reading）则衍生出读者赋予话语的主观意义（参见 Martin & Rose，2007：310）。

系统层面的意义潜势是社会群体对话语的解读和归置的结果，推动话语的演进和文化的拓展，形成文化意库（reservoir）。具体文本层面的个体主观意义是不同个体对话语的解读和归置的结果，发展了话语的主观性，形成个体意库（repertoires）（参见 Martin & Rose，2007：321；Martin & White，2005：26；马丁、王振华，2008）。文化意库和个体意库是一个连续统上的两个相连的组成部分，没有一个结束而另一个开始的情况。研究社会互动话语，不仅要研究种系发生（文化意库），也要研究个体发生（个体意库）；个体发生要放在种系发生（文化意库）框架中进行研究。这样的研究其结果才具有一定的可接受性和适用性。

3.2 语义维度：“语境意义—语篇意义—词汇语法意义”

人类社会中，个体和群体生活在一定的文化里。文化意库在人类社会中所起的作用是制定行为规则，规范人们的举止言谈，调节人们的社会关系，推动文化的发展。我们知道，社会变化和文化发展离不开人们的社会活动，社会活动又离不开人们的交往，人们交往则离不开社会符号（主要是语言）。人们在交往中使用的语言，其意义受制于交往所关涉的语境。系统功能语言学强调语境系统和语言系统相结合的社会语言观，认为语境意义是社会文化意义（语类观）和社会场域意义（语域观）；语言意义包括语篇意义和词汇语法意义等（参见 Halliday，1978；Martin，1992；Martin & Rose，2003/2007，2008；Martin & White，2005）。

研究社会互动和话语中的评价意义，首先要做的应该是廓清话语整体意义，然后分析这个整体意义的语境因素和语言资源。

3.3 元功能维度：“概念—人际—谋篇”

任何社会活动都有元功能。韩礼德把语言中众多不同的功能高度抽象为概念、人际和谋篇三种元功能（Halliday，1985，1994；Halliday & Matthiessen，2004，2014）。社会互动话语的意义主要来自话语的人际元功能。但是，概念元功能和谋篇元功能在一定的语境下也具有人际元功能性质，具有人际意义，系统功能语言学中的语法隐喻（grammatical metaphor）很好地证明这一点（参见 Halliday，2004）。

3.4 评价维度：“态度—介入—级差”

“评价三位一体”是评价系统（appraisal system）的三个组成成分（参见 Martin，

2000；Martin & White，2005）。它不是“技术性的”，不用于传递经验或知识；而是“艺术性的”，用于激发受众的情感，其修辞效果是“积极”的，具有陈望道（2001：71）在《修辞学发凡》中所说的“积极修辞”的性质。

人张口说话就意味着要“操控”或“处置”，只是“操控”或“处置”的方式方法和程度不同。如从小句的基本功能看，陈述句可以用来“处置”信息；疑问句既可以“处置”信息，也可以“操控”人际关系；祈使句“操控”人际关系；感叹句“处置”发话人的感情。小句有“操控”和“处置”的功能，语篇也有，只是复杂程度不同。在元话语（metadiscourse）里，过渡标记语、框架标记语、内指标记语、言据标记语和注释语这些导向型（interactive）元话语，用于组织和管理语篇所传递的信息，框定语篇中的时间、空间和意义，引领读者，通过意义框定凸显使用者在交际中的话语角色；模糊限制语、增强语、态度标记语、自称语和介入标记语这些牵扯型（interactional）元话语，使用者通过自身的动机、心理状态、价值观念、立场和观点左右交际对象的心理状态、价值观念、立场和观点（Hyland，2005/2008：49；王振华、吴启竞，2020；王振华，2023）。在篇章层面上，语篇的衔接、连贯、意图性、情境性、信息性、可接受性和互文性（De Beaugrande & Dressler，1981）中，意图性、可接受性和互文性都有明显的“操控”和“处置”。人们在“操控”或“处置”的过程中，对人、事、物形成看法和态度，拉近或推远与受众的距离。拉得越近，人际关系越和谐，越容易结盟；推得越远，人际关系越陌生，越不容易结盟。

四、结语

语篇研究的终极目的是揭示语篇的篇内意义和篇外意义，语篇的评价研究也不例外。目前，针对语篇的篇内意义的研究在理论和应用上取得了较大的进步。但是，在语篇的篇外意义以及与语篇的篇内意义的协同作用的理论研究上，尚存在诸多问题和不足。本文在评述国内语篇评价研究的基础上，尝试提出了一个集整体性、层次性、关联性和统一性为一体的“三位一体”研究模式。这是一个既关切宏观又关切微观的理论模型。通过这样一个多元模型分析语篇的评价意义，评价的性质和特征会揭示得更加全面、客观，更接近事实。

因篇幅所限，本文所展示的只是该模型的轮廓，相关拓展研究将另文讨论。

参考文献

布占廷，2010，《夸张修辞的态度意义研究》，《当代修辞学》第 4 期。

陈新仁，2017，《学术批评话语的分析框架建构——基于国际核心期刊论文的研究》，《外语与外语教学》第 6 期。

陈望道，2001，《修辞学发凡》，上海世纪出版集团。

董丹，2019，《评价理论视角下意大利主流媒体对十九大报道的积极话语分析》，《外国语文》第 4 期。

段尧清、何思奇、林平，2019，《基于新闻文本挖掘的政府态度识别实证研究》，《情报理论与实践》第 9 期。

方芳，2015，《南海国际仲裁案中新闻话语的评价分析》，《海南大学学报（人文社会科学版）》第 4 期。

黑玉琴，2010，《应用语言学期刊中书评文章的辩论修辞结构》，《外语教学》第2期。

江潇潇，2018，《斯里兰卡“一带一路”相关报道态度资源研究》，《解放军外国语学院学报》第6期。

蒋国东、陈许，2017，《对外新闻中的“一带一路”——评价理论介入系统下的话语分析》，《外语研究》第5期。

李琳，2016，《基于语料库的商务话语评价建模研究》，《外语教学与研究》第3期。

李淑晶、刘承宇，2020，《基于评价系统的生态话语分析——以特朗普退出〈巴黎气候协定〉的演讲为例》，《外语与外语教学》第5期。

李涛、胡开宝，2015，《政治语篇口笔译中的级差资源重构》，《现代外语》第5期。

李伟，2016，《一种基于评价理论和话语历史分析融合的文本解读方法研究——以内贾德联大演讲为例》，《外国语文》第6期。

刘世铸、韩金龙，2004，《新闻话语的评价系统》，《外语电化教学》第4期。

马丁、王振华，2008，《实现化、实例化和个性化——系统功能语言学的三种层次关系》，《上海交通大学学报（哲学社会科学版）》第5期。

潘艳艳、董典，2017，《美国主流新闻媒体建构中国形象和大国关系的话语策略研究——以2016中俄联合军演的相关报道为例》，《西安外国语大学学报》第3期。

裘燕萍，2007，《部分投射及其在新闻语类中的评价功能》，《外国语（上海外国语大学学报）》第3期。

任绍曾，2008，《概念隐喻与语篇——对体现概念隐喻的语篇的多维分析》，《外语教学与研究》第2期。

邵珊珊、王立非，2019，《基于语言大数据挖掘的电商英汉评价话语情感分析》，《外语电化教学》第5期。

汤斌，2007，《广告语篇中的名词化研究》，《国外外语教学》第3期。

唐芳、李德超，2013，《汉英交替传译中的显化特征——职业译员与学生译员对比研究》，《外语教学与研究》第3期。

唐丽萍，2004，《学术书评语类结构的评价分析》，《外国语（上海外国语大学学报）》第3期。

唐丽萍，2005，《英语学术书评的评价策略——从对话视角的介入分析》，《外语学刊》第4期。

唐青叶、史晓云，2018，《国外媒体“一带一路”话语表征对比研究——一项基于报刊语料库的话语政治分析》，《外语教学》第5期。

唐艺菲，2007，《前言中模糊限制语的人际意义》，《南京社会科学》第2期。

王蕾，2010，《〈妇女权益保障法〉中的态度研究》，《外语学刊》第3期。

王立非、部寒，2017，《中美企业话语情感倾向多维评价测量与对比分析》，《外语研究》第4期。

王振华、吴启竞，2020，《元话语和评价系统在人际意义研究上的互补》，《当代修辞学》第3期。

王振华、张庆彬，2013，《基于语料库的中外大学校训意义研究——“评价系统”视角》，

《外语教学》第6期。

王振华，2001，《评价系统及其运作——系统功能语言学的新发展》，《外国语（上海外国语大学学报）》第6期。

王振华，2004，《“硬新闻”的态度研究——“评价系统”应用研究之二》，《外语教学》第5期。

王振华，2009，《语篇语义的研究路径——一个范式、两个脉络、三种功能、四种语义、五个视角》，《中国外语》第6期。

王振华，2021，《社会互动与多元释读》，《天津外国语大学学报》第2期。

王振华，2023，《元话语人际意义的生成机制》，《外语学刊》第2期。

吴建设、卢兴苗、詹慧文等，2017，《中英灾难性事件报道中转述言语的对比分析》，《解放军外国语学院学报》第4期。

徐珺、夏蓉，2013，《评价理论视域中的英汉商务语篇对比研究》，《外语教学》第3期。

杨敏，2013，《话语意义历史理论重构当代中国国家认同》，《外语学刊》第5期。

杨晓军、谭福华，2012，《基于语料库的英语重复手段的评价功能研究——以美国总统就职演说辞为例》，《外语与外语教学》第2期。

杨信彰，2003，《语篇中的评价性手段》，《外语与外语教学》第1期。

于梅欣，2016，《社会符号学视角下不确定性语义资源与态度意义——以我国庭审辩护语篇为例》，《上海交通大学学报（哲学社会科学版）》第5期。

袁传有、廖泽霞，2010，《律师辩护词中修辞疑问句的隐性说服力》，《当代修辞学》第4期。

岳颖、刘玉洁、罗道玉，2017，《基于态度意义的语篇组织文本可视化》，《外语学刊》第2期。

张大群，2010，《学术论文中的隐性评价及其识别》，《外语教学理论与实践》第3期。

张大群，2014，《学术论文语类的评价和声音：介入视角》，《江西财经大学学报》第2期。

张继东、陈晓曦，2016，《社会科学与自然科学学术语篇中介入型式的对比研究——以“V+that-clause 介入型式”为例》，《外语教学与研究》第6期。

张滟，2008，《学术话语中的级差范畴化及其修辞劝说构建》，《外国语（上海外国语大学学报）》第6期。

钱家骏、穆从军，2017，《跨语言学术交际的主体间性——英汉学术期刊论文引言语篇模式与介入资源对比》，《西安外国语大学学报》第4期。

周翔、户庐霞，2019，《我国主流媒体 Twitter 账号对外传播的对话问题分析》，《现代传播（中国传媒大学学报）》第6期。

Beaugrande，R.&Dressler，W.，1981，*Introduction to Text Linguistics*，London & NewYork：Longman.

Halliday，M. A. K. & Matthiessen，C. M. I. M.，1999，*Construing Experience through Meaning：A Language-Based Approach to Cognition*，London：Continuum.

Halliday，M. A. K.，1978，*Language as Social Semiotic：The Social Interpretation of Language and Meaning*, London: Edward Arnold.

Halliday, M. A. K. , 1985/1994, *An Introduction to Functional Grammar* (*1st & 2nd edition*), London: Edward Arnold.

Halliday, M. A. K. , 2004, *The Language of Science*, Edited by J. Webster, (Vol. 5), London: Continuum.

Halliday, M. A. K. & Matthiessen, C. M. I. M. , 2004/2014, *An Introduction to Functional Grammar* (*3rd & 4th editions*), London: Arnold.

Hyland, K. , 2005/2008, *Metadiscourse*, London: Continuum.

Hood, S. & Martin, J. , 2007, Invoking Attitude: the Play of Graduation in Appraising Discourse, in Hasan, R., Matthiessen, C. M. I. M. & Webster, J. (eds.) *Continuing Discourse on Language*, London: Equinox, 739-764.

Hood, S. , 2010, *Appraising Research: Evaluation in Academic Writing*, New York: Palgrave Macmillan.

Martin, J.R. & Rose, D. , 2003/2007, *Working with Discourse: Meaning beyond the Clause*, London/NewYork: Continuum.

Martin, J.R.&Rose, D. , 2008, *Genre Relations: Mapping Culture*, London/Oakville: Equinox.

Martin, J.R.&White, P.R.R., 2005, *The Language of Evaluation: Appraisal in English*, New York: Palgrave MacMillan Ltd.

Martin, J.R., 1992, *English Text: System and Structure*, Amsterdam/Philadelphia: JohnBenjamins.

Martin, J.R., 2000, Beyond Exchange: APPRAISAL Systems in English, in S. Hunston & G. Thompson (eds.), *Evaluation in Text: Authorial Stance and the Construction of Discourse*, Oxford: OUP, 142-175.

（原文刊于《当代修辞学》2023 年第 3 期）

学术活动

首届区域国别中文教育研究暨第七届汉语国际传播研究分会年会

1月7日，区域国别中文教育研究暨第七届汉语国际传播研究分会年会在线上举行。会议由北京语言大学汉语国际教育研究院与中国语文现代化学会汉语国际传播研究分会合作举办，近200名专家学者参加，国际中文教育界逾500人在线聆听了此次会议。

会议开幕式由马秋武教授主持。吴应辉教授致辞。

会议聚焦区域中文教育研究、国别中文教育研究、区域国别中文教育师资、教学资源和传播策略等领域。北京语言大学马秋武教授、浙江师范大学王辉教授、辽宁师范大学李宝贵教授、北京语言大学梁宇编审、华东师范大学丁安琪教授、北京大学王添淼研究员分别以“动态语音教学——国际汉语语音教学的有效手段”“非洲百年中文传播演进及启示”“区域国别中文教育研究的主要论域与实践范式”“区域国别中文教育研究的创新拓深路径”“国别中文课程大纲的开发与推广”“二战后欧洲二语教师专业发展特点及启示”为题作大会报告。

13个分会场涉及东南亚国家中文教育研究，中亚、东亚国家中文教育研究，欧洲国家中文教育研究，非洲国家中文教育研究，大洋洲、美洲国家中文教育研究，西亚、南亚国家中文教育研究，区域中文教育研究，国际中文教学研究，国际中文教学大纲、考试、资源研究，中文国际传播策略研究等主题，共报告学术论文160余篇。

会议还举行了汉语国际传播研究分会会员大会，选举成立新一届中国语文现代化学会汉语国际传播研究分会理事会。

《现代汉语词典》《新华字典》强化防伪保护
——商务印书馆防伪溯源系统上线运营发布会

1月8日，商务印书馆防伪溯源系统上线运营发布会在北京举行。中国版权协会理事长阎晓宏、中国出版集团有限公司总经理常勃、中宣部版权管理局局长王志成、中国社会科学院语言研究所所长张伯江、商务印书馆党委书记顾青、中译语通科技股份有限公司董事长于洋、北京兆信信息技术股份有限公司董事长张永红出席会议并讲话致辞。会议标志着商务印书馆防伪溯源系统正式上线运营，开启了商务印书馆在保护读者权益和身心健康、工具书数字化方面的全新探索。

古文字与人工智能研讨会

3月10日，古文字与人工智能研讨会在北京召开。会议由古文字工程联合攻关协同平台牵头单位及工程秘书处所在单位清华大学承办，邀请清华大学、吉林大学、首都师范大学、北京师范大学、安阳师范学院、微软亚洲研究院、腾讯SSV数字文化实验室以及中宣部机关服务中心（信息中心）、中西书局、腾讯集团、杭州华驰科技有限公司等单位从事古文字人工智能研发的团队与会，教育部、国家语委、国家文物局等有关部委领导，古文字工程专家委员会全体委员，工程建设单位代表以及秘书处人员出席会议。古文字工程专家委员会副主任吴振武主持会议。

清华大学计算机系党委副书记刘知远教授汇报了在古文字方面开展大模型研究的进展，希望把人工智能预训练模型的技术应用到古文字领域，协助古文字学家提高工作效率。吉林大学李春桃教授汇报了基于人工智能技术的古文字及相关载体研究方面的工作情况，从科研和应用两部分介绍了人工智能技术与古文字本身的交叉研究、人工智能与古文字载体的交叉研究。首都师范大学莫伯峰教授汇报了在人机智能互鉴推进计算古文字学发展方面的思考和探索，着重介绍了机器智能值得人类智能借鉴的地方，辅助人类发现问题，推动古文字整理研究工作。北京师范大学胡韧奋汇报了国内外利用人工智能技术在古文字整理研究方面的应用情况，指出人工智能技术应用于中国古文字整理研究需要重视基础资源和数据，更关键的是找到适合用人工智能技术解决的问题。安阳师范学院刘永革教授汇报了安阳师范学院甲骨文信息处理教育部重点实验室的基本情况，在甲骨拼合、字图搜索以及数据整理方面应用人工智能技术的成果。腾讯 SSV 数字文化实验室王朝阳首席架构师汇报了利用人机协同方式助力甲骨文在数字空间的保护研究和传承活化方面的具体工作和设想，表示将把腾讯的投入跟古文字工程的政策和要求结合起来，做好开放创新。微软亚洲研究院武智融研究员介绍了甲骨文校重助手 Diviner 的工作原理、流程、价值以及在甲骨文校重方面的新成果，希望在甲骨学以及古文字学方面作出更多的贡献。中宣部机关服务中心（信息中心）高工邓健汇报了对人工智能技术三大要素如何结合古文字研究方面的认识，介绍了中华字库工程的基本情况以及与古文字工程结合的应用前景，并提出了工作设想。清华大学孙茂松教授、中国社会科学院古代史研究所宋镇豪研究员、中山大学范常喜教授、郑州大学黄锡全教授等学者先后作了研讨发言。

教育部语言文字信息管理司司长田立新作总结发言。她指出，面对人工智能时代，古文字工程的建设和发展必须要紧随时代发展的步伐，在机遇当中抓住发展的先机，特别是要用数字化赋能工程整体建设。

2023 年度国家语委科研机构工作会议

3 月 25—26 日，2023 年度国家语委科研机构工作会议在广州大学举行，会议由教育部语言文字信息管理司指导、国家语委科研机构秘书处主办，由设在广州大学的国家语委国家语言服务与粤港澳大湾区语言研究中心和设在暨南大学的国家语委海外华语研究中心承办。来自全国各地的 25 家国家语委科研机构负责人参加会议。教育部语言文字信息管理司司长田立新出席会议并作主旨报告，广州大学校长魏明海教授致辞。

田立新作了“以语言文字事业高质量发展服务中国式现代化 全面推进中华民族伟大复兴”的主旨报告，强调国家语委科研机构深入学习党的二十大精神，坚持以习近平新时代中国特色社会主义思想为指导，把坚持和加强党的领导贯穿语言文字工作全过程。她指出，语言文字事业是中国式现代化的基础性工程，中国特色语言文字事业发展历程与成就生动诠释了中国式现代化的内涵。各科研机构应保持高站位，主动融入铸牢中华民族共同体意识和推动构建人类命运共同体的实践中，坚定服务人民群众多样化语言需求的初心，拓宽工作领域，丰富研究内涵，完善发展体制，坚持大语言文字工作思路，推进中国式语言文字事业现代化工作与中国式现代化进程紧密结合，以强语助力强国。

田立新强调，各科研机构要善于在危机中育新机，于变局中开新局。要深入思考如何针对中国语言国情，面向中国式现代化进程中的语言需求，构建中国特色语言文字事业的理论体系和话语体系。要在有组织科研中实现创新，服务国家战略，坚持团队作战，加强协同创新，加强跨学科研究，将国家语言资源服务平台做大做强做优，切实推动教育数字化战略行动。

要完善国家语委科研机构管理机制。

国家语委科研机构秘书处发布了 2021—2022 年度国家语委科研机构发展报告，从科学研究、咨政服务、社会宣传与服务、国际交流、人才培养等方面对国家语委科研机构两年来的建设发展情况进行全面总结，并对未来工作提出计划和展望。11 家机构的负责人结合本机构的发展实际、特色优势、重点工作、代表性成果等，分别就语言生活研究、语言服务研究、交叉领域科学研究、语言资源建设和成果转化、语言文字学科建设、语言文字资政服务、语言文字社会宣传与服务、语言文字国际化人才培养等作主旨发言。

与会代表围绕国家语委科研机构建设管理、分类评价、人才梯队建设、可持续发展等议题深入研讨，在加强“有组织科研”的机制与路径方面凝聚共识，共谋“十四五”期间高质量发展大计。

第七届汉语中介语语料库建设与应用国际学术研讨会

4 月 1—2 日，由北京语言大学、同济大学、南京大学、鲁东大学、广东外语外贸大学、福州外语外贸学院、北京外国语大学、北京师范大学、美国加州大学戴维斯分校、英国诺丁汉大学等 10 单位联合主办的第七届汉语中介语语料库建设与应用国际学术研讨会在同济大学召开，主题为“后疫情时代汉语中介语语料库建设与应用研究面临的挑战与机遇”。研讨会采取线上、线下相结合的方式召开。来自中国内地和美国、英国、日本、澳大利亚、泰国等国的 147 位代表参加了会议，其中线下参会代表共计 97 人，线上参会代表共计 50 人。研讨会设有 7 个分会场，分别围绕语料库设计与建设、偏误分析、习得研究、中介语研究 、基于语料库的汉语研究及语料库应用与后疫情时代国际中文教育等专题展开了深入的交流与探讨。

同济大学副校长娄永琪教授、北京语言大学校长刘利教授、山东政法学院副校长胡晓清教授在开幕式上致辞。会议开幕式由同济大学国际文化交流学院院长孙宜学教授主持。在大会报告环节，12 位语料库语言学领域的专家学者分四个时段聚焦后疫情时代语料库建设和应用的诸多问题，展开了多视角、高水平的深入探讨交流。四场大会报告分别由同济大学国际文化交流学院副院长梁毅军、南京大学海外教育学院副院长曹贤文、福州外语外贸学院教育学院院长林新年、同济大学国际文化交流学院语言应用研究所副主任张占山主持。教育部语言文字应用研究所冯志伟教授呼吁人文学者应当进行更新知识的再学习，掌握有关的数字化技术，从而提高人文科学的研究效率，实现文理结合，进一步推动人文科学的发展；加州大学戴维斯分校语言中心储诚志教授提出在电写时代汉语中介语研究与语料库建设在语料收集和语料库的结构设计、数据分类、语料属性登录、语料处理和标记等诸多方面也须与时俱进；英国诺丁汉大学王维群教授针对汉语中介语语料库功能设计提出了四点建议；山东政法学院胡晓清教授以自建的两个语料库为语料支撑，对韩国汉语学习者口语表达中词汇产出的三性问题进行实证研究，阐述服务于研究的对照语料库建设或再加工思路；北京航空航天大学卫乃兴教授介绍了三个使用最广泛的模型及其主要的分析技术，包括“中介语分析模型”，并分别评述了三个模型的核心意旨、分析技术构成以及优劣特征；中国海洋大学外国语学院于国栋教授介绍了一个新的 DMC 语料库——150 个中国内地人的中文电话沟通记录（包括音频和转写），强调了此语料库对于互动研究的重要性，呼吁增加对汉语日常对话的研究。

北京语言大学周小兵教授分析了中介语语料库的建设现状与不足后，就未来的中介语语料库建设方略提出了五项建议，如根据需求多项多层处理语料、语料库应随时更新等；北京语言大学张宝林教授提出要把汉语中介语语料库建设从2.0时代推进到3.0时代，认为亟须建设多语的、纵向的、动态的、平衡的语料库，建设规模适度、设计精密、标注全面、质量优异、功能丰富的通用型语料库，为汉语习得研究提供充足的语料资源支持；南京大学曹贤文教授讨论了在对中文祖语生（华裔学习者）与外语生（非华裔学习者）的语言表现进行对比研究时，所需关注的理论、方法和语料等方面的问题；北京外国语大学中文学院熊文新教授提出对汉语中介语语料库建设与应用的几点看法，包括语料库数据获取的丰富性，数据标注的完备性，研究方法的发展性；北京师范大学胡韧奋博士提供了一种汉语词汇复杂度自动分析工具，基于《国际中文教育中文水平等级标准》词表，能够自动对中文文本中的词汇进行级别标定；同济大学刘运同教授从论文选题和研究方法两个方面对专硕生利用语料库撰写毕业论文进行初步分析，对存在的不足和问题提出建议。

2023年全国语言文字工作会议

4月3日，2023年全国语言文字工作会议以视频方式在京召开。教育部党组成员、副部长陈杰出席会议并讲话。

陈杰从一年、五年、新时代十年三个层面总结了语言文字工作取得的重要进展，要求新征程上进一步增强做好新时代语言文字工作的使命感、紧迫感，深刻领悟教育、科技、人才“三位一体”战略布局对语言文字工作作出的新部署，准确把握“两个结合”对语言文字工作提出的新使命，深刻认识科技自立自强对语言文字工作提出的新挑战。陈杰强调，2023年要坚持以习近平新时代中国特色社会主义思想为指导，紧紧围绕深入学习贯彻党的二十大精神这条主线，从政治高度加大国家通用语言文字推广力度，大力传承弘扬中华优秀语言文化，扎实推进语言文字工作数字化智能化赋能，持续提升中文国际地位和影响力，着力构建语言文字工作治理新格局，推动语言文字事业高质量发展，为全面建设社会主义现代化国家、全面推进中华民族伟大复兴贡献力量。

陈杰号召各地各部门集思广益，努力把开馆上线的中国语言文字数字博物馆打造成中华优秀文化传播新窗口、新时代全民阅读新课堂，引导社会大众特别是青少年热爱中华文化、增强文化自信。

安徽、新疆等省（区）和清华大学、北京外国语大学等单位交流发言。各省级教育厅（教委）负责同志、部分省（区）民委（民语委）负责同志，国家语言文字推广基地、国家语委研究型基地有关负责人，教育部相关司局和直属单位负责人参会。

中国式现代化与国际中文教育发展论坛

4月7日，中国式现代化与国际中文教育发展论坛以线上线下相结合的形式在厦门大学科学艺术中心举办，论坛由厦门大学主办，厦门大学中国式现代化研究院、国际中文教育学院/海外教育学院承办。来自多个高校机构的50余名专家学者及师生近200人会聚一堂，对国际中文教育的现代化发展进行深入探讨。

厦门大学校长张宗益，教育部中外语言交流合作中心副主任杨军，尼日利亚纳姆迪·阿齐克韦大学校长、孔子学院理事长Charles Okechukwu Esimone，美国俄亥俄州立大学吴伟克教授出席论坛开幕式并先后致辞。

14 位专家学者作大会报告。世界汉语学会会长钟英华教授阐述了国际中文教育的“表达驱动”教学理念；厦门大学易中天教授以“现代化离不开传统，传统也必须现代化”为主题作了精彩报告；美国普渡大学洪玮教授从科技发展与文化传承的角度说明中国式现代化中的国际中文教育；厦门大学陆建德教授重点探讨了在交流互鉴中发展的中国现代文学；德国慕尼黑大学叶翰教授探讨了汉学是否是区域国别研究的问题；美国哥伦比亚大学刘乐宁教授介绍了国际中文教育的国别化问题；澳门科技大学张洪明教授探讨了国际中文教育的跨文化问题；北京语言大学吴应辉教授阐述了其对中国式现代化背景下国际中文教育助力民族复兴的使命与行动的思考；英国理启蒙大学张新生教授从传承与发展的角度阐述了中国式现代化中的国际中文教育；厦门大学潘维廉教授从支援者如何帮助中国战胜贫困的现实问题说明了中国式现代化的发展路径问题；德国特里尔大学卜松山教授探讨了自己对跨文化对话的反思；新加坡南洋理工大学吴英成教授以“一语两码”解读华裔华文与国际中文教学的关系；浙江师范大学王辉教授阐述了国际中文教育高质量发展的内涵特征和实践路径；厦门大学史晓东教授从技术角度说明了 ChatGPT 对中文语言教学的影响。

大会还设两个圆桌论坛，31 名中外学者联系时代特点和学科特色，结合自身实践经历，围绕“中国式现代化中的国际中文教育：传承与发展”“国外学者的中国式现代化：理解与诠释”“国际中文教育与中国式现代化：融入与发展”三个议题展开讨论。

闭幕式上，厦门大学李无未教授对此次论坛进行回顾和总结。

第五届互动语言学与汉语研究国际学术讨论会

4 月 8—9 日，第五届互动语言学与汉语研究国际学术讨论会在西安外国语大学召开。会议由中国社会科学院语言研究所和西安外国语大学联合主办，《中国语文》编辑部和西安外国语大学中国语言文学学院承办，西安外国语大学汉学院、日本文化经济学院和科研处协办。来自海内外的 90 多名专家学者出席会议。

西安外国语大学中国语言文学学院院长韩伟主持开幕式，中国社会科学院语言研究所副所长李爱军、西安外国语大学副校长王启龙分别致辞。

会议共设 14 场大会报告和 6 个小组分组报告。

大会报告分别是：沈家煊“论‘一……一’式”、方梅和李榕“对话中的语法：合作共建和回应语惯例的启示”、李爱军“汉语后续叠加边界调：功能与形式”、Paul Drew“Hendiadys in Naturally Occurring Interactions：A Cross-linguistic Study of Double Verb Constructions”、陆镜光“Membership Categorization as Practical Reasoning：Evidence from Singlish Conversations”、Ritva H. Laury、Karita Uomalainen 和 Anna Vatanen“The Projecting Construction se että in Finnish Everyday Conversation：Emerging or Emergent?”、林诚“Language Typology Meets Interactional Practice：The Case of Turn Formats for Other-initiated Repair in Japanese and Korean”、李晓婷“身体—语法界面：浅谈身体与语法的几种关系”、John Heritage“Resources for Action Ascription：Contextual，Sequential，Linguistic and Multimodal”、Tsuyoshi Ono 和 Ryoko Suzuki“Trying to Capture the Grammar that Speakersuse：What Japanese Grammar Is Like in Conversation”、陶红印“从多模态看口语语

体参数的变化及交际因素的制约作用”、远藤智子“Use and Non-use of Epistemic Markers in Mandarin Conversation and Japanese Conversation”、宇佐美まゆみ“相互行為へのマクロなアプローチーディスコース・ポライトネス理論の観点からー”（互动行为的宏观探讨：从话语礼貌理论的观点出发）、毋育新和康笑寒“日语人机交互中的情感问题研究：聚焦语体选择与转换”。

分组报告共报告论文 77 篇，涉及具体词语或构式的话语功能解读与位置敏感性、互动对话的在线产出及其理解机制、互动中的立场表达，以及言语交际中的韵律及多模态等互动语言学的热点问题。

闭幕式由首都师范大学史金生教授主持，西安外国语大学李榕教授作会议总结，华中师范大学姚双云教授代表下届会议承办单位发言。

第二十二次现代汉语语法学术讨论会

4 月 15—16 日，第二十二次现代汉语语法学术讨论会在合肥召开。会议由中国社会科学院语言研究所句法语义学研究室、《中国语文》编辑部、安徽大学文学院联合主办，北京语言大学、商务印书馆协办。83 位专家学者围绕“大语法观”和其他现代汉语语法议题进行了广泛讨论和深入交流，参会师生近 150 人。

中国社会科学院语言研究所所长张伯江和安徽大学副校长高清维先后致辞。张伯江简要回顾了现代汉语语法研究不平凡的百年发展历程，强调要重视现代汉语语法研究史，并期待广大青年学者从学术史中感悟学术前辈振兴中华的强烈使命感和社会责任感，开阔学术眼界，学习前辈的治学精神，既要充分吸纳国际前沿学术思想，也要扎实做好学脉延续和学术传承，做有高度的学问，做有思想的学问。

12 位学者应邀作大会报告：暨南大学邵敬敏教授“汉语副词分类与归类的方法与策略”、上海师范大学张谊生教授“构式语法的特定功效及其与语法化的交集”、南开大学王红旗教授“所谓疑问代词应是一种特殊的无定代词”、北京大学周韧教授“概率理论下的‘常常’和‘往往’辨析”、中国社会科学院语言研究所完权研究员“汉语的流水句与英语的 Run-on Sentences”、中国社会科学院语言研究所沈家煊研究员和王伟副研究员“读赵元任讲‘了’——纪念赵元任诞辰 130 周年”、解放军信息工程大学李宗江教授“研究角度的选择：词汇项还是构式——以‘没的说’和‘不要紧’的研究为例”、上海师范大学陈昌来教授“现代汉语状中类‘V1+V2’构式的识解策略与整合效应”、首都师范大学史金生教授“北京话与‘还’有关的几个构式”、复旦大学陈振宇教授和干薇“从预期理论看汉语仅差格式的成立条件”、中国社会科学院语言研究所刘探宙研究员“中国传统戏剧对现代汉语的影响”、安徽大学吴早生教授和张静“现代汉语‘X 必’类语气副词研究”。

分组报告共报告论文 70 篇，涉及词类、句类、语序、焦点、疑问、否定、构式、句法结构、交际互动等诸多现代汉语经典、热点问题。

第八届数据驱动的计算教育学研讨会

4 月 15 日，由华东师范大学和批改网联合主办的第八届数据驱动的计算教育学研讨会在上海华东师范大学举办，主题为“AI 语料库赋能语言教学与研究”。会议邀请教育研究、教学实践以及大数据和人工智能专家，共同研讨语言教育，特别是中小学英语教学中的教学内容重构，教育科技发展，教学方法和教学研究模式革新乃至范式转变。

研讨会分为上下午两个半场，分别由华东师范大学数据科学与工程学院钱卫宁院长和王伟教授主持。特邀9位专家学者作主题报告。分别是：上海市宝山区教育局局长张治“计算教育学与教育大脑的构建”、上海市教育考试院外语项目主管徐雯“语料库在大规模教育考试中的运用——以上海英语高考为例”、北京语言智能研究院张跃教授“数据的力量——AI语料库赋能学科”、华东师范大学副校长周傲英教授“数据赋能教育数字化转型”、华东师范大学钱卫宁教授“数据驱动大规模教育与个性化学习”、江苏省邗江中学英语特级教师韩炳华“智能云笔催生英语教学新样态”、南京师范大学李斌副教授“面向智能教育的语料库构建与应用——以古籍语料库为例”、华东师范大学王伟教授“数据驱动的教育评价及其可视化应用”、上海市嘉定区教育学院秦惠康“数字化资源赋能高中学生话题语汇习得的实证研究——以‘英语视听说教学与词汇产出质量’单元教学为例”。

作为法治话语的中国式法治现代化的法理阐释暨第十四届全国法律修辞学学术会议

4月22日，作为法治话语的中国式法治现代化的法理阐释暨第十四届全国法律修辞学学术会议在河南师范大学法学院举行。会议议题为中国式现代化的法理阐释，来自多所高校、科研机构的专家和青年学者围绕“部门法中的法律修辞与论证”“法律修辞与法律概念批判”“法律论证、法律解释及法治现代化”“法律修辞与论证视域下的部门法研究”四个单元对法理与法律修辞进行深入探讨。

国家通用语言文字推广普及工作表彰大会暨2023年国家语委全体委员会议

5月10日，国家通用语言文字推广普及工作表彰大会暨2023年国家语委全体委员会议在京召开。首都师范大学语言文字工作委员会办公室等178个单位获“国家通用语言文字推广普及先进集体”称号，杜琪方等294名个人获“国家通用语言文字推广普及先进个人”称号。这是《国家通用语言文字法》自2001年施行以来的首次表彰。

教育部部长怀进鹏在视频讲话中指出，“加大国家通用语言文字推广力度”是党的二十大报告的明确要求，是习近平总书记和党中央对新时代新征程语言文字事业发展作出的战略性部署。在各地各部门的共同努力下，全国普通话普及率超过80%，实现了跨越式发展，取得了历史性成就。推广普及国家通用语言文字，在助力决战决胜脱贫攻坚和全面建成小康社会、铸牢中华民族共同体意识、传承弘扬中华优秀传统文化和服务经济社会全面发展等方面发挥了重要作用，推普工作中形成的要坚持党的领导、坚持人民至上、坚持服务大局、坚持依法施治、坚持统筹推进的基本方略和原则需长期坚持。

教育部副部长吴岩出席会议并宣读了《教育部国家语委关于表彰国家通用语言文字推广普及先进集体和先进个人的决定》。国家语委委员单位有关同志为先进集体和先进个人代表颁发奖牌和证书。4名先进集体和先进个人代表，中央宣传部、工业和信息化部、国家民委、国家广电总局的有关同志作交流发言。

会议以视频方式召开。国家语委委员和联络员、教育部有关司局和直属单位负责同志、北京市教委负责同志、北京市受表彰的先进集体和先进个人代表等140余人在主会场参会。

各省级教育行政部门负责同志、省级语委成员单位代表、各地受表彰的先进集体和先进个人代表、国家语言文字推广基地代表在分会场参会。

新文科背景下语体学和语言风格学的知识建构与发展规划暨第十四届语体与语言风格学术研讨会

5月12—14日，新文科背景下语体学和语言风格学的知识建构与发展规划暨第十四届语体与语言风格学术研讨会在江汉大学成功举办。研讨会由复旦大学《当代修辞学》编辑部、暨南大学华文学院、江汉大学人文学院和武汉语言文化研究中心、烟台大学文学与新闻传播学院联合发起，江汉大学人文学院武汉语言文化研究中心承办。专家学者齐聚江城论道，研讨语体学和语言风格学在新文科背景下的知识建构与发展规划。会议议题前沿、内容丰富、理论多维，分论坛包括“语体风格的理论探索与个案分析”“新技术、新理念、新材料带来的变革与启迪”“语体互文与风格互文的理论思考和个案分析”“语体功能视角的语法修辞构式研究”“跨界探索的语体风格研究”“汉语母语和海外华语有关的语体风格研究”“国际中文教育视野的语体风格应用研究”等，充分体现了新文科背景下语体与语言风格研究的时代性与学科交叉特征。

第五届汉语方言中青年高端论坛

5月13—14日，第五届汉语方言中青年高端论坛在山东大学举办。论坛由《方言》编辑部、全国汉语方言学会和山东大学文学院主办，山东大学文学院承办。

开幕式由山东省语言学会会长张树铮教授主持。山东大学本科生院副院长王立祥教授、全国汉语方言学会副会长刘祥柏研究员分别致辞。

大会报告分四场。山东大学张树铮、北京大学项梦冰、北京语言大学赵日新、浙江大学庄初升、复旦大学陶寰、山东大学岳立静、北京语言大学黄晓东、复旦大学盛益民、北京大学陈宝贤、中国社会科学院语言研究所刘祥柏、中国人民大学熊燕、北京语言大学张世方、广东外语外贸大学严修鸿、北京语言大学王莉宁、南开大学支建刚、山东大学张燕芬、天津师范大学李姣雷、山西大学白静茹、中山大学曾南逸、安徽大学栗华益、安徽师范大学徐建、山东大学刘娟以及中国社会科学院语言研究所徐睿渊、邓婕、孙宇炜等25位学者分别作报告。报告内容涉及方言语音、词汇、语法、域外汉语方言音系及研究等，研究方法涉及历史语言学、历史层次分析法与接触语言学、结构主义语言学、地理语言学、实验语音学等，体现了方言调查研究守正创新、朴实严谨的学风与会风。中国社会科学院语言研究所方言研究室副主任徐睿渊作总结发言。

国际中国语言学学会第29届年会

5月27—29日，国际中国语言学学会第29届年会在澳门科技大学召开。会议由澳门科技大学国际学院主办。来自中国内地，中国香港、澳门、台湾地区，以及日本、韩国、美国、意大利、法国、德国、西班牙等国家和地区的400多位专家、学者及语言学爱好者出席会议。大会共设12场主旨演讲和34场特邀演讲，法国国家科学研究中心贝罗贝（Alain Peyraube）教授、香港理工大学李平教授、北京语言大学李宇明教授、深圳大学 / 中国社会科学院刘丹青教授、中国社会科学院语言研究所胡建华教授、日本神户市外国语大学竹越孝（Takashi Takekoshi）教授、北京大学赵杨教授、美国威斯康星大学麦迪逊分校李亚非教授、西班牙庞培法布拉大学 Louise McNally 教授、香港中文大学潘海华教授、德国美因茨大学毕桑（Walter Bisang）教授、香港理工大学王士元教授作主旨演讲。

大会还设有 53 组共 200 余场常规报告。内容涵盖与汉语及中国境内其他语言有关的最新研究，涉及语音、音系、形态、句法、语义、语用、汉语方言、词汇学、文字学、语言获得、语言类型学、历史语言学、心理语言学、神经语言学、社会语言学等诸多语言学核心领域及跨学科领域。

年会循例举行了“青年学者奖”决赛。在 52 篇参赛论文中，陈月、田晓萌、翁琳佳、张宇亭四位青年学者的论文入围决赛。经过公开演讲和评审委员会评议，竞赛最终未能选出获胜者，2023 年度的“青年学者奖”空缺。

在闭幕式暨学会全体会员大会上，学会执行秘书长李宝伦教授宣布了新一届学会理事会的选举结果：香港中文大学潘海华教授当选学会副会长；李琦（Edith Aldridge）（台北“中研院”语言学研究所）、白夏侬（Bianca Basciano）（意大利威尼斯大学）、莫碧琪（Peggy Mok）（香港中文大学）、冉启斌（南开大学）、姜允玉（Youn-Ok Kang）（韩国明知大学）、杨春生（美国康涅狄格大学）、张盛开（日本静冈大学）当选为新一届理事。学会会长竹越孝教授宣布了本届年会“青年学者奖”决赛结果，并为入围决赛的四位青年学者颁发入围奖。竹越孝教授还宣布了学会设立博士学位论文奖学金（Ph.D. Thesis Fellowship）的决议，具体申请细则将于学会官网公布。

根据学会章程，现任副会长、南开大学石锋教授接任会长。下届年会拟于 2024 年 5 月 24—26 日在韩国延世大学举办。

中国训诂学研究会 2023 年学术年会

6 月 9—11 日，中国训诂学研究会 2023 年学术年会在梧州学院召开。会议由中国训诂学研究会主办，梧州学院文学与传媒学院、梧州学院西江流域民间文献研究中心承办。来自全国高校及科研院所的会员代表和专家学者 130 余人参加会议。

开幕式由中国训诂学研究会副会长、北京语言大学华学诚教授主持。梧州学院校长杨奔教授、梧州市政协副主席韦宁、中国训诂学研究会会长王云路教授分别致开幕词。

大会举行多场主题学术报告，分别是：西南交通大学汪启明教授“郭璞语言考据学撮要”、北京师范大学王立军教授“经典义理阐释的训诂机制”、浙江大学王云路教授“说‘余音绕梁’——兼谈词义的模棱两可现象”、梧州学院王建军教授“杂字文献的性质及其汇编原则”、宁波大学周志锋教授“《汉语大词典》修订过程中应注意的一些问题——以第二版（征求意见本）前三册为中心”、东南大学王华宝教授“关于《史记》古写本异文校勘研究的思考——兼及《史记》修订本对古写本异文的采用”、安徽大学曾良教授“民间杂字解读略谈”、南京师范大学苏芃教授“《孙子兵法》校诂札记”。

大会分组学术报告主要围绕“具体词语考释与汉语史研究”“出土文献字词考释”“训诂学理论探讨”“古籍整理与文献考证”“辞书编纂”等主题展开。闭幕式由中国训诂学研究会秘书长、复旦大学汪少华教授主持。中国训诂学研究会学术委员会主任董志翘教授作大会总结，北京师范大学王立军教授代表下届年会承办方发言，梧州学院王建军理事作会务总结。

会议还举行了“2023 年中国训诂学研究会青年优秀成果奖”颁奖仪式，召开了中国训诂学研究会理事会以及《训诂小丛书》第一辑编委会中期统稿会。

中国心理学会语言心理学专业委员会第六届学术年会

6 月 9—11 日，中国心理学会语言心理学专业委员会第六届学术年会在华南师范大学召开。会议由中国心理学会语言心理学专业委员会、华南师范大学主办，华南师范大学“儿童青少年阅读与发展”教育部哲学社会科学实验室、华南师范大学心理学院承办。

会议以“汇聚新生力量，书写语言心理研究新篇章”为主题，旨在进一步推动语言心理学领域研究发展，激发青年学者学生研究动力。会议期间举办特邀报告、学习工作坊、青年学者报告、研究生口头报告、墙报等形式多样的学术交流活动，来自 40 余所高校、科研院所近 200 位专家学者参加线下会议，7300 余人次观看了线上会议直播。

三场大会特邀报告分别是：北京师范大学薛贵教授围绕人脑语义表征及其类比推理智能算法中的应用，通过基于 Binder 的语义特征模型对 1500 多个词汇的 65 个维度进行评定、比较，提出独特见解；浙江大学丁鼐研究员聚焦人工智能与语言心理学研究的相互促进，介绍了如何利用人工智能技术促进语言心理学研究，以及如何利用语言心理学知识评估人工智能算法性能等热点话题；中国科学院心理所杜忆研究员从经颅磁刺激研究入手，揭示言语背侧通路的结构和功能如何影响视觉唇动对噪声下言语识别的作用，以及言语与手势概率性语义整合的动态脑环路机制。

两场工作坊分别是：来自中国科学院心理所的张洳源、李兴珊，陕西师范大学的杨剑峰围绕计算建模在语言心理学中的应用展开交流；来自浙江大学的研究员丁鼐、邹家杰、刘威、陈泓桦聚焦人工智能语言模型在语言心理学领域的应用展开讨论。

青年学者报告中，深圳大学徐敏副教授，中国科学院心理所林楠副研究员、张美超副研究员，北京师范大学王晓莎博士、陈路遥博士，复旦大学附属华山医院路俊锋副主任医师，上海外国语大学张文硕助理研究员，北京语言大学陆灵犀副研究员，香港中文大学冯刚毅副教授，复旦大学徐坤宇副研究员就语言心理学领域共同关注的问题分享了自己的学术研究。

会议期间还设置“字词、句子、语篇加工”“语音感知、韵律、听觉加工”“语言产生”“语言发展、学习”“双语 / 多语”“语言障碍”等主题的墙报展示环节，广邀学者互动探讨、分享新成果。

第二届语言理论与语言教学专题研讨会

6 月 10—12 日，第二届语言理论与语言教学专题研讨会在南开大学举行。会议由世界汉语教学学会语言理论与语言教育研究分会主办，南开大学汉语言文化学院和国际教育学院承办，南开大学跨文化交流研究院和国际学术交流处协办，主题是“国际中文教育理论与方法前沿问题探讨”。来自国内 80 余所高校和科研机构，以及美国、英国、韩国、越南等国的专家学者共 170 余人线下参会，400 余人线上听取会议。

南开大学党委副书记牛文利致开幕词。世界汉语教学学会会长、天津师范大学校长钟英华表示，语言科学、语言理论正在突飞猛进地发展，人工智能、大数据等新技术的普及为语言理论、语言科学的创新发展提供了条件。如何创新，服务好国家需求，服务好世界各国中文教育是当前每个国际中文教育从业人员应思考的重要问题。教育部中外语言交流合作中心党委副书记宋永波指出，世界各国中文教育需求继续增长，要加强标准体系的建设，通过建立并全面推广各项标准保证师资的质量。此次研讨会不仅总结分享过去的经验，也为今后国际中文教育事业高质量发展开拓了新思路。

英国剑桥大学袁博平教授、美国休斯顿大学温晓红教授、韩国延世大学金铉哲教授、越南胡志明市师范大学阮福禄教授、北京语言大学崔希亮教授、南开大学石锋教授、威斯康星大学张洪明教授、南开大学卢福波教授等专家作大会主旨发言。

18 个分组论坛围绕国际中文教育前沿理论的引介与推进，国际中文教育前沿方法、模式的探索、实验与运用，国际中文教育计算机、智能、数据的处理与运用等议题开展学术交流，共报告学术论文 101 篇。

大会评选出青年学者优秀论文 15 篇，由世界汉语教学学会给予以吸纳和储备中青年优秀人才和学术成果、推进深度研究为目的的立项资助。

第三届中国情感计算大会暨中国中文信息学会情感计算专委会工作会议

6 月 30 日至 7 月 2 日，由中国中文信息学会情感计算专委会主办，西安交通大学承办的第三届中国情感计算大会（The Third Chinese Conference on Affective Computing，CCAC 2023）暨中国中文信息学会情感计算专委会工作会议在西安举行。来自全国 50 多所高校、科研机构和企业的近 400 位代表齐聚西安，共同探讨情感计算领域的最新进展和发展方向。

大会由西安交通大学管晓宏院士、哈尔滨工业大学李生教授担任大会荣誉主席，清华大学陶建华教授、西安交通大学龚怡宏教授担任大会主席。山西大学王素格教授、复旦大学魏忠钰副教授担任程序委员会主席。

大会邀请了情感计算领域知名专家做特邀报告，分别是北京大学方方教授“人类情绪知觉的机制、功能和调控”、复旦大学冯建峰教授“大脑启发的情感计算：数据与建模”、哈尔滨工业大学秦兵教授“大模型时代的安全性内容生成与价值观对齐”。

在青年科学家报告环节，中国科学院自动化研究所张家俊研究员、中国科学技术大学徐童教授、哈尔滨工业大学（深圳）徐睿峰教授和清华大学赵思成副研究员分别介绍了多语言多模态大模型、微表情识别、认知对抗背景下的计算论辩学，以及基于视觉内容与多模态数据的情感计算方面的相关研究成果及未来的工作。

情感计算前沿讲习班邀请了天津大学王博副教授、哈尔滨工业大学冯骁骋副教授、中国科学院心理研究所王甦菁副研究员、中国科学院自动化研究所刘斌副研究员做主题报告，分别讲解了大语言模型的类心理特质分析、从语言模型到群体智能、基于语音的情感识别技术与应用、微表情分析等热点问题、相关理论和方法，并就如何开展情感计算领域前沿研究进行探讨。

在前沿趋势论坛上，中国科学院心理研究所杜忆研究员、西北工业大学夏召强副教授、中国科学院软件研究所彭晓兰助理研究员、北京理工大学毛先领副教授、华为云多模态数字人项目主管和技术专家李明磊分别从音乐愉悦感和文化属性的认知计算机制、面向微反应的隐藏情绪分析方法、“情感挑战”研究及其发展、科技大模型“墨子”及其学术应用、多模态情感数字人进展及挑战等方面对相关领域的最新发展趋势进行了分析和总结。

大会还举办了评测研讨会和企业论坛。组织了多模态对话中的情感识别评测、第三届智慧论辩评测，以及多领域、多要素属性级情感分析评测，来自全球的 105 支团队报名参加。多支获得优异成绩的团队获邀在评测研讨会上分享了在评测任务中的技术和心得。在企业论坛环节中，拓尔思、聆心智能、科大讯飞、新浪微博等企业的技术负责人展示了各家企业在情感计算、大模型领域的最新研究成果。

6 月 30 日下午同步举行了中国中文信息学会情感计算专委会工作会议。

中国语言学会第十一届常务理事会 2023 年度第二次（扩大）会议

7 月 1 日，中国语言学会第十一届常务理事会召开 2023 年度第二次（扩大）会议。会议在线上进行。中国语言学会第十一届常务理事会成员和四个二级分会的会长、副会长、秘书长，以及参与学会管理的相关工作人员共 34 人参会。

会议的主题是深入开展学习贯彻习近平新时代中国特色社会主义思想主题教育。中国语言学会会长张伯江研究员作题为“学思用贯通，知信行统一，发挥语言学在现代文明建设中的重要作用”的主题报告，阐述了哲学社会科学界开展主题教育的重要意义和目标任务，结合中国社会科学院党组关于加强中华民族现代文明研究阐释的部署精神，强调了中国语言学会作为院属社团的角色和使命。报告概述了习近平总书记在文化传承发展座谈会上的重要讲话精神，阐释了语言文字工作者在中华文明传承中的重要工作方向，特别指出在习近平总书记所论述的中华文明的连续性、创新性、统一性、包容性与和平性，和马克思主义基本原理同中国具体实际、同中华优秀传统文化的五个“结合”等方面，是我们中国语言学者在中华民族现代文明的建设中、在加强中国式现代化的进程中可以作出贡献的重要领域。中国语言学会语音学分会会长孔江平教授、语言政策与规划专业委员会秘书长戴曼纯教授、历史语言学分会副会长兼秘书长杨永龙研究员和社会语言学分会会长赵蓉晖教授分别代表各分会作 2023 年上半年工作交流报告，回顾了半年来的工作，展望下半年即将开展的各项活动。

会议还根据学会章程审查通过了 114 名新会员入会申请。截至目前，中国语言学会共有正式会员 1500 余名，逐步成长壮大为一个“推动语言科学研究，开展全国性学术活动，组织国内外学术交流”的重要平台。

儿童语言、语音获得与认知研讨会

7 月 6 日，儿童语言、语音获得与认知研讨会在南方科技大学举行。会议由中国社会科学院语言研究所语音研究室主办，南方科技大学人文科学中心承办。

会议开幕式由中国社会科学院语言研究所熊子瑜研究员主持，中国社会科学院语言研究所副所长李爱军研究员致欢迎词。会议设语音与认知、语法与认知两个分会场。

语音与认知分会场特邀报告有：北京师范大学徐彩华教授“面向国际中文教育的少儿汉语拼音学习数据库的建立”、中国社会科学院李爱军研究员“普通话儿童语音习得与认知发展研究”、香港中文大学葛淳宇博士后报告莫碧琪教授领导的研究团队成果“How Do Children Acquire Complex Tone Sandhi? Novel Approaches in Production and Perception”（儿童如何获得复杂连读变调：产出与感知的新方法）、上海交通大学丁红卫教授“多模态手势训练提高人工耳蜗儿童的普通话声调感知能力”、南开大学温宝莹教授“普通话儿童声调感知的精细化发展”、湖南大学陈飞教授“对儿向语的听觉神经反应有望成为自闭症儿童的早期生物标记”、南京理工大学李善鹏助理教授“人工耳蜗儿童对汉语声调的习得”、同济大学于珏副教授“汉语人工耳蜗植入儿童音高事件感知特点研究”、山东大学时秀娟教授“腭裂术后儿童普通话基础元音感知研究”、北京语言大学陈傲副教授“儿童和成人非词复诵任务的影响因素及临床价值”、中国社会科学院语言研究所高军副研究员“1.5 至 6 岁普通话儿童发音测试（北京地区）”。

语法与认知分会场特邀报告有：苏州大学杨彩梅教授“Syntax-pragmatics Interface in a Child's Path： A Study of 3- to 11-year-olds' Production of Mandarin Recursive Relative Clauses”（儿童发展中的句法语用接口：3—11 岁汉语儿童递归性关系从句产出实验研究）、广东外语外贸大学何晓炜教授“SLI 儿童与 HFA-LI 儿童语法能力对比研究”、浙江大学周鹏教授“学龄前普通话典型儿童和孤独症儿童的语言加工”、南京师范大学梁丹丹教授“4—6 岁高功能自闭症儿童方位指示代词的发展”、首都师范大学张云秋教授“普通话儿童初始意图性沟通中的语调词”、安徽师范大学饶宏泉副教授“儿童语用发展的系统研究构想”、上海科技大学张寒研究员“0—6 岁婴幼儿脑发育和脑图谱技术”、复旦大学徐坤宇副研究员“1—2 岁婴幼儿词汇语义习得研究”。

此次研讨会投稿报告的研究领域包括言语产出、言语感知、语法发展以及儿童的二语习得等方面。研究方法既有采用语料库分析对儿童语言发展的描述性研究，也有通过心理行为实验、眼动或脑电实验进行的实证性研究。对于儿童语料，学界尝试从互动语言学角度进行分析和解释。研究者关注的特殊儿童包括听障儿童、自闭症儿童、腭裂儿童、发展性阅读障碍儿童、书写障碍儿童。

第十五届中国语音学学术会议暨语音学前沿国际论坛

7 月 7—10 日，第十五届中国语音学学术会议暨语音学前沿国际论坛在南方科技大学举办。论坛由中国语言学会语音学分会主办，南方科技大学人文科学中心承办。

开幕式由中国社会科学院语言研究所贾媛研究员主持，南方科技大学人文社会科学学院院长陈跃红教授、中国语言学会语音学分会主任委员孔江平教授分别致辞，南方科技大学人文科学中心李蓝教授代表会务组作会议筹办情况说明。

8 位学者作大会报告：北京大学孔江平教授“语音感知研究的理论与方法”、北京语言大学马秋武教授“语音的‘音’与音系的‘音’”、中国社会科学院语言研究所李爱军研究员“普通话儿童的后续叠加边界调”、中国科学技术大学袁家宏教授“基于深度学习的语音学研究”、南方科技大学陈霏教授“听损儿童的汉语声调感知”、厦门大学洪青阳副教授“多语种语音识别技术及其应用”、广东省公安厅教授级高工王英利“声纹鉴定技术的新思路与新方法”、南方科技大学讲习教授李蓝“大型警用方言语音数据库设计中的一些问题”。

12 个分会场共宣读 287 篇研究成果，涵盖语音学研究的方方面面，如元音、辅音、声调、连读变调、发声态、语调、韵律节奏、音系、语言接触和语音演变等，还有大量报告涉及语言学习、语言健康、司法语音、语音技术等方面。

闭幕式上，熊子瑜研究员代表中国语言学会语音学分会作了简要总结，下一届年会将由北京大学中文系承办。

国家“十四五”重大学术和文化工程《汉语大字典》修订高端论坛暨赵振铎教授、向熹教授95华诞学术思想研讨会

7月8日，由四川大学文学与新闻学院主办的国家“十四五”重大学术和文化工程《汉语大字典》修订高端论坛暨赵振铎教授、向熹教授95华诞学术思想研讨会在成都举办，来自全国30余所高校和出版单位的专家学者出席了此次会议。四川大学党委书记甘霖到会祝贺。

四川大学项楚先生回顾了四川大学汉语史学科的优良传统，认为《汉语大字典》修订是学科振兴的良好契机。四川大学向熹先生表示中国历史悠久，中华文化代有传承，的确应该有像《汉语大字典》这样代表国家水平的大型语文工具书。崇文书局王重阳副社长在致辞中介绍了崇文书局的发展历程，表示《汉语大字典》是立社之本。四川辞书出版社王祝英总编回顾了《汉语大字典》第一版、第二版编修的背景和过程，高度评价了两位先生为辞书事业作出的巨大贡献。北京语言大学刘利教授致辞高度评价了《汉语大字典》的历史功绩。

此次论坛大家云集，共分三场大会报告。北京语言大学董志翘教授、浙江大学张涌泉教授、上海师范大学徐时仪教授、浙江大学王云路教授、西南交通大学汪启明教授、香港教育大学朱庆之教授、浙江大学方一新教授、郑州大学李运富教授、苏州大学杨军教授、华中科技大学程邦雄教授、湖南师范大学蒋冀骋教授、北京师范大学李国英教授、北京师范大学周晓文教授分别作主题发言。

在5场小组报告中，50余位专家围绕《汉语大字典》的收字、字形、注音、释义、字际关系、文献征引和数据库建设等方面展开热烈的讨论。

强国建设 教育何为 教育强国 语言何为——国家语言能力建设学术研讨会

2023年7月8—9日，“强国建设 教育何为 教育强国 语言何为——国家语言能力建设学术研讨会”在江苏师范大学语言能力省部共建协同创新中心举行，会议由江苏师范大学语言能力省部共建协同创新中心与国家语言文字推广基地（江苏师范大学）联合主办。

研讨会共进行了28场大会报告。专家们围绕国家语言能力建设的意义（特别是对落实教育强国的重要意义）、领域、路径等开展多角度讨论，发言涉及国家语言能力的理论建构和方法论研究、世界主要国家的国家语言能力现状调查研究、国家语言政策（包括语言治理）研究、群体语言能力（老年人、学前儿童、民族地区青壮年群体、少数民族学生、移民等）研究，中文教育（包括国际中文教育、华文教育）研究、国际话语权研究等方面。

通过大会报告和讨论，专家们普遍认为，国家语言能力是指一个国家处理国内外事务时所需要的语言能力（广义，包括国民个人语言能力和社会语言能力），尤其是行使国家力量时所需要的语言能力（狭义）。国家语言能力是指“国家的语言能力”，而非“国家语言的能力”，它包含个人语言能力和社会语言能力，形成“个人语言能力—社会语言能力—国家语言能力”三层立体架构。国家语言能力建设的最终目标就是一个国家在处理政治、经济、外交、军事、科技、文化等各种国内外事务中，包括在世界任何地方，都能在本国获得所需要的语言支持。国家通用语言文字的推广水平是国家语言能力水平的核心标志。发达国家国家语言能力的成功也正在于此。此次研讨会中，各位专家从不同角度全方位讨论回答了“强

国建设 教育何为 教育强国 语言何为”这两个新时代重大问题。

汉语史与西北地区语言接触问题研究论坛（2023）

7月14—17日，由中国社会科学院语言研究所历史语言学研究二室与兰州大学文学院联合主办的汉语史与西北地区语言接触问题研究论坛（2023）在兰州大学举办。来自全国高校和科研机构的40余位专家学者及20多位博士、硕士研究生参加了论坛。

15位专家分别进行了大会主旨讲演：香港教育大学朱庆之“汉语史是否等于汉语口语史？——一项从语言接触的理论视角所作的观察和思考”、厦门大学李无未“胡朴安‘形音义派’文字学的汉语音韵学史‘开局’意义”、南开大学意西微萨·阿错“汉语方言接触若干问题讨论”、甘肃省社会科学界联合会陈元龙“经堂发音、消经文字及其中国化特点”、兰州城市学院/西北师范大学莫超“甘肃境内的晋语”、上海师范大学王双成“西宁方言的话题结构和宾动结构”、中山大学邵明园“藏语在甘青语言区域中的影响和地位”、中国社会科学院语言研究所/南方科技大学李蓝“兰州方言的声调问题”、河南大学丁喜霞“日汉对译辞书《杂字类编》中的词语误认现象及成因”、陕西师范大学赵学清“语言接触中的汉字问题——以‘腺’字为例”、陕西师范大学黑维强和高怡喆“包头方言‘哪能嘞’的多功能性及语用化途径”、西北师范大学杨同军“东干语发展中的语言接触问题探析”、西北师范大学雒鹏“语流音变在方言词语考源中的作用”、中国社会科学院语言研究所陈丹丹“说‘来着2’——兼论‘来着1’与‘来着2’的区别”、兰州大学敏春芳“甘青河湟方言的区域特征”。

在两场分组报告和两组研究生论坛中，与会专家学者和博士、硕士研究生围绕论坛的相关主题展开了充分而又深入的交流。

第八届汉语国际传播研究分会年会

7月16—17日，由中国语文现代化学会汉语国际传播研究分会、新疆师范大学国际文化交流学院、北京语言大学国际中文教育研究院、南京大学中国语言战略研究中心、中亚汉语国际教育研究中心、中央民族大学国际教育学院联合举办的第八届汉语国际传播研究分会年会在新疆师范大学召开。教育部中外语言交流合作中心党委副书记宋永波、北京语言大学汉语国际教育研究院院长吴应辉、自治区教育厅外事处副处长秦山，以及来自全国各高校相关领域的150余名专家学者参加此次会议。

教育部中外语言交流合作中心党委副书记宋永波、新疆师范大学校长吾满江·艾力分别致辞。会议聚焦“国际中文教育的区域国别和数字融合研究”问题，交流学术前沿问题和最新动态。

北京语言大学吴应辉教授、梁宇教授、王治敏教授，辽宁师范大学李宝贵教授，浙江师范大学王辉教授，华东师范大学丁安琪教授、叶军教授，中央民族大学刘玉屏教授，新疆师范大学尹春梅教授应邀作大会主旨报告。

第九届韵律语法研究国际研讨会

7月16—17日，由北京语言大学语言科学院章黄学术理论研究所主办、旧金山大学语言文学与文化系承办的第九届韵律语法研究国际研讨会（The Ninth International Conference of

Prosodic Grammar）通过线上线下相结合的形式举办。来自美国、英国、捷克、德国、荷兰、瑞典、中国等国多所高校和科研单位的80余位学者参加了研讨会。旧金山大学李智强教授、北京语言大学曹文教授、北京语言大学冯胜利教授分别在开幕式上致辞。

端木三、李智强、马秋武、陈忠敏、Laura Dilley、曹文、Hana Třísková、冯胜利等8位学者应邀作大会报告，61位学者作分组报告，4位青年学者参加了“韵律语法青年学者论文奖入围报告”。大会最终评选出一、二、三等奖各1名，获奖论文分别是广西大学毕原浩的《威海方言疑问语调的历史演变及类型特征》、牛津大学刘尚其的《北京话阴平变调的功能与机制》以及福建师范大学严婵娟的《〈诗经〉韵律词的分类与语体属性研究》。

纵览大会报告，分别涉及韵律构词、韵律语法、韵律语体、韵律文学、实验语音、句调语法和汉语韵律标注与教学等领域，报告既有现代汉语和古代汉语的韵律语法研究，也有汉外韵律语法对比研究，还有韵律语法与文体学、语体语法学、心理学等诸多其他学科的交叉研究。分组报告内容丰富、材料新颖，对韵律语法各领域的细化研究和交叉领域的拓展研究具有重要作用。

闭幕式由冯胜利教授主持。庄会彬教授宣布“韵律语法青年学者论文奖”的获奖者及其论文，李智强教授作大会总结。

第十届西北方言与民俗学术研讨会

7月17—19日，第十届西北方言与民俗学术研讨会在西宁召开。会议由全国汉语方言学会、《方言》编辑部、陕西师范大学语言资源开发研究中心、青海师范大学、青海省人民政府—北京师范大学高原科学与可持续发展研究院主办，青海师范大学文学院、陕西师范大学语言资源开发研究中心青海师大分中心承办。来自全国高校和科研院所的近90位专家学者参加了会议。

开幕式由青海师范大学文学院副院长李成林主持。青海师范大学副校长董占明，全国汉语方言学会会长、中国社会科学院语言研究所研究员沈明，陕西师范大学语言资源开发研究中心主任邢向东教授分别致辞。

10位专家大会报告如下：中国社会科学院语言研究所杨永龙“青海甘沟话的任指形式”、中国社会科学院语言研究所沈明“晋语‘可~心；~院子跑；~~（儿）地：正好’的来源”、中国社会科学院民族学与人类学研究所李云兵“五屯话的词汇形态及其句法特征”、中国社会科学院语言研究所/南方科技大学李蓝“甘宁青新的声调类型、地理分布与方言分区”、中国社会科学院语言研究所张振兴“呼吁编纂一部《西北地区汉语方言文化大词典》”、天津师范大学王临惠“论山西方言梗摄开口阳声字白读的韵母的历史演变”、陕西师范大学邢向东“词音例外二途”、兰州城市学院莫超“河西走廊汉语方言的历史演变漫谈”、上海师范大学王双成“甘青方言从格标记的表源及其功能扩展‘格局’”、青海师范大学马梦玲“青海贵德周屯话的语言接触现象”。

11场分组讨论的内容包括方言语音尤其是声调与词调，方言词语考证，方言语法，口头文化与民俗等；研究方法涉及历史比较法、结构主义语言学、接触语言学、实验语音学、语法化理论等。

第二届自然语言生成与智能写作大会

7 月 18—20 日，第二届自然语言生成与智能写作大会（NLGIW 2023）在新疆师范大学召开。

新疆师范大学计算机科学技术学院党委书记张海军教授主持开幕式。副校长帕力旦·吐尔逊致欢迎辞，中国中文信息学会秘书长孙乐研究员、NLGIW 专委主任委员赵铁军教授、哈尔滨工业大学（深圳）张民教授、清华大学黄民烈教授分别致辞。

大会设特邀报告、青年科学家论坛、企业论坛、圆桌论坛、大模型发展趋势论坛和评测论坛。

大会特邀报告分别是：中国科学院自动化研究所宗成庆研究员“生成式语言模型的过去、现在和未来”、华为诺亚方舟实验室刘群教授“融合搜索和工具调用的大语言模型”（线上）、哈尔滨工业大学秦兵教授“生成式 AI 伦理：大模型内容忠实性及价值观对齐”。

青年科学家论坛上，人工智能领域 5 位青年科学家围绕生成式大模型作主题报告：上海交通大学刘鹏飞副教授“Prompt Engineering 2.0”、上海复旦大学张奇教授“生成式大模型评测”、字节跳动研究员郑在翔博士“基于大模型蛋白质语言模型的蛋白质设计”、北京智源人工智能研究院认知模型团队负责人王业全博士“免微调生成式语言大模型初探”、阿里巴巴达摩院算法专家杨安博士“通用统一多模态预训练模型技术探索”。

企业论坛上，6 位专家针对文本生成与大模型在企业中的应用作报告：语仓的李国东老师“基于大模型的私有化可控智能多轮对话系统”、百度刘家辰老师“文心一格：百度 AI 绘画大模型技术与应用探索”、聆心郑叔亮老师“从 ChatGPT 到场景化和个性化大模型”、中译语通陈自岩老师“格物多语言大模型技术及工业实践”、非十科技刘政宁老师“大模型训推全流程一体化平台”、腾讯蒋海云老师“腾讯智能写作助手文涌（Effidit）的最新进展”。

圆桌论坛上，与会专家学者就大模型下文本生成的发展新趋势与大模型如何在产业界落地等问题进行了讨论。

大模型发展趋势论坛上，北京大学万小军研究员、中国人民大学严睿副教授、上海交通大学刘鹏飞副教授、北京智源人工智能研究院技术专家王业全、阿里巴巴达摩院算法专家杨安等 5 位人工智能领域专家围绕大模型的发展趋势进行讨论，与会学者就“ChatGPT、GPT4 相关技术讨论”“大模型未来发展趋势探讨”“未来潜在的科研方向展望”三个议题进行了学术研讨与交流。

评测论坛针对三个评测任务——百度组织的“面向事实一致性的生成评测比赛”、北京理工大学组织的“中医辨证评测任务”、青海师范大学组织的“面向藏语文本标题生成任务”——进行评测获胜团队的技术分享。

第三届汉语音义学研究国际学术研讨会

7 月 21—25 日，华中科技大学、遵义师范学院联合举办了第三届汉语音义学研究国际学术研讨会。会议由遵义师范学院科研处、人文与传媒学院和国际教育学院联合承办，国家社科基金重大项目“中、日、韩汉语音义文献集成与汉语音义学研究”（项目编号：19ZDA318）课题组协办。会议采取线上线下相结合的形式，来自国内外 60 多所高校和研究机构的 94 名代表参加了会议。

遵义师范学院胡贵勇副校长致开幕词，北京语言大学董志翘教授、上海师范大学徐时仪教授和苏州大学杨军教授分别致辞。

会议的主题是“汉语音义学学科建设：理论·实践”，采取大会报告、分组汇报两种形式进行。其中大会报告20场，分组汇报共8组74场。大会报告题目如下：徐时仪“《一切经音义》的校勘及拓展探略”、董志翘“扬雄《方言》‘屑，洁也’再考”、杨军“《经典释文》‘赎’‘视’‘贯’诸字的音义匹配与语音纠缠”、黄笑山“《经典释文》的船禅纠缠及中古两母的流变”、李圭甲和梁导喜“基于对比验证方法破译华严石经残片#10670上的残字”、赵世举“音随义转的性质及类型试说”、雷昌蛟“论几部字词典‘拌’‘拚’”、储泰松“佛典语音资料面面观”、龙仕“论石刻异体字‘音、形、义’在大型字典修订中的增补及其今用”、徐朝东“明清以来北京话果摄读音的历史演变——兼谈音系接触与音系格局的调整”、史光辉“‘坝（平原）’的音义源流：兼及坝、坝、埧等诸字”、王月婷“《左传》‘归宋财’‘归粟于蔡’的句式差异”、陈淑梅“汉语‘参’字的音义研究”、梁晓虹“精益求精，臻于至善——评《一切经音义三种校本合刊》的两次修订”、尉迟治平“草蛇灰线，其来有自——汉语音义学探源”、蔡梦麒“《辞源》（第三版）注音审订例议”、丁治民“《广韵》编纂底本考”、王长林“明清小说俗字拾零”、汪启明“刘咸炘语言考据学述要”、黄仁瑄“汉语音义学是典型的交叉学科”。

中国人民大学文学院高永安副教授主持会议闭幕式，淮北师范大学张义副教授、华中科技大学齐晓燕副教授、北京中医药大学李蕊副教授作小组总结，苏州大学杨军教授作大会总结，湖北师范大学张道俊教授代表下届承办单位发言。

中国民族古文字研究会年会暨民族古文字文献与汉语通语、方言研究学术研讨会

7月22—23日，中国民族古文字研究会和江苏师范大学联合主办的中国民族古文字研究会年会暨民族古文字文献与汉语通语、方言研究学术研讨会在徐州召开。来自全国近50家高校和科研单位的百余名专家和青年学者参加会议。

会议开幕式由江苏师范大学王为民教授主持，江苏师范大学党委书记方忠，中国民族古文字研究会会长、中国社会科学院民族学与人类学研究所（以下简称“民族所”）党委书记赵天晓，中国社会科学院民族所副所长王锋，国家民委杨硕处长分别致辞。

学术研讨会分主旨报告和分论坛报告两种形式进行。

主旨报告阶段共有7位专家作主旨演讲，分别是江苏师范大学杨亦鸣教授“语言观的革新与语言学跨学科研究”、中国社会科学院民族所聂鸿音研究员“八至十二世纪汉语西北方言的区片划分”、中国社会科学院民族所孙伯君研究员“西夏文献的语文特征”、中央民族大学张铁山教授“四川博物院藏张大千集回鹘文《别译杂阿含经》残卷研究”、新疆师范大学牛汝极教授“吐鲁番发现的叙利亚文《圣经》写本”、江苏师范大学王为民教授“民族融合与民族共同语音系特征的演变”、宁夏大学西夏学研究院彭向前研究员“吕惠卿《孝经传》的道德性命探讨”。

4个分论坛报告讨论议题涉及十多个文种，研究角度涉及文献学、语言学、文字学、音韵学、文学、历史学以及交叉学科，研究内容体现了新时代民族古文字研究的动向，与铸牢中华民族共同体意识主线相契合，研究特点都是从一手材料出发，深入揭示文献背后所蕴含的语言

文字、历史、经济、文化内涵。

虚拟空间信息的传播与沟通前沿理论工作坊

7 月 29 日，为了推动海峡两岸语言教学与科学研究事业的发展，复旦大学中文系、《当代修辞学》编辑部与澳门语言学会在复旦大学联合举办了虚拟空间信息的传播与沟通前沿理论工作坊。与会学者从跨学科的角度，考察传统社会的文化传播形态，并依据宏观理论探讨、微观信息追踪的研究数据，发表了当代社会关于现实空间与虚拟空间信息传播与沟通的学术思考。会议还对 4 月去世的澳门语言学会创会会长、著名语言学家程祥徽先生表达了缅怀之情，忆述其推动中国修辞学与海峡两岸交流所作的卓越贡献。

第二十二届中国计算语言学大会

8 月 3—6 日，第二十二届中国计算语言学大会（CCL 2023）在哈尔滨举行。大会由中国中文信息学会主办，哈尔滨工业大学承办，主题涵盖计算语言学领域最新技术和动向，参会人数过千人。

开幕式上，哈尔滨工业大学副校长刘挺教授、中国科学院软件所孙乐研究员、清华大学刘洋教授、哈尔滨工业大学秦兵教授分别致辞，复旦大学邱锡鹏教授代表程序委员会介绍会议组织情况。

清华大学孙茂松教授、哈尔滨工业大学秦兵教授担任大会主席，大会设特邀报告、NLP 前沿动态综述论坛、评测研讨会以及学生研讨会论坛。中国科学院陆汝钤院士、哈尔滨工业大学刘挺教授、西安电子科技大学焦李成教授、中国科学院计算技术研究所陈熙霖研究员以及字节跳动研究负责人李航博士，分别作题为“大数据 · 大知识 · 大智能”“认知安全”“关于 ChatGPT 引发的几点思考”“理解非语言交流——通往无缝人机衔接”“开启 AI 大模型的时代新征程”的特邀报告，介绍了所在团队研究进展并分析国内外人工智能大模型的当前态势和未来发展的机遇和挑战。

讲习班邀请了中国科学院自动化所陈玉博副研究员、复旦大学桂韬副研究员、清华大学张超助理教授以及清华大学赵昊助理教授，围绕预训练语言模型中的知识分析、萃取与增强，大模型安全伦理，利用语音语言处理模型研究大脑的语言认知机制，基础模型用于机器人领域的最佳学术实践等主题作了系统深入的讲解。

在前沿动态综述报告会中，浦江实验室青年科学家颜航博士、清华大学刘知远副教授、中国人民大学严睿副教授、南京大学黄书剑副教授、南京航空航天大学李丕绩教授、中国科学院计算所范意兴副研究员、中国科学院自动化所陈玉博副研究员、天津大学熊德意教授、哈尔滨工业大学张伟男教授以及微软亚洲研究院段楠研究员深入浅出地介绍了大模型在训练、高效微调、人机对话、机器翻译、文本生成、信息检索、知识图谱、价值对齐、模型评价以及多模态等相关方向的前沿动态，并与现场学者展开讨论。

在学生研讨会上，清华大学李鹏副研究员、清华大学丁宁博士、香港大学谢天宝博士、AIWaves 联合创始人兼 CTO 周王春澍博士、哈尔滨工业大学赵伟翔博士以及清华大学詹靖涛博士结合自身科研经历，与同学们分享关于大模型时代的科研选题、研究生阶段实习规划等多方面的成功经验。

会议组织了古籍命名实体识别评测、汉语框架语义解析评测等 8 个技术评测，呈现了来自复旦大学与华为团队的“Rethinking Label Smoothing on Multi-hop Question Answering”、北京师范大学团队的“古汉语通假字资源库的构建及应用研究”等 12 场口头报告。

大会宣布了 CCL 2023 最佳中文论文奖、最佳英文论文奖、最佳 Demo 演示奖、最佳海报展示奖获得者，并为获奖作者颁奖。

闭幕式上，大会主席秦兵教授致闭幕词，山西大学谭红叶教授代表下一届会议主办方发言。

第二届简牍学与出土文献语言文字研究学术研讨会

8 月 5—6 日，第二届简牍学与出土文献语言文字研究学术研讨会在西北师范大学召开。会议由中国社会科学院语言研究所历史语言学研究一室、西北师范大学文学院、中国人民大学吴玉章中国语言文字研究所、甘肃简牍博物馆和西北师范大学简牍研究院联合主办，西北师范大学文学院简牍研究中心承办。

来自国内 20 余所高校和科研机构的 66 位专家学者甲骨金文、简牍帛书、玺印写本等出土文献的语言文字问题进行了深入的探讨和交流。其中简牍学和敦煌学研究的论文占比八成左右，充分体现了甘肃作为出土文献大省的地方特色。此次会议在“语言学”公众号的视频号“讲座与学术”上同步直播，累计观看人数 2800 余人。

西北师范大学文学院院长马世年主持会议，西北师范大学校长王占仁、中国社会科学院语言研究所所长张伯江、商务印书馆副总编辑余桂林、中国人民大学吴玉章中国语言文字研究所所长王贵元、西北师范大学赵逵夫教授分别致辞。

复旦大学刘钊教授、湖南师范大学蒋冀骋教授、中国人民大学王贵元教授、陕西省考古研究院王辉研究员、北京大学董珊教授、中国社会科学院语言研究所王志平研究员、中山大学范常喜教授、甘肃文物考古研究所张俊民研究员、北京语言大学魏德胜教授、中国人民大学龙国富教授、西南民族大学王启涛教授、河南大学张生汉教授、兰州大学敏春芳教授、甘肃简牍博物馆肖从礼研究员、西北师范大学杨同军教授分别就西北汉简、清华简、敦煌写本等出土文献的文字考释、词汇演变、字词关系等问题作了大会报告。

此次会议还举办了西北师范大学特聘刘钊教授的聘任仪式，以及《简牍学与出土文献研究》第一辑、第二辑首发仪式。

湖南师范大学蒋冀骋教授作总结发言，中国社会科学院语言研究所王志平研究员致闭幕词。

第五届走向新描写主义论坛

8 月 12—13 日，第五届走向新描写主义论坛在西北大学举办。论坛由中国社会科学院语言研究所《当代语言学》编辑部、西北大学文学院主办，香港中文大学、陕西省语言学学会、《西北大学学报》编辑部协办。来自中国内地及中国香港、澳门地区等地高校、研究机构的近百位学者参加。

西北大学党委副书记张清致欢迎辞，中国社会科学院语言研究所 / 广东外语外贸大学胡建华教授致开幕词。

论坛共设 8 场主旨报告：澳门科技大学张洪明教授“范畴化问题及其他——新描写主义札记之一”、陕西师范大学邢向东教授“陕北神木方言的副词‘就 [tsəu ^{53}]’与‘□ [tsɔ ^{53}]’

及其比较”、江苏师范大学金立鑫教授“汉语情态词与动词短语之间在体范畴上的制约关系”、香港中文大学潘海华教授“试论‘名动包含’说的理据及其存在的问题”、南开大学李兵教授“瓦罕塔吉克语动词词干基本形式的推导”、中国社会科学院语言研究所 / 广东外语外贸大学胡建华教授“‘何有于我哉’的句法语义及其他——一个新描写主义视角”、中国社会科学院语言研究所 / 深圳大学刘丹青教授“量词与类指”、西北大学赵小刚教授“‘饕餮’的来源、变异及其他”。

33 场分组报告分为句法语义、语音音系、词汇句法三组。句法语义组的报告涉及量化词、数量短语、复数标记、量词等；语音音系组的报告涉及音系特征、语音要素、连续变调、单字调、塞擦音等；词汇句法组的报告涉及假设从句标记、转折标记、添加算子、形容词等。相关报告所考察的语言涉及汉语、英语、日语、班图语、瓦罕塔吉克语等。

第十届汉语言文字学高级研讨班

8 月 14—24 日，由北京师范大学、北京大学等高校和商务印书馆联合主办，北京师范大学承办的第十届汉语言文字学高级研讨班在北京举办。

研讨班共安排了 17 场专家讲座，分别是北京师范大学王宁教授“训诂学的特质及其现代转型”、南京大学鲁国尧教授“语言学与历史学的会通——‘长安论韵’考论”、北京师范大学李国英教授“《说文解字》与中国传统语言文字学理论建设”、北京语言大学冯胜利教授“训诂属类释例及其独立原则——小学训诂、经学训诂、文学训诂、子学训诂及史学训诂之例解”、中央民族大学戴庆厦教授“论汉语在语言学研究中的重要地位——从汉语与非汉语比较中反观”、清华大学赵平安教授“先秦秦汉时代的讹字问题”、北京大学孙玉文教授“从出土文献和长韵段等视角看上古声调”、中山大学陈伟武教授“利用出土文献研究汉语词汇史漫谈”、厦门大学李无未教授“近现代日本汉语言文字学史研究的意义”、中国人民大学王贵元教授“汉语字词关系综论”、浙江大学王云路教授“谈谈正确理解古代注疏的必要性”、北京大学胡敕瑞教授“‘目录’之‘录’及相关问题”、中国社会科学院董琨研究员“启功先生语言文字学若干亮点简介”、北京语言大学华学诚教授“古籍整理与文献语言学”、中国社会科学院江蓝生研究员“《现代汉语大词典》的编纂理念与学术特色”、陕西师范大学党怀兴教授“六书学史研究中的几个问题”、吉林大学吴振武教授“和同学们谈谈学习中需要注意的几个问题”。

研讨班还举行了三场青年学者论坛，分别为语法音韵组、文字组和训诂组。下一届研讨班由北京大学承办。

教育部“1+1”新闻发布会

8 月 16 日，教育部举行“1+1”新闻发布会，介绍语言文字战线深入贯彻落实党的二十大精神，传承发展中华优秀语言文化，助力加快建设教育强国情况；发布 2022 年中国语言生活状况。

教育部语言文字信息管理司司长田立新、教育部语言文字应用管理司副司长王晖、河南省安阳市副市长常慧芹、上海市教科院国家语言文字政策研究中心副主任张日培、中国文字博物馆副馆长魏文萃介绍有关情况，并回答记者提问。教育部办公厅副主任、新闻办主任、新闻发言人王磊主持新闻发布会。

田立新司长介绍了语言文字战线深入贯彻落实党的二十大精神、传承发展中华优秀语言文化、助力加快建设教育强国情况；王晖副司长介绍了中华经典诵读工程有关情况；发布会上还介绍了2022年中国语言生活状况。会议发布了2023年度《中国语言生活状况报告》《中国语言政策研究报告》《世界语言生活状况报告》《粤港澳大湾区语言生活状况报告》。

赵元任语言学学术思想国际研讨会

8月20—23日，为纪念赵元任的学术精神，由南开大学文学院、南开大学语言学研究所和商务印书馆联合主办的赵元任语言学学术思想国际研讨会在南开大学召开。会议以线上线下相结合的方式，特邀海内外38位学者展开十数场报告，80余位师生代表现场参会，300余人线上参会。

南开大学意西微萨·阿错教授主持开幕式，香港理工大学王士元教授、中国社会科学院沈家煊教授、商务印书馆余桂林副总编、南开大学李锡龙教授、美国伯克利大学东亚图书馆周欣平馆长先后致辞。其间还播放了南开大学语音计算实验室AI语音合成的模拟赵元任先生致辞，以及商务印书馆所作的赵元任先生生平视频展示。

北京语言大学冯胜利，美国布朗大学焦立为，中国社会科学院语言研究所沈家煊、刘祥柏，日本明海大学刘勋宁、史有为，新加坡国立大学包智明，北京师范大学珠海校区罗仁地，常州工学院戎林海、吴健，江苏师范大学陈卫恒、苏金智，暨南大学邵敬敏，日本同志社大学沈力，香港大学史皓元，浙江大学汪维辉，北京大学郭锐，清华大学孙茂松，南开大学石锋、冉启斌、吴星云，美国马里兰大学周明朗，宁波大学许希明，韩国汉阳大学严翼相，日本金泽大学岩田礼，日本神户市外国语大学竹越孝等专家学者分别作报告。

国际中国语言学学会会长石锋教授作闭幕发言，史有为、沈家煊、竹越孝、史皓元、戎林海等多位学者发表与会感言。大会在赵元任先生的名曲《教我如何不想他》中圆满落幕。

第十七届全国知识图谱与语义计算大会（CCKS 2023）

8月24—27日，由中国中文信息学会语言与知识计算专业委员会主办、东北大学承办的第十七届全国知识图谱与语义计算大会（CCKS 2023）在沈阳召开。大会的主题是“知识图谱赋能通用AI”，旨在探讨知识图谱对通用AI技术的支撑能力，探索知识图谱在跨平台、跨领域等AI任务中的作用和应用途径，为通用AI的最终实现奠定基础。大会议程包括讲习班、大会特邀报告、前沿趋势论坛、工业界论坛、青年学者论坛、评测与竞赛、论文报告、海报与系统展示等环节，邀请了国内外知名学者介绍相关领域的最新进展和发展趋势，邀请产业界知名研发人员分享实战经验，促进产学研合作。与会总人数近700人。

特邀报告有同济大学校长郑庆华教授“大数据知识工程理论与应用”、中国人民大学文继荣教授“大模型使用知识与外部工具”、维基媒体基金会Denny Vrandečić博士“Wikidata: A free knowledge graph anyone can edit”。

前沿趋势论坛邀请了浙江大学张宁豫副教授和上海交通大学陈露博士，分别从面向知识图谱的构建与推理和知识增强的大规模语言模型两个角度介绍知识图谱最新技术进展和研究趋势。

工业界论坛邀请了产业界研发人员分享经验，报告题目包括 WarrenQ：基于大语言模型的数智化一站式投研端、图技术在金融领域内应用、结合知识图谱的大模型在企业应用研究与实践、知识图谱与大模型融合的应用探索与实践、SPG 引擎层的能力和规范、新一代工业级知识图谱语义框架 SPG、语义属性图模式定义语言新方案、金融大模型的研发与应用、快知——多模态短视频百科知识图谱、知识计算在大语言模型应用于金融领域的实践与前瞻、个性化知识和数据融合大模型在社交媒体中的应用、面向科研服务的领域知识图谱构建及应用探索。

青年学者论坛邀请了中国科学技术大学徐童教授、东北大学刘正皓副教授、清华大学东昱晓助理教授分别介绍了自己的最新研究成果。

会议共收到投稿 106 篇，经过评审最终共录用论文 43 篇，包括中文论文 23 篇、英文论文 20 篇，涵盖了知识表示与知识图谱推理、知识获取与知识图谱构建、知识集成与知识图谱管理、自然语言理解与语义计算、知识图谱应用、知识图谱开放资源等主题，反映了当前国内知识图谱与语义计算的研究水平。

第二届中国—东盟语言文化论坛

8 月 29 日，以数字时代的语言文化交流为主题的第二届中国—东盟语言文化论坛在贵州省贵安新区中国—东盟教育交流周永久会址黄果树厅开幕。论坛由中国教育部语言文字信息管理司指导，中国教育国际交流协会和中国—东盟中心主办，贵州师范大学承办。中国—东盟各国政府官员、专家学者以及东盟国家驻华使节等中外百余名嘉宾参加论坛。论坛期间，与会嘉宾围绕数字时代的语言多样性、“一带一路”语言文化交流合作、数字化时代的语言与跨文化交际、语言与人工智能的交叉融合等议题进行交流。

“民心相通是中国和东盟国家共同发展的重要根基，语言交流是民心相通的前提与保障。”中国教育部副部长、国家语言文字工作委员会主任陈杰表示，推进数字化时代的语言文化交流互鉴，对于持续加强中国—东盟人文交流、推动数字教育发展具有重要意义，希望各方进一步拓展领域、创新形式、丰富内容，充分利用数字化赋能语言文化传承发展，推动中国—东盟语言文化合作交流常态化、机制化。

中国—东盟中心秘书长史忠俊表示，语言是文化、历史和传统的载体，语言文化的交流合作能为人文交流打下基础。

“技术已经彻底改变了我们跨文化交流和语言学习的方法。”东南亚教育部长组织秘书长拿督哈必芭说，“我们处于数字化的时代，有机会利用技术来促进语言和文化交流；也有机会进行跨文化对话，从而促进相互理解并深化对彼此的了解。”

在中国教育国际交流协会会长刘利民看来，语言文字是人类交流信息、表达情感、传承文明的载体，凝结着一个民族最深厚的文化记忆。不同民族各具特色的语言文化在世界文明的百花园中竞相绽放。中国和东盟都是多民族国家，拥有丰富多元且极具特色的语言文化资源。“希望中国和东盟就开展语言文化资源保护达成更广泛的共识。对于濒危语言文化资源进行联合研究保护，让古老的语言文化焕发新的时代价值。”

论坛发布了《中国—东盟语言文化交流合作倡议》以及语言文化合作项目标志性成果《越喃汉英四文对照新辞典》，启动《南洋华语文献分类丛刊》编纂项目，举行中国和东盟国家有关高校的合作协议签订仪式。

辞书释义学术研讨会

近年来，辞书编纂、出版与应用的数字化趋势日渐明显，辞书编纂系统开发和语料库建设方面的探索成为热点话题，但是无论技术如何更新迭代，辞书的释义仍是每一部辞书的灵魂和核心。有鉴于此，中国社会科学院辞书编纂研究中心与上海辞书出版社《辞书研究》编辑部邀请专家就不同辞书的释义特点进行专题研讨，以深化辞书释义研究，推动我国辞书编纂事业发展。

8 月 30 日，辞书释义学术研讨会在中国社会科学院语言研究所举行。会议分为三个板块，《辞书研究》编辑部主任郎晶晶，四川大学文学与新闻学院教授、《汉语大字典》修订工程执行负责人雷汉卿，《汉语大字典》编纂处副主任李丽峰，《辞海》编纂处社科编辑室主任李纳，中国大百科全书出版社总编室主任胡春玲，全国科技名词委事务中心副主任张晖，山西省社会科学院语言研究所所长、《语海》副主编安志伟，语言研究所词典编辑室研究员谭景春，《新华字典》编辑室编审王楠，词典编辑室研究员杜翔分别结合所从事的字词典编纂研究工作作报告。

语言研究所所长张伯江作会议总结。他指出，会议主题是辞书释义问题，不同的辞书有不同的释义要求。如《汉语大字典》关注字的本义，这对编纂现代汉语词典有重要启发。《语海》是全新的品种，报告中提到的惯用语和谚语的释义、释义用语在文体上的协调等，都有独特的思考。几位老师谈到了释义的系统性，都是基于各自多年来对语言学理论的思考，把个别的研究上升为普遍原则。关于语文词典中的词本位思想，沈家煊等先生重新审视丁声树、徐通锵等先生的字本位思想，这是语言观念的整体变化。科学技术名词释义原则及方法不仅对科技条、哲社条很有启发，对动词、形容词也有启发，它们也都有类似种属关系，秉持这些原则及方法，会大大增强释义的科学性和逻辑性。希望这种交流机制建立后能延续下去，打造一个非正式的辞书编纂联盟，经常交流不同类型辞书的编纂经验，深化研究，做好辞书内容建设。

第一届古代语言机器翻译研讨会

9 月 5 日，第一届古代语言机器翻译研讨会（Ancient Language Translation Workshop，ALT 2023）在中国澳门举行。

研讨会由南京师范大学李斌博士和以色列阿里尔大学 Shai Gordin 博士共同组织，中国人工智能学会语言智能专委会、中国中文信息学会青年工作委员会、中国古籍保护协会古籍智能开发与利用专委会、江苏省人工智能学会自然语言处理专委会协办。作为机器翻译峰会 MT-SUMMIT 2023 的子会议，研讨会旨在推进世界古代语言机器翻译研究，通过评测竞赛和会议研讨，增进全世界古文研究者的交流，推动古代语言自然语言处理技术的发展。计算语言学家冯志伟教授和北京大学俞敬松教授应邀作主旨报告，清华大学黄昌宁教授，东北大学肖桐教授，南京师范大学陈小荷教授、曲维光教授等近百位学者线上参会，来自美国、英国等地的 20 多位国内外学者线下参会。

会议首次对古代汉语以及以楔形文字为书面形式的苏美尔语和阿卡德语这三种古老的语

言进行机器翻译国际评测，为参赛队提供了“古汉语—英语”“古汉语—现代汉语”“苏美尔语—英语”“阿卡德语—英语”四个高质量的双语语料库，和基于5亿字《四库全书》的Siku-Roberta预训练基座模型，华南理工大学和香港中文大学的翻译成绩超越了谷歌和百度翻译，切实推进了古文机器翻译研究与技术交流。

会议有两场主旨报告：教育部语言文字应用研究所冯志伟教授“Significance of Ancient Language Translation（古代语言翻译的重要性）”、北京大学俞敬松教授“Research and Development Report on the Integrated Platform for Ancient Text Compilation and Research（古籍整理加工与出版研究平台的研发报告）”。

在EvaCun 2023与EvaHan 2023两大评测任务的总结报告中，以色列阿里尔大学Digital Past Lab（数字历史实验室）主任Shai Gordin博士介绍了楔形文字机器翻译评测EvaCun的背景等内容，对唯一提交结果的南京农业大学参赛队予以肯定，并宣布EvaCun评测将在2024年继续举办。南京农业大学王东波教授介绍了古汉语机器翻译评测EvaHan，特别指出从评测结果可以看出，古汉语翻译为现代汉语的效果明显好于翻译为英语的效果，主要是训练数据量的差异造成的，建设“古汉语—英语”双语语料库是今后的工作重点。

EvaHan 2023获奖结果：华南理工大学团队获一等奖，香港中文大学团队和北京大学团队获二等奖，中信所和北理工团队获三等奖。

冯志伟教授致闭幕词，李斌博士进行总结。

出土文献与汉字发展史国际学术研讨会

9月9—12日，出土文献与汉字发展史国际学术研讨会在清华大学召开。会议由清华大学出土文献研究与保护中心主办，日本岩手大学协办。来自中国和日本10余所高校的学者出席会议。

清华大学副校长彭刚教授、日本岩手大学校长小川智教授、中华书局张可女士、日本株式会社向思澎先生、清华大学黄德宽教授先后致辞。

会议共分三场报告：第一场报告的议题是“汉字发展史的研究与展望”，分别有黄德宽的“出土文献与汉字发展史研究论要”、薮敏裕的“关于《古汉字发展论》的日语翻译”、徐在国的“战国文字的发展与研究现状”、刘绍刚的“草书发展的三个阶段与‘匆匆不暇草书’”、李守奎的“从古汉字到古汉字发展史”；第二场报告的议题是“出土文献语言文字研究”，分别有大形徹的“《十问》云柏考”、松村一德的“齐国陶文分期考”、名和敏光的“虎溪山汉简一例占术理论与缀合”、野原将挥的“虎溪山汉简《食方》中的‘褸’字和‘犊’字”、锄田智彦的“《御制增订清文鉴》中的hergen‘字’”；第三场报告的议题是“汉字发展史的研究与展望”，分别有宫岛和也的“上古汉语‘也’‘殹’‘旃’的地理分布及其演变补论”、吴国升的“春秋时期古汉字字量及其源流的初步考察”、陈永生的“谈古汉字与圣书字表词方式的几点差异”、李洁琼的“秦汉简帛文献字词发展研究五则”。

第26届全国推广普通话宣传周

9月13日，以“推广普通话，奋进新征程”为主题的第26届全国推广普通话宣传周（简称“推普周”）在青海西宁开幕。教育部党组书记、部长、全国推普周领导小组组长怀进鹏，青海省委书记、省人大常委会主任陈刚，青海省委副书记、省长吴晓军出席开幕式，怀进鹏讲话，吴晓军致辞。教育部党组成员、副部长、国家语委主任陈杰主持开幕式。青海省副省长杨志文、中央宣传部副秘书长汤恒等全国推普周领导小组成员单位负责同志出席活动。

怀进鹏指出，习近平总书记高度重视推广普通话工作，在党的二十大报告中明确指出要加大国家通用语言文字推广力度，并作出一系列重要指示批示，强调要推广国家通用语言文字，逐步提高群众使用国家通用语言文字的意识和能力；坚定推行国家通用语言文字教育教学，努力培养爱党爱国的社会主义事业建设者和接班人。我们要认真领会落实好习近平总书记重要指示精神，切实把推普工作放在党和国家事业发展的大格局中去思考、去谋划、去推进。要主动融入中国式现代化建设大局，为推进中国式现代化建设提供重要的人才和智力支撑；要不断加大国家通用语言文字推广力度，全面服务铸牢中华民族共同体意识；要大力建设中华民族现代文明，助力增强中华民族的巨大向心力和中华文明的持久影响力。

怀进鹏就做好推普工作提出要求。一要注重提质增效，抓好学校推普这个主阵地，持续实施学前儿童普通话教育专项计划，持续提高大中小学生听说读写能力，加大教师普通话教育和培训力度；抓好社会推普这个基础阵地，结合人民生产生活实际需求开展“职业技能 + 普通话”培训；充分发挥语言文字以文化人、以文育人独特作用，加强对中华优秀语言文化的挖掘和阐发，为中华民族伟大复兴注入不竭精神动力。二要注重数字赋能，加强语言文字高质量数字资源建设和常态化应用，积极探索各地区有效应用方式，满足人民群众日益增长的语言、文化、教育需求。三要注重统筹协同，认真履行宪法赋予的推普责任，全面落实党委领导、政府主导、语委统筹、部门支持、社会参与的管理机制，形成全社会共同参与推普的浓厚氛围。

吴晓军在致辞中表示，党的十八大以来，在以习近平同志为核心的党中央坚强领导下，青海坚持以习近平新时代中国特色社会主义思想为指导，聚焦重点、全面普及、巩固提高，社会用语用字更加规范，初步形成语言文字规范化、标准化应用环境，为促进全省经济社会发展作出了积极贡献。奋进新征程，青海将以这次宣传周活动为契机，把推广普及国家通用语言文字作为践行“两个维护”的具体行动，作为建设高质量教育体系的固本之基，作为铸牢中华民族共同体意识的关键之举，紧密结合省情语情实际，不断加大国家通用语言文字推广普及力度，以语言相通增进心灵相通、以文字相通增进文化相通，为奋力推进新时代语言文字事业高质量发展作出青海贡献。

开幕式上，全国推普周领导小组成员单位代表、青海省行业群众代表发言。现场发布了第七期“中华经典资源库”项目成果，开展了推普“智能 +”展示体验活动。

全国推普周领导小组各成员单位，国家语委各委员单位，各地、各行业系统，国家语言文字推广基地等也围绕推普周主题，开展了各具特色的推普宣传活动。

第十四届全国汉语词汇学学术研讨会

9 月 16—17 日，由上海外国语大学主办，商务印书馆、上海辞书出版社协办，《辞书研究》《外国语》提供学术支持的第十四届全国汉语词汇学学术研讨会在上海召开。来自国内 50 余所高校和科研院所的 130 余位学者出席了会议。

上海外国语大学衣永刚副校长、北京师范大学 / 南开大学周荐教授、商务印书馆余桂林副总编辑、北京语言大学李宇明教授先后致开幕词。

研讨会的主题为“词汇学研究新理论、新方法、新进展”，12 位专家作主旨报告，分别从“古、今、中、外、方、普”等多角度，“跨、通、融”多学科，对汉语词汇学相关问题进行了深入且前沿的研讨。中国社会科学院学部委员沈家煊的报告将汉语的音节、词汇、词义等要素和语法联系起来，进行了独到的案例式分析；中国辞书学会会长李宇明呼吁学术界要有“语言生活”意识，及时、全面了解“语言生活科技化”的现状与需求，做好生活中科技术语的规范、阐释、咨询等工作，保证语言交际的顺利进行，消减因生活的快速科技化而带来的社会鸿沟；北京师范大学 / 南开大学周荐教授认为中国语言文字之学源远流长，语言学观念的确立与汉语词汇学术语的创制有着自己的特点和规律；上海师范大学徐时仪教授论证了汉语文白相间、雅俗共存、新旧质素交融的特点；陕西师范大学邢向东教授讨论了晋语表“看”义的 [cmau] 本词及其考察方法；上海外国语大学束定芳教授通过儿童语言习得过程中对转喻和隐喻的理解和输出特点的描述和分析，针对认知语言学中隐转喻研究存在的问题提出了独到的见解；北京大学董秀芳教授通过对历代文献和现代汉语方言词典的调查，揭示了品德评价词语的历时变化与共时使用状况；上海师范大学陈昌来教授总结了生成词库理论在汉语词汇语义研究中取得的成就，并展望了未来相关研究的空间；厦门大学苏新春教授讨论了“语素码”与“词义码”的关系及两者实现融通融汇的困难与路径；中国社会科学院语言所谭景春研究员从动词目的义视角对“救火、养病、恢复疲劳、打扫卫生”的语义生成与理解及其合理性作出了说明；浙江工商大学沈国威教授讨论了基本词汇厘定原则及具体遴选方法；上海交通大学王珏教授对主流辞书关于“借问”一词的释义不足之处进行了商榷。

8 个分会场的专题研讨，内容涉及传统训诂学和词汇学的互动与关联、西方语言学和汉语词汇学的互动与关联、语义学和词汇学的互动与关联、词法和句法的互动与关联、《现代汉语词典》等语文工具书编纂与词汇研究、汉语词汇研究与当今社会、词汇教学与词汇习得研究、方言词汇研究与汉语词汇学、儿童语言词汇研究、法律语言词汇研究等议题。

闭幕式上，上海辞书出版社王慧敏副总编介绍了该社词汇学相关系列丛书、辞书及期刊的编纂和出版；上海外国语大学刘静静老师简要介绍了本届研讨会的前期筹备情况；厦门大学苏新春教授对研讨会作学术总结；下届主办单位陕西师范大学邢向东教授向与会代表发出第 15 届研讨会会议邀请。

第七届语言文字应用研究中青年学者协同创新联盟学术研讨会暨第二届粤港澳语言生活研究青年论坛

9 月 16—17 日，第七届语言文字应用研究中青年学者协同创新联盟（简称“联盟”）学术研讨会暨第二届粤港澳语言生活研究青年论坛在广州大学举办。研讨会由语言文字应用研究中青年学者协同创新联盟主办，国家语委国家语言服务与粤港澳大湾区语言研究中心、广州大学人文学院、粤港澳大湾区语言生活与语言服务建设联盟、广东省社科基地粤港澳大湾区语言服务与文化传承研究中心等机构联合主办。

教育部语言文字信息管理司刘宏副司长出席论坛并讲话，阐述了新时代国家语言文字事业发展的新形势和新任务，指出对标教育强国建设等新精神、新要求，联盟应有新目标、新提升、新发展。广州大学副校长孙延明教授代表广州大学致开幕词。80 多所高校、科研院所和企事业单位的 130 名学者作论坛发言。

整场论坛由主旨报告、专题研讨和分论坛三个部分组成。主旨报告有武汉大学赵世举教授“基础研究与应用研究的关系及科学交叉问题”，厦门大学苏新春教授“谈谈‘语言文字国之大者’的体会”，日本北九州市立大学王占华教授“从日本大学的汉语教学实际看国际中文教育区域化研究的新课题”，首都师范大学周建设教授“语言文字研究的思维方式变革”，广州大学屈哨兵教授“新时代语言服务实践与研究的三个集群”。

专题研讨环节以《国家语委“十四五”科研规划》中的八大主要研究方向为主题，由召集人提出年度重点议题，组织中青年学者展开开放式研讨，资深专家予以点评，并提出本方向下可深入研究的议题，为中青年学者提供指导指引。

中青年学者的报告围绕“国家通用语言文字推广普及”“新时代语言文字规范标准建设的新领域”“高质量提升语言服务社会的理论与实践”“大语言模型影响下的语言学研究新思考”“ChatGPT 时代的语言治理”“公共数字语言服务体系建设”等前沿问题、热点问题展开研讨。

屈哨兵教授在论坛闭幕式上总结致辞，围绕新时代背景下中青年语言学者的学术坚守与担当，着力提升中青年学者协同创新联盟的凝聚力、发展力和创新力，希望中青年学者当好“六种角色”，一是成为语言文字事业“国之大者”的追梦人；二是成为交叉融合研究的创新者；三是成为数字时代“人文基因”的探索家；四是成为中国故事的代言方；五是成为语言服务的好推手；六是成为国家语言文字高质量发展工程的突击队，为国家语言文字事业高质量发展积极贡献力量。

论坛期间，还举行了语言文字应用研究中青年学者协同创新联盟理事会（扩大）会议。各位参会人员就联盟章程、联盟创新团队、联盟机构建制、联盟公众号、《联盟动态》、《联盟成果文库》以及联盟微信群运维机制等联盟规章制度展开了讨论，教育部语言文字信息管理司规划协调处李强处长线上参会并作全程指导。论坛期间还就国家语言资源服务平台建设召开了中青年专家咨询会。

第五届“翻译、修辞与对外话语传播”高端论坛

9 月 23 日，第五届“翻译、修辞与对外话语传播”高端论坛于南昌大学举行。该论坛由中国英汉语比较研究会、南昌大学主办；南昌大学外国语学院、上海外语教育出版社承办；广西大学亚太翻译与跨文化传播研究院协办。论坛设有 8 场专家主旨报告，围绕传承传播、话语修辞、修辞等值、知识翻译学、非洲文学译介、系统功能语言学与翻译研究、旅游景点英译情感传达等论题展开讨论，目的是搭建翻译、修辞与对外传播的跨学科研究平台，促进国内翻译学、修辞学、语言学、传播学学者之间的学术交流与合作，体现兼容并包、融通中外的学术精神。

第八届全国生态语言学研讨会

9 月 23—24 日，第八届全国生态语言学研讨会在广州召开。会议由北京外国语大学中国外语与教育研究中心、国家语言能力发展研究中心主办，广州大学外国语学院承办，以“中国式现代化背景下的生态语言学”为主题，来自全国 100 余所高等院校和科研机构的 240 多

位专家学者、硕博士研究生参加了线上会议。

国家语言能力发展研究中心主任王文斌教授致开幕词。

专家发言环节，北京外国语大学何伟，厦门大学苏新春，江汉大学潘世松，中国政法大学徐珺，北京师范大学于晖、苗兴伟，华南农业大学黄国文、肖好章，广州大学汪东萍、王晋军，香港理工大学刘明以及上海交通大学赖良涛等12位专家学者的发言聚焦生态语言学的理论、实践与研究方法，反映了目前学科发展现状和对前沿问题的思考及探讨。

青年学者论坛共包含10个平行讨论组，来自国内高校的140余名学者围绕“中国式现代化背景下的生态语言学内涵发展”“生态话语分析：教材话语/媒体话语/文学话语/网络话语”“生态语言学视角下的多模态研究”“生态语言学视角下的翻译与文学研究”“生态语言学与语言多样性研究”“生态语言学与人类命运共同体建设、语言政策与规划研究”“生态语言学与其他学科交叉研究”等议题进行分享。研讨会特邀点评专家与青年学者进行了深度学术交流。

“中文——拓展世界交流的语言”中澳双边学术研讨会

10月11日，由中国社会科学院和澳大利亚人文科学院共同主办、中国社会科学院国际合作局和语言研究所承办的“中文——拓展世界交流的语言”中澳双边学术研讨会在京举行。

中国社会科学院国际合作局局长姚枝仲主持会议开幕式，中国社会科学院语言研究所所长张伯江和澳大利亚人文科学院执行主任英加·戴维斯分别致开幕词。来自中国社会科学院语言研究所、教育部语言文字应用研究所、北京语言大学、北京外国语大学、澳大利亚人文科学院、新南威尔士大学、悉尼科技大学、西澳大学、弗林德斯大学、澳大利亚TFH基金会的11位专家学者围绕“国家语言资源和国家语言能力”“全球语境和数字语境中的现代汉语”两个议题进行了交流研讨。

姚枝仲局长在开幕式上指出，中国社会科学院和澳大利亚人文科学院的合作长久、稳固且富有成效，相信此次的交流研讨会收获新的成果，未来双方还将建立更密切的合作关系，推动两国学者进一步开展交流。张伯江所长指出，中澳双边研讨机制建立起来的这十多年，也正是中国特色社会主义文化建设得到大力推进的时期，是习近平文化思想形成的重要时期。中国语言文化建设，在赓续中华文脉、推动中华优秀传统文化创造性转化和创新性发展，在加强国际传播能力建设、促进文明交流互鉴，在提升国家文化软实力和中华文化影响力方面，都作出了不可替代的重要贡献。到会的11位专家学者的讨论，无论是着眼中国境内语言国情调查经验的总结，对语言资源保护、国家语言能力理念与实践的思考，还是着眼于世界的汉语全球地位观察、普通话国际变体的调查和古文字的信息化传播，以及从澳大利亚语言多样性社会经验获得启示，都将极大地启发我们双方学者的思考和实践，也将促使我们产生一批重要的研究成果，用以回答语言文化在现代文明建设中的世纪之问，为破解“古今中西之争”提供语言文化角度的学术智慧和学理支持。

英加·戴维斯执行主任谈到，澳大利亚政府提出要促进澳大利亚和中国在知识创造能力领域的学术合作。中国创造知识的能力是澳大利亚可以学习的宝贵资产，澳大利亚需要在中澳人民之间加强这种相互学习，这实际上也是因为中澳两个国家都有着非常强的多元性，要通过这种相互学习促进双方更好地相互了解。这种活力和多元性其实也体现在此次研讨会里，因为此次与会学者的发言题目都是非常多元的。

研讨会分两场进行。第一场围绕议题“国家语言资源和国家语言能力”进行交流研讨。新南威尔士大学高雪松教授指出，在语言政策制定中，应该将语言视为一种资源，强调在语言政策实施中语言资源和语言能力导向的经济价值、认识多样性和文化价值。悉尼科技大学亚历珊德拉·格雷研究员详细介绍了她十年磨一剑的研究成果，将语言变化作为了解中国快速发展的政治、社会和经济变革的窗口，采用社会语言学、民族学和法学等多学科交叉的方法，对壮语开展个案研究，追溯了中国《宪法》中规定使用和发展少数民族语言的自由、学习和使用国家通用语言的法律权利，以及一些相关法律权利的运作和影响。西澳大学克林特·布拉克内尔教授分享了澳大利亚在保护语言多样性方面所做的工作，包括构建在线资源、制定 Austlang 准则等。

教育部语言文字应用研究所副所长王敏研究员分享了中国在语言调查和语言规划方面的历史经验和成就，以及语言国情调查对语言政策和语言规划在社会良性发展方面的促进作用。中国社会科学院语言研究所《中国语文》编辑部主任刘祥柏研究员则强调汉语作为世界通用语，有各种不同形式的变体形式，值得调查、分析和研究。北京语言大学中国语言资源保护研究中心常务副主任王莉宁教授指出，在全球经济一体化的快速进程下，传统语言文化面临着消亡的风险，此外她还详细介绍了在教育部和国家语委支持下开展的“中国语言资源保护工程”。

第二场围绕议题“全球语境和数字语境中的现代汉语”展开研讨交流。北京外国语大学国家语言能力发展研究中心副主任张天伟教授关注国家语言能力的量化问题，通过构建国家语言能力指标体系，把中国国家语言能力置于世界范围进行跟踪比较。汉语的学习离不开对汉字的学习和研究，中国社会科学院语言研究所历史语言学研究一室副主任王志平研究员介绍了汉语文字学的发展历史，以及中国利用 AI 技术在古文字的编码、识别和释读等方面开展的信息化工作。

澳大利亚人文科学院国际秘书约瑟夫·洛·比安科教授围绕此次会议的主题，用大量实证数据指出相对于英语教学和学习，汉语学习者现阶段具有增长趋势，并就如何提高汉语学习水平，从社会语言学和社会人口学角度，给出了具体的解决方案。澳大利亚 TFH 基金会学校合作项目负责人胡博博士以海外汉语教师的视角，分析了澳大利亚汉语学习者的语言多样性和语言态度，指出了汉语语言教学面临的挑战。澳大利亚弗林德斯大学人文、艺术与社会科学学院高级讲师杰弗里·吉尔博士的报告延续了他 2022 年关于“汉语热”的话题，通过与英语全球化对比，指出汉语的全球地位正在提高、全球化功能正在增强，但当前阶段在交流对象方面还存在区别，并为汉语进一步成为世界交流的语言提出设想。

瑟夫·洛·比安科教授在会议总结中表示，非常赞同前面的发言，大家面对面交流，达到了研讨目的。跨文化国际交流活动具有强大的概念力量，我们的环境虽然存在差异，但正如中世纪学者伊拉姆斯所说的那样，我们在这里可以公开发表言论，摒弃差异，集中交流。希望我们能取得实际成果，考虑不同国家的差异，从社会语言学角度提出共同的概念或进行相关的学术研究。同时，我们还可以组建由不同国家语言学家参与的团队，使用不同的语言交流方式发出我们的声音，增强彼此了解，进行更多探讨。

李爱军副所长在总结中回顾了 11 位中澳学者发言的主要内容，对双方学者围绕“中文——

拓展世界交流的语言”这个主题奉献的精彩学术报告，表达诚挚谢意。她总结说，通过张伯江所长的致辞及5位中方学者的学术分享，大家可以了解到，中国政府非常重视语言文字事业发展，习近平总书记一方面强调“全面加强国家通用语言文字教育，不断提高各族群众科学文化素质”；另一方面强调国际中文教育也要创新发展，加快国际中文教育数字化建设。通过英加·戴维斯执行主任的致辞和6位澳方学者的学术分享，我们进一步了解到国际中文教育在国际上特别是在澳大利亚的情况，一些非常有价值的做法值得我们借鉴，一些好的意见和建议值得我们吸收。中澳双方学者定会以此为契机，开展更为深入的合作研究。我们将在中国式现代化建设中继续以语言资源保护和高质量发展助力教育强国和文化强国建设，并为保护和促进世界语言文化多样性提供中国智慧、中国经验。

语言理论体系建设论坛

10月14—15日，语言理论体系建设论坛在北京举办。论坛受中国社会科学院文哲学部经费资助，由中国社会科学院语言研究所登峰战略句法语义学优势学科、当代语言学研究室和北京师范大学国际中文教育学院联合主办。论坛的主题是继承赵元任等老一辈语言学家的思想，进一步摆脱印欧语眼光的束缚，建设具有中国特色的语言理论；探索“大语法”观下的句法语义研究以及有关语言理论体系建设的问题。论坛通过线上征集提要、专家匿名评审选定论文，正式邀请40位专家学者围绕中国语言学的语言理论体系建设进行广泛讨论和深入交流。来自北京师范大学和在京其他高校的数十名师生旁听了会议。

北京师范大学国际中文教育学院院长冯丽萍教授主持论坛开幕式，中国社会科学院语言研究所所长张伯江致开幕词，简要回顾了中国社会科学院语言研究所句法语义学科的发展历程和近年的研究进展，并且着重指出，具有中国特色的语言理论体系建设是“中国语言学的大问题”，无论从党中央要求我们建构中国自主的知识体系角度，还是从我国语言学自身发展的历史逻辑和实践逻辑角度，语言理论体系建设都是我们这一代人必须担起的责任。

论坛邀请中国社会科学院学部委员沈家煊先生和北京师范大学王宁教授作论坛主旨报告，报告的题目分别是“树立‘大语法’的观念”“汉语语法与语义的相通与相容”。

论坛开展了7场共计35个大会报告。与会学者围绕“大语法”的观念，探讨了诸多汉语语法研究中的经典问题和前沿热点问题，反映了语言对话本质在汉语事实描写中的核心地位，强调了韵律在语法分析中的关键作用，整体体现出理论简洁化，句式研究重并置、重扁平的思路，呈现出进一步摆脱印欧语眼光的束缚、扭转比附走向比较的研究取向。

闭幕式上，中国社会科学院学部委员沈家煊先生作总结报告。他认为，论坛邀请的包括句法语义学、训诂学、语音合成研究、方言研究、少数民族语言研究领域的专家都为汉语语言理论体系建设提供了新的视角，古代汉语的现象、现代汉语的新发展、西方语言学理论的新进展都给现代汉语语言理论研究打开了新的思路。沈家煊对中青年学者寄予厚望，鼓励从事汉语研究的学者继续批判地吸收西方的理论，继承中华传统的优秀成分，用现代的眼光加以阐释，一定能够大力推进现代汉语语言理论体系建设。

全国汉语方言学会第二十二届年会

10月14—15日，全国汉语方言学会第二十二届年会在武汉召开。会议由全国汉语方言学会和华中师范大学语言与语言教育研究中心联合主办，华中师范大学语言与语言教育研究中心承办。来自全国各高校和科研院所的 160 多位专家学者出席了会议。

开幕式由华中师范大学汪国胜教授主持。华中师范大学副校长彭南生教授致欢迎词。中国社会科学院语言研究所副所长李爱军研究员代表学会代管单位中国社会科学院语言研究所致辞。全国汉语方言学会会长、中国社会科学院语言研究所沈明研究员致开幕词。

大会报告分两场，分别由复旦大学陶寰教授和二十一世纪出版集团魏钢强编审主持。10 个大会发言分别如下：中国社会科学院语言研究所张振兴“中国语言统一性的语言观”、华中师范大学汪国胜“汉语方言学话语体系的形成与夯实”、北京语言大学曹志耘“浙江方言字词典编写和注音方案研制”、中国社会科学院语言研究所沈明“晋语及周边官话方言的次浊入今读上声”、复旦大学陈忠敏“论吴方言卷舌音声母”、陕西师范大学邢向东“晋语、兰银官话、中原官话汾河片表‘看’义的图片溯源”、北京大学项梦冰“连城（新泉）客家话本字考十则”、天津师范大学王临惠“论古代方言语料在汉语方言研究中的应用问题”、浙江大学庄初升和吴春亮“闽语中古全浊声母今读不规则音变的性质新探”、南京大学顾黔“百年来江苏方言语音演变”。

另有 32 场分组讨论，内容涉及语音、词汇、语法等方面。

闭幕式由商务印书馆冯爱珍编审主持，全国汉语方言学会副会长兼秘书长、中国社会科学院语言研究所刘祥柏研究员宣读了理事会决议，并致闭幕词。安徽师范大学文学院储泰松教授代表下届年会承办方发言，热情邀请大家两年后相聚芜湖。

10 月 14 日召开了会员代表大会，选举产生第十二届理事会；召开了第十二届理事会第一次会议，选举产生学会常务理事会和学会负责人。

第三届汉语历史词汇语法研究国际学术研讨会

10 月 14—15 日，第三届汉语历史词汇语法研究国际学术研讨会在北京召开。会议由北京大学中国语言文学系、中国人民大学文学院联合主办，中国人民大学文学院承办。来自国内外高校和科研院所的 120 多位学者通过线下或线上方式出席会议，共报告论文 100 余篇。

会议开幕式由中国人民大学龙国富教授主持。中国人民大学文学院党委书记颜梅、北京大学宋亚云教授、北京大学杨荣祥教授分别致辞。

会议分为大会报告和分会场报告两部分。大会报告有：香港城市大学 / 香港科技大学邹嘉彦教授“有关近期泛华语区语用情况及其社会文化透视功能初析”、北京语言大学董志翘教授“辞书释义探源两则”，斯坦福大学孙朝奋教授“语法标记‘了 1’：完成体、界点呼应、程序性”、北京语言大学冯胜利教授“汉语史上的一条重要‘词汇生产线’：韵律构词”、香港科技大学张敏教授“‘己’的指代词来源”、新加坡国立大学彭睿教授“遭受义‘把’字句的产生理据——兼议‘变异性扩展’和‘承契特征’”、香港浸会大学张美兰教授“从《民间故事 · 今古奇观》的用词看清末献县的地域词汇特色”、北京语言大学吴福祥教授“也谈语境吸收”、首都师范大学洪波教授“‘问 NP VP 索取’的构式化与构式演化”（与郑亚秋合作）、武汉大学赵世举教授“雅学的价值及拓新之道”、北京大学胡敕瑞教授“关于汉译佛典音译词的讨论——以慧琳《一切经音义》所收音译词为考察对象”、中南民族大学邵则遂教授“从完句特征的角度校释《史记》中的几处‘今’字句”、清华大学张赪教授“‘归’

的用法演变与‘返回’义趋向动词范畴的形成与发展”。

5 个分会场共有 10 场报告，研究范围涵盖词汇、语法、文字、音韵、训诂等多个方面，既包括汉语和汉语方言，又涉及民族语言；既有对汉语史各时期个案的深入分析，又有对语言学理论和方法的反思和探索。

第五届汉语词汇史青年学者论坛

10 月 14—15 日，第五届汉语词汇史青年学者论坛在中南大学人文学院举办。论坛由中南大学人文学院和浙江大学汉语史研究中心主办、中南大学人文学院承办，汇集了来自全国 21 所高校和科研机构的近 30 位专家学者，就词义类型学与汉语词汇史研究、汉字与汉语词汇史研究、方言及少数民族语言与汉语词汇史研究等议题展开了深入讨论和交流。

大会共设两场大会主旨发言和四场小组报告。浙江大学汪维辉教授就赵元任语言学思想、清华大学邱冰教授就上古高频名词在中古时期音节形式的选择问题、首都师范大学黄树先教授就汉藏语系同源词研究、浙江大学真大成教授就｛婿｝的用字演变历程分别作主旨发言。小组报告论文共 20 余篇。

第十九届全国机器翻译大会

10 月 19—21 日，第十九届全国机器翻译大会（The 19th China Conference on Machine Translation，CCMT 2023）在山东济南举行。会议由中国中文信息学会主办，齐鲁工业大学（山东省科学院）承办。哈尔滨工业大学（深圳）张民教授、齐鲁工业大学（山东省科学院）党委书记王英龙研究员担任大会联合主席。会议同期召开了中国中文信息学会机器翻译专业委员会工作会议。大会设特邀报告、前沿趋势论坛、主题论坛、产业应用论坛、学生论坛、中文学术论文报告、英文学术论文报告、评测论文报告等环节。CCMT 旨在为国内外机器翻译界同行提供一个交互平台，加强国内外同行的学术交流，召集各路专家学者针对机器翻译的理论方法、应用技术和评测活动等若干关键问题进行深入的研讨，为促进中国机器翻译事业的发展，起到积极的推动作用。

特邀报告有美国加州大学圣芭芭拉分校 William Wang 教授的“InstructScore： Towards Explainable Text Generation Evaluation with Automatic Feedback”、百度人工智能技术委员会主席何中军博士的“大语言模型时代的机器翻译”。

17 个会议报告涵盖低资源翻译、平行语料库建设、质量评估、语音翻译、文档翻译、古文信息处理等主题。

会议针对 CCMT 2023 评测进行了专题报告，由评测委员会联合主席中国科学院新疆理化技术研究所杨雅婷研究员主持。报告包括评测工作的组织情况、评测任务和参赛情况，以及在评测中表现优秀的系统技术等。来自高校和企业的多个参赛团队汇报了他们的参赛任务和系统。

会议还针对前沿技术、落地应用和研究生培养等主题举办了多个专题论坛，包括机器翻译前沿趋势论坛、主题论坛、机器翻译产业应用论坛和机器翻译博士生培养论坛。机器翻译前沿趋势论坛由中国科学院自动化研究所赵阳副研究员主持，微软亚洲研究院刘树杰博士和华为 2012 文本翻译实验室主任杨浩博士分别作了“零样本跨语言语音合成与翻译”和“基于大模型的同传翻译研究和落地”的主题报告。多语言大模型主题论坛由腾讯人工智能实验室王星博士主持，东北大学肖桐教授、阿里巴巴达摩院谢军博士、上海交通大学王瑞副教授、腾讯人工智能实验室王龙跃博士就多语言大模型技术与应用等方面展开了讨论。多模态大模型主题论坛由厦门大学苏劲松教授主持，中国科学院自动化研究所张家俊研究员、微软亚洲研究院谭旭博士、腾讯人工智能实验室张志锐博士、上海交通大学张倬胜助理教授就多模态大模型的技术与应用等方面展开了讨论。机器翻译产业应用论坛由东北大学朱靖波教授和腾讯人工智能实验室黄国平博士联合主持，嘉宾们围绕机器翻译大模型与传统模型的关系、大模型的翻译落地等展开了讨论，再从工业界角度对高校博士研究生的培养给出了需求和建议。

《语言文字应用》青年学者论学第二期开学式

10月21日，《语言文字应用》青年学者论学第二期开学式在浙江师范大学召开。论学由《语言文字应用》编辑部、浙江师范大学国际文化与社会发展学院主办，教育部中外语言交流合作中心、教育部语言文字应用研究所指导。教育部语言文字应用研究所所长刘朋建、教育部中外语言交流合作中心党委副书记宋永波、浙江师范大学副校长林一钢出席开学式并致辞。

林一钢希望相关学科的师生们把握机会，积极主动向各位专家学者请教交流，也恳请各位专家学者继续关心和支持学校相关学科的建设。刘朋建表示，中文国际化既是过程也是结果，希望广大青年学者在本次论学中能以国际中文教育为核心，回顾路程、聚焦问题、展望前景，思考如何以高质量的国际中文教育推动中文国际化高水平发展。大家要用思考启发思考，用智慧启迪智慧，大胆论学。宋永波指出，目前国际中文教育仍然面临许多问题，当前问题的核心是如何推动中文国际化，让中文的影响力匹配中国的综合国力和国际地位。从促进多元化办学、深化中外合作、实现教学数字化转型、加强高水平的师资体系建设等8个方面进行分析并提出建设性意见。

“《语言文字应用》青年学者论学”坚持培养、服务、支持、促进优秀青年人才成长的基本定位，围绕新时代语言文字事业改革发展的重要理论问题和实践问题，每期聚焦一个主题或问题，邀请相关研究领域知名专家担任“论学”导师，采取“知名专家和青年学者面对面”以及“专家释讲、青年论学、对话辨析、集体研讨、点评指导”的方式，以思考启发思考、用智慧启迪智慧，引导帮助青年学者涵养学术情怀、提高学术素养、增强学术本领。

此次《语言文字应用》青年学者论学为期两天，主题为中文国际化和国际中文教育，包括开学式、专家释讲、青年论学、对话辨析、集体研讨、论学述评6个环节。来自北京大学、上海交通大学、复旦大学、北京师范大学、浙江师范大学等高校及科研机构的多位专家及青年学者参加论学。

“一带一路”语言调查与研究高峰论坛

10月21—22日，由《中国语文》编辑部和杭州师范大学人文学院联合主办的“一带一路”语言调查与研究高峰论坛在杭州举办，来自国内高校和科研单位的40余位专家学者出席会议，共提交并宣读论文17篇。

论坛开幕式由杭州师范大学史光辉教授主持，杭州师范大学人文学院副院长林航教授致欢迎辞，《中国语文》副主编方梅研究员致开幕词。

论坛主题报告内容涵盖了“一带一路”沿线语言的音韵、词汇、语法等多方面研究，兼具共时勾勒与历时溯源，并针对研究理论与方法、新材料的发掘与运用、“一带一路”沿线各语言与汉语之间的接触与语言演变等问题进行了广泛的探讨。

《中国语文》副主编、编辑部主任刘祥柏研究员致闭幕辞，对此次论坛的主旨与特点进行了总结。

论坛回顾近年研究成果，展望未来理论实践，涉及汉语、民族语的接触交融，汉语语音发展史，汉语方言接触，古文字字形演变以及古代写本文书的发展演变。论坛为面向“一带一路”沿线地区的语言学研究提供了交流的平台，对相关语言调查与研究具有积极的推动作用。

宣读的 17 篇论文如下：阿依达尔·米尔卡马力、阎婷婷“回鹘—汉对音及‘回鹘汉字音’研究现状与展望”，储泰松“丝绸之路东段早期语言景观与语言接触”，黄仁瑄“汉语音义学研究三题”，姜南、阿依达尔·米尔卡马力“古汉语‘使’的小句整合功能”，蒋文华、孙宜志“山西晋语果摄一等字今读的层次及演变”，李建强“BD00606、P3923《尊胜咒》的文本校勘与对音研究”，史光辉“近代汉字考源二则”，孙伯君“契丹字拟音的再检讨”，王继红、马楷惠“清代满（蒙）汉合璧文献词汇研究的旗人汉语视角”，王启涛“从高昌国到唐西州——基于国家通用语言文字史角度的考察”，王双成“西宁方言的致使结构及语言接触引发的歧义现象”，徐越“合璧与替换：杭州方言形成的两大接触模式”，杨军“《经典释文》的船禅纠缠及中古两母的流变”，张安生“再论西宁回民话强调助词‘也 ia’的来源”，张涌泉“写本文献：中华传统文化的重要源头”，真大成“两次竞争：{婿}的用字史”，庄初升“美北长老会与连南客家方言‘四福音书’”。

古文字与中华文明国际学术论坛

10 月 21—22 日，由清华大学主办，古文字工程秘书处、清华大学出土文献研究与保护中心承办的首届古文字与中华文明国际学术论坛在清华大学举办。来自中国、美国、俄罗斯、英国、法国、日本、德国等 13 个国家 40 多所高校、科研院所的 120 余位专家学者参加会议。

清华大学党委书记邱勇，全国哲学社会科学工作办公室主任洪大用，教育部语言文字信息管理司田立新司长，达慕思大学教授、清华大学访问教授艾兰（Sarah Allan），北京大学朱凤瀚教授出席开幕式并致辞。

论坛设两场主旨报告和 4 场分论坛。主旨报告有复旦大学裘锡圭教授“涵义与‘马那’类似的‘精’这个词在殷墟卜辞和西周较早青铜器铭文中已经出现”（会务组代为宣读）、芝加哥大学夏含夷教授（Edward Louis Shaughnessy）“想要与致使：四论周代‘由’字用法和意思”、牛津大学麦笛教授（Dirk Meyer）“读安大简《论语》为一篇基于论述的文本：制造作为‘哲学制度’的孔子”，香港恒生大学张光裕教授“新见清华简‘谦’‘诚’二字形构的沉思”、普林斯顿大学柯马丁（Martin Kern）教授“在简帛书与《毛诗》之间：出土文献能证明什么”、中国社会科学院古代史研究所卜宪群研究员“两汉文化中的乡里认同与家国情怀”、达慕思大学艾兰教授“蛇与龙：从商代艺术母体的观点看甲骨文字”、耶路撒冷希伯来大学尤锐（Yuri Pines）教授“论原始史料及其传承、整理和调整：从清华简《系年》看先秦史学作品的可信度”、北京大学朱凤瀚教授“是加嬭钟，还是曾侯钟”。

四场分论坛的主题分别是“中国早期国家与社会”“清华简专题研究”“商周文字研究”“战

国秦汉文字研究”。学者们围绕这些主题宣读论文，内容多样，视角开阔，异彩纷呈。追踪新热点与解决旧问题并重，基础研究与思想推阐共见。

第十五届全国古代汉语学术研讨会

10月21—23日，第十五届全国古代汉语学术研讨会在湖南师范大学召开。会议由中国社会科学院语言研究所历史语言学研究一室与湖南师范大学联合主办，湖南师范大学文学院承办。来自全国40余所高校和科研机构的150余位学者参加了会议。

大会开幕式由湖南师范大学郑贤章教授主持，湖南师范大学副校长唐贤清教授致欢迎辞，中国社会科学院语言研究所历史语言学研究一室主任赵长才研究员、湖南师范大学文学院院长肖百容教授分别代表主办单位致辞，湖南师范大学蒋冀骋教授代表与会学者致辞。

两场大会报告分别为冯胜利“21世纪历史语言学与词汇扩散的语体语法原理”、孙玉文“说杜甫《登高》的‘艰难’和‘潦倒’二句”、洪波“上古汉语动词名物化的语义转喻模式”、杨永龙“‘吃食堂’类旁格宾语结构的来源”、金理新“指示代词‘这’的来源”、曾昭聪“陈澧的文字规范研究”、王进安“《呼音汉语方言厦台话韵调文学字汇》研究”、李小军“几个‘尚且’义词的多维考察”。

会议举行了8场分组报告。与会学者就古代汉语文字、语音、词汇、语法等方面的问题展开热烈讨论。

闭幕式由福建师范大学王进安教授和中国社会科学院语言研究所张定研究员主持，秦桦林、封传兵、崔金涛、陈祝琴代表小组分别向大会汇报本组讨论情况，中国社会科学院语言研究所肖晓晖研究员作大会总结，湖北师范大学张道俊教授作为下届会议承办单位代表发言。

2023汉语语料库建设与应用研讨会

10月27日，2023汉语语料库建设与应用研讨会在北京召开。会议由中国社会科学院语言研究所、语言研究所语料库暨计算语言学研究中心主办。来自中国社会科学院、哈尔滨工业大学、北京师范大学、北京航空航天大学、科大讯飞股份有限公司等单位的20余位专家学者参加了会议。

中国社会科学院语言研究所所长张伯江致开幕词，介绍了国家语料库建设成为“十四五”规划的所重点项目的重要背景和往届会议的主旨，并指出在当前大语言模型时代下举办会议的重要意义。

6位专家学者先后作主旨报告，分别是中国社会科学院语言研究所王伟副研究员“ChatGPT的语言学启示”、哈尔滨工业大学车万翔教授“大语言模型的原理、实现及应用”、北京师范大学胡韧奋博士“古汉语语料库建设与大模型研究”、北京航空航天大学张懂博士“大数据统计方法在语言研究中的应用”、科大讯飞股份有限公司北京研究院副院长王栋“通用人工智能技术进展与典型应用”、中国社会科学院语言研究所张永伟副研究员“大模型对语料库分析工具的影响”。

中国社会科学院语言研究所副所长、语料库暨计算语言学研究中心主任李爱军作总结发言，高度评价了与会学者的报告对语料库建设工作的启示，并指出该领域研究所体现出的语言学科的交叉性，提出对共享数据和应用工具的期待。

研讨会报告前沿，理论深刻，数据鲜活，为语料库建设提供了很好的经验和借鉴。

第九届话语语言学学术研讨会暨第七届大夏跨学派语言学论坛

10月27—29日，由全国话语语言学研究会主办、华东师范大学外语学院承办的第九届话语语言学学术研讨会暨第七届大夏跨学派语言学论坛在华东师范大学举办。会议议题是“新时代话语语言学的融合、创新与发展”，议程安排丰富多彩，涵盖了话语语言学的多个研究方向。论坛邀请了8位知名专家作主题报告，专家们以独特的视角和深入的思考展示了话语语言学研究的最新成果。

基于语料库的跨学科前沿研究国际会议

10月27—29日，由西安交通大学外国语学院主办，北京外国语大学中国外语与教育研究中心、《外语教学》编辑部和西安交通大学出版社共同协办的基于语料库的跨学科前沿研究国际会议在西安交通大学召开。来自中国、英国、美国、德国、日本等地300余名专家学者参会。西安交通大学副校长席光、英国兰卡斯特大学Tony McEnery教授出席开幕式并致辞。

会议工作坊环节的报告分别是英国曼彻斯特城市大学Niall Curry博士“语料库语言学在东亚地区英语教学中的应用”、英国兰卡斯特大学Gavin Brookes博士“学术论文写作与发表”、英国兰卡斯特大学Paul Baker教授“语料库辅助话语分析”、日本早稻田大学Laurence Anthony教授“跨学科语言研究语料库的构建和分析”，以及英国兰卡斯特大学Paul Rayson教授讲解语义标注工具Wmatrix的开发过程及软件操作演示答疑。

10个大会主旨发言分别是：英国兰卡斯特大学教授/西安交通大学客座教授Tony McEnery介绍了语料库语言学的过去、现状和未来；美国宾夕法尼亚大学Mark Liberman教授介绍了研究团队在构建和分析有声语料库方面所做的努力，分享了利用多语有声语料库进行自动声调分析相关研究中取得的成果；北京航空航天大学卫乃兴教授追溯了构式语法的发展历程，详细阐述了构式语法、型式语法和局部语法之间的渊源和异同，并展望了局部语法在语料库语言学研究中的应用前景；上海外国语大学胡开宝教授分享了其语料库翻译学研究的最新成果；英国伯明翰大学Michaela Mahlberg教授认为，语言可被视作一种社会现象，人类对现实的理解基于我们对客观世界所达成的叙事共识，而语料库工具是探索叙事共识的有效途径；浙江工商大学钱毓芳教授指出，中医药在西方世界获得的认可日渐增多，但是关于中医药科学的质疑声音也始终存在；英国兰卡斯特大学Paul Baker教授介绍了多模态语料库构建的有关经验，详细展示了多模态语料搜集、图像标注、数据分析等步骤，重点探索了解释文本与图像相关性的潜在方法；日本早稻田大学Laurence Anthony教授作为语料库工具AntConc的开发者，总结了AntConc软件在语料库研究中的主要应用领域，指出了现有研究成果的长处和不足，同时介绍了在软件设计中融合大语言模型的最新尝试；北京外国语大学许家金教授讲解了语料库语言学中的共选概念及其与分类、隐喻、转喻之间的关系，并认为共选作为语料库语言学的元理论构念，探讨其在理解和分析语言学和符号学问题方面的潜力具有重要意义；西安交通大学蒋跃教授探讨了语料库工具在翻译学研究中的运用，解释了基于语料库的翻译学研究和定量研究互动关系，指明了两者各自的优势和局限以及共同运用在跨学科研究中的互补性。

会议共设14场分论坛，参会代表分别就语料库在语言学、文学、翻译学、外语教学、医学、法学、新闻学等跨学科领域的研究与应用展开了广泛交流和深入探讨。

第十二届全国社会语言学学术研讨会

10月27—29日，第十二届全国社会语言学学术研讨会在上海举办。研讨会由教育部语言文字应用研究所主办，上海外国语大学中国外国战略研究中心承办，中国语文现代化学会、商务印书馆和语文出版社协办。主题为新时代新征程中国社会语言学的新使命新发展，来自全国各地的200余人参会。

会议设大会报告和平行论坛两个环节。大会报告如下：李宇明“弘扬中华文明”、姚喜双“加大国家通用语言文字推广力度”、屈哨兵“新时代语言服务研究的三个集群与中国语言服务新论的研制”、苏新春“语言属性、语言功能与语言环境”、孔江平“国家通用语言的形成”、王莉宁“数字时代的语言资源保护开发”、王锋“新时代边疆民族地区和谐健康语言生活建设再思考”、苏金智“中国语文现代化运动与国家语言能力的提升”、赵世举“到网络田野去：‘网络空间社会语言学’断想”、王春辉“拉波夫《语言变化原理》（三卷本）读后及其他”、赵蓉晖“城市社会学与国际化城市的语言治理研究”、郭龙生“中国语文现代化是中国教育现代化与中国式现代化的前提与基础”。

平行论坛环节，与会人员围绕中国式现代化与社会语言学研究、加大国家通用语言文字推广力度研究、国家语言能力与国民语言能力研究、国家语言治理能力与治理体系研究、语言政策、语言规划理论与实践研究、社会语言学新理念与新流派研究、数字时代社会语言学的新任务、少数民族语言生活研究、社会语言学视角下的世界语言与文化研究等议题进行了深入交流研讨。

第十届形式语言学国际研讨会

10月28—29日，第十届形式语言学国际研讨会（ICFL—10）在清华大学举行。会议由中国英汉语比较研究会形式语言学专业委员会主办，清华大学外国语言文学系承办，广东外语外贸大学英语语言文化学院、北京理工大学外国语学院、江汉大学外国语学院、南京理工大学外国语学院联合协办。150多位来自不同国家和地区的学者参加会议。清华大学副校长彭刚出席开幕式并致辞。

研讨会设有主旨报告、特邀报告与分组报告环节。在主旨报告环节，耶鲁大学维妮塔·达雅尔（Veneeta Dayal）教授提出一种基于排序机制的新理论，揭示了类似语言中表达复数和有生性的限制；马里兰大学杰弗瑞·利兹（Jeffrey Lidz）教授表示，学习应该被视为普遍语法指导下的推理过程，学习者致力于解释而非模仿环境中的数据；伦敦玛丽女王大学哈吉·博莱（Hagit Borer）教授探讨了语法体系的构造，论证了复杂构词的句法模型及其与其他部门的互动机制。

特邀演讲环节，浙江大学程工教授、北京大学胡旭辉教授、浙江大学李旭平教授、天津师范大学宁春岩教授、香港中文大学潘海华教授、广东外语外贸大学石定栩教授、台湾清华大学蔡维天教授、华东师范大学张吉生教授依次进行分享。

会议共宣读 117 篇论文，其中理论探讨类 79 篇，实证研究类 38 篇。

中国辞书学会第十四届会员代表大会暨学术研讨会

11 月 3—6 日，中国辞书学会第十四届会员代表大会暨学术研讨会在河北正定举行。会议由中国辞书学会主办，河北师范大学承办。来自全国各地的高等学校、科研院所、传统出版社和数字出版机构的 200 多位专家学者参加会议。

中国辞书学会副会长、商务印书馆执行董事顾青主持开幕式。中国出版协会理事长邬书林、教育部语言文字信息管理司副司长刘宏、河北师范大学副校长刘英、中国辞书学会会长李宇明、中国辞书学会顾问韩敬体分别致辞。

大会以“数字时代的辞书生活”为主题，对标国家语言文字事业的发展需求，直面数字时代辞书所面临的深刻挑战，围绕大语言模型、融媒辞书、品牌辞书、辞书生活、辞书精神等话题展开研讨。

会议组织了两场主题报告：北京澜舟科技有限公司创始人兼 CEO 周明“大语言模型原理、应用和发展趋势”、上海世纪出版集团副总裁毛文涛“从《辞海》到‘聚典’”。

会议组织了两场工作坊。第一场的主题是大语言模型与辞书编纂。访谈嘉宾北京澜舟科技有限公司创始人兼 CEO 周明、上海世纪出版集团副总裁毛文涛、广东外语外贸大学教授章宜华、上海海笛数字出版科技有限公司 CEO 范剑淼、网易有道信息技术（北京）有限公司副总裁何皓瑜，从大语言模型、人工智能、AI 等融媒技术角度，介绍了辞书编纂在信息时代的机遇和挑战，并针对辞书的自动化编纂、技术开发、产品应用等进行了深入分析。与会专家章宜华、刘祚臣、汪张龙、谢磊、柳长青、杨玉玲、徐海等以大语言模型、融媒辞书、人工智能技术在辞书编纂和出版中的应用为切入点，结合《中国大百科全书》网络版、JUZI 汉语等案例，从理论和实践层面探讨了融媒辞书的发展。

第二场工作坊的主题是《新华字典》与文化传承。访谈嘉宾商务印书馆副总编辑余桂林、中国社会科学院语言研究所《新华字典》（第 12 版）修订主持人王楠、人民教育出版社辞书编辑室主任谢仁友、北京大学中文系万艺玲教授，从《新华字典》与中华优秀传统文化、《新华字典》所折射出的社会时代变迁、《新华字典》编纂出版背后所体现的辞书精神等多方面，回顾了《新华字典》走过的不平凡岁月，分析了《新华字典》与中华文明传承传播的关系，希望这部新中国的“国民字典”未来能造福更多的国人，走向世界各地。与会专家谭景春、雷汉卿、张弛等和一线编辑分享了《现代汉语词典》《汉语大字典》《中国非物质文化遗产大辞典》等辞书编纂和修订过程中的思考与实践。田兵探究和讨论了西方辞书的精神，以反观中国的辞书编纂问题。

社长论坛的主题是辞书市场问题。外语教学与研究出版社副总编辑彭冬林、商务印书馆执行董事顾青、上海辞书出版社社长秦志华、中国大百科全书出版社社长刘祚臣、四川辞书出版社社长杨斌、崇文书局副总编辑王重阳等嘉宾分别从各自的工作实践出发，分析了当下辞书市场所面临的严峻形势，分享了各家机构的应对策略。

青年论坛的主题是辞书研究。张小艳、叶其松、储泽祥、袁世旭、王兴隆、王东海、刘润泽等聚焦品牌辞书编纂与修订、辞书的继承与创新、数字时代的辞书生活、服务文化强国建设的汉语辞书体系构建研究、汉语辞书学科建设、辞书编研的中国化等，发表了各自的见解；王仁强、耿云冬、卢华国、刘静静等结合辞书收词、释义、词类、翻译、选题策划等辞书学基础研究方面，从不同视角提出并探讨了相关问题。

闭幕式由中国辞书学会副会长、河北师范大学副校长郑振峰主持。中国辞书学会副秘书长杜翔宣读学会向全国辞书人发出的题为《大力弘扬中国辞书精神，传承中华优秀传统文化》的倡议书。周荐副会长作大会总结发言。

会议的另一个重要议题是学会换届选举。通过公开、透明、公正的选举程序，依次选举产生了学会第七届理事会、第七届常务理事会、学会负责人。新一届学会负责人组成如下：会长李宇明，副会长顾青、亢世勇、刘祚臣、裴亚军、秦志华、谭景春、王芳、王仁强、谢洋、于春迟、郑振峰、周荐，秘书长顾青（兼）。会议通过了中国辞书学会名誉会长、顾问，学术委员会主任、副主任、委员、副秘书长等人选。

第十二届汉语语法化问题国际学术讨论会

11 月 4—5 日，由中国社会科学院语言研究所历史语言学研究二室、北京语言大学语言科学院、闽南师范大学文学院联合主办，商务印书馆协办的第十二届汉语语法化问题国际学术讨论会在漳州举行。讨论会采取线上线下相结合的方式，来自国内外高校和科研机构的 110 余名专家学者参加会议。会议围绕汉语语法化的相关问题展开深入的交流与探讨。

大会开幕式由闽南师范大学陈练军教授主持，闽南师范大学党委副书记肖庆伟、北京语言大学吴福祥教授、中国社会科学院语言研究所杨永龙研究员先后致辞。

两场大会主旨报告共 11 位专家发言。法国国家科研中心贝罗贝教授从汉语方言被动句的特点来分析汉语被动结构的历史演变，重新考察了上古汉语和中古汉语被动标记的历史发展，并讨论短被动句（无施事被动句）和长被动句（带施事的被动句）的问题。北京航空航天大学李福印教授基于普通话动补结构的证据、结合 Talmy 语言类型两分法提出宏事件假说，指出汉语属于宏事件型语言中的融合宏事件型语言。首都师范大学洪波教授讨论了语用驱动下信息结构与韵律的互动及其句法语义后果，试图证明语法化的根本机制就存在于语句的信息结构与韵律的互动当中。国防科技大学李宗江教授分析句子的言语行为类型对词义虚化的影响，指出词义虚化可被视为受言语行为互动强度和互动方式的影响而发生的演变方向的异化。中国社会科学院杨永龙教授在梳理甘沟话“的”的特殊用法的基础上，提出甘沟话“的”可以有“转指＞自指＞标补词”这一语法化链条，并从语言接触的角度讨论了其成因。新加坡国立大学彭睿教授以 Hopper（1991）的语法化“保持（persistence）原则”为论题，提出“保持原则”本质上是语法化成项在搭配及分布等方面的一种“惯性”。上海师范大学陈昌来教授从历时层面，采用动态范畴化理论，探讨了“确实、真的、着实、委实、实在”五个“确认”义副词的演变过程。首都师范大学史金生教授讨论“才”强调语气用法的形成机制，指出“才”经历了从超预期到强调、由强调条件到强调结果的转化，在形式和语义上有不同表现。法国国立东方语言文化学院 Christine LAMARRE（柯理思）教授再谈汉语方言里趋向动词的语法化问题，重点考察关联位移标记及其语法化的表现。法国国家科研中心 Guillaume Jacques（向柏霖）教授总结跨语言视角下“隐身”范畴的语法和语义特征，探讨隐身标记与其他语法范畴的互动及其历史来源。北京语言大学吴福祥教授探讨动词重叠与动词小称的关联，认为汉语动词的重叠本质上是一种动词小称范畴的表达手段。

5个分会场进行了10场小组报告与讨论，共报告79篇论文。各小组围绕“汉语语法化”的相关议题展开了深入的研讨与交流。

第七届国家话语生态研究论坛

11月11日，由上海市语文学会、华东师范大学国家话语生态研究中心、华东师范大学国际汉语文化学院、《外国语》编辑部、《当代修辞学》编辑部等单位联合举办的第七届国家话语生态研究论坛在华东师范大学举办，来自多所高校和学术机构的学者围绕“新媒体时代知识生产出现的新动向”“‘景观’对于人类心理和社会行为乃至知识结构的意义”“如何认知国家语言能力”等议题分享了多维度的理论思考。

第三届语言政策与语言规划研讨会

11月11日，第三届语言政策与语言规划研讨会在山东大学外国语学院举行。研讨会由山东大学外国语学院、中国传媒大学国家语言资源监测与研究有声媒体中心共同主办，来自教育部语言文字应用研究所、山东大学、中国传媒大学、常州大学、河海大学、浙江师范大学、首都经济贸易大学等高校的10位专家学者参会。

研讨会开幕式由山东大学外国语学院副院长刘洪东教授主持，国家语言资源监测与研究有声媒体中心主任、中国传媒大学邹煜教授在致辞中介绍了基于智能技术的“一带一路”语言服务。他表示，应当将语言问题全面纳入各双边人文交流机制，以平等互惠、双向互动为原则加强与世界各国的语言合作与交流，尤其在推进“一带一路”倡议中，建立包括通用语政策、语言保护政策、语言教育政策、语言服务政策等内容的双边性语言政策协调机制。

教育部语言文字应用研究所郭龙生研究员围绕此次研讨会主题，作了题为“以语言之力推进‘一带一路’倡议高质量发展”的主旨报告。他表示，国家语言能力关乎国家安全，想要推进“一带一路”倡议，必须做好面对文化差异性和文化冲突的准备。语言互通是实现政策沟通、贸易畅通、民心相通、货币流通、道路联通的前提，应当加强对各国语言政策的研究，为国家政策的制定提供智力支持。其他参会代表就“一带一路”共建国家的语言教育、语言服务、国际社区语言治理、华语继承、语言政策等话题展开分享和讨论。与会者通过分享各自的经验和观点，为推动“一带一路”共建国家的语言繁荣提供了有益的参考和借鉴。

语言学传承与创新国际学术研讨会

11月11—12日，由中国社会科学院语言研究所主办，语言研究所历史语言学研究二室和历史语言学研究一室承办的语言学传承与创新国际学术研讨会在中国社会科学院举办，来自中国、英国、法国、德国、挪威、韩国等国内外30多所高校、科研院所的近百名专家学者以及出版机构代表参加了此次盛会。开幕式由中国社会科学院语言研究所党委书记陈文学主持。中国社会科学院语言研究所所长张伯江和商务印书馆党委书记、执行董事顾青分别致辞。

10位学者先后作大会主旨报告：中国社会科学院学部委员江蓝生研究员“《现代汉语大词典》的释义特色”、北京师范大学王宁教授“谈汉语字词的文化内涵”、法国国家高等研究中心贝罗贝教授“转折词作为溯因论理算子：汉语转折词的历时考察”、英国威尔士大学竺家宁教授“论汉语声韵史上的浊塞音”、中国传媒大学李佐丰教授“先秦汉语的句性”、中国社会科学院学部委员沈家煊研究员“需要一种新的范畴观”、上海师范大学潘悟云教授“演化语言学和历史比较法”、清华大学黄德宽教授“现代转型过程中文字学体系的构建与学科的发展”、北京语言大学冯胜利教授“上古汉语韵律类型的演变——从汉语史研究中的‘韵律绝学’谈起”、北京语言大学李宇明教授“人机共生时代的语言数据问题”。

研讨会设立 2 个分会场。第一分会场上，徐丹、朱庆之、洪波、杨亦鸣、徐杰、王云路、邢向东等 20 位学者分别作学术报告；第二分会场上，与会的近百位专家学者围绕“语言学传承与创新”的主题进行了座谈。

会议间隙，还对一些与会学者进行了录像采访，学者们纷纷回顾了他们与语言所的渊源关系，以及与语言所老一辈学者进行学术交流的点点滴滴。

闭幕式由中国社会科学院语言研究所副所长李爱军研究员主持。首都师范大学洪波教授、澳门大学徐杰教授、浙江大学王云路教授和陕西师范大学邢向东教授分别对分会场报告进行了总结；中国社会科学院语言研究所历史语言学研究二室主任杨永龙研究员作大会总结发言。

第八届《中国语文》青年学者论坛

11 月 11—12 日，由《中国语文》编辑部和中山大学中文系联合主办的第八届《中国语文》青年学者论坛在中山大学举办，来自各地高校和科研机构的 20 余位专家及青年学者应邀出席了此次会议。

论坛开幕式由中山大学林华勇教授主持，《中国语文》副主编方梅研究员、中山大学社科处副处长陈诗诗、中文系党委书记王铮分别致辞。

青年学者报告的话题丰富多元，涵盖字词考释、方言音韵、句法语义、语言认知等诸多方面；采用的方法科学严谨，既有语言事实的本体描写，又能结合历史比较、层次分析、语音实验等加以佐证。此次论坛特别邀请了《中国语文》编委陈忠敏、石定栩、孙伯君教授参与点评。特邀专家针对研究的理论和方法、材料的运用及分析、论文的构思与表述等方面提出意见与建议。特邀专家陈忠敏、石定栩还和青年学者分享了近期成果，分别是“语言接触中的双向动态语音变异”和“如何归纳语料——以‘了 2’的句法表现为例”。

刘祥柏研究员作论坛闭幕总结发言。

《中国语文》青年学者论坛已成功举办七届（含更名前的《中国语文》青年学者沙龙）。该论坛为编者与专家、青年学者搭建了良好的交流平台，也为培养学术新锐、推动学术发展起到了积极的促进作用。

首届语言治理与国家治理研讨会

11 月 17—19 日，首届语言治理与国家治理研讨会在首都师范大学举办。研讨会由首都师范大学语言治理研究中心和国际文化学院主办，来自全国各地的 130 余位专家学者参加了会议。

开幕式上，首都师范大学副校长宋军、教育部语言文字信息管理司副司长刘宏、中国社会科学出版社古籍分社社长孙萍先后致辞，并举办了揭牌和签约仪式。

大会邀请李宇明教授、周建设教授、戴曼纯教授作了主旨报告。三位专家就中国语言规划的六大理念、语言行为和语言精神的相互作用、数字语言生活的失范现象及其相关治理等方面的重要论题进行了阐释，并与参会学者进行了深入的互动和交流。

小组论坛中，与会学者围绕“宏观语言治理”“中微观语言治理”“数字时代的语言生活”“国际中文教育”“应急语言”等五大专题进行了深入研讨。

第二届“语言、话语与社会”学术论坛

11 月 17—19 日，第二届“语言、话语与社会”学术论坛在华中师范大学举办。会议由华中师范大学外国语学院主办，中国英汉语比较研究会话语研究专业委员会、中国语言学会社会语言学分会、《外国语文研究》、《外国语》、《当代修辞学》编辑部、中国石油大学出版社、Journal of Multicultural Discourses 等学会和单位协办。来自全国各地高校、科研院所的专家学者就促进社会语言学和话语研究等相关领域的发展和繁荣，推动国家话语能力建设和掌握国际社会话语权等相关议题分享了有理论建构和实践案例的研究成果。

第二十届北京大学王力语言学奖颁奖仪式

11 月 18 日，“弘扬大师精神 传承语言文化”第二十届北京大学王力语言学奖颁奖仪式系列活动在广西玉林市博白县举行。北京大学王力语言学奖是王力先生生前为促进中国语言学科的发展而设立的学术奖项，也是中国语言学界专项评奖中最具影响力的奖项。本届王力语言学奖获奖者分别来自北京大学、中国人民大学、复旦大学、北京语言大学等高校。

广西玉林市政协主席吕剑枫、北京大学中文系主任杜晓勤教授、王力先生亲属代表王缉志、博白县委书记孙国梁、北京大学王力语言学奖评委会主任宋绍年教授、广西语委办主任黄凯及王力语言学奖获奖代表等出席颁奖仪式。博白县中小学校长、语文科教师代表、学生代表等 2000 多人参加活动。

与会者共同回顾了王力先生一生为语言学事业作出的卓越贡献，以及他对中国语言文化的深厚感情和执着追求。王力先生的亲属代表王缉志先生发表感言。

本次颁奖仪式还颁发了第二届“王力杯”青少年作文大赛的奖项，并宣布自 2024 年起，“王力杯”青少年作文大赛将升级为“王力杯”全国青少年语言艺术大赛。

当天举行了“王力先生语文教育思想学术研讨会”，北京大学中文系副主任金锐主持会议。博白县委副书记、县长周印章致辞，北京大学中文系孙玉文教授、邵永海教授、漆永祥教授、汪锋教授，广西大学李超教授，广西民族大学张景霓教授作主旨发言，复旦大学周波研究员、北京语言大学玄玥教授、广西南宁市第三高级中学特级教师梁惠红、博白县王力中学教师宾群分别发言。会议还举行了“北京大学中国语言文学系方言调查实习基地”授牌仪式，杜晓勤教授为博白县授牌。全体与会人员发出了《博白倡议》。

2023 语言资源高端论坛

11 月 18—19 日，2023 语言资源高端论坛在厦门举办。论坛由厦门大学国家语言资源监测与研究教育教材中心主办，6 家国家语委语言资源型研究机构共同协办。苏新春教授主持开幕式，李宇明教授作了题为“中国语言生活监测研究 20 年”的开幕致辞。

论坛设 2 场座谈会。第一场座谈会的主题是语言资源研究的历史回顾与总结、语言资源

研究的拓展与可持续发展；与会专家围绕主题，回顾了这些年来不同领域语言生活派的发展历程、对语言资源观的不断探索；分享了多年来语言资源监测的工作经验、研究成果以及未来发展考虑，同时特别提出如何将学科建设、人才培养、队伍提升与语言资源监测工作、语言学研究工作相结合的思考，以适应新时代的发展需求。与会专家还就如何加强合作、共享资源和信息等问题进行了深入讨论，共同探讨了语言资源研究的发展方向和前景。

第二场座谈会的主题是语言资源研究方法探讨、语言资源建设与研究探索。与会专家从不同领域的语言资源研究出发，集中反思了在资源建设与成果应用方面面临的问题、不足及焦点议题。以语言资源方法观为契机，从宏观与微观两个角度深入探讨了如何更好地采集、整理、标注语言资源，从而期待在挖掘和利用好语言资源的潜在价值方面能有进一步的突破。在未来研究探索上，与会专家结合当前大数据时代、AI 热点与语言资源监测研究结合的可能性、潜力上进行了深入探讨。与会专家对如何培养语言资源研究人才、推广语言资源研究成果等问题也进行了讨论并提出了倡议。

第九届现代汉语句法语义前沿研讨会

11 月 20—21 日，第九届现代汉语句法语义前沿研讨会在澳门大学举行。会议由澳门大学人文学院中国语言文学系、语言学研究中心和中国历史文化中心联合承办。会议以线上线下相结合的方式举行，来自中国内地及中国香港、澳门、台湾地区的 26 位学者出席会议并作大会报告。

澳门大学人文学院院长徐杰教授和澳门科技大学国际学院院长张洪明教授分别致开幕词。

大会报告先后如下：蔡维天“从因果关系看‘怎么’、‘哪里’及‘什么’的非典型用法”、陈奕勋“程度与种类：以汉语个体量词为例”、潘海华等“试论‘名动包含’说的理据及其存在的问题”、张洪明“论结构”、邓思颖“一句还是两句？疑问尾句的句法分析”、郭锐等“‘差一点’句的语义与结构”、胡建华“量化与焦点”、刘辰生“A Transitive Comparative with the Verb Bo in Taiwanese Southern Min”、刘鸿勇“Two Types of Classifier Relative Constructions in Cantonese”、陈哲“双宾结构中间接受词的跨语言引入机制”、任茜茜“Revisiting Chinese Ma -questions”、石定栩“‘了 2’的句法语义地位”、唐正大“普遍因果假设与汉语多样化因果表达”、完权“比附‘施通格’结构引起的问题——兼论比较和比附”、吴俊雄等“A Pilot Study on a Minor Type of Sentence Mood in Mandarin Chinese: Optatives”、项开喜“增宾结构的功能与汉语的增宾表达”、徐杰“汉英语法弱特征的激活及其机制与效应”、薛博“Interpreting Mandarin AABB Adjectives”、袁毓林“语言大模型时代语言学的挑战与机会——从 ChatGPT 如何回应语义理解与常识推理测验说起”、叶述冕“从问句宾语看‘怀疑’的语义”、詹卫东“机器空间语义理解能力评测数据集研究”、周韧“什么样的文法结构可以描述普通话的上声连读变调？”、张帆“‘跟……一样’比拟句的来源与句法结构”、陈忠“汉英宾语句法分布格局的差异：基于认知定势的联系项分布优势”、张庆文等“Speech Verbs and Speaker Encoding in Mandarin”、周荐“吕叔湘词汇学思想探赜”。报告人从多角度对汉语普通话和一些汉语方言的句法语义问题进行了深入分析和热烈讨论，涉及时体、情态、韵律结构、施格性、双宾结构、因果表达、疑问范畴、言说动词、信息结构、汉语虚词、人工智能空间和语义理解以及汉英语法特点比较等问题。

全体与会学者还就研讨会的办会理念和发展方向展开讨论，一致同意从下一届起，会议名称改为“第 X 届句法语义前沿研讨会”，以突出理论性、包容性。澳门大学袁毓林教授作闭幕总结发言，北京大学郭锐教授作为下届会议承办方代表发言。

第八届语言服务高级论坛暨粤港澳语言生活与语言服务建设论坛

11 月 22 日，第八届语言服务高级论坛暨粤港澳语言生活与语言服务建设论坛在广州大学举办，论坛由广州大学和教育部语言文字应用研究所共同主办。教育部语言文字信息管理司副司长刘宏、教育部语言文字应用研究所副所长王奇和广州大学副校长张其学先后致开幕词，北京语言大学李宇明教授为论坛发来书面祝贺，来自内地与港澳地区的 90 余位专家学者共同参与了研讨。

开幕式上，举行了粤港澳大湾区语言生活与语言服务建设联盟（简称“联盟”）的成员单位代表授证仪式。国家语言资源服务平台举行了全新上线仪式。

6 位专家作了主旨报告，香港科技大学（广州）陈雷教授介绍了垂直领域大模型的崛起、应用和挑战，香港中文大学邓思颖教授以普通话词汇学习为例讨论香港的语言服务，厦门大学苏新春教授报告了语言服务理论体系的完整性与系统性，武汉大学赵世举教授分析了数智化对语言服务的挑战，暨南大学邵敬敏教授报告了国际中文教学的新亮点——科技汉语，广州大学屈哨兵教授就五位一体布局中的语言服务作了论述。

论坛还举行了 4 场专题研讨，研讨主题分别为“中国语言服务的理论与体系创新”“国家语言资源服务平台建设研讨”“领域语言服务的多维观察与研究”“区域语言生活观察与语言服务建设”。

屈哨兵教授在闭幕致辞中提出，要着重思考人工智能背景下语言服务与世界、国家和个人的关系，语言服务与学科、教师和课程的关系，语言服务与行业内外和学生的关系；要把国家语言服务资源平台做成做大做优，把语言服务高级论坛办好，把中国语言服务新论研制好，为中国语言服务的理论与实践贡献力量。

第二十九届全国信息检索学术会议

11 月 23—25 日，第二十九届全国信息检索学术会议（The 29th China Conference on Information Retrieval，CCIR 2023）在北京举行。此次会议由中国中文信息学会主办，由中国中文信息学会信息检索专委会、清华大学承办。此次会议与首届 ACM SIGIR-AP（Information Retrieval in the Asia Pacific）会议联合举办。会议由张敏（清华大学）、窦志成（中国人民大学）、王仲远（快手）担任联合主席。会议包含一系列学术活动，除传统的海内外知名学者的大会报告、会议论文报告、Poster 交流、评测活动外，还组织了青年学者论坛以及面向热点研究问题的前沿讲习班等。全国信息检索学术会议旨在满足人类在互联网上快速准确地获取信息与知识的需求，研究成果将支撑国家战略决策，推动互联网和人工智能领域的发展，提升整个社会的生产效率，并对社会生活各个领域产生重大影响。

第四届两岸语言文字调查研究与语文生活研讨会

11 月 23—24 日，第四届两岸语言文字调查研究与语文生活研讨会在广州大学举办，来自两岸高校和科研机构的60余位专家学者参加会议。研讨会由两岸语言文字交流与合作协调小组主办，国家语委国家语言服务与粤港澳大湾区语言研究中心（广州大学）、国家语委国家语言资源监测与研究教育教材中心（厦门大学）、国家语委丝路语言文化研究中心（泉州师范学院）、广州大学人文学院、广州大学台湾研究院、厦门大学嘉庚学院两岸语言应用与叙事文化研究中心联合承办。

两岸语言文字交流与合作协调小组组长、北京语言大学李宇明教授，广州大学副校长张其学教授分别在开幕式上致辞。

8位专家学者作大会主旨报告：北京语言大学李宇明教授从构建理想的语言生活、实现理想的语言生活的主要举措、需要秉持的基本语言观念等方面，提出中国语言规划的六大理念；厦门大学苏新春教授介绍了在两岸统一进程中值得语言学者关注的问题，指出语言在两岸统一中发挥着重要作用，语言学者任重而道远；台湾政治大学竺家宁教授介绍了台湾的移民与方言的历史，以及语言使用的情况；台湾师范大学曾金金教授结合学校实际情况与所开课程“华语方言教材教法”，分析了台湾闽南话用字的教学现状；商务印书馆余桂林副总编对比两岸媒体2020年高频词语表，探讨其共同性和差异性，为观察两岸媒体用语提供了新的视角；全国科学技术名词审定委员会代晓明主任通过具体的数字和事例，提出开展两岸中小学教材中科技名词的交流、对照和统一的必要性；台湾世界华语文教育学会理事、华侨大学任弘教授从华文教育史的角度，深入剖析了台湾发展国际中文教育的历程；台湾静宜大学彭心怡副教授从台湾苗栗县4个乡镇的语言调查切入，分析了客家话的语言活力状况。

近30名专家学者就两岸语言政策及语言调查研究、两岸语言文字规范标准对比研究、两岸辞书编纂研究、两岸语文教育研究、两岸语言服务研究等议题进行报告讨论。“调查、差异、对比、融合”是会议研讨的重要关键词。

教育部语言文字应用研究所副所长王奇、广州大学屈哨兵教授分别作总结发言。

第十一届全国社会媒体处理大会（SMP 2023）

11月25日，由中国中文信息学会社会媒体处理专委会主办，安徽大学、中国科学技术大学和合肥工业大学，以及合肥综合性国家科学中心数据空间研究院联合承办的第十一届全国社会媒体处理大会（SMP 2023）在安徽合肥举行。中国社会媒体处理大会专注于以社会媒体处理为主题的科学研究与工程开发，为传播社会媒体处理最新的学术研究与技术成果提供广泛的交流平台，旨在构建社会媒体处理领域的产学研生态圈，成为中国乃至世界社会媒体处理的风向标。此次大会以“Social Media Meets Big Model”为主题，共呈现8个特邀报告，3场讲习班，15场学术、产业论坛，同时设置海报交流环节，共同探讨大模型时代下社会媒体处理的发展方向。

特邀报告有中国科学院院士张钹“生成式人工智能时代的机遇与挑战”、俄罗斯工程院外籍院士吴信东“华谱系统：为华夏写史，助百姓寻根”、微软总部副总秘 Welzhu Ghen“LoRA：Tracing the Trajectory from Inception to Futre Horizons”、中国科学技术大学信息科学技术学院执行院长张勇东“全媒体环境下智能传播技术体系”、北京师范大学喻国明教授“理解生成AI：融通机器智能与人类智能的算法媒介”、微软总部研究员 ChiWang“AutoGen： Enabling Next-Gen Al Applications via Multi-Agent Conversation”、中国科学技术大学大数据学院执行院长陈恩红“面向富语义社交媒体的多模态认知智能”、清华大学黄民烈教授“类人智能对话系统（Humanlike AI Systems）”。

北京市语言学会第16届学术年会暨2023年学术前沿论坛

11月25日，北京市语言学会第16届学术年会暨2023年学术前沿论坛在北京语言大学举办。大会由北京市社会科学界联合会、北京市哲学社会科学规划办公室主办，北京市语言学会、北京语言大学、北京语言大学出版社承办，商务印书馆、《语言教学与研究》编辑部、《世界汉语教学》编辑部、《国际汉语教学研究》编辑部协办。

会议以“数智时代的语言研究”为主题，围绕数字智能时代语言研究的新趋势、新理念、新方法展开了多层次、多角度的学术交流，来自京内外73所高校及研究机构的专家、教师、研究生370余人参会。

会议共有5个主旨报告：崔希亮教授“ChatGPT与语言研究”、黄成龙研究员“数智时代的语言学调查研究——纪录语言学最新进展”、李泉教授“新时代国际中文教育学科体系建设”、宋继华教授“国际中文教育跨界融合发展认知——以‘中文+职业技能’支撑体系建设与实践探索为例”、陆丙甫教授“非形态句法”。

16个平行论坛研讨主题涉及“数智时代国际中文教育教学与学习研究”“数智时代国际中文教育研究方法与应用”“外语教学研究与智慧教育建设”“面向语言教学的汉语研究”“语言本体研究”“汉语方言及民族语研究”“教材及教学资源研究”“语料库建设研究”等。

会议特设“对话大家”环节，邀请崔希亮教授、李泉教授、陆丙甫教授、宋继华教授、唐正大研究员就青年学者在学术创作过程中遇到的问题答疑解惑。内容涵盖“基于人工智能的本体研究如何开展”“专门用途中文如何开展深入研究”“语言学研究的选题如何出彩”“语言规律如何归纳总结”“人工智能背景下研究方法创新”等主题，引发了青年学者更深层次的学术思考与探索，激发了青年学者的科研潜力。

第四届国际中文教育智库论坛

11月25—26日，第四届国际中文教育智库论坛在厦门大学举办。论坛由北京语言大学国际中文教育研究院、浙江师范大学国际中文教育研究院、国际中文教育发展智库联合体和厦门大学国际中文教育学院/海外教育学院主办，厦门大学国际中文教育学院/海外教育学院承办。厦门大学党委副书记全海、北京语言大学党委副书记魏晖出席开幕式并致辞，厦门大学国际中文教育学院/海外教育学院院长陈志伟主持开幕式。论坛以“国际中文教育数智化发展”为主题，共安排10场大会报告和8场分论坛，由来自69所高校和企业的120多名国际中文教育领域的专家和知名学者展开主旨演讲与研讨，分享数智化教育的新趋势、新思想与新技术。

大会报告有北京语言大学魏晖教授“推进国际中文教育学业事业产业一体发展的思考”、北京语言大学吴应辉教授“大力发展虚拟空间中文教育，推动中国语言文化加速走向世界”、北京语言大学荀恩东教授“国际中文教育知识图谱建设与应用”、浙江师范大学王辉教授“中文国际传播体系构建和优化策略”、科大讯飞汪张龙副总裁“认知智能大模型：智能化中文学习的新机遇”、厦门大学陈志伟教授“孔子学院与数智化”、华东师范大学张建民教授“数智化与国际中文教师数字素养的提升”、华侨大学郝瑜鑫教授“句法复杂度与汉语二语口语产出质量关系”、厦门大学郑泽芝教授“词用法知识库构建的理念原则与方法探索”、朱宇教授“学术汉语语言差异的多维分析”。

8个分论坛围绕“虚拟空间中文教育发展方略”“ChatGPT/大模型与国际中文教育发展”“数智化教学资源建设”“智慧中文教育平台建设”“计算机/人工智能/辅助汉语/文化教学与学习”“汉语/文化线上或混合课程、翻转课堂的开发与研究”“数智时代教师发展与科技素养”“面向海外的远程教育与培养模式研究”等国际中文教育热点议题展开讨论。

第十三届中古汉语学术研讨会

11月25—26日，第十三届中古汉语学术研讨会在成都举行。会议由中国社会科学院语言研究所历史语言学研究二室和西南民族大学中国语言文学学院联合主办，四川省首批重点中华文化研究院——西南民族大学藏羌彝文化研究院、《中国语言学研究》编辑部共同承办。来自中国社会科学院、北京大学、中国人民大学、中央民族大学、北京语言大学等单位的近150名专家学者参会。会议围绕中古汉语语音、词汇、语法、修辞、文字、文献、梵汉对勘、语言接触等8个方面的内容展开广泛研讨。

大会主题发言先后有：北京语言大学董志翘教授“关于《中古汉语虚词词典》的编撰”、浙江大学方一新教授“佛经与中土作品的相互影响——以‘长物’为例”、西南交通大学汪启明教授“巴蜀方言研究一百年”、苏州大学杨军教授“从慧琳音看汉语史‘阴阳分调’和‘浊音清化’的先后次序”、四川大学雷汉卿教授“《汉语大字典·门部》释义补例”、杭州师范大学史光辉教授“动词[可控制]语义对‘特殊述宾关系’生成的影响——以‘耻’‘死’‘怒’为例”、华中科技大学黄仁瑄教授“慧琳《一切经音义》卷四十三校读札记”、中国人民大学朱冠明教授“西北方言视角下的初唐至中唐汉语语法研究”、浙江大学真大成教授“谈谈作为汉语史语料的中古谣谚”、中国社会科学院陈丹丹副研究员“汉语史上关系从句的主要变化及其原因——兼论汉语关系从句的特点”、兰州大学敏春芳教授“东乡语‘ɡi?（做）’义动词的语法化及类型特征”、中国人民大学龙国富教授“中古佛典形式动词‘作’的来源：兼论现代汉语形式动词‘作’的形成”、四川大学蒋宗福教授“释《史记集解》的‘淺鯫’”、上海大学丁治民教授“《广韵》编纂底本考”、浙江大学史文磊教授“从隐性综合到分析：上古至中古汉语情态范畴的一个重要发展”、四川大学周俊勋教授“‘黎明’的释义与构词”、西北师范大学洪帅教授“悬泉汉简文字释读丛札”、西南科技大学张俊之教授“‘交斩美人’新解”、四川大学王彤伟教授“‘重枣’的意义和来源”。

大会设8个线下分会场、8个线上硕博论坛展开深入的交流和讨论，围绕中古汉语研究领域的语音辨析、词语考释、语法特征、方言演化、辞书编纂、文字、音韵、词汇、语法、文献校勘、汉语方言等多个方面展开深入研讨。

会议闭幕式由西南民族大学中国语言文学学院党委书记冯瑛主持，会议主办方代表西南民族大学中国语言文学学院院长王启涛、第十四届中古汉语学术研讨会承办方代表闽南师范大学文学院副院长陈练军分别致辞。西南民族大学副校长王永强致闭幕词。

2023世界中文大会

12月7—9日，2023世界中文大会（World Chinese Language Conference 2023）在北京

国家会议中心举办。大会由中华人民共和国教育部主办，中外语言交流合作中心、中国国际中文教育基金会、世界汉语教学学会联合承办。中共中央政治局常委、国务院副总理丁薛祥，中央统战部副部长、国侨办主任陈旭，国务院副秘书长王志军，教育部部长怀进鹏等嘉宾出席会议。来自中外160多个国家相关教育主管部门和教育机构的负责人、国际语言文化机构和国际组织的负责人、大学校长、知名中文教育专家、汉学家、驻华使节以及企业代表等约2000人参加。

大会以“中文服务世界，开放引领未来”为主题，意在“推动国际中文教育高质量发展，促进中外语言文化交流合作，增进中外人民了解和友谊”。特设全体会议、主论坛两场重点活动，举办第二届中海语言文化论坛、首届世界青年汉学家论坛、国际中文教育专业学位建设与人才培养专题研讨会、国际中文水平考试考点会、全球中文联盟大会等专项论坛，以及围绕语言教育与文明互鉴、中外教育交流合作、中文服务职业教育、中文教育数字化发展等新成果、新需求、新热点展开讨论，凝聚中外力量共同推动构建国际中文教育高质量发展新格局。

12月7日下午，首届全球中文联盟大会在北京国家会议中心成功举办。作为世界中文大会的专项论坛之一，全球中文联盟大会是在教育部中外语言交流合作中心、世界汉语教学学会指导下，由中文联盟、民生教育集团联合主办，世界汉语教学学会智慧教育分会、五洲汉风网络科技（北京）有限公司承办。

12月8日，第四届全国国际中文教育专业学位研究生教育指导委员会年度会议在北京国家会议中心召开。会议是新一届教指委成立以来的首次线下会议。

同日，语言教育的数字化智能化变革论坛在北京国家会议中心举办。这是世界中文大会平行论坛之一，由教育部中外语言交流合作中心主办，下设4个议题，分别为“数字化智能化对语言教育的影响与展望”“科技赋能与中文课堂教学模式创新应用与实践”“智能技术与数字化资源建设融合发展”“数字化转型与中文教师数字素养提升”。

同日，由中外语言交流合作中心主办、汉考国际承办的中文考试助力国际服务贸易发展论坛在北京国家会议中心召开。论坛是世界中文大会平行论坛之一，围绕“标准与HSK融合发展，助力国际人才流动”和“中文考试服务市场多样化需求”两大议题展开研讨。

同日还举办了中外语言交流合作中心与中外院校“联合培养国际中文教育/中文专业学生签约仪式”、语言教育与文明互鉴论坛和“中文+职业技能”融合发展论坛。

12月9日，中共中央政治局常委、国务院副总理丁薛祥在北京出席2023世界中文大会，并发表主旨讲话。丁薛祥在会前参观了国际中文教育创新发展情况展览，了解了国际中文教育在办学体系、师资队伍、教学资源、考试服务等方面的创新发展成果。

2023世界中文大会发布了多项创新成果。《国际中文导游职业技能等级标准》《国际中文学前教师职业技能等级标准》《信息与通信技术专业中文能力等级标准》《信息与通信技术营销人员中文能力等级标准》等4项职业中文标准正式发布。《世界汉语教学学会成立35周年典型工作案例集》选用了外语教学与研究出版社的《坚持精品化路线，构建高质量国际中文教材体系》及《创新教师交流方式，搭建丰富对话平台》两项工作案例；由中外语言交流合作中心策划指导、外语教学与研究出版社参与出版的《职通中文》系列教学资源亮相大会。

世界汉语教学学会2023年学术年会

12月7日，世界汉语教学学会2023年学术年会在北京国家会议中心开幕。作为2023世界中文大会平行论坛之一，年会受国家社科基金社团活动资助，由世界汉语教学学会和北京师范大学联合主办，以“国际中文教育理论构建与实践创新”为主题，吸引海内外100余所高校和研究机构的200多位专家学者现场参会交流。

世界汉语教学学会会长钟英华，教育部中外语言交流合作中心党委副书记、世界汉语教学学会秘书长宋永波，北京师范大学副校长汪明出席开幕式并致辞。

大会特邀报告分别由英国理启蒙大学张新生教授和澳大利亚中文教师联会李复新主席、香港科技大学（广州）屈哨兵教授主持，先后有来自中国、英国、意大利、罗马尼亚、匈牙利、新加坡等国的11位专家围绕人才培养、语法教学、学科发展和大纲修订等议题作主旨发言。北京大学陆俭明教授强调，着眼未来，必须做到明确认识国际中文教育的使命是为世界各国培养高水平中文人才，重视并加强汉语书面语教学，以本土中文教师为主开展境外中文教育，实施数字化转型，逐步发展“中文+X”教学模式等“五个必须”。北京语言大学段鹏校长分享了学校在人才培养理念、机制和模式等方面的改革创新和实践经验，指出北京语言大学将充分发挥办学特色和学科优势，培养高水平国际中文领军人才，为加强国际传播能力建设贡献积极力量。上海外国语大学赵蓉晖教授结合新型全球化的基本特征，探索在全球治理的背景下，如何通过语言教育实现从国际理解到国际胜任的转型。英国剑桥大学丘吉尔学院袁博平院士强调了语法教学在中文教学中的重要地位，并根据显现强度和可见度将语言输入中的语示分为4种类型，指出该分类将有助于选取适当的语法教学策略，进一步推动二语习得研究。

意大利罗马大学马西尼教授总结了意大利不同时期中文学科的建设特点，指出在数字化转型背景下，罗马大学将进一步加强国际学术交流合作，充分利用现代信息技术提升中文教学效果。罗马尼亚布加勒斯特大学白罗米教授分析了《罗马尼亚初高中中文教学大纲》的优点和不足，并结合《国际中文教育中文水平等级标准》及其他国家本土中文教学大纲，对后续修订及应用推广提出了针对性策略。澳门科技大学张洪明教授认为，鉴于人工智能工具等对语言教育产生的重要影响，通过对话案例分析，指出国际中文教育学界应主动了解、积极实践，持续推动国际中文教育创新发展。

匈牙利罗兰大学教授郝清新介绍了罗兰大学的中文教学实践与发展，并基于目前匈牙利对中文人才的多样化需求，提出将对“中文+”人才培养模式和中文教学方法进行创新。新加坡南洋理工大学教授吴英成结合时代背景，通过国际中文的名称变化，展示了国际中文教育的嬗变，并提出国际中文教育可持续发展战略。北京语言大学教授刘英林认为将国际中文教育基本音节表融入音节汉字词汇语法三等九级国际化新范式、新规则，开创音节教学新路径（音节+），是有效落实《国际中文教育中文水平等级标准》的重要一环，是一个新突破口和创新点，是国际中文教育快速、高效走向世界的新理念和新路径。北京师范大学教授宋萑指出，基于循证的学科建设理念对于国际中文教育学科有着重要借鉴作用，通过理论先导、否证态度、回归经验等方法论重构，以及方法对话、研究者对话等学术共同体审视，可以逐步构建起基于证据的国际中文教育学科知识体系和理论体系。

分论坛上，47位中外学者围绕“国际中文教育理论体系与人才培养”、“国际中文教育的新资源、新技术与新方法”和“面向国际中文教育的语言教学与文化传播”三个议题研讨交流，15位投稿人以视频快闪报告的形式在会间进行展示。年会还专门设置了“国际中文教育青年学者与博士生论文交流”分论坛，10位青年学者报告论文，北京大学对外汉语教育学院院长赵杨、北京师范大学国际中文教育学院党委书记王学松进行评议，同时邀请 4 位博士生与赵杨教授、王学松教授、史金生教授和李宝贵教授对话交流。

香港教育大学施仲谋教授主持了大会交流总结环节。教育部中外语言交流合作中心、世界汉语教学学会以及 20 多所职业院校、出版机构共同发布了《世界汉语教学学会成立 35 周年典型工作案例集》、《国际中文教学通用课程大纲》、《国际中文教材评价标准》、《职业中文能力等级标准》以及《职通中文》、《新丝路“中文 +”》系列教学资源等多项创新成果，并在会议现场举行了揭幕仪式。世界汉语教学学会副会长张洪明教授对此次年会进行了总结。

《现代汉语词典》研究丛书研讨会

12 月 8 日，《现代汉语词典》（以下简称《现汉》）研究丛书研讨会在中国社会科学院语言研究所举行。会议由中国社会科学院辞书编纂研究中心、语言研究所语料库暨计算语言学研究中心联合举办。来自国内高校、研究机构的 11 位专家作了报告交流。

开幕式由词典编辑室副主任王伟主持。语言研究所党委书记、辞书中心主任陈文学，词典编辑室原主任韩敬体分别致辞，词典编辑室原主任晁继周专为此次会议发来微信感言。

大会报告有南方医科大学蒋文凭“《现汉》融媒辞书研究”、北京语言大学朱宏一“《现汉》轻声儿化研究”、鲁东大学李璐溪“《现汉》与《国语辞典》对比研究”、河北师范大学袁世旭“《现汉》同义词注释研究”、陕西师范大学曾柱“《现汉》新词新义研究”、中国社会科学院语言研究所张亮“《现汉》虚词释义研究”、鲁东大学姜仁涛“《现汉》古语词研究”、山西省社会科学院语言研究所安志伟“《现汉》成语熟语研究”、全国科技名词委事务中心张晖和科学出版社质检部顾英利“《现汉》专科条目研究”。

会议还邀请南华大学肖月生老师做了学术分享，表达作为普通读者对《现汉》的深厚感情。

《现代汉语词典》研究丛书项目主持人杜翔展示说明《现汉》初稿稿片扫描件内容，对《现汉》研究丛书做了全面介绍，对未能在会上专题报告的选题做了重点说明。这些选题为词典编辑室的韩敬体“《现汉》纪事”、晁继周“《现汉》规范研究”、李志江“《现汉》科技条目修订研究”、谭景春“《现汉》释义研究”“《现汉》词类标注研究”、杜翔“《现汉》收词立目研究”“《现汉》注音研究”、鲁东大学冯海霞“《现汉》名词释义研究”。

商务印书馆汉语编辑中心副主任徐从权指出，要编出有文化、有水平的辞书，必须进行学术研究，以学术引航辞书的编纂和修订，这套丛书选题正是在这个高度来策划的。以《现汉》大本营为主导来策划实施这个选题，是本行人干本行事，相信这些内容会有一部分被《现汉》再次修订所吸收和利用。

中国社会科学院语言研究所所长张伯江作会议总结发言。他指出，《现汉》是我们的事业，也是全民的事业，也可以说是中华民族共同的事业。从老式词典到融媒词典给我们提出了新的课题。《现汉》立足当代，着眼于文化传承的角度，也要考虑包容古代。语文词典既要兼顾语文性和专业性的关系，也要兼顾规范性和描写性的关系，因此需要下功夫，思考方方面面。希望通过大家的努力，一起推动“现汉学”和现代汉语词典事业的发展。

第十八届全国人机语音通讯学术会议（NCMMSC 2023）

12 月 8—10 日，第十八届全国人机语音通讯学术会议（NCMMSC 2023）在江苏苏州召开。此次会议由中国中文信息学会和中国计算机学会联合主办，上海交通大学和思必驰科技股份有限公司承办，会议同时举办中国计算机学会语音对话与听觉专委会的学术年会（CCFTFSDAP）。天津大学党建武教授与清华大学郑方教授担任大会名誉主席。北京工业大学鲍长春教授、清华大学陶建华教授和上海交通大学俞凯教授担任大会共同主席。

会议围绕智能语音语言多模态处理等主题，涵盖了音频信号和声学信号处理、声音事件监测、语音唤醒、语音编码与增强、语音识别、情感识别、语种识别、说话人识别等多个领域。吸引了广大学界专家、产业工程师和青年学子参与论文投稿和交流，投稿论文数量超过200篇，参会人数突破400人。

大会通过大会报告、口头报告、墙报和演示的方式为参会者提供语音语言领域最新理论和实际工程技术的交流平台，同时举办了多模态识别竞赛、ASRU交流会、优秀学生论坛、工业论坛、专题技术沙龙等多场活动。清华大学唐杰教授、香港中文大学Helen Meng教授、上海交通大学金石教授和香港中文大学（深圳）李海洲教授作大会报告。

2023第三届计算词典学研讨会

12月9日，第三届计算词典学研讨会在中国社会科学院语言研究所举行。会议由中国社会科学院语言研究所、中国社会科学院辞书编纂研究中心、中国社会科学院语言研究所语料库暨计算语言学研究中心主办。来自中国社会科学院、北京大学、北京语言大学、广东外语外贸大学、首都师范大学、鲁东大学、河北师范大学、河北工业大学、南方医科大学、人民教育出版社等单位的专家学者参加会议。会议的主题为“大语言模型下的辞书编纂”。

中国社会科学院语言研究所所长张伯江致开幕词。他回顾了中国社会科学院辞书编纂研究中心、语料库暨计算语言学研究中心成立和发展的历史以及往届计算词典学会议的成功举办，从融媒辞书和以ChatGPT为代表的通用人工智能大语言模型两个新生的方向对于整个辞书学所蕴含的机遇和挑战出发，指出大语言模型将为辞书编纂和使用带来极大的变革。当前工作的一个重要任务就是积极促进语料库技术和信息技术辅助辞书编纂，提升编纂效率，提高辞书质量。目前语言所正在大力扶持大语言模型同辞书编纂的结合，对相关工作寄予厚望。

4位专家学者作会议主旨报告：北京语言大学杨玉玲教授“大模型与汉语学习词典的邂逅和交锋”、北京大学俞敬松副教授“古汉语及文献辞典编纂智能词典大模型探索”、广东外语外贸大学柳长青教授“基于LLM（大语言模型）的词典自动编纂研究”、中国社会科学院语言研究所张永伟副研究员“大语言模型为辞书编纂带来的机遇与挑战”。

会议讨论热烈，报告人就大语言模型适用场景、所需的训练语料的类型、辅助内向型外向型词典编纂效果的差别等问题进行了进一步的交流和分享。

《通用规范汉字表》公布十周年座谈会

12月9日，《通用规范汉字表》（以下简称《字表》）公布十周年座谈会在北京师范大学举行。会议旨在重温《字表》研制的理念和意义，总结《字表》公布十年来的实施情况，研讨新时代语言文字规范工作的新任务。座谈会是在国家语委指导下，由北京师范大学中国文字整理与规范研究中心、全国语言文字标准化技术委员会秘书处、北京语言大学中国语言文字规范标准研究中心联合主办，北京师范大学汉字汉语研究与社会应用实验室承办。国家语言文字工作主管部门负责人，高等院校、相关单位的专家学者30余人参加。会议由北京师范大学文学院院长王立军、教育部语言文字应用研究所副所长王奇共同主持。

教育部语言文字信息管理司副司长刘宏在开幕讲话中指出："《字表》的公布具有里程碑的意义。这是党的十八大以来发布规格最高，也最能体现语言文字事业基础性、全局性、社会性和全民性特点的一个重要规范。《字表》的公布，将国家通用语言文字法中规范汉字这一法律概念落到了实处。十年来在全社会的共同努力下，《字表》的贯彻落实取得显著成效。"

教育部语言文字信息管理司原副司长王铁琨在主题发言中强调："汉字是中华民族智慧和文明的结晶，是中华文化的重要载体和鲜明的标志。汉字规范在促进经济社会发展，增进民族间、地区间的交流，维护国家统一和民族团结，继承弘扬中华文化方面发挥着重要的作用，是关系国家经济教育文化事业和信息化发展的基础性工作。《字表》的研制和实施对提升国家通用语言文字规范化、标准化、信息化水平，传承发展中华优秀语言文化，促进国家经济社会和文化教育事业的发展具有重要的意义。"

作为《字表》送审专家委员会副主任和研制组组长，北京师范大学文学院王宁教授在主题发言中谈了她的体会："语言文字规范的制定，需要做到科学性与社会性的结合，科学性是保证，社会性是底线，群众的接受程度是我们必须考虑的。信息时代，语言文字规范一直是国家语委的前沿和中心课题，我们要更加努力地去关注新的问题，希望能够看到汉字规范的积极推进，文化素养、专业素养都优秀的新一代人才不断涌现。"

与会的国家语委、教育部语言文字信息管理司、教育部语言文字应用管理司、教育部语言文字应用研究所负责人，《字表》前期课题组、专家委员会与研制组成员，以及新闻出版、信息处理、民政部、科技部等相关领域代表回顾了《字表》公布十年来的贯彻与应用情况，充分肯定了《字表》发布的重要意义及所产生的积极影响，同时也从不同角度提出了《字表》公布后汉字应用领域发生的新变化，并深入探讨了相应的对策和建议。与会专家一致表示，要在总结过往的基础上更好地指导当前和谋划未来，以更宽视野、更大格局推进《字表》的宣传贯彻和修订完善，让汉字能够更加高效地为中华文化的传承发展服务，为中华民族现代文明的建设提供更有力的支撑。

历史语言学高端论坛（2023）暨中国语言学会历史语言学分会理事会

12月9—11日，历史语言学高端论坛（2023）暨中国语言学会历史语言学分会理事会在海口举办。会议由中国社会科学院语言研究所历史语言学学科、中国语言学会历史语言学分会、海南师范大学文学院联合主办，海南师范大学文学院承办。来自中国社会科学院语言研究所、中国人民大学、复旦大学、浙江大学等20余所高校和科研院所的专家学者以及硕博士研究生近百人参会。

此次会议设两场大会主题报告和五场硕博士研究生论坛。大会主题报告如下：北京语言大学董志翘教授"张家山汉简《盗跖》篇校释三则"、北京语言大学吴福祥教授"动词重叠与动词小称"、复旦大学陈忠敏教授"声调发生学理论重新检讨——浊阻塞音、气嗓音与低调的关系"、广东外语外贸大学严修鸿教授"闽西多方言接触地带'翅膀'说法的地理差异"、北京语言大学徐朝东教授"江淮官话'虚书'同音现象的分类及其音变机制"、内蒙古师范大学闫艳教授"'密陀僧'音义及其文化交融价值探微"、杭州师范大学史光辉教授"从词汇看川黔派西南官话的来源与形成”、海南师范大学冯青教授“方块壮字与海南民歌写本用字之比较”、海南师范大学邱德君博士“异类组合型将来时标记的形成与特点——以粤西阳春粤、客方言为例”。

五场硕博士研究生论坛主要围绕汉语及汉语修辞演变与革新、方言及少数民族语言演变、文献字词考释等议题展开了深入研讨，共有30余名硕博士研究生进行交流，部分与会专家参与研讨并给予指导。

会议期间采用线上线下相结合的方式举行了中国语言学会历史语言学分会常务理事会和理事会扩大会议。中国语言学会历史语言学分会常务理事会由储泰松教授主持，中国语言学会秘书长完权研究员、中国社会科学院语言研究所科研处处长张骅、中国语言学会历史语言学分会会长吴福祥教授、中国语言学会历史语言学分会副会长兼秘书长杨永龙教授先后致辞。

吴福祥会长就分会换届事宜进行了说明，就新一届理事会组成初步人选提请常务理事会审议；杨永龙副会长就分会学术委员会改选问题作了说明，提请常务理事会审议。

历史语言学分会理事会扩大会议由朱冠明教授主持，赵长才研究员领学了习近平总书记2023年6月2日在文化传承发展座谈会上的讲话。

杨永龙教授代表本届理事会对历史语言学分会成立以来所开展的各项工作进行了总结，汇报了中国语言学会历史语言学分会会员发展情况，新一届理事会、学术委员会的初步候选人员情况；并提议大家对一直支持历史语言学分会工作的前辈学者戴庆厦、江蓝生、蒋绍愚、李如龙、潘悟云、王洪君、吴安其等先生表示由衷的感谢和礼敬。储泰松教授作会议总结。

第四届中国智能教育大会暨第六届中国语言智能大会

12月16日，第四届中国智能教育大会暨第六届中国语言智能大会在昆明开幕。会议由中国人工智能学会、中国语言智能研究中心、云南财经大学、首都师范大学主办，云南财经大学、首都师范大学、云南教育国际交流协会、云南省语言学会、CAAI自然语言理解专委会、CAAI语言智能专委会承办，得到中国电信股份有限公司云南分公司等企业及机构的支持。

大会以“学科教育智能化”“语言智能与智能教育融合发展”为主题，通过树立“智能+”等智能教育典型，搭建高校中文写作智能训练大赛等多元平台，分享语言智能产品服务教育的经验，探索语言智能推进教育高质量发展的创新模式，引导教育界脚踏实地推进智能教育稳步发展。

开幕式举行了首届“基地杯”高校中文写作智能训练大赛颁奖仪式，国家重大科技项目合作研发单位、重点示范建设学校授牌仪式以及2022“智能+语言文字推广”典型示范单位授牌仪式。

由云南财经大学国家语言文字推广基地发起的、22家建设有语言文字推广基地的单位共同创建的“国家语言文字推广基地建设共同体”揭牌仪式也在开幕式上举行。“国家语言文字推广基地建设共同体”将致力于加强各家基地间的联系、交流与合作，围绕服务铸牢中华民族共同体意识，落实立德树人根本任务，聚焦推广普及国家通用语言文字，立足自身优势创新实践，为国家和区域语言文字事业发展提供人才保障、智力支持和专业服务。

大会由6场大会报告、1场嘉宾对话及3场青年论坛等环节组成。在报告及对话环节，北京外国语大学校长杨丹、香港科技大学（广州）党委书记屈哨兵、云南财经大学党委书记王建颖等与会专家学者，从大模型、自然语言处理、全媒体、智能写作、教育信息化建设与实践、智能教育促进语言文字推广等多学科角度探讨了语言教育与大数据、云计算等人工智能技术深度融合的有效途径。

古文字青年学者协同创新联盟成立大会暨首届古文字青年学者论坛

12 月 16—17 日，由复旦大学出土文献与古文字研究中心主办的古文字青年学者协同创新联盟成立大会暨首届古文字青年学者论坛在复旦大学举办，来自全国各高校及科研单位的专家学者共 70 余人参加会议，宣读论文 40 余篇。

开幕式上，教育部语言信息管理司副司长刘宏、古文字工程专家委员会副主任委员吴振武教授、复旦大学副校长陈志敏分别致辞。

朱凤瀚教授、黄天树教授、曹锦炎教授、王素教授、陈松长教授、李运富教授、吴振武教授、陈伟武教授、冯胜君教授作为与会学者代表，围绕出土文献与古文字研究的经验教训、出土文献与古文字研究的未来愿景展开圆桌讨论。

古文字青年学者论坛分 6 场进行，近 50 位青年学者宣读论文，内容丰富，涉猎出土文献文字考释、文献校订、音韵、训诂等多方面。

大会总结暨闭幕式由刘钊教授主持，朱凤瀚教授作会议总结发言。

中国中文信息学会 2023 学术年会暨理事会

12 月 17 日，中国中文信息学会 2023 学术年会暨理事会在北京举行。

大会开幕式由中国中文信息学会秘书长、中国科学院软件研究所孙乐研究员主持。中国中文信息学会名誉理事长李生教授致开幕词。

此次学术年会共邀请了 5 位业界知名专家作特邀报告，分别是清华大学张钹院士“生成式人工智能时代的机遇与挑战”、广州大学方滨兴院士“让 AI 靶场助力于数据开发能力评测”、百度 CTO 王海峰博士“文心一言”、香港中文大学（深圳）李海洲教授“语言与智能的思考”、小米语音首席科学家 Daniel Povey 博士“From LLMs to Artificial General Intelligence”。

会议邀请了 4 位领域内优秀青年学者作特邀报告，分别是清华大学刘知远副教授“大模型群体智能：迎接智能的第二次涌现”、复旦大学邱锡鹏教授“大语言模型的科学挑战”、百川智能谢剑博士“大模型构建新‘冯诺依曼’智能计算架构技术思考与实践”、清华大学东昱晓博士“ChatGLM Agent：大模型智能体实践与探索”。

大会还邀请了 7 位国内资深学者进行了主题为“大模型与安全”的专题研讨。

会后召开了中国中文信息学会第九届理事会第三次会议。

中国语文现代化学会音韵学分会第三届学术研讨会

12 月 22—24 日，中国语文现代化学会音韵学分会第三届学术研讨会在北京语言大学举办。研讨会由中国语文现代化学会音韵学分会主办，北京语言大学语言科学院承办。来自全国 50 余所高校、科研院所的 100 多位专家学者参会。

北京语言大学语言科学院院长曹文主持开幕式。北京语言大学副校长黄益方、中国语文现代化学会音韵学分会第二届理事长曾晓渝教授分别致辞。

会议报告设大会报告和专题报告。南开大学曾晓渝教授、首都师范大学冯蒸教授、江苏师范大学朱晓农教授、上海师范大学潘悟云教授、北京师范大学周流溪教授、英国威尔士大学竺家宁教授、山东大学张树铮教授、南开大学施向东教授、中国社会科学院语言研究所麦耘教授等9位专家学者作大会报告；华东师范大学郑伟教授、华中科技大学黄仁瑄教授、厦门大学叶玉英教授、江苏师范大学王为民教授等4位学者作专题报告。

会议同时完成中国语文现代化学会音韵学分会的换届选举工作。新增董建交、高晶一、黄仁瑄、梁慧婧、马君花、王弘治、熊桂芬、熊燕、张渭毅、赵翠阳等10位理事；选举麦耘教授为音韵学分会第三届理事长，张树铮教授为音韵学分会第三届候任理事长。

闭幕式由曾晓渝教授主持，中国语文现代化学会音韵学分会第三届理事长麦耘教授发表讲话。中国人民大学熊燕教授、南开大学刘春陶副教授、上海师范大学王弘治副教授、华东师范大学郑伟教授、北京第二外国语学院高晶一教授、江苏师范大学陈卫恒教授等6位青年学者分别汇报了6个分会场的交流讨论情况。音韵学分会第三届学术委员会主任施向东教授进行大会学术总结，并宣布学会即将编辑出版会议论文集《中国音韵学报》。北京大学唐作藩教授通过视频的形式发布了第二届音韵学奖的获奖名单，厦门大学叶玉英教授的著作《古文字构形与上古音研究》荣获唐作藩音韵学奖二等奖。

外交话语研究论坛

12月23日，上海外国语大学语料库研究院以“中国特色大国外交的话语构建、翻译、传播”“外交话语数据库建设与应用研究”为议题，在上海外国语大学举办了外交话语研究论坛。来自全国多所高校、研究机构的学者以进一步构建融通中外的中国特色大国外交话语为目的，围绕如何增进国际社会对于中国特色大国外交思想的理解和认同、提升中国国际话语权、强化中国文化软实力等问题展开热烈而充分的讨论。开幕式上，由全体与会嘉宾见证，上海外国语大学语料库研究院建设的“中国特色大国外交数据库综合平台”成功启动上线。

郭锡良先生追思会暨汉语史国际学术研讨会

12月30—31日，郭锡良先生追思会暨汉语史国际学术研讨会在北京举行。会议由北京大学中文系、武汉大学文学院、湖南师范大学文学院、湖北大学文学院、商务印书馆联合主办，以“汉语史研究的继承与创新之路”为主题，缅怀著名语言学家郭锡良先生，继承其遗志，发扬其学术思想，推进汉语史研究。来自全球各高校和科研机构的130余位学者参加了此次会议。

开幕式由北京大学孙玉文教授、湖北大学万明明教授主持。北京大学副校长、教务长王博，武汉大学文学院院长于亭，湖南师范大学副校长唐贤清，湖北大学文学院院长张鹏飞，商务印书馆执行董事顾青，北京大学中文系主任杜晓勤等出席开幕式并先后致辞。

大会报告分两场进行。北京师范大学王宁教授，北京大学陆俭明教授、蒋绍愚教授，中国社会科学院江蓝生研究员，日本东京大学大西克也教授就郭锡良先生的学术成就与汉语研究中的具体问题作了报告；日本明海大学史有为教授，台湾师范大学姚荣松教授，北京大学宋绍年教授、李晓琪教授，香港科技大学张敏教授就语法史、语音史问题作了报告。

追思会于31日上午举行，由北京大学中文系赵彤教授主持。会上播放了纪念视频，共同回顾郭锡良先生的学术人生。北京大学原常务副校长王义遒教授，北京大学张联荣教授，上海师范大学徐时仪教授，中央民族大学关辛秋教授，陕西师范大学乔全生教授，中国社会科学院赵长才研究员，北京大学陆俭明教授、马真教授分别发言，深情回忆了与郭锡良先生的交往。

会议举行了郭锡良先生藏书捐赠仪式，郭先生亲属代表、长子郭宁向北京大学中文系赠书。北京大学中文系副主任程苏东代表中文系感谢家属赠书。赠书仪式后，郭锡良先生的家属与弟子们分别发言，追念先生。刘菊黄女士、郭旭先生代表家属发言。李佐丰、叶友文、王刚、吕朋林、杨逢彬、张猛、边滢雨、崔立斌、周守晋、林永泽、郑妞代表弟子及再传弟子发言。跟从郭先生受教的学者大西克也、雷汉卿、郭锐、张赪、周烈婷表达了感念之情。

闭幕式由北京大学宋亚云教授、中国社会科学院语言研究所赵长才研究员主持。大连理工大学赵团员副教授、中山大学孙洪伟副教授、福建师范大学蔡英杰教授、西北师范大学洪帅教授、山东师范大学王兆鹏教授作为小组代表作总结发言。

（张洁、张丽娟编写）

学术论著

《澳门话近两百年来的音变：兼论广州话、中山话的历史音变》

罗言发著，ISBN：978-7-302-57890-1，清华大学出版社出版

该书以中山、珠海、澳门三地方言田野调查为出发点，广泛搜罗与三地粤语语音发展相关的历史文献，特别是传教士文献，梳理了三地各自的语音发展史。在全面分析现代澳门话，包含新老派澳门话语音异同的基础上，总结了澳门话的语音变化轨迹，并结合移民、传媒等因素分析了澳门话各时期语音变化原因。

《北京大学藏秦简牍》

北京大学出土文献与古代文明研究所编，ISBN：978-7-5732-0258-1，上海古籍出版社出版

该书所收秦简牍为北京大学接受捐赠而从海外抢救回归的，共有竹简762枚、木简21枚、木牍6枚、竹牍4枚、木觚1枚以及骰子1枚、算筹61根与竹笥残片若干，抄写年代在战国末至秦始皇时期。共有26篇文献，以简册的物理形态为依据，兼顾内容，分为四册。第一册包含思想与文学类文献；第二册包含数术与数学类文献；第三册、第四册则完整收录具备特殊简册形制的竹简，包含数学、数术、医学与工艺类等多种文献，公布全部简牍的彩色图版、红外图版、简背划痕示意图、简牍详细数据以及释文注释等内容。第五册专册收录室内清理发掘报告，大量内容前所未见。

《北京话词典》

董树人编，ISBN：978-7-100-21441-4，商务印书馆出版

该词典收单字3260余条，多字词语16400余条，均来自北京及周边地区民众的日常用语。词典释义简洁明了；依据北京话实际读音注音；例句选自真实的语言生活，涵盖了北京民众日常生活的方方面面，上起民国初年、下至当下。

《本草经集注》（辑复本）

（梁）陶弘景著，王家葵辑校，ISBN：978-7-5506-3936-2，凤凰出版社出版

陶弘景以附经为说的方式整理魏晋以来流传的《本草经》传本，编成载药730种的《本草经集注》。该次辑佚复原，以宋本《证类本草》为主，利用敦煌、吐鲁番出土《本草经集注》残本及《新修本草》残写本，最大限度恢复失传700年的《本草经集注》。同时综合古典文献学、文字学、音韵学、历史地理、植物学、药物学、化学、博物学、度量衡、道教研究等多学科知识进行笺疏。

《变化无穷的语言：认知、大脑与演化》

［美］王士元著，ISBN：978-7-100-22506-9，商务印书馆出版

该书为《语言、演化与大脑》的增订版，从认知、大脑和演化等观点，以多学科视角探讨语言的丰富面貌，包括语言的涌现和演变、与语言相关的大脑机制、语言的习得与消退、语言相对论等。此版对原书的部分文字和图片做了修改，并增加了两个新的章节：“理性与感性·情绪与认知的关系”及“高龄社会与认知退化”。

《宾语》

鹿荣著，ISBN：978-7-5619-6410-1，北京语言大学出版社出版

该书围绕宾语，从本体出发，以对外汉语教学中的问题为目标展开讨论。共设计了72个问题，分为10个部分，讨论了与宾语相关的基本概念、宾语的数量及隐现、宾语与主语等其他句法成分以及与“把”字句等相关句式的关系等；分析了部分典型宾语偏误问题的原因，例举了宾语相关问题的教学建议。

《长沙五一广场简与东汉历史文化学术研讨会论文集》

清华大学出土文献研究与保护中心主编，ISBN：978-7-302-62704-3，清华大学出版社出版

该书是清华大学出土文献研究与保护中心召开的五一广场简与东汉历史文化学术研讨会的论文集。论文以五一简为主，但不限于五一简；不少论文讨论了里耶秦简、走马楼西汉简、西北汉简、走马楼吴简等简牍，深化了对秦汉法制史、经济史、地方行政制度、文书学、古文字、书法史、西北边塞等多领域的认识，可供出土文献、中国古代史、法制史、古文字、汉语史、书法史等学科领域的研究者参考。

《长汀话词典》

周存编著，ISBN：978-7-5232-0453-5，世界图书出版广东有限公司出版

该书是记录长汀城区方言语汇的中型词典。收词丰富，包括了长汀方言字、词、词组、惯用语、熟语、成语等共26000多个词条。条目均采用汉语拼音标注，列举了释义和例句，并提供了索引供读者查找。收词范围涵盖社会生活、风俗习惯、天文气象、风土民物等，较完整地记录了长汀话方言词汇，填补了当地方言词汇调查的空白，同时也反映了长汀千年的传统文化和现实社会生活。

《沉默的句法：截省、孤岛条件和省略理论》

［美］贾森·麦钱特（Jason Merchant）著，张天伟译，ISBN：978-7-100-20735-5，商务印书馆出版

该书重点研究省略现象，即说话者在讲话时省略了多余的内容。书中提出的省略理论是国外句法语义界面研究的经典理论。作者用了24个语种的语料、丰富的实证内容，为有关省略本质的主要理论主张奠定了基础。

《程千帆全集》（第一辑）

程千帆著，莫砺锋主编，ISBN：978-7-5506-3971-3，凤凰出版社出版

该书收录了程千帆先生及其弟子徐有富所著《校雠广义》、程千帆先生著《史通笺注》《文论十笺》《唐代进士行卷与文学》。

《重写秦汉史：出土文献的视野》

陈侃理主编，ISBN：978-7-5732-0873-6，上海古籍出版社出版

该书分为文字发展、文书行政、律令法系、徭役制度、军事制度、政区地理、时间秩序

等9章，分别由9位学者撰写，梳理了该领域的主要出土资料和研究进展，归纳核心问题，阐发自己的最新研究见解，力求揭示利用出土文献资料在秦汉史研究的各领域中取得何种新认识，可以提出哪些新问题，开辟哪些新领域。

《出土丧葬简牍考论》

田河著，ISBN：978-7-5227-1899-6，中国社会科学出版社出版

该书对已刊布的战国至南北朝时期的部分丧葬文书从文本性质、简牍编联、释文校释、名物考证等多个方面加以解读，对系统了解丧葬文书的发展演变，同类文书的整理研究有一定参考价值。

《出土宋代买地券辑释》

梁松涛、王晓龙主编，ISBN：978-7-5506-3077-2，凤凰出版社出版

该书收录中华人民共和国成立以来出土且有拓片的两宋买地券268种（北宋129种，南宋139种）、买地券拓（图）片280张。以所收买地券依逝者卒（葬）年为序，以解题形式简要介绍墓砖名称、文献形态（含书法字体和行数字数等）、卒葬时间、文献著录、出土情况或收藏地点等相关信息，并对拓片释文、标点，辅以简要注释。末附《出土宋代买地券著录简目表》，收录无拓片的两宋出土买地券151种。

《出土宋代砖志辑释》

贾文龙、王晓薇主编，ISBN：978-7-5506-3803-7，凤凰出版社出版

该书以新中国成立以来出土两宋墓砖文字为对象，收录宋代墓砖284种，其中北宋276种，南宋8种。所收砖志依逝者卒年和葬年为序，以解题形式简要介绍墓砖名称、文献形态、卒葬时间、文献著录、出土情况或收藏地点等信息，并对拓片加以释文、标点，辅以简要注释。出土宋代砖志信息丰富，形式多样，为研究宋代人物、行政区划、军队番号、社会救济制度等提供了宝贵数据。

《出土文献的学派判定》

李锐著，ISBN：978-7-300-32189-9，中国人民大学出版社出版

该书按照问题出现的先后，选取信阳楚简、简帛《五行》、帛书《二三子问》、帛书《易传》、秦简《为吏之道》、郭店楚简《穷达以时》、上博简《子羔》诸篇、上博简《鬼神之明》、上博简《慎子曰恭俭》几篇学界讨论颇多的古书，具体分析、讨论对其学派判定中存在的问题，并提出一己之见，后总论出土简帛古书学派分析中的误区及其解决方法。

《楚系金文汇编》

刘彬徽、刘长武编著，ISBN：978-7-5564-5745-8，湖北教育出版社出版

该书以“汇编”部分为主体，分作“器目表”“正文”“简注”三项，以年代学分类为序对楚系青铜器铭文进行了系统性的汇编。书中编制有楚系金文字表及检字索引，便于读者检索。

《春秋金文全编》（全6册）

吴国升编著，ISBN：978-7-5228-0914-4，社会科学文献出版社出版

该书是一部全面系统整理和收录春秋时期青铜器铭文字形的古文字编，同一字头下字形纵向按时间分早、中、晚三期排列，横向按地理位置分区域排列，直观地呈现春秋时期金文的整体面貌以及汉字传承发展的基本脉络和地域性差异，每一字形下加注简短词例，揭示春秋时期金文字形与语词的对应关系，客观地反映春秋时期汉字使用的基本情况。

《辞规的理论与实践》（增订本）

胡习之著，ISBN：978-7-312-05677-2，中国科学技术大学出版社出版

该书是研究汉语消极修辞方式——辞规的第一本专著，初版于2002年，是较为系统地对消极修辞理论进行探索的专著。增订本对吴士文倡导的辞规理论以及辞规体系的构建作了系统的补充介绍、评述，并对辞规理论的修辞观、哲学基础、思维基础、修辞理论基础、辞规的特征及与辞格的差异、辞格与辞规的转化、辞规的研究方法等展开了多种理论视角的阐释，可以说，无论是理论探索还是实践分析，该书都极大地丰富了陈望道、吴士文等学者倡导的消极修辞理论。

《词义构建的认知研究》

郇菊艳著，ISBN：978-7-5672-4265-4，苏州大学出版社出版

该书基于语义、概念和意义三者之间的联系与区别，梳理了词义构建研究理论的发展脉络，提出词义实则牵涉语言、概念和使用三个层面，词义构建的过程是词汇语义、词汇概念、词汇意义三者在不同层面历经语言与情境模拟融合的交互作用过程。基于此，构筑出词义构建三角模型，深入阐释了词义构建的规律性特征。

《词语法导论》

［英］理查德·哈德森著，刘建鹏译，ISBN：978-7-100-21767-5，商务印书馆出版

该书以词为句法分析单位，以词之间的依存关系为研究对象。研究内容涉及心智认知中的范畴化、概念网络结构和网络激活、语言中的词与句法、英语中的词与句法。

《从社会方言到功能语体——网络语言新论》

徐默凡著，ISBN：978-7-5535-2793-2，上海文化出版社出版

随着网络通信日益频繁，网络交际已经成为大众人际交往的重要方式。网络语言随之发展出一系列独特的语言特征，口语体、书面语体和网络语体三分天下之势已经初步形成。该书对此进行系统的学理研究，分为6章，用比较通俗的语言讨论一些学理问题，既给语言学同行们一些启发，又为母语教学、对外汉语教学、工具书编撰和语言文字规范化工作提供切实的理论依据。

《大规模语言模型：从理论到实践》

张奇、桂韬、郑锐、黄萱菁著，ISBN：978-7-121-46705-9，电子工业出版社出版

该书以大语言模型的基础理论开篇，探讨了大语言模型预训练数据的构建方法，以及大语言模型如何理解并服从人类指令，介绍了大语言模型的应用和评估方法。

《大国语言战略》

杨丹主编，ISBN：978-7-5213-4712-8，外语教学与研究出版社出版

该书通过系统论述语言战略服务国家发展的原理和路径，展望新时代语言战略的发展趋势，以期构建与我国综合国力相适应的语言战略，为回答新时代“教育强国、语言何为”提供参考借鉴，为增强文化自信、加强国际传播能力建设、推动国家对外开放贡献力量。

《大冶方言语法研究》

汪国胜著，ISBN：978-7-5227-2203-0，中国社会科学出版社出版

该书考察了大冶方言的状态形容词、物量词、代词、程度副词、语气词、特殊语法成分、语缀等一些词法方面的问题以及相关的句法问题，揭示了大冶方言在词法和句法上的一些重要特点。研究中，作者注重多边比较和多角度考察，在汉语方言语法的研究思路和研究方法上做了积极的探索。

《戴震方言疏证》

华学诚点校，ISBN：978-7-101-16121-2，中华书局出版

该书在深入调查戴震《方言疏证》存世版本的基础上，以《丛书集成初编》影印武英殿聚珍版为底本，以四库系的文渊阁本、文津阁本和遗书系的《微波榭丛书》本、《安徽丛书》本对校，校正文字、复核引文、断句标点均严格按照古籍整理规范进行。书后附笔画索引，以便读者使用。

《当代隐喻理论：基于汉语的视角》

［美］於宁著，孙毅译，ISBN：978-7-100-22079-8，商务印书馆出版

该书详细介绍情感隐喻、“时间为空间”隐喻和事件结构隐喻三大类型，对汉英的隐喻表达系统进行了对比研究，深入阐释了语言背后的认知理据和发生动因。

《当代隐喻学理论流派新发展研究》

孙毅著，ISBN：978-7-03-074616-0，科学出版社出版

作者在尝试性地钩沉当代隐喻学理论基础并搭建其跨语言求索的双象限支撑的前提下，回溯和盘整隐喻所涉及的理论脉络，探讨主流理论的优缺点及其内在联系，在总结当代隐喻学所取得的成就和进步的同时，反思其存在的不足和缺陷，并对其发展方向予以前瞻和预测。

《德国国家语言能力研究》

詹霞、葛囡囡著，ISBN：978-7-5213-4147-8，外语教学与研究出版社出版

该书系统梳理了国家语言能力的概念与国内外相关研究，对21世纪以前的德国国家语言能力建设历程进行了回顾，考察了当代德国国家语言能力的三类分项能力——国家语言治理能力、国家语言核心能力、国家语言战略能力的建设情况，并归纳其发展特点。在此基础上比较了中德两国的国家语言能力建设，并尝试借鉴德国经验，对我国国家语言能力的进一步提升提出相关建议。

《电视新闻话语研究——以〈十点新闻〉为例》

冯德兵著，ISBN：978-7-03-076323-5，科学出版社出版

该书依托会话分析、批评话语分析、多模态话语分析等话语研究方法，系统考察BBC《十点新闻》话语行为、话语结构、话语实践等方面的特征，并着力探讨新闻中“话语真实”现象及其表现形式和本质属性。

《顶石中文——高级汉语综合教程》

陈晓燕、余宁、张全真编，ISBN：978-7-100-22161-0，商务印书馆出版

该教材是《顶石中文》系列教材中的一本，分为时代、环保、科技、家庭、教育、职场、经济、法律等8个主题单元，每单元设3课，共计24课。教材中的课文大都选编自《人民日报》等中国各大媒体的真实语料，力图从不同视角折射当代中国社会现实。

《东北亚语言生活状况报告》（第一辑）

刘宏主编，彭文钊副主编，ISBN：978-7-5228-2543-4，社会科学文献出版社出版

该书由国家语委科研机构中国东北亚语言研究中心组织编撰，从语言政策、法律法规、语言景观、语言生活等角度，较为系统地介绍了俄罗斯、日本、韩国、蒙古国的语言推广、保护、发展等情况，以及社会、文化、教育等领域的语言实践及其效果、语言文字使用新现象和新动态等，既有新研究动态与前沿成果介绍，又涉及基础问题研究，可以使读者从不同角度了解东北亚国家语言生活状况。

《东盟国家汉语学习者汉字习得与教学研究》

尉万传著，ISBN：978-7-5668-3582-6，暨南大学出版社出版

该书基于已有汉字中介语语料库和第一手语料，建立东盟国家汉语学习者的汉字偏误语料库，通过对语料库的统计分析，对其汉字习得进行综合研究，分析汉字偏误的各类型分布状况及汉字习得规律，深入全面探讨第二语言教学中汉字教学的目标、内容、课程、教材及其实施过程，提出对东盟国家汉语学习者具有针对性的教学对策和学习策略。

《动结式的二语习得研究》

张京鱼著，ISBN：978-7-5227-2546-8，中国社会科学出版社出版

动结式是“把”字句和重动句一统形式，为“构式致使”。动结式的“复杂题元关系”

被还原成了简单的施事 / 致事与役事题元关系。操英语的留学生和操维吾尔语的大学生对动结式的二语习得验证了语义突显层级模式。

《段玉裁〈说文解字注〉“古今字”研究》

刘琳著，ISBN：978-7-5228-0966-3，社会科学文献出版社出版

该书对段玉裁在《说文解字注》中训注的古今字材料进行了全面分析，共整理统计出1091组古今字，确定了每一组古今字的字形和义项，并从字用系统的角度分析了每一组古今字的字际关系，建立了《〈说文解字注〉古今字表》。全书对段玉裁有关古今字的学术观点进行了系统梳理，总结出段玉裁的古今字概念就是记录同一个义项在不同时代的声音相同或者相近的不同用字。

《敦煌文献语言大词典》

张涌泉、张小艳、郜同麟主编，ISBN：978-7-5579-1199-7，四川辞书出版社 2022 年出版

该词典收录敦煌文献（包括吐鲁番文献）中的特殊语词及疑难俗字，以语词为主，所释对象既包括口语词、方言词，也包括有一定时代特色的名物词和佛教词汇。共收条目 2 万余条，详细考释其读音、意义，在释义举例时把敦煌文献与其他传世文献结合起来，互相比勘，探源溯流，力图勾勒出每一个疑难字词产生、发展、消变的历时脉络。

《多模态大模型：技术原理与实战》

彭勇、彭旋、郑志军、茹炳晟著，ISBN：978-7-121-46562-8，电子工业出版社出版

该书详细介绍了大语言模型和多模态大语言模型的发展历史、技术原理和亮点、主要的开源框架、配套工具、部署细则和实战案例。

《多模态与认知语言学》

［西班牙］María Jesús Pinar Sanz 编，ISBN：978-7-5213-3894-2，外语教学与研究出版社出版

该书选取了 13 篇代表性文章，汇集了世界各地 20 位专家学者的学术思想和研究理念，从认知语言学与多模态隐喻、社会符号学与系统功能语言学，以及多模态互动分析这三个途径出发，通过对电影、卡通、绘本甚至挂毯等的多模态研究，阐述各自的创新成果，进一步推动了认知语言学研究范式上的社会转向和研究方法上的实证趋势。

《鄂豫皖赣四省交汇处方言语法研究》

陈淑梅、丁良喜著，ISBN：978-7-03-075731-9，科学出版社出版

该书从语言接触的角度以鄂豫皖赣四省交汇处的方言语法为研究对象，对其语法特征进行系统的研究。

《尔雅义疏》

（清）郝懿行撰，杨一波校点，ISBN：978-7-5325-8148-1，上海古籍出版社出版

这次整理以上海古籍出版社出版《尔雅 广雅 方言 释名 清疏四种合刊》影印郝氏家刻本为底本，以中国书店影印杨以增刻胡珽续刻本、上海书店影印广东学海堂刊本，以及山东友谊书社影印陆建瀛刻本为校本。《尔雅》经文部分还校以宋本《尔雅》（《四部丛刊》）。附录中收录了《义疏》的序跋、提要资料，《〈尔雅义疏〉节、足本研究》（论文），《尔雅郝注刊误》。书末附有索引，方便读者检索。

《二十世纪汉语音韵学史稿》

张玉来等著，ISBN：978-7-03-074932-1，科学出版社出版

该书遵循“考镜源流、辨章学术”的原则，以历史唯物主义思想为指导，以“史实为先导、考论为目的、史论结合”为研究导向，全面总结了 20 世纪现代音韵学在材料、方法、学术史观上的突破，对上古音、中古音、近代音、等韵学等不同分支学科的研究成果进行了源流梳理，总结了相关领域研究的得失，并提示了未来研究可以考虑的方向，是一部全面描写 20 世纪汉语音韵学发展史的学术著作。

《二语会话语用非流利研究》

卢加伟著，ISBN：978-7-03-075104-1，科学出版社出版

该书首次提出语用非流利的概念，认为语用非流利是交际者为了达到特定交际目的或出于语用因素产出的非流利现象，是为了更恰当地表达自己的策略。遵循话语语用学研究范式，结合语境、面子等传统语用学理论，搭建语用非流利的分析框架，从语用非流利标记形式、类别和功能探讨中国英语学习者二语会话语用非流利的使用情况，语用非流利与二语水平、语用能力之间的关系。

《二语句法操作的界面研究》

尹洪山著，ISBN：978-7-03-075102-7，科学出版社出版

该书从界面视角探究第二语言的句法操作问题。研究主要围绕句法操作的语义、音系、形态和语用界面展开，通过阐释制约二语句法发展的复杂因素，为第二语言教学提供合理的建议。既注重研究的理论深度，也注重研究的应用前景，向读者呈现二语句法习得研究的独特视角。

《二语习得与双语现象的创新研究及实践》

［西班牙］John W. Schwieter 编著，ISBN：978-7-5213-3892-8，外语教学与研究出版社出版

该书由 14 篇论文组成，汇集了二语习得与双语现象的重要理论观点和实证研究，并讨论了它们对二语教学的影响和启发。架起了二语习得与双语研究成果和二语教学实践之间的桥梁，可供相关学者、广大外语教师及语言学专业研究生参考。

《二语语音评测：跨学科视角》

［英］Talia Isaacs、［加拿大］Pavel Trofimovich 著，ISBN：978-7-5213-4339-7，外语教学与研究出版社出版

作者着眼于21世纪全球化现实，从多地域、多语种、多学科的视角探究二语语音评测的相关因素和实施过程，用定量、定性和混合方法翔实解析二语语音评测的标准、范式、实操等核心要素，使迄今缺乏具体参照的相关评测工作和研究变得系统明晰、有案可参、有规可依、有道可行。

《法国国家语言能力研究》

戴冬梅著，ISBN：978-7-5213-4841-5，外语教学与研究出版社出版

该书梳理法国国家语言能力建设的历史，从国家语言治理能力、国家语言核心能力、国家语言战略能力等三个维度重点分析并阐述法国国家语言能力建设的相关政策、具体措施及成效，最后在此基础上归纳、提炼法国国家语言能力建设的特点，探讨其中的经验及教训，以期对我国的国家语言能力建设提供借鉴和参考。

《方介堪藏吉金拓片集》

方广强主编，葛亮编著，ISBN：978-7-5479-2808-0，上海书画出版社出版

该书收录方介堪旧藏金石拓本581件（编为506号，一器一号）。

其中，“金”类以商周青铜器为大宗，涉及钟、鬲、甗、鼎、簋、盨、簠、敦、卣等20多种青铜器，加之少量的秦诏量器和汉代铜器、新莽量器及杂器，“石”类也有10件。

所藏金石拓本从商周时期到秦汉时期，包括了商周金文、战国古玺、秦代金文、汉代金石文字等。

《方言变异与变化：溧水街上话的调查研究》（修订本）

郭骏著，ISBN：978-7-100-23256-2，商务印书馆出版

该书将溧水街上话的研究纳入城市语言学视野中观察，详细说明样本研究的各方面：采用变异语言学的方法分析语言变项与语言变式的汉语模式、变异特征与社会因素的相关性、制约机制与演变模式的系统性；依据过渡语理论分析过渡语的性质、类型与状态；还介绍了城市方言变异与变化研究的新视角与新趋势。

《方言语法研究的语法化视角》

林华勇编著，ISBN：978-7-03-076308-2，科学出版社出版

该书从粤方言出发，回顾汉语方言的语法化研究现状，并试图从语法化的视角，联系语义地图、语言接触等理论方法，对汉语方言中“正”“过”“来”“开”“着”“讲”等的多功能性进行分析；基于方言事实，对语法化的不一致现象、语法化程度、区域的语法化、持续范畴的分合、言说动词的语法化、语气助词与句末语调的叠加关系、结构的演化、小称功能之间的联系等热点、难点问题进行分析。

《非洲语言规划与政策（第一卷）：博茨瓦纳、马拉维、莫桑比克、南非》

[澳]小理查德·B.巴尔道夫、[美]罗伯特·B.卡普兰主编，徐丽华、徐雷方、罗丽译，陈兴伟、曾立人审订，ISBN：978-7-5228-2256-3，社会科学文献出版社出版

该丛书为国家语委“一带一路”专项科研课题“‘一带一路’国家语言状况与语言政策”研究成果，重点研究相关国家的语言国情与语言政策，为中国和“一带一路”国家的语言政策沟通、人文交流合作提供决策参考。

丛书已连续出版四卷，该卷收录了关于非洲南部四个国家语言政策和规划的研究报告，每篇报告按照语言概况、语言传播、语言政策与规划、语言维护与展望的框架展开，比较全面地展示了非洲南部国家的语言的基本状况、语言传播的主要途径和影响因素、语言政策与规划的历时发展和动因等内容，是研究非洲国家语言政策与规划的一个重要成果，为区域国别语言政策与规划研究提供了一个范例。

《非洲语言规划与政策（第二卷）：阿尔及利亚、科特迪瓦、尼日利亚、突尼斯》

[美]罗伯特·B.卡普兰、[澳]小理查德·B.巴尔道夫主编，徐丽华、吴荔佳、茅叶添译，陈兴伟、曾立人审订，ISBN：978-7-5228-2311-9，社会科学文献出版社出版

该书选取阿尔及利亚、科特迪瓦、尼日利亚和突尼斯四个国家为研究对象，从语言概况、语言传播、语言政策与规划、语言保持与展望四个维度深入分析阐释了上述四国语言规划与政策的状况，是了解非洲国家语言规划与政策的又一力作。

《孚甲集——吴铭训诂札记》

吴铭著，ISBN：978-7-5326-6045-2，上海辞书出版社出版

该书以先秦两汉经、史、子、集传世文献语言为主，兼及中、近古文献与近年出土的简帛文献。

方法上步踵乾嘉，审句例，审词气，明语源，明语用，音形义互相求，注重语言的社会性、时代性、系统性。

采用清代王念孙《读书杂志》、王引之《经义述闻》等名作相承的学术札记形式，致力于具体的微观研究实践，由点及面，触类旁通，探讨训诂难题，校订文本错讹，匡正古今学者误说。

《福高堂藏古玺印选》

刘维高编著，ISBN：978-7-5508-3960-1，西泠印社出版社出版

该书从福高堂主人刘维高先生众多古玺印藏品中遴选100枚，其中含战国私玺50枚，秦私印30枚，汉私印20枚，绝大多数未曾著录。

每一枚印一个跨页，左侧页面为侧视图放大效果，右侧页面为前述其他信息，含释文、国别、尺寸、材质等。

该书收录之印精品繁多，不乏首见之姓氏、人名。

《复数语法范畴的跨语言对比与习得研究》

苏佳佳著，ISBN：978-7-5213-4840-8，外语教学与研究出版社出版

该书选取一种强制性标记语言和两种量词语言，深入分析了复数语法范畴在汉语、英语、韩语中的共性和差异，并选取汉语作为目标语，通过实证研究探究复数语法范畴的跨语言差异对二语习得的影响，适合外国语言学及应用语言学专业硕博士研究生以及二语习得、句法学等领域研究者参考使用。

《甘青语言区域汉语方言之形成及演变研究》

莫超著，ISBN：978-7-105-16786-9，民族出版社出版

该书讨论了甘青语言区域的历史沿革与民族来源以及汉语方言的语音、词法、句法、形态表达、“异质”成分的可能来源和汉语方言的形成与演变等，梳理了甘青区域的民族历史源流、揭示了甘青语言区域的接触特征。

《甘肃方言概况》

雒鹏编著，甘肃师大中文系方言调查室编，ISBN：978-7-100-23263-0，商务印书馆出版

《甘肃方言概况》作为一部方言地理学报告，以实地调查的方法和表格罗列的形式，对20世纪50年代甘肃境内主要市县方言的发音、词汇和语法运用情况进行了明显的展示，直观地呈现了20世纪50年代甘肃地区方言的整体面貌和各地共时差异。

现在原著基础上由雒鹏重新整理编著，增加了“前言”、“编写整理说明”、“近百年甘肃方言研究论著索引”和“后记”四部分内容，其正式出版对研究新中国成立后甘肃地区方言的历时演变也有一定的佐益。

《钢琴名称的由来及其他——语言与文化随笔》

姜葳著，ISBN：978-7-5720-2072-8，上海教育出版社出版

该书是一本语言与文化的科普随笔集，从发音的生理结构到文言文的功用，从西非鼓语到电脑说话，内容涉及语言学基础、中英文词语拾遗等。

《高安方言语法研究》

聂有才著，ISBN：978-7-5227-1957-3，中国社会科学出版社出版

该书对江西高安方言语法进行了专题研究，涉及语缀、重叠、代词、体貌、程度、“得”字句、比较句、处置句、被动句、双宾句、疑问句等词法和句法问题。

该书主要运用邢福义先生“句管控”“两个三角”等理论和方法，较为系统地描写了高安方言的语法面貌，考察了一些特殊的语法现象，匡正了以往研究中的某些错误，在一定程度上深化了学界对赣方言的认识。

《歌唱的尼安德特人：语言和音乐的起源》

［英］史蒂芬·米森著，贾丙波、李静、夏君译，ISBN：978-7-308-23755-0，浙江大学出版社出版

该书英国考古学家史蒂芬·米森将生物学、人类学、心理学、神经科学的发展脉络结合在一起，解释了我们为什么会创造出语言和音乐这些交流形式。

该书引用了大量的考古学研究发现，向我们展示了语言和音乐在早期人类的生存和进化过程中所扮演的角色，结合详尽的资料展现了它们的完整进化历程。

《构式语法与汉语构式》

吴为善著，ISBN：978-7-5486-1917-8，学林出版社出版

该书借鉴Goldberg创立的认知构式语法理论，以多年来探索汉语构式的研究成果为基础，通过典型示例解析的方式，对汉语构式及其承继关系进行了较为全面、系统的梳理和阐释。

《古白话词汇研究论稿》（增订本）

徐时仪著，ISBN：978-7-100-19540-9，商务印书馆出版

该书旨在阐述古白话词汇研究成果，着重体现近20年来研究的新进展、新创获。全书立足汉语词汇研究的前沿，贯通古今中外，充分运用大量古白话文献的新语料和语言学的相关理论，考察古白话词汇的来源、结构和特点；探索词义古今演变的轨迹；从词语类聚着手来探讨汉语词汇和词义系统等，进而论述文白此消彼长中汉语词汇承古启今的发展过程，阐明词汇是一个受社会因素影响的多元异质系统，揭示汉语词汇演变的规律、价值取向及主导趋势。

《古白话词语汇释》

蒋绍愚、李波、姚英、宋绍年主编，ISBN：978-7-100-21826-9，商务印书馆出版

该书是一部古白话词语考释的资料汇编，从45部古书中，摘录一些古白话词语的考释，把同一词语的考释放到一起，按时代先后排列，做成一个条目，共6000多条；然后把这些条目按部首排列。

该书由20多位编纂者用二三十年的时间编成，可供古白话词语研究、汉语词汇史研究和古文献阅读参考。

《古代汉语》（上册）

张联荣、刘子瑜、赵彤编著，ISBN：978-7-301-33994-7，北京大学出版社出版

该书是“21世纪汉语言专业规划教材·专业基础教材系列”的一种，是中文系本科生专业基础课程的教材。

全书分8个单元，每个单元包括文选、练习、常用词和古汉语常识4个板块。

文选分为讲读文选和阅读文选，每单元有15个常用词的讲解，常用词的选择以文选中出现的为依据。

古汉语常识主要是对语言文字有关知识的介绍，包括古代汉语常用工具书、古代汉语的

词汇、古代汉语中的词类的活用等。

《古代字体论稿》

启功著，ISBN：978-7-108-07547-5，生活·读书·新知三联书店出版

该书是启功先生多年汉字字体研究的杰作，是汉字字体学领域的经典之作。

启功以谦逊的治学态度，详细剖析了汉字字体的复杂演变过程，清理了种种缠杂不清的说法，提出了科学的结论。

他的治学方法和独到观点不仅廓清了很多复杂的学术问题，梳理了汉字字体的发展历史，同时启功先生的治学方法也给后学带来了不少启示。

《古汉语大字典》

张双棣编著，ISBN：978-7-100-21851-1，商务印书馆出版

全书收单字约 16000 个，加上异体字及简化字对应之繁体字，近 20000 个。

同时兼收少量复音词或词组，主要为联绵字和地名用字；按汉语拼音字母次序排列，同音字则按谐声偏旁排列；标注现代音、中古音和上古韵部；以本义、引申义为序，假借义排在最后；强调词义的系统性，字义演变脉络清晰；同时注意字义的概括性，不使字义烦琐；举例注重字义的时代性，尽量选用始见书或时代较早的典籍；某些字条下设［说明］一栏，主要是说明繁简字和字形更迭的情况，以及需要说明的字形结构。

设［辨析］一栏，意在辨析同义词，帮助读者理解这些词在某些意义上的细微区别；字典正文后设［备考］，将音不详或音义不详的字放入其中；附录有三个附表，即《中国历史年代简表》、《古文字字形简表》和《器物字图例》。

《古汉语心理活动概念场词汇系统演变研究》

孙淑娟著，ISBN：978-7-5227-1228-4，中国社会科学出版社出版

该书以概念场理论视角为切入点，以古汉语心理活动动词为关注点，以词汇系统和词义系统相结合为立足点，吸收句法学、方言学、心理学、认知语义学等相关学科的研究成果，探究古汉语心理活动概念场词汇系统的演变规律。

《古汉语语法四论》

［德］何莫邪著，万群、邵琛欣、王先云、高笑可译，ISBN：978-7-301-34209-1，北京大学出版社出版

《古汉语语法四论》是何莫邪先生 1981 年在哥本哈根大学获得博士学位的学位论文，同年底该论文的修订本由伦敦柯曾出版社出版。

全书分为致谢、导言和四个主体章节。

导言中的核心观点是两个主题，即语言学研究的态度、原则和古汉语语法研究的方向；该书正文选择从四个方面出发，选取 1300 多个例句，分为 4 章进行讨论，主题分别是上古汉语的否定表达、量化、代词和条件句。

《古籍版本十讲》

杨成凯著，ISBN：978-7-101-16145-8，中华书局出版

该书分宋刻本、金刻本、元刻本、明刻本、清刻本、活字本、抄本、批校本、丛书的鉴赏与收藏，初印和后印共10讲，涵盖了古籍版本鉴藏的方方面面。

全书深入浅出，图文并茂，直观形象，集中展现了长期从事古籍收藏、鉴定和研究工作的亲身体会和重要心得，颇有鉴藏教材的意味，可为广大古籍整理研究者和收藏爱好者提供全方位的指导。

《古人如何说话：清朝》

夏川编，ISBN：978-7-5403-7283-5，崇文书局出版

该书精选清朝时期学习汉语口语的教材，包括《白姓官话》、《官话问答便语》、《小孩儿》与《语言自迩集》。

《白姓官话》是琉球人学习汉语的教材，描述了苏州商人白世芸漂流至琉球，一年后随贡船回到福州的故事；《官话问答便语》由买卖、赴宴、看病、庆生、吊丧、游乐等场景构成；《小孩儿》是日本学习汉语的教材，是一位教汉语的先生对学生的训话；《语言自迩集》则是北京话教材，该书选取了其中一些长短对话，从中可见浮生百相。

《古人如何说话：元、明》

夏川编，ISBN：978-7-5403-7282-8，崇文书局出版

该书精选元明时期学习汉语口语的教材，包括《老乞大》与《朴通事》。

元代晚期刊行、明代初年修订的《老乞大》讲述了几位高丽人前往北京卖马，路遇辽阳城王姓商人，一路结伴住店吃饭、借宿买卖并告别回家的故事；同一时代的《朴通事》则如现在的外语教材一样，由结婚送礼、日常买卖、打情骂俏等场景对话构成。

《古文字学》

萧圣中主编，ISBN：978-7-04-058844-6，高等教育出版社出版

该书是一部高等学校古文字学相关专业的教材，主体内容涵盖甲骨文、金文、战国文字与战国古文、秦及汉初文字四个单元，每个单元既分别讲解相关文字概况，又选读典型文字材料。

《古文字与出土文献青年学者西湖论坛（2021）论文集》

曹锦炎主编，ISBN：978-7-5732-0535-3，上海古籍出版社出版

该书收录2021年5月在中国美术学院举办的“古文字与出土文献——青年学者西湖论坛”上所讨论之论文，内容涉及古文字考释、出土与传世文献互证、字形演变、用字演变等多个研究领域。

《古玺文异释研究》

李文亮著，ISBN：978-7-5228-1805-4，社会科学文献出版社出版

该书以古玺文异释为视角，首先厘清古玺、古玺文、玺的基本概念；其次选取异释较多

的五组古玺文予以讨论，因印制宜，尝试提出新的释解思路；最后，在此基础上，对形同义通者作为构件互作、简省（繁化）对比同理推释、相讹反证等考释方法予以总结归纳。

《关联性：交际与认知》（第二版）

［法］Dan Sperber、［英］Deirdre Wilson 著，ISBN：978-7-5213-4322-9，外语教学与研究出版社出版

该书是一本概括性很强、有关交际与认知的著作，也是语用学领域经典著作之一，它不仅涵盖了现代语用学的很多研究课题，而且涉及现代交际理论，颇具独创性。

《关中山东方言岛语言接触与演变研究》

陈荣泽、脱慧洁著，ISBN：978-7-100-22039-2，商务印书馆出版

该书以“语言接触”为理论视角展开研究，在描写了关中山东方言岛及源方言的语音、词汇和语法的基础上比较研究山东方言岛与源方言、关中方言，呈现出关中山东方言岛在关中方言的影响下发生的各种语言演变。

《广西汉语方言同源词研究》

唐七元著，ISBN：978-7-5192-5069-0，世界图书出版广东有限公司 2022 年出版

该书从方言同源词的角度研究广西汉语方言词汇的一致性和趋同性，并通过方言同源词的共现率来探讨广西汉语方言之间的源流关系和接触关系。

《广西南宁（心圩）平话研究》

覃远雄著，ISBN：978-7-5227-2213-9，中国社会科学出版社出版

该书主要内容包括：南宁（心圩）平话语音系统、与北京音和中古音的比较、语音演变的特点；分类词汇；代词、副词、介词、结构助词、体貌助词等常见词类，以及遭受句、比较句、疑问句、否定句等常见句式的描写分析。

从中可以看出南宁平话形成发展过程中古汉语特点的留存，以及与当地壮语等少数民族语言，官话、粤语等汉语方言接触的创新演变。

《广西平南粤方言研究》

刘春梅著，ISBN：978-7-5227-2042-5，中国社会科学出版社出版

该书采用共时与历时相结合的视角，将平南话音系分别与广州话音系、中古音系进行比较，以探究平南话音系的特点，并对平南话连读变调的特点、精组字声母和韵母的特点、送气分调、小称特点、状态形容词等专题进行了研究。

附录为平南话的同音字汇和分类词表。

《广义修辞学视域中的〈人民文学〉话语研究》

董瑞兰著，ISBN：978-7-5227-1623-7，中国社会科学出版社出版

该书运用广义修辞学理论范式和逻辑框架，分析 1949—1999 年《人民文学》的“话语

世界→文本世界→人的精神世界”。

该书将关键词句微观分析与契合主流意识形态的宏观把握相结合，展示文学期刊研究与修辞研究跨界场域，探索当代文学期刊研究新思路。

《郭沫若金文著作的文献学研究——以〈两周金文辞大系〉为中心》

李红薇著，ISBN：978-7-5227-1794-4，中国社会科学出版社出版

该书以《两周金文辞大系》为中心，参照书信、日记等相关史料及郭沫若其他文字，以文献学理念观照郭沫若古文字著作，梳理其观点演变脉络，着重探求变动的背景及原因，尽可能还原学术研究的历程。

《国别文字编：燕文字编》

张振谦编著，ISBN：978-7-5010-7987-2，文物出版社出版

字编收录两周时期（西周、春秋、战国）燕系地域文字，包括铜器、兵器、货币、印、陶器、石器、骨器等各类出土文字。

《国际文凭课程（IB）中文教学研究新探》

梁源、王婵娟、施仲谋编著，ISBN：978-9-6204-5116-4，三联书店（香港）有限公司出版

中国香港教育大学中国语言学系成功举办了四届“IB 理念和国际中文教学高级研讨坊”，邀请 IB 专家和主讲嘉宾分享新近的研究成果及教研心得，进而结集成书。

该书围绕 IB 课程的理论和教学实践，为中文课程发展、教学目标设定、教学内容的编排以及教学策略、教学方法、考核评估、师资培训等方面提供了丰富的案例与经验，可作为 IB 中文教育者、语文教育研究者以及有志从事这一事业读者的参考书。

《国际中文教育发展报告 2022》

戴曼纯主编，王祖嫘副主编，ISBN：978-7-5213-4711-1，外语教学与研究出版社出版

该书是由教育部中外语言合作交流中心组编的系列皮书之一，旨在全面反映国际中文教育领域的发展成就和数据资讯，为相关政策制定和学术研究提供有益参考。

全书秉承“中国眼光，全球视野；速览历史，专注当下；忠于事实，证于数据”的原则，重点呈现 2020—2021 年国际中文教育的新发展，是一部系统概述和分析国际中文教育领域发展状况、基本特征和最新成果的报告。

全书由主报告、专题篇、热点篇、国别篇、特稿篇和参考篇六大部分构成，主报告和专题篇聚焦国际中文教育的核心要素，热点篇、国别篇、特稿篇和参考篇关注国内外中文教育的热议话题和重大议题，既有国内发展聚焦，又有国际经验扫描，主题探讨和典型话题纵深观察相结合。

《国际中文教育发展报告（2019—2020）》

刘利主编，ISBN：978-7-5619-6249-7，北京语言大学出版社出版

该报告在对国际中文教育进行简要回顾与前瞻的基础上，围绕国际中文教育的基本组成

部分，如研究状况、师资建设、教材建设、中文水平测试、孔子学院等方面的发展情况进行年度总结，对典型区域的国际中文教育发展情况进行介绍，并把汉语二语教学与习得研究作为特别关注进行专题性论述。

该报告是多语种版本同步发布，除中文版，还包括英文版、法文版、西班牙文版、阿拉伯文版及俄文版。

《国家图书馆藏金文全集》

曹锦炎主编，ISBN：978-7-5751-0017-5，浙江人民美术出版社出版

该书共分 8 册，正文分为食器、酒器、水器、乐器、兵器、用器及存疑器七大类，共 2500 余件拓片。

每类下以字数为序，辅以年代先后，附铭文、拓片编号、尺寸、钤印以及器物年代等信息。

此次整理的金文拓片，有超过百件之数是过去未见著录的新拓本或者是仅见摹本、未见原拓的孤本拓本，全集首次予以披露。

《俄罗斯国家语言能力研究》

李迎迎、潘晓彤著，ISBN：978-7-5213-4128-7，外语教学与研究出版社出版

该书梳理了俄罗斯国家语言能力的历史，从国家语言治理能力、国家语言核心能力、国家语言战略能力三个维度重点分析并阐述了俄罗斯国家语言能力建设的相关政策、具体措施及成效，最后在此研究基础上归纳、提炼俄罗斯国家语言能力建设的特点，探讨其中的经验及教训，以期对我国的国家语言能力建设提供借鉴和参考。

《海南澄迈方言研究》

张惠英、冯冬梅、吴正伟著，ISBN：978-7-5227-1201-7，中国社会科学出版社出版

海南澄迈方言是位于海南岛北部地区的海南闽语，与相邻的海口方言比较接近，与南部地区的黄流话、三亚话，西部地区的板桥话等差别较大。

该书对澄迈方言的语音、词汇、语法作了比较全面的描写，书后附有 10 篇长篇语料，并附有详细的注释和普通话翻译。

这是第一本全面描写海南闽语的方言著作。

《海上风情——上海话朗读》

丁迪蒙主编，ISBN：978-7-5720-1639-4，上海教育出版社出版

该书选取的绝大多数是上海作家的一些描写或反映上海市民生活的散文，内容涵盖上海弄堂生活、海派美食、邻里之间交往、亲情友爱、外出旅游等诸多方面；小部分为其他地方作家的散文，从另一侧面看上海文化、看上海人生活的点点滴滴、看上海的各种风土人情。

该书力求文字记载和口语表达一致，让读者能了解正宗的上海话发音，同时让他们可以学习相应方言字词的写法。

《韩礼德功能语法导论（第四版）》

［英］韩礼德著，何中清、淡晓红、梁雅梦、赵晶译，ISBN：978-7-100-23084-1，商务印书馆出版

该书是韩礼德教授的代表作，是一部可供语篇分析参照的语法理论著作。

它建构了一种语法体系，阐述了现代英语的口笔语语篇。

该书所依据的理论是韩礼德创立的系统语法，它之所以称为功能语法，是因为它是为探讨如何使用语言而设计的，探讨个体怎样依据所表达的意义从可资利用的句法结构和词汇中做出选择及为什么做出这些选择。

《汉代简帛文献文字研究》

孟美菊、王建民著，ISBN：978-7-5670-3466-2，中国海洋大学出版社出版

该书对《马王堆汉墓帛书》（四）的俗字和《武威汉简·仪礼》的异文进行研究。

《汉人所谓古文之研究》（修订版）

张富海著，ISBN：978-7-5475-2083-3，中西书局出版

该书初版于2007年，此次修订增补了新见古文字字形和新用法，增补了个别初版遗漏字形，增引了比较有价值的新观点，纠正了初版在文字或观点上的一些错误，重新编制了参考论著。

该书材料丰富，考辨详确，对于了解汉人所谓古文的性质、相关古文的字形及用法、古文经的流传方式、三体石经古文的来源、《汗简》和《古文四声韵》的价值等问题均有所助益。

《汉语成语源流大辞典》（修订版）

刘洁修著，ISBN：978-7-100-21438-4，商务印书馆出版

该书是一部大型汉语成语辞书，以考源求实为重点，“源”“流”并重，对汉语成语的词义、词形、用法在历代文献中的演变进行了严谨而细致的梳理。

各词条先引语源书证并释义，对后列出历代文献中的不同词形分做次主条及副条并引书证，对古义、今义，本义、比喻义等做分别义项处理。

本次修订订正了上版中的部分错漏，增补了部分注音，并补入了新增补的部分释义、书证及百余条词目。

《汉语重动句的来源与历时演变研究》

赵林晓著，ISBN：978-7-5326-6072-8，上海辞书出版社出版

该书在对近代汉语重动句的来源与历时演变进行了全面、细致描写的同时，也对该句式（构式）的构成特征、功能特征、形成机制以及在语法系统中的地位进行了比较深入的理论思考。

这些理论思考不仅可以厘清以往汉语语法史研究中一些众说纷纭的问题，而且可以修正现代汉语重动句研究中的一些结论。

《汉语词汇的流变》

张联荣著，ISBN：978-7-5407-8922-0，漓江出版社出版

该书即从词和词义、词义变化、词义关系、名称的新陈代谢、汉语词汇的变迁与社会发展5个方面，用深入浅出的语言简要概述汉语词汇从古至今的流变过程。

《汉语词汇核心义》

王云路主编，ISBN：978-7-100-22152-8，商务印书馆出版

该书梳理了汉语词汇核心义理论的历史脉络和研究现状，收录了最具前沿性、权威性、引领性的语言学研究成果。

一方面回顾核心义理论的发展历史；另一方面展现当前的研究动态和趋势。

通过对大量字词的实例分析，由浅入深地介绍核心义的分析方法，帮助读者更系统地把握研究现状。

《汉语词汇与文化》

薛维谦、王珍著，ISBN：978-7-5068-9150-9，中国书籍出版社出版

该书探讨词汇与文化的关系，在介绍汉语、汉字、汉文化的相关概念与关系的基础上，研究汉语词汇的语义、汉语词汇产生的文化基础，进而对文化类汉语词汇进行分类整理，此外还分析了汉语词汇与中外文化交流。

《汉语辞典史（公元前1046—公元1911）》

雍和明、罗振跃、张相明著，ISBN：978-7-5213-3977-2，外语教学与研究出版社出版

该书以史为序，以论为主，史论结合，紧紧抓住中国社会文化演进与汉语辞典发展这两条相互交织的主线，描绘汉语辞典从秦汉至明清时期演进的恢宏历史，侧重辞典演进的历史连续性和承继性、理论的系统性和史论的整体性。

《汉语地名学论纲》

李如龙著，ISBN：978-7-5668-3457-7，暨南大学出版社出版

该书是在《汉语地名学论稿》和《地名与语言学论集》的基础上，增加了新的内容修订而成的，对我国地名学的研究发展以及全国地名标准化都具有一定的指导意义。

全书内容包括汉语地名的语词结构，汉语地名的词汇系统，汉语地名的语义、读音和字形，汉语地名的命名法，汉语地名的类型，地名的语源考释，地名的演变和发展，汉语地名反映的文化特征等。

《汉语短语句式词典》

杨金华等编著，ISBN：978-7-100-22751-3，商务印书馆出版

该词典是一部外向型汉语学习词典，是为帮助以汉语为外语或第二语言的学习者学习和使用现代汉语常用短语及表达格式而编纂的。

《汉语儿童与韩语儿童韵律焦点标记习得研究》

杨安琪著，ISBN：978-7-5618-7464-6，天津大学出版社出版

该书是一本关注儿童语言发展的英文学术专著。

作者在语言类型学框架下对比中国、韩国两国儿童语言韵律的发展路径，从跨语言的视角讨论了不同语言韵律系统的差异给儿童语言习得带来的不同挑战，塑造了不同的具体发展路径。

《汉语二语者书面语体习得研究》

汲传波著，ISBN：978-7-301-34530-6，北京大学出版社出版

作者通过对外国留学生和汉语母语者书面语中语体特征标记的频率均值进行卡方检验，发现外国留学生书面语存在口语化有余、典雅度不足等问题。

该书基于教材中的语体不对应现象和口语格式的收录等的研讨提出建议：教材编写和课堂教学都应该重视语体问题。

《汉语方言被动范畴比较研究》

贾迪扉著，ISBN：978-7-5227-1543-8，中国社会科学出版社出版

该书从跨方言比较的角度来研究汉语的被动范畴。

从微观角度描写各方言和普通话在被动标记、语义特征、句法构造上的异同和关联。

从宏观角度，通过定量和定性的分析，抽象出方言和普通话在被动表达上一些共性的规律和差异表征。

同时从历史语言学和认知语言学的角度来探讨汉语方言中被动标记的形成过程以及语义来源，展现现代汉语普通话和汉语方言相互影响又相互依存的关系。

《汉语方言持续体比较研究》

罗自群著，ISBN：978-7-5227-1182-9，中国社会科学出版社出版

该书是汉语方言持续体标记的比较研究。

基于整体汉语的角度，全书穷尽性地收集现代汉语方言中持续体标记的各种语音形式，从共时、历时两个方面分析“着”“之/子/仔”“倒/到”“哒”“得”“的”“紧/等/稳/餐/恁”“起”“住/居”等几类持续体标记的特点，通过它们之间的对应关系，探求它们和中古“著”的同源关系及“著”类持续标记的演变轨迹。

《汉语方言可能式研究》

王自万著，ISBN：978-7-5690-5800-0，四川大学出版社出版

该书选择“可能”语义范畴，以公开发表的方言研究文献为主，以有针对性的方言田野调查为辅，在细致描写语言事实的基础上，观察汉语方言中可能式形式和语义间的关系，深入探索内在语言规律，逻辑严谨、语料丰富。

《汉语方言位移表达研究》

盛益民、柳俊主编，ISBN：978-7-5475-2113-7，中西书局出版

该书为“汉语方言范畴研究”丛书的第五本，讨论的专题为汉语方言的位移表达。

2018 年 12 月 21—23 日由王健教授牵头、常熟理工学院中国语言文学省重点建设学科举办了“中国境内语言与方言‘运动事件’表达类型学术研讨会”。

收入该书的多数论文是研讨会的参会论文，一共 22 篇，涵盖了官话、晋语、吴语、徽语、湘语、赣语、客家话、粤语、闽语等各大方言区，另有一篇涉及趋向成分的历史演变。

《汉语方言疑问范畴比较研究》

李曌著，ISBN：978-7-5227-0774-7，中国社会科学出版社出版

该书是汉语疑问范畴的跨方言比较研究，充分利用丰富的汉语方言语法资料，运用“两个三角”语法理论，对汉语方言的是非问句、选择问句、正反问句、特指问句进行多角度专题考察，全面展现汉语方言疑问句的特征，客观梳理疑问句的地理分布及方言使用情况，系统分析不同方言之间、方言与普通话之间的共性与差异，深化对汉语方言整体面貌的认识。

《汉语会话中的多模态、互动及话轮转换》

［加拿大］李晓婷著，姚双云、张利蕊、韩飞译，ISBN：978-7-5227-2066-1，中国社会科学出版社出版

全书从句法、韵律以及具身动作三个维度系统阐述汉语口语话轮转换系统的整体运作机理。

《汉语教材词汇研究》

周小兵等著，ISBN：978-7-100-21822-1，商务印书馆出版

该书系统考察了 30 多个国家和地区 16 种媒介语的上千册汉语教材，对汉语教材的词汇选取、难度、重现率、译释、多义词和难词处理、国别化、适龄化等进行了系统研究，基于语料库，就词语解释、呈现、讲解、练习、话题与文化点等进行了深入探讨，多角度研究教材词汇设计情况。

《汉语介词语义的演变模式》

马贝加、董静著，ISBN：978-7-100-22185-6，商务印书馆出版

该书的主要创获是提出“首发”和“后随”两种不同类型的演变模式，认为首发模式中的主要特征对后随模式起着制导作用，影响力贯串同类演变的始终。

从历时角度看，“首发者”和“后随者”之间不是“拷贝”关系，每个成员都走过具有自身特征的语法化历程。

在对演变的语义因素的探究方面，该书分析了语义关系变化、时间关系变化和句子推理意义变化等因素。

该书对产生介词的结构、介词的演变路径以及介词继续语法化的方向和类型作了全面而详细的分类和描述。

《汉语近义词学习手册》（高级）

洪炜、赵新、李红、郝伟编著，ISBN：978-7-100-21872-6，商务印书馆出版

该书是外国人学习汉语近义词的实用手册。以新 HSK 等级大纲 6 级词汇中的近义词为基础，适当扩展常用近义词。

全书分两部分：第一部分为常用近义词辨析与用法举例，旨在帮助学习者由感性到理性地系统学习近义词意义和用法。第二部分为练习，与第一部分配套使用，旨在帮助学习者通过具体的练习巩固近义词的意义与用法。

《汉语近义词学习手册》（中级）

赵新、张念、林柱、陈楠著，ISBN：978-7-100-21871-9，商务印书馆出版

该书围绕 HSK 大纲进行选词组对，一书两册，工具书（教材）+ 练习册，教、学、练融于一体，是外国人学习汉语近义词的实用手册。

以新 HSK 等级大纲 4—5 级词汇中的近义词为基础，适当扩展常用近义词。

全书分两部分：第一部分为常用近义词辨析与用法举例，旨在帮助学习者由感性到理性地系统学习近义词意义和用法。第二部分为练习，与第一部分配套使用，旨在帮助学习者通过具体的练习巩固近义词的意义与用法。

《汉语口语互动语法——基于时间管理的观察》

李先银、张文贤等著，ISBN：978-7-5227-2404-1，中国社会科学出版社出版

该书从口语交际中的时间分配、时间竞争、时间利用、时间协同的视角出发，对自然口语交际中的话语叠连、话语修复、话语填充、话语延伸、话语交叠、话语反馈、话语共建、话语回声和话语打断等现象进行考察，揭示实现时间管理的语言手段及韵律包装和多模态辅助。

《汉语口语语法研究新探》

［美］陶红印著，姚双云、王杰、邓百雄等译，ISBN：978-7-5227-2162-0，中国社会科学出版社出版

该书运用会话分析、互动语言学、浮现语法等当代前沿语言理论深入探讨了汉语口语语法领域的诸多重要议题。

《汉语历史词汇语法论集》

俞理明著，ISBN：978-7-03-075813-2，科学出版社出版

该书立足丰富的基础材料和严密的分析，总结汉语词汇和语法历史发展的规则，归纳分析汉语词汇的基本特点。

尝试用科学的分析手段揭示汉语历史词汇变化的诸多细节，描写变化的过程以及促成变化的各种因素，可帮助读者很好地理解汉语历史词汇语法和一些称谓的由来。

《汉语历史句法概要》

张美兰著，ISBN：978-7-302-62463-9，清华大学出版社出版

该书按照上古、中古、近代三个阶段，对汉语史不同时期中常用的10种句式结构进行了系统的介绍和考察，力图通过对汉语各种句法结构的历时探讨，勾勒出汉语历史句法的面貌。

《汉语量词及其语法化专题研究》

李建平著，ISBN：978-7-5227-2183-5，中国社会科学出版社出版

该书分六部分：（1）汉语量词语法化研究，基于类型学视野考察汉语量词语法化的动因与机制问题；（2）出土文献量词研究，主要侧重于简帛文献及汉魏六朝石刻、敦煌吐鲁番文献的量词研究；（3）量词个案研究，对重要量词追源溯流；（4）量词兴替研究，从历时角度分析量词兴替的时代和动因；（5）对权威辞书量词释义及相关问题进行校补；（6）对量词研究史进行总结并展望其未来。

《汉语平比句和比拟句历史发展与演变机制研究》

高育花著，ISBN：978-7-5475-2073-4，中西书局出版

该书对先秦至清各时期代表性汉语语料中的平比句和比拟句进行了穷尽性考察，对其句法结构和语义功能做尽可能详尽、深入的描写、归纳、统计和分析，并据此概括出其主要类型和演变脉络。

在此基础上，运用历史句法学、语言类型学、认知语言学等相关理论和方法，对汉语平比句和比拟句（比拟式）的比较标记、比拟助词的演变、结构式的语序演变动因和机制作出合理的解释，进一步揭示其发展演变的规律。

基于汉语史的发展事实，从结构形式、句义和比较参项的语义范畴等方面提出了明确的区分汉语平比句和比拟句的标准。

《汉语身体词词义范畴化的认知研究》

孙影著，ISBN：978-7-03-076309-9，科学出版社出版

该书基于语言哲学、认知语言学、词汇语义学、文化学的理论框架，遵循“词义—认知—思维—文化哲学”的研究思路，勾勒出“词义范畴纵聚合引申”和“词义范畴横组合衍生”两个层面考察整个身体词词义范畴化过程，提出汉语言是一种“象语言”，词义取象是词义范畴化的脉络，隐喻取象是词义范畴化的机制，文化取象则预先规定了词义范畴化的方向和结果，解析身体和身体经验如何影响人们对世界的观察、体验、表达，从而实现了从现实之身到概念之身的转换和引申。

《汉语史讲义》

汪维辉编著，ISBN：978-7-04-060222-7，高等教育出版社出版

该书分为绪论、词汇史、语法史、语音史四章，每章选取4—5个专题，通过对个案的深入剖析，展示了汉语发展史的主线。

通过对该书的学习，学生能够对“汉语史”学科有一个基本的了解，树立正确的语言史观，

初步掌握汉语语音、词汇、语法发展演变的一些基本知识和规律，培养研习汉语史的兴趣。

《汉语新词语词典（2000—2020）》

侯敏编著，ISBN：978-7-100-21777-4，商务印书馆出版

该词典是一部多年本新词语词典。

正文收录了2000年至2020年产生的汉字开头的新词语4200余条，尤其关注人工智能、信息处理、生物医药等新兴科技领域的词语。

附录一收录了同期产生的符号词、数字词、字母词300余条，附录二收录了20世纪产生仍在高频使用、通用规范型词典未收录的新词语600余条。

这些词语集中反映了最近20年来中国在生活、教育、政治、经济、科技等多个领域的飞速发展，反映了人民生活及社会面貌的巨大变化。

《汉语新虚词》（第二版）

李宗江、王慧兰著，ISBN：978-7-5720-1975-3，上海教育出版社出版

该书总结了近些年来相关研究的最新成果，在保留第一版基本框架和主要内容的基础上，为更加体现“新”的特点，进行了较大幅度的修改和补充。

除了对每一类的概述部分进行少量改动和增补，增加了部分参考文献外，主要修订了“词典”部分，具体包括：增加新词条（含变体），删减已在其他辞书不同程度收录的词条和变体，合并词语和词语变体。

《汉语修辞格趣谈》

祝敏青、陈碧莲著，ISBN：978-7-100-21221-2，商务印书馆出版

该书倾力于实现积极修辞知识的传播与普及，属于母语教辅类用书。

该书精选中国文学作品中修辞格的典型例证，搭建修辞格基础知识的描写框架，讨论了修辞格的若干问题。

上编“形象生动篇”“辞情谐趣篇”“背离深刻篇”描写修辞格的基本类型；下编从“修辞格连用”“兼用”“套用的复杂情况”三个维度较为系统地分析修辞格的语言格式、语言规则和特定功能。

《汉语音韵学讲义》

孙玉文著，ISBN：978-7-301-34775-1，北京大学出版社出版

该书是作者主讲本科生“音韵学”课程的讲义。

全书首先对古代音韵学术语作了简明实用的讲解，围绕《切韵》系韵书、韵图，讲解中古音系和等韵学，在此基础上接着讨论上古音系的研究，最后讲述以《中原音韵》为代表的近代音系。

《汉语音韵研究教程》（增订本）

刘晓南著，ISBN：978-7-5720-2083-4，上海教育出版社出版

该教程是适用于中文系汉语言文字学科的研究生教材，共分三编：音韵与音韵学、切韵音系和汉语语音史研究简介。

该书具备三个特点：一是学科理论的系统性，二是内在结构逻辑的严密性，三是学科研究的前沿性。

《汉语语态和汉语句法》

吴怀成著，ISBN：978-7-5426-8096-9，上海三联书店出版

该书是作者近年来对汉语语态和汉语及物性问题的一些思考和探索，主要包括被动语态的功能性定义、对汉语所谓中动句的反思、汉语受事主语句的重新分类、及物性和作格性、及物动词的低及物性用法和非及物性用法、不及物动词构式的扩张和变异、“把”字句的役事标记功能、汉语语言单位层级的重新划分以及汉语句子的骈散二重性等。

《汉语韵律语法学纲要》

冯胜利、施春宏主编，ISBN：978-7-100-22186-3，商务印书馆出版

该书系统介绍韵律语法学的基础知识（如理论原则、基本概念、重大论题、重要认识、基本操作规范等），同时充分吸收前沿性研究成果，借此提炼出韵律语法研究所蕴含的学术思想、观念和方法，并力求将国际语言学的眼光和汉语语言学的研究实践充分结合在一起。

《汉语中介语语料库建设标准研究》

张宝林等著，ISBN：978-7-5619-6434-7，北京语言大学出版社出版

该书针对汉语中介语语料库建设中存在的随意性问题，借鉴国内外多种类型语料库的建设经验，并结合语料库建设的实践与理论思考，研究、制定了汉语中介语语料库建设标准。

《汉语主观性成分互动模式研究》

黄蓓著，ISBN：978-7-308-24201-1，浙江大学出版社出版

该书以汉语主观性成分为研究对象，从基于认知观的狭义主观性理论出发，采用语料库方法，研究汉语主观性系统中涉及的成分互动问题，探索主观性成分的互动模式、互动过程中的认知机制及其互动效果，揭示主观性对汉语语法系统的塑造作用。

该书尝试从互动论视角构建汉语主观性的互动理论模型，并结合多种类型的汉语个案进行分析，将理论建构与实践探讨相结合、定性研究与定量研究相结合。

《汉语主观与客观高量级程度副词演变发展的对比研究》

欧苏婧著，ISBN：978-7-5668-3526-0，暨南大学出版社出版

该书从历时角度出发，对上古时期、中古时期、近代以及现当代具有显著性的主观高量级程度副词与客观高量级程度副词进行对比研究，通过详尽的个案分析，深度挖掘高量级程度副词总体的发展特征和演变规律，从认知角度分析高量级程度副词产生、发展及使用过程

中呈现的不同特征，在综合对比的基础上深化程度副词乃至副词实词虚化演变过程的研究。

《汉语自闭症儿童语用发展能力的评估与干预研究》

程璐璐著，ISBN：978-7-5446-7391-4，上海外语教育出版社出版

该研究从取效行为中目的和效果之间的关系入手，从知识、语言和行为层面设计全国首个汉语自闭症儿童语用障碍评估量表。

同时，采用 ERPs 和 fMRI 技术直击汉语自闭症儿童大脑相关脑区，挖掘患儿的语用能力发展特点及其认知加工机制。

该研究提出自闭症儿童语用表达的取效行为干预策略并检验其干预效果，为发现患儿语用障碍的病因本质、揭示脑区功能与语言运用的内在联系开辟了新途径。

《汉语字词关系与汉字职用学》

李运富主编，ISBN：978-7-100-21732-3，商务印书馆出版

该书收录了关于汉字职用研究的前沿成果，分理论研究和现象研究两部分，共收文 26 篇。

全书从理论和现象两个方面阐发汉字的职能和实际使用情况，包括个体字符的职能变化、个体语符的用字变化、类别材料的用字现象、不同类别用字现象的比较、不同时代的用字习惯与特点、汉字的超语符职用、字词关系和字际关系的描写、汉字职用变化的原因等。

《汉语最长名词短语识别研究》

钱小飞著，ISBN：978-7-5671-4654-9，上海大学出版社出版

该书从理论定义、分布描写、识别方法等角度对长名词短语识别工作进行系统的探讨。

首先，通过层次构造、长度约束、名词性认定和外延范围的认定，界定了一种新的多层级长名词短语。

其次，从句法功能、句法结构和线性特征等角度细致地描写长名词短语的分布规律，分析了其复杂性构造和识别难点问题。

最后，基于分布规律制定合适的识别策略和方法，选取有效的识别特征，并分类进行识别实验。

《汉藏语是非问句的类型学研究》

罗天华著，ISBN：978-7-100-22780-3，商务印书馆出版

该书在语言类型学的框架中讨论境内 85 种汉藏语系语言 / 方言的是非问句，研究内容包括疑问形式的共性与多样性、形式与意义的互动关系、形式变异的区域与类型限制等三个方面。

总体框架是：描写结构特征，解决“有什么”的问题；概括结构特征的区域 / 谱系分布，解决“在哪里”的问题；探讨特征的变异范围及其限制，解决“为什么”的问题。

《汉字阐释十二讲》

李守奎著，ISBN：978-7-5732-0776-0，上海古籍出版社出版

该书通过 12 个专题，从繁简字讲起，继而从最早对汉字发展史进行全面阐述的《说文

解字》入手，以具体文字如“也”“福”“卿”等常用字的阐释为例证，详细描述其形体演变的来龙去脉和规律，而后从历史发展、文化传承、社会需求上阐释汉字，使读者对汉字整体形成宏观认识。

《汉字书法五千年》

罗树宝著，ISBN：978-7-5538-1702-6，岳麓书社出版

该书从汉字的起源说起，以时代为经，纵览汉字书法五千年脉络；以字体为纬，感受汉字书法艺术之魅力。时代跨越先秦至近现代，汇集近200位书法名家，勾勒汉字书法五千年精华文脉。选取近500张历代书法名作高清图片，全彩印刷，描摹汉字书法五千年优美画卷。

风琴装精美折页，无死角呈现王羲之《兰亭序》、颜真卿《祭侄文稿》、苏东坡《寒食帖》等书法传世经典。

《汉字形体史》

陆锡兴著，ISBN：978-7-5720-1319-5，上海教育出版社出版

该书具体介绍了从商代甲骨文、金文、简帛、石刻字形到近代印刷体的连续演化过程，以期在解读篆、隶、草、真各体过程中体察汉字文化，寻求中华文化源流，引导读者感受汉字形体在中国艺术园地绽放的独有光华。

《汉字源流大字典》

谷衍奎编著，ISBN：978-7-100-21633-3，商务印书馆出版

这是一部专门探究汉字源流、普及汉字文化知识的大型辞书。

全书收字12000多个，列出汉字发展中的多种字形（甲金篆隶古等），对每个字都从字音、字形、构造、图示、本义、演变、组字等几个方面进行全面解说，义项贯穿古今，不仅钩稽本义、引申义，还列出主要的假借义，还有一些重要词语的解释及易混字词的辨析，因此更符合教学的需要。

《汉字再发现：从旧识到新知》

葛亮著，ISBN：978-7-5479-2884-4，上海书画出版社2022年出版

该书是一本写给文史爱好者、书法研习者、语文教师和学生朋友们的古汉字通识读本，用900多幅出土古文字例字，介绍200多个常用汉字的源流，旨在揭示关于汉字的“常识”中可能存在的问题，探讨分析汉字源流的正确方法，介绍甲骨、金文、简帛等出土文献及相关研究取得的新知。

《汉族汉语独立时期考》

孙玉文著，ISBN：978-7-100-22851-0，商务印书馆出版

该书使用了与历史语言学中的“共享创新”类似的考察方法，通过考察汉族文化“独有文化创新”的形成年代，进而推论汉族、汉语的独立时期。

《河北唐山秦皇岛方言语音研究》

沈丹萍著，ISBN：978-7-5326-6030-8，上海辞书出版社出版

该书运用传统方言学和方言地理学的方法，对唐山、秦皇岛地区方言点的语音面貌进行细致描写，并对该地区方言的共时特征和历时演变进行归纳、总结，重点描写和分析该地区方言中的两字组连读变调、轻声以及儿化等音变现象。

《河南藏甲骨集成·周口关帝庙博物馆卷》

张新俊编著，ISBN：978-7-5401-6319-8，河南美术出版社出版

该书是《河南藏甲骨集成》的第二卷，是将周口关帝庙博物馆所收藏的67版甲骨按照统一编目、核量尺寸、数码拍照、优拓补拓、摹本绘制、释文考释等文献整理程序，系统整理、出版的甲骨文献整理专著。

《荷兰国家语言能力研究》

张佳琛著，ISBN：978-7-5213-4165-2，外语教学与研究出版社出版

该书梳理了荷兰国家语言能力的历史，从国家语言治理能力、国家语言核心能力、国家语言战略能力三个维度重点分析并阐述了荷兰国家语言能力建设的相关政策、具体措施及成效。

在此研究基础上归纳、提炼荷兰国家语言能力建设的特点，探讨其中的经验及教训，以期对我国的国家语言能力建设提供借鉴和参考。

《龢钟鸣凰：春秋曾国编钟》

湖北省文物考古研究院、北京大学考古文博学院、随州市博物馆编著，ISBN：978-7-5010-8058-8，文物出版社出版

该书立足于随州义地岗墓群枣树林墓地新出土春秋时期曾国编钟材料，另收录文峰塔墓地编钟及传世编钟资料，从出土埋藏、编钟组合、器物形制、铸造铭文等方面对编钟进行介绍，不仅丰富了对曾国历史的认识，更填补了曾国编钟谱系中的缺环。

《衡水武邑县方言研究》

张晓静著，ISBN：978-7-101-15943-1，中华书局出版

该书是《河北方言研究丛书》系列的第四种，是对河北衡水武邑县方言的单点研究。

全书运用结构主义描写语言学的方法，对武邑县方言进行共时描写；同时从历史语言学的视角，对武邑县方言音系与中古音系进行比较，归纳了方言声韵调演变的特点，还提供了翔实的分类词表和语料记音。

《红叶集》

丁建新主编，ISBN：978-7-306-07773-8，中山大学出版社出版

《红叶集》是一本外国语言文学学术与学科论文集，收集了5个领域的50篇论文，每个领域10篇。

它们是：（1）韩礼德研究；（2）批评语言学；（3）语言哲学与语料库；（4）文学与

文化；（5）语言教学。

《互动视角下的汉语口语语法研究》

姚双云、李晓婷著，ISBN：978-7-5227-1276-5，中国社会科学出版社出版

该书在互动语言学理论背景下对汉语口语语法问题做了全面系统研究。

全书分上下两篇，上篇为“理论与方法”，从宏观层面系统介绍与梳理了“互动与互动研究”“互动与语法”“多模态与语法”等理论方法的发展流变。

下篇为“描写与分析”，从微观层面探讨不同层级的语法资源在言谈互动中的序列位置、互动功能及多模态表现。

《互文性研究》

武建国著，ISBN：978-7-301-33657-1，北京大学出版社出版

该书采用跨学科研究方法探讨互文性，重点阐释互文性和相关学科的结合研究。

《话语分析：社会科学研究的文本分析方法》

［英］诺曼·费尔克劳著，赵芃译，ISBN：978-7-100-23104-6，商务印书馆出版

该书为语言学研究提供了清晰的社会学研究思路，而且从语体、话语和风格三个方面系统阐释了基于文本的话语分析路径。

全书对文本、互文性、语体及语体结构、话语及话语再现、社会实践、风格、情态和评价等话语分析的基本概念都有所阐释，并以丰富的分析案例揭示语言与社会之间相互构建的辩证关系。

《换言之：翻译教程》（第三版）

［英］Mona Baker 著，ISBN：978-7-5213-3406-7，外语教学与研究出版社出版

该书从语料库语言学、叙事学、伦理学、符号学等诸多学科视角对翻译展开跨学科审视，用大量实例引述评介不同论点，切实帮助读者巩固理论基础，提升实践能力，拓宽研究视野。

《黄侃手批说文解字》

（汉）许慎撰，黄侃批校，ISBN：978-7-5732-0775-3，上海古籍出版社出版

该书写满了黄侃的批语和40余种校读符号，其字细密如织，凡声母多音、形音并异而实为一字、群经中古文不见于《说文》者，均一一注明。

该书不但为研究《说文解字》之重要参考书籍，也为探求黄氏之学术思想、学术成就及治学方法之典型材料，故向为学者所珍视。

《绘园旧藏甲骨文字》

赵爱学编著，ISBN：978-7-5077-6717-9，学苑出版社出版

该书为国家图书馆藏何遂先生旧藏甲骨拓本，在原拓本影印基础上，对所收甲骨进行释文、分类，著录每片甲骨材质、类组、旧著录号等信息，反映甲骨学最新考释、缀合等成果，

并对此拓本所收拓片与其他著录书所收拓片进行比较和说明，以便研究利用。

同时对国图藏绘园甲骨拓本情况、绘园甲骨存世拓本情况、绘园甲骨著录情况、绘园甲骨实物现藏情况进行全面研究。

另编制《绘园甲骨著录表》、绘园甲骨与《甲骨文合集》所著录、国博所藏等多个对照表，以便参考对照。

《基于梵汉对勘的〈无量寿经〉语法研究》

李博寒著，ISBN：978-7-5475-2075-8，中西书局出版

该书运用梵汉对勘的研究方法，考察了东汉支娄迦谶至唐菩提流志的《无量寿经》四个汉译本对梵语工具格、从格和处所格的翻译方式，并以《维摩诘经》为比较对象，考察《无量寿经》和《维摩诘经》不同时代译本对梵语格变化翻译方式的异同。

在此基础上，着重探讨介词短语“于NP”“从NP”和后置词短语“VP时”“NP所”因对译梵语的格变化而产生的特殊用法，考察佛经汉译对“从”、“时”和“所”功能演变产生的影响。

《基于语料库的秦汉简帛用字研究》

张再兴、刘艳娟、林岚等著，ISBN：978-7-5598-6566-3，广西师范大学出版社出版

该书以秦汉简帛文献语料库为基础，采用穷尽定量统计的方法，对各种用字形式进行多角度的深入细致的比较分析，以发现秦汉简帛用字形式的发展变化规律。

《基于语料库的中美媒体话语语用修辞对比研究》

支永碧、王永祥、支冉著，ISBN：978-7-5194-6969-6，光明日报出版社2022年出版

该书从概念隐喻、及物性、互文性、态度系统、模糊限制语、语义韵6个视角对美国媒体关于中国政治、经济、文化、外交、环境、科技形象的话语建构开展基于语料库的批评性话语分析，并将其与中国媒体话语开展对比研究。

该书旨在回答如下问题：（1）中美媒体采用何种语篇语用策略建构中国的政治、经济、军事、外交和环境形象？其动因何在？（2）中美主流媒体采用何种语篇语用策略建构本国的文化身份、民族认同和国家认同？

《基于语素库的汉语支配式双音词构词规律研究》

陈树著，ISBN：978-7-308-21627-2，浙江大学出版社2022年出版

该书着重从语义视角考察语素结合成复合词的语言现象。

全书择取相对封闭的共时语料《现代汉语词典》（第7版）中的7246个支配式双音词词项作为研究对象，以构词基础元素——语素为着力点，从构词成分、搭配关系、合成整词三个层面探究支配式双音词构词规律。

《吉安方言语法研究》

裴足华著，ISBN：978-7-5227-2052-4，中国社会科学出版社出版

该书对吉安方言语缀、指代、性状、体貌、双宾句、处置句、被动句、否定句和疑问句这 9 种较具特色的语法现象进行专题研究。

每种语法现象都是在对吉安方言进行深入调查的基础上，同普通话以及邻近方言进行比较，借鉴已有的研究成果，以“小句中枢”理论、“句管控”理论、“两个三角”理论以及语义语法、语法化理论、语言类型学等理论为指导，尽可能全面地描写和分析吉安方言语法的相关情况。

对非常具有吉安地域特色的语法现象则会重点分析和研究，力求描写清楚和解释清楚。

《吉金光华：山西青铜艺术》

山西博物院编著，ISBN：978-7-5457-2442-4，三晋出版社出版

该书精选山西博物院馆藏青铜器精品 100 件，每件器物主要内容由文物图片、文物相关文字信息（铭文释读、标准文物出土信息描述、文物历史信息、艺术信息解读）、文物线图、全形拓片四部分构成。

《计算语言学方法研究》

冯志伟著，ISBN：978-7-5446-6924-5，上海外语教育出版社出版

该书在全面介绍国内外计算语言学各种方法的基础上，对这些方法进行高度概括和全面总结，并运用相关理论进行深入阐释，从中探索出具有科学性、有效性、系统性和规律性的计算语言学方法。

《计算语言学概论（第一卷）：语音、词法、句法》

［叙利亚］Mohamed Zakaria Kurdi 著，ISBN：978-7-5213-4317-5，外语教学与研究出版社出版

该书共分为两卷，第一卷涵盖计算语言学的多个基础方面，包括语言资源、语音处理、词法分析、句法分析等，不仅为计算语言学技术的发展提供了历史背景和基础知识，而且对自然语言处理研究大有裨益。

《计算语言学概论（第二卷）：语义、篇章、应用》

［叙利亚］Mohamed Zakaria Kurdi 著，ISBN：978-7-5213-4316-8，外语教学与研究出版社出版

本卷探讨了词汇与知识表示、语义研究、篇章分析、计算语言学的实际应用等话题，涉及自然语言的深层次结构和语义，以及现实应用场景，有助于读者全面深入地理解计算语言学。

《继承传统 博古通今——纪念郭锡良先生九十华诞学术文集》

宋绍年、孙玉文、邵永海、刘子瑜、雷瑭洵编，ISBN：978-7-100-23086-5，商务印书馆出版

该书是古汉语学人为纪念郭锡良先生九十华诞所编的学术文集。

全书正文部分由学术论文和会议纪实两部分构成，收录学术论文 22 篇，发言 23 则，答谢辞 1 篇；附录收录有郭锡良先生已经发表的学术论著目录和媒体访谈、报道等。

《甲骨文的数字化处理及应用研究》

顾绍通、范雪雪、黄文帆、酆格斐著，ISBN：978-7-5227-2020-3，中国社会科学出版社出版

该书围绕甲骨文的数字化处理，介绍了甲骨文字形处理过程中使用的基本原理和方法。

每一章均针对甲骨文数字化处理的某一方面展开叙述，并辅以具体应用实例和实验结果，给读者以直观呈现。

全书内容包括甲骨拓片字形的计算机辅助复原、甲骨文字形的数字化处理、甲骨文字形的曲线轮廓拟合、甲骨文字形的输入编码、甲骨文字形的艺术变形等。

《甲骨文祭祀动词句型研究》

贾燕子著，ISBN：978-7-5228-0720-1，社会科学文献出版社 2022 年出版

该书选取殷墟甲骨文中的 107 个祭祀动词，按照每个祭祀动词所在句法结构的不同进行分类，详尽描述其类别，力求呈现句型的层级性；依照五期分期标准对各句型进行断代，讨论了祭祀动词句结构分布与甲骨文分期的关系；通过大量的数据统计，分析了祭祀动词句的句型结构、句法成分、句型变换手段、施事主语出现与否等使用频率的差异；从“语义价”和“句法向”两个层面探讨了祭祀动词的句法语义关系；指出祭祀动词已有分类方法存在的不足，根据句法结构和宾语语义类型的不同对祭祀动词重新进行了多重分类。

《甲骨文金文导读》

侯乃峰编著，ISBN：978-7-5607-7780-1，山东大学出版社出版

该书为教材性质的讲义，以古文字学的两大分支领域——甲骨文和金文为主要内容。

编纂框架整体上分成三个部分：1. 综合介绍甲骨文和金文的相关研究状况；2. 详细介绍甲骨文研究领域目前已有定论的古文字考释成果，对古文字基本字符的演变情况以及某些特殊的文字构形现象进行详细讲解；3. 选择部分重要的甲骨文和金文原始拓片进行精读。

《甲骨文摹本大系》

黄天树主编，ISBN：978-7-301-33397-6，北京大学出版社出版

该书是第一部以摹本的形式按照新的理论和方法综合整理研究甲骨文资料的集大成之作，把原本庞杂无序的有字甲骨整理成井井有条的科学史料。

该书由“图版”、“释文”和“索引”组成。

《甲骨文与殷商史》（新十三辑）

宋镇豪主编，ISBN：978-7-5732-0731-9，上海古籍出版社出版

该书是中国社会科学院甲骨学殷商史研究中心新一期的集刊。

共收录论文48篇，涉及甲骨文字词考释、甲骨钻凿、甲骨缀合、甲骨学史、殷商史实考证、甲骨新材料介绍、甲骨文献校正及馆藏甲骨整理等，较为全面地反映了甲骨文与殷商史研究领域的最新成果。

《甲骨文摭论》

王晓鹏著，ISBN：978-7-5333-4776-5，齐鲁书社出版

该书在已释读甲骨文字的基础上，对甲骨文的词本义系统和借表词义系统进行了梳理，考察和探讨了甲骨文单字、形位、字位与词位、义位的关系，并将甲骨文字释读原理与甲骨文义位系统性结合起来进行研究，以便于更加详审而精确地研究甲骨文字、词和词义问题。

《肩水金关汉简整理与异体字研究》

黄艳萍著，ISBN：978-7-5495-6841-3，广西师范大学出版社出版

该书以肩水金关汉简中的异体字问题为研究对象，分四个方面进行研究：文献解读及释文校释；对异体字系统梳理、分类解析，从结构和书写两个层面讨论简文异体字的类型；构件的书写讹混是异体产生的重要因素，专题讨论简文中典型的讹混构件；简文异体字变异的规律及其产生原因等。

《简牍学与出土文献研究》（第二辑）

刘钊、李守奎主编，ISBN：978-7-100-22477-2，商务印书馆出版

该书旨在探寻出土文献奥秘，挖掘简牍价值，破译简牍密码，促进简牍学与出土文献研究，加强简牍学学科建设，增强简牍学术交流，推动和完善有中国特色简牍学学科体系和话语体系建设。

《江西湖口方言词典》

陈凌编著，ISBN：978-7-5326-5948-7，上海辞书出版社出版

该词典全面搜集整理湖口方言的特色词汇、语汇等约20500条。

按音序编排，逐一标注国际音标，兼及释义和方言例句，辅以普通话解释。

文前有方物彩图210幅，呈现当地风物；引论介绍湖口方言音系概况。

附有音节表和首字笔画索引，便于检索。

《焦点结构和意义的研究》（增订本）

徐烈炯、潘海华主编，ISBN：978-7-5720-1589-2，上海教育出版社出版

该书系统梳理了形式语言学有关焦点结构和意义的研究，客观评述了代表学者如Chomsky、Jackendoff、Kiss、Krifka、Lambrecht、Rochemont等提出的理论和研究方法。

内容涵盖焦点的分类研究，焦点的三分结构研究，焦点的音系、语义与语用研究，焦点

与否定词以及焦点与话题的互动研究等。

《结果补语语义指向与计算机识别研究》

马婷婷著，ISBN：978-7-5228-0729-4，社会科学文献出版社出版

该书立足于汉语动结式的计算机解读，将传统结构主义方法同语料库统计方法结合起来，结合认知功能语法的原型理论对汉语动结式的语义指向对象、指向方向、指向数量和指向范围进行考察，同时运用语言象似性理论及焦点—背景理论等对相关的句法现象进行了解释，并在此基础上制定了结果补语语义指向的计算机识别流程。

《解码乔姆斯基》

［英］克里斯·奈特著，成军、马军军、钟婉娟译，ISBN：978-7-302-63223-8，清华大学出版社出版

该书从人类学的视角，对乔姆斯基的哲学、政治以及知识遗产进行了全新、深入而精彩的剖析，审视他的双重贡献——对美国外交政策的谴责和关于语言、心灵的理论。

全书探讨了乔姆斯基思想的社会和制度背景，展示了军方资助与他作为政治左派关键人物之间的紧张关系。

内容涉及的范围从乔姆斯基早年学习经历、他的语言学理论及政论，一直到他目前对语言起源的思考。

《金声玉振——郭店楚墓竹简出土三十周年研究文选》

武汉大学简帛研究中心、荆门市博物馆编，ISBN：978-7-307-24026-1，武汉大学出版社出版

为纪念郭店楚简这一重要文献发掘出土三十周年，该书精选46篇历年来已公开发表的具有代表性的关于郭店楚简研究文章，涉及简文内容、古文字、思想特点等的考察与辨析，多为名家名作，反映学界对这批珍贵出土文献的认知和研究进展。

《金文与西周文献合证》

李学勤著，董喆整理，刘国忠审校，ISBN：978-7-302-63923-7，清华大学出版社出版

该书是李学勤先生最后的公开课讲稿，记录了2008年至2011年先生所讲授的金文课程。

全书介绍了商末至西周季年绝大多数重要器物，所述内容构建了西周金文的知识框架，提供了西周金文的研究范式，指明了西周金文的研究方向，是考古类型学、二重证据法以及系联法综合运用的体现。

《近代汉语词汇理据研究》

王勇著，ISBN：978-7-5426-7842-3，上海三联书店出版

该书以近代汉语文献为语料，围绕什么是词语的理据、词语理据的类型、探求词语理据的方法，以及词语的内部形式、内部形式与理据的关系等问题开展研究。

该书从概念词化的角度，模拟由概念到词形的过程，重新定义词语的理据、划分理据的

类型，进而重新认识词语理据与内部形式间的关系。

《近代汉语分析型致使结构及相关句式研究》

刘海波著，ISBN：978-7-5228-1718-7，社会科学文献出版社出版

该书对近代汉语中的使令句、使役句、致使义处置式和致使性重动句等四种分析型致使结构进行研究，探究其来源和历史演变过程。

全书从致使结构语义参数的角度分析了近代汉语致使结构的句法语义特点，揭示了其内部的差异。

在此基础上，讨论了致使、处置和被动三者之间的句法和语义异同。

《近代汉语大词典》（增订版）

许少峰编，ISBN：978-7-100-20721-8，商务印书馆出版

该词典选取唐代至清代戏剧、小说、佛教徒语录、敦煌变文、宋儒讲学录、使臣谈判实录、元代散曲、白话碑校和刑部案例以及其他相近似的古代俗文学作品中的语词为条目，并以元杂剧和明人小说为重点语料资源，条目包括语词、百科性词汇和部分短语，共 6 万余条、约 700 万字。

对近代汉语词汇的梳理、阐释，可为从事这方面研究和教学的从业者提供有益的工具，也可为阅读中国古代小说、戏曲作品的普通读者提供有益的工具书。

词典于 2008 年出版，近 10 年来，又对原著进行了全面增订，由 500 万字增至约 700 万字，从立目到释义、注音、例句进行了修订和补充。

《近代汉语官话方言综合文献集成》

赵祎缺编著，ISBN：978-7-100-22686-8，商务印书馆出版

该书收录非韵书韵图类的近代汉语方言材料，集中出现在明清至民国时期。

收录方言文献 74 种，内容为方言考释、乡音土语、方言调查、俗字语句、启蒙杂字书中的词语与音注等。

它们或单独成书或存在于专著、附录、启蒙读物韵文等诸多材料中，大多数记录的是口语音，是研究地域方音或词语的宝贵材料，可以弥补地域方言点没有韵书韵图或韵书韵图无记录的缺失。

《近代汉语徽方言文献集成》

朱蕾编著，ISBN：978-7-100-22683-7，商务印书馆出版

该书收录了 66 种徽州乡音韵书，其中 65 种抄本，1 种石印本。

成书的时间从清代中晚期一直到 1949 年，地点以婺源为主。

编抄者多是寂寂无名的乡土文人，编制的目的也是农家日常实用应酬所需的识字，所以反映方言的纯度高，是系统研究清代至民国徽州方音的材料。

除韵书主体之外，还有丰富的附录和所附物。

《近代汉语晋方言文献集成》

谷少华编著，ISBN：978-7-100-22684-4，商务印书馆出版

该书辑录了珍藏于国内外文化机构的晋方言文献，有刊印本、手抄本和重录本多种版式。

涵盖方言语音、方言词汇、方言韵书、方言谣谚、方言杂字等多方面内容。

其中多种方言文献为首次整理和发掘，对晋方言语音史、词汇史和研究史研究的推进具有重要的文献价值和研究价值。

《近代汉语客赣方言文献集成》

李军编著，ISBN：978-7-100-21637-1，商务印书馆出版

该书搜集了9种客赣方言历史文献。

《近代汉语平话土话方言文献集成》

林亦编著，ISBN：978-7-100-22712-4，商务印书馆出版

该书搜集影印了目前能保留广西近代汉语信息的文献主要有三类：近代方志、古籍文献、方块壮字文献。

该书是详细的关于广西境民系及方言分布的调查报告，是研究广西平话土话分布与性质的重要文献证据。

《近代汉语吴方言文献集成》

石汝杰编著，ISBN：978-7-100-22887-9，商务印书馆出版

该书搜集明末到民国时期的吴语文献27种，所收录的均为直接记录、研究吴方言的中外学者的著作。

中国学者的著作侧重于考证方言词语的来源，提供了方言词汇和文字的信息。

近代外国人的研究运用近代语言学的理论和方法，给方言研究带来了新风气，也留下了很多有价值的记录。

精选影印的文献，有大部头的词汇集（词典）和语法著作，也有容易散佚的小册子，为学界提供可用的研究资料。

《近代汉语粤方言文献集成》

伍巍编著，ISBN：978-7-100-22682-0，商务印书馆出版

该书选取了不同时期具有代表性的中外文粤方言文献23种，其中中文文献13种，外文文献10种。

中文文献大多为历代粤语韵书、粤语教材，其功能在粤语的正音、正词与会话；外文文献多为帮助外国来华传教士或驻华商旅学习粤语的双语教材，对研究近代粤语韵部历时分合的发展轨迹具有重要的参考价值。

《近代稀见吴语文献集成》（第一辑）

游汝杰、盛益民主编，ISBN：978-7-5720-1880-0，上海教育出版社出版

该丛书共分为四册，第一册收入《上海土白功课》《苏州土白集字》《鄞邑土音》，第二册收入《松江话练习课本》《杭州方言字音表》《温州方言入门》，第三册收入《方言备终录》，第四册收入《地球图》等8本吴语的故事、地理类书籍。

该书重新将百年前的吴语文献提供给学界，以期能推动相关领域语言文字的研究，同时也希望为文学、历史、宗教、文化、地理、教育等多个学科提供相应的参考。

《近20年汉语作为第二语言语法习得研究·词汇》

范伟主编，李贤卓、丁萍编著，ISBN：978-7-5619-6189-6，北京语言大学出版社出版

该书为国家出版基金项目“对外汉语教学语法丛书”成果之一。

它展示了近20年汉语二语词汇习得的研究成果，对词汇偏误分析、二语词汇加工与中介语词汇发展、词汇习得的内外部影响因素，以及词汇习得计量研究与文化词的习得等方面的研究成果进行了详细归类和介绍及客观、切实的分析评价，并说明了可进一步探讨、发展或突破的空间。

《近20年汉语作为第二语言语法习得研究·理论及综合》

范伟、崔维真、曾丽娟编著，ISBN：978-7-5619-6414-9，北京语言大学出版社出版

该书对汉语二语习得中的语言迁移、偏误分析、中介语理论、习得顺序等理论研究，普遍语法等不同视角的汉语二语习得研究，汉语二语习得方法研究，汉语二语习得外部影响因素及内部影响因素研究等成果进行了述评。

另外，该书还对近20年汉语语法项目习得研究的概况及相关教材著作进行了简介和评价，并展望了进一步的研究方向。

《景颇族·怒江州片马茶山语参考语法》

李春风著，ISBN：978-7-5668-3456-0，暨南大学出版社出版

片马属于怒江州泸水县中缅交界地段，片马茶山人是中缅跨境民族景颇族的重要支系之一。

对中缅跨境地区的茶山人的语言进行研究，将为藏缅语的语法对比研究提供大量新的现象，也将有助于藏缅语历史语言学和语言类型学研究。

该书对茶山语的语音系统、构词法、词类、句法进行了系统分析，具有较强的应用价值，对保护语言文化的多样性具有一定的价值和意义。

《句法语义互动中的汉语功能成分研究》

彭家法著，ISBN：978-7-5336-5814-4，安徽教育出版社出版

该书以汉语功能成分的事实为基础，将汉语与英语、汉语普通话与汉语方言进行比较，意在用当代语言学的句法和语义理论，为汉语相关现象提出新解释。

《句法制图理论研究》

司富珍著，ISBN：978-7-5213-4656-5，外语教学与研究出版社出版

该书为“外语学科核心话题前沿研究文库·语言学核心话题系列丛书·句法学”中的一部，探讨了句法制图理论产生的背景、发展路径、核心概念与方法策略；“思维缩放镜”视角下句法制图理论与最简方案之间的关系；句子结构不同区域及构词层面的代表性制图研究成果；句法制图研究方面的不同观点；句法制图研究未来可能的研究议题。

《凯里养蒿寨苗语语料集萃》

代少若、翟玲玉、许才光著，ISBN：978-7-5426-7849-2，上海三联书店出版

该书以苗文标准音凯里养蒿寨苗语为调查对象，对语言现状主要从语音、词汇、语法三方面进行调查描述，并记录了部分苗语口头文化作品。

书中所有的苗语语料均用苗文、国际音标进行转写、标注，便于读者阅读、理解。

《康熙字典考证》

（清）王念孙、王引之合撰，舒怀整理，ISBN：978-7-5732-0713-5，上海古籍出版社出版

《康熙字典》是第一次用“典”命名的字书，是古代字书的集大成者。

高邮二王父子合撰之《字典考证》开《康熙字典》纠谬之先。

由王念孙确定体例，并考证一卷示范，再由王引之完成考证工作，最后王念孙审阅定稿，共纠正各类错误 2588 条，进一步完善了《康熙字典》的内容。

本次整理以 1962 年中华书局据晚清同文书局影印《康熙字典》所附之《康熙字典考证》为底本，精心校注。

《克木语四音格式研究》

刘希瑞著，ISBN：978-7-5228-0923-6，社会科学文献出版社出版

该书以跨境濒危语言南亚语系孟高棉语族克木语中的四音格为研究对象，采用田野调查、结构描写、语音实验、音系分析、类型比较等方法，首先对其表层语音、语法和语义特征进行详尽描写和分析；接着采用实验语音学方法，提取六种类型四音格的音高、音长和音强等声学数据，分析和讨论其深层韵律特征、声母清浊对音高搭配的影响及四音格之格律对各音节音长的规整；在此基础上，运用韵律形态学理论尝试从本质上探讨其生成机制。

《口笔译的认知神经科学研究》

［阿根廷］Adolfo M. García 著，ISBN：978-7-5213-3911-6，外语教学与研究出版社出版

该书以认知神经科学研究为轴线，着重探讨了语际转换的神经加工机制及其影响要素，让翻译研究“可视化”，具有创新性，拓展了翻译研究的维度。

《跨学科修辞研究的理论与范式："望道修辞学论坛"论文集萃（第六辑）》

祝克懿、储丹丹主编，ISBN：978-7-309-17011-5，复旦大学出版社出版

该书精选自《当代修辞学》2021 年、2022 年刊发论文。

论文作者均为国内外学术权威或各个研究领域的著名学者；论文选题理念前沿，从跨学科、跨领域的角度多维展现了修辞学的主要研究领域，包括修辞学传统、修辞研究的多维视野、语体风格研究、修辞与话语分析、修辞语义语用研究、中西修辞对话等。

《跨语言视角下的汉语羡余否定构式研究》

鲁承发著，ISBN：978-7-208-18283-7，上海人民出版社出版

该书通过整体研究和个案分析相结合的方式，探讨了汉语羡余否定构式的用法和句法特点。

《跨越边界：翻译的跨学科研究》

［芬］Yves Gambier，［比］Luc van Doorslaer 编著，ISBN：978-7-5213-3910-9，外语教学与研究出版社出版

该书以跨学科的视角重新界定翻译，探索了翻译研究与其他 16 个学科的互动过程，其中既有对比较文学、语言学等传统基础研究领域的论述，也有对生物符号学、游戏本地化研究和认知神经科学等新兴研究领域的关注，从而让读者了解翻译研究的跨学科发展动态。

《扩散模型：生成式 AI 模型的理论、应用与代码实践》

杨灵、张至隆、张文涛、崔斌编著，ISBN：978-7-121-45985-6，电子工业出版社出版

该书以扩散模型理论知识为切入点，由浅入深地介绍了扩散模型的相关知识。

全书详细介绍了扩散模型的原理，以及扩散模型退化、采样、DDIM 反转等重要概念与方法，此外还介绍了 Stable Diffusion、ControlNet 与音频扩散模型等内容。

最后，附录提供由扩散模型生成的高质量图像集以及 Hugging Face 社区的相关资源。

《类型学视域下的汉日语致使结构对比研究》

李静波著，ISBN：978-7-5720-1907-4，上海教育出版社出版

该书以汉日语致使结构为对象，从致使的表达形式、致使结构中的语法关系、语义系统展开对比，寻求两种语言的共性和个性，并在此基础上尝试探索致使结构的类型学共性。

《李学勤文集》

李学勤著，ISBN：978-7-5705-3582-8，江西教育出版社出版

该书收录了作者自 1956 年至 2018 年所撰写的中文论著，分为七大类：古史研究（附文明起源研究，共 6 册）、甲骨学研究（附文字起源研究，共 4 册）、青铜器研究（附铜镜研究，共 6 册）、战国文字研究（附古文字学通论，共 1 册）、简帛学研究（共 3 册）、学术史研究（附国际汉学研究，共 3 册）、序跋杂文（共 6 册）。

全套文集共 30 册，最后一册为目录和索引。每一大类中先收专著，再收论文。文集总字数约 1000 万字。

《理据理论与汉语复合词语义结构：以名词为核心》

赵倩著，ISBN：978-7-100-22752-0，商务印书馆出版

该书梳理建构了语言理据的定义及其分类体系，揭示了构词理据作为词义系统成因的学科价值。

全书立足于概念关系来考察语义结构，讨论汉字和语义史的关系，重新辨析“关系”、“结构”和“系统”的含义和层次，主张词汇研究的“名词核心论”，主张研究理念和研究方法转向，用汉语动名、名名、“形+X”和“X+方位”几类复合词来实践“思辨+实证”的词义分析原则和分析方法。

《历史语言学中的比较方法》

［法］梅耶著，岑麒祥译，ISBN：978-7-5403-7291-0，崇文书局出版

该书是历史比较语言学的一部经典论著，以通俗的语言深入浅出地论述了历史比较语言学中一些行之有效的理论、方法和原则。

此次再版经全新校订，书中附有岑麒祥《法国语言学家梅耶和他的业绩》和徐通锵、王洪君《〈历史语言学中的比较方法〉评介》两篇文章，并附法文原版影印。

《连续性：方法论的研究》

赵元任著，石锋、潘韦功译，ISBN：978-7-5720-2124-4，上海教育出版社出版

该书是赵元任先生在哈佛大学求学期间撰写的博士学位论文，原作用英语写成。

赵元任先生把连续性概念从数学引入哲学、语言学领域，把连续性作为哲学方法论加以系统研究，主要内容包括分级概念、序列顺序、极限点、连续性中的一致性、连续中的差异等。

该书是赵元任先生博士学位论文的首个中文译本。

《联合国语言政策规范文件汇编》

方小兵编译，ISBN：978-7-305-26413-9，南京大学出版社出版

该书在梳理编译联合国机构官网文件的基础上，按照时间顺序介绍了70多年来联合国系统颁布的涉及系统内和系统外语言政策的60多份公约、建议书、宣言等，以及规则、声明、指南等规范性文书。其中一些用于规定联合国内部的语言地位、多语使用、员工语言能力要求等，一些用于倡导国际社会的语言保护、语言教育、语言权利等理念。

《两汉外来词研究》

韩淑红著，ISBN：978-7-5227-1403-5，中国社会科学出版社出版

该书借鉴汉语词汇史、语义学及词典学等前沿理论，运用现代语料库及历史文献分析相结合的研究方法着力于两汉外来词系统的共时与历时研究，既研究展现了汉语词汇子系统的断代本体特征，又面向汉语专科词典研究了其应用价值，并且做了魏晋时期外来词的系统发展研究及两汉高频外来词的全程演变考察。

《两周金文语法研究》

武振玉著，ISBN：978-7-100-22880-0，商务印书馆出版

该书在对现有两周金文进行穷尽性调查的基础上，对两周金文中的语法现象进行了详细探讨，主要内容包括实词、虚词、句子成分、特殊句式。

全书是对两周金文语法现象的全面考察和探讨，可为上古汉语语法研究及语法史构建提供较好的参证。

《琉球官话课本考论》

范常喜著，ISBN：978-7-101-16290-5，中华书局出版

该书对现存琉球官话课本文献进行了全面梳理，并从文献学、国际汉语教育史、中琉交流史三个方面进行了较为深入的研究。

内容包括：1. 琉球官话课本种类、数量、内容与现藏情况考察；2. 新见课本抄本及稀见课本文献的深层分析；3. 琉球官话课本国际汉语教育史价值的揭示；4. 琉球官话课本所存中琉交流史料的考证。

《〈六书略〉与〈《说文》大小徐本录异〉的整理和研究》

林志强等著，ISBN：978-7-5227-2053-1，中国社会科学出版社出版

该书对郑樵的《六书略》和谢章铤的《〈说文〉大小徐本录异》进行整理和研究。

上编整理《六书略》，正讹订误，并重点对《六书略》之“六书说”文本进行阐释，对《六书略》引《说文》及有关文字解说进行疏证。

下编整理《〈说文〉大小徐本录异》，分析其内容。

《龙岗秦简汇释今译》

吴辛丑、张晨著，ISBN：978-7-5668-3278-8，暨南大学出版社出版

该书为国家出版基金项目“出土战国文献汇释今译丛书”之一，以龙岗秦墓出土的简牍为研究对象。

全书包括释文、汇释、校记和今译四部分，不仅通过人工摹写还原简牍原貌，弥补当下出土战国文献研究在摹本上的不足和缺憾，还互校不同版本的释文，吸收最新的校订成果，对简牍的内涵进行细致的解读。

《卢文弨重校方言（附刘台拱方言补校）》

华学诚点校，ISBN：978-7-101-16125-0，中华书局出版

卢文弨《重校方言》是继戴震《方言疏证》之后清人的第二个校本。

该书以《抱经堂丛书》本为底本，参校其他版本和抱经堂本的各种名家题跋本予以勘正，同时核校卢氏引文，全部标点断句。

刘台拱《方言补校》直接针对卢文弨校本，或补缺拾疑，或订正卢校，或证成卢说，今人认为戴、卢两家之后“刘校最精”。

该次整理以道光十四年《刘端临先生遗书》本为底本，以光绪十五年广雅书局本参校。

书后附笔画索引，以便读者使用。

《录音鉴定原理》

［美］罗伯特·C. 马厄（Robert C. Maher）著，曹洪林译，ISBN：978-7-03-076833-9，科学出版社出版

该书详细介绍了录音鉴定的基本原理、检验技术和司法应用。

全书首先对录音信号和系统的基础知识进行了概述；其次介绍了美国录音鉴定历史上非常著名的四个案件；再次重点介绍了录音证据处理、真实性鉴定、清晰化处理三个项目的鉴定原则和检验步骤；然后从证据解释和专家出庭的角度，阐述了美国司法体制下的科学诚信、专家资格、专家作用等热点问题；最后从涉枪声录音和飞机驾驶舱录音两个角度，讲述了录音鉴定的独特作用。

《旅顺博物馆所藏甲骨文字编》

郭仕超编著，ISBN：978-7-5227-2461-4，中国社会科学出版社出版

该书尽量吸收甲骨文字考释和甲骨缀合的最新研究成果，注意运用考古类型学的方法，尽可能全方位地展示旅顺博物馆所藏甲骨文的字形。

《马王堆简帛文字编》

陈松长编著，ISBN：978-7-5010-1192-3，文物出版社出版

马王堆汉墓出土的帛书竹简，既是出土文献中很重要的一批珍贵资料，又是汉字发展史上极重要的隶变时期的最宝贵的原始材料，出于种种原因，这批珍贵的帛书竹简没有全部整理发表，更没有一本专门的工具书以备查检。有鉴于此，本着为学界提供参考查询方便的目的，进行了该书的编著工作。

《满汉〈清文指要〉汇校与比较研究》

张美兰著，ISBN：978-7-5444-8011-6，上海教育出版社出版

该书分满汉《清文指要》（八种）汇校和《清文指要》及其诸改编本异文汇编两个部分。

第一部分不仅对《清文指要》进行满文拉丁字母转写整理，而且用汉语进行满文语法深度解读、虚词词法标注和句法标注。

第二部分主要通过各个版本的异文，详细分析了这些版本常用词汇的面貌。

该系列文献是研究满汉合璧语言接触和变异的重要资料。

《门类增广十注杜工部诗（残本） 门类增广集注杜诗（残本） 草堂先生杜工部诗集（残本）》

（唐）杜甫撰，（宋）佚名注，张家壮整理，ISBN：978-7-5506-3738-2，凤凰出版社出版

该书收录了三种宋人注释、汇集、刊刻杜注残本，因刊刻时间较早，具有很高的文献价值和音韵学价值。

《门类增广十注杜工部诗》残存六卷，《门类增广集注杜诗》仅存第八卷，两书同属坊

刻本，均依照内容分门类，收录了大量宋人注释。

南宋《草堂先生杜工部诗集》最为特殊，不见公私著录，为李一氓先生购得，属海内孤本，是杜集珍本中最引人瞩目者。

《苗语汉借词研究》

王艳红著，ISBN：978-7-5720-1988-3，上海教育出版社出版

该书研究汉语对苗语的影响，具体研究苗语里不同时代层次的汉语借词。

该书根据借词在苗瑶语言里的分布范围、语音表现、词汇时代等，对苗语里的汉借词（包括关系词）进行整理、分层，总结每个层次汉借词的语音特点，进而探讨借词语音特点反映的苗汉音韵现象、苗族与汉族的接触历史、苗瑶民族和苗瑶语言的分化、汉语方言的变迁等问题。

《闽南方言研究》

林颂育著，ISBN：978-7-5228-1846-7，社会科学文献出版社出版

该书系统有序地对闽南方言的形成背景、概貌和特点、研究现状、文化价值等进行归纳总结。

《名词范畴化视野下的侗台语族类别词研究》

陆天桥著，ISBN：978-7-5720-2141-1，上海教育出版社出版

该书详细描述并分析了侗台语族名词范畴化策略及其相关的认知基础和句法特征，首次以范畴化的视野对侗台语族类别词进行深度探索。

全书将相关的语法特征剥离出类别名词、类别词素、类别词三个层次，将它们视为同一范畴而分属不同阶段的语义及语法过程，阐释了该语族类别词的非词头性质、中心语性质、句法前后置条件等方面问题，丰富并深化了侗台语族的类别词研究。

《明清来华西人与辞书编纂》

周荐主编，ISBN：978-7-100-22153-5，商务印书馆出版

该书是浙江大学中国语文研究中心所编“中国语言学前沿丛书”之一。

全书共遴选出 22 篇基于明清传教士文献的汉语研究成果，聚焦词汇和辞书两大主题，同时也涉及一部分语音、语法、修辞、语体等问题。

《明清以来闽方言文献集成》（第一一六辑）

马重奇主编，ISBN：978-7-100-21671-5、978-7-100-21672-2、978-7-100-22278-5、978-7-100-22279-2、978-7-100-22280-8、978-7-100-22444-4，商务印书馆出版

国家社科基金冷门绝学重大项目“明清以来中外濒危中西文闽方言文献发掘、集成与研究”主要涉及四个研究领域：第一是“中西闽南方言文献集成与研究”，分为漳州、厦门、泉州、潮汕、台湾、海南等 6 片。第二是“中西闽东方言文献集成与研究”，分为福州和福安南北两片。第三是“中西闽北方言文献集成与研究”。第四是“中西兴化方言文献集成与研究”（兴化即今莆田市与仙游县，旧称兴化府）。据不完全统计，到目前为止，项目已经

发掘了178种中西闽方言文献。由13种文献构成一辑，预计出版12辑。《明清以来闽方言文献集成与研究》（第一至六辑）是其中的阶段性成果，每种文献之前均配有一篇研究导言。

《南腔北调：方言里的中国》

郑子宁著，ISBN：978-9-6204-4866-9，香港三联书店出版

该书将大众熟悉的31个趣味话题分成八大板块，解读其内在的语言学原理；又从每一个话题延展开来，阐明同一话题在不同方言中的流变，铺陈出一幅幅民族历史文化的画卷。

《佩觿释证》

（宋）郭忠恕撰，张学城释证，ISBN：978-7-101-16041-3，中华书局出版

《佩觿》是分析汉字形体演变规律、辨析和规范文字的工具书，共分为三卷。上卷是关于文字学的理论概述，中、下两卷则对774组形近易混字进行辨析。

该整理以明嘉靖六年孙沐万玉堂刻本为底本，以清康熙四十九年张士俊泽存堂本为对校本，进行点校；由于原文理论知识艰深难懂，文字生僻，特加释证，方便读者使用。

《普通话的分韵及韵谱字汇》

张玉来、朱晓琴、曹嫄编著，ISBN：978-7-5227-0636-8，中国社会科学出版社出版

该书在分析新诗押韵的实践基础上，依据北京话音系，探讨普通话分韵的历史、原则、标准以及分韵的层级等学术问题，总结了新诗韵书编纂正反两方面的历史经验，划分了韵母韵（39韵）、严韵（15韵）、通韵（13辙）三级韵部体系，最终编成了普通话韵谱字汇。

该书所提出的分韵体系和韵谱字汇是学术性的和指导性的，不具有强制性，使用者既可当作正音材料使用，也可以用来查检韵字，根据需要自行取舍。

《齐系金文研究》

张俊成著，ISBN：978-7-5732-0590-2，上海古籍出版社出版

该书通过对齐系金文全面搜集整理，提出分组的依据，理清齐系金文分国、分组情况；找出齐系金文字形的内部差异、演变规律及构形特点；研究齐系金文所涉制度及历史文化问题。

该书对器物的各种信息进行详细记录，为进一步探究齐鲁地区历史文化奠定了良好的基础。

《乾嘉“理必”科学观念与方法》

冯胜利、施向东主编，ISBN：978-7-5475-2164-9，中西书局出版

该论文集是国家社科重点项目“乾嘉学者段玉裁《说文解字注》、王念孙《广雅疏证》中科学方法和理念研究（15AYY009）”的研究成果之一。

全书以新理念、新角度、新方法对段玉裁《说文解字注》、王念孙《广雅疏证》做了多方面的研究，从传统“小学”著作中挖掘蕴藏其中的“科学精蕴”，昭示中国古代有科学；在研究观念与方法方面提供了新的视角。

《乾嘉皖派的理必科学》

冯胜利著，ISBN：978-7-03-075844-6，科学出版社出版

该书从乾嘉考据学入手，揭示皖派学者在“理证”和“求是”方面的学术建树，论证戴震的理必、段玉裁的理校和王念孙的理训之间一脉相承的学术范式，力图从乾嘉学者理性思维的角度，发覆他们在科学思想上的原创成果。

在此基础之上，该书提出民国时期章黄承袭“理必思想”（即理性主义），创造性地发展出“发明之学”。

《乾堂藏东周磬铭》

焦新帅编著，ISBN：978-7-5508-4010-2，西泠印社出版社出版

该书刊载的东周铭文石磬传同出临淄故城，均为齐国祭祀礼器，是乐毅伐齐国毁灭齐国宗庙的遗存，也是目前所知的唯一留存的齐国石刻。

此批石磬器物共计百件，刻铭者八十四件，朱书者十六件，共存二百余字。

《切问近思录》

王云路著，ISBN：978-7-5540-2636-6，浙江古籍出版社出版

该书主要内容包括作者已出版书稿的前言后记、作者主编书稿中她所作的序、作者应同门或其他索求而写的序、作者作为政协委员和常委所作的参政资料、其他发表在报章上的小文和会议发言。

《切韵指掌图校注》

李红校注，ISBN：978-7-5506-3805-1，凤凰出版社出版

《切韵指掌图》是宋元时期最有代表性的韵图之一，是汉语音韵学研究的重要研究对象。

校注者对该书的“检例”及二十韵图等主体内容均作了全面而深入的校注与阐释，是第一部对此书进行系统校注整理的著作。

正文采用“一图一注”的编排形式，开卷了然，便于读者使用。

《秦文字集证》（增订本）

王辉、程学华著，ISBN：978-7-100-21668-5，商务印书馆出版

该书对每条数据皆列出其出土、着录、器形、铭文、纹饰、行款等情况，对其文字、时代、史料价值多有详细考释。

其中收王辉《青铜器铭文编年集释》出版后新着录的铜器铭文 53 件，囊括诸家考释观点，并加按语，提出新解；收袁仲一《秦代陶文》出版后刊布或即将刊布的陶文资料 288 条；收传世及新著录的官、私、成语印及封泥 784 枚；收磬铭资料 26 条，据陕西省考古研究所雍城考古队藏拓本；收图版 253 页，按铜器、磬铭、石鼓文十鼓斋本、玺印、陶文、杂器、清初石鼓文碑的顺序排列。

《清代〈释名〉注疏研究》

魏宇文著，ISBN：978-7-5668-3354-9，暨南大学出版社出版

该书选取了七位清代学者，包括毕沅、王先谦、苏舆、孙诒让、王先慎、许克勤和胡玉缙，通过他们对《释名》的疏证的梳理，总结归纳了清代学者研究《释名》的特点。

《清华大学藏战国竹简》（拾叁）

清华大学出土文献研究与保护中心编，ISBN：978-7-5475-1969-1，中西书局出版

该书共发布五篇竹书，分别为《大夫食礼》《大夫食礼记》《五音图》《乐风》《畏天用身》，均为传世文献未见的佚籍，其中两篇礼书是散失的先秦礼书在战国竹书中的首次发现，再现了战国时期礼书的原始面貌。

《清末民初白话报刊异形词汇考》

马雅琦著，ISBN：978-7-5768-1498-9，吉林大学出版社出版

该书以清末民初白话报刊里的单音节和多音节共计 401 组异形词为研究对象，对异形词进行了简要解释，并佐以例证列举，对系列异形词进行了汇考。

《庆堂印话：孙家潭藏古玺印杂记》

孙家潭著，ISBN：978-7-5508-4283-0，西泠印社出版社出版

该书收录古玺印四百余方，是作者多年来收藏古玺印的研究专辑，藏品跨度从战国至明清时期，典藏丰富，每方古印均有图片与文字介绍。

《全国汉语方言用字表稿》

张振兴、何瑞编著，ISBN：978-7-5227-1071-6，中国社会科学出版社出版

该书收集了一百来种不同汉语方言的用字资料，这些方言涵盖了全国各大方言区。在此基础上，建立了专门的“汉语方言用字资料库”。

根据这些资料库资料，分别编制官话、晋语、吴语、闽语、粤语、湘语、赣语、客家话、徽语、平话土话等 10 类方言的分区“方言字表”，最后总合成“全国汉语方言用字总表”，总字数近 3500 字，每字附有在有关汉语方言里的实际用例。

该书可以作为方言学、文字学、方言文学、社会学以及其他相关学科研究工作的参考。

《认知类型学视野下汉英表量结构的对比研究》

李勇忠著，ISBN：978-7-5446-7636-6，上海外语教育出版社出版

该书以量词所在的表量结构为研究对象，从认知类型学的角度考察汉英表量结构的异同，在认知语言学和语言类型学的优势互补中揭示语言类型与认知思维的关联，旨在挖掘学科间的共通之处，推动认知类型学学科体系的建立。

《认知语法视域下的汉语被动句研究》

庞加光著，ISBN：978-7-5693-2581-2，西安交通大学出版社出版

该书提出汉语被动句的语义结构实质是一种控制构型，由动词等成分编码的情景事件会以不同方式和这一构型相协调，这既造成了汉语被动句的不同论元实现，也使得汉语被动句不同于英语被动句。

《认知语言学》

［日］大堀寿夫著，潘钧等译，ISBN：978-7-100-21611-1，商务印书馆出版

该书从语言类型学的视角深入阐述认知语言学基本观点与方法，全书围绕身边及认知领域内外的各种疑问，采取边对话边写作的形式。原则上围绕具体事例，将其置于宏大的理论语境当中展开论述。除日语的事例外，还补充了汉语、德语、越南语等大量事例，超越了传统认知语言学的英语框架。

《认知语言学入门》

［日］籾山洋介著，许永兰、吕雷宁译，彭广陆审校，ISBN：978-7-305-26086-5，南京大学出版社出版

该书中涉及的内容均为认知语言学的基本问题，是多数认知语言学家认为恰当并且重要的内容，举例均为现代日语，并附有中文译文。

《认知语义学：静态事件的概念化和类型学》

任龙波著，ISBN：978-7-5668-3749-3，暨南大学出版社出版

该书以 Talmy 认知语义学为视角，采用质性与实证研究相结合的方法，使用 Bow-Ped 和 PosB 两个图片系列作为实验工具，采用 SPSS 软件中的 Pearson 卡方检验、Fisher 精确检验以及聚类分析等统计方法，探讨英汉两种语言的空间静态事件表征所涉及的空间概念化过程，阐释英汉两种语言在表征这类事件时的类型学特征。

《日本藏〈韵镜〉文献汇刊及释要》

李无未、钟雪珂、李逊编著，ISBN：978-7-5615-8861-1，厦门大学出版社出版

这是近现代日本汉语学史文献影印著作之一。全书对日本 20 世纪 40 年代之前出版的重要汉语语言学著作加以发掘，共选出 100 多种，通过汇总编辑，以求全面反映近现代日本学者研究中国汉语语言学的历史及面貌。

全套书分语音、语法、词汇、文字、辞书、方言、译著、课本、杂编等多个部分，为读者进一步探讨相关问题提供了文献资源保障。

《日本江户时代唐话的音韵研究》

李宁著，ISBN：978-7-5668-3661-8，暨南大学出版社出版

日本的江户时代（1603—1868）相当于我国明末至清前中期的一段历史时期。此时汉语经由明末逃难日本的中国移民、佛教僧侣以及清朝赴日贸易的商人东传日本。日本人将当时

的汉语口语称为“唐话”。唐话的学习者和使用者主要是华裔长崎唐通事和冈岛冠山等日本人唐话学者。

《日本“无穷会本系”〈大般若经音义〉研究——以汉字为中心》

梁晓虹著，ISBN：978-7-5720-1855-8，上海教育出版社出版

“无穷会本系”《大般若经音义》是指以日本无穷会图书馆所藏《大般若经音义》为代表的一组不同写本，共有二十余种。

该书以汉字为中心，对此本系音义进行了较为全面的研究；对其中的疑难异体字、讹俗字、倭俗字等进行了探讨，并考察了汉字在日本的传播。

《日本学者汉字译音研究论文选》

郑伟编，ISBN：978-7-5732-0481-3，上海古籍出版社出版

该书选取了服部四郎、河野六郎、藤堂明保、三根谷彻、西田龙雄、平山久雄、尾崎雄二郎、桥本万太郎、高田时雄、庄垣内正弘、远藤光晓、更科慎一等十二位日本学者的代表性论文（或专书中的某一章节）。

除了平山先生的论文为汉语中古音的通论性研究，其他诸篇内容广涉汉字的蒙古译音、安南译音、朝鲜译音、梵语译音、回鹘译音、日译吴音与汉音，以及泰汉对音、明清《华夷译语》的汉字译音等论题。

《日韩语汉字词与汉语词比较研究》

汪如东著，ISBN：978-7-5228-0885-7，社会科学文献出版社出版

该书将汉字词的研究成果与对日韩留学生的汉语教学实践相结合，充分吸收和借鉴前人的研究成果，就日韩语中业已存在的汉字词与汉语词在来源、结构、读音、意义、词性、语体、应用等方面进行比较，力图打破汉字词的研究与汉语教学之间的壁垒，从而培养留学生汉字词的意识及汉语学习时的研究能力，养成比较学习的习惯。

《日就月将：出土文献与古文字研究青年学者访谈录》

复旦大学出土文献与古文字研究中心编，ISBN：978-7-5475-2025-3，中西书局出版

该书收录复旦大学出土文献与古文字研究中心组织的70篇青年学者访谈，通过八个基础问题和扩展的读者问题的问答，全面真实地呈现受访的青年学者如何“通往学术之路”。

全书问题切实，回复恳挚，读者既可从中了解相关研究领域的学术史、学术理念、研究现状、研究人员及未来发展方向等，也可参考具体的学习和研究方法、精进路径，走上学术之路。

《日语移动表达的概念迁移研究》

张丽虹著，ISBN：978-7-5227-1666-4，中国社会科学出版社出版

该书基于移动事件类型学和概念迁移理论，将复合动词、单纯动词和形动词统一在空间移动概念域之下，探讨了以汉语为母语的日语学习者空间移动表达的概念迁移表现，并运用

认知语言学和习得方面理论，阐明了概念迁移发生的机制及原因。

《〈三才福〉校注》

吴存存校注，石汝杰校订，ISBN：978-7-5720-2133-6，上海教育出版社出版

《三才福》是一部在国内消失了一百六十多年的昆曲剧本，具有较高的文化史和吴语方言文献研究价值。《三才福》大量使用当时苏州话做对白，让我们现在可以更全面地理解方言剧在清代的发展状况和特点。除了一些别字、漏字和标记上的校勘之外，校注工作主要集中在两方面：1）对吴语对白的翻译和解释；2）对一些典雅的唱词和典故的解释。

《三都水语语料集萃》（贵州民族语言研究丛书）

代少若、潘建南、石国勐著，ISBN：978-7-5426-7833-1，上海三联书店出版

该书从语音、词汇、语法三方面调查描述三都水语的语言现状，并记录了部分水语口头文化作品。

书中所有的水语语料均用水语拉丁字母拼音、国际音标进行转写、标注，尽量使更多读者可以阅读。

《三国志校诂》（增订纪念版）

吴金华著，ISBN：978-7-5720-2008-7，上海教育出版社出版

《三国志校诂》以中古文献《三国志》为研究对象，从文献学和语言学两个角度对其中存在的文字、语词和语法等问题进行了深入研究。

全书以《三国志》原有篇目次序为序，依次考证文献学、语言学等相关问题，解决了一些学界悬而未决的疑难问题。

《山东古方志载青铜器资料辑录》

亓民帅编著，ISBN：978-7-5473-2315-1，东方出版中心出版

该书从记载山东地区情况的古代方志（包括民国时期修撰的传统体例志书）中，辑录青铜器资料三百余条，兼及相关的封泥、钱范资料，时代以商周秦汉为主，玺印、铜镜则晚至隋唐。相关资料以地级市为单位进行排列，条理清晰，方便查阅。

《山西方言语法研究》

史秀菊著，ISBN：978-7-100-20774-4，商务印书馆出版

该书是从语言类型学和历史语言学视角考察山西方言语法事实。

该书一方面归纳山西方言语法的类型学特征，考察山西方言与全国汉语方言在类型特征上的异同，检验山西方言是否符合世界语言的普遍规律；另一方面尝试探索山西方言语法与古近代语法的渊源关系。

全书包括山西方言人称代词、指示代词、定语领属关系、副词、时体系统、处置式、疑问句、复句关联标记模式八方面内容。

《商代考古与甲骨学》

刘一曼著，ISBN：978-7-5227-1118-8，中国社会科学出版社出版

该书上编为14篇商代考古的论文，下编为26篇甲骨学与文字学的论文，内容涉及甲骨的整治与占卜、甲骨文的分期断代、殷墟新出土的甲骨文的考释与研究等内容。

《上博简〈论语〉类文献研究》

尉侯凯著，ISBN：978-7-5228-2181-8，社会科学文献出版社出版

该书研究上博馆藏战国楚简中与《论语》内容、体裁相似的文献，包括《民之父母》《子羔》等12篇文献，其内容都属于孔子与弟子、时人的问答之辞，为总结、还原孔子及其弟子的思想、地位等问题提供了丰富的原始材料，并分别从解决疑难字词和断句问题、分析简文主旨和人物思想、探讨《论语》类文献的性质等角度进行解读。

《上古汉语语气副词研究》

谷峰著，ISBN：978-7-303-27445-1，北京师范大学出版社出版

该书研究上古汉语语气副词，梳理其历史发展，分析其来源与形成过程、语法分布与语用功能。

《上古音略》（修订版）

金理新著，ISBN：978-7-5720-1942-5，上海教育出版社出版

该书构拟和研究上古音，对《切韵》音系形成新的认识，从观察音系的分布分析“重叠”韵出现的原因，以汉藏语系语言为历史比较材料，从语音形式分析上古汉语的语法形态关系。

新版从三个方面进行了修订。1.订正，修订音系，尤其是对知庄组上古汉语读音的重新构拟；2.完善分析，如分析来母的上古音需要离析边音和颤音的界线等；3.加强了形态方面的论证。

《尚书古文疏证》

［清］阎若璩撰，ISBN：978-7-5732-0587-2，上海古籍出版社出版

据上海图书馆藏清乾隆十年眷西堂刻本影印。《尚书古文疏证》八卷，一百二十八条（原缺第三卷及他卷若干条）。书后附《朱子古文书疑》。

《少儿和青少年的语言测评》

［挪威］Angela Hasselgreen、［英］Gwendydd Caudwell 著，ISBN：978-7-5213-3893-5，外语教学与研究出版社出版

该书围绕少儿和青少年的语言测评进行论述，既关注语言学习情境的多样化，又重视学习者的认知发展，还为听、说、读、写、词汇、语法等各项语言技能的测试提供了实践指导。

《畲族民歌修辞研究》

翁颖萍著，ISBN：978-7-308-22875-6，浙江大学出版社出版

该书在对畲族民歌进行分类并考察其历史流变的基础上，从语汇修辞、语篇修辞、程式

修辞、修辞格等角度分别对畲族民歌歌词层面和音乐层面的修辞建构模式进行全方位的考察和分析。

该书将畲族民歌与《诗经》的修辞模式进行比较研究，提炼畲族民歌中的中华文化认同元素，挖掘畲族民歌中所蕴含的中华民族共同体意识。

在音乐层面，该书结合了西方音乐修辞理论和传统修辞学理论，对畲族音乐的修辞模式进行了创新性的研究。

《社会文化理论与二语教学语用学》

［美］雷米·A.范康珀诺勒著，马萧、李丹丽译，ISBN：978-7-100-22282-2，商务印书馆出版

该书以维果斯基的社会文化理论为基础，构建了二语教学语用学框架，并将二语语用能力的发展视为以内化为标志的概念化过程，认为在二语语用教学中，中介手段是帮助学习者实现语用能力发展的有效途径。

该书基于大量实证数据，进行了相关理论探讨和微观话语分析，重点剖析了言语反思、得体性判断任务和策略性互动场景三种活动对语用知识意识发展、语用知识发展和语言运用能力发展的促进作用。

《社会与话语：社会语境如何影响文本与言谈》

［荷］特恩·A.范戴克著，唐斌、付添爵译，ISBN：978-7-100-23123-7，商务印书馆出版

该书通过阐述一个多学科框架，从社会心理学、社会学、人类学等方面系统地探讨了新的语境理论，并以政治领导人的演讲为分析案例来论证该理论。

作者拓展了对文本和言谈的无语境研究方法，发展了语境模型的社会科学方面，为多学科话语理论提供了重要的语境概念方面的见解。

《身份建构与关系管理：网络互动话语的批评语用研究》

钱永红著，ISBN：978-7-5668-3633-5，暨南大学出版社出版

该书采用批评语用分析框架，基于饭店商家的网络评论回应语篇的一手语料，描述其中所使用的言语行为类型及商家通过这些言语行为建构的语用身份类型，分析其身份建构的动因，并从消费者访谈的角度来探讨这些身份建构类型的适切性，最后从批评语用视角对其展开评价，以期弘扬礼貌、文明、适切的网络互动交际方式。

《什么是第二语言习得》

蔡金亭、王敏著，ISBN：978-7-5446-7421-8，上海外语教育出版社出版

第二语言习得是应用语言学的重要分支，主要研究学习者如何在具体环境中习得和使用母语之外的语言。

该书以问答形式，系统梳理了第二语言习得领域的核心概念、主流观点、研究动态与研究方法。

全书设问针对性强，回答开门见山、条理清楚、繁简有度，能为第二语言习得领域的入门研究者及相关专业师生提供切实帮助。

《神经语言学导论》

［瑞典］Elisabeth Ahlsén 著，ISBN：978-7-5213-3889-8，外语教学与研究出版社出版

该书抽丝剥茧，从神经语言学的概念界定、模型与框架，到涉及的不同层面，如神经语言学中的音系学、形态与句法、语义学、语用学等，再到一些热门话题，如神经语言学视角下的阅读与写作、双语问题、多模态等，为读者了解前沿神经语言学提供了入门指南。

《沈石溪动物叙事的生态批评话语研究》（英文版）

林晶著，ISBN：978-7-308-23075-9，浙江大学出版社出版

该书综合运用生态批评话语分析、叙事理论和概念隐喻理论，以《狼王梦》《斑羚飞渡》《第七条猎狗》等为语料，以动物话语表征为研究对象，聚焦动物表征拟人化现象，考察动物叙事中拟人化表征的话语策略与认知机制等问题，旨在探析动物叙事中动物形象拟人化表征从建构到识解的内在机制，并结合广阔的社会文化语境加以讨论，揭示人、动物、话语的三维互动关系。

《生态语言学视角下的媒体新闻话语研究》

宋平著，ISBN：978-7-5768-0587-1，吉林大学出版社出版

该书分为四章。第一章为“生态语言学概述”，介绍生态语言学的起源、发展历程、研究现状、研究趋势。

第二章为“生态语言学的研究路径：生态话语分析”，介绍生态话语的类别、内涵，生态话语分析的指导思想、理论基础。

第三章为“媒体新闻话语生态性分析框架”，介绍媒体新闻话语与意识形态、“多元和谐，交互共生”的生态哲学观、生态语言学视角下的评价系统。

第四章为“基于生态语言学的媒体新闻话语分析——以环境新闻话语为例”，介绍“环境新闻语篇中的态度资源”“环境新闻语篇中的介入资源”“环境新闻语篇中的级差资源”“环境新闻话语的生态属性分析与评价策略”。

《〈诗经〉语文论集》（增补本）

向熹著，ISBN：978-7-100-21870-2，商务印书馆出版

该书全面系统地讨论《诗经》的语言，探讨《诗经》的来源、集结过程、在先秦的作用，分析《诗经》语言的性质、词汇、文字、句读、用韵和注音，评述《毛诗传》《诗集传》等书籍，编写明清学者《诗经》研究提要十余篇，综论历代《诗经》语言研究的成就与不足。

《世界各国宪法中的语言条款汇编》

赵蓉晖、张琛主编，ISBN：978-7-100-22162-7，商务印书馆出版

全书分为序言、宪法条款、附录三个基本部分。

“序言”对全书的编写背景和目的、编写原则进行说明；“宪法条款”中涉及的国家按照中国外交部官网“国家（地区）”栏目的呈现方式，分成亚洲、非洲、欧洲、北美洲、南美洲、大洋洲六个部分，每个部分中按照国家名称的中文音序排列（中国排在第一位）；“附录”部分收录四个文件，方便读者对照查询语言名称、文字名称、机构名称、常用术语。

《世界语言类型学》

［德］马嘉思、金大卫著，ISBN：978-7-309-17010-8，复旦大学出版社出版

该书旨在整合过往四十年间语言类型学研究的进展，对当代语言类型学研究作前沿介绍。

该书对语言类型学背后的逻辑基础进行分析，将语言变异归入四类逻辑变量，即名目变量、词序变量、等距变量和等比变量。

在确立变异类别的前提下，该书通过给出语言实例来阐释具体的语言类型，对每一种语言类型都给出至少一门语言的数据。

该书依托海量语料资源，所提供数据囊括逾 330 种语言。

《世界语言生活状况报告（2023）》

国家语言文字工作委员会组编，ISBN：978-7-100-22374-4，商务印书馆出版

该书的观察时段为 2021—2022 年。

第一部分“政策篇”，针对明确发布的政策措施，每篇报告都围绕着一个核心政策文本展开叙述；第二部分“动态篇”，重点呈现语言生活中的新趋势和新发展，特别关注那些展现变化、启示未来的内容；第三部分“专题篇”，聚焦新冠疫情期间各国的语言生活状况；第四部分“报告篇”包括重要语言传播机构的年度报告，还有几部重要的阶段性专题报告；第五部分“语词篇”，即以往关注到的韩国、日本、俄罗斯等国家语言年度词语报告；第六部分“附录”，给读者提供中国媒体有关世界语言生活文章及国外语言生活大事记。

《实用维汉常用词词典》

曹鹏编著，ISBN：978-7-5232-0795-6，世界图书出版广东有限公司出版

该词典收录 6000 余条适用于日常生活的、突出词义实用功能的维吾尔常用词，按维吾尔语字母顺序编排。

每个词条一般由词性、释义及示例三个部分组成。

词性包括名词、动词、形容词、副词、后置词、代词等；释义主要选取满足日常学习生活，且使用频率较高的释义，突出词典的实用功能；示例完全体现常用词在具体语境中的弱化及变形特点。此外，示例还收录大量体现维吾尔文化特点的民间谚语。

《使用驱动的二语教学：实证依据》

［美］Andrea E. Tyler、［美］Lourdes Ortega、［日］Mariko Uno、［美］Hae In Park 编，ISBN：978-7-5213-3890-4，外语教学与研究出版社出版

该书对使用驱动的二语教学进行了全面系统的介绍，主要涉及理论视角、教学效果以及语料库语言学在其中的核心作用三个方面。

使用驱动的二语教学相较于传统交际型教学法有独特的优势，能够为教学目标和教学内容的确定、教学效果的评估等方面提供重要参考。

《睡虎地西汉简牍·质日》

陈伟、熊北生主编，ISBN：978-7-5475-2054-3，中西书局出版

该书是八卷本《睡虎地西汉简牍》中的第一卷，包括对西汉文帝时期大致连续的11年质日简册（共700多枚）的图版著录及其释文和注释。

睡虎地汉简质日是目前所知一次出土年份最多的质日简册，是了解秦汉质日的性质、复原当时历法、探讨墓主身份和生平以及县乡官吏生存状态的珍贵史料。

《说文段注八讲》

王诚著，ISBN：978-7-100-22385-0，商务印书馆出版

该书对“段注”本身抉奥阐幽，从形音义互求、引申研究、词源研究、虚词训释、复音词研究、名物训诂及段注疏误等方面，细论“段注”在训诂学各子题域中的洞见与成就，引领读者“亦步亦趋”登入训诂学之堂奥。

《〈说文解字〉注音释义研究》

蒋冀骋著，ISBN：978-7-100-22406-2，商务印书馆出版

该书以形音义三者互求的方法、运用古文字学和古音韵学研究的新成果，重新考察《说文解字》的注音释义，取得了新的进展：1. 解释了《说文》中声符与读若、与后代读音的矛盾；2. 解释了某些汉字字形结构的分析问题；3. 为文献中没有用例的《说文》的释义找到例证；4. 对《说文》的疑难释义进行解释。

《说文解字通论》

陆宗达著，ISBN：978-7-101-16302-5，中华书局出版

该书是陆宗达先生在北京师范大学讲授“说文解字通论”的讲义整理稿，深入浅出地介绍了《说文》的内容、体例，以及如何借助《说文》解释古书、了解古代社会。

这次出版对引文作了覆核，对讹字作了校订，并请王宁先生对全书进行审校，原书凡征引《说文》某字，均依陆先生授课情形及征引习惯，详明卷次和所属部首，以便按检。并附录陆先生多篇文章以供参考。

《苏皖方言处置式比较研究》

王莹莹著，ISBN：978-7-5227-2239-9，中国社会科学出版社出版

该书基于区域语言学的研究视角，考察苏皖方言处置标记的语义类型及共时分布，分析处置式的句法表现及语义特征，追溯多功能处置标记、特殊处置式的源流及演变。

该书通过比较方言间的异同，揭示区域特征及其历时动因，为汉语处置式的深入研究和汉语方言语法的比较研究提供参考。

《苏南“河南话”的源流系属及口传文化研究》

吴健著，ISBN：978-7-100-22363-8，商务印书馆出版

该书重点探讨了苏南“河南话”的历史变迁和归属问题。

全书通过对苏南“河南话”与信阳地区方言、鄂东一带方言、赣北方言等的深入比较，厘清了它的源流关系，首次对濒危的苏南“河南话”口传文化进行了深入调查和科学记录，为传承保护“河南话”口传文化、研究豫南方言口传文化一个半世纪以来在苏浙皖赣等地的传播和演变奠定了基础。

《遂昌方言研究》

王文胜著，ISBN：978-7-309-16830-3，复旦大学出版社出版

该书是一本单点方言的详细调查研究报告，全面系统地描写了遂昌方言的语音、词汇和语法现象，包括音系、同音字表、音韵比较、分类词汇（约5000条）、语法概况等内容。

《泰国留学生汉语声调产出与感知研究》

刘丽杰著，ISBN：978-7-308-21846-7，浙江大学出版社出版

该书通过发音和感知两种类型的实验研究了初级、中级、高级三个阶段泰国留学生的单音节和双音节声调产出和感知特征。

一是探索了泰国留学生汉语声调习得中“洋腔洋调”的深层次心理认知方面的原因，发现声调产出和感知的特征及规律。二是从泰语母语声调经验出发，发现了母语经验的作用机制。三是对声调感知与产出的关系进行深入探讨。四是建立了一个基于感知的汉语声调习得预测模型。

《唐诗修辞史研究》

段曹林著，ISBN：978-7-5689-4023-8，重庆大学出版社出版

该书着眼于唐诗不同发展阶段、重点修辞手法运用、主要言语风格创新，对唐诗修辞的面貌、特色、成就、传承、演变及其根源等维度进行了较为详尽的考察。

《唐诗语言研究》（修订本）

蒋绍愚著，ISBN：978-7-80184-829-1，语文出版社出版

这是蒋绍愚教授在为北京大学中文系开设的“唐诗语言研究”课课程讲义的基础上写成的，分别从格律、词汇、句法和修辞四个方面对唐诗的语言进行了全面探讨，主要致力于帮助大家扫除语言上的障碍，从而比较容易地读懂唐诗。

修订之处主要有：对“半格诗”“齐梁体”“新乐府”等做了修改；删除原“特殊判断句”一小节，增加“话题句”一小节，对很多诗句进行重新解释。

《唐写全本切韵校注》

赵庸校注，ISBN：978-7-5326-6032-2，上海辞书出版社出版

该书在前人研究的基础上，对故宫本《王仁昫刊谬补缺切韵》进行校注，关联异读，以

期为学界提供可靠、便利的精校本。

《淘词十码——语言里的中国》

曹轲、王帅、向熹编著，ISBN：978-7-5668-3643-4，暨南大学出版社出版

该书结合“码、隔、商、虚、留、卷、诈、社、代、容”十个关键字，从语言学、社会学、历史学、传播学等学科视角出发，从词的秩序看社会的秩序，在词的变化中探究时空的发展，探讨人类社会的发展变迁。

该书在研究文字词汇时，借助技术工具来呈现社科现象，将新技术与传播相结合，探索技术与文化传播的关系。

《天水放马滩秦简文字编》

方勇、郝洋编著，ISBN：978-7-5228-1755-2，社会科学文献出版社出版

该书对天水放马滩秦简进行了系统的文字整理，按照《说文解字》的字头排列顺序，将天水放马滩秦简牍的文字进行编排处理，其中涉及学术界释错的字形及没有释出的字形，一并进行改释和补释。尤其是其中因为竹简保存不善而导致的字形不清晰的图版，尽可能地提供摹本，以供读者参考。

《条件句与情态研究》

张新华编著，ISBN：978-7-5475-2176-2，中西书局出版

该书试图解决的问题是：提出条件句总带情态义，情态的深层也蕴涵条件句，条件句为何采取假设式？假设的本质是什么？道义情态指道义吗？

《通用规范汉字易查易用手册》

语文出版社辞书研究中心编，ISBN：978-7-5187-1649-4，语文出版社出版

该书是《通用规范汉字表》主表和附表的融合升级版，收录 8105 个通用规范汉字、2574 个繁体字、1023 个异体字共 11702 个字头，按笔画序排列，提供常用字音、繁异体字用法注释、汉字编码。

字头为规范字，右下方标示其所属字级，繁体字用圆括号标注，异体字用方括号标注。

双向呈现规范字及相应的繁异体字，细化分解 96 组一简对多繁的字际关系。

《王蒙小说文体研究》（增订本）

郭宝亮著，ISBN：978-7-02-018205-3，人民文学出版社出版

该书捕捉王蒙小说创作中的变与不变，归纳出王蒙小说的文体特征，通过探讨小说的语言、叙述个性、文体语境和作家文化心态等，触摸小说文本的内在文化精神，探讨作家的叙述个性、文化取向和对生活和现实的理解，揭示小说的学理蕴涵和社会文化语境，力图呈现王蒙小说文体创新的意义和局限。

此次再版，作者修订了之前的表述，增补了近十五年追踪研究王蒙的成果。

《王维诗歌语篇风格互文研究》

刘婉晴著，ISBN：978-7-5043-9007-3，中国广播影视出版社出版

该书依据语篇系统的结构层级构拟出王维诗歌语篇的篇内、篇际风格互文系统，探讨风格互文在不同语篇系统不同层级的建构。

通过对风格互文现象、互文表征、互文类型及其实现机制的分析考察语言风格互文生成演变的规律，通过语义流动与语篇结构的密切互动来审视风格互文的生成与变化，归结出风格互文生成与演变的普遍规律、深层机制及研究路径。

《网络语言规范问题的社会观察及治理研究》

覃业位著，ISBN：978-7-5227-1681-7，中国社会科学出版社出版

该书以语言舆情为抓手，透视自我国接入互联网络以来所发生的重要舆情事件，尝试探索网络空间语言文字使用的主流社会意识及其演变历程。

研究发现，社会对网络语言规范和治理的总体关注度在逐年增加，且随着网络的普及呈现出四个逐次展开的基本层次，从关注网络语言文字的本体规划发展为关注网络语言的使用对青少年语言能力、社会文风乃至国家治理的影响。

与之对应，主流社会对公共空间网络语言使用的态度也逐层更加严肃和谨慎。

《望山楚简普及本》

罗恰著，ISBN：978-7-5732-0455-4，上海古籍出版社出版

望山墓地是楚郢都纪南故城外重要的楚国墓地之一，出土了大量楚简。

这是湖北境内第一次发现的战国时期楚国竹简，也是我国东周时期楚简的一次重要发现。

一号墓竹简简文一千余字，内容为卜筮祭祷的记录；二号墓竹简简文近千字，内容为遣策。

该书针对望山楚简的内容，做了三方面的工作：吸收新的研究成果，重新整理原文释文；择取释文中的重点或疑难字词做集释，详细梳理相关研究；针对部分简文内容，扩充相关知识。

《伟大的发明：从洞穴壁画到人工智能时代的语言演化》

［意］保罗·贝南蒂（Paolo Benanti）著，何道宽译，ISBN：978-7-5202-1317-2，中国大百科全书出版社出版

该书向读者解释“语言的技术”和作为技术的语言，解释我们固有的语言能力和语言习惯，试图分析以下问题：语言的作用是什么？语言何以产生？我们为何会按照某种方式开发语言的用途？语言之未来又如何？从具体的技术形式——语词技术开始追溯，审视语言技术如何一再改变我们的视域。

《魏晋南北朝碑刻文献疑难词语汇释》

张颖慧著，ISBN：978-7-5227-1722-7，中国社会科学出版社出版

该书对魏晋南北朝时期碑刻文献中的疑难缺释词语进行了集中训释。

书中收录并考释的词语，主要分为三类：《汉语大词典》失收词，《汉语大词典》收录但其义项与碑刻文献词义不同的词语，被《汉语大词典》收录但书证晚于该书碑刻文献引例

者，故以疑难词语来命名。

该书首先排比魏晋南北朝碑刻文献涉及某疑难词语的所有用例，然后主要探取归纳法析出该词语的意义。于语例较少者乃至孤例，则采取随文释义法。有的时候再辅之以语音识别的方法，因声求义，以确定其源流变化。

《文化语言学导论》（增订版）

戴昭铭著，ISBN：978-7-100-21919-8，商务印书馆出版

该书系统阐述文化语言学理论，分上下两编。

上编为总论，是对文化语言学的概述；下编为分论，是语言与文化各个主要部门的关系论，依次对语言和文化建构、语言和思维、语言和认知、语言和哲学、语言和政治、语言和神话及语言和文学艺术、语言和民俗等方面的有关问题进行探讨。

该书初版于1996年，此次修订再版，保持了初版时的全书框架和思路，篇幅略有增加，添加了“语言和文化建构”“语言和认知”两章，并对一些内容进行了增补或删并。

《文化源与汉语词汇研究》

［美］黄伟嘉著，殷寄明审订，ISBN：978-7-5720-1276-1，上海教育出版社出版

该书从文化人类学、语言发生学角度，提出人类生活中的人、事、物是语词产生的文化源，并依据文化语言对应、社会生活制约语言的原理，揭示了文化源滋生各类语词的十一条规律，提出了双音节复合词的文化信息钩沉的主张。具体做法就是拆分复合词，追溯其词根的本义和文化源。这种方法除了应用于课堂教学外，也应用于辞书编写。该书还选取81个从古代沿用至今的双音词，作了示范性的阐释。

《〈文选〉音注辑考》

马燕鑫编著，ISBN：978-7-5506-3658-3，凤凰出版社出版

该书集《文选》写本、日钞本、北宋本、尤袤本、陈八郎本等音注于一编，并博采《史记》三家注、《汉书》颜师古等注、《后汉书》李贤注、《三国志》裴松之注、《晋书》何超音义及六朝陈武、诸诠之等赋音与道骞《楚辞音》，为探究中古音韵之古读现象提供了丰富实例。

《吴棫陈第古音古韵比较研究：兼评清代古韵学》

陈鸿儒著，ISBN：978-7-5228-1025-6，社会科学文献出版社出版

该书全面对比了吴棫陈第的古音古韵，梳理了陈第古音及其音证的来龙去脉，认为在中国古韵学史上吴的成就远高于陈第；指出了传统古韵研究理论上与实践上的弊端，认为今人所批评的“叶韵”是古韵研究的理论方法，较之“离析唐韵”，“叶韵”更符合汉语及汉语应用实际；提出了“异质共存”这一概念，认为“异质共存”是汉语研究不可或缺的基础理论。

《吴云金石学丛稿》

（清）吴云编著，ISBN：978-7-5540-2386-0，浙江古籍出版社出版

该书收录清代著名的金石学家吴云的金石学著作刻本、稿本多种，多稀见未传之本。

《吴镇烽金文论集》

吴镇烽著，ISBN：978-7-5732-0591-9，上海古籍出版社出版

该书是作者近60年来所撰学术论文的汇编，共收录论文81篇，主要涉及青铜器与金文相关问题的考辨，以及利用金文等出土文献所做的先秦历史、地理问题的考证，此外还有玺印、封泥、钱币以及学术史等方面的研究，全书分为“史论篇”“考释篇”“鉴赏篇”“史地篇”“其他篇”“附录”六部分，集中反映了作者几十年来的学术成果和研究面貌。

《西北汉简整理及考释》

姚磊著，ISBN：978-7-5227-2254-2，中国社会科学出版社出版

该书围绕居延汉简、居延新简、肩水金关汉简、地湾汉简、玉门关汉简、悬泉汉简、敦煌汉简等西北汉简材料，在学界已有成果的基础上进行释文考订、简册编联和专题研究。

全书共考订西北汉简文字89例，复原“单册”4个、“散简”44个，并对家属出入资料，戍卒、田卒，女性史料，男女年龄分层，赦令以及地湾遗址出土简牍整理情况进行了专题研究。

《西周甲骨探论》（增订本）

王宇信著，ISBN：978-7-5227-1513-1，中国社会科学出版社出版

《西周甲骨探论》初版于1984年，是关于西周甲骨研究的第一部专著。

为把对西周甲骨研究的一些新认识和成果提供给学术界，该次再版不仅修订了原书部分内容，还整合了陆续发表的有关西周甲骨研究论文。

《先秦符节的搜集、整理与研究》

洪德荣著，ISBN：978-7-5473-2171-3，东方出版中心出版

该书对于先秦至秦代（以及少部分的两汉）的符节器物进行图像的搜集整理，对文字、器物形制、历史制度进行了全面研究。

《现代汉语代词及相关形式的指称研究》

吴越著，ISBN：9787522713021，中国社会科学出版社出版

该书在语言类型学理论指导下探讨了现代汉语代词及相关形式的指称问题，包括指示（代）词、疑问（代）词和人称代词及其相关形式。

《现代汉语反诘语气副词研究》

楚艳芳著，ISBN：978-7-5227-1708-1，中国社会科学出版社出版

该书以现代汉语反诘语气副词为研究对象，对《现代汉语词典》（第7版）收录的十九个反诘语气副词的历时形成过程、发展演变特点、意义呈现规律以及词语功能分布等做了详细研究，进而从系统性的角度对这一类词语进行了整体观照，并推测其未来的发展趋势和大致走向。

《现代汉语合偶词研究》

贾林华著，ISBN：978-7-5228-0968-7，社会科学文献出版社出版

该书以 1517 个合偶词为基础，从语言学专业角度提出并论证合偶词必须“双＋双”使用的四大动因，揭示轻动词述宾合偶、状中合偶、主谓合偶、定中合偶这四类合偶结构的韵律本质和语体本质，充分论证合偶词是韵律、语法和语体交互作用的结果，引导读者深入理解现代汉语中常见的合偶现象，挖掘构成汉语韵律之美的合偶现象背后的语言机制。

《现代汉语评价性 V– 起来句的论元实现》

李睿著，ISBN：978-7-5227-1214-7，中国社会科学出版社出版

该书基于题元系统理论，以题元系统和事件转换模型为研究框架，解析现代汉语评价性V—起来句的论元实现过程，旨在为现代汉语非常规论元的实现问题提供合理的解决方案，为探讨汉语句法—语义对应关系提供研究思路。

《现代汉语书面语历时语域变异研究》

李佳蕾著，ISBN：978-7-5228-2208-2，社会科学文献出版社出版

该书考察了近百年现代汉语书面语历时语域演变，探究其背后篇章和修辞功能。首先，新的篇章和修辞功能不断出现，语域功能出现明晰化趋势。“叙事性”和“议论性”从“夹叙夹议”中分离出来，成为独立的维度。其次，现代汉语书面语的互动性和口语化增强。最后，每一时期篇章和修辞维度与特定的社会和历史事件密切相关。

《现代汉语益损者研究：从语义角色到句法实现》

余义兵著，ISBN：978-7-5228-3046-9，社会科学文献出版社出版

该书基于功能语言学的格语法和构式语法，运用普通语言学、语言类型学、认知语言学等理论研究现代汉语的受益者和受损者语义角色范畴。

《现代汉语隐喻簇的认知探究》

刘星著，ISBN：978-7-5227-2395-2，中国社会科学出版社出版

该书以《读者》2012 年全年 24 期（合计 198 万余字）为语料，以包含“人生”隐喻的隐喻簇为案例，对隐喻簇进行了较为系统深入的定性和定量分析。

《现代汉语语法复杂性计量研究》

马清华等编著，ISBN：978-7-305-26287-4，南京大学出版社出版

该书围绕着语法复杂性问题，对汉语语法已有计量成果做了较大规模的归纳整理和深加工，建立起了一个完整的数据体系。

《现代汉语语气词的功能特征研究——以类型学视角》

齐春红著，ISBN：978-7-5227-1144-7，中国社会科学出版社 2022 年出版

该书的研究基于语言类型比较，运用语料库语言学和实验语音学的方法对语气词

“呢”“吗”“吧”“啊”“的”“了”功能特征进行分析，研究时把使用频率作为一个语法项目有无标记的重要标准，在确定了语气词的功能类型特征以后，再依据“普遍性对中介语有制约作用，习得也许遵循着特征层级性次序，无标记 / 弱标记性特征先于有标记 / 强标记特征习得”的规律，通过对非汉语母语者在口语中运用汉语语气成分情况的观察，印证所得到的类型特征的正确性；此外，该书还基于语音实验和跨语言对比分析了现代汉语典型语气词的韵律特征及其与现代汉语语气语调的相互关系，以期丰富对现代汉语语气词的功能类型特征的研究。

《现代日语示证范畴研究》

杨文江著，ISBN：978-7-310-06285-0，南开大学出版社出版

该书对现代日语示证范畴进行了比较全面的描写，并在此基础上提出了日语具有独立的示证范畴这一观点。

《湘西凤凰苗歌译注及语言学研究》

吴芳、刘鸿勇著，ISBN：978-7-5720-1716-2，上海教育出版社出版

该书从语言学角度研究湘西凤凰苗歌。

全书以凤凰县山江镇的现代苗歌为研究对象，概述山江苗歌的音系、词法和句法，介绍苗歌的种类和记录方式；归纳歌词大意，译注每句歌词；从特殊的句法现象入手，对比凤凰苗语的口语，归纳苗歌的语言特点；对苗歌传承人、歌师、研究者和村民作田野调查手记，记录他们对苗歌和苗族文化的认识。

该书附录部分由苗歌的文化词语、歌本样例和词汇表三部分组成。

《写作的规矩》

朱晓农著，ISBN：978-7-5720-2139-8，上海教育出版社出版

该书对标风靡全球的“英语写作圣经”《风格的要素》，从语言学知识出发，为读者学习汉语写作提供参考意见。

全书以“明白第一”为写作总则，围绕“平实”“合理”两大标准，以及标点、图表、文献等其他写作细节，提供 49 款具体可行的写作条例和 5 招极富操作性的写作训练制胜方法，旨在辅导学生训练通用写作能力，协助教师设计写作课程，最终帮助读者摆脱“写作恐惧症”“词不达意病”。

《心理语言学及语言的神经生物学研究方法实用指导》

［荷］Annette M. B. de Groot、［荷］Peter Hagoort 编，ISBN：978-7-5213-4314-4，外语教学与研究出版社出版

该书全面梳理心理语言学研究工具与方法，汇集该领域从经典传统到新兴前沿的各类研究方法与技术，如行为观察法、虚拟现实技术等，并悉心讲解各种方法的理论假设与原理、研究设备与流程、示范案例以及优缺点，为相关研究者打造了一个完备且实用的工具库。

《新编普通话教程·初级》（修订版）

肖正芳、杨长进、张励妍编著，姚德怀统筹，缪锦安主编，ISBN：978-9-6204-5321-2，香港三联书店出版

该书专为香港学习普通话人士编写，为香港普通话教师公认的经典教材。

修订版承续旧版的优点，针对粤语读者普通话学习难点，特别增加了粤普对比、普通话多音字训练等内容。

《新编普通话教程·中级》（修订版）

杨长进、张励妍、肖正芳编著，姚德怀统筹，缪锦安主编，ISBN：978-9-6204-5322-9，香港三联书店出版

该书专为香港学习普通话人士编写，为香港普通话教师公认的经典教材。

中级教程通过大量正音训练，着重提升会话能力，适合有一定基础、希望提升口语对应能力的读者。

《〈新集藏经音义随函录〉研究》（增订本）

郑贤章著，ISBN：978-7-5720-1752-0，上海教育出版社出版

该书共分三篇。上篇内容包括绪论、《随函录》与汉文佛典的校勘、《随函录》与《龙龛手镜》研究、《随函录》与《一切经音义》研究、《随函录》与大型字典的完善、《随函录》同形字研究、《随函录》类化字研究、《随函录》常用俗字形体演变研究等。中篇是俗字汇释，共考释了1500余个疑难俗字。下篇是俗别字谱，收集了近3万个汉文佛典中的俗别体，内有考释按语近7000条。

《新媒体背景下的语言规范化研究》

王岩、邹珉、李慧、杨梓茗著，ISBN：978-7-307-23837-4，武汉大学出版社出版

该书在厘清新媒体、网络语言、流行语、外来语、字母词、语言规范等几个概念的前提下，通过对新媒体背景下产生的语言现象进行尽可能多的收集归类和描写，全面梳理，综合分析，研究其呈现的新特征及发展趋势，指出新媒体背景下语言的语音、词汇、语法及熟语运用的不规范现象，探讨其产生的动因和理据。

《新媒体与网络语言的互动研究》

谢晓明等著，ISBN：978-7-5227-1914-6，中国社会科学出版社出版

该书基于语言与媒介互动视域，把新媒体作为考察网络语言本体与观测网络语言生活的主要视点，从新词新语的共时表征与历时演化、表情符号的概念义建构与多模态协作、语言生活的发展态势与治理体系等多个方面探讨新媒体构造和影响网络语言的机制与动因，并对新媒体与网络语言的互动关系展开多维观照。

《新时代城市语言文明建设研究》

陈新仁等著，ISBN：978-7-03-074931-4，科学出版社出版

该书运用当代语言学、传播学、管理学等理论，辅以社会调研，从理论、语言、问题和对策维度研究城市语言文明建设，涉及语言文明、语言环境、语言规范、语用规范等核心概念及内涵与外延的界定，从语言文明建设、语言治理的高度剖析、评估城市的不文明语言实践及其危害性，探究语言文明在管理部门、企业和个人层面的推广方案和语言不文明治理对策。

《形容词》

李劲荣主编，刘振平著，ISBN：978-7-5619-6283-1，北京语言大学出版社出版

该书共设 69 问，分形容词语法功能的本体研究、偏误分析和教学设计三部分。第一部分着重介绍形容词的基本概念、下位分类、句法功能以及语义特征等方面的基础知识。第二部分主要从汉语学习者的偏误入手，生发出形容词在使用中的偏误问题研究。第三部分则着眼于汉语教学实践，从教学结构和教学过程入手，为汉语教师设计了与形容词相关语法教学内容的教学方案。

《修辞感觉》

［日］佐藤信夫著，肖书文译，ISBN：978-7-100-22005-7，商务印书馆出版

该书梳理了修辞学的发展简史，作者认为，修辞学自亚里士多德集大成以来，便不断摇摆于辩论术和诗学之间，这种两面性历经迂回曲折，一直保持到近代欧洲。

但其中存在一个重大遗漏，那就是忽视了修辞的“发现性认识的造型功能”，它是修辞学的“第三功能”，也是最根本的功能。

作者以此为出发点，对修辞学的七种修辞格做了深刻而独到的界定和阐释。

《虚构话语的意义研究》

刘琼著，ISBN：978-7-5690-5470-5，四川大学出版社出版

该书讨论语言虚构现象及其意义，从语言学、哲学、功能角度分析了虚构的价值，从虚构专名、虚构通名、虚构话语三方面探讨了虚构的语义意义和语用意义，把语言研究同言语行为、意向性、交际性相结合，提出了虚构话语意义解读的读者意向双向渠道、符合论和融贯论结合的真值判断标准，并引向对虚拟技术的理性思考。

《叙实性与事实性理论及其运用》

李新良、袁毓林等著，ISBN：978-7-5213-4434-9，外语教学与研究出版社出版

该书为“外语学科核心话题前沿研究文库 · 语言学核心话题系列丛书 · 普通语言学”中的一部，从理论思考到实践应用，多方位地展示了叙实性与事实性理论的研究成果。

《悬泉汉简》（叁）

甘肃简牍博物馆等编，ISBN：978-7-5475-2023-9，中西书局出版

悬泉置遗址出土汉简三万五千余枚，有字简二万三千枚，经过整理一万八千枚，拟分八

辑出版。

该辑收录原简约二千二百枚(含三件帛书和两件纸文书),彩色图版和红外图版同时呈现,释文紧随其后,末附简牍形制尺寸表。

《学术语篇中的“知识情绪”》

王倩著,ISBN:978-7-5670-3679-6,中国海洋大学出版社出版

该书基于认知语义视角,对英语学术语篇中认知情绪标记语进行多视角研究,除构拟其语义分析框架,揭示不同情感认知语义表征的相似性和独有性外,还探究了不同学科、不同性别学者、跨区域话语社团和不同时期与学术话语情感介入和情感评价的关系,窥探情感、语言、认知、社会文化与学科知识建构之间的联系。

《训诂学》

殷晓杰编著,ISBN:978-7-308-23357-6,浙江大学出版社出版

该书记录了大量的学界经典案例,以传统语言文字学研究和学术前沿动态,试图打造一个全新的内容体系,包括训诂学的功用与内容,训诂的条例、方式和术语,训诂的主要方法等。

《训诂学原理》(增补本)

王宁著,ISBN:978-7-101-16292-9,中华书局出版

该书是一部关于训诂学的相关原理及其应用的学术专著,从古人实际的训诂工作、训诂材料中,总结和概括出训诂学的基础理论。

全书用深入浅出的语言,阐明了训诂学的相关原理,明确了训诂学在当代的学科定位,奠定了当代训诂学的术语体系。

在1996年初版的基础上,作者做了大量的修订和增补工作,删去了原来的三个栏目,更加突出“原理”这个中心内容,保留了原书的16篇文章,又增补了28篇文章,并对全书的结构重新进行了梳理。

《言语社区与语言文化研究:宁夏语言生活调查》

刘晨红著,ISBN:978-7-5227-1194-2,中国社会科学出版社出版

该书调查宁夏语言生活,研究宁夏言语社区语言的动态使用和变异情况以及语言文化特征。

全书首先划分了宁夏言语社区的类型,然后选取典型言语社区调查人们语言能力、语言态度、方言与普通话的使用等情况。

《言语行为:语言哲学论》

[美]约翰·R. 塞尔著,姜望琪译,ISBN:978-7-100-21953-2,商务印书馆出版

该书分为理论和应用两大部分。

理论部分包括五章。第一章说明“语言学哲学”是其方法,“语言哲学”是其研究学科。第二章界定了“表达式、意义、言语行为”的基本概念。第三章以“允诺”为例具体说明了行事行为的结构,并把这种分析扩展到了其他言语行为。第四、第五章分别讨论了作为言语

行为的指称和述谓。

应用部分批驳了当代哲学的三个谬误，论证了指称理论的问题以及如何从事实衍生价值的问题。

《颜师古“古今字”研究》

张青松、关玲著，ISBN：978-7-5228-0919-9，社会科学文献出版社出版

该书全面整理和研究颜师古《汉书注》及《匡谬正俗》中注列的古今字材料，尝试对每一组古今字的字际关系进行分析。

全书有助于正确认识颜师古注释用语古今字的内涵，正确评价颜师古古今字观念的成就和不足，可以为古今字理论研究工作提供学术史方面的具体材料，对于《汉书》的文本整理及辞书编纂亦有一定应用价值。

《扬州新出土宋元明清墓志》

扬州市文物考古研究所编，ISBN：978-7-5732-0540-7，上海古籍出版社出版

该书收录了 92 方扬州市范围新出土的墓志或地券、墓砖等，上起宋朝，下至明清时期，所涵盖的时代范围较广，出土地也较为集中，个别还是成系列的家族墓墓志，具有较强的延续性。

墓主的身份既有达官贵人，也有品阶较低的官员和普通百姓，对于了解当时的社会变迁尤其是明清时期扬州社会经济状况、乡里结构、民间风俗等有重要价值。

同时，所收墓志或地券等资料的书写刊刻形式和物质载体所反映出的信息，也为了解自宋元至明清丧葬礼俗的变迁提供了参考。

《仰绢纬象：马王堆帛书〈五星占〉研究》

任达著，ISBN：978-7-5475-2151-9，中西书局出版

该书运用文献学的方法，首次从古代数术的角度，依据所测天象对《五星占》的占辞进行分类，在帛书拼缀、字词释读、占辞分段等方面进行全面系统的考察。

同时，对其中复原情况较好的占辞的数术含义、天文规律进行阐释和研究，进一步揭示古代天文学的发展规律。

《“一带一路”国家语言状况与语言政策（第 4 卷·非洲）》

王辉主编，ISBN：978-7-5228-1787-3，社会科学文献出版社出版

该书对“一带一路”沿线非洲国家的语言状况与语言政策进行了梳理与总结，具体包括阿尔及利亚、埃塞俄比亚、贝宁、博茨瓦纳等。

各个国家均重视政策的落地实施，但由于缺乏可实施的语言规划方案和相关指导部门，宏观语言政策的切实执行和达成效果不够理想。

国家语言管理不仅应重视相关语言政策法规的提出与制定，还应重视后续的执行实施与效果评估，从而反哺政策的改革与革新。

《一切经音义三种校本合刊》（修订第二版）

徐时仪校注，ISBN：978-7-5732-0515-5，上海古籍出版社出版

玄应的《众经音义》、慧琳的《一切经音义》和希麟的《续一切经音义》，是对汉文佛经中难读难解的字词进行注音释义的著作。三部《音义》所释单字复词三万多条，超过唐宋所有音义书和字韵书，在中国字典、词典和韵书发展史上有着不容忽视的地位。该书首次将三部《音义》汇集一处进行整理，以《高丽藏》本为底本，校以其他写本、刻本和藏本，为读者提供了一个可靠、便于利用的《音义》整理本。该书初版于2008年，2012年出版了修订版。此次出版，又做了进一步修订，改正讹误，增补校记，使原书更加完善。

《一言一语总关情》

李宇明著，ISBN：978-7-5213-4740-1，外语教学与研究出版社出版

该书是李宇明教授20余年来为学生及学界同仁的著作所作序言的汇总集，也收入了陈章太、邢福义、陆俭明、斯波斯基等知名语言学家为李宇明教授专著所作的序言。这些序言从一个方面记录着李宇明教授的学术轨迹，也从一个侧面反映着中国语言学的学术发展。

《伊犁州额鲁特蒙古语元音声学研究》

赵春明著，ISBN：978-7-5228-1095-9，社会科学文献出版社出版

该书在实地调查伊犁州额鲁特话语音的基础上，用实验语音学的理论和方法，利用“伊犁州额鲁特话语音声学参数数据库”，描述了伊犁州额鲁特话元音音段和超音段层面的特征，并揭示了某些语音现象的深层次原因。

《仪顾集——古汉语与古文献研究》

季忠平著，ISBN：978-7-101-16013-0，中华书局2022年出版

该书是有关中古时期汉语史以及文献研究的论文集。汉语史方面涉及汉语词汇、音韵、语法等。文献方面涉及中古文献的校勘、避讳研究等。收录文章约三十篇，总字数约二十万。

《移民背景与上海城市方言的形成》

平悦铃著，ISBN：978-7-309-16569-2，复旦大学出版社出版

该书从移民背景角度对一个特大型移民城市方言作出社会语言学研究，详细阐述了一代和二代移民在上海城市方言形成过程中所产生的影响与所起的作用，运用兴起于西方的社会语言学理论更好地去研究中国的城市方言。该书揭示了在一个特大型都市中，来自不同来源地民系的各种语言心态，为我国城市中的人口、民系、语言使用、语言心态等作了有益的民情调查。

《彝人论彝：语言·文化·认同》

巫达著，ISBN：978-7-5475-2061-1，中西书局出版

该书收录了作者多年来研究语言、文化与人类学的重要作品。作者从彝语出发来探讨彝族文化，语言学方面的研究涉及语音、词源、语法、口语、彝字、彝汉双语的对照分析等，

文化方面的研究涉及彝族的历史、地理、考古等，人类学方面主要探讨了彝族及相关族群的民族和文化认同等。

《益阳兔子山七号井西汉简牍》

湖南省文物考古研究院等编著，ISBN：978-7-5732-0592-6，上海古籍出版社出版

益阳兔子山遗址七号井出土简牍2600余枚，内容是西汉前期长沙国益阳县衙署公文簿籍等。具体记录当时长沙国辖下益阳县、乡、村里行政运作以及官吏、民众的日常生活，是当时基层社会的实录。这批简牍为研究汉初益阳及周边地区的历史文化、法律制度等方面提供了新的史料，有助于推动秦汉史、地方区域史等问题的研究。

《殷墟甲骨文分类与系联整理研究》

彭裕商、吴毅强、韩文博、田国励、丁军伟、钟舒婷、王森编著，ISBN：978-7-5579-1328-1，四川辞书出版社出版

该书对殷墟甲骨文逐片分类和排谱系联，在前人去重、辨伪、缀合及分类和断代等相关研究的基础上，对殷墟甲骨文材料进行分类和系联，并依据事类、人物、地名等线索对各组类甲骨文进行排谱系联，以此呈现出某一事件、人物活动在确定的时段内的完整过程，为殷商历史文化的研究提供众多相互联系的甲骨文材料，提高殷墟甲骨文的利用率。

《殷墟甲骨学概论》

［韩］具隆会著，ISBN：978-7-5227-1978-8，中国社会科学出版社出版

该书从甲骨文的发现问题着手，对早期甲骨学家在研究过程中所面临的困难、甲骨文例、甲骨学的形成和发展、甲骨文分期断代问题，以及中华人民共和国成立之后殷墟考古的重要成就等方面内容进行讨论，旨在回顾、总结甲骨文从1899年被王懿荣发现以来有关甲骨学的基本知识与商代文明、殷墟的面貌，以及自1928年殷墟科学考古发掘以来几代学者在研究探索、保护文物、继承弘扬等方面所取得的重大成果。

《银雀山汉简文字编》

骈宇骞编著，ISBN：978-7-5010-1265-2，文物出版社出版

该书是为在山东省临沂银雀山发掘出的两座西汉墓葬中的竹简所做的文字编。

《隐喻使用中的推理》

徐慈华著，ISBN：978-7-5227-2588-8，中国社会科学出版社出版

该书以符号学为元学科视角，对现代隐喻理论进行了系统梳理，围绕隐喻使用、隐喻论证、多模态隐喻、问题求解等关键问题进行了多角度的分析和探讨。

《隐喻性空间关系构式的认知研究》

张克定著，ISBN：978-7-100-22080-4，商务印书馆出版

该书以英语和汉语实例为语料，运用认知语义学、认知语法、构式语法、概念隐喻等认

知语言学理论，系统探究英汉语隐喻性空间关系构式。

《英汉断定构式的句法语义界面研究》

杨坤著，ISBN：978-7-03-075708-1，科学出版社出版

该书在构式语法理论框架下，对不同类型的英汉简单和复杂断定构式展开讨论，具体涉及其句法、语义、语用及有关成因问题。该书按照断定构式的语义功能，把英汉断定构式分为指别、述谓和同一性陈述三大主要类型，并提出从构式内外部出发，揭示其句法语义成因。

《英汉多重否定的语义研究》

文卫平等著，ISBN：978-7-5227-2777-6，中国社会科学出版社出版

该书对比了英汉多重否定的主要形式、隐含共性、语义机制及多重否定的理据动因，试图对两种语言的多重否定做统一解释。

《英汉功能句法对比研究》

何伟等著，ISBN：978-7-5213-4287-1，外语教学与研究出版社出版

该书从功能句法角度，对英语和汉语两种语言的具体句法范畴和句法关系进行对比，并从认知、思维等层面阐释两种语言之间的差异。

《英汉商务话语隐喻对比研究——基于认知语料库语言学》

孙亚著，ISBN：978-7-5446-7151-4，上海外语教育出版社出版

该书以认知语料库语言学为视角，确立了从语言（隐喻语块）、思维（隐喻映射）和交际（专门意义）三个层面的分析路径，设计了具有可操作性的隐喻分析流程，对比了英汉商务话语的隐喻使用。

《英汉语篇综合对比》

彭宣维著，ISBN：978-7-5446-7830-8，上海外语教育出版社出版

该书以当今国外语言理论“系统功能语言学”为基础，假设语言具有三个维度，即语言的语音系统及其语篇组织、句法系统及其语篇组织、语义系统及其语篇组织，为人们解释和分析一种语言提供了不同的角度。以韩礼德的语义三元理论为前提对语篇范畴进行假设是对比的着眼点和立足点。

《英语认知教学语法：理论与应用》

林正军著，ISBN：978-7-5213-4820-0，外语教学与研究出版社出版

该书基于认知语法和教学语法构建了认知语法教学理论体系，列举了词汇、句子、时态、语态等不同层级和类别的英语认知教学语法研究，从认知的理论视角解读语法项目，从教学实践视角探讨认知语法与教学语法的融合，为革新语法教学理念和提升外语教学效率提供了新的思路。

《英语听力测试设计指导》

［英］Rita Green 著，ISBN：978-7-5213-3895-9，外语教学与研究出版社出版

该书全面展示了听力任务开发的过程，语言简练，避免出现大量术语，同时附带实用建议和详细示例，帮助读者深入理解英语听力测试设计。

《英语语音学与音系学实用教程》（第四版）

［英］Peter Roach 著，ISBN：978-7-5213-3416-6，外语教学与研究出版社 2022 年出版

该书是学习英式语音的权威教材，在世界各高校广泛使用。结构清晰，分析全面，语言通俗易懂，还配有习题和音频，高中以上水平读者亦能阅读，从而掌握英语单词、句子的读音规律，提升语音水平。

《应用语言学定量研究方法与实例解析》

曹贤文著，ISBN：978-7-100-22566-3，商务印书馆出版

该书全面系统地阐述了应用语言学定量研究方法，首先介绍了定量研究的程序、范式特点和统计分析基础，接着以 SPSS 软件的使用为例，讨论了定量研究中常用的定量统计分析方法，包括描述性统计分析、参数估计与假设检验、方差分析、相关分析、回归分析、项目分析和因子分析等。书中还结合研究实例详细阐述了进行定量分析时常用的五种实证研究方法，即问卷调查研究、实验研究、测试测量研究、基于语料库的研究和基于大规模数据库的研究，并讲解了研究报告和学术论文的撰写。

《应用语言学中的质性研究实践导论》

［美］Juanita Heigham、［加］Robert A. Croker 编著，ISBN：978-7-5213-3891-1，外语教学与研究出版社出版

该书详细阐述了质性研究的理论基础、主要研究方法、数据收集方法、质性研究伦理和可信度等，论述了开展质性研究需要掌握的理论、知识、技能和策略。此外，在每一章都提供了具体的研究事例、读前读后的思考问题、深度阅读材料等。

《应用语言学专业词典》

［英］艾伦·戴维斯著，王璐璐、陈芯莹译，ISBN：978-7-100-22478-9，商务印书馆出版

《应用语言学专业词典》（*A Glossary of Applied Linguistics*）由爱丁堡大学出版社出版，旨在介绍和定义应用语言学领域中的核心术语，是一本全面但又袖珍的术语指南。词典收录了应用语言学中常用和有价值的术语，涵盖语言学、心理学、社会学、教育学和测量理论等相关领域。术语词条均按字母顺序排列，并建立多重索引，词典正文后还附有参考书目。

《〈甬言稽诂〉校注及研究》

周志锋著，ISBN：978-7-308-23743-7，浙江大学出版社出版

《甬言稽诂》是近代鄞县人应钟撰写的一部考证宁波方言的著作稿本。

该书内容分为两部分，一是对《甬言稽诂》进行校注，整理出版一部完善可靠的本子，

便于人们阅读和研究；二是对《甬言稽诂》进行研究，考证应钟的生平学行，成书过程及编写体例，探讨该书的学术价值和存在问题。

《有凤来仪：夏含夷教授七十华诞祝寿论文集》

朱渊清、苏荣誉主编，ISBN：978-7-5475-2051-2，中西书局 2022 年出版

该文集共收录芝加哥大学夏含夷教授史学、考古学、古文字学、思想史与技术史等领域的论文 30 篇，具有重要学术意义。

《语法化与语法研究》（十一）

吴福祥、洪波、杨永龙、杨荣祥主编，ISBN：978-7-100-22507-6，商务印书馆出版

该书是第十一届汉语语法化问题学术讨论会暨第二届汉语历史词汇语法研究学术研讨会的论文集。

《语料库研究方法》

许家金等著，ISBN：978-7-5213-4862-0，外语教学与研究出版社出版

语料库研究方法正处于飞速进步与深刻变革的过程中，该书将其发展历程分为"经典时代"和"后经典时代"两个阶段，对传统和前沿语料库研究方法进行系统的呈现和解析。

《语篇的衔接与连贯》

胡建锋著，ISBN：978-7-5619-6277-0，北京语言大学出版社出版

该书基于对外汉语教学的视角，探讨与语篇的衔接和连贯相关的主要内容，包括语篇的衔接与连贯的关系、结构与衔接、指称性与衔接、衔接词语与衔接、衔接与连贯的教学等。

《语气词》

郑家平著，ISBN：978-7-5619-6411-8，北京语言大学出版社出版

该书从理论、知识、习得、教学实践四个方面搭建了语气词的教学知识框架，力图帮助读者了解典型语气词的用法，并掌握在教学实践中分析语气词互动功能的方法。同时，该书通过语气词偏误分析及相关教学案例，为典型语气词的课堂教学提供了直接指导。

《语气副词》

陈晓蕾著，ISBN：978-7-5619-6338-8，北京语言大学出版社出版

该书以普及性和实用性为原则，从理论、知识习得和教学三个方面梳理了语气副词在二语教学中常见的 60 个问题。其中，理论部分从宏观视角解答了语气副词作为一个"类"的共性问题；知识习得部分结合留学生的习得偏误和常见问题，分析了单个语气副词的句法、语义、语用问题及常见易混词的辨析问题；教学部分将理论和实践相结合，探讨了语气副词在教学中的实际问题。

《语言保持与语言转用：社会语言学中的重要论题》

［澳］安妮·波维尔斯著，李艳红译，戴曼纯审订，ISBN：978-7-5213-4638-1，外语教学与研究出版社出版

该书运用语言人口统计学等方法分析了生活在多语言社会中的个人和群体所表现出的语言使用模式，探讨了他们为维护自己的文化遗产与语言所作的努力，为语言实践提供指导性建议。

《语言变化原理：认知和文化因素》

［美］威廉·拉波夫著，石锋等译，ISBN：978-7-100-22276-1，商务印书馆出版

作者首先基于实验的结论证明认知因素与语言变化在跨方言的理解中的效应，随后通过一系列章节展示一种语言演变的全部历史：从起始到终结，进而提出一种方言分化的普遍模型。

《语言的交互主观性研究——以汉语、英语为例》

于东兴著，ISBN：978-7-5326-6002-5，上海辞书出版社出版

该书系统梳理了语言学界现有关于交互主观性的研究，并且融合多学科知识，提出可应用于语言学研究的交互主观性概念和分析维度。主要以语言事实为依据，以交互主观性为分析方法，用汉语和英语的例子来解释有关理论和观点。

《语言的历史》

［新西兰］史蒂文·罗杰·费舍尔著，熊莎译，ISBN：978-7-5217-5193-2，中信出版集团出版

该书是语言学通识读本。

作者首先考察了社会性昆虫、海洋哺乳动物、类人猿的交流方式，这是“语言”概念可能被应用的最初语境。接着描绘了语言从直立人、尼安德特人和智人时代到 19 世纪正式成为一门科学的历史，分析了通用语、接触语等的兴起，以及媒体对当今语言的影响。他眺望未来，展示了数字媒体将如何继续重塑和创造我们的沟通方式。

《语言的起源和语言相对论》

蒋国辉著，ISBN：978-7-5227-1280-2，中国社会科学出版社出版

从语言起源和进化的角度来论述语言相对论，是研究语言相对论的一个全新视角。从起源和进化的角度，人类与任何进化阶段的动物处于不可逾越的鸿沟两边，根本在于人拥有“言语—思维”机制。从语言的起源来看，语言从一产生开始就是形成思想的唯一途径；在语言产生之前，并没有学者现在谈论的（人类）思维和思想。这种观察和思考可以成为检验语言相对论假说的一个新切入点。

《语言的深度计算理论与技术应用》

王璐璐、袁毓林著，ISBN：978-7-5213-4048-8，外语教学与研究出版社出版

该书从理论和技术应用层面全面阐释自然语言处理的深度计算方法，涉及语言学、数学、

计算机科学等多个学科，语言通俗生动、图表直观简明，力求阐释清楚每一个理论和概念，写清楚每一个公式及其演算步骤，并注重阐明理论和方法的来龙去脉，以便读者了解互联网背景下的语言信息处理技术及其应用的理论背景、发展脉络以及应用前景。

《语言的神经心理学手册》（第一卷）

[以] Miriam Faust 编，ISBN：978-7-5213-4324-3，外语教学与研究出版社出版

该书详细介绍了语言和人脑之间关系的基础研究现状，讨论了各种相关理论及其运用问题，并对失语症等临床现象予以描述、分析与解释。

《语言规划讲义》

刘海涛著，ISBN：978-7-100-21847-4，商务印书馆出版

全书按照学科的内在逻辑关系分为八讲，前三讲介绍语言规划学科的基础知识，梳理、分析语言规划的典型案例、定义变迁及历史发展等方面的情况，以鸟瞰视角帮助读者快速了解语言规划学科的概貌；第四至第六讲以理论为导向，重点关注语言规划研究的经典理论框架，介绍了陶里、豪根、库珀、巴尔道夫等人提出的相关理论，并探讨如何运用上述理论开展具体分析，突出理论构建及其应用在语言规划研究中的作用；第七讲主要讨论与语言规划密切相关的国际语学（即国际语言交流的优化或超国家层面的语言规划），并以目前世界上的全功能型计划语言（世界语）为例探讨计划语言的社会化问题，进而阐明计划语言对语言规划研究的意义和价值；第八讲的主题是中国的语言规划实践，尤其是自晚清以来中国近现代的语言规划活动，从历时角度回溯百年语言文字事业的发展对我国国家共同语形成所产生的影响。

《语言教学教程：实践与理论》（第二版）

[英] Penny Ur 著，ISBN：978-7-5213-4320-5，外语教学与研究出版社出版

该书由世界知名英语教学专家 Penny Ur 撰写，共分 20 单元，每单元都以教学中的问题为导向，并辅之以言简意赅的理论框架，再搭配丰富的教学实例、实践建议和教学任务。

《语言教学中的课程设计》（第二版）

[新西兰] Jack C. Richards 著，ISBN：978-7-5213-4319-9，外语教学与研究出版社出版

国际著名语言教育家 Jack C. Richards 用简明的理论、丰富的案例和通俗的语言，系统介绍了外语课程设计的基本原理和实操过程，帮助教师及研究者树立科学的课程观，提升教学效果。

《语言接触视角下近代汉语词汇的生成：以近代中日国语辞典互动为中心》

于飞、崔学森、佟一著，ISBN：978-7-5228-0904-5，社会科学文献出版社出版

为中华文明圈所共享的汉语词汇体系是与外来语言互动的产物，一个突出表现是近代日语中的汉字词对现代汉语词汇形成了某种程度上的“反哺”，为古代汉语向现代汉语体系的顺利过渡提供了便捷的词汇和造词法，即学者所言汉字的“东渐西归”。随着文化交流日益

频繁和通信手段愈加发达，中日词汇出现“你中有我，我中有你”的新局面。基于以上背景，该书选择以《新尔雅》《辞源》等近代汉语代表性工具书为线索，从中日语言接触的角度一窥近代汉语新词产生并扎根的过程。

《语言景观研究的理论与实践》

尚国文著，ISBN：978-7-100-22801-5，商务印书馆出版

该书首先介绍语言景观的研究概况，梳理其分析维度和理论体系，然后选取三个长三角核心城市作为案例，分析和解读我国大城市公共空间语言表征的政策机制、语言实践以及意识形态，探讨语言选择和使用背后的社会、政治、经济、情感等多方面的机制和动因。书中既有语言景观理论和方法的阐述，也有利用比较成熟的概念工具对我国语言景观问题的具体分析。

《语言就是生活》

施春宏著，ISBN：978-7-100-20724-9，商务印书馆 2022 年出版

该书既是一本语言学随笔集，也是一本语言生活的记录簿，还是一本语言学科普书。

全书共收文章76篇，都是关于“语言和生活”的状况与关系的思考：抚摸生活变迁的脉搏，记录语言调节的步伐，展示语言认知的机制，感受语言生活的启发。

《语言考辨与佛经鉴别》

方一新主编，ISBN：978-7-100-22902-9，商务印书馆出版

该书分析总结了国内外学界从语言角度对“可疑佛经”进行考辨研究的成果与不足，并在此基础上提出新的展望。

《语言理解中语义加工的认知和神经机制》

王穗苹、朱祖德著，ISBN：978-7-03-075020-4，科学出版社出版

该书集理论构建和实证研究于一体，结合中文独特的语言学特性，将语义加工分为语义提取与整合两个基本认知成分，采用不同的研究技术和范式，从时空的视角对语义加工的进程和独特神经通路进行探索，构建了语义加工的双通路神经模型。

《语言迷宫》

［美］约翰·H. 麦克沃特著，荣雷译，ISBN：978-7-5133-5110-2，新星出版社出版

约翰·麦克沃特是《语言本能》的作者史蒂芬·平克极为推崇的语言学家，他曾在 TED 发表题为“短信是语言杀手吗？开玩笑吧！”的经典演讲。

该书颠覆了萨丕尔 - 沃尔夫假说的语言决定论，并运用全球大量语言族群的事例来证明并非“语言塑造思想”，思想远比语言更丰富。

该书以诙谐、调侃的语调讲述了俄语、日语、汉语、英语、法语及很多你没有听过的小语种的语法趣事及各族群令人啼笑皆非的语言文化，如有的语言只用一个词来同时表示吃、喝和抽烟。

《语言数字人文与 R 语言实践》

施雅倩、雷蕾著，ISBN：979-7-313-29044-1，上海交通大学出版社出版

该书以实践为导向，详细介绍了如何利用 R 语言进行语言数字人文数据处理，讲解深入浅出，步骤清晰，易于理解和实践操作学习。

该书收录了三个具体的案例，向读者介绍了 R 语言在文献计量学、心理学和传播学领域的实际应用，有助于研究者扩大研究边界，产出语言数字人文新知，提升研究质量。

《语言学概论》

陈保亚、杜兆金著，ISBN：978-7-301-33972-5，北京大学出版社出版

该书是院系专业核心课程教材，为语言学专业本科生提供了较为系统的反映语言学研究的基本知识，行文以问题为线索，风格清晰简明，论证有力，注重引导学生思考相关问题。

全书既反映语言学学科的经典研究成果，也适度反映语言学研究的新进展，为有志于深入学习语言学的本科生同学提供帮助。

同时，该教材为非语言学专业学生提供语言学基本知识，为其进一步将语言学知识与本专业研究相结合提供指导和帮助。

《语言学概论》（增订本）

崔希亮著，ISBN：978-7-100-22230-3，商务印书馆出版

该书充分吸收当前语言学研究的近期新理论成果，全面反映了语言学多个领域的新理论。

除引论外，全书包括语言和语言学、语言与社会、语言与认知、语音、语法、语义、词汇、言语行为、文字、语言的产生和发展、语言的类型和谱系共十一章，系统地介绍了语言学的基本理论。

《语言学课题：语言研究实用指导》（第三版）

［英］Alison Wray、［英］Aileen Bloomer 著，ISBN：978-7-5213-3503-3，外语教学与研究出版社出版

该书介绍了确定语言学研究课题、查找和组织研究素材及撰写符合学术规范论文的方法。

全书不仅提供了 350 多个实用课题想法，还分章节翔实地介绍了写作研究步骤和方法。

《语言学理论应用与语言教学的多维研究》

王盈盈、张芸、赵丽丽著，ISBN：978-7-5068-8532-4，中国书籍出版社出版

该书从多维度对语言学理论与语言教学进行了深入研究。

主要内容包括语言与语言学、语言教学理论等理论内容，介绍了词汇学、句法学、语义学、语用学、文化语言学、应用语言学、系统功能语言学、认知语言学与语料库语言学等理论在语言教学中的应用。

《语言研究》（第 7 版）

［英］乔治·尤尔著，曲长亮译，ISBN：978-7-100-22089-7，商务印书馆出版

该书是畅销多年的经典语言学入门教程，第 1 版出版于 1985 年，目前已修订至第 7 版。

全书以简明扼要的章节呈现内容，以案例引入，从零开始，循序渐进，为读者细致讲解语言学中的基本概念、原理和所有关键要素。

第 7 版在前一版的基础上进行了全面修订，增补了新的材料和研究问题，并对语音学、语义学章节做出重大改动，以反映最新的研究动向。

《语言心理与认知科学分析》

李德高编著，ISBN：978-7-03-072167-9，科学出版社出版

该书分别从字词特征、字词特征影响字词加工、读者在有无句子语境条件下的词间语义联系意识和句子阅读理解加工方面，通过具体实例，简要介绍关于汉语书面语心理研究的科学方法。

《语言与性别》

［美］佩内洛普·埃克特、［美］萨莉·麦康奈尔-吉内特著，丁建新等译，ISBN：978-7-100-22481-9，商务印书馆出版

这是一部导论性质的著作，主要研究性别与语言使用之间的关系，特别强调了语言在实际使用中的实践与变革，以非技术性的方式解释了有关性别与语言的一些关键性概念。该书探索了性别、性身份、性别意识形态与人格变化之间的关系，重点讨论了这些性别变化所涉及的语言竞争与冲突。作者揭示了语言与性别之间的关系是蕴含于社会实践之中的、深层次的、不断变化的。

《语言智能研究》（第 1 卷）

周建设主编，ISBN：978-7-5618-7409-7，天津大学出版社出版

该书不仅用大量材料报告了语言智能研究领域快速发展的现况，还尽量呈现相关方面的发展趋势。

《语音类型》

［美］伊恩·麦迪森著，金俊淑、郑鲜日译，ISBN：978-7-100-22480-2，商务印书馆出版

该书详细介绍了由加州大学洛杉矶分校（UCLA）所创建的音系音段清单数据库（UPSID），分析了其中包含的 317 种语言的音系清单，描写了大量不同类型的语音材料，系统阐述了世界语音的类型和分布特征。

《语音信号数字处理技术》

王晶、易伟明编著，ISBN：978-7-5763-2848-6，北京理工大学出版社出版

该书研究和阐述数字语音信号，即可以在计算机和某些设备中保存和处理的离散时间信号，主要内容涉及数字语音信号处理的基本理论、声音对象的数学分析和建模方法，同时还

介绍了语音信号处理领域的具体应用和前沿技术。

《语音障碍：全面评估与治疗》

［美］凯利·维斯（Kelly Vess）著，周晖、尹恒、蔡晓唐主译，ISBN：978-7-5236-0096-2，中国科学技术出版社出版

该书是专门为儿童言语治疗者提供全面语音障碍评估及干预方法的实用著作。

作者在病史采集、有效行为观察的基础上，使用多种开放性工作表，清晰呈现了儿童语音评估框架，并为干预儿童语音障碍提供了有循证证据支持的最佳实践准则。特色是注重儿童语音评估与训练，大量视频可为读者提供交互式学习机会，进而有效提升读者学习效能。全书涉及多病因的语音障碍评估、鉴别诊断、治疗目标选择、治疗活动、提示选择等，全面阐述了在发育迟缓、孤独症谱系障碍、认知障碍、语言障碍、唐氏综合征、阅读障碍等多种共患疾病时的治疗方法，可为儿童言语–语言治疗专业人员提供高效的学习途径，并进一步促进自我实践技能的内化与发展。

《语用身份论视角下的学术引用行为研究》

张立茵著，ISBN：978-7-5668-3473-7，暨南大学出版社出版

该书基于语用身份论，从身份建构角度发掘学术引用的深层动机，突出与引用行为相关的身份建构的章节属性，阐释特定引用方式的选择动因以及学科方面的差异，综合运用文献、问卷、访谈、语料分析等手段，具体考察学术引用建构以及参与建构的身份类型、分布特征、具体话语实践方式以及学科差异。

《预期与意外》

陈振宇、倪兰主编，ISBN：978-7-5720-2314-9，上海教育出版社出版

该书对汉语中“预期”与“意外”这两大范畴进行了全面回顾，重点讨论了目前所面对的问题和新的突破，以及若干具有典型性的汉语现象。

所涉话题包括对预期和意外理论问题的思考、对具体反预期格式的讨论、对语篇中怎样安排有关预期信息问题的讨论、对具体意外格式的讨论等。

《元代碑刻辑释》

邹虎辑释，臧克和审定，ISBN：978-7-5506-3741-2，凤凰出版社出版

该书为教育部人文社会科学研究青年基金立项资助项目成果，收录已公布的元代碑刻材料 755 通，新出材料时间下限至 2022 年。

每方碑刻简要说明出现的时间、地点，流传情况；碑刻的形制、尺寸、书体等。

所据原石或拓本以刊印清晰、图版完整为原则，广泛吸收前人已有的部分录文、题跋、碑刻文字汇编等研究成果，加以释文校勘，补充阙漏，辨正讹误，并附有《元代碑刻文献目录提要》。

《元刊杂剧三十种新校》

（元）关汉卿等撰，宁希元、宁恢校点，ISBN：978-7-5506-3898-3，凤凰出版社出版

《元刊杂剧三十种》是现存元代杂剧的唯一元刊本，保留了元刊杂剧的原始样貌，具有重要的文献和版本价值。

此次整理，校点者广泛吸收学界研究新成果，对之前的校勘破陈出新，进行了全面修订：1. 修改了初文字讹误；2. 补充校例；3. 修改校例。

《原本玉篇残卷校证》

（南朝）顾野王著，姚永铭校证，ISBN：978-7-5540-2801-8，浙江古籍出版社出版

该书以续修四库本为底本，参校“中华本”，利用现存古籍和日本有关材料，吸收前贤的相关成果，穷尽式搜求《原本玉篇残卷》每个义项的释义和书证出处，校正《残卷》在传抄过程中产生的讹误，增补条目，增补缺漏，为使用者提供一个可以依据的善本。在此过程中，也校正了其他文献的错误。该书是目前为止最为精善的一个《残卷》整理本。

《原生态歌谣修辞研究：以云南诸民族为例》

苏义生著，ISBN：978-7-5228-1601-2，社会科学文献出版社出版

该书围绕原生态歌谣的修辞动因和修辞原则、原生态歌谣的修辞现象、原生态歌谣的修辞效果等问题开展研究，对云南少数民族汉调歌谣特有的修辞规律及价值进行阐释，以田野调查的统计数据为基础，第一次对云南特有民族汉调歌谣颜色词的运用规律进行了厘定，较为深入地探讨了云南特有民族歌谣颜色词修辞的模糊性、渗透性及独特性等特征。

《岳麓书院藏秦简（肆—柒）文字编》

陈松长等编，ISBN：978-7-5326-6073-9，上海辞书出版社出版

该书选取已出版的《岳麓书院藏秦简》肆至柒卷中的简牍文字，以《说文解字》为序、以文字编的形式编辑出版，每一字头下包含该字头所属卷数、组别、简号和辞例等。

《岳麓书院藏秦简（贰）汇释今译》

张玉金、李明茹著，ISBN：978-7-5668-3276-4，暨南大学出版社出版

该书以岳麓书院藏秦简《数》为研究对象，包括释文、校记、汇释、算法解析和今译五部分，不仅通过人工摹写还原简牍原貌，弥补当下出土战国文献研究在摹本上的缺憾，还通过互校不同版本的释文和吸收最新的校订成果，用简洁的现代汉语对简牍的内涵进行细致的解读，对出土战国文献的搜集、整理与研究具有突出文献价值和抢救性意义。

《粤港澳大湾区语言生活状况报告（2023）》

屈哨兵主编，ISBN：978-7-100-22468-0，商务印书馆出版

该书分社群、领域、教育、广州、港澳、自贸区等六个板块，对粤港澳大湾区的语言生活进行深入调查和描写，并就相关方面的改进提出意见和建议。这是一项详细描写湾区语言生活的集体性成果。

《粤语会话宝典：从起居、社交、工作到文化的广东话万用表达，冚唪呤都喺度》（港版）

郑定欧编著，ISBN：978-9-6204-4971-0，三联书店（香港）有限公司出版

该书是粤语会话应对的工具书，以真实情景体验、传意功能提升和惯用词组学习“三合一”的形式编写设计，涵盖粤语会话的基本字词、语法结构、地道俚语及高频短句等，让读者沉浸在生动鬼马、港味十足的情境中，轻松应对日常交谈与工作生活。

《韵海镜源——音韵文字论集》

黄耀堃著，香港中文大学出版社出版

该书汇集了作者近年有关音韵文字的论文：有对长期难以确解的文献的解读，如保存于日本的《卢宗迈切韵法》，黑水城出土的《解释歌义》等；也有对成说的考辨，如现存《切韵指掌图》和《四声等子》的真伪问题等。

《藏缅语演化网络研究》

高天俊著，ISBN：978-7-5732-0753-1，上海古籍出版社出版

该书利用大规模汉藏语系语言基本词汇数据库，运用演化生物学中最新发展出来的种系发生理论和演化网生成方法，研究中国境内藏缅语族诸语言的谱系关系和演化网络。

该书对演化网络理论及方法在藏缅语演化历史研究中进行应用的可能性进行了讨论与分析，提出了一套基于统计学规律的计算机辅助识别语音对应规律和关系词识别方法，并以核心关系词为材料重建了藏缅语演化网。

《藏缅语族语言词汇》（修订增补版）

黄布凡主编，木乃热哈副主编，ISBN：978-7-105-16839-2，民族出版社 2022 年出版

该书分词汇和语音两部分，词汇部分汇编了 66 种藏缅语族语言（含方言）包括基本词在内的常用词 1822 个词汇，118000 余个词条。每个词条有汉义和音义，按词类兼顾意义排列。语音部分介绍了各相关语言（方言）的音位系统和各种语言分布、使用人群、方言划分以及文字情况。

该书涵盖了目前所发现的中国境内所有藏缅语族语言，不仅为汉藏语研究提供了语言材料，对于民族学、历史学、文化比较等研究也具有参考价值。

《战国秦楚简帛与中医药》

张炜、王丽丽、陈丽云著，ISBN：978-7-5671-4595-5，上海大学出版社出版

该书以《简牍集成》《楚地出土战国简册合集》《清华大学藏战国竹简》中的战国秦楚简帛为蓝本，从里耶秦简、放马滩秦简、睡虎地秦简、包山楚简、望山楚简、葛陵楚简、周家台秦简、北京大学藏战国秦简、清华大学藏战国楚简、长沙子弹库楚帛书、上海博物馆藏楚简等十一处战国秦楚简帛入手，对其中涉医的战国秦楚简帛进行全面系统的分类整理与比较研究，并充分吸收反映考古学、古文字学、简牍学、医史学、中医文献学等学科的新相关研究成果，旨在初步揭示战国时期的卫生状况、疾病谱系、治疗方法（针灸、按摩、祝由、

汤药）、医学理论（阴阳五行、六淫治病、运气学说、经络学说）、养生导引、巫医巫术、古方药物、药物炮制、服药宜忌、养生与保健、生殖健康、疾病与转归、传染病管理、活体与尸体检验等方面的真实面貌。

《张揖〈古今字诂〉辑佚与研究》

苏天运著，ISBN：978-7-5228-0958-8，社会科学文献出版社 2022 年出版

该书立足《古今字诂》辑佚材料的全面搜集与整理，认为张揖并没有自己独立的“古今字”思想，《古今字诂》只是收集了汉魏时期训诂学家们注释过的“古今字”材料，反映的是汉魏时期“古今字”研究的成果，张揖自己或许略有补充而已；《古今字诂》是在汉代“古今字”研究基础上，专门收集汉魏文献训诂中涉及古今不同用字的材料，并以今字为字头进行分部编排的训诂工具书，书名的含义应该是“具有古今对应关系的字的训释”。

《漳州闽南语趣谈》

高然著，ISBN：978-7-5232-0156-5，世界图书出版广东有限公司出版

该书收录了 78 篇与漳州闽南语相关的语言趣味短篇文章，从概论、语音、词汇、语法、语用等 5 个专题入手，不仅简单介绍了漳州闽南语语音的基础知识，还按专题分类收录了漳州闽南语的各种趣闻轶事，是一本深入浅出讲解语言现象的通俗性读物。该书多采用通俗化的语句，少用或不用专业术语，以便更好地传播和普及漳州闽南语的知识和文化。

《漳州闽南语诗词》

高然著，ISBN：978-7-5232-0070-4，世界图书出版广东有限公司出版

该书主要收录了以漳州闽南语口语为语言基础的传统古体格律诗词共 270 首，所有诗词均配有音频及国际音标，并附有词语解释，帮助读者理解诗词的内容，集知识性、趣味性和生动性于一体。

该书的诗词既是漳州闽南语地区语言文化风俗习惯的浓缩反映，又为了解漳州地区传统文化和历史提供了重要视角。

《漳州闽南语笑话》

高然编著，ISBN：978-7-5232-0157-2，世界图书出版广东有限公司出版

该书主要搜集整理了漳州地区流传较广的 60 篇闽南语笑话故事，文字通俗、生动、地道，每一篇笑话故事都标注了国际音标和词语释义，集知识性、趣味性和生动性于一体。这些笑话故事是漳州闽南语地区语言文化风俗习惯的浓缩反映，也是了解漳州地区传统文化和历史的重要角度。该书所有笑话故事均配有漳州闽南语音频。

《郑风韩韵——郑韩故城近出东周青铜器精粹》

河南省文物考古研究院、武汉大学历史学院考古系编著，ISBN：978-7-5732-0948-1，上海古籍出版社出版

该书收录郑韩故城遗址近年来考古发掘出土的青铜器 200 余件，图片约 530 张，包括器

物照片484张、线图46张，另有拓片若干张，并有出土信息、器物描述等内容，比较深入地展现了郑韩故城所代表的春秋战国时代中原地区的青铜器文明。

《郑珍小学研究》

史光辉、姚权贵著，ISBN：978-7-5732-0622-0，上海古籍出版社出版

该书在对郑珍小学著述系统梳理与考证的基础上，总结了郑珍小学的内容、方法和特色；并通过与清儒段玉裁、王念孙、王引之、钱大昕、孙诒让等的比较，客观评价了郑珍小学的成就及影响。

《知之不若行之：不同语法体系对日语习得效果的影响》

蔡妍著，ISBN：978-7-5228-1738-5，社会科学文献出版社出版

该书梳理了学校语法和日语教学语法在教学思维、术语命名、教学逻辑、教学理念四个方面的差异，考察了这些差异对中国日语学习者初级核心语法项目习得效果的影响。

《中古汉语状态形容词研究》

余忠著，ISBN：978-7-310-06310-9，南开大学出版社出版

该书主要围绕中古汉语状态形容词的界定标准、结构类型、语法功能、音义特征、构词方式等方面展开研究。

该书可以为古汉语状态形容词的界定及遴选方法提供参考；可以促进汉语状态形容词与联绵词的结合研究，扩展联绵词的研究领域；可以填补中古汉语状态形容词研究以及汉语状态形容词历时比较研究成果的不足，为汉语史的研究提供有益的补充。

《中古上声字在现代方言中的演变研究》

许芃著，ISBN：978-7-5227-0536-1，中国社会科学出版社2022年出版

该书利用已出版的有代表性的310个方言点调查语料，对中古上声字在现代方言中的演变情况进行了梳理。归纳出了若干种演变类型，对中古上声字演变类型的主要分布区域及其演变格局进行了总结。

在此基础上，该书从内因、外因两方面分析了中古上声字在现代方言中的演变原因：内因包括调值的相似度、连读变调的影响、声母的影响、词汇语法的影响、文字的影响；外因包括移民的影响、邻近方言的影响。

此外，该书从调类归属、辖字范围等方面比较了中古上声字在赣语和客语、平话和粤语、客赣语和粤语等相关方言中的演变情况，并对相关问题进行了一定的探讨。

最后，该书在前述研究内容的基础上进一步揭示出中古上声字在现代方言中的演变特征与规律。

《中古阳声韵韵尾在现代汉语方言中的读音类型》

张燕芬著，ISBN：978-7-100-23041-4，商务印书馆出版

该书是一部探讨中古阳声韵韵尾在现代方言中如何演变的著作。

作者以“汉语方言地图集数据库”930个方言点的178个阳声韵字为研究对象，归纳以《切韵》音系为代表的中古阳声韵韵尾在现代汉语方言中的读音类型，分析阳声韵九摄的演变情况，在此基础上探讨阳声韵韵尾演变的途径、条件和动因。

研究中古阳声韵韵尾在现代汉语方言中的读音类型是构建汉语语音史不可或缺的工作，也有助于全面认识汉语结构格局和语音系统，将为普通语言学和历史比较语言学的研究提供重要的参考资料，从而丰富语音演变理论的研究。

《中国大学生德语语音语调习得研究》

丁红卫著，ISBN：978-7-313-27458-8，上海交通大学出版社出版

该书是调查中国大学生德语语音语调习得的研究，适合二语习得研究者使用。

《中国地方志方言资料总目》

汪启明主编，ISBN：978-7-5643-9049-5，西南交通大学出版社出版

《中国地方志方言资料总目》是我国1192年至2015年县级以上新旧地方志中方言资料的总汇目录。

该书辑录的方言范围包括大方言区下的官话和非官话，也包括仅通用于个别城镇的土语；辑录的具体内容包括方言的语音、词汇、语法；辑录的资料主要来自方言专志，新旧地方志中专设的与方言有关的卷次，以及散见于风俗和舆地等篇中的方言资料。

排序以2015年我国县级以上行政区划代码中的地名为准，分上、下两编，上编辑录旧志中的方言资料，按照志书名、编撰者、版本、卷次排序；下编辑录新志中的方言资料，按照志书名、编撰者、篇章（含页码）、出版者和出版年份排序。

该书的出版为中国古代语言学、语音学、文字学、方言学等的研究检索提供了便利。

《中国方言区英语学习者语音习得的跨学科研究》

李爱军编著，ISBN：978-7-5227-2716-5，中国社会科学出版社出版

该书呈现了面向不同方言区英语学习者的发音开展跨学科的系统性研究的成果。

通过构建大规模中国方言区学习者发音数据库AESOP-CASS，从语音产出上揭示不同方言区英语学习者在音段、语调、节奏、韵律等多方面的偏误；从语音感知、认知角度考察学习者能否将语调的形式与语用功能结合起来；面向英语发音教学，利用深度学习技术，构建了中国英语学习者L2英语韵律自动标注系统；结合生理和声学数据进行三维发音建模研究，开发三维发音训练平台、语调可视化训练平台、基于学习者发音语料库的语音学习平台等原型系统。

该书还介绍了语音学基础以及二语语音习得理论，适用于英语学习者，以及从事英语二语习得与教学研究的教师、研究生和科研人员。

《中国古代墓志研究》

王连龙著，ISBN：978-7-5228-1036-2，社会科学文献出版社出版

该书邀请了国内外学术界墓志研究领域的40名专家，就墓志研究进行深入论述。

全书分为上、下两编，上编为“通论”，按时代顺序收录历代墓志研究综述，下编为“专

题”，为墓志专题研究成果。

《中国古代姓氏与避讳起源》

虞万里著，ISBN：978-7-5760-3578-0，华东师范大学出版社出版

该书分两部分，分别考述中国古代姓氏与避讳的起源问题，是在《姓氏起源新论》《商周称谓与中国古代避讳起源》诸学术论文之基础上，根据新出土文献及发掘既有文史资料写成。

所论包括“姓氏涵义”“姓氏学家对姓与氏区别与界定”“西周封建、册命同姓与赐姓命氏”“周代礼制、礼俗所见同姓、异姓之等级与待遇”“氏为远古所传，姓为西周所重”“称谓的社会等级制”“商周称谓之考察”“名字、爵号、谥号、庙号与避讳心理的演化”“先秦礼书所载之讳礼”“由避讳制溯论其原始禁忌形态”等问题。

《中国文字学》

唐兰著，ISBN：978-7-5732-0574-2，上海古籍出版社出版

该书用新的观点系统研究汉字字形，从语言学以及世界各区域文字的宏观视野，阐述中国文字学的范围及新领域，评述了中国文字学的发展过程。

书中明确了中国文字学的研究对象，确立了中国语言文字在世界语言文字史上的地位，解决了中国文字的起源问题，重申了“三书说”，系统论述了汉字演化、变革的历史，至今仍有重要的学术价值。

《中国文字学手册》

臧克和等著，ISBN：978-7-5760-4208-5，华东师范大学出版社出版

该书既讲究学科知识体系，又能及时反映文字学专业诸多领域各种新史料及研究新进展，内容覆盖中国文字学科几乎所有重要的问题，并汇总当今文字学研究的前沿成果。

全书涉及的文字材料覆盖自殷商甲骨到明清整个汉字发展史各个时段各种类型的文字、现代汉字、近 20 种中国少数民族文字以及日本、韩国、越南等汉字文化圈的汉字。

《中国训诂学》

冯浩菲著，ISBN：978-7-5607-7654-5，山东大学出版社出版

该书的基本目的是通过学习，让热心训诂学和训诂事业的人员既能够看懂历代群书旧注，又能够掌握系统的科学的训诂学知识。

全书介绍中国历代群籍训诂著作中所反映出来的训诂学体系——训诂体式、训诂方法、训诂理论，其中又以训诂方法的介绍为主，旁及中国训诂学发展概况、训诂体式、句读与标点、校勘、作序、标音、释词、解句、揭示语法、揭明写法、综合性训解，后附训诂学重要用语索引、主要训式索引。

《中国语言生活状况报告（2023）》

国家语言文字工作委员会组编，ISBN：978-7-100-22467-3，商务印书馆出版

该书反映 2022 年我国语言生活中的重大事件、热点问题和实态数据，为国家相关部门

的决策提供参考，为语言文字研究者、产品开发者和社会其他应用者提供语言服务。

全书分为七部分：一、特稿篇；二、工作篇；三、领域篇；四、热点篇；五、字词语篇；六、港澳台篇；七、参考篇。

该书特别关注北京冬奥会的语言服务、中国服贸会语言服务、快速推进的应急语言服务工作、手语数字人服务听障群体状况、国家通用语言文字在南疆企业使用情况、纪录片《“字”从遇见你》火出圈、“看不懂汉字吗”成服务禁语、“中国式现代化”走进语言生活、香港少数族裔小学生中文写作能力现状、俄罗斯联邦的语言政策及其规划等热点和年度重点话题。

《中国语言学年鉴 2023》

张伯江主编，ISBN：978-7-5227-2855-1，中国社会科学出版社出版

该书立足中国特色哲学社会科学学科体系、学术体系、话语体系建设，充分领会新时代新年鉴的任务和要求，对 2022 年中国语言学界的主要研究进展、学术动态和学科建设等进行了系统的梳理和介绍，并试图对该年度各领域的学术发展做出高站位的观察和评判。

《中国语言政策研究报告（2023）》

国家语言文字工作委员会组编，ISBN：978-7-100-22373-7，商务印书馆出版

该书介绍国内关于语言政策的年度研究状况，包括 5 个部分。

“热点综述”根据话题重要性、内容创新性、文献集中度等情况，遴选热点话题进行研究综述。

“论点摘编”根据研究内容的代表性、创新性、资政价值等情况，摘编介绍相关研究的主要观点和思考建言。

“学术动态”介绍相关科研课题立结项情况，综述主要学术会议研究内容。

“专题研究”遴选当前语言政策研究与实践中的重要议题进行专题研究。

“附录”梳理盘点语言政策研究主要学术会议和学术著作。

全书力求多维度、多层次，较全面、系统地报告我国语言政策领域的年度学情，服务政府的语言文字决策，服务学界的语言文字研究。

《中国语言资源集 · 广东（词汇卷）》

林伦伦、甘于恩、庄初升主编，ISBN：978-7-5227-0853-9，中国社会科学出版社 2022 年出版

词汇卷收录了广东省粤、客、闽方言及粤北土话 72 个调查点各 1200 条的基本词汇材料。

每 3 条词以两个蝴蝶页对照表的形式排列，第一个蝴蝶页是粤方言 38 个点，第二个蝴蝶页依次是客家方言、粤北土话和闽方言共 34 个点。

《中国语言资源集 · 广东（口头文化卷）》

严修鸿主编，ISBN：978-7-5227-0854-6，中国社会科学出版社 2022 年出版

口头文化卷收录了广东省粤、客、闽方言及粤北土话 72 个调查点的童谣、谚语、俗语、传说、故事及曲艺戏剧等语言材料，反映南粤大地丰富的人文历史，记载民俗风情，留下了

生动有趣的文学表达。

《中国语言资源集·广东（语法卷）》

甘于恩主编，ISBN：978-7-5227-0852-2，中国社会科学出版社 2022 年出版

语法卷收录了广东省粤、客、闽方言及粤北土话 72 个调查点的语法材料。

全书按照粤方言、客家方言、粤北土话和闽方言的顺序，排列 50 个例句的方言表述。

每个例句单独一个表格，普通话例句位于表格上方，左侧为方言点名称，右侧为例句的汉字转写和相应的国际音标注音。

《中国语言资源集·广东（语音卷）》

庄初升、贝先明主编，ISBN：978-7-5227-0851-5，中国社会科学出版社 2022 年出版

语音卷收录了广东省粤、客、闽方言及粤北土话 72 个调查点的概况及语音材料。

第一册介绍了 72 个调查点及发音人的基本情况，并归纳了各调查点的音系；第二册主要是 72 个调查点 1000 个字音的对照表，每 8 个字以两个蝴蝶页对照排列，第一个蝴蝶页是粤方言 38 个点，第二个蝴蝶页依次是客家方言、粤北土话和闽方言共 34 个点。

《中国语言资源集·河北（词汇卷）》

吴继章主编，ISBN：978-7-100-22450-5，商务印书馆出版

该书所列方言材料是调查团队历时多年实地调查的一手资料，内容涵盖了河北境内晋语、冀鲁官话、北京官话、中原官话 35 个方言点的部分语言和文化特点。词汇卷主要以表格的形式展示河北省 35 个调查点的 1200 个普通话词目对应的河北方言词汇情况。表格每页以词目为列，以方言调查点为行。词目以《中国语言资源调查手册·汉语方言》中的“词汇（方言老男）”所列 1200 个词目为序，标注了每个词目对应的河北方言词语的读音和必要的解释说明文字，以便于不同方言点之间进行比较。

《中国语言资源集·河南（口头文化卷）》

辛永芬、王新宇、段亚广主编，ISBN：978-7-5227-2225-2，中国社会科学出版社出版

该书是“中国语言资源保护工程·河南汉语方言调查”系列专项调查任务的标志性成果之一，汇集了 33 个调查点的歌谣、故事、谚语、歇后语以及地方戏曲等内容，反映了河南各地丰富的人文历史，以期为河南语言文化资源的保护和传承提供有益的参考。

《中国语言资源集·河南（语法卷）》

辛永芬、王新宇、段亚广主编，ISBN：978-7-5227-2231-3，中国社会科学出版社出版

《中国语言资源集·河南》为“中国语言资源保护工程·河南汉语方言调查”系列专项调查任务的标志性成果之一，涵盖了河南省境内中原官话和晋语两大方言区的 33 个方言点的语音、词汇、语法和口头文化调查材料。

该书为语法卷，包括 33 个调查点的 50 个语法例句对照表，以期为河南汉语方言语法研究、汉语方言语法比较研究以及河南语言文化资源的保护与传承提供有益的参考。

《中国语言资源集·河南（语音卷）》

辛永芬、王新宇、段亚广编，ISBN：978-7-5227-2224-5，中国社会科学出版社出版

该书为语音卷，包括33个调查点的语音系统、各种音变和1000个字的字音对照表，以期为河南汉语方言语音研究、汉语方言语音比较研究以及河南语言文化资源的保护与传承提供有益的参考。

《中国语言资源集·吉林》

秦曰龙、邹德文主编，ISBN：978-7-5771-0167-5，东北师范大学出版社出版

该书共计3册4卷：语音卷1册、词汇卷1册、语法例句与口头文化卷1册，总字数120余万，详细收录了吉林省内14个汉语方言点的语料。

其中，语音卷主要包括概况、14个调查点的音系（含声韵调、连读变调、异读、儿化、其他音变）及1000个单字的字音对照；词汇卷列表展示14个方言调查点1200条词语的不同说法；语法卷列表对照展示14个方言点的50条语法例句；口头文化卷呈现了各调查点特色鲜明的歌谣、故事等原创性语料。

该书收列方言材料均为调查编写团队历经数年实地调查所得的第一手语料，较为全面、系统地展示了吉林省汉语方言文化的特点，是一部汇集吉林省汉语方言文化资源的学术著作。

《中国语言资源集·四川》

袁雪梅、周及徐主编，ISBN： 978-7-01-025368-8，人民出版社出版

该书依托前期四川91个方言调查点的数据资料，对调查点方言及口传文化进行全面调查、记录、描写，通过科学整理和加工，建成大规模、可持续增长的多媒体语言资源库，是对当代四川汉语方言最为全面的调查之成果的反映。

91个调查点包括成都、郫县、简阳等，每个调查点的内容包括语音、词汇、语法、口头文化4个部分，采取列表方式展示全部数据。

该项目一套含6分册，每分册共计约700页。总页数4200页，严格按照《中国语言资源集（分省）实施方案》及《中国语言资源集（分省）编写出版规范》（2019年修订）编写。

《中国语言资源集·浙江》

王洪钟、黄晓东、叶晗、孙宜志主编，ISBN：978-7-308-23129-9，浙江大学出版社出版

该书是中国语言资源保护工程标志性成果“中国语言资源集”出版的第八部成果。

共收录了浙江省内88个汉语方言点的语料。

全书共有语音卷3册、词汇卷4册、语法卷1册、口头文化卷3册。

语音卷包括各调查点的音系和1000个单字的字音对照；词汇卷收录了各调查点的1200条方言词语；语法卷收录了各调查点的50条语法例句；口头文化卷呈现了各调查点特色鲜明的歌谣、故事等原创性语料。

《中国早期思想史与文献研究》

廖名春著，ISBN：978-7-302-63111-8，清华大学出版社出版

该书是关于中国早期思想史及相关文献研究的论文集。其中与《论语》相关者六篇，与《周易》相关者四篇，与《尚书》相关者四篇，与《老子》相关者三篇，与《礼记》相关者五篇，与《孟子》相关者四篇，与《荀子》相关者六篇。主要是通过文字、音韵、训诂等小学手段，考证、解决思想史上的重要问题。

《中西书写体系的认知效应研究》

余志为著，ISBN：978-7-03-075707-4，科学出版社出版

该书对比研究中西书写体系，即中国象形文字书写体系与西方拼音文字书写体系。具体包括两种文字系统的形构方法、媒介形态、书写款式，分析其在不同主导媒介时期的艺术观念和认知效应。

该书借鉴认知科学领域的研究成果，讨论了不同文化环境中的书写体系的脑认知表现，揭示了书写体系影响感知和观念的深层原因。

全书围绕作为媒介的书写体系如何影响中西认知思维模式这一主论题展开。

《周家台秦墓简牍等三种汇释今译》

吴辛丑、林慧著，ISBN：978-7-5668-3279-5，暨南大学出版社出版

该书包括释文、汇释、校记和今译四部分，不仅通过人工摹写还原简牍原貌，弥补当下出土战国文献研究在摹本上的不足和缺憾，还通过互校不同版本的释文和吸收最新的校订成果，用简洁的现代汉语对简牍的内涵进行细致的解读，对于出土战国文献的搜集、整理与研究具有突出文献价值和抢救性意义。

《周易讲辞》

万献初著，ISBN：978-7-101-16362-9，中华书局出版

该书主要通讲《周易》经文的字句文辞，所用方法为以字解经、依传解经、据史解经及用现实解经，义理与象数相互阐发，数理取象尽量得到史事印证，既不虚弄象数，也不空谈玄理。

《周有光语文现代化理论体系建构》

施麟麒著，ISBN：978-7-308-23849-6，浙江大学出版社出版

该书将周有光的语文现代化理论从其学术体系中分离出来进行专题研究，全书的核心内容包括理论土壤、理论基石、理论本体、理论发展、方法梳理、问题争鸣、评价反思等七个维度，运用建构主义的原则，结合语言学和语用学的研究方法，依据大量文献资料，对该理论进行了系统的梳理、重构、讨论、评估。

《周有光语言文字学研究资料选编》

彭利贞、韦爱秀主编，ISBN：978-7-308-23254-8，浙江大学出版社出版

该书收录的是对周有光语言文字学研究的研究，即对周有光先生的语言文字学研究成果的

分析和探讨，大部分是发表于期刊的学术论文，也有少量关于周有光先生语言文字学研究的述评或报道，从多个方面反映了周有光毕生对语言学、文化事业、文化界诸人诸事的心得、看法。

《朱熹语音及语音思想研究——以叶音为核心》

刘晓南著，ISBN：978-7-5732-0992-4，上海古籍出版社出版

这是一部研究南宋朱熹语音的专著，分上、下两卷。上卷探讨叶音的现象、沿革和作用，下卷从朱熹古音、宋代通语语音和宋代闽音三个方面考察朱熹文献中的历史语音。

《朱子语类》

（宋）黄士毅编，徐时仪、杨立军整理，ISBN：978-7-5732-0572-8，上海古籍出版社出版

本次整理以注重保存朱子讲学原貌的徽州本为底本，同时广泛参考其余版本，并吸取学界相关校勘考订成果，简体横排，标专名线，旨在为大众提供一部底本可靠、校勘精良同时又便于阅读的《朱子语类》。

《助词“了”》

邵洪亮著，ISBN：978-7-5619-6275-6，北京语言大学出版社出版

该书凸显了词尾“了”和句末“了”的密切关系，将二者作为同一个体标记在不同位置上的分布来处理。

全书搜集、梳理了大量二语教学中与“了”相关的问题，将其归入“性质与功能”“联系与区别”“连用与共现”“偏误与原因”“教学与实践”五个部分，并加以分析、讲解。这些问题整合起来便是对“了”的功能、用法与教学的系统全面的梳理。

《祝鸿熹文集》

祝鸿熹著，ISBN：978-7-308-24048-2，浙江大学出版社出版

该书包括《祝鸿熹汉语论集》《古汉语常用字词新解百题》《古代汉语三百题》三种。

其中《祝鸿熹汉语论集》为祝鸿熹先生语言文字学方面有重要影响的论文结集；《古汉语常用字词新解百题》是古汉语普及读物，从古汉语常用语词的辨识、解析入手，熔学术性、通俗性、趣味性于一炉；《古代汉语三百题》以问答形式介绍古代汉语的诸多基本知识，为学习古代汉语提示要点、解释疑点、辨析难点。

《字本论——汉字基因密码解读》

王业奇、马遂莲著，ISBN：978-7-310-06297-3，南开大学出版社出版

该书论述汉字的根本——字形，追溯字形的演变历史，分析汉字的形义关系，说解汉字的意义发展，破译汉字的基因密码，求索中华传统文化与历久弥新的汉字之间“互释互证”的深层关联。

全书从表形构件探究汉字意义源头，从形义构件推导汉字意义依托，从字形演变中考察汉字形义关系，从文字历史中梳理文化兴衰的轨迹。

《自然语言处理导论》

张奇、桂韬、黄萱菁著，ISBN：978-7-121-46032-6，电子工业出版社出版

该书内容涵盖了从字、词、短语、句子、段落到篇章等不同粒度的文本处理技术，以及从处理、理解、认知、生成等多种维度的自然语言处理支撑各类应用的核心技术，还有针对基于机器学习模型稳健性和可解释性问题的深入讨论。

《自然语言的事件语义学研究》

李可胜著，ISBN：978-7-03-069713-4，科学出版社出版

该书内容可分为两部分：第一部分是理论研究，即将经典外延构体论拓展为事件的多维外延构体论，并基于此构建了一个形式语义系统 *MEM，与现有研究相比，*MEM 可以从多个维度对事件语义做更为精细化的刻画；第二部分是以多维构体论为基础，构建了形式语义系统，通过对现有的组合范畴语法理论稍做调整和修改，使得 *MEM 公式可以作为自然语言的形式语义表征被纳入到组合范畴语法的形式系统中，从而实现自然语言的句法语义并行推演。

（张洁、马华阳编写）

学术项目

2019—2023年度国家社科基金重大项目（语言学）立项名单

序号	年度数量	项目批准号	项目名称	项目负责人	工作单位
1	2019	19ZDA299	中国与世界主要国家的国家语言能力比较研究	苏金智	江苏师范大学
2	2019	19ZDA300	中国境内语言核心词汇声学数据库及计算研究	冉启斌	南开大学
3	2019	19ZDA301	中医药基本名词术语挖掘、整理及翻译标准化研究	严世芸	上海中医药大学
4	2019	19ZDA302	中国阿尔泰语系语言比较研究	朝　克	中国社会科学院民族文学研究所
5	2019	19ZDA303	上海城市方言现状与历史研究及数据库建设	陈忠敏	复旦大学
6	2019	19ZDA304	壮语参考语法的研究与编纂	陆天桥	江苏师范大学
7	2019	19ZDA305	20世纪中叶浙江方言调查资料的整理、研究与数据库建设	徐　越	杭州师范大学
8	2019	19ZDA306	回鹘式蒙古文文献数据库建设	那顺乌日	内蒙古大学
9	2019	19ZDA307	苏皖鄂赣江淮官话与周边方言的接触演变研究及数据库建设	顾　黔	南京大学
10	2019	19ZDA308	明清民国珍稀时音韵书韵图整理集成与研究	张玉来	南京大学
11	2019	19ZDA309	明代至民国西北地区契约文书整理、语言文字研究及数据库建设	黑维强	陕西师范大学
12	2019	19ZDA310	近代汉语后期语法演变与现代汉语通语及方言格局形成之关系研究	龙国富	中国人民大学
13	2019	19ZDA311	境外华语资源数据库建设及应用研究	郭　熙	暨南大学
14	2019	19ZDA312	北京大学藏甲骨整理、保护与研究	李宗焜	北京大学
15	2019	19ZDA313	计算机识别商周金文研究	臧克和	华东师范大学
16	2019	19ZDA314	魏晋南北朝石刻疑难字词考释与辨伪	梁春胜	河北大学
17	2019	19ZDA315	宋元明清文献字用研究	曾　良	安徽大学
18	2019	19ZDA316	东亚汉字文化圈《切韵》文献集成与研究	丁治民	上海大学
19	2019	19ZDA317	新华现汉俄译工程	薛恩奎	黑龙江大学
20	2019	19ZDA318	中、日、韩汉语音义文献集成与汉语音义学研究	黄仁瑄	华中科技大学
21	2019	19ZDA319	“一带一路”沿线国家语言资源数据库建设及汉外对比研究	何　伟	北京外国语大学
22	2020	20&ZD293	面向新疆义务教育的语言资源数据库建设及应用研究	邢　欣	新疆大学
23	2020	20&ZD294		贾　媛	中国社会科学院语言研究所

续表

序号	年度数量	项目批准号	项目名称	项目负责人	工作单位
24	2020	20&ZD295	汉语自然口语对话的互动语言学研究	方　梅	中国社会科学院语言研究所
25	2020	20&ZD296	汉语自闭症儿童多模态交际障碍的多学科协同研究	翁旭初	华南师范大学
26	2020	20&ZD297	基于汉语特征的多元语法理论探索（多卷本）	施春宏	北京语言大学
27	2020	20&ZD298	大语言视域中汉语修辞与词汇、语法互动研究	傅惠钧	浙江师范大学
28	2020	20&ZD299	网络空间社会治理语言问题研究	王建华	浙江科技学院
29	2020	20&ZD300	近40年来两代大规模北京口语调查的多模态语料库建设及应用研究	黄晓东	北京语言大学
30	2020	20&ZD301	吴语语料库建设和吴语比较研究	陶　寰	复旦大学
31	2020	20&ZD302	浙江濒危汉语方言调查研究及语料库建设	王文胜	浙江师范大学
32	2020	20&ZD303	基于八思巴字文献资料的蒙、汉、藏语接触研究	正　月	内蒙古大学
33	2020	20&ZD304	佛典语言的中国化	朱冠明	中国人民大学
34	2020	20&ZD305	商代甲骨非文字资料的整理研究和数据库建设	李雪山	河南师范大学
35	2020	20&ZD306	新修甲骨文字典	彭裕商	四川大学
36	2020	20&ZD307	草创时期甲骨文考释文献的整理与研究	程邦雄	华中科技大学
37	2020	20&ZD308	商周金文大词典	张桂光	华南师范大学
38	2020	20&ZD309	清华大学藏战国竹简的价值挖掘与传承传播研究	程　浩	清华大学
39	2020	20&ZD310	楚系简帛文字职用研究与字词合编	俞绍宏	郑州大学
40	2021	21&ZD285	多学科视角下的汉藏语系的起源和演化研究	王传超	厦门大学
41	2021	21&ZD286	基于大型语料库的中原官话共时比较与历时探考研究	辛永芬	河南大学
42	2021	21&ZD287	国家语言安全大数据平台建设与研究	彭　爽	东北师范大学
43	2021	21&ZD288	汉语诗歌韵律的历史—空间嬗变、脑认知机制与数据库建设研究	陈庆荣	南京师范大学
44	2021	21&ZD289	“两个一百年”背景下的语言国情调查与语言规划研究	王　敏	教育部语言文字应用研究所
45	2021	21&ZD290	围绕汉语的超大型多语汉外平行语料库集群研制与应用研究	王克非	北京外国语大学
46	2021	21&ZD291	湖南及周边省区汉语虚词时空立体研究及数据库建设	唐贤清	湖南师范大学
47	2021	21&ZD292	国家通用盲文分词连写规则与词库建设研究	钟经华	中国残疾人联合会

续表

序号	年度数量	项目批准号	项目名称	项目负责人	工作单位
48	2021	21&ZD293	汉语自闭症人群的社会融合路径研究	贺荟中	北京师范大学
49	2021	21&ZD294	我国老年人语言能力的常模、评估及干预体系研究	顾曰国	北京外国语大学
50	2021	21&ZD295	东汉至唐朝出土文献汉语用字研究	汪维辉	浙江大学
51	2021	21&ZD296	中古近代汉字字源及其数据库建设	邓福禄	武汉大学
52	2021	21&ZD297	明代至民国汉语非韵书罕见同音类聚文献的音韵研究及数据库建设	周赛华	湖北大学
53	2021	21&ZD298	《洪武正韵》系韵书与明代字书比较研究及数据挖掘分析	雷　励	湘潭大学
54	2021	21&ZD299	清代《说文》学新材料普查、整理与研究	李运富	郑州大学
55	2021	21&ZD300	《汉语大字典》修订研究	雷汉卿	四川大学
56	2021	21&ZD301	晚明以来吴语白话文献语法研究及数据库建设	崔山佳	浙江财经大学
57	2021	21&ZD302	中国苗语方言地图集	余金枝	云南师范大学
58	2021	21&ZD303	汉语方言母语深度调查研究	沈　明	中国社会科学院语言研究所
59	2021	21&ZD304	中国民族语言大规模语法标注文本在线检索系统研制与建设研究	江　荻	江苏师范大学
60	2021	21&ZD305	阜阳汉简整理与研究	陈　剑	复旦大学
61	2021	21&ZD306	以定县简为代表的极端性状竹书的整理及其方法研究	贾连翔	清华大学
62	2021	21&ZD307	战国文字研究大数据云平台建设	范常喜	中山大学
63	2021	21&ZD308	滇黔桂越边区百部珍稀土俗字文献收集译注与研究	韦名应	云南民族大学
64	2021	21&ZD309	基于公共数据库的古文字字符集标准研制	刘志基	华东师范大学
65	2021	21&ZD310	中西交流背景下汉语词汇学的构建与理论创新研究	周　荐	北京师范大学珠海校区
66	2021	21&ZD311	人类命运共同体视域下非洲百年汉语传播研究	王　辉	浙江师范大学
67	2022	22&ZD213	中华民族语言文字接触交融研究	孔江平	北京大学
68	2022	22&ZD216	少数民族地区国家通用语言推广普及策略研究	刘朋建	教育部语言文字应用研究所
69	2022	22&ZD218	我国民族音乐文化与语言数据集成及共演化研究	陈保亚	北京大学
70	2022	22&ZD263	先秦至南北朝官私玺印集存	施谢捷	复旦大学
71	2022	22&ZD294	现代汉语源流考	陈前瑞	中国人民大学
72	2022	22&ZD295	形式语义学的汉语研究与形式语义学理论创新	潘海华	香港中文大学深圳研究院

续表

序号	年度数量	项目批准号	项目名称	项目负责人	工作单位
73	2022	22&ZD296	中国方志语言资料数据平台建设及词典编纂	李　蓝	南方科技大学
74	2022	22&ZD297	清末民国汉语五大方言比较研究及数据库建设	林华勇	中山大学
75	2022	22&ZD298	面向认知障碍相关脑疾病的临床话语分析理论体系构建研究	朱祖德	江苏师范大学
76	2022	22&ZD299	我国失语症患者语料库建设及其语言能力评估研究	陆　烁	深圳大学
77	2022	22&ZD300	上古汉语字词关系史研究	陈斯鹏	中山大学
78	2022	22&ZD301	出土文献与商周至两汉汉语上古音演变史研究	叶玉英	厦门大学
79	2022	22&ZD302	基于先秦两汉通假字的上古音韵研究大系	王兆鹏	山东师范大学
80	2022	22&ZD303	“文字异形”理论构建与战国文字分域分期及考释研究	张振谦	河北大学
81	2022	22&ZD304	《宋元以来民间文书异体字大字典》编纂	储小旵	浙江农林大学
82	2022	22&ZD306	白话报刊多层标注语料库建设与研究（1815—1949）	刘　云	对外经济贸易大学
83	2022	22&ZD307	元明清至民国北京话的语法演变研究与标注语料库	史金生	首都师范大学
84	2023	23&ZD307	中华人民共和国国家标准 GB18030-2022《信息技术中文码字符集》汉字整理研究与资源库建设	李国英	四川大学
85	2023	23&ZD308	基于主题分类的甲骨刻辞类纂与词典编写及数据库建设	洪　飏	辽宁师范大学
86	2023	23&ZD309	人机协同的甲骨分类缀合研究	蒋玉斌	复旦大学
87	2023	23&ZD310	河南公家和民间藏甲骨的整理研究	齐航福	郑州大学
88	2023	23&ZD311	汉文佛经字词关系研究及数据库建设	真大成	浙江大学
89	2023	23&ZD312	敦煌吐鲁番文献通假资料整理研究及数据库建设	张小艳	复旦大学
90	2023	23&ZD313	历代大型字书传承与发展研究	熊加全	湖南师范大学
91	2023	23&ZD314	辞书编纂用大型多功能语料库建设与研究	张伯江	中国社会科学院大学
92	2023	23&ZD315	近代北方汉语语言接触演变研究	张美兰	湖南大学
93	2023	23&ZD316	楚语与中国南方语言格局形成之关系研究	刘宝俊	中南民族大学
94	2023	23&ZD317	三大“民族走廊”的多民族语言交融研究	王双成	上海师范大学
95	2023	23&ZD318	台语族群文字类型演变研究	罗　骥	云南师范大学
96	2023	23&ZD319	儿童语言发展的行为学和脑机制研究及临床应用与数据库建设	胡建华	广东外语外贸大学
97	2023	23&ZD320	对标国际中文教育的二语习得理论创新研究	常　辉	上海交通大学

学者介绍

刘坚先生学术经历

陈丹丹　编述

刘坚（1934 年 7 月 4 日—2002 年 12 月 17 日），原籍江苏宝应，生于上海，曾就读于上海育才中学、南昌豫章中学。1951 年考入北京大学中文系，1955 年毕业后分配到中国科学院语言研究所（1977 年改称中国社会科学院语言研究所）工作。1956 年至 1958 年曾任当时所长罗常培先生的秘书，1979 年被评为副研究员，1985 年被评为研究员。历任近代汉语研究室副主任、主任，语言研究所所长，所学术委员会主任，中国社会科学院研究生院语言系系主任、教授、博士生导师。此外，曾担任中国社会科学院学术委员会委员、中国语言学会会长、国务院学位委员会学科评议组成员、国家社科基金项目语言学评审组副组长、国家语言文字工作委员会委员、中国敦煌吐鲁番学会理事等职务。

刘坚先生是海内外知名的语言学家，一生治学严谨，笔耕不辍，在现代汉语语法、近代汉语词汇语法、语法化等研究领域均有重要建树。特别是在近代汉语白话文献和近代汉语语法方面，他的研究承前启后、继往开来，在海内外均有广泛影响。

一、近代汉语研究

为了改变汉语史研究中重两头轻中间的局面，加强唐五代以后汉语口语的研究，1977 年经吕叔湘先生提议，语言研究所成立近代汉语研究室。刘坚先生由原现代汉语研究室调到近代汉语研究室，从此研究主要集中于近代汉语研究领域。刘坚先生在近代汉语词汇、语法，特别是近代汉语白话文献的校勘、整理和研究方面功不可没。

1．近代汉语白话文献的整理和研究

（1）对近代汉语各时期白话文献进行系统整理，这些语料成为日后近代汉语研究的基石

刘坚先生做了大量近代汉语白话文献的整理和校勘工作。1982 年，刘坚先生发表了《古代白话文献简述》（《语文研究》1982 年第 1 期）一文，分门别类地介绍了近代汉语各时期的白话语料，主要有敦煌文献，禅宗语录和宋儒语录，诗、词、曲，文集，史籍，笔记小说，白话小说，会话书等。之后近代汉语语料虽然不断有新的发现和补充，但基本没有超出刘坚先生的这个分类。

之后，刘坚先生编辑出版了《近代汉语读本》（上海教育出版社，1985 年）一书。该读本主要选注晚唐五代至明代的白话文献，兼顾中古时期几段口语性强的作品，如《世说新语》《百喻经》等，读者可以通过这一本读本对近代汉语时期的各类白话作品有一个初步的认识。后在《近代汉语读本》的基础上增改为《古代白话文献选读》（商务印书馆，1999 年）一书，该书作为庆贺中国社会科学院研究生院建院 20 周年而编写的教材，出版之后一直是汉语史专业研究生的基础书目。20 世纪 90 年代，刘坚先生又与北京大学蒋绍愚先生合作，主编了三卷本的《近代汉语语法资料汇编》（唐五代卷、宋代卷、元明卷）（商务印书馆，1990 年、

1992年、1995年)。这三卷汇编一经出版，即成为近代汉语研究的基础语料，为近代汉语研究打下了坚实的基础。刘坚先生说："古代白话文献非常分散，有些书不容易看到，能看到的也往往要翻检一大部书才能找到不多的白话资料。即使找到这些资料之后，也还要做校勘、标点、考订年代等工作，如果每个研究者都要重复这一套工作，那实在是很大的浪费。《近代汉语语法资料汇编》就是为了解决这个问题，给研究者修桥铺路而编的。"事实也确实如此。这套书不仅给近代汉语研究者提供了难以想象的便宜条件，甚至有一些研究是专门以汇编中的语料作为研究对象展开的。

(2)广泛搜罗珍贵文献和稀有版本并介绍给读者

为搜集到更多的白话文献，刘坚先生在海内外广泛搜罗各种新材料，特别是国内失传或者少见的版本。比如《祖堂集》在国内早已失传，在日本发现之后，刘坚先生把《祖堂集》作为重点语料收入读本和汇编之中，填补了晚唐五代白话文献的空白，使《祖堂集》成为研究唐五代时期语言现象最重要的语料之一。此外，刘坚先生在校勘《遊仙窟》时使用的底本"醍醐寺本"和校本"真福寺本""庆安本"，以及《入唐求法巡礼行记》的底本"东寺观智院藏本"，都是国内罕为人知的版本，由刘坚先生介绍给国内的读者和研究者。

(3)对白话文献进行校勘和注释的同时，运用各种标准来给古代白话作品断代

上文提到的《近代汉语读本》、《古代白话文献选读》以及《近代汉语语法资料汇编》等，刘坚先生除了对其中的白话文献进行简要介绍之外，还做了精心的注解工作。刘坚先生一直秉承精益求精的精神，严格要求自己。比如《近代汉语读本》出版之后，根据读者的反馈和他自己的发现，刘坚先生对其进行了补正，具体见《〈近代汉语读本〉补正》(《中国语文》1986年第5期)。

除此之外，刘坚先生还对一些白话文献的年代做了断代工作，如《〈大唐三藏取经诗话〉写作时代蠡测》(《中国语文》1982年第5期)一文中，刘坚先生从语音、语法和词汇三个方面对《大唐三藏取经诗话》和变文做了全面的对比研究，认为《大唐三藏取经诗话》与敦煌所出的《庐山远公话》《韩擒虎话本》《唐太宗入冥记》《叶净能诗》一样，其时代早于现今所见宋人话本。其结论是非常可信的。

2．近代汉语词汇研究

刘坚先生在语言所初期曾在宋元词汇组工作过，早在1964年就发表了《关于〈刘知远诸宫调〉残卷词语的校释》(《中国语文》1964年第3期)一文，之后也一直关注白话文献中的词汇现象，发表了《语词杂说》(《中国语文》1978年第2期)、《"治鱼"补说》(《中国语文》1987年第6期)、《〈世说新语〉词语补释》(《语文研究》1985年第3期)等文章，内容涉及诗、词、曲、笔记小说、白话小说等。在词语注释和考据方面，刘坚先生强调要联系文化和历史进行研究，其理论集中体现在《联系文化和历史进行词语研究》(《中国语言学报》1996年第8期)一文中。

3．近代汉语语法研究

刘坚先生在近代汉语语法方面的成就斐然，其研究主要集中在近代汉语虚词方面。此外，刘坚先生是较早介绍和运用语法化理论的学者，如《试论"和"字的发展，附论"共"字和"连"字》(《中国语文》1989年第6期)、《时态助词的研究与"VO过"》(法国《东亚语言学报》1989年)等。特别是与曹广顺、吴福祥合作的《论诱发汉语词汇语法化的若干因素》

（《中国语文》1995 年第 3 期）一文，从句法位置的改变、词义变化、语境影响、重新分析四个方面分析了诱发、影响汉语词汇语法化的因素。该文直到现在仍是语法化研究中经常引用的经典参考文献。

二、现代汉语研究

刘坚先生在语言所工作初期曾在《中国语文》编辑部和现代汉语研究室任编辑和开展研究工作。当时美国结构主义语言学曾对中国语言研究产生较大影响，20 世纪 60 年代，刘坚先生把结构主义语言学应用于汉语研究，代表作有《论助动词》（《中国语文》1960 年第 1 期）。该文是语言研究所现代汉语小组集体工作的一部分，对助动词这一有争议的语法范畴做了详细的描写和分析，从句法标志而不是意义出发来划分助动词这一词类，明确指出了助动词不同于副词和动词的语法特点，并列出详细的助动词词表。之后虽然调到近代汉语研究室工作，但刘坚先生对现代汉语的研究并没有中断，发表了《部分和全体》（香港《普通话》季刊 1988 年第一集）、《外国学生学习汉语时的语法错误举例》（《语言教学与研究》1991 年第 2 期）等。此外，刘坚先生还关注上海话与普通话的差别，著有《上海话跟普通话不同的若干语法格式》（《人与文——忆几位师友论若干语言问题》）。

三、语言应用研究

除了语言学的理论研究之外，刘坚先生始终认为语言学要面向群众、服务社会。他用笔名刘德斋发表了大量面向社会的应用类文章，如《伊甸园——看电视偶记》（《中国语文》1997 年第 1 期）、《许国璋不是冯国璋，孙敬修不是孙警修》（《中国语文》1997 年第 1 期）、《一字之差》（《汉语学习》1997 年第 4 期）、《顾此失彼二例》（《汉语学习》1997 年第 6 期）等等。刘坚先生在一次采访中提到语言研究为语言学普及服务的重要性，认为普及工作“看似容易却艰辛”，“这里有学问，而且有大学问。有志气的语言学工作者，应当下决心走出书斋，把语言学的理论普及到群众中去”。在这方面刘坚先生一直以吕叔湘先生为楷模，而且自己也做了大量的工作。

除了语言研究之外，刘坚先生写的回忆师友的文章很多，不管是怀念罗常培先生、陆志韦先生、吴晓玲先生、郭在贻先生，以及为吕叔湘先生寿等作的长文，还是回忆与师长仅有一面之缘的短文，都情深意切，文采斐然，在学界颇负盛名。

附录 刘坚先生著述列表

《论助动词》，《中国语文》1960 年第 1 期。

《关于〈刘知远诸宫调〉残卷词语的校释》，《中国语文》1964 年第 3 期。

《语词杂说》，《中国语文》1978 年第 2 期。

《校勘在俗语词研究中的运用》，《中国语文》1981 年第 6 期。

《古代白话文献简述》，《语文研究》1982 年第 1 期。

《〈大唐三藏取经诗话〉写作时代蠡测》，《中国语文》1982 年第 5 期。

《〈建炎以来系年要录〉里的白话资料》，《中国语文》1985 年第 1 期。

《〈近代汉语读本〉补正》，《中国语文》1986 年第 5 期。

《“治鱼”补说》，《中国语文》1987年第6期。

《试论“和”字的发展，附论“共”字和“连”字》，《中国语文》1989年第6期。

《论诱发汉语词汇语法化的若干因素》，《中国语文》1995年第3期。

《〈训世评话〉中所见明代前期汉语的一些特点》，《中国语文》1992年第4期。

《略谈“话本”的语言年代问题》，原载《运城师专学报》1985年第1期，后作了比较大的修改补充。

《〈世说新语〉词语补释》，《语文研究》1985年第3期。

《建国以来近代汉语研究综述》，《语文建设》1989年第6期。

《论汉语的语法化问题》，《刘坚文存》，上海教育出版社2008年版。

《联系文化和历史进行词汇研究》，《中国语言学报》1996年第8期。

《时态助词的研究与“VO过”》，法国《东亚语言学报》1989年。

《什么是“露柱”》，《汉语史研究辑刊》第二辑。

《部分和全体》，香港《普通话》季刊1988年第一集。

《上海话跟普通话不同的若干语法格式》，《人与文——忆几位师友论若干语言问题》北京语言文化大学出版社1998年版。

《外国学生学习汉语时的语法错误举例》，《语言教学与研究》1991年第2期。

《对中学语法教学的一点意见》，《人与文——忆几位师友论若干语言问题》，北京语言文化大学出版社1998年版。

《论简化字的推行》，《人与文——忆几位师友论若干语言问题》，北京语言文化大学出版社1998年版。

《读〈魏晋南北朝历史语法〉》，原载香港《中国语文建设通讯》1993年第3期，后作了修改。

《语言学研究要面向应用，面向群众》，《人与文——忆几位师友论若干语言问题》，北京语言文化大学出版社1998年版。

《评改一篇短文》，《语文建设》1994年第2期。

《要让老百姓看懂》，《汉语学习》1996年第6期。

《自由而结合面窄的语素》，《语文建设》1996年第8期。

《歧义引起感情色彩的歧异》，《语文建设》1996年第10期。

《“补壁”，“微言”，“天敌”》，《语文建设》1996年第6期。

《“众所周知”》，《语文建设》1996年第11期

《“书录”》，《语文建设》1997年第1期。

《“该人”》，《语文建设》1996年第7期。

《伊甸园——看电视偶记》，《中国语文》1997年第1期。

《许国璋不是冯国璋，孙敬修不是孙警修》，《中国语文》1997年第1期。

《一字之差》，《汉语学习》1997年第4期。

《顾此失彼二例》，《刘坚文存》，上海教育出版社2008年版。

《“女孩子看不见斗鸡眼了”》，《人与文——忆几位师友论若干语言问题》，北京语言文化大学出版社1998年版。

《新闻用语和法律语言——从“配偶”一词说起》，《人与文——忆几位师友论若干语言问题》，北京语言文化大学出版社 1998 年版。

《漫谈学习语法》，《刘坚文存》，上海教育出版社 2008 年版。

《文言与白话》，《刘坚文存》，上海教育出版社 2008 年版。

《“个”字用如指代词》，《刘坚文存》，上海教育出版社 2008 年版。

《定语转化成状语》，《刘坚文存》，上海教育出版社 2008 年版。

《〈汉语史通考〉中译本序》，1989.2.12 于京郊小汤山。

《杨贺松〈中国家常〉序》，1990 年 9 月。

《〈中古汉语读本〉序》，1992 年 2 月。

《〈近代汉语助词〉序》，1994 年秋。

《〈敦煌变文语法研究〉序》，1996 年 4 月。

《〈人与文〉自序》，1997 年香港回归前夕于北京东城寓所。

《当代杰出的语言学家罗常培先生》，《人与文——忆几位师友论若干语言问题》，北京语言文化大学出版社 1998 年版。

《悼念朱德熙先生》，《人与文——忆几位师友论若干语言问题》，北京语言文化大学出版社 1998 年版。

《语言学界的前辈赵元任先生》，《人与文——忆几位师友论若干语言问题》，北京语言文化大学出版社 1998 年版。

《为吕叔湘先生寿》，《人与文——忆几位师友论若干语言问题》，北京语言文化大学出版社 1998 年版。

《纪念语言学家郭在贻逝世七周年》，《人与文——忆几位师友论若干语言问题》，北京语言文化大学出版社 1998 年版。

《从“夏商周断代工程”想到浦江清先生》，《人与文——忆几位师友论若干语言问题》，北京语言文化大学出版社 1998 年版。

《岁暮忆周燕孙先生》，《人与文——忆几位师友论若干语言问题》，北京语言文化大学出版社 1998 年版。

《从北河沿到未名湖》，《刘坚文存》，上海教育出版社 2008 年版。

《哭吕先生》，《中国教育报》1998 年 4 月 28 日。

《怀念吴晓玲老师》，《刘坚文存》，上海教育出版社 2008 年版。

《罗常培先生与周恩来总理》，《刘坚文存》，上海教育出版社 2008 年版。

《回忆陆志韦先生》，《人与文——忆几位师友论若干语言问题》，北京语言文化大学出版社 1998 年版。

《记我的老师高名凯先生》，《人与文——忆几位师友论若干语言问题》，北京语言文化大学出版社 1998 年版。

《我所认识的俞叔迟先生》，《人与文——忆几位师友论若干语言问题》，北京语言文化大学出版社 1998 年版。

《忆江辛眉先生》，《刘坚文存》，上海教育出版社 2008 年版。

《忆我的启蒙老师徐月渔先生》，《刘坚文存》，上海教育出版社 2008 年版。

《跟黎劭西先生的一面之缘》，《刘坚文存》，上海教育出版社 2008 年版。

《向罗先生和吴先生学翻折旧信封》，《刘坚文存》，上海教育出版社 2008 年版。

《思源先生的一次会面》，《刘坚文存》，上海教育出版社 2008 年版。

《大金星》，《大地》1994 年第 6 期。

《〈中国少数民族英雄史诗《格萨尔》〉读后琐记》，《刘坚文存》，上海教育出版社 2008 年版。

《〈译馀偶拾〉读后杂记》，《人民政协报》1997 年 11 月 27 日。

《敬祝〈文教资料〉越办越好》，《文教资料》1998 年第 1 期。

《近代汉语读本》，上海教育出版社 1985 年版。

《古代白话文献选读》，商务印书馆 1999 年版。

邵荣芬先生学术传略

张　洁　张玉来　编述

邵荣芬先生（1922年12月29日—2015年7月26日），安徽寿县人，生前长期任职于中国社会科学院语言研究所，著名语言学家。邵先生将一生的精力都贡献给了学术研究和人才培养，在语言学的诸多方面都取得了卓越的成就，其学术论著已经成为民族的文化经典；邵先生为人醇厚，品性高洁，待人真诚，不慕名利，奖掖后进不遗余力，深受学界拥戴；邵先生的学术研究深得学界赞誉，学术地位崇高，自1992年起享受国务院政府特殊津贴，2006年获评中国社会科学院荣誉学部委员称号。

一

邵荣芬先生，笔名邵欣伯、欣伯，安徽寿县邵老湾村人。于1944年秋考入浙江大学中文系，1948年夏毕业，旋入该校中国文学研究所攻读汉语音韵专业的硕士研究生。毕业后，随即就职中国科学院语言研究所（1977年改隶中国社会科学院），直至去世。邵先生历任语言研究所助理研究员、副研究员、研究员，并曾兼任《中国语文》杂志编委、语言研究所学术委员会委员等职，服务该所半个多世纪。

邵先生努力服务社会，服务国家的学术事业，兼任了许多学术职务，如中国音韵学研究会副会长/会长/顾问等职（该学会因故现已注销）、《中国大百科全书》之《语言文字卷·音韵学》副主编、《续修四库全书·经部》特约编委、《中华大典·语言文字典》编辑顾问等。邵先生前后多次参加《现代汉语词典》的编纂和审查工作，并不畏辛劳全面审定了《辞源》（修订本，1979—1983年版）的每一字的注音。邵先生还负责了《戴震全书·声类表、声韵考》的审定工作。

邵先生先后师从张汝舟、郑奠、任铭善、罗常培、陆志韦、丁声树等先生，教育底蕴深厚，既有扎实的国学根基，又有良好的现代语言学素养，在语言学的诸多方面都取得了卓越的成就。邵先生为推动我国的学术进步呕心沥血，一生精力都贡献给了中国音韵学研究和人才培养事业，其杰出成就彪炳史册。邵先生为人醇厚，待人真诚，不慕名利，奖掖后进尽心尽力，深受学界拥戴。邵先生尊师重道，不忘初心，为揭举师辈学术成就竭尽所能，不仅参与了《罗常培文集》的编纂工作，还亲自编纂了《陆志韦集》，为任铭善《汉语语音史略》作序等。邵先生的学术研究深得学界赞誉，学术地位崇高，自1992年起享受国务院政府特殊津贴，2006年获评中国社会科学院荣誉学部委员。

二

邵先生的学术研究领域广泛，涉及词汇研究、词典编纂、汉语规范化、汉语音韵史和汉语音韵学史等。邵先生研究学术，力主古今贯通，强调史论结合、材料和方法并重。邵先生取得的众多成果已成为有关领域的学术经典和学术发展的基石。

邵先生的学术研究大致分为两个阶段。第一阶段是20世纪50年代。为了服务国家发展战略的需要，围绕国家提出的文字改革、汉语规范化、推广普通话三大紧迫任务，邵先生中断了他钟爱的汉语音韵史研究，而去从事汉语规范化等方面的工作。这一时期，邵先生的研究工作涉及了共同语的形成、外来语词汇的发展规律、现代汉语语法、词汇学、词典学及词典编纂等方面。下面介绍其本阶段的重要成果。

《统一民族语的形成过程——兼谈方言拼音文字》（1952）分析了当时流行的一些关于方言与共同语变化及其相互关系的错误认识，提出了基础方言可以以和平扩展的方式发展成民族共同语的新论点。这个观点的核心是方言发展为民族共同语既可以不采取敌对斗争的形式，也可以不采取互相融合和平均掺和的形式，而是在共同的历史文化和民族向心力的条件下和平扩展而成。该文还提出了不赞成为方言制定拼音文字的看法。该文发表后，受到了苏联语言学界的重视，被译载于苏联科学院《语言学问题》上。

《明末"兵科抄出"档案中的简字》（与蒋希文合作，1952）一文根据明代天启、崇祯两朝的427件"兵科抄出"文件，从中共辑得415个简体字，并统计了一些简化字的出现频率，如"边"字出现了295次、"实"字出现了879次、"拠（据）"字出现了304次，说明这些简化字的使用已经十分广泛。该文还从这些档案中发现了不少跟正在使用的简化字字形完全相同的简化字，如"刘、总、宝、灯、迁、窃、战、机、尔、独、恳、夺、务、虽、声"等，这说明许多简化字在历史文献中早就存在。

邵先生与陆志韦先生合作研究了外国人名、地名汉字对译的规范问题，编成了《英、俄、德、法四种语言人地名译音统一标准方案》（中国科学院1953年内部印本），第一次对汉语翻译外国人名、地名的规范提出了基本的原则和方法，是一次富有创造性的尝试。

《中型现代汉语词典编纂法》（1956）一文是邵先生与郑奠、孙德宣、傅婧、麦梅翘等先生合作发表的。该文为贯彻执行当时国务院编好以确定词汇的规范为目的的中型现代汉语词典的指示精神而写，目的是为《现代汉语词典》的编纂做方法和理论上准备的。邵先生撰写了其中《释义》部分。他用现代语言学的观点，对词典中词的使用范围、同义词的分析、词义的解释以及引例等问题提出了五十多条意见，为《现代汉语词典》及其他词典的编纂贡献了才智，对词汇学和词典学的研究也有很好的参考价值。

《评〈现代汉语外来词研究〉》（1958）一文是针对高名凯、刘正谈所著《现代汉语外来词研究》（文字改革出版社，1958年版）写的书评。邵先生认为该书从材料到理论都有不少优点，是汉语外来词研究的先驱性著作。该书提供的材料和讨论的问题都比较广泛，一般读者通过阅读，也能对汉语外来词的整个情况有一个比较全面的了解。因此，不论对专家或一般读者，该书都有参考价值。在理论方面，首先阐明了外来词的范围和性质。其次阐述了外来词在民族文化交流中的重大意义。再次讨论了汉语吸收外来词的各种方式。最后归结到外来词的规范化问题。邵先生还认为，该书的论述和研究表现了实事求是的精神，虽然没有多少独创的见解，但能就前人陈说，加以发挥，使问题更清楚、更透彻。同时，邵先生也认为该书存在有的语源考证欠妥当、没能充分参考别人的研究成果、说明汉语外来词和英语原文对音情况的时候未能贯彻排斥方言的原则、说明规范化问题时忽略了历史的因素等问题。

20世纪50年代以后，邵先生的研究重心虽然发生了转变，但他还是参加了一些字典、词典的编纂工作。邵先生参加了1960年、1973年和1979年版的《现代汉语词典》的审查和修改工作，并审定了《辞源》的全部注音，发表了《〈辞源〉注音审读记略》和《评〈古汉语常用字字典〉》等论文。

《评〈古汉语常用字字典〉》（1980）一文评介了商务印书馆1979年版《古汉语常用字字典》（王力先生等编）。邵先生首先肯定了该字典既通俗实用，又具有一定的学术水平，不仅为初学古汉语的人提供了一部有用的工具书，而且对研究汉语词汇发展史也有参考价值，很好地将普及与提高结合起来了。其次，邵先生表彰了该字典字头选择原则合理、字义分析比较仔细、解释字义有独到之处、突出同义字辨析、比较注意字和字义的历史发展等五个方面的特色。最后，邵先生也指出了该字典存在字头选择原则贯彻不彻底、注音与字义不匹配、义类之间界限不清、释义不够准确、对字义的发展时代的注释有错误等五个方面的不足。

《〈辞源〉注音审读记略》（1987）一文，邵先生结合自己审读《辞源》的注音实践，从注音条例和具体字音两方面提出了《辞源》注音应该注意三个方面的问题：古反切和古音系、古音和今音、一字多音，并用具体事例、有针对性地阐述了如何处理这三个方面存在的错讹，并提出了许多应予遵循的注音原则。

邵先生学术研究的第二阶段从20世纪60年代初开始，那时语言所成立了古代汉语组，陆志韦先生任组长，邵先生就正式加入该组，从此回到了汉语音韵史和音韵学史的研究领域。那时，古代汉语组准备撰写一部汉语音韵史，邵先生分工研究中古代表性音系——《切韵》音系。虽然撰写音韵史的工作没有完成，但是邵先生一直将中古音作为自己的研究中心，发表了一系列论文，写成了《切韵研究》一书。后来邵先生扩大中古音的范围，还研究了《经典释文》《集韵》等文献的音系。除了中古音研究外，邵先生积极参与上古音、近代音和音韵学史的研究，同样也取得了巨大的成就。邵先生在第二阶段的学术研究中，不幸遭遇十年“文革”，而不得不停止了自己心爱的学术研究，直到1978年，以发表译文《汉语里的长短元音》为标志，邵先生才又回到了学术研究的轨道。

邵先生第二阶段的主要学术成就集中在汉语音韵史的上古音、中古音和近代音方面，下文详述。

除了汉语音韵史本体研究之外，邵先生还写作了音韵史通论性著作——《汉语语音史讲话》一书，并发表了不少有关音韵学人物（如陈第、陆志韦等）、音韵学研究概况等音韵学史范畴的研究成果。另外，邵先生在组织学术活动方面也有突出表现，对音韵学研究的队伍和组织建设有重要贡献。

邵先生在以上几个研究领域之外，还特别注意学习和借鉴外国的学术成果，参与了好几项翻译工作，并贯穿其学术研究的每一个阶段。邵先生与人合作或单独发表的译作有《论语言发展的内部规律》（原作者苏联Б.A.谢列布连尼科夫、M.M.古赫曼，1953）、《介绍〈俄语语法〉》（原作者苏联A.A.沙皮罗，1953）、《全民语与方言》（与刘涌泉合作，原作者苏联P.M.阿瓦涅索夫，1956）、《现代汉语语法研究》（与王力、吕叔湘、范继淹合作校译，原作者苏联A.A.龙果夫，郑祖庆译，1958）、《英语结构》（与何乐士等合译，原作者美国C.C.弗里斯，1964）、《汉语里的长短元音》（译述，原作者P.B.登林格，1978）等。

三

邵先生的上古音研究主要着力对几个声母和几个韵部之间韵字的纠葛展开研究，这些成果充分体现了邵先生突出问题、广泛搜集材料、专题突破的学术特点。

《试论上古音中的常船两声母》（1991）一文统计分析了谐声、读若和汉代的异文通假，得出了两点结论：上古常船两母分立；常船位置互倒，常是塞擦音，船是擦音。《匣母字上古一分为二试析》（1991）和《匣母字上古一分为二再证》（1995）两文分析了学术界关于中古的匣母和云母在上古音分布中的六种不同看法，讨论了前五种看法的不足，肯定了第六种匣母在上古一分为二的看法，即与 k、k^h 谐声的读浊塞音，与 x 谐声的是浊擦音。然后根据谐声、读若、异文、通假、现代方言、梵汉对音等论证了匣母字跟 K 类相通的为匣$_1$类，与群母通读 g，跟云母或非 K 类相通的为匣$_2$类，与云母同读。他认为此说可以避免诸家学说的各种弊端。

《古韵鱼侯两部在前汉时期的分合》（1982）和《古韵鱼侯两部在后汉时期的演变》（1983）两文认为罗常培、周祖谟提出的两汉鱼侯两部不分的主张，李方桂因而据以断言中古的语音系统不能从汉代的标准语求得的说法都是错误的。前篇首先指出鱼侯合韵的比例很低，并未超出韵部划分的一般限度，而且鱼部与歌部通押，侯部绝不与歌部相通。这都证明前汉鱼侯并未合并。后篇发现后汉鱼侯通押较多是因侯部的虞韵字与鱼部通押较多造成的。如把侯部的虞韵字改归鱼部，则鱼侯通押大减，鱼侯分立就极为明显。后汉鱼侯分立，也进一步证明了前汉鱼侯合并的不可能。此两文否定了汉代鱼侯合并的错误学说，解决了上古到中古语音发展上的一个本不存在的难题。《古韵幽宵两部在后汉时期的演变》（1983）一文分析了后汉的押韵资料，发现幽部的效摄字多通宵部，流摄字多通侯部，说明后汉，尤其是王充以后，古幽、宵、侯三部已变成了中古流、效两摄的格局。《上古阳声韵若干字的归部问题》（1994）一文认为“允声、丰声”当归冬部，“黾声、蝇声”当归阳部，“夐声、虔声、免声”当归元部，“㒼声”当分归元部、文部，“令声”当归真部，“西声、垔声、薦声”当归文部，“衔声”当归谈部。

邵先生认为《切韵》音系就是汉语音韵学研究的根基。《切韵》是中古时期保存完整的音系资料，据此可以上推上古音，下连近现代音。对《切韵》音系的认识正确与否，是能否正确认识上古音和近现代音的关键。这是个大课题，包含问题很多，需要我们把问题排排队，一个一个加以研究，或只研究其中的某些问题。而如果想研究上古音或近代音，也需要全面掌握前人关于《切韵》音系的研究成果。

《〈切韵〉音系的性质和它在汉语语音史上的地位》一文提出了《切韵》音系大体上是一个以洛阳话为基础的活方言音系，只是部分地折合了一些方音特点的论点。具体地说，当时洛阳一带的语音是它的基础，金陵一带的语音是它主要的参考对象。尽管《切韵》音系带有一定的综合成分，但仍然可以作中古语音的代表，它在汉语语音史上的地位是应该肯定的。在当时音韵学界引起了激烈的争论。《〈晋书音义〉反切的语音系统》一文发现反映 8 世纪洛阳音的何超反切系统与《切韵》高度一致，俟母保持独立，可以说是与《切韵》相合的唯一音系，从而又为上述论点提供了一个有力证据。

《切韵研究》一书主要论述了五个方面的问题。一是对《切韵》音系的性质作了进一步的论证。二是对我国学者对高本汉论点的一些重要修正表示支持，并作了进一步的论证。如全浊声母不送气，j 化说的不合理，纯四等没有 i 介音等。三是对前人已经作了论述，但还不够透彻的一些问题作了进一步的论证。如唇音不分开合，俟母的独立，常船的地位韵图误倒，幽韵的性质，严凡的互补等。四是对某些被否定的传统说法，作了深入论证，认为符合史实，不应否定，如泥娘的分立，调值的四分等。五是对一些问题提出了自己的新看法。如重纽韵字的归类，重纽的音值，庚三等的性质，一些韵母音值的假定等。该书在集成中有所创新，把《切韵》的研究向前推进了一步。

《〈切韵〉尤韵和东三等韵唇音声母字的演变》（2004）一文根据《经典释文》、《博雅音》、颜师古《汉书注》、玄应《一切经音义》等反切，认为尤韵和东三等明母字所以未变轻唇，是因为在变化之前它们已经失去了 i 介音，变入一等，从而使唇音轻化规律对之不起作用的缘故。

《敦煌俗文学中的别字异文和唐五代西北方音》（1964）一文根据敦煌俗文学中的别字异文考证出唐五代西北方音的许多特点，是对罗常培《唐五代西北方音》一书的更正和补充。多年来受到国内外语言学界的普遍重视。《敦煌俗文学中别字异文和唐五代西北方音》一文首先肯定了别字异文在汉语语音研究中的重要价值，然后根据敦煌俗文学中的别字异文，揭示了唐五代西北方音的诸多特点，比如疑影两母三四等和喻母不分、尤幽两韵不分、止摄开口和齐韵开口不分、-m 尾和 -n 尾合并等，这些都是罗常培《唐五代西北方音》一书中没有提到的。

《〈集韵〉音系简论》（2011）一书首先讨论了众多的重出小韵，认为它们除了重纽和少数因音变导致重出的以外，一般均不表示语音上有不同。然后对《集韵》的声韵母重新作了考定。认为白涤洲让喻三独立，在反切上找不到证据，常船虽混，但是否合一，也在疑似之间。韵母方面，发现只有魂歌两韵舌齿的开合大概已变同今音，其他有些韵之间虽偶有混切，但多为孤例，不足以定其并合。以此可见《集韵》的守旧态度。不过从反切上下字的搭配关系上，无意中透露出当时二等开口和四等的见系字大概已经腭化的消息。文章末节为《音节表》。据多种版本和校记作了校刊，比较可靠。

《〈五经文字〉的直音和反切》（1964）首先考证了其作者为张参，认为《五经文字》记录的是秦音。通过与《广韵》反切的比较，指出了其主要语音特点：轻重唇音分化、皆佳夬麻四韵相混、清青合并等，认为这些语音特点为我们提供了自《切韵》之后最早的语音演变。《〈五经文字〉的直音和反切》一文一方面揭示了8世纪中叶长安一带音变的一些重要特点，如唇音已经轻化，三四等开始混并等；另一方面在研究方法上也有所创新，提出了反切比较法，并为之确立了一套基本原则。此法是研究散见反切的有效方法，可以补充系联法的不足。

邵先生长期关注陆德明的《经典释文》音系。邵先生在前人研究的基础上，重新整理了其音注系统，先是写成了《略说〈经典释文〉音切中的标准音》（1982）和《〈经典释文〉的重音音切》（1989）两文，后出版了《经典释文音系》（1995）一书。前两文是邵先生的研究基础和理论准备，《经典释文音系》则是前两文的具体落实。《经典释文音系》通过分析具体的注音实例论述了其首音的特殊地位，肯定了首音代表陆德明本人或其认可的读音，排除了原书中杂引诸音，并对首音进行了全面研究，运用反切系联法和反切比较法，考订出了陆德明音系中声母为 30 个、不计声调的韵母有 136 个，并整理出了声韵配合表，全面描写了陆德明音系的概貌。邵先生还特别突出地将陆德明音系和《切韵》音系的异同进行了比较说明，以此说明当时南北语音的不同。

《说〈法伟堂经典释文校本遗稿〉》（2004）一文阐述了晚清法伟堂《经典释文》校记对今人研究陆德明音切有重要的启发意义，从校正字音、辨明音类、以等韵正切、以规避规则正切、以古音论切等五个方面论述了法氏校记在校音上的成就，指出他不仅在《经典释文》校勘上补正前人漏校、误校，而且对陆德明音系与《广韵》的异同也提出了不少卓见[①]，使我们充分看到了这一文献的学术价值。法氏原稿已难以得见，邵先生托人从唐复年处抄得移录本并加以校理，编成《法伟堂经典释文校本遗稿》，在法氏校语前添加被校文字，在误字后括加校语，以方便学界利用。

《〈中原音韵〉音系的几个问题》（1991）一文论证了三个问题。第一，论证了《中原》唇音开合不对立，韵表中可以一律置开口，各家置开置合混乱，应该纠正。第二，论证了江阳韵中古阳韵知章组字当做 tʃiaŋ 等，古阳韵庄组字及古江韵知庄组字当做 tʃaŋ 等。又论证了东钟韵中 tʃ 等当拼洪音，即 uŋ 韵。第三，论证了萧豪韵有 ɑu，au，iau，uɑu 四个韵母。

《〈中原音韵〉尤侯韵中〈广韵〉尤韵明母字的音韵地位》（2004）针对《中原音韵》尤侯韵的“缪矛眸鍪蝥牟䴵侔”小韵的 8 个字应归 -əu 还是归 iəu 韵母展开了讨论。该文根据有关史实，提出早在晋代李轨、徐邈的音切中，尤韵和东三就变成了一等的迹象，到唐初陆德明《经典释文》的反切里就已完成。此后，曹宪的《博雅音》、颜师古的《汉书注》、玄应的《一切经音义》、张参的《五经文字》、慧琳的《一切经音义》都有类似的反映。宋代开始的《集韵》《皇极经世书 - 声音唱和图》《切韵指掌图》《五音集韵》《蒙古字韵》《古今韵会举要》《四声等子》《经世正音切韵指南》等文献中都读 -əu 不读 -iəu。由此推断，《中原音韵》“缪”小韵的 8 个字也应读 -əu 不读 -iəu，有的学者归入 -iəu 韵母的做法应该是错误的。该文最后提出，尤韵和东三韵的明母字之所以没有随着同部位的帮滂并三母轻唇化，是因为它们在轻唇化发生之前就失去了介音“-i-”。

《〈中原雅音〉研究》（1981）一书是对于近代语音的研究，邵先生根据《韵学集成》所引材料考证了《中原雅音》一书的存在，认为是 1398 年到 1460 年的著作。通过对所收集的《中原雅音》的材料的研究，他认为《中原雅音》音系有 20 个声母、42 个韵母和 3 个声调，基础方言是河北西南部井陉一带语音。《中原雅音》音系具有很多历史上前所未见的语音特点，如只有三个声调，影疑母字失声母后，在一定条件下，增生了 n 声母等。从而能为进一步弄清近代北方语音发展的脉络提供一些重要线索。这是有别于《中原音韵》的一个语音系统。

《吴棫〈韵补〉和宋代闽北建瓯方言》（1995）一文根据吴氏用《集韵》反切为其所定古音注音时往往掺入他自己的乡音，即建瓯方音这一事实，考证了建瓯方音的声母系统，发现今日闽北十五音的雏形远在 12 世纪中叶即已在建瓯地区大致形成。这无疑是一个重要的发现。又根据吴氏的譬况注音和对古今音的比较和描述，考证出建瓯方音韵母和声调的一些特点。韵母如止摄开口精庄两组声母字的韵母读近鱼虞两韵的韵母，止摄开口其他声母的韵母读近齐韵开口的韵母；梗摄二等读同或读近先韵；-n –ŋ 尾不分；泰合口和队韵合一；祭开口和志韵不分等。声调如有阴、阳去和阴、阳入、浊上变入浊去等，这都与今日建瓯话相合。

① 如法氏指出了《经典释文》轻重唇未分化、从邪不分、船禅不分等特征，揭示了重纽的对立，并认识到了重纽与某些声母有特定关系。

唯有阳平是否像今日建瓯话并入了上声，则不得而知。

《明代末年福州话的声母系统》（1985）和《明代末年福州话的韵母和声调系统》（1994）两文根据陈第用其家乡福州话为其所定古音注音的材料，考证了当时福州话的声韵调系统，发现除了韵母系统跟今日福州话尚有区别外，声母和声调都已跟今日福州话基本相同。

《〈康熙字典〉注音中的时音反映》（1996/2001）一文（分两次发表）根据《字典》注音中直音和反切的不一致，考证出18世纪官话的声韵调系统。除 tç 系声母的出现不太能确定外，其余跟今日普通话已无区别。

《〈韵法横图〉与明末南京方音》（1998）一文发现《韵法直图》有抄袭《横图》之处，从而跟一般的看法相反，认为《横图》成书在《直图》之前。文章根据《横图》的韵表和表注，考出了当时的南京音系。声调五个，全同今日南京话。声母二十一个，跟今日南京话的主要不同只是在于明母仍是 v，n 与 l 不混，tç 组声母还未出现。韵母与今日南京话的差别略多一些，如 -n 还未鼻化，uon（官）与 uɑn（关）仍有区别等。《释〈韵法直图〉》（2002）一文进一步论证了《直图》后出问题，并考出了它的音系。

《半个多世纪前的休宁方言音系》（2018）一文是根据罗常培先生1934年记录、邵荣芬先生1955年至1961年增补修订的休宁地区（城区片）方言语音资料，后经张洁整理并撰写成文的。该文整理、分析并研究了半个多世纪前安徽休宁方言（城区片）的语音系统，包括方言概况、声韵调系统、音韵特点和同音字汇。全文描写了休宁方言有23个声母、27个韵母和6个单字调，揭示了古全浊塞声母清化、送气与否没有明显的分化规律，部分微母字读 m 声母，古入声韵尾消失，阳声韵中咸、山、宕、江摄的全部和臻、曾、梗摄的部分字鼻音韵尾脱落，流摄开口一等字读细音，古上、入声按古声母的清浊各分化为阴、阳两类等音韵特点，按照韵母系统编写了详细的同音字表。

四

除了上节介绍的邵先生关于汉语音韵史的分阶段的本体研究的成就之外，他在汉语音韵史通论和汉语音韵学史领域及其他方面也卓有贡献。

《汉语语音史讲话》（1979/2010）是一本介绍汉语语音史的基本知识、基本材料和研究方法的入门书。全书共分七个部分：一、引言；二、上古汉语语音；三、中古汉语语音；四、近古汉语语音；五、汉语声母系统的发展；六、汉语韵母系统的发展；七、汉语声调系统的发展。另有“汉语语音史重要文献评介”一个附录。邵先生将汉语语音史分作在上古、中古、近古三个历史时期，讲述了各个时期划分的依据，分别概述了各个阶段的声、韵、调的概貌，全面系统地把汉语语音发展的各重要阶段的音系结构及其研究材料和研究方法介绍给了读者，在很多重要的语音史问题上，作者都表明了自己的看法。

《陈第对古韵的分部和韵值的假定》（1988/1989）一文根据陈第（1541—1617）在《毛诗古音考》《屈宋古音义》等书中对古韵字所假定的读音，用系联法加以归纳，考出了陈第心目中的古韵为三十五部，如不计声调为十七部。从而对陈第古音学的得失作出了迄今最为全面和深入的评价。

《陈第评传》（1992）是《陈第对古韵的分部和韵值的假定》的扩充，更加详细地对陈第生平、事迹、作品、成就等进行了评价。附录里列举了陈第的著作目录。全文的主体依然是归纳陈第古音三十五部的依据和过程。

《欣欣向荣的汉语音韵学》（1993）一文，概述了1949年至1989年的学术成就。邵先生认为，新中国成立以来的汉语音韵学的发展大致可以分为三个阶段，各阶段的状况有较显著的差别。新中国成立之初20世纪至60年代中期为第一阶段。这期间，尤其是50年代，语文工作者面临文字改革、汉语规范化、推广普通话三大紧迫任务，还腾不出很多精力来从事语言史方面的研究。所以据不完全统计，这一时期只出版了音韵学专著10种（包括旧著重印），发表论文115篇，音韵学的发展还处在一般水平上。从60年代中期至70年代中期为第二阶段，这期间由于动乱，音韵学的研究基本上处于停顿状态，没有任何论著发表或出版，当然谈不上什么发展。从70年代中期到现在为第三阶段。这一阶段，尤其是党的十一届三中全会以来，由于政策的正确，专业人员从事科学研究和学术活动的时间多了，科研经费增加了，人才培养的规模也扩大了，音韵学不仅得到复苏，而且呈现了迅猛发展的势头。据不完全统计，十几年来，出版音韵学专著近80种，发表论文900多篇。不仅第二阶段无从与之相比，就是第一阶段也望尘莫及。这一阶段论著超过前两阶段竟达七倍之多。这是一种前所未有的速度。综观四十多年来汉语音韵学的主要成就，可以大致概括为下列三个方面。一、研究深化，很多观点逐渐趋向一致。二、辛勤探索，不断提出新假设。三、扩大了研究领域，空白点显著缩小。四十多年来，音韵学虽然取得了很丰硕的成果，但也有不足之处，比如与同系属语言的比较研究还开展得很不充分，汉语音韵学中的很多问题，尤其是上古音中的一些问题，恐怕只能通过与亲属语言的比较研究才能最终得到解决。近年来在国外学者的影响下，国内发表有关比较研究的论文虽然有所增加，但不论就其数量或质量来说，都还是很不够的。

《我和音韵学研究》（1999）一文谈了邵先生自己多年来研究音韵学的一些体会。他用自己的亲身经历，向学术界揭示了自己的心路历程和学术研究的路径。邵先生谦虚地说，回顾自己的工作，并不满意，甘苦和体会也许有一点，但未必深刻。他以自己的研究为例，从确定选题、收集资料、分析资料、做出结论四个方面总结了学术研究应该遵循的原则和注意的问题。邵先生是想把从事学术研究的“金针”度予每一个学人。

《陆志韦》（附《陆志韦生平年表》）（1999）一文，对陆志韦先生的生平、治学方法和学术成就做了详细评述，并钩稽排列了陆先生的生平及事迹年表。关于陆志韦先生的学术生平，邵先生还写过《语言学家、心理学家——陆志韦》（2000）、《音韵学的开拓者和构词法奠基人陆志韦先生》等，全面表彰了陆先生的学术贡献。除了介绍陆志韦先生的文章外，邵先生还发表了《沉痛悼念王力先生》（1986）、《沉痛悼念严学宭先生》（1992）、《忆郑奠先生》（1993）、《悼念周祖谟先生》（1996）等文，缅怀了这些前辈学者的丰功伟绩。

邵先生尽心为学界前辈或后学撰写序文，或表彰前辈的成就，或鼓励后辈学者努力奋发，这些序文主要有《汉语语音史要略·序》（任铭善，1984）、《秦汉简牍帛书音韵研究·序》（李玉，1994）、《韵略汇通音系研究·序》（张玉来，1995）、《〈古今韵会举要〉及相关韵书·序》（宁忌浮，1997）、《汉语音韵学论文集·序》（冯蒸，1997）、《广韵反切今音手册·序》（李葆嘉，1997）、《元代汉语音系的比较研究·序》（李立成，2002）等。

邵先生积极参与学术研究组织的创办和领导工作，作为发起人之一，邵先生襄助严学宭等先生创办了中国音韵学研究会（1980年成立于武汉），并担任了首届副会长，并接续首任会长严学宭先生为二任会长（1989—1992），后长期担任该会顾问。邵先生为了这个学会呕心沥血，主持了该会的第五届、第六届学术研讨会，并曾作过《中国音韵学研究会第五次学术讨论会开幕词》（1989）、《中国音韵学研究会第六次学术讨论会开幕词》（1991）、《中国音韵学研究会第六次学术讨论会闭幕词》（ 1991）等，为学会的发展摇旗呐喊。邵先生还积极推动海峡两岸学者的交流，与台湾师范大学的陈新雄先生共同发起在香港举办了中国音韵学国际学术研讨会，让相隔多年的两岸学者有了交流的窗口，并为以后的两岸音韵学界的交流奠定了基础。邵先生积极参加国内和国际学术活动，先后应邀到国内有关大学和研究机构讲学，1982 年和 1985 年，分别在北京和泰国曼谷参加了第十五届和第十八届国际汉藏语言学会议，发表了重要论文，扩大了中国学术的国际影响。

附 邵荣芬先生学术论著编年目录

1952 年

1.《统一民族语的形成过程——兼谈方言拼音文字》，《中国语文》1952 年第 3 期；又由苏联汉学家鄂山荫教授译载于苏联科学院语言研究所杂志《语言学问题》（*Вопросы Языкоз-нания*）1953 年第 4 期；又被收入《汉语的共同语和标准音》，中华书局 1956 年版。

2.《明末兵科抄出档案中的简化字》（与蒋希文合作），《中国语文》1952 年第 4 期。

1953 年

1.《英俄德法四种语言人地名译音统一标准方案》（与陆志韦合作），打印本，1953 年。

2.《论语言发展的内部规律》（译文），原作者苏联 Б.А. 谢列布连尼柯夫、M.M. 古赫曼，《科学通报》1953 年第 7 期。

3.《介绍〈俄语语法〉》（译文），原作者苏联 A.B. 沙皮罗，《科学通报》1953 年第 12 期。

1956 年

1.《中型现代汉语词典编纂法》（与郑奠等合作），《中国语文》1956 年第 7、8、9 期。

2.《全民语与方言》（译文，与刘涌泉合作），原作者苏联 P.M. 阿瓦涅索夫，《语言学论文选译》第 1 辑，科学出版社 1956 年版。

1958 年

1.《评〈现代汉语外来词研究〉》，《中国语文》1958 年第 7 期。

2.《现代汉语语法研究》（校译，与王力、吕叔湘、范继淹合作），原作者苏联 A.A. 龙果夫，郑祖庆译，科学出版社 1958 年版。

1960 年

1.《现代汉语词典》（参加审查和修改），商务印书馆 1960 年（试印本）、1978 年版。

1961 年

1.《〈切韵〉音系的性质和它在汉语语音史上的地位》，《中国语文》1961 年第 4 期。

1963 年

1.《敦煌俗文学中的别字异文和唐五代西北方音》，《中国语文》1963 年第 3 期。

1964 年

1.《〈五经文字〉的直音和反切》，《中国语文》1964 年第 3 期。

2.《英语结构》（与何乐士等合译），原作者美国 C.C. 弗里斯，商务印书馆 1964 年版。

1978 年

1.《汉语里的长短元音》（译述，署名欣伯），原作者 P.B. 登林格，《语言学动态》1978 年第 3 期。

1979 年

1.《汉语语音史讲话》，天津人民出版社 1979 年版；中华书局 2011 年版（校正本）。

2.《辞源》（修订本，负责审音），商务印书馆 1979 年版 /1983 年版。

1980 年

1.《评〈古汉语常用字字典〉》，《中国语文》1980 年第 4 期。

1981 年

1.《〈晋书音义〉反切的语音系统》，《语言研究》1981 年创刊号。

2.《中原雅音研究》，山东人民出版社 1981 年版。

1982 年

1.《略说〈经典释文〉音切中的标准音》，《古汉语研究论文集》，北京出版社 1982 年版。

2.《古韵鱼侯两部在后汉时期的演变》，《中国语文》1982 年第 6 期。

3.《切韵研究》，中国社会科学出版社 1982 年版；中华书局 2008 年版（校订本）。

4.《高本汉的生平和成就》（校译），原作者丹麦易家乐，林书武译，《国外语言学》1982 年第 1 期。

5.《古汉语研究论文集》第 1 辑，主编之一，北京出版社 1982 年版。

1983 年

1.《古韵鱼侯两部在前汉时期的分合》，《中国语言学报》1983 年第 1 期。

2.《古韵幽宵两部在后汉时期的演变》，《语言研究》1983 年第 1 期。

1984 年

1.《释〈集韵〉的重出小韵》，《音韵学研究》第一辑，中华书局 1984 年版。

2.《试论上古音中的常船两声母》，《罗常培纪念文集》，商务印书馆 1984 年版。

3.《汉语语音史要略》（任铭善著）序，河南人民出版社 1984 年版。

4.《古汉语研究论文集》第 2 辑，主编之一，北京出版社 1984 年版。

1985 年

1.《明代末年福州话的声母系统》，《中国语文》1985 年第 2 期；又载《庆祝吕叔湘先生从事语文教学与研究六十年论文集》，语文出版社 1985 年版。

2.《〈辞源〉注音审读记略》（节要），《中国语文》1985 年第 4 期。

1986 年

1.《“佛乘”的“乘”读平声证》，香港《中国语文研究》1986 年第 8 期。

2.《沉痛悼念王力先生》，《音韵学研究通讯》1986 年第 10 期。

1987 年

1.《〈辞源〉注音审读记略》，《古汉语研究论文集》第 3 辑，北京出版社 1987 年版。

2.《古汉语研究论文集》第 3 辑，主编之一，北京出版社 1987 年版。

1988 年

1.《陈第对古韵的分部和音值的假定》,《古汉语研究》1988 年创刊号、1989 年第 1 期。

2.《中国大百科全书·语言文字卷》（音韵学副主编），大百科全书出版社 1988 年版。

1989 年

1.《〈经典释文〉的重音音切》，《中国语文》1989 年第 6 期。

2.《中国音韵学研究会第五次学术讨论会开幕词》，《音韵学研究通信》1989 年第 13 期。

1991 年

1.《〈中原音韵〉音系的几个问题 》，《中原音韵新论》，北京大学出版社 1991 年版。

2.《匣母字上古一分为二试析》，《语言研究》1991 年第 1 期。

3.《〈切韵〉尤韵和东三等韵唇音声母字的演变》，香港大学《东方文化》1991 年第 1 期。

4.《陆德明反切用字析略》，《汉语言学国际学术研讨会论文集》，《语言研究》1991 年增刊。

5.《〈经典释文音系〉中的几个观点》，香港《中国语文通信》1991 年第 17 期。

6.《中国音韵学研究会第六次学术讨论会开幕词》，《音韵学研究通信》1991 年第 15 期。

7.《中国音韵学研究会第六次学术讨论会闭幕词》，《音韵学研究通信》1991 年第 15 期。

1992 年

1.《陈第》，《中国古代语言学家评传》，山东教育出版社 1992 年版。

2.《沉痛悼念严学宭先生》，《音韵学研究通信》1992 年第 16 期。

1993 年

1.《欣欣向荣的汉语音韵学》，《中国语文研究四十年纪念文集》，北京语言学院出版社 1993 年版。

2.《忆郑奠先生》，《语文建设》1993 年第 9 期。

1994 年

1.《上古阳声韵若干字的归部问题》，《语苑新论——纪念张世禄先生学术论文集》，上海教育出版社 1994 年版。

2.《明代末年福州话的韵母和声调系统》，《音韵学研究》第 3 辑，中华书局 1994 年版。

3.《〈集韵〉韵母特点纪要》，《语言研究》1994 年增刊。

4.《秦汉简牍帛书音韵研究·序》（李玉著），当代中国出版社 1994 年版。

5.《戴震全书·声类表、音韵考》（负责审定），黄山书社 1994 年版。

1995 年

1.《匣母字上古一分为二再证》，《中国语言学报》1995 年第 7 期。

2.《论〈集韵〉的洪细》，《吕叔湘先生九十华诞纪念论文集》，商务印书馆 1995 年版。

3.《吴棫〈韵补〉和宋代闽北建瓯方音》，《中国语文》1995 年第 5 期；又载《音韵学读本》，刘晓南编著，上海交通大学出版社 2011 年版。

4.《经典释文音系》，台北学海出版社 1995 年版。

5.《韵略汇通音系研究·序》（张玉来著），山东教育出版社 1995 年版。

1996 年

1.《〈康熙字典〉注音中的时音反映——声母部分》，《薪火篇》，山西高校联合出版社 1996 年版。

2.《悼念周祖谟先生》，《音韵学研究通讯》1996 年第 19、20 期合刊。

1997 年

1.《邵荣芬音韵学论集》，首都师范大学出版社 1997 年版。

2.《〈古今韵会举要〉及相关韵书·序》（宁忌浮著），中华书局 1997 年版；又载《社会科学战线》1997 年第 4 期。

3.《汉语音韵学论文集·序》（冯蒸著），首都师范大学出版社 1997 年版。

4.《广韵反切今音手册·序》（李葆嘉著），上海辞书出版社 1997 年；又载《文教资料》1997 年第 1 期。

1998 年

1.《〈韵法横图〉和明代南京方音》，《汉字文化》1998 年第 3 期；又载《语言文字学》1998 年第 11 期。

1999 年

1.《陆志韦》，《中国社会科学院学术大师治学录》，中国社会科学出版社 1999 年版。

2.《我和音韵学研究》，《学林春秋》二编上册，朝华出版社 1999 年版。

2000 年

1.《语言学家心理学家——陆志韦》，《光明日报·理论周刊》B3 版，2000 年 3 月 21 日。

2001 年

1.《〈康熙字典〉注音中的时音反映——声调、韵母部分》，《语言》2001 年第 2 集。

2002 年

1.《释〈韵法直图〉》，《纪念王力先生百年诞辰学术论文集》，商务印书馆 2002 年版。

2.《元代汉语音系的比较研究·序》（李立成著），外文出版社 2002 年版。

2003 年

1.《〈陆志韦集〉编者的话》，《陆志韦集》，中国社会科学出版社 2003 年版。

2.《陆志韦生平年表》，《陆志韦集》，中国社会科学出版社 2003 年版。

3.《陆志韦集》，主编，中国社会科学出版社 2003 年版。

2004 年

1.《〈中原音韵〉尤侯韵中〈广韵〉尤韵明母字的音韵地位》，《音史新论——庆祝邵荣芬先生八十寿辰学术论文集》，学苑出版社 2004 年版。

2.《说〈法伟堂经典释文校本遗稿〉》，《音史新论——庆祝邵荣芬先生八十寿辰学术论文集》，学苑出版社 2004 年版。

2009 年

1.《邵荣芬语言学论文集》，商务印书馆 2009 年版。

2010 年

1.《法伟堂经典释文校记遗稿》，华东师范大学出版社 2010 年版。

2011 年

1.《集韵音系简论》，商务印书馆 2011 年版。

2018 年

1.《半个多世纪前的休宁方言音系》（与罗常培、张洁合作），《方言》2018 年第 2 期。

学者简介

启功

启功（1912年7月26日—2005年6月30日），北京师范大学教授，字元白，又作元伯，满族，1912年生于北京。曾先后随戴姜福（绥之）先生学习古典文学，随贾羲民（尔鲁）、吴镜汀先生学习中国绘画。1933年任辅仁大学附中国文教员，1935年后任辅仁大学助教、讲师、副教授。1952年后任北京师范大学中文系副教授、教授、博士生导师。1984年任中国书法家协会主席。1999年任中央文史研究馆馆长。主要学术著作有《古代字体论稿》《诗文声律论稿》《汉语现象论丛》《启功讲学录》《启功丛稿》。

杨春霖

杨春霖（1921年6月—2005年7月16日），西北大学教授，江苏无锡人。1946年毕业于国立西北大学中文系并留校任教。长期从事语言教学和研究工作，尤其在音韵学、文字学、训诂学以及陕西方言等领域有很深的造诣。

王世华

王世华（1935年—2005年11月29日），任教于扬州大学师范学院中文系。江苏扬州人，毕业于华东师范大学中文系。主要论著有《扬州方言词典》（与黄继林合著，江苏教育出版社，1996）、《扬州话音系》（科学出版社，1959）、《扬州话的声韵调》（《方言》1992年第2期）、《〈红楼梦〉语言的地方色彩》（《红楼梦研究》1984年第2期）、《江苏省志 ·方言志》（副主编）等。参加了北京大学中文系汉语教研室主持的《汉语方音字汇》《汉语方言词汇》二书的修订工作。

徐复

徐复（1912年1月8日—2006年7月24日），南京师范大学文学院教授，字士复，一字汉生，号鸣谦，出生于江苏武进县。1933年毕业于金陵大学，师从黄侃先生等，1936—1937年在苏州章太炎先生章氏国学讲习会学习。徐复先生长期从事教育工作，曾先后任教于南京汇文女子中学、中央政治学校、国立边疆学校、金陵大学、南京师范大学。

徐复先生毕生致力于语言文字和古典文献的研究，主要论著有《后读书杂志》《徐复语言文字学丛稿》《徐复语言文字学论稿》《徐复语言文字学晚稿》《秦会要订补》《訄书详注》《说文五百四十部首正解》。担任过《辞海》分科主编、《汉语大词典》副主编、《传世藏书》主编、《广雅诂林》主编、《江苏旧方志提要》主编。

徐复先生长期在高等院校从事教学工作，亲自创建了南京师范大学古文献专业，并兼任南京师范大学古文献研究所名誉所长，培养了一大批古籍整理研究人才。他参与创建了中国训诂学会并历任副会长、会长和名誉会长，创建了江苏省语言学会并任首任会长。

王均

王均（1922 年 3 月 1 日—2006 年 8 月 2 日），国家语言文字工作委员会原副主任，出生于江苏省南通市。1950 年起先后任中国科学院语言研究所（1977 年后改属中国社会科学院）助理研究员、副研究员，少数民族语言研究所、民族研究所副研究员兼学术秘书，兼任北京大学语言专修科、中央民族学院民族系副教授。1980 年任中国社会科学院民族研究所研究员。1984 年 7 月起先后任中国文字改革委员会、国家语言文字工作委员会副主任，语言文字应用研究所研究员，中国社会科学院研究生院教授、博士生导师。曾任中国人民政治协商会议第七届、第八届全国委员会委员，1990 年起任《语文建设》主编，后又担任中国语文现代化学会名誉会长。

王均先生在语言学研究、少数民族语言研究和语言规划研究等方面都有重要成果。他早年师从罗常培先生和王力先生，成为两位大师的得力助手。与罗常培合著、由他执笔的《普通语音学纲要》是我国第一部影响深远的语音学专著。他主编的《当代中国的文字改革》《中国少数民族语言简志丛书》《壮侗语族语言简志》及发表的《语言中的并存并用和规划问题》等多篇论文，受到国内外学界的赞赏。近 20 年来，王均先生把工作重点放在语文现代化领域，在语言文字应用和规范化方面作出了重要贡献。

林焘

林焘（1921 年—2006 年 10 月 28 日），北京大学中文系教授，字左田，生于北京，福建长乐人 。1944 年毕业于燕京大学国文系，同年入燕京大学研究生院学习；1946 年起先后在燕京大学和北京大学任助教、讲师、副教授、教授。曾任北京大学对外汉语教学中心主任、《世界汉语教学》代理主编、北京语言大学和华侨大学兼职教授，生前任《语言学论丛》主编、中国语言学会语音学分会主任 。

林焘先生长期从事现代汉语语音的教学和研究工作，为我国语言学和语言教学事业作出了重要贡献。20 世纪 50 年代，他在北京大学集体编写的《现代汉语》教材中负责撰写语音部分，对后来的各种现代汉语教材产生了深远影响。林焘先生非常注重语音与句法和语义之间的密切关系，他撰写于 20 世纪五六十年代的有关普通话轻音与句法、语义关系的论文至今仍然有着重要的参考价值。20 世纪 80 年代初，他带领部分师生进行过较大规模的北京话调查，所获得的大量口语资料已经成为十分珍贵的北京话的历史材料。他提出的“北京官话区”的概念和北京官话区的划分范围、他撰写的一系列关于北京话历史来源和北京话社会变体的论文都产生了重大影响。林焘先生在 20 世纪 70 年代末恢复建立了北京大学中文系语音实验室，并建立了一支以研究韵律特征见长的实验语音学学术梯队；他本人撰写的轻音的声学性质和声调感知方面的论文也成为该领域的重要文献。他与王理嘉教授合作编写的《语音学教程》成为相关专业的重要教材。林焘先生也是新时期中国对外汉语教学事业的奠基人和开拓者之一。

徐通锵

徐通锵（1931 年—2006 年 11 月 25 日），北京大学中文系教授，浙江宁海人。1956 年北京大学中文系语文专业毕业，随后留校任教，师从高名凯先生，从事理论语言学的教学和研究。曾任教育部社会科学委员会委员、教育部人文社会科学研究专家咨询委员会委员，商务印书馆语言学出版基金评议委员、《语言学论丛》编委。

徐通锵教授曾多年担任语言学教研室主任，致力于中国语言学理论的建设，研究密切联系汉语实际，多有发现和创新。主要著述有《语言学纲要》《历史语言学》《语言论——语义型语言的结构原理和研究方法》《基础语言学教程》等。1991 年以前的主要论文收入《徐通锵自选集》；1991 年以后的重要论文收入《 汉语论——中西语言学的结合和汉语研究的方法论初探》。徐通锵教授对语言变异、方言比较和汉语音韵研究的关系等问题有深入的研究，在国内外产生了重要影响。

廖序东

廖序东（1915 年 3 月 23 日—2006 年 12 月 12 日），徐州师范学院教授，出生于湖北省武汉市。1941 年毕业于北京师范大学国文系，师从黎锦熙、许寿裳等先生。在长达 60 年的教学研究生涯中，他先后在苏州东吴大学、江苏师范学院、南京师范学院、徐州师范学院任教，创立徐州师范学院最早的硕士点，并培养出一大批优秀的语言学研究人才。

廖序东先生毕生致力于语言文字研究，主要著作有《文章的语法分析》（与张拱贵教授合著）、《苏州语音》、《现代汉语语法》、《语法基础知识》、《文言语法分析》、《楚辞语法研究》、《廖序东语言学论文集》等。主持翻译并审定《语法哲学》。与黄伯荣教授共同主编的高校教材《现代汉语》印行 500 多万册，产生了广泛的学术影响。

李树俨

李树俨（1945 年—2007 年 7 月 10 日），先后任教于宁夏大学中文系和韶关大学中文系。方言研究著作主要有《银川方言词典》《宁夏方言研究论集》等。

鲍明炜

鲍明炜（1919 年 7 月 28 日—2007 年 8 月 7 日），出生于山东省郭城县。1946 年毕业于国立中央大学文学院，历任中央大学、南京大学文学院中文系助教、讲师、副教授、教授。曾任江苏语言学会会长、名誉会长，南京大学语言与语言工程研究中心主任，中国语言学会、汉语方言研究会、汉语音韵学研究会会员等学术和社会职务。

鲍明炜教授主要致力于汉语方言学、音韵学、现代汉语普通话等领域的研究。有《唐代诗文韵部研究》《初唐诗文的韵系》《南京方言中几个问题的调查》《〈类字汇编〉与盐城方言》《六十年来南京方音向普通话靠拢情况的考察》《六朝金陵吴语辩》《江淮方言的特点》《江苏省志 · 方言志》（主编）等论著。

何乐士

何乐士（1930 年—2007 年 11 月 16 日），中国社会科学院语言研究所原古汉语研究室副主任、瑞士苏黎世大学东亚研究所客座教授，河南郏县人。1961 年毕业于北京大学中文系，同年起在中国社会科学院语言研究所古汉语研究室从事古汉语语法研究。1989—1991 年在意大利拿波利东方大学东亚系任教，1991—1994 年任瑞士苏黎世大学东亚研究所客座教授。

曾先后到挪威、英国、法国、俄罗斯、荷兰、德国、日本、美国等国及中国香港、台湾地区多所大学和研究所进行学术访问、讲学或参加学术会议。何乐士教授的主要著作有《〈左传〉的范围副词》《〈左传〉虚词研究》《〈史记〉语法特点研究》《汉语语法史断代专书研究》《古汉语语法研究论文集》等。

王嘉龄

王嘉龄（1934 年 11 月 28 日—2008 年 6 月 23 日），天津师范大学外国语学院教授。1954 年 7 月毕业于南开大学外文系英文专业，1954—1960 年在天津第二十八中学任教，1960 年调入天津师范大学，一直从事英语教学和音系学研究工作。他曾担任中国语言学会语音学分会理事，中国中文信息学会语音信息专业委员会委员，天津语言学会副会长、顾问，天津师范大学语言学研究所名誉所长。王嘉龄先生一直关注国际语言学研究的发展，率先将国外生成音系学理论介绍给中国大陆学界，并将其应用于汉语音系研究，特别是在汉语方言轻声的音系学研究方面作出了卓越的贡献。

吴为章

吴为章（1934 年 5 月 4 日—2009 年 1 月 1 日），中国传媒大学文学院教授。1961 年毕业于复旦大学中文系，1961 年至 1965 年在南京大学攻读硕士学位，师从方光焘先生学习语言学，1965 年开始在北京广播学院（现中国传媒大学）任教。多年来一直从事现代汉语和普通语言学的教学和研究工作，尤其在句群研究、汉语配价语法研究方面作出了卓越的贡献。

陈海伦

陈海伦（1952 年—2009 年 4 月 27 日），广西大学文学院教授。陈海伦教授曾任广西语言学会副会长。他治学勤勉，涉猎广泛，主编《广西语言文字使用情况调查与研究》一书，发表多篇语言学论文，尤其是关于方言相似度测算方面的研究，引起学界关注。近年来主要从事计量语言学和言语声学等方面的研究，曾获 1997 年广西大学学科学年一等奖和 1998 年区教育厅高校社科研究三等奖。

季羡林

季羡林（1911 年 8 月 6 日—2009 年 7 月 11 日），北京大学教授，出生于山东临清康庄镇。1934 年毕业于清华大学西洋文学系。1935 年考取清华大学交换研究生赴德留学，在哥廷根大学师从著名梵文学者瓦尔德施米特教授、西克教授学习梵文、巴利文、吐火罗文等古代语文，1941 年获哲学博士学位。1946 年回国后受聘为北京大学教授，主持创办东方语言文学系，此后长期担任该系教授、系主任，从事系务、教学、研究和翻译工作。1978 年后曾任北京大学副校长，中国社会科学院—北京大学南亚研究所所长等职。历任第二、三、四、五届全国政协委员，第六届全国人大常委会委员，中国民主同盟中央文化委员会副主任。

季羡林先生于 1956 年 2 月出任中国科学院哲学社会科学部学部委员，并曾担任中国文字改革委员会委员、国务院学位委员会委员兼外国语言文学评议组负责人、中国语言学会会长、中国外语教学研究会会长、中国民族古文字研究会名誉会长、《中国大百科全书》总编辑委员会委员和《语言文字卷》编辑委员会主任等语言学界重要的学术职务。

季羡林先生长年任教于北京大学，在语言学、文化学、历史学、佛教学、印度学和比较文学等方面都有很深的造诣，研究翻译了梵文和德、英等国的多部经典著作。语言学方面，于印度和中亚古代语言文字的研究上颇多建树，是梵语、巴利语和吐火罗语研究界的大师。在中印文化关系史及佛教史的研究中，充分利用语言研究的成果，成绩卓然。著有数十篇语言学论文，出版了《印度古代语言论集》《原始佛教的语言问题》《东方语言学史》等语言学专著。

王维贤

王维贤（1922 年 1 月 2 日—2009 年 8 月 29 日），浙江大学人文学院教授，北京昌平人。1946年毕业于北平中国大学哲学教育系，1946年至1948年先后在燕京大学、清华大学哲学系、北京大学文科研究所学习，研究生肄业。1948 年至 1956 年任教于浙江大学附中、杭州二中，1956 年起先后在浙江师范学院、杭州大学中文系工作。

王维贤教授曾任中国语言学会常务理事，中国逻辑学会理事，中国逻辑与语言研究会理事长、学术委员会主任，浙江省语言学会会长，浙江省社会科学学会联合会理事、咨询委员，国际汉语语言学学会学术委员等职。长期从事语言学理论、现代汉语语法、自然语言逻辑的研究工作，出版专著 15 种，发表论文 70 余篇。

刘又辛

刘又辛（1913 年 4 月 3 日—2010 年 1 月 25 日），西南大学文学院教授。出生于山东临清县，1934 年考入北京大学中文系，1937 年回家乡参加抗日活动，1944 年复学至西南联合大学中文系，翌年毕业。先后在昆明师范学院、川东教育学院、西南师范大学（现西南大学）任教。

刘又辛教授曾任中国语言学会理事、中国音韵学研究会顾问、中国训诂学研究会顾问、四川省语言学会副会长等职。长期从事文字训诂学研究，先后出版《汉字发展史纲要》《通假概说》《训诂学新论》《文字训诂论集》等著作 13 部，发表论文 90 余篇，在汉字发展史、文字假借、汉语词族等研究方面卓有建树。

吴昌

吴昌（1916 年 11 月 22 日—2010 年 1 月 25 日），延边大学教授。1949 年 10 月起在延边大学任教，历任延边大学语文教研室主任、语言研究室主任、《汉语学习》主编。吴昌先生一生关注民族院校汉语文的教育事业，主要从事汉语规范化和少数民族汉语教学与研究工作，并作出了卓越的贡献。

徐枢

徐枢（1932 年 9 月 16 日—2010 年 1 月 27 日），中国社会科学院语言研究所编审、《中国语文》前常务副主编。原籍上海宝山，生于天津市。1951 年入清华大学中文系，后随院系调整转入北京大学中文系学习。曾先后任职于人民教育出版社汉语编辑室、商务印书馆工具书编辑室。1978 年 6 月始任职于中国社会科学院语言研究所。历任《中国语文》杂志编辑、副主编、常务副主编。

徐枢先生为《中国语文》的编辑工作倾注了大量心血，同时在汉语语法的研究和教学方面也卓有建树，著有《宾语和补语》《语素》《中国语补语例解》（合著）等以及若干重要论文。

徐枢先生晚年参与了《现代汉语词典》的修订和《现代汉语大词典》的编写工作。作为第5版《现代汉语词典》审订委员会委员、词类标注审订负责人，为《现代汉语词典》的修订作出了重要贡献。他为之艰辛工作的第5版《现代汉语词典》是汉语中型语文词典进行词类标注的范例。

方立

方立（1942年1月17日—2010年4月12日），北京语言大学外国语学院教授，浙江省嘉善县人。1960年考入华东师范大学外语系英语专业学习，1965年毕业分配到北京语言学院（现“北京语言大学”）工作。

方立教授是中国内地最早引介和研究形式语言学理论的学者之一。出版和发表的论著中《数理语言学》是国家八五重点课题的研究成果之一，填补了我国理论语言学领域的空白；《逻辑语义学》是一部不可多得的优秀教材。方立教授曾长期担任北京语言大学外国语学院领导职务，历任外语系系主任、外国语学院院长等职。

赵世开

赵世开（1926年—2010年5月1日），中国社会科学院语言研究所研究员，前《国外语言学》杂志主编，上海人。1957年至1960年在北京大学中文系师从高名凯先生研读普通语言学，1961年分配到中国科学院语言研究所（现“中国社会科学院语言研究所”）工作。

“文革”之前，赵世开先生和同事一起介绍和翻译美国结构主义语言学的经典论著；十年动乱结束后，他很快在《国外语言学》上发表《美国语言学的十年》一文，介绍国外新兴的“转换生成语法”，是最早将这一语法理论介绍给国内同行的学者之一。他主要从事对比语言学和美国语言学史的研究，主要著作有《汉英对比语法的问题》和《美国语言学简史》。他还一直关注并参与语言学术语的规范工作。

郭良夫

郭良夫（1916年10月—2010年5月23日），商务印书馆汉语编辑室原主任、编审，山东巨野人。1943年10月至1946年7月在昆明西南联合大学中文系就读，1947年清华大学中文系毕业后留校，任助教、讲师。1952年9月起在北京大学中文系任副教授、汉语教研室主任。1961年9月起在华侨大学中文系任副教授、副主任。1972年10月起在福建师范大学中文系任副教授。1977年11月起在中国社会科学院文学研究所工作。1978年后在商务印书馆工作，任汉语编辑室主任、编审。曾担任中国语言学会理事、北京市语言学会常务理事、中国音韵学研究会理事、北京美术学会常务理事。

余志鸿

余志鸿（1941年—2010年8月20日），上海大学文学院教授，上海人。1979年考入复旦大学中文系，师从张世禄先生攻读硕士学位，1982 年毕业后先后在上海中医药大学医古文教研室和上海大学文学院任教。余志鸿教授在语言学理论、古代汉语、现代汉语和词典编纂等领域都有建树，是中国最早引介和研究语言地理类型学的学者之一，是桥本万太郎《语言地理类型学》一书的中文译者；他也是国内较早研究语言接触问题的学者，在元代蒙汉语言接触方面有重要成果。余志鸿教授热心语言学公益事业，曾任中国语言学会理事、中国民族语言学会理事、上海市语文学会常务副会长、上海现代语言学研究会会长等。

龚煌城

龚煌城（1934 年—2010 年 9 月 11 日），台湾云林县人。他于 1974 年在德国慕尼黑大学取得博士学位，先后在台北“中研院”历史语言研究所和语言学研究所工作。研究的范围集中在古西夏语、汉语上古音、汉藏语比较等几个方面，著述甚丰，在学术界有很大影响。主要论文结集为《汉藏语研究论文集》和《西夏语文研究论文集》。由于学术成就卓著，于 2001 年当选美国语言学学会荣誉会员，2002 年当选“中研院”院士。龚煌城教授曾多次到祖国大陆做学术访问，努力促进两岸语言学界的学术交流。2005 年受聘为北方民族大学（银川）客座教授。

徐文堪

徐文堪（1943 年 10 月—2023 年 1 月 4 日），汉语大词典编纂处编审，浙江湖州人。1965 年毕业于华东师范大学历史系，曾在上海市新晖中学任教，1977 年起参加《汉语大词典》编纂工作，先后任职于汉语大词典出版社、汉语大词典编纂处，为《汉语大词典》第一版、第二版编委，《辞海》第七版编委，四川大学汉语史研究所兼职教授，复旦大学文史研究院特约研究员，美国亚洲学会（AAS）会员。著有《吐火罗人起源研究》《外来语古今谈》等，译作有《中亚文明史》（第二卷，合译）、《上古汉语的辅音系统》（合译）等。徐文堪先生长期从事语文辞书、社科人文图书的编纂出版工作，致力于国际汉学、中西交流、语言学、人类学等的研究和介绍，对我国相关领域的学术研究和交流起到了重要推动作用。

贺巍

贺巍（1934 年—2023 年 1 月 5 日），中国社会科学院语言研究所原副所长，河南省获嘉县人，1957 年入职中国科学院语言研究所（1977 年后改属中国社会科学院）工作，曾任中国社会科学院语言研究所研究员、副所长、学术委员会副主任、科研处处长、方言研究室主任、《方言》杂志主编、中国社会科学院研究生院教授，兼任中国地方志指导小组成员兼副秘书长，中国地方志协会常务理事、常务副会长，《中国地方志》编委会副主任等职。

贺巍先生在汉语官话方言与晋语的研究方面取得了重要成就，单点方言调查研究成果有《获嘉方言研究》《洛阳方言研究》《洛阳方言词典》，官话方言的分区有《河南山东皖北苏北的官话（稿）》《河北省北京市天津市方言的分区（稿）》《东北官话的分区（稿）》《中原官话分区（稿）》，方言语法以及语法音变研究有《获嘉方言的一种变韵》《汉语官话方言入声消失的成因》《晋语舒声促化的类别》等，并对汉语方言语法研究、汉语方言研究的发展提出了独到的见解，起到重要的推动作用。

巢峰

巢峰（1928 年 7 月 5 日—2023 年 1 月 8 日），江苏阜宁人，1942 年参加新四军，1945 年加入中国共产党，1954 年开始从事编辑工作。

1978—1999 年，任上海辞书出版社副社长、副总编辑，党委书记、社长、总编辑，其间（1989—1994 年）兼任上海人民出版社社长、总编辑。1987 年被评为编审。巢峰同志曾担任上海市社会科学界联合会副主席，是中国辞书学会名誉会长、中国编辑学会顾问、上海市经济学会名誉会长、上海市编辑学会名誉会长，入选新中国 60 年百名优秀出版人物，荣获中国出版政府奖优秀编辑奖、中国韬奋出版奖、中国辞书学会终身成就奖、中国十大优秀出版编辑奖等。

参与主持了巨型工具书《辞海》1979 年版、1989 年版、1999 年版、2009 年版的编纂出版及《辞海》繁体字版的编纂工作。主持编辑《哲学大辞典》《经济大辞典》《法学大辞典》《宗教大辞典》等近百部辞书，著有《政治经济学论稿》《出版论稿》《巢峰辞书学论稿》《辞书记失》《巢峰品德修身读本》等。

卢烈红

卢烈红（1959 年 9 月—2023 年 1 月 13 日），生于湖北省黄梅县。1977 年考入武汉大学中文系本科，1984 年获文学硕士学位，留校任教。1993 年考取在职博士生，研习汉语语法史，1998 年获文学博士学位。卢烈红教授先后任武汉大学文学院讲师、副教授、教授，聘为博士研究生导师。曾任武汉大学中国传统文化中心、武汉大学国学院、武汉大学台湾研究所兼职教授。

卢烈红教授在汉语语法史、训诂学方面造诣很深，主要成果有《〈古尊宿语要〉代词助词研究》《训诂与语法丛谈》《古汉语研究丛札》等。主编了《古代汉语教程》（华中师范大学出版社，2016 年），作为副主编领导了《古代汉语字典》（上海古籍出版社，2009 年）编制工作，并参编《辞源》（修订本）50 余万字。

傅国通

傅国通（1928 年 3 月—2023 年 1 月 16 日），著名方言学家、杭州师范大学中文系教授。傅国通先生出生于浙江省武义县，1954 年毕业于浙江师范学院，1956 年进入中国科学院语言研究所（今中国社会科学院语言研究所）语音研究班学习，1958 年调入浙江师范学院中文系，后入职杭州大学中文系。曾长期担任全国汉语方言学会理事。

傅国通先生致力于吴语研究。多次主持并参与浙江方言调查研究工作，发表《武义方言的连读变调》（《方言》1984 年第 2 期）、《吴语的分区》（合著，《方言》1986 年第 1 期）、《浙江吴语的特征》（《汉语史学报》第七辑，2008）等论文，出版《浙江人学习普通话手册》（1959）、《浙江方言词》（1992）、《方言丛稿》（2010）、《浙江省语言志》（总编，2010 年）等著作。

丁邦新

丁邦新（1937 年 10 月 15 日—2023 年 1 月 30 日），著名语言学家，祖籍江苏如皋，出生于浙江杭州。1959 年毕业于台湾大学中文系。1961 年考入台湾大学中国文学研究所，师从董同龢先生，1963 年以《如皋方言的音韵》获硕士学位。1966 年赴美国西雅图华盛顿大学，受业于李方桂先生，1972 年以论文“Chinese Phonology of the Wei-Chin Period: Reconstruction of the Finals as Reflected in Poetry”（《魏晋音韵研究》）获博士学位。

丁邦新先生曾任《中国语文》编辑委员会委员（2000—2021）、国际中国语言学会会长（1992—1993）、台湾“中研院”历史语言研究所所长、美国加州大学伯克利分校 Agassiz 讲座教授、香港科技大学人文社会科学学院院长、纪念李方桂先生中国语言学研究学会会长。2000 年当选美国语言学会荣誉会员。

丁先生发表论文八十余篇，出版专著九部、个人论文集二部，译著二部，主编及合编论文集十三种，在汉语史、方言学、音韵学、南岛语研究及汉藏语历史比较等领域均有突出贡献。

邢福义

邢福义（1935 年 5 月 30 日—2023 年 2 月 6 日），出生于海南乐东，1954 年考入华中师范学院中文系专修科，1956 年毕业留校。1983 年晋升为教授，1990 年被国务院学位委员会批准为博士生导师，2002 年被聘为华中师范大学资深教授。1999 年创立华中师范大学语言学系并任系主任。2000 年至 2012 年任教育部人文社会科学重点研究基地华中师范大学语言与语言教育研究中心主任。曾任《中国语文》编辑委员会委员、国家哲学社会科学研究规划语言学科组副组长、教育部社会科学委员会委员、教育部高等学校中国语言文学学科教学指导委员会委员、国家语委咨询委员会委员、华中师范大学学术委员会主任、《汉语学报》主编，曾担任中国语言学会常务理事、中国对外汉语教学学会会长、中国修辞学会副会长、中国语文现代化学会副会长、湖北省语言学会会长。

邢福义先生主攻现代汉语语法学，也研究逻辑、修辞、方言、文化语言学、国学及其他问题，并在上述领域尤其是现代汉语语法领域取得了杰出的学术成就。独著、合著、主编各种学术著作和教材五十余部，包括《汉语语法学》《汉语复句研究》《词类辨难》《文化语言学》《全球华语语法》等，主要成果结集为十二卷本《邢福义文集》。曾四次获得中国高校人文社会科学优秀研究成果一等奖、三次获得湖北省社会科学优秀成果一等奖，还曾获国家级教学成果奖、中国图书奖、国家优秀教材奖等多个国家级奖项。多部研究成果被翻译成英、俄、法、日、韩等多种文字，曾获评全国教育系统劳动模范、“首届荆楚社科名家”和“华大卓越教授奖”等。

李伟洪

李伟洪（1952 年 5 月—2023 年 3 月 3 日），国残联执行理事会原理事、中国盲人协会原主席。山东平度人，1974 年 11 月参加工作，历任北京橡胶五金厂工人，中国盲文出版社校对、副科长、盲文印刷厂厂长、副社长、副总编辑；2003 年 9 月起，历任中国残联第四届、第五届执行理事会理事，中国盲人协会第四届、第五届委员会副主席，2012 年 6 月退休；2013 年 9 月至 2018 年 9 月任中国盲人协会第六届委员会主席。他积极推动汉语盲文规范化和盲文出版业发展并作出了重要贡献，积极探索残疾人专门协会法人治理，在推动信息无障碍建设、导盲犬工作、丰富盲人文化生活、开展盲人扶贫等方面取得了突出成就。

张成材

张成材（1932 年 4 月 2 日—2023 年 3 月 14 日），青海师范大学文学院教授。出生于陕西省商州市。1951 年 9 月考入西安师范学院中文系，1955 年 9 月考入东北师范大学中文系研究生班。1958 年入职青海师范大学中文系，1995 年 10 月退休。曾任全国汉语方言学会理事、青海语言学会会长。

张成材教授在西北方言调查研究方面取得了突出成绩。发表多篇论文，参与编制《中国语言地图集》（1987），出版《西宁方言志》（青海人民出版社，1987）、《西宁方言词典》（江苏教育出版社，1994）、《西宁话音档》（上海教育出版社，1997）、《商县方言志》（语文出版社，1990）等著作。

黄宝生

黄宝生（1942 年 7 月—2023 年 3 月 23 日），中国社会科学院外国文学研究所研究员，中国社会科学院学部委员，印度学和佛教学专家。黄宝生先生出生于上海，1960—1965 年就读于北京大学东方语言文学系，学习梵文和巴利文，1965 年毕业，入职中国科学院哲学社会科学学部外国文学研究所（1977 年中国科学院哲学社会科学学部独立为中国社会科学院，外国文学研究所自此隶属于中国社会科学院），历任南亚西亚非洲文学研究室主任、东方文学研究室主任、《世界文学》主编、外国文学研究所副所长和所长、中国社会科学院梵文研究中心主任等职，曾任中国外国文学学会会长、印度文学研究会会长、中国翻译协会常务理事、中国作家协会全国委员会会员等职。

黄宝生先生一生致力于印度学和佛教学，笔耕不辍，出版专著及译著四十余部，涉及印度文学、诗学、哲学和宗教经典等，主要著作有《印度古典诗学》《梵汉诗学比较》《印度古代文学》《〈摩诃婆罗多〉导读》等，以及《巴汉对勘〈法句经〉》《梵汉对勘〈维摩诘所说经〉》《梵汉对勘〈入楞伽经〉》《梵汉对勘〈入菩提行论〉》等佛典对勘系列 11 部，主要译著有《十王子传》等“梵语文学译丛”系列 16 部、《梵语诗学论著汇编》（上下册）、《摩诃婆罗多》（合译）、《薄伽梵歌》、《瑜伽经》、《奥义书》、《印度哲学》（合译）、《印度佛教史》等，并撰《梵语文学读本》《梵语佛经读本》《巴利语读本》《罗怙世系》等梵巴语系列教材。

因在印度学和佛教学领域的杰出贡献，黄宝生先生曾获首届中国图书出版政府奖、中国社会科学院优秀科研成果奖等奖项；2012 年和 2015 年分别获得印度总统奖和莲花奖，成为首位获得这两个奖项的中国学者；2019 年获得第 22 届师利旃陀罗塞迦罗因陀罗・娑罗私婆底国民杰出成就国际学者奖。

程祥徽

程祥徽（1934 年—2023 年 4 月 14 日），澳门大学教授。出生于武汉。他曾任澳门大学中文学院创院院长、澳门语言学会创会会长、澳门写作学会创会会长、澳门社会科学学会监事长、中国社会语言学会名誉会长、中国修辞学会副会长、澳门《九鼎》月刊总编辑。并曾任澳门特区政府文化委员、澳门语言状况关注委员会委员、澳门特区政府法律翻译办公室顾问等。程先生长期引领汉语语体风格研究，力主“三文四语”“繁简由之”，为澳门的语言政策和语言生活现代化提供了重要的理论支持。

侯精一

侯精一（1935年—2023年8月21日），中国社会科学院语言研究所原副所长，《中国语文》主编，山西省平遥县人。1954年北京大学语言专修科毕业。同年分配到中国科学院语言研究所（1977年后改属中国社会科学院），先是在方言组（1978年起改称方言研究室）工作，1978年《中国语文》杂志复刊后调到《中国语文》编辑部工作。1954—1962年任研究实习员，1962—1979年任助理研究员，1979年起任副编审，1985年起任编审。1978年起任《中国语文》副主编，1985年起任主编。1982—1988年任中国社会科学院语言研究所副所长。1998年起任语言研究所学术委员会副主任。1989—1996年年任中国语言学会秘书长。1997年起任中国语言学会会长，1988—1989年任日本东京外国语大学亚非言语文化研究所客座教授。2011年荣获中国社会科学院荣誉学部委员称号。

侯精一先生多年从事汉语方言调查研究工作，1992年以前主要调查研究晋语，对晋语平遥方言的连读变调、文白异读都有独到的研究，他对山西方言的特点及其内部差异作了全面讨论，充分论述晋语区的特点并提出晋语“独立成区”的依据。1992年以后主持国家“九五”重点项目“现代汉语方言音库”。2001年开始从事现代汉语方言口语语料库的建设制作。他对晋语的调查研究及其主持编写的四十种现代汉语方言音档在国内外都有比较大的影响。

侯精一先生长年担任《中国语文》杂志和中国语言学会的领导工作，为我国语言学学术平台建设作出重要贡献。

杨洪清

杨洪清（1931年7月20日—2023年9月13日），祖籍徐州，1959年毕业于扬州大学，任新沂县中学教师。1984年调任徐州工程学院教师，以规范学用汉字、推动语文现代化为教学与研究的特色。曾任该院语言文字研究所所长和中国管理科学研究院研究员、全国字理教学研究中心副会长。中国训诂学研究会、中国辞书学会、中国语文现代化学会会员。曾荣获全国侨眷先进个人、江苏省语言文字工作先进工作者、省教育科研工作先进个人等称号。杨洪清教授为汉语教学和华语推广工作作出了重要贡献，多次赴马来西亚和新加坡等国家推广华语，创办“快乐汉语传播网”帮助海外朋友学习汉语，对于汉语的传承和对外传播作出了重要贡献。

刘广和

刘广和（1942年6月2日—2023年9月27日），中国人民大学教授，天津人。1962年至1968年在天津河北大学中文系学习，1968年至1970年在张家口驻军部队农场锻炼，1970年至1979年在河北省廊坊等地高中、中等专业学校任语文教师。1979年至1982年在北京师范大学中文系师从俞敏先生攻读古代汉语专业研究生，获硕士学位。1982年至1984年在国家文物局《文物》编辑部任编辑。1985年起，在中国人民大学语言文字研究所、对外语言文化学院工作，历任讲师、副教授、教授，曾任学院学术委员会主任、中国人民大学校学术委员会委员。

刘广和教授研究领域包括汉语音韵、词汇、语法，尤长于梵汉对音，为梵汉对音学科的发展贡献了毕生精力。他以不空译咒研究为中心，上至西晋，下及元代，从对音角度归纳历代音系；总结对音研究方法，金针度人，为培养学术后备力量不遗余力。出版专著《熟语浅说》《中国俏皮话大辞典》《音韵比较研究》《梵汉对音与汉语研究》等。

刘广和教授先后在中国人民大学语言文字研究所、对外语言文化学院、文学院、国学院、国际文化交流学院任职，为中国人民大学的学科建设和人才培养作出巨大贡献。他的研究坚持一分材料说一分话。他勤奋耕耘，成果丰硕。

马庆株

马庆株（1942 年 9 月—2023 年 10 月 3 日），生于天津静海。1963 年天津师范学院中文系毕业后，任教于天津新开中学。1978 年考取北京大学汉语专业研究生，师从朱德熙、林焘教授；1981 年研究生毕业后至南开大学中文系任教；1993 年晋升教授，同年享受国务院政府特殊津贴，1998 年起担任博士生指导教师；曾兼任中国语文现代化学会会长、中国修辞学会会长、中国语言学会常务理事、天津市语言学会会长等职。

马庆株先生是享誉海内外的著名语言学家，毕生致力于现代汉语的研究和教学，在现代汉语语法学和词汇学、修辞学以及语文现代化等领域有重要建树，培养了大批成就斐然的语言学知名学者，为中国语言学研究和语言学人才培养作出了卓越的贡献。

濮之珍

濮之珍（1922 年 12 月 22 日—2023 年 10 月 11 日），复旦大学中文系教授。出生于安徽芜湖。1987 年荣获上海市巾帼奖，1992 年荣获国务院高等教育突出贡献奖，享受国务院政府特殊津贴。曾任上海市语文学会会长，上海市社会科学界联合会常务理事，上海市政协副秘书长、常委，中国农工民主党中央教育委员会副主任，中国农工民主党上海市委副主委。代表专著有《语言》《中国语言学史》《濮之珍语言学论文集》，主编《中国历代语言学家评传》《社会科学争鸣大系（语言卷）》等。2016 年 9 月获“第一届上海市语言学研究终身成就奖”。

梅祖麟

梅祖麟（Tsu-lin Mei）（1933 年—2023 年 10 月 14 日），康奈尔大学教授。天津人。在汉语历史语言学、汉语语法史和汉藏语言比较研究领域有突出贡献。曾任美国康奈尔大学东亚研究学系教授（1971—2000 年）和台湾“中研院”史语所研究员（1992—2012 年），台湾“中研院”院士（1994 年），《中国语文》编辑委员会委员（2000—2021）。

（张洁 编写）

大事记

1 月 3 日

中华人民共和国教育部发布《信息技术产品国家通用语言文字使用管理规定》（以下简称《管理规定》），这是我国第一个对信息技术产品相关语言文字问题进行规范的行政规定，于 2023 年 3 月 1 日开始施行。

《管理规定》聚焦基础软件、语言文字智能处理软件、数字和网络出版物三大类信息技术产品，从语言文字表现形式、语言文字内容、语言观三个方面传递了明确的规范信号。具体而言，信息技术产品应当遵照汉语拼音、普通话语音、规范汉字、现代汉语词形、标点符号和数字用法等语言文字规范标准和现代汉语语法规律，使用正确的现代汉语。《管理规定》明确了信息产品应传递符合相关法律法规、公序良俗的语言内容，与其他信息产品管理法规形成了配合。《管理规定》所秉持的雅正、和谐的语言观，即信息技术产品使用国家通用语言文字有利于维护国家主权和民族尊严，有利于铸牢中华民族共同体意识，弘扬社会主义核心价值观、遵守公序良俗。

1 月 4 日

国家图书馆（国家古籍保护中心）、天津图书馆、南京图书馆、云南省图书馆、苏州图书馆、中山大学图书馆等 6 家单位，在线召开古籍数字资源联合发布会。这是国家图书馆（国家古籍保护中心）组织的第七次古籍数字资源联合发布。6 家单位新增发布古籍资源 6786 部（件），不仅有明清版刻、稿抄本古籍，还有碑帖拓本等特色资源，为广大读者和专家学者开展利用和研究提供了更加丰富的文献资料。截至目前，全国累计发布古籍及特藏文献影像资源达到 13 万部（件），其中国家图书馆建设的“中华古籍资源库”发布古籍影像资源超过 10.2 万部（件），先后联合 39 家单位发布古籍资源 2.8 万部（件）。读者登录国家图书馆网站“中华古籍资源库”栏目或“中国古籍保护网”（http：//www.nlc.cn/pcab/），无须注册登录，即可以进行单库检索和多库检索、全文阅览。

2 月 14 日

第二十一届（2022 年度）中国社会科学院吕叔湘语言学奖评奖工作受疫情影响，于 2023 年 2 月 7 日完成评选，2 月 14 日公示期结束。该届共评出一等奖 2 项：

李春桃（吉林大学）的专著《传抄古文综合研究》

李姣雷（天津师范大学）的专著《湘西乡话语音层次及演变研究》

二等奖 5 项：

邵明园（中山大学）的论文《藏语的副动词和小句链》和《古藏文的系动词》

真大成（浙江大学）的专著《中古文献异文的语言学考察》

崔玉珍（中国政法大学）的论文《法庭反事实表达的论辩研究》和《法庭自我识解与身份构建研究》

董建交（复旦大学）的专著《近代官话音韵演变研究》

黎路遐（湖南大学）的专著《上古汉语指示代词演变研究》

3 月 10 日

古文字与人工智能研讨会在北京召开。会议由古文字工程联合攻关协同平台牵头单位及工程秘书处所在单位清华大学承办，邀请清华大学、吉林大学、首都师范大学、北京师范大学、安阳师范学院、微软亚洲研究院、腾讯 SSV 数字文化实验室以及中宣部机关服务中心（信息中心）、中西书局、腾讯集团、杭州华驰科技有限公司等单位从事古文字人工智能研发的团队与会，教育部、国家语委、国家文物局等有关部委局领导，古文字工程专家委员会全体委员，工程建设单位代表以及秘书处人员出席会议。古文字工程专家委员会副主任吴振武主持会议。教育部语言文字信息管理司司长田立新作总结发言。她指出，面对人工智能时代，古文字工程的建设和发展必须要紧跟时代发展的步伐，在机遇当中抓住发展的先机，特别是要用数字化赋能工程整体建设。

3 月 25—26 日

2023 年度国家语委科研机构工作会议在广州大学举行，会议由教育部语言文字信息管理司指导、国家语委科研机构秘书处主办，设在广州大学的国家语委国家语言服务与粤港澳大湾区语言研究中心和设在暨南大学的国家语委海外华语研究中心承办。来自全国各地的 25 家国家语委科研机构负责人参加会议。教育部语言文字信息管理司司长田立新出席会议并作主旨报告，广州大学校长魏明海教授出席会议并致辞。

田立新在会上作了《以语言文字事业高质量发展服务中国式现代化 全面推进中华民族伟大复兴》的主旨报告，强调国家语委科研机构深入学习党的二十大精神，坚持以习近平新时代中国特色社会主义思想为指导，把坚持和加强党的领导贯穿语言文字工作全过程。与会代表围绕国家语委科研机构建设管理、分类评价、人才梯队建设、可持续发展等议题深入研讨，在加强“有组织科研”的机制与路径方面凝聚共识，共谋“十四五”期间高质量发展大计。

3 月

为响应国家教育数字化战略行动，中国语言文字数字博物馆一期正式开馆上线（网址：szyb.smartedu.cn）。中国语言文字数字博物馆旨在收藏、研究、展示、阐释中华优秀语言文化，语博进行分期分阶段建设，以融合数字资源和丰富互动体验为方向，坚持“成熟一批上线一批”。语博一期建设分为语言国情、发展演变、经典传承、语博书屋、语博学堂、语言智能、主题展览 7 个主体板块，以及数据库、视听馆、互动体验馆 3 个资源模块，横纵交叉、立体展示。

中国语言文字数字博物馆是国家智慧教育平台的服务拓展，立足语言文化传承和全民终身学习两大任务，以广大师生尤其是青少年学生为主要受众，兼顾服务社会大众，努力成为“四位一体”的综合应用服务平台，即语言文化资源的集群共享平台，国家通用语言文字和中华优秀语言文化的学习研究平台，语言文化品牌活动的参与互动平台，社会大众爱读书、读好书、善读书的阅读提升平台。

4 月 3 日

2023 年全国语言文字工作会议以视频会议形式在京召开，各省（区市）教育厅（教委）负责同志、部分省（区）民委（民语委）负责同志，国家语言文字推广基地、国家语委研究型基地有关负责人，教育部相关司局和直属单位负责人参会。教育部党组成员、副部长陈杰出席会议并讲话，安徽、新疆等省（区）和清华大学、北京外国语大学等单位交流发言。

陈杰从一年、五年、新时代十年三个层面总结了语言文字工作取得的重要进展，要求新征程上进一步增强做好新时代语言文字工作的使命感、紧迫感，深刻领悟教育、科技、人才“三位一体”战略布局对语言文字工作作出的新部署，准确把握“两个结合”对语言文字工作提出的新使命，深刻认识科技自立自强对语言文字工作提出的新挑战。陈杰强调，2023 年要坚持以习近平新时代中国特色社会主义思想为指导，紧紧围绕深入学习贯彻党的二十大精神这条主线，从政治高度加大国家通用语言文字推广力度，大力传承弘扬中华优秀语言文化，扎实推进语言文字工作数字化智能化赋能，持续提升中文国际地位和影响力，着力构建语言文字工作治理新格局，推动语言文字事业高质量发展，为全面建设社会主义现代化国家、全面推进中华民族伟大复兴贡献力量。

会上，陈杰号召各地各部门集思广益，努力把近日开馆上线的中国语言文字数字博物馆打造成中华优秀文化传播新窗口、新时代全民阅读新课堂，引导社会大众特别是青少年热爱中华文化、增强文化自信。

4 月 6 日

教育部发布通知（教高函〔2023〕3 号），公布了 2022 年度普通高等学校本科专业备案和审批结果，“数字人文”进入最新的《普通高等学校本科专业目录》，归入“文学”门类下的“中国语言文学类”，专业代码：050110T。同时公布的《2022 年度普通高等学校本科专业备案和审批结果》显示，内蒙古师范大学新设数字人文本科专业获批，成为全国首个设置该本科专业的高校。

4 月 7 日

中华人民共和国和法兰西共和国发表联合声明，声明中提到“中法两国重申重视语言教学合作，促进友谊和相互理解。两国将致力于延长 2015 年 6 月两国政府签署的《关于开展语言合作的协议》有效期，鼓励在双方学校开展中文和法语教学并增加双语课程，加强语言师资交流和培训”。

4 月 15—16 日

第二十二次现代汉语语法学术讨论会在合肥召开。会议由中国社会科学院语言研究所句法语义学研究室、《中国语文》编辑部、安徽大学文学院联合主办，北京语言大学、商务印书馆协办。83 位专家学者围绕“大语法观”和其他现代汉语语法议题进行了广泛讨论和深入交流，参会师生近 150 人。开幕式上，中国社会科学院语言研究所所长张伯江和安徽大学副校长高清维先后致辞。12 位学者应邀作大会报告，分组报告共报告论文 70 篇，涉及词类、句类、语序、焦点、疑问、否定、构式、句法结构、交际互动等诸多现代汉语经典、热点问题。

4 月 18 日

教育部、国家语委发布《关于表彰国家通用语言文字推广普及先进集体和先进个人的决定》（以下简称《决定》）。《决定》指出，为深入贯彻落实党的二十大提出的“加大国家通用语言文字推广力度”重要任务，树立典型，鼓励先进，激发各方创新开展国家通用语言文字推广普及工作，引领社会各方面形成推广普及强大合力，在全社会营造学习使用国家通用语言文字的浓厚氛围，推动新时代语言文字事业高质量发展，教育部、国家语委决定，授予首都师范大学语言文字工作委员会办公室等 178 个单位“国家通用语言文字推广普及先进集体”称号，授予杜琪方等 294 名个人“国家通用语言文字推广普及先进个人”称号。

4 月 20 日

2023 年“国际中文日”启动仪式在中外语言交流合作中心举行，主题为“中文：增进文明对话”。

教育部副部长吴岩出席仪式并发表主旨讲话。上海合作组织秘书长张明、印度尼西亚驻华大使周浩黎、北京外国语大学校长杨丹、中铝股份有限公司人力资源部总经理石森、“新汉学计划”青年学者范狄在仪式上致辞。语合中心主任马箭飞主持仪式。印度尼西亚、印度、墨西哥、柬埔寨、法国、匈牙利、老挝、新西兰、沙特、泰国、阿联酋、越南等国驻华外交官和机构代表，日本文化中心、法语联盟、塞万提斯学院等国际语言文化机构代表，相关部委、教育国际交流有关单位、在京高校代表，中国地方政府负责人，社会团体、中资企业、出版社代表及青年汉学家和师生代表等100余人参加。33位来自联合国教科文组织、中国—东盟中心、海合会等国际组织，驻华使节、世汉学会、中外高校代表，国际语言文化机构与国际中文教育合作伙伴及国际中文教师、志愿者、中文学习者为活动发来视频祝贺。

仪式上，中外嘉宾共同见证“中海人文交流和文明互鉴双语文库”项目启动和《职业中文能力标准》发布，并一同启动2023年“国际中文日”。

4月20日

《职业中文能力等级标准》在2023年“国际中文日”开幕式上正式发布。作为国际中文教育领域首个与职业教育结合的标准，该标准满足各行业运用中文进行交际的需求，为促进职业中文教育规范化发展，构建高质量的国际中文教育标准体系贡献力量。《职业中文能力等级标准》规定了中文作为第二语言学习者在特定职业领域、工作任务下的中文应用能力及等级，包括职业范围界定、术语和定义、等级能力描述、职业交际策略与文化意识四部分。

《职业中文能力等级标准》对典型工作任务进行语言需求分析，基于《国际中文教育中文水平等级标准》实现专业词汇的类推与定级，完成语言标准与职业技能标准的衔接与融合。为职业中文学习者确立学习目标和方向，特别是建立自主学习体系，帮助学习者准确定位自己的职业中文能力。为教师在职业中文教学的各个环节提供规范性参考，包括分析教学需求、制定教学目标、规划教学内容、编写和遴选教材、制定教学大纲、确立测试与评估体系等，使职业中文教学具有系统性和规划性。为机构的职业中文课程体系建设提供参考，也将促进机构间合作机制建设。

5月10日

国家通用语言文字推广普及工作表彰大会暨2023年国家语委全体委员会议在京召开。教育部党组书记、部长怀进鹏作视频讲话，指出“加大国家通用语言文字推广力度”是党的二十大报告的明确要求，是习近平总书记和党中央对新时代新征程语言文字事业发展作出的战略性部署。语言文字战线要当好执行者、行动派、实干家，切实将党中央决策部署落实落地，在高质量发展、服务自信自强、数字化赋能、大格局构建上下功夫。希望30个国家语委委员单位进一步加强沟通交流，强化合作，协同推动语言文字事业的创新发展。教育部党组成员、副部长吴岩出席会议并宣读了《教育部 国家语委关于表彰国家通用语言文字推广普及先进集体和先进个人的决定》，授予178个单位“国家通用语言文字推广普及先进集体”称号，294名个人“国家通用语言文字推广普及先进个人”称号。国家语委委员单位有关同志为先进集体和先进个人代表颁发奖牌和证书。4名先进集体和先进个人代表，以及中央宣传部、工业和信息化部、国家民委、广电总局的有关同志作交流发言。

5月20日

在世界计量日中国主场纪念活动上，全国科学技术名词审定委员会、国家市场监督管理总局联合发布了国际单位制新词头中文名称。新词头的中文名称为：容[那]、柔[托]、昆

[它]、亏 [科托]，分别表示 10^{27}、10^{-27}、10^{30}、10^{-30}。引入新词头后，很大或很小的量值可以更简洁地表达，例如，地球质量约为 6 容克，电子质量约为 0.9 柔克。此次新词头的中文定名经广泛征集意见、专家研讨和中文名审定等程序，组织计量学、物理学、化学、数学、计算机、语言学、翻译学等相关学科领域的 30 余位专家，研究确定了新词头中文命名原则：一是读音尽量接近英文发音，适当考虑首字体现数量的意义。相对应的倍数、分数词头（10^{30} 与 10^{-30} 对应，10^{27} 与 10^{-27} 对应）名称的首字拼音声母相同，但韵母不同，便于区分读音。二是词头首字尽量避免口语化、生活化，易认、易读，利于推广；与已定名词头的后位字保持一致；避免与现有词头用字和发音重复，避免歧义、混淆。新词头中文名称的发布，将为我国乃至华语世界的科学研究和工程应用提供更简洁、规范的表达方式，促进国际交流合作，助力人类探索宇宙尺度、量子效应等自然边界。同时，新词头在数字科技等新兴技术领域的广泛应用，亦将进一步推动科技进步、产业转型和经济社会高质量发展。

5 月 27—29 日

国际中国语言学学会第 29 届年会在澳门科技大学召开。会议由澳门科技大学国际学院主办。来自中国内地、中国香港、中国澳门、中国台湾，以及日本、韩国、美国、意大利、法国、德国、西班牙等国的 400 多位专家、学者及语言学爱好者出席会议。大会共设 12 场主旨演讲和 34 场特邀演讲，还设有 53 组共 200 余场常规报告，内容涵盖与汉语及中国境内其他语言有关的最新研究，涉及语音、音系、形态、句法、语义、语用、汉语方言、词汇学、文字学、语言获得、语言类型学、历史语言学、心理语言学、神经语言学、社会语言学等诸多语言学核心领域及跨学科领域。根据学会章程，现任副会长、南开大学石锋教授接任会长。下届年会拟于 2024 年 5 月 24—26 日在韩国延世大学举行。

6 月 8 日

由澎湃新闻牵头发起，上海人工智能研究院、上海市信息安全测评认证中心、上海新华传媒连锁有限公司和上海蜜度信息技术有限公司联合共建的“数字内容生态实验室”发布《网络不规范用字用词现象研究报告》。报告从错误类型、平台渠道等角度深挖不规范字词背后的规律，总结造成网络不规范字词现象的原因，建议成立由网络监管部门牵头、多方合作的网络语言生态联合体，以技术监管平台建设、规范用字用词评估、政策建议发布，形成促进互联网语言规范化的合力，推动规范、积极、向上的互联网语言生态建设。

6 月 9—11 日

中国训诂学研究会 2023 年学术年会在梧州学院召开。会议由中国训诂学研究会主办，梧州学院文学与传媒学院、梧州学院西江流域民间文献研究中心承办。来自全国高校及科研院所的会员代表和专家学者 130 余人参加会议。大会举行 2 场主题学术报告、8 场分组学术报告，主要围绕“具体词语考释与汉语史研究”“出土文献字词考释”“训诂学理论探讨”“古籍整理与文献考证”“辞书编纂”等主题展开。

6 月 16 日

国家新闻出版署下发《关于发布〈汉字字体使用要求〉〈汉语辞书出版规则〉〈四角号码检字法〉等 10 项行业标准的通知》，具体标准编号和名称如下。

1. CY/T 264—2023 汉字字体使用要求
2. CY/T 265—2023 汉语辞书出版规则

3. CY/T 266—2023 图书编校质量差错判定和计算方法
4. CY/T 267—2023 出版物二维码应用管理要求
5. CY/Z 32—2023 出版业区块链技术应用标准体系表
6. CY/T 268—2023 出版企业社会责任指南
7. CY/T 269—2023 版权资源权利描述
8. CY/T 270—2023 静态图像识别与检索技术规则
9. CY/T 271—2023 四角号码检字法
10. CY/T 272—2023 出版物虚拟现实（VR）技术应用要求

以上10项行业标准技术归口全国新闻出版标准化技术委员会，自2023年8月1日起实施。

6月30日至7月2日

由中国中文信息学会情感计算专委会主办，西安交通大学承办的第三届中国情感计算大会（The Third Chinese Conference on Affective Computing，CCAC 2023）暨中国中文信息学会情感计算专委会工作会议在陕西省西安市举行。来自全国五十多所高校、科研机构和企业的近四百位代表齐聚西安，共同探讨情感计算领域的最新进展和发展方向。

7月7—10日

第十五届中国语音学学术会议暨语音学前沿国际论坛在南方科技大学举办。论坛由中国语言学会语音学分会主办，南方科技大学人文科学中心承办。8位学者作大会报告，12个分会场共宣读287篇研究成果，涵盖语音学研究的方方面面，如元音、辅音、声调、连读变调、发声态、语调、韵律节奏、音系、语言接触和语音演变等，还有大量报告涉及语言学习、语言健康、司法语音、语音技术等方面内容。

7月17日

民政部印发通知部署开展"乡村著名行动"。该行动涵盖地名方案编制、命名设标、文化保护、采集上图、信息服务等地名工作的各个环节，致力于提升乡村地名建设水平，助力乡村全面振兴。

7月25日

中国新闻技术工作者联合会批准发布《中文新闻语义结构化标注》团体标准，于8月1日正式实施。

《中文新闻语义结构化标注》团体标准由联著实业全资子公司——文灵科技（北京）有限公司和新华通讯社通信技术局联合牵头起草，规定了新闻写作常用表达方式所包含语义的术语和标注方法，包括新闻稿件标注说明、标注预处理、语义模板标注、新闻事件语义元标注、新闻事件关键词标注，以此形成语义标识体系。编制目的是规范、指导中文新闻语义结构化，使基于该标准构建的标识体系能够同时支持新闻内容知识库的建设和计算机神经网络新闻模型的训练，实现新闻知识库之间的相互兼容、互换共享。该标准的发布，有利于促进人工智能产业协调发展，对报刊、广播、电视、通讯社、新闻网站等新闻内容提供商及媒体应用与研究机构具有指导意义，填补了中国新闻语义结构化领域的空白，为新闻内容标注方法的设计带来革命性变化。

8月3—6日

第二十二届中国计算语言学大会（CCL 2023）在哈尔滨举行。大会由中国中文信息学会主办，哈尔滨工业大学承办，主题涵盖计算语言学领域最新技术和动向，参会人数过千人。清华大学孙茂松教授、哈尔滨工业大学秦兵教授担任大会主席，大会设特邀报告、NLP 前沿动态综述论坛、评测研讨会以及学生研讨会论坛。

8 月 11 日

中央宣传部、中央网信办、中央外办、外交部、教育部、公安部、民政部、文化和旅游部、国务院国资委、市场监管总局等 10 部门联合印发《关于进一步加强论坛活动规范管理的通知》，对各类主体面向社会公开举办的论坛活动（包括论坛、峰会、年会以及其他具有论坛性质的会议活动）提出 10 条工作要求。举办论坛活动必须坚持以习近平新时代中国特色社会主义思想为指导，践行社会主义核心价值观，遵守相关法律法规和政策规定，确保正确政治方向、价值取向和舆论导向。举办论坛活动的各类社会主体，应经依法登记、具有合法身份。未经合法登记的企业及社会组织或无实际承办主体不得面向社会公开举办论坛活动。论坛活动名称应准确、规范、名实相符，不得随意冠以“中国”“中华”“全国”“国际”“世界”“峰会”“高端”“高峰”“巅峰”等字样。

8 月 16 日

教育部举行“1+1”新闻发布会，田立新司长介绍了语言文字战线深入贯彻落实党的二十大精神、传承发展中华优秀语言文化、助力加快建设教育强国情况；王晖副司长介绍了中华经典诵读工程有关情况；发布会上还介绍了 2022 年中国语言生活状况，发布了 2023 年度《中国语言生活状况报告》、《中国语言政策研究报告》、《世界语言生活状况报告》和《粤港澳大湾区语言生活状况报告》。

8 月 18 日

国家主席习近平复信南非德班理工大学孔子学院师生，鼓励他们学好中文，为传承发展中南两国友好事业、促进中非友谊合作贡献力量。习近平指出，十年前，他见证了德班理工大学孔子学院的成立。他很高兴地看到，经过双方共同努力，两国教育文化交流结出累累硕果，众多南非青年通过学习中文，了解了中国的历史文化，拓宽了职业选择的道路，实现了人生的梦想。

8 月 20—23 日

为纪念赵元任学术精神，由南开大学文学院、南开大学语言学研究所和商务印书馆联合主办的赵元任语言学学术思想国际研讨会在南开大学召开。会议以线上线下相结合的方式，特邀海内外 38 位学者展开十数场报告，80 余位师生代表现场参会，300 余人线上参会。

8 月 24 日

教育部办公厅发布关于“推进落实‘一地一策’、加大国家通用语言文字推广力度”的通知，指出为深入贯彻落实党的二十大精神，加大国家通用语言文字推广力度，推进民族地区推普攻坚行动、推普助力乡村振兴计划、国家通用语言文字高质量普及行动“三大行动”，确保“十四五”期间 10 省区在国家通用语言文字推广普及工作中迎头赶上，要求各地推进落实“一地一策”，做到高度重视，完善工作机制；夯实基础，强化教育教学；聚焦重点，加大培训力度；数字赋能，加强资源建设；统筹力量，拓展帮扶渠道；跟踪问效，强化调查监测；结合实际，创新工作举措；重视宣传，及时总结成效。

8 月 29 日

以“数字时代的语言文化交流”为主题的第二届中国—东盟语言文化论坛在贵州省贵安新区中国—东盟教育交流周永久会址黄果树厅开幕。论坛由中国教育部语言文字信息管理司指导，中国教育国际交流协会和中国—东盟中心主办，贵州师范大学承办。中国—东盟各国政府官员、专家学者以及东盟国家驻华使节等中外百余名嘉宾参加论坛。论坛期间，与会嘉宾围绕数字时代的语言多样性、“一带一路”语言文化交流合作、数字化时代的语言与跨文化交际、语言与人工智能的交叉融合等议题进行交流。论坛发布了《中国—东盟语言文化交流合作倡议》以及语言文化合作项目标志性成果《越喃汉英四文对照新辞典》，启动《南洋华语文献分类丛刊》编纂项目，举行中国和东盟国家有关高校的合作协议签订仪式。

9 月 9—12 日

出土文献与汉字发展史国际学术研讨会在清华大学召开。会议由清华大学出土文献研究与保护中心主办，日本岩手大学协办。来自中国和日本 10 余所高校的学者出席会议。会议的主要议题是“汉字发展史的研究与展望”和“出土文献语言文字研究”。

9 月 13 日

以“推广普通话，奋进新征程”为主题的第 26 届全国推广普通话宣传周在青海西宁开幕。教育部党组书记、部长，全国推普周领导小组组长怀进鹏，青海省委书记、省人大常委会主任陈刚，青海省委副书记、省长吴晓军出席开幕式，怀进鹏讲话，吴晓军致辞。教育部党组成员、副部长，国家语委主任陈杰主持开幕式。青海省副省长杨志文、中央宣传部副秘书长汤恒等全国推普周领导小组成员单位负责同志出席活动。现场发布了第七期“中华经典资源库”项目成果，开展了推普“智能 +”展示体验活动。

9 月 16—17 日

由上海外国语大学主办，商务印书馆、上海辞书出版社协办，《辞书研究》《外国语》提供学术支持的第十四届全国汉语词汇学学术研讨会在上海召开。来自国内 50 余所高校和科研院所的 130 余位学者出席了会议。研讨会的主题为“词汇学研究新理论、新方法、新进展”，12 位专家作主旨报告，8 个分会场的专题研讨内容涉及传统训诂学和词汇学的互动与关联、西方语言学和汉语词汇学的互动与关联、语义学和词汇学的互动与关联、词法和句法的互动与关联、《现代汉语词典》等语文工具书编纂与词汇研究、汉语词汇研究与当今社会、词汇教学与词汇习得研究、方言词汇研究与汉语词汇学、儿童语言词汇研究、法律语言词汇研究等议题。

9 月 16—17 日

第七届语言文字应用研究中青年学者协同创新联盟学术研讨会暨第二届粤港澳语言生活研究青年论坛在广州大学举办。研讨会由语言文字应用研究中青年学者协同创新联盟主办，国家语委国家语言服务与粤港澳大湾区语言研究中心、广州大学人文学院、粤港澳大湾区语言生活与语言服务建设联盟、广东省社科基地粤港澳大湾区语言服务与文化传承研究中心等机构联合主办。教育部语言文字信息管理司刘宏副司长出席论坛并讲话，整场论坛由主旨报告、专题研讨和分论坛三个部分组成。

9 月 22 日

国家语委研究型基地续建签约会在京召开。教育部语言文字信息管理司负责同志与北京大学、北京师范大学、中国传媒大学、鲁东大学负责同志签订共建协议，“中国文字字体设计与研究中心”“中国文字整理与规范研究中心”“国家语言资源监测与研究有声媒体中心”“汉语辞书研究中心”正式进入第四个建设周期。会议就进一步加强研究型基地的资政服务能力、人才队伍建设、标志性成果产出转化等提出要求，四家单位负责同志作表态发言。四家研究型基地聚焦中国文字字体研究与设计、中国文字整理与规范研究、媒体语言资源建设与监测研究、辞书研究与辞书编纂等开展有组织科研，实施“中华精品字库工程”等重大语言文化工程，建设“通用汉字全息数据库”等一批资源库，组织“汉语盘点”等重要活动，开展资政建言，推动人才培养，打造科研品牌，取得良好成效。

10 月 1 日

教育部、中国残联制定印发的《视力残疾和听力残疾人员普通话水平测试管理办法（试行）》实施。

视力残疾和听力残疾人员普通话水平测试，是根据应试人感知特点专门设计，考查应试人运用国家通用语言规范、熟练程度的专业测评。视力残疾人员测试的方式为摸读盲文或识读大字版汉字，参加测试的视力残疾人员应掌握国家通用盲文或规范汉字，具有摸读盲文或识读大字版汉字的能力；听力残疾人员测试的方式为写汉语拼音、写命题说话文本、打手语，参加测试的听力残疾人员应掌握《汉语拼音方案》、国家通用语言文字、《汉语手指字母方案》和国家通用手语，具有书写和手语表达的能力。测试内容依据国家颁布的《普通话水平测试实施纲要》执行，试卷由国家测试机构统一编制。

10 月 14—15 日

语言理论体系建设论坛在北京举办。论坛由中国社会科学院语言研究所登峰战略句法语义学优势学科、当代语言学研究室和北京师范大学国际中文教育学院联合主办。主题是继承赵元任等老一辈语言学家的思想，进一步摆脱印欧语眼光的束缚，建设具有中国特色的语言理论；探索“大语法”观下的句法语义研究以及有关语言理论体系建设的问题。论坛通过线上征集提要、专家匿名评审选定论文，正式邀请 40 位专家学者围绕中国语言学的语言理论体系建设进行广泛讨论和深入交流。来自北京师范大学和在京其他高校的数十名师生旁听了会议。

10 月 14—15 日

全国汉语方言学会第二十二届年会在武汉召开。会议由全国汉语方言学会和华中师范大学语言与语言教育研究中心联合主办，华中师范大学语言与语言教育研究中心承办。来自全国各高校和科研院所的 160 多位专家学者出席了会议。两场大会报告、32 场分组讨论内容涉及语音、词汇、语法等方面。10 月 14 日召开了会员代表大会，选举产生第十二届理事会；召开了第十二届理事会第一次会议，选举产生学会常务理事会和学会负责人。

10 月 19—21 日

第十九届全国机器翻译大会（The 19th China Conference on Machine Translation，CCMT2023）在山东济南举行。会议由中国中文信息学会主办，齐鲁工业大学（山东省科学院）承办。大会设特邀报告、前沿趋势论坛、主题论坛、产业应用论坛、学生论坛、中文学术论文报告、英文学术论文报告、评测论文报告，旨在为国内外机器翻译界同行提供一个交互平台，加强国内外同行的学术交流，召集各路专家学者针对机器翻译的理论方法、应用技术和评测活动等若干关键问题进行深入的研讨，对促进中国机器翻译事业的发展起到积极的推动作用。

10 月 21—22 日

由清华大学主办，古文字工程秘书处、清华大学出土文献研究与保护中心承办的首届古文字与中华文明国际学术论坛在清华大学举办。来自中国、美国、俄罗斯、英国、法国、日本、德国等 13 个国家 40 多所高校、科研院所的 120 余位专家学者参加会议。论坛设两场主旨报告和 4 场分论坛。分论坛的主题是“中国早期国家与社会”“清华简专题研究”“商周文字研究”“战国秦汉文字研究”。

10 月 21—23 日

第十五届全国古代汉语学术研讨会在湖南师范大学召开。会议由中国社会科学院语言研究所历史语言学研究一室与湖南师范大学联合主办，湖南师范大学文学院承办。来自全国 40 余所高校和科研机构的 150 余位学者参加了会议。会议举行了两场大会报告、八场分组报告，与会学者就古代汉语文字、语音、词汇、语法等方面的问题展开热烈讨论。

10 月 27 日

中共中央政治局就铸牢中华民族共同体意识进行第九次集体学习。中共中央总书记习近平在主持学习时强调，要“实施中华优秀传统文化传承发展工程，研究和挖掘中华传统文化的优秀基因和时代价值，推动中华优秀传统文化创造性转化、创新性发展，繁荣发展社会主义先进文化，构建和运用中华文化特征、中华民族精神、中国国家形象的表达体系，不断增强各族群众的中华文化认同。全面推广普及国家通用语言文字，全面推行使用国家统编教材，以语言相通促进心灵相通、命运相通”。

10 月 27 日

国家应急语言服务团在甘孜州组织开展了特大地震灾害应急语言服务试点演练。

为全面贯彻落实习近平总书记关于应急管理体系和能力现代化以及防灾减灾救灾的重要论述精神、检验在重大自然灾害背景下如何充分发挥应急语言服务作用，在教育部语言文字信息管理司及应急管理部救援协调和预案管理局、地震和地质灾害救援司等部门指导下，在四川省及甘孜藏族自治州应急管理和教育等部门支持配合下，国家应急语言服务团在甘孜州组织开展了特大地震灾害应急语言服务试点演练。此次演练采用桌面推演与实战演练相结合的方式，设置了快速响应指挥、协助救援与疏散、协助战地医院医疗救护、多语宣传与语言心理抚慰等科目，重点演练如何在不同应急场景下配合使用国家通用语言、少数民族语言及方言开展应急沟通。

此次演练作为国内首次多语多灾地区重特大自然灾害背景下的应急语言服务演练，立足甘孜州语言文字使用状况和应急语言服务需求情况，全面系统展现了特大地震灾害背景下的应急语言服务场景和内容，检验了我国应急语言服务的组织管理体系、工作机制、协同能力、实战意识和有关规范标准，锻炼了甘孜州应急语言服务队伍，提升了甘孜州应急处置综合协调能力和精细化救援能力。此次演练的举行，为在全国其他多语多灾害地区开展应急语言服务提供了示范。国家应急语言服务团后续将在有关部门指导下，继续统筹整合相关资源和力量，不断提升我国应急语言服务工作的科学性、有效性、及时性，以语言服务助力国家应急管理体系和能力现代化，助力高质量发展。

10 月 27—29 日

第十二届全国社会语言学学术研讨会在上海举办。研讨会由教育部语言文字应用研究所主办，上海外国语大学中国外国战略研究中心承办，中国语文现代化学会、商务印书馆和语文出版社协办。主题为新时代新征程中国社会语言学的新使命新发展，来自全国各地的 200 余人参会。会议设大会报告和平行论坛两个环节，与会人员围绕中国式现代化与社会语言学研究、加大国家通用语言文字推广力度研究、国家语言能力与国民语言能力研究、国家语言治理能力与治理体系研究、语言政策、语言规划理论与实践研究、社会语言学新理念与新流派研究、数字时代社会语言学的新任务、少数民族语言生活研究、社会语言学视角下的世界语言与文化研究等议题进行了深入交流研讨。

10 月 28 日

北京大学王力语言学奖第二十届评奖工作结束。该届共收到专家推荐专著 14 部，系列论文 9 组 17 篇（含青年奖）。评选委员会认真审议了每一种参选著作，经投票表决，评选出二等奖 3 项，青年成果奖 3 项：

二等奖：

《汉碑文字通释》（王立军著，中华书局，2020 年）

《现代汉语非核心论元实现模式及允准机制研究》（孙天琦著，中西书局，2019 年）

《古文异体关系整理与研究》（李春桃著，中华书局，2016 年）

青年成果奖：

《战国铭文分域研究》（周波著，上海古籍出版社，2019 年）

《完结范畴与汉语动结式》（玄玥著，商务印书馆，2018 年）

《西夏语第一、第二人称双数后缀与人称范畴再探讨》（张永富著，《民族语文》2022 年第 1 期）

11 月 1 日

《国家通用语言学用口袋书 应急交际》正式出版。该书由北京语言大学出版社联合国家应急语言服务团秘书处策划，主要结合民族地区和农村地区的实际生活需求，以《中华人民共和国突发事件应对法》界定的突发事件种类为总体框架，对在应急事件中经常涉及的灾害进行知识科普，按照语言学习和话语交际的要求，以真实场景对话的形式进行了还原。全书由 20 个单元组成，涵盖的事件场景主要包括洪水、干旱、暴雨、雷电、台风、寒潮、暴雪、冰雹、高温、地震、泥石流、滑坡、海啸、森林草原火灾、麦田火灾、家庭火灾、生产事故、交通事故、踩踏事故、食物中毒等。各单元具体内容主要参考了应急管理部、国家林业和草原局、国家应急广播、中国气象科普网等权威渠道发布的应急科普知识。重点介绍了当遇到这些情况时，如何快速、准确地使用国家通用语言进行沟通。无论是地震、火灾还是其他突发状况，大家都能凭借这些语言知识，架起沟通的桥梁，为自己和他人争取宝贵的生存时机。主编刘晓海、田列朋。

11 月 3—6 日

中国辞书学会第十四届会员代表大会暨学术研讨会在河北正定举行。会议由中国辞书学会主办，河北师范大学承办。来自全国各地的高等学校、科研院所、传统出版社和数字出版机构的 200 多位专家学者参加会议。大会以“数字时代的辞书生活”为主题，共遴选论文 80

余篇，对标国家语言文字事业的发展需求，直面数字时代辞书所面临的深刻挑战，围绕大语言模型、融媒辞书、品牌辞书、辞书生活、辞书精神等话题展开，组织了以“融媒辞书 品牌辞书”“辞书生活 辞书精神”为题的两场主题报告，以“社长论坛：辞书市场问题”“青年论坛：辞书研究”为题的两场论坛，以“大语言模型与辞书编纂”“《新华字典》与文化传承”为主题的两场工作坊。大家围绕会议主题进行了深入交流和热烈研讨，不断进行思想碰撞，逐渐凝聚学术共识。会议最后还特别向广大辞书工作者发出了弘扬中国辞书精神的倡议。

11 月 11 日

第三届语言政策与语言规划研讨会在山东大学外国语学院举行。研讨会由山东大学外国语学院、国家语言资源监测与研究有声媒体中心共同主办，来自教育部语言文字应用研究所、山东大学、中国传媒大学、常州大学、河海大学、浙江师范大学、首都经济贸易大学等高校的 10 位专家学者参会。

11 月 11—12 日

由中国社会科学院语言研究所主办，语言研究所历史语言学研究二室和历史语言学研究一室承办的语言学传承与创新国际学术研讨会在中国社会科学院举办，来自中国、英国、法国、德国、挪威、韩国等国 30 多所高校、科研院所的近百名专家学者以及出版机构代表参加了此次盛会。著名语言学家江蓝生、王宁、沈家煊、贝罗贝、竺家宁、李佐丰、李宇明、潘悟云、冯胜利等 10 位学者先后作大会主旨报告，在两个分会场上与会的近百位专家学者围绕“语言学传承与创新”的主题进行了座谈。

11 月 17 日

教育部、国家语委印发《国家语言文字关键研究领域领航计划管理办法》的通知。

11 月 23—24 日

由国务院新闻办公室、国务院侨务办公室、中国社会科学院主办，上海市人民政府新闻办公室、上海市社会科学界联合会承办的“世界中国学大会 · 上海论坛”在上海国际会议中心举办，此次大会的主题是“全球视野下的中华文明与中国道路”，国家主席习近平向论坛致贺信。在分论坛四“学术的演进：代际传承与范式转换下的中国学”上，中国社会科学院语言研究所张伯江作主旨演讲：“中西碰撞中的中国语言文化”。

11 月 23—24 日

第四届两岸语言文字调查研究与语文生活研讨会在广州大学成功举办，来自两岸高校和科研机构的 60 余位专家学者参加会议。研讨会由两岸语言文字交流与合作协调小组主办，国家语委国家语言服务与粤港澳大湾区语言研究中心（广州大学）、国家语委国家语言资源监测与研究教育教材中心（厦门大学）、国家语委丝路语言文化研究中心（泉州师范学院）、广州大学人文学院、广州大学台湾研究院、厦门大学嘉庚学院两岸语言应用与叙事文化研究中心联合承办。8 位专家学者作大会主旨报告，近 30 位专家学者就两岸语言政策及语言调查研究、两岸语言文字规范标准对比研究、两岸辞书编纂研究、两岸语文教育研究、两岸语言服务研究等议题进行报告讨论。“调查、差异、对比、融合”是会议研讨的重要关键词。

11 月 24 日

推进“一带一路”建设工作领导小组办公室发布《坚定不移推进共建“一带一路”高质

量发展走深走实的愿景与行动——共建“一带一路”未来十年发展展望》（以下简称《展望》），研究提出未来十年高质量共建“一带一路”的愿景思路和务实行动举措。《展望》提到要“加强中外青少年友好交流，深化中外语言文字国际交流合作”。

12 月 6 日

国家语言资源监测与研究中心、商务印书馆、新华网联合主办的“汉语盘点 2023”发布“2023 年度十大流行语”：中华民族现代文明、高质量共建“一带一路”、全球文明倡议、数字中国、杭州亚运会、核污染水、巴以冲突、大语言模型、神舟十七号（神十七）、村超。

12 月 7—9 日

2023 世界中文大会（World Chinese Language Conference 2023）在北京国家会议中心举办。大会由中华人民共和国教育部主办，中外语言交流合作中心、中国国际中文教育基金会、世界汉语教学学会联合承办。中共中央政治局常委、国务院副总理丁薛祥，中央统战部副部长、国侨办主任陈旭，国务院副秘书长王志军，教育部部长怀进鹏等嘉宾出席会议。来自中外 160 多个国家相关教育主管部门和教育机构负责人、国际语言文化机构和国际组织负责人、大学校长、知名中文教育专家、汉学家、驻华使节以及企业代表等约 2000 人参加。

大会以“中文服务世界，开放引领未来”为主题，意在“推动国际中文教育高质量发展，促进中外语言文化交流合作，增进中外人民了解和友谊”。特设全体会议、主论坛两场重点活动，举办第二届中海语言文化论坛、首届世界青年汉学家论坛、国际中文教育专业学位建设与人才培养专题研讨会、国际中文水平考试考点会、全球中文联盟大会等专项论坛，以及围绕语言教育与文明互鉴、中外教育交流合作、中文服务职业教育、中文教育数字化发展等新成果、新需求、新热点展开讨论，凝聚中外力量共同推动构建国际中文教育高质量发展新格局。

12 月 9 日

中共中央政治局常委、国务院副总理丁薛祥在京出席 2023 世界中文大会，并发表主旨讲话。丁薛祥表示，语言是交流的工具、文化的载体，是促进人类文明交流对话的桥梁。习近平主席指出，学习彼此的语言，了解对方国家的历史文化，将有助于促进人民相知相亲，也将为构建人类命运共同体贡献力量。中国将继续推进高水平教育对外开放，支持民众特别是青少年加强外语学习和开展国际交流，一如既往大力支持国际中文教育，为加快中文走向全球、服务世界提供有力的支撑和保障。

丁薛祥指出，中文是中国的语言，也是世界的语言。推进新形势下的国际中文教育和世界语言交流合作，需要中国和世界各国人民共同努力。要构建开放包容的国际中文教育格局，与各方一道办好孔子学院等中文项目，大力发展信息化、数字化、智能化中文教育，支持各国培养本土师资、研发本土教材、开展本土化中文教学。更好发挥中文社会服务功能，不断提升中文的社会应用价值，支持和鼓励更多国际组织将中文列为官方语言，欢迎更多国际场合使用中文，积极服务各国经济社会发展。深化中外语言交流合作，通过“请进来”与“走出去”相结合，加强中文与世界各国语言的双向交流，支持各国青少年来华体验中国文化、展示各国文化，增进彼此友谊和心灵沟通。促进文明互学互鉴，秉持开放包容，强化守正创新，共同推动世界多元文明繁荣发展。

丁薛祥在会前参观了国际中文教育创新发展情况展览，了解国际中文教育在办学体系、师资队伍、教学资源、考试服务等方面的创新发展成果。

12 月 9 日

《通用规范汉字表》（以下简称《字表》）公布十周年座谈会在北京师范大学举行。会议旨在重温《字表》研制的理念和意义，总结《字表》公布十年来的实施情况，研讨新时代语言文字规范工作的新任务。座谈会是在国家语委指导下，由北京师范大学中国文字整理与规范研究中心、全国语言文字标准化技术委员会秘书处、北京语言大学中国语言文字规范标准研究中心联合主办，北京师范大学汉字汉语研究与社会应用实验室承办。国家语言文字工作主管部门负责人，高等院校、相关单位的专家学者 30 余人参加。

12 月 10 日

《清华大学藏战国竹简（拾叁）》成果发布会在清华大学举行。清华简于 2008 年入藏清华大学，在李学勤先生、黄德宽先生的相继带领下，整理报告目前已顺利出版 13 辑，整理团队工作的高效率、高质量得到学界广泛赞誉，也受到海外汉学界高度重视。本辑清华简整理报告共刊布《大夫食礼》《大夫食礼记》《五音图》《乐风》《畏天用身》等五篇竹书，均为传世文献未见的佚籍，为研究先秦时期的礼制、音乐以及思想提供了新的资料。发布会上，出土文献研究与保护中心表示，清华简整理已进入攻坚阶段，整理团队将克服困难，保证每年一册的出版进度，早日将这批重要材料向社会与学界公布。来自全国科研院校以及校内的专家学者 100 余人参加了现场发布会。

12 月 12 日

国家语言资源监测与研究中心、商务印书馆、新华网联合主办的“汉语盘点 2023”发布“2023 年度十大网络用语”：爱达未来、烟火气、数智生活、村 BA、特种兵式旅游、显眼包、主打一个 ××、多巴胺穿搭、命运的齿轮开始转动、新职人。

12 月 16 日

国家语言资源监测与研究中心、商务印书馆、新华网联合主办的“汉语盘点 2023”发布“2023 年度十大新词语”：生成式人工智能、全球文明倡议、村超、新质生产力、全国生态日、消费提振年、特种兵式旅游、显眼包、百模大战、墨子巡天。

年度十大流行语、十大网络用语、十大新词语是国家语言资源监测与研究中心基于大数据语料库，利用语言信息处理技术筛取，并经过专家评议而来的。这些热词新语记录了社会焦点的变迁，勾勒出语言生活的图景。

12 月 20 日

国家语言资源监测与研究中心、商务印书馆、新华网联合主办的“汉语盘点 2023”揭晓仪式在京举行。“振”“高质量发展”“危”“ChatGPT”分别当选年度国内字、国内词、国际字、国际词。

12 月 22 日

为深入贯彻落实党的二十大和二十届二中全会精神，落实《国务院办公厅关于全面加强新时代语言文字工作的意见》，加大国家通用语言文字推广力度，发挥国家语言文字推广基地支撑作用，教育部、国家语委认定中国人民大学等 65 家单位为第三批推广基地，国家语委公布第三批国家语言文字推广基地名单。第三批推广基地建设周期为 2024 年至 2028 年。各推广基地要根据《国家语言文字推广基地管理办法》要求，围绕服务铸牢中华民族共同体意识，落实立德树人根本任务，聚焦推广普及国家通用语言文字和传承发展中华优秀语言文化，立足自身优势创新实践，为国家和区域语言文字事业高质量发展提供人才保障、智力支持和专业服务。

12 月 26 日

“2023 年度十大科技名词”在京发布。“大语言模型、生成式人工智能、量子计算、脑机接口、数据要素、智慧城市、碳足迹、柔性制造、再生稻、可控核聚变”入选。

“2023 年度十大科技名词”由全国科学技术名词审定委员会事务中心联合国家语言资源监测与研究平面媒体中心、蜜度微热点研究院、万方数据、百度百科、百度指数、中国科技术语杂志社等多家机构联合发起，经过数据收集与备选词筛选、聚类分析与候选词筛选、专家评审与公众投票、综合评选与公布解读四个阶段，以确保选出的科技名词不仅具有时代意义，还反映广泛的社会共识和科技进步的真实脉络。

（张洁　编写）